FUDAN UNIVERSITY ALMANAC · 2023

复旦大学年鉴 2023

复旦大学年鉴编纂委员会

6月7日,举行中国共产党复旦大学代表会议。会议选举产生复旦大学和复旦大学上海医学院出席中共上海市第十二次代表大会代表。

2月28日,上海市委常委、统战部部长、人大常委会副主任郑钢淼一行到校专题调研统战工作,并与校领导交流座谈。

9月22日,九三学社中央副主席、中国工程院院士丛斌,九三学社中央常委、社会服务部原部长徐国权一行到枫林校区考察,并参观复旦上医人文库、福庆广场、人体科学科普教育基地。

9月26日,崇明区委、区政府主要领导到校交流座谈,并参观调研人类表型组研究院、张江复旦国际脑影像中心、国家集成电路创新中心、新一代集成电路技术集成攻关大平台等。

11月11日,上海医学院杰出校友,中国科协名誉主席、中国科学院院士韩启德到上海医学院考察调研,参观上海医学院院史馆、图书馆医科馆(康泉图书馆)、福庆广场、复星楼、二号医学科研楼等,并与上医师生代表开展座谈。

11月23日,上海市委书记陈吉宁在校出席师生代表座谈会,围绕学习贯彻党的二十大精神与师生深入交流。

11月13日,与中国科学技术协会签署共建协议,正式揭牌成立中国科协-复旦大学科技伦理与人类未来研究院。

10月16日,复旦师生于线上线下同时收看中国共产党第二十次全国代表大会开幕式。

10月27日,召开复旦大学学习传达党的二十大精神大会。

1月13日,召开复旦大学党史学习教育总结会议。

5月3日,召开青年师生学习习近平总书记在中国人民大学考察时重要讲话精神座谈会,庆祝中国共产主义青年团成立100周年。

6月18日,与中国人工智能学会(CAAI)、上海市徐汇区人民政府共同主办元宇宙重塑医疗生态CAAI云论坛(上海站)元宇宙与智慧医疗学术研讨会。

8月10日,2022年全国高校师德师风建设专家委员会工作会议以线上线下相结合方式在校召开。

9月23日,举办"情随国步,德溢丹青"纪念苏步青先生诞辰120周年致敬大师活动。

9月25日,举办复旦大学"十大医务青年"二十周年交流论坛。

9月30日,召开复旦大学教材工作推进会暨教材建设表彰会,这也是党的十八大以来首次召开全校性教材工作会议。

10月12日—14日,第十届中国国际汽车照明论坛(IFAL2022)在沪召开。论坛由复旦大学电光源研究所、中国照明学会智能交通照明委员会、上海机动车检测认证技术研究中心有限公司、复旦临港产业化创新平台、智能汽车人机交互视听安全联盟联合主办。

11月15日,举行浦江科学大师讲坛开讲式暨首期讲坛。

11月25日—26日,与韩国崔钟贤学术院共同主办"上海论坛2022"年会,论坛以"全球多重挑战下亚洲的应对"为主题,以线上线下结合形式举行。

11月29日,"与党同心,跟党奋斗"复旦大学博士生讲师团成立二十周年暨大学生理论类社团宣讲工作论坛在校举行。论坛在中共上海市委宣传部、上海市教卫工作党委、上海市教委、复旦大学指导下,由上海市大学生理论宣讲联盟和复旦大学博士生讲师团联合主办。

12月8日,"双碳"战略与绿色发展——2022年上海公共关系国际论坛在沪举行。论坛由上海市公共关系协会、复旦大学、上海交通大学、同济大学联合主办。

6月11日—12日,在线举办庆祝复旦大学中国历史地理研究所建所40周年大会。

7月1日,举办"高质量发展与创新"论坛暨复旦大学附属眼耳鼻喉科医院建院70周年纪念活动。

10月20日，举办纪念上海医学院（原上海医科大学）创建95周年"聚力建设'第一个复旦' 书写上医新辉煌"主题论坛。

11月12日，举办复旦大学物理学系成立70周年暨应用表面物理国家重点实验室成立30周年发展论坛。

11月18日,举办华山医院纪念建院115周年"奋进新时代·创新向未来——公立医院高质量发展与创新论坛"。

11月27日,举办纪念复旦经济学科百年主题活动。

1月10日,上海医学院教授徐彦辉团队有关"转录起始超级复合物组装机制"的研究成果入选2021年度"中国生命科学十大进展"。

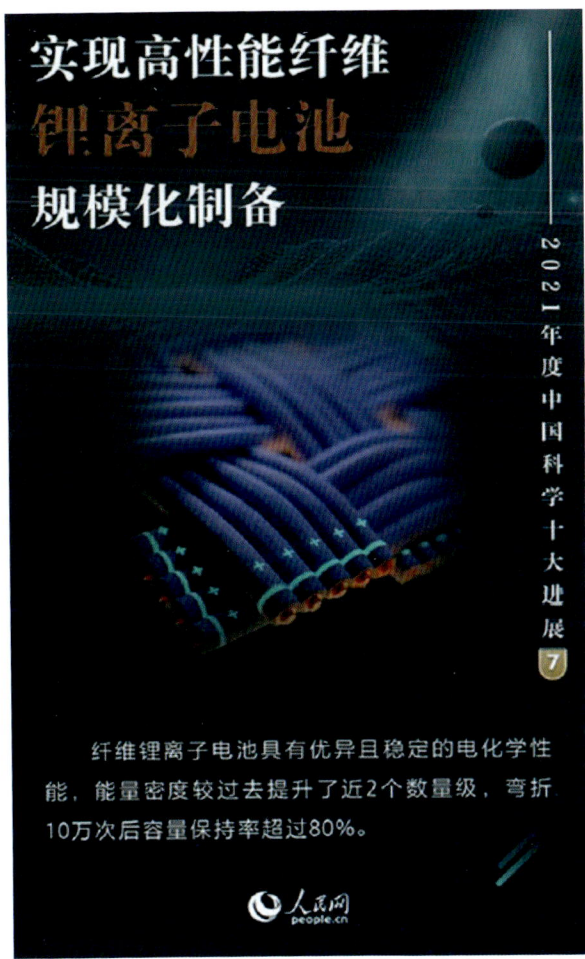

2月28日,高分子科学系教授彭慧胜团队"实现高性能纤维锂离子电池规模化制备"入选第17届"中国科学十大进展"。

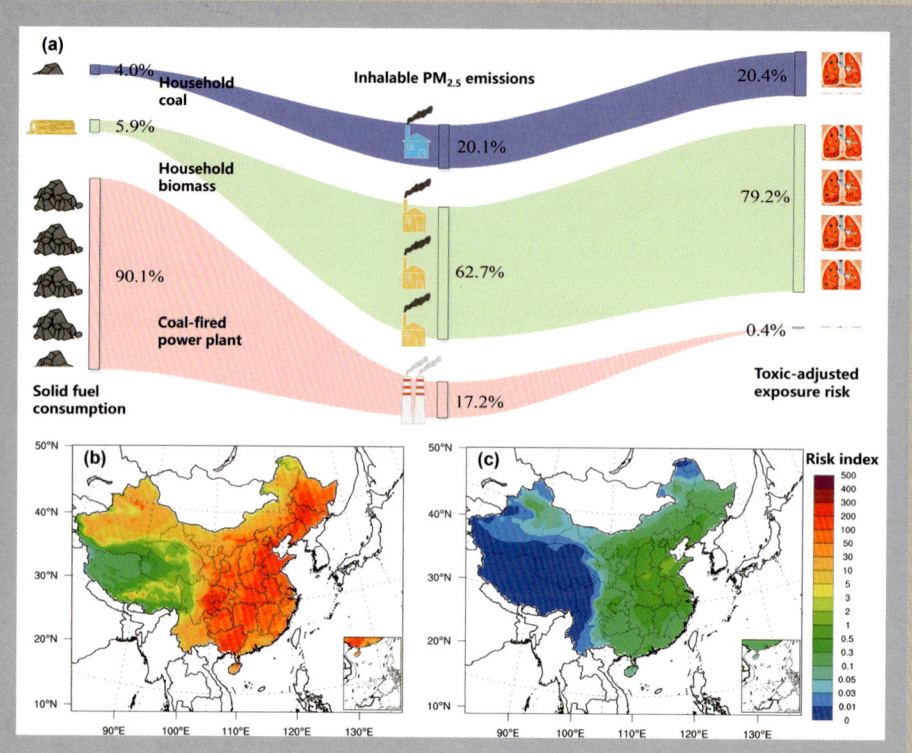

1月6日，环境科学与工程系大气化学团队与清华大学环境学院教授王书肖团队和香港理工大学土木与环境工程系教授李向东团队的研究成果《基于毒性效应调控的大气污染控制：固体燃料燃烧》（Toxic potency-adjusted control of air pollution for solid fuel combustion）发表于《自然·能源》（*Nature Energy*）。

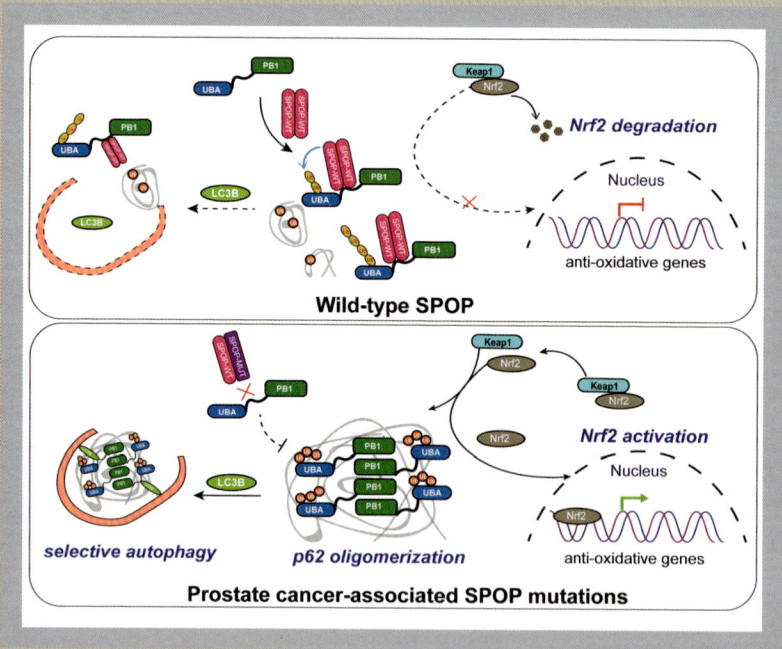

1月6日，生命科学学院副研究员王陈继和上海市第一妇婴保健院研究员高昆合作的研究成果《前列腺癌中SPOP突变激活p62/SQSTM1依赖性的自噬和Nrf2信号通路》（SPOP mutations promote p62/SQSTM1-dependent autophagy and Nrf2 activation in prostate cancer）在线发表于《细胞死亡&分化》（*Cell Death & Differentiation*）。

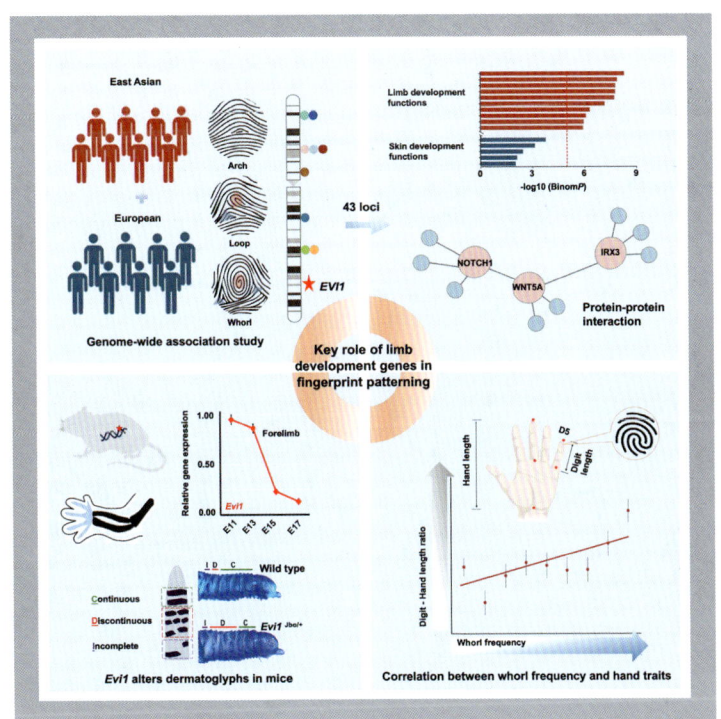

1月7日,中科院上海营养与健康研究所研究员汪思佳团队、爱丁堡大学教授丹尼斯·赫顿(Denis Headon)团队和中科院院士、复旦大学人类表型组研究院院长金力团队联合国内外十余家科研机构的研究成果《肢体发育基因构成人类指纹花纹差异的基础》(Limb development genes underlie variation in human fingerprint patterns)发表于《细胞》(Cell)。

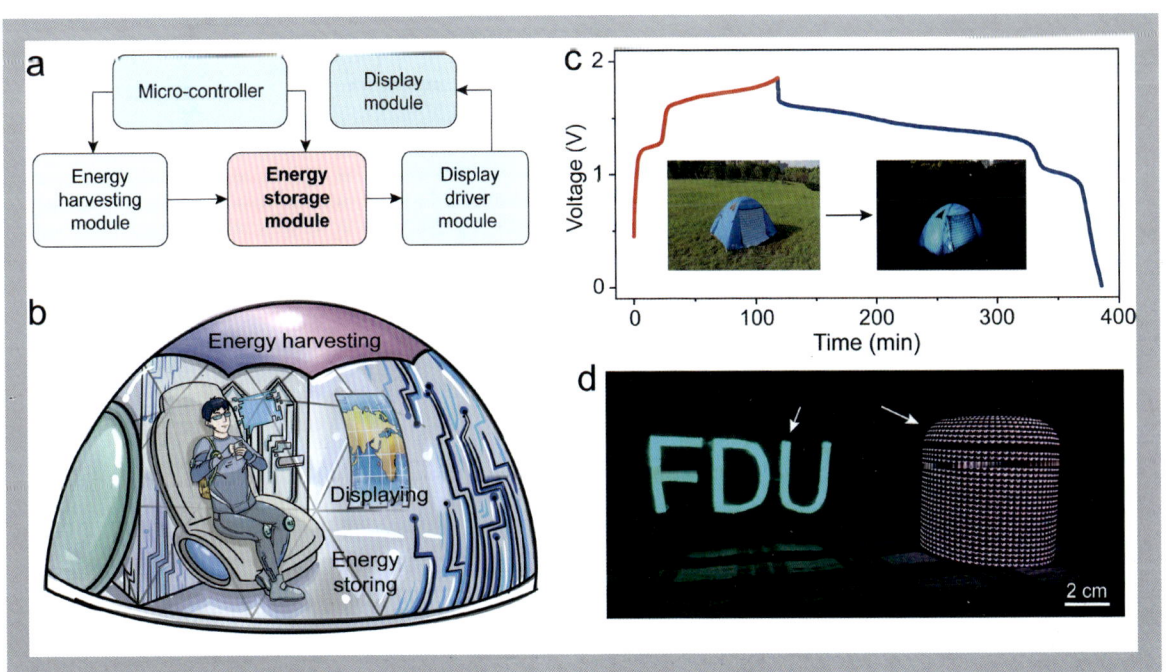

1月20日,高分子科学系、聚合物分子工程国家重点实验室教授彭慧胜/王兵杰团队的相关研究成果《溶液挤出法产业化制备纤维电池》(Industrial scale production of fibre batteries by a solution-extrusion method)在线发表于《自然·纳米技术》(Nature Nanotechnology)。

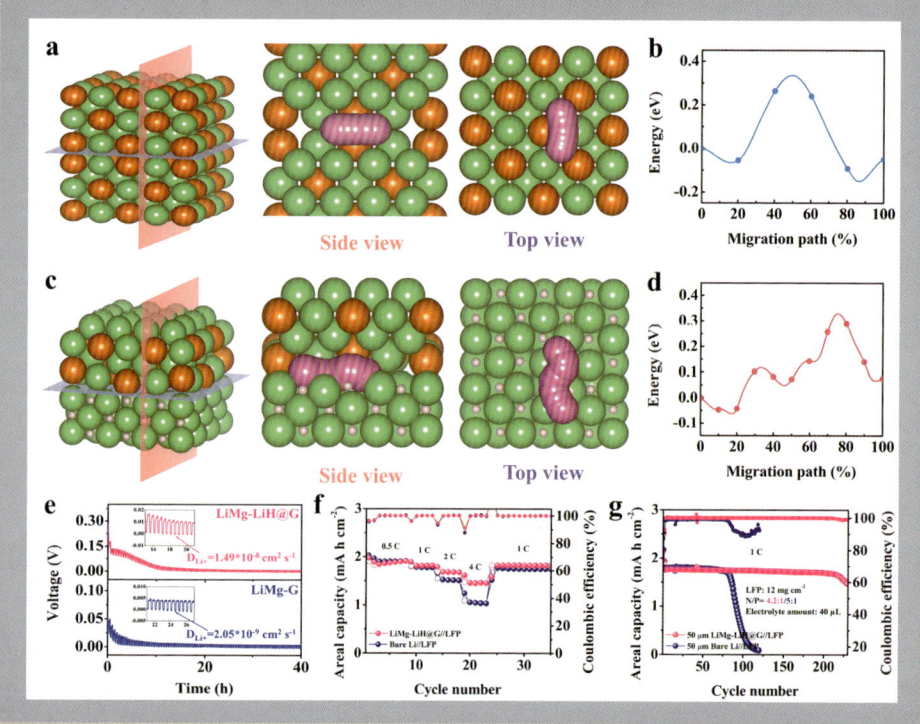

1月21日,材料科学系教授余学斌团队的相关成果《识别氢化锂在稳定锂金属负极中的积极作用》(Identifying the positive role of lithium hydride in stabilizing Li metal anodes)发表于《科学进展》(Science Advances)。

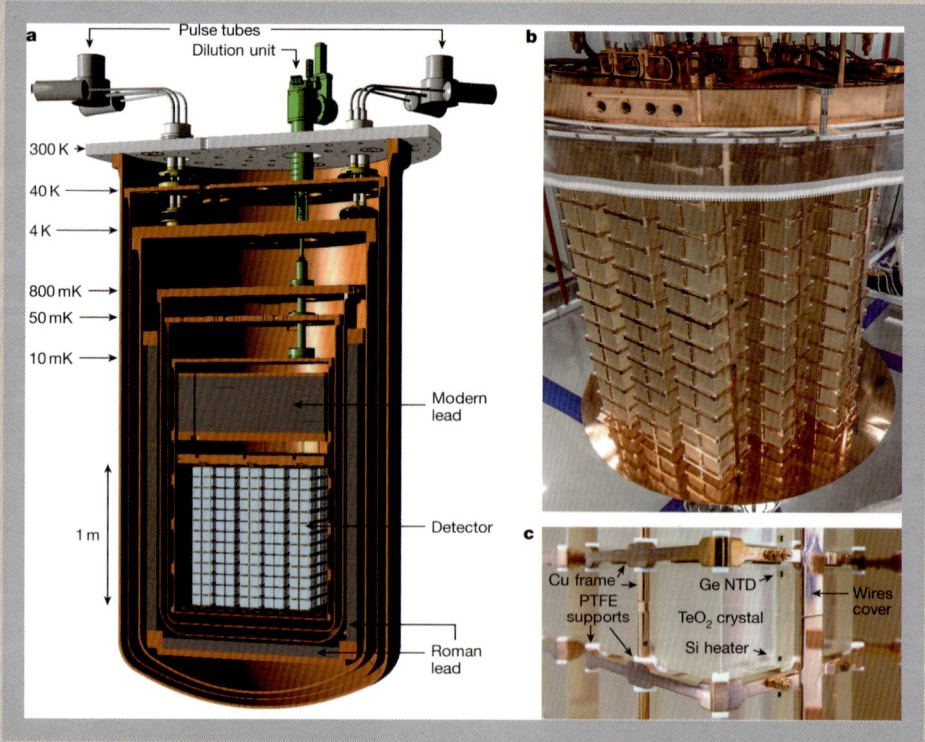

4月6日,复旦大学现代物理研究所马余刚院士团队参与的CUORE国际合作实验成果《利用极低温环境晶体寻找马约拉纳中微子》(Search for Majorana neutrinos exploiting millikelvin cryogenics with CUORE)在线发表于《自然》(Nature)。

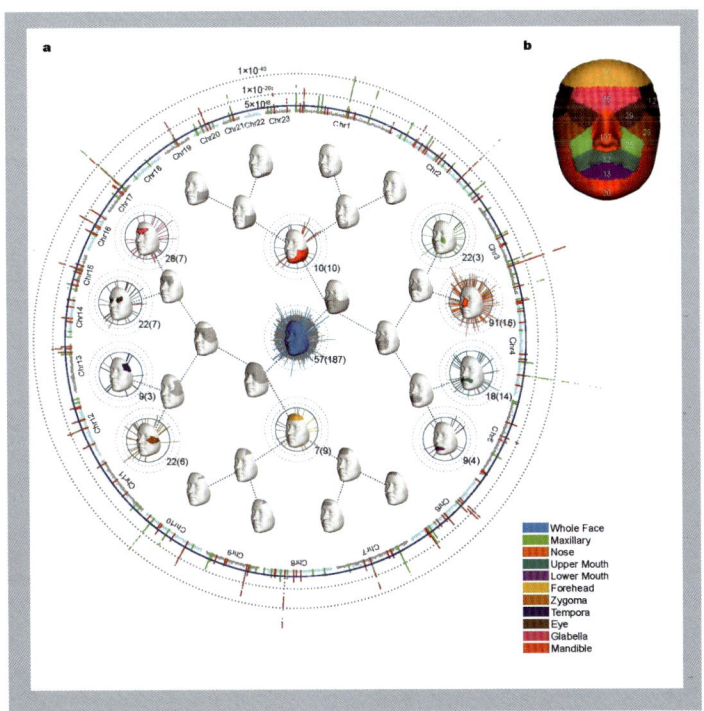

4月7日,中科院上海营养与健康研究所研究员汪思佳团队和中科院院士、复旦大学人类表型组研究院院长金力团队联合国内外科研机构的研究成果《构成东亚和欧洲人群面部形态差异的遗传变异》(Genetic variants underlying differences in facial morphology in East Asian and European populations)发表于《自然·遗传学》(Nature Genetics)。

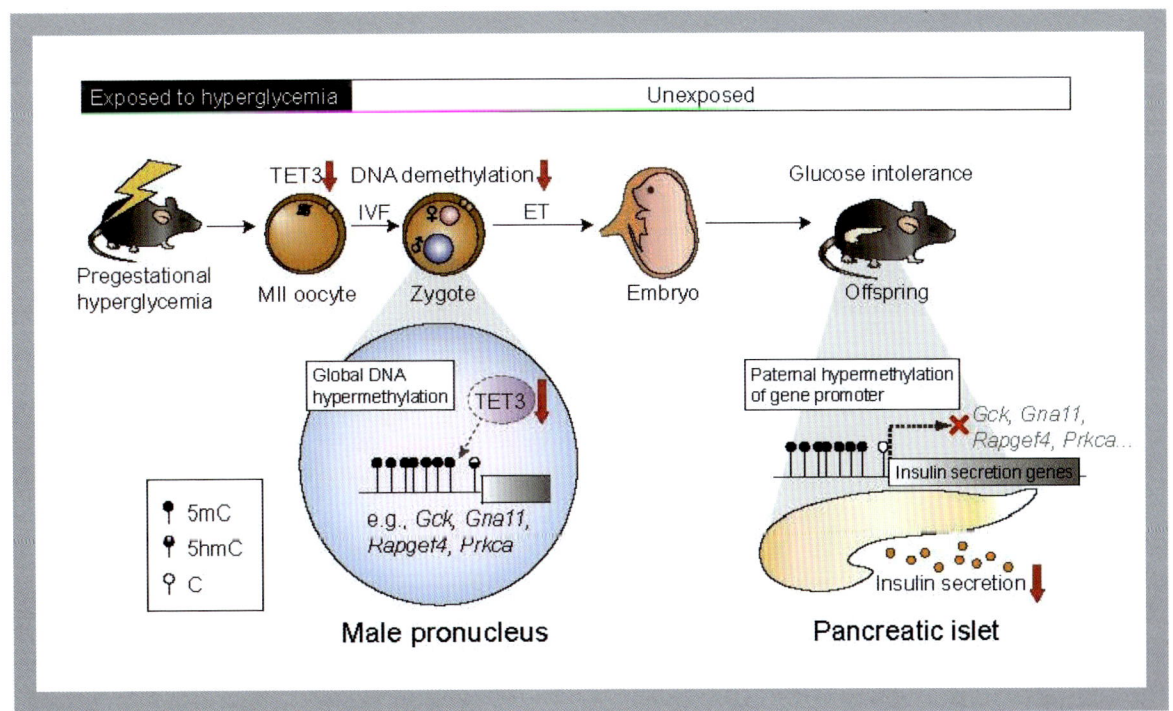

5月19日,由生殖与发育研究院教授黄荷凤与生物医学研究院教授徐国良领衔,浙江大学、复旦大学、中科院上海生命科学院与交通大学等多家单位合作完成的研究成果《卵母细胞TET3介导雌性配子源性成年代谢疾病》(Maternal inheritance of glucose intolerance via oocyte TET3 insufficiency)在线发表于《自然》(Nature)。

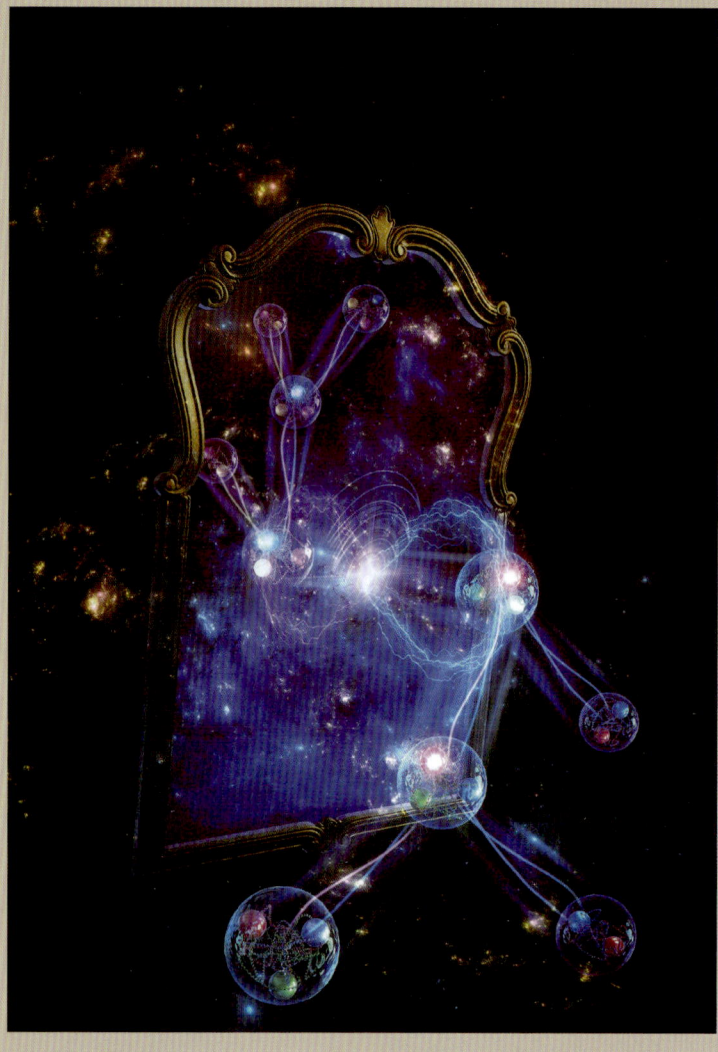

6月2日,复旦大学现代物理研究所粒子物理研究团队参与的北京谱仪III合作组(BESIII Collaboration)的研究成果《利用纠缠的双奇异重子探索电荷宇称对称性和弱相角》(Probing CP symmetry and weak phases with entangled double-strange baryons)发表于《自然》(*Nature*)。

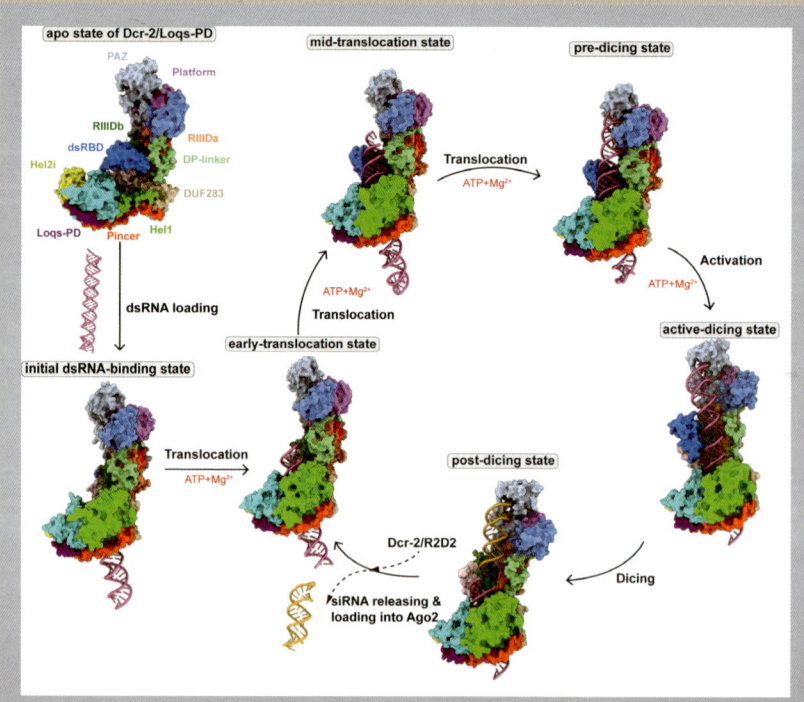

6月29日,生命科学学院教授麻锦彪团队与清华大学教授王宏伟团队的研究成果《果蝇Dicer-2和Loqs-PD复合物在双链RNA加工过程的结构深入解析》(Structural insights into dsRNA processing by Drosophila Dicer-2-Loqs-PD)在线发表于《自然》(*Nature*)。

9月7日，环境科学与工程系青年研究员王戎团队及合作者的研究成果《生物质能源作物的推迟使用可能导致全球的气候与食品危机》（Delayed use of bioenergy crops might threaten climate and food security）发表于《自然》（Nature）。

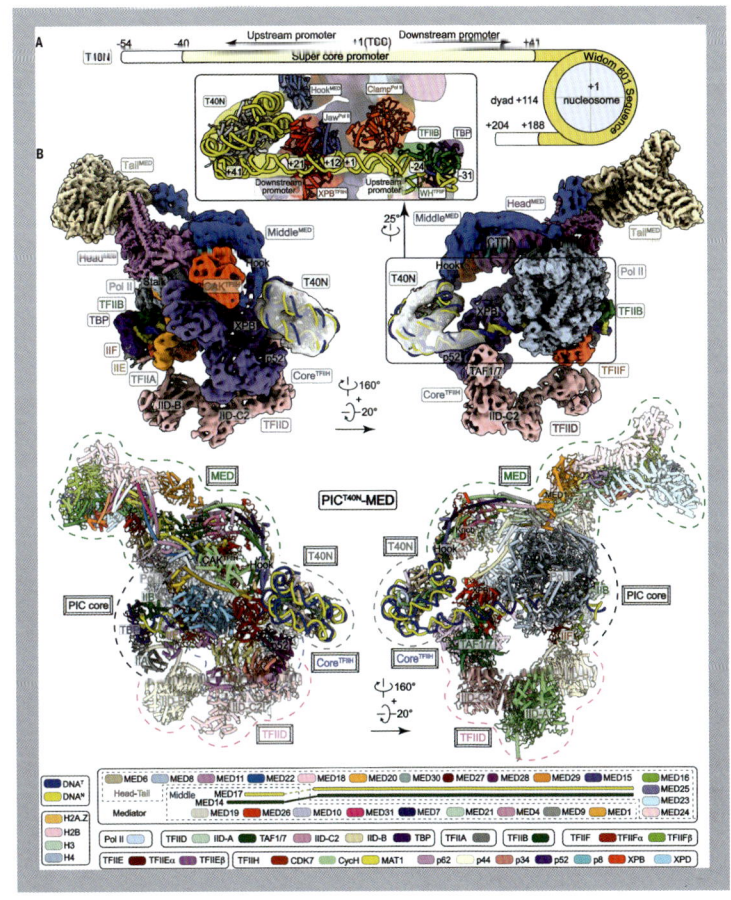

10月7日，附属肿瘤医院研究员、生物医学研究院兼职研究员徐彦辉课题组的研究成果《+1核小体转录起始复合物结构解析》（Structures of +1 nucleosome-bound PIC-Mediator complex）在线发表于《科学》（Science）。

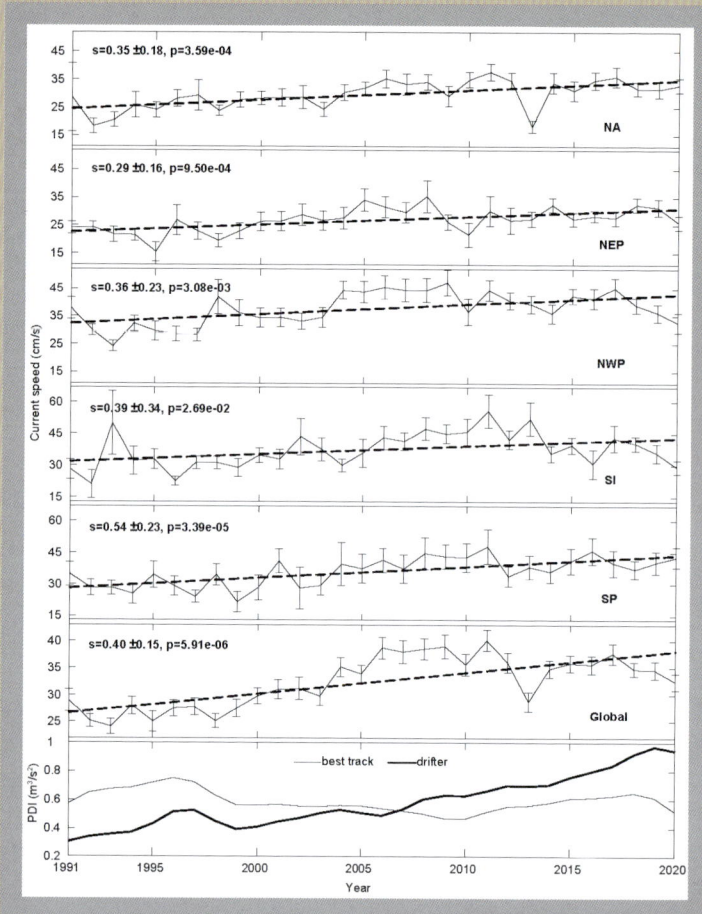

11月17日,大气与海洋科学系/大气科学研究院教授王桂华课题组与其合作者的研究成果《海流显示全球弱台风显著增强》(Ocean currents show global intensification of weak tropical cyclones)在线发表于《自然》(*Nature*)。

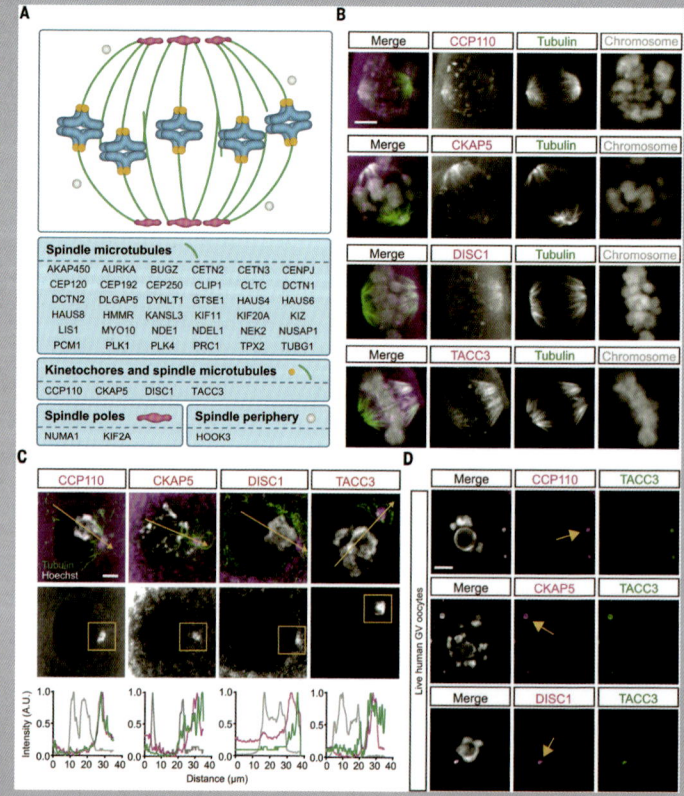

11月18日,生物医学研究院教授王磊、副研究员桑庆团队联合附属妇产科医院集爱遗传与不育诊疗中心主任医师、教授孙晓溪团队的研究成果《人类卵母细胞非中心体纺锤体组装的机制》(The mechanism of acentrosomal spindle assembly in human oocytes)发表于《科学》(*Science*)。

2月11日，上海医学院与南通经济技术开发区管委会签订战略合作协议。双方将携手建设一流区域医疗中心，扩大"复旦医疗"在长三角影响力，为推动长三角卫生健康一体化发展树立"新样板"。

2月21日，与云南沃森生物技术股份有限公司、上海蓝鹊生物医药有限公司签署三方战略合作协议。三方将发挥各自在基础研发、药物开发和疫苗产业化等方面的经验优势，建立密切、长久及融洽的战略合作关系。

8月4日,与大理白族自治州人民政府签署新一轮《大理白族自治州人民政府-复旦大学战略合作框架协议》,全力落实沪滇对口协作、教育部与云南省的部省战略合作工作。

8月11日,2022年复旦大学助力永平乡村振兴工作现场推进会在云南永平县永平会堂举行。

12月14日,粤港澳大湾区精准医学研究院(广州)与香港中文大学签订合作协议,在香港中文大学-复旦大学生命科学与医学联合研究中心合作框架下,依托粤港澳大湾区精准医学研究院(广州)打造合作平台,进一步深化和推进粤港澳大湾区精准医学研究院(广州)与香港中文大学的交流合作,助力粤港澳大湾区国际科技创新高地建设。粤港澳大湾区精准医学研究院(广州)是由广州市人民政府、广州南沙经济技术开发区管委会和复旦大学三方共同举办的省属事业单位。

10月19日,位于上海医学院福庆广场上的上医重庆歌乐山办学纪念校门正式落成揭牌。

2月18日，美国驻上海总领事何乐进（James Heller）率文化领事胡丹尼（Den Hoopingarner）、政治领事戴杰森（Jack Dart）等一行来校访问。校长金力会见何乐进一行。

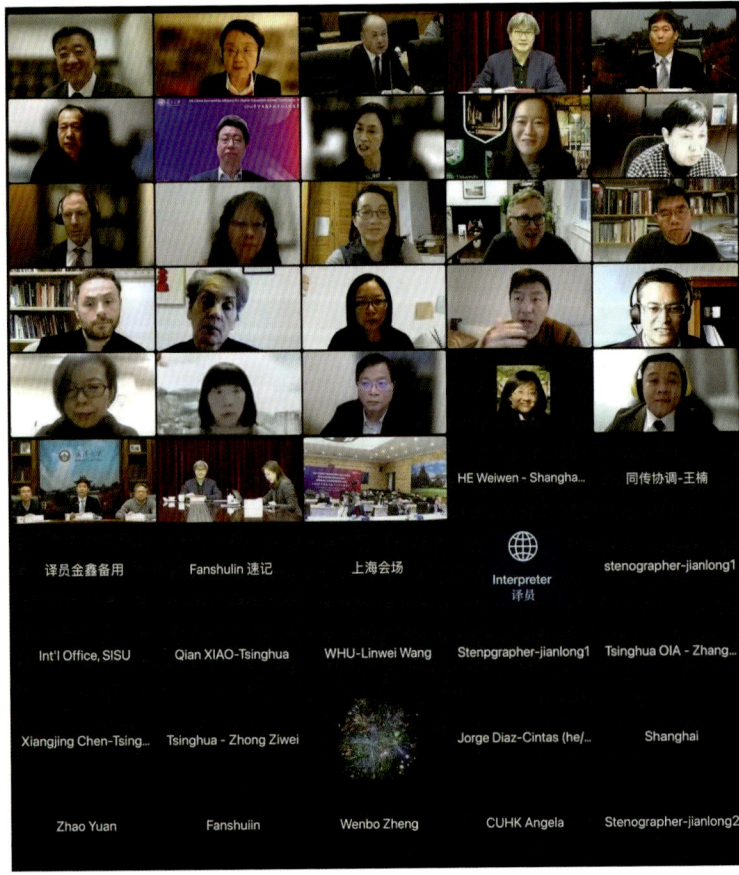

12月6日—7日，2022年中英高等教育人文联盟年度大会暨执行理事会议以线上线下结合方式在校召开。会议由中英高等教育人文联盟主办，复旦大学承办。

11月2日,举行复旦大学与中国人民保险集团股份有限公司战略合作签约仪式。双方将共建"复旦大学中国人保健康管理研究院",打造健康管理高水平研究和教育平台,开展重大课题合作研究,推进专业硕士联合培养工作,更好地促进学科发展和人才培养,以及研究成果转化应用。

11月17日,以线上线下结合方式举行人民日报社与复旦大学新一轮全面合作协议签约仪式。根据合作协议,双方将进一步加强优势互补、交叉融合,在深化习近平新时代中国特色社会主义思想学习与实践、扩大党中央机关报在校园的影响力、加强人才培养和学术研究多环节合作、加快推进媒体深度融合发展等方面深化合作,助力建设具有强大凝聚力和引领力的社会主义意识形态和宣传思想文化阵地,赋能新型主流媒体和"第一个复旦"建设。

8月11日，以复旦大学附属儿科医院首任院长陈翠贞命名的"陈翠贞儿童健康发展中心"在云南永平县正式揭牌。

9月14日，与内蒙古自治区人民政府签署战略合作框架协议。区校双方将在人才培养与教育合作、战略决策咨询、学科建设发展、科技创新与成果转化、医疗卫生领域合作、人才交流等方面开展深化合作，助力自治区高质量发展，助推"第一个复旦"建设。

7月16日，中国共产党党员、解放战争时期参加革命的享局级待遇的离休干部、原上海医科大学基础部主任、医学神经生物学国家重点实验室创始人、复旦大学上海医学院（原上海医科大学）神经生物学教授、博士生导师曹小定同志，因病医治无效，在上海逝世，享年92岁。

7月17日，中国共产党的优秀党员，著名核物理学家、教育家，中国科学院学部委员（院士）、国际欧亚科学院院士、发展中国家科学院院士，中央文史研究馆资深馆员，第九届、第十届全国政协委员，第六届、第七届中国科学技术协会副主席，第五届上海市科学技术协会主席，复旦大学教授、博士生导师，复旦大学原校长杨福家同志，因病在上海逝世，享年86岁。

4月10日，中国共产党党员、著名经济思想史学家、复旦大学经济学院教授、博士生导师叶世昌先生，因病医治无效，在上海逝世，享年93岁。

6月3日，著名物理学家、国务院政府特殊津贴专家、宝钢优秀教师、上海市教学名师、复旦大学物理学系教授苏汝铿先生，因病医治无效，在上海逝世，享年84岁。

1月13日,原上海第一医学院卫生系副主任、劳动卫生教研室副主任王簃兰教授,因病在上海逝世,享年96岁。

2月1日,优秀的教育工作者、复旦大学新闻学院教授、上海市新闻学会原常务理事、享受国务院特殊津贴专家、复旦大学原新闻系副系主任、复旦大学新闻学院新闻系原系主任叶春华教授,因病医治无效,在上海逝世,享年93岁。

12月8日,物理学系教授卡西莫·斑比(Cosimo Bambi)(上图左一)、上海市质子重离子医院(复旦大学附属肿瘤医院质子重离子中心)教授麦克·法利·莫耶(Michael Farley Moyers)(下图左一)获2022年度"白玉兰荣誉奖"。

9月15日,数学科学学院教授雷震(左一)、高分子科学系教授彭慧胜(左二)、化学系教授张凡(右一)获2022年"科学探索奖"。

1月27日,中山医院心内科教师团队获评第二批全国高校黄大年式教师团队。

4月28日,微电子学院教授张卫获全国五一劳动奖章。

11月6日，上海医学院原创主题话剧《行走在大山深处的白衣天使》在相辉堂北堂首次公开演出。

11月28日，以复旦大学研究生支教团接续奋斗24年支教事迹为背景的主题原创话剧《西望》在相辉堂北堂上演。

11月12日，复旦大学"瑞清"教育基金首次颁奖。化学系教授范康年（左图左二）获园丁奖，校友、中国科学院院士、中国科学技术大学校长包信和（右图左二）获杰出贡献奖。

11月30日，举行龙脉春秋——许德民东方抽象主义艺术展暨"抽天开象·龙脉春秋"捐赠揭幕仪式。

10月19日,举行庆祝上海医学院(原上海医科大学)创建95周年捐赠鸣谢仪式。

10月29日,召开复旦大学校友会第四届会员代表大会第一次会议。

11月7日,张江复旦国际创新中心科研楼项目实现结构封顶。

1月8日,举行首届光华论坛暨复旦大学校友会光华生命健康分会成立仪式。

8月26日，中国共产党的优秀党员，著名生物医学工程学专家，中国工程院院士，中国医学科学院首届学部委员、生物医学工程和信息学部主任，复旦大学首席教授、博士生导师、生物医学工程研究所所长王威琪同志，因病在上海逝世，享年83岁。

当地时间12月3日，著名遗传学家、中国基因治疗的开拓者、复旦大学首席教授、博士生导师、生命科学学院退休教授薛京伦先生，因病医治无效，在美国逝世，享年88岁。

复旦大学年鉴编纂委员会

主　　　任：裘　新　金　力

副　主　任：许　征　袁正宏　尹冬梅　金海燕　陈志敏
　　　　　　张人禾　徐　雷　汪源源　周　虎　马余刚

委　　　员：(按姓氏笔画排序)
　　　　　　朱　莹　许晓茵　严　峰　吴力波　吴　骅
　　　　　　余　青　陈玉刚　陈　焱　林　伟　姜育刚
　　　　　　顾东辉　钱海红　黄岸青

主　　　编：钱海红

副　主　编：江培翃　方　明　张轩赫　赵玮杰

编辑部主任：童子益

编　　　辑：(按姓氏笔画排序)
　　　　　　杜铁帅　季穗穗　曾　艺　甄炜旎

责任编辑：胡春丽

摄　　　影：成　钊等

凡 例

一、《复旦大学年鉴》是全面记载复旦大学年度工作和发展成就的资料工具书，由《复旦大学年鉴》编纂委员会主持编纂，复旦大学各部（处）、各院系等有关单位供稿，复旦大学出版社出版。

二、本年鉴以马列主义、毛泽东思想、邓小平理论、"三个代表"重要思想、科学发展观、习近平新时代中国特色社会主义思想为指导，贯彻科教兴国主战略，真实、客观、全面、准确地记载复旦大学的年度历史进程和重大事项。

三、本年鉴收编事项起自2022年1月，迄于2022年12月。为方便查检并求得内容的完整，部分内容在时间上略有延伸。

四、本年鉴在卷首设特载、专文、学校综述。其后共分14个栏目记录学校2022年度工作，采用栏目—分目—子目—条目四级结构层次。卷末有复旦大学文件、人物、表彰与奖励、大事记、统计数据和索引。

五、本年鉴各分目之首设"概况"条目，集中记述各单位、各领域的总体情况，便于各年度间的延续和相互比较。各单位以概况、条目、附录顺序编写。

六、本年鉴"人物"栏目，主要包括"教授名录"和"逝世人员名录"等分目。"教授名录"以所在单位为序排列，"逝世人员名录"收录正高级职务（含离休）逝世人员，以逝世先后为序排列。

七、"表彰与奖励"栏目刊录获局级以上（含局级）表彰与奖励的集体和个人名单。

八、本年鉴所刊内容由复旦大学各单位确定专人负责提供，并经本单位领导审定。

九、本年鉴有关全校的综合统计数据，由复旦大学办公室统筹；各职能部门统计数据由各部处提供、审定。统计数据截止日：按学年统计者，截至2022年9月30日；按自然年统计者，截至2022年12月31日。具体见统计表下注释。有少数数据，由于统计口径不一致，数值也不尽相同。

十、本年鉴的索引，主要采用主题分析索引的方法，按主题词首字汉语拼音字母顺序排列。同时，附表有辅助索引。索引使用方法，详见"索引说明"。

目 录

· 特载 · ……………………………… 1
建设"第一个复旦"系列研讨开幕动员讲话（焦 扬） 1
在建设"第一个复旦"系列研讨开幕论坛上的总结讲话（金 力） …………………………………… 3
在规划与"双一流"学科建设大会暨"第一个复旦"研讨会上的动员讲话（焦 扬） ……………… 5
融合创新 结构跃升 打造"第一个复旦"学科发展新格局
　　——在规划与"双一流"学科建设大会上的发言（金 力） …………………………………… 7
在全校人才工作会议上的讲话（焦 扬） …… 11
全面实施"大人才战略"，让复旦成为人才培育和成长的沃土
　　——在全校人才工作会议上的讲话（金 力） …………………………………………………… 15
多规合一 加强协同 加快建设"第一个复旦"贡献医科力量
　　——在复旦大学上海医学院2022年春季工作部署会上的讲话（金 力） …………………… 19
在复旦大学附属医院高质量发展主题论坛上的致辞（焦 扬） ………………………………… 22
在建设"第一个复旦"系列研讨之"基础-临床交叉融合与转化"主题论坛上的致辞（金 力） …… 23
在"一流医学人才培养"主题论坛上的致辞（焦 扬） ……………………………………………… 24
在复旦大学上海医学院（原上海医科大学）创建95周年"聚力建设'第一个复旦'书写上医新辉煌"主题论坛上的致辞（焦 扬） ……… 25
勇担使命探新路 踔厉奋发谱新篇
　　——在复旦大学上海医学院（原上海医科大学）创建95周年"聚力建设'第一个复旦'书写上医新辉煌"主题论坛上的主旨报告（金 力） …………………………………………… 26

· 专文 · ………………………………… 29
在2021年度安全生产大会上的讲话（金 力） … 29
在2022年春季工作会上的讲话（金 力） …… 31
旦复旦兮，追求每一次新进步
　　——在2022届毕业典礼上的讲话（金 力） …………………………………………………… 34

在全校党建工作会议上的讲话（焦 扬） …… 36
在全校精神文明建设工作会议上的讲话（焦 扬） …………………………………………………… 39
做顶天立地的学人
　　——在2022级开学典礼上的讲话（金 力） …………………………………………………… 42
在学校教材工作推进会暨教材建设表彰会上的讲话（焦 扬） ………………………………… 43
在全校统战工作会议上的讲话（焦 扬） …… 46
在传达学习贯彻党的二十大精神大会上的讲话（焦 扬） …………………………………………… 50
守正创新，引领添翼，不断强化新工科建设动能
　　——在复旦大学新工科建设战略咨询委员会成立大会上的讲话（金 力） ………………… 53

· 学校综述 · …………………………… 56
概况 …………………………………………… 56
2022年发展综述 ……………………………… 56
【概况】 ………………………………………… 56
【开展"第一个复旦"建设系列研讨】 ………… 60
【1项成果入选2021年度"中国生命科学十大进展"】 ……………………………………………… 60
【1个团队获评第二批全国高校黄大年式教师团队】 ……………………………………………… 60
【"双一流"建设学科数增至20个】 …………… 60
【1项成果入选第17届"中国科学十大进展"】 … 60
【1人获全国五一劳动奖章】 …………………… 60
【20个专业入选2021年度国家级一流本科专业建设点名单】 ……………………………………… 60
【举行"高质量发展与创新"论坛暨复旦大学附属眼耳鼻喉科医院建院70周年纪念活动】 …… 60
【3人获2022年"科学探索奖"】 ………………… 60
【3个项目获批国家自然科学基金基础科学中心项目】 ……………………………………………… 60
【举行纪念复旦大学上海医学院（原上海医科大学）创建95周年"聚力建设'第一个复旦'书写上医新辉煌"主题论坛】 ……………………………… 61
【举行复旦大学物理学系成立70周年暨应用表面物理国家重点实验室成立30周年发展论坛】 …… 61
【举行浦江科学大师讲坛开讲式暨首期讲坛】 … 61
【举行"上海论坛2022"年会】 …………………… 61
【举行纪念复旦经济学科百年主题活动】 …… 61

【召开2022年中英高等教育人文联盟年度大会暨执行理事会议】 ………… 61
【3人获上海市"白玉兰荣誉奖"】 ………… 61
学校领导班子成员及组织、机构负责人 ………… 61
 复旦大学党委领导成员 ………… 61
 复旦大学行政领导成员 ………… 61
 复旦大学上海医学院党委领导成员 ………… 62
 复旦大学上海医学院行政领导成员 ………… 62
 中共复旦大学第十五届委员会委员 ………… 62
 中共复旦大学第十五届纪律检查委员会委员 ………… 62
 复旦大学校务委员会 ………… 62
 复旦大学第七届学术委员会名单 ………… 62
 复旦大学第四届学术规范委员会委员名单 ………… 63
 复旦大学第十二届学位评定委员会 ………… 63
 复旦大学第十八届工会委员会 ………… 63
 复旦大学党政部门及群众团体负责人 ………… 63
 复旦大学院系所党政负责人一览表 ………… 65
 复旦大学直属单位及附属医院党政负责人 ………… 67
 复旦大学实体(运行)科研机构负责人 ………… 68
新增和调整各类委员会、领导小组(非常设机构)及其成员名单 ………… 70

一、院系所与公共教学单位 ………… 72
中国语言文学系 ………… 72
 【概况】 ………… 72
 【获上海市第十五届哲学社会科学优秀成果奖7项】 ………… 73
 【入选国家语委"党的十八大以来语言文字事业改革发展成就"2项】 ………… 73
 【获首届复旦大学教材建设奖8项】 ………… 73
 【举办纪念张世禄先生诞辰120周年座谈会】 ………… 73
 【联合举办"复旦大学-巴黎高师人文学科联合培养项目"八周年纪念会】 ………… 73
 【"宁波银行-复旦中文大讲堂"项目启动】 ………… 74
 【张雨获2022年射击(步手枪)世界锦标赛3项奖项】 ………… 74
哲学学院 ………… 74
 【概况】 ………… 74
 【邓安庆主持的国家社科基金重大项目结项并获评优秀】 ………… 75
 【徐英瑾成果获思勉青年原创奖】 ………… 75
 【PPE专业建设有序推进,完成首次招生】 ………… 75
 【举办第二十三届Sophia人文节】 ………… 75
 【举办2022年复旦大学-上海当代艺术博物馆艺术哲学暑期研修班】 ………… 76
 【举行国家社会科学基金重大项目"中国式现代化新道路与人类文明新形态研究"开题会】 ………… 76
 【举办王蘧常先生著作稿捐赠仪式、《王蘧常文集》新书发布会、王蘧常先生书法(线上)展览开幕式】 ………… 76
 【举办"哲学:专业教育、通识教育与公共教育"专题研讨会】 ………… 76
 【举办2022江南儒学研讨会】 ………… 76
 【中国科协-复旦大学科技伦理与人类未来研究院揭牌成立】 ………… 76
 【举办"逻辑方法与社会治理"学术研讨会暨上海市逻辑学会2022年学术年会】 ………… 76
 【召开上海市中华民族交流交往交融史料编写工作专家咨询会议】 ………… 76
历史学系 ………… 76
 【概况】 ………… 76
 【举办"纪念中韩建交30周年——大韩民国临时政府与中国"国际学术会议】 ………… 77
 【举办"碑之转身——中古中国石碑与石刻文化学术研讨会"国际学术会议】 ………… 77
 【举办复旦大学世界史青年论坛】 ………… 77
 【举办复旦大学历史学系2022年"博思"史学论坛】 ………… 77
文物与博物馆学系 ………… 77
 【概况】 ………… 77
 【与23家联合培养单位签署《关于考古学国家急需高层次人才培养合作协议》】 ………… 78
 【举办"雕画汉韵——寻找汉梦之旅"展览】 ………… 78
 【获2022年上海市优秀教学成果奖二等奖1项】 ………… 78
 【成功申请联合国教科文组织活态遗产与社区发展教席】 ………… 78
 【深度参与"长江口二号"古船的生物考古工作】 ………… 78
 【获第十三届"挑战杯"上海市大学生创业计划竞赛金奖1项】 ………… 78
外国语言文学学院 ………… 79
 【概况】 ………… 79
 【举行党员实践基地挂牌仪式】 ………… 80
 【组织冬奥会国际传播志愿服务队】 ………… 80
 【组织线上语伴结对活动】 ………… 80
 【召开学习党的二十大精神专题宣讲会】 ………… 80
法学院 ………… 80
 【概况】 ………… 80
 【与上海市司法局合作建设"复旦大学智慧法治实验室"】 ………… 81
 【举办第51届人权理事会常会边会2022人权、发展与环境研讨会】 ………… 81
 【与澳门科技大学法学院签署交流合作协议】 ………… 81
 【多方共建"双碳"目标法治保障研究基地】 ………… 81
 【与嘉定区人民法院达成上海法院数字经济司法研究及实践基地战略合作框架协议】 ………… 82

【召开中国法学会证券法学研究会 2022 年年会】 …… 82
【举行复旦大学"国际贸易规制与海关法"峰会】 …… 82
【签署"国际仲裁双硕士国际班项目"联合培养协议】 …… 82
【开展国家宪法日主题教育活动,加强法治宣传】 …… 82
【主办上海市法学会文化产业法治研究会 2022 年年会】 …… 82
【与马克思主义研究院、国际关系与公共事务学院、校纪委(国家监委驻复旦大学监察专员办公室)共同组建"复旦大学纪检监察院"】 …… 82
【学院多位教师在政府部门、学术团体中新任或连任重要职务】 …… 82

国际关系与公共事务学院 …… 82
【概况】 …… 82
【学院党委入选教育部第三批全国党建工作标杆院系创建单位】 …… 84
【举办第六届北大-复旦"国家治理深度论坛"】 …… 84
【举办青年全球治理创新设计大赛】 …… 84
【举办澜沧江-湄公河流域治理与发展创新设计大赛】 …… 85
【开展"荣昶学者"全球治理人才培养项目】 …… 85
【获 2022 年上海市优秀教学成果一等奖】 …… 85
【获多项上海市社会科学成果奖】 …… 85
【曹沛霖获上海市学术贡献奖】 …… 85

新闻学院 …… 85
【概况】 …… 85
【叶春华教授逝世】 …… 86
【举办第 8 届澳门国际传播周】 …… 86
【举办纪念延安《解放日报》改版 80 周年学术研讨会】 …… 86
【发布《中国青年网民社会心态调查报告(2009—2021)》】 …… 86
【新闻学院党委书记、院长调整】 …… 86
【举办第 18 届"中外新闻传播理论研究与方法"暑期学校】 …… 86
【举办"媒介融合新闻报道"中外合作教学周项目】 …… 86
【召开全球媒体全球传播复旦论坛】 …… 86
【召开第 15 届中国青年传播学者论坛】 …… 86
【举办传播与中国・复旦论坛(2022)】 …… 87
【举行纪念丁淦林教授诞辰 90 周年座谈会暨丁淦林新闻教育思想研讨会】 …… 87
【聘任全球传播全媒体研究院(筹)院长、副院长】 …… 87
【举办首届国际双学位合作与全球新闻传播人才培养八校论坛】 …… 87
【召开第 7 届传播与国家治理论坛】 …… 87
【举办第 3 届全国马克思主义新闻观论坛】 …… 87
【召开"数字中国・全球沟通"复旦论坛(2022)】 …… 87
【举办"世界与中国"全球讲堂系列高端论坛】 …… 87

经济学院 …… 87
【概况】 …… 87
【举办复旦经济学科百年系列活动】 …… 88
【2 篇论文在经济学顶尖期刊发表】 …… 88
【举办经济学院第六届生涯教育高峰论坛】 …… 89
【举办第十一届金融专硕全国优秀大学生线上夏令营活动】 …… 89
【1 人获张培刚经济学青年学者奖】 …… 89
【举办第七届专业学位研究生案例大赛】 …… 89
【推出经济学院首部原创大师剧《蒋学模》】 …… 89
【举办第七届复旦首席经济学家论坛】 …… 89
【复旦大学创新与数字经济研究院揭牌】 …… 89
【1 人获宝钢优秀教师特等奖提名奖】 …… 89
【复旦大学中国经济研究中心入选 CTTI"A+"等级】 …… 89
【《世界经济文汇》入选 2022"中国国际影响力优秀学术期刊"(人文社会科学)】 …… 89
【获上海市优秀教学成果(本科教育)特等奖】 …… 89

泛海国际金融学院 …… 89
【概况】 …… 89
【举办第四届国际万花筒创新挑战赛】 …… 90
【举办国际影响力金融峰会】 …… 90
【发布"复旦・蚂蚁金融必修课"】 …… 90
【举行泛海国际金融学院建院五周年系列活动】 …… 90
【成都市复旦西部国际金融研究院完成注册登记】 …… 90
【举办"金融研修院"二期培训项目】 …… 90
【非全日制金融 MBA 项目获得"特许金融分析师(CFA)大学联盟项目"认证】 …… 91
【举办"经典黄浦"金融女性创造营培训项目】 …… 91
【举办"数据资产交易学术研讨会"】 …… 91
【金融 MBA 学生项目获中国研究生金融科技创新大赛三等奖】 …… 91
【主办"金融科技:数字引领未来金融发展新趋势"主题论坛】 …… 91

管理学院 …… 91
【概况】 …… 91
【举行 2022 年管理学院新年论坛】 …… 92
【复旦 MBA 课程获 AACSB 最具启发创新奖】 …… 92
【推出在线教育平台】 …… 92
【举办第五届新制度会计学国际研讨会】 …… 92
【举行首期复旦 MBA 科创青干营开营暨复旦 MBA 科创先锋论坛】 …… 92

【举行学院科创战略实践两周年主题活动暨2022复旦管院科创周开幕式】 …… 93
【"复旦管院·朱家角"建新党建红色驿站揭牌】 …… 93
【1个项目获国家自然科学基金重大项目立项】 …… 93
【举行复旦大学致敬中国EMBA教育20周年暨新商业文明发展论坛】 …… 93

社会发展与公共政策学院 …… 93
【概况】 …… 93
【获第二届全国MSW研究生案例大赛特等奖】 …… 94
【心理学专业入选国家级一流本科专业】 …… 95
【获全国高校心理学专业本科生创业创新论坛一等奖】 …… 95
【社政学院党委入选上海党建工作标杆院系】 …… 95
【推进大中小一体化专业化课后服务支持体系项目】 …… 95
【学院多位教师获得第八届人口科学优秀成果奖】 …… 95

马克思主义学院 …… 95
【概况】 …… 95
【举办复旦大学第三届马克思主义理论学科全国研究生学术论坛】 …… 96
【复旦大学"思想道德与法治"虚拟教研室举办系列活动】 …… 96
【举办"中国共产党百年奋斗基本经验、基本理论与自我革命"暨"中共党史党建学科体系、学术体系、理论体系建设"学术研讨会】 …… 96
【举办第三届"暑期大学生望道经典研修班"】 …… 96
【举办复旦大学第十一届马克思主义理论暑期高级研修班】 …… 96
【与上海城投公路集团共建"新时代国企党建理论研究与实践基地"】 …… 96
【举办"学习贯彻党的二十大精神:延安'窑洞对'与党的自我革命"专题研讨会】 …… 96
【举办"产业转型升级与产业工人技能形成体系建设"学术研讨会】 …… 96
【举办第三届当代中外马克思主义比较研究论坛】 …… 97
【举办党的二十大精神融入思政课程系列集体备课会】 …… 97

国际文化交流学院 …… 97
【概况】 …… 97

数学科学学院 …… 99
【概况】 …… 99
【举行2022年校庆报告会暨非线性数学模型与方法教育部重点实验室学术年会】 …… 100
【雷震获"科学探索奖"】 …… 100
【雷震获第十七届上海市科技精英称号】 …… 100
【"非线性数学模型与方法"教育部重点实验室完成换届工作】 …… 100
【举行大学数学类专业课程教学研讨会】 …… 100
【举行"院士论坛"】 …… 100

物理学系 …… 100
【概况】 …… 100
【缅怀苏汝铿先生】 …… 102
【举办庆祝建系70周年暨应用表面物理国家重点实验室成立30周年活动】 …… 102
【获上海市教学成果奖特等奖1项】 …… 102

核科学与技术系/现代物理研究所 …… 102
【概况】 …… 102
【主办第13届"从Phi到Psi的正负电子对撞国际会议(PhiPsi2022)"】 …… 103
【主办"机器学习在核科学中的应用"学术交流会】 …… 103

化学系 …… 103
【概况】 …… 103
【举行浙江永宁药业奖励金颁奖仪式】 …… 104
【召开化学实验教学中心教学指导委员会第五次会议】 …… 104
【举办近思讲坛(第十九讲至二十三讲)】 …… 104
【举办复旦大学全国优秀大学生暑期夏令营(化学)活动】 …… 104
【2项作品获"微瑞杯"第三届全国大学生化学实验创新设计大赛华东赛区二等奖】 …… 104
【召开化学系校友会第二届会员代表大会】 …… 104
【举办复旦大学化学系-索尔维奖学金捐赠签约仪式】 …… 104
【举行"中化国际-闪亮高性能"奖学金捐赠仪式暨颁奖仪式】 …… 104
【3名本科生在第十六届上海大学生化学实验竞赛中获奖】 …… 104

高分子科学系 …… 104
【概况】 …… 104
【获上海市级教学成果奖特等奖】 …… 105
【彭慧胜获德国Falling Walls科学突破奖】 …… 105
【举办复旦大学高分子学科发展研讨会】 …… 105

化学与材料学院 …… 105
【概况】 …… 105
【徐华龙同志任化学与材料学院党委书记】 …… 106
【复旦大学"瑞清"教育基金管理委员会成立】 …… 106
【举办"科技论文写作"系列讲座】 …… 106
【通过《复旦大学"瑞清"特聘讲席教授和青年学者聘任办法》】 …… 106
【举办首届复旦大学"瑞清"教育基金颁奖典礼】 …… 106
【化学、材料科学与工程学科学术发展中心成立】 …… 106
【丁建东、赵东元任新工科建设战略咨询委员会委员】 …… 106

【推进"宝山-复旦科创中心"建设】…… 106
环境科学与工程系 …… 106
　【概况】 …… 106
　【赴马来西亚开展海外清洁生产示范工作】 …… 107
　【环境系两位教师入选中国矿物岩石地球化学学会第十届专业（工作）委员会】 …… 107
　【兼职教授 Christian George 荣膺欧洲科学院院士】 …… 107
　【宋卫华当选英国皇家化学会会士】 …… 107
　【两项造纸行业碳中和团体标准正式发布】 …… 107
　【王梓萌获美国化学会詹姆斯 J. 摩尔根青年科学家奖】 …… 107
大气与海洋科学系/大气科学研究院 …… 107
　【概况】 …… 107
　【开展"世界气象日"主题党日活动】 …… 108
　【大气科学专业入选国家级一流本科专业建设点】 …… 108
　【举办第二届复旦大学大气科学前沿问题国际研讨会】 …… 108
　【获批新增全国首个"气象专硕"学位授权点】 …… 108
　【协同中国气象局、科研院所与香港天文台联合开展"木兰"三维加密目标观测与同化预报试验】 …… 108
　【"海-陆-气系统与北半球中高纬极端天气气候"基础科学中心项目获批立项】 …… 108
　【"碳中和背景下亚太气候变化对大气环境和公众健康影响风险和治理国际联合实验室"项目获批立项】 …… 108
　【1项科研成果发表于《自然》杂志】 …… 108
　【在"人工智能气象与气候预测"比赛中获奖】 …… 108
信息科学与工程学院 …… 109
　【概况】 …… 109
　【获上海市教学成果奖二等奖2项】 …… 110
　【迟楠当选党的二十大代表】 …… 110
　【院领导班子调整】 …… 110
计算机科学技术学院 …… 110
　【概况】 …… 110
　【3人入选爱思唯尔（Elsevier）2021"中国高被引学者"榜单】 …… 111
　【承办第七届XCTF国际网络攻防联赛分站赛*CTF】 …… 111
　【复旦大学首个国家科技创新2030—"新一代人工智能"重大项目正式启动】 …… 111
　【召开学院行政负责人调整宣布会议】 …… 111
　【姜育刚当选国际模式识别学会会士（IAPR Fellow）】 …… 111
　【多位教师获2021年度上海市计算机学会教学成果奖】 …… 111
　【四位研究生获2021年度上海市计算机学会优秀博士、硕士学位论文奖及提名奖】 …… 111

　【多位教师获2021年度上海市计算机学会科学技术奖】 …… 111
　【举办IEEE通信学会智能网络与计算研讨会】 …… 111
　【获全国大学生计算机系统能力大赛编译系统设计赛二等奖】 …… 112
　【获ACM竞赛本科生组第一名】 …… 112
　【多项教学成果入选上海市高等教育优秀教学成果奖】 …… 112
　【王晓阳当选CAAI会士】 …… 112
　【2项成果获2022年度"CCF科技成果奖"自然科学二等奖】 …… 112
　【举办2022 CCF中国软件大会】 …… 112
软件学院 …… 112
　【概况】 …… 112
　【获ACL 2022杰出系统论文奖】 …… 112
　【获2022年度教育部-华为"智能基座"优秀教材奖】 …… 112
国家保密学院 …… 113
　【概况】 …… 113
　【学院学子获多个国家级、省部级大赛奖项】 …… 113
　【学院多位毕业生入职专业对口岗位】 …… 113
微电子学院 …… 113
　【概况】 …… 113
　【获上海市优秀教学成果一等奖】 …… 114
　【"集成电路科学与工程"一级学科入选"双一流"建设名单】 …… 114
　【与南芯半导体签署捐赠协议】 …… 114
　【集成芯片与系统全国重点实验室获批首批20家标杆全国重点实验室】 …… 114
　【开展集成电路创新项目路演】 …… 114
　【发布科普丛书"'芯'路丛书"并成立宣讲团】 …… 114
　【组织师生党员学习党的二十大报告系列活动】 …… 114
材料科学系 …… 115
　【概况】 …… 115
　【任命俞燕蕾为材料科学系主任】 …… 115
　【入选第二轮"双一流"学科建设名单】 …… 115
　【入选国家级一流本科专业建设点】 …… 115
　【获国家杰出青年科学基金项目1项】 …… 115
　【李劲当选中国腐蚀与防护学会常务副理事长】 …… 115
　【学习宣传贯彻党的二十大精神】 …… 116
　【举办"领航成材"咖香面对面活动】 …… 116
　【1人获评上海市课程思政教学名师】 …… 116
　【举办材料科学系2022年教学创新大赛】 …… 116
航空航天系 …… 116
　【概况】 …… 116
　【举办"踔厉奋发,空天起航"复旦-同济-上交联合博士生学术论坛】 …… 117

生命科学学院 …………………………………… 118
　【概况】 …………………………………… 118
　【多篇论文发表于国际顶尖期刊】 ………… 119
　【2个项目获上海市优秀教学成果奖】 …… 119
　【举办2021年度遗传工程国家重点实验室学术
　　年会】 …………………………………… 119
　【生物多样性与生态工程教育部重点实验室评估
　　获评优秀】 ……………………………… 119
　【组织美国生态学会期刊《生态学》(Ecology)首个
　　中国专刊】 ……………………………… 119
　【举办生命科学学院2022级研究生迎新大会】
　　…………………………………………… 120
　【召开两项"病原学与防疫技术体系研究"重点专项
　　项目联合启动会】 ……………………… 120
　【举办复旦大学生命科学学院第二十二届秋烨
　　生命节】 ………………………………… 120
　【举办2022年复旦大学博士生学术论坛之生命
　　科学论坛】 ……………………………… 120
　【获两项上海科普教育创新奖】 …………… 120
　【赵芷萱获评"第五届全国百佳心理委员"】 … 120
　【举办"接力百年奋斗，科技强国有我——走好
　　研究生第一步"主题党日活动】 ………… 120
大数据学院 …………………………………… 120
　【概况】 …………………………………… 120
　【举办暑期学校暨人工智能训练营】 ……… 121
　【召开大数据学院工会第一届第一次会员大会】
　　…………………………………………… 121
　【举办第七届数据科学国际会议】 ………… 121
艺术教育中心 ………………………………… 121
　【概况】 …………………………………… 121
　【艺术作品被重要博物馆馆藏】 …………… 122
　【参与共青团建团100年献礼歌曲《有我》视频
　　录制】 …………………………………… 122
　【复旦剧社推出"每个人都要做一颗好种子"
　　SEED大师公益课】 …………………… 122
　【举办"天问·问天"艺术与科技作品展】 … 122
体育教学部 …………………………………… 122
　【概况】 …………………………………… 122
　【获2021年上海市大学生足球联盟联赛女子校园
　　组冠军】 ………………………………… 123
　【举行复旦大学首届健康跑活动】 ………… 123
　【获上海市第十七届运动会排球项目金牌2枚】
　　…………………………………………… 123
　【在2022年上海市大学生田径锦标赛中斩获
　　多枚奖牌】 ……………………………… 123
　　附录
　　　2022年复旦大学体育竞赛成绩一览 … 123
分析测试中心 ………………………………… 126
　【概况】 …………………………………… 126
发育生物学研究所 …………………………… 126

　【概况】 …………………………………… 126
古籍整理研究所 ……………………………… 127
　【概况】 …………………………………… 127
　【举办古文献新视野系列讲座】 …………… 127
　【举办"第六次明代文学研究青年学者论坛暨古典
　　诗文的辨体与修辞专题学术研讨会"】 … 127
　【举办前沿学术讲座】 ……………………… 127
　【联合主办"中日汉籍研究学术研讨会"】 … 127
　【联合主办"光华古文献学研究生论坛"】 … 127
　【自设王靖宇-鲍亦康奖助学金年度项目】 … 127
中国历史地理研究所 ………………………… 127
　【概况】 …………………………………… 127
　【葛剑雄主编《中国移民史》(七卷十册)再版】 … 128
　【举办中国历史地理研究所建所40周年大会】
　　…………………………………………… 128
　【一项学术成果获中国测绘学会2022年优秀地图
　　作品裴秀奖铜奖】 ……………………… 128
　【《儒雅清正铸师魂——邹逸麟先生纪念文集》出版】
　　…………………………………………… 128
　【举办"融合与创新"边海地图与边疆史地研究学术
　　研讨会】 ………………………………… 128
　【举办"2022南方丝绸之路高峰论坛"】 … 128
　【"中国顶尖学科出版工程·复旦大学历史地理
　　学科"丛书出版】 ……………………… 129
　【《大清一统志(全三十册)》出版】 ………… 129
高等教育研究所 ……………………………… 129
　【概况】 …………………………………… 129
社会科学高等研究院 ………………………… 129
　【概况】 …………………………………… 129
　【举办"哲学社会科学新思潮和新方法"学术论坛】
　　…………………………………………… 129
　【联合举办"认识中国现代国家:理论与历史的对话"
　　学术研讨会】 …………………………… 129
国际问题研究院 ……………………………… 130
　【概况】 …………………………………… 130
　【发布品牌报告】 …………………………… 130
　【连续第四次获聘"外交部政策研究课题重点合作
　　单位"】 ………………………………… 130
　【举办5场校庆报告会】 …………………… 130
　【获3项上海市哲社优秀成果奖】 ………… 130
　【入选高校智库评价三大榜单】 …………… 131
先进材料实验室 ……………………………… 131
　【概况】 …………………………………… 131
　【获第八届中国国际"互联网+"大学生创新创业大赛
　　全国金奖、上海赛区金奖及优秀指导教师称号】
　　…………………………………………… 131
发展研究院 …………………………………… 131
　【概况】 …………………………………… 131
　【首次发布《2021年上海消费市场大数据蓝皮书》】
　　…………………………………………… 132

【助理研究员李琴获评"全国长江禁渔执法监管先进个人"】 …… 132
【发布《中国网络社会心态报告(2020)》】 …… 132
【举办"复旦大学2022智库周系列活动"】 …… 132
【举办2022全球网络空间治理国际研讨会】 …… 132
【举办林业碳汇与实现路径研讨会】 …… 132
【举办中韩大学生领导力交流项目十周年系列活动之"中韩学生深度对话"】 …… 133
【举办2022年上海暑期学校(金砖国家项目)】 …… 133
【复旦发展研究院合作研究成果获第六届中国水产学会范蠡科学技术奖二等奖】 …… 133
【举办2022金砖国家智库国际研讨会】 …… 133
【研究员王帆入选"上海市健康科普青年英才能力提升专项"】 …… 133
【举办2022年世界互联网大会乌镇峰会"网络空间国际规则:实践与探索"论坛】 …… 133
【举办第四届复旦-拉美大学联盟年会】 …… 133
【商务部副部长盛秋平到复旦大学就消费市场大数据实验室(上海)建设情况与成效进行调研】 …… 133
【文化和旅游部科技教育司副司长杨莎莎到文旅部数字文化保护与旅游数据智能计算重点实验室(复旦大学)调研】 …… 133
【举办"上海论坛2022"】 …… 133
【举办第七届传播与国家治理论坛】 …… 133

二、上海医学院 …… 134

综述 …… 134
【概况】 …… 134
【举行复旦大学上海医学院创建95周年师生元旦健康跑活动】 …… 137
【举行2021年度"一健康基金"颁奖仪式】 …… 137
【与南通经济技术开发区签订战略合作协议】 …… 137
【5个学科入选第二轮"双一流"建设学科】 …… 137
【与徐汇区卫生健康委员会合作共建签约】 …… 137
【复旦大学口腔医学院正式成立】 …… 137
【举行复旦大学上海医学院2022级新生迎新大会】 …… 137
【复旦上医多项成果获2021年度上海医学科技奖】 …… 137
【举办复旦大学"十大医务青年"二十周年交流论坛】 …… 137
【举行复旦上医创建95周年大型健康咨询活动】 …… 138
【抗战时期上医重庆歌乐山办学纪念校门揭牌】 …… 138
【举行复旦上医创建95周年捐赠鸣谢仪式】 …… 138
【举行纪念复旦大学上海医学院(原上海医科大学)创建95周年"聚力建设'第一个复旦'书写上医新辉煌"主题论坛】 …… 138
【上医文化中心落成】 …… 138
【举行第八届上医文化论坛】 …… 138
【举行中国人民保险-复旦大学战略合作签约仪式】 …… 138
【上海市欧美同学会(上海市留学人员联合会)复旦大学上海医学院分会成立】 …… 138
【韩启德院士赴上医考察调研】 …… 138
【启动全国首个立项的综合类国家医学中心建设项目】 …… 139
【举行复旦上医首期"枫林科技沙龙"】 …… 139
【举行2022年上海传染病论坛】 …… 139
【召开2022上海智能医学论坛暨第五届复旦大学人工智能医学影像论坛】 …… 139

基础医学院 …… 139
【概况】 …… 139
【召开复旦大学基础医学强基拔尖学生学术培养交流会暨《步行者:闻玉梅传》新书分享会】 …… 140
【召开基础医学院春季务虚会暨建设"第一个复旦"基础医学人才工作专题会】 …… 140
【召开基础医学院党委书记调整宣布大会】 …… 141
【召开第四届国际感染病科学与应用研讨会】 …… 141

公共卫生学院 …… 141
【概况】 …… 141
【成立公共卫生学院公卫战疫者流调志愿服务队】 …… 142
【举行中华预防医学会社会医学分会——第三期社会医学学科发展论坛暨上海市预防医学会社会医学专委会学术论坛】 …… 142
【举办德隆公共卫生论坛(海外校友专场)】 …… 142
【举办第六届"一带一路"及全球治理国际论坛公共卫生分论坛】 …… 142
【召开公共卫生安全教育部重点实验室2022年度学术委员会会议】 …… 143
【召开国家卫生健康委员会卫生技术评估重点实验室2022年度学术委员会会议】 …… 143
【举办第十五届中国卫生技术评估论坛】 …… 143
【举办2022阳光论坛】 …… 143

药学院 …… 143
【概况】 …… 143
【承办第六届光华青年学者论坛药学分论坛】 …… 144
【举办"松德云论坛"系列活动】 …… 144
【药学学位评定分委会换届】 …… 144
【成立上海市生物医药放射性专业技术服务平台】 …… 144
【举办"七一"党员大会】 …… 144
【与永平县鸿瑞农业科技开发有限责任公司签署专家工作站合作协议】 …… 144
【成立代谢性疾病小分子新药开发校企联合实验室】 …… 144
【举办复旦大学药学院新一轮"双一流"药学教育

与学科发展研讨会】 …………… 144
【召开松德基金发起人会议暨复旦大学药学院
　与校友企业合作交流研讨会】 …………… 144
【举行与上海市第五人民医院党建共建暨科研
　战略合作启动仪式】 ……………………… 145
【举办2022复旦新药创制论坛】 …………… 145
【举办"聚焦新靶点、新分子、新技术,助推药物
　创新和转化"博士生学术论坛】 ………… 145
护理学院 ………………………………………… 145
　【概况】 ……………………………………… 145
　【6个社会实践基地签约授牌】 …………… 146
　【举办第1期课程思政研讨班】 …………… 146
　【举办第2期卫生技术人员培训班】 ……… 146
　【获五星级评级及指南透明奖】 …………… 146
　【获国家自然科学基金2项资助】 ………… 146
　【1人获美国护理科学院Fellow称号】 …… 146
　【成立教师教学发展分中心】 ……………… 146
　【举办第四届PROMIS国际研讨会】 ……… 146
　【举办第五届复旦循证护理国际论坛】 …… 146
　【1人获"超级博士后"资助】 ……………… 147
生物医学研究院 ………………………………… 147
　【概况】 ……………………………………… 147
　【多项研究取得重要进展】 ………………… 147
　【多位教师获奖】 …………………………… 147
脑科学研究院 …………………………………… 147
　【概况】 ……………………………………… 147
　【发表多篇重要论文】 ……………………… 148
　【举办2022级研究生迎新暨入学教育活动】 … 148
放射医学研究所 ………………………………… 148
　【概况】 ……………………………………… 148
　【发表多篇高影响因子论文】 ……………… 149
　【举办放射医学研究所成立60周年庆祝大会】
　 ……………………………………………… 149
实验动物科学部 ………………………………… 149
　【概况】 ……………………………………… 149

三、发展规划与学科建设 …………… 151
发展规划与学科建设 …………………………… 151
　【概况】 ……………………………………… 151
　【举办建设"第一个复旦"系列研讨之"基础-临床
　交叉融合与转化"主题论坛】 …………… 151
　【举办学科学术发展中心启动会】 ………… 151
　【举办复旦大学新工科战略咨询委员会成立大会】
　 ……………………………………………… 151
"双一流"建设 …………………………………… 152
　【概况】 ……………………………………… 152
　　附录 ……………………………………… 152
　　　复旦大学第七届学术委员会名单 …… 152

复旦大学第四届学术规范委员会委员名单
　 ……………………………………… 153
复旦大学发展与规划委员会名单 ……… 153
复旦大学新工科建设战略咨询委员会名单
　 ……………………………………… 153
复旦大学上海高校高峰学科名单 ……… 154
复旦大学第二轮"双一流"建设学科名单
　 ……………………………………… 154

四、人才培养 …………………………… 155
本科生教育 ……………………………………… 155
　本科生招生 …………………………………… 155
　　【概况】 …………………………………… 155
　　【首期复旦大学周末学堂学生结业】 …… 155
　　【开展大规模线上招生选拔工作】 ……… 155
　　【首批实施强基计划招生选拔方式改革】 … 155
　本科生培养 …………………………………… 155
　　【概况】 …………………………………… 155
　　【新增20个国家级一流本科专业建设点】 … 156
　　【举办第二届海峡两岸暨港澳服务学习研讨会】
　　 …………………………………………… 156
　　【召开教材工作推进会暨教材建设表彰会】 … 156
　　【39项本科项目获评2022年上海市优秀教学
　　成果】 …………………………………… 156
　　【举办复旦大学第十一届创新教与学研讨会】
　　 …………………………………………… 156
　　【举办学校课程思政表彰会暨骨干教师培训班】
　　 …………………………………………… 156
　　【形成"校史中的课程思政"教学研究成果】 … 156
　　【获第八届中国国际"互联网+"大学生创新创业
　　大赛多个奖项】 ………………………… 157
　　附录 ……………………………………… 157
　　　2022年复旦大学本科专业设置 ……… 157
　　　复旦大学2022年本科修读校内第二专业
　　　及第二学位专业设置 ………………… 159
　　　复旦大学"七大系列"精品教材立项名单
　　　 ………………………………………… 160
　　　上海市课程思政示范项目 …………… 161
　　　上海市课程思政教学设计展示活动获奖
　　　情况 …………………………………… 163
　　　复旦大学课程思政标杆课程 ………… 163
　　　第二届上海市高校教师教学创新大赛 … 164
　　　第二届全国高校教师教学创新大赛 … 164
　　　第五届上海高校青年教师教学竞赛获奖
　　　情况 …………………………………… 164
　　　2022年度上海高校市级重点课程 …… 165
　　　2022年上海市优秀教学成果(本科) … 165
　　　2022年全国大学生数学建模竞赛获奖情况
　　　 ………………………………………… 168

第六届全国大学生计算机系统能力培养
　　大赛(龙芯杯)获奖情况 …………… 171
2022年第十五届全国大学生信息安全竞赛
　　获奖情况 ……………………………… 171
2022年YICGG"荣昶杯"青年全球治理创新
　　设计大赛获奖情况 ……………………… 172
2022年YICMG澜湄青创赛获奖情况 …… 172
2022年第三届"华数杯"全国大学生数学建模
　　竞赛获奖情况 …………………………… 172
第十三届丘成桐大学生数学竞赛获奖情况
　　 ……………………………………………… 172
2022年美国数学建模竞赛获奖情况 ……… 172
第五届华东地区中国大学生物理学术竞赛
　　获奖情况 ………………………………… 173
第十一届全国高校物理实验教学研讨会
　　获奖情况 ………………………………… 174
第三届"微瑞杯"全国大学生化学实验创新
　　设计大赛(华东赛区)获奖情况 ……… 174
第七届全国大学生生物医学工程创新设计
　　大赛获奖情况 …………………………… 174
2022年全国大学生生命科学竞赛获奖情况
　　 ……………………………………………… 174
2022年国际基因工程机器大赛(IGEM)
　　获奖情况 ………………………………… 175
第十届全国大学生光电设计竞赛获奖情况
　　 ……………………………………………… 175
第24届华东杯大学生数学建模邀请赛获奖
　　情况 ……………………………………… 175
第五届上海市大学生力学竞赛获奖情况
　　 ……………………………………………… 176
第十六届上海大学生化学实验竞赛获奖
　　情况 ……………………………………… 177
第八届全国大学生物理实验竞赛(创新)
　　获奖情况 ………………………………… 177
第十三届中国大学生物理学术竞赛(全国赛)
　　获奖情况 ………………………………… 177
ICPC国际大学生程序设计竞赛获奖情况
　　 ……………………………………………… 178
CCPC中国大学生程序设计竞赛获奖情况
　　 ……………………………………………… 179
ACM学生研究竞赛(Student Research
　　Competition,简称ACM SRC)获奖
　　情况 ……………………………………… 180
第六届全国大学生集成电路创新创业大赛
　　获奖情况 ………………………………… 180
外语类各类竞赛获奖情况 ………………… 180
医学类各类竞赛获奖情况 ………………… 184
其他竞赛获奖情况 ………………………… 185

研究生教育 …………………………………… 186
【概况】 ………………………………………… 186
【《复旦大学研究生教育博英计划行动方案(2020—
　　2022)》全面落实】 …………………… 187
【11个项目获上海市高等教育优秀教学成果奖项
　　(研究生教育)】 ………………………… 188
【实施工程硕博士改革专项招生】 ………… 188
【进一步推进招生方式改革】 ……………… 188
【"卓博计划"招生培养工作深入推进】 …… 188
【全面推进博士研究生资格考试工作】 …… 188
【开展二级学科自主设置与调整工作】 …… 188
【深入开展研究生教育督导,创设院系研究生教育
　　质量年度报告制度及质量评价结果与绩效联动
　　机制】 …………………………………… 188
【多措并举加强导师培训及开展"导师关爱行动"】
　　 ……………………………………………… 188
【完成工程类专业学位领域对应调整和设置】 …… 189
【开展2022年硕士生招生网络远程复试工作】
　　 ……………………………………………… 189
【推进研究生课程思政和教材建设项目】 … 189
【研究生成绩单版式和服务更新】 ………… 189
【启动文科博士生国际访学资助项目】 …… 189
【完成第十二届校学位评定委员会换届】 … 189
【评选2021年度复旦大学优秀博士学位论文】
　　 ……………………………………………… 189
　　附录 ……………………………………… 189
　　　　国务院学位委员会第八届委员名单
　　　　　(复旦大学) ……………………… 189
　　　　国务院学位委员会第八届学科评议组
　　　　　成员名单(复旦大学) …………… 189
　　　　复旦大学一级学科博士学位授权点一览表
　　　　　 ……………………………………… 190
　　　　复旦大学培养研究生学科、专业目录
　　　　　(学术学位) ……………………… 192
　　　　复旦大学培养研究生学科、专业目录
　　　　　(专业学位) ……………………… 198
　　　　2022年复旦大学在职博士生指导教师
　　　　　一览表 …………………………… 200

留学生教育 …………………………………… 269
【概况】 ………………………………………… 269
【1名留学生获"感受中国新时代"主题征文、摄影
　　和短视频大奖赛三等奖】 ……………… 269
【设立复旦大学"国际儒联学者计划"硕士项目
　　奖学金】 ………………………………… 269
【设立复旦大学外国留学生预科项目】 …… 269
【复旦留学生代表队获第五届"外教社杯"全国高校
　　学生跨文化能力大赛上海赛区冠军】 … 269

继续教育 …………………………………… 269
【概况】 ………………………………………… 269
　　附录 ……………………………………… 270
　　　　2022年复旦大学高等学历继续教育专业
　　　　　设置 ……………………………… 270

非学历教育 …… 270
　【概况】 …… 270
　【成立非学历教育管理办公室】 …… 270
　【落实中央巡视整改要求】 …… 270
　【持续开展非学历教育领域问题专项整治】 …… 271

五、科学研究与产业 …… 272

理工科、医科科研 …… 272
　【概况】 …… 272
　【新增国家重点研发计划牵头项目31项】 …… 273
　【新增科技创新2030重大项目13项】 …… 273
　【获国家自然科学基金基础科学中心项目3项】 …… 274
　【获国家自然科学基金创新研究群体项目1项】 …… 274
　【获国家自然科学基金重大项目1项、课题4项】 …… 274
　【获国家自然科学基金重点项目21项】 …… 274
　【获国家自然科学基金重大研究计划(集成项目、重点项目)项目3项】 …… 274
　【获国家自然科学基金国家重大科研仪器研制(自由申请)项目2项】 …… 274
　【获国家自然科学基金联合基金项目(重点支持)项目5项】 …… 274
　【获国家自然科学基金原创探索计划项目1项】 …… 274
　【获国家杰出青年科学基金项目10项】 …… 274
　【获国家自然科学基金优秀青年科学基金项目16项】 …… 274
　【新增上海市重大项目11项】 …… 274
　【获批建设3个上海市专业技术服务平台】 …… 274
　【撤销6个校级虚体研究机构】 …… 275
　【获批建设1个全国重点实验室】 …… 275
　【新建1个校级实体运行科研机构】 …… 275
　【新建3个校级虚体研究机构】 …… 275
　【成立2个上海市临床医学研究中心】 …… 275
　【获批建设复旦大学附属中山医院国家医学中心】 …… 275
　【获批建设1个教育部工程研究中心】 …… 275
　【获批建设1个上海市重点实验室】 …… 275
　【获批建设1个高等学校学科创新引智基地】 …… 275
　附录 …… 275
　　理工医科政府批建科研平台 …… 275
　　2022年成立校企联合实验室一览表 …… 283
　　2022年新增重要理工科、医科科研项目一览表 …… 284
　　2022年度新增理工科、医科人才项目一览表 …… 288
　　国际合作项目 …… 290
　　2022年度复旦大学科技成果一览表 …… 291

文科科研 …… 297
　【概况】 …… 297
　【复旦大学国家智能评价与治理实验基地(筹)成立】 …… 298
　【复旦大学国家发展与智能治理综合实验室(筹)成立】 …… 298
　【文博数字艺术研究中心揭牌】 …… 298
　【上线文科科研创新服务平台移动端】 …… 298
　【举行"人间正道是沧桑——党的一大至七大主题连环画展"复旦大学站开幕式暨主题研讨会活动】 …… 298
　【与嘉定区人民法院签署《上海法院数字经济司法研究及实践(嘉定)基地战略合作框架协议》】 …… 298
　【成立多方共建"双碳"目标法治保障研究基地】 …… 298
　【复旦大学科技伦理与人类未来研究院(筹)成立】 …… 299
　【中国科学技术协会与复旦大学签署科技伦理与人类未来研究院建设合作协议】 …… 299
　【举行"学习宣传贯彻二十大精神 高质量提升社科项目组织"专家交流座谈会】 …… 299
　【举行第二届俞樾文化学术研讨会】 …… 299
　附录 …… 299
　　复旦大学人文社会科学各类研究基地(省部级)一览表 …… 299
　　2022年度复旦大学获国家社科基金重大项目、专项项目、重点项目立项一览表 …… 302
　　2022年度复旦大学获教育部哲学社会科学重大课题攻关项目立项一览表 …… 303
　　2022年复旦大学文科科研获奖成果一览表 …… 303
　　复旦大学获第十三届上海市决策咨询研究成果奖名单 …… 305
　　复旦大学获第五届思勉原创奖名单 …… 305

学术刊物 …… 305
　《复旦学报(社会科学版)》 …… 305
　《复旦学报(自然科学版)》 …… 306
　《复旦学报(医学版)》 …… 306
　《数学年刊》 …… 307
　《复旦教育论坛》 …… 307
　《新闻大学》 …… 307
　《当代修辞学》 …… 307
　《世界经济文汇》 …… 308
　《研究与发展管理》 …… 308
　《历史地理研究》 …… 308
　《管理视野》 …… 309
　《绿色合成与催化》 …… 309

《中国感染与化疗杂志》 …… 310
《中国眼耳鼻喉科杂志》 …… 310
《微生物与感染》 …… 310
《中国循证儿科杂志》 …… 311
《中国临床神经科学》 …… 311
《中国医学计算机成像杂志》 …… 311
《中国临床医学》 …… 311
《中国癌症杂志》 …… 311
《肿瘤影像学》 …… 312
《中华手外科杂志》 …… 312
融合创新研究 …… 312
　【概述】 …… 312
产业化与校产管理 …… 313
　【概况】 …… 313

六、人事工作 …… 314
队伍建设 …… 314
　【概况】 …… 314
　【深化职称评审制度改革】 …… 315
　【举办第五届复旦大学博士后创新创业大赛】 …… 315
　【承办国际交流计划引进项目全国博士后论坛】
　　…… 315
　　附录
　　　复旦大学(文科)杰出教授 …… 315
　　　复旦大学(文科)特聘资深教授 …… 315
　　　复旦大学哲学社会科学领域专业技术一级
　　　　岗位教授名录 …… 315
　　　复旦大学2022年度享受政府特殊津贴专家
　　　　(在职)名录 …… 316
　　　2022年新增顾问教授、兼职教授名录 …… 319
人才工作 …… 320
　【概况】 …… 320
　　附录
　　　中国科学院、中国工程院院士(复旦大学)
　　　…… 321
退休教职工 …… 322
　【概况】 …… 322
　【举办复旦大学老教授协会和退(离)休教师协会
　　换届大会】 …… 323
　【召开敬老节庆祝大会】 …… 323
　【22个退休教职工及集体获复旦大学2022年优秀
　　离退休教职工团体/个人奖】 …… 324
　【打造互联网退管服务生态圈】 …… 324
　【开展旦星永耀——人生回忆录(第二期)项目】
　　…… 324
　【8个老年理论研究成果获奖】 …… 324

七、校外合作与定点帮扶 …… 325
　【概况】 …… 325

　【召开长三角研究型大学联盟秘书处会议】 …… 325
　【召开地方合作机构2021年度述职会议】 …… 325
　【举行复旦大学-义乌市校地合作推进会】 …… 325
　【筹集物资助力校园防疫】 …… 326
　【举办建设"第一个复旦"主题分论坛】 …… 326
　【与云南省大理州签订新一轮战略合作协议】 …… 326
　【举行复旦大学-大理大学合作交流座谈会】 …… 326
　【赴永平推动乡村振兴工作】 …… 326
　【与内蒙古自治区签署战略合作框架协议】 …… 326
　【走访调研内蒙古大学】 …… 326
　【与安徽大学签署合作协议】 …… 326
　【考察调研安徽省,推动省校合作】 …… 326
　【召开崇明区合作交流座谈会】 …… 326
　【与中国人保签订战略合作协议】 …… 326

八、对外交流与合作 …… 327
国际交流与合作 …… 327
　【概况】 …… 327
　【美国驻上海总领事何乐进访问复旦大学】 …… 327
　【阿根廷驻华大使牛望道探访陈望道旧居】 …… 327
　【第四届复旦-拉美大学联盟年会在墨西哥蒙特雷科
　　技大学召开】 …… 327
　【复旦大学创新与数字经济研究院揭牌】 …… 327
　【上海市"一带一路"亚太地区国际联合实验室
　　成立】 …… 327
　【召开第六届中英高等教育人文联盟年度大会
　　暨执行理事会会议】 …… 328
　【召开"复旦大学-巴黎高师人文学科联合培养
　　项目"八周年纪念会】 …… 328
　【上海市"白玉兰纪念奖"得主、匈牙利籍杰出
　　校友乐文特来访】 …… 328
　【三位复旦人荣获上海市"白玉兰荣誉奖"】 …… 328
　【邀请外籍专家参加汉语课程和文化活动】 …… 328
　　附录 …… 328
　　　2022年重要涉外接待(含线上视频会见)
　　　　一览表 …… 328
　　　2022年复旦大学新签和续签校际合作协议
　　　　(海外)一览表 …… 329
　　　2022年复旦大学举办海内外国际会议一览表
　　　…… 330
港澳台交流与合作 …… 331
　【概况】 …… 331
　【举办内地与港澳大学生模拟法庭(仲裁庭)
　　大赛】 …… 332
　【继续承办上海市台办重点项目"繁星计划"】
　　…… 332
　　附录 …… 332
　　　2022年复旦大学举办港澳台地区会议
　　　　一览表 …… 332

九、校董、校友、捐赠与基金会管理 ……… 333
【概况】 ……… 333
【复旦大学校友会光华生命健康分会成立】 ……… 334
【举行药学院暨上海医科大学校友会药学分会校友代表大会】 ……… 334
【举行2021年度"谷超豪奖"颁奖仪式】 ……… 334
【举行2021年度"一健康基金"颁奖仪式】 ……… 334
【举办2022年寒假"复旦校友云走访活动"】 ……… 334
【举行贵州省复旦大学校友会成立大会】 ……… 334
【积极筹措物资全力支持抗疫工作】 ……… 334
【举行2022届毕业生春季校友企业专场线上招聘会】 ……… 334
【举行"职点迷津·扬帆远航"复旦iCareer菁英校友云课堂】 ……… 334
【举行庆祝建校117周年海内外校友活动】 ……… 334
【复旦大学校友会携手基金会开展"校庆大礼包"行动】 ……… 335
【重庆复旦大学校友会恢复注册登记】 ……… 335
【举行上海荣昶公益基金会YICGG项目捐赠续签仪式】 ……… 335
【复旦大学校友会泛海国际金融学院分会成立】 ……… 335
【复旦管理学奖励基金会换届会议暨第四届理事会第一次会议】 ……… 335
【举行"荣昶-复旦创芯之星"奖励基金捐赠签约仪式】 ……… 335
【评审确定校友基金2022年度资助项目】 ……… 335
【举行庆祝复旦大学上海医学院(原上海医科大学)创建95周年捐赠鸣谢仪式】 ……… 335
【复旦大学校友会第四届会员代表大会】 ……… 335
【举行"复旦大学崔之骅新生奖学金"捐赠鸣谢仪式】 ……… 335
【校董罗康瑞出席第六届复旦大学"一带一路"及全球治理国际论坛】 ……… 335
【校董谭瑞清出席"瑞清"冠名奖基金颁奖典礼】 ……… 335
【复旦大学第七届董事会第三次会议】 ……… 335
【上海复旦大学教育发展基金会第四届理事会第七次会议】 ……… 336
附录 ……… 336
　　复旦大学第七届董事会成员名单 ……… 336
　　复旦大学校友会第四届理事会成员名单 ……… 336
　　上海复旦大学教育发展基金会第四届理事会成员名单 ……… 336
　　复旦大学海内外校友组织一览 ……… 336
　　2022年复旦大学基金会接受大额捐赠一览（到账人民币100万及以上）……… 338
　　2022届获得毕业证书学生名录 ……… 339

十、办学条件与保障 ……… 383
校园建设与管理 ……… 383
　基本建设 ……… 383
　【概况】 ……… 383
　【取得青浦复旦国际融合创新中心项目新城地块和西岑地块控制性详细规划局部调整批复】 ……… 383
　【四校区体育运动场地整修工程(一期)竣工】 ……… 383
　【邯郸校区材料一楼装修工程竣工】 ……… 383
　【邯郸校区材料二楼装修工程竣工】 ……… 383
　【邯郸校区先材楼装修工程竣工】 ……… 383
　【枫林校区西6号楼(复旦大学上海医学院文化中心及配套工程)修缮工程竣工】 ……… 383
　【枫林校区东园变配电站用房项目完成决算】 ……… 384
　【江湾校区数学中心项目完成决算】 ……… 384
　枫林校区 ……… 384
　【概况】 ……… 384
　【完成上医文化中心建设和上海医学院95周年庆各项保障协调工作】 ……… 384
　【开展校区空间优化和功能提升调研工作】 ……… 384
　张江校区 ……… 384
　【概况】 ……… 384
　江湾校区 ……… 385
　【概况】 ……… 385
图书情报 ……… 385
【概况】 ……… 385
【陈引驰任图书馆馆长】 ……… 387
【纪念苏步青校长诞辰120周年文献资料展开幕】 ……… 387
【复旦大学江湾校区李兆基图书馆一楼修缮工程完成】 ……… 387
【举办复旦大学图书馆与上海市研发平台中心共建研究生实践基地签约授牌仪式】 ……… 387
【举办复旦大学第十届读书节系列活动】 ……… 387
【启动张江馆腾挪工作】 ……… 387
档案管理 ……… 387
【概况】 ……… 387
【出版《中共复旦大学纪事(1919—1949)》】 ……… 387
【出版《〈共产党宣言〉与陈望道研究论丛（第一辑）》】 ……… 388
【出版《苏步青画传》】 ……… 388
【出版《颜福庆教授诞辰140周年纪念文集》】 ……… 388
【出版《荣独山教授诞辰120周年纪念文集》】 ……… 388
【玖园爱国主义教育建筑群入选首批"科学家精神教育基地"】 ……… 388
【举办"致敬大师——苏步青先生诞辰120周年

纪念展""纪念苏步青诞辰120周年特展"】…… 388
　　【主办"陈望道文艺美学思想研讨会"】…… 388
　　【"玖园大讲堂"第一讲开讲】…………… 388
出版 ……………………………………………… 388
　　【概况】…………………………………… 388
　　【首次入选中组部全国干部教育培训好教材】… 389
　　【首获中国博物馆学界最高学术奖项】…… 389
　　【举行《全球治理导论》出版座谈会】…… 389
　　【出版重点图书《立德树人 铸魂育人》】… 389
　　【出版沪上首本急诊专科病例集】………… 389
　　【成立大词典项目组】……………………… 389
　　【举办《王蘧常文集》发布会】…………… 389
　　【社会效益评价考核再获优秀】…………… 389
　　【出版重点图书《跨越百年的信仰对话》】… 389
　　【举行学习贯彻党的二十大精神专题党课】… 389
信息化校园与服务 ……………………………… 389
　　【概况】…………………………………… 389
资产管理 ………………………………………… 391
　　【概况】…………………………………… 391
　　【固定资产调剂公示】……………………… 392
　　【开展实验室安全隐患排查与整治】……… 392
　　【推进实验室安全教育系统化】…………… 392
　　【举办校级实验室安全应急演练】………… 392
　　【发放实验室安全宣传资料】……………… 392
　　【迎接属地各部门现场检查】……………… 392
　　【1个项目入选2023年"上海高校实验室安全示范
　　　攻坚项目"】……………………………… 392
　　　　附录 ………………………………… 392
　　　　　2022年复旦大学实验室一览表
后勤 ……………………………………………… 398
　　【概况】…………………………………… 398
采购与招标管理 ………………………………… 400
　　【概况】…………………………………… 400
　　【采购与招标管理系统建设】……………… 400
　　【制度建设】……………………………… 400
　　【招标代理增补】………………………… 400
财务与审计 ……………………………………… 400
财务 ……………………………………………… 400
　　【概况】…………………………………… 400
　　【落实财政部教育部预算管理一体化改革要求】
　　　…………………………………………… 400
　　【加强国有资产价值管理体系和制度建设】… 400
　　【完成全国首笔设备更新改造贷款】……… 400
　　【聚焦重点加强信息化建设】……………… 401
　　【优化结构做好银行账户相关工作】……… 401
　　【深化推进学校所属企业改制】…………… 401
　　【持续强化历年往来款核销工作】………… 401
　　【疫情期间保障学校财务工作平稳运行】… 401
审计 ……………………………………………… 401
　　【概况】…………………………………… 401

　　【完善管理制度】………………………… 401
　　【建设审计信息化系统】…………………… 401
　　【组织审计宣传】………………………… 401
　　【加强党对审计工作的领导】……………… 401
　　【推动完成国家审计整改后续工作】……… 401
　　【完成上级部门和学校专项任务】………… 401
　　【加强队伍建设】………………………… 401

十一、党建与思想政治工作 …………… 402

纪检监察工作 …………………………………… 402
　　【概况】…………………………………… 402
　　【完成校十五届党委巡视全覆盖任务】…… 403
　　　附录 …………………………………… 403
　　　　国家监委驻复旦大学监察专员办公室 … 403
组织工作 ………………………………………… 403
　　【概况】…………………………………… 403
　　【做好党的二十大代表、市十二次党代会代表
　　　推荐提名工作】…………………………… 404
　　【深入推进党建示范创建和质量创优】…… 404
　　【打好校园疫情防控攻坚战】……………… 404
　　　附录 …………………………………… 404
　　　　2022年复旦大学党委下属二级单位党组织
　　　　一览表（排序不分先后） ……………… 404
党校工作 ………………………………………… 405
　　【概况】…………………………………… 405
　　【举办党的十九届六中全会精神专题培训（第二场）】
　　　…………………………………………… 405
　　【举办2021年度党建研究课题总结表彰暨2022年
　　　党建研究课题立项培训会议】…………… 405
　　【制订下发《复旦大学党委关于党的二十大精神
　　　教育培训的工作方案》】………………… 405
　　【举办学习贯彻党的二十大精神专题培训（第一场）】
　　　…………………………………………… 405
　　【举办"学习贯彻党的二十大精神"教职工党支部
　　　书记专题培训】…………………………… 405
　　【举办学习贯彻党的二十大精神专题培训（第二场）】
　　　…………………………………………… 405
　　【举办学习贯彻党的二十大精神中层干部集中专题
　　　培训班】…………………………………… 406
　　【举办学习贯彻党的二十大精神处级干部网上专
　　　题班】……………………………………… 406
宣传工作 ………………………………………… 406
　　【概况】…………………………………… 406
　　【创设文化号"人文相辉"】……………… 406
　　【系统开展党委理论学习中心组学习】…… 407
　　【举办复旦大学第56届科学报告会】……… 407
　　【举行庆祝中国共产党成立101周年暨学习习近平
　　　总书记重要回信两周年座谈会】………… 407

【与中国日报社签署新一轮战略合作框架协议】
.... 407
【召开2022年精神文明建设工作会议】............ 407
【举办"伟大精神铸就伟大时代——中国共产党
　伟大建党精神专题展"全国巡展(复旦大学站)】
.... 407
【举办学习贯彻党的二十大精神宣讲团集体备课会】
.... 407
【与人民日报社签署新一轮全面合作协议】........ 407
【开展党的二十大精神全覆盖宣讲】.............. 407
【举行"奋进新时代——我们这十年成就图片展"
　开展仪式暨"我们这十年"主题座谈会】......... 407
【举办网信工作条线实务能力提升专题网络培训】
.... 408
【学校主页新版投稿系统上线】.................. 408
　　附录.. 408
　　　　2022年复旦大学党委中心组学习一览表
.... 408
　　　　2022年复旦大学举办橱窗展一览表........ 409
统战工作.. 409
【概况】.. 409
【上海市委常委、统战部部长、人大常委会副主任
　郑钢淼到校调研统战工作】...................... 409
【上海医学院召开党外代表人士双月座谈会】...... 410
【召开党外代表人士双月座谈会】................ 410
【举办统一战线第四期"光华同心大讲堂"活动】
.... 410
【召开统一战线工作领导小组、民族宗教工作领导
　小组会议】.................................... 410
【九三学社全国传统教育基地在校挂牌】.......... 410
【上海市委常委、统战部部长陈通到校调研统战
　工作】.. 410
【马兰院士获"侨界贡献奖"一等奖】.............. 410
【召开全校统战工作会议】...................... 410
【召开上海市欧美同学会复旦大学分会第七次会员
　代表大会】.................................... 410
【召开上海市欧美同学会复旦大学上海医学院分
　会成立大会】.................................. 410
【召开统一战线学习贯彻党的二十大精神座谈会】
.... 410
【召开"统一战线与中国式现代化"研讨会】........ 410
【举办上海医学院党外代表人士培训班】.......... 410
　　附录.. 411
　　　　复旦大学当选全国和上海市、区人大代表
　　　　名录...................................... 411
　　　　复旦大学担任全国和上海市、区政协委员
　　　　名录...................................... 411
　　　　复旦大学担任全国和上海市政府特聘职位
.... 411

　　　　复旦大学当选各民主党派中央、市委领导
　　　　成员名录.................................. 412
　　　　复旦大学当选各民主党派区委领导成员
　　　　名录...................................... 412
　　　　复旦大学各民主党派委员会成员名录...... 412
　　　　复旦大学各统战团体负责人名录.......... 413
教师工作.. 414
【概况】.. 414
【做好疫情防控期间教师思政工作】.............. 414
【成立党委教师工作委员会】.................... 414
【举办全国高校师德师风建设专家委员会工作
　会议】.. 414
【举办教师节系列活动】........................ 414
【举办"致敬大师"系列活动】.................... 414
【组织教师专题社会实践】...................... 414
【师德案例获评优秀工作案例】.................. 414
　　附录.. 414
　　　　复旦大学2022年"钟扬式"好老师.......... 414
　　　　复旦大学2022年"钟扬式"教学团队........ 415
　　　　复旦大学2022年"钟扬式"科研团队........ 415
学生工作.. 415
本科生工作.. 415
【概况】.. 415
【召开2022年春季学生工作会议】................ 417
【开展"这个春天,青春该有的样子"主题教育
　活动】.. 417
【开展2022届本科生"我心目中的好老师""毕业生
　之星"风采展评活动】.......................... 417
【成立复旦大学学生资助工作领导小组并调整复旦
　大学奖(助)学金评审委员会】.................. 417
【召开2022届毕业生"我为母校献金点子"座谈会】
.... 417
【举行2022届学生毕业典礼】.................... 417
【学生党员服务队协助迎新】.................... 417
【举行2022级学生开学典礼】.................... 417
【2022级本科生"新生第一课"开讲】.............. 417
【心理健康教育课程模块纳入2022级本科生教学
　培养方案】.................................... 418
【举办2022年上海市"大学生生涯咨询师师资训
　练营"】...................................... 418
【组织"学习二十大,奋进新征程"本科生情景剧微
　党课展评】.................................... 418
【组织《陈望道》大师剧展演】.................. 418
【举行"新时代大学生生涯教育与就业趋势探索"
　主题研讨会】.................................. 418
【组织2022年上海市骨干辅导员高级研修班】
.... 418
【做好疫情防控信息报送和人员管理工作】........ 418
【推进"智慧书院"建设和使用】.................. 418
【开展铸牢中华民族共同体意识教育】............ 418

【做好少数民族学生培养工作】……418
【完善园区队伍建设体系】……418
 附录……419
  复旦大学2021—2022学年本(专)科生奖学金一览表……419
  复旦大学2022—2023学年本科生助学金一览表……420
  复旦大学2022届本科生"我心目中的好老师"……421
  复旦大学2022届本科生"我心目中的好老师"提名奖……421
  复旦大学2022届本科生"毕业生之星"……422
  复旦大学2022届本科生"毕业生之星"提名奖……422
  2022年度复旦大学本科生十佳辅导员……422
  2022年度复旦大学本科生辅导员工作特色风采奖……422
  2021—2022学年复旦大学书院之星……423
  2021—2022学年复旦大学书院之星提名奖……423

研究生工作……423
【概况】……423
【举办首届相辉学术文化节】……425
【举行复旦大学上海医学院创建95周年师生元旦健康跑活动】……425
【上线"研读新时代"系列微党课】……425
【举办第三期复旦人学FIST课程"国际组织前沿讲座"】……425
【举办2022年上海市"大学生生涯咨询师师资训练营"】……425
【举办博士生讲师团成立20周年座谈会】……425
【博士生医疗服务团暑期社会实践和上海医学院原创主题话剧《行走在大山深处的白衣天使》公演】……425
【举办上海高校毕业生就创工作示范基地专题研讨会暨复旦大学"赋能青年人才"国际胜任力培训项目(第三期)结业仪式】……425
【红色巴士研学实践"党的二十大精神学习专线"开通】……425
【举办"与党同心,跟党奋斗"复旦大学博士生讲师团成立二十周年暨大学生理论类社团宣讲工作论坛】……426
【举行"新时代大学生生涯教育与就业趋势探索"主题研讨会】……426
 附录……426
  2022年复旦大学研究生奖学金设置情况一览表……426
  复旦大学第十三届研究生"学术之星"特等奖名单……427
  复旦大学第十三届研究生"学术之星"名单……428
  复旦大学第十届"研究生心目中的好导师"名单……428
  复旦大学2022年度十佳辅导员(研究生)名单……428
  复旦大学2022年度辅导员风采奖(研究生)名单……429

保卫及人民武装工作……429
保卫工作……429
【概况】……429
人民武装工作……430
【概况】……430
【校射击队多次获奖】……430

老干部工作……430
【概况】……430
【开展"喜迎二十大"主题活动】……431
【组织开展"读懂中国—共话百年奋斗,争做时代新人"活动】……431

机关党的建设工作……431
【概况】……431
【涌现一批优秀代表】……432

科研机构党建工作……432
【概况】……432

十二、群众团体……434

工会……434
【概况】……434
【做好疫情期间保障慰问】……435
【组织工会干部系列培训讲座】……435
【修订《复旦大学基层工会工作手册(2022年版)》】……435
【召开复旦大学第三届青年教师联谊会理事会换届大会】……435
【举办讴歌新时代 奋进新征程——复旦大学庆祝党的二十大胜利召开主题书画展】……435
【召开复旦大学七届教代会暨十八届工代会第三次会议】……435
 附录……436
  复旦大学第十八届工会委员会……436

团委……436
【概况】……436
【开展第六届复旦青年五四奖章评选活动】……437
【开展2022年"光华杯"学术与社会实践大赛工作】……437
【开展校园疫情防控志愿服务】……437
【举办复旦大学第59个学雷锋日主题活动】……437

【开展"云托班"志愿服务项目】 …………… 437
【开展"五月评优"工作】 ………………………… 437
【开展2022年"望道青马"团学骨干培训班】 …… 437
【举办2022年复旦创新创业大赛暨第十三届
　"挑战杯"中国大学生创业计划竞赛校内
　选拔赛】 …………………………………… 437
【举办2022年复旦创新创业大赛暨第八届中国
　国际"互联网+"大学生创新创业大赛校内
　选拔赛】 …………………………………… 437
【打造"建团百年"主题微团课】 ……………… 437
【开展复旦大学"十大医务青年"二十周年交流
　论坛活动】 ………………………………… 437
【开展"十月评优"工作】 ………………………… 437
【推出《复旦青年》"二十大"主题特刊】 ……… 438
【开展"学习二十大 永远跟党走 奋进新征程"主题
　教育实践活动】 …………………………… 438
【开展党的二十大精神专题培训工作】 ……… 438
【开展2022年度复旦大学社会实践十佳项目
　评选工作】 ………………………………… 438
【开展第五届中国国际进口博览会会期志愿
　服务】 ……………………………………… 438
【举办澜湄青年线上座谈会】 ………………… 438
【举办复旦大学第37个国际志愿者日主题活动】
　…………………………………………… 438
【举办"一二·九"主题歌会】 …………………… 438
　附录 ……………………………………… 438
　　2022年度复旦大学学生社团一览表 …… 438
　　复旦大学第二十五届研究生支教团志愿者
　　　名单 ………………………………… 442
　　"卓越思源 服务社会"复旦大学优秀学生
　　　培养计划第十期录取名单 …………… 443
　　2022西部计划志愿者录取名单 ………… 443
妇女委员会 …………………………………… 443
【概况】 ……………………………………… 443
【召开复旦大学纪念三八国际妇女节112周年表彰
　大会】 ……………………………………… 444
【组织疫情期间女教职工慰问】 ……………… 444
【举办"妇女之家工作坊"】 …………………… 444
【开展"云"上过六一活动】 …………………… 444

十三、附属医院 ………………………… 445
综述 …………………………………………… 445
【概况】 ……………………………………… 445
复旦大学附属中山医院 ……………………… 446
【概况】 ……………………………………… 446
【全国首个综合类国家医学中心建设项目在中山
　医院正式启动】 …………………………… 447
【举办中山医院建院八十五周年系列活动】 … 447
【获批2个上海市重中之重研究中心和1项国家
　自然科学基金基础科学中心项目】 ……… 447
复旦大学附属华山医院 ……………………… 448
【概况】 ……………………………………… 448
【华山医院核定床位调整】 …………………… 449
【科普微电影《悔》首映】 ……………………… 449
【华山医院罕见病中心成立】 ………………… 449
【史玉泉教授逝世】 …………………………… 449
【仲巴医疗队出征】 …………………………… 449
【"华山医院儿科中心"顺利完成迭代升级】 … 450
【华山医院在国家三级公立医院绩效考核中名列
　前茅】 ……………………………………… 450
【华山医院入选上海市公立医院高质量发展试点
　单位名单】 ………………………………… 450
【举行华山医院建院115周年系列纪念活动】 … 450
复旦大学附属肿瘤医院 ……………………… 450
【概况】 ……………………………………… 450
【召开2022年度肿瘤医院迎七一暨抗击新冠肺炎
　疫情表彰大会】 …………………………… 451
【援疆干部邵龙龙赴新疆医科大学第八附属医院
　开展援建工作】 …………………………… 451
【与厦门市政府合作共建复旦大学附属肿瘤医院
　厦门医院】 ………………………………… 451
【成立上海市级医院肿瘤临床规范化诊疗研究
　中心】 ……………………………………… 451
【徐彦辉团队研究成果在《科学》杂志发表】 … 451
【获"春昇杯"医学创新人才大赛多个奖项】 … 451
【乳腺外科1项发明专利成功实现转化】 …… 451
复旦大学附属妇产科医院 …………………… 451
【概况】 ……………………………………… 451
【女性健康科普微电影《生死超越》首映】 …… 452
【获批上海市妇科疾病临床医学研究中心】 … 452
【世界首例PGT-P试管婴儿诞生】 …………… 452
【召开第十一届东方妇产科影像新进展研讨会】
　…………………………………………… 452
【获批上海市泌尿生殖系统疾病研究中心】 … 452
【上海-云南妇产科疾病临床协作中心揭牌】 … 452
【举行合作共建云南省滇南妇产区域医疗中心签约
　仪式】 ……………………………………… 452
【举办第七届生育保健论坛】 ………………… 452
复旦大学附属儿科医院 ……………………… 452
【概况】 ……………………………………… 452
【"儿童白血病专题培训"项目正式上线】 …… 453
【召开"复旦儿科医联体中西医网络全覆盖"项目
　推进会】 …………………………………… 453
【复旦儿科医联体案例获第七季改善医疗服务
　行动全国医院擂台赛卓越案例奖】 ……… 453
【召开协作医院年度工作交流会】 …………… 453
【与厦门市人民政府合作共建复旦大学附属儿科
　医院厦门医院】 …………………………… 453

【召开第十届上海国际儿科心血管疾病研讨会】
　………………………………………………… 453
【召开新生儿危重症救治质量改进研讨会】 … 453
【召开复旦儿科医联体专题培训会】 ………… 454
复旦大学附属眼耳鼻喉科医院 …………………… 454
【概况】 …………………………………………… 454
【附属眼耳鼻喉科医院全新英文网站上线】 … 454
【遗传性耳聋的精准治疗以及临床转化获得新
　突破】 …………………………………………… 454
【举办附属眼耳鼻喉科医院建院七十周年纪念
　活动】 …………………………………………… 454
复旦大学附属金山医院 …………………………… 454
【概况】 …………………………………………… 454
【"复旦大学脑科学转化研究院-金山医院临床
　转化中心"揭牌】 ……………………………… 456
【金山医院互联网医院正式开诊】 …………… 456
【37 名医护人员援助外省】 …………………… 456
【入选上海市公立医院高质量发展试点单位】 … 456
复旦大学附属上海市第五人民医院 ……………… 456
【概况】 …………………………………………… 456
【13 人赴西藏日喀则支援抗疫工作】 ………… 458
【5 人赴新疆支援抗疫工作】 …………………… 458
【入选上海市公立医院高质量发展试点单位】 … 458
【获 2021 年度上海医学科技三等奖 2 项】 …… 458
上海市(复旦大学附属)公共卫生临床中心 …… 458
【概况】 …………………………………………… 458
【各级领导莅临公卫指导抗疫工作,慰问公卫中心
　医务人员】 ……………………………………… 459
【上海市级医院传染病与感染病临床专科能力促进
　与提升专科联盟成立】 ………………………… 459
【举办应急医学中心开工活动暨突发公共卫生事件
　应对学术研讨会】 ……………………………… 459
【应急医学中心项目开工】 …………………… 459
【提升医疗服务】 ………………………………… 459
复旦大学附属华东医院 …………………………… 459
【概况】 …………………………………………… 459
【召开党史学习教育总结会】 ………………… 460
【支援公卫中心医疗队逆序出征】 …………… 460
【召开庆祝中国共产党成立 101 周年大会】 … 460
【召开 2022 年度党委工作会暨全面从严治党
　工作会】 ………………………………………… 460
【叶志斌获上海"最美退役军人"称号】 …… 461
【唐军获左英护理奖】 ………………………… 461
【举办"行业手语"培训班】 ………………… 461
【申康中心党委来院调研】 …………………… 461
【举行安宁缓和医疗宣传】 …………………… 461
【举办老年医学高峰论坛】 …………………… 461
【高文获中国医院协会 2022 年优秀医院院长
　称号】 …………………………………………… 461

十四、基础教育 …………………………………… 462
综述 …………………………………………………… 462
【概况】 …………………………………………… 462
【签署县中托管帮扶协议】 …………………… 462
复旦大学附属中学 ………………………………… 462
【概况】 …………………………………………… 462
【上海市教育发展基金会理事长一行调研学校】
　………………………………………………… 463
【举办复旦附中师生艺术作品展】 …………… 463
复旦大学第二附属学校 …………………………… 463
【概况】 …………………………………………… 463
复旦大学附属徐汇实验学校 ……………………… 463
【概况】 …………………………………………… 463
【举办第二届校园体育节活动】 ……………… 464
【开展 4 次学习准备期活动】 ………………… 464
【举办"绿色新生活·科创少年行"科技节】 … 464
复旦大学附属闵行实验学校 ……………………… 464
【概况】 …………………………………………… 464
【与上海市戒毒康复中心共建禁毒宣传教育基地】
　………………………………………………… 464
【获 2022 年闵行区中小学生阳光体育大联赛广播
　操比赛特等奖】 ………………………………… 464
复旦大学附设幼儿园 ……………………………… 464
【概况】 …………………………………………… 464
【立项区级重点课题 1 项】 …………………… 465
【2 名教师参加五角场幼稚园教育集团"教研微
　论坛"和"师德讲堂"活动】 ………………… 465
【获"幼儿健康上海行动"征文活动二等奖 1 项、
　三等奖 1 项】 …………………………………… 465
【首次参加市级课题评奖并获奖】 …………… 465
复旦大学医学院幼儿园 …………………………… 465
【概况】 …………………………………………… 465
【1 名教师获第二届"活教育杯"全国幼儿教师征文
　大赛三等奖、"课程故事征集评选"活动三等奖】
　………………………………………………… 465
【2 名教师获上海市学生阳光体育大联赛 6 岁学前组
　一等奖】 ………………………………………… 465
【3 名教师获儿童原创口腔健康歌曲征集比赛
　"优胜奖"】 ……………………………………… 465
【2 名教师获上海市第十五届幼儿游戏大赛优秀
　游戏奖】 ………………………………………… 465

·复旦大学文件· ………………………………… 466
规章制度 ……………………………………………… 466
复旦大学基础教育合作办学管理办法(试行) … 466
复旦大学学生生活园区管理办法 ……………… 467
复旦大学地方合作机构管理办法 ……………… 468
复旦大学人类遗传资源管理办法(试行) …… 473
复旦大学本科教育教学成果奖评选奖励办法(试行)
　………………………………………………… 475

复旦大学研究生教育教学成果奖评选奖励办法
（试行） …………………………………… 476
复旦大学与企业共建联合实验室（研究中心）
管理办法 …………………………………… 477
复旦大学学术委员会章程 …………………… 478
复旦大学教师高级职务聘任实施办法 ……… 480
复旦大学教学科研人员双聘至国家实验室工作
办法（试行） ………………………………… 483
复旦大学校内兼聘管理办法（试行） ………… 484
复旦大学高级专家延长退休年龄管理办法 … 485
复旦大学文科虚体科研机构管理办法 ……… 487
复旦大学实体运行科研机构管理办法（试行） … 489
复旦大学基本建设管理办法 ………………… 494
学校文件选目 ………………………………… 497
  党委文件选目 ……………………………… 497
  学校通知一览 ……………………………… 497
  学校批复一览 ……………………………… 498

· 人物 · ……………………………………… 510
  教授名录 …………………………………… 510
  逝世人员名录 ……………………………… 530

· 表彰与奖励 · ……………………………… 532
  先进集体 …………………………………… 532
  先进个人 …………………………………… 539

· 大事记 · …………………………………… 564

· 统计数据 · ………………………………… 570
  2022年复旦大学综合统计数据(1) ………… 570
  2022年复旦大学综合统计数据(2) ………… 571
  2022年复旦大学本科生分专业学生人数统计 … 572
  2022年复旦大学授予学生学士学位情况统计(1)
    …………………………………………… 575
  2022年复旦大学授予学生学士学位情况统计(2)
    …………………………………………… 576
  2022年复旦大学全国高考分省市录取分数统计
    …………………………………………… 576
  2022年复旦大学上海市高考分专业录取分数
    统计 ……………………………………… 577
  2022年复旦大学分办学形式研究生数统计 … 577
  2022年复旦大学攻读博士学位研究生分学科、
    分专业学生数统计 ……………………… 578

2022年复旦大学攻读硕士学位研究生分学科、
  分专业学生数统计 ………………………… 601
2022年复旦大学授予博士学位人员分学科门类
  统计 ………………………………………… 612
2022年复旦大学授予硕士学位人员分学科门类
  统计 ………………………………………… 612
2022年复旦大学外国留学生人数统计 ……… 613
2022年复旦大学成人本专科分专业学生数统计
  ……………………………………………… 613
2022年复旦大学高等教育自学考试毕业生统计
  ……………………………………………… 614
2022年复旦大学继续教育学院各类学生数统计
  ……………………………………………… 614
2022年复旦大学科研经费与科技成果统计 … 615
2022年复旦大学文科科研成果统计(1) …… 616
2022年复旦大学文科科研成果统计(2) …… 617
2022年复旦大学教职工人员统计 …………… 617
2022年复旦大学退休人员情况统计 ………… 618
2022年复旦大学附属医院人员情况统计 …… 618
2022年复旦大学因公出国（境）基本情况 … 619
2022年复旦大学接受境内外各类捐赠收入统计
  ……………………………………………… 622
2022年复旦大学占地面积统计 ……………… 623
2022年复旦大学校舍面积统计 ……………… 623
2022年复旦大学施工、竣工房屋情况统计 … 623
2022年复旦大学图书馆情况统计表 ………… 625
2022年复旦大学档案馆基本情况统计 ……… 626
复旦大学2022年国家学生体质健康标准测试
  统计表 ……………………………………… 626
2022年各附属医院工作量情况统计 ………… 626
2022年各附属医院工作质量情况统计 ……… 627
复旦大学附属中学2022年基本情况统计表 … 628
2022年复旦大学二附校基本情况统计 ……… 628
2022年复旦大学附属徐汇实验学校基本情况
  统计 ………………………………………… 628
2022年复旦大学附属闵行实验学校基本情况
  统计 ………………………………………… 628
2022年复旦大学附设幼儿园基本情况统计 … 629
2022年复旦大学医学院幼儿园基本情况统计
  ……………………………………………… 629

索引 …………………………………………… 630
附表索引 ……………………………………… 646

·特　载·

建设"第一个复旦"系列研讨开幕动员讲话

（2021年12月10日）

党委书记　焦扬

老师们、同学们，同志们：

在全校深入学习贯彻落实十九届六中全会精神之际，我们启动建设"第一个复旦"系列研讨，时机重要，意义重大。站在第二个百年奋斗目标新征程的起点上，学校党委研究决定以系列研讨的形式，推动全校形成建设中国特色世界顶尖大学的广泛共识，激发昂扬斗志，为落实立德树人根本任务、推动新一轮"双一流"建设提质增效、实现高质量发展奠定思想基础。今天的研讨不仅拉开了系列研讨的帷幕，也是全体复旦人向着第二个百年奋斗目标阔步前行，加快迈向中国特色世界一流大学前列的集结号。

开展系列研讨，是对习近平总书记要求和党中央战略部署的再对标。建设"第一个复旦"的重要指示饱含总书记的殷殷期望，实施"双一流"建设是中央重大战略部署，这是必须完成的政治任务。近年来，在总书记系列指示和回信精神指引下，广大师生员工心有所信、行稳致远，党建思政工作发生根本性转变，"双一流"完成首轮建设，学校开启了迈向中国特色世界一流大学前列的新征程。但是，对标总书记关于教育的重要论述和一系列最新重要讲话精神，对标民族复兴大业中高等教育的使命，我们仍有差距。党的第三个历史决议确立了习近平同志党中央的核心、全党的核心地位，确立了习近平新时代中国特色社会主义思想的指导地位，同时强调党和人民事业发展，必须抓好后继有人这个根本大计。我们要从做到"两个维护"的政治高度、从民族伟大复兴根本大计的历史维度，与时俱进地认识和践行复旦人的使命担当，向党和人民交出优秀答卷。

开展系列研讨，是对深化中央巡视整改任务的再落实。大家知道，2018年学校第15次党代会引述总书记重要指示，按照中国特色世界顶尖的要求，提出"三步走"发展战略，这就是建设"第一个复旦"的路线图，但是我们没有把"第一个复旦"理直气壮叫响。中央巡视组中肯地指出了我们的问题。巡视是全面政治体检，3个月集中整改是"对症下药"，现在全校进入深化整改阶段，就是要强身健体，从思想上牢固树立建设"第一个复旦"的政治意识，把建成中国特色世界顶尖大学作为总书记、党中央交付的历史使命和政治责任，把立德树人作为根本任务、把"双一流"建设作为最大政治。

开展系列研讨，是对"十四五"高质量开局的再动员。国家和学校"十四五"发展都处于重要战略机遇期，学校直面两个大局交织缠绕和国内外高校千帆竞发的态势，毫无疑问应该代表中国高校站在参与全球合作竞争的前线、服务融入新发展格局的前排、实现高质量发展的前列。总书记强调，走自己的路，是党的全部理论和实践立足点，更是党百年奋斗得出的历史结论。在中国大地上建设世界顶尖大学，是前无古人的伟大事业。希望我们广大干部师生在研讨中继承和发扬复旦独一无二的办学特质和文化传统，坚定走好新时代长征路，实现高质量发展的信心决心，不断提升为国担当、为国分忧的思想行动自觉。

老师们、同学们，同志们！

从创校先贤建设与"欧美并驾齐驱"大学的梦想开始，建设"第一个复旦"就是百年星空下一代代复旦人孜孜不倦的追求。新征程，新挑战，新要求，全校要有行百里者半九十的清醒，要有咬定青山不放松的执着，紧扣"中国特色，世界顶尖"八个字，担当起我们这一代人的历史责任。

建设"第一个复旦"，就要坚持党的领导，发挥社会主义大学根本优势。"第一个复旦"，一定是中国共产党领导下的社会主义大学。百年党史、百十年校史都充分证明，党的领导是中国特色社会主义大学的根本优势，坚持党的领导、加强党的建设是社会主义大学的"根"和"魂"。党的重视，制度优势，造就了复旦的跨越腾飞；党委领导，政治优势，保证了复旦的发展稳定；党员带头，师生奋斗，奠定了复旦的地位格局。面对新形势新任务，我们应该巩固坚持马克思主义指导地位，贯彻党的教育方针，传承红色基因，弘扬优良传统，不断增强办好社会主义大学的自觉自信，不断增强在党的领导下迈向中国特色世界顶尖的志气、骨气、底气。希望大家深入研讨，如何完善党对学校工作全面领导的制度体系，坚持以政治建设为统领，发挥好"三线联动"的政治优势、组织优势，探索坚持社会主义办学方向，蕴含中华优秀文化精髓，传承复旦办学特质，具备世界一流水平的现代大学治理体系，把严密畅通的组织体系和高效有力的组织优势转化为引领保障高质量发展的强大动能和治理效能。

建设"第一个复旦",就要坚持立德树人,走出一流人才自主培养之路。"第一个复旦",一定是为党和国家培养第一流人才、代表国家站在全球竞争前列的大学。复旦建校116年,为国家民族作出的最大贡献是人才辈出,培养了40多万优秀学生,涌现出一批为学、为事、为人示范的"大先生"。总书记在中央人才工作会议上强调,要有"完全能够培养出大师"的决心和自信,提高人才供给自主可控能力,建设世界重要人才中心和创新高地。总书记还强调,高校特别是"双一流"大学要发挥培养基础研究人才主力军作用,并培养造就大批各方面人才。面对新形势、新任务,我们应该坚持立德树人初心,落实五维育德,用习近平新时代中国特色社会主义思想教育人,用党的理想信念凝聚人,用社会主义核心价值观培育人,用中华民族伟大复兴历史使命激励人,培养更多担当民族复兴大任的时代新人,把人才强校战略放在最突出位置,壮大国家战略人才力量。希望大家深入研讨,如何真正将立德树人贯穿学科体系、教学体系、教材体系、管理体系,更好彰显"国家意识,人文情怀,科学精神,专业素养,国际视野"的育人特色,建强课堂主渠道,推进德、智、体、美、劳全面发展,优化规模结构、深化教育教学改革,聚力建设研究型创新型育人体系,培养一流人才方阵;如何健全党管人才体制机制,坚持引育并重、全方位培养引进用好人才,深化人才工作体制改革,为世界一流大学建设提供源源不竭的第一资源,为建设人才强国和上海高水平人才高地提供有力支撑。

建设"第一个复旦",就要坚持四个面向,走通创新策源、融合创新之路。"第一个复旦",一定是特色鲜明、引领创新、享誉世界的学术殿堂,是为国家高水平科技自立自强、民族文化自信和人类文明进步不断作出重要贡献的大学。面对新形势新任务,我们应该始终围绕党和国家需要推进"双一流"建设,把发展科技第一生产力、培养人才第一资源、增强创新第一动力更好结合起来,蹚出自主创新、融合创新的新路子。希望大家深入研讨,如何构建一流大学体系、打造一流学科群,打开学科、教学和科研融合创新的新局面,赓续壮大人文社科,促进理科强势攀登,打造医学尖峰,开创新工科新格局,前瞻布局交叉学科新方向,健全学科评价与管理体系;如何扛起科技自立自强和文化自信重任,充分发挥原创引领、要素聚合、平台带动、服务辐射的创新策源功能,培育壮大战略科研力量,加大基础研究和"卡脖子"攻关,推进产学研创新共同体建设,引领推动中国特色哲学社会科学体系建设;如何深化医教研协同发展,用好用足三方共建托管政策,建立全链式医学科研创新体系,推进医理、医工、医文融合创新,走出综合性大学办好一流医学院之路。

建设"第一个复旦",就要坚持四为服务,走好主动融入新发展格局之路。"第一个复旦",一定是扎根中国大地办学发展,服务国家社会成效显著,建设教育强国、科技强国、文化强国、健康中国有重大作为的大学。面对新形势新任务,我们应该抓住机遇、紧扣时代脉搏,立足新发展阶段、贯彻新发展理念、服务融入国际国内双循环的新发展格局,不断提升服务经济社会主战场的能力,不断提升代表国家参与全球合作竞争的能力。希望大家深入研讨,如何体现"国家队"、排头兵的担当作为,服务"一带一路"、长三角一体化等国家和区域重大发展战略,提升校地校企合作质量能级,履行大学社会责任;如何应对疫情和复杂形势挑战,更好构建全球科研育人合作网络和高端平台,开创对外开放新格局;如何擦亮城市"金名片",全面融入服务上海发展。

建设"第一个复旦",就要坚持以人为本,办好师生和人民满意的大学。"第一个复旦",一定是师生一德、满足人民对高质量高等教育美好向往的大学。面对新形势新任务,我们应该坚持把人民至上、师生为本贯穿事业发展始终,转化为切实行动,充分激发师生员工创新创造、永久奋斗的磅礴伟力,不断增强师生的获得感、幸福感、安全感、归属感。希望大家深入研讨,如何加快推进大学治理现代化,着力防范化解各类风险挑战,提升服务水平和管理效能;如何充分发挥各单位的主动性创造性,激发师生员工主人翁精神,弘扬优良的校风学风、师德师风、医德医风、机关作风,师生共同体和谐奋进;如何优化校园功能布局和空间、资源配置,提供可持续财力保障,不断改善办学条件,繁荣校园文化,建设安全低碳乐学的校园。

接下来,全校将围绕中国特色、世界顶尖的建设内涵,就党的建设、教师队伍、人才培养、学科建设、人才工作、科研创新、服务社会、医学建设、治理能力等9个方面开展一系列专题研讨,力求全面深入地回答好什么是"第一个复旦"、怎样建好"第一个复旦"的时代命题。我们要以高度的责任感和使命感投入到研讨中去,力求形成真共识、真成果、真成效、真动力。

这是一次牢记嘱托的政治淬炼,思想认识要再聚焦再深化。通过研讨,进一步增强干部师生学习贯彻总书记系列指示和回信精神、落实党中央决策部署的政治自觉、思想自觉、行动自觉,强化为党育人、为国育才和报国强国的使命担当,让建设"第一个复旦"成为全体复旦人的不懈追求和不倦实践。

这是一次登高望远的布局谋划,发展路径要再凝练再明晰。校、院两级密切配合,全面对标,将系列研讨与学校"十四五"规划和新一轮"双一流"建设方案的组织实施结合起来,做好顶层设计,筑起四梁八柱,进一步明确时间表、任务书、路线图,使得"三步走"战略中承上启下的新征程能够目标明确、路径清晰,拿出高质量发展的硬招实招。

这是一次与时俱进的创新实践,理论探索要再深入再开放。充分发挥综合性大学优势,弘扬优良学风、坚持开门研讨,聚焦新时代建设中国特色世界顶尖大学的重大理论和实践问题,加强规律研究、学理阐释、成果转化。

这是一次激励担当的全面动员,精神状态要再提振再奋进。各单位要充分做好系列研讨的部署动员工作,引导师生积极投入其中,通过专题讨论、校史挖掘和工作研究等方式,掀起研讨建设"第一个复旦"的热潮,推动形成认真学习、热烈讨论、凝心聚力、共谋发展的生动实践，进一步抖擞精神、提振士气，形成奋进"十四五"的生动局面，跑出新时代高质量发展的加速度。

老师们、同学们、同志们！

党的十九届六中全会全面总结了党的百年奋斗重大成就和历史经验，也发出了奋进"第二个百年"新征程的时代号召。中国特色世界一流大学的发展之路，需要依靠每一位复旦人、一步一个脚印走好。让我们勿忘昨天的艰苦辉煌，无愧今天的使命担当，不负明天的伟大梦想，向着建设中国特色世界顶尖大学的高远目标不懈奋斗，不负总书记、党中央嘱托，不负人民期待，不负伟大时代，在新征程上作出更大贡献、赢得更大荣光！

在建设"第一个复旦"系列研讨开幕论坛上的总结讲话

（2021年12月10日）
校长　金　力

各位老师、各位同学，同志们：

刚才，焦扬书记向大家通报了学校在第二个百年新征程的起点上开展"第一个复旦"系列研讨的考虑和部署，作了深刻的剖析和深入的动员，五位师生校友代表对建设"第一个复旦"谈了自身的思考和体会，视角多元，内涵丰富。听下来，大家有着一个共同的话题——创新，围绕着如何创新驱动"第一个复旦"建设提出了想法。下面我也交流一些自己的思考，供大家参考。

习近平总书记在六中全会上指出：历史发展是连续性和阶段性的统一，一个时期有一个时期的历史使命和任务，一代人有一代人的历史担当和责任。一百年前，中国共产党成立，早年的复旦也结束了颠沛流离，在江湾校区（也就是现在的邯郸路校区）安家，从此开启了与党的奋斗紧紧相依、为实现民族复兴和国家现代化拼搏前行的百年征程。回首一个多世纪以来的艰苦和辉煌，复旦已经从一个幼童发育成壮年，从教学型大学发展成为综合性研究型大学，又走上了创建"卓越大学"的道路。这是一条我们自己走出的路，是不断摸索攀登、不断跨越超越的路，在超越国内外高校的同时也在不断地超越自己。这是一条不断创新的路，是一条不断追求卓越的路。身处当今的时代和方位，确实需要静下心来，看清来时的路，更要想清楚下一步怎么走。最关键的是不能忘记我们出发时的梦想，不能淡漠追求卓越的理念，不能松懈不断创新的劲头。复旦人依靠创新报国走到了今天，必然要依靠"日日新，月月新"走向未来，这就是"旦复旦兮，日月光华"所展现的精神境界，是镌刻进复旦人骨子里的精神烙印，也是建设"第一个复旦"的动力源泉。

建设"第一个复旦"，就是建设中国特色世界顶尖大学，实现一代代复旦人的强国理想、卓越梦想。我们开展"第一个复旦"系列研讨，目标是八个字——凝聚共识、振奋精神。凝聚什么样的共识？从当前学校实际出发，我认为主要体现在三个方面：

第一，凝聚"国之大者"的共识。

九十年前，梅贻琦先生曾说："所谓大学者，非谓有大楼之谓也，有大师之谓也。"这句话说出了高等教育以人为本的办学规律，也说出了当时国弱民穷、无力发展的无奈。今天，我们站在所处的历史方位，对于"大学之道"应该有更完整的理解，补全大学、大师、大楼的逻辑闭环。

所谓大学，首先要有大我。复旦116年的办学历史上，先辈们树立了许多榜样，创造了许多个中国第一、世界第一，几乎每个学科都有自己光辉的历史。总结其中的规律，这些开创性的工作都是为了推动国家现代化、服务人民福祉而做出的成绩。复旦有今天的根基和声誉，是因为我们为民族振兴和国家教育科学事业发展培育了大批人才，产生了优秀成果，作出了重要贡献。把服务国家作为根本追求，这是扎根中国大地办大学的深刻内涵。

所谓大学，必须担当大任。把胸怀"国之大者"化为切实的目标和行动。建设中国特色世界顶尖大学，是总目标。许宁生校长为"双一流"建设提出"四个最"的目标，在最重要学科领域布点、在最前沿学术领域开拓，力争做出最突出贡献，以最佳状态持续稳定奉献文明进步。这是担当"大任"在中观层面的具体表现。分解到教学、科研、服务社会等各个方面，细化到各个学科，都应该有更具体更切实的目标和举措。学校党委提出"把国家的事作为学校的事，把学校的事做成国家的事"，这是显担当、能作为的重要方法。

有大我，担大任，才能出大师。没有谁天生是帅才。国家和社会渴求的科学帅才、领军人物，都是在创新创造的大奋斗中成就的。大事业造就大先生，大先生涵养大境界。在建设创新型国家的洪流中，即便不是人人都能够成为领军人物，但有大志向、大平台、大视野，做出的成就也会比原来大许多。钟扬同志曾说过，不是杰出者才做梦，而是善梦者才杰出。学校和院系的使命任务，就是要千方百计地为老师们创造担当奋斗的机会、创造发展进步的机会。

有大我，担大任，才能建大楼。有梧桐树，才能飞出金凤凰。大学必须有大楼，有干事创业的大平台，为师生创造好的工作和生活条件。没有外延的支撑保障，内涵发展也会有很大的局限。所以，我们楼还是要建，钱还是要找，但建好了楼也要提高使用效益，这就需要一流管理、一流服务。

总之，办好中国特色世界一流大学，大我、大任、大师、大楼相辅相成，缺一不可。归根到底，都离不开为国奋斗。

第二，凝聚融合创新的共识。

随着新一轮科技革命和产业变革的加速演进，新的学科分支和增长点不断涌现，学科间的深度交叉融合已成为大势所趋。融合创新是当前科学技术发展的重大特征，是新学科产生的重要源泉，是培养创新型人才的有效路径，也是经济社会发展的内在需求。21世纪以来，在诺贝尔奖获奖者中，跨学科成果占半数以上。近一年多来，总书记不止一次指出，要用好学科交叉融合"催化剂"，加强基础学科培养能力，打破学科专业壁垒，对现有学科专业体系进行调整升级。推动融合创新，已经成为高等教育学科建设的重要趋势，也被认为是推动高校解决重大科学问题、取得关键技术突破的重要途径。去年11月，国家自然科学基金委设立了交叉科学部；今年1月，国务院学位委员会下发通知，使"交叉学科"正式成为我国第14个学科门类。

我个人认为，融合创新应该成为建设"第一个复旦"的主旋律之一，要让复旦成为融合创新的沃土。如何跨越学科的界限，既是理念的问题，也是能力的问题。文理交叉、医文相通、理工融合、医理医工结合，应该成为复旦学科的普遍生态，也是巩固和发展学科优势的必由之路。学校和各院系各学科都应该在文化理念、学术环境、体制机制和评价方式上努力突破，使复旦在学术科研和人才培养上成为融合创新的典范。就在本周一，校学术委员会向学校提交了学科调整优化和创新能力提升情况建议的报告，对国内外融合创新的形势和趋势作了比较全面的分析，并提出不少对策建议。

应该说，融合创新一直是我校"双一流"建设的重要内容。学校第十五次党代会提出打造文、社、理、医、工融合创新的学科登峰体系，把融合创新作为构筑高水平研究型大学格局的重要抓手。"十四五"期间，我们要从学校的实际出发，找准破题切入口，大踏步地推进学科融合创新、科研融合创新和人才培养融合创新。比如，以解决重大科学挑战问题为抓手，团结一批高水平人才，以点带面，促进学科融合；从高质量产出出发，促进校内各类型机构之间、院系和科研机构间的有机配合；注重人才培养在学科交叉融合中的基础性地位，积极探索基础宽厚、富有创新精神和实践能力的跨学科复合型的人才培养模式。在体制机制和资源投入上，加强资源筹措渠道，增加融合创新支持力度，完善教师跨学科双聘、成果认定等管理机制，卸下交叉融合过程中的"心理负担"和工作屏障。

第三，凝聚高质量发展的共识。

"十四五"是2035年建成教育强国的奠基五年，也是学校迈向世界一流大学前列的关键五年。国家"十四五"规划纲要提出，要建设高质量教育体系。既然是建体系，就意味着要强调统筹推进、强化系统概念；也意味着不能有质量不高的短板，否则将制约整个体系的质量和水平。所以未来五年，我们的重中之重是破除瓶颈、拉长短板，各条线、各单位开展研讨要坚持问题导向，在实际工作中同样如此，要把努力解决实际问题摆在首要位置。我以人才工作为例。焦书记和我每周都会固定讨论工作。上周，我们俩重讨论的是"大人才战略"问题。原来我们一直提人才强校战略，那么这个"大人才战略"，又"大"在哪里？一是真正让复旦成为培育人才的沃土。人才是国家的第一资源，但在高校，人才不仅是首要资源、核心优势，更是办学的意义所在、价值所系，人才工作不仅是"一把手工程"，更是全校工程。每位教师都要有育才荐才引才的责任、都要有职业发展的路径空间，每位同学都要努力成才，每个岗位都有服务人才、支持人才工作的义务。我们不仅要一如既往地抓好高层次人才引进，更要统筹抓好引进人才的扎根发展和本土人才的培育发展、梯队建设，尤其是特别重视人才的源头培养和"蓄水池"建设，落实总书记对高校，特别是"双一流"高校成为基础研究人才培养主力军的要求，充分考虑到十年后的人才工作形势和长远需求，大力推进教育教学改革，走好自主人才培养之路。二是真正实现人才工作供给侧和需求侧统筹平衡。传统意义上的人才工作，包括人才工作体制机制、人才引进培育、人事工作、服务保障等，主要集中在政策供给和资源配置方面，是供给侧的。将来，我们要更加注重需求侧和供给侧的平衡和匹配，以需求侧牵引供给侧、以供给侧保障需求侧。用人主体、人才自己需要什么，教学和科研一线需要什么，学校就要努力满足什么，进而加大政策供给和资源筹措配置。三是真正让学校和二级单位协调互动。学校积极放权给有意愿、有能力的二级单位，保证资源和事权相统一，破除部处"管家"思维，增强院系的"东家"意识和能力，让院系能接得住授权、用得好授权。二级单位迸发办学活力、激发教师创新创造活力，最终得益的还是学校。四是真正把学校人才工作融入国家战略。复旦的人才工作，要把服务国家，加快建设世界重要人才中心和创新高地作为根本追求，抓住机遇，用足政策，争取资源，深度融入，有力地加快建设高水平人才高地。

总之，学校"十四五"规划制订的高质量发展指标体系要细化实化为具体的任务、举措、项目、政策。既让每个单位、每个团队、每位师生员工都感受到压力，也要感受到复旦的温度。通过团结奋斗，让每个人既有成就感，也有获得感。

以上就是我对于建设"第一个复旦"笃志、笃学、笃行的一点个人体会。复旦是每一位复旦人的复旦。我相信，只要每位复旦人都有敢争第一、勇创一流的信念、热情和韧劲，我们一定能够创造更加美好的未来，中国特色世界顶尖大学的目标一定能够实现。期待着与全校师生共同奋斗。

谢谢大家！

在规划与"双一流"学科建设大会暨"第一个复旦"研讨会上的动员讲话

(2021年12月31日)

党委书记 焦 扬

同志们：

这次召开学科建设会议，学校酝酿已久、正当其时。20天前，我们在全校启动了建设"第一个复旦"系列研讨，今天下午的学科建设研讨会也是系列研讨的重要专题。下周，还将召开学校人才工作会议。这一系列会议，都是对全校踏上第二个百年奋斗目标新征程、加快迈向中国特色世界一流前列的再动员再部署，也是深化巡视整改的重要举措。

学科是大学的基石，没有一流学科就没有一流大学。"双一流"五大建设任务（建设一流师资队伍、培养拔尖创新人才、提升科学研究水平、传承创新优秀文化、着力推进成果转化）都是以学科为基础、为龙头、为依托。2014年以来，学校的学科建设取得重大进展。"双一流"首轮建设周期任务顺利完成，两轮建设周期入选学科数量均列全国高校前茅，第四轮学科评估A类比例超过60%，14个学科纳入上海市高峰学科建设，居上海市首位，率先全国建设交叉学科门类首个一级学科集成电路科学与工程。文、社、理、工、医五大学科门类竞速发展，全校学科"高原"更加均衡，QS全球学科评价连续五年成为中国大陆五大学科门类均进入世界百强的两所高校之一。学科服务国家战略能力明显提升，布局开展重大前沿科学问题研究和关键核心技术攻关，聚力建设张江国际创新中心，并新建了一批实体运行科研机构。

但要清醒看到，对标总书记、党中央的新期待新要求，对表国家高水平科技自立自强和地方升级发展的迫切需求，对照日新月异的学科前沿和国内外同行百舸争流的竞争态势，我们不进则退、慢进也退，学科结构优化增长进程仍需加快，有国际竞争力的学科"高原""高峰"建设仍需加强，学科融合创新能力和服务能级仍需提升，学科建设效益和管理效能仍需提高。巡视指出，全校对如何建设"第一个复旦"尚未形成共识，依托学科优势服务国家战略主动意识不够，解决关键核心技术意识不强，协同创新和"揭榜挂帅"体制机制尚未建立，科研项目普遍小而散，尚未建立符合中央要求、匹配学科特色的新型智库体系。3个月集中整改是照方抓药，要从根子上药到病除必须咬定青山不放松，抓好深化整改、长期整改、久久为功。

两周前，习近平总书记主持召开中央全面深化改革委员会第23次会议，会议审议通过了《关于深入推进世界一流大学和一流学科建设的若干意见》。《若干意见》总结首轮建设经验，对新一轮"双一流"建设作了总体部署。建设一流学科是学校"十四五"形成高质量发展新格局的关键抓手和动力。今天既是动员部署会，也是工作研讨会。如何贯彻中央部署要求，发挥学科建设龙头作用，推动学校加快迈向世界一流大学前列，我思考了几个问题，在这里与各位作一交流并求教。

第一，从历史思维看，如何把握"双一流"建设的历史使命？

建设世界一流大学和一流学科，是总书记和党中央、国务院的重大决策，是实现我国从高等教育大国到高等教育强国历史性跨越的重要部署。六中全会《决议》充分体现了中国共产党人的大历史观，总书记最近在多个场合强调树立大历史观、大时代观问题。我们推进"双一流"建设，也应有大历史观、大时代观，深刻理解把握"国之大者"。

在党的百年奋斗中，教育谱写了华彩乐章，用20多年走完发达国家上百年的义务教育普及之路，用十几年实现高等教育从大众化到普及化的快速发展，为现代化建设积累了丰富人力资本，有力推动了创新型国家建设，开启了从高等教育大国向高等教育强国的转型升级之路。时钟转到2014年，总书记既前瞻又适时地作出建设"第一个北大、清华、浙大、复旦、南大等中国著名学府"的重要指示，以宏大气魄提出建设数个中国特色世界顶尖大学的战略目标，先后10多次提到世界一流大学和一流学科建设，其深刻意蕴值得我们认真学习领会。一是不断争创世界一流。总书记视察清华时指出，追求一流是一个永无止境、不断超越的过程，要培养一流人才方阵，构建一流大学体系，提升原始创新能力，坚持开放合作。二是突出培养一流人才。强调高校的中心工作是教书育人，根本任务是立德树人；要提高人才供给自主可控能力。三是服务国家战略需求。强调中央作出"双一流"建设战略决策，就是要增强国家核心竞争力；"双一流"高校要勇挑重担、加强科技创新工作，释放基础研究、科技创新潜力，积极投身实施创新驱动发展战略，提升服务经济社会发展能力。归根到底，"双一流"建设要为实现"两个一百年"奋斗目标和中华民族伟大复兴中国梦提供有力支撑。

"双一流"建设总体方案分为2020年、2030年和21世纪中叶三个大的阶段，设计了梯次建设目标、五年一轮推进。方案明确，到2030年，若干所大学进入世界一流大学前列，一批学科进入世界一流学科前列。《若干意见》也突出强调，新一轮"双一流"建设要对标2030年阶段目标和2035年建成教育强国、人才强国目标。学校"三步走"战略与这三个阶段是完全对标吻合的。学校第十五次党代会提出，在第一步基础上，经过10—15年努力，整体水平率先进入世界一流大学前列。"十四五"是第二步的奠基五年、关键五年，既要为2035年整体水平引领教育现代化奠定根基，也要对标"双一流"2030年目标和新一轮部署，凝神聚力，在率先上下功夫、求突破。

学校党委始终认为，立德树人、"双一流"建设是学校最大政治任务，是党和人民赋予的重大历史责任和时代使命。全校干部师生要共同扛起政治责任，充分发挥集中力量干大事的政治优势、制度优势，在新的历史征程上高位推进一流学科和一流大学建设、加快实现高质量发展。

第二，从战略思维看，如何把握新一轮"双一流"建设的战略导向？

在大学办学实践中，学科建设牵动全局、影响长远，最应该树立和运用好战略思维、把握战略导向。比如，加强战略谋划，看清学科前沿趋势逻辑、吃透国家地方重大需求，结合自身优势特点，坚持有所为有所不为，凝练精彩可行的学科发展方向，形成学科新的生长点、突破点。又如，保持战略定力，充分认识学科建设的长期性艰巨性，遵循学科发展、人才培养、科研创新内在规律，一旦选定发力方向，就要经得起诱惑、耐得住寂寞、扛得起挫折，守正创新，久久为功，构造学科特色，打造竞争优势，以重大突破带动整体，以造就高峰抬升高原。

国家新一轮"双一流"建设的战略导向、政策导向都比较清晰，结合学校实际，主要体现在四方面。

一是彰显特色、争创一流的导向。《若干意见》提出坚持特色一流、走出中国特色社会主义大学建设之路，就是要处理好扎根中国与世界一流的关系。既扎根中国大地、深化内涵发展，也瞄准世界一流、构建一流大学体系，创造性建设"第一个复旦"。关键路径是服务"国之大者"，面向世界科技前沿，面向经济主战场，面向国家重大需求，面向人民生命健康，把学校和学科都放到国家发展全局和创新体系建设中思考定位、谋划建设，以一流的建设成效为建设现代化强国提供坚实的人才支撑和智力支持，为人类文明做出更大贡献。

二是重点支持、统筹推进的导向。就是要处理好一级学科与一流学科的关系，打造一流水准的学科体系。"十四五"期间，学校将推动五大学科门类和交叉学科协同发展，积极布局前沿学科方向探索，构造文、社、理、工、医交叉六大学科门类和自设前沿学科协同高质量发展的学科体系。根据教育部部署，学校拟新一轮建设20个一流学科，并按要求发挥一流学科的牵引辐射作用，带动全校一级学科发展，实现学科体系更加均衡，学科水平全面提高，整体优势更加巩固。一流学科建设是动态调整的，像复旦这样的大学，学科高原并不止于一流建设学科。所有一级学科都应当千方百计强化自身发展动能，坚持重点发展、融合发展和特色发展，不断增强育人、学术和学科贡献力。拟建设一流学科应自觉担当融合创新"领头羊"，踊跃响应国家重大需求，积极布局学科交叉领域和前沿方向，主动加强与相关一级学科的交叉融合。

三是融合创新、优化结构的导向。就是要通过融合创新，处理好巩固优势与结构拓展的关系。复旦的学科格局长期稳定，但当前新的科技革命、世界格局深刻调整和新发展格局构建孕育着学科发展的巨大空间和战略机遇，如果现在不抓住机遇拓展格局、优化结构，也许就永远失去攀上顶峰的时机。日前，国务院学位办启动了新版学科专业目录征求意见工作，从中看出学科的交叉融合更新明显加速。《若干意见》也提出，优化以学科为基础的建设模式，但不拘泥于一级学科，积极争取按领域和方向开展学科建设。我们应当深刻理解国家加快学科动态调整、打破学科壁垒的改革意图，把握抢占学科前沿制高点、服务经济社会主战场的鲜明导向，推进学科交叉融合。面对创新发展潮流、国家重大需求和清晰政策导向，应当有坐不住的紧迫感、慢不得的危机感、等不起的责任感，推动文、社、理、医、工交叉融合，推动新兴交叉学科和自设学科发展，构建融合创新的制度体系、学科生态和学术环境，体现综合性大学的前沿拓展力和创新引领力。

四是优中选优、造就高峰的导向。国家新一轮"双一流"建设将强化目标导向、任务导向，启动"一流学科培优行动"，瞄准高精尖缺领域，针对战略新兴产业，传承弘扬中华优秀传统文化以及治国理政新领域新方向，由具备条件的建设高校"揭榜挂帅"，成为战略人才成长的主要基地。这是服务国家战略需要、迈向世界一流前列的重要战场。学校前期已经遴选了一些培优领域，各领域应当凝练关键学术问题或技术难题，抓紧明确任务目标、组织攻关团队、落实个性化支持举措，争取标志性重大原创成果，打造中国特色世界一流的学科标杆。

第三，从系统思维看，如何把握建设一流学科的关键要素？

现代大学的学科，不仅是知识体系、办学单元，也是一种科学文化、学术制度，不仅是科研创新、教育教学平台，也是人才队伍建设、服务国家社会的平台。总书记强调，一流大学建设要把发展科技第一生产力、培养人才第一资源、增强创新第一动力更好结合起来。这体现了精深的系统思维方法。我们抓学科建设，也应当注重系统的整体性、诸要素的协同性和动态平衡，注重发挥学科对人才培养、科研创新和服务社会的龙头牵引作用，注重师生主体能动性和校内外多元参与性。但万变不离其宗，归根到底是培养一流人才、产出一流成果。

一是造就一流人才方阵，走出自主培养之路。以人为本，是学科建设的基本规律。离开育人初心，没有人才队伍，一切都是空谈。一方面，牢固确立人才培养的中心地位，贯彻党的教育方针，培养担当民族复兴大任的时代新人。《若干意见》提出，坚持把立德树人成效作为检验学校一切工作的根本标准，以促进学生全面发展、身心健康为中心，以"使命＋兴趣＋能力"为培养路径，率先建成高质量本科教育和卓越研究生教育体系。去年在新一轮学科评估中，一些院系因为人才培养工作不扎实而吃亏失分，这样的教训应当深刻吸取。学校和各学科都应当全力发挥培养基础拔尖人才主力军作用，在课程体系、教材体系、教学体系等打基础、利长远的方面狠下功夫，更加重视科学精神、创新能力、批判性思维的培育，着力推动教育教学创新、培养高水平高素质复合型人才。另一方面，把新时代人才工作作为核心任务，为加快建设世界重要人才中心和创新高地提供有力支撑。下周，学校还将召开人才工作会议，我这里先不展开。

二是以服务国家和人类为追求，完善大学创新体系。《若干意见》强调"双一流"高校要按照总书记的要求，强化在国家创新体系中的地位和作用，完善以健康学术生态为基础、以有效学术治理为保障、以立足国内自主培养一流人才和产生一流成果为目标的大学创新体系。复旦作为"国家队"、排头兵，必须自觉肩负起科技自立自强和文化自信的重任，强化创新策源功能，推进科教融合、科研育人，以一流成果服务支撑创新型国家建设。在基础研究探索方面，鼓励教师大胆开展基础性、前瞻性、非共识、高风险、颠覆性科研工作，取得更多创新性先导性成果，在国际可比学科和方向上更快突破，打造国际学术标杆。在"卡脖子"问题攻关方面，大力加强有组织科研，推动院系和实体运行科研机构的协同创新，推进产、学、研、用深度融合。在推进中国特色哲学社会科学体系建设方面，以"两大工程"为牵引，服务党的理论创新和实践创新，持续支持冷门绝学研究，推进"传世之作"计划，推动社会科学关注服务国计民生，加强新型智库建设。在融入全球创新网络方面，牵头推进国际大科学计划，瞄准联合国2030可持续发展目标，协同国内外开展关系人类前途命运问题的科研活动，共同应对全球性挑战、促进人类福祉。

第四，从创新思维看，如何营造创造活力涌流的创新环境？

大学本质上是师生一德的创新共同体，建设一流学科必须创建追求卓越的创新环境。如何厚植有利于人才培养和发展的创新沃土，如何培育开放包容、宽容失败的创新文化，如何加强制度创新、激发师生创新创造的活力动力……这些既是办学问题，也是治理问题，必须依靠院系和师生共建共享，必须以创新的思维推动创新的实践。

比如，改进学科建设评价问题。前不久，学校深化改革领导小组会议审议了"新时代教育评价改革方案"，明确了立新标、破"五唯"的顶层设计，提出构建以特色、质量和贡献为导向的学科评价体系，注重分类评价、特色评价、动态评价，健全学科建设成效评估机制，强化评价结果运用，推动立德树人落实机制更加完善，引导教师潜心育人、创新创造的评价制度更加健全，引导各学科办出特色水平。评价是"指挥棒"，但推进评价改革必须上下联动、同题共答。学校考虑把评价改革方案作为指导各单位增强自身办学活力的"工具箱""增压器"，引导各单位积极开展评价改革试点，在实践中创立新标。

又如，激发二级单位活力问题。院系和实体运行科研机构是学科建设的主体。下一步，学校考虑将积极放权授权，注重权责相配、放管相济，坚持分类管理、一院一策，鼓励建设学科"特区"，为各单位营造潜心育人治学的环境创造有利条件。也希望各单位、各学科积极用好授权，在学科规划调整、建设管理等方面充分发挥主体作用，不断提高治理能力和建设效能。

这里要特别强调，学科建设也应当发挥"三线联动"的政治优势和组织优势。学校党委把"双一流"建设作为最大政治，二级党委也要把引领保障学科建设作为重大政治任务，对学科方向规划、教学科研管理和人才队伍建设加强政治把关、政治引领、政治保障，强化基层党组织和党员在"双一流"建设中的堡垒先锋作用。

老师们，同志们！

2022年的新年钟声即将敲响，新的赶考路铺展在前。让我们以旦复旦兮的创新精神、日月光华的创造气概，抢抓机遇，乘势而上，建学科高峰，攀世界顶峰，作出不负党和人民期待、不负我们这一代人的新业绩新贡献，迎接党的二十大胜利召开。

最后，祝全校教职工新年快乐、身体健康！

谢谢大家。

融合创新 结构跃升 打造"第一个复旦"学科发展新格局
——在规划与"双一流"学科建设大会上的发言

（2021年12月31日）

校长 金 力

各位同志，各位老师：

上午好！今天在此召开规划与"双一流"学科建设大会，是全校凝聚"第一个复旦"学科发展共识的重要契机。刚刚焦书记对于复旦的使命和责任进行了深入的剖析，各学科代表对自身的建设经验提出了总结和思考，从这些交流中，我感到"第一个复旦"学科建设的新格局已经逐步清晰。

今天，我将从学科建设的要素和内涵谈起，和大家讨论复旦如何实现阶段性跃升和结构性登顶。同时，我也准备了一些问题，供大家共同探讨。

一、学科建设的几个关键概念

2014年，习近平总书记作出建设"第一个北大、清华、浙大、复旦、南大等中国著名学府"的重要指示，要求我们认真吸取世界先进经验，遵循教育规律，扎根中国大地办大学;近期,总书记在中央人才工作会议、深改组第二十三次会议等场合多次作出与学科建设相关的重要指示,包括要加快形成战略支点和雁阵格局,强调扎根中国大地,办出中国特色,优化学科专业和人才培养布局,为加快建设世界重要人才中心和创新高地提供有力支撑。面对党中央的期望和要求,复旦大学如何把好学科建设这个龙头,响应时代的召唤?

学术共同体首先从学科的概念来看。一般来说,我们习惯把学科看成一个统计意义上的单位,或是一个资源分配单元。但学科划分不等于学科本身,它在内涵上同时有科研属性、育人属性、管理属性,既是相对独立的科学领域和知识体系,也是传播知识和培育人才的专业与课程,还是教学科研与服务的学术机构组织。对应这三种属性,学科要做的是不断进行知识创造和科研创新、适应社会需求产出高质量人才以及提供优质社会服务和文化传承创新。

具体而言,首先,学科具有动态性特征。哲学、医学、数学、物理等学科因为社会发展和技术进步不断演化,形成了现代的学科体系,而且还在不断裂变和融合。学科内涵随着知识创造不断创新,自然、社会、人的复杂性决定了学科边界是塑造-打破-再塑造的过程,学科生态体系不断激发知识外溢,进而生成新的发展单元、前沿领域和交叉方向。因此,学科的传承与创新是永恒命题,学科优势传承与前沿创新既相互强化也存在竞争。

其次,学科具有时代性特征。国家发展和社会需要对学科会有结构性影响,这从我们学校的学科发展历史中就有充足的印证。1952年,解放初期百废待兴,国家构建中国高等教育体系,进行院系大调整,复旦受益良多,调整进我校的新学科占了当时学校重点学科的80%;2000年,面向新世纪改革开放新阶段,高等教育深化体制改革,我校与上海医学院的合并,使我校历史上第一次拥有医学学科,朝着更加综合化的方向发展;面向"两个一百年"奋斗目标,推进建设中国特色世界顶尖大学,国家设立第十四个学科门类,我校率先启动建设全国首个"交叉学科"门类一级学科:集成电路科学与工程。每一次学科力量的跃升背后都是学校与国家发展同频共振带来的能量。

学科同时还具有开放性特征。国际国内合作与交流是学科发展的重要催化剂,学科建设一方面要强调中国特色,另一方面,要高水平的国际化,因为只有通过国际化才能真正体现中国的超越引领。近年来我校前沿领域的原创成果经常来自重大国际合作,通过高水平国际合作整体带动了相关学科的发展能级。同时,"卡脖子"关键技术为高校学科发展带来新机遇,集成电路产教融合创新平台及一系列上海市市级科技重大专项的成功创建也让我们看到以政产学研、区域合作催生新领域和新方向的开放特性。

现代大学治理体系下,学术共同体是学科落地生根、发展进步的内生动力。在学术层面,学术共同体是融合创新的核心力量,强调要回归知识生产本身,尊重科学复杂性规律,推动融合创新;人才方面,共同体是人才引育的基本单位,强调要打造人心聚学、追求卓越、心怀国之大者的人才聚集高地;育人方面,共同体是立德树人的重要载体,创新知识传播内涵,提高育人质量,培养掌握未来的顶尖人才;服务方面,共同体是推动社会进步的策源高地,强调坚持四个面向,聚力社会服务与成果转化,强化创新策源作用;治理层面,共同体突破行政边界的学术共同体治理,强调共谋资源、共维声誉、共享机遇、共担风险。只有突破传统对"大院系""小机构"的界定,建立起协同高效的学术共同体,学校才能形成优良学科生态体系,激发出发展活力。

二、"三新一高"格局下学校学科发展的历史方位

建设"第一个复旦",首先要认清我们的历史方位。目前,一流大学建设正处于深刻的历史战略机遇期。从国际来看,世界正经历百年未有之大变局,国际力量对比深刻调整;从国内来看,中华民族伟大复兴的战略全局正在从第一个百年走向第二个百年,由此教育部高教司司长吴岩给出了重要的新判断:中国高等教育已进入世界第一方阵。

随着国际国内形势和科技革命的深刻变化,我国高校在人工智能、数据科学、医学健康、文化产业等新兴前沿学科领域形成了集中布局的态势。近年来兄弟高校频繁调整学位点,C9高校近4年来调整了150余个学位点,如何分配资源、布局学科,我们可以从中看到一些端倪。

回到复旦本身。"十三五"阶段,我校的核心内涵可比指标已达到世界名校水平,全球声誉已达到30—70名之间,正逐步从知名育人学术文化重镇上升为全球育人学术文化中心,文、社、理、工、医五大学科门类竞速发展,在国际大学评价中连续五年成为中国大陆五大学科门类均进入世界百强的两所高校之一。

近年来,复旦的研究领域正逐步向顶尖高校演变,从2018—2021年的Top 1%研究主题来看,复旦研究领域整体布局与斯坦福相似,但与顶尖高校不论是在主题数量上还是学科融合方面仍有一些差距;在国际声誉评价上,复旦大学正稳步向世界顶尖大学迈进,无论是从发展质量还是发展速度来说学校都进入了一个较快的发展机遇期。

在对7个人文社科一流学科进一步比较过程中,我们发现,部分优势学科在重大成果奖项、社科重大项目上领先于对标高校,但在师资队伍、国家级一流课程、成果文库等方面与兄弟高校有差距。

理工医科方面差距则更加明显,当然我们选择的主要比较对象是兄弟高校最高值,但是我们同样也要正视我们的差距,特别是重大成果奖项、重要平台基地等下一轮"双一流"建设重点考核的目标。这是我们的痛点,未来五年需要补齐短板、迎头赶上。

三、目标·路径·任务:十四五学科发展的三元素

更好建设"第一个复旦",我们首先要厘清目标、路径、任务三个不同的概念。首先是设定总体的阶段性目标,从"十三五"到"十四五"到2035,是学校形成世界顶尖大学基本格局、助力三个强国建设的重要阶段,未来五年在其中起着关键作用。

从整体目标到具体目标来看,未来十年,我们需要以体系性强、精英度高的一级学科为根基,利用好我校学科布局完备、综合性强的特色,为一流学科培育与融合创新注入持续动能,分阶段、分目标实现各个一流学科的国际、国内的双冲顶。一大批学科要保持或冲击国内最佳水平,还要力争在国际上达到前20至前50的水平。

与此同时,我们应该深刻认识到,目标不等同于路径,只有明确发展路径,才能实现发展目标。"十四五"期间,学校提出了要持续优化学科布局,重点建设一流学科,全面推动一级学科重点发展、融合发展和特色发展,形成一流学科群体,并且从人文社科、理、工、医、融合创新、评价体系六个方面制订了具体的发展路径。

为了更好打造路径,学校需要有稳固的支撑体系。新一轮建设中,学校将在延续首轮支持框架的基础上,形成更加完备、高效,导向更加明确、层次更加分明的"双一流"项目支撑体系。目前,学校"双一流"经费分为四个大的版块:基本发展、重点发展、重大条件建设、"双一流"绩效。说到这里,补充一点。"双一流"建设一定是鼓励大家真抓实干、做出突出成绩,因此学校必须明确树立一个指向,那就是要给做出一流贡献的人加大支持力度,这样才能形成"人人争创一流"的氛围。今年学校酝酿了一个全新的"双一流"绩效实施方案,已通过常委会审议,希望能够进一步凝心聚力、激发活力!

各类学科建设项目是支持学科发展最直接的方式,也是过去几年中,"双一流"投入力度最大的板块之一。在新一轮建设中,学校将继续加大支持力度。从体系导向上来看,一是筑基,二是发展。筑基类的项目侧重于保障学科的基本需求,一般是全面覆盖且每年持续性的支持,比如基本发展项目;如果是大件的基础性需求,则可以依托学科科研基本技术平台项目,通过学校精准布局、按需推进的方式,逐步解决学科建设中的重大基本需求。发展类项目则侧重于支持学科在一定建设周期内取得突破性成效。一方面支持一流学科冲顶;另一方面加强学科内涵提升与新方向的培育,支持一批学科冲击进入一流建设行列,培育一批前沿学科、交叉学科领域。

在良好的保障体系下,学校计划通过"培优行动",支持一流学科朝国际国内"双冲顶"的目标前进。教育部在一流学科中要求"优中选优",在部分学科和领域启动培优行动计划,是为了取得创新性突破性标志成果,打造中国特色、世界一流的学科标杆。学校通过遴选、组织团队、实施个性化支持等方式对这部分学科及领域给予关注。同时,也希望这部分一流学科能够发挥带动作用,最终在全校范围内形成一流学科培育梯队,支持更多学科冲击一流。

人文社科方面,主要以"中国古代文学文献"等5个领域作为培优领域,通过"十四五"规划中提出的布局重大原创性人文基础工程、扶持冷门绝学、打造传世之作、做强跨学科平台等一系列建设任务,落实赓续壮大人文社会科学学科的战略路径。

理科方面,主要以"代数几何与代数拓扑"等6个领域作为培优领域,主要强调通过学理层面的原始创新、重大科研领域攻关能力,夯实基础学科建设,稳定支持一批立足前沿、自由探索的基础学科,推进布局国家基础学科中心、重点实验室等平台来促进理科基础优势的攀升,打造全球学术地位。

新工科方面,主要以"大数据""新材料与新器件"为培优领域,我们提出要做大做强复旦工科,破除工程技术学科特有的体制机制障碍,同时应特别注意要紧抓青浦新工科创新学院的有力契机,高质量建设好各类新工科科技融合创新平台,加强应用学科与行业产业、区域发展的对接联动。

医科方面,以"脑科学与类脑"等3个领域为培优领域,通过促进医工、医理交叉融合,加快推进新兴前沿交叉学科、急需特色学科,推动落实公卫学科群发展计划等一系列举措,打造医学学科尖峰,服务国家发展战略与民生需求。

学校将以问题为中心,建立交叉学科发展引导机制。交叉学科方面,以"集成电路与微纳电子量子"等4个领域为培优领域。我们要深化学科融合创新,以跨学科高水平团队为依托,以国家科技创新基地、重大科技基础设施为支撑,发挥出综合性研究型大学优势,扩大学科版图,促进产教融合,形成前瞻性布局,建设交叉学科发展的方阵。

评价体系方面,学校以"四个最"为架构,构建了"第一个复旦"高质量指标体系,确立了迈向世界顶尖大学的主攻方向,特别强调突出贡献,担当国家使命,以师生两大主体为对象,打造大先生和担当重任的时代新人,强化提升科研贡献力的水平,健全基于贡献的科研团队评价机制,积极践行加快一流大学建设的愿景目标和战略举措。

此外,我们还需要明晰国家一流学科成效评价要点,对照立德树人成效、师资队伍培养、重大原始创新突破、国家使命担当及高水平实质性国际合作交流这五个方面提出的全方位要求,结合自身学科发展基础与发展特点,做到补短板、优长板。在这个新的建设周期,尤其要关注产出重大成果、获得重大奖项、建设并培育国家级重大平台等重要指标。

学科建设需要学校保驾护航,更需要各二级单位全情投入。各学科内部应该在院校两级管理的基础上,主动对接学校发展目标,在学科内部形成目标、路径、任务的发展共识,凝聚发展合力,同时学科应深刻认识到外部资源对于学科发展的巨大促进作用,活用校内资源撬动外部资源,通过对接国家、地方项目、产学研合作项目等方式,以与学校共同形成"双一流"建设的巨大合力。

针对以上内容,我向大家提出两个问题:目标、路径、任务之间的关系应该如何确定?学科内部应该如何联动这三者,形成学科发展与融合创新建设的特色模式?

四、"第一个复旦":厚积薄发的阶段性跃升

中国大学从诞生之初就在不断摸索前行,根据高等教育史的梳理,我国大学在各个阶段模仿借鉴过不同的办学模式,取其所长,舍其所短,比如我们一度"以俄为师",又一度崇拜常青藤高校。但是亦步亦趋,终究追随;借鉴超越,方能引领,如今我们要走的不是老路,而是适应中国国情、引领世界潮流的中国特色世界一流大学的路。

美国大学在早期也曾以欧洲大学为圭臬，后期大幅超越前辈，原因在于其设定了符合自身的战略路径。麻省理工通过第二次世界大战获得了大量资源，斯坦福通过人才引进实现了赶超，卡内基梅隆通过计算机学科站稳了脚跟。他们将自身发展和国家需求、共同挑战有机结合，重视主动合作和学科交叉，摆脱了模仿，实现了超越。

我们在"十四五"时期就是要将学校长期积累的能量通过"内部提效，结构发展"喷发，坚持效率优先、创新驱动的高质量增长理念。我们要夯实发展的软硬件基础实力，提升发展要素竞争力；打造复旦品牌特色，提升发展质量竞争力；推动学校在平台、要素、学科等方面的结构性扩展，强化发展潜力竞争力；实现高原上凸起高峰，为冲击世界顶尖大学集聚核心竞争力，增强对国家和社会可持续发展的贡献力。

我们梳理了1990年至今我校理工科布局情况，单从时间线上来看有增有减，这是一种线性的观察方式。

我们再抽出其中的物理学科来看，物理的发展通过剥离、裂变，衍生出了一系列相关学科，壮大了物理这个学科领域的队伍，例如材料、光学、计算机、核科学都与物理学直接相关。如今，这些裂变的学科又在集成电路科学与工程融合汇集。未来五年，根据学校"十四五"规划，我们计划瞄准重点领域，孕育一批前沿新兴学科和交叉研究方向，提升学校对国家战略科技力量的卓越贡献力。

另一种观测以科研成果为视角，最近50年，世界学科研究体量正在发生演化，计算机科学、决策科学、经济学、能源、数学、社会科学等领域的成果产出占比在不断提升，而生物化学、化学工程、医学等学科虽然总体体量也在上升，但是由于增速平稳，占比相对有所下降，这也是一种学科发展变迁的客观历史。

面对学科发展，我们有两种选择，一是基于现有基础与积累优势，作延伸式发展；二是对标未来，补齐缺失环节，定位关键人才团队，作跨越式发展。斯坦福通过抢占学科前沿领域壮大工程学科，芝加哥大学的经济学派持续关注重大现实问题，屡屡拿下经济学诺奖，他们一定程度上选择了延伸式发展。另一种则是跨越式发展。纽约大学以理查德·库朗（Richard Courant）为核心的应用数学团队用30年时间，使其从几乎没有任何基础的"数学荒漠"，快速成长为公认的"应用数学之都"。1949年，北京大学农学院调整出了北大，但北京大学对于农学的研究始终弦歌未绝，在应用化学、生物技术与应用微生物、毒物学、医药化学等领域均进行了大量的农学边缘学科、农学核心学科领域研究，在2014年成立了北京大学现代农学院。

针对以上内容，我再向大家提出两个问题：我们如何把握中国现代化进程的战略机遇期，抢抓发展机遇？各学科如何利用历史关键跃升期，实现自身跃升？

五、"第一个复旦"：学科冲顶的结构性力量

学科冲顶的首要力量是一流学科。2021年，新一轮"双一流"建设已经拉开帷幕。本轮建设中，教育部强调以一级学科为主体建设一流学科，要求学科整合相关资源，瞄准国家战略、地方经济社会发展和产业科技前沿关键领域，科学确定建设口径。这与首轮建设的方式有所不同，首轮建设中，学校在教育部认定的17个学科的基础上，按照一级学科、一级学科组合以及一级学科及学科前沿组合的方式，自主建设了27个一流学科。在本轮建设中，则主要依托教育部认定的20个一流学科开展建设。但这并不意味着不建设其他学科。

一流学科建设内涵不同于一级学科，强调打造科学高峰和育人高峰，体现科教融合。一流学科由主干学科和支撑学科共同构成，在具体建设中要将主干学科和支撑学科的建设院系以及实体运行科研机构都组织进来，形成学术共同体。今年8—9月，各一流建设学科完成了建设方案的编制，其中有一项重要的工作就是确定学科口径。通过召集组织主干学科及参建学科相关单位的负责人和专家，形成编制小组和专家咨询小组，在方向确立和任务制订等关键环节，对方案进行学术把关，并将学科融合创新的发展思路贯彻到建设方案中。目前教育部正在对建设方案进行审核，近期将反馈结果。

建设"第一个复旦"，不仅靠一流学科，更要找准学科冲顶的结构性力量。在论文、专利等关键科研指标上，我国的表现始终名列全球前茅，然而在创新能力表现上，我国的表现与科研表现显示出割裂现象，如何能够真正释放出无数科研人员的创新潜力，认识到现有统计数据背后的体制机制问题，捅破冲入世界顶尖高校时遇到的玻璃天花板，是我们在建设"第一个复旦"过程中无法绕开的关键问题。"结构性发展"是回答这一问题时一个很好的切入角度。其来源包括：各学科要前瞻布局，以知识进步与社会需求为根本导向形成重点发展领域；学校层面要培育一流学科，打造科研、学术育人高峰，实现国际国内双冲顶；在机制上二级单位、学术共同体要形成学科发展协同力量。我们要让一部分学科及领域率先跻身世界一流前列，随后通过学科反哺机制、资源动态投入机制，激发各一级学科投入一流学科建设潜力，让一流学科发展成为有本之木、有源之水。

国家近年来非常强调基础学科拔尖人才培养，2009年我国就启动了拔尖计划1.0，2018年开启了拔尖计划2.0新格局。在现有20个拔尖计划2.0学科中，我校已经布局的一级学科及领域占到14个、已入选的有10个，基本覆盖了学校基础学科中的优势学科，未来我们应该以此为结构性力量的重要导向，更好提升学科发展的"元实力"。

青浦新工科创新学院院区将是未来一段时期复旦很重要的结构性发展力量。一是将全力支撑上海三大重点产业创新高地建设，重点建设计算与智能、集成电路与微纳电子、生物技术与生物医药工程创新学院，作为人才培养主要承载单位。二是打造复旦-华为产教创新共享模式，加强与华为公司的深度合作，实现深度融合、联动发展的"没有围墙"的国际化产学研示范区。三是高水平、高起点建设未来技术学院，形成以未来技术学院为"一体"，以"创新学院＋若干研究院"和"复旦-华为新工科融合创新中心＋合作企业"为两翼的一体两翼、产教深度融合的未来技术领军人才培养新体系。

国家战略科技力量也是我们的重要结构性力量。学校要瞄准国家和区域发展的重大战略目标、战略任务，对接国际科技前沿，推动在国家层面参与顶层设计和战略布局，发起和承担国家重大专项、国家重点研发计划、"科技创新2030重大项目"等国家科技计划任务，系统性谋划国家实验室、全国重点实验室、国家重大科技基础设施建设，力争在多个关键领域成为国家战略科技力量。着力开创大科研格局，以解决实际问题为导向，强化原始源头创新和先锋先导等项目，助力上海集成电路、人工智能、生物医药三大产业创新和育人高地建设，服务国家重大战略需求和经济社会发展重大需要。

融合创新作为结构性增量具有重大的战略意义。今年在两院院士增选中特别关注新兴和交叉学科，在新兴和交叉学科领域有3人当选。根据研究统计，一百年来的诺贝尔奖获奖者有41.02%属于交叉学科，尤其是21世纪以来，跨学科成果占半数以上。以诺贝尔化学奖为例，截至2021年，已经有187人获得诺贝尔化学奖。这些得主的最大特点就是很少是地道的化学家，尤其是1998年诺贝尔化学奖颁给了美国物理学家瓦尔特·科恩（Walter Kohn）和英国数学家约翰·波普（John Pople），向人们展示了数学、物理和化学学科的交叉和融合取得的重大成果。大学融合创新的核心是融合，是不同学科的人的融合，形成合力，共同的目的是实现一流水平的育人、作出一流水平的学术贡献、奉献人类文明进步。

目前学校通过基础、前沿、新兴、交叉科研平台的梯次布局，在生命健康医学、生态环境与经济社会发展、关键共性技术、构建人类命运共同体、哲学社会科学等领域建立了一系列研究机构，学校现有实体运行科研机构覆盖了所有一级学科、一流学科建设。整体来看，各类平台、机构的建设已经为未来高水平研究型大学和学科深度融合奠定了较好的发展基础，但在建设过程中也对学校的学科交叉融合水平与学科生态环境提出了诸多挑战。学校目前正在制订《关于鼓励推动学科融合创新的指导意见》《实体运行科研机构管理办法》等文件，并将大力推进科研组织模式创新，通过制度设计和其他多种方式完善支持体系。

最后，我想与大家分享一个案例。1990年，一个规模不大的基因组研究中心成立了，凭借出色的研究快速成为基因组学领域和人类基因组计划的国际引领者。5年后，这个前沿领域让MIT和哈佛科学家之间形成了非正式的基因研究合作网。2004年，因为学科互补、地理位置相近以及价值取向一致，MIT和哈佛两个超级大学索性合作成立了布洛德研究所。以基因组学为主要的研究主题，但它不设学科界限，不断推动生物医学的突破性创新，在顶尖人才引育、研究前沿推进等方面获得了巨大的成功。布洛德研究所告诉我们，学术共同体的力量是无穷的，融合创新大有可为。

这是今天的最后两个问题：各学科如何在结构性发展体系中找准定位？各学科内部如何形成结构性增长力量？

希望大家与我一同思考我所提到的六个问题，并且在下午的座谈会上各抒己见、百家争鸣，为学科建设和发展提供真知灼见。

心之所向，虽远必达。在争创"第一"的道路上，一流的学科是我们前进的底气。相信在座的各位和我一样，对复旦有着特别的感情。复旦是每个复旦人的复旦，"第一个复旦"也是每个人肩负的使命，唯有持久的热情、坚定的信念和切实的行动，才能真正建设好"第一个复旦"，在世界高等教育的舞台上发出中国大学的强音。

我的讲话就到这里，也祝福各位同志、各位老师新年进步，我们一起在新一年为"第一个复旦"努力奋斗。谢谢！

在全校人才工作会议上的讲话

（2022年1月6日）

党委书记　焦　扬

同志们：

新年好！今天的会议是学校党委新年召开的第一个事关全局发展的重要会议，体现了人才工作在复旦发展全局中极端重要的作用。会议主要任务是：深入学习贯彻中央人才工作会议精神，加强党对人才工作的全面领导，全面动员部署新时代学校人才工作，加快实施"大人才"战略，为建设中国特色世界顶尖大学提供坚实人才支撑。这既是全校人才工作会议，也是建设"第一个复旦"系列研讨的重要专题；既是对全校踏上新征程、加快迈向中国特色世界一流前列的再动员再部署，也是深化巡视整改的具体举措。

一、深入学习贯彻习近平总书记新时代人才工作的新理念新战略新举措，谋划实施"大人才"战略

去年9月，党中央召开了百年历史上第一次人才工作会议，习近平总书记统揽党和国家工作大局、把握时代发展大势，作出加快建设世界重要人才中心和创新高地重大决策，提出一系列具有全局性、战略性、前瞻性、基础性的重大措施，发出新时代推进人才强国战略的动员令。这是建设现代化强国进程中具有深远意义的大事。我们要把思想和行动统一到习近平总书记重要讲话精神上来，不折不扣落实好中央的重大决策部署。

进一步强化建设世界重要人才中心和创新高地新征程上的使命担当。国家发展靠人才，民族振兴靠人才，人才培养靠教育。习近平总书记在会上深刻把握世界大势，历数近代以来5个世界科学和人才中心。这些中心的发展变迁，无不和教育兴衰息息相关，高水平大学发挥了重要引领支撑作用。历史和现实都充分证明，世界科学和人才中心必定是世界高等教育中心，谁引领高等教育改革发展，谁就能在新一轮创新和人才竞争中抢得先机。我们一直说复旦是"国家队"，就要从人才高地建设国家队的政治高度，增强做好新时代人才工作的政治自觉、思想自觉、行动自觉，扛起沉甸甸的历史使命和时不我待的时代责任。

进一步清醒认识学校人才工作的成绩和短板。2014年习近平总书记作出建设"第一个复旦"重要指示以来，学校党委高度重视人才工作，全校在人才工作上下了很大功夫，进一步树立了党管人才的政治导向、人才引进的高端导向、人才培育的分类导向、人才评价的创新导向、人才保障的服务导向。一是一流人才加快集聚。"十三五"期间，学校共引进人才1 130名。既有像莱维特这样国际公认、活跃在科研一线的诺奖获得者和顶尖学者，也有极富发展潜力的青年才俊。2020年、2021年，学校引进高层次人才分别同比增长22%和27%，两年累计超250人入选上海"国际人才蓄水池"工程，列上海高校之首。二是各类人才蓬勃生长。大力实施"卓越2025"计划，加大遴选、支持、培育、考核全周期施策和个性培育力度，国家级人才突破630人，其中"十三五"期间新增321人，师资队伍的学历年龄结构持续优化。三是人才创新活力激发。贯彻落实"反五唯"要求，坚持师德师风第一标准、突出教书育人实绩贡献，实施代表性成果评价机制，健全以重大项目为牵引、以首席科学家负责制为依托的课题组管理新模式，推进成果转化、强化以知识价值为导向的分配制度，创新源动力明显增强。四是人才环境不断优化。坚持一切资源向人才倾斜，想方设法帮助各类人才解决住房、医疗、子女教育、社会保障等方面实际问题，营造尊重人才、尊重知识、尊重创造的良好氛围。近年来，广大人才扛起立德树人、创新强国重担，走上服务国家战略主战场，为学校赢得许多荣誉，推动学校事业发展阔步向前。

同时要清醒看到，目前学校还存在许多与高质量人才队伍建设不相适应的问题。比如，人才队伍建设缺少系统规划和统筹机制，党管人才的体制机制仍不够健全，人才队伍整体水平和结构还不能满足未来发展需要，人才培育特别是青年人才的发展支持亟待加强，人才使用和评价激励政策不够精准有力，人才服务保障不够精细到位，资源筹措投入力度与满足人才发展需求还有一定差距。建设"第一个复旦"，人才是根基、是灵魂，人才工作怎么强调都不为过。这些瓶颈、短板和困难，需要我们花更大力气来研究解决。

习近平总书记强调，当前比历史上任何时期都更加接近实现中华民族伟大复兴的宏伟目标，也比历史上任何时期都更加渴求人才。党中央在建设世界重要人才中心和创新高地战略进程中，赋予上海率先建设高水平人才高地的重大使命，也给学校人才队伍建设和高质量发展带来新的重大战略机遇、重大平台抓手。我们责无旁贷要抓住机遇、乘势而上，为党分忧，为国担当，为国家建设世界重要人才中心和创新高地发挥无可替代的重要作用，为上海建设高水平人才高地提供无可替代的重要支撑，为实现"第一个复旦"建设目标打下坚实厚重的人才基础。

中央人才工作会议后，学校党委抓紧开展专题调研，研究制订了《关于加强新时代人才工作的实施意见（征求意见稿）》，今天会上向大家征求意见。根据建设"第一个复旦"的战略布局，党委坚持问题导向、目标导向、效果导向相结合，提出实施"大人才"战略，进一步提升人才工作的整体性、系统性、协同性。

大战略要树立大目标。对标国家加快建设世界重要人才中心和创新高地、2035年建成人才强国的战略目标，必须做好顶层设计和战略谋划。我们的目标是：到2025年，党管人才体制机制科学完备，用人主体作用有效发挥，高水平人才总量实现翻番，自主人才培养体系基本构建，形成服务融入国家和上海人才工作的新格局。到2030年，人才高质量发展制度体系基本建成，各支人才队伍结构合理、充满活力，集聚一批战略科学家和顶尖人才，在主要学科领域有一批领跑者，在新兴前沿交叉领域有一批开拓者，创新人才自主培养能力显著提升。到2035年，学校成为近悦远来、人才辈出、人尽其才、才尽其用的沃土，集聚大批世界一流学者，人才队伍整体水平处于世界一流前列，基本实现人才供给自主可控，为建成世界重要人才中心和创新高地作出重大贡献。

大战略要塑造大格局。落实党管人才原则，是做好人才工作的根本保证。我们要把党的政治优势、组织优势、制度优势转化为人才发展优势，构建党委统一领导、组织部门牵头抓总、职能部门密切配合、二级单位主动作为、全校广泛参与的新时代人才工作格局。做人才工作，本质上是做人的工作，是我们党以人民为中心理念在高校最生动最具体的体现。要关注每一个人，不管是专任教师、专职科研队伍、实验技术队伍，还是党政干部、医护员工、学生，复旦每一名师生都是宝贵财富，每一支队伍都是一支人才力量，都要得到关心关爱。要凝聚每一颗心，党建思政、学科建设、教育教学、科研攻关、社会服务、对外开放、综合保障等每个条线、每个岗位，都要树立"人才工作、人人有责"的理念，做有心人、细心人、用心人，真正形成全校人才工作合力。要用好每一份力，经费投入，空间用房，招生名额等各种资源，都要跟着人才走，向基层倾斜，还要全力争取国家上海政策资源和社会捐赠等各种办学资源，不断提高资源使用效能。

大战略要形成大思路。坚持人才引领发展的战略地位，把人才队伍建设放在最优先最核心位置，不断加大人才工作投入，推动人才工作与学科建设、人才培养、科研创新、服务社会等中心工作深度融合，着力为高质量发展夯实人才根基。坚持"四为服务""四个面向"，根据国家急迫需要和长远需求，加强前瞻性思考、全局性谋划、战略性布局、整体性推进,实现人才队伍规模、结构、质量、效益、安全相统一。坚持统筹推进人才发展体系改革,破除体制机制障碍,充分发挥二级单位在人才培养、引进、使用中的作用,为人才心无旁骛钻研业务创造良好条件。坚持弘扬科学家精神和优良传统,教育引导各类人才矢志爱国奋斗、勇于创新创造、全心全力争创一流。总之,我们要用事业激励人才,让人才成就事业,为实现中华民族伟大复兴,为建设中国特色世界顶尖大学持续提供坚强的人才支撑。

二、统筹推进各类战略人才力量茁壮成长

没有五湖四海的人才,没有各个领域的才俊,就不可能建成"第一个复旦"。习近平总书记强调要走好人才自主培养之路,对高校特别是"双一流"大学培养造就大批优秀人才,产生出大师大家寄予了厚望。我们要切实扛起人才自主培养的政治责任、历史使命,深入把握各类人才成长规律,既抓引进、更重培育,既定目标、更给支撑,既压担子、更有指导,激励各类人才在干大事中成大才、在挑大梁中立大业。

第一,加快建设战略人才梯队。 主要包括战略科学家和顶尖人才、领军人才和创新团队、青年科技人才等。一要为战略科学家和顶尖人才打开广阔天地。坚持全球视野、对标国际最好水平,以站在世界之巅选才的胸怀气魄,依托上海"人才高峰"等工程,千方百计引进具有重大学术影响力、国际同行公认、活跃在科研一线的海内外顶尖学者,打好中国牌、上海牌,集聚更多全球智慧资源、创新要素为我所用。坚持"一人一策",在国家重大任务担纲领衔者中发现具有深厚科学素养、前瞻视野格局、跨学科理解能力、善于带领"大兵团"作战的科学家,支持专家跻身国家战略科学家队伍行列。建立战略科学家和顶尖人才全权负责制,为专家探索"无人区"、打开"新世界"提供全方位的支撑保障。

二要为领军人才和创新团队创造自主空间。针对国际知名高校长聘教授、副教授或国际知名研究机构相当水平的学者,实施"科学领军人才汇聚计划",引进用好一批具有深厚科学素养和开阔学术视野、组织领导能力强的领军人才,充分授权专家们组织培育高水平的创新团队,在人才梯队、科研条件、管理机制等方面给予资源倾斜。让领军人才和创新团队在重大基础和应用问题研究、"卡脖子"关键技术攻关中成长壮大、枝繁叶茂,助推各学科领军人才逐步成长为顶尖人才。

三要主动为青年科技人才筑起成长通道。一方面,结合学科发展规划坚持有统筹、有标准地引进,对标国际顶尖高校青年人才标准,用好上海"国际人才蓄水池工程"的政策资源,实施"未来科学领军人才引进计划",合理布局、引进一批各学科最具发展潜力的青年科学家、青年学者。另一方面,要重视青年人才引进后的跟踪培养,系统构建发展支持体系,在实验室空间、科研经费、研究生名额等方面不断加大支持力度,逐步提高薪酬待遇。发挥高层次人才传帮带作用,探索实施青年人才导师制度,鼓励院系打破论资排辈、大胆放手使用,让青年人在重大攻关中和关键岗位上见世面、壮筋骨、经风雨、长才干,真正使青年教师的人生黄金期成为事业发展的黄金期。

第二,加强哲学社会科学人才队伍建设。 哲学社会科学人才的培养成长规律有其自身特点。中国社科院研究表明,哲学社会科学工作者创新高峰平均年龄51岁;而国内外研究表明,科技人才创造性表现的黄金期是25—45岁,峰值年龄37岁。一是坚持项目牵引。学校和各院系都要有组织地开展"集团军"科研攻关,发挥重大项目牵引作用,逐步改变单兵散兵为主的状况。要让更多人才在大攻关大协作中崭露头角、脱颖而出,坚持不唯帽子,唯才是举。二是鼓励融合创新。发挥重点实验室、智库等平台"融合器"作用,促进传统研究范式转型和跨学科协同创新,让更多哲社人才在"新场域"中找到"新语境"、闯出"新天地"。三是长期稳定支持。在岗位设置、团队建设、职称晋升、薪酬绩效等方面统筹好资源,给予必要倾斜,实施基础研究人才专项、冷门绝学专项支持计划,各级党组织要用热心肠捂暖"冷板凳",让哲社人才用"热状态"十年磨剑打造传世精品。

第三,抓好基础研究拔尖人才源头培养。 我国现阶段的基础研究人才总量供给严重不足。比如,上海落实习近平总书记要求,大力发展集成电路、生物医药、人工智能三大重点产业,亟需数理化生和信息计算机等基础学科人才,缺口很大。像复旦这样的大学,必须担当起基础拔尖人才培养的主力军责任,应国家之所想、急上海之所需。基础人才提质扩量,做大"强基计划",推行本科荣誉学位制度,统筹实施"数学家摇篮工程""工科试验班""卓博计划"等,为创新型国家建设提供优秀后备力量。拔尖人才精选优育,在基础学科领域实施"未来顶尖人才培养计划",全面理顺本研贯通培养机制,遴选优异生源、兼顾奇才特质学生,探索打通从高中到博士后14年以上长周期的顶尖人才培养链,配置优质教育资源,实施全程个性化培养。创新人才融合培养,全面推进学科交叉、融合创新,加强跨学科复合型人才培养。推动医工交叉、医理结合和医文融通,培养解决重大健康科学问题和应对重大疾病防控挑战的未来医学家和卓越医学人才。要结合新工科、新医科、新文科建设,分类推动人才培养模式改革。比如,面向未来建设新工科教育教学体系,要瞄准培养目标进一步完善培养方案、优化培养路径,积极在青浦校区建设集成电路、人工智能、生物医药三大创新学院,未来技术学院,推动科教产教融合,培养新兴产业急需的高端人才和卓越工程师。

第四,助力各方面人才成长成才。 无论是教学为主型教师、专职思政队伍还是党政管理人员、技术支撑团队,都是复旦人才队伍的重要组成,都要给予充分关心支持。要在分类管理上下细功夫,畅通各类人才成长通道,健全符合相应岗位特点的职称评审标准,引导各类人才爱岗敬业、钻研奉献。比如,教学为主型教师应当把三尺讲台作为主阵地,潜心教书,甘于育人,要从评价导向、激励机制上给予充分保障。要在能力提升上下实功夫,系统加强分层分类培训,支持教职医护员工提升专业技能和综合素质、激发创新创造活力,形成人人皆可成才、人人尽展其才

的生动局面。

三、坚持问题导向深化人才发展机制改革

中国是一个大国，对人才数量、质量、结构的需求是全方位的。中央决策，满足建设现代化强国这样庞大的人才需求必须依靠自主培养，这对人才供给自主可控能力提出了更高要求。对复旦来说，既是发展机遇，也是重大考验。事业发展，关键在人才；人才发展，制度是保证。近年来，我们在人事人才工作制度方面下了不少功夫，但是，收得多、放得少，管得多、服务保障少的现象仍然存在，破得不够，立得也不够。还是要解放思想、大胆突破，深化人事人才制度改革，让政策更加高效管用、灵活给力，形成人才各得其所、尽展其长，天高任鸟飞、海阔凭鱼跃的生动局面。

第一，深化人才评价机制改革。评价是人才发展的"指挥棒"。近日，学校深化改革领导小组审议了《深化新时代教育评价改革的实施方案》，强调立新标、破"五唯"，分类推进人才评价改革。成果评价要分类，突出以质量、贡献、绩效为核心的评价导向，健全适应不同学科特点和融合创新要求的评价标准，不简单以SCI、ESI等相关指标作为直接判断依据。岗位评价要分类，文、社、理、工、医学科特性不同、任务目标不同，教学科研并重岗、教学为主岗、科研为主岗、实验技术岗、思政工作岗的工作要求也有很大差别，政策设计必须有区分度和针对性，细化评价要素、完善评价标准，切忌"一刀切""一锅煮"。学校将推动各学科各单位进一步完善综合准入标准基础上的代表性成果评价制度，积极探索过程评价和结果评价、短期评价和长期评价、个人评价与团队评价相结合的评价方法，合理设置评价周期，鼓励人才潜心研究、原始创新、服务应用。

第二，深化人才使用机制改革。习近平总书记强调，要建立以信任为基础的人才使用机制；人才怎样用好，用人单位最有发言权。一方面，信任人才，为人才积极松绑。试行科研经费包干制，高层次人才及科研团队可根据科研实际需要，自主决定学校配套经费使用，不设比例限制。实施"揭榜挂帅""赛马"制度，探索"军令状"制度，鼓励英雄不问出处、谁能干就让谁干。对承担重大科研任务、国家实验室攻关任务的教师，建立院系与校内平台、学校与国家实验室人员双聘制度，探索更灵活的用人机制，不求所有，但求所用。另一方面，信任院系，向院系充分授权。以往二级单位被授权不够，可支配资源不足，自身承接授权的能力也不足。下一步，涉及人才引进、岗位评聘、经费统筹等方面，职能部门应该下放的权力都要下放，用人单位可以决定的事情都应该由用人单位决定。既要发挥用人主体的主观能动性，增强服务意识和保障能力，切实履行好主体责任，也要加强分类指导和跟踪评估，确保下放的权限接得住、用得好。

第三，深化人才资源配置机制改革。为人才争取更多资源。主动争取国家、上海市有关人才政策的先行先试，努力形成先发优势。统筹用好校内存量，积极争取校外捐赠，不断加大筹款、增值力度，为人才发展提供更雄厚的财力保障。让资源跟着人才走。统筹推动"双一流"建设经费、公用房空间、人员编制、研究生名额等资源进一步向真正出成果、作贡献的人才倾斜。推动资源在人才之间共享。完善公共科研平台和大型仪器设备共享机制建设，提供专业化、职业化的团队支撑保障。

第四，深化人才激励机制改革。对人才的激励和肯定，要体现在绩效上，完善绩效分配体系，"双一流"绩效突出奖优励勤导向，对作出贡献、取得实绩的优秀人才给予奖励，对各层次优秀人才给予稳定支持，并结合支持期内表现建立绩效持续增长机制；体现在分配上，突出知识、技术等创新要素价值的收益分配导向，探索科研人员职务科技成果转化奖励激励政策，让最重要贡献者获得最大收益；体现在尊荣感上，持续开展"十佳百优"等评选表彰，完善各类奖教金评选，提升从教治学的职业荣誉感与责任感。

四、坚持和加强党对人才工作的全面领导

坚持党的领导，是做好人才工作的根本保证。习近平总书记强调，党要领导实施人才强国战略、推进高水平科技自立自强，加强对人才工作的政治引领，全方位支持人才、帮助人才，千方百计造就人才、成就人才，以识才的慧眼、爱才的诚意、用才的胆识、容才的雅量、聚才的良方，着力把党内和党外、国内和国外各方面优秀人才集聚到党和人民的伟大奋斗中来。学校落实党管人才，就是党委领导"大人才"战略的实施，管宏观、管政策、管协调、管服务，充分发挥"三线联动"的政治优势、制度优势、组织优势，充分体现各级党组织的政治责任、政治引领、政治保障。

第一，完善人才工作领导体制。党中央已经成立中央人才工作领导小组，并要求各级党委落实党管人才原则、完善工作格局。上海市委也成立了人才工作领导小组及其办事机构。学校党委将按照中央部署，调整优化人才工作领导小组设置，加强对全校人才工作的顶层设计、宏观指导、科学统筹、高效决策和督促落实，研究推动重要人才工作。同时健全领导小组的工作机构，做好人才引进培育、支持发展、服务保障的协调落地。我们要全面加强党对人才工作的领导，更好推动党中央关于新时代人才工作各项决策部署落地生效。

第二，提升统筹协调服务能力。人才工作一盘棋。要进一步明确组织部、人才工作办公室、人事处作为人才工作主要部门的职能定位，配强工作力量、提升专业能力。要完善人才工作统筹协调机制，组织部门牵头抓总，统筹带领人事人才部门，履行抓战略、抓政策、抓项目、抓协调、抓保障、抓服务、抓安全的职责，教师工作部门要强化思想政治引领和师德师风建设专门职责，统战、资产、总务和其他职能部门以及各二级单位都要跨前一步，主动支持作为，抓好人才重大政策落地、重要工作推进、重要资源落实、人才服务保障，创造性地做好全校各院系各单位的人才相关工作，形成工作合力。这里特别强调，人才不能一引了之，引才是为了用才，以往对人才的综合保障和资源优化配置做得不到位，还是要坚持围绕"人才链"延长"服务链"，营造创新有平台、干事有舞台、发展有空间、协作有团队的事业发展环境。

第三，压实二级单位主体责任。二级单位要依据发展目标和学科规划制订人才队伍建设规划和人才引进规划，突出重点、明晰思路、拓展资源、优化配置、保证落实。二级党委要团结带领本单位，在人才规划引育、政治把关引领等方面扛起主体责任。党政主要负责同志要落实好人才工作"一把手工程"，寻觅人才求贤若渴、发现人才如获至宝、举荐人才不拘一格、使用人才尽其所能、服务人才推心置腹。学校将把人才队伍建设成效作为二级单位和领导干部考核评议的重要内容。

第四，加强对人才的团结引领。强化政治引领，健全党委联系服务专家制度，落实"三关心、一引领"工作机制和"四看"工作法，进一步做好高层次人才发展党员工作，把更多优秀人才团结汇聚到党的旗帜下。强化教育培训，落实教师人才政治理论学习培训机制，常态化开展校情通报、专题研修、国情考察等，办好"致敬大师"系列活动，大力弘扬科学家精神，引导各类人才争当"好老师""大先生"，激发教书育人、科研报国的责任担当。强化实践锻炼，深入落实教师社会实践和校内外挂职制度，让更多人才在火热实践中汲取养分、丰富思想、收获成长，引导老师们胸怀祖国、服务人民，把爱国之情、强国之志融入民族复兴的伟大奋斗。

第五，打造人才综合服务保障体系。人才既要引得来、长得出，更要留得住、用得好。留住人才，既靠感情、待遇、事业，也靠优质服务保障。对人才来说，什么样的服务是好的？就要做到12个字——无事不扰、有求必应、安心舒心。无事不扰，就是多做"减法"，甚至"除法"，推动人才服务事项"一门通办""一网通办"，让人才从繁杂事务性工作中解脱出来，将更多精力注意力放到创新创造上。有求必应，就是针对人才千差万别的需求，突出"精度"，加大"力度"，提升"温度"，全力做好个性化精准化服务。对顶尖、高端和特殊人才，要量身定制，一人一策。安心舒心，就是聚焦人才普遍关心的住房、子女入学和就医问题，积极拓展和统筹政府、学校、社会资源，建立公平公开、精准覆盖、有序运转的住房保障新体系，办好教职工"家门口的好学校"，探索全过程人才健康医疗服务，让人才安心安身安业，不断提升获得感、幸福感、归属感、安全感。

同志们！大学与人才共同成长、相互成就，有什么样的人才，复旦就有什么样的未来。踏上新的征程，我们要以更宏大格局、更宽广胸襟、更包容环境、更有力举措，汇聚人才，培育人才，成就人才，服务人才，开辟新时代人才工作新局面，让复旦因人才更精彩、人才因复旦更出彩！

全面实施"大人才战略"，让复旦成为人才培育和成长的沃土
——在全校人才工作会议上的讲话

（2022年1月6日）

校长 金 力

各位老师，各位同志：

下午好！今天我们在这里召开复旦大学人才工作会议暨建设"第一个复旦"系列研讨人才专题研讨会，是为学校人才队伍建设谋篇布局的一次重要会议。上午，焦扬书记传达了中央人才工作会议的重要精神，对学校下一阶段的学习和贯彻落实工作进行了动员、提出了要求，对学校的人才队伍建设进行了系统的谋划。在研讨环节，大家围绕学习领会中央人才工作会议精神，联系工作实际，展开了热烈讨论。有很多好的思路和做法，有切身的经验和体会，听了很有启发。焦扬书记在讲话中提出，学校要全面实施"大人才战略"。落实"大人才战略"，核心是让复旦成为培育人才和人才成长发展的沃土，加快构建具有全球竞争力的人才队伍和人才制度。下面，我结合大家的意见和学校的实际，谈几点思考，与同志们交流和探讨。

一、人才工作为什么重要？

国以才立，业以才兴。总书记在十九大报告中指出，人才是实现民族振兴、赢得国际竞争主动的战略资源。总书记还在深圳经济特区建立40周年庆祝大会上强调，要坚持发展是第一要务，人才是第一资源，创新是第一动力。把人才提高到战略资源和第一资源的高度，这是我们党对人才地位作用的重大创新发展。对高校而言，人才不仅是首要资源、核心优势，更是办学的意义所在、价值所系。建设"第一个复旦"，首要靠人才。"双一流"五大建设任务和新一轮"双一流"建设五大任务板块都是以人才队伍为目标、为基础、为支撑。我们的教师队伍是各项任务的具体承担人和实施者。总的来说，只有一流的人才队伍，才能造就一流的大学；只有顶尖的人才队伍，才能成就顶尖的大学。"第一个复旦"就是要成为顶尖的大学，所以我们需要顶尖的人才。

做好人才工作，是贯彻落实人才强校战略的必然要求。因为人才的重要性，才有人才工作的重要性。人才工作做得好，人才队伍才能建得好，才能建成"第一个复旦"。人才工作，实际上包括两个部分，一是让人才"在位"，即大力引进各个层次、各个方向的优秀人才，二是让人才"到位"，也就是培育、用好人才，让人才充分发挥作用。人才"在位"仅仅是播下一颗种子，能否发挥人才作用，要看"在位"之后能否通过培育成长起来实现"到位"。如果学校资源配置投入到位，却没有发挥人才的作用，最后人才成长停滞，既耽误了学校的事业发展，也耽误了人才本人。

做好人才工作，是应对人才竞争的主动作为。在更大

范围、更广领域和更高层次上参与国际人才竞争,是当今人才竞争的一个重要特征。受国际形势的影响,海外引才面临着历史性的机遇,能否抓住这一机遇,要看人才工作的力度和方法,也要看时机和效率,至少在目前我们还能抓住窗口期的尾巴。2020年学校动员全校上下去争取海外优青,也正是出于这样的考虑。

做好人才工作,是激发人才创新活力的关键环节。人才队伍不是抽象的数据,不是机器和零件,而是一个个活生生的、动态的人。我们要改变重引进轻发展、重使用轻支持、重数据轻个体的情况,重视人才的培育发展、评价激励、服务保障。完整的人才工作必须是"一把手工程",必须是全校工程,这一点应该成为全校的共识。

二、人才是否已经充分发挥了作用?

请大家注意是"充分发挥"。在这一部分,我们从多个维度选取了一些数据,尽可能展示人才在学校科研和育人工作中的作用发挥情况。

第一是学校人才的体量。学校的教学科研人员在"十三五"期间净增加500余人,现有近3 500人,其中副教授以上2 700余人,45岁以下1 900人,入选国家级人才计划的有近700人,占总数的20%。虽然整体水平位于国内高校前列,但与顶尖高校相比仍落后很多,我心目中的预期比例至少是40%。

第二是在人才的综合影响力方面。2014—2021年,我校共有80人次上榜全球高被引科学家,其中69人获得国家级人才计划支持,占比86.3%,多位学者同时在多领域被评为高被引科学家,其中化学系居多,当然这与学科本身特征有关。在国内外学术组织或专业性国际组织及重要期刊任职超300人。

第三是学校获得国家级人才计划支持的教师在科研及育人方面的工作情况。"戴帽子"的人有没有躺平?经统计,他们当中,有82.3%的教师作为项目负责人牵头多个科研项目,64.8%为本科生开设课程。至少大部分人拿到"帽子"以后还是没有躺平。近三年,各类人才高水平科研成果倍出,其中CNSNL论文超过40篇,高被引论文278篇,A类期刊1 572篇。此外,共发表SDGs(可持续发展目标)相关论文近2 500篇,增强对国家和社会可持续发展的贡献力。在科研获奖方面,2016—2020年,各类人才累计获8项"国家三大奖",其中包括国家自然科学一等奖1项,这是上海市十八年来零的突破。另外获得9项教育部人文社科一等奖及多项社会力量设奖,极大地提升了学校影响力。

第四是分学科看人才的科研活力情况。首先是理、工、医科,通过分析理、工、医科各类人才获得竞争性科研经费数据,可以看出国家级人才计划入选者获得的科研经费占比较高。再对照理、工、医科各层级职称教师获得竞争性科研经费情况,可以看出正高级职称人才是主力军,获得经费占比超过80%。此外,我们还梳理了理、工、医科教师年均获得竞争性科研经费情况,对比人数占比和经费占比,可以看出,年均科研经费在100万及以上的教师人数约占20%,获得的科研经费约占80%,体现了科研的"二八定律"。对比十年前复旦的"一九定律",即10%的教师做出90%的贡献,这已经算是不小的进步。不过,我们要成为顶尖大学,就不应该止步于二八定律,这既是短板也是机会,要充分发挥80%教师更大的作用。

再来看人文社科教师的科研活力情况。主要从教师承担国家社科、教育部人文社科、上海市哲社项目,教育部、上海市获奖,高质量学术成果等指标来综合判断。根据近五年的数据,全校1 200位文科教师中,活跃的人才超过一半,其中最高活跃度有212人,较高活跃度628人。在科研贡献度方面,经分析,人文社科的引进人才、国家级人才计划入选者、两卓人才这三类人才在国家社科冷门绝学专项项目(团队)、教育部哲社奖项等多项关键核心指标上的人均贡献度均高于平均值。

在高端人才方面,全力发挥战略科学家作用,催生了一些新的学科增长点,进一步完善了学校的整体学科布局。以我校大气学科为例,通过引进穆穆院士和张人禾院士,快速实现了从无到有,短短几年,已经成立一系一院,建立起一支具有较强国际背景且实力雄厚的人才队伍,建立了从本科生到大气科学博士后流动站的完整培养体系,在论文发表、科研项目、合作交流等方面成果突出,"地球科学"学科于2018年首次进入ESI全球前1%,2020年排名已提升至64位。通过顶尖人才的引进,可以迅速在复旦建立一个顶尖的学科。当然,我们自己培育的人才中,也涌现出了一大批优秀人才代表。张远波在凝聚态物理领域取得重大突破,相关研究内容多次在顶级学术期刊上发表;彭慧胜团队把电池"织"成衣服,取得纤维聚合物锂离子电池新突破;鲁伯埙团队致力于遗传性疾病研究,相关研究成果被《自然》(Nature)评为2019年度十佳论文,并成功进行转化。

总的来看,人才在学校的发展中发挥了重要作用,各类人才在不同维度上各有所长,但还存在活跃度不高的群体,存在制约人才发挥作用的问题。一是现有资源配置方式无法满足青年人才的事业发展需求。青年人才在事业起步阶段,需要科研经费、工作空间、研究生名额的投入,而在现行的资源配置方式下,这些需求难以满足,制约了人才的发展,必须强调"资源跟着人才走"的分配导向。二是人才政策对人才贡献的激励是否到位。我们的人才评价和人才激励是不是到位、是不是精准,是不是能够引导人才服务于国家战略、服务于学校的核心任务,是激发人才发挥作用的关键。三是引才把关不够严格、育才缺少机制。我们的引才缺少规划,育才的措施相对单一。一部分院系没有把人才引育的主体责任担起来。要引什么人没有想清楚,引进来干什么事没有想清楚,对引进来的人才缺少指导和关心,对存量人才的发展没有规划和引导。第四,除了这些客观原因,人才自身的问题主要体现在主人翁意识不强。进校有先后,在校有长短,但身份都是复旦人,都是复旦的主人。要主动地承担顶尖大学的建设任务,主动站在教学科研服务社会的一线,主动争取校外资源,不能等靠要,更不能躺平。刚才李伟教授谈到自己出于情怀选择复旦,坦言在复旦工作很开心。对待这样的教师也要重视待遇问题,不然对他们不公平。

三、要落实好引进、培育、使用"大人才战略"的三项重点任务

新时代人才工作到底怎么做？总体上,应该实现人才工作供给侧和需求侧的统筹平衡,实现学校和院系的良性互动、同题共答,实现总书记提出的"全方位培养、引进、用好人才"这个重点任务。我们将推动实施科学领军人才汇聚计划,具体方案将在未来一两个月内推出。

第一,抢抓机遇引人才。

引进战略科学家的意义非常大。人才引进与学科发展紧密联系,学科的结构性增长尤其重要。建设顶尖的学科,要靠引进顶尖人才,才能填补空白、拉长短板。什么是真正意义上的、国际意义上的顶尖人才？也就是总书记在中央人才工作会议上着重提出的战略科学家,是站在世界科技前沿、长期奋战在科研一线、具有深厚科学素养、创新引领能力和大规模科研组织领导能力的科学帅才。学校也在实施科学领军人才汇聚计划,争取精准引进最顶尖、最具影响力的战略科学家。而引进这样的顶尖人才,是学科实现跨越式发展的决定性因素,我们有不少成功的案例。脑科学是国家和上海市重点聚焦的研究领域,2019年,学校引进段树民院士,牵头筹建脑科学转化研究院。段院士在五个前沿方向布局,两年来已引进22个课题组,引进速度之快远超预期要求。随着人才的快速聚集,研究院新增项目32个,获得经费超5000万,已发表高水平研究论文11篇,申请专利9项,在各个方面取得显著成绩。人文社科,特别是人文,尽管更多的是自主培养,但也要在一些学科方向的空白点上有意识地物色,通过引进、实现学科的结构性增长。裘锡圭先生就是文科引进最成功的例子,他带领的团队是学术传承与人才培育的典范,人才队伍结构合理,研究领域涵盖多门冷门"绝学",承担重要科研项目共50余项,项目经费5200多万,获重要奖项20余项。裘先生和团队在哪里,中国古文字研究的塔尖就在哪里。

要抓住国际人才引进的机遇期、窗口期,大力引进优秀的青年人才。学校正在研究"未来科学领军人才引进计划",从服务国家战略的角度,以国际一流的标准,着眼未来,支持各二级单位引进最突出、最有发展潜力的青年科学家,通过个性化支持,在未来10—15年成长为引领科学发展的顶尖人才。

要关注高层次技术专家队伍,通过引进打造"大人才"团队。高层次技术专家队伍是科研团队的重要组成部分,是实现技术创新、解决复杂应用难题的不可或缺力量,要加大对这支队伍的关注,要根据攻关任务需要、平台建设需要、团队建设需要引进高层次技术人才,加强科研团队的核心技术力量。要建立适用于各类技术人才、更科学有效的引进评价体系,我们已经从文、理、医的角度建立了一套引进评价标准,还要进一步创新形成更适用于工科人才的引进评价标准。

要采取多元化渠道引进国际优秀人才。我们研究了世界一流高校采取多元化渠道、引进国际优秀人才的做法。例如,斯坦福以设置"顾问教授"的方式柔性引进;耶鲁、剑桥等10所高校组建国际人才交流平台,加强跨校、跨国间合作;美国高校积极与海外高校、学术研究机构、跨国公司等进行项目合作,间接引进人才;纽约依托高校和科研机构实施国际科技合作计划,柔性引进外国科学家开展科技合作;牛津注重营造良好科研环境和学术氛围吸引人才、留住人才。

院系是引人的主体,在引进人才时就要考虑培育和使用的问题,要考虑清楚缺什么样的人才、需要发展什么。缺什么引什么,发展什么引什么,引人不在于多而在于准。曾经有院系向我汇报要引进一个崭新方向的人才,在现有条件下我持反对意见,除非在相关方向的专业点上再引进其他人才,形成更大的学科布局。因此,引人不只是要看人才本身是否足够卓越,更要关注人才的研究方向与发展潜力是否与本学科发展需求相匹配。

院系要主动作为,充分落实主体责任。学校的引才不能停留在"筑巢引凤",要更加主动、求贤若渴。学校将在"十四五"和新一轮"双一流"建设当中,给予院系一定的人才引进的资源配置,让院系有更大自主权,更好发挥主体作用;将进一步落实协调保障机制,在人才引进后及时启动协调保障机制,组织、人才、人事部门牵头,多部门联动,落实支持条件,解决遇到的问题。人才引进后到了新环境要花很长一段时间才能适应,如果保障机制跟不上,浪费的是双方彼此的时间和资源。我在美国担任学生会会长期间,曾制订一个要求:引进中国人才后,学生会必须在24小时内办好所有相关证照。对学校而言,引进人才以后,保障跟上了才算完成了第一步工作,才能使人才迅速发挥作用。

第二,精准施策育人才。

精准施策育人才,实现校内人才与引进人才的并轨发展。培育的主体是谁？是学校,也是院系,是一个人才、院系、学校形成的事业共同体、责任共同体、命运共同体。要发挥好学校的综合优势,共同加强人才培育工作。

学校层面,一是要做好制度设计、政策供给和资源配置;二是要进一步完善阶梯式人才培育体系,坚持目标导向,围绕目标进行重点遴选和个性化支持;三是要坚持动态管理,建立人才能进能出、能上能下的评价机制,贡献多寡比戴帽与否更加重要;四是要尊重人才在不同发展阶段的成长规律,强化资源保障。

同时,培育要个性化精准施策,加大对青年人才的支持力度,学校要推行Mentor制,选聘一批水平高、视野宽、有热情的导师,明确职责,与青年人才一一结对,给予青年人才事业发展的引领和指导,学校会对Mentor予以激励。通过这一制度的实行,紧密"四卓"人才之间的联系,加强对青年人才的引导,促使青年人才脱颖而出、早担大任。青年人才刚开始独立管理实验室,容易患上"助理教授综合症",前三年很难找准方向,这个时候导师的帮助格外重要。我初到复旦时也做了几个青年教师的导师,后来他们中的绝大多数人成为杰青。我们的研究领域并不相关,每次倾听他们的想法后,我从不建议什么该做,只建议什么

不该做，而且在生活中主动帮忙他们适应复旦环境，帮助年轻人集中精力、快速成长。

院系是育才的主体，是最了解本学科的人才、最知道他们需求的。院系层面一定要制订一流师资队伍建设的目标、规划和路径，摸家底，排排队，摸清人才队伍情况。我经常问各院系的院长、书记们三个关键问题：院系"十四五"学科方向是什么？从年龄段和研究方向上来看院系人才队伍情况如何？院系存在哪些困难？二是要进一步了解人才思想动态和实际需求，掌握人才成长痛点、难点。三是要统筹院系资源分配，加大人才培育支持，包括空间、经费、研究生名额等。打个比方，学校的人才制度设计、政策供给和资源配置就像是标准尺码的衣服，每个学科每个院系"体型"不同，穿起来多多少少不够舒服，各个院系要根据实际情况做调整。四是要搭建干事创业平台，支持组建创新团队，以才育才，共同发展。

讲到培育，除了讲青年人才，还要落实总书记对高校特别是"双一流"高校成为基础研究人才培养主力军的要求，要特别重视人才的源头培养和"蓄水池"建设，充分考虑到10年后的人才工作形势和长远需求，系统谋划推进教育教学改革，走好自主人才培养之路。要持续深化"2+X"本科培养体系改革，对标"第一个复旦"建设，全面激发以学生发展为中心的融合创新培养模式活力，为每一个学生提供适合和满意的培养路径，培养掌握未来的顶尖人才。要深入实施以"本-博贯通"为基本模式，以"优生优师优培"为基本特征的"卓博计划"，加大学术型拔尖创新人才培养力度，全面提升一流研究生人才培养能力。

第三，深化人才发展体制机制改革，用好用活人才。

我在不同的场合，经常听到青年教师反映待遇低的问题，我请人事处和财务处提供了一些数据。2017—2020年间，学校青年教师平均年收入升幅32%，主要增加在奖励性绩效，约占3/4，稳定性收入增加约占1/4。从实际数据来看，我校青年教师的收入不低，与兄弟高校相比是否存在较大差距，还需要做系统性的调研。尤其是到了与其他院校抢人的时候，我们按平均套路出牌，兄弟院校采取极端套路出牌，差距自然显现。之后要系统研究好青年教师待遇与友校间的差距，逐步提高青年教师的待遇。

同时我们要通过评价来促人才发展。实际上，从使用到评价激励、到资源配置和绩效评估是一个逻辑闭环、政策闭环，形成闭环才能发挥评价机制的作用。学科评价，教学评价，科研评价，归根到底都是人才评价。种一棵小树苗不能光施肥，长没长个总要用尺子量一下，这把尺子就是评价的标准。学校一直在努力推动，根据学科的特点对人才有更科学的评价。在引进人才评价中，要构建"引进评估-资源投入-中期考核调整-聘期考核"一体化的评价机制，形成评价闭环，每一个阶段都要明确该阶段的目标任务。

要完善国家级人才计划入选人才的考核和聘任机制。一是对新入选国家级人才计划的教师，经学校专家委员会评估后聘任到特聘或关键一岗位，并明确工作任务、配套资源、岗位职责和考核要求；二是国家人才计划期满后，对照工作任务和岗位职责进行考核。达到考核要求的，继续聘任到相应岗位；未达到考核要求的，降档聘任，重新确定薪酬待遇。

要完善校内岗位评聘体系，建立有利于人才持续发挥作用的评价机制。第一，细化聘任岗位分层。在各类校内聘任岗位内部细分层次，设置若干岗位层级并控制结构比例。我们要适当扩大特聘岗、关键一岗的比例，使校内优秀人才岗位晋升通道打开。第二，设置阶梯式岗位津贴。结合年度考核结果，设定每个岗位各档次晋升要求，拉开梯度，形成"考核优秀，晋档增资"的持续激励和稳定增长机制。第三，建立基于岗位职责与发展目标的岗位聘期考核机制，全方位加强聘期考核，实现岗位"能上能下"常态化、薪酬"岗变薪变"常态化。

除了这三项重点任务，我们还必须做到四个坚持。一是必须坚持党管人才。学校党委管宏观、管政策、管协调、管服务，各级党组织、广大干部全面关心人才的思想、工作、生活和身心健康。二是必须坚持人才强校战略，坚持人才引领发展的战略地位。三是必须坚持人才队伍建设必须引育并举，聚天下英才而用之。四是必须坚持人才队伍及建设与学科建设目标的一致性。各个学科要根据本学科师资队伍现状和学科的不同特点，制订与学科建设目标相一致的人才规划和人才评价标准。我们抓好引进、培育、使用三大重点任务，贯彻四个坚持，就是要让人才引得进、留得住、长得大。

第四，我们把"树苗"引进来，怎么用好，怎么"松土""施肥"？

（一）要抓紧落实"一把手工程"。在学校党委统一领导下，由我牵头成立工作专班，具体研究落实"大人才战略"的举措。考虑到人才成长的长周期性，不仅要谋划未来五年，还要对标2030年"双一流"建设的目标谋划十年。在学校，人才工作由焦书记和我亲自抓，在二级单位，也必须由书记院长一起抓。

（二）供给侧和需求侧都要"顶天立地"。供给侧方面，学校要做好统筹协调。中组部正在牵头制订人才发展的指导意见，上海市也开展了"新时代上海加快建设高水平人才高地"的专项调研，有许多新的政策办法要出台，学校要主动去对接，积极去参与，争取政策和资源；要注重改进资源配置方式，针对青年人才需求与资源配置方式之间存在的矛盾，要采取"资源跟着人才走"的分配导向，优化分配方案；要加快制订各项政策。需求侧方面，院系要增强主体意识。要抓紧传达和学习会议精神，专题研究人才工作的问题、需求和举措；要根据学科发展规划设置引才岗位，有序、精准引才；要提升服务能级，形成党政领导、学科教师、人事专员构成的服务团队，与学校职能部门密切对接。校院两级都要用好今天研讨的成果，抓紧有针对性地研究政策，准备好"松土""施肥"的工具和"肥料"。

（三）要尽快启动学科和人才"特区"试点工作。院系是引才育才的主体，必须强化主体意识、明确主体责任、发挥主体作用。学校将积极放权给有意愿有能力的二级单位，保证资源和事权相统一，破除部处"管家"思维，增强院系的"东家"意识和能力，让院系能接得住授权、用得好授权。在经费和研究生名额方面，从人才"特区"的试点做起。有意愿有能力的二级单位可以拿出方案提出申请，学校经过认定之后给出特殊政策，进行目标管理，定期评估，总结经验进行推广。

老师们，同志们，持续推进人才强校战略，提升人才队伍整体水平，事关我校建设中国特色世界一流大学的宏伟事业，也关系到每一位教职工的事业发展。踏上全面建设社会主义现代化国家、向第二个百年奋斗目标进军的新征程，学校的发展已与民族和时代的号召紧密相连，我们要凝心聚力，砥砺奋进，将建设"第一个复旦"和实现中华民族伟大复兴的宏伟目标紧密结合，同频共振。我相信，只要全校都重视人才工作、支持人才工作、投入人才工作，我们就一定能够建成一支高水平的人才队伍，如期实现建成迈入世界一流大学前列的奋斗目标！

多规合一　加强协同
加快建设"第一个复旦"贡献医科力量
——在复旦大学上海医学院2022年春季工作部署会上的讲话
（2022年2月25日）

校长　金力

同志们：

大家上午好！今天在这里召开复旦大学上海医学院2022年春季工作部署会，对复旦大学上海医学院2022年全年的工作进行部署和安排。

2021年是中国共产党成立100周年，是"十四五"开局之年，也是复旦大学上海医学院深化医学教育管理体制改革的攻坚之年。依托综合性大学办医学院优势，瞄准"双一流"建设和高水平地方高校建设目标持续发力，疫情防控做出新贡献，高质量发展取得新成效，实现了"十四五"良好开局。

2022年是向第二个百年奋斗目标进军新征程的重要一年，是党的二十大召开之年，也是学校加快建设"第一个复旦"，深入推进中国特色世界顶尖大学建设、深化中央巡视整改的关键之年，也是复旦大学上海医学院创建95周年。

习近平总书记在多次讲话中提到"当今世界正在经历百年未有之大变局"，"我们要在历史前进的逻辑中前进，要在时代发展的潮流中发展"。深刻而宏大的时代之变，对医学教育改革向纵深方向发展提出了新的战略要求。蔓延全球的疫情对人类生命和健康事业的空前关注，健康中国战略对医疗卫生事业的迫切要求，社会发展对医学教育改革创新与医学人才培养的殷切期望，新一轮一流大学和一流学科建设的总体要求，以及建设"第一个复旦"伟大征程中医科的使命责任，深刻呼唤着医学教育的跨越式提升。

2021年底中央深改委会议审议通过《关于深入推进世界一流大学和一流学科建设的若干意见》，从九个方面对我国高校新一轮双一流建设提出了指导性意见。今年2月14日，三部委正式印发《若干意见》，新一轮"双一流"建设中，我校入选"双一流"建设学科数从17个增加至20个，上医有5个学科入选，新增一个学科（公共卫生与预防医学）。

2022年工作的总体要求，坚持以习近平新时代中国特色社会主义思想为指导，坚持党对医学院工作的全面领导，深入落实党的十九大和十九届历次全会精神，全面贯彻党的教育方针，落实立德树人根本任务，弘扬伟大建党精神，凝聚广大师生员工、校友的智慧和力量，敢于担当，开拓创新，踔厉奋发，笃行不怠，更加坚定地走好综合性大学办医学院新路，为加快建设"第一个复旦"贡献医科力量，以高质量发展的新成绩迎接党的二十大胜利召开。

在前几天的学校工作部署会上，我讲到了"多规合一"的概念。也就是说，在各项任务推进过程中，我们要将总规划、育人规划、科研规划、人才规划、资产规划等"多规合一"，用整体规划引领"第一个复旦"建设。要做到"多规合一"，首先要目标一致、分解到位，同时要对应清晰、协同发展，还要推进有序、激励兼容。

当前，医学院的"十四五"规划纲要已编制完成，形成了由医学院规划-专项规划-二级单位规划组成的"十四五"规划矩阵。但是，医学院的各项规划与学校的规划之间，是否做到了目标一致、互为支撑、路径清晰、协同发展？因此，我们要结合"第一个复旦"的建设目标、各项规划方案，深入探讨医学院未来的发展模式，瞄准国际最顶尖，瞄准跨越性、超常规发展，以最具原创性、领先性的工作为立足点，建设最具国际竞争力和影响力的尖峰学科，加强顶层设计，坚持以纵深改革引领发展，坚持以创新能级破解难题，实现跨越式发展，做出医科的贡献。

机遇始终与挑战相伴相生。我们对标国内外顶尖医学院校，清醒地认识到自身在内涵建设、实力水平方面还存在不足，在迈向国内顶尖世界一流医学院的征程中还面临着很多挑战。

在深化综合性大学医学教育管理体制改革的总体建设中：深化综合性大学医学教育管理体制治理体系还有待完善；探索综合性大学办好医学院的新路还没有充分凝聚共识；卓越医学人才培养模式有待进一步探索；现有治理体系和管理体制还无法完全适应深化医学教育改革的要求；推动医学院建设的前瞻性、主动性、融合性还存在不足；对附属医院的管理体制机制还需要进一步理顺；依托协议精神，主动积极争取资源的力度还不够；医学干部人才队伍建设还存在短板。

具体到医学院事业发展的各个方面：一是缺乏标志性的拔尖顶峰学科和领域；学科发展的资源配置和投入的碎片化现象突出。二是高层次人才总量仍然偏少，梯队有待加强；附属医院人才工作亟需突破；人才成长支持机制和分类评价体系需建立。三是医学人才培养中"全健康"培养理念未全面推进；创新型医学人才培养体系待健全。四是跨学科集群研究和全链式研究开展不足，基础与临床的融合需更加紧密，原创性突破性成果和生物医药产品不多，成果转化能力和规模偏低。五是附属医院建设缺乏整体协同；优秀人才引进、教学队伍建设、医学技术师资队伍等方面仍需加强；成果转化缺乏高效的研究体系和一流的团队。六是深化综合性大学医学教育管理体制治理体系和组织保障还有待完善，医教协同有待进一步加强。七是办学资源亟待拓展，需要进一步拓展办学空间、学生宿舍和科研空间，优化院系布局、校区功能分区。

同时，在依托综合性大学办好医学院、加强协同创新和交叉融合上：一流引领、交叉汇聚不够凸显，医文、医社、医理、医工交叉亟待进一步创新和融合。在医学院内部，口腔医学、医学技术、智能医学、法医学等一级学科有待进一步设计和建设，医学院和附属医院之间的融合创新有待进一步拓展和协同。

为应对以上形势和挑战，医学院正推进"双一流"和"地高建"双轮驱动。要将"地高建"和"双一流"建设以及"十四五"规划进一步紧密结合起来，通过"双一流"和"地高建"双轮驱动来推动"十四五"的发展。在"双一流"建设上，要进一步聚焦学校和医学院"十四五"发展重大布局，体现医科特殊性需求，实现"双一流"建设与地高建有机结合、叠加互补。同时，要回顾和总结"地高建"在过去两年的状况，全面对接医学院"十四五"发展重大布局。

下面，我来讲讲今年几方面重点工作。

第一，加快建设一流医学学科。

虽然第二轮学科建设中我们已经取得了不错成绩，但也要深刻认识到，我们的医学学科仍然缺乏占据国内最高点、国际领先的优势学科领域，"奖牌"多，缺"金牌"，没有A＋和登顶学科。特色学科相对薄弱，和主干学科有较大差距。学科交叉融合差强人意，未充分发挥综合性优势。学科新增长点和聚焦前沿尖端的谋划、布局和推进不足，学科体系尚有空白。学科发展整体支撑能力有待集成和优化提升。

未来，要坚持固优势、亮特色、促整合、立增长、强支撑的核心战略，瞄准国内顶尖国际一流，打造引领发展的尖峰学科，拓展提升特色优势领域，服务国家战略和民生，立足"大健康"创新机制体制，推进交叉融合创新，加强前瞻布局培育构建新方向新优势新特色，加快核心公共技术支撑平台建设，大力构建医学学科新生态。

我们要促整合，推动学科群建设和交叉融合创新：立足"大健康"学科建设理念，打破学科界限、行政架构和物理空间的限制，充分发挥综合优势，以重大创新任务为牵引，围绕重点领域方向，构建覆盖多学科的全链条开放式学科群汇聚体系，着力推进医科和文理工社科的优势交叉与互补融合，积极融入学校整体融合创新规划布局。

第二，实施"大人才"战略。

召开医学院人才工作会议，深入实施"大人才"战略。加强人才引进工作与学科建设的协调性。合理分类分层确定院系所及附属医院引进工作目标，加大优秀人才尤其是附属医院高水平人才引进力度。加大人才培育力度，建立和实施契合医科特性的人才培育体系。建立能充分激发人才荣誉感、积极性和创造性的成长支持、考核评价与激励服务保障机制。激发各类人才的活跃度，制订有竞争力的晋升制度，完善对优秀人才的选拔和淘汰机制。进一步推进附属医院高级职务评聘，完善临床教授校外同行评议专家库。针对附属医院各岗位、分系列建立符合附属医院特点的人才评价标准。研究制订医学院-附属医院人才双聘制度。聚焦重大需求，遴选顶尖科学家和优秀青年人才，积极打造一批具有国际一流水准和全球影响力的医学创新团队；充分利用"地高建"资源，配套高端人才引育及团队建设。做大做强博士后队伍，招收海内外优秀青年人才进入学校医科和附属医院博士后流动站从事基础性、前沿性、原创性科学研究，加强考核管理，畅通多元化职业发展通道。全面梳理医学院人才信息情况，完善人才数据库并定期更新。

第三，加快提升创新策源能力。

要坚持面向世界科技前沿、面向经济主战场、面向国家重大需求、面向人民生命健康，强化和国家战略目标、战略任务的对接。

要加快推进上海医学院创新策源能力提升。充分发挥高校原始创新主战场和创新人才培养主阵地的重要作用，建立全链式医学科研创新体系，切实解决科研创新不足、资源分散、缺乏整合等突出问题，加快突破，深化落实国家创新驱动发展战略，实现健康中国战略目标。

要以重大科学问题为导向，以创新团队为基础，做大做强"学术共同体"。这其中，既有专业条线的深入工作，也需要各条线突破边界的融通协作。"十四五"期间，要着力在搭建"破冰"和"跨界"的软硬平台上下功夫。

要全方位搭建学科交叉融合平台。在未来，要依托一流学科培优行动计划，布局推进学科交叉融合创新，加快推进学科交叉融合平台建设，探索建立重点建设项目引导机制，大力推进全链式医学科研创新体系建设，不断完善学科内、学科间的前瞻和融合布局，探索学术共同体治理和发展新模式。

要重点推进科技创新体系科研平台体系建设。通过建设实体运行科研机构（如生殖与发育研究院、智能医学研究院、唐仲英公共卫生高等研究院等）和虚体研究机构，培育省部级重点实验室/工程中心，推进国家重点实验室重组和新建，参与传染病国家实验室上海基地和临港国家实验室建设，不断提升科研平台能级。

推进转化医学体系建设，弥补实验室研发与临床治疗之间的鸿沟。充分发挥上海医学院在科技、人才等方面的优势,多方位协同推进制度创新,充分激发创新活力。健全知识产权全流程管理体系。成立技术转移中心,建立健全上海医学院知识产权管理流程以及相关统筹协调机制。

第四,探索新时代医学人才培养的复旦上医模式。

要以创新型举措引领改革发展,夯实医学人才培养主阵地。要推进实化临床医学院,夯实高校附属医院医学人才培养主阵地,以附属医院为基础实化临床医学院,理顺管理架构,优化学术治理架构,推动医学教育高质量发展。

提升医学本科教育教学质量。改革临床八年制教育,带动本研培养全面提升。加大推进医学整体课程思政体系建设,提升课程思政示范课程内涵。促进"监测评价-及时反馈-持续改进"的本科教学质量保障体系闭环运行。加强一流本科课程建设,强化教材的规划和管理,建立教材建设激励保障和监管评价机制,提升复旦上医在教材建设上的引领力。

持续深化实验实践教学平台创新发展,完成医学模拟教育中心机构改革,构建"一体多翼,一干多支"新模式,完善临床技能学习课程,实现医学生跨专业学习。以学校科创项目为基础、医学跨学科科创项目为补充,多渠道开展创新活动,完善"四位一体"的医学生实践创新能力培养体系。优化招生工作,吸引优质生源,做实基础医学强基计划招生工作,做好口腔医学、预防医学、护理学(助产方向)等国家紧缺专业人才招生工作。

深化医学研究生教育质量和水平。优化研究生培养布局,积极提高专业学位博士培养能力,深化临床医学"5+3+X"培养改革。支持公共卫生学院进行高层次应用型人才创新培养,推动口腔医学博士专业学位点建设。扎实推进导师能力提升,继续实施"卓博计划",推进"优生优师优培"。根据学科专业目录调整修订研究生培养方案,优化人才培养路径,分类细化学位要求,改进质量保障措施,不断提高研究生培养质量。

第五,支持和推进附属医院高质量发展。

国务院办公厅颁布《关于推动公立医院高质量发展的意见》,上海市也颁布了相关文件,对附属医院的建设提出了新要求。在医学院层面,也正在制订支持附属医院高质量发展的文件,形成医学院对附属医院高质量发展的支撑管理体系,加强医科整体性和协同性,支持和推进附属医院高质量发展。

下一步,要全方位做好政策保障和配套支持。更加聚焦附属医院,更加强调医学院和附属医院之间的平台对接,更加聚焦重大疾病、突发公共卫生事件及重大传染病、疑难危重复杂疾病和专科特色病种的诊疗,更加注重过程管理和成效评估,更加聚焦整体的学科整合,更加注重新兴前沿技术的培育。

支持附属医院建设国内顶尖国际一流临床专科。发挥国家医学中心和国家区域医疗中心的引领辐射作用,标准化评价学科与专科,依托国家临床医学研究中心促进各附属医院融合发展,组建跨医院专科平台,与上海市和区域内医院、医疗集团形成高层次合作。

全方位支持附属医院事业发展。建立上海医学院临床研究(管理)中心,助力充实高层次科研人才队伍,完善培养研究生质量考核,补齐各附属医院短板,搭建附属医院临床与基础、公卫、药学、护理联动发展学术平台,组织附属医院和医学院骨干专家和管理人员双向挂职锻炼,推进直属附属医院更好地纳入上海"同城同管"体系。

全面加强附属医院日常监管体系建设。加强对附属医院重大事项的监督,关注"关键少数"、关键岗位干部。完善规章制度,健全内控机制。推动附属医院纪委切实履行主责主业,严肃执纪问责。

整合资源,重点推动国家级大平台建设,积极支持附属医院申报国家医学中心、国家区域医疗中心,强化输出医院的区域医疗中心建设。对接国家战略,创建健康精准帮扶与援建新模式,建设信息化医疗扶贫地图和信息岛。

加强对附属医院科研空间的支持,医学院提供场地与附属医院合作建设基础临床融合共享平台,建立融合科研团队。

第六,提升办学支撑条件建设。

空间始终是医学院生存发展的关键问题。要多规合一,持续优化和拓展办学空间,提升办学支撑条件。

要优化功能布局。西院区以教学、生活、公共服务、科研为主,东院区以科研、行政办公为主,后续新增和调整空间均按照这一原则逐步安排调整,逐步优化校园空间布局和功能分布,实现资源聚集、合理有序。

要实现校区联动。加强枫林校区主校园和护理学院、放医所等地块的联动,整体布局,动态推进。推动枫林校区与张江国际创新中心、青浦园区、浦东园区、闵行园区、宝山园区等地块的联动。

要整合院所平台空间。在尊重现状基础上减少碎片化安排,推进院所平台空间整合。统筹考虑护理学院、药学院和放射医学研究所等单位的未来空间布局需求。

要科学精准调度。统筹谋划、科学调度,在开展校区空间调整的过程中,要保持正常的教学、科研、管理、生活秩序,原则上按照"规划调整-搬迁腾挪-楼宇改造-功能实现"的顺序进行。

要加快拓展发展空间。这是"十四五"期间考虑的修缮规划项目,接下来,我们会逐一来研究,进一步优化校园布局和楼宇功能,向存量要空间,向空间要效能,向增量要效益。同时还要加快推动复旦青浦国际医学园区、宝山医学园区等建设,协调各部门确立项目方案并推动方案的具体落地。

第七,做好上海医学院成立95周年庆祝工作。

今年是上海医学院成立95周年,5年后,我们也即将迎来上海医学院成立一百周年。在上医改革发展的关键时期,我们要充分利用好院庆这一重要历史节点,主动谋划,积极作为,争取为上海医学院的发展向社会各界谋求更多的支持。

以"聚力建设'第一个复旦'书写上医新辉煌"为主题,举行上医创建95周年系列活动,进一步弘扬传统、振奋精神、凝聚人心,营造团结奋进的良好氛围。坚持"活动为体,学术为魂",组织开展纪念大会、学术论坛、上医文化论坛、建设"第一个复旦"医学院系列研讨会等"十个一"重点项目，办好群众性公益性活动。建成上医文化中心一期工程，建成新的上医校史馆。面向上医百年启动相关准备工作，加强历史资料的系统梳理。要做好95周年庆捐赠工作，通过"上医95周年庆基金"、"医路红枫"主题募款行动等方式，为上海医学院的未来发展谋求更多资源。

今年面临政治大年，维护学校政治、意识形态安全稳定，实验室安全稳定等任务都很重。同时，疫情防控"外防输入、内防反弹"的压力始终存在。昨天上午，学校领导班子成员分赴校园各处检查开学工作，总体来看，新学期校园各项工作、特别是常态化疫情防控措施落实有力，开学秩序良好。但越是开局顺利，越要防止麻痹、懈怠、松劲思想，全校上下仍然要增强大局意识，牢固树立底线思维，有效防范化解重大风险，坚决维护校园和谐安全稳定。

风劲潮涌正当时，扬帆破浪启新程。上医要有"全国第一，国际顶尖，舍我其谁"的信心和勇气，走出综合性大学办好医学院新路，向中国特色世界一流医学院建设目标奋进，为国家和区域的医学教育和医药卫生事业发展做出更大贡献。

在复旦大学附属医院高质量发展主题论坛上的致辞

(2022年8月13日)

党委书记 焦扬

尊敬的许树强司长、邹惊雷主任，

各位领导、各位嘉宾，各位附属医院同事，

同志们、朋友们：

上午好！值此复旦大学上海医学院火热迎接创建95周年之际，我们相聚在此，举行复旦大学附属医院高质量发展主题论坛，共襄盛举，共谋发展，恰逢其时，意义特殊。首先，我谨代表复旦大学，向论坛顺利召开表示热烈祝贺，向线上线下参会的各位专家同仁表示诚挚欢迎，向长期关心、帮助和支持复旦大学、复旦上医以及复旦大学各附属医院建设发展的各级领导和社会各界表示衷心感谢！

复旦大学上海医学院是中国人创办的第一所国立大学医学院。创建95年来，始终秉承"正谊明道"理念，践行"为人群服务"宗旨，开拓创新，锐意进取，在医学人才培养、医学科研创新、卫生健康服务等方面取得突出成绩，为我国医学教育事业作出重要贡献。95年来，作为医学教育重要依托和临床医学重要载体，各大附属医院承担医教研职能、发挥关键作用，是传承上医精神、推动上医发展不可或缺的重要力量。各附属医院勇担使命、服务国家。立足上海，辐射长三角，服务全国，主动承担国家医学中心、国家临床医学研究中心和国家区域医疗中心建设任务，积极推进医联体、康联体建设，倾情投入脱贫攻坚工作，始终奋战在重大疾病救治、公共卫生防控、临床诊治指南和国际多中心临床研究等领域的最前线。各附属医院护佑生命、造福人民。坚持把增进人民健康福祉作为使命责任，18所附属医院(含筹)去年总门急诊量3 512万人次、期内出院人数101万，住院手术服务量75万人次，占全市1/4；近5年完成医疗扶贫援建任务28个、派出医务人员800余人次，完成援外医疗任务10个、派出医务人员50人次，把无疆大爱奉献在救死扶伤第一线。各附属医院追求卓越、勇攀高峰。坚持以临床问题为导向，将基础研究与临床实践紧密结合，源源不断涌现大批高水平原创成果，在许多领域开创国内第一、填补医学空白，引领我国疑难危重症和罕见病治疗不断向前发展。各附属医院立德树人、英才荟萃。为党和国家卫生健康事业培养了一批批杰出医学和医院管理人才，在全国率先试点"5+3"和"5+3+X"临床医学教育模式、引领医学教育改革，实施临床师资双培计划、培养高质量师资队伍。目前，仅6家直属附属医院就拥有院士9人、高层次人才88人。

党的十九大以来，我们以逢山开路遇水架桥的勇气，深化改革锐意创新，探索启动部、委、市三方共建托管新模式，将附属医院完整纳入医学院管理，促进临床与基础、临床与预防的深度融合，努力走出一条综合性大学办一流医学院的新路。我们以人民健康为中心、以疾病防控为目的、以临床需求为导向，坚持优势互补，错位发展，发展优势学科集群，初步构筑形成结构合理、融合互补的附属医院体系。乘着医教改革东风，各附属医院发展驶入快车道。在2020年"国考"中，中山医院列综合类榜首、肿瘤医院列肿瘤专科类榜首，附属医院高质量创新发展为建设"第一个复旦"和世界一流医学院注入强大动力，为推进健康中国、健康上海建设发挥了新的重要作用。

特别是在武汉保卫战和大上海保卫战中，各附属医院闻令而行、尽锐出战，书写了复旦医者与国家民族同呼吸、共命运新的光辉篇章。2020年，各附属医院累计派出13批次、511名援鄂医护人员，占上海援鄂总人数30%以上。今年上半年上海抗疫攻坚战，仅6家直属附属医院就整建制派遣医疗队3 885人次，到5个定点、2个亚定点、5个方舱医院及其他10个派驻点开展救治工作，派遣核酸采样队伍3 690人次，累计收治患者7.4万余人次。各附属医院一手抓抗疫、一手保医疗，全力以赴保障生命通道不断线、守护市民健康，用负重前行换来岁月静好，彰显了复旦医者的责任担当和一流水准。

同志们、朋友们！

以习近平同志为核心的党中央坚持把保障人民生命健康放在优先发展的战略位置，高度重视公立医院高质量发展。去年，中央深改委审议通过《关于推动公立医院高质量发展的意见》；前不久，《公立医院高质量发展评价指标(试行)》正式印发，对公立医院发展作出全面具体指导。复旦大学附属医院理应发挥"国家队"作用，抢抓机遇、主动作为，努力做全国公立医院高质量发展的引领者、推动者、践行者，作出无愧于时代和人民的新贡献。在这里，我借这个难得的机会，向大家提几点希望。

希望大家进一步增进人民健康福祉，争当服务健康中国的先锋队伍。坚持人民至上、生命至上，精准对接人民群众日益增长的多层次、多样化医疗健康服务需求，加快推进国家医学中心和区域医疗中心建设，让人民群众享受到更高质量的预防、治疗、康复和健康促进服务，为防范化解重大突发公共卫生风险提供更有力支撑。

希望大家进一步推动医教研深度融合，建设临床医学发展的创新高地。落实立德树人根本任务，源源不断培养医学卓越人才和医学家。充分依托复旦综合学科优势，坚持强专科、亮特色、补短板，不断巩固和拓展附属医院临床学科整体优势和专科特色，以满足重大疾病临床需求为导向，大力开展关键核心技术攻关，加快科技成果转化。

希望大家进一步提升治理能力和水平，打造现代医院管理的示范样本。牢牢把握部委市三方共建托管复旦大学上海医学院及其直属附属医院的战略机遇，以科学化、规范化、精细化为目标，健全完善现代医院管理制度，抓好医德医风和行风建设，进一步擦亮"复旦附属医院"品牌。

希望大家进一步强化党建引领，成为坚持党的领导的坚强阵地。深入贯彻落实新时代党的卫生与健康工作方针，不折不扣执行落实党委领导下的院长负责制，充分发挥医院党委把方向、管大局、作决策、促改革、保落实的领导作用，把党的领导融入医院治理全过程各环节，全面提升医院党建质量水平。

同志们、朋友们！

今年是复旦大学上海医学院创建95周年，也是复旦奋进"十四五"、迈向中国特色世界一流大学前列的关键之年。建设世界一流大学必须建设世界一流医学院和附属医院。学校将一如既往全力支持附属医院建设，为医院发展创造更好条件、搭建更大舞台。衷心希望各附属医院凝心聚力、踔厉奋发，在建设健康中国、亚洲医学中心城市和"第一个复旦"的实践中书写新的时代篇章，以实际行动和优异成绩迎接党的二十大胜利召开！

最后，预祝本次论坛圆满成功！谢谢大家。

在建设"第一个复旦"系列研讨之"基础-临床交叉融合与转化"主题论坛上的致辞

(2022年9月23日)

校长 金 力

尊敬的宁光院士、葛均波院士、马兰院士，

各位领导、老师们、同学们：

大家下午好！为深入贯彻习总书记建设"第一个复旦"的重要指示精神，在上海医学院创建95周年之际，我们举办建设"第一个复旦"系列研讨会，围绕"附属医院高质量发展""基础-临床交叉融合与转化""一流医学人才培养""新医科人才成长之路"等主题展开深入讨论。今天大家将一起聚焦"基础-临床交叉融合与转化"这一重大命题，分享交流代表性工作和实践经验，畅谈心得体会和前瞻思考。我相信，这必将是一场学术思想与智慧火花碰撞的盛宴。在此我谨代表复旦大学和复旦大学上海医学院，向本次论坛的召开表示热烈的祝贺！向线上线下参会的专家学者表示诚挚的欢迎！向长期关心、支持和帮助复旦大学、上海医学院建设发展的各级领导和社会各界表示衷心的感谢！

复旦大学上海医学院是中国人创办的第一所国立大学医学院。95年来，上医人始终秉承"正谊明道"院训，坚守"严谨、求实、团结、创新"校风，弘扬"为人群服务，为强国奋斗"精神，为我国现代医药卫生事业的发展做出了重要贡献。从我们一进入到上海医学院东院区，映入眼帘的就是上医创始人颜福庆校长等16位一级教授的雕像。作为开路者，他们筚路蓝缕，在困境中坚持办学治学，为上医的发展壮大、为中国的医学事业贡献了毕生的心血。在前辈铸就的基业上，再接再厉，加快建设世界一流医学院，助力"第一个复旦"建设，当是我辈上医人的使命职责与前行目标。

当今世界，新一轮科技革命和产业革命正在孕育。在这个不可阻挡的大背景下，推进医学科技创新已成为"健康中国"战略实施的决定性力量。针对于此，我和大家分享三点思考和体会。

第一，学科交叉已成为高水平科研与顶尖人才的重要特征。重大研究的突破，原创成果的产出，越来越离不开深厚的基础研究和深度的学科交叉融合创新。今年上半年，中美分别发布了十大突破性技术，无论是基础研究还是应用研究，全球都在高度关注大数据、人工智能、生物医药等多学科汇聚领域，国家急需的高层次人才也大多分布在交叉学科领域。就在上周，国务院学位委员会公布了新版学科专业目录。交叉学科门类写入新版目录成为一大亮点，医学门类目录的调整，也进一步为开展医工、医理、医文等学科交叉的复合型创新型医学人才培养提供了指南。

第二，"第一个复旦"建设正处于推进高水平学科交叉融合创新的重要机遇期。新的科技革命、新的发展格局的构建，孕育着学科发展的巨大动能。如果大学不抓住机遇拓展格局、优化结构，可能就会失去达到顶尖的时机。复旦大学将"打造融合创新的学术共同体"定为学校未来发展的重要路径。一个好的学术共同体，往往能够突破固化的行政边界，通过不断交流互动、碰撞融合，实现共谋资源、共享机遇、共同发展。如何利用自己的优势，把握好学科的互动、融合，不断涌现创新性研究成果，是我们面临的重要挑战。作为复旦大学这所综合性大学的重要组成，医学院的发展不能以学科为壑，更不能以医科为壑。要在持续深化医科内部交叉融合的同时，加快构筑医工、医理、医文紧密结合的学术共同体。希望通过组织更多像今天这样的跨学科交叉融合论坛，为我们持续带来创新性和变革性的思考与启示。

第三，基础与临床的交叉融合需求无限、潜力无限、活力无限。临床是医学问题的主要来源，以临床问题为导向，推动基础研究的深入和向临床实践的转化与应用，促进人类医疗水平和健康水平的提升，是基础医学的天然使命和终极价值体现，更是临床医学不断发展的动力源泉。也正是因为此，基础与临床的交叉融合创新始终是最为活跃、最受关注也最有影响力的领域。80多年前，颜福庆老校长谋划促成上海医学院新校舍和中山医院同时奠基，形成院校一体的发展格局，从建校伊始，就为上医刻下了基础-临床交叉融合的宝贵印记。持续至今，上医基础和临床之间愈发紧密相连。大家可能已经看到，在会议资料袋里有一本小册子，上面展示了100多条来自上医各个单位的校内跨学科合作意向需求，其中近一半都涉及基础与临床的合作。面对如此强烈的需求，我想回应的是，学校和医学院将会全力为大家创造条件、搭建平台、促进合作双赢甚至多赢。我们已经启动在明道楼集中布局建设一批"基础-临床融合创新科研平台"的顶层设计规划，将面向全校开放，实施竞争入驻，也将重点加快推进转化医学体系和临床研究体系建设。

从一定意义上来说，今天的论坛实际上也是支撑保障促进体系中的一环。让我们借助本次论坛的召开，凝聚共识，共谋未来，持续推动基础与临床的交叉融合、相互促进与协同发展，为实现学校和上医的高质量发展、为建设"第一个复旦"做出更大贡献。

最后，预祝本次论坛圆满成功！

谢谢大家！

在"一流医学人才培养"主题论坛上的致辞

（2022年9月29日）

党委书记　焦　扬

尊敬的翁铁慧副部长，

尊敬的王辰院士、乔杰院士、顾晓松院士，

各位领导、各位嘉宾，同志们、朋友们：

大家下午好！仲秋时节，硕果飘香。在复旦大学上海医学院即将迎来创建95周年之际，我们相聚枫林，举行"一流医学人才培养"主题论坛，具有特殊意义。本次论坛也是学校深入贯彻习近平总书记重要指示批示精神、开展建设"第一个复旦"系列研讨的重要组成部分。首先，我谨代表复旦大学，向线上线下参会的各位领导、各位嘉宾和专家同仁表示诚挚欢迎，向长期关心、支持和帮助复旦大学、复旦上医改革发展的各级领导和社会各界人士表示衷心感谢！

1927年，复旦上医的前身第四中山大学医学院在上海吴淞创建，开创了中国国立医学教育的先河。创建95年来，复旦上医不忘立德树人初心，秉承"正谊明道"院训，践行"为人群服务"的奉献精神和"为强国奋斗"的目标使命，发扬"三基三严"的教学传统，积极探索、锐意进取，为中国医学人才培养作出了重要贡献。创校初期，首创公医制，成为国内最早开展研究生教育的医学院校之一。新中国成立后，深耕医学教育领域，凝聚几代人智慧和心血编写《实用内科学》《实用外科学》《实用妇产科学》等经典教材，嘉惠学林，泽被后学。20世纪两校合并后，在全国率先试点"5+3"和"5+3+X"临床医学教育模式，实现上海国家级教学成果特等奖"零的突破"，引领全国医学教育新一轮创新发展。进入新时代，以建设"人文与医学"课程为重要契机，发全国医学人文教育发展和课程思政改革之先声，取得积极成效。为党和国家培养一流医学人才，始终是复旦上医矢志不渝的目标追求，也是新征程上勇毅前行的不竭动力。

党的十九大以来，我们以逢山开路、遇水架桥的勇气，抢抓机遇深化改革，积极探索启动部、委、市三方共建托管新模式，充分发挥综合性大学办学优势，以新医科建设发展为抓手，持续优化育人体系，推动医学人才培养取得新进展。坚持立德为先，医学课程思政形成新机制。以人文医学教育为抓手，持续推进课程、教材、基地、师资、研究五位一体的医学课程思政新体系建设，"复旦版"第一套人文医学核心课程9本教材全部推出，着力塑造医德之魂。坚持质量为重，医学教育改革取得新突破。深化"以学为中心"的教育教学改革，获批国家一流本科专业建设点7个、教育部基础学科拔尖学生培养计划2.0基地2个，获评国家一流本科课程15门，医学微生物学教师团队、中山医院心内科教师团队被评为"全国高校黄大年式教学团队"。组织实施一流研究生教育引领计划，入选首批国家高层次应用型公共卫生人才创新培养项目，临床医学专业学位授权点在全国第一轮专业学位水平评估中获评A类。坚持创新为魂，医教协同发力构建新格局。顺应大健康发展理念，整合多学科力量，打造医教研协同创新与转化团队，建设10个临床医学交叉研究院，推动医防、医工、医理、医文等多学科交叉研究生培养，加快培养"医学+X"高层次专业人才。

同志们、朋友们！

党的十八大以来，以习近平同志为核心的党中央坚持把人民健康放在优先发展的战略地位，作出"全面推进健康中国建设"的重大决策部署。建设健康中国，基础在教育，关键在人才。2020年7月，国办印发《关于加快医学教育创新发展的指导意见》。去年，上海市也印发了《关于本市加快医学教育创新发展的实施意见》。从党中央国务院到市委市政府，都对加快推进医学教育改革创新、提高医学人才培养质量，作出新的部署、提出更高要求。

建设"第一个复旦"，最根本的是培养一流人才。建设中国特色世界一流的医学院，最重要的是培养一流医学人才。作为医学人才培养的"国字号"队伍，复旦上医理应胸怀"国之大者"，勇挑重担、主动作为，以加快医学教育创新发展的新成效为中国医学人才培养作出新贡献。

一是强基固本，陶育"有温度"之才。进一步推动医学人文教育和课程思想深度融合，把医德教育贯穿医学人才培养全过程，以有温度、有深度的医学教育塑造中国特色、复旦特点、国际水平的医学文化，让"修医德，行仁术""怀救苦之心，做苍生大医"成为每个医学生的内在追求。

二是守正创新，作育"高水平"之才。扎根中国大地、对标世界顶尖，推进新一轮"金课"建设，不断提升课堂教学和教材建设水平。深化临床医学八年制培养和临床医学院改革，探索"MD+PhD"培养新模式，加快形成一流医学教育体系，培养满足全健康链条需求的高水平卓越医学人才。

三是开放融合，培育"复合型"之才。以"大国计，大民生，大学科，大专业"为定位，以新医科建设为统领，以临床医学需求为牵引，面向国家重大需求、重大问题，优化医学专业结构，促进临床与基础、临床与预防深度融合，推进医学与其他学科交叉创新，培养更多复合型创新拔尖医学人才。

同志们、朋友们！

党的二十大即将胜利召开，推进中国式现代化离不开高等教育现代化和现代医学的支撑。建设"第一个复旦"和一流医学院使命光荣，培养一流医学人才责任重大！学校将一如既往全力支持上海医学院建设，为医学人才培养创造更好条件、搭建更大舞台。也衷心希望医学院及各附属医院把握发展机遇、响应时代召唤，在建设健康中国、亚洲医学中心城市和"第一个复旦"实践中书写新的时代篇章，以实际行动迎接党的二十大胜利召开！

最后，预祝本次论坛圆满成功！谢谢大家。

在复旦大学上海医学院（原上海医科大学）创建95周年"聚力建设'第一个复旦'书写上医新辉煌"主题论坛上的致辞

（2022年10月20日）

党委书记 焦扬

尊敬的各位领导、各位来宾，
亲爱的老师们、同学们、校友们：

大家上午好！在党的二十大胜利召开之际，我们欢聚一堂，举行"聚力建设'第一个复旦'书写上医新辉煌"主题论坛，庆祝复旦大学上海医学院创建95周年。在这重要时刻，我谨代表学校，向线上线下出席大会的领导、嘉宾和海内外校友表示热烈的欢迎！向长期以来关心支持复旦上医改革发展的各级领导、各界人士表示衷心的感谢！向为上海医科大学和复旦大学医学事业发展作出巨大贡献的老领导、老教授、老同志致以崇高的敬意！向复旦上医全体师生和医务人员致以诚挚的问候！

九十五载筚路蓝缕、初心如磐。1927年，复旦上医的前身第四中山大学医学院在上海吴淞创建，成为中国人创办的第一所国立大学医学院。95年来，上医历经建校创业、内迁滇渝的坎坷跋涉，改制布新、援建重医的艰苦奋斗，砥砺奋进、两校合并的不懈进取，深化改革、共建托管的新时代篇章，始终秉承"正谊明道"院训，坚守"严谨、求实、团结、创新"优良校风，弘扬"为人群服务、为强国奋斗"的精神传统，与国家民族同呼吸、共命运，向医学事业求真理、攀高峰，为人民群众除病苦、谋福祉，为我国医学和医学教育现代化发展做出了无愧于历史的重要贡献。

九十五载赓续荣光、再展宏图。党的十九大以来，我们以逢山开路、遇水架桥的勇气，抢抓机遇、力行改革，积极探索部、委、市三方共建托管复旦大学上海医学院及其直属附属医院新模式，探索综合性大学办好医学院新路，取得重要阶段性成果。在部、委、市的关心指导下，在全体师生员工的团结奋斗下，医学院人才培养示范效应凸显、医学教育完整性明显增强、医科整体实力持续提升、科研创新水平显著提高、师资队伍建设活力迸发、附属医院高质量发展再上台阶、抗疫斗争作出重要贡献，复旦上医在新时代新征程上展现出新气象新作为，也有信心在新的赶考路上交出更加优异的答卷。

九十五载全新出发、奋进当时。党的二十大为加快中国式现代化、全面建设社会主义现代化国家、实现第二个百年奋斗目标指明了前进航向，注入了强劲动力。新征程上，复旦作为全国首批医教改革试点高校，复旦上医作为率先纳入中央部委和地方新一轮共建的医学院校，肩负着为全国综合性大学医学教育管理体制改革探路的重大责任，承担着为党和国家培养高水平医学人才的光荣使命。我们要聚焦建设"第一个复旦"和中国特色世界一流医学院目标，聚精会神促改革、凝心聚力谋发展，更加坚定地为党育人、为国育才，胸怀"国之大者"，坚持正确办学方向，遵循医学教育规律，培养造就更多德才兼备、德医双馨的医学卓越人才和医学家；更加自觉地深化改革、融合创新，依托部、委、市三方共建托管模式，发挥综合性大学办医学教育的优势，用好"双一流"和高水平地方高校建设双引擎，打造医教研协同高地；更加主动地服务国家、守护人民，围绕重大疾病诊治和医学前沿，面向人民生命健康，不断提升医学科技创新能力和医疗服务水平。

征途漫漫，唯有奋斗！让我们更加紧密团结在以习近平同志为核心的党中央周围，守正创新，勇毅前行，努力打造综合性大学医学管理体制改革试验区、一流医学学科整体建设试验区、医院综合改革试验区的成功范例，在建设健康中国、亚洲医学中心城市和"第一个复旦"的实践中，再创上医新的时代辉煌！

谢谢大家。

勇担使命探新路　踔厉奋发谱新篇

——在复旦大学上海医学院（原上海医科大学）创建95周年"聚力建设'第一个复旦'书写上医新辉煌"主题论坛上的主旨报告

（2022年10月20日）

校长　金　力

尊敬的韩启德副主席、雷海潮副主任，
尊敬的陈群副市长、左焕琛老师，
尊敬的各位领导、各位来宾，各位校友，老师们、同学们：

在举国上下欢庆党的二十大胜利召开之际，我们相聚于此，举办纪念复旦大学上海医学院（原上海医科大学）创建95周年、"聚力建设'第一个复旦'书写上医新辉煌"主题论坛，共议上医在"第一个复旦"建设中的使命担当，凝心聚力，踔厉奋发，推动中国现代医学教育创新发展、再攀高峰。

1927年10月，颜福庆老校长等一批爱国教育家怀着"欲谋民族之强盛，当提倡高等医学"的信念创办了国立第四中山大学医学院，开启了办中国人自己的医学院、发展中国现代医学的历程。历经95年沧桑，上医在战火中洗礼，在艰难中成长，在改革中探索，在发展中前进，将上医融入了祖国高等教育事业和卫生健康事业的蓬勃发展。95年的奋斗，上医在实践中积淀了特有的文化气质，凝练形成了宝贵的精神财富。优良传统在一代代上医人的坚守中不断传承弘扬，上医精神在接续奋斗中不断绽放夺目光彩。

95年来，"正谊明道"是上医不朽的办学理念。颜福庆老校长很早就提倡"公医制"的思想，一直教育学生不要视赚钱为学医行医的目的，而要以公众利益为重。他将"正谊明道"确立为上医的院训，他说："我们认定做医师的人，须有牺牲个人、服务社会的精神，在学院或医院服务的同仁，皆有此决心。"历经岁月的磨砺，颜老的这种办学思想历久弥新、代代相传。培养学生的道德和良知，强化学生的理想和使命，塑造学生的人文情怀和科学精神，始终是上医育人的核心。

95年来，"为人群服务"是上医永恒的办学初心。"人生意义何在乎？为人群服务。服务价值何在乎？为人群灭除病苦。"黄炎培先生创作的校歌歌词，成了上医办学办医初心的写照。从抗战救护到抗美援朝，从防治血吸虫病到防治甲肝，从抗洪救灾到抗震救灾，从抗击非典到投身新冠肺炎阻击战，从援疆援藏到助力脱贫攻坚，从"指点江山"医疗队到博士生医疗服务团，上医人始终奋战在祖国和人民最需要的地方，奉献在救死扶伤的第一线，用无疆大爱筑起托命之场，谱写出一幕幕公心朗朗的时代乐章。

95年来，"严谨厚实"是上医鲜明的文化特质。上医素以学风严谨、功底扎实享誉学界，它体现在医学教育中的精益求精，体现在临床实践上的厚积薄发，究其本质是源于对生命的敬畏、对病患的爱心，以及对科学精神的坚守。正因为上医始终坚持"三基三严"的教学传统，传承仁心仁术，磨炼治学之道，才培养出一批批医德高尚、医术精湛的名医大家和拔尖创新人才、行业领军代表，为我国医学教育事业作出了突出贡献。

95年来，"追求卓越"是上医持久的奋斗源泉。"病日新兮，医亦日进"，上医人永远走在医学创新的最前沿，不断开辟新领域、实现新突破、塑造新优势。在世界上首创真丝人造血管、断肢再植、游离足趾移植再造拇指、重建新喉，在中国首次打开心脏禁区、最早开展小肝癌诊治、实施国内首例脑瘤开颅、首创中国人自己的人工耳蜗，《实用内科学》《实用外科学》《实用妇产科学》等系列丛书成为传世精品，上医前辈的这些高光时刻始终让我们心潮澎湃，也激励着后学不断攀登科学高峰，持续创造更多的国内外"第一"。

各位领导、各位来宾，老师们，同学们！

2000年4月，复旦大学和上海医科大学强强联合，组建新的复旦大学，医学学科在综合性大学中获得了新的优势和发展空间。学校大力推进实质性融合,强化通识教育,发挥多学科优势培养医学人才,积极促进学科交叉,建设跨学科研究平台,加大对医科建设的投入,积极改善办学条件。在学校和医学院历届领导班子带领下,在广大师生员工共同努力下,复旦大学上海医学院各项事业快速发展,特别是在高素质医学人才培养、高水平师资队伍建设、医学科研重大任务攻关、疑难和危重病救治、医联体康联体建设和卫生政策研究等方面取得了显著成效。医学学科的加入使得复旦学科更加综合、实力更加雄厚,在综合性大学中的医学学科获得了更广阔的发展空间、一流医学院建设展现出光明的前景。

2018年12月,教育部、国家卫生健康委员会和上海市人民政府签署协议,共建托管复旦大学上海医学院及其直属附属医院,支持复旦率先深化医学教育管理体制改革,探索综合性大学办医学院新路。2019年6月,新的上海医学院组建完成,上医人开始了再启航。学校积极支持医学院完善内部治理体系,理顺大学、医学院和附属医院的关系,大力激发医学院办学活力。医学院广大师生抢抓机遇、锐意改革,奋力开拓医学教育创新发展新格局。

三年来,医学教育完整性明显增强,医学人才培养示范效应凸显。学校大力加强医学学科内部的整合,基础与临床、临床与预防、医学与药学、理论与实践等的融合显著增强。依托综合性大学优势,初步构建起具有复旦特色的人文医学课程思政育人体系。医学院除新建专业外,所有专业获得国家级一流本科专业建设点,基础医学、药学获批基础学科拔尖学生培养计划2.0基地,临床医学、药学专业认证获得最高等级评价,入选首批国家高水平公共卫生学院建设项目,附属医院作为医学人才培养主阵地的功能得到进一步夯实。在2019—2022年"医学界"中国医学院校人才培养排行榜中,复旦上医连续4年位列第一。

三年来,医学学科整体实力持续提升,医学师资队伍建设活力迸发。依托"双一流"和上海市高水平地方高校建设项目双轮驱动,医学学科发展的动能持续增强,5个学科入选国家新一轮"双一流"建设学科。近三年医学院新引进优秀人才268人,数量稳步增长,水平不断提升。深化附属医院教学科研系列职称改革,完善临床教授聘任机制,新聘任临床教授、副教授203人。强化人才自主培养,实施"卓越2025"人才计划,完善卓越医学创新人才阶梯式培养机制,开展医学名师培育工程和附属医院名医工程评选,推进博士后队伍建设,医学院人才队伍的量和质都得到进一步提升。

三年来,医学科研创新水平显著提高,附属医院高质量发展再上台阶。坚持"四个面向",聚焦重大疑难疾病和临床科学问题,以新医科、大健康理念布局建设包括5个国家级科研平台、74个省部级平台在内的融合创新平台高地,更加积极主动融入国家和区域发展重大战略。附属医院疑难杂症危重症与专科疾病救治能力优势进一步凸显,目前建有国家医学中心4个、国家区域医疗中心4个、国家临床医学研究中心2个、疑难病症整治能力提升工程项目3个,规模和实力在全国首屈一指,"国家队"引领示范作用充分彰显。公立医院党的建设切实加强,现代医院管理制度不断完善,直属附属医院在全国三级公立医院绩效考核中名列前茅。

回首两校合并以来特别是共建托管三年来的历程,复旦上医走过的是一条大力促进医教协同、深化改革之路,是一条发挥综合性大学优势、交叉融合之路,是一条紧跟现代医学发展趋势、创新突破之路,是一条弘扬上医光荣传统、爱国奋斗之路,我们要坚定不移地沿着这条道路走下去,继续走在医学教育改革发展的前列。

各位领导、各位来宾,老师们,同学们!

党的二十大开启了全面建设社会主义现代化国家新征程。二十大报告强调,教育、科技、人才是全面建设社会主义现代化国家的基础性、战略性支撑,要坚持教育优先发展、科技自立自强、人才引领驱动;人民健康是民族昌盛和国家昌盛的重要标志,要把保障人民健康放在优先发展的战略位置。新时代新征程上,复旦上医深感责任重大、使命光荣,必须全面贯彻党的教育方针,坚持社会主义办学方向,牢记办学办医初心使命,持续深化医学教育管理体制改革,持续推动各项事业高质量发展,在"第一个复旦"建设征程中加快建设中国特色世界一流医学院,为建设教育强国、科技强国、人才强国、健康中国作出新贡献。

一是坚持立德树人,牢记为党育人、为国育才,培养担当民族复兴大任的时代新人,造就创新型卓越医学人才。坚定走好人才自主培养之路,厚植理想信念、砥砺报国之志,从通识教育和专业培养两方面夯实医学生学术基础,全力提升培养质量。以基础学科拔尖人才培养改革、临床医学八年制改革、高层次公共卫生人才培养改革和实化临床医学院改革等为抓手,全方位谋划医学教育教学改革,构建一流医学人才培育体系。实施医科"大人才"战略,坚持引育并举,建立和完善契合国际一流医学院要求的人才培育体系、人才评价标准和综合支持模式,厚植人才成长沃土,打造一流医学战略科学家和学科领军人才、青年杰出人才和高水平创新团队,培养更多德才兼备、医德双馨的人民健康守护者和解决重大科学问题、应对重大健康挑战的医学家。

二是胸怀"国之大者",推进新医科建设和医学科技创新,不断向现代医学科技广度和深度进军。学科是学校建设的基石,要用足复旦大学医、理、工、文、社多学科全面均衡的整体优势,用好学科交叉融合的"催化剂",加强基础学科培养能力,坚定推进新医科建设,推动尖峰学科冲顶。以国家科技创新体系建设和健康中国战略为指引,围绕重大疾病诊治和科学前沿,加强医学科研的战略性、前瞻性布局,高质量推进国家级平台、融合创新平台、公共技术平台、临床研究体系和转化医学体系建设,推进中西医结合特色发展,推动科研组织模式创新,打造卓越科技创新策源体系,实现更多重大原始创新、关键技术突破和成果转化。

三是服务健康中国,为人民提供全方位全周期健康服务,把"复旦上医"的金字招牌擦得更亮。高水平建设国家医学中心、国家区域医疗中心,提升在重大疾病救治、公共卫生应急防控、临床诊疗指南和国际多中心临床研究等多领域的能级水平，推动建成国内引领、国际先进的标杆型大学附属医院体系，加快推动附属医院高质量发展。进一步完善医联体、康联体建设，通过传、帮、带和"互联网+"新模式，提升基层诊疗能力，通过医疗帮扶助力乡村振兴，更多惠及人民群众。主动围绕党和政府关心的重大公共卫生问题开展咨政研究，提供全方位、多视角、跨学科的智力支撑。

四是搭建"四梁八柱"，完善综合性大学医学院治理体系，为一流医学院建设提供体制机制和制度保障。进一步加强治理能力建设，加强顶层设计和整体谋划，坚持深化改革与练好内功相结合，不断增强发展动力、办学活力和工作效能。进一步强化医学教育完整性，推动医科各单位、医学院与附属医院联动协调整合式发展。进一步发挥好综合性大学优势，完善有利于医工、医理、医文融合创新的体制机制。进一步发挥三方共建托管优势，积极争取各方支持，为上医发展营造良好的外部环境。

各位领导、各位来宾，老师们，同学们！

20世纪二三十年代，颜福庆老校长曾大声疾呼："西医必须大众化，西医必须中国化！""越早建立符合自己国情的医学院，就能越快清除现在中国把现代医学叫做'西医'的耻辱！"90多年过去了，我们的国家早已从积贫积弱变革为国富民强，人民健康水平也有了极大的提高。现在，我们处于这么好的时代，拥有这么好的发展条件，中国的医学工作者更应该继续坚定地举起发展中国现代医学的大旗。我们没有任何理由迟疑，没有任何资本懈怠，更没有任何后路退缩。复旦大学上海医学院将和全国的医学院校一道，自信自强，守正创新，敢闯"无路之路"、敢答"时代之问"，敢挑"改革之梁"，踔厉奋发，勇毅前行，推动中国医学教育创新发展、再攀高峰，为全面建设社会主义现代化国家、全面推进中华民族伟大复兴贡献更大力量！

谢谢大家！

· 专 文 ·

在2021年度安全生产大会上的讲话

(2022年1月4日)

校长 金 力

同志们：

第一个工作日开这个会，体现了大家对安全生产的重视。

刚才许征、冬梅、源源分别通报了实验室安全、消防安全、基建修缮、食品、防汛防台安全等方面的情况，对学校一年来的安全生产情况进行了总结部署，并就今年的工作重点做了要求，我都赞同。二级单位代表结合自身工作实际，进行了交流发言，安全生产的担子既压在学校、更压在基层，重点在每个基层单位、在每个工作条线。一年来，在全面落实常态化疫情防控背景下，全校安全生产工作经过大家的上下共同努力，取得明显成效、来之不易。我代表学校向各位，并通过你们向所有安全生产工作岗位上的师生致以诚挚的感谢和新春的问候！

下面，我结合当前安全生产形势再讲三点意见。

一、贯彻新思想新理念，全面落实好安全发展的新任务

习近平总书记对安全生产工作多次发表重要讲话、作出重要批示，深刻论述安全生产红线、安全发展战略、安全生产责任制等重大理论和实践问题，明确要求树立安全发展理念，弘扬生命至上、安全第一的思想，健全公共安全体系，完善安全生产责任制，坚决遏制重大安全事故，提升防灾减灾救灾能力。认真学习、深刻领会习近平总书记关于安全生产重要论述，是我们做好安全生产工作的首要前提。

刚刚过去的一年，是党和国家历史上具有重要里程碑意义的一年，也是安全生产经受严峻考验的一年。2022年元旦当天，国家应急管理部召开视频会议，公布了2021年全国安全生产总体情况，从全国来看，2021年全国安全生产事故起数和死亡人数同比分别下降11%和5.9%，创造了新中国成立以来连续27个月无特别重大事故的历史最长间隔期。2021年也是教育系统安全专项整治三年行动集中攻坚关键之年，整体形势良好，但零星散发事件也时有发生，特别是去年10月南京航空航天大学发生的实验室爆燃事故，引起全社会关注，影响巨大。这些安全生产事故和校园安全事件时刻警示我们，安全生产必须常抓不懈，安全无小事，警钟要长鸣。

高校作为特殊的社会组织，社会关注度本来就高，一旦发生安全生产事故，不仅对个人、对学校将会造成巨大影响，甚至可能引发综合性、系统性风险。学校已经把安全发展的思想、原则、目标等全面融入《复旦大学第十四个五年规划纲要》中，希望全校上下从讲政治的高度，把安全工作放到学校高质量发展的全局中来把握，统筹发展与安全两件大事，以对事业发展和生命财产安全负责任的态度，抓牢抓实安全生产各项措施，着力解决影响学校构建新发展格局、实现高质量发展的安全生产突出问题，为学校事业发展和师生员工舒适工作学习创造良好环境，以实际行动和实际效果切实做到"两个维护"。

二、加强统筹协调，从源头上防范化解重大安全风险

加强安全生产，是一项长期而紧迫的任务。我结合当前安全生产形势和工作重点提几点要求。

（一）要建立健全全员安全责任制。这是加强安全生产工作的关键。今年新修订的《中华人民共和国安全生产法》《上海市安全生产条例》，也特别强调了构建安全生产责任体系的要求，一是增加了"三个必须"内容，即"管行业必须管安全、管业务必须管安全、管生产经营必须管安全"。这"三个必须"的原则，是习近平总书记在2013年考察黄岛经济开发区输油管线泄漏引发爆燃事故现场时首先提出的。此次将其写入法律法规，进一步明确了各方面的安全生产责任：即要求负有安全监管职责的各个部门，对各自职责范围内的安全生产工作实行监督管理。除了单位的主要负责人是第一责任人外，班子其他成员都要根据分管的业务对安全生产工作负一定的职责，承担一定的责任，抓生产的同时必须兼顾安全，抓好安全工作。我们也要在各项工作制度上落实完善工作机制，要在顶层设计、操作制度、岗位要求、安全设施、人员配备等各方面做好设计和统筹。

二是进一步压实了安全生产主体责任，要求实施全员安全责任制，要把安全生产的责任落实到每个环节、每个岗位、每个人。我们每一个部门、每一个岗位、每一位师生员工都不同程度直接或间接承担安全任务，可以说，安全生产人人都是主角,没有旁观者。新增的全员安全责任制规定,就是要把每个人的积极性和创造性调动起来,形成人人关心安全生产、人人提升安全素质、人人做好安全生产的局面,从而整体提升安全生产水平。这方面,学校安全生产部门还要和宣传部门、学工部门通力合作,加大宣传教育力度,提高全校安全生产意识,全面提升师生思想自觉和行为自觉。

(二)要进一步建立健全安全风险防控体系。近年来,通过大家的共同努力,学校已经逐步建立健全了安全风险分级管控、隐患排查双重预防的机制。今年教育部、上海市教委、上海市消防救援总队先后对学校进行了安全督导和检查,提出了一些针对性和指导性意见。为进一步推动学校隐患排查整改工作,我再强调几方面的工作。

一是疫情防控方面。疫情进入常态化防控以来,学校的总体情况基本稳定,各项防控措施得到了有效地落实。同时我们也要看到,近期全球新冠肺炎发展形势已接近疫情以来的最高峰,加之变异毒株、冬春季呼吸系统疾病和传染病高发等因素叠加,目前,我国外防输入的压力持续增大,全国各地已经呈现出多点散发情况,陕西西安疫情快速发展,后续社区传播的风险仍然存在,校园疫情防控的压力仍然十分艰巨。春节寒假到来之际,我们还要全面检视现行防控措施执行落实情况、各类物资储备保障情况,不能有半点侥幸心理。

大家要认识到,严格落实各项防控措施,是确保师生生命安全、教育大局稳定的基础。新冠疫情防控工作已经进入第三个年头,我们要强化常态化疫情防控,是要常态化地严格落实技术方案的各项措施,要克服麻痹懈怠的思想,绝对不能有任何放松。疫情发生以来,大家全力以赴为保障校园安全做出了突出的成绩,但还是要特别强调:各项工作的实施必须同步考虑疫情防控要求,疫情防控措施要同部署同落实。同时,我们要继续关心好师生员工的工作和生活,主动防范和化解矛盾。疫情防控的任何措施,不管是校门管理措施收紧,还是学生活动空间活动范围的限制,都会涉及广大师生的学习、生活、交流等一系列事情,我们有义务也有责任及时做好沟通。只有大家充分理解我们的决策,我们提出的管理措施才有可能真正落到实处。今年枫林、江湾校区封闭管理不仅没有造成恐慌,还向社会传递了积极的信号,都是在师生凝聚共识,相互支持、相互理解的大背景下才得以实现。各部门、各二级单位付出了巨大努力,共同维护了校园的平安和师生的安全。我们要继续严格执行防控要求,加强教育引导,对存在违规行为的,也应当依校纪校规严肃处理。

二是实验室安全方面。2021年10月24日南航发生实验室爆燃亡人事故后,10月27日上海市某高校也发生一起实验室爆燃事故,所幸未造成人员伤亡。从我校安全生产数据来看,今年5起火情,2起发生在实验室,占比不少,暴露出师生安全意识不到位、实验室安全行为不规范等问题。实验室承担着科学研究、人才培养的重任,它的安全直接关系着科学研究能否顺利进行、国家财产会否损失、师生安全能否得到保障,乃至影响社会的安全与稳定。

我们必须深刻认识抓好实验室安全工作的极端重要性,不断强化安全红线意识,切实提高实验室安全管理水平。我特别强调实验室负责人、导师的责任,只有他们切实树立起安全意识、明确安全责任,各项安全措施、安全教育才能真正落实。

三是生物安全方面。新冠肺炎疫情发生以来,生物安全这一概念引发关注。总书记强调,要从保护人民健康、保障国家安全、维护国家长治久安的高度,把生物安全纳入国家安全体系,全面提高国家生物安全治理能力。去年4月15日正式实施的《中华人民共和国生物安全法》,为我国防范生物安全风险和提高生物安全治理能力提供了法律支撑,具有里程碑意义。

新冠疫情防控常态化形势下,生物安全管理要上升到更高的高度去认识。生物安全不仅事关实验室人员的健康安全,更事关社会、公众和环境安全。各相关部门要切实承担起责任,"对标对表"中央要求和法律规定,对实验室安全方面的需要及时提供支持,将生物安全管理工作落实到位。特别是要规范和加强病原微生物实验室生物管理,保障生物安全实验室规范运转。要发挥生物安全管理委员会作用,落实P3实验室管理分工责任,定期组织开展生物安全风险调查评估,确保实验室安全有效运行。

四是消防安全方面。当前,国务院安委会正在全国范围内集中开展冬春火灾防控工作。冬、春季历来是火灾高发多发期,我校消防安全重点部位多,文物建筑、高层建筑、危险品仓库,以及学生宿舍、食堂、图书馆等人员密集场所,都是火灾防控的重点、难点。要进一步分类研判,强化管控措施,切实把风险消除在前。同时要强化应急预案,加强师生员工消防基本技能的培训,提高初起火情处置和疏散逃生组织能力。

需要引起我们警惕的是,近两年电动自行车火灾呈高发态势,仅今年前三季度,全国就接报此类火灾1万余起。我校师生员工电动自行车的保有量也是逐年提高,今年校内已经发生2起电动自行车火情,所幸处置及时,未造成较大损失。学校一方面加大了违规行为的排查整治力度,另一方面也在积极协调集中停放、充电点。安全设施布点和安全教育、安全检查要同步推进。

三、进一步攻坚克难,提升校园安全管理水平

提升校园治理能力是实现"双一流"建设的重要保障。对标新时代新征程新要求,加强规律性把握,不但要着力提高人和物的安全可靠性,更要注重安全软硬件建设,注重科技赋能,注重安全人才培养,全面提升校园的安全管理水平。

(一)要继续推进安全基础建设。要抓紧补齐短板,夯实安全根基。要在楼宇修缮、设施改造时同步更新安防、消防等安全设施设备。要更新理念观念,紧盯技术发展趋势,借助物联网、人工智能、大数据等技术,探索应用于安全生产和治理的全过程,建设安全的智慧校园。

(二)要持续加强安全队伍建设。安全队伍建设,是强化学校安全生产管理的基础,也是加大安全生产监管力度、建设长效机制的重要举措。校内安全队伍包括安保力

量、网络信息安全工作者、实验室安全员、思政骨干队伍、心理咨询队伍、大学生安全志愿者队伍以及各类专职和兼职的安全力量等。要进一步加强培训，提高安全队伍的专业化水平，通过他们带动全校师生，营造人人讲安全、事事讲安全的良好局面。

（三）要全面深入开展安全培训演练。要从安全工作的实际出发，按照"全员、全程、全面"的要求，积极利用各种媒介宣讲安全生产常识。要严格落实安全培训准入制度，对新入职上岗的师生员工必须进行安全技能和操作规范培训，全面培养安全意识，切实提高防范自救能力；要建立健全事故应急处置制度和处置工作规范，制订完善符合实际、有针对性和可操作性的应急预案并定期组织应急演练。

同志们，2022年将召开党的二十大，岁末年初这段时间还将接连迎来寒假、春节等，落实各项安全防范措施、确保安全形势稳定意义重大。要提高政治站位，层层压实责任，以咬定青山不放松的执着、行百里者半九十的清醒，把校园安全稳定责任扛在肩上，把安全生产工作抓在手上，统筹做好学校的高质量发展和校园的安全稳定工作，坚决防控重大安全风险，切实守牢安全防线。

新春到来之际，也给各位拜个早年，希望通过大家的共同努力，过平安年，护平安复旦。谢谢大家！

在2022年春季工作会上的讲话

（2022年2月22日）

校长 金 力

各位同志：

今天上午学校召开了校领导班子述职述廉会，焦书记代表领导班子就去年工作进行了述职总结，下午我们接着召开2022年春季工作会，布置今年学校工作。

我的讲话主要分两个部分，第一部分，和大家一起分析今年工作面临的主要形势，第二部分，布置今年学校行政重点工作任务。

2021年，我们庆祝建党100周年，开展党史学习教育，认真做好中央巡视整改、国家审计整改，启动"第一个复旦"系列研讨，高质量推进新一轮"双一流"建设，实现了"十四五"规划实施良好开局。

2022年是新时代新征程中具有特殊重要意义的一年，既是我国进入全面建设社会主义现代化国家、向第二个百年奋斗目标进军新征程的重要一年，是党的二十大召开之年，也是学校加快建设"第一个复旦"、深入推进中国特色世界顶尖大学建设、深化中央巡视整改的关键之年。

与此同时，世纪疫情冲击下，百年变局加速演进，外部环境更趋复杂严峻和不确定，教育改革发展的外部环境尤其是宏观政策环境也随之发生深刻变化。我们要进一步学习贯彻2021年中央关于教育的部署和工作要求，以此来认识和把握2022年学校工作面临的主要形势。

2021年底总书记主持召开中央深改委会议，审议通过《关于深入推进世界一流大学和一流学科建设的若干意见》，从九个方面对我国高校新一轮"双一流"建设提出了指导性意见。上海市也出台了3个相关建设方案和同步实施的3个专项"组合拳"，去年上海筹措55亿元重点支持建设66个高峰学科、13所高水平地方高校、29个前沿科学研究基地和42个协同创新中心。

上周一，三部委正式印发《若干意见》，我校入选"双一流"建设学科数从17个增加至20个，包含人文社科7个，理工科7个，医科5个，交叉学科1个；新增"应用经济学"、"马克思主义理论"和"公共卫生与预防医学"。"集成电路科学与工程"为全国唯一入选的交叉学科。

去年年末，在学校召开的学科建设大会上，我提出了"培育一流学科，国际国内双冲顶"的学科发展阶段性目标，并给出了"持续优化学科布局，重点建设一流学科，全面推动一级学科重点发展、融合发展和特色发展，形成一流学科群体"，"从文社、理、工、医、融合创新、评价体系六个方面制订具体发展路径"的"十四五"学科发展路径。今年，我们要在这个大的发展路径下，做更细化的安排。

第一个背景，2021年9月召开的中央人才工作会议。会后，中央、各部委、各地方都在加紧制订人才政策。国家主要通过重要人才项目，落实中央人才工作会议精神。目前正在和将要实施的人才计划项目众多、支持力度大、支持人数增长幅度大，并且要求中管高校、国家重点实验室、重要科研机构等率先承担相关任务。因此，高校人才工作面临前所未有的历史机遇，也将面临空前激烈的发展竞争。

上海正在加快建设高水平人才高地，将出台一系列举措，包括深入实施国际人才蓄水池计划，大力引进海外人才；启动国内高层次人才培养等。

复旦必须增强政治自觉，今年很重要的任务，就是要抢抓历史机遇，以主动对接、争取承担和完成好国家和上海市的各类人才项目为工作重点，从而实现国家级人才倍增，建设高水平战略人才队伍，为国家打赢国际人才竞争奉献复旦力量，为上海打造高水平人才高地扛起复旦担当。

今年学校将狠抓人才引育工作，主要包括：

——制订实施《复旦大学领军人才引进计划》《复旦大学青年英才引进计划》《复旦大学国际（非华裔）人才引进专项》，面向全球延揽高水平人才。

——制订实施升级版"卓越2025"人才培育计划，即

《复旦大学战略人才培育实施方案》，对接对标国家"顶尖人才—领军人才—青年人才"战略人才体系，建立贯穿人才整个职业生涯的阶梯式、综合培育支持体系，实现常态化、全过程培育。

——探索授权机制，建立授权与监督相结合的人才管理制度，打造若干个"人才特区"。学校将按照"成熟一个，审批一个"的原则，积极放权给有意愿有能力的院系，根据院系制订的人才发展目标、任务、路径及需求，论证审批后下发"政策"包。

第二个背景，2021年5月28日召开的两院院士大会，总书记在会上指出要强化国家战略科技力量，提升国家创新体系整体效能，国家实验室要同国家重点实验室结合，形成中国特色国家实验室体系。

国家重点实验室一直以来都是推动学科发展、孕育重大原始创新、解决国家重大科技问题的重要支撑。在新一轮的中国特色国家实验室体系建设中，明确了以国家实验室为核心，重组后的全国重点实验室要作为国家实验室的重要基地和网络，参与承担国家重大科研任务及国家实验室牵头的重大科研任务，形成各有侧重、有序衔接的网络，共同解决国家重大需求问题。

今年，依托高校建设的学科全国重点实验室面临整体优化重组的新局面。国务院制订下发《重组国家重点实验室体系方案》，科技部制订下发《全国重点实验室建设标准》，国家层面已经明确提出了重组全国重点实验室的体系和标准。依托我校建设的5家国家重点实验室面临优化重组的挑战，对于我校拟组织新建的全国重点实验室候选机构，也是一次难得的机遇。

第三个背景，我们再来看看今年的经济形势。2021年12月中央经济工作会议指出，我国经济韧性强、长期向好的基本面不会改变，但也面临多重压力。未来，受多重因素影响，财政教育投入增长趋势不容乐观，但教育刚性的增量资源需求仍然客观存在，国家教育经费投入相对不足与高校办学资金相对短缺的矛盾仍然存在。

从复旦的情况看，"十三五"时期经过全校努力，学校财力已经实现翻番，全口径收入已突破百亿大关，但横向来看，学校总体财力水平依然不强，学校也还未建立起多元化的经费筹措机制。因此，如何在"十四五"时期实现人财物稳定上升，实现有限资源的使用效率最大化，是我们必须回答好的重大考题。

类似这样的变化还有不少。比如，在国际合作交流方面，教育对外开放的外部环境依然存在很大不确定因素，加之新冠肺炎疫情因素叠加，面临的形势挑战并没有明显的和缓趋势。今年还有一些行政工作的重大节点，比如我们将迎来全国第五轮学科评估、国家级教学成果奖评选等。

面对这些新情况、新变化，2022年学校工作要坚持稳中求进、进中提质的主基调，妥善处理好改革创新与守住底线的关系，统筹推进校院两级发展互动，深入实施"十四五"发展规划，加快推进中国特色世界一流大学和一流学科建设，建设好"第一个复旦"，以优异成绩迎接党的二十大胜利召开。

在讲2022年学校行政重点工作任务前，我先讲讲规划的问题。学校"十四五规划纲要"已编制完成，形成了由总规划-专项规划-二级单位规划组成的十四五规划矩阵。但是，总规划与专项规划，学科、科研、教学、人才、资产、基建等专项规划之间，各专项规划与二级单位规划之间，是否做到了目标一致、互为支撑、路径清晰、协同发展？

这里，我要借用政府部门城市规划术语，提出"多规合一"的概念。也就是说，在各项任务推进过程中，我们要将总规划、育人规划、科研规划、人才规划、资产规划等"多规合一"，用整体规划引领"第一个复旦"建设。

要做到"多规合一"，第一个原则是目标一致、分解到位，一是"双一流"建设方案与"十四五"规划的一致性；二是学科建设的目标与一流学科建设目标的一致性；三是学校总体目标与各学科目标的一致性；四是一流学科建设目标与培优领域目标的一致性，这些目标都要一统到底，引领人才引进的目标、资产配置的目标、投资建设的目标。

第二个原则是对应清晰、协同发展，各个专项规划的重点任务、举措之间的对应关系要清晰，各个职能部门与专项任务之间的对应关系要清晰，互相之间必须协同发展。

第三个原则是推进有序、激励兼容，各个专项规划的推进必须科学排布进度表和时间轴，短期任务和长期任务相协同，学校与二级单位之间的激励机制要兼容，既要给二级单位在第一个复旦建设总目标引领下的自主发展权利，也要激励二级单位从学校争取重大突破所需要的关键增量资源支持。

今年是落实"十四五"规划的重要之年，下面，我讲几方面重点工作。

第一，学科建设方面。 2021年底，国务院学位委员会对《博士、硕士学位授予和人才培养学科专业目录》征求意见，授予学位的学科门类增加到14个，各学科大类下设一级学科均作出调整。根据新版目录，我校保持人文社科、理、工、医、交叉学科门类综合发展的基本布局态势，但在农学、军事学、艺术门类尚未凝聚力量。对照"十四五"发展目标，新一轮目录的颁发为学校今后的学科增量与重点布局提供了一定参考。

从我校整体的一级学科分布来看，我校目前共43个一级学科，40个博士学位授权点，38个一级学科参评第四轮学科评估，获评A类比例超过60%，A+学科5个，13个学科纳入上海市高峰学科建设。从整体布局来说，目前仍有16个学科相对偏弱，发展均衡性有待进一步提高。下一步持续优化学科布局，扎实推进学科内涵建设，重点建设一流学科，全面推动全校一级学科重点发展、融合发展和特色发展，形成一流学科群体。

要在一级学科下持续探索培育新的交叉学科方向，自设二级交叉研究领域，完善学科布局。目前我校的集成电路科学与工程成为全国唯一入选的交叉学科。下一步学校将围绕国家安全学、系统科学等前沿新兴学科和方向开拓探索。

同时,要强化实体运行科研机构的学科建设属性,实体科研机构要以重点任务、融合创新为牵引,突破现有一级学科边界,打通主聘、辅聘通道,使得科研机构与二级院系形成互联互通、互相促进的学术共同体生态圈。学校将陆续出台一批管理机制文件,为学科交叉融合打好基础、做好准备。

在评价方面,学校已经出台深化新时代教育评价改革方案,改进学科评价、教育教学评价、科研评价、教师评价、学生评价。下一步,拟将一流学科成效评价融入"十四五"高质量指标体系,构建以特色、质量和贡献为导向的学科评价体系。

学科建设方面,再着重讲一下"双一流"学科。前面讲形势的时候已经提到,学校20个学科入选新一轮"双一流"学科。今年,将强化各学科面向一流目标揭榜挂帅的主动性,要求各学科瞄准国际国内"双冲顶"目标,尽快启动、加快推进各项任务,加速形成与世界顶尖学科可比拟的核心竞争力。

要发挥"双一流"学科的核心作用,强调相关院系、科研机构、重大平台、附属医院等多方力量与资源的整合,强调主干学科与相关支撑学科的交叉融合,通过积极探索布局交叉领域和前沿方向,催生新的优势学科方向,带动学校学科整体发展。

今年还将启动实施培优行动计划。在学科主要建设的领域方向中,遴选出未来几年最有希望取得突破性、标志性成果的领域作为培优领域,寻找到最具能力完成培优目标的团队,实施培优行动计划。去年年末,哲学学科培优行动计划已经过会,即将率先启动。

为完善新一轮建设项目支持体系,今年拟做好项目类型及其指南的调整、归并、升级等工作,同时,根据新的目标任务,补充完善项目类型。拟新启动的项目类型包括:"两大工程"二期建设项目、重大科技攻关计划、交叉融合引导专项等。

今年还将深化三全育人改革,实施"百本精品教材项目建设计划"。通过文科青年融合创新团队、医工结合、交叉融合专项等项目,推进新文科、新工科、新医科建设等。实施"科学领军人才汇聚计划""未来科学领军人才引育计划"。探索赋予学科更多自主建设资源的项目管理模式。同时,还将制订复旦大学高峰学科建设管理办法,出台上海医学院高水平地方高校建设项目实施管理办法。

这里我再单独讲一下青浦校区建设。青浦校区选址已基本落定,集成电路与微纳电子、计算与智能、生物技术与生物医药工程三大创新学院的工作组和专家组均已组成,今年将正式启动青浦新工科创新学院院区建设。青浦校区建设也是我校"十四五"期间的重大任务,我们要紧抓青浦建设契机,促进青浦张江联动(均聚焦三大重点产业,青浦以人才培养为主要任务,张江以集成攻关为主要任务),打造创新人才集聚和培养高地。

第二,关于科研工作,主要讲几个方面。

一是在重大科技计划和项目方面,国家"十四五"规划围绕强化国家战略科技力量、科技前沿领域攻关和提升制造业核心竞争力等板块,提出了若干科研方向,其中不少方向学校已经有所布局。下一步,要主动出击,牵头参与更多国家重大任务。

目前,科技创新2030重大项目已启动3个项目,"十四五"期间国家重点研发计划将部署79个重点专项。和"十三五"相比,"十四五"国家重点研发计划的主要改革举措有3个方面,一是更大范围内设立青年科学家项目,鼓励青年科学家大胆探索更具创新性和颠覆性的新方法、新路径。二是聚焦国家战略亟需、应用导向鲜明、最终用户明确的攻关任务,设立"揭榜挂帅"项目。三是部分专项任务将结合国家重大战略部署和区域产业发展重大需求,采取部省联动方式实施。

2022年,学校将着力在国家级重大项目的数量、总经费体量和专项覆盖面等方面提升深度、厚度、广度。一是考虑分专项设立专家委员会,为重大项目组织实施提供科学咨询。二是拟新增青年科学家绩效奖励和500万—1000万牵头立项项目绩效奖励,充分激发申报潜力和创新活力。三是积极探索揭榜挂帅及部省联动新机制,加强和大院大所、重点企业、地方研究院等的战略合作,健全项目培育机制及配套保障,鼓励"揭榜团队"勇于试错、大胆探索。

在国家重点实验室建设方面,前面已经讲过形势和任务,大家要充分重视这项工作,以学科为主体,优化落实重组方案,切实推进实验室重组工作。

在参与国家实验室建设方面,经过这两年努力,学校已经与张江、浦江、临港等上海3大国家实验室,以及合肥实验室达成了战略合作关系,今年要争取广州实验室上海基地挂牌,大力推动与国家实验室开展更为紧密的建设任务。

在国家基础学科研究中心建设方面,将积极推动数学、物理学、化学、生物学、基础医学等传统优势基础学科争取拿到科技部基础学科研究中心。此外,学校还将争取麻醉医学、急危重症等8个疾病领域/临床专科认定为第五批国家临床医学研究中心;加快方案对接和组织论证,争取教育部医药基础研究创新中心建设。

在重大奖项报奖方面,2021年国家科学技术奖励制度进行重大改革,国家奖暂停提名。目前了解到,这项工作将于今年6月重启,未来将降低评奖频次,预计2—3年评一次;授奖数量从每次300项减少到150项,控制提名项目总量。教育部和上海市也计划启动2022年度科技奖励提名工作。竞争态势严峻,我们要尽早谋划,争取实现国家技术发明奖一等奖、科技进步一等奖的突破。

在产学研合作方面,近年来,学校先后出台多项管理办法,科技成果转化的管理体系、制度体系和服务支撑体系已基本确立。今年校内要加强政策宣传,用好政府第三方搭台,积极推动与企业深度合作,促进产学研的纵深发展,加速科技成果转化。

此外,还有具体行政工作,分管校领导还会具体布置,我简单带过。

国防、军民融合科研工作,今年要加强规范建设,争取实现重大项目、平台建设、重大奖项新的突破。

文科科研要提升能级,打造学校的文科实验室协同发展机制。

人才工作方面,上学期末召开了学校人才工作会议,前面已经讲了不少。今年要全面实施"大人才战略",完善全方位培养、引进、用好人才的体制机制,实现人才质量提升。

人事工作要加强校院两级协同配合,完善各类人才评价机制建设,促进人才发展,努力实现"以评价促发展"。

本科教育方面,要推进课程思政建设全面深入实施,落实好去年出台的学校美育、劳育、体育实施办法,构建完善德智体美劳全面发展培养体系。

加强优质课程和精品教材建设,做好国家级一流本科课程的培育和推荐申报工作。构建实践育人体系,强化实践育人。

研究生教育要改进招生名额分配,建立健全分流退出机制;制订交叉学科项目研究生培养管理办法,实施专业学位研究生教育发展行动计划。

对外合作方面,要优化国际合作布局,深入发展战略合作伙伴,发挥多边合作平台联盟组织的效应。

社会服务方面,要继续贯彻服务国家战略,形成"大帮扶"合力,完善"大合作"格局,提高校地合作服务学校事业发展和经济社会发展能力。

在资产管理方面,今年要准确排摸学校公用房使用情况和新增需求情况,落实公用房成本分摊机制,合理配置和有效使用公用房资源。

在外联方面,要注意拓宽捐赠等资渠道,促进全口径收入合规稳定增长。

后勤总务要着力提升现代化保障水平,抓紧推进江湾二食堂建设、创建上海市绿色学校等。

基建方面,两个项目要开工、两个项目要竣工、六个项目要扎实推进,确保2023年竣工。各校区还要完成一批楼宇修缮,完成邯郸校区南区、江湾校区体育场跑道翻修,做好师生关心的实事项目。

今年面临政治大年,维护学校政治、意识形态安全稳定,实验室安全稳定等任务都很重。同时,疫情防控"外防输入,内防反弹"的压力始终存在。昨天上午,学校领导班子成员分赴校园各处检查开学工作,总体来看,新学期校园各项工作、特别是常态化疫情防控措施落实有力,开学秩序良好。但越是开局顺利,越要防止麻痹、懈怠、松劲思想,全校上下仍然要增强大局意识,牢固树立底线思维,有效防范化解重大风险,坚决维护校园和谐安全稳定。

回到我开头提到的资源对学校事业发展支撑保障的问题,想和大家共同探讨:在学校不断发展的进程中,学校的发展资源边界在哪里。我们可以分为三个层次来理解:最基础的第一层是有形的短期资源边界,是我们传统意义上发展的资金、空间、人才要素的增长所可能达到的规模;第二层是无形的边界,比如我们目前思想认识上的局限性,管理模式上欠缺的能力,这些与顶尖大学的建设水平的匹配度,是我们的无形边界;第三个最外层的是长期的资源可能性边界,是当前距离知识生产的可能性边界,也就是在当前的资源投入下,我们是否做到了效率最大化。这个边界是外延性的,我们可以通过获取新资源、突破新技术和创造新模式等方法不断推动这个边界向外扩展,提高发展潜力。

同志们,新学期伊始,让我们抓住历史战略机遇期,共担重担,同迎挑战,继续为"第一个复旦"努力奋斗,以新的成绩迎接党的二十大召开。

谢谢各位!

旦复旦兮,追求每一次新进步

——在2022届毕业典礼上的讲话

(2022年6月17日)

校长 金 力

亲爱的同学们、老师们:

今天,2022届的同学们将完成学业、踏出校门。尽管不能面对面相见,但老师们的心和大家紧紧连在一起。我们牵挂大家的境况,牵挂大家的前程,关注大家的下一个落脚点、下一段旅程。毕业是青春的典礼,送别是为了更好的重逢。未来任何一年,只要条件允许,今天不在现场的同学都可以回校参加一次线下的毕业典礼和学位授予仪式,我们将准备好如常的校园欢迎大家,不让同学们的青春留有缺憾。

毕业班的最后一个学期,同学们经历了一生中从未有过的考验,完成了一次毕业大考!对大部分同学而言,这也是第一次人生大考!同学们的理性冷静、认真坚毅、友爱担当让我们欣喜欣慰,也证明大家是能够堪当大任、拥抱未来的一代复旦人。不论是学业大考,还是人生大考,同学们都毕业了。我代表母校和老师们祝贺大家:毕业快乐!

校训是复旦人的文化基因,指引着我们的行动表型。"切问而近思"提醒我们,学校和每位同学都应该及时总结思考,在这次抗疫中感悟到什么、学会了什么。李登辉老校长曾在民族危亡关头以先贤的筚路蓝缕鼓励前辈学子,复旦"无日不在困苦艰难之中,亦无日不在艰苦奋斗之中""每经一次艰险,即促成一次新进步"。今天,我们不能让这样的宝贵经历白白流失。一个成熟的复旦人,应该把各种体验转变为对世界的了解、对人生的感悟、对未来的指引,让自己变成一个更好的人。在临行惜别的时候,我想与同学们分享三点:

第一,把挑战作为人生和生活常态。 现实世界充满矛盾和挑战,大至百年未有之大变局,小至个人日常生活都充满不确定性,连下楼取餐也会出现"盲盒",挑战和变化才是生活的常态。

人生最大最持久的挑战,也许就是如何面对挑战。社会承平,岁月静好,同学们理解的底线思维、风险意识往往来自书本和网络,对于动荡世界、人类风险、人生风雨的切身体会并不那么丰富。如果受到生活惯性、路径依赖、思维定势的拘束,当真正挑战来临时,会不会浑然不知或者手足无措,能不能感知风险、科学判断、走出舒适、冷静应对,敢不敢调整预期、驾驭风险甚至作出必要的牺牲?

在抗疫保供困难时,一位研究生的母亲告诉他:"要把现在遇到的困难当作人生体验,换一种心态,人会好受一些。"这位家长还说:"人一生中,还真说不定会遇到饥荒或战争,在极端情况下如何生存?这就是一次演习。"

挑战带来危险,也带来机遇。危和机总是共生并存,关键是如何化危为机、应变求变。习近平总书记说"追求进步,是青年最宝贵的特质",说的是"人生万事须自为,跬步江山即寥廓"的奋进姿态,也是"事不避难者进,志不求易者成"的攻坚劲头。今天大家走出大学树荫的庇护,就要敢于走向山之巅、海之涯,在无人区找寻更多新发现,在狂风暴雨后迎接最美的彩虹。

我们敢于迎接和战胜挑战,也要对挑战保持清醒和敬畏。人类与病毒的斗争永无止境,病毒带来疾病和死亡,也促使人类的进化和医学的进步。抗疫斗争必将胜利,也必将让我们的身体和社会变得更加强壮,在精神上、科学上、治理上收获许多成果。但一场胜利的终点,只是下一次挑战的起点。创作于20世纪30年代的上海医学院院歌唱道:"可喜!可喜!病日新兮,医亦日进。可惧!可惧!医日新兮,病亦日进。"歌词唱出了医者面对困难的不屈和刚强,也提醒一代代复旦学子,永远保持一颗谦逊、敬畏、自省的心。

第二,用责任激励担当、激发创新。 过去三个多月我们每一个人都在抗疫,校园是一个健康共同体,也是一个责任共同体。

学校最大的责任是以师生为中心。不负国家和家长托付,不负同学信任,保证师生健康和校园安全。三个多月来,每晚必开的抗疫指挥部工作调度会上,同事们把"孩子们"这个词挂在嘴边,孩子们的所思所忧所盼,就是第二天的努力方向;师生有所呼,学校必有应,"旦问无妨"的每一条留言、校长信箱的每一封信,我们都会认真阅读、用心反馈。

校园闭环管理不仅给同学们的学习生活带来了挑战,也是对校园治理能力的一次考验,学校对校外师生力有不逮。对这几个月的工作,我和同事们将认真反思复盘,不断改进加强。同时,感谢同学们和学校一起共克时艰,也希望同学们对帮助过服务过自己、为大家尽心尽力的老师、辅导员、志愿者、楼长、室友道一声感谢。

老师们的责任是以育人为中心。守好一尺屏幕,上好每一节网课,关爱每一位同学,让复旦的弦歌永远不辍。

科研工作者的责任是以国家和人民需要为中心。当病毒威胁到社会和校园,很多师生立即投入抗疫科研,广谱型新冠mRNA疫苗即将投入临床研究,一系列智能消杀装备已广泛运用于校园防控,相关学科发挥特长,开展高水平流调溯源、支撑信息化精准防控,用创新力量和专业精神主动向病毒宣战。

医护人员的责任是以人群为中心。"人生意义何在乎?为人群服务。服务价值何在乎?为人群灭除痛苦。"附属医院全力投入大上海保卫战,数万医护人员白衣执甲,守护城市安全和市民健康。"利何有,功何有,其有几千万人托命之场",全体复旦上医人用热血履行责任、践行承诺。

同学们的责任是以学习为中心。在抗疫大课堂中,同学们不负韶华、坚持学习的自律表现,"大白""小蓝"不计回报、风雨无阻的志愿服务,全体师生人心聚学、共担风雨的自觉行动,让"团结、服务、牺牲"的复旦精神闪耀着时代光芒。

人生有负责任的苦处,才有尽责任的乐处。正如复旦校歌所唱,"巩固学校维护国家,先忧后乐交相勉",每一名复旦人用责任和担当,铸起了校园战疫的铜墙铁壁,汇入了国家和城市追求进步的洪流。

第三,坚守初心,追求每一次新进步。 坚持就是胜利、坚持才能胜利,抗疫如此,人生也是如此。世上的事,变是常态,我们不断调整、不断进取;不变也应是常态,不变的是初心、信念和追求。以不变应万变,靠的就是"坚持"二字。"没有功德圆满、没有一步登天",保持定力、厚积薄发,一天天熬出胜利。每天坚持不退步,每天争取一点新进步,终能迎来新气象、造就新局面,这正是"复旦"校名蕴含的哲理,是"旦复旦兮、日月光华"的奋斗意象。

1977年,上映了一部反映大革命时期的电影《大浪淘沙》,讲述近100年前4个年轻人在革命大潮中追求、奋斗和分化的故事。影片生动形象地告诉我们:大江东去浪淘沙,时代洪流中总是有人落荒、放弃甚至背叛,自然也有人迎风斗浪,一步一个脚印走向胜利的彼岸。时代各有不同,但青春与奋斗一脉相承。今天,我们踏上了实现第二个百年奋斗目标的新长征。新时代是波澜壮阔的伟大时代,也是强国追梦的奋斗年代。同学们作为"强国一代",担负着个人的命运、国家的命运、民族的命运。道阻且长,唯有坚持,唯有奋斗。

同学们!每一代人都有自己的际遇和担当。2022届毕业生因为这场疫情而格外特殊,也因为抗疫这样深刻的毕业洗礼,让大家的青春内涵更加丰富,应对挑战更加从容,更懂得珍惜、坚持和奋斗。作为"抗疫的一代",我想大家已经准备好迎接更大的挑战。未来无论走多远、遇到多大风浪,希望大家一直用"旦复旦兮"的奋斗态度和"团结服务牺牲"的处事信条照亮脚下的路。若干年后,我们可以无愧地说:我这辈子,就是一个复旦人!

充满挑战和机遇的人生道路正在脚下延伸,广阔精彩的舞台正等待着青春的演绎。母校将永远守望大家、祝福大家。"万水千山踏遍,光草还会轻轻拥抱你啊",祝 2022 届毕业快乐、青春万岁!

在全校党建工作会议上的讲话

(2022 年 6 月 29 日)

党委书记 焦 扬

同志们:

在建党 101 周年前夕,我们召开全校党建工作会议,深入贯彻第 27 次全国高校党建工作会议和上海高校党建工作会议精神,深化推进《普通高校基层组织工作条例》落实和中央巡视整改工作,全面总结十九大以来学校党建工作的成效经验,动员全校各级党组织和广大党员在第二个百年新征程上奋力开创党的建设和各项事业高质量发展新局面,以实际行动学习贯彻市十二次党代会精神、迎接党的二十大胜利召开。

一、深入学习领会习近平总书记关于加强高校党建工作的重要论述

党的十八大以来,习近平总书记就高校党的建设发表了一系列重要讲话、作出一系列重要指示批示,深刻回答了一系列方向性、全局性、战略性重大问题,为坚持和加强党对高校的全面领导、加强和改进高校党的建设提供了根本遵循。

复旦是最早建立党组织的高校之一,在党的建设方面有着优良传统。红色基因、信仰之源熔铸了复旦的光荣底色,党的领导、政治优势保证了复旦的腾飞跨越,党员带头、师生奋斗奠定了复旦的地位格局。今天,我们正在奋力建设"第一个复旦",要把习近平总书记关于加强高校党建工作的重要论述和对复旦的重要指示回信精神作为根本指引,坚持党的领导、传承红色基因、扎根中国大地,不断增强办好社会主义大学的自觉自信,推动学校党建工作走在前列,引领保障各项事业向中国特色世界顶尖的高远目标勇毅前行。

二、五年来学校党建工作发生根本性转变

党的十九大以来,在习近平新时代中国特色社会主义思想指引下,学校党委全面贯彻新时代党的建设总要求,切实履行管党治党、办学治校主体责任,团结带领全校各级党组织和广大党员不忘初心、砥砺奋进,推动学校党的建设发生大转变、呈现新气象,为"第一个复旦"建设提供了最坚强的政治保障。

一是强化引领抓党建,党的政治建设对办学治校的统领作用更加突出。五年来,我们始终把政治建设摆在首位,自觉对标看齐、锤炼初心使命。强化理论武装。率先建立"第一议题"制度,完善校、院两级党委中心组学习,恢复周二下午教职工政治理论学习制度,建成滚动更新的理论学习课程库,加强各类理论宣讲队伍建设。深入推进"习近平新时代中国特色社会主义思想研究工程"和"当代中国马克思主义研究工程",一期推出 20 卷精品力作,并启动二期建设。广大党员、干部以实际行动忠诚拥护"两个确立"、坚决做到"两个维护"。扎实开展党内集中教育。按照中央和市委部署要求,抓实抓好"不忘初心、牢记使命"主题教育、"四史"学习教育、党史学习教育。中央指导组和校内测评显示,师生对学校开展主题教育和党史学习教育的总体满意率均达 100%。隆重庆祝建党百年,大力营造爱党爱国爱社会主义的浓厚氛围,激发新征程上践行初心使命、砥砺奋斗担当的豪情。坚持党领导改革发展。深入落实习近平总书记关于建设"第一个复旦"的重要指示精神,召开第十五次党代会,提出"三步走"战略构想。编制"十四五"规划,明确未来远景目标。把全面深化改革作为"关键一招",在全国率先走出部委市三方共建托管上海医学院及其直属附属医院的新路。

二是创新机制抓党建,党的组织体系更加完善。五年来,我们在党建方面最大的创新,就是构建了学校党委、院系党组织、基层党支部"三线联动"机制,织密建强上下贯通、执行有力的组织体系,确保党中央重大决策部署"一线贯通"。巩固党委领导下的校长负责制"中心线"。修订完善学校章程和党委常委会、党委全委会、校长办公会等议事决策规则,把党的全面领导嵌入办学治校制度体系。强化党管办学方向、党管干部、党管人才、党管意识形态、领导改革发展的落实机制,完善学校党的机构设置,成立党委教师工作部、党委政策研究与改革办公室、人才工作办公室等,将机构编制职能划入党委组织部,规范二级党组织设置。强化院系党的领导"中场线"。坚持每月召开分党委书记会,压实基层党建工作责任。指导院系完善党政联席会议和党组织会议制度,让党组织对办学方向、教学科研管理和人才队伍建设的政治把关作用体现和内置在制度设计中。作为全国首批试点高校,率先实现院系党组织书记抓党建述职评议考核全覆盖。做实党支部建设"生命线"。制订《关于进一步加强新时代党支部建设的意见》,在系(所、中心)、教研室、课题组、学科组等教学科研一线实现党支部建设全覆盖,探索在书院、社团、志愿服务队中成立功能党组织。

三是围绕中心抓党建,立德树人落实机制更加健全。

五年来,我们坚持党建引领、思政铸魂,落实立德树人根本任务,推动党建工作与思政教育深度协同,着力培养担当民族复兴的时代新人。深化"三全育人"综合改革。聚焦重难点推进"八大行动计划",实施"五维育德"工程,构建"三全六度十育人"工作格局,进一步推动把立德树人贯通学科体系、教学体系、教材体系、管理体系。如期完成改革试点任务,教育部在我校召开现场会,给予充分肯定,思政课程和课程思政改革相关课题获国家教学成果一等奖。唱响"铸魂育人"三部曲。坚持因事而化、因时而进、因势而新,连续三年接续推进"红色基因铸魂育人"工程、"党旗领航铸魂育人"项目和"强国追梦铸魂育人"行动,立德树人主旋律更加强劲响亮。广大学生对党的领导更加认同、"四个自信"更加坚定,超七成毕业生奔赴西部、基层和重点单位就业,参军、选调生等人数屡创新高。全面加强教师思政工作。坚持思想强基、实践立行、师德固本、典型引路,入选首批教育部师德师风建设基地,涌现出钟扬、李大潜、闻玉梅、赵东元等一批教书育人的"大先生"。

四是强基固本抓党建,推动基层党组织全面进步、全面过硬。五年来,我们牢固树立"一切工作到基层"的鲜明导向,把抓支部强基础摆在更加突出的位置。大力推进"一个工程""五大机制"。提出"像培养学术骨干一样培养党支部书记",学校教师党支部书记"双带头人"比例达到100%,一批支部书记成长为党建业务双融合、双促进的中坚骨干力量。创新支部设置、政策保障、工作激励、平台支撑、考核评价五方面机制,在全国高校中率先探索党支部书记牵头开展师德师风评议作为职称晋升、年终考核、评奖评优等工作的基础性环节,支部政治功能进一步强化。开展基层党建质量提升行动。召开全校组织工作会议,实施党建"强基、聚力、创新、引领"四大工程。承建新时代上海基层党建创新实践基地,成为全市唯一入选的高校基地。推动"互联网+党建"创新发展,建成"复旦·1925"数字党建平台,初步实现党务工作"一网通办"。破解师生发展党员工作瓶颈。建立"三关心一引领"工作机制,在实践中形成发展党员"四看"工作法,高知群体入党瓶颈取得重要突破。在全市率先探索大学—高中发展党员接续培养机制,全校发展党员人数已连续3年居上海高校首位。

五是压实责任抓党建,将全面从严治党不断引向纵深。五年来,我们坚持自我革命,强化严的主基调,推进学校全面从严治党取得重大阶段性成果。深化新一轮中央巡视整改。坚持整改总责与"一岗双责"紧密结合、共性问题与个性问题整改紧密结合、校院两级整改紧密结合、巡视整改与其他整改紧密结合、当下改与长久立紧密结合,构建起"1+4+N"制度体系。集中整改总体任务和专项整改任务如期完成,各级领导班子和广大干部师生接受了深刻的政治洗礼、思想教育,政治意识、政治能力显著提升。一体推进不敢腐、不能腐、不想腐。强化政治监督,年内基本完成第二轮校内巡察工作。推进校内纪检体制改革,全覆盖设立二级纪委,完善校内监督体系。驰而不息整治"四风",用好监督执纪"四种形态",校内政治生态和育人环境大为改善、持续优化。构建"四责协同"机制。根据党委主体责任、纪委监督责任、党委书记第一责任、班子成员"一岗双责",着力构建主体明晰、有机协同、层层传导的全面从严治党责任落实机制。

今年三月以来,奥密克戎变异株汹涌来袭,学校连续闭环管理106天,经受了建校117年史无前例的考验和洗礼。全校各级党组织和广大党员在特殊时期发扬特殊精神、体现特殊担当,让党旗在疫情防控一线高高飘扬。学校党委统揽全局,担起千钧之责。召开疫情防控工作领导小组会议18次、党政干部会议6次、分党委书记会11次,发挥"三线联动"机制优势,既稳定军心、统一思想,又明确手势、部署打法。党政主要领导坐镇指挥,所有班子成员驻守各校区一线,连续72天每晚召开调度会,统筹调配,成为风雨来袭时最可靠的"主心骨""定盘星"。二级党委守土尽责,筑起生命防线。落实"导师关爱行动""关爱教职工行动""关爱辅导员行动",坚持思想引领和解决实际问题相结合,团结动员全体师生员工服从大局、严防严控,全力以赴、担当奉献。坚持"双线并进",全力保证教学科研、人才引进等中心工作不断线,5 000余门次线上课程圆满完成,人才引进又创新高,科研攻关持续突破。广大党员、干部闻令而动,凝聚磅礴力量。全校迅速建立临时党组织120个、党员突击队和服务队266个、党员先锋岗566个,校内在册志愿者超过8 000人,累计服务超过90万人次,承担校园防控最艰苦工作。在艰难时刻,党委果断决定干部下沉园区,98名干部全力以赴,包保82个学生网格。下沉园区干部中处级干部占75%、正处干部超过一半。居家的党员教职工主动向基层社区报到,全校6 000余名师生党员累计参与社区志愿服务2.4万余人次。孙春兰副总理来校调研时,对学校党的领导、思想政治工作体系扎实有力,在疫情防控关键时刻发挥重要作用予以充分肯定。6月27日,学校正式转入常态化疫情防控,校园疫情防控攻坚战取得重要阶段性胜利,全体复旦人为打赢大上海保卫战做出了应有贡献,这正是五年来学校党建工作成效的集中体现和生动实践。

在新思想指引下,经过不懈努力,学校党的建设发生根本性转变。党的领导全面加强、政治建设成效显著,基层党组织的组织力、凝聚力、战斗力、创造力大大增强,以往党的领导弱化、基层党建薄弱、两个责任不到位等问题得到根本扭转,逐步探索形成一批在上海乃至全国高校立得住、叫得响的品牌。学校成功入选全国党建工作示范高校,3个院系党委和5个党支部先后入选全国党建工作"标杆院系"和"样板支部"建设。在主题教育调研中,数千师生对基层党建工作满意度达87%,位列全校各项工作首位。建党百年之际,学校党委被党中央授予"全国先进基层党组织"光荣称号,这是上海高校首次获此殊荣。可以说,正是因为学校党建工作扎实有力,才会在新形势下造就巩固学校维护国家、团结一心蒸蒸日上的大好局面,建设"第一个复旦"、踏上第二个百年新征程才能行稳致远!

同志们!事业在接续奋斗中发展,认识在学习实践中升华。经过五年实践,我们不断深化新时代高校党建工作中许多重大问题的规律性认识,也为面向第二个百年继续加强和改进学校党的建设积累了重要经验，提供了有益启示。

——必须始终把党的全面领导作为战胜一切困难挑战的根本保证。党的领导是中国特色社会主义大学的最大优势。不畏浮云遮望眼，乱云飞渡仍从容。越是面临复杂严峻形势，越是接近"第一个复旦"目标，越要毫不动摇坚持和加强党的全面领导，不断提高政治判断力、政治领悟力、政治执行力，始终贯彻党的教育方针，心怀"国之大者"，办好社会主义大学。

——必须始终把"三线联动，一线贯通"作为管党治校的重要法宝。党的力量来自组织。"三线联动"工作机制调动起巨大的活力动力、重塑了强大的组织力执行力，要把这一优势运用到办学治校各领域、立德树人各环节，依靠坚强组织体系实现党的全面领导和党的全部工作，确保全体复旦人始终拧成一股绳，心往一处想、劲往一处使。

——必须始终把大抓基层作为推进党建高质量发展的鲜明导向。党建工作难点在基层，亮点也在基层。要全面增强基层党组织的生机活力，让基层每个"细胞"都健康活跃、每根"神经"都传导有力，夯实底盘、固本强基，更好地把人心凝聚起来、把力量汇聚起来。

——必须始终把"党员先上"作为复旦党的建设鲜明标识。坚持宗旨意识、师生为本，大力弘扬优良传统，引导广大党员干部践行初心、担当使命，在"我先上"带动师生"跟我上"的生动实践中，始终成为指引前行的那面旗帜、那盏明灯。

同时要清醒认识到，对标党中央要求，对照广大师生群众期待，对表"第一个复旦"建设目标，学校党建工作还存在一些不足。党的全面领导体制机制仍需不断完善，基层党建工作存在不平衡情况，基层党支部政治功能和组织力仍需不断提升，中央巡视深层次问题整改仍需持续发力，等等。我们要坚持问题导向，破解瓶颈难题，不断提升党建工作的质量水平。

三、守正创新推动学校党建工作开创新局面

踏上新的赶考之路，各级党组织和广大党员要坚持守正创新、砥砺奋进，更加坚定地传承红色基因、弘扬优良传统、夯基固本培元，更加奋发地与时俱进、改革创新、锐意进取，推动学校党建工作开创新局面，交出满意答卷。

一要守思想之正、创学习之新，坚持用习近平新时代中国特色社会主义思想武装头脑、指导实践、推动工作。 始终把深入学习贯彻新思想、加强政治建设作为学校党的建设的第一位任务。要融会学与思。深化校院两级"第一议题"制度，完善贯彻落实习近平总书记重要指示批示精神的长效机制，巩固拓展党史学习教育成果，提高中心组学习、教职工政治理论学习、青年大学习、干部教育培训、理论宣讲等的针对性实效性，持续推动党的创新理论最新成果进课堂、进教材、进头脑，引导广大师生不断增强政治认同、理论认同、制度认同、思想认同。要贯通学与研。抓住党的二十大理论创新重大机遇，聚焦习近平总书记新理念新思想新战略，发挥"两大工程"二期引领作用，布局推进学理化阐释、学术化表达、体系化构建，产出更多有分量的原创性成果，更好服务党的创新理论和中国特色哲社体系建设。要统一学与用。坚持知行合一、学以致用，自觉把新思想学习成果转化为推动高质量发展成效，把"两个维护"落实到工作中、体现在行动上。市第十二次党代会刚刚结束，我们要把学习新思想与贯彻市党代会精神紧密结合，把弘扬伟大建党精神和做"宣言精神"忠实传人紧密结合，把建设"第一个复旦"放到落实国家战略、服务上海建设具有世界影响力的社会主义现代化国际大都市全局中谋划推进，进一步擦亮复旦这张上海"金名片"。

二要守体系之正、创工作之新，构建具有复旦特色的高质量党建工作新格局。 要在实践中不断总结提升学校党建工作好经验好做法，按照《高校基层组织工作条例》要求，从抓重点、补短板转向抓集成、强体系，健全和加强党的领导组织体系、制度体系、工作体系。要巩固深化"三线联动"工作机制。聚焦政治功能和组织力，把"中心线""中场线""生命线"打造得更坚强有力。"三线联动"，"联"是根本，"动"是关键。既要贯彻中央决策部署，保证"联"的一致性、纪律性，又要充分发挥基层党组织的主观能动性，突出"动"的主动性、创造性。要分类推动各领域基层党建提质增效。院系党建要更有力、更贯穿。重点是落实两个议事规则，强化院系党组织在干部队伍和教师队伍建设中的主导作用，将党的领导贯穿院系治理全过程各方面。机关党建要走在前、作表率。重点是强化制度执行，深化机关作风建设，建立健全服务师生、信息公开、问题整改等机制，强化机关党员的示范引领带动作用。医院党建要树标杆、抓制度。重点是进一步健全党委领导下的院长负责制，严格执行医院党委会和院长办公会议事决策规则，全面推行附属医院党支部书记"双带头人"培育工程。基础教育党建要有特色、出亮点。重点是贯彻落实中小学校党组织领导的校长负责制，进一步强化党组织领导核心作用。企业党建要拉长板、补短板。重点是及时修订完善学校所属企业章程，将党的领导和党的建设重要事项融入公司治理各环节。

三要守发展之正、创方法之新，推动党建工作与事业发展深度融合。 中心工作在哪里，党的建设就要跟进到哪里。要发挥党的政治优势、组织优势、思想优势，把党建工作与教学科研、管理服务、队伍建设等各项任务同谋划、同推进、同考核。坚持以高质量党建引领落实立德树人。推进"三全育人"综合改革试点成果制度化体系化，落实"四贯穿"要求，积极探索党建与学科、人才队伍建设紧密融合，把党支部设置与基层教学科研组织建设相融合，把"双带头人"培育工程与学术骨干培养相结合，发挥好党员教师在学科、教学、科研等方面的骨干引领作用。坚持以高质量党建引领保障"双一流"建设。把加强党的领导和党的建设融入新一轮"双一流"建设，聚焦建设一流师资队伍、培养拔尖创新人才、提升原始创新能力、加强中国自主知识体系建设等任务，更好把准方向、整合资源、推进改革、落实保障。坚持以高质量党建引领服务国家重大战略。各级党组织要从力量组织、制度安排、激励保障、考核评价等方面，为攻克"卡脖子"关键核心技术、培养高层次

紧缺人才、布局急需学科专业等提供有力保障,使学校成为人才培养主阵地、科技攻关主战场、重大原创成果产出地、现代化建设创新策源地。坚持以高质量党建引领推动治理现代化。突出"一线规则",健全各级党员领导干部联系师生长效机制,扎实推进"我为群众办实事"常态化制度化,切实解决教职工发展、学生成长中遇到的急难愁盼问题,使党建工作更有温度、更有深度。

四要守责任之正、创机制之新,进一步夯实党建工作责任。习近平总书记指出,要把抓好党建作为最大的政绩。各级领导班子、党员领导干部都要牢固树立"抓党建是本职、不抓党建是失职"思想,坚决扛起政治责任。要强化责任协同。进一步抓细抓实"四责协同"机制、补齐补好"一岗双责"短板,推动责任落实横向到边、纵向到底,形成各尽其责、齐抓共管的良好局面。要完善队伍保障。选优配强分党委书记、党支部书记、专职党务工作三支队伍,选拔用好政治过硬、充满激情、富于创造、勇于担当的优秀干部特别是年轻干部,加强源头培养、全程培养,加强思想淬炼、政治历练、实践锻炼、专业训练,不断提高打硬仗本领。要加强监督考评。完善校内巡视对各级党建工作的监督,强化院系党组织书记抓基层党建工作述职评议考核的结果运用,将党建工作实效更全面科学体现到二级综合绩效考核中。

同志们!奋进第二个百年只争朝夕,建设第一个复旦时不我待。我们要不忘初心、牢记使命,弘扬伟大建党精神,坚持党的全面领导、不断加强党的建设,以高质量党建引领保障高质量发展,在新征程上踔厉奋发、勇毅前行,书写更加灿烂的新篇章,以优异成绩迎接党的二十大胜利召开!

在全校精神文明建设工作会议上的讲话

(2022年7月8日)

党委书记 焦 扬

同志们:

今天,我们在这里召开全校精神文明建设工作会议,及时总结弘扬近年来特别是抗疫期间学校精神文明建设经验,落实中央迎接二十大群众性宣传教育活动部署和上海市精神文明建设工作会议精神,部署新一轮文明校园创建工作,激励全校以踔厉奋进的精神风貌迎接党的二十大胜利召开。

一、践行新时代精神文明建设新要求,校园文明建设呈现新气象

社会主义精神文明是中国特色社会主义的重要特征,是实现中华民族伟大复兴的重要内容和重要保证。党的十八大以来,习近平总书记高度重视、亲自指导推动新时代精神文明建设,作出一系列重要论述,提出一系列明确要求。总书记的重要论述,深刻揭示了新时代精神文明建设的特点规律,为深化新时代精神文明建设提供了根本遵循和行动指南。

高校思政会以来,学校党委深入学习贯彻总书记关于精神文明建设的重要论述,把精神文明建设作为党建思政工作的重要抓手、加快"第一个复旦"建设的重要保障,坚持开拓创新、广泛凝聚力量,校园精神文明建设迈上新台阶、呈现新面貌。党建引领作用充分发挥。加强党对精神文明工作的全面领导,强化学校精神文明建设委员会的作用发挥,党委统一领导、党政齐抓共管、文明办组织协同、部门各司其职、校院联动、师生参与的工作格局进一步完善。依托"三线联动"机制优势,二级单位和广大师生医护员工参与精神文明建设的积极性主动性创造性有效激发。红色基因历久弥新。百年红色基因是校园文明建设的根脉,总书记回信指出行稳致远的根本在于"心有所信"。深入挖掘红色文化资源,《共产党宣言》展示馆入选上海市首批"新时代文明实践站",建成烈士纪念广场、玖园爱国主义教育基地等新的红色地标,学校政治底色、办学底色更加鲜亮,"宣言精神"、复旦精神得到大力弘扬。社会主义核心价值观深入人心。建立完善各类学习、培训、宣讲制度,持续推动学习贯彻新思想往深里走、往心里走、往实里走。充分用好脱贫攻坚、抗疫斗争等时代大课堂,开展形式生动、内容丰富的爱国主义教育、公民道德教育和制度自信教育,触动心弦、直击灵魂。复旦师生好人好事层出不穷、平凡善举温暖人心,以研支团、博讲团、"星火"队、博医团为代表的志愿者成为复旦靓丽名片。深化"三全育人"综合改革,因时而进奏响红色基因、党旗领航和强国追梦"铸魂育人三部曲",立德树人主旋律更加强劲响亮,广大师生强国奋斗的思想和行动自觉进一步增强。群众性主题宣传教育活动振奋精神。先后组织开展庆祝改革开放40周年、纪念五四运动100周年、庆祝新中国成立70周年、庆祝建党100周年等群众性主题宣传和教育活动,深耕厚植爱党爱国情怀,全校师生"四个意识"更加牢固、"四个自信"更加坚定、"两个维护"更加坚决。作风建设成效突显。在2017年"作风建设年"基础上,坚持师德师风、医德医风、校风学风、机关作风"四风齐抓"。构建"十佳百优"荣誉体系,以"时代楷模"钟扬为代表的先进典型不断涌现,见贤思齐、争当先进蔚然成风。坚持师生为本,积极开展"三全育人我当先""服务师生我创优""报国成才我奋斗"和"我为群众办实事"等实践活动,建设"第一个复旦"热情迸发涌流。校园文化繁荣发展。编制实施学校文建设"十四五"规划,以大师剧为代表的原创文艺作品精彩纷呈,校园文化活动百花齐放,公共文化空间不断拓展,文化设施更新升级,校园网络文化正能量充沛,平安校园、法治校园、绿色校园建设取得新进展。

近年来,学校精神文明建设取得丰硕成果。成功获评第二届全国文明校园,蝉联第一届、第二届上海市文明校园。21人次、3个单位先后荣获全国优秀共产党员、全国先进工作者、全国脱贫攻坚先进个人、全国岗位学雷锋标兵、全国五一劳动奖章、全国三八红旗手、中国青年志愿者优秀个人和单位等全国性荣誉。建党百年之际,学校党委被党中央授予"全国先进基层党组织"光荣称号。师生文明素养和校园文明程度进一步提升,新时代校园新风尚、正能量、暖色调不断激发出向上向善的力量,为建设中国特色世界顶尖大学的新征程提供了源源不断的精神滋养和内生动力。

二、在抗疫斗争中凝聚磅礴精神力量

今年三月以来,奥密克戎变异株汹涌来袭,学校经历了连续106天封闭管理。这是史无前例的大战硬仗,也是近年来精神文明建设成效的一次大考。全校师生员工在三月之"难"、四月之"苦"、五月之"险"的重重考验中,凝聚起最强大的精神伟力、展现出最动人的精神品格。

一是心怀大我、坚守奉献的责任担当。在学校党委的坚强领导下,全体复旦人坚持"动态清零"不动摇,坚定必胜信心、坚决扛起责任,以复旦平安支持上海抗疫大局。学校党委和各级组织应战尽责、担起重任。抗疫责任大于天。党委第一时间建立疫情防控应急指挥部和分校区前指,连续72天每晚召开调度会,每周1至2次分党委书记或党政干部会议,稳定军心、统一思想、明确共识、部署打法,成为风雨中最可靠的"主心骨""定盘星"。二级党委"中场线"团结动员党团支部"生命线"全力以赴、担当奉献,为守护校园平安付出艰辛努力。干部队伍身先士卒、坚守一线。闭环管理期间,副处以上领导干部260人次值守校园,300余名学工干部和辅导员驻楼坚守。同志们舍小家为大家,没日没夜、无怨无悔。在最艰难时刻,党委果断决定干部下沉园区,98名干部吃苦如饴,包保82个学生网格,起到"中流砥柱"作用。广大党员闻令而动、冲锋在前。面对风雨来袭,各级党组织和广大党员积极响应学校党委号召,在特殊时期拿出特殊精神、体现特殊担当,真正做到关键时刻冲得上、危难关头豁得出,让党旗始终在抗疫一线高高飘扬。120个临时党组织、266个党员突击队和服务队、566个党员先锋岗,用实际行动书写了"严峻形势下的责任与担当"。居家的6 000余名师生党员主动向基层社区报到,累计参与社区志愿服务2.4万余人次。医务人员白衣执甲、逆行出征。6家直属附属医院整建制派遣医疗队3 885人次,到5个定点、2个亚定点、5个方舱医院及其他10个派驻点开展救治工作,派遣核酸采样队伍3 690人次,累计收治患者7.4万余人次。在定点医院、方舱医院,白衣战士成为老人的"临时儿女"、孩子的"临时父母",治疗疾病更抚慰心灵。各附属医院都想尽办法一手抓抗疫、一手保医疗,守护市民健康,让生命通道不断线。校医院医护人员紧急出战,毅然填补校内核酸采样力量缺口,完成人员采样25.73万人次、环境物资采样近9 700件,全程保证"生命通道"畅通、发挥发热门诊哨兵职能,累计接诊3 586人,接受电话咨询1.05万次、防疫用车接转师生员工4 500次。医护员工连续在校工作平均达60天以上,构筑起师生依靠、党委信赖的健康防线。

二是师生为本、生命至上的宗旨情怀。全校干群一心,坚持以关心送信心、以热心送信任、以全心送信念,积极为师生排忧解难,凝聚抗疫最大同心圆。全心全意送温暖。在抗疫最关键节点,学校党委提出实施"三大关爱行动"("导师关爱行动""关爱校外教职工行动""关爱辅导员行动")。针对研究生特别是数千校外住宿专硕学生面临的生活科研双重压力,全校2 300多名研究生导师全覆盖开展关心关爱,及时缓解焦虑。长期足不出户、封闭在楼,不少学生焦躁不耐,院系党政领导和书院导师、任课老师及时关怀贴心抚慰。随着管控期延长,不少教职工生活物资短缺、感染家庭增多,各级组织通过校院联动、校地配合、教师互助、群团关爱,累计输送生活物资近4 000人次。校园封闭管理日久,不少驻楼辅导员压力逼近极限、累得咬牙、苦得落泪。二级单位党政主要领导关心一线辅导员,提供切实支持,解除后顾之忧。千方百计稳保供。在社会面供应紧张的时候,大后勤部门全力以赴确保食堂原材料5—7天用量,坚持足量放量储备防疫物资。校党委提出保证在校师生"每天一个水果",部门、院系、校友多方筹措、竭尽所能保证,被学生称为"爱心果"。团委克服困难开通"云超市",创新"帐篷超市""周末彩蛋"快闪店等形式,给大家带来快乐。回应关切暖人心。校党委提出"师生有所呼、学校必有应",把解决思想问题与解决实际问题结合起来。机关志愿者24小时值守"旦问无妨"热线平台,做到当日问题当日解决,一时难以解决的必有回音、决不搁置。3个月累计解决问题4 670条、回应提问19 374人次,"旦问无妨"成了校园"晴雨表"、师生"解压阀"。

三是团结一心、友爱互助的志愿服务精神。在这场大风雨中,凡人微光汇聚为奔涌大爱,"团结、服务、牺牲"的复旦精神在新时代绽放璀璨光芒。志愿服务绘就最美风景。无论春寒料峭还是烈日当空,"大白""小蓝"总是出现在核酸检测、虚拟通道引导、宿舍楼值班、封控区送餐、物资搬运发放等防控第一线。校园志愿服务蔚然成风,同学们表示"抢任务要拼手速、慢者无",师生在册志愿者超过8 000人、累计服务超过90万人次,成为校园防控不可或缺的重要力量,也成为爱复旦的理由。全校同心彰显团结力量。相当长一段时期,2.3万名学生足不出户、生活不便、焦虑滋生,是每栋楼的楼长、层长、宿舍长扛起了重担,是党团员冲锋在前。学生会、研究生会共同发出《致复旦学子的疫情防控倡议书》,广大学生识大体强自律,投身"人人行动、抗疫必胜"爱国爱校卫生运动,积极创建"无新冠病毒清洁区",从自己做起、从身边做起,落实落细防护消杀要求,守护小天地,共筑大屏障,为实现校园动态清零奠定了坚实基础。八方支援书写深厚情谊。在学校最艰难的时候,从天山脚下到黄土高坡、从彩云之南到东海之滨,校友校董、兄弟单位和社会各界雪中送炭,累计捐赠防疫生活物资264多万件、价值约2 500万元。部分密接师生被转运至周边省市隔离观察,当地的悉心关爱令人感动,我们的学子感恩知礼、在当地传为佳话。这一切诠释着众志成城、共克时艰的深刻内涵。

四是迎难而上、笃行不怠的精神风貌。在这段艰苦卓绝的时光中,广大师生员工艰苦奋斗,坚持双线并进、统筹推进防控和事业发展。教育教学不断线。全校5 027门课程第一时间转为线上教学,覆盖4.1万名学生。当三尺讲台再次变为一尺屏幕,复旦教师更加从容,总结经验、创新方法,让"屏对屏""键对键"的教学依旧有声有色。思政课教师在课上融入抗疫斗争生动素材,引导学生在防控大考中读懂"中国之治"。全校五月底顺利完成学期教学任务,期末和毕业工作平稳有序。学习成才不懈怠。青年学子珍惜光阴、自强不息,即便封在寝室,也能以扎实所学闪耀"出圈"。计算机学院博士生潘旭东封闭在家,每天仍投入12小时进行科研,投出两篇顶级会议论文,入选复旦"学术之星";工研院硕士生程绮颖在隔离期间既当志愿者,又做科研,通过远程操作实验设备获得新突破;临床医学本科生杨康绮在国际公共演讲比赛中与各国选手同台竞技,为中国捧回阔别17年的全球总冠军奖杯;信息学院博士生李小康学以致用,开发核酸结果核查小程序,效率比人工核查提高30倍以上。科研创新不停摆,不少师生为保障国家重点任务、服务抗疫需要,驻守实验室、睡在沙发上,争分夺秒开展科研攻关。生命学院青年研究员王鹏飞带领团队与病毒赛跑,研究奥密克戎和免疫逃逸特征,取得重要成果;新工科研发团队在7天时间中研发出一系列智能校舍设备,以科技增能校园抗疫;药学院实验动物中心在到岗人数减半情况下,两个月不间断守护8 000只小动物,为科研实验保驾护航。

巩固学校、维护国家,师生一德精神贯。这些可贵的精神品格、可敬的人和故事,让整个校园充满温暖、充满力量。这是复旦精神新时代的生动实践,也是学校精神文明建设成果的集中体现。我代表校党委、校精神文明建设委员会,向在大上海保卫战和校园攻坚战中坚守过、付出过,为守护这座人民城市和复旦校园奋斗过、奉献过的所有师生医护员工,表示最衷心的感谢、致以最崇高的敬意!感谢每一位复旦人的团结、服务和牺牲!

三、推动新时代学校精神文明建设高质量发展,为"第一个复旦"建设凝魂聚气、凝心聚力

当前,学校已经转入常态化防控,全校要以"时时放心不下"的责任感抓好校园防控和安全,又要以超常规的努力把失去的时间抢回来。越是挑战艰巨,越需要精神文明建设凝魂聚气、凝心聚力。我们要主动谋划、积极作为,不断提升广大师生文明素质和校园文明水平,保障推进"第一个复旦"建设。

第一,聚焦迎接学习贯彻党的二十大,强信心聚人心筑同心。 迎接学习贯彻二十大,是当前和今后一个阶段的工作主线,也是精神文明建设主线。要围绕迎接二十大,广泛开展"强国复兴有我"群众性主题宣传教育活动,推动理想信念教育常态化制度化,增强信心、提振精气神。要高举思想之旗。大力宣传展示党的十八大以来在以习近平同志为核心的党中央坚强领导下取得的理论和实践创新成果,讲好中国共产党故事、讲好中国故事,引导全体师生深刻感悟新时代党的创新理论思想伟力和实践伟力,忠诚拥护"两个确立"、坚定信仰信念信心。要鼓足昂扬之气。广泛开展学赛讲唱展演等内容丰富、形式多样的群众教育活动,坚持团结稳定鼓劲。要汇聚奋进之力。结合"强国追梦铸魂育人"行动,完善"五维育德"和"四贯穿"工作机制,培养具有高尚情操、人文素养、审美情趣、阳光心态、劳动精神的时代新人。结合新一轮"双一流"建设,涵育师德师风,动员激励全体师生员工、医护人员在各自岗位上锐意进取、勇毅前行。

第二,巩固扩大抗疫斗争精神成果。 过去3个多月,全校上下激发出的精气神是复旦人新时代新征程的宝贵精神财富。我们要善加总结,将其有机融入学校精神文明建设,使思想文化工作更加贴近实际、触动人心。要上好抗疫"大思政课"。这场大战大考为开展理想信念教育、践行社会主义核心价值观提供了难得契机和生动教材。要把抗疫精神、民族精神、时代精神教育深度融入思政课程和课程思政,激发师生共情共鸣,更好坚定信念、凝聚人心。要推进志愿服务制度化常态化。将战时志愿服务的有效做法固化下来,深入探索志愿服务和劳动教育有机结合,健全志愿者招募培训、管理保障、评价激励等制度,引导更多师生员工在爱心善意、知行合一中彰显理想信念、责任担当。要强化典型引路。愿以萤火、漫作星河,这次涌现出的无数凡人好事就在身边,可亲可敬可学。要进一步综合运用新闻报道、文艺作品、基层宣讲等多种方式,不断地把凡人善事发掘弘扬开来,让千万萤火微光共同辉映百年复旦星空。

第三,在常态化疫情防控中推进文明校园建设。 校园常态化防控是对学校治理体系和能力的重大考验,也是对校园文明程度的重大考验,落实"平战结合,寓战于平,以战保平"离不开师生广泛动员和自觉自律。新一轮文明校园创建要结合常态化防控,找准文明创建切入点、发力点。精神文明重在创和建,不在评和奖。要将"无疫校园"建设纳入文明校园创建。持续开展"人人行动,抗疫必胜"爱国爱校卫生运动,把创建"无新冠病毒清洁区"与创建"文明院系""文明窗口""文明科室""文明集体""文明宿舍""文明社团"等紧密结合起来,引导每位师生自觉遵守防疫要求、增强自我防护意识和能力。要建强网络文化阵地。这次抗疫斗争再次深刻表明,互联网是精神文明建设的重要阵地。我们在网络信息公开、网上回应沟通、重大舆情应对中积累了不少经验,要全面总结、健全机制,进一步丰富网络内容供给,积极营造健康向上、文明理性的网络文化生态,让网络这个最大变量成为精神文明建设的最大增量。要重点完善校园文化格局。推进学校"十四五"文化建设发展规划落地落实,基于各校区功能定位打造接地气有特色的校区文化,建设复旦文化育人矩阵。

第四，健全机制压实责任，形成学校精神文明建设强大合力。精神文明建设是系统工程，要进一步完善领导体制和工作机制，压实各级各单位责任，形成全校合力。要坚持党的领导。发挥精神文明委统筹协调作用，强化全局性谋划、整体性推进。各成员单位强化"一盘棋"意识，明确各条线创建职责并落到实处。要坚持"三线联动"。发挥好二级党委"中场线"和基层党支部"生命线"作用，以抗疫"五个一线"工作法（即"把党的领导贯通到一线、把政治优势覆盖到一线、把工作力量布置到一线、把各类资源配置到一线、把关心关爱汇聚到一线"）为一线赋能，从平台、内容、资源等方面为基层深化精神文明创建提供有力保障。要坚持师生为本。群众性是精神文明建设的核心词，要发动人人、落在人人，坚持以人为本、需求导向，及时发现回应解决一线诉求，增强师生参与感、获得感、幸福感、归属感。发挥广大师生医护员工精神文明创建主体性作用，让复旦每个人人人都发光发热。

同志们！精神文明建设是师生心灵的建设，心有所信、方能行远，心中有光就能一往无前、无惧风雨。让我们携起手来，共同努力，推动学校精神文明建设向更高质量发展，用触动人心、温暖人心、凝聚人心的工作为"第一个复旦"建设加油鼓劲、给力添彩，以更加奋发有为的精神状态和实际行动迎接党的二十大胜利召开！

做顶天立地的学人

—— 在 2022 级开学典礼上的讲话

（2022 年 9 月 3 日）

校长 金 力

亲爱的同学们：

大家上午好！今天，来自 77 个国家和地区的 4 162 名本科新同学和 11 531 名研究生新同学正式成为光荣的复旦人。我代表全体师生员工，向大家表示热烈的欢迎和衷心的祝贺，向一路指引陪伴同学们成长的父母和老师表示诚挚的感谢！

大学自诞生起，始终是一个师生共进、教学相长的学术共同体。大学共同体的根本使命是培养人才，并通过人才传承创造知识、推动社会进步，所以大学以学生为本、学生以成才为要。国家和家长把同学们托付给复旦，学校就有责任提供最优质的教育，办好人民满意的大学。今年上半年"大上海保卫战"期间，全校上下克服种种困难，努力践行"以学生为中心"。我们将继续坚持，为每一名复旦学生全面发展成才、拥有精彩大学生活尽最大努力。

作为大学学术共同体的成员，我们都拥有"学人"的身份，不论年龄、学历、专业，不论以学术为职业的学者，还是莘莘学子，都是"复旦学人"的一份子。闻道有先后，术业有专攻，学术面前人人平等。"学人"的本质特征是具备终身学习的主动意识和本领，自觉把求学做人、治学修身作为一辈子的事。

过去几年，同学们在见证党和国家"两个一百年"历史交汇的同时，也亲身感受世界百年变局的加速演变，很多人参与了抗疫斗争，切实体会到世界的不确定性。大家在不确定的环境中坚持学习，在不便利的条件下表现优异，每一位 2022 级新生都值得为自己鼓掌。未来，也许将面临更多的不确定性。作为"复旦学人"，应该具有定力，能够适应多变的未来。

从今天起，大家将正式开启在复旦的"学人之旅"。希望同学们在这片沃土里长得更好更优秀，不仅掌握知识，而且掌握创造和应用知识的本领，为未来做好各方面准备，像"干细胞"那样具有多方面潜力和高素质潜能，进而成长为顶天立地的"复旦学人"。对于年轻学人如何做到"顶天"与"立地"相结合，我谈四点自己的理解：

第一，做胸怀天下、心系家国的学人。修身，齐家，治国，平天下，是中国几千年"学人精神"最精粹的表述。党和国家赋予我们建设"第一个复旦"的使命和期望，把新时代复旦人"家国天下"的情怀与建设中国特色世界顶尖大学的征途融为一体。

我们的复旦要成为独树一帜的世界学术殿堂，必然要扎根中国大地，为中国式现代化和民族伟大复兴作出重大贡献，必然要代表中国高校攀登世界学术之巅，为人类社会进步做出贡献。

复旦学人应当有"向下"的精神，热爱吾土吾民，学会俯下身、静下心、扎下根，自觉用脚步丈量祖国大地、用眼睛发现中国精神、用耳朵倾听人民呼声、用内心感应时代脉搏。也应当有"向上"的精神。科研创新没有国别之分、年龄之分。在中学，同学们与同龄人竞争，进入复旦，就有代表中国学人参与全球竞争合作的义务，也应有关心人类命运、参与构建人类命运共同体的自觉与自信。

第二，做立足前沿、关注现实的学人。在当代中国，越来越多的学科和学者把顶天立地作为发展学术的目标和方法。顶天，就要站到学科前沿、瞄准世界一流，在前沿研究中致力于做到世界先进水平；立地，就要坚持实事求是、联系实际，将国家战略和社会需求与自己的研究紧密联系起来，解决重大实际问题，把论文写在祖国大地上。

复旦鼓励自由探索和有组织科研的有机结合，呵护同学们的学术兴趣和探索活动，激发师生创新创造的活力，也以满足国家战略需求为导向，建设世界一流学科、组织攻关团队。期待大家把个人兴趣与国家的需要、自由探索与团队的合作紧密结合起来。

我们坚持"人人皆可成才"和"优秀是闯出来"的理念，61个专业推出本科荣誉项目，全校实施"卓博计划"、构建"高精尖缺"的研究生教育格局，鼓励大家在为国卓越的赛道上不断挑战自我、超越自我。

第三，做视野广阔、根基扎实的学人。根深者叶茂，源浚者流长。年轻时，拓展视野见识，打下坚实学术根基，铸就一流学术品位，未来应对各种变化才有学养底气。

复旦在本科阶段基本实现了"2+X"培养体系全覆盖，通过通识教育和专业培养锻造大家的核心能力，通过专业进阶、跨学科发展、创新创业教育和辅修双学士学位等许多轨道成就同学们的自主发展，让"宽口径、厚基础、重能力、求创新"的教育目标与"为终身发展奠基"的通识理念融入同学们的成长。

当代最具变革性的发现和创新往往发生在学科的交叉融合之中。希望我们的年轻学人既有厚实的专业素养，又有弘通的思维眼界，为应对复杂问题挑战提出创造性解决方案，在融合创新的沃土上茁壮成长。

第四，做堪当大任、勇毅前行的学人。校园是追求进步的学术殿堂，不是安逸的象牙塔。每一代学人都有自己的使命和担当，复旦学人应当融入国家现代化的时代潮流、民族复兴的伟大征程，与新时代同向同行、共同前进。

习近平总书记对青年学子"立大志、明大德、成大才、担大任"的期望要求，要通过不懈践行才能实现。同学们能进复旦，说明曾经很优秀，可进了复旦，一切从零开始。将来如果有预期落差也无需不自信，因为即便在复旦不是最优秀的一员，也不能忘记自己是同龄人中的优秀分子。

希望我们的年轻学人不受纷扰诱惑、不被挫折打倒，有咬定青山不放松、千磨万击还坚劲的刚性和韧性，用大学时光奠定一生追求进步的根基。

同学们，你们的复旦旅程已经开始。从今往后，复旦的烙印将会深深印刻在大家身上。请大家时刻牢记"博学而笃志，切问而近思"的校训，守正创新、勇毅前行，努力成为一名顶天立地的学人，书写新的复旦故事，创造属于这一代复旦人的传奇！

在学校教材工作推进会暨教材建设表彰会上的讲话

（2022年9月30日）

党委书记　焦　扬

同志们：

在党的二十大召开前夕，我们举行学校教材工作推进会暨教材建设表彰会，这也是新时代以来首次召开全校性教材工作会议，时机特殊，意义重要。会议主要任务是——深入学习贯彻习近平总书记关于教材工作的重要论述精神，落实全国教材工作会议和上海市教材委扩大会议精神，总结近年来学校教材工作成效，部署推动新时代教材工作高质量发展。

一、传承优良传统，学校教材工作取得积极成效

教材是文化传承、以文化人、教书育人的重要载体。复旦大学具有光荣的教材工作传统。创校初期，马相伯老校长就以60多岁的高龄亲自编写《致知浅说》等入门教材，教授蔡元培、黄炎培、邵力子、李叔同等"二十四子"。陈望道先生加入复旦中文系后，编写了中国第一部讲解白话文作文法的专书《作文法讲义》，后人评价说"综观这以后的成百上千种写作教材，基本上沿袭了《作文法讲义》的体例"。中华人民共和国成立后，学校坚持"配合国家建设需要、贯彻爱国主义精神"的要求，引导各院系根据"英文教材改为中文教材、外国教材改为本国教材、旧观点改为新观点"，自编教材讲义150种左右。受国家委托，当时学校承担了17种文科教材和7种理科教材的编写任务，数量居全国高校前列。改革开放后，"复旦教材"品牌厚积薄发、一炮打响，涌现出《大学英语》《微分几何》《政治学概要》《中国新闻事业史稿》等等一大批在全国闻名遐迩的经典教材。其中，蒋学模教授主编的《政治经济学》教材再版14次、发行近2 000万册，成为打不破的神话；绵延七十载、荟萃三百人，凝结了几代专家集体心血的《实用内科学》与《实用外科学》《实用妇产科学》等，成为复旦上医教材的金名片。在原国家教委首次进行的全国优秀教材评奖工作中，我校文科11种、理科17种教材获奖，占文理科获奖总数近30%。新世纪以来，复旦教材建设驶入新航道。学校出版社选取校训开头两字，注册"复旦博学"品牌系列教材，以"博晓古今，可立一家之说""学贯中西，或成经国之才"为目标，陆续推出80多个系列1 000多种教材，并进一步编写出版了面向高职高专的"复旦卓越"品牌教材。两大品牌在全国教材中自成一派、影响广泛，成为新时期复旦版优秀教材的代名词。

进入新时代，党中央对教材工作的重视前所未有。学校党委不断深化认识、提高政治站位，把教材工作作为贯彻新时代党的教育方针、落实立德树人根本任务的基础性长效性工作来抓，推出一系列新政策、新举措，推动教材工作在新的历史起点上取得积极成效，发生了格局性变化。

一是党管教材的领导机制基本完善。学校党委成立课程思政与教材建设领导小组、教材委员会，加强党对教材工作的全面领导。党委书记亲自担任领导小组组长和教材委员会主任，五年来牵头开展两次专题性大调研，累计主持召开教材建设相关工作会和调研会80余场。依托"三线联动"机制，全校所有二级院系都成立了课程思政与教材建设领导小组和专家组，构建形成党委领导、党政齐抓、上下贯通、多方联动的教材工作领导机制。

二是顶层设计和工作体系不断加强。把专题调研成果有效转化为制度性文件，先后印发《关于加强新时代教材建设与管理的指导意见》《教材建设"十四五"规划》，确立了"1357"的学校教材工作整体思路，即：坚持党管教材的总原则，与学科体系和话语体系建设、课程思政改革、教学改革创新三方面紧密结合，强化教材建设的思想性、科学性、民族性、时代性、系统性导向，构建领导、规划、编写、出版、选用、监管、评价七位一体的工作格局。

三是教材建设科学化水平持续提升。依托"两大工程"，深入推进习近平新时代中国特色社会主义思想进教材。坚持一手抓课程思政、一手抓教材建设，推出一批高质量教材，全校课程教材结构不断优化、品种更加丰富、中国特色更加鲜明。新闻学院获评国家教材建设重点研究基地、全国教材建设先进集体，政治学承担中国自主知识体系创建课题，经济学院3本教材入选教育部首批"中国经济学"教材重点建设项目。

四是教材阵地管理的意识能力日益强化。研究制订《教材建设和使用管理办法》《教材管理实施细则》等，坚持"凡编必审，凡选必审"，建立健全"事前报备、事中监管、事后督查"的教材全过程管理机制。常态化开展教材选用检查抽查，加强对引进教材和涉及民族、宗教等内容的审核把关，把教材纳入"三查三规"意识形态专项检查。针对排查中个别教材存在的问题，认真剖析原因、及时整改到位，同时举一反三，注重从制度建设和体系完善上下功夫，防微杜渐。

以上这些成效，是全校各院系各部门各单位共同努力的结果，也凝结着广大教师的智慧和汗水。在此，我代表学校党委，向今天获奖的个人和集体表示热烈祝贺和衷心感谢！向所有参与和支持教材工作的师生员工致以崇高敬意！

二、深刻认识新时代教材建设的重要性和紧迫性

党的十八大以来，习近平总书记亲自部署推动教材建设，主持中央政治局常委会会议审议通过《关于加强和改进新形势下大中小学教材建设的意见》，决定成立国家教材委员会，对教材工作作出一系列重要指示，主要体现在四个方面：一是加强党的领导。建设什么样的教材体系，核心教材传授什么内容、倡导什么价值，体现国家意志，是国家事权。强调要从维护国家意识形态安全、培养社会主义建设者和接班人的高度抓好教材建设，加强党对教材建设的领导。二是把握正确方向。强调坚持马克思主义指导地位，体现马克思主义中国化要求，体现中华民族风格，体现党和国家对教育的基本要求，体现国家和民族基本价值观，体现人类文化知识积累和创新成果。三是坚持立德树人。强调教材是铸魂工程，教材建设必须围绕立德树人这一根本任务来做文章、下功夫，用心打造培根铸魂、启智增慧的精品教材。四是健全教材体系。强调把教材建设作为一项战略工程、基础工程，形成适应中国特色社会主义发展要求、立足国际学术前沿、门类齐全、学段衔接的教材体系。

习近平总书记的重要论述回答了事关教材建设的一系列方向性根本性问题，为做好新时代教材工作提供了根本遵循。我们要深入学习领会，准确把握新的历史方位，深刻认识新时代教材建设的重要性和紧迫性，增强做好教材工作的使命感责任感。

一是提升政治站位，深刻认识教材建设是"国之大者"。教材作为育人载体，直接回答"培养什么人""怎样培养人""为谁培养人"这一根本问题。实施什么课程、使用什么教材，决定了下一代学什么、信什么，直接关系人才培养方向和质量，甚至关系到党和国家长治久安。复旦是党领导下的社会主义大学，这就决定了我们的教材必须旗帜鲜明地体现党和国家的意志，充分体现马克思主义中国化的最新成果。

二是强化使命担当，深刻认识教材建设是"第一个复旦"的重要抓手。对于一所大学来说，教材是核心竞争力、关键影响力和文化自信力的重要体现，是育人育才的重要依托；对于一个学科来说，教材是确立学科地位和话语权的重要基础，是学科发展后劲的重要保证；对于一门课程来说，教材是传递教学理念、内容和方法的重要载体。建设一流大学，如果没有一流教材，教学育人全选用别人的教材，谈何一流？建设"第一个复旦"，就要把教材建设作为夯基垒台的基础工程抓紧、抓实、抓好，以促进学生全面发展为目标，强化教材育人功能，不断提升建设质量和管理水平，进一步擦亮"复旦教材"品牌，加快构建中国特色世界一流教材体系，为构建中国自主知识体系贡献复旦力量。

三是坚持问题导向，深刻认识新时代学校教材工作面临的新形势新挑战。经过一代代复旦人的努力，学校教材工作已经站在新的历史起点上。但对照中央要求和立德树人根本任务，对标"第一个复旦"建设目标，对比师生的期待和需求，必须清醒认识到，我们的教材工作还存在明显短板。中央巡视指出，学校教材建设缺少规划、内容更新滞后；哲学社会科学教材尚未形成中国特色理论体系和话语体系；对引进教材审查把关不严等。几次专题调研和上级检查也发现，复旦教材在全国影响力有所下降，与学术地位和学科水平不相称，教材建设滞后于教育教学改革发展，教师参与教材建设的激励机制不够有效，教材选用管理机制不够健全，等等。对于这些问题，校、院两级都进行了整改，但要真正彻底解决，还需要持续精准发力，久久为功。

三、努力开创学校教材工作新局面

从中央、上海到学校，都对教材工作作了全面部署。我们要把教材工作摆在更加突出位置，准确把握新时代教材建设的任务要求，坚持在守正中创新、在改革中发展，推动教材工作在新起点上迈上新台阶。这里，我结合学校工作实际，强调几个重点。

一是把牢方向，着力推进习近平新时代中国特色社会主义思想进教材。去年，国家教材委印发了《习近平新时代中国特色社会主义思想进课程教材指南》。我们要把推动党的创新理论最新成果进教材作为教材工作的首要任务常抓不懈,进一步提升课程教材的铸魂育人价值,这也是深化"三全育人"综合改革、落实"四贯穿"必然要求。要推动新思想有机融入各学段各学科,确保相互衔接、层层递进、全面覆盖。中央巡视集中整改阶段,我们加快推进教材修订,业已形成以活页讲义等方式及时补充创新理论最新成果进教材、进课堂的好做法,得到教育部和国家教材督查组充分肯定,要坚持下去。特别是党的二十大即将召开,必然会有许多重大的理论创新成果,要第一时间认真学习、推动"三进",引导学生在学习科学知识、培育科学精神、掌握思维方法过程中体悟新思想的真理力量。要在有效转化上下功夫。没有高水平的科研和学科建设,很难产生高水平的教材。"两大工程"是集整个复旦文科之力推进的哲学社会科学有组织攻关的成功案例,但我们不仅仅停留在科研创新出成果上,而是积极推动从研究工程、出版工程向育人工程转化,布局了9门课程、14种教材的建设。要运用理论与实践、历史与现实相结合的方法,实现从学理认知到信念生成的转化,帮助学生在获得知识的同时,掌握马克思主义的立场观点方法,树立正确世界观、人生观、价值观。

二是自主建设,加快构建具有复旦特点的一流教材体系。学校"十四五"教材建设规划的核心目标,就是要增强全校教材的系统性、整体性、协同性,构建具有复旦特点的一流教材体系,更好发挥教材整体育人功能。要完善学科布局。把教材建设与学科建设紧密结合,全面推进文社理工医及交叉学科教材建设,既巩固发展传统优势,又注重突破学科边界、拓展交叉融合领域和新兴板块。哲学社会科学要挖掘历史、把握当代,把学科知识、思想导向、文化价值融会贯通起来,用中国理论解读中国实践,着力建设自主知识体系。理工科和医学教材要适应社会发展和知识更新,聚焦学科前沿领域和国家战略需求,在传承历史的基础上与时俱进,体现新知识、新思想、新观念,增加启发性、探索性、体验性、交融性内容。要体现学段特征。本科生教材要紧密对接"2+X"培养体系,重点围绕通识教育核心课程、大类基础课程、专业核心课程、荣誉课程等编写出版一批高水平的精品教材。研究生教材要立足高精尖缺、注重原创,突出深度探究阶段的学习研究特点,重点建设一批研究生思政课程教材、学科基础课程教材、专业学位研究生课程教材和新兴学科交叉学科教材。要形成建设梯度。积极对接国家教材规划,参与编写体现"国家队"水平的头部教材。发挥"七大系列精品"(马工程、综合素养课程、基础课程、专业核心、交叉学科、新兴学科、冷门绝学等7个系列)高水平教材的示范引领作用,打造经得起历史和实践的精品教材。同时,带动院系根据学科特点需要建设一批重点、特色教材,统筹形成有主有次、统分结合的"教材雁阵"。

三是从严管理,牢牢守住教材阵地底线。近两年,学校先后开展了7轮校院两级课程选用教材的排查工作。总体上看,校内课程使用教材符合立德树人根本任务的要求,图文要素传达的信息与党的教育方针保持一致,但依然有个别教材、特别是哲学社会科学教材,存在内容陈旧、中国话语体现不充分、个别表述容易引起误解等问题。教材建设管理链条全、周期长,规、编、审、用、督哪个环节都不能出问题。这方面,近年来学校花大力气建章立制,各项规定都已比较完善,关键在于执行。要把好政治关。严格落实意识形态工作责任制,重点审查教材的政治立场、育人方向和价值导向,把好原则性、根本性和方向性问题,确保关口不丢、阵地不失。教材的政治把关有很强的专业性,既要熟悉意识形态工作,也要熟悉教育教学规律,不能走偏,全力杜绝"低级红、高级黑",确保政治性要求有机融入专业内容。要把好质量关。质量是教材的生命线。要提高门槛,把一流的标准立起来严起来,重点对教材内容的科学性、先进性、适用性、创新性和实践性进行评估把关,完善复旦教材质量评价体系,形成高质量教材有效普及、低水平教材加速淘汰的良性机制。要把好责任关。今年5月,教育部等五部委出台《关于教材工作责任追究的指导意见》,明确了教材编写修订、审核、出版、印制发行、选用适用等各方面的主体责任、责任追究方式和工作程序。我们要把责任落实到教材建设每一个环节,如果出现问题,有责必究、不留死角。

四是强化支撑,打造高水平教材工作队伍。工作队伍的能力水平,直接决定了教材的质量水平。要引导激励更多专家学者、一线教师和专业编审投入到教材工作中来,让复旦成为教材建设的"沃土"。要创新团队机制。以大项目、大策划为牵引,邀请若干专业造诣深、育人水平高的院士、资深教授、"大先生"担当领衔,带动一批学科带头人、青年教师积极参与,建设一支有梯队传承、有能力经验、有专业影响的教材工作骨干队伍。教材编写团队要体现"老中青"的梯队结构,发挥大专家、老法师"传帮带"的作用,让青年教师在编写教材中收获成长,让复旦学脉在以老带新中得到传承。这次学校"七大系列精品教材"计划创新设计了"邀请制""认定制""评审制"三种立项方式,目的就在于此。要强化专业能力。教材工作也要培养行家里手,重视和打造高水平教材编审和管理团队,让熟悉教材建设管理规则、善于教材推介推广的人谋其事、负其责,不断提升学校教材建设的专业化水平。要完善激励措施。把评价"指挥棒"高高举起来,完善全校教材建设的评奖评优机制,进一步提高教材编写在教师评价中的权重。学校已经明确,把参编马工程重点教材、国家规划专业核心课程教材、获得国家和省部级奖励教材,作为参评"长江学者""万人计划"等国家高层次人才支持计划的立德树人重要成果,视为同级教学成果或科研成果,并作为评先评优、职称评定、职务晋升的重要依据。各单位要把教材编修工作纳入教师教学或科研工作量,健全优秀教材成果在科研成果统计、职务评聘等方面的认定机制。我们要让编出一本好教材与完成一部好专著,享有同样甚至更高的荣誉感获得感,让更多的优秀人才参与到教材工作中来。

四、切实加强教材工作的组织领导

教材工作是一项系统工程,政治性、政策性、专业性很强。全校要把不断提高政治判断力、政治领悟力、政治执行力的成效落实到教材建设工作中,压实责任,形成合力,确保中央关于教材建设的决策部署落到实处。

一要坚持党的领导。加强党的领导是做好教材工作的根本保证。学校教材委员会、院系教材工作小组分别要在校院两级课程思政和教材建设领导小组的领导下,履行好在教材建设中的管总、把关、协调职能,把党的领导贯穿教材规划建设、选用管理、审核评价全过程。

二要加强部门协同。课程思政和教材建设领导小组、教材委员会各成员单位要发挥各自优势,分工协作、密切配合、形成合力。党委宣传部、教务处、研究生院"三驾马车"作为秘书单位,要发挥好牵头协调作用。教学部门作为教材工作专责部门,具体负责教材建设管理事务,指导院系教材建设。宣传部要加强教材意识形态把关,学科、科研等相关部门按照职责严格教材专题内容审核把关。图书馆负责采购入库教材的审核把关,出版社要做好重大系列教材的规划推广和出版服务。财务、人事、规划等部门要在投入、教材成果认定奖励等方面加大支持,为教材建设营造良好氛围。

三要压实工作责任。教材工作是考验"三线联动"机制是否有效的重要"试金石"。二级党委"中场线"要落实主体责任,结合人才培养目标和学科优势特点,做好本单位教材建设规划,落实教材管理要求,在人、财、物上做好资源配置,在工作推进和落实上做好督促检查。我们已将教材工作作为院系考核的重要指标,纳入基层党建责任制和意识形态工作责任制、纳入校内巡视,对教材编写、选用、管理等方面存在严重问题的,实行"一票否决"。基层党支部"生命线"要加强与基层教研组织的工作联动,充分激发一线教师在教材建设中的积极性、主动性和创造性。

四是建强专业力量。2019年,教育部启动了国家首批教材建设重点研究基地建设,复旦新闻学院成功入选;去年学校也启动了8个校级教材建设研究基地建设工作,要把他们打造成为全校教材建设的示范和支撑。要加强评估分析,通过比较研究总结中外优秀教材的共性经验,推动研究成果及时转化为教材成果,提高教材建设科学化水平。要加强政策研究,为教材建设和管理政策的制订提供智力支撑,更好指导工作实践。要加强前沿跟踪,及时跟进、充分吸收社会发展和知识更新成果,结合新工科、新文科、新医学建设需求,积极推动教材开发和创新发展。要加强教育培训,好老师不一定会编教材,要坚持培养和培训并举,依托基地和教师发展中心,健全学校、院系两级培训体系,全面提升教材队伍的政治素质和业务水平。

同志们!尺寸教材,悠悠国事。做好新时代教材工作,责任重大,使命光荣。让我们踔厉奋发、勇毅前行、团结奋斗,不断开创教材工作新局面,为"第一个复旦"建设提供有力支撑,以立德树人的优异成绩喜迎党的二十大胜利召开!

在全校统战工作会议上的讲话

(2022年10月8日)

党委书记 焦扬

同志们:

今年,是我们党明确提出统一战线政策100周年。100年前,在上海召开的党的二大审议通过《关于"民主的联合战线"的议决案》,党的统一战线工作就此发端。100年后,在党的二十大召开前夕,我们举行全校统战工作会议,具有特殊的政治意义、历史意义、工作意义。

上一次中央和学校召开统战工作会议,是在2015年。七年来,学校党委深入贯彻习近平总书记关于统战工作的新理念新思想新战略和党中央决策部署,认真落实《中国共产党统一战线工作条例》,全力将广大党外知识分子凝聚在党的事业周围、凝聚在"第一个复旦"旗帜下,学校统战工作取得新进步、展现新气象。主要表现为四句话:一是大统战格局更加完善,构建起党委集中统一领导、统战部门牵头协调、有关方面各负其责的大统战工作格局。二是共同思想基础更加牢固,通过理论宣讲、学习培训,加强国情、社情、民情教育,党外人士对中国共产党的政治认同、思想认同、理论认同、情感认同进一步增强。三是服务中心作用更加凸显,引导党外知识分子积极参与学校治理和各级各类政治社会活动,在教书育人、科研攻关、服务社会、抗疫斗争等等方面大显身手。四是"两支队伍"更加有力,完成新一轮民主党派换届工作,党外代表性人士年龄结构明显改善;分设了上海医学院党委统战部,党内统战工作队伍进一步配齐配强。总之,全校统一战线呈现团结、奋进、开拓、活跃的良好局面,为落实立德树人根本任务、建设中国特色世界一流大学发挥了重要作用、做出了重要贡献。这些成绩是统战工作相关条线、统一战线成员团结奋斗的结果,也是各级党组织高度重视、全校上下共同努力的结果。在此,我代表学校党委,向全校统一战线成员和统战干部,向关心支持统战工作的部门单位和广大师生员工,表示最衷心的感谢!

一、学深悟透习近平总书记关于做好新时代党的统一战线工作的重要思想,增强做好新时代高校统战工作的使命感、责任感、紧迫感

习近平总书记在今年7月的中央统战工作会议上发表重要讲话,系统回顾统一战线百年历程,全面总结新时代统战工作取得的历史性成就,深刻阐述新时代爱国统一战线的历史方位和基本任务,精辟提出关于做好新时代党的统一战线工作的重要思想。这一重要思想深刻回答了新时代为什么需要统一战线、需要什么样的统一战线、怎么巩固发展统一战线等重大问题,既是党的统一战线百年发展史的智慧结晶,也是新时代统战工作的根本指针。我们要贯通历史现实、关联国内国际、联系学校实际,深刻把握其核心要义和精神实质,深刻认识新时代统战工作的重要性,把思想行动统一到党中央决策部署上来。

第一,深刻认识统一战线在党和国家工作大局中的"重要法宝"作用。统一战线是党的总路线总政策重要组成部分,是我们党百年奋斗的十条历史经验之一。新修订的《中国共产党统一战线工作条例》明确提出:统一战线是夺取革命、建设、改革事业胜利的重要法宝,是增强党的阶级基础、扩大党的群众基础、巩固党的执政地位的重要法宝,是全面建成小康社会、加快推进社会主义现代化、实现中华民族伟大复兴中国梦的重要法宝。这"三个重要法宝"集中体现了统战工作的重要地位和作用。什么是法宝?有了这个东西,就会披荆斩棘、无往不胜;离开了这个东西,就会困难重重、事倍功半。人心向背、力量对比决定党和人民事业成败,统战工作解决的就是人心和力量问题。当年革命战争时期,我们靠统一战线,"把我们的人搞得多多的,把敌人的搞得少少的",最终取得胜利。今天,习近平总书记强调统一战线面临的时和势、肩负的使命和任务发生了某些重大变化,并作出"三个更加重要"的重大判断。我们正处在民族伟大复兴战略全局与世界百年未有之大变局交织的时代,越是目标远大、任务艰巨、形势复杂,越要发挥统一战线的"重要法宝"作用,最大限度把各方面的思想和行动统一起来、智慧和力量凝聚起来。

第二,深刻认识做好新时代统战工作是建设"第一个复旦"的重要保证。复旦大学历来是党的统战工作重镇,涌现过一大批与党肝胆相照、荣辱与共,学术造诣深厚、思想品行高尚、社会影响力大的统一战线旗帜性人物,具有光荣的统战工作传统。直到今天,复旦仍是党外知识分子高度集中的地方。目前,学校有7个民主党派委员会,全校教师队伍中党外人士占几乎一半,人数占比高、学历层次高、政治地位高,这个重要半数已经成为建设"第一个复旦"不可或缺的重要力量。如果不能把党外知识分子充分调动起来、广泛团结起来,创建中国特色世界顶尖大学就是一句空话。我们要把统战工作摆在更加重要的战略地位,把广大统战对象更加紧密团结在党的周围,用立德树人的要求引领党外教师干部,用建设"第一个复旦"的目标激励党外教师干部,支持引导他们积极发挥作用,最大程度凝聚共识、凝聚人心、凝聚智慧、凝聚力量,形成加快迈向中国特色世界一流前列的强大合力。

第三,深刻认识学校统战工作面临的新形势新任务新挑战。踏上新征程,学校统一战线面临的时与势发生了重大变化。从国际看,压力和风险挑战空前加大,制衡与反制衡、脱钩与反脱钩较量激烈,高校抵御渗透、防范风险、维护国家安全的任务更加艰巨繁重,凝聚人心、汇聚力量的工作更为重要紧迫。从国内看,党和国家对高等教育、科学知识和优秀人才的需要比以往任何时候都更为迫切,我们落实"四为服务"方针和"四个面向"要求,比以往任何时候都需要更好团结一切可以团结的力量,调动一切可以调动的积极因素,为中国式现代化聚力奋发。从学校看,统战工作还存在一些问题短板。比如,对中青年教师特别是新进教师、海归教师的思想引领还需加强;有影响力的党外代表人士储备不足,缺少全国、全市性的旗帜人物;围绕统战工作重大理论实践问题集中研究阐释不够,对统战理论和政策创新的贡献还不足;干部教师做好新时代民族宗教工作的意识不够、能力还需提升,等等。新时代学校统战工作必须坚持问题导向、付出更大努力,为高质量发展和高水平安全提供全面、协调、可持续的重要保障。

二、推进学校新时代统战工作高质量发展,为建设"第一个复旦"凝心聚力

当前,学校统战工作站在新的历史起点上。既要补短板、强弱项,防范化解统战领域风险隐患,也要固根基、扬优势,多谋长远之策、多行固本之举,让同心圆的圆心更加稳固、半径不断加长,把新时代统一战线的法宝作用更好发挥出来。

一是强化思想引领,凝聚最广泛政治共识。习近平总书记强调,加强党外知识分子工作,要聚焦思想政治引领,以凝聚共识为根本,以爱国奋斗为目的。复旦是党领导的中国特色社会主义大学,无论党内党外、无论哪个党派的教师,都是社会主义大学的人民教师,都负有立德树人使命,一言一行都会对学生起到潜移默化的重要作用。从这个意义上讲,我们要把党外人士的思想政治引领,放到巩固党的执政地位、确保党和国家事业长治久安、培养社会主义建设者和接班人的高度来认识和落实。

要突出主题主线。习近平新时代中国特色社会主义思想是包括党外人士在内的全国人民共同的思想旗帜和精神旗帜。要以学习贯彻二十大精神为契机,结合党外知识分子特点,精心组织开展形式内容丰富的学习、座谈、宣讲、培训等活动,引导统战成员深刻领悟"两个确立"的决定性意义,增强"四个意识"、坚定"四个自信"、做到"两个维护"。党委党校兼具党校、行政学院、社会主义学院"三位一体"功能,要强化党外主体班次,优化课程设计、扩大覆盖范围、提升培训实效。

要弘扬优良传统。中共百年统战史和各民主党派史是开展党外人士思想政治教育的生动教材。要巩固深化前几年"不忘合作初心,继续携手前进"主题教育活动和"四史"学习教育成果,支持各党派深入学习整理研究党派与中共同心同德、同向同行的历史和先贤事迹,在回望历史中增进政治认同,夯实团结奋斗的共同思想基础。近年来,学校建成玖园爱国主义教育建筑群、康泉图书馆、福庆广场等爱国主义教育资源平台,得到相关党派中央的积极响应。要进一步强化其育人功能,讲好中国共产党同各民主党派长期共存、互相监督、肝胆相照、荣辱与共的故事,传承优良传统、深化政治交接。

要丰富教育载体。近年来,统战条线重点打造了"光华同心"品牌。要深化内涵、拓展载体,继续举办好同心大

讲堂、同心研学营、同心工作坊、同心会客厅等特色活动，构建完善专题教育、日常教育和实践教育相衔接的教育体系，引导广大党外知识分子更加坚定地与党同心同力、同向同行。

二是强化作用发挥，坚持围绕中心、服务大局。围绕中心，服务大局是统战工作的基本原则之一。中心工作推进到那里，统一战线就跟进到哪里、智慧力量就汇聚到哪里，把中心所在、大局所需与统一战线所长结合起来，引导广大党外人士建功立业、贡献力量。

要激发干事创业"源动力"。把政治引领、价值观引领与事业引领融合起来，充分激发党外知识分子的爱国心、报国志，引导他们立足岗位、勇立潮头、勇攀高峰，更好地做知识的传播者、生产力的开拓者、文化的创造者。进一步健全党员领导干部与党外代表人士联谊交友制度，待之以诚、动之以情、助之以行，成为他们信得过的挚友诤友，多为他们办实事、解烦忧。要以"大人才"战略为牵引，构建多层次人才发展支持体系，为党外教师教书育人、科研攻关、服务社会提供有力支撑，让他们心无旁骛地投身创新创造创业。

要畅通建言献策"快车道"。进一步落实校情通报制度，完善"双月座谈会"、专题协商会等沟通机制，对协商事项早确定早调研、有结果有反馈，促进学校党委和民主党派更深入交流互动、交换意见。对于事关改革发展全局、涉及师生切身利益的重大决策事项，各级党组织要充分听取并吸收各民主党派、统战团体和成员的意见建议。学校党委正在启动"学习贯彻党的二十大精神，推动新征程高质量发展"专题调研，将注重听取党外人士意见建议，也希望大家积极建言，为学校明年召开第十六次党代会打下坚实基础。

要巩固民主监督"新机制"。自2017年起，学校党委率先探索党外监督机制，先后委托各民主党派对作风建设、"三全育人"综合改革成效、疫情防控等重点工作开展专项民主监督。实践证明，"党委重大工作党派监督"的模式充分调动了党外人士政治参与热情，为推进学校治理体系和治理能力现代化提供了重要抓手。今年，学校党委已委托民主党派就落实中央和学校人才工作会议精神、推进新时代人才工作开展新一轮专项监督。我们要把民主监督这项创新实践坚持好、完善好，构建常态化机制，提升监督实效。

要搭建参政议政"多平台"。目前，学校共有八十余人担任各级人大代表、政协委员，还有中央文史馆馆员、上海市政府参事、市文史馆员等。他们既是学校党外知识分子的代表，又是学校服务国家地方的重要力量。学校统战部正筹备成立"政协委员之家"，当好他们的后援团，加强与上级统战部门、党派组织的对接，拓宽代表委员了解收集师生意见建议的渠道，为他们履职尽责提供有力支撑。

三是强化统筹安排，建设好党外代表人士队伍。党外代表人士队伍是高校统一战线最重要的工作基础。复旦历来是党外人士集贤荟萃、英才辈出之地，历史上有多人担任党派中央名誉主席、主席、副主席，曾占据上海市民主党派主委的半壁江山，但近年来学校党外代表人士和党外后备干部队伍建设面临青黄不接的情况，党外干部队伍结构虽然明显优化，但老龄化问题仍然存在。

对此，学校党委按照中央要求，着眼未来十年二十年，制订了《党外代表人士培养规划》，抓住发现、培养、使用三个环节，建立面向未来的党外干部储备机制。重点是培育好三类人才：一类是党外代表人士旗帜性人才，形成向党派中央、全国人大、全国政协输送人才的蓄水池；第二类是党外代表人士高峰人才，进入市委统战部重点人群名单，形成向党派市委班子、市级统战团体班子、法检系统等输送人才的蓄水池；第三类是党外代表人士优秀人才，形成向各区级民主党派输送人才的储备池。组织、统战部门已经建立协同机制，共同加强对党外代表人士队伍建设的综合调研、统筹管理，"一人一策"实行全过程培养，并将党外干部教师纳入全校干部培训和交流挂职的整体规划。各单位要高度重视本单位的党外优秀年轻干部培养，二级党组织要及时发现有潜力、有能力的教学科研骨干，帮助学校把那些符合条件、适宜在党外发挥作用的优秀人才，吸纳充实到各级领导干部队伍中来。

四是强化问题导向，做好新时代民族宗教工作。民族宗教工作是高校新时代统战工作的重要组成，也是敏感风险领域。要深入贯彻落实中央民族工作会议和全国宗教工作会议精神，以铸牢中华民族共同体意识为主线，坚持我国宗教中国化方向，坚决防止宗教渗透和非法宗教活动，多措并举做好校园民宗工作，确保政治安全、意识形态安全和校园和谐稳定。

要主动建设引领。依托思政课程和课程思政，推动"铸牢中华民族共同体意识"进课堂、成为必修内容，深入开展民族团结进步教育和马克思主义宗教观教育。发挥学科优势，深化宗教中国化研究和中国特色社会主义宗教理论研究。要加强少数民族学生教育关心，完善预科班"双辅导员制"，重视少数民族学生骨干培养。进一步丰富民族联和红石榴社结对的内涵和形式，加强思想引导。

要守住守牢底线。深入推进中央宗教督查整改长效化，在学校民宗工作领导小组架构下，健全民族宗教日常事态处置小组、专家咨询小组和专班工作机制，提升联动处置效能。常态化排摸民宗情况，强化思想引导、阵地管理、风险研判、事态处置机制，坚决防范校园传播宗教、发展教徒、建立宗教组织、开设宗教活动场所等行为，不允许境外势力通过外事活动、学术合作、文化交流、公益慈善等名义进行宗教渗透、"暗度陈仓"。要对各支工作队伍常态化开展专门培训，提高新形势下做好民宗工作的能力。

五是强化争取人心，加强港澳台侨和海外统战工作。在当前国际大背景下，港澳台侨和海外统战工作形势复杂、任务艰巨，要充分发挥复旦对外开放优势，团结凝聚人心、壮大爱国力量。

要加强关心教育。面向港澳台学生，要构建完善课程教育、主题教育和实践教育三位一体的教育培养体系，建好国情教育课程，用好上海高校港澳台师生联谊活动平台，提升他们的中华文化认同感和祖国归属感，不断壮大爱国爱港、爱国爱澳力量，不断扩大两岸和平统一的民意基础。

要主动交往联络。依托沪港大学联盟等，巩固发展学校与港澳台高校、科研机构的伙伴关系，进一步密切师生校际交流，联合当地政府、企业和社会各界搭建深度合作平台，与更多的港澳台知识分子、精英人士、青年学生交朋友，增进友谊、加深感情、消解偏见。

要发挥开放优势。依托海外中国研究中心、海外学术论坛、"一带一路"教育合作交流等载体，加强与当地华人华侨、教育文化界的沟通交流，广泛结交知华友华人士，在讲好中国故事、服务哲学社会科学"走出去"中做好海外统战工作。

要发挥校友作用。坚持以"侨"为"桥"，推进学校侨联与海外校友工作紧密联动，用好世界校友联谊会、港澳台地区校友会和海外校友会平台，更好服务身在境外海外的复旦校友，让他们成为推动母校创新发展的重要力量、增进中国与当地人民友谊的桥梁，积极服务于中华民族伟大复兴。

六是强化工作创新，构筑复旦统战工作新优势。当前，统一战线内部构成和外部条件都在发生深刻变化，学校统战工作对象数量更加庞大、来源类型更加多样、思想观念更加多元。要根据新变化新要求，不断推进思路理念、工作内容和方式方法创新。

进一步做好留学归国人员工作。近年来，高校知识分子组成有了新变化。以复旦为例，45岁以下中青年教师、新入职教师中有长期海外学习工作经历的占比均超过一半。要依托"三关心一引领"机制，用好校院两级各种平台资源，为他们办实事、解难题，解除后顾之忧。要加强欧美同学会二级分会建设，为高层次海归人才、青年归侨等人群搭建沟通交流平台，发挥他们在建言献策、引荐人才、服务社会、创新创业等方面的作用。

进一步服务统战理论创新。复旦在服务统战理论创新方面有优良的平台和基础。2005年，学校党委与市委统战部联合组建中国统一战线理论研究会统战基础理论上海研究基地；2009年，根据中央统战部部署，又在此基础上组建了中国特色社会主义统一战线理论研究基地。17年来，基地扎实开展基础研究、主动服务党的统战理论创新，多次受到上级统战部门表彰。要进一步发挥基地作用，整合校内学科力量，围绕新时代统战工作重大理论和实践问题，主动布局、深入研究。同时，引导相关领域党外知识分子发挥专业所长积极参与资政建言，在服务中不断增进政治共识。

进一步加强网络统战工作。互联网作为舆论生成策源地、信息传播集散地、思想交锋主阵地，已经成为统战工作重要阵地。在中央统战会议上，习近平总书记首次把"网络统战工作"作为重要工作单列部署。要积极探索网络统战工作机制，运用互联网思维开展工作，把"面对面"和"键对键"结合起来，构筑网上网下同心圆。同时要管控防范风险，防止线下成为线上问题的"避风港"、线上成为线下问题的"发酵桶"。要积极走好网络群众路线，善用运用网络实现工作广泛覆盖，对网上有一定知名度影响力的党外教师加强联系引领，引导支持他们弘扬正能量。

三、加强党对统战工作的领导，着力完善大统战工作格局

习近平总书记强调，加强新时代统一战线工作，根本在于坚持党的领导，形成全党上下一齐动手、有关方面协同联动的工作局面。要下好全校"一盘棋"，依托"三线联动"组织优势，不断完善党委统一领导、统战部门牵头协调、相关部门各司其职、基层单位切实履责的大统战工作格局。

一是强化领导体系。党对统一战线的领导是政治领导。学校党委在全校统战工作中发挥总揽全局、协调各方作用。要进一步完善统一战线工作领导小组、民族宗教工作领导小组议事机制，及时研究部署学校统战领域的重要事项和任务，加强统筹指导和督促检查。统战工作点多、面广、量大，不是靠统战部一家就能做好的。各成员单位、职能部门要强化责任担当，把统战工作职责与本职工作紧密结合起来，一体谋划，一体推进，各司其职，齐抓共管。

二是压实各级责任。要充分发挥"三线联动"工作体系的效能，确保党的统战方针政策和决策部署一线贯通、有效落实。二级党委"中场线"是学校大统战格局的重要基石。要落实《二级党组织统战工作职责》，将统战工作融入本单位党建思政、融入事业发展，以大党建引领统战工作。要积极支持党派基层组织发展，对于统战成员多、工作任务重的单位，二级党委要与党派基层组织建立沟通联系机制，在平等相待中交流交心、帮助解决实际问题。要积极配合学校及时发现、举荐、培养优秀人才和青年骨干，滚动完善本单位统战人士联系清单。要完善信息通报、座谈交流、征求意见等工作机制，为本单位党外人士作用发挥搭建舞台。基层党支部"生命线"是联系、关心党外人士最灵敏的"触角"。要强化政治引领，热忱欢迎党外教师参与支部组织的活动，激发爱党爱国情怀，筑起基层"同心圆"。要发挥一线优势，及时发现解决或向上级反映党外教职工的实际困难，尤其是关心帮助海归党外人才，有针对性地做好团结、服务和引导工作。

三是提升能力水平。习近平总书记强调，统战工作是百科全书、博大精深，是一门很深的学问。这次中央统战会上，习近平总书记亲自教方法，提出做好新时代统战工作要把握好四方面关系，既讲"两点论"又讲"重点论"，为我们提供了重要方法遵循。统一战线的很多工作、特别是高校统战工作，不能简单套用党内工作的方式方法，这就对我们的能力水平提出了更高要求。统战部门要加强自身建设，注重对高校党外人士阶段性特点的研究把握，发挥好参谋、组织、协调、督促等重要作用。统战干部要掌握统一战线这门科学和艺术，锤炼坚强党性、练就过硬本领、涵养丰富学识、弘扬优良作风，不断增强做好统战工作的本领，赢得党外人士的尊重和认同。各级党员干部都要将做好党外人士工作视作己任，练好统战工作"基本功"，提升做好新时代党外知识分子工作的意识本领。

同志们！人心是最大的政治，共识是奋进的动力。让我们紧密团结在以习近平同志为核心的党中央周围，勠力同心、团结奋斗，守正创新、勇毅前行，在加快建设"第一个复旦"新征程中，奋力开创学校新时代统战工作新局面！

在传达学习贯彻党的二十大精神大会上的讲话

（2022年10月27日）

党委书记 焦扬

同志们：

当前和今后一个时期，全校的首要政治任务是学习好、宣传好、贯彻好党的二十大精神，把全校各级干部、广大党员、全体师生员工及医务人员的思想和行动统一到二十大精神上来，把各方力量凝聚到实现二十大确定的各项任务上来。前天，新一届中央政治局上午召开会议研究部署学习宣传贯彻党的二十大精神，下午又紧锣密鼓就学习贯彻党的二十大精神进行了第一次集体学习，为全党作出示范表率。近3天，上海市委、教育部党组、市教卫系统分别召开了传达学习会议。

下面，我代表党委，就抓好党的二十大精神的学习宣传贯彻，再强调三点意见。

一、提高政治站位，全面把握、深刻领会党的二十大精神的核心要义、丰富内涵和精神实质

党的二十大报告系统阐述了新时代坚持和发展中国特色社会主义的重大理论和实践问题，科学谋划了未来一个时期党和国家事业发展的目标任务和大政方针，是马克思主义的纲领性文献，是团结动员全党全国各族人民全面建设社会主义现代化国家、全面推进中华民族伟大复兴的政治宣言和行动纲领。学习领会党的二十大精神，把握核心要义、领会精神实质，关键是做到习近平总书记在参加广西代表团讨论时强调的"五个牢牢把握"。

一是牢牢把握过去5年工作和新时代10年伟大变革，深刻领会"两个确立"的决定性意义。过去5年和新时代以来的10年，极不寻常、极不平凡。面对涉滩之险、爬坡之艰、闯关之难，在以习近平同志为核心的党中央坚强领导下，经受住了许多接踵而至的巨大风险挑战，实现一系列突破性进展，取得一系列标志性成果，在党史、新中国史、改革开放史、社会主义建设史、中华民族发展史上具有的里程碑意义，凝练形成了"五个必由之路"的规律性认识。新时代伟大成就的取得，根本在于以习近平同志为核心的党中央坚强领导，在于习近平新时代中国特色社会主义思想科学指引。我们要更加深刻领悟"两个确立"决定性意义，提高"两个维护"的政治自觉，始终在思想上、政治上、行动上同以习近平同志为核心的党中央保持高度一致。

二是牢牢把握习近平新时代中国特色社会主义思想的世界观和方法论，深刻领会马克思主义中国化时代化新境界。习近平总书记指出，中国特色社会主义为什么好，归根到底是马克思主义行，是中国化时代化的马克思主义行。报告深刻阐释了"两个结合"的丰富内涵，提出了一系列具有开创性意义的新理念新思想新战略，用"六个必须坚持"精辟概括了习近平新时代中国特色社会主义思想的世界观和方法论以及贯穿其中的立场观点方法，开辟了马克思主义中国化时代化新境界。我们要深入领会党的创新理论的道理学理哲理，做到知其言更知其义、知其然更知其所以然，切实用新思想武装头脑、指导工作。

三是牢牢把握以中国式现代化推进中华民族伟大复兴的使命任务，深刻领会科教人才是中国式现代化的重要组成和有力支撑。二十大提出，从现在起，中国共产党的中心任务就是团结带领全国各族人民全面建成社会主义现代化强国、实现第二个百年奋斗目标，以中国式现代化全面推进中华民族伟大复兴。报告集中阐述了中国式现代化的中国特色和本质要求，再次明确了全面建成社会主义现代化强国"两步走"的战略安排，对未来五年的主要目标任务作了详细描述，并用"五个坚持"高度概括了前进道路上必须牢牢把握的重大原则。我们要坚定信心、锐意进取，付出更为艰巨、更为艰苦的努力，坚持以中国式现代化全面推进中华民族伟大复兴，不断夺取全面建设社会主义现代化国家新胜利。

报告指出，未来五年是全面建设社会主义现代化国家开局起步的关键时期，并对各方面重大工作作了全面系统部署。最让我们振奋鼓舞的，是拿出一整个篇章，首次把教育、科技、人才进行三位一体的统筹安排、一体部署，系统阐述这三方面的基础性战略性支撑作用，突出强调科技是第一生产力、人才是第一资源、创新是第一动力。这样三位一体系统部署，深刻体现了我们党对强国崛起规律、世界时代特征和未来发展大势的洞察把握，也深刻体现了习近平总书记对新时代新征程教育发挥基础性、先导性、全局性作用的期待要求。科技战线、教育战线的干部师生都深受鼓舞、倍感振奋。

报告鲜明提出"教育优先发展、科技自立自强、人才引领驱动"，这是塑造发展新动能新优势、推进创新型国家建设的战略设计。推动高质量发展、促进共同富裕，关键靠创新、靠人才，而根本靠教育。所以，党中央把"教育强国"列在2035年建成一系列强国目标的第一位，并首次把"教育是国之大计、党之大计"写入报告。报告把"办好人民满意的教育"作为教育这一节的标题，彰显了鲜明的人民立场。关于教育，一是再次强调培养什么人、怎样培养人、为谁培养人是教育的根本问题。二是再次强调落实立德树人根本任务。三是系统谋划高质量教育体系建设的战略举措。明确提出加强基础学科、新兴学科、交叉学科建设，加快建设中国特色、世界一流的大学和优势学科；明确提出统筹职业教育、高等教育、继续教育协同创新，推进产教融合、科教融汇；明确提出深化教育领域综合改革，完善学校管理和教育评价体系，并首次把"教材建设和管理"纳入党代会报告。四是突出强调师德师风建设，把"培养高素质教师队伍"作为办好教育的根本依靠。五是推进教育数字化，建设全民终身学习的学习型社会、学习型大国，凸现了教育在社会主义强国建设中的基础性、战略性支撑作用。

此外，还对加快实现高水平科技自立自强、加快实施创新驱动发展战略、加快建设人才强国作了系统部署。强调要健全新型举国体制，加强基础研究，推进关键核心技术攻关和自主创新，完善科技创新体系，加快实现高水平科技自立自强；强调要完善人才战略布局，加快建设国家战略人才力量，深化人才发展体制机制改革，培养造就大批德才兼备的高素质人才，聚天下英才而用之。我感到条条相关、字字千钧，由于时间关系不再具体解读。同时，报告还有许多重大战略部署与高校紧密相关。比如，在"推进文化自信自强，铸就社会主义文化新辉煌"部分，强调建设具有强大凝聚力和引领力的社会主义意识形态，加快构建中国特色哲学社会科学学科体系、学术体系、话语体系；强调用社会主义核心价值观铸魂育人，着力培养担当民族复兴大任的时代新人，完善思想政治工作体系，推进大中小学思想政治教育一体化建设；强调增强中华文明传播力影响力，讲好中国故事，传播好中国声音。在"增进民生福祉，提高人民生活品质"部分，强调实施就业优先战略，促进高质量充分就业；强调推进健康中国建设，深化以公益性为导向的公立医院改革，健全公共卫生体系，加强重大疫情防控救治体系和应急能力建设，等等。这些部署和要求，既为高等教育现代化指明了发展方向，也提供了战略机遇和新的动力。我们要用心领悟这一篇章的深意，全力融入服务科教兴国战略、人才强国战略、创新驱动发展战略，把建设"第一个复旦"的奋斗融入新征程的时代洪流，不断开辟新领域新赛道、塑造发展新动能新优势，为发展科技第一生产力、厚植人才第一资源、增强创新第一动力作出新的更大贡献，依靠顽强斗争打开发展新天地。

四是牢牢把握伟大自我革命引领伟大社会革命的重要要求，深刻领会全面从严治党永远在路上。 二十大报告在开篇就郑重提出"三个务必"新要求，与毛泽东同志在党的七届二中全会上向全党同志提出"两个务必"的要求既一脉相承，又与时俱进，充分彰显了我们党在新时代新征程管党治党的高度警醒和战略自觉。报告强调，"自我革命是我们党跳出治乱兴衰历史周期率的第二个答案"，在第十五部分对"坚定不移全面从严治党，深入推进新时代党的建设新的伟大工程"作了七方面工作部署。习近平总书记特别告诫全党，必须时刻保持解决大党独有难题的清醒和坚定，振聋发聩。我们要始终坚持、不断改进党对学校工作的全面领导，持之以恒以自我革命精神深入推进全面从严治党，以复旦红色基因和优良传统铸魂育人，以高质量党建引领保障"第一个复旦"建设。

五是牢牢把握团结奋斗的时代要求，深刻领会党对广大青年的殷切希望。 团结才能胜利、奋斗才会成功，"团结奋斗"一词在二十大报告的标题、主题、正文中多次出现，结束语向全党全军全国各族人民发出"为全面建设社会主义现代化国家、全面推进中华民族伟大复兴而团结奋斗"的号召。同时，习近平总书记又一次对青年寄予厚望，对各级党组织做好青年工作提出明确要求，强调广大青年要坚定不移听党话、跟党走，让青春在全面建设社会主义现代化国家的火热实践中绽放绚丽之花。我们要坚持把青年工作作为战略性工作来抓，精心培养堪当民族复兴大任的时代新人。牢记团结奋斗这一鲜明的时代主题，在党的旗帜下团结成"一块坚硬的钢铁"，心往一处想、劲往一处使，为建设教育强国、科技强国、人才强国而勠力奋斗。

二、精心组织安排，迅速掀起学习宣传贯彻二十大精神的热潮

学习宣传贯彻党的二十大精神，学习是基础，宣传是手段，贯彻落实是目的。各级党组织、各单位要认真组织、精心安排，迅速掀起学习宣传贯彻党的二十大精神的热潮并不断引向深入，让二十大精神深入人心、汇聚力量，体现到办学治校各项工作中。

一是全覆盖抓好学习培训。 首先要在"学"上下功夫。习近平总书记指出，只有全面、系统、深入学习，才能完整、准确、全面领会党的二十大精神，对是什么、干什么、怎么干了然于胸，为贯彻落实打下坚实基础。要原原本本学、扎扎实实学。学习二十大精神将贯穿整个学期。要原汁原味学原文、悟原理，不能以片段式、语录式学习代替整体系统的学习。

要以上率下学、全员覆盖学。校领导班子以身作则、率先垂范，先学一步，学深一步。24日，党委常委会第一时间进行了专题学习，每位班子成员都作了交流发言，党委理论学习中心组还将围绕二十大精神开展深入学习。各二级党委要把学习二十大精神作为理论中心组学习的重中之重，同时依托政治理论学习制度，组织全体教职工认真学习，全面准确理解二十大精神要义。所有师生党支部要组织党员自学，并通过"三会一课"、主题党日等形式开展好集体学习。同时带动全体教师、广大学生和干部职工广泛学习、深入领悟二十大提出的新思想新论断、作出的新部署新要求。学校党委已经决定，把学习二十大精神作为党校教育培训必修课，对全体中层干部、党支部书记、思政课教师以及教学科研骨干、学工队伍和学生骨干等重点人群，进行全覆盖轮训；同时依托二级党委对广大师生进行全员教育培训，分层分类组织、扎实有效开展。要落实"党建带团建""党建带班建"机制，所有团支部、班级通过主题班会、报告会、座谈会、辅导讲座等形式，实现学生群体学习的全面有效覆盖。二十大精神学习是一个长期任务，不能毕其功于一役，要制订计划、突出重点、持续学习、研讨交流，使广大师生真正掌握核心思想、精髓要义。

要联系实际学、创新方式学。五年前，党的十九大胜利闭幕后，学校党委在全校学生中开展"看需求、悟变化、讲担当"主题社会实践，引导同学们扎根祖国大地，看人民美好生活的新需要，悟我国社会主要矛盾新变化，树立为实现中华民族伟大复兴而奋斗的责任担当，五年逾10万人次参加，取得了很好的效果。这次二十大精神的学习，特别是对于过去5年工作和新时代10年伟大变革的感悟，也不能只停留在纸面上，必须理论联系实际，亲身经历、亲眼目睹、亲耳聆听。学校将紧密结合"强国追梦铸魂育人"行动，面向全体学生策划开展"强国追梦我奋斗"主题社会实践活动，深入体悟新时代变化，深刻体会新思想，深切体认强国担当。各级党组织要积极走出去，组织师生员工到红色场馆、爱国主义教育基地、实践基地参访学习，上好"行走的党课"，在实践大课堂中深化对伟大成就的认识、对二十大精神的理解，进一步坚定理想信念。同时要引进来，强化新时代上海高校党建创新实践基地的展示窗口作用，进一步发挥好《宣言》展示馆和玖园爱国主义教育建筑群作为著名红色地标的辐射作用，把复旦打造成党的创新理论学习传播的高地。

二是集中式开展理论宣讲。理论宣讲是我们党独具特色的重要创造，也是复旦传播党的创新理论的优良传统。学校党委已组建党的二十大精神宣讲团，遴选一批政治素质好、理论水平高、宣讲能力强的精干力量，从现在起贯穿整个学期，在全校范围内开展二十大精神集中宣讲，要求覆盖所有二级单位。校领导班子成员要围绕二十大精神，深入分管领域或者联系单位讲一次主题党课。各分党委书记、各机关部门党员负责同志要带头在本单位开展宣讲。还要充分发挥博士生讲师团、"星火"党员服务队、青年讲师团等青年理论工作队伍的作用，为基层一线提供丰富的学习资源供给，积极深入师生、深入一线、深入社会，开展有针对性的高质量宣讲服务。

三是体系化推进研究阐释。党的二十大提出一系列重大的新论断、新观点、新理念、新战略，进一步丰富发展了习近平新时代中国特色社会主义思想，为党的创新理论研究提供了极为丰富的素材，也提出了新的要求。复旦作为全国哲学社会科学研究重镇，理应在推进马克思主义中国化时代化、构建中国自主知识体系方面积极回应、主动作为、努力贡献。要主动组织解读阐释。宣传部和相关院系要组织专家学者在深刻学习领会基础上，深入研究解读，撰写一批高质量理论普及文章，在各类主流媒体和重要网络平台上发出"复旦声音"，积极推动党的创新理论深入人心。要主动布局理论研究。我们在启动"两大工程"二期时就强调要为二十大精神的理论研究预留足够空间，现在要抓紧再谋划再布局、及时丰富调整选题，加快组织专家团队对二十大提出的重大理论观点、重大方针政策、重大战略部署开展系统性研究、学理化阐释、学术化表达，主动成为推进中国自主知识体系构建的有生力量。马院、马研院、望道研究院和相关院系、研究机构要整合力量、发挥特色优势，围绕二十大重大理论创新开展有组织的科研，推出一批有深度有分量的成果，积极服务党的理论创新。要主动开展咨政服务。充分发挥校内各智库平台的资政特色和交叉优势，围绕党和国家事业发展重大问题开展政策研究、战略研究，产出一批高质量研究成果和高水平咨政报告，为全面建设社会主义现代化国家开局起步出谋划策，以服务和贡献提升咨政服务能级、擦亮复旦智库品牌。

四是多渠道融入立德树人。大力推进二十大精神和党的创新理论最新成果第一时间进教材、进课堂、进头脑。要融入课堂教学。党的十九大后，我们在全国高校率先开设新思想系列课程十讲，复旦研制的《新思想概论教学大纲》成为全国37所重点马院的范本；在中央巡视整改中，相关院系及时新编或修订讲义活页，创造了新思想"三进"的鲜活做法。当前，要抓紧将二十大精神的核心要义贯穿各门思政课、形势政策课，与时俱进地完善习近平新时代中国特色社会主义概论课程，进一步提升课堂教学的时代性、针对性、有效性。要进一步推动二十大精神有机融入课程思政，抓住契机打造一批课程思政"金课"。要融入教材建设。教务部门要发挥统筹引领作用，发动依靠马院马研院和重点院系力量，继续以活页讲义等方式及时补充党的创新理论最新成果进教材，同时把有机融入体现新思想和二十大精神作为"七大系列精品教材"、尤其是哲社教材建设的政治要求，引领推动高质量教材建设。

五是全方位贯穿办学治校。学习贯彻党的二十大精神，最终要见行动、见成效。要坚持和加强党的领导，面向国家和区域重大战略需求、高效推进"双一流"建设，全面提高人才自主培养能力和拔尖创新人才培养水平，坚持巩固扩大基础学科优势特色与塑造新动能新优势相结合，瞄准关键核心技术和卡脖子瓶颈加强有组织科研，把创新发展的主动权牢牢掌握在自己手里，把事业发展放在自己力量的基点上，用高质量发展的确定性战胜各种"不确定"。

现在距年底只有两个月时间，全校要以更加昂扬奋发的精神状态加快推进各方面工作，努力完成全年各项目标任务，把学习成果转化为建设"第一个复旦"的不竭动力、体现在实际行动和工作成效上。

日前，学校党委常委会审议通过了"学习贯彻党的二十大精神、推动新征程高质量发展"调研方案，将围绕12项事关学校改革发展和党的建设全局性问题深入开展调查研究。这次调研是上半年建设"第一个复旦"系列研讨的延续和深化，12个题目都很重大，每个专题都明确了牵头校领导和工作部门。我们要把专题调研作为贯彻落实二十大精神的重要举措，深入分析学校未来一个时期面临的机遇挑战，深刻剖析不平衡不充分发展问题，在二十大精神指引下提出突破瓶颈、加快高质量发展的新思路新举措。

三、加强组织领导，学习宣传贯彻务求实效

各级党组织、各单位要切实增强政治责任感和历史使命感，充分发挥"三线联动"机制作用，压紧压实学习宣传贯彻二十大精神的政治责任，推动全校形成专心学、用心讲、齐心干的生动局面。

一是加强党的领导。学校党委很快将制订下发《关于认真学习宣传贯彻党的二十大精神的通知》，对学习贯彻落实作出具体部署。上海医学院党委要统筹抓好医口各单位和直属附属医院的学习宣传贯彻工作。二级党委要强化"中场线"作用，制订工作方案、精心组织安排，加强对党支部、基层教学组织和团学组织的指导督促。党委书记要切实履行好第一责任人责任，团结带领班子、亲自谋划实施、下沉深入一线。

二是压紧工作责任。在校党委统一领导下，各条线各单位要密切协作配合，共同抓好学习宣传贯彻工作。党委宣传部要牵头抓总，组织好理论宣讲和全校性学习教育活动，加强一线指导。党委组织部和党委党校要把学习贯彻二十大精神与基层党组织建设、干部队伍建设有机结合起来，加强对党支部学习的组织指导，抓好领导干部、党员和师生全覆盖轮训，办好重点班次。教工、学工部门和老干部工作党委要针对不同人群特点，抓好抓实广大师生和离退休同志的学习宣传教育。党委统战部要推动民主党派、党外人士深入学习中共二十大精神。工会、妇委会、共青团等群团组织要充分发挥自身优势，开展各具特色的学习教育活动。纪检监察部门、巡视办要把学习宣传贯彻二十大精神情况作为政治监督的重要内容，纳入校内巡视。党委政策研究室、学校办公室要组织协调好学校领导班子专题调研工作。

三是营造良好氛围。融媒体中心以及各类线上线下宣传阵地都要开足马力，全方位、多角度、大力度宣传党的二十大精神，把好基调、把好导向，积极宣介基层单位学习贯彻的举措成效，充分反映干部师生的学习动态、体会收获，营造浓郁的学习氛围和奋进新征程的良好氛围。

同志们！习近平总书记在二十大报告最后强调，时代呼唤着我们，人民期待着我们，唯有矢志不渝、笃行不怠，方能不负时代、不负人民。全校党员、干部和师生员工要紧密团结在以习近平同志为核心的党中央周围，牢记习近平总书记重要回信嘱托，"在学思践悟中坚定理想信念，在奋发有为中践行初心使命"，始终保持昂扬奋进的精神状态，以落实党的二十大精神、加快建设"第一个复旦"的实际行动，为建设教育强国、为全面建设社会主义现代化国家而团结奋斗！

守正创新，引领添翼，不断强化新工科建设动能
——在复旦大学新工科建设战略咨询委员会成立大会上的讲话
（2022年12月16日）
校长 金 力

各位专家、同仁：

大家上午好！听了大家的发言，特别是来自学界、业界多个视角，不同的声音，大家的观点充分展现了新工科思维的全局观，以及问题导向的务实、探索精神，我谨代表学校，再次感谢各位专家一直以来对复旦工作的支持！

2017年，"复旦共识"作为我国新工科建设的第一个共识，拉开了国家新工科建设"三部曲"的序幕，明确了我国高等工程教育改革发展已经站在新的历史起点。以此为基点，学校不断加速新工科建设。2018年升级组建复旦大学科学技术研究院，统筹全校科学技术研究工作和科技创新能力建设发展；2019年，新增"工科试验班"招生大类，服务我国人工智能和集成电路产业的迫切需要；2020年至今，在新一轮"十四五"规划的基础上，我校制订了工科发展专项规划，将新工科建设作为未来发展的重要抓手，其中一个关键的着力点就放在青浦、放在四个创新学院。今年，党的二十大报告对完善科技创新体系、加快实施创新驱动发展战略作出了进一步部署，这既是新工科深化发展的契机，也对学校未来的学科建设工作提出了挑战。

复旦是建设上海全球科创中心、推动国家科技创新的重要阵地，在新工科建设上我们始终坚持守正创新。刚才许宁生主任和其他委员们的交流，让我对后续新工科建设的规范性、科学性、可行性有了更全面的认识和启发。今天借此机会，我从复旦新工科建设的初衷与使命出发，谈几点自己对新工科未来发展的思考与展望，供各位专家参考。

一、应对挑战、勇担责任：复旦新工科建设的初衷与使命

复旦新工科建设，是对科技创新矢志不渝的追求，也是勇担责任、应对时代挑战的必然举措。目前，大数据、云计算、人工智能等新型数字技术蓬勃发展，不仅改变着科技本身的发展轨道，更加速向经济社会各领域融合渗透，不断重塑社会经济格局，成为影响实现未来人类社会可持续发展的关键因素。社会转型向科技索要答案的需求进一步加大。如何在复杂多变的科技创新环境中赢得主动，如何在关键领域取得创新突破，是时代给予学校新工科建设的命题。

另一方面，随着全球政治、经济格局加速重构，可以预见，未来相当长的时期，全球步入"存量博弈"，竞争更加激烈。2018年，《科技日报》陆续报道了我国还未掌握的35大项关键技术。四年过去了，根据不完全统计，我国在19项取得突破，但是在光刻机、核心工业软件等关键领域仍被卡着脖子。

与此同时，近年来，美国对于我国芯片产业的制裁封锁不断升级，相信在座各位更是深有感触。自主研发永远是不可放弃的道路，这条正确而艰难的道路中，如何依托技术自主创新突破封锁，服务国家需求，是高校新工科建

设的战略要点。

在此背景下，复旦新工科建设特别强调从学科出发，布局相关工作。新工科本身具有突破学科边界，交叉融合的内在属性。其建设不是简单的学科叠加整合，而是一个具有持续动态特征的非均衡生态系统。新工科一方面要做好自身内部的创新融合生态，以滋养本学科不断生长，另一方面要发挥好它在"四新"学科建设中的智能基座作用，驱动实现多个学科领域的群体突破，例如新文科中现代语言学的融合创新实践，其关键就是注入了工科能量。新工科要推动研究变革和制度创新，主动打造医工、文工、农工深度融合，开辟新领域、形成创新新范式。学校在实践中感受到，只有从学科出发，锄好田、引好人、打造建设新范式，才能真正深化新工科建设内涵。

二、守正创新、精准发力：复旦新工科建设特色

近年来，学校在新工科建设上已经初步形成了建设共识，以一系列举措为新工科之"新"添加"复旦注脚"。

复旦新工科建设，首先强调把握"新的工科专业、工科的新要求"建设内涵，充分发挥基础学科优势，为新工科注入内生动力。复旦大学拥有强有力的基础学科优势，这种优势不仅体现在数学、化学、生物学、医学等与新工科密切相关的基础学科领域，也体现在复旦在哲学、历史、文学、社会科学等文社基础领域的历史积淀。基础学科的优势为复旦的理工结合、工工交叉、工文渗透、医工融合，提供了更宽广的发展空间，能够切实提升学校新工科建设水平。2020年，学校率先启动建设了全国首个"交叉学科"门类一级学科——集成电路科学与工程。配合国家新学科目录，目前学校正在推动纳米科学与工程、复杂系统科学与工程一级学科的组建。未来，学校会继续改造升级传统工科专业，重点推进一批新工科学科专业，继续发挥好学校的基础学科优势，不断为新工科与相关学科的沟通打造舞台。

新工科具有极其多元的研究面向与应用场景，为了更好提升研究实力，复旦近年来不断布局实体运行科研机构，积极争取国家产教融合平台，为新工科培育厚实发展土壤，在类脑、微纳电子器件、大数据、人工智能等国家重点需求领域打造了一批实体平台；同时，国家层面与上海市层面分别印发了产教融合相关政策文件，大力支持"双一流"高校与各区域、行业企业共建产教融合创新平台，在此背景下，我校于2019年成功获批首批国家集成电路产教融合创新平台，今年，又被确定为国家医学攻关产教融合创新平台疫苗研发方向的"挂帅"高校，未来将通过布局五大研究方向，进一步发挥校内学科交叉的研究能量。这些机构与大平台的组建，与原有院系等二级单位形成了学科发展优势互补，为新工科的生长提供了更多元、更厚实的土壤。

以工研院为例。工研院成立于2017年，是我校以实体平台打造新工科多学科融合的先行案例。其以多学科基础科研优势为根基，借助外联内引、多方合作，统筹附属医院临床资源，瞄准国家重大需求，实现跨学科多领域融合，承担了一批重点项目，并为跨学科团队合作提供了平台，充分体现出了厚实土壤在工科建设中的作用。

再以集成电路为例，平台本身的孵化，需要学校具备战略眼光，不断夯实基础，孕育深厚土壤。我校是国内在集成电路道路上出发比较早的高校，从2013年"长三角集成电路设计与制造协同创新中心"获批建设开始，直到2019年学校在全国率先试点建设"集成电路科学与工程"一级学科、"国家集成电路产教融合创新平台""新一代集成电路技术集成攻关大平台"获批启动建设，每一步都在为厚实发展土壤做好积累。发展到今天，大平台依靠强大的师资队伍、众多的国家级平台、有竞争力的重大重点项目，科研上已获得突破性成果，对推进我国核心高端集成电路自主可控、技术创新与产业发展具有重要的战略意义，实现了从基础突破到生产环节的跃进。

新工科建设具有极强的外部效应，新科技革命和产业变革是其建设必须面对的不确定因素，抓住了就是机遇，抓不住就会落后。因此我校在推进新工科建设中始终警惕闭门造车，探索打造内外融通、产学融合的新建设范式。学校目前正在推动的青浦复旦国际融合创新中心，从历史机遇上说，中心建设紧抓长三角区域一体化与五大新城建设的发展契机；从方向上说，中心对标国家、上海重点需求，聚焦集成电路、计算智能、生物医药、先进制造等科技创新关键领域；从校内外合作上说，中心注重政产学研多方参与，强调产业策源创新；从组建机制上说，中心充分尊重专家意见与研究特点，给予更多的科研与人才培养自主权。这些举措的背后，就是要以全新的建设范式，为新工科培育高层次人才，加快研究成果产出提供动能。

值得一提的是，在打造青浦校区的过程中，我们特别提出了"一体两翼、青张联动"战略，张江复旦国际创新中心侧重发挥重大科研攻关辐射、引领和带动作用，青浦复旦国际融合创新中心侧重创新人才培养与高层次人才支撑，充分发挥了张江科技创新中心和青浦长三角生态绿色一体化发展示范区的东西呼应联动效应，为新工科在更大范围内实现科技策源与人才培养提供了广阔的空间。

与此同时，我们更应该看到，新工科建设的大平台，不仅是空间意义上的，更是学科融合上的。学校目前正在酝酿打造未来农学院，期望以农学学科打开新工科研究新场域，在学校已有学科力量的基础上，通过农学院系统布局交叉研究领域，孵化复旦工农融合新增长点。

新工科强调大平台，也强调大团队，只有平衡好个人研究方向与团队攻坚之间的关系，才能加速孵化科技创新成果。团队的背后是每一个鲜活的研究者个人，因此复旦在新工科建设过程中，特别注重打造学科生态，首当其冲的就是要强化工科特色评价机制改革。学校近年来不断推动科技绩效激励政策，并在评价过程中更加突出跨学科贡献与多主体人才评价体系，不断激发我校工程技术团队的归属感与创造性。在此基础上，学科学术发展中心的成立，为新工科的"举校体制"打下了坚实的基础。学校初步构建了以学科学术发展中心为核心的新工科建设力量，希望能够通过机制稳定、全面参与的学术共同体议事，进一步破除新工科发展中的定式思维，以体制机制革新为学科发展再添动能。我们今天成立新工科建设战略咨询委员会，也是希望能充分发挥各位专家的能量，从体制机制上，为学校的新工科注入引领性力量。最后，我想基于委员会的成立，谈几点对于未来学校新工科工作的展望。

三、共商要事、共谋发展：未来新工科建设期望

教育部高等教育司司长吴岩在北大新工科国际论坛开幕式上的致辞中提到："内外结合、产教融合，是新工科发展的必由之路。"复旦大学新工科建设战略咨询委员会，聚集了未来新工科发展关键领域的院士、国内外专家、行业领袖，不仅希望可以得到各位专家的助力，更希望复旦可以作为各位进一步推进相关工作的重要合作伙伴，共商要事、共谋发展，共同让新工科成为国家发展、时代浪潮中最具战略性的引领力量之一。

在酝酿战略咨询委员会名单的过程中，学校也对委员会日后的职能提出了一些想法，总体来说可以分为以下四点。一是要深度参与学校新工科建设过程中的重大事项，提出意见建议；二是以项目为抓手，积极参与相关项目的咨询、指导与论证；三是发挥好战略咨询功能；四是成为我校新工科文化的重要组成部分。

为更好推动上述关系的建立，需要学校现有学科建设机制与新工科战略咨询委员会的充分协作。未来，在战略咨询委员会的指导与建议下，希望我们能在新工科的高水平人才输送、智库议事、机制创新等方面在国内形成开创先河的顶尖力量。

人才是新工科建设的第一资源。二十大报告中，党中央把"培养大批卓越工程师"作为"加快建设国家战略人才力量"的重要内容。具备尖端创新能力、能解决复杂工程问题的卓越工程师是引领未来产业变革和技术前沿的主力军。我国拥有世界上最大规模的工程教育，但是工程人才的结构性缺口始终存在。正如刚才各位专家提到的，培育高水平人才是高校的根本使命，希望在委员会的指导下，未来我们能够打通人才培养链条，为社会输送更多富有理论基础、工程思维、实战经验的高层次工程人才，实现新工科的长远发展。

学校在酝酿战略咨询委员会名单时，着重考虑了微电子与微纳电子领域、信息与人工智能领域、生物医学与医药领域、能源材料与智能制造领域的领军人物和资深专家，这四个领域是未来新工科建设的关键方向，也突出了学校建设委员会的目标导向。工科发展成效的重要衡量标准是能否解决实际问题，如果用结果导向去思考，战略咨询委员会的重要任务，就是能够发现未来五年、十年实现中国式现代化的关键问题，找准学科发展的堵点、难点，并在此基础上指导、引领各方盘活资源，以科研创新带动产业链升级，真正打造出无可替代的关键技术能力。各位专家来自不同的研究机构与相关行业，希望我们可以活用平台能量，形成1+1大于2的学科建设合力。

要达成上述目标，我们也充分认识到，只有良性的体制机制才能焕发人才活力。未来在具体工作开展中，学校会进一步加强各学科、各单位与委员会的对接机制，进一步打造好委员会在学科关键议事中的落地通道，让各位委员的意见、建议，能够真正加入复旦新工科建设的大循环，为新工科的人才培育、科研成果与技术孵化指明方向。

各位专家、各位同仁。新赛场，新方向，新领航，今天我们聚集在这里，为学校新工科建设开启了新的篇章。希望战略咨询委员会能够成为复旦新工科建设道路上强有力的背靠力量，让复旦的科研实力、人才活力、育人能力为我国新工科建设事业输送更大的能量，也希望复旦未来能够成为各位专家坚实的合作伙伴！再次感谢各位的到来！谢谢大家！

学校综述

概况

复旦大学创建于1905年,原名复旦公学,是中国人自主创办的第一所高等院校,创始人为中国近代知名教育家马相伯。校名"复旦"二字选自《尚书大传·虞夏传》中"日月光华,旦复旦兮"的名句,意在自强不息,寄托当时中国知识分子自主办学、教育强国的希望。1917年复旦公学改名为私立复旦大学;1937年抗战爆发后,学校内迁重庆北碚,并于1941年改为"国立";1946年迁回上海江湾原址;1952年全国高等学校院系调整后,复旦大学成为文理科综合大学;1959年成为全国重点大学。

上海医科大学创建于1927年,是中国人自主创办的第一所高等医学院校。建院时定名为第四中山大学医学院,1932年改名为国立上海医学院,1952年更名为上海第一医学院,1959年成为全国重点大学,1985年改名为上海医科大学。

2000年,复旦大学与上海医科大学合并,成立新的复旦大学,进一步拓宽学校的学科结构,形成文、理、医三足鼎立的学科格局,办学实力进一步增强,发展成为一所拥有哲学、经济学、法学、教育学、文学、历史学、理学、工学、医学、管理学、艺术学、交叉学科等等十二个学科门类的综合性研究型大学。

2022年,复旦大学有直属院(系)35个,附属医院18所(其中2所筹建),设有本科专业80个,一级学科博士学位授权点40个,一级学科硕士学位授权点43个,博士专业学位授权点5个,硕士专业学位授权点35个。博士后科研流动站37个。在校普通本、专科生15 164人,硕士研究生22 409人,博士研究生12 209人,留学生2 679人(其中攻读学位的留学生2 535人)。截至2022年12月底,共有在职在编专任教师3 085人,专职科研人员531人。中国科学院、中国工程院院士59人(含双聘及退休),文科杰出教授1人,文科资深教授15人。

学校已经形成"一体两翼"的校园格局:即以邯郸校区、江湾新校区为一体,以枫林校区、张江校区为两翼。占地总面积约243.72万平方米。

一百多年来,学校在培养人才、科学研究、服务社会、文明传承与创新等方面为国家作出了突出贡献。复旦师生谨记"博学而笃志,切问而近思"的校训;严守"文明、健康、团结、奋发"的校风;力行"刻苦、严谨、求实、创新"的学风,发扬"爱国奉献、学术独立、海纳百川、追求卓越"的复旦精神,正按照党和国家的要求,发扬优良传统,不断开拓创新,以服务国家为己任,以培养人才为根本,以改革开放为动力,深入推进内涵建设,全面提高教育质量,加快建设具有中国特色的世界一流大学,为实现中华民族伟大复兴的中国梦作出新的更大的贡献。

2022年发展综述

【概况】 2022年,复旦大学有直属院(系)35个,附属医院18所(其中2所筹建),设有本科专业80个,一级学科博士学位授权点40个,一级学科硕士学位授权点43个,博士专业学位授权点5个,硕士专业学位授权点35个,博士后科研流动站37个。在校普通本、专科生15 164人,硕士研究生22 409人,博士研究生12 209人,留学生2 679人(其中攻读学位的留学生2 535人)。截至2022年12月底,共有在职在编专任教师3 085人,专职科研人员531人。中国科学院、中国工程院院士59人(含双聘及退休),文科杰出教授1人,文科资深教授15人。共有邯郸、枫林、张江、江湾四个校区,占地总面积约243.72万平方米。

一、学习宣传贯彻党的二十大精神。通过线上线下相结合方式,组织全校2万余名党员认真收看党的二十大开幕式。成立党的二十大精神宣讲团,对二级单位开展全覆盖宣讲。全年学校博士生讲师团、"星火"党员志愿服务队、青年讲师团、马克思主义学院宣讲团等多支师生宣讲队伍深入院系机关、基层一线开展宣讲1 000余场、覆盖听众5万多人次,其中理论专家校内宣讲60场、覆盖师生达7 000多人次。分层分类抓学习培训,组织广大师生认真学习党的二十大精神,全体师生参与,教育培训覆盖全体党员。全校二级党委领导班子围绕党的二十大精神开展集中学习研讨200余次,各单位领导班子成员到所在党支部和联系点党支部讲授专题党课200余次;全校基层党支部围绕学习党的二十大精神开展主题党日2 000余次,党员参与3.7万余人次。线上线下同步举办"奋进新时代——我们这十年成就图片展",与中共一大纪念馆共同主办"伟大精神铸就伟大时代——中国共产党伟大建党精神专题展"全国巡展。红色巴士"党的二十大精神学习专线"发车24次,近千名校内外师生登上巴士开展沉浸式研学。持续宣传报道学校各类学习党的二十大精神活动情况,全面展现全校师生专心学、用心讲、齐心干的生动局面。

二、"三全育人"综合改革。1.深化落实新时代教育评价改革和反"五唯"工作要求,修订《复旦大学聘用合同管理办法》,完善分类评价,健全以岗位合同考核为核心的人事评价制度体系。2.完善教师思政工作体系。强化组织领导,成立中共复旦大学委员会教师工作委员会。制订《关于全覆盖开展师德教育的实施方案》。开展"学思践悟二十大,强国追梦启新程"教师专题社会实践,共有7个实践团近300名教师参加。《传承复旦师道 双线并进全面加强师德师风建设》入选首批新时代上海学校教师思想政治和师德师风建设优秀典型工作案例。3.提升学生思政教育精准性。持续推进"政治能力建设年"专项行动,完善学生思政队伍培训体系建设,将政治能力提升作为队伍培训的重要内容。推进网络育人三年行动计划,重点培育8个本科生网络育人创新工作室,孵化31个特色网络育人项目。成立校学生资助工作领导小组,完善网上学生资助"一站式"服务。以"心理育人五级体系"建设为核心,强化普及性心理课程教育,构建"1+1+9"复合型心理健康教育课程群,正式纳入本科生必修课。健全书院"五维育德"思政教育体系,着力加强美育和体育教育,推出"大美中国"美育系列讲座、"人文艺术教育月"和足球、篮球等4个书院体育训练营。推进"一站式"学生社区综合管理模式建设试点工作。加强生涯教育体系建设,举办春秋季生涯活动月、大学生生涯咨询师师资训练营、"新羽计划"选调生特训营、"赋能青年人才"国际胜任力培训项目等。2022届毕业生中超5 100人次报名参加选调生招录,248人完成签约派遣,71名学生赴国际组织实习。面向港澳台学生,通过课程教育、谈心谈话、实践考察、骨干培养,建立健全具有复旦特色的国情教育体系。讲好防疫"大思政课",开展"这个春天,青春该有的样子"主题教育活动,推出强国追梦系列光华论坛17场,开展"严峻形势下的责任与担当"主题党日和班会。

三、发展规划与学科建设。以"多规合一"理念统领全校"十四五"发展规划,形成以学校规划为统领,以专项规划、院系规划为支撑的有机衔接体系。高质量完成青浦复旦国际融合创新中心建设规划编制,全面推进四大创新学院建设、闵行复旦上医创新研究院建设。制订实施实体运行科研机构管理办法,成立新工科战略咨询委员会,探索推进大健康学科体系发展新模式。创新学科管理模式,成立第一批学科学术发展中心。完善新一轮"双一流"建设方案,全力推进20个一流学科内涵发展。实施一流学科"培优行动"支持专项,率先启动中国语言文学、物理学、环境科学与工程、数学、哲学、政治学等领域培优专项建设。建设"双一流"建设和学科管理综合数据平台。制订实施高峰学科建设管理办法。全力推进上海医学院高水平地方高校建设,研究实施高水平地方高校建设项目实施管理办法、专项经费管理办法。加快布局推动学科创新和交叉融合,成立智能医学研究院(筹),推进实化临床医学院建设方案编制工作。口腔医学院正式成立。

四、人才培养。2022年,复旦大学录取本科生4 125人(含留学生424人,预科生25人),实际招录硕士研究生7 887人(其中学术型2 190人、专业型5 697人),博士生3 066人(其中学术型2 485人、专业型581人)。医科继续施行分代码招生。全年共计开设各类本科课程7 567门次(其中"二专""二学位"课程102门次),30人以下(含)的小班课程共计4 591门次。新增博士生导师270人。1.推动本科生教育提质升级。20个专业入选国家级一流本科专业建设点名单,学校获批国家级一流本科专业建设点达61个,占全校专业数(不含2018年后新设专业)的87%。探索未来顶尖人才培养计划,研究制订拔尖创新人才培养的学生奖励计划及其管理办法,持续推进教育部拔尖2.0基地建设,本科荣誉项目覆盖80%院系。加强招生培养联动,深化与基础教育的衔接合作,探索基础学科创新人才早发现早培养机制。推进融合创新人才培养,编制"十四五"双学士学位培养项目建设规划,新增的"法学-经济学""国际经济与贸易-数据科学与大数据技术""预防医学-公共事业管理"双学士学位培养项目启动招生,新建"智柔体""人工智能药学"等5个跨学科学程,政治学、经济学与哲学(PPE)专业完成首期招生。"七大系列百本精品教材"首批立项51个项目;30门课程获上海高校市级重点课程立项。完善"监测评价—及时反馈—持续改进"的教学质量保障管理闭环体系,校院两级教学督导共听课2 925节次。启动首批10家院系课程思政教学研究中心建设,首批立项67个课程思政教育教学改革研究课题,51个项目获上海市课程思政示范项目,《课程思政"复旦模式":落实"三全育人"的新探索》入选全国基层思想政治工作优秀案例。持续深化双创教育改革,获批国家级创新创业学院。30项本科项目获2022年上海市优秀教学成果,其中特等奖7项、一等奖16项、二等奖16项。2.推进研究生培养跃升台阶。新增应用伦理、社会政策、气象、口腔医学4个学位授权点。全面落实"博英计划",实施第三期"卓博计划","优生优师优培"品牌效应凸显。制订博士研究生招生计划管理办法,建立健全以一流学科、一流平台、一流师资和一流科研为主要依托支撑一流人才培养的招生资源分配机制,普招全面实行"申请—考核"制,加大推免生招生力度,本校直博与攻读学术硕士学生增幅11.24%。强化培养过程管理,修订博士、硕士学位基本要求,全面更新博士生各培养环节的工作细则,落实"分流退出机制"。重启校级优秀博士学位论文评选,共56篇论文获评。完善导师岗位管理,开通完善导师任职资格"绿色通道",2022年认定博士生导师人数增长超过20%。11项研究生项目获2022年上海市优秀教学成果。3.推进医学模拟教育中心和实验实践教学平台建设,建立"全程导师制-课程体系改革-实践创新论坛-科技创新中心"四位一体创新型医学人才培养模式,启动实施"复旦-中国人保委托培养合作项目"。获国家首批2家"临床技能考试流程信息化加录播系统"试点改革,并获唯一市级示范创新基地。4.修订非学历教育管理规定,构建非学历教育管理制度体系。推进"管办分离",成立非学历教育管理办公室,理顺非学历教育管理组织架构。1项继续教育项目获2022年上海市优秀教学成果。

五、科技创新与学术研究。1.2022年,全口径科技(含附属医院和地方研究院等)到账经费41.56亿元。申报国家重点研发计划、科技创新2030重大项目134项,创历史新高。获批国家自然科学基金项目921项,立项经费突破7个亿;获批国家自然科学基金最高层级人才项目"基础科学中心"3项,直接费用共计1.8亿元,创历史新高;获批国家自然科学基金优秀青年科学基金项目16项、杰出青年科学基金项目10项、创新研究群体项目1项。承担上海市科委项目196项,立项金额超1亿元;上海市自然科学基金原创探索项目首获立项,实现该专项零的突破。获科技部批准建设集成芯片与系统全国重点实验室,为首批建设的标杆实验室之一。组建脑功能与脑疾病全国重点实验室。电磁波信息科学、微纳光子结构等2个教育部重点实验室通过评估。新增健康老龄化智慧医疗教育部工程研究中心、上海市肾脏疾病临床医学研究中心、上海市妇科疾病临床医学研究中心等3个省部级科研平台。成立人类遗传资源保藏管理中心,获科技部人类遗传资源保藏行政许可。全年在CNSNL等国际顶级期刊上以通讯作者/第一作者身份发表论文16篇。2.2022年,文科全口径科研经费1.57亿元。获上海市第十五届哲学社会科学优秀成果奖57项,获奖总数及一等奖数均居第一。8项成果获评第十三届上海市决策咨询研究成果奖,其中一等奖4项,位列全市第一。获批国家级社科重大项目20项,连续3年获上海唯一的国家社科基金冷门绝学团队项目。新增3个省部级研究基地及实验室;新增国家智能评价与治理实验基地(筹)、国家发展与智能治理综合实验室(筹)、科技伦理与人类未来研究院(筹)等实体运行科研机构。持续实施"两大工程"二期、"青年融合创新团队"和"传世之作学术精品"等"双一流"重点建设专项,推进"中华早期文明跨学科研究"。首次成功申报联合国"活态遗产与社区发展"教席席位。3.产学研合作。2022年,理工医科(不含军工)横向科研立项金额16.39亿元,到款总额5.08亿元,较去年增长24%。新建校企联合实验室19家,合同金额2.25亿元,到款金额8529万元,较去年增长28%。全校(不含附属医院)申请专利766件,授权专利869件,完成计算机软件著作权登记100件;签订成果转化转让许可合同22个,立项金额约7.52亿元,成果转化项目到款5767.91万元。完成4项科技成果作价投资,作价投资合同金额6434万元,吸引社会投资4374万元。

六、人才队伍建设。逐步构建"战略人才、优秀教师、专任科研"的人才金字塔,形成塔尖更尖、塔体更强、塔基更厚的人才格局。全年引进各类人才319人,包括两院院士4名。26人入选博士后创新人才支持计划,居全国第二。"卓越2025"人才培育计划初现成效,首批"卓识""卓学"人才中有45%的教师获得相应层次国家级人才计划。新增入选国家级青年人才79人次、国家级领军人才23人次、上海市各项人才计划133人次。加快推进人事制度改革,完善学校岗位聘任体系,制订校内机构、学校与国家实验室、学校与地方合作机构的双向兼聘管理办法,修订教师高级职务聘任实施办法,完善代表性成果评价机制,推进考核评价机制改革,优化学校奖励性绩效体系。

七、社会服务。1.积极融入上海、服务上海,年内重点推进和拓展在青浦、杨浦、宝山等区的合作,持续服务上海科创中心建设。上海市重大传染病和生物安全研究院获市级科技重大专项立项。与临港国家实验室签订战略合作协议。持续推进张江复旦国际创新中心建设。2.拓展校地、校企合作。与云南、内蒙古、青海、南昌、大理、广州高新区及南沙区等地新签协议,持续推进与浙江、江苏、安徽、广东、山东等地合作。与华为技术有限公司、中芯国际集成电路制造有限公司、中国人民保险集团股份有限公司、中国卫星网络集团有限公司等重点行业领军企业深化产教研合作。与地方合作共建嘉善复旦研究院、成都市复旦西部国际金融研究院。3.继续做好定点帮扶和对口合作。高质量完成年度定点帮扶永平县任务,协助成立"复旦·永平乡村振兴电商平台上海办事处"及"上海教育超市消费帮扶营销服务中心云南永平工作室",入选国家发展改革委2022年全国消费帮扶助力乡村振兴优秀典型案例,附属儿科医院"陈翠贞儿童健康发展中心永平示范点"落地,生命科学学院教授吕红获批建设云南省院士(专家)工作站,7名医疗专家获批云南省专家基层科研工作站。扎实推进对口支援和部省合建工作,帮助指导内蒙古大学、大理大学相关学科建设,与内蒙古大学合作共建材料化学科学创新中心、生物医学创新中心,与大理大学开展文科科研合作交流。

八、附属医院工作。1.医疗服务。2022年,附属医院(含筹)总门急诊量2896.26万人次,总出院人数79.37万,住院手术62万人次。全年共招录住院医师851人,合格出站666人;招录上海市专科医师规范化培训233人,合格出站262人。2.支援工作。承担江西、四川、云南、西藏、青海、新疆等中西部6省、市、自治区20余地州市56家医疗机构援建工作,全年派出医疗挂职干部及医务人员116人,新建远程医疗中心29个,建立特色专科64个,开展各类新技术、新项目601项;派出10名医务人员帮扶摩洛哥的4家医疗机构。3.国家级医学平台建设及医疗区域合作和共建。附属中山医院成为全国首个获批立项的综合类国家医学中心建设项目;6家直属附属医院全部列为国家区域医疗中心输出医院;附属肿瘤医院福建医院、附属儿科医院海南医院入选第三批国家区域医疗中心"辅导类"建设项目,附属妇产科医院河南医院入选第四批"国家区域医疗中心"建设项目。正式启动附属中山医院佘山院区"智慧全生命周期"健康管理项目;推进与闵行区医疗合作,一体化推进辐射长三角的国际医疗园区;上海医学院与南通经济技术开发区签订战略合作协议,共建南通南翼城区一流的区域医疗中心;继续深化上海医学院与福建省晋江市的医疗合作。与厦门市人民政府合作共建复旦大学附属中山医院厦门医院和复旦大学附属儿科医院厦门医院;附属华山医院福建医院建成开诊。

九、国际合作及港澳台交流合作。1.国际化办学。

2022年，派出167名校际交流学生参加5个线上项目，接收98名校际交流生（其中1名参加线上交流）；校内专家首次参加布达佩斯欧亚论坛。与康涅狄格大学、阿根廷布宜诺斯艾利斯大学、莫斯科国立谢东诺夫第一医科大学等国外高校新签各类合作协议6份，续签29份。加强留学生管理，制订招生和培养国际学生管理办法，开设外国留学生预科项目。2. 引智工作。全年长期在校工作的外籍专家181人，通过线上、线下方式参加教学、科研、学术访问等活动的短期境外专家545人次；全年推荐申请外国人永久居留证7份，在职外国专家156人。3. 拓宽海外合作网络。经济学院与法国图卢兹经济学院共建"复旦大学创新数字经济研究院"。首次承办中英高等教育人文联盟年会。做好中巴经济走廊大学联盟秘书处工作，举办第六届澜湄流域治理与发展青年创新设计大赛。4. 深化与港澳台地区交流。与澳门特区政府建立常态化沟通机制。与香港浸会大学、香港中文大学签署合作协议。承办市台办重点项目"繁星计划"（面向台湾大学生的实习项目，提升职业素养与综合素质），被国台办列为重点交流项目。首次出版港澳台学生国情读本《岁时香事——中国人的节气生活》。

十、校友、校董和筹资工作。1. 2022年，上海复旦大学教育发展基金会净资产规模达人民币10.65亿元，较年初增长0.3%。基金会全年签订协议215份，协议金额总计1.79亿元。设立"复旦大学小米青年学者"等项目，支持学校高质量人才队伍建设。抗疫期间，学校、附属医院及学校基金会共收到捐赠的各类物资305万余件，估值约3 700余万元，接收捐赠资金共计1 128万元；开展"水果酸奶接力""环保饭盒""校庆大礼包"等校友专项行动，为师生送温暖。2. 校友工作。进一步规范校友会机构管理，制订校友会分支机构管理办法、校友会代表机构管理办法。贵州校友会注册成立，重庆校友会恢复注册登记，复旦大学校友会下增设泛海国际金融学院分会、光华生命健康分会。校友助力学生就业，500多名在校生开展"一对一"走访校友活动，获就业指导；举办2022年度校友企业招聘会；首次举行精准就业帮扶活动，一对一配备就业校友导师，45%的帮扶学生实现就业。

十一、公共服务与后勤保障。1. 2022年，复旦大学共有图书602.14万册，电子图书1 915.08万册，电子期刊195.37万册。2. 提升信息管理和服务水平。持续推进"一网通办"建设，试点推进二级单位网上办事大厅建设，已有24项服务上线；开发"学校印章使用申请"和"部门（院系）印章使用申请"服务事项；新增成绩单等8项电子证明服务。加快"一网统管"，实现科研人员个人论文数据集成。持续升级智慧教学平台，为在线教学、答辩等提供技术支撑。3. 办学条件和校园环境持续改善。完成本科实验楼群、四校区体育运动场地整修等14个项目，全年修缮面积超过9万平方米。青浦复旦国际融合创新中心项目确定具体地块。中华文明资源中心完成竣工验收，中华经济文化研究中心楼宇、张江复旦国际创新中心科研楼完成结构封顶。江湾游泳馆、枫林游泳馆开馆。4. 深化平安校园建设。规范各类交通标识标牌、减速带设置，优化云AI智慧校园机动车管理系统大平台及道闸系统建设。开展各类安全巡查检查186次，反馈整改意见244条。技防设施设备升级换代，新增各类设备1 905套、张力式电子围栏400米。开展出国（境）人员行前、新生辅导员、机关教师等国家安全教育和涉密人员保密教育。累计组织各类消防安全培训演练19场次，参训师生15 000余人次。5. 规范国有资产和实验室安全管理。克服疫情影响，年度地方拨款取得突破性成果，达去年同期的126%。成立学校国有资产管理委员会，构建学校、资产公司及所属企业的校企管理体系。新增完成房产不动产权证6.75万平方米。完成全国首笔设备更新改造贷款。发布实施大型科研仪器共享管理办法、使用绩效考核细则和收费标准细则，提升共享积极性。6. 提升后勤服务水平。建设节约型校园，推进变频冰库、空气源热泵、LED灯等节能改造工程。枫林校区试点自助称重，实现按量点餐，减少约15%食物浪费。7. 提升师生员工获得感。推进大学生医保并轨，保障学生在沪就医。深化与徐汇区、闵行区教育合作，加强基础教育供给；实施基础教育合作办学管理办法，理顺合作办学管理机制，加强学校品牌维护。

十二、新冠肺炎疫情常态化防控工作。1. 坚持动态清零，开展"校园动态清零攻坚行动"。坚决落实"四应四尽"要求，尽最快速度完成阳性和密接等人员2 000余人次转运工作。组建校内核酸检测采样团队、校院两级流调队伍和环境采样监测队伍。构建三级消杀体系，研发和应用系列专业消杀设备。发起"人人行动、抗疫必胜"爱国爱校卫生运动，推动个人防护体系的宣教动员。提高精准防控水平，整合规范人员信息和疫情防控数据，开发全口径人员信息查询系统和防疫重点关注人员管理系统。2. 坚决打赢大上海保卫战。强化疫情防控政治担当，组织引导全校基层党组织和广大党员在重大考验中挺身而出、冲锋在前。组织全校1 000余个党支部全覆盖开展"严峻形势下的责任与担当"专题组织生活会。全校共建立临时党组织120个，党员突击队、服务队266个，设立党员先锋岗566个；全校6 000余名师生党员累计参与社区志愿服务2.4万余人次。结合校园疫情防控形势，统筹校内管理服务保障岗位力量调配，累计调配260人次副处级以上干部进校值守，98名机关和院系干部下沉学生生活园区82个网络落实包保责任。封闭管理期间，超过90%的专职辅导员、125名人才工程一期队员、800余名学生党员和积极分子及80余名管理督导员坚守岗位，建立"寝室长—楼层长—楼长—网格长"四级网格管理模式，实时掌握学生动态。开展"导师关爱行动"，全校2 300余名研究生导师全员关心关爱学生，帮助学生克服疫情不利影响。开通在校师生求医问诊专用通道，为师生提供紧急就医、购药和入院等服务。做好学生集中返乡送站工作，开设30条线路，累计发车867车次，完成送站11 067人。以线上志愿服务平台"旦问无妨"小程序作为解决师生急难愁盼的重要窗口，在全市高校中率先开通校园疫情防控意见网络反馈渠道，3月至12月，回应师生问题近5 000条，自动应答40 000余次。

十三、党建工作。1.开展党员干部教育培训。以迎接、学习宣传贯彻党的二十大精神为主线,开展党员干部、骨干教师、发展对象等各级各类培训,落实校领导到党校授课工作机制。全年制作并推出"学习新思想,奋进新征程"系列视频微党课16讲。编发学习新思想导学课件,党建平台微信公众号持续推送信息达200余期,多渠道助力党员干部深刻把握二十大精神核心要义。2.推动基层党建高质量发展。开展院系党组织会议和党政联席会议议事制度执行落实情况专项督导。严格落实二级党委党支部书记工作例会制度,166个应换届党支部全部按规定落实换届工作要求,全校党支部开展组织生活1.2万余次。对2020年以来学校和二级党委党建活动经费和党费使用情况进行排查,对规范党务工作清查整治突出问题情况作出"零"报告。加强在中青年骨干教师、学科带头人、优秀留学归国人员等群体中发展党员工作,全年完成发展专任教师和医师党员64人,其中高层次人才10人。大力推进"复旦大学—高中学生党员接力培养项目"。推进"复旦·1925"数字党建平台建设,全面实现基层党组织和党员信息管理、党费交纳、组织关系转接、组织关系保留恢复、组织生活记录等党务工作一站式窗口整合。1个学院党委和3个党支部入选第三批全国党建工作"标杆院系"和"样板支部"培育创建单位,10个支部入选上海高校"百个学生样板党支部",12名党员入选"百名学生党员标兵"。3.加强干部队伍建设。全年推进2家二级单位党组织换届和5家行政领导班子换届,新提任处级干部50人。全年共选派校外挂职锻炼干部人才52人,全年累计在外挂职人员108人。实施《复旦大学干部人才校内挂职锻炼工作实施办法(试行)》,遴选首批26名来自院系、附属医院的干部到校部机关、上海医学院机关和地方研究院开展为期一年的挂职锻炼。4.推动全面从严治党向纵深发展。落实全面从严治党"四责协同"机制,强化政治监督,开展深化中央巡视和校内巡视整改监督,监督推动统筹疫情防控与学校事业发展双线并进。制订《贯彻落实中共中央〈关于进一步加强对"一把手"和领导班子监督的意见〉的若干举措》。对4家单位开展校内巡视,完成十五届校党委巡视全覆盖目标。深化日常监督,聚焦制约"第一个复旦"建设有关重点领域开展监督,持续开展对非学历教育、基础教育合作办学、附属医院、校办企业等整改情况监督。加强年轻干部和毕业生廉洁教育,推进校园廉洁文化建设。通过开辟建言献策专栏、随机电话调研、开展调研式监督等方式倾听师生意见,推动解决问题。制订学校纪检监察机构改革方案,制订议事决策暂行办法,深入推进纪检监察体制改革。成立复旦大学纪检监察研究院。 (童子益)

【开展"第一个复旦"建设系列研讨】 2022年,全校围绕党的领导、教师队伍、人才培养、学科建设、人才工作、科研创新、服务社会、医学建设等"第一个复旦"建设各领域核心问题,分别组织专题研讨14场。2021年12月以来,该系列研讨共开展17场。其中结合学校党建工作会议、人才工作会议、规划与"双一流"学科建设大会、教材工作推进会等举办全校层面研讨6次,召开教师工作、学生工作、校外合作、医学学科建设、医学人才培养、附属医院建设等专题研讨会11场。随着系列研讨的举行,全校进一步凝聚建设"第一个复旦"的共识,为建设中国特色世界顶尖大学奠定坚实的思想基础。 (童子益)

【1项成果入选2021年度"中国生命科学十大进展"】 1月10日,中国科学技术协会生命科学学会联合体发布2021年度"中国生命科学十大进展",生物医学研究院徐彦辉团队有关"转录起始超级复合物组装机制"的研究成果入选。 (童子益)

【1个团队获评第二批全国高校黄大年式教师团队】 1月,教育部公布第二批"全国高校黄大年式教师团队"认定结果,附属中山医院心内科教师团队入选。 (童子益)

【"双一流"建设学科数增至20个】 2月14日,教育部等三部门公布第二轮"双一流"建设高校及建设学科名单,复旦大学哲学、应用经济学、政治学、马克思主义理论、中国语言文学、外国语言文学、中国史、数学、物理学、化学、生物学、生态学、材料科学与工程、环境科学与工程、基础医学、临床医学、公共卫生与预防医学、中西医结合、药学、集成电路科学与工程等学科入选本轮"双一流"建设学科。与首轮建设相比,学校入选"双一流"建设学科数从17个增加到20个。 (童子益)

【1项成果入选第17届"中国科学十大进展"】 2月28日,第17届"中国科学十大进展"遴选结果揭晓,高分子科学系彭慧胜团队有关"实现高性能纤维锂离子电池规模化制备"的研究成果入选。 (童子益)

【1人获全国五一劳动奖章】 4月28日,微电子学院教授张卫被中华全国总工会授予2022年全国五一劳动奖章。 (童子益)

【20个专业入选2021年度国家级一流本科专业建设点名单】 6月,教育部印发《关于公布2021年度国家级和省级一流本科专业建设点名单的通知》,学校申报的20个专业入选。至此,学校获批的国家级一流本科专业建设点共计61个,占全校专业数(不含2018年后新设专业)的87%。 (童子益)

【举行"高质量发展与创新"论坛暨复旦大学附属眼耳鼻喉科医院建院70周年纪念活动】 于7月1日在眼耳鼻喉科医院汾阳院区举行。复旦大学党委书记焦扬、上海市卫生健康委员会主任邬惊雷,复旦大学党委副书记、上海医学院党委书记袁正宏出席论坛开幕式并致辞。复旦大学脑科学研究院学术委员会主任杨雄里,附属眼耳鼻喉科医院国家卫健委听觉医学重点实验室主任王正敏,复旦大学脑科学研究院院长马兰及医院历届书记、院长代表出席论坛。论坛以线上形式为主召开,共分"大师论道""名家智坛""青年之光"三场,十余位顶尖专家分享细分领域的研究成果。 (童子益)

【3人获2022年"科学探索奖"】 9月15日,2022年"科学探索奖"获奖名单揭晓,数学科学学院教授雷震、高分子科学系教授彭慧胜、化学系教授张凡获2022年"科学探索奖"。 (童子益)

【3个项目获批国家自然科学基金基础科学中心项目】 9

月,由人类表型组研究院金力院士领衔的"低压低氧环境下人类复杂性状的表型组分析与系统解构"项目、由大气科学研究院张人禾院士领衔的"海-陆-气系统与北半球中高纬极端天气气候"项目和由附属中山医院葛均波院士领衔的"泛血管介入复杂系统"项目获批国家自然科学基金基础科学中心项目。至此,学校共获批国家自然科学基金基础科学中心项目5项。

(童子益)

【举行纪念复旦大学上海医学院(原上海医科大学)创建95周年"聚力建设'第一个复旦'书写上医新辉煌"主题论坛】 10月20日在枫林校区明道楼二楼报告厅举行。论坛分"正谊·为人群服务""明道·为强国奋斗"和"聚力·上医新辉煌"三个篇章进行。学校和上海医学院领导,上海市有关部门负责人,部分兄弟院校负责人,上医老领导、院士,各二级单位和机关部门负责人,社会各界人士、校友及师生等通过线上线下方式参加。论坛发布《建设"第一个复旦"上海医学院行动宣言》。

(童子益)

【举行复旦大学物理学系成立70周年暨应用表面物理国家重点实验室成立30周年发展论坛】 于11月12日在江湾校区物理楼举行,校长金力、物理学系主任周磊、应用表面物理国家重点实验室主任沈健分别发表讲话,北京大学、清华大学、南京大学、中国科学技术大学、上海交通大学、浙江大学等兄弟高校院系领导致辞,校党委常务副书记周亚明、副校长徐雷、校长助理马余刚出席本次论坛,物理学系在校师生、海内外系友、兄弟高校院系领导代表等线上线下参会。同期举行系友报告会、学术报告会和系史展览。

(童子益)

【举行浦江科学大师讲坛开讲式暨首期讲坛】 11月15日在相辉堂举行。浦江科学大师讲坛由上海市政协发起并主管,上海市政协科技和教育委员会、复旦大学、中共上海市科学技术工作委员会、上海市科学技术委员会、上海市科学技术协会共同主办。首期讲坛结合"AI for Science"这一人工智能发展新趋势,聚焦计算生物学前沿进展与最新成果。2013年诺贝尔化学奖得主、复旦大学复杂体系多尺度研究院荣誉院长迈克尔·莱维特(Michael Levitt)作主报告,复旦大学复杂体系多尺度研究院院长马剑鹏和复旦大学人工智能创新与产业研究院院长漆远作分报告。各主办、协办单位负责同志,部分高校和科研机构负责同志,上海各区领导及相关负责同志,部分科学家、高科技企业、大学师生、中学生代表等共约300人现场聆听本次讲坛。讲坛还通过各媒体平台、各主办协办单位媒体矩阵以及上海各高校官方平台面向全球同步直播。

(童子益)

【举行"上海论坛2022"年会】 11月25—26日,"上海论坛2022"年会在校举行。论坛由复旦大学和韩国崔钟贤学术院主办,以"全球多重挑战下亚洲的应对"为主题,以线上线下结合形式举行,来自全球多个国家和地区的智库、高校、学术机构、企业、政府和媒体等嘉宾和代表参加论坛。本次论坛发布6份《上海论坛2022主题报告》和6份《复旦智库报告》,并设有"国家与经济发展:亚洲与国际比较""亚太地区企业ESG面临的机遇和挑战""新时代构建中拉命运共同体的机遇与挑战""提升金融机构个人数据治理,促进数字金融良性发展""增长新动能和普惠金融"等五场高端圆桌。

(童子益)

【举行纪念复旦经济学科百年主题活动】 11月27日,纪念复旦经济学科百年主题活动在光华楼吴文政报告厅举行。教育部党组成员、副部长翁铁慧,复旦大学党委书记焦扬,上海社科院党委书记权衡,复旦大学党委常务副书记裘新,副校长陈志敏,兄弟院校院系领导,经济学院退休教师代表,复旦大学各部处负责人,经济学院教师代表、校友代表、学生代表参与活动。活动中同时发布经济学院新版院志,成立复旦经院全球校友会第二届理事会,设立复旦大学经济学院张军教育发展基金。此前,校长金力出席复旦经济学科百年纪念系列活动之第七届复旦首席经济学家论坛,并在论坛开幕式上致辞。

(童子益)

【召开2022年中英高等教育人文联盟年度大会暨执行理事会议】 12月6—7日在校举行。会议由中英高等教育人文联盟主办,复旦大学承办,来自复旦大学、英国埃克塞特大学、清华大学、北京大学、武汉大学等17所联盟成员高校的领导和资深学者以线上线下结合形式出席会议,以"我们的文化,我们的世界"为主题,聚焦跨文化研究和交流互鉴等内容,进行沟通与对话。

(童子益)

【3人获上海市"白玉兰荣誉奖"】 12月8日,上海市政府举行2022年"上海市荣誉市民""白玉兰荣誉奖"颁授仪式。物理学系教授卡西莫·斑比(Cosimo Bambi)、质子重离子医院教授麦克·法利·莫耶(Michael Farley Moyers)、2004级校友阿思势(Ashish Maskay)获上海市"白玉兰荣誉奖"。

(童子益)

学校领导班子成员及组织、机构负责人

复旦大学党委领导成员

党委书记:焦 扬(女)
常务副书记:裘 新　周亚明
党委副书记:金 力　袁正宏　尹冬梅(女)　金海燕
纪委书记:金海燕
党委常委:焦 扬(女)　金 力　裘 新　许 征(女)
　　　　　周亚明　　袁正宏　尹冬梅(女)
　　　　　金海燕　　陈志敏　张人禾　汪源源
　　　　　徐 军　　赵东元　周 虎
　　　　　陈玉刚

复旦大学行政领导成员

校 长:金 力
常务副校长:许 征(女)
副校长:陈志敏　张人禾　徐 雷　汪源源
校长助理:马余刚

复旦大学上海医学院党委领导成员

党委书记：袁正宏
党委副书记：金 力 杨伟国 张艳萍(女) 徐 军
纪委书记：杨伟国

复旦大学上海医学院行政领导成员

院　长：金 力
副院长：徐 军 吴 凡(女) 朱同玉 汪志明

中共复旦大学第十五届委员会委员

（共26人，按姓氏笔画为序）

尹冬梅(女)	华克勤(女)	刘季平	许 征(女)
李粤江	汪 昕	汪源源	张人禾
张 军	张骏楠(女)	陈玉刚	陈志敏
陈浩明	金 力	金海燕	周亚明
周 虎	赵东元	胡华忠	袁正宏
钱海红(女)	徐 军	徐文东	郭小毛
焦 扬(女)	裘 新		

中共复旦大学第十五届纪律检查委员会委员

（共15人，按姓氏笔画为序）

王 艺(女)	司徒琪蕙(女)	刘金也(女)	杜楚源(女)
李尧鹏	余 青(女)	汪源源	张 育(女)
邹和建	罗 力	金海燕	胡华忠
袁正宏	钱 飔	徐 阳	

复旦大学校务委员会

主　任：焦 扬
副主任：许宁生 桂永浩
委　员：（按姓氏笔画为序）

马 兰	毛天婵	冯建峰	申景允	刘季平
许宁生	李 骏	吴晓明	何 纳	邹和建
汪源源	张 卫	张 军	张人禾	张涛甫
陆 昉	陈尚君	陈建民	陈思和	金 力
周 虎	周亚明	赵东元	袁正宏	桂永浩
栗建华	钱 飔	钱海红	郭坤宇	龚新高
章 清	彭希哲	葛均波	焦 扬	樊 嘉

复旦大学第七届学术委员会名单

主　任：赵东元
副主任：陈思和 竺乾威 张 卫 汤其群

人文学部
组　长：陈思和(中国语言文学系)
副组长：葛兆光(文史研究院)
委　员：陈引驰(中国语言文学系)
　　　　吴松弟(中国历史地理研究所)
　　　　吴晓明(哲学学院)
　　　　孙向晨(哲学学院)
　　　　曲卫国(外国语言文学学院)

社会科学与管理学部
组　长：竺乾威(国际关系与公共事务学院)
副组长：王 城(经济学院)
委　员：薛求知(管理学院)
　　　　郁义鸿(管理学院)
　　　　王志强(法学院)
　　　　黄 旦(新闻学院)
　　　　梁 鸿(社会发展与公共政策学院)

理学部
组　长：赵东元(化学系)
副组长：郭坤宇(数学科学学院)
委　员：沈 健(物理学系)
　　　　林鑫华(生命科学学院)
　　　　方长明(生命科学学院)
　　　　杨玉良(高分子科学系)
　　　　邹亚明(现代物理研究所)

工程技术学部
组　长：张 卫(微电子学院)
副组长：陈建民(环境科学与工程系)
委　员：汪源源(信息科学与工程学院)
　　　　金亚秋(信息科学与工程学院)
　　　　王晓阳(计算机科学技术学院)
　　　　武利民(材料科学系)
　　　　艾剑良(航空航天系)

医学部
组　长：汤其群(基础医学院)
副组长：秦新裕(中山医院)
委　员：姜世勃(基础医学院)
　　　　马 兰(基础医学院)
　　　　郑 平(医学神经生物学国家重点实验室)
　　　　杨芃原(生物医学研究院)
　　　　陈 文(公共卫生学院)
　　　　陆伟跃(药学院)
　　　　樊 嘉(中山医院)
　　　　丁 强(华山医院)
　　　　毛 颖(华山医院)
　　　　邵志敏(肿瘤医院)
　　　　徐丛剑(妇产科医院)
　　　　黄国英(儿科医院)
　　　　孙兴怀(眼耳鼻喉科医院)

复旦大学第四届学术规范委员会委员名单

主任委员：陈尚君(中国语言文学系)
副主任委员：唐 颐(化学系) 吴 健(基础医学院)
委　　员：曲卫国(外国语言文学学院)
　　　　　张伟然(中国历史地理研究所)
　　　　　陆 晔(新闻学院)
　　　　　郭定平(国际关系与公共事务学院)
　　　　　徐以汎(管理学院)
　　　　　卢宝荣(生命科学学院)
　　　　　杨中芹(物理学系)
　　　　　范仲勇(材料科学系)
　　　　　王 琳(环境科学与工程系)
　　　　　陈道峰(药学院)
　　　　　周 俭(中山医院)
　　　　　邹和建(华山医院)
　　　　　华克勤(妇产科医院)

复旦大学第十二届学位评定委员会

（注：委员名单按姓氏拼音排序）

主　席：金　力
副主席：孙向晨　张　军　穆　穆　汪源源　樊　嘉
　　　　张人禾
委　员：马　兰　马余刚　王建新　王　琳　甘中学
　　　　卢丽安　吕长江　朱　刚　向　荣　刘　明
　　　　刘　欣　汤其群　苏长和　李　冉　李　骏
　　　　吴　凡　吴晓晖　何　纳　汪　玲　张涛甫
　　　　陆　昉　陈引驰　陈志敏　陈　猛　陈　焱
　　　　林　伟　季立刚　周兆才　周鸣飞　周　鹏
　　　　赵东元　俞燕蕾　袁正宏　钱　军　彭　鑫
　　　　葛均波

（注：委员名单按姓氏拼音排序）

复旦大学第十八届工会委员会

主　席：尹冬梅
副主席：王丽红(常务)　吴佳新(专职)　孙　钢(专职)
　　　　奕丽萍(专职)　刘　君(兼职)　陈周旺(兼职)
　　　　林　伟(兼职)　张　威(兼职)
委　员：(共30人，按姓氏笔画为序)
　　　　于　瀛(女)　王丽红(女)　王建新
　　　　毛　华(女)　尹冬梅(女)　付朝伟
　　　　刘　君　　　刘亦春(女)　刘军梅(女)
　　　　刘建峰　　　孙　钢　　　李　峻(女)
　　　　杨　鹏　　　吴佳新　　　吴燕华(女)
　　　　张　威(女)　张玥杰(女)　陈　寅(女)
　　　　陈永英(女)　陈周旺　　　林　伟
　　　　金再勤　　　周　刚　　　周广荣(女)
　　　　周桂发　　　赵立行　　　胡光喜
　　　　奕丽萍(女)　徐宏波　　　黄　芳(女)

复旦大学党政部门及群众团体负责人

学校办公室
主　任：钱海红(女)
副主任：李　倩(女)　蔡樱华(女)　张轩赫　方　明(兼)
副处级机要秘书：季穗穗(女)

党委政策研究与改革办公室
主　任：方　明(兼)
副主任：童一明　陈　峰

纪委
书　记：金海燕
副书记：胡华忠
审查调查室主任(副处级)：申华蕾(女)
监督检查室主任(副处级)：刘婧婧(女)
副处级纪检员：毛　宁(女)

监察处
处　长：胡华忠(兼)

党委巡视工作领导小组办公室
主　任：徐韶瑛(女)
副主任：陈长城

党委组织部
部　长：周　虎
副部长：罗　凌　盛晓蕾(女)　赵　昕　周　晔(兼)
　　　　黄金辉(兼)
副处级组织员：瞿帅伟(女)

党委党校办公室
主　任：周　晔
副主任：周双丽(女)

党委宣传部
部　长：陈玉刚
副部长：张晓清(女)　朱　佳(女)　高　帆　王　亮(兼)

党委教师工作部
部　长：陈玉刚(兼)
副部长：左　超(女)　张琦荣(兼)

网络安全和信息化领导小组办公室
主　任：陈玉刚(兼)
副主任：王　亮　张轩赫(兼)　罗　霄(兼)

党委统战部
部　长：赵东元
副部长：周向峰

机关党委
书　记：周亚明(兼)
常务副书记：张骏楠(女)

副书记：黄　芳(女)
纪委书记：黄　芳(女,兼)
党委学生工作部(处)
部(处)长：艾　竹
副部(处)长：黄　洁(女)　盛　情(女)　厉家鼎
　　　　　　李　颖(女)　季　欣(兼)
党委研究生工作部
部　长：陈　洁(女)
副部长：赵小斐　季　欣　孙冰心(女)　李　颖(女,兼)
保卫处(武装部)
处(部)长：张阳勇
副处长：黄荣国　周序倩(女)　罗　霄　赵崧捷
老干部工作处
处　长：徐宏波
副处长：孙燕华(女)　卢　娟(女)
老干部党委
书　记：周桂发(兼)
副书记：徐宏波(兼)
纪委书记：徐宏波(兼)
副处级组织员：肖素平(女)
发展规划处
处　长：吴力波(女)
副处长：潘隽炜(女)　颜　波
"双一流"建设办公室
主　任：吴　骅
副主任：郭　翌(女)
人事处
处　长：姜育刚
副处长：李　爽(女)　张琦荣　张丕业　黄金辉(兼)
　　　　黄志力(兼)
人才工作办公室
主　任：黄金辉
副主任：文　婕(女)　黄志力(兼)
教务处
处　长：蒋最敏
副处长：苏　葵(女)　徐　珂　范慧慧(女)　孙兴文
本科招生办公室
主　任：潘伟杰
副主任：王　阳
研究生院
院　长：张人禾(兼)
常务副院长：陈　焱
副院长：楚永全　胡安宁　先梦涵(女)
科学技术研究院
院　长：马余刚
副院长：艾剑良　赵文斌　徐晓创　姜　红(女,兼)
处长(副处级)：王　浩　杨　鹏　郭睿倩(女)　仲　实
军工保密办公室
主　任：艾剑良(兼)

副主任：王文斌
融合创新研究院
院　长：殷南根
副院长：范仁华　黄尔嘉(女)
文科科研处
处　长：顾东辉
副处长：罗长远　侯体健　肖卫民
校外合作处
处　长：李　倩(女,兼)
副处长：汪　靖　王　新
国际合作与交流处
处　长：卢丽安(女)
副处长：唐文卿(女)　许烨芳(女)　庄　辉(兼)
港澳台事务办公室
主　任：沈国麟
副主任：庄　辉
孔子学院办公室
主　任：卢丽安(女,兼)
副主任：厉　琳(女)
对外联络与发展处
处　长：杨增国
副处长：章晓野(女)　陆颖丰(女)　恽小婧(女)
外国留学生工作处
处　长：刘　莉(女)
副处长：赵泉禹　丁　洁(女)
退休教职工工作处
处　长：周桂发
副处长：黄玮石　许丽红(女)
财务与国有资产管理处
处　长：余　青(女)
副处长：庄晓漪(女)　高　嵩　陆　瑾(女,兼)
审计处
处　长：张　育(女)
副处长：陆卫国　刘丹丹(女)
资产与实验室安全管理处
处　长：江培翃(女)
副处长：张　义　谢静芳(女)　宋华军
采购与招标管理中心
主　任：郑　勇
总务处
处　长：朱　莹(女)
副处长：林　杰　才　宁　王安华　陈晓波(女)
基建处
处　长：李卫国
副处长：杨湧敏　郑　阳　杨　军
枫林校区管理委员会
主　任：李继扬
副主任：吕京宝

张江校区管理委员会
主　任：周继广
副主任：王芳芳(女)
江湾校区管理委员会
主　任：罗英华(女)
副主任：汪　皓
义乌研究院
院　长：周　曦
副院长：陆起涌　邓云霞(女)
工会
主　席：尹冬梅(女,兼)
常务副主席：王丽红(女)
副主席：金再勤　孙　钢　吴佳新　奕丽萍(女)
　　　　刘　君(兼)　陈周旺(兼)
　　　　林　伟(兼)　张　威(女,兼)
团委
书　记：潘孝楠
副书记：王　睿(女)　张志强　甲干初(女)　王英豪
　　　　张　军(兼)　王梓萌(兼)
妇委会
主　任：董雅华(女)
常务副主任：王丽红(女,兼)
副主任：伍　蓉(女,兼)　刘亦春(女,兼)
　　　　张　威(女,兼)　奕丽萍(女,兼)
　　　　曾　璇(女,兼)
非学历教育管理办公室
主　任：宋永华
副主任：张　迪(女)
校园信息化办公室
主　任：张　凯(女)
副主任：赵泽宇
上海医学院党政办公室
主　任：许晓茵(女)
副主任：程　娌(女)　龙子雯　陈东滨
上海医学院纪委
书　记：杨伟国
副书记：刘金也(女)
办公室主任：刘金也(女,兼)
上海医学院监察处
处　长：刘金也(女,兼)
上海医学院党委组织部
副部长：张　瑾(女,主持工作)　陈　莉(女)　谢静波
　　　　黄志力(兼)
副处级组织员：王　盛
上海医学院党委宣传部
部　长：陆　柳(女)
副部长：毛　华(女)
上海医学院党委教师工作部
部　长：陆　柳(女,兼)

副部长：毛　华(女,兼)
上海医学院党委统战部
部　长：周　鹏
副部长：曹育玲(女)
上海医学院机关党委
书　记：张艳萍(女,兼)
副书记：张　瑾(女,兼,主持日常工作)
纪委书记：曹育玲(女,兼)
上海医学院党委学生工作部(处)
部(处)长：包　涵(女)
副部(处)长：于专宗　陈文婷(女)
上海医学院教务处
处　长：钱睿哲(女)
副处长：高海峰
上海医学院研究生院
院　长：吴晓晖
副院长：姜友芬(女)
上海医学院科研处
处　长：姜　红(女)
副处长：卢　虹(女)　金　伟
上海医学院医院管理处
处　长：王　艺(女)
副处长：赵　阳(女)　汤岁嘉(女)
上海医学院财务办公室
主　任：陆　瑾(女)
上海医学院人事与人才办公室
主　任：黄志力
副主任：闫兆伟
上海医学院学科规划与"双一流"建设办公室
主　任：吴　骅(兼)
副主任：曹西蓉(女)　郁金泰
上海医学院国际合作与交流暨港澳台事务办公室
副主任：许虹扬(女)

复旦大学院系所党政负责人一览表

中国语言文学系
党委书记：岳娟娟(女)
党委副书记：朱　刚(兼)　葛庆华　傅　骏
纪委书记：葛庆华(兼)
主　任：朱　刚
副主任：段怀清　陶　寰　孙晓虹(女)
外国语言文学学院
党委书记：薛海霞(女)
党委副书记：高永伟(兼)　朱　彦(女)　王亚鹏
纪委书记：朱　彦(兼)
院　长：高永伟
副院长：刘　炜　朱建新　范　烨(女)　郑咏滟(女)
历史学系
党委书记：刘金华(女)

党委副书记：余 蔚　王怡静(女)
纪委书记：余 蔚(兼)
主　　任：黄 洋
副 主 任：孙云龙　张仲民　温海清
文物与博物馆学系
主　　任：陆建松
副 主 任：刘朝晖　郑建明
哲学学院
党委书记：袁 新
党委副书记：耿昭华
院　　长：孙向晨
副 院 长：张双利(女)　王新生　林 晖
法学院
党委书记：徐 瑾(女)
党委副书记：李传轩　钟 妮(女)
纪委书记：李传轩(兼)
院　　长：王志强
副 院 长：陈 力(女)　杜 宇　李世刚
国际关系与公共事务学院
党委书记：刘季平
党委副书记：苏长和(兼)　朱 峰(女)　张建新
纪委书记：张建新(兼)
院　　长：苏长和
副 院 长：扶松茂　熊易寒　李 辉　张 骥
社会发展与公共政策学院
党委书记：尹 晨
党委副书记：刘 欣(兼)　刘明波　韩央迪(女)
纪委书记：韩央迪(女,兼)
院　　长：刘 欣
副 院 长：周 楚(女)　沈 可(女)　田 丰(女)
新闻学院
党委书记：陆 柳(女)
党委副书记：张涛甫(兼)　杨 鹏　陆优优(女)
　　　　　　周葆华(兼)
纪委书记：杨 鹏(兼)
院　　长：张涛甫
副 院 长：周葆华　陈建云　郑 雯(女)
经济学院
党委书记：李粤江
党委副书记：张 军(兼)　高 舒(女)　李志青
纪委书记：李志青(兼)
院　　长：张 军
副 院 长：刘军梅(女)　张金清　田素华　寇宗来
管理学院
党委书记：李尧鹏
党委副书记：陆雄文(兼)　吕长江(兼)　赵伟韬
　　　　　　黄 玎(女)
纪委书记：黄 玎(女,兼)
院　　长：陆雄文
副 院 长：孙一民(女)　殷志文　吕长江　郑 明(女)

马克思主义学院
党委书记：方 明
党委副书记：李 冉(兼)　孙 谦　赵 琪
纪委书记：孙 谦(兼)
院　　长：李 冉
副 院 长：肖存良　张新宁　谭 嵩
国际文化交流学院
党委书记：王 颖(女)
党委副书记：罗剑波(兼)　袁莉莉(女)　李 洁(女)
纪委书记：袁莉莉(女,兼)
院　　长：罗剑波
副 院 长：张豫峰(女)　胡文华(女)
数学科学学院
党委书记：王光临
党委副书记：陈 猛(兼)　刘建峰　陆晶婧(女)
纪委书记：刘建峰(兼)
院　　长：陈 猛
副 院 长：吕 志　雷 震　薛军工
大数据学院
党委书记：张骏楠(女)
党委副书记：朱妍蕾(女)
纪委书记：阳德青(兼)
院　　长：冯建峰(聘任制)
副 院 长：阳德青　高卫国　洪 流(聘任制)　林 伟
物理学系
党委书记：刘召伟
党委副书记：石 磊　许蓓蕾(女)
纪委书记：石 磊(兼)
主　　任：周 磊
副 主 任：吴义政　黄吉平　徐 娥(女)　殷立峰
现代物理研究所(核科学与技术系)
党委书记：赵 强
党委副书记：陆广成
纪委书记：陆广成(兼)
所长(系主任)：沈 皓(女)
副所长(副系主任)：傅云清　魏宝仁
化学与材料学院
党委书记：徐华龙
党委副书记：马蔚纯(兼)　刘顺厚(兼)　于 瀛(女,兼)
纪委书记：于 瀛(女,兼)
院　　长：赵东元(兼)
副 院 长：周鸣飞(兼)　彭慧胜(兼)　俞燕蕾(女,兼)
化学系
党委书记：马蔚纯
党委副书记：周鸣飞(兼)　刘永梅(女)　秦 枫(女)
主　　任：周鸣飞
副 主 任：王文宁(女)　李巧伟　李 伟
高分子科学系
党委书记：刘顺厚
党委副书记：彭慧胜(兼)　王 芳(女)

纪委书记：王　芳(女,兼)
主　任：彭慧胜
副主任：丛培红(女)　冯嘉春　杨武利

环境科学与工程系
党委书记：梅　鲜(女)
党委副书记：王　琳(兼)　王　文(女)　温之平(兼)
纪委书记：王　文(女,兼)
主　任：王　琳
副主任：马　臻　安　东　张立武(聘任制)

大气与海洋科学系
主　任：张人禾(兼)
副主任：温之平　赵卢伟

信息科学与工程学院
党委书记：徐　阳
党委副书记：迟　楠(女,兼)　陈　睿
纪委书记：陈　睿(兼)
院　长：迟　楠(女)
副院长：赵海斌　詹义强　徐　丰　王益新

计算机科学技术学院
党委书记：王　新
党委副书记：张玥杰(女)　沈安怡(女)
纪委书记：张玥杰(女,兼)
副院长：杨　珉(主持工作)　吴　杰　彭　鑫
　　　　曹　瑜(女)

微电子学院
党委书记：陈　坚
党委副书记：张　卫(兼)　许　薇(女)　孙晓雷
纪委书记：许　薇(女,兼)
院　长：张　卫
副院长：俞　军(聘任制)　曾晓洋　周　鹏　闫　娜(女)

航空航天系
党委书记：仇　棣(女)
党委副书记：孙　刚(兼)　葛锡颖(女)
纪委书记：葛锡颖(女,兼)
主　任：孙　刚
副主任：王盛章　祖迎庆

材料科学系
党委书记：于　瀛(女)
党委副书记：俞燕蕾(女,兼)　王　珏
纪委书记：蒋益明(兼)
主　任：俞燕蕾(女)
副主任：蒋益明　梅永丰　倪　峰

生命科学学院
党委书记：陈浩明
党委副书记：余文博　丁　澦
纪委书记：丁　澦(兼)
院　长：林鑫华(聘任制)
副院长：杨　忠　王　纲　孙　璘(女)　聂　明

科研机构综合党委
党委书记：张志芹(女)
党委副书记：赵玮杰

纪委书记：赵玮杰(兼)

基础医学院
党委书记：张　威(女)
党委副书记：姜　宴(女)　张　镭(女)
纪委书记：姜　宴(女,兼)
院　长：雷群英(女)
副院长：徐国良(聘任制)　陆　路

公共卫生学院
党委书记：罗　力
党委副书记：何　纳(兼)　郁颖佳(女)　史慧静(女)
纪委书记：史慧静(女,兼)
院　长：何　纳
副院长：陈英耀　何更生(女)　阚海东

药学院
党委书记：王建新
党委副书记：史雪茹(女)　王宁宁(女)
纪委书记：史雪茹(女,兼)
副院长：李　聪(主持工作)　张雪梅(女)
常务副院长：潘　俊(女)

护理学院
党委书记：包江波(女)
党委副书记：胡　雁(女,兼)　林　岑(女)
纪委书记：林　岑(女,兼)
院　长：胡　雁(女)
副院长：贾守梅(女)　赵　缨(女)　张玉侠(女,兼)
　　　　曹艳佩(女,兼)

临床医学院
常务副院长：陈世耀

艺术教育中心
主　任：岳娟娟(女,兼)
副主任：陈　寅(女)　包春雷

体育教学部
党支部书记：郭建忠
主　任：马祖勤
副主任：朱寅申　孔　斌　王恩锋

实验动物科学部
党支部书记：吴宏翔
主　任：丁玉强(聘任制)

分析测试中心
主　任：周鸣飞(兼)

继续教育学院
党总支书记：聂　叶(女)
党总支副书记：胡　波(兼)　乔琴生(女)
院　长：胡　波
副院长：应建雄　李　辉(女)　葛宏波

复旦大学直属单位及附属医院党政负责人

文科学报
主　编：汪涌豪

理科学报
主　编：唐　颐
医科学报
主　编：桂永浩
档案馆
馆　长：黄岸青(女)
副馆长：丁士华(女)　周　律(女)
图书馆
党委书记：侯力强
党委副书记：许　平(女)　史卫华(女)
纪委书记：史卫华(女,兼)
馆　长：陈引驰(聘任制)
常务副馆长：侯力强(兼)
副馆长：张计龙　杨光辉　王　乐(女)　应　峻(女)
资产经营有限公司
总经理：杨学民(女)
党委副书记：杨学民(女,兼)
后勤服务有限公司
总经理：张　珣
出版社有限公司
董事长：严　峰(兼)
总编辑：王卫东(聘任制)
党委书记：严　峰
党委副书记：王卫东(兼,聘任制)
基础教育集团
主　任：黄金辉
副主任：黄　琪　张之银
复旦大学附属中学
党委书记：郭　娟(女)
党委副书记：吴　坚(兼)　张建国
纪委书记：张建国(兼)
校　长：吴　坚
常务副校长：王铁桦
副校长：张之银(兼)　李　峻(女)　虞晓贞(女)
　　　　杨丽婷(女)
复旦大学第二附属学校
党总支书记：瞿丽红(女)
校　长：李鸿娟(女)
副校长：陈金辉　彭　松(女)
复旦中学
校　长：李秋明
复旦大学附属小学
校　长：彭　松(女,兼)
复旦大学附属中山医院
党委书记：汪　昕
党委副书记：樊　嘉(兼)　李　耘(女)　杜楚源(女)
纪委书记：杜楚源(女,兼)
院　长：樊　嘉
副院长：阎作勤　周　俭　顾建英(女)　孙益红
　　　　钱菊英(女)　　　仓　静(女)

总会计师：吴　涛(女,聘任制)
上海市老年医学中心
党委书记：阎作勤(兼)
党委副书记：孙　湛(兼)　崔彩梅(女)　楼文晖
纪委书记：崔彩梅(女,兼)
常务副院长：孙　湛
副院长：方　浩　杨　震
复旦大学附属华山医院
党委书记：邹和建
党委副书记：毛　颖(兼)　伍　蓉(女)　高继明
纪委书记：高继明(兼)
院　长：毛　颖
副院长：耿道颖(女)　马　昕　靳建平　徐文东
　　　　吕飞舟　　　夏　云
总会计师：周海平(女,聘任制)
复旦大学附属肿瘤医院
党委书记：李端树
党委副书记：郭小毛(兼)　叶定伟　顾文英(女)
纪委书记：顾文英(女,兼)
院　长：郭小毛
副院长：吴　炅　陈　震　虞先濬　苏　鹏
总会计师：董　圆(女,聘任制)
复旦大学附属眼耳鼻喉科医院
党委书记：钱　飚
党委副书记：周行涛(兼)　张朝然(女)　吴岳军
纪委书记：张朝然(女,兼)
院　长：周行涛
副院长：徐格致　王德辉　邵　骏　余洪猛
复旦大学附属妇产科医院
党委书记：华克勤(女)
党委副书记：陈晓军(女)　王　珏(女)
纪委书记：陈晓军(女,兼)
院　长：徐丛剑
副院长：李　斌(女)　姜　桦　李笑天　朱晓勇
总会计师：高　梅(女,聘任制)
复旦大学附属儿科医院
党委书记：徐　虹(女)
党委副书记：黄国英(兼)　董峥然　孙金峤
纪委书记：孙金峤(兼)
院　长：黄国英
副院长：盛　锋　周文浩　张晓波(女)　翟晓文(女)
总会计师：郭太生(聘任制)

复旦大学实体(运行)科研机构负责人

放射医学研究所
党总支书记：蒋　蕾(女)
党总支副书记：邵春林(兼)
所长：邵春林
副所长：卓维海

古籍整理研究所
所　　长：陈广宏
副所长：郑利华
高等教育研究所
所　　长：高国希
副所长：牛新春(女)　陆　一(女)
中国历史地理研究所
所　　长：张晓虹(女)
副所长：杨伟兵　王　哲
国际问题研究院
院　　长：吴心伯
副院长：冯玉军　祁怀高
发育生物学研究所
常务副所长：吴晓晖
出土文献与古文字研究中心
主　　任：刘　钊
先进材料实验室
党总支书记：马蔚纯
党总支副书记：林　丽(女)
主　　任：赵东元
副主任：邵正中　徐华龙
生物医学研究院
党委书记：储以微(女)
常委副书记：周悠悠(女)
纪委书记：周悠悠(女,兼)
院　　长：葛均波
执行院长：徐国良
文史研究院
院　　长：章　清
脑科学研究院
党委书记：陈靖民
党委副书记：罗赟星(女)
纪委书记：罗赟星(女,兼)
院　　长：马　兰(女)
副院长：郑　平　张玉秋(女)　杨振纲　毛　颖
　　　　陈靖民(兼)
社会科学高等研究院
院　　长：郭苏建
上海数学中心
主　　任：李　骏
常务副主任：吴泉水
副主任：沈维孝
发展研究院
院　　长：金　力
常务副院长：彭希哲
执行副院长：张　怡(女)
副院长：吴心伯　张　军　张涛甫　黄　昊
专用材料与装备技术研究院
院　　长：叶明新
副院长：王文斌

高等学术研究院
院　　长：陈晓漫
副院长：阳德青
公共管理与公共政策创新基地
主　　任：彭希哲
中华古籍保护研究院
院　　长：杨玉良
常务副院长：杨光辉
副院长：陈思和　严　峰　陈正宏　吴松弟　刘　钊
　　　　陆建松　褚孝泉
中国研究院
院　　长：张维为
类脑智能科学与技术研究院
院　　长：冯建峰
副院长：王守岩　薛向阳　谢小华(女)
大数据研究院
院　　长：邬江兴
副院长：邹　宏　薛向阳　吴力波(女)
六次产业研究院
院　　长：张来武
大气科学研究院
院　　长：张人禾
副院长：赵卢伟　王桂华　吴志伟　张义军
科技考古研究院
院　　长：袁　靖
副院长：李　辉
一带一路及全球治理研究院
院　　长：焦　扬(女)
第一副院长：陈志敏
常务副院长：黄仁伟
副院长：罗　倩(女)　丁　纯
工程与应用技术研究院
院　　长：徐　雷
副院长：张荣君　甘中学　张国旗
微纳电子器件与量子计算机研究院
院　　长：沈　健
智能机器人研究院
院　　长：甘中学
副院长：张立华　张文强　张　丹　徐　鉴
智能复杂体系基础理论与关键技术实验室
主　　任：林　伟
全球公共政策研究院
院　　长：敬乂嘉
人类表型组研究院
院　　长：金　力
执行院长：田　梅(女)
副院长：昌　军　丁　琛　陶韡烁
脑科学前沿科学中心
主　　任：马　兰(女)
副主任：毛　颖　禹永春　薛向阳　姜　民

代谢与整合生物学研究院
院　长：李　蓬(女)
副院长：王红艳(女)　赵世民　张　锋　赵同金
复杂体系多尺度研究院
院　长：马剑鹏
马克思主义研究院
院　长：李　冉
副院长：周　文　孟　捷　张双利(女)　张　骥　高　仁
现代语言学研究院
院务委员会主任：金　力
院务委员会副主任：陈思和
网络空间国际治理研究基地
主　任：沈　逸
副主任：杨　珉　桂　勇
脑科学转化研究院
院　长：段树民
常务副院长：舒友生
副院长：郭非凡
大数据试验场研究院
院　长：邬江兴
副院长：朱扬勇　邹　宏
新一代集成电路技术集成攻关大平台
主　任：许宁生　刘　明(女)
常务副主任：张　卫
副主任：周　鹏
上海市重大传染病和生物安全研究院
院　长：吴　凡(女)
副院长：谢幼华　张文宏　余宏杰　刘岱淞
望道研究院
理事长：焦　扬(女)
副理事长：裘　新　许　征(女)　陈志敏　吴晓明
院　长：陈志敏
常务副院长：朱鸿召
副院长：李　冉　陈建云　霍四通　高　仁

新增和调整各类委员会、领导小组（非常设机构）及其成员名单

复旦大学第十二届学位评定委员会(2022年6月14日成立)
主　席：金　力
副主席：孙向晨　张　军　穆　穆　汪源源　樊　嘉
　　　　张人禾
委　员：(按姓氏笔画排序)
　　　　马　兰　马余刚　王建新　王　琳　甘中学
　　　　卢丽安　吕长江　朱　刚　向　荣　刘　明
　　　　刘　欣　汤其群　苏长和　李　冉　李　骏
　　　　吴　凡　吴晓晖　何　纳　汪　玲　张涛甫
　　　　陆　昉　陈引驰　陈志敏　陈　猛　陈　焱
　　　　林　伟　季立刚　周兆才　周鸣飞　周　鹏
　　　　赵东元　俞燕蕾　袁正宏　钱　军　彭　鑫
　　　　葛均波

人文学部(共11人)：
主　任：孙向晨
副主任：陈引驰
委　员：(按姓氏笔画排序)
　　　　卢丽安　朱　刚　向　荣　李剑鸣　吴晓明
　　　　张晓虹　陆建松　高永伟　章　清

社会科学与管理学部(共13人)：
主　任：张　军
副主任：陈志敏
委　员：(按姓氏笔画排序)
　　　　王志强　吕长江　刘　欣　苏长和　李　冉
　　　　邹诗鹏　张金清　张涛甫　季立刚　钱　军
　　　　蒋肖虹

理学部(共12人)：
主　任：穆　穆
副主任：赵东元
委　员：(按姓氏笔画排序)
　　　　马余刚　李　骏　李　博　陆　昉　陈　猛
　　　　陈　焱　周兆才　周鸣飞　龚新高　彭慧胜

工程技术学部(共13人)：
主　任：汪源源
副主任：张人禾
委　员：(按姓氏笔画排序)
　　　　王　琳　甘中学　刘　明　孙　刚　杨　珉
　　　　林　伟　周　鹏　郑立荣　俞燕蕾　彭　鑫
　　　　薛向阳

医学部(共19人)：
主　任：樊　嘉
副主任：袁正宏
委　员：(按姓氏笔画排序)
　　　　马　兰　王建新　王彦青　毛　颖　汤其群
　　　　吴　凡　吴晓晖　何　纳　汪　玲　陈　文
　　　　陈　震　段树民　袁长蓉　徐　虹　黄荷凤
　　　　葛均波　蒋　晨

交叉学部(共11人)
主　任：张人禾
副主任：陈　焱
委　员：(按姓氏笔画排序)
　　　　马　兰　王志强　刘　明　孙向晨　苏长和
　　　　汪源源　林　伟　赵东元　俞燕蕾

复旦大学第十二届学位评定委员会的投诉受理委员会
主　任：袁正宏
副主任：卢丽安　赵东元
委　员：(按姓氏笔画排序)
　　　　王　琳　陆　昉　季立刚　葛均波

复旦大学生物安全管理委员会(2022年6月20日调整)
主　任：金　力
副主任：许　征　尹冬梅　朱同玉

委　员：吴力波　马余刚　余　青　江培翃　姜　红
　　　　林鑫华　张　威　何　纳　马　兰　葛均波
　　　　李　蓬　吴晓晖　蔡启良　卢宝荣

复旦大学学生资助工作领导小组（2022年7月1日成立）
组　长：尹冬梅
副组长：张人禾　徐　雷　徐　军
组　员：徐　阳　罗英华　张阳勇　蒋最敏　陈　焱
　　　　杨增国　刘　莉　沈国麟　余　青　潘孝楠
　　　　岳娟娟　马祖勤　包　涵

复旦大学奖（助）学金评审委员会（2022年7月1日调整）
主　任：尹冬梅
副主任：张人禾　徐　雷　徐　军
委　员：徐　阳　罗英华　张阳勇　蒋最敏　陈　焱
　　　　杨增国　刘　莉　沈国麟　余　青　潘孝楠
　　　　岳娟娟　马祖勤　包　涵　薛海霞　李志青
　　　　刘季平　陈　猛　陆　昉　王　新　何更生
　　　　刘　嫣　包江波　李俨达　蒋惠雯

一、院系所与公共教学单位

中国语言文学系

【概况】中国语言文学系(简称"中文系")设有教育部人文社会科学重点研究基地1个,研究中心11个(实体类1个、虚体类10个),中文博士后科研流动站1个,博士点11个,科学学位硕士点12个,专业学位硕士点2个,本科专业2个。

截至2022年底,中文系有在职教职工107人,其中教学科研人员85人(正高职称49人,副高职称23人,青年副研究员4人,中级职称9人),行政、学工人员16人(含租赁制2人),其他专技人员6人。博士后流动站进站10人,出站8人,在站17人。李钧、倪伟、盛益民晋升为教授,李猛、陶磊晋升为副教授。秦振耀、战玉冰、施瑞峰、吴心怡、许亚云、殳简(租赁制)入系工作。邵毅平、李振声、孟金蓉退休。陈倾涵与汪宇航(均租赁制)离职。

出土文献与古文字研究中心有在职教职工18人,其中教学科研人员16人(正高职称8人,副高职称7人,中级职称1人),行政、学工人员2人。周波晋升为研究员,石继承晋升为副研究员。

教学与培养。2022年,本科生招收118人,毕业140人,在读557人。本科生课程上半年开设96门,下半年开设116门。硕士研究生招收142人(含留学生14人),毕业107人,在读397人;博士研究生招收54人(含留学生3人),毕业43人,在读278人。硕博生课程上半年开设76门,下半年开设84门,另有3门FIST课程和1次暑期学校。举行人才培养专题会议7场,启动荣誉项目暨荣誉课程建设。举办"本科生学术季前沿系列讲座"12次,与两家外校院系联合举办本科"拔尖学生培养"论文报告会1次。获上海市高等教育优秀教学成果项目一等奖1项,复旦大学院系研究生教育质量评估二等奖1项,复旦大学研究生课程思政建设项目立项3项,"古典诗词导读"课程入选复旦大学课程思政标杆课程并获首届上海市课程思政教学设计展示活动一等奖,"《西游记》导读"与"《史记》导读"入选上海市重点课程。获8项首届复旦大学教材建设奖。王安忆获复旦大学"研究生心目中的好导师"称号,王宏图获第一届"何建明中国创意写作奖"教学贡献奖。25位本科生毕业生获"拔尖计划"学生称号。获复旦大学春季学期优秀通识课程论文评选一等奖1项,二等奖2项。3位博士毕业生获"国家社科基金优秀博士论文出版项目"立项。4位研究生获国家留学基金项目资助,1位博士生获文科博士生国际访学专项资助。

科研立项及成果。新增国家社会科学基金重大项目1项("先秦至南北朝官私玺印集存"),一般项目3项("《共产党宣言》陈望道译本互文性研究""路翎创作文献史料整理与研究""唐宋词中的器物书写研究"),后期资助项目2项("殷墟王卜辞分类缀合研究""小屯南地甲骨释文校订及相关问题研究"),青年项目1项("宋诗自注研究");教育部人文社会科学研究青年项目1项("新文学传播方式转型与市民读者接受研究(1927—1937年)");上海哲学社会科学一般课题2项、青年课题1项、规划自筹经费课题1项,上海市教育委员会委托项目1项,复旦大学人文社会科学先锋计划2项、先导计划5项(含冷门绝学专项支持项目2项);横向项目4项。获国家社科基金结项优秀成果1项。"中国古代文学文献领域培优专项"入选首批"一流学科培优行动支持专项"项目。教师发表文章共计334篇,CSSCI论文132篇,另有《新华文摘》"人大复印资料"转载4篇。出版个人专著、编著、译著等共52部。

学术会议讲座。主办线上线下学术会议、论坛,以及邀请校外学者开展讲座46场,联合举办学术会议1场。参会的海外学者有美国新奥尔良大学教授钱兆明、德堡大学教授夏纳汉(John Shanahan)、俄克拉荷马大学教授石江山(Jonathan Stalling)、纽约州立大学教授克里斯丹·米勒(Cristanne Miller),澳大利亚昆士兰大学教授陈平,日本熊本学园大学教授石汝杰,新加坡国立大学副教授彭睿等。港澳台地区学者有香港浸会大学中文系教授张美兰、澳门大学社会科学及人文学院教授徐杰、台湾大学中国文学系教授张丽丽等。

学科荣誉。获上海市第十五届哲学社会科学优秀成果奖7项。入选2021—2035年国家古籍工作规划重点出版项目(第一批)18项、国家语委"党的十八大以来语言文字事业改革发展成就"2项。中国语言文学系、出土文献与古文字研究中心获评"复旦大学2022年度科研考核优秀单位"。出土文献与古文字研究中心入选第五届华人国学大典"国学活化计划"提名项目优选展示。郜元宝获第八届鲁迅文学奖·文学理论评论奖1人;获第三届宋云彬古籍整理奖·图书奖1项、青年奖·图书奖1项,上海作家协会年度作品奖1项,上海市浦江人才计划1项,上海市"曙光计划"项目1项,第五届山东大学董治安先秦两汉文学与文献研究奖一等奖1项,第四届中华经典诵写讲大赛优秀奖1项及上海赛区指导奖和参赛奖3项。

对外交流。联合举办"复旦大学-巴黎高师人文学科联合培养项目"八周年纪念会,5名学生录取至第五届"复旦-巴黎高师人文硕士班"。在教育部主办《拔尖通讯》上发表与国际培养相关文章1篇。举办学生国际培养工作教师座谈会1场,交流选拔面试会2场,共有21名学生获得赴外交流学习机会。

党建工作。制订中文系年度工作计划1份,全年召开分党委(扩大)会18次,党政联席会议39次,上报"三重一大"事项248项。党委理论学习中心组全年学习22次,师生党支部围绕二十大主题展开各类学习研讨、主题党日活动近30次,全年组织教职工政治理论学习7次,邀请党代表、专家做辅导报告4人次。组织6个教工党支部开展换届工作,新发展预备党员48人,接收新生党员40余人,全年办理党组织关系转接共计120余人次。形成关于零星采购自查自纠情况的报告1份,开通纪委专用工作邮箱1个。疫情网格化管理期间,在校内外建立临时党支部11个、党员突击服务队11个、党员先锋服务岗13个,实现党员到居住社区报到的全覆盖;校内外开展服务8 600余人次,通过多种途径全覆盖地为退休、在职教职工提供蔬菜包,为退休教师提供就医和药品服务保障。举办纪念张世禄先生诞辰120周年座谈会1次,召开青年教师座谈会(含师德师风教育)1次,盛益民获上海市青年五四奖章。完成退教协中文分会换届工作,退休教师谭兰芳获上海市退教协表彰。完成3名无党派人士认定推荐工作,陈引驰当选上海市政协委员,戴从容当选欧美同学会复旦分会副会长。许亚云当选杨浦区第十七届人大代表。

学生工作。全年共有辅导员15人,其中专职辅导员3人,教师兼任辅导员3人,人才工程队员7名,学生助管辅导员2人。组织本研系主任午茶调研会、"惠风钟文学术活动月"(春秋两季)、语言学沙龙等师生学术共同体平台活动141场次。举办文体活动28场次。社会实践项目成功结项64个,参加人数677人,获评A类5项,获评优秀14项。输送人才工程预备队员2人,西部支教3人,青年复旦3人。1个青志队获评复旦大学青年志愿服务先进集体,1名本科生和1名研究生获评复旦大学优秀学生标兵,1名本科生和1名研究生获评复旦大学优秀学生干部标兵,1人获评复旦大学研究生"十佳辅导员",1人获评复旦大学本科生毕业生之星,1人在国际级体育赛事上获团体金牌及个人铜牌。

行政服务工作。开展4场中文系行政服务岗位业务能力培训。完成任期经济责任审计工作1项并落实相关整改工作。开展资产抽查2次、消防安全检查及提示4次,全年提交资产变更单70余批。启用中文系档案室,入藏档案材料23件。撰写2021年系情通讯60 000余字并刊印2020、2021年通讯各200册。配合疫情网格化管理,开放中文资料室和文化休闲空间,系资料室全年开放282天共约3 447小时,新购图书约1 082册,入藏硕博士学位论文151册。中文系会议室及教室为师生服务约350场次。有部门或团组类新媒体账号25个(含新增6个),关停2个,发布文章、视频总量1 400余篇(条)。12月启动"宁波银行-复旦中文大讲堂"项目。

(王 烨 马奔腾 顾一然 谈 菲 李 莹 宋婷婷 常 然 李线宜 韩莹瑛 陈思昀 朱玉伟)

【获上海市第十五届哲学社会科学优秀成果奖7项】 7月,上海市第十五届哲学社会科学优秀成果奖·学科学术优秀成果奖名单公布,复旦大学中国语言文学系和出土文献与古文字研究中心7项成果获奖。其中一等奖3项,分别为宗廷虎等著《中国辞格审美史》(著作类)、裘锡圭著《说〈老子〉中的"无为"和"为"——兼论老子的社会、政治思想》(论文类)、朱立元著《试论人文学科知识体系建构的若干理论问题——以当代中国文艺学学科为例》(论文类);二等奖4项,分别为陈尚君《唐诗求是》(著作类)、周波著《战国铭文分域研究》(著作类)、蒋玉斌著《释甲骨金文的"蠢"兼论相关问题》(论文类)、杨俊蕾著《机器、技术与AI写作的自反性》(论文类)。

(王 烨)

【入选国家语委"党的十八大以来语言文字事业改革发展成就"2项】 9月,国家语言文字工作委员会发布"共谱十年华章 奋楫百年征程——党的十八大以来语言文字事业改革发展成就",复旦大学出土文献与古文字研究中心裘锡圭著《文字学概要》(日文版),刘钊主编、陈剑副主编《传承中华基因——甲骨文发现一百二十年来甲骨学论文精选及提要》入选并加以展示。

(陈思昀)

【获首届复旦大学教材建设奖8项】 9月30日,复旦大学教材工作推进会暨教材建设表彰会召开,公布首届学校教材建设奖获奖者名单和首批"七大系列精品教材"建设项目入围名单。杨乃乔主编《比较文学概论》、朱立元主编《当代西方文艺理论(第三版)》获特等奖,陆扬、王毅著《文化研究导论(第二版)》获一等奖,吴礼权主编《现代汉语修辞学(第四版)》、殷寄明著《〈说文解字〉精读(第二版)》获二等奖,朱立元获特别贡献奖。陈思和主编《中国现代文学教程》、刘钊主编《出土文献与古文字教程》入选首批"七大系列精品教材"立项名单。

(宋婷婷)

【举办纪念张世禄先生诞辰120周年座谈会】 于11月29日举行。座谈会为复旦大学"致敬大师"系列活动之一,由校党委教师工作部指导,中文系主办召开。校党委常委、副校长陈志敏,东方出版中心总编辑郑纳新致辞。学校相关职能部门代表、校内外专家学者、张世禄弟子代表、家属代表以及中文系语言学科教师代表和学生代表50余人参会并发言。会上发布《张世禄先生诞辰120周年纪念文集》以及纪念视频,中文系主任朱刚作总结讲话。

(葛庆华)

【联合举办"复旦大学-巴黎高师人文学科联合培养项目"八周年纪念会】 于12月21日由复旦大学中华文明国际研究中心与中国语言文学系联合举办,中华文明国际研究中心主任陈引驰致开幕辞并主持会议,副校长陈志敏、法国驻上海总领事馆教育领事白丽娜、中文系教授兼项目管委会总负责人黄蓓、巴黎高师文化迁变与传播研究中心主任及项目主要发起人之一米歇尔·埃斯巴涅先后致辞。中文系主任朱刚、历史学系系主任黄洋、哲学学院副院长张双利、外文学院院长高永伟分别介绍所在院系的项目开展情况和人才培养成果。国际合作与交流处处长卢丽安、研究生院常务副院长陈焱、巴黎高师文化迁变跨学科创新科研基地中国项目主管肖琳介绍所在单位对项目的支持情况。中文系毕业生、第二届项目班成员赵明节,中文系讲师、首届项目班成员秦振耀参与发言。会上发布由中华文明国际研究中心和中文系共同策划制作的纪念视频。

(秦振耀)

【"宁波银行-复旦中文大讲堂"项目启动】 12月14日,"宁波银行-复旦中文大讲堂"项目启动仪式在上海国际会议中心七楼上海厅举行。复旦大学中国语言文学系主任朱刚、宁波银行上海分行行长徐雪松出席仪式并作启动发言。复旦大学望道研究院副院长、中文系现代汉语语言学副教授霍四通,中文系语言学及应用语言学博士许亚云在启动仪式上做"望道"故事演讲。复旦大学对外联络与发展处副处长章晓野、中文系副系主任孙晓虹等参加仪式。 (韩莹瑛)

【张雨获2022年射击(步手枪)世界锦标赛3项奖项】 10月14—17日,在埃及举行的2022年射击(步手枪)世界锦标赛上,2022级本科生张雨获女子10米气步枪团体冠军、10米气步枪混合团体季军、女子10米气步枪个人单项季军。 (傅骏)

哲学学院

【概况】 2022年,哲学学院设有博士后流动站1个,博士点10个、硕士点10个、本科专业2个(哲学、宗教),本科培养方向3个(国学、科学哲学与逻辑学、艺术哲学),教育部人文社会科学重点研究基地1个,哲学社会科学创新基地1个,上海市社会科学创新研究基地1个,国家民委中华民族共同体研究基地1个,新增中国科协-复旦大学科技伦理与人类未来研究院实体机构1个,共计各类研究中心和研究所19个。

学院现有在职教职员工89人,其中专任教师69人(正高级职称35人,副高级职称27人,中级及以下职称7人),讲座教授2人,行政教辅人员16人,租赁人员3人。2022年补充青年教师2人。在站博士后17人。吴虹、张明君入选上海市浦江人才计划。

全年招收本科生76人(含留学生2人)、硕士研究生65人(含留学生11人)、博士研究生56人(含留学生2人);毕业本科生69人、硕士研究生66人、博士研究生42人;在校本科生316人、硕士研究生198人(含英文项目硕士19人)、博士研究生232人。春季学期开设本科生课程101门、研究生课程66门、第二专业课程3门;秋季学期开设本科生课程80门、研究生课程78门。

教学成果。"入门、进阶与对话——复旦大学本科生哲学公共教育教学体系建设"(张双利等)获上海市教学成果特等奖,"数学、哲学与计算机科学的交叉融合:基于数理逻辑学程的基础学科人才培养"(郝兆宽等)、"开拓21世纪马克思主义哲学人才培养新阵地:全英文系列研讨课程体系建设"(林晖等)获上海市教学成果二等奖。笛卡尔《谈谈方法》(佘碧平)入选上海市重点课程。"《春秋》三传选读"(郭晓东)、"马克思主义哲学史"(祁涛)入选复旦大学2022年度课程思政标杆课程,"切实结合'习近平总书记关于美育的重要论述',建构美学与艺术哲学类专业课程'课程思政'体系的研究"(袁新)、"用'习近平新时代中国特色社会主义思想'激活经典文本教学的路径研究——以《资本论》及其手稿为例"获2022课程思政教育教学改革研究课题立项。"哲学课程的新媒体应用与教学创新研究"(祁涛)获第一批校级本科教改项目立项。祁涛获复旦大学青年教师教学竞赛(人文组)二等奖。"《孟子》导读"(徐波)获复旦大学全英语学程(课程)建设项目(线下课程)立项。

科研成果。全年发表各类学术文章231篇(其中博士后18篇),其中《哲学研究》《中国社会科学》7篇,A&HCI、SCI、SCIE、SSCI等国际权威18篇(其中博士后2篇),CSSCI期刊论文96篇(其中博士后11篇)。40余篇论文被《新华文摘》《中国社会科学文摘》《人大复印资料》转载。出版著作40部。"对于人工智能与特定文化风土间关系的哲学研究"(徐英瑾)、"近世东亚经学复古语境中的实学思想研究"(博士后廖海华)入选国家社科基金一般项目;"习近平生态文明思想的马克思主义生态理论基础、传承与贡献研究"(陈学明)入选教育部哲学社会科学研究重大专项项目;"新正理派的知识表示和推理研究"(Eberhard Guhe 顾鹤)入选教育部人文社会科学研究规划基金项目;"近世诗学文献中的古典诗学形式知识研究"(博士后王涛)入选教育部人文社会科学研究青年基金项目;"20世纪西方艺术史论中的形式意志与图像潜能研究"入选教育部哲学社会科学后期资助项目。另有1个项目入选国家民委专项研究项目,3个项目入选上海市社科基金项目,1个项目获中国科学技术协会咨询课题委托立项,4个项目入选复旦大学人文社科先导计划、先锋计划。全年获上海市第十五届哲学社会科学优秀成果奖5项,其中包括学科学术优秀成果奖一等奖1项、二等奖3项,党的创新理论研究优秀成果奖二等奖1项。另有6个项目入选"十四五"时期国家重点图书出版专项规划,8个项目入选各类校级项目。

学术会议及讲座。全年召开学术会议20场。举办"PPE杰出学者系列讲座""复旦佛学系列讲座""艺术哲学系列讲座""科学哲学系列讲座""生命伦理学前沿讲座""复旦哲学外事系列讲座""黑格尔与现代世界系列讲座""国外马克思主义哲学前沿系列讲座""应用伦理与人类未来系列讲座""理论与历史系列讲座""复旦PPL系列讲座"等27个系列,共计173场学术讲座,受到社会各界广泛关注,被《文汇报》《澎湃新闻》《中国社会科学报》等报刊杂志报道。

国际交流与合作。全年派出交流学生14人。与德国科隆大学、意大利威尼斯大学续签欧盟"Erasmus+项目"合作协议，为师生共6人次出国学习访学提供全奖资助。邀请匈牙利布达佩斯罗兰大学、加拿大西安大略大学、波士顿学院等合作院校的专家学者线上展开系列讲座共计12场。

党建工作。学院党委持续深化党史学习教育，学习贯彻宣传党的二十大精神，守牢抗疫底线，统筹推进学院事业发展。组织师生共同观看中国共产党第二十次全国代表大会开幕会，围绕深入学习宣传贯彻党的二十大精神，按照"原原本本学报告—结合学科讲重点—实践参访悟真知"的整体学习思路，在中心组层面、全体教职工层面以及各师生支部层面组织全覆盖、多层次的学习活动。包括邀请学校宣讲团成员、学院党委委员吴晓明作题为"中国式现代化的理论与实践"的学习辅导报告；结合哲学学科发展实际，开展"科技伦理学科布局和国家重大战略""优势学科的巩固和自主话语体系""艺术哲学的发展和文化建设"专题研讨，组织师生观看《望道》电影，参访《共产党宣言》展示馆、中共二大会址、《新青年》编辑部旧址等红色景点；组织师生开展"党的二十大精神学习书法交流会""手绘漫画展示十年发展变化"等特色活动。鼓励教师充分利用自身理论优势，面向院外、校外宣传二十大精神，讲好十八大以来的非凡成就和中国式现代化发展的光明前景。全院6位教师为学校、社会等各界人士作20余场学习党的二十大精神的辅导报告。党员教育和支部建设方面，开展"哲思领航·笃志践行"党的二十大精神系列学习活动20余场。贯彻落实党支部书记例会制度，坚持党支部参与学院重大问题决策，加强对教职工职称评聘、岗位聘任和考核评价等政治把关，推进党支部标准化规范化建设，全年通过5项规章制度。党员发展方面，全年新发展党员32人，54名预备党员转正，36人被确立为入党积极分子，递交入党申请的学生38人。

学生工作。学院共有辅导员13人，其中专职辅导员3人，教师兼任辅导员2人，行政兼职辅导员2人，人才工程队员5人，学生助管兼任辅导员1人。举办第23届"Sophia人文节"、第十五届"博士生学术论坛之哲学篇"，开展"新生学术训练周"等学术活动。学院分团委获"上海市基层团组织典型选树"通报表扬，在一二·九合唱比赛中获铜奖。组织由专业教师带队的4条社会实践线路，立项30项本科生社会实践项目、12项研究生社会实践项目，立项数量超去年的50%，获评复旦大学2022年社会实践十佳项目1项、2022年研究生寒假社会实践优秀项目1项。2022届毕业生中共有14名选调生，5人前往中西部就业，另有5人参与西部支教。15名本科生入选教育部"拔尖计划"学生；5名本科生的望道项目结题并获"望道学者"称号，2名学生入选复旦大学荣昶高级学者，1名学生获第五届人民中国杯国际日语翻译大赛一等奖，2名研究生获评楼宇烈民生奖学金特等奖和优秀奖。1名学生获吉林省"大学生自强之星"，1名学生获中国公益慈善项目大赛百强项目。

疫情防控。组建学院疫情防控专班，召开6次全院教职员工大会、学生大会，解读政策、倾听诉求、稳住情绪。学院疫情防控专班下设师生核酸检测、在校学生物资保障、教职工及退休教师工作等小组，有序推进各项工作。学院专班为132位教职工、退休教师送去米面粮油、肉奶蛋禽等生活物资；与"探路的猫头鹰"志愿团队合力为多位独居退休教师安排联系专员，每日关心身体健康与生活状况；积极协调解决多位老师封闭期间买药难、就医难的问题。20多位专业教师参加小区志愿工作。积极组织学院党员为抗疫募捐，助力上海市防疫工作。学院教师在有效组织线上教学的基础上，开设15个线上读书会，举办近百场学术讲座，丰富学生疫情期间的学习生活。

"复旦大学哲学学院"微信公众号、"复旦哲学"B站号、"复旦哲学"抖音号等关注粉丝数超55万，公众号年度阅读量超180万人次，全平台观看超4000万人次，单场直播最高观看人次358万+。全媒体与艺术中心获评第五届全国大学生网络文化节其他作品征集活动三等奖。

（汤克凤　隋艺菲）

【邓安庆主持的国家社科基金重大项目结项并获评优秀】 1月，邓安庆教授主持的国家社科基金重大项目《西方伦理思想通史》结项，被评为等级优秀。该项目凭借正义、爱和自由三大伦理理念实存史完成对西方道德哲学通史的建构，对西方伦理学类型的谱系学发展作出符合历史事实的描述。

（汤克凤）

【徐英瑾成果获思勉青年原创奖】 1月初，第五届思勉原创奖结果揭晓，徐英瑾教授《心智、语言和机器——维特根斯坦哲学和人工智能科学的对话》（人民出版社2013年出版）获思勉青年原创奖。

（汤克凤）

【PPE专业建设有序推进，完成首次招生】 复旦大学政治学、经济学与哲学专业（PPE）是由复旦大学哲学学院、国际关系与公共事务学院以及经济学院共建的跨学科本科人才培养专业。PPE专业学生由三家共同培养，由哲学学院统筹学生管理。3月，PPE专业正式开启专业形象宣传和学术平台建设工作，其宣传片、宣传手册在公众号、B站、抖音等平台的播放浏览量达到4万余次。邀请复旦大学经济学院院长张军、浙江大学社会学系主任赵鼎新、北京大学元培学院院长李猛举办3场"PPE杰出学者系列讲座"，受到学生广泛欢迎。4月，PPE专业以转专业方式迎来第一批13位学生，组建PPE专业首个班级。9月，为进一步推动PPE专业建设和学生培养，经济学院院长张军、国际关系与公共事务学院院长苏长和和哲学学院院长孙向晨与PPE专业工作委员会、导师团队、首届学生共同召开座谈会。

（汤克凤）

【举办第二十三届Sophia人文节】 4月7—26日，举办第23届Sophia人文节。本届Sophia人文节以"没有Home键的世界？（World without 'Home'?）"为主题，邀请鲁明军、贺腾、白彤东、张寅、谢晶、孙向晨6名学院教师带来6场专题讲座，邀请学院教师郁喆隽举办"家"主题观影会，并特别邀请北京大学徐龙飞、程乐松与孙向晨围绕"家"主题开展对谈。

（汤克凤）

【举办2022年复旦大学-上海当代艺术博物馆艺术哲学暑期研修班】 7月5—11日，复旦大学哲学学院与上海当代艺术博物馆（PSA）联合举办的"经典的复活：欧美艺术哲学名著导读——2022年复旦大学-上海当代艺术博物馆艺术哲学暑期研修班"在线举行。此次暑期班共收到来海内外高校的324余份申请，最终录取112位学员。本次研修班的主题是"经典的复活：欧美艺术哲学名著导读"，邀请王德峰、张汝伦、先刚、高建平、彭锋、江怡等11位国内外重要的学者，围绕黑格尔《美学》、康德《判断力批判》、谢林《艺术哲学》、杜威《艺术即经验》、阿多诺《美学理论》、古德曼《艺术的语言》、维特根斯坦《逻辑哲学论》、梅洛-庞蒂《知觉现象学》、福柯《知识考古学》等10部经典著作展开深入导读。

（汤克凤）

【举行国家社会科学基金重大项目"中国式现代化新道路与人类文明新形态研究"开题会】 8月28日，由学院教授吴晓明担任首席专家的2021年度国家社会科学基金重大项目"中国式现代化新道路与人类文明新形态研究"开题报告会暨学术研讨会在光华楼举行。文科科研处处长顾东辉主持开幕式，副校长陈志敏代表学校致辞。课题首席专家、复旦大学文科资深教授吴晓明介绍项目的基本概念、主要环节、研究总体布局和研究要求，与会专家积极肯定这一项目研究的重要意义，并就深入理解中国式现代化和人类文明新形态进行评议和讨论。

（汤克凤）

【举办王蘧常先生著作稿捐赠仪式、《王蘧常文集》新书发布会、王蘧常先生书法（线上）展览开幕式】 9月3日，举办王蘧常先生著作稿捐赠仪式、《王蘧常文集》新书发布会、王蘧常先生书法（线上）展览开幕式。副校长陈志敏出席仪式并致辞。王蘧常先生的家属，以及来自学术界、书法界、出版界、媒体界等50余人齐聚一堂，探讨王蘧常先生的学问和艺术成就。为进一步推动王蘧常先生思想研究，王蘧常先生的家属将《诸子学派平论疏谊稿》《秦史稿》《秦史佚稿》捐赠给哲学学院和王蘧常研究会，双方在大会上签署捐赠协议并围绕如何保管及应用捐赠著作展开讨论。

（汤克凤）

【举办"哲学：专业教育、通识教育与公共教育"专题研讨会】 10月29日，复旦大学哲学学院与陕西师范大学哲学学院、哲学书院联合举办的"哲学：专业教育、通识教育与公共教育"专题研讨会在线上举行。来自陕西师范大学尤西林、袁祖社、刘冬，来自复旦大学的吴晓明、孙向晨、袁新等20多位专家学者参加会议。研讨会共分为5个专题，学者们围绕哲学教育的内涵与价值、哲学专业教育、通识教育与公共教育的关系、哲学公共教育的探索等主题发表报告，并就今后继续在哲学通识教育、公共教育方面的合作展开讨论。

（汤克凤）

【举办2022江南儒学研讨会】 11月12—13日，"明清江南儒学的演进及其近代转型——2022江南儒学研讨会"在沪举行。本届研讨会由复旦大学哲学学院、同济大学人文学院和复旦大学上海儒学院主办，青浦·复旦江南文化研究院和上海市儒学研究会协办。会议采取线上线下结合形式进行，来自清华大学、复旦大学、同济大学、山东大学、浙江大学、华东师范大学、上海师范大学等二十余所全国高校与研究所的五十余位学者参会。

（汤克凤）

【中国科协-复旦大学科技伦理与人类未来研究院揭牌成立】 11月13日，中国科协-复旦大学科技伦理与人类未来研究院成立大会在校举行。在中国科学院院士、中国科学技术协会名誉主席韩启德，复旦大学党委书记焦扬，中国科学院院士、复旦大学校长金力的共同见证下，中国科学技术协会党组成员、书记处书记王进展与复旦大学副校长陈志敏代表双方签署共建协议。韩启德、王进展、焦扬、金力共同为中国科协-复旦大学科技伦理与人类未来研究院揭牌。配合研究院的成立，10月13日—11月17日，以"应用伦理与人类未来"为主题，邀请应用伦理研究的相关专家与相关专业领域的科学家、学者、企业家，围绕科技伦理、人工智能、基因编辑、环境伦理、企业伦理、数字伦理与精准医学等主题展开系列讲座及对谈。

（汤克凤）

【举办"逻辑方法与社会治理"学术研讨会暨上海市逻辑学会2022年学术年会】 11月20日，由上海市逻辑学会主办、复旦大学哲学学院承办的"逻辑方法与社会治理"学术研讨会暨上海市逻辑学会2022年学术年会于线上举办。来自上海市各高校、科研机构及其他单位的近百名逻辑学会会员、专家学者以及特邀嘉宾参会。本次会议系"上海市社联第十六届（2022）学会学术活动月"系列活动之一，也是上海市逻辑学会党组带领全体会员开展的一次深入学习领会党的二十大精神的具体活动。

（汤克凤）

【召开上海市中华民族交流交往交融史料编写工作专家咨询会议】 12月4日，上海市中华民族交流交往交融史料编写工作专家咨询会议在光华楼召开。市民族与宗教事务局局长王新华、处长姜斌、副处长阿扎提与来自复旦大学、华东师范大学、上海社会科学院的十余位专家学者围绕如何开展编写工作进行深入讨论。

（汤克凤）

历 史 学 系

【概况】 2022年，历史学系设有博士后流动站2个，博士点6个，硕士点6个，本科专业1个。旅游学系设博士点1个，硕士点2个（含专业硕士），本科专业1个。

有在编教职工100人，非在编全聘教师3人。其中专任教师89人，具有正高级职称39人，副高级职称35人，青年副研究员和讲师15人；其中研究生指导教师70人，博士生指导教师47人。管理、学工、图书资料人员14人，租赁行政人员2人。

全年招收本科生107人（包括历史学类75人、留学生2人）、硕士研

一、院系所与公共教学单位

生45人(留学生6人)、博士研究生47人(留学生1人);旅游学系招收本科生21人(留学生12人)、硕士研究生10人(留学生3人)、博士研究生6人(留学生1人)、专业硕士生(MTA)62人。历史学系毕业本科生39人、硕士研究生33人、博士研究生34人;旅游学系毕业本科生36人、硕士研究生7人、博士研究生2人、专业硕士生(MTA)77人。授予历史学学士学位39人、硕士学位33人、博士学位34人;管理学学士学位36人、硕士学位7人、博士学位2人、专业硕士学位(MTA)76人。

全年科研项目立项17项,其中国家社会科学基金青年项目5项,国家社会科学基金一般项目1项,国家自然科学基金青年科学基金项目1项;教育部人文社会科学重点研究基地重大3项,教育部人文社会科学研究规划基金项目1项,教育部人文社会科学研究青年基金项目1项;上海市浦江人才计划项目2项,上海市高校智库(宫内涵建设计划)1项;其他中央政府部门项目2项。

出版著作24部,其中专著12部,编著8部,译著1部,教材1部,古籍整理著作2部。在国内外学术期刊及报刊发表论文203篇,其中权威期刊22篇,核心期刊52篇,一般期刊129篇。

全年教师参加国际会议、访问研修或演讲授课44人次;学生出国出境学习14人次。举办国内外学术研讨会共6场次。邀请法国国家科学研究中心(巴黎)教授奥斯蒙德·波比拉赫齐(Osmund Bopearachchi)、法国高等研究实践学院教授沃特·汉克尔曼(Wouter Henkelman)、法国斯特拉斯堡大学教授亚历珊德拉·凡林(Alexandra Vanleene)、意大利比萨大学教授洛克·帕勒莫(Rocco Palermo)、中国社会科学院近代史研究所副研究员薛轶群等开设学术讲座。

(施 晴)

【举办"纪念中韩建交30周年——大韩民国临时政府与中国"国际学术会议】 于8月26日通过线上线下相结合的方式举行,会场设在韩国首尔国立大韩民国临时政府纪念馆。该会议由复旦大学历史学系和韩国国立大韩民国临时政府纪念馆联合举办,来自中韩两国百余名青年学者、学生和相关人士参加会议。会议围绕大韩民国临时政府在中国境内领导独立运动期间与中国社会各界的关系以及大韩民国临时政府相关旧址的保护、相关资料的收集与整理等问题展开讨论,复旦大学历史学系教授孙科志、韩国忠北大学教授朴杰淳等5位学者发表主题发言。会议印制《纪念中韩建交30周年国际学术会议论文集》,韩国联合新闻社对会议进行专门报道。

(施 晴 孙科志)

【举办"碑之转身——中古中国石碑与石刻文化学术研讨会"国际学术会议】 于10月29—30日以线上线下相结合的方式举行,由复旦大学中古中国研究中心和复旦大学历史学系联合主办,来自海内外近五十位学者受邀参会。大会围绕汉唐间的石碑与石刻文化这一主题,共计报告四篇基调演讲(含外文报告一篇)与二十九篇论文(含外文论文四篇),并通过评议的方式进行深入交流,展现相关研究领域的前沿水准。

(施 晴 徐 冲)

【举办复旦大学世界史青年论坛】 于11月26日以线上线下相结合的方式举行,由复旦大学历史学系主办。来自中国社会科学院、北京大学、清华大学、南京大学、中国人民大学、南开大学、华东师范大学、东北师范大学、上海外国语大学、暨南大学、宁波诺丁汉大学、纽约新学院等国内外高校和研究机构的13位青年学者和复旦大学的10余位资深教授和青年学者开展研讨。论坛围绕全球史与帝国史、美国史、冷战与国际关系史、亚非拉史等四个主题开展分论坛讨论。论坛期间,《世界历史评论》编辑冯雅琼、《探索与争鸣》编辑杨义成分别对两大刊物进行介绍,为青年学者研究成果的发表提供机会。

(施 晴 向 荣)

【举办复旦大学历史学系2022年"博思"史学论坛】 于11月26—27日通过在线上举行。该会议由复旦大学历史学系主办,以"机遇与变革:历史大变局下的中国与世界"为主题,收到来自海内外70余所高校及科研机构的317篇论文,最后遴选出56篇优秀入围作品。入围论文涉及经济史、社会史、制度史、军事史、思想史等不同领域的前沿问题,呈现出百花齐放、兼容并蓄的学术特色。论坛共评选出"博思"史学奖获奖论文20篇,获奖者分别来自北京大学、复旦大学、厦门大学、荷兰根特大学、武汉大学等12所海内外高校。论坛设立中国古代史(先秦至宋元)、中国古代史(明、清)、中国近现代史、世界上古史、中古史以及中世纪至近现代早期史五个分论坛,复旦大学历史学系教授吴晓群、徐冲分别作主旨报告,来自复旦大学历史学系、历史地理研究中心、上海师范大学人文学院的12位专家担任点评嘉宾。

(施 晴 朱 懿)

文物与博物馆学系

【概况】 2022年,文物与博物馆学系(简称"文博系")设文物与博物馆学1个本科专业,考古学1个学术硕士点和1个博士点,文物与博物馆1个专业硕士点,考古学1个博士后流动站。现有教职工46人,其中教授/研究员17人,副教授8人,讲师5人(其中专职讲师2人),青年副研究员6人,教辅人员5人(图书资料3人、实验技术2人),行政5人(含2名借调人员)。

全年招收本科生15人、硕士研究生67人、博士研究生36人。有在读本科生108人、硕士研究生144人、博士研究生100人。春季学期开设本科课程41门,秋季学期开设课程35门。其中,"以博物馆+为平台,融通理论,联动育人——文博专业教学实践模式的新探索"获2022年上海市优秀教学成果奖二等奖,"展览形式设计"(虚拟仿真实验教学课程)获2022年度上海高校市级重点课程立项,"非物质文化遗产导论""打虎亭汉墓虚拟仿真实验教学"(虚拟仿真教学实验)获2022年度上海高等学校一流本科课程认定,"中国古典园林史"课程教学案例"两宋园林的特征、发展与主要成就"获评"复旦大学2022年课程思政优秀案例"。研究生课程共开设55门,其中硕士42门,博士13门,与2021年相比新增8门。

2022年,文博系成功申请联合国教科文组织活态遗产与社区发展教席。科研成果方面,新增国家级课题4项,其中国家社会科学基金重点项目1项,国家社会科学基金专项项目1项,国家社会科学基金-国家艺术基金项目传播交流推广资助项目1项,国家自然科学基金委国际(地区)合作与交流项目1项。新增省部级课题2项,其中上海市哲学社会科学规划一般课题1项,其他中央政府部门项目1项。出版著作7部,其中专著3本,编著2本,译著1本,工具书1本。以第一单位发表的第一作者或通讯作者文章共计122篇,其中被CSSCI、A&HCI、SCI、SSCI、CSCD、北大核心收录的论文共48篇。陆建松《博物馆建造及展览工程管理》、孔达《试论博物馆对外展览建构国家形象的价值与路径》分获第三届全国博物馆学优秀学术成果著作奖、优秀学术成果论文奖。

合作交流。3月,与大足石刻研究院、日本奈良文化财研究所签订中日合作大足石刻保护协议。合作将以大足石刻峰山寺摩崖造像为具体研究对象,在环境监测、保存状况评价、相关现场调查与室内实验、风化病害机理研究、修复保护材料研究、实验室建设、人才培养与交流、国际学术会议等方面开展广泛合作。10月,与金华市文物保护与考古研究所签署合作框架协议,共建复旦大学文物与博物馆学系-金华市文物保护究所教学科研实践基地,参与金华市城乡历史文化遗产的调查、研究和保护管理工作,为金华市城乡历史文化遗产的传承利用提供咨询和指导,全面推进文博系实践教学工作,提高实践教学质量。

院系活动。为了克服疫情带来的影响,结合本科"荣誉项目"建设,以线上形式为主举办学术讲座共10场。开展青年教师读书会2场,本科生学术下午茶6场。10月14日—11月1日,由国家艺术基金、复旦大学主办的"人间正道是沧桑——党的一大至七大连环画展"在复旦大学博物馆(蔡冠深人文馆)二楼举行。

(刘朝晖 陈笑然)

【与23家联合培养单位签署《关于考古学国家急需高层次人才培养合作协议》】 6月,与中国社科院考古研究所、国家文物局考古研究中心、中国国家博物馆、上海博物馆、陕西省考古研究院、河南省文物考古研究院、安徽省文物考古研究所、福建省考古研究院、甘肃省文物考古研究所、河北省文物考古研究院、湖北省文物考古研究院、湖南省文物考古研究所、南京博物院、江西省文物考古研究院、宁夏回族自治区文物考古研究所、山东省文物考古研究院、山西省考古研究院、四川省文物考古研究院、浙江省文物考古研究所、广西文物保护与考古研究所、西安市文物保护考古研究院、杭州市文物考古研究所和南京市文物考古研究所等23家联合培养单位签署《关于考古学国家急需高层次人才培养合作协议》。协议约定文博系与23家联合培养单位分别共建实体考古实习基地、参与配合联合培养过程中的科研项目,与国家级、省级文物考古单位共享学术资源,逐步建立科研教学的深度合作机制。

(俞蕙)

【举办"雕画汉韵——寻找汉梦之旅"展览】 7月26日—9月8日,"雕画汉韵——寻找汉梦之旅"展览在河南郑州商都遗址博物院举办。展览从"世俗""美学""信仰""社会"等几个部分展开,通过近20个数字艺术作品表达出深藏于打虎亭汉墓石刻壁画中"天、地、人、神"的社会故事和精神信仰,并借由数字化的光影声画,让观众领略汉代的绚丽想象和神仙信仰。该展览是河南省首个不可移动文物在博物馆展示的沉浸式特展项目,同时被评为河南省文物局2022年度"弘扬中华优秀传统文化、培育社会主义核心价值观"主题优秀展览项目。

(柴秋霞)

【获2022年上海市优秀教学成果奖二等奖1项】 经过九年的探索和完善,9月"以博物馆+为平台、融通理论、联动育人"的专业教学实践新模式获2022年上海市教学成果二等奖。该模式采用专题培训、展览策划与实施、校外基地实践、实地考察四种形式,通过实践体系立体化、实践平台1+X、实践成果专业化,全方位融通文博理论知识,联结学校与社会资源,提升学生专业技能,培养团队意识,激发学生创意,强化社会服务意识。

(麻赛萍)

【成功申请联合国教科文组织活态遗产与社区发展教席】 10月,文博系成功申请联合国教科文组织活态遗产与社区发展教席,与英国、美国、日本、韩国、新加坡、新西兰、南非及中国在内10个国家的20余家高校、遗产机构和基金会在活态遗产、社区发展、文化交流对话、遗产教育和可持续发展等议题上达成合作。项目旨在通过关注中国和世界范围内欠发达地区的活态遗产,探索遗产管理如何促进社区的可持续发展,同时从当地社区的参与中获益。该项目未来的目标是通过将欠发达地区的当地社区置于保护和解释文化遗产的中心来增强他们的能力,同时探索保护和利用文化遗产之间的平衡和可持续方式。

(杜晓帆)

【深度参与"长江口二号"古船的生物考古工作】 "长江口二号"古船,是迄今为止我国水下考古发现的体量最大、保存最为完整的木质沉船,也是近代上海作为东亚乃至世界贸易和航运中心以及"一带一路"重要节点的实物见证。11月,复旦大学科技考古学院文少卿团队对古船进行现场样本采集,并基于古DNA、古环境DNA等技术手段,结合地球科学、考古学、遗传学等多学科交叉开展研究,通过出水动植物遗存(如稻壳)探讨沉船随船动植物的谱系和来源;通过对沉船四周及随器物内部等环境中遗存的古DNA(eDNA)结合环境理化参数等信息,重建沉船古生态环境,探究古船的使用历程、埋藏过程以及沉船遗址的变迁等。

(文少卿)

【获第十三届"挑战杯"上海市大学生创业计划竞赛金奖1项】 "家国情怀——文化遗产赋能乡村振兴"项目

获第十三届"挑战杯"上海市大学生创业计划竞赛金奖,并入围全国总决赛。该项目由文博系教授杜晓帆指导,以复旦大学润物乡村知行社的14名研究生为参赛主体,结合多年以来的乡村遗产调研和实践经历,直面中国乡村遗产缺乏系统性保护的难题,构建起"保护为本,携匠编修""展览策划,遗产阐释""教育传播,城乡协同"的三位一体行动框架。该项目也是2022年复旦大学唯一入选国赛的人文社科类项目。

(杜晓帆)

外国语言文学学院

【概况】 2022年,外国语言文学学院(简称"外文学院")下设英文系、法文系、德文系、俄文系、日文系、韩文系、西班牙文系、翻译系、大学英语教学部。设外国语言研究所、外国文学研究所(下设美国族裔文学研究所、莎士比亚研究室)、北欧文学研究所、法语语言文化研究(资料)中心、中澳创意写作中心、多语种中心、双语词典编纂研究室、中韩语言文化教育研究中心、语言学习中心、语言测试中心、医学英语教学研究中心、英语演讲与辩论中心等多个学术研究机构。设有英语语言文学、外国语言学及应用语言学2个博士点、外国语言文学博士后流动站。硕士点9个,本科专业8个,第二专业1个,其中国家一流专业2个。

有在职教职工184人,其中专任教师163人,行政管理人员21人,具有正高级职称27人,副高级职称39人,中级职称100人。有研究生指导教师63人,其中博士生导师23人,硕士生导师35人,专业学位硕士导师5人。全年招收本科生212人(其中留学生31人),硕士研究生76人,博士研究生17人。在读学生共1 084人,本科生782人(其中留学生133人),硕士研究生198人,博士研究生104人(其中留学生7人,港澳台4人)。

科研教学。出版各类著作49部,其中专著12部、译著18部、教材14部、编著4部。在各类学术期刊发表论文207篇,其中权威刊物、SSCI及CSSCI收录刊物82篇、一般期刊(含译文)125篇。国家社科基金项目立项4项;获教育部人文社科青年基金1项,教育部后期资助1项,上海市哲学社会科学项目立项2项,上海市哲学社会科学项目教育专项1项。日文系周菲菲、英文系陈文佳、西文系鹿秀川、大学英语教学部高洁入选上海市"浦江人才计划";英文系郑咏滟入选人文社科青年融合创新团队;英文系陈靓入选复旦大学"人文社科先锋计划";多语种中心廖静入选人文社科先导计划冷门绝学专项;韩文系毕玉德、英文系冯予力、俄文系李新梅、法文系赵英晖获国家社科基金立项;日文系黄小丽获上海市社科规划年度一般课题立项;大学英语教学部张璐璐获上海市社科规划年度青年课题立项;英文系秦文娟获上海市教育科学研究项目立项;大学英语教学部张晓艺获教育部人文社会科学研究青年基金项目立项。英文系团队获上海市教学成果奖一等奖,翻译系团队获上海市优秀教学成果奖二等奖,季佩英团队获上海市教学成果奖二等奖,英文系李昕获上海市高校教师教学创新大赛一等奖,英文系冯予力获上海市课程思政示范课程、上海市课程思政教学设计展示活动二等奖,多语种中心王语琪获外研社多语种"教学之星"大赛西班牙语专业组一等奖,大学英语教学部单理扬获"全国高校青年教师教学竞赛"上海赛区一等奖、"上海市教学能手"称号,大英部张家琛获"外教社杯全国高校外语教学大赛"上海赛区冠军,1门课程获"上海市一流本科课程"称号。

学术交流。全年学院教师线上参与国内外学术研讨会194场次;举办国际学术会议1场,国内学术会议13场。学院邀请20余位国内外著名学者通过线上线下方式讲学。

党建和思想政治工作。全年共开展理论中心组学习9次,教职工理论学习7次,完善院系集体领导、党政分工合作,学院系、所中心协调运行的工作机制。召开分党委会29次,党政联席会24次。学院有9个教师支部(95名党员),7个学生支部(168名党员),1个离退休支部(35名党员),全年发展党员41人。全方位、多层次学习宣传贯彻党的二十大精神,推动党的二十大精神进课堂。与南京东路街道、五角场街道、欧阳路街道和复旦大学二附校等开展共建,推进党员实践和社会服务。

疫情防控。在学校准封闭管理期间,学院和各班级共组织活动27场,实现思政教育全覆盖,筑牢党建根基。学院领导与专业教师下沉至8个本科生班参与班会课,班会主题涵盖疫情管理、网络文明素养、诚信教育、毕业论文、职业生涯和实习实践等,保证疫情期间线上思政教育不间断。学院分团委学生会举办"气泡 x 外文"系列主题活动,丰富"气泡"生活;首届学术创新大赛引导学生深入学术研究,促进学风建设;举办线上观影会、舞蹈教学、外文歌曲大赛,丰富学生的精神文化生活;"外院小灵通"虚拟形象上线,了解学生诉求,答疑解惑;2020级硕士班在校园"气泡花房"活动中,将各色玫瑰和祝福卡片送到留校老师、学生和后勤工作人员手中,彰显人文关怀。

外文学院学生在全国和地区各类测试、比赛中成绩突出。学生在教育部组织的专业考试中表现优秀:英语专业四级笔试合格率100.00%、优秀率93%、口试合格率100%、优秀率9%,英语专业八级笔试合格率100.00%、优秀率33.33%、口试合格率100.00%、优秀率10%;法语专业四级合格率100.00%、优秀率92.3%;德语专业八级合格率67.00%、优秀率16.70%;俄语专业四级合格率92.86%、优秀率35.71%。

获奖情况。大学英语教学部时丽娜指导2019级英文系本科生周智芸获2022年中国日报社"21世纪杯"全国英语演讲比赛大学组一等奖,指导英文系2020级本科生徐予唯获第四届"外教社杯"全国高校学生跨文化能力大赛全国冠军,指导2019级英文系本科生周智芸等学生获第五届"外教社杯"全国高校学生跨文化能力大赛上海赛区一等奖,指导2021级英文系本科生张舒获"中国移动杯亚运英语之星"大赛全国决赛高校组一等奖,指导2021级英文系本科生乔可欣获"中国移动杯亚运英语之星"大赛全国决赛高校组二等奖;大学英语教学部张家琛、马运怡指导2021级英文系研究生金小盟获2022年中国日报社"21世纪杯"全国英语演讲比赛青年组一等奖,指导2021级英文系本科生徐岑、2021级英文系本科生何奕文、2020级法文系本科生夏梦获"中国移动杯亚运英语之星"大赛全国决赛高校组一等奖;大学英语教学部万江波指导2021级日文系本科生谢瑞获"中国移动杯亚运英语之星"大赛全国决赛高校组一等奖,指导2021级英文系研究生张奕凡获"中国移动杯亚运英语之星"大赛全国决赛高校组二等奖;大学英语教学部单理扬指导2020级英文系研究生范凌凌获2022年中国日报社"21世纪杯"全国英语演讲比赛青年组亚军,指导2021级英文系本科生吴逸萌、2020级英文系本科生俞佳菲获"中国移动杯亚运英语之星"大赛全国决赛高校组二等奖;大学英语教学部郭骅指导2021级翻译系本科生吴逸萌获2022年"外研社·国才杯"全国英语写作大赛全国亚军;大学英语教学部大学英语教学部赵蓉、万江波、时丽娜指导2021级英文系本科生陈蓉获"外研社·国才杯"全国英语演讲大赛上海赛区冠军;大学英语教学部江吉娜、万江波指导2020级英文系研究生李一诺获2022年中国日报社"21世纪杯"全国英语演讲比赛青年组一等奖;大学英语教学部张家琛、赵蓉指导2021级英语系本科生王逸群等学生获首届"高教社杯"高等学校"用外语讲中国故事"优秀短视频征集全国交流活动全国一等奖;大学英语教学部万江波、陈可薇指导2022级英文系本科生马彦升获2022上海市"全球胜任力"大学生英语演讲比赛一等奖;大学英语教学部何静指导2019级英文系本科生张溢妍获第二届CUDC全国大学生英语辩论赛华东赛区冠军,指导2021级英文系本科生金乐涵获"外研社·国才杯"全国大学生英语辩论赛一等奖;德文系李双志指导2018级德文系本科生洪樵风获第二届全国高校德语专业本科生学术创新大赛文学组二等奖;日文系山本幸正指导2019级日文系本科生沈知渊获第十六届"中华杯"全国日语演讲比赛华东赛区特等奖;翻译系管玉华、王炎强、王珊指导2020级口译专业硕士研究生寿晨佳获第十届全国口译大赛(英语)总决赛同传赛冠军、交传赛第四名;2021级英文系本科生张栀雨获第二届"外教社·词达人杯"全国大学生英语词汇能力大赛全国决赛上海市二等奖;2022级法文系硕士研究生王淳获第八届中西部外语翻译大赛法语组全国一等奖。外文学院2020级本科班获评复旦大学2021—2022年度优秀学生集体标兵。2019级西班牙文系本科生邱润瑄、2020级韩语语言文学硕士石博获评复旦大学优秀学生标兵。

（周正阳）

【举行党员实践基地挂牌仪式】 1月12日,复旦大学外文学院——复旦二附校党员实践基地揭牌仪式暨"雏·英"计划年度总结会在文科楼220举行。复旦大学基础教育集团主任黄金辉、复旦二附校副校长彭松,外文学院党委书记薛海霞,院长高永伟,副书记王亚鹏、朱彦,二附校教师代表宋晓娴及外文学院党员师生代表出席会议。会上,双方为党员实践基地揭牌。

（周正阳）

【组织冬奥会国际传播志愿服务队】 在2月北京冬奥会期间,学院党委牵头组织134名中外志愿者(45名教师和89名学生),形成包括英语、法语、德语、日语、俄语、韩语、西班牙语和阿拉伯语共8个语种的国际传播师生志愿者团队,全力服务北京冬奥会的国际传播工作。志愿者团队共编译稿件75篇,撰写外文原创文章28篇,总计逾10万字;在《中国日报》(China Daily)、《上海日报》(Shanghai Daily)、复旦大学英文官网和官微等校内外媒体发文200余篇,为讲好冬奥故事,传播中国声音贡献力量。

（周正阳）

【组织线上语伴结对活动】 11月20日,学院俄语系联合圣彼得堡大学东方语系组织线上语伴结对活动。俄语专业二十余名本科生和圣彼得堡大学十余名汉语专业本科生参加本次活动。圣彼得堡大学东方语系专业教师罗季奥诺夫介绍圣彼得堡大学汉语的教学情况。学院俄语系专业教师李新梅介绍复旦大学俄语系的情况。

（周正阳）

【召开学习党的二十大精神专题宣讲会】 11月22日,外文学院、中文系、社政学院、法学院和档案馆联合主办学习党的二十大精神专题活动,邀请党的二十大代表、外文学院教授、国际合作与交流处处长卢丽安作题为"过去、现在、未来——踔厉奋进迈向新征程"的主题宣讲。外文学院党政领导班子、师生党支部书记、师生代表共百余人以线上线下相结合的方式参与本次学习,外文学院院长高永伟主持宣讲会。

（周正阳）

法 学 院

【概况】 2022年,法学院设一级学科博士后科研流动站1个,一级学科博士点1个,二级学科博士点8个,一级学科硕士点1个,二级学科硕士点9个,法律硕士专业学位点2个,全英文国际硕士项目1个,本科专业1个。法学一级学科为上海市重点学科。

有在职教职工96人,其中在职教师64人,师资博士后7人,行政和教辅人员25人。具有正高级职称32人,副高级职称20人,青年副研究员3人;博士研究生指导教师35人,硕士研究生指导教师33人。

招收本科生102人,其中含外国留学生7人;硕士研究生313人,其中含专业学位生230人、"中国商法"国际项目生2人;博士研究生21人。在读本科生498人;硕士研究生941人,其中专业学位研究生672人、"中国商法"国际项目生11人;博士研究生91人。春季开设本科生课程52门,其中法学院课程38门,全校公共选修课程9门,第二学位(第二专业)2门、跨校辅修课程3门;秋季开设本科生课程57门,其中法学院课程43门,全校公共选修课程7门,外系课程1门,跨校辅修课程6门。开设研究生课程共

211门,其中春季学期开设硕士课程80门,博士课程12门,公选课1门;秋季学期开设硕士课程109门,博士课程9门。全年共开设学位基础课50门,其他课程161门。

获批国家哲学社会科学基金项目2项,均为一般项目;承担省部级项目11项,其中教育部人文社会科学重点研究基地重大项目1项、教育部人文社会科学研究青年基金项目2项、司法部国家法制建设和法学理论研究项目3项、中国法学会会法学研究课题1项、上海市哲学社会科学规划项目2项、最高人民法院司法案例研究项目1项、全国人大常委会香港、澳门法基本委员会基本法研究项目1项;承接横向课题13项。科研经费到款275.49万元。在国内外杂志上发表学术论文137篇,其中在CSSCI、核心期刊收录刊物上发表论文73篇;出版专著4部,教材、译著、编著4部。召开学术会议11次。

加大人才引进力度。引进葛伟军、刘忠和唐应茂三名教授,持续加强学科教师队伍建设,优化师资队伍结构。

推动对外学术交流。继续维护和推进中国商法全英文硕士项目建设,开设中国商法全英文硕士项目第13期。拓展新的合作伙伴,与澳门科技大学法学院签署学生交流协议。维护既有合作关系,分别与阿姆斯特丹大学、麦吉尔大学、康奈尔大学、杜兰大学、斯德哥尔摩大学、隆德大学、神户大学、拉蒙卢尔大学法学院续签学生交流协议。稳固和拓展法律硕士双学位国际班项目,与美国杜兰大学、威廉玛丽法学院续签双学位合作备忘录。

加强内部治理规范建设。严格落实议事规则,聚焦发展重点完善规范体系,制订《法学院青年教师培养支持计划》,修订《法学院关于执行党风廉政建设责任制的实施细则》。全覆盖加强师德教育,打造"师德师风建设月",建立院级评优表彰体系。

有序推进党建工作。将学习宣传贯彻党的二十大精神作为首要政治任务,以多层次体系化布局保证学习教育全覆盖、不掉线,以学院、党支部、学科组专题研讨推动学习成果落实落地,专家教授担任校党的二十大精神宣讲团成员,助力大会精神阐释传播。持续落实"1+N"特色创建机制,高效运行"党支部+学科组"组织机制,深化"样板支部""特色支部"建设,发展"海归"青年骨干教师党员1名,取得突破。与永平县委政法委、水泄乡党委共建,实地走访推动帮扶工作落实落细,助力乡村振兴高质量发展。不间断扎实推进巡视整改,将习近平法治思想融入人才培养全过程。

多举措打赢"大上海保卫战",确保疫情防控转段平稳有序。3月中下旬以来,法学院成立学院教职工关心帮扶专项工作组,对学院全体在职教职工、离退休教职工进行关心关爱帮扶。开展"导师关爱行动",全员导师机制有效运行,保证育人不断线。11月以来,结合国家疫情防控平稳转段工作,严格落实"乙类乙管"各项措施,有序统筹教育教学和疫情防控,合理安排学生安全返乡返校,全力确保师生员工生命健康。

奖项荣誉。法学院研究生工作组获复旦大学2022年学生思想政治工作先进集体。张乃根获上海市第十五届哲学社会科学优秀成果奖学科学术优秀成果奖一等奖,许多奇获上海市第十五届哲学社会科学优秀成果奖学科学术优秀成果奖二等奖,熊浩获上海市第十五届哲学社会科学优秀成果奖党的创新理论研究优秀成果奖二等奖。袁国何获第九届董必武青年法学成果奖二等奖,葛江虬获第九届董必武青年法学成果奖三等奖。朱丹、班天可入选"上海青年法学法律人才库"。朱颂获评2022年上海高校毕业生就业工作优秀典型。许多奇获评2022年度"复旦大学三八红旗手"称号。钟妮获复旦大学2022年学生思想政治工作一等奖。班天可获复旦大学2022届本科毕业生"我心目中的好老师"提名奖,王志强获复旦大学第十届"研究生心目中的好导师"提名奖。法律硕士"北辰"党支部获第三批全国党建工作样板党支部培育创建单位。法学院2019级本科生第二团支部获评2022年度上海高校活力团(总)支部。复旦大学学生法律援助中心获评第六届复旦大学青年五四奖章。复旦大学代表队在多项模拟法庭赛事中获奖,包括法兰克福国际投资模拟仲裁庭国际赛16强、第二十届"贸仲杯"(CIETAC CUP)国际商事仲裁模拟仲裁庭辩论赛一等奖、第二届内地与港澳大学生模拟法庭(仲裁庭)大赛冠军、第二届上海商事调解高校英文辩论赛冠军、首届"华政杯"知识产权模拟法庭竞赛(全英文)冠军等。肖嘉芮萱获2022年射击(步手枪)世界锦标赛女子25米标准手枪个人赛金牌。李世缘获复旦大学2022届本科生毕业生之星提名奖。　　(王琳)

【与上海市司法局合作建设"复旦大学智慧法治实验室"】 6月,与上海市司法局合作建设"复旦大学智慧法治实验室"。该实验室致力于围绕司法行政工作的科技创新需求及前沿技术应用方向进行布局,为司法行政工作与数字科技深度融合提供技术保障和智力支持,将建设成为智慧法治数字科技的高端研究基地。
　　(王琳)

【举办第51届人权理事会常会边会2022人权、发展与环境研讨会】 9月23日,举办第51届人权理事会常会边会2022人权、发展与环境研讨会,宣介我国人权与环境理念和成就。复旦大学人权研究中心主任孙笑侠当选中国人权研究会第五届常务理事、中心副主任陆志安当选中国人权研究会第五届理事。研讨获中宣部人权局来函感谢。　(王琳)

【与澳门科技大学法学院签署交流合作协议】 9月,与澳门科技大学法学院签署交流合作协议。两院将建立较为稳定的教师互访机制,共同组成研究小组承接两地法学研究项目,合作举办学术活动,促进两院学生间的交流互访活动,并针对两地相关部门需求开展专业培训合作。　(王琳)

【多方共建"双碳"目标法治保障研究基地】 10月29日,由上海市生态环境局、上海市第三中级人民法院、上海市人民检察院第三分院、上海环境能源交易所与复旦大学等五家单位举行合作签约仪式,共建"双碳"目标法治保障研究基地。最高人民法院环境资源审判庭庭长刘竹梅，上海市生态环境局党组书记、局长程鹏，上海市高级人民法院副院长陈昶，上海市法学会党组副书记、专职副会长施伟东，上海联合产权交易所党委书记、董事长周小全，复旦大学党委常委、副校长陈志敏出席开幕式并致辞。签约仪式后，召开实现"双碳"目标法治保障研讨会暨上海市法学会环境和资源保护法研究会2022年年会。

（王　琳）

【与嘉定区人民法院达成上海法院数字经济司法研究及实践基地战略合作框架协议】 10月，与嘉定区人民法院达成战略协作框架协议。双方将在理论研究、管理技术、司法协作等方面展开深度合作，定期举办专题研讨，培养复合型数字经济法制人才，为数字经济转型和相关司法政策制订提供智库支持和决策参考。学院段厚省教授、许多奇教授、唐应茂教授、葛江虬副教授受邀入选人才智库。

（王　琳）

【召开中国法学会证券法学研究会2022年年会】 11月12日，中国法学会证券法学研究会2022年年会在校举行，会议主题为"深入学习贯彻党的二十大精神，探索与完善证券监管法律实施规范体系"。年会由中国法学会证券法学研究会主办，复旦大学法学院、复旦大学中国金融法治研究院承办，北京市金融服务法学研究会和德恒上海律师事务所等单位协办。中国法学会证券法学研究会理事及来自全国证券法领域理论界、实务界共500余人参会。年会收到来自各高校和实务部门提交的论文百余篇，经过评选，共有22篇论文获得优秀论文奖，同时在线上、线下同步出版《证券法律评论》（2022年卷），形成会议论文集。

（王　琳）

【举行复旦大学"国际贸易规制与海关法"峰会】 12月3日，由复旦大学国际经济行政法圆桌论坛、复旦大学智慧法治实验室主办，复旦大学法学院国际经济行政法团队承办的"国际贸易规制法与海关法"峰会在线召开。上海市法学会原会长、上海市人大法制工作委员会原主任、上海交通大学凯原法学院讲席教授沈国明，复旦大学法学院院长王志强、副院长陈力、副院长杜宇出席会议。

（王　琳）

【签署"国际仲裁双硕士国际班项目"联合培养协议】 12月，与中国国际经济贸易仲裁委员会、中国海事仲裁委员会、上海国际经济贸易仲裁委员会、上海仲裁委员会及杭州仲裁委员会共五家联合培养单位签订"国际仲裁双硕士国际班项目"联合培养协议。根据教育部办公厅、司法部办公厅联合发布的《关于实施法律硕士专业学位（国际仲裁）研究生培养项目的通知》要求，法学院新增法律硕士"国际仲裁双硕士国际班项目"，该项目实行"高校＋行业"的联合培养方式。

（王　琳）

【开展国家宪法日主题教育活动，加强法治宣传】 12月4日，恰逢第9个国家宪法日，以及现行宪法公布施行四十周年，法学院通过开展法治中国论坛、宪法主题活动、法治文化大赛等活动，增强师生宪法意识、国家意识、法治意识，全面贯彻习近平新时代中国特色社会主义思想，学习宣传贯彻党的二十大精神。大力建设习近平法治思想学生宣讲团，以习近平法治思想为理论宣讲核心，围绕党的创新理论、重要法治思想、重大立法举措和社会法治热点，推出9门法治思想及宪法精神系列课程，累计服务师生群众150余人。

（王　琳）

【主办上海市法学会文化产业法治研究会2022年年会】 12月24日，"新时代文化创新与法治建设研讨会"暨上海市法学会文化产业法治研究会2022年年会在线上举行。年会由上海市法学会文化产业法治研究会和复旦大学法学院共同主办，上海市法学会专职副会长施伟东，上海市法学会文化产业法治研究会会长、上海大学法学院教授李清伟，复旦大学法学院院长王志强出席开幕式并发表致辞。

（王　琳）

【与马克思主义研究院、国际关系与公共事务学院、校纪委（国家监委驻复旦大学监察专员办公室）共同组建"复旦大学纪检监察院"】 12月，成立校级研究机构复旦大学纪检监察院，由法学院联合马克思主义研究院、国际关系与公共事务学院、校纪委（国家监委驻复旦大学监察专员办公室）共同组建。该研究院将围绕纪检监察基本理论和制度体系研究、党和国家监督体系研究、中外反腐败制度比较研究、公职人员犯罪实体法研究、公职人员犯罪调查程序和证据等五大板块深化纪检监察学研究，为各级党委政府和纪检监察机关提供专业、权威、高端的决策咨询服务。

（王　琳）

【学院多位教师在政府部门、学术团体中新任或连任重要职务】 2022年，多位教师应邀担任政府法律顾问及副会长、理事等重要职务。许多奇任中国（上海）自由贸易试验区管理委员会法律顾问，葛伟军任江苏省镇江市人民政府法律顾问，孙笑侠任浙江省台州市人民政府法律顾问。赵立行任全国外国法制史研究会副会长，李世刚任中国法学会网络与信息法学研究会第三届理事会常务理事，刘志刚任中国法学会香港基本法澳门基本法研究会常务理事，葛江虬任中国法学会网络与信息法学研究会第三届理事会理事，马忠法任中国知识产权研究会理事，袁国何任中国法学会香港基本法澳门基本法研究会理事，蔡从燕任上海市法学会一带一路法律研究会副会长，孙笑侠任上海金融与法律研究院理事。

（王　琳）

国际关系与公共事务学院

【概况】 2022年，国际关系与公共事务学院（简称"国务学院"）有国家重点学科2个，政治学、公共管理、国家安全3个一级学科，政治学一级学科为国家一流学科建设与上海市高峰学科（A类）；有教育部人文社科重点研究基地美国研究中心1个，网信办和教育部共建基地1个，博士后流动站2个；有二级学科博士点8个（其中自设博士点2个），硕士点7个（其中自设硕士点1个），专业学位硕士点（MPA硕士）1个；有本科专业3个（均为国家一流本科建设专业）。有国家级精品课程1个,第一批"国家级精品资源共享课"1个;上海市级精品课程7个。

有在职教职工94人。其中专任教师80人,行政管理人员14人;具有正高级职称43人,副高级职称20人,中级职称31人,博士生导师44人,硕士生导师67人。新进教职工6人。陈云于1月赴美国乔治华盛顿大学研修访学一年。

全年招收本科生105人(大二分流至国务学院人数),硕士研究生65人,博士研究生62人,公共管理专业学位硕士生(MPA)425人,其中全日制西藏公共管理人才培养计划录取40人。在读本科生525人(不包含大一学生),硕士研究生227人,公共管理专业学位硕士生(MPA)1 348人,博士研究生253人。毕业本科生160人,硕士研究生56人,公共管理专业硕士生(MPA)342人,博士研究生32人。学院下设政治学和公共管理两个博士后流动站,全年在站21人,新入站博后6人(其中1位外籍),出站博后7人。1位获全国博士后管委会"博士后国际交流计划"引进项目,3位入选上海市超级博士后,1位入选学校超级博士后。

教学方面。2022年,面对大上海保卫战、校园封闭管理等艰巨挑战,学院坚持招生质量不放松、教学质量不下滑、教学管理不松懈的"三不"方针,平稳有序、优质保量地完成各项教学和管理工作。增加学位点建设,完成国家安全学第一批博士招生,新增政府运行保障管理学位点和国际事务专业学位点各1个。支持规划建设"十四五"重点教材。在建"十四五"规划重点教材25本,其中重点支持建设的教材16本。陈志敏、张骥《当代外交学》教材项目入选学校首批"七大系列百本精品教材""邀请制"项目,并纳入学校"双一流"项目建设。曹沛霖、陈明明、唐亚林《比较政治制度》、王沪宁《政治的逻辑:马克思主义政治学原理》获首届复旦大学教材建设奖优秀教材特等奖;张建新《能源与当代国际关系(第二版)》获首届复旦大学教材建设奖优秀教材二等奖。苏长和《学术伦理与规范》、左才《政治学研究方法》获校研究生规划系列教材申报立项。课程建设方面。学院入选首批复旦大学"课程思政教学研究中心"。完善修订课程思政建设方案,依托政治学课程思政示范专业建设优势,打造有国务特色的示范专业。苏长和"国际关系导论"获评上海市课程思政示范课程;苏长和获评上海市课程思政示范名师;张骥"外交学"获评复旦大学课程思政标杆课。苏长和"学术伦理与规范"、张骥"中国外交前沿问题研究"、沈逸"全球网络空间治理概论"和张平"公共经济学"4门研究生课程获复旦大学研究生课程思政建设项目立项。郑宇"英文应用文写作"本科生课程被列入2021年上海英语授课示范性课程。10月,李海默"比较政治理论导论"(Introduction to Comparative Political Theory)本科生课程获2022年复旦大学全英语学程(课程)建设项目立项。扶松茂"政府运行保障管理"、朱杰进"国际组织前沿讲座"、李瑞昌"应急管理导论"获校暑期FIST课程申报立项。召开暑假教学与课程建设工作会议,围绕课程教学、精品课程建设、教材建设、案例与实践教学、国际组织人才培养等议题讨论。举办首届"中国政治学公共管理国际关系教学法讲习班"和"中国政治学公共管理国际关系教学法研讨会"。部分教师发言汇编为《政治学教学法》讲义,并纳入学院编辑的《政治学手册》系列,预计于2023年出版。顺利完成在京招生任务,获2022年度复旦大学本科生招生宣传工作先进集体一等奖;王竞晗、张楚楚获招生先进个人称号;陈周旺获十年招生功勋奖。顺利平稳完成2022年度研究生线上招生工作,共组织16场博士生、硕士生和港澳台研究生招生模拟面试,22场正式面试。继续推进"卓博计划"学员招生和"优博计划"选拔工作,8名毕业学员均获国内顶尖院校教职。推进导师资格和招生资格分离改革,实行研究生导师招生资格年度审核制度。

科研方面。全年出版著作23本,其中中文专著(合著第一著者)8本,英文专著2本。发表权威和核心论文137篇,其中SSCI(第一及通讯作者)论文32篇;CSSCI权威5篇;CSSCI论文87篇;一般外文期刊13篇。郑宇在《中国社会科学》发表论文1篇。共获横向项目16项,项目经费总计180万,纵向项目28项,其中国家级课题13项,省部级课题20项,项目经费总计715万。郑宇"后疫情时代的全球化演变研究"获国家社科重大招标项目;唐亚林、张骥、张楚楚的课题获国家社科重大专项,熊易寒、郑宇、唐莉获国家社科重点项目,敬义嘉获国家自科重点项目,孙磊获国家自科一般项目,郑冰岛获国家社科一般项目,张楚楚、张雪滢获国家社科青年项目,周凌一获教育部社科一般项目。9位教授申报研究阐释党的二十大精神国家社科基金重大项目。决策咨询方面,共计89份咨询报告被采纳。学院获评校2022年度科研考核优秀单位。

对外交流方面。在坚决落实学院在海外师生和留学生疫情防控安排、扎实做好留学生工作的同时,紧紧围绕国家对外工作重心,着力恢复和拓展国际合作与交流。举办第三届政治学与国际关系学院联盟(USPIR)院长论坛,聚焦"世界变局中的全球安全与发展:挑战和应对";续签与波兰华沙大学的院际合作协议;受邀出席法国驻沪总领事馆举办的法国巴黎政治大学建校150周年纪念庆典;受邀出席匈牙利中央银行主办的2022年布达佩斯欧亚论坛。2月与韩国高丽大学、日本神户大学、老挝国立大学、泰国朱拉隆功大学共同举办"亚洲校园+"项目研讨会,12月学院师生线上参加"亚洲校园+"项目年会;6月,学院师生参与主题为"世博会与韩中日合作"的2022釜山公共外交论坛;6月—7月,承办第五届"一带一路"国家青年外交精英人才高级研修班,来自"一带一路"沿线国家共计13名学员线上参加;10月—11月,承办新加坡中学生线上讲座及交流分享会,参加学校包括新加坡德明政府中学、新加坡立化中学、新加坡永青中学。在招生、学籍管理、课程管理、培养、毕业审核等各环节严格制度管理和质量控制。全年共录取留学生研究生36人,实际报到19人;学院英文授课学位项目共开展四个批次的学位申请和审核程序,毕业生人数达34人。

党建方面。学院党委以学习贯彻习近平新时代中国特色社会主义思想和党的二十大精神为重点,抓实党员教育管理工作。在党的二十大召开前,组织两次"国箴务实"十九届六中全会专题讲座。党的二十大召开后,制订学习党的二十大精神计划,召开学习党的二十大精神动员大会,组织6次"国箴务实"系列宣讲,各党支部开展专题学习28次,其中教职工党支部学习11次。全年组织中心组学习11次,其中以"第一议题"的形式开展2次专题讨论。抓好党支部书记队伍建设,完成3个教职工党支部的到期换届工作,继续做好党支部书记的培训、述职和谈心工作。继续做好教职工和学生党员发展工作,新发展党员98人。在实行半封闭管理之初,党委联防联控领导小组设立物资保障组、信息汇总组、应急处置组、宣传和舆情组、教师联络组、学生协调组等6个工作小组。先后实施老教师关爱行动、导师关爱行动、辅导员关爱行动、在职教师关爱行动等一系列关爱计划。党委共有290位师生参与抗疫捐款,捐款总金额超4万。全年召开分党委会议48次,履行党委会职责。

学生工作方面。1月,学院获评2021年度复旦大学"就业工作先进集体"称号;2021级硕士班辅导员吴婧获2021年度复旦大学"就业先进个人"称号。2月,YICGG团队获上海市第十六届"银鸽奖"优胜奖。3月,学院学工获评2021年度复旦大学思想政治工作先进集体;学院党委副书记朱峰和研工组长赵晓惠获复旦大学2021年度学生思想政治工作先进个人一等奖;学工组长徐艺萍获思政工作先进个人二等奖。4月,博士生张兰获评复旦大学第十三届"学术之星"。5月,学院团委获评复旦大学五四红旗团委;2020级国际政治本科生第二团支部获评复旦大学五四红旗团支部;2020级国际政治专业本科生第一团支部、2021级国际政治系硕士生团支部、2021级公共行政系硕士生团支部、2021级社科一班本科生第一团支部、2021级社科一班本科生第二团支部、2021级社科二班本科生第一团支部、2020级政行行管专业本科生第一团支部、2020级政行行管班第二团支部获评复旦大学优秀团支部。6月,举办2022年学院毕业典礼;张建新教授获评本科生心目中的好老师;李瑞昌教授获评研究生心目中的好导师(提名奖)。7月,学院团委书记吴婧获评2021年度复旦大学"研究生社会实践优秀指导教师"称号。8月,举办第十三届青年全球治理创新设计大赛;举办第六届澜沧江-湄公河流域治理与发展青年创新设计大赛;与国际劳工组织合作举办"荣昶学者"第四期全球训练营(线上);"国韵团校"获评复旦大学优秀基层团校标兵五星级团校。9月,举办2022年学院迎新典礼和新生入学系列教育;2021级硕士生第二党支部获评复旦大学第八届研究生组织生活案例大赛优秀案例;研工组长赵晓惠获2022年上海高校毕业生就业工作优秀工作者称号;2019级本科班辅导员杨晓蕾获评2021年度复旦大学本科生十佳辅导员;博士生王长鑫等获2022年复旦大学"院系杯"乒乓球赛研究生组亚军。10月,2021级本科班、2021级硕士班、2021级公共行政系博士班获评复旦大学优秀学生集体;公共行政系博士班辅导员周凌一获评2021—2022学年复旦大学十佳研究生辅导员;硕士生张崇云获第二届CUDC全国大学生英语辩论赛华东赛区决赛冠军;硕士生林伯韬获评2021—2022年度大学生志愿服务西部计划优秀志愿者。11月,举办"大变局时代的国家治理与世界秩序"复旦大学全国博士生论坛之国务论坛;"国箴"硕士生党支部获评上海高校"百个学生样板党支部"创建单位;2022级本科生辅导员唐林焕被评为上海高校"百个研究生样板党员"培养对象;博士生沈大伟获上海市党建研究会"加强基层治理体系和治理能力现代化建设"征文一等奖;博士生李金城获评首届"陆游诗歌奖"青年诗人奖。12月,2019级本科生第一团支部获评2022年度上海高校活力团支部称号;2020级本科班获评复旦大学优秀学生集体标兵;2020级本科班微党课《荣归》获评复旦大学本科生微党课大赛一等奖;国务学院合唱团获2022年复旦大学"一二·九"主题歌会银奖;硕士生周滨滔获评复旦大学研究生优秀学生干部标兵;博士生顾嘉伟获第四届钟扬教授基金;硕士生吴雨梦和本科生张馨月获评上海市高校活力团干部称号;本科生虎雪获评复旦大学2021—2022年学年十佳青年志愿者;本科生齐庆赞获上海市第十七届大学生运动会射击比赛个人银牌;本科生魏澜获"知行杯"上海市大学生社会实践大赛二等奖。

(士 派)

【学院党委入选教育部第三批全国党建工作标杆院系创建单位】 由校党委研究推荐,学院党委于2月成功入选教育部第三批全国党建工作标杆院系创建单位。学院制订"一个建设""九大计划"(即以党的领导为核心的治理体系建设,教职工党支部活力提升计划、意识形态保质引领计划、院风学风建设计划、实践育人能级提升计划、留学生思政工作引领计划、"国箴务实"党建提升计划、党员发展质量提升计划、课程思政改革攻坚计划、学生党建骨干能力提升计划),按照"高质量、高标准、成体系"的要求,全面推进标杆院系建设。

(王诗炜 胡睿扬)

【举办第六届北大-复旦"国家治理深度论坛"】 该论坛于7月9—10日在校举行,由国务学院和北京大学政府管理学院共同发起。该论坛以"双层治理:国家治理和全球治理互动的新议题与新方向"为主题,深入探讨在新形势下推进国家治理体系和能力现代化面临的问题、已有经验和发展方向,进一步推进相关领域社科研究成果的积累和发展,凝聚在政治学领域的中国理论共识和拓展空间。该论坛共吸引30余所高校与科研机构师生投稿,在线观看人数超过400人。

(全 实 孙志强)

【举办青年全球治理创新设计大赛】 8月,赛事围绕"全球新冠疫情治理"主题,吸引来自29个国家的188名选手参加初赛。决赛期间,共有来自14个国家的66名选手相聚"云端",组成29支参赛团队,在8位专家评委的指导下,围绕赛事主题激荡思维、创新方案、共话对策。大赛先后被9家国内主流媒体报道。

（赵晓惠）

【举办澜沧江-湄公河流域治理与发展创新设计大赛】 于8月举办,聚焦"公共卫生与医疗保障(Public Health and Medical Care)"的主题。初赛阶段共有来自6国高校146名学生报名参与,共收到51个参赛项目。经各国评委的通讯评审,最终来自8所高校的18支队伍晋级决赛。此次比赛最终产生"最有价值问题""最有创意团队""最佳跨国团队""最佳孵化方案"四类奖项。本届赛事先后被《中国日报》(China Daily)、央广网、《解放日报》等近30家澜湄流域主流媒体报道。

（赵晓惠）

【开展"荣昶学者"全球治理人才培养项目】 8月,第四届"荣昶学者"全球训练营在线举办,共45人参加。本年度共举办俱乐部活动6次。全年共评选"荣昶学者"45名、"荣昶高级学者"71名、"荣昶优秀学者"1名,涉及30个国际组织,累计资助金额达201万余元,较上一年度增长92%。2022年度全面修订三类学者评定细则,规范学者资质的审核认定流程。

（赵晓惠）

【获2022年上海市优秀教学成果一等奖】 10月,苏长和教授领衔申报的《全球治理和国际组织人才全过程培养模式探索》教学成果获2022年上海市优秀教学成果奖一等奖。该成果充分展示近年来学院重视全球治理人才队伍建设、致力于全面构建全球治理和国际组织人才全过程培养模式体系,并为我国参与全球治理提供有力人才支撑的教学实践和探索成果。

（王子玥 钟惟东）

【获多项上海市社会科学成果奖】 2022年,学院获上海市第十五届哲学社会科学优秀成果奖12项,其中学术贡献奖1项,一等奖5项,二等奖6项;获第十三届上海市决策咨询研究成果奖2项,其中一等奖1项,三等奖1项。

（全 实 孙志强）

【曹沛霖获上海市学术贡献奖】 11月29日,学院首席教授曹沛霖获上海市第十五届哲学社会科学学术贡献奖。曹沛霖生于1933年6月,其代表作为《制度的逻辑》,他对改革开放后中国政治学学科恢复与发展,尤其是对比较政治学研究等领域作出了重大贡献。

（全 实 周韧稷）

新闻学院

【概况】 新闻学院设有新闻学系、广播电视学系、广告学系和传播学系4个系。有新闻学、传播学、广播电视学、广告学4个本科专业;新闻传播学(学术学位)硕士学位授权点1个,包括新闻学、传播学、媒介管理学、广告学、广播电视学、国际新闻传播、新闻学(国际双学位)7个方向;新闻与传播(专业学位)硕士学位授权点1个,包括新闻与传播(综合新闻)、财经新闻、新媒体传播、战略传播、全球媒介与传播(国际双学位)5个项目;新闻传播学博士学位授权点1个,设有新闻学、传播学、广播电视学3个学术博士专业;新闻传播学博士后流动站1个。

学院共有在职教职工93人。其中教授33人(博士生导师32人),副教授23人,讲师8人;教师中具有博士学位61人,硕士学位1人,学士学位1人。行政和思政管理人员10人,图书馆管理人员和实验室专业技术人员5人,租赁制行政管理人员14人。

全年招收本科生173人,其中留学生57人;在读本科生(不包括一年级新生)726人,其中有留学生205人。教师为本科生开课154门,其中春季72门,秋季82门。入学硕士研究生235人,其中学历硕士生107人,专业学位双证硕士生128人,留学生51人。入学博士研究生44人,本科直博生5人,留学生1人。在读硕士研究生546人,博士研究生172人。为研究生开课93门,春季42门,秋季51门。"国际新闻传播"硕士项目由专业学位转为学术学位,该项目首次以夏令营(线上)的方式招收推免生。新闻与传播专业学位硕士研究生项目增设"战略传播"方向,采取推免+统考方式招生。

新增纵向科研项目立项共20项。其中国家级项目6项,包括国家哲学社会科学基金重大项目1项、一般项目3项、青年项目1项、艺术学基金项目1项,省部级项目14项。另有各类横向项目14项,合同总金额约336.6万。新增第一作者/通讯作者CSIE/SSCI论文10篇;新增第一作者CSSCI论文49篇,新增其他期刊学术论文80篇;出版学术专著5部、古籍整理著作1部、出版教材4部、编著9部、口述史1部等。报送各类研究或咨询报告147篇。获第十五届上海市哲学社会科学优秀成果奖著作类一等奖1项,论文类二等奖3项。

全年共引进优秀人才8名,其中学科带头人2名;中青年学术骨干2名;青年优秀人才4名。1人入选上海市领军人才,1人入选曙光学者,1人入选晨光计划,聘请马新观教学和研究团队兼职教授1人。全年共派出20名学生赴境外参加各类学生交流活动。其中本科生出国出境9人,研究生出国出境18人。教师出国出境访问和交流4人次。

围绕学习贯彻党的二十大精神,开展"新时代的中国"国情教育系列讲座6场,6所部校共建新闻学院参与该项活动,人数累计超1.2万人次。

加强对外联络搭建产学研交流平台。与中共浙江省委宣传部、中共吕梁市委宣传部、浙江记协、深圳记协、四川日报报业集团、羊城晚报报业集团、宁波报业传媒集团、上海静安区融媒体中心、上海嘉定区融媒体中心等多个单位加强联络,并组织开展在线研修课43门,培训学员1 125人。

获奖情况。6月23日,沈玢获第二届上海市高校教师教学创新大赛副高组一等奖。6月30日,上海市教育委员会公布"2022年度上海高校市级重点课程"立项名单,张大伟"数字出版"作为唯一的社会实践课程、林溪声"中国新闻传播史"作为线上线下混合式教学课程入选。7月,新闻学院"记录中国"专业实践项目入选第 8 届全国大学生暑期实践展示活动百强团队。该实践团队联合澎湃新闻，围绕"疫""易""艺""毅""益""议"，关注全国各地在疫情背景下的抗疫故事、产业转型、文化建设、高考记忆、个人发展、社会热点等重要议题，赴全国 20 个省份、27 个县市，调研采访逾百个单位和个人，在澎湃新闻公开发表报道 23 篇，同时形成记者手记 23 篇，总计 9 万余字。10 月 28 日，上海市教育委员会公布"2022 年上海市优秀教学成果奖"获奖名单，周葆华《"数据分析与信息可视化"新闻类新文科特色课程建设与培养模式创新》获上海市高等教育优秀教学成果奖一等奖；陈建云《构建同向同行立体化新闻传播学课程思政育人体系》、张涛甫《打造全媒体语境下卓越主流新闻评论人才培养的"复旦模式"》和张大伟《文创类创新创业课程产教融合新模式》获上海市高等教育优秀教学成果奖二等奖。11 月，由王迪指导的参赛团队作品《斗癌奇谈之宫颈癌篇》获全国大学生健康科普大赛一等奖，新闻学院获优秀组织奖。11 月 12 日，"第十届范敬宜新闻教育奖颁奖典礼暨第八届新闻传播学科高峰论坛"在清华大学举行，新闻学院 2021 级硕士研究生尚嵘峥获范敬宜新闻学子奖。12 月 3 日，学院广告学系获 2022 CAMA 中国广告营销大奖"年度产业交流贡献院系"奖。同日，由 2019 级广告、广电专业黄逸轩、元贞霓、黄莎莎创作《优衣库×中国国家地理：优蓝计划营销策划案》获 2022 年度"Young Stars China 2022 华釜青年奖"大赛铜奖，指导教师为李华强和王申帅；2019 级广告专业曾雅娴、杜烨滢、林煜君创作《城市零压计划——"衣"键轻松生活》策划案获水晶奖，指导老师为汤筠冰。12 月 8 日，学院"数据分析与信息可视化"本科课程作品《送外卖、开网店，残障人士如何追寻"无障碍人生"？》获 2022 年大学新闻奖"最佳数据新闻"冠军。

（章灵芝 刘 畅 赵 瑛 王 昆
王婷婷 陈 昕 王 懿 陆优优
蔡 静 徐竞彦 李华强 冯姗姗）

【叶春华教授逝世】复旦大学原新闻系副系主任、复旦大学新闻学院新闻系原系主任叶春华教授，因病医治无效，于 2 月 1 日 0 时 3 分在上海岳阳医院逝世，享年 93 岁。（章灵芝）

【举办第 8 届澳门国际传播周】4 月 13—14 日，由澳门科技大学人文艺术学院和复旦大学信息与传播研究中心联合主办的第 8 届澳门国际传播周于澳门科技大学开幕。本届传播周主题为"数字、人与城市"。中心与澳门科技大学人文艺术学院共同主持"城市数字沟通力"调研项目正式启动。传播周期间，同时开展新闻传播学教育院长论坛、粤港澳大湾区传媒论坛及博士生论坛等活动。

（廖鹏然）

【举办纪念延安《解放日报》改版 80 周年学术研讨会】4 月 23 日，"守正创新 继往开来——纪念延安《解放日报》改版 80 周年学术研讨会"在线上举行。本次研讨会由复旦大学新闻学院、解放日报社、延安大学文学与新闻传播学院、延安新闻纪念馆、红色文化传承与马克思主义新闻观教育联盟联合主办，由复旦大学马克思主义新闻观教学与研究基地承办。来自中国人民大学、北京大学、清华大学、中国传媒大学等 20 余所高校专家学者及业界代表参加研讨。

（刘胜男）

【发布《中国青年网民社会心态调查报告（2009—2021）》】4 月 27 日，复旦发展研究院传播与国家治理研究中心联合上海信息安全与社会管理创新实验室、哔哩哔哩公共政策研究院共同发布《中国青年网民社会心态调查报告（2009—2021）》，报告采用线上线下结合的调研方法，全方位展示当代中国青年的心态。报告获中央和部分省市主流媒体关注，登上新浪热搜、知乎热榜，阅读量达 1 亿以上。

（米 雪）

【新闻学院党委书记、院长调整】6 月 18 日，新闻学院召开全体教职工大会，宣布张涛甫同志任院长，陆柳同志任党委书记。米博华同志不再担任院长。

（章灵芝）

【举办第 18 届"中外新闻传播理论研究与方法"暑期学校】6 月 26 日—7 月 3 日，由复旦大学信息与传播研究中心主办的第 18 届"中外新闻传播理论研究与方法"暑期学校在新闻学院举行，来自全国（含港澳台地区）37 所高校的 67 位学员参加学习。11 位专家聚焦"数码之城：城市传播的新视野、新路径、新方法"主题进行授课，全体学员结业并获得证书。

（廖鹏然）

【举办"媒介融合新闻报道"中外合作教学周项目】6 月 27 日—7 月 6 日，学院首次探索与美国密苏里大学新闻学院合作举办"媒介融合新闻报道"中外合作教学周项目。该项目作为学院国际新闻人才培养的重要课程，是学生获得实习实践学分的必修环节。来自美国密苏里大学新闻学院艾米·西蒙斯（Amy Simons）教授、章于炎（Ernest Zhang）博士、马克·比耶罗（Mark Biello）、史蒂芬·赖斯（Steve Rice）副教授等四位专家分别就"媒体融合新闻学的定义和发展趋势""媒体融合新闻发展的新趋势和新闻种类""媒体融合型新闻报道的原则和操作""文字新闻报道精要""电视新闻：原则、质量和拍摄经验""移动设备媒体新闻报道与编辑"等话题为 2021 级新闻与传播专业专硕研究生做专题讲座。

（王 昆）

【召开全球媒体全球传播复旦论坛】7 月 9 日，"全球化转型与国际传播：全球媒体全球传播复旦论坛"在线举办。来自清华大学、北京大学、复旦大学、中国人民大学、中国传媒大学、中国社会科学院和中央广播电视总台 CGTN 等十余所高校和主流媒体的国际传播领域专家学者相聚云端，共谋推进国际传播研究与实践的创新路径。复旦大学副校长陈志敏出席论坛并致辞。

（田 浩）

【召开第 15 届中国青年传播学者论坛】11 月 12 日，第 15 届"中国青年传播学者论坛"在学院召开。复旦大学新闻学院是第一所举办两届论坛的新闻院校。来自中国人民大学、中国传媒大学、华中科技大学、清华大学、上海交通大学、暨南大学、华东师范大学、南京大学、浙江大学、厦门大学、四川大学、中山大学、陕西师范大学、上海外国语大学、华南理工大学、北京师范大学、西安交通大学、广州

一、院系所与公共教学单位

大学和复旦大学等全国30多所高等院校、科研机构的60多位专家学者和师生相聚云端与线下。线上论坛直播累计观看2 000余人次。（章灵芝）

【举办传播与中国·复旦论坛(2022)】 11月19—21日，由复旦大学信息与传播研究中心、复旦大学新闻学院共同主办的"从人类世到城市世：媒介的力量"——传播与中国·复旦论坛(2022)在复宣酒店举办，该论坛已连续举办16年。本次论坛聚焦二维码、算法、大数据、数字基础设施、人工智能、元宇宙等数码技术在城市发展中最前沿的应用，回应中国当前新传播技术丰富实践带来的中国城市数字化转型等重大战略问题。50多篇论文入选论坛，形成12个分论坛，共有80余名来自全国的人员参会。（廖鹏然）

【举行纪念丁淦林教授诞辰90周年座谈会暨丁淦林新闻教育思想研讨会】 11月24日，举行纪念丁淦林教授诞辰90周年座谈会暨丁淦林新闻教育思想研讨会。复旦大学原党委书记、上海市社联原主席、新闻学院教授秦绍德作书面发言，上海交通大学媒体与传播学院学术委员会主任、新闻传播系特聘教授张国良，上海大学新闻传播学院院长严三九，上海大学新闻传播学院党委书记王晴川，丁淦林教授家属代表丁之方、丁之向，复旦大学新闻学院教授黄瑚等与会人员在座谈会上作交流发言。本次座谈会由复旦大学新闻学院副院长陈建云主持。复旦大学新闻学院党政班子成员、新闻学院教师代表、丁淦林教授的学生代表及家属代表出席本次座谈会。（吕重阳）

【聘任全球传播全媒体研究院（筹）院长、副院长】 12月1日，聘任张涛甫为全球传播全媒体研究院（筹）院长，周葆华、张志安为副院长。（章灵芝）

【举办首届国际双学位合作与全球新闻传播人才培养八校论坛】 12月2日，新闻学院与英国伦敦政经学院媒体与传播系合作举办首届"变局中的全球媒体与传播：在教学和科研中寻求合作"——国际双学位合作与全球新闻传播人才培养八校论坛。来自复旦大学、英国伦敦政经学院、法国巴黎政治大学、澳大利亚墨尔本大学、美国南加州大学、美国密苏里大学、南非开普敦大学、日本早稻田大学等五大洲顶尖学府的学者，围绕论坛主题分享最新的研究项目并寻求进一步合作。（王　昆）

【召开第7届传播与国家治理论坛】 12月3日，复旦发展研究院传播与国家治理研究中心、复旦大学新闻学院、复旦大学全球传播全媒体研究院联合举办第7届传播与国家治理论坛暨复旦发展研究院传播与国家治理研究中心成立十周年会议。论坛以"数字中国与传播创新"为主题，邀请新闻传播学界极具影响力的10位资深学者发表主旨演讲，线上线下吸引大批观众参与。复旦大学副校长陈志敏出席会议并致辞。（米　雪）

【举办第3届全国马克思主义新闻观论坛】 12月10日，"追望大道　勇毅前行——第3届全国马克思主义新闻观论坛"在复旦大学和浙江义乌同步举办。本届论坛由复旦大学新闻学院、复旦大学义乌研究院、复旦大学望道研究院等单位联合主办。来自国内90余所高校的65名新闻传播学院院长（书记）、研究机构和媒体（平台）的200余位专家学者，采用线上线下相结合、上海与义乌同步举行的形式，围绕马克思主义新闻观教育、研究与实践进行深入研讨。论坛还发布《马克思主义新闻观研究发展报告(2022)》《马克思主义新闻观核心概念》首批丛书。复旦大学新闻学院义乌实践教学基地正式揭牌成立。（刘胜男）

【召开"数字中国·全球沟通"复旦论坛(2022)】 12月11日，由复旦大学全球传播全媒体研究院和复旦大学新闻学院主办，复旦大学传播与国家治理研究中心协办的"数字中国·全球沟通"复旦论坛(2022)在复宣酒店举行。陈力丹、程曼丽、胡正荣、吴晓明、喻国明、赵月枝、祝建华等七位知名学者就数字中国与中国新闻传播学自主知识体系建构发表主题演讲。本次论坛设置五个分论坛，分别以全媒体理论与技术社会化、国际传播、计算与智能传播、媒体融合与现代传播体系与主编论坛为主题。复旦大学文科科研处处长顾东辉致辞。（田　浩）

【举办"世界与中国"全球讲堂系列高端论坛】 2022年，举办"世界与中国"全球讲堂系列高端论坛，邀请加拿大皇后大学社会学荣休教授文森特·莫斯科(Vincent Mosco)、澳大利亚墨尔本大学公共文化研究中心教授/澳大利亚国家荣誉院士斯格特·麦考瑞(Scott Mcquire)等5位国际顶级学者展开10场报告。"全球讲堂"自2021年起举办，系复旦大学新闻学院整合学院国际学术交流优势方向、依托复旦大学信息与传播研究中心、复旦大学国际出版研究中心和复旦大学全球传播全媒体研究院等平台着力打造的大师级高端讲座系列。（王　昆）

经济学院

【概况】 2022年，经济学院设有经济学系、世界经济系、国际金融系、风险管理与保险学系、公共经济学系5个系；设有博士学位授予专业11个、硕士科学学位授予专业12个、硕士专业学位授予专业5个、学士学位授予专业5个。有教育部人文社会科学重点研究基地2个（世界经济研究所、中国社会主义市场经济研究中心）；国家经济学基础人才培养基地1个；教育部创新团队1个；上海市高校智库1个（复旦大学中国经济研究中心）；上海市人民政府决策咨询研究基地领军人物工作室1个；上海市高校人文社会科学重点研究基地1个（就业与保障研究中心）；研究机构1个（金融研究院）；上海市教育系统"劳模创新工作室"1个；其他虚体科研机构28个；理论经济学、应用经济学2个博士后流动站。理论经济学一级学科于2007年增补为全国重点学科，2016年增补为上海市高峰Ⅰ类学科；金融学、产业经济学2个应用经济学二级学科为国家重点学科。经济学、金融学、国际经济与贸易、财政学、保险学5个本科专业全部入选国家级一流专业建设点。

现有教职工180人,专任教师130人,其中教授53人,副教授44人,讲师33人,博士生导师53人,硕士生导师109人;行政管理50人;复旦大学文科资深教授1人,特聘讲座教授6人。在职教师中有国家教学名师1人,上海市教学名师1人。

全年招收本科生310人,转专业录取33人,全日制专业学位研究生405人,博士研究生56人(含港澳台1人,留学生1人)。有在读本科生1050人,在读学术学位硕士123人,专业学位硕士研究生及金融学单考硕士研究生798人,博士研究生247人。毕业本科生274人,全日制学术学位研究生70人,全日制专业学位硕士研究生和金融学单考硕士研究生425人,博士生54人。全年开设本科生课程246门次,其中全校通识课18门次,跨校辅修课程9门次。开设学术学位硕士研究生课程31门;开设博士研究生课程33门,其中直博生课程11门;经济学系列讲座8门。开设专业学位研究生课程97门,金融学单考研究生课程3门。1篇博士论文获复旦大学2021年度优秀博士学位论文奖,2名博士生分获复旦大学博士生论坛经济分论坛一等奖和二等奖。1门研究生课程获复旦大学研究生课程思政建设项目立项,8个复旦大学研究生课程思政建设项目结项;2个复旦大学专业学位研究生课程建设立项。2本教材获复旦大学研究生课程配套教材建设立项,1本教材获复旦大学研究生规划系列教材建设项目。陈诗一团队《碳究未来、绿融世界——服务国家战略的高层次绿色经济金融人才培养探索与实践》及张金清教授团队《基于案例型教材的金融专硕"四维"培养模式的创新探索与实践》分获上海市高等教育优秀教学成果(研究生教育)一等奖。经济学院撰写的5篇案例入选中国金融专业学位案例中心第八届(2022年)案例征集;5篇案例获第五届上海市优秀金融硕士教学案例奖;张陆洋团队撰写的关于"上海浦东科技投资有限公司"的教学案例被哈佛大学商学院收录为教学案例,为院首例。经济学院金融硕士毕业生李佳意(指导教师:周光友)和刘晗(指导教师:陆前进)的学位论文获"第五届上海金融硕士优秀论文奖"。结合线上线下方式开展专业学位师生交流活动,新增17位行业导师,新建实践基地3家,续建实践基地2家。组织研究生实务模块课程50场,"名家讲坛"系列课程18期。

全年共获国家自然科学基金立项8项(其中重点项目1项;海外优秀青年科学基金项目1项;重点研发计划1项;面上项目3项;青年科学基金2项),国家社会科学基金立项2项(其中重大项目1项;重点项目1项),教育部人文社科项目立项1项,上海市哲学社会科学研究项目立项2项,上海市决策咨询项目立项3项,上海市浦江人才项目立项3项。获上海市第十五届哲学社会科学优秀成果奖7项(其中一等奖2项、二等奖2项),获第十三届上海市人民政府决策咨询研究成果奖2项(其中二等奖1项、三等奖1项)。在SSCI(含SCIE)期刊发表论文64篇,其中国际A类期刊发表论文1篇,A-类期刊发表论文2篇,B类期刊发表论文19篇,中文权威期刊发表论文20篇,其中《经济研究》发表论文6篇。撰写各类专报及咨询研究报告170篇。

学院本科生出访55人次、研究生出访16人次。EMA项目招收第一届专硕学生,共25名。EMA课程"中国经济"被评为"2021年上海高校国际学生英文课程示范性课程"。经济学专业国际项目(Undergraduate International Program in Economics,简称UIPE)第四届36名学生入学,含6名外国籍留学生。UIPE课程"计量经济学"入选2022年复旦大学全英语课程建设项目(全校共21项)。6月举办复旦大学经济学院暑期学校;7月举办复旦大学暑期国际课程;12月举办线上冬季课程项目。复旦-杜伦工商管理博士项目更新课程模块,并完成新一届学员招生。

10月,经济学院党委下属经济学系教师党支部、世界经济学教师党支部、中国经济研究中心教师党支部、公共经济与保险教师党支部、金融研究院教师党支部、行政教师党支部、退休教师党支部等七个教师党支部完成换届选举工作。学院党政办公室获三八红旗集体称号。

加强辅导员队伍建设,加强学生骨干培养。以学习党的二十大精神为主题,学生支部与教师支部共建,开展党史学习教育等活动,加强党的理论学习和宣传教育,提升党章学习小组活动质量,做大筑牢蓄水池;党建引领班团建设,保证主题班会、主题团日活动频次、提升活动质量;主题教育加强思想引领,结合重要时点与学科特色,线上线下活动并进,获校一二·九歌会金奖,重点建设微信公众号"经生经视""SOE经际人",打造优秀网络文化产品,服务思政工作;辅导员开展调查研究;奖助工作坚持"公平、公正、公开",宣传榜样以奖育人,做到精准资助、资助育人;积极参与园区建设,鼓励学生参与书院活动,利用四级谈心机制、全员导师制助力学生成长成才,进行学业帮扶、心理支持和生涯指导,辅导员定期走寝,开展安全检查和安全主题教育;充分发挥教师、校友资源,举办生涯教育高峰论坛、校外导师面对面、实习基地参观走访活动,开展多场小型招聘会、宣讲会,全面提升就业工作;加强港澳台学生工作,开展国情教育;维护校园安全稳定,做好疫情防控、重要时点稳定工作,有序开展立德树人各项工作。

疫情防控。学院工会在分党委领导下积极部署、稳步落实,在疫情期间全面关怀教职工,齐心抗疫。3月15日第一时间发出《给全院教职工的一封信》。在准封闭管理期间,联合校友企业、爱心机构三次为学院教职工、博士后、退休教师送去蔬果、粮油、口罩等生活、防疫物资,累计服务千余人次。

(詹璐 张馨 高笑梅 陈梅 施侠 赵岚 孙冷梅 庄稼 李娇 曾盼盼)

【举办复旦经济学科百年系列活动】
详见"学校综述"【举行纪念复旦经济学科百年主题活动】条,第61页。

【2篇论文在经济学顶尖期刊发表】
2月,经济学院陈硕与波士顿大学经济系曹一鸣合作论文《运河上的叛乱:

1650—1911年中国贸易通道中断与社会冲突》(Rebel on the Canal: Disrupted Trade Access and Social Conflict in China, 1650-1911)在经济学顶尖期刊《美国经济评论》(American Economic Review)发表。6月，经济学院陈钊和刘志阔合作论文《税收政策与非连续性投资：来自中国增值税转型改革的证据》(Tax Policy and Lumpy Investment Behavior: Evidence from China's VAT Reform)在经济学顶尖期刊《经济研究评论》(Review of Economic Studies)在线发表。

(詹璐)

【举办经济学院第六届生涯教育高峰论坛】 4月16日，经济学院学生工作办公室、学生生涯发展办公室在经济学院大金报告厅举行"青春拥抱时代，梦想照亮未来——复旦大学经济学院第六届生涯教育高峰论坛"，本次论坛共邀请到十余位业界精英、杰出校友作为主讲嘉宾，吸引学院200余名师生参加。

(庄稼)

【举办第十一届金融专硕全国优秀大学生线上夏令营活动】 6月，举办经济学院第十一届金融专硕全国优秀大学生线上夏令营活动，来自社会各界的专家代表、在校师生300余位嘉宾参加活动。营员们通过网络与学术名家、业界精英进行互动与座谈，聆听项目推介会，与来自全国各地的优秀学生交流思想。

(曾盼盼)

【1人获张培刚经济学青年学者奖】 9月1日，张培刚发展经济学研究基金会官网公布第五届"张培刚发展经济学青年学者奖"获奖名单，经济学院副教授宋弘获第五届"张培刚发展经济学青年学者奖"。

(詹璐)

【举办第七届专业学位研究生案例大赛】 9月—12月，以2022年专业学位研究生中期考核案例评审为基础，组织第七届复旦大学经济学院专业学位研究生案例大赛。共收到356份案例，经过汇总整理、匿名编码、匿名初审、评审反馈等环节，择优评选出一、二、三等奖共计10篇获奖案例。

(曾盼盼)

【推出经济学院首部原创大师剧《蒋学模》】 11月20日，复旦大学经济学院团委、学生会、研究生会联合推出的经济学院首部原创话剧《蒋学模》于相辉堂南堂完成全部录制。该剧以蒋学模先生生平事迹为蓝本，展现学术先贤的学术志向与崇高的家国理想，剧本由经济学院学生独立撰写，共17名本科生、研究生出演。

(庄稼)

【举办第七届复旦首席经济学家论坛】 11月26日，第七届复旦首席经济学家论坛在校举行。论坛以"构建新发展格局与中国式现代化"为主题，吸引众多经济学家和业界代表相聚复旦。中国科学院院士、复旦大学校长金力，中国农业银行上海市分行党委委员、副行长张国兴在论坛开幕式上致辞。著名经济学家、南京大学原党委书记、文科资深教授洪银兴，著名经济学家、中国社会科学院学部委员余永定，著名经济学家、上海财经大学校长刘元春，著名经济学家、中国人民大学经济学院党委书记兼院长刘守英，著名经济学家、原国务院副秘书长、全国人大常委、社会建设委员会副主任委员、中国行政管理学会会长江小涓，著名经济学家、复旦大学文科资深教授、经济学院院长、中国经济研究中心主任张军发表主题演讲。

(邱佳佳)

【复旦大学创新与数字经济研究院揭牌】 由复旦大学和法国图卢兹经济学院共同建设的"复旦大学创新与数字经济研究院"(RIDE)于11月27日正式揭牌。研究院将以柔性方式引进11名在创新与数字经济领域享有国际声誉的学者，其中包括2014年诺贝尔经济学奖获得者让·梯若尔，并组建由让·梯若尔和复旦大学文科资深教授、经济学院院长张军担任联合主任的学术委员会。

(詹璐)

【1人获宝钢优秀教师特等奖提名奖】 11月，宝钢教育奖评选结果揭晓，复旦大学文科资深教授、经济学院院长张军获宝钢优秀教师特等奖提名奖。

(詹璐)

【复旦大学中国经济研究中心入选CTTI"A+"等级】 12月17日，由南京大学、江苏省社会科学院联合主办的"2022新型智库治理论坛"发布"CTTI2022年度高校智库百强榜"。复旦大学中国经济研究中心入选CTTI2022年度高校智库百强榜"A+"等级高校智库，位居第一方阵。

(詹璐)

【《世界经济文汇》入选2022"中国国际影响力优秀学术期刊"(人文社会科学)】 12月，由中国知网和清华大学图书馆联合研制的2022年"中国最具国际影响力学术期刊"(TOP 5%)和"中国国际影响力优秀学术期刊"(TOP 5%—10%)名单发布，《世界经济文汇》入选"2022中国国际影响力优秀学术期刊"(人文社会科学)，排名较之前有所上升。

(朱红英)

【获上海市优秀教学成果(本科教育)特等奖】 复旦经院团队从2020年7月开始，以"现代经济学教育中国化、中国经济学人才培养国际化"人才宗旨和特色为基础，历经两年多时间系统总结中国经济学派的基本做法，获得显著成效，最终"立足中国实践，打造中国学派：经济学拔尖创新人才培养体系探索"项目在2022年获上海市优秀教学成果(本科教育)特等奖。

(陈梅)

泛海国际金融学院

【概况】 2022年，学院迎来正式办学五周年，人才培养、学术科研和智库研究等各项工作再上新台阶。新增全日制金融学本科(金融科技方向)项目。成都市复旦西部国际金融研究院完成注册登记。共设有全日制本科、金融专业硕士、金融MBA以及非全日制金融MBA、金融EMBA 5个学位项目，应用经济学博士后流动站1个，以及虚体研究中心7个。

有在职教职工124人，其中专任教师20人，复旦大学特聘讲座教授1人，行政人员103人。其中具有正高级职称教师8人，中级职称教师12人，博士生指导教师8人，硕士生指导教师21人。

全年招收全日制专业学位研究生151人，非全日制专业学位研究生160人。全日制在读专业学位硕士研究生326人，非全日制专业学位研究生363人。与上海证券交易所和兴业证券股份有限公司联合培养博士后各1名。全年开设专业学位硕士研究生课程181门次,其中全日制学位项目开设课程101门次,非全日制学位项目开设课程80门次,全英文课程90门次。非学历教育培训课程包括3门公开课和14项公司定制课程。

全年新增科研立项15项,赠科研项目1项,资助总金额761万。其中国家自然科学基金外国资深学者研究基金项目1项;上海市政府及委办部门研究课题项目3项;企事业单位委托项目9项;校内科研项目(先锋计划及人文社科青年融合创新团队项目)2项。全年共发表25篇论文,其中16篇发表于《金融研究评论》《金融经济学杂志》《管理科学》等国际A类学术期刊,9篇发表于《经济学快报》《计量经济学评论》等其他类学术期刊。出版著作8部,其中4部为英文专著(篇章作者),4部为中文专著。发表智库报告及建言献策合计25篇。爱思唯尔(Elsevier)经济学2021年度中国高被引学者3人;获上海市第十五届哲学社会科学优秀成果奖1人;ESI高被引论文1项;获2022年中国金融学术年会最佳论文文奖1项;获2021中国社会科学院青年经济学优秀论文一等奖1项;获第四届全球创新资本高端论坛三等奖1项;获2021年江苏省绿色金融先进个人1人。

全年共主办、承办和合作举办各类学术研讨和招生宣讲活动200余场,其中大型论坛及研讨会5场,"金融学术研讨会"系列讲座53场,各学位项目系列讲座61场,学位及非学位项目招生宣讲81场。

疫情防控。由党政班子组成的疫情防控领导小组成员统筹安排,各职能部门密切配合,从教职工管理、学生管理、后勤管理和应急预案等方面制订详细工作方案,针对黄浦院区的疫情防控工作做出周密部署并严格落实。

党建工作。学院党总支聚焦强化思想引领,把稳把牢政治导向,深研细学理论知识,培育新项目,拓展新抓手,持续促进党建工作扎实有力开展,引领和保障学院高质量发展。充分利用黄浦院区坐落在黄浦区中心金融圈的区位优势,在"滨江党建·金融外滩"联席会议平台持续发挥力量,在实现党建资源的相互分享、党建模式的相互借鉴,跨单位开展党建共建合作的基础上,承担人才培养、智库支持的中坚模范功效,合作开展"金融研修院"二期班以及"经典黄浦"金融女性创造营首期班。

学生工作。抓好队伍建设,积极参加学校"学习习总书记建团百年重要讲话精神""高校心理健康理论与实践专题培训"等相关学习培训;落实党建学习与主题教育,开展建团百年"争做新时代好青年"系列学习讨论、国家安全日主题教育、五四演讲比赛、党的二十大精神学习会、红色巴士研学实践等学习与实践活动。1名澳门学生获"以青春之志筑强国之路"主题征文一等奖;2名学生当选为校第二十七届研究生会委员会委员。疫情期间,面向临时困难学生及时启动应急性资助。持续开展职业导师访谈、院长面对面、手拉手朋辈交流等活动,导师、教授、校友充分参与,为同学们的求职提供全方位支持。2022届毕业生实际就业率达99%。

(谢铿 刘怡 王涵 王燕 张玮 胡蓝云 梁雨微)

【举办第四届国际万花筒创新挑战赛】1月15—18日,学院专业金融硕士项目主办第四届国际万花筒创新挑战赛。本届挑战赛以"缓解与应对全球气候变化困境创新"为主题,吸引海内外高校千余名学生报名参加。来自全球22所高校的96名大学生,组成24支参赛队,通过破冰、专家讲座、头脑风暴与创新工作坊等众多环节,最终在相关领域专家的指导下完成了人生第一份创新计划。

(侯家佳)

【举办国际影响力金融峰会】4月16日,"国际影响力金融峰会:创新与创业"在线上举办。此次峰会由学院全日制金融MBA项目学生策划和组织,以"碳中和"为主题,锁定当今社会转型中艰难且重要的尝试,聚焦创新企业,探索以金融服务赋能创新发展的新方式。吸引来自世界各地的商科学生、金融与碳中和领域专家切磋交流。

(张玮)

【发布"复旦·蚂蚁金融必修课"】6月21日,由学院和蚂蚁金融教育基地联合研发推出的"复旦·蚂蚁金融必修课"正式发布。发布会上,复旦大学与蚂蚁集团达成合作,双方将组建联合专家组,开发16节免费"金融必修课",旨在推动金融知识普及、提升国民金融素养,优化家庭财富管理水平,最终促进国家普惠金融和国民金融健康的高质量发展。

(张颖)

【举行泛海国际金融学院建院五周年系列活动】6月24日,发布《泛海国际金融学院五周年发展成果报告》,报告全面展现学院五年来人才引进、人才培养、学术科研、智库研究和社会影响力等方面取得的成绩。8月27日,举办泛海国际金融学院五周年院庆暨主题论坛,复旦大学常务副校长许征,中国人民银行上海总部党委副书记、副主任兼上海分行行长金鹏辉,上海市黄浦区副区长王萧等与学院师生员工、校友代表出席活动。

(张云轩)

【成都市复旦西部国际金融研究院完成注册登记】8月17日,由学校与成都市人民政府共建的成都市复旦西部国际金融研究院完成注册登记工作,并获得事业单位法人证书。作为研究院的牵头建设单位,学院积极推进研究院揭牌和第一届理事会的召开,并着力完善研究院治理结构、内部制度建设和三年建设规划等工作。研究院将发挥复旦大学金融、经济等学科优势,立足成都,辐射西部,放眼国际,切实服务成都国家西部金融中心建设等国家发展战略,支持复旦大学世界一流金融学科建设,努力建设成为国际一流的综合性金融研究机构。

(顾亚佩)

【举办"金融研修院"二期培训项目】10月9日,学院与黄浦区委组织部合作举办的"金融研修院"二期培训项目正式开班,课程面向黄浦区"滨江党建·金融外滩"党建平台的16家金融单位的中高层管理人员、优秀业务骨干。通过该培训项目课程,搭建金融人才培养和交流的平台,打造具有金融特色的党建工作品牌项目。

(张云轩)

【非全日制金融 MBA 项目获得"特许金融分析师(CFA)大学联盟项目"认证】 11月2日,学院非全日制金融 MBA 获得"特许金融分析师(CFA)大学联盟项目"认证,至此学院已有三大学位项目(非全日制金融 MBA、全日制金融 MBA、金融专业硕士)获得该项目认证,每年可获得 5 名 CFA 合作奖学金名额,学生可在报考 CFA 中获得报名费用部分减免的优惠,且可以享受 CFA 全平台的学习资源。

(贡霖江)

【举办"经典黄浦"金融女性创造营培训项目】 11月4日,由黄浦区委组织部、黄浦区妇联共同主办,学院与"滨江党建·金融外滩"党建平台联合承办的"经典黄浦"金融女性创造营项目在学院黄浦院区开班,来自金融领域及"四新"领域妇联等中高层管理人员30人参加培训。 (张云轩)

【举办"数据资产交易学术研讨会"】 12月3日,数据资产交易学术研讨会于学院黄浦院区成功,来自金融、法律、科技学界与业界的专家学者们围绕数据要素的市场化配置深入交流、交换意见,共破理论瓶颈与实践难题,为中国数据资产交易发展贡献智慧与力量。

(张 颖)

【金融 MBA 学生项目获中国研究生金融科技创新大赛三等奖】 12月5日,非全日制金融 MBA 学生作品《围绕知识产权打造"知信贷"产品,助推知识型小微企业融资》入围中国研究生金融科技创新大赛决赛并夺得三等奖。

(贡霖江)

【主办"金融科技:数字引领未来金融发展新趋势"主题论坛】 12月8日,首届滴水湖新兴金融大会在位于临港新片区滴水湖畔的世界顶尖科学家论坛永久会场(临港中心)召开,大会以"中国式现代化新征程·金融创新与金融开放"为主题,依托临港新片区在人工智能等前沿科技产业领域积累的优势,打响以"中国的滴水湖、世界的金融湾"为特色的"滴水湖金融湾"品牌。学院作为大会的学术合作伙伴之一,当日下午举行"金融科技:数字引领未来金融发展新趋势"平行主题会议,聚焦金融科技,共话未来金融发展新蓝图,助力临港新片区的高质量发展。 (张 颖)

管理学院

【概况】 2022年,管理学院设有管理科学系、金融与财务学系、会计学系、企业管理系、市场营销学系、统计与数据科学系、信息管理与商业智能系、应用经济学系8个系。在美国德克萨斯大学达拉斯分校(UTD)公布的全球商学院排名(2022)中,复旦管理学院位列全球第83名,连续7年进入全球百强。在环球教育(Eduniversal)2022年度全球最佳商学院排行榜中,学院名列亚洲远东第一。复旦 MBA 项目在英国《金融时报》(FT)发布的 2022 年全球 MBA 项目百强榜单中排名全球第32位、亚太地区第3位,连续四年位列全球40强。在 FT 发布的全球 EMBA 项目排名中,复旦大学-华盛顿大学 EMBA 项目、复旦 EMBA 项目、复旦大学-BI 挪威商学院 MBA 项目、复旦大学-香港大学 MBA 项目连续三年位列全球50强,其中复旦 EMBA 项目位列全球第12位、中文项目全球第一;复旦大学-华盛顿大学 EMBA 项目学术研究单项指标连续三年位列亚洲第一;复旦大学-香港大学 MBA 项目蝉联在职 MBA 项目全球第一;复旦大学-BI 挪威商学院 MBA 项目职业发展分指标位列在职 MBA 项目全球第一位。

学院下设有一级学科博士点5个,二级学科博士点(含自设博士点)12个;有一级学科硕士点5个,二级学科硕士点18个(含自设硕士点),专业硕士点5个;本科专业7个;博士后科研流动站4个。

2022年入职教师14人,截至年底全职教师为166人(不含物流研究院4人,不含东方管理研究院1人),其中教授58人,副教授62人。3位教师晋升教授职称,3位教师晋升副教授职称。全年新增外聘教师6人,截至年底学院共聘任外聘教师87人。13位教师在线参加海外短期培训项目,2位教师于秋季起赴美公派长期访问。夏寅获管理学院杰出教授贡献奖,洪流获管理学院2021年度优秀科研奖、孙金云获管理学院2021年度优秀教学奖、虞嘉怡获管理学院2021年度青年教师新星奖。

2022年招收本科生207名;招收硕士研究生2131名,其中硕博连读项目49名,金融硕士项目79名,国际商务硕士项目56名,应用统计硕士项目47名,工商管理硕士(以下简称 MBA)项目857名,高级管理人员工商管理硕士(以下简称 EMBA)项目575名,会计硕士(以下简称 MPAcc)项目162名,复旦大学-华盛顿大学 EMBA 项目47名,复旦大学-香港大学 MBA 项目210名,复旦大学-BI 挪威商学院 MBA 项目49名;招收博士研究生39名。截至年底,有在读本科生866人;在读硕士研究生6917人,其中硕博连读项目133人,金融硕士项目157人,国际商务硕士项目273人,应用统计硕士98人,MBA 项目2624人,EMBA 项目1605人,MPAcc 项目501人,复旦大学-华盛顿大学 EMBA 项目47人,复旦大学-香港大学 MBA 项目414人,复旦大学-BI 挪威商学院 MBA 项目199人;在读博士研究生201人。2022年学院在册校友人数达56073人。

全年开设本科生课程210门、硕博连读研究生(含博士研究生)课程74门、金融硕士课程23门、国际商务硕士课程25门、应用统计硕士课程15门、MBA 课程319门次、EMBA 课程145门次、MPAcc 课程45门次、复旦大学-华盛顿大学 EMBA 课程16门、复旦大学-香港大学 MBA 课程68门次、复旦大学-BI 挪威商学院 MBA 课程31门次。

2022年,学院教师申请各类科研项目127项,共立项34项,其中国家自然科学基金资助25项,包括吴肖乐牵头的重大项目《供应链韧性与安全基础理论》、陈祥锋的重点项目《数智时代的运营管理与商业模式创新》、卢向华牵头的杰出青年科学基金项目《数字技术环境下的人机行为协同研究》和虞嘉怡牵头的优秀青年科学基金项目《社会责任运营与供应链管理》。出版教材、译著共2部。94人发表科研论文220篇。在美国德克萨斯大学达拉斯分校(UTD)24本期刊正式发表论文24篇,在线发表论文8篇;在英国《金融时报》(Financial Times,简称FT)50本期刊正式发表论文23篇,在线发表论文17篇。

2022年度学院国际合作院校达到110家。受疫情影响,全年仅5人次教师实地赴海外合作科研和学术交流。继续开展由海外商学院主办的线上短期培训工作,其中12位教师参加巴布森商学院主办的线上企业家领导力与创新教学培养项目(Babson ELI),1位教师参加国际教师培训项目(ITP)。本科生参加各类长短期出国交流交换学习59人次;MBA项目学生参加长期出国交换学习43人次,另有2人在线完成交换课程。114名学生参加由耶鲁管理学院"全球高端管理联盟"(Global Network for Advanced Management,简称GNAM)组织的线上GNAM周(GNAM Week)交流学习。

2022年,学院党委认真学习贯彻习近平新时代中国特色社会主义思想和党的二十大会议精神,组织多场学习贯彻党的二十大精神辅导报告会,引导师生员工努力把党的二十大精神落实到本职工作中。坚持统筹疫情防控与学院事业发展,加强党建引领和师生思想政治工作,开展关心关爱师生员工和退休教职工工作。加强综合安全体系建设,主动防范和应对各种风险,维护学院改革发展稳定大局。加强党支部建设,信息管理与商业智能系党支部创建全国高校党建样板支部通过验收。13个教职工党支部完成支部委员会换届工作。全年共发展学生党员30名。召开管理学院工会第七届第一次会员大会,选举黎ననపనคน元为工会主席,吴肖乐、徐文岩为工会副主席,吴肖乐兼女工委主任。郑明当选为第十四届上海市政协委员会委员,担任中国民主建国会上海市杨浦区区委主任委员、杨浦区政协委员会副主席。

2020级本科生团支部、2020级硕博连读团支部获上海市活力团支部称号。2020级本科生团支部获上海市基层团支部典型选树表彰单位。2021级硕博连读党支部获上海高校"百个学生样板党支部"创建单位、复旦大学党支部组织生活优秀案例。2021级本科生班获2022年军训先进连队。学生团队作品《薪火》获2022年复旦大学本科生情景剧微党课展评活动一等奖。全日制MBA联队获复旦大学2022年研究生三人混合篮球赛第一名。2020级本科生邱奕珲、池正昊、邓天宇、黄河、周正获2022年高教社杯全国大学生数学建模竞赛一等奖。2019级本科生查阅获2022年"互联网+"大学生创新创业大赛上海市一等奖。2020级本科生张源、黄文晓、张若曦和2021级本科生李晨禹获第十三届"挑战杯"创业大赛上海市银奖。2022级硕士生汪昊鹏、孙鑫和熊书琴获2022年"欧贝杯"工业品供应链数据智能创新大赛高校组二等奖。2019级博士生何慧华获复旦大学研究生"学术之星"称号。管理学院以行政员工团队首次参加史宾沙(Spencer Stuart)旗下凯信睿(Kincentric)"最佳雇主"评选,获评"2022年中国最佳雇主"及唯一的最佳实践奖——"引领型领导奖"。

(王是平等)

【举行2022年管理学院新年论坛】 2月26日,"瞰见未来——2022年复旦大学管理学院新年论坛"于线上线下同步举行。论坛上、下午分别以"仰望星空"和"相信未来"为主题,邀请中国科学院院士、中国月球探测工程首任首席科学家欧阳自远,中国科学院院士、复旦大学光电研究院院长褚君浩,复旦大学人工智能创新与产业研究院院长、复旦大学"浩清"特聘教授漆远,驭势科技联合创始人、董事长、首席执行官(CEO)吴甘沙,中国冬奥首金获得者、世界反兴奋剂机构(WADA)副主席、2022年北京冬奥组委运动员委员会主席杨扬,实景演出创始人王潮歌导演,故宫博物院院长王旭东,复旦大学中文系教授梁永安,国家传染病医学中心主任、复旦大学附属华山医院感染科主任张文宏10位不同领域的专家分享思想和见解,吸引389万人次观众在线收看。论坛由管理学院教授钱世政主持,院长陆雄文做开场致辞,复旦大学校长金力院士出席论坛并以"表型组学的探索与实践"为题发表主题演讲。

(孙 睿)

【复旦MBA课程获AACSB最具启发创新奖】 4月5日,复旦大学MBA项目的系列海外短期课程"以色列战略思维与创新课程"获AACSB(国际商学院联合会)2022年"最具启发创新奖"。

(孙 睿)

【推出在线教育平台】 6月19日,管理学院正式推出在线教育平台。院长陆雄文出席发布会并致辞,管理学院高层管理教育(EE)中心学术主任凌鸿以"数字时代的教学发展趋势"为题发表演讲。管理学院在线教育平台技术支持、超星集团继续教育事业部副总经理何鑫对在线教育平台进行演示及介绍。EE中心主任邵勃主持仪式。8万多名师生校友在线见证。在线教育平台秉承高质教学、高效学习、高频互动、高能管理理念,结合新技术、新需求,在一站式云空间、灵活功能设置、多元互动教学方式、统一形象、数据安全等方面为教师、学生、管理者开启新的学习范式,提供全面、便捷、个性化的在线学习服务。

(孙婕婷)

【举办第五届新制度会计学国际研讨会】 7月13—14日,复旦大学管理学院承办的第五届新制度会计学国际研讨会在线举办。上海财经大学校长助理李增泉、复旦管院会计学系系主任洪剑峭分别主持13日的青年学者论坛和14日研讨会。香港中文大学(深圳)经管学院执行副院长张博辉在青年学者论坛上发表主旨演讲。研讨会上,复旦管院院长陆雄文和南加州大学马歇尔商学院教授黄德尊分别致辞,复旦大学文科资深教授葛剑雄做主题演讲。在论文报告和点评环节,4位资深教授分别对4位中青年教师报告的论文进行点评。300余人在线参与本次会议。

(张 新 孙 睿)

【举行首期复旦MBA科创青干营开营暨复旦MBA科创先锋论坛】 9月30日,首期复旦MBA科创青干营开营。复旦大学校长金力、复旦大学研究生院常务副院长陈焱、复旦大学管理学院院长陆雄文、科创青干营学术导师、企业家导师与64名首期营员共参加开营仪式。开营仪式结束后,举行复旦MBA科创先锋论坛,陆雄文致辞,中微半导体设备(上海)有限公司创始人、董事长、总经理尹志尧,国家"863类人智能项目"首席专家、科大讯飞联合创始人胡郁发表主题演讲。陆雄文与MBA科创青干营的5位企业家导师展开圆桌对话,分享对技术、科创企业以及创业经历、科创企业管理等方面的心得。 (孙睿)

【举行学院科创战略实践两周年主题活动暨2022复旦管院科创周开幕式】 11月18日,学院科创战略实践两周年主题活动暨2022复旦管院科创周开幕式举行。复旦大学校长金力,校党委副书记、纪委书记金海燕,管理学院院长陆雄文,生命科学学院院长林鑫华,哲学学院院长孙向晨,复旦科创企业家营及复旦MBA科创青干营的部分学生,师生和校友代表以及科创生态合作伙伴代表等共200余人参加活动。在"院长论坛"环节,陆雄文、林鑫华、孙向晨三位院长以"科技与管理如何共创未来"为主题展开讨论。在圆桌对话中,以"科创企业的发展机会与对策"为主题,由复旦管院教授钱世政与上海道禾长期投资管理公司董事阙波、中金资本运营有限公司总裁单俊葆校友、上海国盛资本管理有限公司总经理周道洪、德同(上海)私募基金管理股份有限公司董事长邵俊校友、东方证券股份有限公司首席经济学家邵宇校友就中国创投市场现状、当下的投资逻辑及机会等话题展开对话。随后,陆雄文院长报告学院科创战略实践情况。本次活动还同时举行工信部"信创高级管理人才培养基地"授牌仪式、G50科创产业投融资服务平台成立仪式、长三角聚劲科创大赛启动仪式、国内首套"科创企业管理"系列教材启动发布仪式、复旦科创企业家营五期开营交旗仪式、"复旦科创企业发展生态联盟"宣言签署仪式。 (孙睿)

【"复旦管院·朱家角"建新党建红色驿站揭牌】 11月25日,"复旦管院·朱家角"建新党建红色驿站在上海市青浦区朱家角镇建新村揭牌。管理学院党委副书记赵伟韬、市商务委进博处副处长阮健、朱家角镇党委委员王磊,管理学院师生代表、建新村村民党员代表共30余人参加揭牌仪式。该红色驿站作为日常党建学习交流、参观导览站点的同时,常态化展示复旦管理学院最新文创产品和知识成果,朱家角镇和建新村文创、农副产品,以及区镇两级的进博会城市服务保障内容等元素,同时设置便民服务台,形成一个集党建学习、展览展示、会议座谈、咖啡茶饮、直播带货、群众服务等6项功能于一体的、兼具红色文化和古村风格的现代化物理空间。 (王府璟)

【1个项目获国家自然科学基金重大项目立项】 11月29日,管理学院教授吴肖乐主持申报的项目"供应链韧性与安全基础理论"获国家自然科学基金重大项目立项。该项目面向国家产业链、供应链安全的重大战略需求,从风险传播机理、提升供应链韧性的行为决策理论、仿真与优化方法、机制设计和运营管理,以及国家层面的全球供应链风险管理等开展研究,为我国提升供应链韧性和安全提供科学的决策依据和方法支持。 (刘海阳)

【举行复旦大学致敬中国EMBA教育20周年暨新商业文明发展论坛】 12月18日,复旦大学致敬中国EMBA教育20周年暨新商业文明发展论坛在线上举行。复旦大学EMBA项目各级校友、在读学生以及关注中国EMBA教育的各届人士近8万人通过直播间参与活动。论坛以"时代之光"为主题,分为"致道二十载"和"光曜新时代"两个部分。复旦大学校长金力、管理学院院长陆雄文、圣路易斯华盛顿大学副教务长维贾伊·拉马尼(Vijay Ramani)致辞。2007年诺贝尔经济学奖得主埃里克·马斯金(Eric Maskin)教授,清华大学文科资深教授柳冠中,复旦大学附属中山医院心内科主任、中国科学院院士葛均波分别从"制度与经济""文化与艺术""科学与技术"等方向发表主题演讲。 (邹瑞玥)

社会发展与公共政策学院

【概况】 社会发展与公共政策学院下设社会学系、社会工作系、心理学系、社会管理与社会政策系、人口研究所和人类学民族学研究所。拥有社会学一级学科博士授权点和硕士学位授权点,心理学一级学科硕士授权点。在社会学一级学科博士授权点下,设有社会学二级学科博士点和硕士点、人类学博士点和硕士点、人口学博士点和硕士点、社会心理学博士点、社会工作博士点和硕士点、老年学博士点和硕士点;设有人口资源与环境经济学二级学科博士点和硕士点、社会管理与社会政策二级学科博士点、社会保障二级学科硕士点,设有社会工作专业学位硕士点、应用心理学专业学位硕士点、社会政策专业学位硕士点;设有社会学、社会工作、心理学3个本科专业,公共事业管理(社会管理方向)1个本科第二专业;设有社会学一级学科博士后流动站,建有公共管理与公共政策创新基地博士后工作站。

现有在编教职员工86人(包括复旦大学公共管理与公共政策研究国家哲学社会科学创新基地3人),其中教学科研人员74人。教学科研人员中,有教授34人、研究员2人、副教授27人,青年副研究员6人,讲师2人;专职思政教师3人。学院新增一级教授一位。1位教师当选意大利林琴国家科学院外籍院士(王丰),1位教师当选发展中国家科学院青年通讯院士(沈可)。多位教师担任国务院学科评议组成员(刘欣)、中国社会学会副会长(刘欣)、中国人口学会副会长(王桂新)、中国社会变迁研究会副会长(刘欣)、中国社会工作学会副会长(顾东辉)、教育部社会学教指委副主任委员(顾东辉)、中国心理学会监事长(孙时进)、上海市社会学会副会长(刘欣)、上海市人口学会副会长(沈可、张震)、上海市人类学会副会长(潘天舒)等社会团体领导职务。多位教师担任国家部委或上海市决策咨询专家。

2022年招收博士生28人(其中留学生2人);硕士生162人,其中,科学学位硕士生50人(其中留学生2人),专业学位硕士生112人。2022年度在读本科生414人;博士生137人;硕士生476人,其中科学学位硕士生158人、专业学位硕士生318人。开设本科生课程213门,其中核心课程3门,公共选修课程60门,平台课程19门,专业课程120门,全英语课程2门。新增1门上海市示范性全英语课程(沈洁"城市化与发展"),新增1项上海市优秀教学成果(徐珂、洪浏、周楚、陈虹霖、陈侃等"中国特色、复旦特点的服务学习课程体系建设与实践"),新增1名复旦大学"钟扬式好老师"(尹晨),新增1个复旦大学"钟扬式好教学团队"(洪浏等),新增2项学校七大系列百本精品教材建设立项(刘欣《社会研究方法》、彭希哲《社会治理现代化概要》)。新增7项学校"首届学校教材建设奖"(顾东辉"教材建设先进个人"、顾东辉《社会工作概论(第二版)》、刘豪兴《农村社会学(第三版)》、赵芳《社会工作伦理:理论与实务》、刘豪兴、徐珂《社会学概论》、潘天舒《发展人类学十二讲》、孙时进《社会心理学导论》),新增1项学校思政标杆课程(陈侃"艺术与心灵")。2022年共开设研究生课程143门课程,其中硕士课程94门(专业学位课程40门,学术学位课程54门),博士课程20门,硕博通用课程29门。

科研成果。全年新立项项目54项,其中国家级课题7项,包括新增国家社科基金重大项目1项(胡安宁主持的"中华优秀传统文化创造性转化与创新性发展的社会实现路径与机制研究")、一般项目1项、青年项目1项、后期资助项目1项,国家自科基金面上项目1项、青年基金项目2项;省部级研究项目11项;横向项目36项。总计新到账课题经费530.5万元。出版学术专著7部、主编著作2部、翻译著作1部;发表学术论文206篇,其中SSCI期刊论文68篇,中文论文125篇(其中CSSCI期刊论文51篇)。刘欣、胡安宁和胡湛的论文均获上海市第十五届哲学社会科学优秀成果奖二等奖(2项为学科学术优秀成果奖,1项为党的创新理论研究优秀成果奖);胡湛、朱勤团队的著作获钱学森城市学金奖;彭希哲、王桂新、胡湛、沈可、张震、任远、潘泽瀚等人的8项成果获第八届中国人口科学优秀成果奖(专著类一等奖2项,二等奖1项;论文类二等奖2项,三等奖2项;报告类三等奖1项)。举办第五届"人口变动与城乡发展"高端论坛、"突发事件下的邻里关系与基层社会治理"研讨会、社会学视野中的民族与中华民族共同体研究论坛、中国社会学会2022年学术年会——第五届"社会工作与项目评估"论坛、第二届海峡两岸暨港澳服务学习研讨会等重要学术会议。

对外交流。全年开设6门全英文课程。"人口、文化与健康全英文学程项目"获立项,成为复旦大学首批全英文学程建设项目,含10门课程。共有8名学生赴境外长期交流,2位教师赴国外长期访问。与以色列耶路撒冷希伯来大学签署合作谅解备忘录,包含学生交流、教师交流、双方学术合作等。与香港埋工大学签署学生交流协议。与东芬兰大学酝酿博士双学位项目。与香港浸会大学洽谈学生交流项目。举办国际会议第十三届FDU-AIG中日论坛,5名教师参加外方主办的线上国际会议。举办2022复旦港澳高中生博学计划"人口、文化与健康"冬令营,招募港澳地区56名优秀高中生参与。

党建工作。2022年,完成7个学生党支部的撤销、6个学生党支部的新建及6个教师党支部和2个学生党支部的换届工作,共发展48位同志入党,55位预备党员转正。开展"明德新民"系列讲座3次。学院申报新时代高校党组织攀登计划——党建工作标杆院系并获立项。

获奖情况。学院学工组和研工组获"复旦大学2021年度学生思想政治工作先进集体";刘明波获"复旦大学2021年度学生思想政治工作先进个人特等奖",黄晔获一等奖,夏学花、唐博获二等奖;唐博获"复旦大学2021年就业工作先进个人"。学院分团委获2021—2022学年复旦大学"五四红旗团委"称号。2019级本科生班、2020级本科生班、2021级社会工作专业硕士班获评2020—2021学年"复旦大学优秀学生集体",2021级社会科学试验班4班第一团支部入选2021—2022学年复旦大学"五四红旗团支部",2019级、2020级本科生联合党支部创作的《不问西东,一心为民》获"复旦大学本科生情景剧微党课展评"二等奖;2021级社会工作专硕党支部和2021级科硕党支部获评校级"四星级党支部",2021级社会工作专硕党支部获第八届研究生组织生活案例大赛"优秀案例"奖;2021级社会工作专业硕士班青年志愿服务队获2021—2022学年"复旦大学青年志愿服务先进集体提名奖"。2021级科学硕士张家豪获2021—2022学年度"复旦大学优秀学生标兵",2021级本科生罗紫然获第五届"外教社杯"全国高校学生跨文化能力大赛上海赛冠军(团队),2020级本科生范锐雪、2021级博士生程舒获2021—2022学年"复旦大学十佳青年志愿者提名奖"。胡安宁教授课题组和陈岩燕副教授、洪浏青年副研究员课题组获评校"相辉课题组",李晓茹师生星辰心理志愿服务队获"复旦大学青年志愿服务先进集体",陈岩燕获校2022届本科毕业生"我心目中的好老师"提名奖,赵芳指导学生团队与韩央迪指导学生团队获2021年度"上海共青团调研奖二等奖"。全年立项学生社会实践项目182项,参与学生1 011人次,38个项目获校级优秀社会实践项目,3个项目获学校重点项目;2021级本科班组织的"弦歌不辍,励学虔城——结对赣南帮扶助学志愿项目"获评"复旦大学2022年社会实践十佳项目",2020级本科生冯奕涵与2022级本科生王也负责的两项社会实践项目均获2022年复旦大学"光华杯"学术与社会实践大赛二等奖。退休老师张乐天教授获复旦大学2022年"优秀离退休教职工(个人)"称号。

(陈　恺　吴丹丹　李雪峰　曹　佳
　唐　博　刘明波　夏学花　廖永梅
　　　方莉强　张梅胤　孙　婕)

【获第二届全国MSW研究生案例大赛特等奖】 5月,学院社会工作专业硕士3个案例团队从全国280余支队伍中脱颖而出,全部入围全国百强。其中韩央迪等指导的《"苔花影声"精神障碍者需求评估实践项目——以上海市泗塘阳光心园为例》获特等奖。

(曹 佳)

【心理学专业入选国家级一流本科专业】 6月4日,教育部公布2021年度国家级一流本科专业建设点名单。学院心理学专业入选,成为学院继社会学(2019)和社会工作(2020)之后第三个入选国家级一流专业建设点的本科专业。

(曹 佳)

【获全国高校心理学专业本科生创业创新论坛一等奖】 8月26日,学院心理学系本科生姚愉凭借《冷刺激试验范式下不同音乐元素对缓解疼痛能力的影响》在全国高校心理学专业本科生创业创新论坛决赛展示中取得"心理学实验设计"分论坛一等奖。

(曹 佳)

【社政学院党委入选上海党建工作标杆院系】 11月22日,上海市教卫工作党委公布第二轮上海高校党组织"攀登"计划培育创建单位名单,复旦大学社政学院党委成功入选。

(曹 佳)

【推进大中小一体化专业化课后服务支持体系项目】 11月30日,由学院和杨浦区教育学院共同主办的"区域大中小一体化专业化课后服务支持体系建设项目2022年课程结项及2023年课程推进研讨会"在线上举行。会议对2022年学院四位教师承担的课程开发项目进行总结和评估,并对2023年双方拟继续推进的项目进行讨论和展望。

(曹 佳)

【学院多位教师获得第八届人口科学优秀成果奖】 12月10日,第八届人口科学优秀成果奖颁奖典礼举行,学院彭希哲、王桂新、胡湛、沈可、张震、任远、潘泽瀚等教师的8项成果获第八届中国人口科学优秀成果奖。其中专著类一等奖2项,二等奖1项;论文类二等奖2项,三等奖2项;报告类三等奖1项。

(曹 佳)

马克思主义学院

【概况】 2022年底,马克思主义学院有在职教职工78人。其中教师62人,有教授18人,副教授29人,讲师15人;博士生导师38人,硕士生导师48人;56人具有博士学位、6人具有硕士学位;新进2人,退休1人。

全年招收研究生126人,其中博士生59人,硕士生67人。在校研究生476人。毕业研究生69人,其中博士生24人,硕士生45人。招收望道班本科生27人,转专业本科生1人,在校本科生71人。

学科建设。马克思主义理论学科入选第二轮"双一流"建设学科,在第五轮学科评估中晋升A+。

科研工作。全年发表科研论文130余篇,其中CSSCI论文80余篇,被《中国人民大学复印报刊资料》《中国社会科学文摘》《高等学校文科学术文摘》转载17篇;出版专著、译著、教辅材料25部。新立项省部级以上课题近20项,其中国家社会科学基金重大招标项目2项、重点项目1项、一般项目5项,后期资助项目1项;教育部人文社会科学研究青年基金项目1项、专项任务项目1项;上海市哲学社会科学规划一般课题1项、青年课题3项、委托课题1项;上海市高校智库(含内涵建设计划)项目1项。在上海市第十五届哲学社会科学优秀成果奖评选中,获党的创新理论研究优秀成果二等奖1项,学科学术优秀成果二等奖1项。

教学工作。深化"必修+选择性必修"的思政课课程体系改革,推动"三集三提"常态化。获上海市优秀教学成果特等奖1项,一等奖1项。2门课程入选上海高校思政课"金课",3个课程案例入选上海高校思政课精彩案例。在上海高校思政课教学大比武中,1人获特等奖,2人获一等奖,3人获二等奖。推进国家级思政课平台建设,组织编写系列教学建议、教学活页、国家统一课件(2人为首席专家),服务全国高校思政课教育教学。

师资队伍建设。通过引育并举,打造高素质的思政课教师队伍。一方面,通过引进人才方式补充现有师资队伍,另一方面强化自我培育机制,为人才成长创造更好的学科平台和资源。1人获评复旦大学仲英学者。

特色智库建设。发挥学科人才优势,对接上海理论思想文化建设的战略需要和实际需求,推进上海红色文化城市精神品格的研究、传播、转化,开展决策咨询研究和理论研究。上海市习近平新时代中国特色社会主义思想研究中心等研究基地组织力量在"三报一刊"发表理论文章,向有关上级部门提交资政报告20余份。与教育部社科司、研究生司等单位共同举办各类高端学术研讨会20余场。

党的建设和理论宣传。把深入学习研究宣传习近平新时代中国特色社会主义思想、学习贯彻党的二十大精神作为首要政治任务,构建"党委带头学、支部集中学、教师自主学"三级学习机制,开展各类学习教育活动120余次。结合教学科研、学生培养和社会服务实际,成立学院党的二十大精神理论专家宣讲团和学生望道讲师团,集中备课8次,累计宣讲85场,校内外受众近1万人次。疫情防控期间,组织成立校园党员志愿服务队和楼宇志愿骨干队伍,累计服务时长超过7 200小时。2022年发展教职工党员1名,1名教师(博士后)递交入党申请书。

学生思政工作。2个党支部获评学校研究生组织生活案例大赛优秀案例,2021级硕士生第一党支部获评复旦大学研究生示范党支部。成立马克思主义学院学生会,研究生会获评复旦大学优秀研究生团学组织。2020级本科生望道班团支部被选树为上海市基层团组织典型,2021级硕士生第一团支部等4个团支部入选2021—2022学年复旦大学优秀团支部创建计划。2020级本科生望道班和2021级硕士生班获评复旦大学优秀学生集体标兵。以望道学生讲师团为依托开展理论宣讲,2022年共推出35门可预约课程,开展宣讲活动

28次。2022级博士生蔡薛文获第五届上海市高校学生理论宣讲微课程比赛一等奖。2022级博士生第一党支部书记杨宁入选上海高校"百名学生党员标兵"创建名单并获评复旦大学优秀学生干部标兵。

（赵 菁　左皓劼）

【举办复旦大学第三届马克思主义理论学科全国研究生学术论坛】 于5月29日以线上形式召开，由复旦大学马克思主义学院主办，以"守正创新与21世纪马克思主义"为主题，设"经典传承：马克思主义经典文本与基础理论研究""理论创新：马克思主义中国化时代化与中国式现代化新道路研究""立德树人：思想政治教育基础理论与前沿问题研究""资政史鉴：中国共产党治国理政的历史与经验研究""关键在党：马克思主义政党长期执政规律研究"五个分论坛。经严格匿名评审，主办方在来自108所高校的936篇稿件中，评选出特等奖3名、一等奖6名、二等奖12名和优秀奖29名，为有志于从事马克思主义理论教学与研究工作的青年学子搭建学术交流平台。

（孙露露）

【复旦大学"思想道德与法治"虚拟教研室举办系列活动】 6月24日，教育部首批虚拟教研室建设试点复旦大学"思想道德与法治"虚拟教研室第一次研讨会以线上会议方式召开，来自北京大学、浙江大学、中山大学、四川大学、西南交通大学、华中师范大学、中国海洋大学、石河子大学、大理大学等虚拟教研室成员高校马克思主义学院的50余位专家学者出席会议。本次研讨会以"德法"课教学的课程研究、学理阐释和实践解析为脉络，基于现代信息技术，对虚拟教研室该如何在全媒体时代进行改革、创新与建设开展交流与讨论。9月、11月，在教育部社科司、上海市教委德育处指导下，全国高校思想政治理论课教师研修基地（复旦大学）、全国高校思政课"手拉手"集体备课中心（复旦大学—上海市）、全国高校"思想道德与法治"教学创新中心（复旦大学）、复旦大学马克思主义学院联合举办"担当复兴大任 成就时代新人"专题研修班和"追求远大理想 坚定崇高信念"专题研修班，线下活动主要面向上海市高校"思想道德与法治"任课教师，课程在全国高校思想政治理论课教师网络集体备课平台同步直播。

（崔涵冰　张奇峰）

【举办"中国共产党百年奋斗基本经验、基本理论与自我革命"暨"中共党史党建学科体系、学术体系、理论体系建设"学术研讨会】 于7月9—10日在校召开，由国家社科重大专项课题"新时代中国特色党史党建学科基本理论问题研究"课题组、国家社科重大招标课题"推进全面从严治党重大理论和实践问题研究"课题组、高校中国共产党伟大建党精神研究中心复旦大学分中心、复旦大学党的建设研究院、复旦大学党内法规研究中心、复旦大学马克思主义学院联合主办。李君如等五位党史党建专家作主旨发言，来自清华大学、北京大学、中国人民大学、北京师范大学、武汉大学、吉林大学、南京大学、中国浦东干部学院、复旦大学等高等院校的20余位专家展开研讨。另有20余位优秀论文作者与青年学者进行探讨交流。

（李梦宇　刘红凛）

【举办第三届"暑期大学生望道经典研修班"】 于8月12日以线上方式召开，在提交论文的167名学生中，经过两轮专家评审，最终有来自清华大学、北京大学、中国人民大学、上海交通大学、复旦大学等全国19所院校的22名学生入选本次研修班。参与研修的学生以提交论文为基础，围绕"马克思早期思想""无产阶级革命与人类解放""唯物史观""政治经济学研究"等四大专题进行汇报展示和讨论，特邀专家对论文的研究主题、思想观点、写作逻辑等方面进行点评，并就如何进一步提升经典著作研读与论文写作能力给出建议。

（孙 健）

【举办复旦大学第十一届马克思主义理论暑期高级研修班】 于8月15—19日以线上方式举行，由复旦大学马克思主义学院、哲学学院、马克思主义研究院、全国高校思政课教师研修基地主办。研修主题为"马克思主义中国化与中共党史党建知识体系的系统构建"，围绕中国共产党为什么行、创造人类文明新形态、构建中共党史党建知识体系等问题，由中国社会科学院、北京师范大学、武汉大学、复旦大学等高等院校的专家线上授课，来自全国近60名思政课教师参与研修。

（蔡薛文　陈 悦）

【与上海城投公路集团共建"新时代国企党建理论研究与实践基地"】 10月12日，复旦大学马克思主义学院党委与上海城投公路集团党委举办"坚定跟党走 喜迎二十大"党建联建活动，复旦大学校外合作处处长李倩与城投集团党委委员、党委组织部部长张鹤共同为"新时代国企党建理论研究与实践基地"揭牌，双方签署《新时代国企党建理论研究与实践基地共建协议》，并为首批"公心铸路"党建工作站和学生实习实践教学基地授牌。复旦大学马克思主义学院与城投集团党委组织部有关负责人共同为基地的共建课题开题。

（谭 嵩）

【举办"学习贯彻党的二十大精神：延安'窑洞对'与党的自我革命"专题研讨会】 于11月5日在上海社会科学会堂召开，由中国延安精神研究会、上海市社会科学界联合会指导，复旦大学望道研究院、复旦大学马克思主义学院、上海市延安精神研究会、教育部人文社科重点研究基地-复旦大学中国共产党革命精神与文化资源研究中心主办。研讨会认真学习贯彻党的二十大精神和习近平总书记率领新一届中央领导集体瞻仰延安革命纪念地时的讲话精神，围绕如何跳出历史周期率，实现中华民族千秋伟业，弘扬伟大建党精神和延安精神，坚定历史自信，增强历史主动等议题展开学术交流。来自上海市延安精神研究会理事单位代表和上海市部分高校师生50余人参会。

（陈修琪）

【举办"产业转型升级与产业工人技能形成体系建设"学术研讨会】 于11月29日在校召开，由上海市总工会与复旦大学共建马克思主义工运理论研究基地主办。来自工会、人社局等相关系统和高校、地区、园区、企业等实践一线的11位代表围绕研讨会主题交流发言，从校政企合作、产学研融合、完善职业技能政策体系、开展职业技能提升行动、技能人才评价改革、建立健全激励保障机制、打造高技能产业工人队伍的实践路径等方面,探索产业工人技能形成体系建设新举措。
（乐 昕）

【举办第三届当代中外马克思主义比较研究论坛】 于12月17日以线上形式召开,由复旦大学马克思主义学院、复旦大学当代国外马克思主义研究中心主办,以"21世纪中外马克思主义融通与比较研究"为主题。来自北京大学、中国人民大学、南京大学、上海交通大学、复旦大学等高校的25位专家学者分别做主题报告。全国高校近千名师生参加线上会议。
（张新宁）

【举办党的二十大精神融入思政课程系列集体备课会】 10月底至12月初,为深入学习宣传贯彻党的二十大精神,作为"三集三提"的业务内容,全国高校思政课"手拉手"集体备课中心(复旦大学—上海市)、全国高校思政课名师工作室(复旦大学)、复旦大学马克思主义学院联合主办系列集体备课会,与会思政课教师分别从不同角度,就党的二十大精神如何融入思政课程教学展开集中研讨交流,及时推动党的二十大精神进教材、进课堂、进学生头脑。其中,复旦大学"思想道德与法治"虚拟教研室举办的党的二十大精神进"德法课"主题报告会通过教育部虚拟教研室A版客户端举行,联合北京大学、中国人民大学、山东大学、同济大学、中山大学、东北师范大学、陕西师范大学、西南交通大学等十几所高校的专家学者和中青年骨干教师开展教学研讨,并依托智慧树网络平台进行实时直播。
（李国泉 崔涵冰）

国际文化交流学院

【概况】 2022年,国际文化交流学院共有教职工61人,其中正高级职称9人,副高级职称24人。1名教师在海外合作院校任教。租赁制教师及行政人员共15名。春季学期研究生在籍人数108人(其中留学生24名),科学硕士15名、专业硕士93名;秋季学期研究生在籍人数116人(其中留学生32名),科学硕士20名、专业硕士96名。春季学期本科生(均为留学生)在学人数199人,休学36人;秋季学期本科生在学人数198人,休学34人。汉语进修生方面,长期进修生643名,其中春季学期348名,秋季学期295名;短期进修生218名。上述学生均包括各类奖学金学生和校级交流生。

人才引进工作。2022年先后引进校聘关键岗李桂奎教授、吴剑锋副教授、张宝青年副研究员,有力加强了中国文化科研团队与对外汉语科研团队的师资建设。

科研工作。全年获科研项目立项8项,其中教育部中外语言交流合作中心项目3项,国家语委项目1项,中国高教学会项目1项,上海市教委项目2项,批准经费72万;6个项目通过中期检查,3个项目顺利结项。发表论文18篇,出版专著和教材2部。5月27日,举行以"现代汉语及其二语教学研究"为主题的校庆报告会。11月11日,举办青年教师座谈会,二十余位教师到会参加,共同探讨学科发展。

教学研究。2门课程被认定为2022年度上海市级重点课程,3门课程被认定为2022年度上海市级一流课程。2门课程获校2022年度在线课程建设和教学改革项目立项。建设和推出2个专业学程:国际中文教育学程、全球公共政策与治理学程。成立课程思政研究中心。"跨文化交际""文明互鉴:早期西人著述中的汉语与中国"入选复旦大学研究生课程思政课程建设项目。"汉语国际教育专硕系列教材"入选研究生规划系列教材建设项目。学院承担的世界汉语教学学会项目"中国国情与文化教学专题研讨会"顺利结项,鉴定等级为优秀。学院教师承担的教育部语合中心项目"汉语综合课翻转课堂教学评估模型的构建与应用"顺利结项,鉴定等级为优秀。

教师发展分中心工作。邀请专家指导学院教师参加"上海市国际中文中华经典教案大赛",学院5位参赛教师全部获奖,包括一等奖1名、三等奖3名及优秀奖1名。组织开展6次教学学术分享活动,共吸引162人次参与。其中,围绕国际理解教育的主题,邀请华东师范大学教育系主任、博士生导师黄忠敬开展讲座1次;围绕教学研究论文的撰写,邀请高等教育研究所副研究员、教师教学发展中心副主任丁妍开展工作坊2次;围绕国际中文教育的实践,邀请学院教授吴中伟、副教授路广以及孔子学院教师吴爱玉作报告各1次。中心在第七届复旦大学"教学学术分享日"活动中介绍学院针对留学生进行线上线下同步教学的情况。购买教师教学发展的相关书籍11册,涉及教师发展、课堂教学、二语测试、学习动机等领域,供全院教师借阅。

教师工作。2022年,学院党委组织二十大精神系列学习,共组织8次理论学习,其中2次实地研学,共计317人次参加。组织"学思践悟二十大,强国追梦启新程"实践活动,分别赴宝武碳业、杨浦滨江进行参观,共有36人次参与。组织退休党支部"不忘初心,增强文化自信"主题党日活动,卦松江、苏州河进行参观。认真落实疫情防控工作要求,解决教职工急难愁盼问题,建立特殊困难人员档案和重点关注名单,解决教职工生活物资短缺、帮助紧急采购药品和医疗器材等。制订退休教师困难关爱补助方案,为51名退休教师发放疫情慰问金,组织慰问退休教师11人次。工会组织开展"疫情居家健康生活小打卡活动",采购"蔬食大礼包",建立防疫物品互助平台,15位教师获得互助药品。工会完成换届选举大会,成立新一届工会。老教协分会完成换届工作,成立新一届老教协分会,选举产生新一任会长、副会长。举行"守望初心、桃李芬芳"退休教师教师节特别活动,组织老教协年会暨退休教师座谈会。建立退休党员志愿服务项目"卿听",呵护退休教师的心理健康。

学生工作。举办第五期入党积极分子培训班,累计确立学生入党积极分子16名,发展对象8名。研究生第一、第二党支部全年开展各类活动50次,研究生第二党支部获评校四星级党支部。开展学院党委书记王颖"交相勉 前程远 向前进"主题毕业生党课1次。邀请毕业院友、校博士生讲师团等人员开展党史、"四史"学习主题党团课4次。研究生实践团队获评3项校实践重点项目,2项校十佳提名奖,1项校优秀项目奖。全年开展上海市第十六届银鸽奖优秀案例活动、院级品牌特色项目"中华文化小讲堂"17次,覆盖群众2617人次,依托校外实习实践基地,先后走进上海市青浦区、徐汇区、杨浦区、西华外籍子女学校和云南省永平县,实现从"校园到社区、从城区到乡村、从国内到国际"的品牌升级。上海大保卫战期间,多次组织开展线上交流会、教学比赛指导、文化娱乐等慰问解压活动,21名中外学生、党团群众参与学校、社区的疫情防控志愿工作。全年协助选拔7名学生赴海外担任国际中文教育志愿者,1名海外志愿者事迹被人民日报等媒体报道。吴中伟和顾颖分获校"研究生心目中的好导师""本科生心目中的好老师"提名奖。线上线下开展孔院志愿者交流会、职业规划讲座、学生心理健康教育、防诈骗教育等教育活动18次。指导成立学院首个研究生文化类社团"博物万里心"协会。联合校研究生会共同主办"相辉讲堂之文化自信篇"活动1次,邀请海派插花非遗传承人作专题活动,吸引近百名师生参与活动。走访惠灵顿外籍人员子女学校、复旦附中国际部,联络上海市铁岭中学等学校。举办开学典礼、毕业典礼、"弘扬传统文化,厚植家国情怀"国风嘉年华、学院吉祥物设计大赛等中外融通校园活动。全面修订《研究生奖学金评定条例》,确立科研学术导向评价指针。年度开展校级学生德育课题3项。运营"复旦国际文化交流学院"官微,年度推帖161篇,原创138篇。研究生就业率100%,中央和地方选调生、公务员总计5人。

交流合作。3月1日,上海市师资培训中心周增为一行来院调研。3月,复旦大学与汉考国际签订《关于合作建设"复旦大学-汉考国际中文教育测试创新研究基地"的框架协议》。12月9日,在2022年国际中文教育大会-国际中文教育考试论坛期间,举行复旦大学-汉考国际中文教育测试创新研究基地揭牌仪式。在教育部中外语言交流合作中心、汉考国际支持下,学院于2月—6月举办2022年春季国际中文教师奖学金线上专项研修项目;于6月—9月举办国际中文教师奖学金-沙特专项在线研修项目;于8月—12月举办2022年秋季线上研修项目—"沪"联世界·名城名校名企体验专项;于11月—12月举办"人联天下,才通世界"HSK日本中文人才中国名校名企沉浸项目。11月8—13日,王颖应邀赴美国纽约参加亚洲高等教育董事会百年庆典活动暨董事年会。2022年学院共选派派遣7名硕士研究生分赴海外孔子学院、孔子课堂等进行汉语教学实践与交流。

党建工作。认真落实高校基层党组织工作条例,严格执行学院党组织会议和党政联席会议议事规则,把党的全面领导贯穿到学院内部治理中。2022年度共召开19次党委会议,21次党政联席会议。党委会会议研究决定重要事项33项,党委会会议对14项事项进行政治把关后提交党政联席会议讨论决定。深入学习党的二十大精神,共开展中心组学习活动11次,主题党日活动33次,师生社会实践活动5次,学习形式包括研读报告或辅导读本,党建平台微党课,跨院系联学、专题知识竞赛,进社区宣讲、观影观剧看展、红色巴士专线研学等。党员发展把好质量关,研究生党支部发展党员4名,1名预备党员转正。积极拓展统一战线,2名青年教师发展为无党派人士,目前学院共有4名无党派人士。举行建设"第一个复旦"主题党日活动,邀请党外教师代表参加,共同探讨"第一个复旦"的内涵以及如何为建设"第一个复旦"贡献自己的智慧和力量。探索师德师风建设的有效路径,包括开展师德师风教育专题报告会、组织教师参观"中国共产党伟大建党精神专题展"等。强化组织体系建设,成立15人的疫情防控工作专班,强化支部、教研室、工会、党政办、学工办的联动效应,第一时间传达部署上级疫情防控工作要求,落实落细师生关心关爱行动,确保学院教学、科研、管理等各项工作高质量有序开展。

教师获奖情况。戴蓉获上海市"传播中国"国际中文中华经典教案大赛一等奖,王蕾、许静、张璐获三等奖,盛若菁获优秀奖。许静获复旦大学第二届教师教学创新大赛中级组一等奖,许国萍获副高组二等奖。郑阳获复旦大学青年教师教学竞赛思政组二等奖,顾慧洁获社科组二等奖。厉琳获"复旦大学三八红旗手"称号。郑阳获复旦大学2021年度思想政治教育工作一等奖。李洁获复旦大学2021年度思想政治教育先进个人二等奖、复旦大学2021年度就业工作先进个人、复旦大学2022年研究生寒假社会实践活动优秀指导教师。袁莉莉获复旦大学2021年度党建研究课题一等奖。王国安获复旦大学2022年优秀退休教职工(个人)称号。学院退管分会获复旦大学2022年优秀退休教职工(团体)称号。学院获复旦大学教工乒乓球团体赛乙组第二名。

学生获奖情况。2021级专业学位硕士生胡婷、姜哈娜(韩国籍)、王伟威、2021级科学学位硕士生沈宇文团队获第八届中国国际"互联网+大学生创新创业大赛上海市赛铜奖、第十三届"挑战杯"中国大学生创业计划竞赛上海市赛铜奖。学院研究生团队获2022"汉教英雄会"华东片区国际中文教学技能交流活动"汉教英雄团队"奖。学院研究生实践团队获复旦大学校级社会实践优秀项目奖。2021级专业学位硕士生王钰霖获第七届江浙沪汉语国际教育专业硕士汉语教学技能暨中华才艺大赛教学组一等奖,2021级专业学位硕士生肖瑞获二等奖、姜哈娜(韩国籍)获三等奖。2021级专业学位硕士生李雨桐获第四届全国研究生汉语教学微课大赛个人优秀奖、"CATTI杯"全国翻译大赛初赛二等奖。2021级专业学位硕士生胡婷获第四届全国研究生汉语教学微课大赛一等奖、过至晶获二等奖、黄绥获三等奖;2021级科学学位硕士生沈宇文、专业学位硕士生李雨桐获优秀奖。2021级专业学位硕士生肖瑞获2021年国际中文课堂教学短视频大赛优胜奖。2021级专业学位硕士生肖好、王钰霏、李雨桐、王柳元获第四届全国研究生汉语教学微课大赛团体赛优秀奖。2021级专业学位硕士生过至晶获第四届中华经典诵写讲大赛篆刻组上海赛区三等奖。2021级专业学位硕士生洪水彬(韩国籍)获经典诵读大赛留学生组上海一等奖、全国三等奖。2022级本科生森七菜实(日本籍)获"一带一路"语言服务笔译大赛三等奖。2022级专业学位硕士生陈慕尼(新加坡籍)获"CATTI杯"全国翻译大赛决赛外籍组中英笔译二等奖、复赛特等奖。2021级研究生团支部获复旦大学优秀团支部称号。2021级研究生班获复旦大学优秀学生集体标兵称号。

(黄建明 孙娟丽
董新洋 罗剑波 王建矗 陈钰
袁莉莉 王颖 李洁 陆志龙
郭鹏)

数学科学学院

【概况】 2022年,数学科学学院下设数学系、应用数学系、金融数学与控制科学系、信息与计算科学系、概率与统计精算系、数学研究所,设有数学学科博士后流动站。非线性数学模型与方法教育部重点实验室、现代应用数学上海市重点实验室和《数学年刊》编辑部依托学院建设。学院是中法应用数学国际联合实验室、复旦大学数学金融研究所、AIA友邦—复旦精算中心的所在地,是国家理科数学人才培养基地。数学学科是一级学科国家重点学科,拥有基础数学、应用数学、运筹学与控制论、计算数学、概率论与数理统计等5个二级学科的博士学位授予权。

有专任教师108人,其中教授等正高级职称66人,副教授等副高级职称37人,讲师5人,其中博士生导师70人,硕士生导师28人。有中国科学院院士5人;发展中国家科学院院士2人;欧洲科学院院士1人;法国科学院外籍院士1人;葡萄牙科学院外籍院士1人;国际数学家大会报告人7人;国际工业与应用数学大会报告人1人;上海市教学名师1人。

全年招收本科生169人。硕士生140人,其中学术学位硕士52人,专业学位硕士88人(含上海数学中心15人);学术学位博士研究生82人(含上海数学中心17人)。截至年底,在读本科生761人;在读硕士研究生332人,其中学术学位研究生148人、专业学位硕士184人(含上海数学中心25人);在读博士研究生314人(含上海数学中心75人)。全年授予学士学位170人(结业后换发学位证3人),硕士学位112人(含专业硕士学位数学科学学院65人、上海数学中心10人),博士学位41人(含上海数学中心7人)。博士后流动站在站博士后总数20人,进站7人,出站15人。

科研工作。获11项国家自然科学基金资助,总经费645万元;全年到款科研经费总额1 870.4万元,其中纵向经费1 212.4万元,横向经费658万元。教师独立或者合作发表科研论文187篇,举办各类学术讲座379场,接待实验室访问学者34人次。学院召开学术会议9次。举办院士讲坛1期,杰出学者讲坛1期,午间学术报告会12期。高卫国为负责人的"高性能EDA算法校企联合实验室"获批成立。雷震获2022年"科学探索奖"、上海市科技精英称号;沈维孝获上海市科技精英提名。郭坤宇获批国家基金委重点项目。王国祯在国际顶尖数学期刊《数学年刊》(Annals of Mathematics)和《数学新进展》(Inventiones Mathematicae)发表文章,并应邀于7月做国际数学家大会(ICM)45分钟报告。

教学工作。"数学本科核心课程体系的改革与实践"获上海市教学成果奖一等奖。"高等代数"课程入选2022年度复旦大学课程思政标杆课程、复旦大学示范性本科课堂,参选上海市高校示范性本科课堂(全校2个之一)。"数理方程(H)——开启宇宙奥秘的钥匙:偏微分方程与复旦学派"入选复旦大学课程思政优秀案例。陈恕行《现代偏微分方程》、陈晓漫《实变函数与泛函分析》入选复旦大学"七大系列百本精品教材"计划。江辰获2021年度复旦大学青年教师教学比赛二等奖。王志强获2021年度第二届复旦大学教师教学创新大赛三等奖。沈维孝获复旦大学第十届"研究生心目中的好导师"称号,楼红卫获2022年度复旦大学本科毕业生"我心目中的好老师"称号。获第十三届丘成桐大学生数学竞赛个人银奖1项、个人铜奖1项、团体铜奖1项、个人优胜奖28项。获2022年全国大学生数学建模竞赛全国二等奖2项,上海赛区一等奖5项、二等奖10项、三等奖15项。在第十四届全国大学生数学竞赛上海赛区中,58位同学获数学A组一等奖(全市共86人),包揽全市前九名,肖竣严获全市第一名。

党建工作。坚持把学习宣传贯彻习近平新时代中国特色社会主义思想、党的十九届六中全会精神、党的二十大精神作为首要政治任务,列入党委会"第一议题"、中心组学习主要内容、党支部"三会一课"必学主题。持续开展"我为群众办实事"实践活动和品牌志愿服务活动。举办"情随国步·德溢丹青——苏步青先生诞辰120周年致敬大师纪念活动",开展"迎接党的二十大,培根铸魂育新人"庆祝第37个教师节主题教育活动。抓好疫情防控,保障双线并进。全年累计发展党员63人,其中学生党员61人,教职工党员2人。转正预备党员50人。确定1名高层次人才为无党派人士。正式实施学院"双带头人"教师党支部书记"双向提升"计划,抓好"双带头人"队伍建设;与国内十余所高校数学院系党委共同发起全国高校数学学科新时代党建论坛,论坛同期发布《数学学科新时代党建发展宣言》,形成"以高质量党建引领新时代数学学科高质量发展"共识。本科生第一党支部获评上海高校百个学生样板党支部(创建),2020级专硕党支部获评复旦大学第十四批研究生示范党支部,离退休教职工党支部获评复旦大学离退休教职工示范党支部,情景剧《此身到老属于党》获评复旦大学本科生情景剧微党课展评特等奖,李飞虎获评上海高校百名学生党员标兵(创建);上海数学中心教学科研青年团队获评复旦大学五四青年奖章集体;朱慧敏老师获评复旦大学三八红旗手;学院关工委分会获评复旦大学关心下一代工作优秀集体,华宣积教授获评关心下一代工作优秀个人。

学生工作。开展学生生涯规划指导及促进学生就业系列工作,获复旦大学2021年度就业工作先进集体。11月20日,举行学院第四次专场招聘会及就业能力提升计划讲座,21家招聘单位参与,11家单位线上向100多名学生详细介绍单位情况和招聘需求。与念空科技、武汉东湖新技术开发区管委会等8家用人单位展开互访交流。丰富各类实践就业活动,2022年研会公众号共发布信息专栏28期,总阅读量近4 000次。分团委举办两期"树人"团校,84名学员结业,获评"复旦大学四星级基层团校"。分团委获上海市高校活力团委、复旦大学五四红旗团委,2020级本科生第六团支部获评上海市高校活力团支部、2021级本科生第一团支部获评复旦大学五四红旗团支部,2020级本科生班获复旦大学优秀集体标兵。张慧琳获复旦大学研究生辅导员工作风采奖,李飞虎获复旦大学本科生辅导员工作风采奖。任浩杰获复旦大学第十三届"学术之星"特等奖,厉茗获复旦大学优秀学生标兵,俞姚琳获复旦大学优秀学生干部标兵,胡行健、马再霖获2022届本科毕业生"毕业生之星"。学生社会实践项目《走进来自中国的油画——关于国家级非物质文化遗产上海绒绣的相关参访》获"知行杯"上海市社会实践大赛三等奖,"数星阁"困境儿童课业辅导志愿服务项目获复旦大学十佳青年志愿服务先进集体、复旦大学"光华杯"学术与社会实践大赛一等奖。罗金子等人获2022年上海市学生阳光体育大联赛跳踢比赛校团体一等奖,佐藤拓未获第四届中国日报社"一带一路"青少年英语演讲比赛全球决赛二等奖。

(陆晶婧 刘馨嶺 沈莹 杜雅倩 王云 魏含羽 王周俊 张慧琳 张仑)

【举行2022年校庆报告会暨非线性数学模型与方法教育部重点实验室学术年会】 5月24日以线上形式举行。院长陈猛作题为"高维代数簇的精细分类问题:现状及展望"的报告。青年教师张国华、李颖洲分别作题为"可数顺从群新的动力学刻画"(New dynamical characterization of countable amenable groups)、"从快速算法到神经网络:蝶式分解和蝶式网络"(From fast algorithm to neural network: Butterfly factorization and Butterfly-Net)的学术报告,介绍最新学术进展。

(沈莹)

【雷震获"科学探索奖"】 详见"学校综述"【3人获2022年"科学探索奖"】条,第60页。

【雷震获第十七届上海市科技精英称号】 10月28日,第十七届"上海市科技精英"获得者揭晓。雷震获评"上海市科技精英"称号,沈维孝入选提名奖。

(沈莹)

【"非线性数学模型与方法"教育部重点实验室完成换届工作】 10月21日,"非线性数学模型与方法"教育部重点实验室完成换届工作。复旦大学数学科学学院教授陈猛任实验室主任,复旦大学数学科学学院教授陆帅、吴昊,上海数学中心副教授李志远任实验室副主任;南开大学张伟平院士担任第七届学术委员会主任,复旦大学数学科学学院李大潜院士等共17人担任学术委员会委员,聘期为2022年10月至2027年9月。

(沈莹)

【举行大学数学类专业课程教学研讨会】 11月19—20日,会议于线上线下同步进行。来自北京大学、复旦大学、中国科学技术大学、清华大学、厦门大学、合肥工业大学、浙江师范大学、上海交通大学、电子科技大学、东北师范大学共10个高校教学名师作邀请报告,交流大学数学类课程建设情况和人才培养经验。

(杜雅倩)

【举行"院士论坛"】 12月13日,举办第二十八期"院士论坛",邀请美国华盛顿大学Walker Family Endowed Professor(沃克家族荣誉教授)及香港科技大学高等研究院 Si-Yuan Professor(思源教授)、美国艺术与科学学院院士,ICM 45分钟报告人Gunther Uhlmann(冈瑟·乌尔曼)作"反问题与哈利·波特的隐身斗篷"(Inverse Problems and Harry Potter's Cloak)专场报告。

(陆晶婧)

物理学系

【概况】 2022年,物理学系有物理学一级学科(国家重点学科)博士点1个,一级学科硕士点1个,本科专业1个,博士后流动站1个。建有应用表面物理国家重点实验室,计算物质科学、微纳光子结构等2个教育部重点实验室,是教育部基础学科人才培养基地,入选教育部基础学科拔尖计划2.0基地。物理学学科是上海高校一流学科建设计划A类,上海高校Ⅱ类高峰学科建设范围,入选教育部、财政部、国家发展改革委联合公布的第一轮、第二轮"世界一流大学和一流学科建设高校及建设学科名单"。

有在职教职工109人,其中教授66人、副教授16人、博士生导师73人。有中国科学院院士和兼职院士9人,国家杰出青年科学基金获得者18人(含B类2人),美国物理学会会士6人。有复旦大学"浩青特聘教授"1人,物理学系"谢希德特聘教授"7人,物理学系"谢希德青年特聘教授"16人(李晓鹏、谭鹏、晏湖根、戚扬为2022年入选)。石磊获第十一届中国技术市场协会金桥奖。张远波获评第十七届上海市科技精英。卡西莫·斑比(Cosimo Bambi)获上海市白玉兰荣誉奖。

招生和教学工作。2022级自然科学试验班中归口物理学系管理的本科生(含留学生)共88人(含物理学强基计划学生25人)。全年招收硕士研究生56人、直博生和三年制博士生97人、博士留学生1人。在读本科生

406人、硕士研究生116人、博士研究生388人，在站博士后61人。毕业本科生98人、硕士生18人、博士生52人。全年开设本科生课程248门，其中春季课程84门、暑期小学期课程3门、秋季课程161门；开设研究生课程28门。有国家一流本科课程2门，上海市一流本科课程1门，国家精品课程5门、上海市精品课程5门、校级精品课程4门。开展"荣誉学生"培养和荣誉课程建设。招收2023级卓博计划研究生13人。27位教师参加线上课题组介绍活动。8月13—21日，举办粒子物理与核物理暑期学校。举办9期"教学沙龙"。出版教材4本：梁励芬、蒋平修订《大学物理简明教程（第四版）》、侯晓远修订《电磁学（第四版）》、肖江修订《量子力学教程（第三版）》、黄吉平著《热能调控技术——基于变换热学等热超构材料理论的设计、仿真与实验》。周世勋著、陈灏修订《量子力学教程（第二版）》、郑永令、贾起民、方小敏著，蒋最敏修订《力学（第三版）》获首届复旦大学教材建设奖一等奖。金晓峰主编《热力学与统计物理》获复旦大学首批"七大系列百本精品教材"立项。面向强基学生和拔尖学生，举办3场"大师讲坛"；7月17日—8月28日，举办前沿物理暑期学校，邀请7位院士介绍学科前沿。

科研工作。新获批立项国家自然科学基金项目22项，其中高春雷、徐长松、吴义政、陈焱、阮威、钟振扬、陶镇生、邵鼎煜等8人分获面上项目；沃弘樑、高婧婧2位博士后分获青年基金项目；周磊获创新群体项目；张童、黄旭光、修发贤获国家杰出青年科学基金；赵俊、资剑分获重点项目；卡西莫·斑比（Cosimo Bambi）获外国学者研究基金项目；田传山获重大项目子课题；刘韡韬获原创探索计划项目；高春雷、施郁分获科学部综合研究项目；廖元达博士后获理论物理专款研究项目。周磊、向红军、沈健分获科技部重点研发计划；张远波、晏湖根、季敏标分获科技部重点研发专项子课题。新立项上海市项目6项，其中卡西莫·斑比（Cosimo Bambi）、韦广红、殷立峰等3人获上海市自然科学基金；陶镇生获基础研究重点项目；刘韡韬获上海市优秀学术带头人；阮威入选上海市启明星。车治辕、付林获中国博士后科学基金特别资助；安宇森、申迪宇、车治辕、方煌、高婧婧、唐一鸣、张宾花获中国博士后面上基金资助。发表SCI论文372篇，以第一作者（通讯作者）发表SCI论文216篇，其中《自然》（Nature）子刊3篇，《自然通讯》（Nature Communications）5篇，《科学进展》（Science Advances）2篇，《物理评论快报》（Physical Review Letters，简称PRL）8篇，《物理评论X》（Physical Review X，简称PRX）1篇，合作文章156篇。张远波、何琼、周磊入选科睿唯安（Clarivate Analytics）全球高被引学者；晏湖根、韦广红、卡西莫·斑比（Cosimo Bambi）、修发贤、向红军、张远波、周磊入选爱思唯尔（Elsevier）中国高被引学者。举办11场午间研讨会（lunch seminar）。举办"希德讲坛"，邀请国内国际顶尖科学家进行学术交流，前两场主讲人为李儒新院士、陈仙辉院士。

党建及群团工作。通过全国党建工作标杆院系验收。开展党的二十大精神学习。谭砚文、张远波获全国五好家庭。龚新高当选全国人大代表，周磊当选九三学社上海市常委和中央委员，张远波、赵俊当选上海市政协委员，赵俊当选致公党上海市常委。周序倩调任保卫处副处长，许蓓蕾接任系党委副书记，殷立峰接替杨中芹担任副系主任。10月18日，李世燕教授加入中国共产党。组织学生党员开展关爱退休孤老、"小红星"流转书库、"物理大神"辅导班、"明理课堂"物理科普实验、"求真讲堂"物理科普讲座、江湾物理楼实验室安全志愿服务、江湾物理楼教工之家管理志愿服务等活动。参加秋季江湾校区师生趣味运动会、教职工乒乓球团体赛、第七届复旦大学"乐跑"比赛，卡西莫·斑比（Cosimo Bambi）获男子10公里教工组第一名。举行迎系庆师生健身跑活动、师生篮球友谊赛、师生友谊羽毛球赛。

系友工作。完成青年希德冠名教授评选，推出系友资讯速递，举办杰出系友交流分享会。获得系友捐赠人民币687 900元，包括1985级本科系友霍焱捐资设立"苏汝铿卓越教学奖"基金项目（每年10万元）、2005级博士系友殷海玮任董事长的上海复享光学股份有限公司捐赠5.2万元。

学生工作。开展学生骨干"格物团校"培训。4月9日—5月17日，举行以"群相 未来"为主题的第二十届"物理人节"。9月27日，举办2021级本科生寝室导师见面会，28名教师担任本届寝室导师，其中党员导师同时肩负党建导师职责。举办4期博士生工作坊，12位研究生分享学术成果。11月3日—12月2日，举行"纠缠：超空间耦合（coupling beyond space）——第十七届物理学月"。加大对学生学业辅导与职业发展的指导力度，开展"理享职场"职涯分享会和"系友职导"学长交流会，组织学生开展"创客格物"参访企业活动。举办研究生"知行讲坛"和"导通你我"师生交流会5场。关注学生心理健康，举办系列心理健康主题活动。

各类获奖情况。在第八届全国大学生物理实验竞赛（创新）中，万思恬、汪思佳（指导老师：魏心源、岑剡）的"基于旋转法和机器学习设计新型声音定位装置及实验探究"获一等奖；彭佳腾、李沛、罗旭涵、李柏轩、袁海鹏（指导老师：岑剡、魏心源）的"紧束缚近似下晶格电子等能面仿真及立体投影演示"获二等奖；诸思吟、陈雨凯、李尚坤（指导老师：乐永康、岑剡）的"积木式光栅光谱仪的搭建"获三等奖；宣民祺、李连闯、王子鸣（指导老师：乐永康、蒋最敏）的"电路虚拟仿真实验平台"和陈卓、陈诺、赵玉雪（指导老师：俞熹）的"液氮比汽化热实验课堂教学"均获优秀奖。在第十一届全国高校物理实验教学研讨会上，苏卫锋、吴红艳、唐璜、胡雨晗、陈柏霖的"积木式光线综合实验仪"，周诗韵、乐永康、陈立坤、朱允铉、李牧天、覃爱民的"单光子计数实验仪"均获教学仪器评比一等奖；魏心源、吕景林、岑剡的"便携式双光源牛顿环实验装置"获教学仪器评比二等奖；娄泽坤、黄俊涵、袁马轲、乐永康

的"摩擦振子行为的建模与探究"获教学论文评比三等奖。在华东地区中国大学生物理学术竞赛中,由李嘉曦、苏悠乐领队,张宇泰(队长)、张成言、李松宇、卢文海、龙麒宇组成的复旦大学代表队获一等奖。在中国大学生物理学术竞赛中,由龙麒宇(队长)、李松宇、范宁玥、郭睿杰、罗熠晨、张凯峰(领队)、卢文海(领队)(指导老师:俞熹、乐永康、苏卫锋、姚红英、符维娟等)组成的参赛队获二等奖。俞熹指导3位外系本科生获2022年全国数学建模竞赛上海赛区一等奖。在全国高等学校物理基础课程青年教师讲课比赛中,周诗韵获全国决赛二等奖、华东赛区一等奖(第一名),晏湖根获上海赛区二等奖。戚扬获第五届上海高校青年教师教学竞赛二等奖。蒋最敏的"力学|变质量系统"及周诗韵的"光泵磁共振实验和原子钟技术攻关"被大学物理教指委评为A+课程思政案例(全国共10个),并入选大学物理教指委《大学物理课程思政教学指南》及《教指委案例库》。蒋最敏"大学物理A:力学"入选上海市课程思政示范课程。"大学物理A:力学"教学团队入选上海市课程思政示范团队。刘韡韬"大学物理A:电磁学"、陈焱"热力学与统计物理I"入选复旦大学2022年课程思政标杆课程。余伟超"交流电绪论——从爱迪生与威斯汀豪斯间的'电流战争'说起"在大学物理教指委的课程思政培训中被评为"优秀课程思政案例"。修该贤、季敏标、石磊、戚扬提交的课程案例获评复旦大学2022年课程思政优秀案例。物理学系获复旦大学招生宣传工作先进集体二等奖。获"院系杯"乒乓球比赛亚军、足球比赛季军、长绳比赛季军、羽毛球比赛第四名,江湾趣味运动会亚军。2020级本科生班级、2021级研究生班级获评复旦大学优秀集体标兵。2021级本科生班级获评军训优胜连队。2021级研究生党支部获评第八届组织生活案例大赛优秀案例。2021级研究生党支部在复旦大学第十五批研究生示范党支部中期考核获优秀。2020级研究生第一党支部入选上海市"百个学生样板党支部"

创建单位。2020级本科生团支部获评复旦大学五四红旗团支部。获"迎接二十大,说说我的故事"主题征文活动"优秀组织奖"。2020级党章学习小组获本科生微党课展评活动优胜奖。获复旦大学2022年"一二•九"主题歌会优胜奖。刘韡韬获评上海市教育系统巾帼建功标兵。刘韡韬、吴施伟佳侣获上海市教育系统第十三届比翼双飞模范佳侣提名奖。苏卫锋获评复旦大学巾帼创新奖。殳蕾、马臻佳侣获评复旦大学比翼双飞模范佳侣。石磊获2022届本(专)科毕业生"我心目中的好老师"提名奖。黄吉平研究生"我心目中的好导师"提名奖。赵在忠获关心下一代先进工作者称号。赵在忠获复旦大学招生功勋奖,陈骏逸获评复旦大学招生工作先进个人。周序倩获学生思想政治工作先进个人特等奖,陈晨、唐诗蕊获二等奖。唐诗蕊获评心理育人优秀工作案例。冯嘉旭获第四届"外教社杯"全国高校学生跨文化能力大赛冠军。张济霖获上海市第17届运动会田径比赛男子4*100米第一名。李尚坤获评复旦大学优秀学生标兵。张言韬获评复旦大学优秀学生干部标兵。喻知博获评复旦大学"毕业生之星"。在五校联盟博士生论坛中,艾临风、王佳俊获口头报告一等奖,季恺昕获墙报最佳人气奖。

(高太梅)

【缅怀苏汝铿先生】6月3日,著名物理学家、复旦大学物理学系教授苏汝铿先生逝世。6月24日,苏汝铿先生追思会以线上与线下相结合方式召开,近200位嘉宾线上相聚,一起追忆苏先生。同时组织汇编《永远怀念您,敬爱的苏汝铿先生》纪念文集,制作并发布纪念专题视频。霍焱系友捐赠设立"苏汝铿卓越教学奖",经评审,肖江、林志方获首届卓越教师奖;乐永康、戚扬获首届优秀教师奖。

(高太梅)

【举办庆祝建系70周年暨应用表面物理国家重点实验室成立30周年活动】详见"学校综述"【举行复旦大学物理学系成立70周年暨应用表面物理国家重点实验室成立30周年发展论坛】条,第61页。

【获上海市教学成果奖特等奖1项】10月,侯晓远、蒋最敏、周磊、张新夷、陈焱、陆昉、肖江、沈健、杨中芹承担的《创建一流物理本科教学体系——培养基础学科优秀人才》获上海市教学成果奖特等奖。

(高太梅)

核科学与技术系/现代物理研究所

【概况】2022年,现代物理研究所/核科学与技术系设有核工程与核技术本科专业1个,原子分子物理、粒子物理与核物理、等离子体物理等硕士点3个,原子分子物理、粒子物理与原子核物理博士点2个,建有核物理与离子束应用教育部重点实验室和上海EBIT实验室。核工程与核技术本科专业入选国家级一流本科专业建设点。

在职教职工56人,其中院士1名,双聘院士2名,具有正高级职称22人,副高级职称19人,中级职称11人。

全年开设本科生课程43门、研究生课程23门。招收核技术专业本科生35名,招收博士生35名、硕士生22名。有在校本科生118人,在读博士研究生136名、硕士研究生61名,在站博士后10名。

全年获批项目22项,其中包括科技部国家重点研发计划项目负责1项、重点研发计划课题负责5项;国家自然基金项目负责13项,含重点项目1项、海外优青1项。新增科研立项总金额6 200万元,全年科研到款金额4 500多万。负责在研国家级项目70余项。以第一单位第一作者或通讯作者身份发表SCI论文95篇,其中含《自然》(Nature)论文1篇、《自然-通讯》(Nature Communication)论文1篇、《物理评论快报》(Physical Review Letters)论文7篇。此外,全所还参与发表国际大科学装置合作组论文30余篇。《核技术》主编马余刚院士获2022年度中国科技期刊卓越行动计划优秀主编称号。陈金辉研究员和马国亮研究员获首届上海市核学会杨福家核科技奖。

全年主办"核物理前沿论坛"35期，邀请60余名国内外学者到所作学术报告。参加国际学术会议60余人次（以线上为主）。研究生赴境外学习13人次。

2020级本科生罗旭涵获第十三届全国大学生数学竞赛（非数学类）决赛一等奖；罗旭涵、彭佳腾等获第八届全国大学生物理实验竞赛二等奖；2019级本科生刘代能获评2022年度国家大学生自强之星和2022年上海市大学生年度人物及上海市五四青年奖章。

（杨 柳 王 勉 封娅娅 杨明杰）

【主办第13届"从Phi到Psi的正负电子对撞国际会议（PhiPsi2022）"】 8月15—19日，王小龙研究员课题组在上海主办第13届"从Phi到Psi的正负电子对撞国际会议（PhiPsi2022）"。会议注册人员达到206人，其中包括来自德国、俄罗斯、美国、意大利、墨西哥、印度等10个国家的60名国际参会人员。会议围绕从φ到ψ的2—5 GeV能区物理展开丰富交流和讨论，共计76个学术报告和16个海报展示，内容涵盖轻强子、奇特强子、R值测量、轻子物理、缪子反常磁矩、双光子物理、味物理、暗物质与暗能量等多个方面。此次会议充分展示我国在2—5 GeV能区的物理研究成果，尤其是BESIII实验、超级韬粲工厂计划，参与的Belle/Belle II实验、缪子反常磁矩实验、味物理研究等国际合作实验，以及处在世界前沿的PandaX暗物质实验。

（王小龙）

【主办"机器学习在核科学中的应用"学术交流会】 12月18日，"机器学习在核科学中的应用"——上海市核学会-计算物理专业委员会、上海市物理学会-粒子物理与核物理专业委员会和上海市系统仿真学会2022年联合学术交流会在江湾校区交叉1号楼召开。学术交流会由复旦大学-现代物理研究所、中国科学院上海应用物理研究所、国家自然科学基金委-理论物理专款上海核物理理论研究中心和上海市人工智能实验室共同主办，采用线上线下同步形式召开。来自复旦大学的何万兵、上海应物所的王睿和陈舒宁、上海高研院的怀平和曹喜光、上海交通大学的杨志栋、同济大学的袁子懿、上海工程技术大学的苏前敏、河南师范大学的马春旺等专家学者做学术报告。来自复旦大学、上海交通大学、同济大学、上海工程技术大学、河南师范大学、中科院上海应物所、中科院高研院等单位的六十余名专家学者和研究生参加学术交流。开幕式由上海市核学会-计算物理专业委员会副主任委员、复旦大学现代物理研究所马国亮主持。

（马国亮）

化 学 系

【概况】 2022年，化学系设有无机化学、分析化学、有机化学、物理化学和化学生物学5个硕士点以及无机化学、分析化学、有机化学、物理化学和化学生物学5个二级学科博士点，并有化学一级学科博士点授权。化学一级学科是国家重点学科，建有上海市分子催化和功能材料重点实验室、蛋白质化学生物学上海高校重点实验室、功能介孔材料基础科学中心、上海市手性药物工业不对称催化工程技术研究中心、复旦大学分子合成与识别科学中心、创新科学仪器教育部工程研究中心、2011能源材料化学协同创新中心（复旦分中心），化学教学实验中心为国家级化学实验教学示范中心。

有在职教职工196人，其中专任教师146人，行政管理和实验室技术人员50人。正高级职称70人，副高级职称63人，中级职称45人。有两院院士3人，双聘院士4人，国家"973计划"首席科学家2人，国家杰出青年科学基金获得者22人，优秀青年科学基金获得者11人。

全年招收硕士研究生78人，博士研究生122人，全日制工程博士研究生6人。在读本科生376人（二、三、四年级），其中包括由化学系管理的自科大类2022级本科生57人。有在读硕士生187人，博士生490人。全年承担本科生基础课、专业课及公共课总课时数为12 577.5课时，选课学生8 727人次。承担全校实验课程总课时数5 413.5课时，选课学生2 953人次。开设本科生课程431门（含毕业论文9门）。开设研究生课程66门，全年承担研究生学位公共课、学位基础课、学位专业课及专业选修课总学时数为2 344学时，选课学生2 562人次。

全年发表SCIE论文379篇，其中影响因子大于6.0的论文275篇。获批国家自然科学基金项目32项（其中面上项目20项，青年基金6项，国家杰出青年科学基金1项，优秀青年科学基金项目2项，重点项目1项，专项项目1项，联合基金项目1项）。全年实现8个专利的成果转化。科研到账经费11 125.9万元，其中纵向经费8 772.2万元，横向经费2 067.0万元。在研纵向科研项目236项，其中承担国家重点研发计划课题13项，参与国家重点研发计划项目18项，承担国家自然科学基金重大、重点项目9项。王永刚获基金委"国家杰出青年科学基金"资助，蔡泉、凡勇获基金委"优秀青年科学基金项目"资助。周鸣飞获上海市科技精英提名奖，李伟获上海市青年科技英才和上海市曙光学者称号，张凡获2022年科学探索奖，孔彪获中国化工学会科学技术奖三等奖和侯德榜化工科学技术奖青年奖，张立新获陶氏化学挑战奖。全年举办学科前沿进展报告6场。

学生工作和党团建设。化学系获评"复旦大学2022年度就业工作先进集体""复旦大学2022年军训优胜连队"；研究生工作组获评"复旦大学2021年度学生思想政治工作先进集体"；2021级硕士生直博生班获评"复旦大学2021—2022学年优秀集体标兵"；2021级硕士生党支部获评"复旦大学第十五批研究生示范党支部"；化学系研究生会获评"2022年度复旦大学优秀研究生团学组织"；化学系2021级硕士生、2021级博士生党支部获评"第八届组织生活案例大赛优秀案例"；2017直博生王婷、2018级直博生徐萌萌获评"复旦大学第十三届学术之星"；2018级博士生刘建红获

"互联网+"大学生创新创业比赛校内一等奖、上海市铜奖;2022级硕士生邱俊杰获复旦大学"以青春之志 筑强国之路"港澳台学生主题征文评选优秀奖;2021级研究生李峰宇,2020级研究生王石嵘,2017级研究生祝震予,2018级研究生杨宇琦、蒋明宏获中国计算机学会CCF"司南杯"量子计算编程挑战赛一等奖。

教师工作。由孙兴文领衔,刘永梅、刘莎莎、雷杰、高翔、樊惠芝、张晋芬、石梅、陆豪杰、贺鹤勇共同参与的项目"'认知体验 固本强基 前沿创新'——复旦大学化学实验课程体系的建设与实践"获2022年度上海市优秀教学成果一等奖。刘永梅获复旦大学十年招生功勋奖;辜敏和吴剑鸣获2022年度复旦大学本科招生宣传工作先进个人。王凤燕获"上海市教育系统三八红旗手"称号;侯秀峰获"复旦大学三八红旗手"称号;黄德英夫妇获"复旦大学比翼双飞模范佳侣"称号。邀请青年研究员李鹏、董晓丽、方为作青年教师学术沙龙报告,加强教师队伍建设。

(黄 双 何鸿洁 乔玉巧 秦 枫
单 喆 杨慧丽 周 媛)

【举行浙江永宁药业奖励金颁奖仪式】 1月13日,复旦大学化学系-浙江永宁药业奖励金颁奖仪式在江湾校区举行。化学系教授赵东元及其团队的李伟、邓勇辉和张凡获"2021年度浙江永宁药业奖教金特别奖";2017级直博生张慧、2019级硕士生刘鸿琨获"2021年度浙江永宁药业优秀奖学金"。 (乔玉巧)

【召开化学实验教学中心教学指导委员会第五次会议】 1月15日,召开化学国家级实验教学示范中心(复旦大学)第一届教学指导委员会第五次会议。实验中心主任孙兴文汇报2021年度工作情况,教学指导委员会成员在课程建设、学生培养、教学改革、教材编写、探究实验设计、实验教师队伍和技术队伍建设、科普工作开展和课程思政建设等方面提出建设性意见和建议。 (何鸿洁)

【举办近思讲坛(第十九讲至二十三讲)】 2月14日、11月8日、11月23日、12月11日和12月27日,分别邀请中国科学院院士包信和、陈小明、江桂斌、席振峰、谢毅作近思讲坛报告。为表彰杰出科学家在化学研究领域的卓越成果,"近思讲坛"组委会向报告人颁发复旦大学"吴征铠化学奖"。 (乔玉巧)

【举办复旦大学全国优秀大学生暑期夏令营(化学)活动】 7月5—7日,复旦大学全国优秀大学生暑期夏令营(化学)活动在线上举行。来自全国各地高校的300名学生参加活动,内容包括专家报告、导师沙龙、师生代表座谈、面试考察等。通过汇总理论、实验考察和笔试成绩,夏令营活动共选拔优秀营员146名。 (单 喆)

【2项作品获"微瑞杯"第三届全国大学生化学实验创新设计大赛华东赛区二等奖】 7月8—10日,"微瑞杯"第三届全国大学生化学实验创新设计大赛华东赛区竞赛在江南大学举行,共有46所高校的98项作品参加评审。化学系2019级本科生潘梁恺、高昀键、唐玉莲的参赛作品以及2019级本科生胡诗雨、叶子豪、武楷棋的参赛作品均获二等奖。 (何鸿洁)

【召开化学系校友会第二届会员代表大会】 11月12日,以线上线下相结合的形式召开化学系第二届会员代表大会。会议听取理事会换届工作筹备情况报告,选举产生第二届理事会理事、会长、常务副会长和副会长。化学系1984级校友、河南银泰投资有限公司董事长谭瑞清当选为新一届会长;化学系1989级校友、雅本化学董事长蔡彤任常务副会长。 (乔玉巧)

【举行复旦大学化学系-索尔维奖学金捐赠签约仪式】 11月29日,复旦大学化学系-索尔维奖学金捐赠签约仪式在索尔维投资有限公司举行。索尔维向化学系捐赠人民币145 000元,用于奖励品学兼优的化学系学生。 (乔玉巧)

【举行"中化国际-闪亮高性能"奖学金捐赠仪式暨颁奖仪式】 12月1日,"中化国际-闪亮高性能"奖学金捐赠仪式暨颁奖仪式于江湾化学楼举行。中化国际向化学系捐赠人民币200 000元,用于资助品学兼优、家庭经济困难的化学系学生。 (秦 枫)

【3名本科生在第十六届上海大学生化学实验竞赛中获奖】 12月2—5日,在由上海市教育委员会主办,上海高校化学实验教学指导委员会协办的第十六届上海市大学生化学实验竞赛中,2020级本科生金芸珂、李欣泽和陈伟灿分别获特等奖、一等奖和二等奖。 (何鸿洁)

高分子科学系

【概况】 2022年,高分子科学系设有高分子材料与工程本科专业,高分子化学与物理硕士点、博士点、博士后科研流动站和材料与化工专业硕士学位点、博士学位点,建设有聚合物分子工程国家重点实验室。

现有在职教职工75人,其中专任教师48人(教授/研究员30人,副教授/青年研究员18人)、实验技术人员13人、管理人员14人。有中国科学院院士2人,国家杰出青年科学基金获得者9人。

招生及教学工作。全年招收本科生(暂由高分子科学系管理的自然科学试验班)88人,硕士研究生65人,博士研究生64人。在读本科生173人、硕士研究生183人、博士研究生248人,其中全日制专业学位研究生159人。开设本科生课程39门、研究生课程24门。《高分子物理》教材项目入选学校首批"七大系列百本精品教材""邀请制"项目,纳入学校"双一流"项目建设。《高分子实验》获教育部高等学校材料类专业教学指导委员会规划教材建设项目立项。高分子科学系课程思政教学研究中心获得学校批准建设。制订《2022年本科生转专业考核方案》《2022年博士研究生"申请-考核"制选拔办法》《2022年硕士研究生招生复试工作实施细则》《"拔尖计划"学生评选办法》《关于提高研究生学位论文质量的工作方案》《关于博士研究生资格考试的工作方案(试行)》等6项规章,修订《关于提高研究生学位授予质量的工作方案》《工程博士研究生招生与培养实施办法》等规章。高分子科学系负责的黑龙江招生组获2022年度复旦大学招生宣传工作先进集体一等奖,王芳、刘旭军获2022年度复旦大学招生宣传工作先进个人。

科研情况。承担科研项目130项(纵向82项,横向48项),到款经费总计9 215.11万元(纵向经费1 933.56万元、横向经费6 296.55万元、其他项目985万)。获批国家自然科学基金项目12项,其中陈道勇的"超结构动态调控与协同机制"获得重大项目。全年发表SCI论文223篇,申请发明专利54项,获得授权发明专利60项。魏大程获上海职工优秀创新成果奖优秀创新奖。陈国颂获第二届"惠永正糖科学奖"青年创新奖。卢红斌获中国产学研合作促进奖。潘翔城获美国化学会2022 Rising Stars in Polymers(聚合物新星)奖。彭慧胜获德国Falling Walls(跨界创新基金会)科学突破奖、2022年IUPAC化学领域十大新兴技术、2021年度中国科学十大进展、美国化学会全球10项"顶尖化学研究成果"、2021年度"中国光学十大进展"应用研究类等奖项。曾裕文获国家自然科学基金优秀青年基金(海外)资助。全年共举办聚合讲坛10辑,分别邀请诺贝尔化学奖获得者迈克尔·莱维特(Michael Levitt)教授,中国科学院院士赵东元、唐本忠、陈学思、杨力泰、江雷、唐勇、马於光、吴奇以及《自然》期刊资深编辑克莱尔·汉塞尔(Claire Hansell)博士作报告。3月12日,聚合物分子工程国家重点实验室召开第一届学术委员会第九次会议。9月22日,上海市人民政府副市长刘多来访调研国重室。实验室立项"高级访问学者计划"3项、开放研究课题49项。有序推进国家重点实验室的重组工作。

党建和思政工作。以学习贯彻习近平新时代中国特色社会主义思想和党的二十大精神为重点,紧紧围绕建设"第一个复旦"这一目标,全面发挥系党委的领导核心和政治核心作用,坚持以高质量党建引领落实立德树人根本任务,为党育人、为国育才。全年开展专题党课15场、主题党日活动75次、师生学习教育活动130余次,覆盖9 530余人次。"复旦高材生"微信公众号全年共发文193篇,累计阅读量16万,形成"科研动态""讲座预告""榜样高材生""高分高能"等精品特色栏目,成为院系工作和学生活动的展示窗口。孙雪梅获上海市巾帼创新新秀和上海市三八红旗手称号,彭娟获复旦大学三八红旗手称号。汤蓓蓓获复旦大学巾帼创新奖。刘海霞获2022年度复旦大学优秀研究生教育管理工作者称号。王芳获复旦大学2022年度学生思想政治工作先进个人一等奖,黄晔获复旦大学2022年度学生思想政治工作特殊贡献奖,系研究生工作组获复旦大学2022年度学生思想政治先进集体。系2020级本科班、2020级博士班获评复旦大学优秀学生集体,系2019级、2020级本科生团支部获评复旦大学优秀团支部。系研究生第五党支部获评复旦大学研究生第十五批示范党支部,系研究生会获评复旦大学优秀研究生团学组织。2020级硕士生顾愺怡获评上海高校"百名学生党员标兵"。2020级硕士班辅导员、2020级博士生马明钰获评"复旦大学优秀学生干部标兵"称号。

其他获奖情况。系学生创新创业团队获第八届中国国际"互联网+"大学生创新创业大赛等创新创业比赛全国金奖1项、银奖1项、上海金奖1项、银奖4项,第十三届"挑战杯"中国大学生创业计划竞赛上海金奖1项、银奖1项,第七届中国创新挑战赛暨第五届长三角国际创新挑战赛三等奖,复旦大学校园治理创新大赛一等奖。2018级博士生路晨昊获评复旦大学第十三届研究生"学术之星"特等奖。2020级本科生于治昕获第十三届全国大学生数学竞赛(非数学类)全国一等奖。2022级本科生刘澈获第47届国际大学生程序设计竞赛亚洲区域赛(杭州站)全国二等奖。2022级本科生俞嘉琪获2022年中国大学生程序设计竞赛(桂林站)获全国三等奖、第47届国际大学生程序设计竞赛亚洲区域赛(西安站)全国三等奖。

(陈佳欢 丛培红 段 郁
黄 晔 刘海霞 刘文文 王 莉
张 飞 张富瑛)

【获上海市级教学成果奖特等奖】 10月,高分子科学系《"顶天立地"研究生创新人才培养—"于同隐模式"的探索与实践》的研究生教育教学成果项目,获评上海市级教学成果奖特等奖,并进一步申报国家级教学成果奖。

(刘海霞)

【彭慧胜获德国Falling Walls科学突破奖】 彭慧胜课题组"纤维聚合物锂离子电池"(Fiber polymer lithium-ion batteries)的成果获Falling Walls国际跨界创新科学突破奖Engineering and Technology(工程技术)类别奖。该项目实现了从三维块体、二维薄膜器件到一维纤维器件的重要发展,发现了纤维电池内阻与长度之间独特的双曲余切函数关系,奠定了纤维电池发展的理论基础,并建立了世界上首条纤维锂离子电池生产线。

(张富瑛)

【举办复旦大学高分子学科发展研讨会】 12月16—18日,高分子科学系主办的复旦大学高分子学科发展研讨会召开。会议分教育教学和科学研究两个部分,邀请高分子领域科研和产业界多位知名专家作报告,特邀专家有颜德岳院士、吴奇院士、张希院士、陈学思院士、房喻院士和乔金樑教授等。恰逢杨玉良院士从教45周年,报告会特别邀请杨院士分享其多年来在教育与科研工作中的思考与体会。中国科学院院士、高分子科学界专家以及高分子科学系师生、系友等100余人出席研讨会。(段 郁)

化学与材料学院

【概况】 化学与材料学院是在化学系、高分子科学系、材料科学系和先进材料实验室基础上,根据"共生共存、融合创新"的指导原则成立,旨在打造国际一流、国内顶尖的化学与材料学科集群和研究平台。3月10日,化学与材料学院第二届党政领导班子成立。同年设置党政办公室科长和教学科研学科办公室科长岗位,未设置专业。

学科建设工作。3月,学院牵头

组织"三系一平台"提交上海高校高峰学科建设（化学）2021年度进展报告。

党建工作。10月—12月，开展党的二十大报告学习活动。11月12日，邀请中国科学院院士、中国科学技术大学校长、首届复旦大学"瑞清"教育基金"杰出贡献奖"获得者包信和作题为"迈向精准时代的催化科学"的学术报告会，共160余名师生参加。同日举办学院青年教师座谈会，邀请首届复旦大学"瑞清"教育基金"园丁奖"获得者、化学系教授范康年担任主讲人。

（唐 碧 陈末华）

【徐华龙同志任化学与材料学院党委书记】 3月10日，复旦大学党委组织部部长周虎代表复旦大学党委宣读关于复旦大学化学与材料学院党委书记职务任免的决定，任命徐华龙为化学与材料学院党委书记，唐晓林因工作变动不再担任复旦大学化学与材料学院党委书记职务。 （唐 碧）

【复旦大学"瑞清"教育基金管理委员会成立】 3月28日，复旦大学"瑞清"教育基金管理委员会正式成立。委员会主任由"瑞清"冠名奖捐赠人谭瑞清担任，副主任由化学与材料学院院长赵东元和党委书记徐华龙担任，委员由马蔚纯、周鸣飞、刘顺厚、彭慧胜、于瀛、俞燕蕾、唐晓林（校友代表）担任。复旦大学"瑞清"教育基金，是由复旦大学化学系1984级校友谭瑞清先生于2021年5月18日捐资2亿元人民币设立的人才队伍建设专项基金，用于支持化学与材料学院（含化学系、高分子科学系、材料科学系和先进材料实验室）科学研究、人才培养和事业发展。 （唐 碧）

【举办"科技论文写作"系列讲座】 中国科学院院士、化学与材料学院院长赵东元分别于4月8日、4月11日、4月13日在线为广大师生做"科技论文写作"系列讲座。讲座旨在缓解师生疫情期间的紧张情绪，有序开展教学科研活动。共有3万余名师生在线参加讲座学习。 （唐 碧）

【通过《复旦大学"瑞清"特聘讲席教授和青年学者聘任办法》】 6月20日，学院通过《复旦大学"瑞清"特聘讲席教授和青年学者聘任办法》。依据化学与材料学科发展战略和学科建设需求，在学校为高层次人才设立特别岗位的基础上，学院设置特聘讲席教授和青年学者，激励他们在复旦大学继续引领学术前沿、奋勇争先、创造出更加突出的学术成就。 （唐 碧）

【举办首届复旦大学"瑞清"教育基金颁奖典礼】 11月12日，由学院主办的首届复旦大学"瑞清"教育基金颁奖典礼在江湾校区举行。首届复旦大学"瑞清"教育基金共评选出综合奖、专项奖和新生奖三大类5种奖项。化学系退休教授范康年获"园丁奖"，化学系校友包信和获"杰出贡献奖"，化学系教授麻生明、邓勇辉获"近思教席"，化学系教授贺鹤勇领衔"化学实验系列教材建设团队"获"笃志教席"；化学系本科生林子涵、硕士生李峰宇、博士生刘倩钰，先进材料实验室硕士生饶龙骏、博士生郝书雅和张腾升获"新生奖"。校长金力，校党委常务副书记周亚明，"瑞清"冠名教育基金捐赠人、化学系校友、"瑞清"教育基金管理委员会主任谭瑞清，复旦大学校友、中共嘉定区委常委、嘉定区统战部部长唐晓林等领导和嘉宾参加典礼并为获奖人颁发证书及奖杯。院长赵东元致辞，党委书记徐华龙主持典礼。 （徐华龙 唐 碧）

【化学、材料科学与工程学科学术发展中心成立】 12月6日，复旦大学首批学科学术发展中心成立。中国科学院院士、化学与材料学院院长赵东元任化学学科学术发展中心主任，化学系教授、化学与材料学院副院长周鸣飞，高分子科学系教授、化学与材料学院副院长彭慧胜，高分子科学系教授丁建东任副主任。材料科学系教授、化学与材料学院副院长俞燕蕾任材料科学与工程学科学术发展中心主任，中国科学院院士、高分子科学系教授褚君浩，中国科学院院士、化学与材料学院院长赵东元，高分子科学系教授丁建东和叶明新任副主任。 （唐 碧）

【丁建东、赵东元任新工科建设战略咨询委员会委员】 12月16日，学校新工科建设战略咨询委员会成立。聚合物分子工程国家重点实验室主任丁建东，中国科学院院士、化学与材料学院院长赵东元任能源材料与智能制造领域委员。 （唐 碧）

【推进"宝山-复旦科创中心"建设】 "宝山-复旦科创中心"介孔谷新材料研发中心在宝山区人民政府和复旦大学共同支持下，确立"功能介孔材料""柔性纤维材料""储能材料"和"生物医用材料"四个研究方向，实验室基本建设初步完成。 （徐华龙）

环境科学与工程系

【概况】 2022年，环境科学与工程系（简称"环境系"）设有环境科学与工程一级学科博士点，下设环境科学和环境工程博士点和硕士点，资源与环境专业学位硕士点，材料与化工、生物与医药专业学位博士点。

本年度环境系硕士生在读363人，博士生在读214人，授予理学博士学位22人、理学硕士学位34人、工程博士学位1人、工程硕士学位48人；环境管理二级学科博士点和硕士点授予管理学博士学位3人、管理学硕士学位6人；环境科学本科专业有在读本科生117人，授予理学学位25人。2022年新增博士生导师7人，硕士生导师3人。

有在职教职工90人，其中正高级37人，副高级37人，中级6人，思政、行政管理10人；聘请15名国内外知名专家学者任顾问教授和兼职教授。

新增纵向项目48项，理科项目47项，其中国家自然科学基金项目14项（国际合作项目1项，面上项目10项，青年基金3项），国家重点研发计划1项，其他各类项目32项；文科项目1项。新增横向项目60项，其中理科49项，文科11项。2022年科研到款总计约6 353万元，其中理科纵向4 128万元，理科横向1 915万元，文科纵向23万元，文科横向287万元。

环境系教师作为第一作者和第一通讯作者、且以复旦大学为第一单位发表的SCI/SSCI论文共计227篇，其中Q1论文172篇，顶级期刊和主流期刊论文53篇,其中发表在《自然》(Nature)的论文1篇,《自然-通讯》(Nature communications)的论文1篇,《自然-能源》(Nature energy)的论文1篇;Cell reports physical science 的论文1篇,PNAS 的论文2篇,PNAS nexus 的论文1篇,ES&T 的论文10篇,Water research 的论文2篇,ACP 的论文5篇,Journal of geophysical research-atmospheres 的论文10篇,Geophysical research letters 的论文1篇,Chemical engineering journal 的论文8篇,Geochimica et cosmochimica acta 的论文1篇,Ecological indicators 的论文1篇,Journal of hazardous materials 的论文17篇,Angewandte chemie 的论文1篇。全年共申请各项专利5项,获授权8项。

科研获奖方面。教授朱秀萍获第五届中国环境科学学会青年科学家奖,教授王玉涛获中国生态学会青年科技奖,青年研究员王戎获中国化学会青年环境化学奖,教授郑正获发明创业奖创新奖、日内瓦国际发明奖、金桥奖。

2022年度,2人次教师出访1个国家和地区。12月,与美国萨福克大学(Suffolk University)联合在线举办第四届国际城市生态安全与可持续发展论坛(The 4th International Workshop on Urban Ecological Security and Sustainability)。

(彭晓庆 王雪梅 韩莉 赵建丰
杨晓英 戴晓燕)

【赴马来西亚开展海外清洁生产示范工作】 1月1—8日,由环境系教授王玉涛联合华南理工大学有关人员共同赴马来西亚造纸企业Vinda Malaysia Sdn. Bhd.(维达马来西亚有限公司)开展海外清洁生产示范工作。该项示范工作是由复旦大学牵头,联合华南理工大学、菲律宾德拉萨大学、南非金山大学、亚太可持续消费与生产圆桌会议组织等国内外十余家单位,共同承担的国家重点研发计划战略性国际科技创新合作重点专项项目"'一带一路'沿线典型重污染行业清洁生产技术比较与应用联合研究"的重要内容。项目合作成果在科技部等主办的第10届中国—东盟技术转移与创新合作大会上,作为优秀案例成果入选《中国—东盟科技创新合作案例集(2022)》。

(王雪梅)

【环境系两位教师入选中国矿物岩石地球化学学会第十专业(工作)委员会】 6月,中国矿物岩石地球化学学会确定第十专业(工作)委员会组成人员名单并予以公告。复旦环境系有两位教师入选,其中研究员王梓萌入选"地表和生物地球化学"专业委员会和"应用地球化学"专业委员会委员,青年副研究员潘泽真入选"青年工作委员会"委员。 (王雪梅)

【兼职教授Christian George荣膺欧洲科学院院士】 8月,环境系和大气颗粒物污染防治重点实验室长期合作科学家、校兼职教授Christian A. George(克利斯钦 阿兰·乔治)因在大气化学和气溶胶物理化学等领域做出的杰出贡献,当选为欧洲科学院(Academia Europaea)院士。

(王雪梅)

【宋卫华当选英国皇家化学会会士】 10月26日,环境系教授宋卫华当选为英国皇家化学学会会士(Fellow of the Royal Society of Chemistry, FRSC)。

(王雪梅)

【两项造纸行业碳中和团体标准正式发布】 由环境系王玉涛课题组牵头,联合维达纸业(浙江)有限公司、华南理工大学、南昌大学、SGS通标标准技术服务有限公司、广东省造纸行业协会、广东省造纸研究所有限公司等多家单位共同编制的《一次性纸制品碳中和评价指南》(T/GDPPA 0002—2022)和《一次性纸制品生产企业碳中和实施指南》(T/GDPPA 0001—2022)两项团体标准经过多轮征求意见和专家论证评审,于11月18日正式上传全国团体标准信息平台发布并实施。 (王雪梅)

【王梓萌获美国化学会詹姆斯J. 摩尔根青年科学家奖】 12月,美国化学会(American Chemical Society)与旗下环境类旗舰刊物《环境科学与技术》(Environmental Science & Technology)公布2023年度的James J. Morgan Early Career Award(美国化学会詹姆斯J. 摩尔根青年科学家奖)。本年度有4名来自亚太地区的学者获奖,环境系研究员王梓萌名列其中。 (王雪梅)

大气与海洋科学系/大气科学研究院

【概况】 2022年,大气与海洋科学系/大气科学研究院有教职工56人,其中教授和青年研究员15人、副教授和青年副研究员14人、特聘教授15人、高级工程师1人、讲座教授1人、管理技术人员12人。引进海外高层次人才2人,青年研究员1人,青年副研究员5人。共有本科生54人,硕士研究生126人,博士研究生120人,博士后39人。2022年毕业生48人,其中本科生14人、硕士生21人、博士生13人。

学科建设。5月,泰晤士高等教育(Times Higher Education, THE)发布第二版中国学科评级,复旦大学大气科学学科获评A+。

教学工作。张人禾作为主要完成人之一的《以"四个面向"引领一流高层次人才培养——复旦大学研究生教育改革创新实践》成果获上海市教学成果奖(特等奖);《碳究未来、绿融世界—服务国家战略的高层次绿色经济金融人才培养探索与实践》成果获上海市优秀教学成果(高等教育类一等奖)。教授高艳红担任课程负责人的"地球系统数值模拟"入选上海市课程思政示范课程,团队入选上海市课程思政示范团队,其个人获上海市课程思政教学设计展示活动研究生教育综合专业组一等奖。吕少宁负责的"'卫星气象学'中融入新中国航天发展的背景和历程"入选复旦大学2022年课程思政优秀案例。教授张义军作为课程负责人的"高等大气物理学"立项课程思政建设项目。在首批复旦大学优质课程推荐评定工作中,5门课程获评优质候选课程。

科研工作。全年以院系为第一单位共发表论文120篇。获批国家自然科学基金项目10项,立项经费7 066万元。其中国家自然科学基金基础科学中心项目1项，重点项目课题2项，优秀青年科学基金项目1项，外国资深学者研究基金项目1项，面上项目1项，青年科学基金项目4项。复旦大学特聘教授王桂华团队在《自然》(Nature)杂志发表论文1篇，中国科学院院士张人禾团队关于2020年夏季超强梅雨的研究成果进入被引次数全球前0.1%，中国科学院院士、复旦大学特聘教授穆穆，张人禾，教授游庆龙再度上榜爱思唯尔(Elsevier)发布的高被引学者榜单。

国内外合作交流。张人禾率团访问上海航天八院五〇九所。与中国气象局-复旦大学海洋气象灾害联合实验室联合主办海洋气象系列报告会。与中国极地研究所、中国海洋学会联合举办2022中国极地科学学术年会。与上海期智研究院、中国气象局-复旦大学海洋气象灾害联合实验室与上海市海洋-大气相互作用前沿科学研究基地联合举办第二届"大气辐射与遥感暑期学习班"。研究员姚波参加由联合国环境规划署(UNEP)和世界气象组织(WMO)发布的《臭氧损耗科学评估报告》的评审、编写和研究工作。副研究员吕少宁获复旦-欧洲中国研究中心项目资助。

学生就业工作。完善就业引导、生涯教育指导和就业帮扶工作体系，通过开展交流座谈会、毕业生座谈会、就业分享会，组织专家讲座，推送求职信息等，有针对性地服务不同学生群体。

科普教育工作。张人禾参加院士专家讲坛，作题为"全球气候变暖与极端天气气候事件"讲座；高艳红在"九三"微讲坛，作题为"你好 彩虹"的讲座；青年研究员袁嘉灿多次现身B站UP主"新闻同学"科普直播间，向网友开展主题科普宣传；穆穆受邀参加复旦大学管理学院举办的2022科创周系列论坛之"科创先锋论坛·科学之问"，深度解析未来大气科学的发展。

党建工作。大气与海洋科学系教职工党支部现有党员47名，入党积极分子1名，其中新进党员8名，另有3名党员的党组织关系在办理转接中。12月，党支部入选第二轮"上海党建工作样板支部"培育创建单位名单。制订和新修规章制度，推进党内民主，完善党务公开制度和平台。在大上海保卫战中，共有6名党员同志在校园封闭管理期间逆行进校，9名党员同志到社区报到担任志愿者。

（倪鑫彤）

【开展"世界气象日"主题党日活动】 3月23日，系教职工党支部联合学生党支部、工会开展"世界气象日"主题党日活动，举行"全球变暖之下的极端天气气候"讲座，包括党支部全体成员共200余人在线参加。同时通过学校新媒体平台，面向校内外开展科普教育宣传活动，活动访问量突破18万人次。

（倪鑫彤）

【大气科学专业入选国家级一流本科专业建设点】 6月，在教育部公布的2021年度国家级一流本科专业建设点名单中，大气科学获批国家级一流本科专业建设点。

（倪鑫彤）

【举办第二届复旦大学大气科学前沿问题国际研讨会】 7月7—8日，由大气与海洋科学系主办的第二届复旦大学大气科学前沿问题国际研讨会在线举行。复旦大学副校长、中国科学院院士、系主任、院长张人禾致开幕词。来自美国夏威夷大学、加州大学圣迭戈分校、伊利诺伊大学、英国帝国理工学院、法国科学研究中心、瑞典皇家科学院、韩国釜山大学、挪威卑尔根大学、英国气象局哈德莱中心、美国环境预报中心、以色列魏茨曼科学研究院、澳大利亚联邦科学与工业研究组织、香港理工大学、香港城市大学的顶尖专家学者带来23场学术报告。会议由副院长吴志伟主持，学校发展规划处处长夏力波、科学技术研究院基地建设与成果管理处处长徐晓创、国际合作与交流处副处长许烨芳出席。

（倪鑫彤）

【获批新增全国首个"气象专硕"学位授权点】 7月，国务院学位委员会印发《关于下达2021年学位授权自主审核单位撤销和增列的学位授权点名单的通知》，复旦大学"气象专硕"获批增列为硕士专业学位授权。这是在该专业领域内，全国首个高校自设的专业学位类别。

（倪鑫彤）

【协同中国气象局、科研院所与香港天文台联合开展"木兰"三维加密目标观测与同化预报试验】 8月8—10日，大气与海洋科学系协同中国气象局、科研院所与香港天文台联合开展风云四B卫星高光谱探测仪和香港机载下投探空仪协同的台风加密目标观测试验。这次卫星与机载下投探空仪开展协同台风目标观测是首次试验，加密目标观测的同化应用对风雨预报精度的提高效果显著。

（倪鑫彤）

【"海-陆-气系统与北半球中高纬极端天气气候"基础科学中心项目获批立项】 9月，由中国科学院院士、系主任、院长张人禾领衔，联合中国海洋大学、中国科学院大气物理研究所共同申报的国家自然科学基金"海-陆-气系统与北半球中高纬极端天气气候"基础科学中心项目正式获批立项。项目资助期限5年，直接经费6 000万元。

（倪鑫彤）

【"碳中和背景下亚太气候变化对大气环境和公众健康影响风险和治理国际联合实验室"项目获批立项】 10月，由中国科学院院士、系主任、院长张人禾领衔，复旦大学IRDR国际卓越中心牵头的"科技创新行动计划""一带一路"国际合作项目"碳中和背景下亚太气候变化对大气环境和公众健康影响风险和治理国际联合实验室"正式获批立项。

（倪鑫彤）

【1项科研成果发表于《自然》杂志】 11月17日，《自然》(Nature)杂志在线发表教授王桂华课题组与其合作者的相关科研成果《海流显示全球弱台风显著增强》(Ocean currents show global intensification of weak tropical cyclones)。该研究提出用海表面漂流浮标(drifter)观测的高精度海洋混合层流速来估算台风强度。此项工作得到国家重点研发计划重点专项、国家自然科学基金项目资助。

（倪鑫彤）

【在"人工智能气象与气候预测"比赛中获奖】 12月，教授张峰带领人工智能预测团队在中国气象局举办的"第八届全国气象行业天气预报职业技能竞赛智能气候预测技术单项比赛(第一届全国智能气候预测技术大赛)"中获院校部队组第五,并获三等奖。

(倪鑫彤)

信息科学与工程学院

【概况】 2022年,信息科学与工程学院设有电子科学与技术、生物医学工程、光学工程、信息与通信工程4个一级学科。通信工程专业获批国家级一流本科专业,实现所有本科专业(2018年前设立)全覆盖。下设"四系两中心":电子工程系、光科学与工程系、通信科学与工程系、光源与照明工程系、微纳系统中心和生物医学工程中心。有博士后流动站3个,一级学科博士学位授权点4个,专业学位博士授权点1个。设有电子信息科学与技术、生物医学工程、通信工程、光电信息科学与工程、电气工程及其自动化5个学士学位专业,电子信息、项目管理、物流工程与管理3个专业学位硕士专业。

有在编在岗教职工181人,其中教学科研岗145人(正高级职称69人,副高级职称54人,中级及以下职称22人)。有中国科学院院士4人(其中双聘3人),中国工程院院士4人(均为双聘),国家重点基础研究发展计划("973"计划)首席科学家1人,国家高技术研究发展计划("863"计划)专家1人,国家杰出青年科学基金获得者6人,国家优秀青年科学基金获得者5人,复旦大学特聘教授11人、讲座教授7人。教师队伍中有博士学位的占97.24%,45岁以下中青年教师占56.55%。

全年招收本科生237人(二年级分流),学术硕士研究生94人,学术博士研究生95人(含留学生1人),专业硕士研究生374人(含留学生3人),其中电子信息硕士245人,项目管理硕士117人,物流与工程管理硕士12人,工程博士研究生49人。在读本科生934人(含大类托管新生201人),学术硕士研究生286人,学术博士研究生378人;专业硕士研究生974人,其中电子信息硕士651人,电子与通信硕士5人,项目管理硕士289人,物流工程硕士2人,物流工程与管理硕士27人;专业博士研究生167人。授予学术博士学位53人,专业博士学位11人,学术硕士学位77人,专业硕士学位116人,学士学位197人。

教学成果。开设本科生课程209门,硕士研究生课程154门,博士研究生课程53门。学院成立本科教学实验中心。学院获批成为复旦大学首批电子信息类课程思政教学研究中心。金亚秋获评上海市课程思政教学名师。2本教材入选复旦入学首批"七大系列精品教材"。1门课件获评教育部华为"智能基座"优秀课件。"卫星遥感信息智能处理实践基地建设"和"电子信息基础实验交互平台建设"获评教育部产学合作协同育人项目。学院师生获第八届中国国际"互联网+"大学生创新创业大赛总决赛银奖,获"华为杯"第十八届中国研究生数学建模竞赛三等奖2项,获全国大学生集成电路创新创业大赛二等奖1项,获全国大学生电子设计竞赛优秀指导教师奖1项和三等奖2项,获第十届全国大学生光电设计竞赛三等奖1项、东部赛区一等奖1项,获第七届全国大学生生物医学工程创新设计竞赛三等奖2项。

科研成果。承担科研项目337项,其中纵向科研项目190项,横向科研项目147项。到款总经费13128.65万元,其中纵向科研项目到款9643.98万元,横向科研项目到款3484.67万元。新增纵向科研项目75项,横向科研项目64项。获国家自然科学基金项目26项,其中重大仪器项目1项、重点项目2项、优青项目1项、联合基金项目1项、面上项目10项、青年项目8项、海外优青项目3项,创历史新高。承担国家重点研发计划("十四五")项目1项、上海市人工智能科技支撑专项项目1项、上海市重大专项1项、上海市科创计划5项、上海市自然基金项目5项。承担多个大客飞机重大专项,助力国产C919大型客机获中国民用航空局颁发的型号合格证。牵头建设"恶劣天气下的嵌入式视觉监控校企联合研究中心""智慧教育人工智能与融合感知技术校企联合中心""钙钛矿光伏技术校企联合实验室""先进汽车照明技术校企联合研究创新中心"。全年获专利授权69项,发表SCIE论文337篇、EI论文370篇、CPCI国际会议论文84篇。

国际学术交流活动。与近30个国家和地区的大学、研究机构、企业保持联系与合作。开展国际教学合作及全英文课程19门,举办国际和港澳台会议1次。聘请外国专家1人,教师国际出访交流1人次,学生国际出访交流8人次。获批新开展中外合作办学项目1个:多伦多大学电气和计算机工程本硕连读项目。

党团活动。组织师生集中观看中国共产党第二十次全国代表大会开幕会,开展党的二十大精神、四史教育、宣讲精神、抗疫精神学习,与计算机学院党委开展党委理论学习中心组联组学习,创建"青年讲师团"开展线上科普教育。院部教师党支部、通信科学与工程系教师党支部完成换届工作。新发展党员84名,3名教师(含博士后)、536名学生递交入党申请书。6项学校特色党建、40项学院特色党建项目立项通过。开展41次志愿服务活动,参与党员人数998人次,服务群众17770人次。开展学术文化节、信息人节、博士生学术论坛等主题教育和班团建设活动。各团支部申报社会实践项目101个,开展团建活动122项。光科学与工程系研究生第一党支部成功创建复旦大学第十四批研究生示范党支部。学院共有2个支部获第八届组织生活优秀案例,1个课题组获评复旦大学五四青年奖章集体,1人获评复旦大学优秀学生标兵,1人入选复旦大学奖学金年度人物。

学生管理。延续设立复旦大学信息学院SCSK奖学金、英特尔奖学金、海洋王奖学金、豪尔赛奖学金。坚持"经济资助"和"成才辅助"并重原则,引导家庭经济困难学生自立自强。配合园区工作,开展安全教育。与腾飞书院合作,邀请书院导师参与师生活动,通过PC Service志愿者服务队品牌项目,为书院学生提供信息相关课程辅导。推广普及心理知识,开展特色心理项目20项,辅导员、心理委员开展谈心工作百余次,逐步完善心理危机干预工作机制。生涯发展办公室开展就业辅导工作,发布就业信息363条,组织企业线上交流,累计参与人次400余人,并与企事业单位合作建立长期科研和实习基地。鼓励和引导学生去国家基层单位、重点单位就业。2022届毕业生中,12人入选中央选调生和各省市选调生,63人赴国家重点单位就业。

工青妇、退休工作。举办学院教职工代表大会、迎新春联欢会、春节慰问会、趣味运动会、羽毛球球友谊赛、"六一"亲子活动、"三八"妇女节等活动。购买疫情防控物资,帮助工会会员超300余人次。开展帮困送温暖活动,为200多位工会会员发放"送温暖"物品。妇委会增补副主任1名。组织慰问生育女职工,鼓励女职工全面发展。闫华夫妇获上海市教育系统比翼双飞模范佳侣称号,多位成员申报上海市女教师成才资助金。光科学与工程系退休教职工党支部获评复旦大学优秀离退休集体,姚佩玉获评复旦大学优秀离退休教职工。

(朱佩玲)

【获上海市教学成果奖二等奖2项】2022年,学院2项教学成果获上海市教学成果奖二等奖,分别是"面向未来产业需求的电子信息卓越人才多元化培养研究与实践"(胡波、冯辉、郭翌、汪源源、迟楠、孔庆生、李旦、王斌)和"培养电子信息领域紧缺人才的国际双学位硕士项目教育模式创新"(郑立荣、郭星、邹卓、石艺尉、刘冉、蒋玉龙、迟楠、徐丰、陈睿、蒋晓军)。

(朱佩玲)

【迟楠当选党的二十大代表】学院党委副书记、院长迟楠当选中国共产党第二十次全国代表大会代表。

(朱佩玲)

【院领导班子调整】12月20日,校党委任命徐阳为学院党委书记,郭翌不再担任学院党委副书记(主持工作),转任校"双一流"建设办公室副主任。

(朱佩玲)

计算机科学技术学院

【概况】2022年,计算机科学技术学院有在职教职工177人,其中专任教师126人,包括院士5人、正高级职称53人、副高级职称58人、中级职称以下61人,国家级高层次人才计划入选者9人次、国家级青年人才计划入选者12人次。

截至年底,学院在读本科生1 032人(含软件学院和保密学院,下同),在读研究生1 994人,其中学术学位博士研究生287人,学术学位硕士研究生340人,专业学位博士研究生156人,专业学位硕士研究生1 211人。

学科建设。围绕学院"十四五"规划的"5+X"重点方向开展建设,聚焦柴洪峰院士领衔的金融科技方向、邬江兴院士领衔的数据科学及大数据试验场方向、于全院士领衔的空天地融合网络方向、人工智能、网络空间安全等五大重点领域,推动多学科交叉融合。

人才培养。1. 本科教学。信息安全专业入选国家级一流本科专业建设点。信息安全、保密技术专业设立复旦大学本科荣誉项目。计算机科学拔尖人才试验班首次招生。孙未未、郑骁庆入选2021年度高校计算机专业优秀教师奖励计划。曾剑平《Python爬虫大数据采集与挖掘(第2版)》获批国家级实验教学示范中心联席会计算机学科组"十四五"规划教材建设课题。高传善获首届复旦大学教材建设先进个人奖,邱锡鹏《神经网络与深度学习》获首届复旦大学教材建设奖优秀教材奖二等奖。阚海斌《离散数学》,张奇、黄萱菁《自然语言处理导论》,赵卫东的《机器学习(第二版)》三本教材入选学校首批"七大系列百本精品教材"立项建设项目。戴开宇的"虚拟世界:科技与人文"入选上海高校市级重点课程。韩伟力、陈辰、赵卫东、冯红伟、彭鑫、赵一鸣等申报的《面向系统观的新工科卓越软件实践能力培养》获上海市高等教育优秀教学成果项目本科教育一等奖。2. 研究生教学。张文强等"机器人学导论"入选2022年上海市课程思政示范课程入选名单(研究生教育)和2022年上海市课程思政示范团队入选名单(研究生教育)。黄萱菁获第十届复旦大学研究生心目中的好导师。3. 招生工作。学院负责河南省及贵州省的招生宣传工作,获评复旦大学2022年招生工作先进集体。

科研工作。全年科研经费到款数为16 840.63万元,其中纵向科研经费到款金额10 462.12万元(到款201笔),首次突破亿元;横向科研经费到款金额6 378.51万元(到款221笔)。学院纵向到款科研项目中,国家自然科学基金项目69项、国家重点研发计划(含课题子课题)17项、科技创新2030重大项目(含课题子课题)8项、国际合作项目2项、其他国家部委项目6项、上海市科委14项、其他上海市项目1项、其他省市项目1项。到款金额超过百万的科研项目共计35项(其中纵向22项,横向13项)。科研获奖方面,姜育刚领衔完成的"多元协同的视觉计算理论与方法"获高等学校科学研究优秀成果奖(科学技术)自然科学奖一等奖,吴俊牵头项目"虚拟现实(VR)的云边端协同视频传输关键技术及应用"和阚海斌牵头项目"基于区块链的身份管理与数据隐私保护体系"均获批上海市科学技术奖科技进步奖一等奖。全年师生共发表会议论文164篇,其中一区96篇,二区68篇。发表高质量期刊论文74篇,其中一区27篇,二区47篇。

对外交流。举办第七届IEEE智能云国际会议(IEEE SmartCloud 2022)。

学生竞赛。孙未未等指导的学生队伍(孙亮亮、王晋欣等)获2022年"互联网+"大学生创新创业大赛上海市赛一等奖以及"挑战杯"中国大学生创业计划竞赛上海市赛一等奖。张亮、陈辰指导的2支本科生队伍获第六届全国大学生计算机系统能力培养大赛(龙芯杯)全国总决赛团体赛三等奖。复旦大学"＊＊＊＊＊

*"(六星)战队与腾讯等联合指导的Katzebin联队第三次蝉联DEFCON CTF世界黑客大赛总决赛冠军。由张源、杨珉等老师共同培养、组织学生组建"白泽战队"获如下奖项：第十五届全国大学生信息安全竞赛创新实践能力赛全国一等奖、总冠军；第十五届全国大学生信息安全竞赛作品赛全国一等奖两项；世界黑客大赛DEFCON自动驾驶安全挑战赛全球总冠军；第七届上海市大学生网络安全大赛特等奖；BCTF AutoPwn 2022分站赛多次冠军；第八届中国国际"互联网＋"大学生创新创业大赛上海赛区一等奖；第十三届"挑战杯"中国大学生创业计划竞赛上海市赛三等奖；第一届中国研究生网络安全创新大赛一等奖、二等奖。ACM-ICPC队在中国大学生程序设计竞赛(CCPC)全国总决赛中获银奖2项，在国际大学生程序设计竞赛(ICPC)亚洲区决赛中获金奖1项和银奖1项，在国际大学生程序设计竞赛(ICPC)亚洲区域赛和中国大学生程序设计竞赛(CCPC)分站赛中，获金奖6项、银奖8项、铜奖8项。复旦"立德战队"获第一届古汉语分析国际评测EvaHan一等奖、国际机器阅读理解评测顶级赛事HotpotQA排行榜第一名。

其他方面。完成本科生教育搬迁至逸夫楼的工作。　　（徐敬楠）

【3人入选爱思唯尔(Elsevier)2021"中国高被引学者"榜单】 4月14日，爱思唯尔(Elsevier)发布2021"中国高被引学者"(Highly Cited Chinese Researchers)榜单，学院姜育刚、张新鹏、章忠志成功入选。（徐敬楠）

【承办第七届XCTF国际网络攻防联赛分站赛*CTF】 4月16—17日，由复旦大学"******"(六星)战队承办的第七届XCTF国际网络攻防联赛分站赛*CTF在线举行。经过24小时激烈比拼，0ops战队、AAA战队和联合战队DiceGuesser分别获得冠亚季军。本场比赛有来自包含中、美、韩、英等在内的52个国家和地区、531支战队、1 753人次参与其中，372支队伍签到。国际知名战队DiceGuesser、bi0s、_SKR、K3RN3L4R MY等均参赛并获佳绩。赛事浏览量达117 233次，访问IP数目达7 991个。　　（徐敬楠）

【复旦大学首个国家科技创新2030—"新一代人工智能"重大项目正式启动】 4月26日，科技创新2030—"新一代人工智能"重大项目"数据安全与隐私保护下的机器学习技术"项目启动暨实施方案论证会在线上召开。项目由复旦大学牵头，负责人为计算机科学技术学院教授姜育刚，参与单位包括上海交通大学、南京大学、浙江大学、华为技术有限公司、暨南大学、北京百度网讯科技有限公司、中国工商银行股份有限公司、翼健(上海)信息科技有限公司、华为云计算技术有限公司。该项目是复旦大学牵头承担的首批国家科技创新2030—"新一代人工智能"重大项目。（徐敬楠）

【召开学院行政负责人调整宣布会议】 6月21日，计算机科学技术学院在江湾二号交叉学科楼E1006报告厅召开全院大会。副校长徐雷、党委组织部部长周虎、校党委组织部副部长盛晓蕾出席会议。共计150余名教职工线上线下同步参加会议。会上宣布复旦大学党委的决定，任命杨珉同志为复旦大学计算机科学技术学院副院长(主持工作)，兼任软件学院副院长(主持工作)、国家保密学院执行副院长。　　（徐敬楠）

【姜育刚当选国际模式识别学会会士(IAPR Fellow)】 6月，姜育刚当选2022年度国际模式识别学会会士(IAPR Fellow)，当选理由为"在大规模和可信视频理解以及开源数据集方面的学术贡献"(for contributions to large-scale and trustworthy video understanding, and open-source datasets)。　　（徐敬楠）

【多位教师获2021年度上海市计算机学会教学成果奖】 7月，上海市计算机学会公布2021年度上海市计算机学会教学成果奖获奖项目名单，邱锡鹏主持的《基于学-练-研-评多维驱动教学模式的新工科人工智能核心课程群建设》获一等奖；杨珉主持的《面向国家亟需，教赛研产融合的网络安全育人体系》获二等奖；王新主持的《复旦大学本科人才培养模式数字化转型的创新实践》、赵卫东主持的《支撑新工科人才培养的机器学习类课程深度教学创新》、戴开宇主持的《面向两性一度的计算机类服务学习课程的教学创新与实践》获三等奖。

（徐敬楠）

【四位研究生获2021年度上海市计算机学会优秀博士、硕士学位论文奖及提名奖】 7月10日，上海市计算机学会2021年度优秀博士、硕士学位论文奖揭晓评选结果。博士生梁家卿(导师:汪卫)的论文《大规模知识图谱的自动化质量管理》获优秀博士学位论文奖；博士生周翔(导师:彭鑫)的论文《基于轨迹分析的微服务故障定位》获优秀博士学位论文提名奖；硕士生蒋林曦(导师:姜育刚)的论文《深度视觉模型的对抗攻击方法研究》和硕士生李晨光(导师:肖仰华)的论文《中文百科事件抽取及可视化系统》获优秀硕士学位论文奖。

（徐敬楠）

【多位教师获2021年度上海市计算机学会科学技术奖】 7月，上海计算机学会发布上海市计算机学会科学技术奖评选结果公告。杨珉团队完成的"面向移动互联网生态的安全防护理论与方法"项目获2021年度上海市计算机学会科学技术奖一等奖。钱振兴牵头完成的"基于信息隐藏的多媒体内容保护"项目与肖仰华参与完成的"知识驱动的金融认知智能关键技术及应用"项目均获2021年度上海市计算机学会科学技术奖二等奖。陈阳牵头完成的"大规模在线社交网络用户行为研究"项目与章忠志团队完成的"图的计算理论与算法"项目均获2021年度上海市计算机学会科学技术奖三等奖。　　（徐敬楠）

【举办IEEE通信学会智能网络与计算研讨会】 8月18日，IEEE通信学会智能网络与计算研讨会在上海复旦皇冠假日酒店召开，会议由IEEE通信学会、中国通信学会主办，复旦大学、上海交通大学等单位支持。与会专家在面向2030年6G发展前沿的大背景下，共同探讨智能网络与计算的现状、发展趋势，促进智能网络与计算的技术演进。IEEE通信学会主席、加拿大两院院士、中国工程院外籍院士沈学民在线致辞,中国通信学会副秘书长欧阳武、上海市经济和信息化委员会副主任汤文侃、复旦大学副校长徐雷教授出席研讨会并致辞。

(徐敬楠)

【获全国大学生计算机系统能力大赛编译系统设计赛二等奖】 8月23日,由谭一凡、陈立达、杜雨轩、聂绍珩四名本科生组成的"邯郸路企鹅编译器"队在来自62所高校的152支队伍中胜出,获全国大学生计算机系统能力大赛编译系统设计赛二等奖。指导老师王晓阳被评选为优秀指导教师。

(徐敬楠)

【获ACM竞赛本科生组第一名】 8月24—26日,在荷兰阿姆斯特丹召开的ACM学生研究竞赛(Student Research Competition,简称ACM SRC)上,2019级本科生黄润获ACM SRC本科生组第一名(金牌)。这是复旦大学学生首次在ACM SRC系列竞赛中斩获第一名。

(徐敬楠)

【多项教学成果入选上海市高等教育优秀教学成果奖】 9月,每四年评审次的上海市优秀教学成果项目名单正式公示。韩伟力、陈辰、赵卫东、冯红伟、彭鑫、赵一鸣等申报的《面向系统观的新工科卓越软件实践能力培养》获本科教育一等奖;戴开宇参与申报的《中国特色、复旦特点的服务学习课程体系建设与实践》获本科教育二等奖;姜育刚、冯瑞参与,同济大学申报的《数字时代计算机创新人才培养的"一体两翼双引擎"模式》获本科教育特等奖;阚海斌、刘百祥参与,上海开放大学申报的《长三角地区学习成果认证和人才培养新机制研究与实践》获成人教育特等奖。

(徐敬楠)

【王晓阳当选CAAI会士】 9月17—18日,由中国人工智能学会主办的第十一届中国智能产业高峰论坛(CIIS 2022)在厦门举办。学会授予王晓阳CAAI会士荣誉称号,并授予由王晓阳担任副主任的智能服务专委会"2021年度优秀专委会"称号。

(徐敬楠)

【2项成果获2022年度"CCF科技成果奖"自然科学二等奖】 11月8日,中国计算机学会(CCF)公布2022年度CCF科技成果奖评选结果。数据分析与安全实验室团队"用户口令的脆弱性建模与应对方法"项目获自然科学二等奖,该项目由韩伟力、徐铭、徐文渊、张凯、王晓阳合作完成。章忠志与陈翌佳合作完成的项目"图的算法与计算理论若干问题研究"获自然科学二等奖。

(徐敬楠)

【举办2022 CCF中国软件大会】 11月25—27日,2022 CCF中国软件大会(ChinaSoft 2022)在线举行。本届大会由CCF主办,CCF软件工程专委会、系统软件专委会、形式化方法专委会、复旦大学承办,上海交通大学、华东师范大学、东华大学、上海计算机软件技术开发中心协办。大会赞助单位包括华为、航天宏图、百度、汇丰科技、荣耀、轩宇信息、上海控安、科大国创。大会聚焦产教研用协同创新、提升关键软件供给能力,推动中国软件事业发展,共举办包括学术、工业、教育以及竞赛四大类近40场活动,邀请13位院士出席大会,吸引近10万人次参与。

(徐敬楠)

软件学院

【概况】 2022年,软件学院开展软件工程专业本科、硕士研究生和博士生、专业学位硕士生和在职不离岗的硕士生的培养。建有复旦大学并行处理研究所、软件工程实验室、电子商务研究中心、宽带网络与互动多媒体实验室、交互式图形学实验室、密码与信息安全实验室、公共绩效与信息化研究中心、数据分析与安全实验室、CC-CMM标准研究中心、系统软件与安全实验室和金融IT人才标准研究中心等研究机构。

学院有教职工50人,其中正高级16人、副高级18人、博士生导师15人。截至年底,学院在读本科生389人,在读科学学位硕士研究生51人,全日制专业学位工程硕士225人。全年共计毕业本科生99人,科学学位硕士生49人,全日制专业学位硕士生40人。

2022年科研经费到款总额为4 589.79万元,其中纵向科研经费3 665.17万元(到款63项),横向科研经费约2 280.73万元(到款87项)。到款纵向科研项目中,国家重点研发计划("十三五")2项,国家自然科学基金委22项,科技创新2030重大项目1项,上海市经信委1项,上海市科委1项,其他国家部委项目1项。

推进特色化示范性软件学院建设。4月召开特色化示范性软件学院建设启动会议;5月根据特色化示范性软件学院人才培养目标,学院教学指导委员会调整修订软件工程专业本科培养方案。8月向教育部递交2021—2022学年工作总结。9月成立由院党委书记王新、副院长(主持工作)杨珉牵头、副院长韩伟力负责的特色化示范性软件学院建设工作小组。

国际合作。面对全球疫情的不利影响,学院立足本院师资力量开展全英文授课的国际化英文专业学位硕士项目,提高学院人才培养的国际化水平。本年度招收留学生9名,其中:本科生6名,分别来自加拿大、马来西亚、印度尼西亚等国家;硕士研究生3名,分别来自美国、新西兰、马来西亚等国家。

(方旭峰)

【获ACL 2022杰出系统论文奖】 6月,计算语言学协会年会(Annual Meeting of the Association for Computational Linguistics,简称"ACL")2022官方发布消息称,学院2022级本科生肖杨作为第一作者的论文"用于深度学习的数据分析和干预平台"(A Platform for Data Analysis and Intervention, DataLab)获Outstanding Demo Paper Award(杰出系统论文奖)。相关研究工作由卡内基梅隆大学刘鹏飞与新加坡国立大学傅金兰团队合作完成,肖杨作为该团队的一员,在两位老师的指导下完成该项工作。

(方旭峰)

【获2022年度教育部-华为"智能基座"优秀教材奖】 12月,2022年度教育部-华为"智能基座"优秀教学资源遴选结果发布,彭鑫等编著的教材《现代软件工程基础》入选优秀教材奖。《现代软件工程基础》由彭鑫组织并与华为公司合作编著完成。赵文耘、吴毅坚、沈立炜、陈碧欢等参与编写，华为技术有限公司软件工程学院院长游依勇以及华为公司软件人才能力提升项目团队也参加了编写工作。

（方旭峰）

国家保密学院

【概况】 国家保密学院以"一院、一所、一地、一馆"为建设框架推进学院发展。设立保密管理、保密技术本科专业，开展本科生培养工作；强化保密技术研究所职能，推进国家保密教育培训基地上海分基地建设，提升保密情报图书馆服务效能。截至2022年底，学院在读本科生78人。

2022年，继续推进保密学科建设工作。顺利完成2022级保密技术专业本科生招生工作。进一步优化保密技术专业培养方案和课程体系，形成2022级保密技术专业培养方案以及本科荣誉项目实施方案。以"窃密与反窃密综合实验"课程为抓手，举办"窃密反窃密实验课观摩及教学研讨"活动。积极配合国家保密局对网络安全实战性人才培养的调研工作，提交《复旦大学国家保密学院网络安全实战性人才培养方面的工作情况》报告。与上海市国家保密局共同探索和策划建立保密科技创新联合实验室，提交"上海市保密科技创新联合实验室复旦大学实验室"建设方案，积极参与"上海市保密科技创新联合实验室"筹建工作。

继续推进网络空间安全研究中心、网络信息安全审计与监控教育部工程研究中心、密码研究协同创新中心、核心警卫区安防创新中心、计算机学院大数据与知识工程实验室、复旦大学航空航天数据研究中心、密码学与计算复杂性实验室建设。

强化教学和师资队伍建设。多位教师获聘国家、部委、局等相关领域的技术委员会专家。 （杨 柳）

【学院学子获多个国家级、省部级大赛奖项】 2020级本科生廉正获第八届中国国际"互联网＋"大学生创新创业大赛上海市赛金奖；2020级本科生刘煜获2022高教社杯全国大学生数学建模竞赛本科组全国一等奖和2022高教社杯全国大学生数学建模竞赛本科组上海赛区一等奖。2022届本科毕业生董宇泽、黄妮朵获上海市优秀毕业生称号；2020级本科生刘永横获国家奖学金。 （杨 柳）

【学院多位毕业生入职专业对口岗位】 2022年，学院首届保密技术专业学生毕业，一批优秀本科毕业生入职专业对口岗位，其中2人入职地方政府机关，1人入职科研院所，2人入职央企等。 （杨 柳）

微电子学院

【概况】 2022年，微电子学院持续建设"集成电路科学与工程"一级学科，设有"微电子学与固体电子学"和"集成电路与系统设计"两个二级学科，在SoC设计、集成电路计算机辅助设计、半导体新工艺、新结构、新器件、微电子机械系统等领域的人才培养和科研创新方面取得丰硕成果。

师资建设方面。新引进专任教师10人，新进站博士后17人，其中5人入选复旦大学超博计划、3人入选上海市超博计划、1人入选国际交流引进计划、2人入选上海市重要人才项目。截止12月底，有在编教职工127人，在站博士后39人，租赁制科研助理44人。在编教职工中，教学科研岗92人（拥有博士学位者91人），其中正高级职称50人、副高级职称33人；工程实验技术人员24人，其中正高级职称2人、副高级职称10人；党政管理和工勤人员11人。

学生培养方面。由微电子学院托管的技术科学试验班6班新生总人数94人(实际报到人数92人)。学院招收硕士研究生205人、博士研究生173人。截至12月底，共有在读学生1 733人，其中本科生522人、硕士研究生627人、博士研究生584人。持续扎实推进课程思政建设，梳理学院总体课程思政开展情况，完成2022年课程思政工作年度报告及台账。启动新一批3门课程思政示范课程建设：孙清清"半导体器件原理"、陈琳"集成电路工艺原理"以及易婷"数字逻辑基础"和"智能芯片与社会"获评上海市课程思政示范课程。"智能芯片与社会"课程教学团队获评上海市课程思政示范团队；"前沿讲座"获评"复旦大学2022年课程思政标杆课程"；《数字集成电路设计原理》《信号与系统概论》《计算机软件基础》《高频电子线路A》获评"复旦大学2022年课程思政优秀案例"。蒋玉龙"集成芯片制造工艺原理"、屈新萍"专业外语"通过复旦大学研究生课程思政建设项目成果验收。推动教材建设，新出版科普丛书《"芯"路丛书》（张卫）、产教融合教材《计算机体系结构与SoC设计》（韩军）。洪志良主编《模拟集成电路分析与设计（第二版）》获首届复旦大学教材建设奖优秀教材奖二等奖、曾晓洋获首届复旦大学教材建设先进个人奖；《半导体器件基础》（蒋玉龙）、《数字集成电路设计自动化基础》（杨帆）入选学校首批"七大系列百本精品教材""邀请制"项目。完成1门"在线课程建设和教学改革项目"验收工作。落实学院本科生导师制改革，完成2021级本科生导师匹配工作。修订研究生培养方案，精细化完善2022级研究生培养方案共计19种，组织新开研究生专业课程5门。组织学生参加全国性学科竞赛和创新创业赛事并获第五届全国大学生集成电路创新创业大赛二等奖2项、三等奖3项、优秀奖2项。2人获评复旦大学第十三届"学术之星"，1人获第六届复旦大学青年五四奖章。学院获2022年度复旦大学本科招生工作先进集体一等奖，王俊宇获先进个人奖。

学科规划与科研方面。率先试点建设的"集成电路科学与工程"一级学科入选"双一流"建设学科。编制"集成电路科学与工程"一流学科建设方案，并完成2022年度"双一流"建设成效总结；对标"第一个复旦"建设目标全面修订学院"十四五"规划指标。2022年在研科研项目共计384项，到款项目经费8 557.19万元，承担国家重点研发计划38项，国家自然科学基金新立项21项，获授权发明专利111项，新申请发明专利62项，发表论文169篇。张卫获评上海市科技精英提名奖。高水平科研成果不断涌现：创新性地提出了一种适用于干电极应用的高输入阻抗、高灵敏度、无电流失配的生物阻抗测量系统，以及实现了一种注入脉冲整形技术的数字注入锁定时钟倍频器，该两项成果发表在集成电路设计领域顶级国际会议ISSCC（国际固态和集成电路技术会议）2022；针对模拟电路成品率优化的关键需求，提出基于偏好学习贝叶斯优化模拟电路成品率优化方法，该成果发表在集成电路EDA领域顶级国际会议DAC（国际设计自动化会议）2022；针对晶体管器件技术的关键需求，提出一种具有陡峭亚阈值摆幅的负量子电容晶体管器件，该成果发表在集成电路器件领域顶级国际会议IEDM（国际电子元件会议）2022。

党建工作方面。各师生党支部以学习宣传贯彻党的二十大精神为主线，认真学习习近平新时代中国特色社会主义思想，深刻领悟"两个确立"的决定性意义，增强"四个意识"、坚定"四个自信"、坚决做到"两个维护"。全面落实"第一议题"制度，执行落实学院党委会和党政联席会议两个议事规则。全年召开党委会议13次，议题152个，党政联席会议11次，议题186个。年度召开学院党委理论学习中心组学习会6次，召开教职工政治理论学习6次。学院党委入选"上海党建工作标杆院系"培育创建单位。全年召开党支部书记联席会议7次，开展支部书记及支委党务专题培训1次。全年共发展教职工党员1人，教职工党员转正3人，发展学生党员67人，学生党员转正38人，新增入党申请人106人。张卫获"全国五一劳动奖章"，殷韵获评复旦大学"三八红旗手"，学院退管分会获评"优秀离退休教职工（团体）"。

学生工作方面。开展"学习贯彻党的二十大精神"等主题教育活动。全年开展师生社会实践项目和专业实践项目56个。坚持和完善学生代表大会、研究生代表大会制度，推进学院学生会、研究生会改革，健全团学组织考核制度、述职评议制度、信息报送规范等。加强学生骨干培养，建立分管学工党委副书记与学生骨干经常座谈的直通车机制；加强志愿者队伍建设与管理，研究制订《微电子学院志愿者评优细则》，建立健全第二课堂劳动实践活动登记认证体系。领导学院学生配合疫情防控大局，为打赢"大上海保卫战"做出贡献。学院"芯火"团校获复旦大学2021—2022学年优秀基层团校、四星级团校荣誉，学院团委获评2022年度复旦大学五四红旗团委；持续打造"互联网＋共青团"工作格局，进一步加强学生网络思政工作。

校友工作。2022年，获得多笔校友捐赠，到账捐赠金额共计452万元。

（陈　坚　许　薇　盛积婷　刘　艳
　王　敏　李敫葳　孙　劼　宋　芳
　　　　　张梦婷　郭俊年）

【获上海市优秀教学成果一等奖】2022年，周鹏教授团队根据近5年本科教育教学改革发展取得的经验和成果所申报的《产教融合"强-芯-制"集成电路人才培养的创新与实践》项目获2022年上海市优秀教学成果一等奖。
（宋　芳）

【"集成电路科学与工程"一级学科入选"双一流"建设名单】2月11日，教育部官网发布《教育部 财政部 国家发展改革委关于公布第二轮"双一流"建设高校及建设学科名单的通知》，公布第二轮"双一流"建设高校及建设学科名单，依托学院建设的一级学科"集成电路科学与工程"位列其中，成为全国唯一一个进入"双一流"建设的集成电路学科。（王　敏）

【与南芯半导体签署捐赠协议】2月11日，与上海南芯半导体科技股份有限公司（简称"南芯半导体"）正式签署协议，南芯半导体捐赠设立复旦大学微电子学院南芯人才基金。自2022年至2026年，南芯半导体共计捐赠五百万元，用于支持微电子学院集成电路学科人才培养，支持学校集成电路学科发展。
（王　敏）

【集成芯片与系统全国重点实验室获批首批20家标杆全国重点实验室】5月24日，科技部印发《关于开展集成芯片与系统等20家全国重点实验室建设工作的通知》，以专用集成电路与系统国家重点实验室为基础重组的"集成电路芯片与系统全国重点实验室"作为批首批标杆实验室获批建设。
（许　薇）

【开展集成电路创新项目路演】6月14日，微电子学院集成电路创新项目路演在南京集成电路培训基地举行，南京江北新区产业技术研创园招商部、江北新区科技投资集团有限公司等投融资相关机构、南京集成电路产业服务中心和南京集成电路培训基地相关领导，特邀嘉宾东南大学教授时龙兴，芯思想研究院创始人赵元闯出席活动，微电子学院的六位路演代表在线参加，活动得到江苏省科技镇长团、江北新区团和紫金山团的支持。
（王　敏）

【发布科普丛书"'芯'路丛书"并成立宣讲团】10月12日，国内首套系统介绍集成电路全产业链的科普丛书"'芯'路丛书"正式发布。"'芯'路丛书"由微电子学院院长张卫担任主编，18位从事一线教学、科研工作的专家组成编撰团队，丛书共6册，共约60万字。同时成立由丛书作者和40余名博士生组成的"芯'路丛书宣讲团，全方位、全时段、全国性地开展科普宣传。
（王　敏）

【组织师生党员学习党的二十大报告系列活动】10月16日，组织师生线上观看党的二十大开幕式并进行大会报告导读；10月21日，组织师生党员集体学习大会报告，并前往陈望道旧居开展入党宣誓活动。10月25日开始，学院理论学习中心组、学院教工党支部、学生党支部分别开展党的二十大专题学习百余场；10月29日，组织开展学生入党积极分子党校培训，邀请博士生讲师团做报告；11月8日，组织开展教职工政治理论学习，邀请复旦大学党的二十大精神宣讲团成员、微电子学院院长张卫教授做线上专题报告"守正创新，加快实现高水平科技自立自强"，全院教职工、学生党员等400余人参加。（王　敏）

材料科学系

【概况】 2022年,材料科学系设有材料科学与工程一级学科,涵盖材料物理与化学、材料学2个二级学科。有学术学位博士点4个,专业学位博士点1个,学术学位硕士点3个,专业学位硕士点1个,学士学位点3个,博士后流动站1个。其中材料科学与工程一级学科是上海市高校一流学科(B类)、上海市高峰高原计划Ⅳ类高峰学科。材料物理与化学是国家重点建设和上海市重点学科,物理电子学是电子科学与技术一级国家重点学科。材料科学与工程入选第二轮"双一流"学科建设名单。材料物理专业入选国家级一流本科专业建设点。建有国家微电子材料与元器件微分析中心、教育部先进涂料工程研究中心。

有在职在编教职员工90人,其中正高级职称34人,副高级职称35人,博士生导师58人。双聘中国科学院院士2人。退休教师72人。新到岗3人。俞燕蕾获第17届上海市科技精英提名奖,杨振国获评上海市课程思政教学名师,周树文获评2022届本科毕业生"我心目中的好老师",赵岩获复旦大学青年五四奖章,许妍获评上海市高校就业工作先进典型、复旦大学三八红旗手,韩画宇获评复旦大学2022年度就业工作先进个人。

全年招收本科生51人;招收学术型硕士研究生30人、专业型硕士研究生61人,硕士生中有留学生1人;招收学术型博士研究生48人、专业型博士研究生17人。有在读本科生167人(不含复旦学院2022级本科生88人)、学术型硕士研究生82人、专业型硕士研究生141人、学术型博士研究生170人、专业型博士研究生58人。毕业本科生73人,毕业研究生113人。开设本科春季学期课程52门,其中全校公共选修课程11门;开设本科秋季学期课程53门,其中全校公共选修课程10门,通识教育核心课程1门;春秋季学期共开设研究生课程51门。开设本科生全英语授课课程2门。3部教材获教育部材料教指委规划教材立项,1部教材入选复旦大学"七大系列精品教材",1部本科生教材、2部研究生教材列入系内教材编写计划,1门研究生课程入选学校课程思政示范课程。编写完成《材料科学与工程专业思政教学指南》。"固体物理导论"获2022年度上海高等学校一流本科课程认定。"材料失效分析"获评上海市课程思政示范课程,并获首届上海市课程思政教学设计展示活动自然科学组一等奖。

全年科研经费到款5 167万元。在研纵向项目166项,横向项目79项,其中承担或参加国家重点研发计划项目22项,国家自然科学基金创新研究群体研究基金1项、国家重大科研仪器研制项目3项、杰出青年基金1项、优秀青年科学基金项目1项、优秀青年科学基金(海外)2项、重点项目5项、面上项目29项、青年基金项目28项、联合基金1项、国际(地区)合作与交流项目4项,省部级项目58项。以通讯单位发表SCI论文227篇,获国家发明专利授权50项。新增纵向科研项目58项、横向项目31项,立项经费共计7 008万元。其中,获批自然科学基金项目27项,含杰出青年科学基金1项、优秀青年科学基金(海外)2项、重点项目2项、面上项目5项、青年基金项目16项、国际(地区)合作与交流项目1项;牵头科技部重点研发计划3项;上海市各类人才计划3人次。

全年共78名同志提出入党申请,确立入党积极分子45名,发展党员39名,其中教工2名。围绕"凝材聚力固初心,锻材成器铸党魂""材子有为,归来启程""学习二十大,奋进新征程"等主题,深化思想引领。加强辅导员队伍建设和学生骨干培养,本年度5名本科生和3名研究生分别入选新生骨干培训班,2名本科生入选人才工程(一期)队伍,1名研究生入选人才工程(二期)队伍,1名本科生入选青年复旦。开展各类社会实践(含线上)80余次,覆盖学生超过1 500人次。组织学生参与各类评奖和竞赛。13名学生获评上海市优秀毕业生。2018级本科生苏比·艾合买提获评上海市"优秀消防志愿者"。研究生就业率98%,本科生就业率97%,3名毕业生入选基层选调生,近70%毕业生进入国家重点单位、集成电路相关重点企业。研究生第一党支部入选上海高校"百个学生样板党支部"创建名单,并获评复旦大学研究生第十五批示范党支部。2021级硕士研究生班获评校优秀集体标兵。2021级博士生左宗正入选上海高校"百名学生党员标兵"创建名单。2021级博士生吴铤获2022年度复旦大学研究生"泛海学者"称号。2021级博士生吴颖洁、2019级本科生庄业照获评复旦大学"优秀学生干部标兵"。

(仝洁 麻丽莎 黄郁芳 杨文娟
刘洋 许妍 韩画宇)

【任命俞燕蕾为材料科学系主任】 1月17日,材料科学系全体教职工大会在江湾校区先进材料楼221会议室举行。校党委组织部部长周虎代表学校宣布俞燕蕾担任材料科学系主任、党委副书记。副校长徐雷出席会议并代表学校讲话。 (刘 琨)

【入选第二轮"双一流"学科建设名单】 2月9日,教育部、财政部、国家发展改革委印发《关于公布第二轮"双一流"建设高校及建设学科名单的通知》,材料科学与工程学科入选建设学科名单。 (麻丽莎)

【入选国家级一流本科专业建设点】 6月7日,教育部印发《教育部办公厅关于公布2021年度国家级和省级一流本科专业建设点名单的通知》,材料物理专业入选国家级一流本科专业建设点。 (麻丽莎)

【获国家杰出青年科学基金项目1项】 8月9日,国家自然科学基金委公布2022年度国家杰出青年科学基金资助项目申请人名单,材料科学系教授吴仁兵入选。 (刘 洋)

【李劲当选中国腐蚀与防护学会常务副理事长】 9月15日,中国腐蚀与防护学会(国家一级学会)第十一次全国会员代表大会暨第一次理事会议召开,材料科学系教授李劲当选中国腐蚀与防护学会常务副理事长,教授蒋益明当选常务理事。 (刘 琨)

【学习宣传贯彻党的二十大精神】10月16日，材料科学系党委组织师生观看中国共产党第二十次全国代表大会开幕会；10月18日，复旦大学国际问题研究院院长、美国研究中心主任吴心伯到系作题为"国际大变局与中国外交走向"的专题报告；11月18日，组织海归青年教师、学生党支部书记到上海比亚迪有限公司走访调研；11月29日，复旦大学经济学院教授、党委宣传部副部长高帆到系作题为"学习二十大精神，推动高质量发展"的专题报告。系14个党支部围绕学习宣传贯彻党的二十大精神开展主题党日活动42次。（麻丽莎）

【举办"领航成材"咖香面对面活动】10月27日，复旦大学特聘教授、"钟扬式"好老师李劲以"学术水平、学术贡献和学术声誉是一回事吗？——教师应该如何建立自己的学术声誉？"为题作"领航成材"咖香面对面活动第1讲；12月6日，上海市课程思政教学名师、复旦大学特聘教授杨振国以"漫谈《材料失效分析》的课程思政"为题作第2讲。该系列活动旨在搭建专家与青年人才面对面的交流平台，促进青年人才发展为教书育人和科技创新的中坚力量。
（麻丽莎）

【1人获评上海市课程思政教学名师】11月30日，上海市教育委员会公布2022年课程思政示范项目名单，材料科学系教授杨振国获评上海市课程思政教学名师。（麻丽莎）

【举办材料科学系2022年教学创新大赛】12月13日，材料科学系2022年教学创新大赛在江湾校区先进材料楼221会议室举行，系教学指导委员会参与评审。经过教学创新材料申报环节，10名青年教师进入决赛展示并获教学创新大奖。（麻丽莎）

航空航天系

【概况】2022年，航空航天系设有航空宇航科学与技术、生物医学工程2个一级学科，2个学士学位授权点，1个博士后流动站。双聘院士1人，在编教职工47人，其中正高级职称18人，副高级职称14人。首次招收电子信息工程硕士生。理论与应用力学专业入选国家级一流本科专业建设点。

引进复旦特聘教授1名、青年研究员2名、青年副研究员1名。举办复旦大学第六届光华青年学者论坛航空航天与力学分论坛。

按航空航天类招收本科生21人，留学生2人，从外校招插班生4人，另外托管技术科学实验班学生73人。招收硕士生23人，博士生29人。毕业本科生49人，硕士生10人，博士生14人。有在读本科生158人，硕士研究生62人，博士研究生112人。春季学期开设本科生课程35门，其中专业课程30门，为技术科学试验班开课2门，开设通识教育核心课程1门，为外系开课2门；秋季学期开设本科生课程35门，其中专业课程31门，为技术科学试验班开课2门，开设通识教育核心课程1门、通识选修课1门。春季学期开设研究生课程21门，秋季学期开设研究生课程22门。

艾剑良获宝钢教育奖优秀教师奖。陈尚君、谢锡麟等人的"书院新生支持系统的构建与实践——以'四学'为抓手"获评上海市优秀教学成果（高等教育类）一等奖。谢锡麟独立完成的"具有一流程度的力学数学基础知识体系的教学研究与实践"获评上海市优秀教学成果（高等教育类）二等奖。谢锡麟"数学分析B（Ⅰ、Ⅱ）"和艾剑良"航空与航天"等2门课程入选2022年度复旦大学课程思政标杆课程。谢锡麟受邀在复旦大学"七大系列百本精品教材"计划中主持编写《微积分讲稿系列》教材。"顾诵芬用丝线法解决歼八超音速飞行时的异常抖动问题"（授课教师：郭明旻）和"两位加州理工学院航空工程博士的人生之路"（授课教师：王盛章）入选《关于中国力学领域教育现状的报告》。黄骏"工程热力学"课程获批复旦大学全英语课程建设。

田汇华的毕业设计"基于非完整基理论的固定曲面上二维不可压缩流的相关研究"（指导教师：谢锡麟）和王文哲的毕业设计"并联机构的运动控制方法及主动减振技术的研究"（指导教师：唐国安）参加全国高等力学类专业优秀本科毕业设计（论文）在线展示交流活动并获评A类优秀论文。

全年纵向项目科研经费1 506.45万元，横向项目经费923.64万元，发表SCI论文63篇（含1区论文13篇）、国内核心期刊论文11篇、国内一般期刊论文2篇、国际会议论文8篇、国内会议论文2篇。获批国家自然科学基金面上项目3项、青年科学基金项目1项，获批上海市自然科学基金面上项目1项。申请专利27项，获授权发明专利11项（含国外发明专利1项），实用新型专利12项，登记软件著作权2项。顾希获上海市"科技创新行动计划"扬帆计划项目。在编教师参编国际知名学术出版社出版的理工医科专著1部，由夏萱主编、丁光宏副主编的学术专著《最新针刺研究：从实验室到临床》（*Advanced Acupuncture Research: From Bench to Bedside*）和费成巍、路成等主编的学术专著《基于先进代理模型的航空结构可靠性设计理论方法》出版。梁繁荣、姚伟等人的"针刺穴位效应循经特异性及生物学基础研究"获评四川省科学技术进步奖一等奖。徐凡获《力学季刊》优秀论文奖。费成巍、田晶、艾延廷的"基于信息融合的航空发动机整机振动故障诊断方法"获评上海航空学会科学技术奖二等奖。

服务国家重大战略需求。8月，与中国商用飞机有限责任公司上海飞机设计研究院签署"大型客机集成技术与模拟飞行全国重点实验室"合作共建协议。复旦人才团队以航空航天系为基础，系主任孙刚为复旦方工作小组组长，深入参与C919大型客机研制工作。9月，C919大型客机研制成功并获颁中国民航局型号合格证，中国商用飞机有限责任公司特发来感谢信致谢。

全年举行国际国内学术报告会3场，邀请伊朗扎布尔大学、南京航空航天大学、复旦大学上海医学院等国内外院校学者进行交流活动。

全年发展中共党员16人，转正

18人。教工党支部发展党员1人；博士后与高年级博士生党支部发展党员1人，转正5人。本科生党支部发展党员10人，转正7人；硕士生党支部发展4人；博士生党支部转正6人。认定为无党派人士2人。举办第四期航空航天系积极分子培训班。举行党的十九届六中全会精神、党的二十大精神等学习活动。组织教师参观"新时代上海高校党建创新实践基地""伟大精神铸就伟大时代——中国共产党伟大建党精神专题展"图片展，"伟大历程——中共一大至七大巡展（复旦大学站）"展览和"奋进新时代——我们这十年成就"图片展。开展2022年高校党组织示范微党课和"2022年暑期教师研修"工作。开展"我为群众办实事"项目的"主任午餐会——2022年航空航天系国家自然科学基金申请交流座谈会"活动。组织教师积极参与疫情防控志愿服务，成立"航系抗疫一线小分队"和"航系抗疫校外小分队"，分别在校内外帮助困难师生。党员教师下沉到社区，参与疫情防控志愿服务工作。组织学生开展寒假和国庆七天乐活动，开展红色巴士研学实践，观看红色作品《望道》，参加一二·九合唱比赛，参观"奋进新时代——我们这十年成就图片展"，带领学生党员结合专业特色开展"赓续红色血脉，立志无垠寰宇——航系新生入党教育""在学习中感悟理想信念，在实践中成就航空梦想"两项党建专项活动。校园准封闭期间持续加强网络思政工作，组织开展线上"空天文化节"，策划春日摄影比赛、各类运动打卡、居家科学锻炼讲座、中国航天日纪录片观赏等专题推送。面向学生开展校风学风、保密安全、网络安全及学术道德教育。在奖学金评审和助学金、三助工作上，严格规范流程，公平公正公开。辅导员定期走访慰问学生，开展园区安全、心理健康和寝室文明教育。积极鼓励学生参与社会实践，组织学生参访飞机强度研究所、中国航发商发等重点单位，引导学生树立正确职业价值观。

颁发由系师生、校友捐赠的杨永明奖助学金总计4万元。其中，奖学金4人，每人5 000元；抗疫专项奖学金4人，每人2 500元；助学金4人，每人2 500元。颁发理文助学金2.5万元，获助学生5人。校友积极为系防疫工作捐款捐物。1999届本科、2002届硕士校友陈龙两次向航空航天系捐献N95口罩和抗原检测试剂，并组织本系校友捐款1.55万元，用于疫情防控。

1名本科生徐洋参军入伍。7名本科毕业生、11名研究生毕业生赴国家重点单位就业。1名本科毕业生入选山西省选调生、1名本科毕业生入选黄浦区储备人才。

本年度，系2022级本科生李航成获2022年国际大学生程序设计竞赛亚洲赛区西安站银牌、绵阳站银奖、济南站铜牌，2022年中国大学生程序设计竞赛-上海市大学生程序设计竞赛银奖，2022"外研社·国才杯"全国英语阅读大赛校级初赛三等奖。2022级本科生周煜凯获ACM国际大学生程序设计竞赛铜奖、上海市大学生程序设计竞赛银奖。崔愨、朱先立获全国大学生数学竞赛非数学类一等奖。2020级本科生徐天乐、薛建阳、曹星宇获2022年高教社杯全国大学生数学建模竞赛上海赛区一等奖。本科生黄思睿、钱晟、温雅，研究生顾智博、张靖宇、王立悦、汪思懿获评"上海市优秀毕业生"。2018级研究生王聪获上海市力学学会2022年"优秀学生"二等奖。2020级本科生王泽获第五届上海市大学生力学竞赛特等奖，2019级本科生王子健、2020级本科生张星宇获一等奖，2020级本科生沈嘉俊、董鑫获二等奖，2020级本科生曹城、吕梓城、严辉宇等获三等奖。2020级直博生余龙获2022年复旦大学"挑战杯"与"互联网+"校内赛（市赛选拔赛）一等奖，"互联网+"大学生创新创业大赛上海市优胜奖，第十三届"挑战杯"上海市大学生创业计划竞赛上海市金奖。由王盛章参与指导、2019级硕士生黎健明作为核心成员参与的项目"高分子瓣叶支架瓣膜"获"挑战杯"上海市大学生创业计划大赛银奖。本科生参与复旦大学本科生学术研究资助计划（FDUROP），获曦源项目资助1项，获望道项目资助1项。FDUROP项目"多轴机构逆运动学解算与实践——具备自动追踪功能的跨专业教学实践平台"入选第十五届全国大学生创新创业年会，项目由2018级本科生兰欣玥、李雨琪和温雅负责，教授唐国安指导。航空航天系学生获得本科生军训"内务优秀"连队，新生杯篮球赛季军，校跳绳院系杯（本科生）第四名，2021级本科生班获评复旦大学优秀集体。博士生党支部获"复旦大学2022年研究生暑期社会实践优秀项目"。吴玉飞获上海市"上海高校团体心理辅导连续培训项目成果展示暨团体心理辅导比赛"一等奖。张美艳获评"复旦大学2022年研究生暑期社会实践优秀指导教师"。邓娟获评2021年复旦大学优秀研究生教育管理工作者。

（孙　刚　仇　棣　王盛章　祖迎庆
　葛锡颖　叶玉葵　邓　娟　吴豫哲
　　　　张美艳　张易明）

【举办"踔厉奋发，空天起航"复旦-同济-上交联合博士生学术论坛】 12月3日，由复旦大学航空航天系、同济大学航空航天与力学学院以及上海交通大学航空航天学院联合组织的"踔厉奋发、空天起航"复旦-同济-上交联合博士生论坛举行。会议主论坛邀请同济大学教授付昆昆、复旦大学教授徐凡与上海交通大学副教授胡祎乐作主题报告。同济大学党委学研工部部长许秀锋，航空航天与力学学院党委书记石成，副书记袁国青、王晶晶，副院长郑百林、于涛，复旦大学航空航天党委书记仇棣、党委副书记葛锡颖等出席线下论坛。分论坛包括一般力学与工程力学、固体力学、流体力学、飞行器设计和生物医学工程5个主题，来自复旦大学、同济大学和上海交通大学的90余名研究生在同济大学四平路校区中法中心C201线下会场、300余名研究生在线参加论坛，就航空宇航科学与力学学科的学术前沿问题、已有经验和发展方向进行深度探讨。

（张美艳　葛锡颖）

生命科学学院

【概况】 2022年，生命科学学院设有科学学位一级学科博士点2个（生物学和生态学），二级学科博士点12个（遗传学、发育生物学、生物物理学、植物学、微生物学、生物化学和分子生物学、神经生物学、人类生物学、生物信息学、生物统计学、细胞生物学、生理学），一级学科硕士点2个（生物学和生态学），二级学科硕士点13个（遗传学、发育生物学、生物物理学、植物学、微生物学、生物化学和分子生物学、神经生物学、人类生物学、生物信息学、动物学、细胞生物学、生物统计学、生理学），专业学位生物与医药专业博士点和硕士点，新增资源与环境类别生态工程领域专业学位硕士点。博士后科研流动站2个，本科专业3个。有遗传工程国家重点实验室、生物多样性与生态工程教育部重点实验室、现代人类学教育部重点实验室、基因技术教育部工程研究中心以及上海市工业菌株工程技术研究中心。遗传学、生态学为国家重点学科，生物物理学为上海市重点学科；参与神经生物学、病原生物学、生物化学和生物分子生物学、生理学等国家重点学科建设。

现有在职教职工228人，其中教授/研究员110人，副教授/副研究员56人。中国科学院院士1人，双聘中国科学院院士2人，复旦大学特聘教授（含讲座教授）27人。博士生导师114人。国家重点研发计划首席科学家12人。

学生培养。全年招收本科生共104人，其中78人由2021级自然科学试验班分流招入，2人通过转专业转入，18人通过强基计划招入，6人通过留学生计划招入；全年招收包括留学生在内共341名研究生，其中招收全日制硕士研究生153名，全日制博士研究生152名，非全日制硕士研究生36名。在读本科生382人（不含一年级自然科学试验班学生），在籍研究生1 163人，其中博士生635人，硕士生518人，留学生3人。开设本科生平台课3门，本专业必修课33门（含荣誉课程4门），外专业必修课2门，本专业选修课68门（含荣誉课程10门），通识教育核心课5门，通识教育选修课13门，创新创意创业课程1门，新生研讨课程3门。开设研究生课程74门，其中FIST课程2门。持续推进课程思政和教材培育计划，"遗传学"及其教学团队分获上海市课程思政标杆课程和课程思政示范教学团队，"生物学综合实验基础（荣誉）"和"生物科学研究设计与实践（上）（荣誉）"获评复旦大学课程思政标杆课程。学院教师主编出版教材2本：《神经生物学（第4版）》《细胞生物学》(Cell Biology)（双语教材）。

科研工作。2022年，获国家自然科学基金资助项目50项，其中青年科学基金项目16项，面上项目26项，重大研究计划集成项目2项，海外优青项目4项，海外学者项目1项，基础科学中心项目1项。金力主持基金委基础科学中心"低压低氧环境下人类复杂性状的表型组分析与系统解构"获立项资助6 000万；聂明重大研究计划集成项目"中国湿地温室气体释放反馈气候变化的微生物学机制研究"获立项资助733万；倪挺"基于多器官衰老表型组的数据集成和人工智能计算的衰老预警系统"获立项资助500万。国家重点研发计划获3项重点专项首席项目立项：林鑫华牵头发育编程及其代谢调节重点专项"肺泡损伤修复再生的细胞和分子机制及药物开发"获立项资助2 900万元；丁琛牵头生物大分子与微生物组重点专项"人体器官主要细胞的转录调控时空图景及在肿瘤恶性进展中的作用机制"获立项资助2 600万元；唐惠儒牵头"复杂生物体系代谢组的高通量超灵敏定性定量分析技术研究"获立项资助约2 090万元。以上项目已知立项直接经费16 711万元。鲁伯埙获"新基石研究院项目"首期资助；任国栋、丁琛入选上海市优秀学术带头人，高明君入选上海市浦江人才，高文青入选上海市扬帆计划；学院教师获上海市科创创新计划自然科学重大项目1项，基础研究特区计划2项，自然科学基金3项，"科技创新行动计划"4项。全年发表SCI论文319篇，其中以复旦大学为第一单位和通讯作者单位发表的SCI论文223篇，平均影响因子11.471。申请专利30项，获授权专利28项，其中国际专利1项，转化专利1项。顾凡及获上海科普教育创新奖科普成果奖（科普作品）一等奖，赵斌获上海科普教育创新奖科普传媒奖二等奖，王鹏飞获上海科技青年35人引领计划提名奖。

学术交流。全年共40余位国内外知名专家学者以线上线下结合的形式到院开展学术交流活动。学院教师参加国际、国内学术会议并做特邀报告共计120余人次。举办国际会议1场（线上），国内会议1场。举办谈家桢生命科学讲坛8场、生命科学前沿学术报告15场，报告人为德国耶拿马克斯·普朗克化学生态学研究所伊恩·鲍德温（Ian T. Baldwin）、英国牛津大学查尔斯·戈弗雷（Charles Godfray）、荷兰格罗宁根大学特尼斯·皮尔斯玛（Theunis Piersma）、李劲松、魏辅文、方精云、刘建国、欧阳志云8位院士及英国约翰莫纳斯中心研究员丁一倞等国内外20所高校、科研院所知名学者。5月20—27日，举办2022年校庆系列专题报告。7月11—19日，生态学暑期高级讲习班开班。

学生工作。结合专业特色，打造从个人到组织、从理论到实践、从校院到党团班三线并行，具有院系特色的党的二十大精神学习主题教育品牌；搭建博士生论坛、生音讲坛、相辉讲堂为代表的学术交流平台，积极拓展第二课堂育人功能，鼓励学生投身学术创新、志愿服务、社会实践等各类活动，强化学风建设；引导专业教师积极参与学生思政教育，"三全育人"工作格局进一步优化，助力学生德智体美劳全面发展；学院形成党委、辅导员队伍、导师队伍共同关注安全稳定工作的机制，重视学生的心理健康教育及安全教育。加强就业帮扶和培训，充分利用校友资源，拓展就业渠道。

校友工作。11月19日，举办由复旦大学校友会指导，复旦大学泛海国际金融学院、法学院、中国语言文学系、材料科学系、生命科学学院、计算机科学技术学院六大院系联合举办的首期复旦青年校友班级联络员跨院系交流会。12月24日,第五届生命健康产业发展论坛在线举行。

学生学科竞赛获奖情况。在全国大学生生命科学竞赛(科学探究类)中,由薛磊指导,2019级本科生徐誉菲与云南大学联培生杨鹍合作完成的项目"低密度脉冲超声对大鼠海马神经元形态与功能的调控"以及由马俊指导,2019级本科生齐冠普、韩兆伦合作完成的项目"全球变化背景下长江口滨海湿地碳汇动态模拟研究"获一等奖(赛事最高获奖等级);由刘铁民指导,2019级本科生叶知棋、李韫合作完成的项目"应用代谢组学技术对袖状胃切除术减重降糖的机制研究"获该项赛事三等奖。在2022年国际遗传工程机器大赛(iGEM)上,复旦大学团队取得参加本项赛事以来的最佳成绩,由生科院2019级本科生方熠涵、张子晗,2020级本科生王子晗、刘韵嘉、徐欣洋,上海医学院2019级本科生李蔚怡,2020级本科生陈蔚文、陈之越、杨众毅、林浩源、潘宜云、张羽彤、宋雨健等13名同学组成的团队,在蔡喜和卢大儒指导下夺得赛事金奖和"最佳基础原件"(Best Basic Part)、"最佳原件集"(Best Part Collection)、"最佳测量"(Best Measurement)3项单项奖。由王鹏飞等老师指导,崔雨晨等学生组成的复因生命团队获第八届中国国际"互联网＋"大学生创新创业大赛银奖。

其他获奖情况。学院在"团结奋斗,青春之声"——2022年复旦大学"一二·九"合唱比赛中获优胜奖,在2022年秋季复旦大学江湾校区师生趣味运动会比赛中获得冠军。生命科学学院"青研"志愿服务队获评复旦大学十佳青年志愿服务先进集体。2021级研究生第三党支部获评复旦大学第十五批研究生示范党支部。生命科学学院研究生工作组获评复旦大学2021年度学生思想政治工作先进集体。2019级本科生班获评2022年复旦大学"优秀集体"标兵。

2021级本科直博生赵芷萱获评第五届全国百佳心理委员称号。2019级本科生李哲楷获评2022年复旦大学"优秀学生"标兵。2019级本科生冀凌宇获评2022年复旦大学"优秀学生干部"标兵。2019级本科生马泽源获评2021—2022学年复旦大学"十佳青年志愿者"。王敬文获"复旦大学三八红旗手"荣誉称号。

(戴郁青　彭筱葳　钱晓茵　余文博
武坚坚　王晓静　冯素云　丁　澒
李惠敏　卢　姗　吴燕华　胡长龙)

【多篇论文发表于国际顶尖期刊】 1月7日,《细胞》(Cell)在线发表金力团队合作研究成果《肢体发育基因构成人类指纹花纹差异的基础》(Limb development genes underlie variation in human fingerprint patterns)。3月15日,《胃肠病》(GUT)在线发表徐书华团队研究成果《基于二代测序技术检测PRSS1-PRSS2基因座上遗传变异的改进型工具》(Improved NGS variant calling tool for the PRSS1-PRSS2 locus)。3月31日,《肝脏病学杂志》(Journal of Hepatology)正式发表洪尚宇和李晋合作研究成果《肝脏特异性烟酰胺N甲基转移酶敲除缓解非酒精性脂肪肝的发生发展》(Hepatocyte specific depletion of Nnmt protects the mice from non-alcoholic steatohepatitis)。6月29日,《自然》(Nature)在线发表麻锦彪团队研究成果《果蝇Dicer-2和Loqs-PD复合物在双链RNA加工过程的结构深入解析》(Structural insights into dsRNA processing by Drosophila Dicer-2-Loqs-PD)。9月27日,《自然综述:免疫学》(Nature Reviews Immunology)在线发表王鹏飞团队研究成果《针对新冠病毒和其他人冠状病毒的广谱中和抗体》(Broadly neutralizing antibodies to SARS-CoV-2 and other human coronaviruses)。10月7日,《科学》(Science)在线发表陈曦子团队研究成果《+1核小体转录起始复合物结构解析》(Structures of +1 nucleosome-bound PIC-Mediator complex)。10月31日,《化学学会评论》(Chemical Society Reviews)在线发表鲁伯埙与丁澒合作研究成果《靶向溶酶体途径的降解新技术》(Emerging degrader technologies engaging lysosomal pathways),该综述论文入选封面论文。11月23日,《全球变化生物学》(Global Change Biology)在线发表聂明课题组研究成果《湿地二氧化碳和甲烷排放具有相反的季节性温度依赖性》(Opposing seasonal temperature dependencies of CO_2 and CH_4 emissions from wetlands)。　　　 (武坚坚)

【2个项目获上海市优秀教学成果奖】由吴燕华、王英明、乔守怡、薛磊、皮妍、郭滨、杨鲜梅、曹洋、娄慧玲、梅其春等10位老师合作完成的项目《以研究能力和创新意识为导向的生物学实验教学理念与实践创新》和卢大儒、戴郁青、薛贵臻、王立新、安宇等5位老师合作完成项目《服务国家战略,构建多元融合、协同育人的生物与医药专业学位人才培养体系》均在2022年上海市高等教育优秀教学成果奖评选中获二等奖。

(钱晓茵　戴郁青)

【举办2021年度遗传工程国家重点实验室学术年会】 5月20日,2021年度遗传工程国家重点实验室学术委员会在江湾校区以线上和线下相结合的方式召开。王红阳院士、贺林院士、李林院士等11位委员及相关科研及管理人员近100人参会。实验室主任林鑫华汇报2021年度实验室取得的主要研究成果及国家重点实验室重组进度规划,实验室4位中青年科学家王应祥、赵世民、侯亚玉和王永明分别汇报团队研究进展。学术委员听取汇报并针对重组方案提出优化建议。　　　　　　　(武坚坚)

【生物多样性与生态工程教育部重点实验室评估获评优秀】 8月,教育部发布2021年度生命领域教育部重点实验室评估结果,生物多样性与生态工程教育部重点实验室通过评估并连续第二次获评优秀。　(武坚坚)

【组织美国生态学会期刊《生态学》(Ecology)首个中国专刊】 9月,受《生态学》(Ecology)期刊主编凯瑟琳·科廷厄姆(Kathryn L. Cottingham)的邀请,聂明、李博等作为组织者,首次在美国生态学会(ESA)期刊上组织题为《中国海岸带互花米草入侵生态学研究》(Lessons from the invasion of Spartina alterniflora in coastal China)的专刊,展示近期中国海岸带湿地互花米草入侵生态学研究的15篇论文,彰显中国生态学者在该领域的国际影响力。

(武坚坚)

【举办生命科学学院2022级研究生迎新大会】 9月13日,生命科学学院2022级研究生开学典礼,在复旦大学江湾校区生命科学学院F区报告厅以线上线下相结合的方式举行,生命科学学院分党委书记陈浩明、院长林鑫华、人类表型组研究院执行院长田梅、生命科学学院副院长王纲、党委副书记余文博等党政领导和各系系主任、新生辅导员与2022级研究生共同参与。

(余文博)

【召开两项"病原学与防疫技术体系研究"重点专项项目联合启动会】 9月22日,由复旦大学生命科学学院教授黄广华和教授李继喜分别牵头承担的国家重点研发计划"病原学与防疫技术体系研究"专项项目"病原真菌感染机制及防控技术研究"和"重要病原体复杂和多变免疫原的设计和优化研究"项目联合启动会暨病原生物学2022年专题研讨会在上海复旦皇冠假日酒店以线下和线上结合的方式召开。本次会议由复旦大学主办,来自中国医学科学院北京协和医学院、中国疾病预防控制中心、北京大学、中国科技大学、深圳大学、暨南大学、上海交通大学、兰州大学、吉林大学等全国高校和科研院所以及复旦大学科学技术研究院、生命科学学院相关领导和项目团队成员近80人参加会议。

(武坚坚)

【举办复旦大学生命科学学院第二十二届秋烨生命节】 第二十二届秋烨生命节以"人类进化"为主题,活动时间为11月4—20日。开幕式邀请教授李辉做学术讲座《语言人类学:人类进化过程中的语言演化》。生科院分团委学生会组织开展征文比赛、落叶摄影比赛、文创大赛、学术沙龙、知识竞赛、祖嘉博物馆探秘、江湾实验室参观七个活动以及贯穿整个秋烨生命节的"有你有我,共烨秋光"打卡活动。

(余文博)

【举办2022年复旦大学博士生学术论坛之生命科学论坛】 11月20日,2022年复旦大学博士生学术论坛之生命科学论坛以线上和线下相结合的形式举办,与会人员超300人。本届生命科学论坛主题为"领科技发展,助健康未来",共收到来自多所高校及研究所的17篇论文投稿和20份墙报投稿,选出8篇优秀论文进行现场汇报,20篇优秀墙报进行展示,主题涵盖遗传学、生物化学、生物信息学、微生物学以及其他交叉学科领域。

(余文博)

【获两项上海科普教育创新奖】 12月,上海科普教育发展基金会获奖情况公布,学院教授顾凡及负责的项目"脑与人工智能"系列套书获上海科普教育创新奖科普成果奖(科普作品)一等奖,教授赵斌负责的项目"一起读顶刊,打通科普"获上海科普教育创新奖科普传媒奖二等奖。

(武坚坚)

【赵芷萱获评"第五届全国百佳心理委员"】 12月1—2日,第十七届全国高校心理委员工作研讨会暨朋辈辅导论坛在线召开,2021级本科直博生赵芷萱获评"第五届全国百佳心理委员"称号。

(余文博)

【举办"接力百年奋斗,科技强国有我——走好研究生第一步"主题党日活动】 12月6日,生命科学学院教职工生化党支部、2022级研究生第四党支部、2022级研究生第五党支部和2022级研究生第六党支部开展"走好研究生第一步"主题党日活动,以"接力百年奋斗,科技强国有我"为主题,与会党员从"科技强国,吾辈担当""青年强国,青年'说'"两个方面进行分享。

(余文博)

大数据学院

【概况】 2022年,大数据学院设有数据科学与大数据技术和人工智能本科专业,应用统计、金融专业硕士专业,统计学科学硕士专业,统计学博士专业,并设有一个博士后工作站。

学科建设。大数据学院数据科学与大数据技术本科专业入选国家级一流本科专业建设点。继续与类脑人工智能科学与技术研究院合作新建"智能科学与技术"一级学科。

人才培养。截至年底,有在校本科生207人、硕士研究生296人、博士研究生83人,包括3个专业学位硕士专业、1个学术学位硕士专业以及1个学术学位博士点、1个专业学位博士点。全年毕业70名本科生,就业率94.4%;毕业131名硕士研究生、3名博士研究生,研究生就业率98.5%。88%的学生选择在金融、互联网科技行业等重点企业就业。魏忠钰"人工智能"课程获2022年度上海市高校市级重点课程立项,并获第五届上海高校青年教师教学竞赛暨第六届全国高校青年教师教学竞赛自然科学应用学科组优秀奖。张楠"统计计算"课程获校全英语课程建设项目立项。今年新设立电子信息专业硕士(人工智能领域)项目。

科学研究。全年新增承担研究项目28项。新增纵向项目12项,包含国家级项目6项,省部级项目6项,累计立项金额811万元。新增国家自然科学基金优秀青年项目1项,重大研究计划(培育)项目1项、面上项目2项、青年项目2项,合计6项。全年新增横向项目16项,合同金额合计964.32万元。全聘科研人员以第一作者或通讯作者身份在期刊杂志及国际会议上共发表论文96篇,其中中科院1区论文20篇,计算机CCFA类会议及院高水平论文31篇,共计51篇,高水平论文占比53%。学院青年研究人员在Annals of Statistics(《统计学年刊》)等统计学顶刊,在人工智能顶级期刊IEEE TPAM(电气和电子工程师学会《模式分析与机器智能》期刊)和AAAI(国际先进人工智能协会)、NeurIPS(神经信息处理系统大会)、ICML(国际机器学习大会)等国际人工智能领域顶会上发表多篇高水平文章。其中,副教授江如俊、青年研究员郦旭东、硕士研究生王佳莉获人工智能顶级会议ICML 2022杰出论文奖(Outstanding Paper Award)。全年新增授权专利2项。

师资队伍。实行长聘制（tenure-track）人才管理制度，采用国际先进学术评价机制进行人才引进和晋升评估。截至年底，学院全职与兼职教工70余人，其中全职专业教师26人，党政管理教师12人，双聘岗位教师6人，讲座教授11人，另有博士后和科研助理10余人。全年先后引进青年研究员1人，青年副研究员2人。

国际交流与合作。2022年，派出3名学生分别前往美国加利福尼亚大学圣地亚哥分校、加拿大英属哥伦比亚大学、新加坡南洋理工大学进行为期一个学期的交换。共举办"算法-统计-计算机"系列报告、子彬论坛、名师讲坛和青年小讲堂30场，其中系列报告21场，子彬论坛5场，名师讲坛1场，青年小讲堂3场。12月底举办第七届数据科学国际会议，共有600余位国内外高校和企业的学者参会。

党建工作。2022年，学院党委完成1个教师支部委员会的选举工作，新成立3个学生党支部，撤销2个学生党支部，全年完成18名学生党员和3名教师党员的发展工作。扎实开展学习宣传贯彻党的二十大精神活动，各支部围绕学习宣传贯彻党的二十大精神开展主题党日活动40余次，其中党员参与近500人次，群众参与1 100余人次，实现党员、群众百分百覆盖。邀请国际关系与公共事务学院教授沈逸作《大国博弈背景下的乌克兰危机》专题报告；邀请经济学院教授石磊作《以党建精神开创经济现代化的新格局》专题报告；邀请校党委党校办主任周晔作《强国追梦：从〈共产党宣言〉到党的二十大精神》专题报告。

学生工作。开展毕业生主题教育。首次举办大数据学院、类脑智能科学与技术研究院2022届毕业典礼（线上），推出毕业主题纪念片《告别山水一程，奔赴山海辽阔》，准备毕业纪念礼包。开展持续2个月的新生入学教育系列活动，包括迎新大会、院长第一课、校史与院情、校园安全、校园定向、学术资源获取、科学道德与学风建设讲座、参观校史馆等，覆盖全体新生。开展重大主题教育学习活动，先后开展学习党史、纪念建团百年、"望道"观影等主题活动。

制订下发《大数据学院党委关于在学生中开展党的二十大精神主题教育的方案》，以支部书记上党课、主题党团日、班会、主题观影、实践调研等方式进行学习讨论。举办第2届"博士生论坛"，举行2期"聚师述道"、3期导师见面会、2场科研沙龙。全年申报实践项目42项，参与人数436人次。

培训工作。2022年以线上线下相结合的方式为联合汽车电子有限公司等企事业单位的员工开展大数据及人工智能相关技术的培训，2021级培训学员102人。全年累计合同金额规模达128.92万元。

（朱妍蕾　刘铁江　王诸愉　常　瑜
　　　咸　依　张艳梅　王庆庆）

【举办暑期学校暨人工智能训练营】7月4日，大数据学院在线开展第6期暑期学校暨人工智能训练营，本次训练营课程分为"机器学习与人工智能""自然语言处理与人工智能""大数据技术与人工智能"三个专题。邀请12位国内外顶尖学者以及辉瑞制药、贝壳科技公司、华为中央研究院、联影智能影像技术研究院等4位业界知名企业的专家学者进行线上授课与上机实践指导。来自北京大学、清华大学、南京大学、中国科技大学等高校的166名优秀学子在线开展学习交流。

（季　洁）

【召开大数据学院工会第一届第一次会员大会】10月27日，大数据学院工会第一届第一次会员大会召开。复旦大学工会副主席吴佳新，大数据学院工会筹备组组长、大数据学院党委书记张骏楠，大数据学院副院长阳德青，类脑人工智能科学与技术研究院副院长谢小华等工会筹备组成员、委员候选人，以及学院党委工会会员120余人通过线上和线下方式参会。大会采取差额选举办法，通过无记名投票的方式，选举产生大数据学院工会第一届工会委员会委员5名。会后，当选委员召开大数据学院工会第一届委员会第一次会议，选举推荐工会主席和副主席各1名。（刘铁江）

【举办第七届数据科学国际会议】12月17日，第七届数据科学与人工智能论坛在线上召开。论坛由复旦大学大数据学院主办，来自清华大学、西安交通大学、中山大学、中国科学院、中国科技大学、西北工业大学、上海财经大学、香港科技大学、香港中文大学、新加坡国立大学等国内外高校12名学者参会，共话计算视觉、优化理论、医学影像、人工智能、复杂数据建模等前沿课题。论坛吸引600余位听众在线参与互动。大数据学院院长冯建峰出席会议并致辞。

（季　洁）

艺术教育中心

【概况】2022年，艺术教育中心（含艺术设计系）有在职在编教职工25人，其中任课教师21人、行政人员5人（专职4人）；具有正高级职称2人、副高级职称13人、中级职称10人；具有博士学位6人。

全年为本科生开设通识教育专项教育课程"美育课程"和创新创意创业课程121门次，其中通识教育第七模块"艺术创作与审美体验"课程113门次（其中通识教育核心课程20门次，含6门视频课程），创新创业创意课程3门次，服务学习课程5门，选课人数3 685人。向6个校级重点学生艺术社团的300多名团员开设"艺术训练"课程。周涛获2022年上海市教学竞赛社会科学组二等奖。陈瑜获第二届复旦大学教师教学创新大赛副高组三等奖。张桦文主持成果《夯实科艺理念育才 融筑美智并举拓育：艺术与科学前沿教育的创立与实践》以及包春雷、张勇等参与成果《中国特色、复旦特点的服务学习课程体系建设与实践》获上海市2022年优秀教学成果二等奖。龚金平"当代电影美学"获评校课程思政标杆课程；龚金平"电影的意识形态批评"、陈瑜"原本性音乐与社会服务"入选2022年复旦大学课程思政优秀案例。

科研成果。全年教师出版专著2部，参编教材1部；发表论文15篇，其中核心期刊1篇，一般期刊14篇；发表书评、影评、随笔等20篇；画作、微电影等艺术作品 7 篇(部);获专利 1 项;举办个展及参加联展共 8 次;负责省部级科研项目 1 项,负责校级科研项目 4 项,指导学生科创项目及实践活动 7 项。

社团活动。下设 6 个校级学生艺术社团:学生合唱团、舞蹈团、民乐团、弦乐团、管乐团及复旦剧社。中心教师作为指导教师对其他一些学生社团进行艺术指导或培训,如陶艺协会、抽象艺术协会、七艺绘画社、建筑艺术协会、微电影协会、电影协会、传媒协会、复旦歌社、口琴社、音乐评论社、城市环境艺术协会等。所属 6 个学生艺术社团参加校内外演出 40 余场。1 月 1 日,学生舞蹈团在相辉堂北堂参加校团委组织的"元旦金曲夜"活动,演出舞蹈《纸扇书生》。2 月 12 日,学生弦乐团在浦东新区群众艺术馆参加浦东爱乐动漫乐团中国动漫音乐会演出。3 月 11 日,学生舞蹈团在广州佛山大剧院参加田湉汉唐舞蹈剧场《俑Ⅲ》演出活动。3 月 17—29 日,学生民乐团"音乐旅途"专场音乐会相关视频在 B 站播出,演奏《拉丁风情》《第一键笙狂想曲》等乐曲。4 月 7 日,学生合唱团线上录制 MV《人世间》(复旦抗疫版),于 4 月 28 日播出。4 月 15 日,学生舞蹈团举办《云上踏歌·游园惊梦》线上展演活动。4 月 16 日,学生合唱团举办"音遇光阶,唱响光华"云合唱排练活动,演唱六首串烧歌曲。4 月 28 日,学生民乐团参与线上"气泡中的乐声"活动。5 月 11 日,学生弦乐团举办"春诵夏弦,声声不息"线上活动,演奏维瓦尔弟《春》。6 月 17 日,学生弦乐团在德国哥廷根大学礼堂参加哥廷根大学交响乐团送别音乐总监英格夫海姆(Ingolf Helm)音乐会演出。7 月 3 日,学生舞蹈团参加线上毕业晚会,演出舞蹈《复生若梦》,并与校团委艺术团合作拍摄舞蹈《花月成双》。7 月 15—16 日,学生弦乐团在德国哥廷根大学礼堂参加哥廷根大学交响乐团夏季音乐会演出。7 月 26 日,学生弦乐团在福建省屏南县前洋村参加"仲夏夜星空"复旦人在前洋夏季田野音乐会演出。7 月 29 日,学生弦乐团在上海交响乐团音乐厅参加上海学生交响乐联盟夏季音乐节专场音乐会演出。8 月 27 日,学生弦乐团在浦东大戏院参加《天空之城》久石让 & 宫崎骏经典作品音乐会演出。9 月 3 日,复旦剧社面向全校同学举办首次戏剧工作坊。9 月 16 日,复旦剧社在杨咏曼楼一楼黑匣子剧场演出讽刺戏剧《培尔金特(节选)》。9 月 24 日,学生合唱团在江湾校区法学楼报告厅参加 2022 年复旦大学喜迎国庆暨研究生迎新晚会,演出歌曲《这世界那么多人》。9 月 29 日,学生合唱团、学生舞蹈团在相辉堂北堂参加复旦大学本科生迎新晚会,演出歌曲《那天一个冲动我加入合唱团》、汉唐舞《痒俑》。10 月 2 日,学生弦乐团在浦东大戏院参加《动物狂欢节》亲子故事音乐会演出。10 月 16 日,学生合唱团、学生弦乐团、学生舞蹈团在中山医院 18 号楼福庆厅参与复旦大学上海医学院(原上海医科大学)创建 95 周年纪念活动录制,演出歌曲《和祖国在一起》《夜空中最亮的星》、古典舞《纸扇书生》和原创现代舞《日复医日》等。11 月初,学生民乐团参加第十八届"长三角"民族乐团展演线上活动,参演节目《山遥》并获"最佳团队奖"称号。11 月 22 日,学生舞蹈团在临时学生活动中心举办肌肉训练及身体矫正工作坊活动。12 月 10 日,学生舞蹈团在相辉堂北堂参加"129"歌会,演出舞蹈《渔光曲》。12 月 11 日,复旦剧社在杨咏曼楼一楼黑匣子剧场演出剧目《这里的黎明静悄悄》;同日,学生弦乐团在临时学生活动中心举办复旦大学学生弦乐团民族乐派音乐会,学生舞蹈团在校园内进行《渔光曲》翻跳拍摄活动。12 月 30 日,学生弦乐团在上海交响乐团音乐厅参加上海彩虹室内乐团"摇滚贝七"新年音乐会演出。12 月 31 日,学生弦乐团在苏州工业园区北部市民中心参加上海彩虹室内乐团苏州新年音乐会演出。

推动校园文化建设。全年艺术教育中心教师参与组织及主讲各类讲座共 6 场。 (陈　寅　徐　薇)

【艺术作品被重要博物馆馆藏】 2 月,艺术教育中心教授、当代艺术家王天德作品《后山图》被史密森尼美国艺术博物馆(Smithsonian American Art Museum)收藏。

(王天德　徐　薇)

【参与共青团建团 100 年献礼歌曲《有我》视频录制】 4 月 9 日,复旦大学受邀参与抖音与共青团合作打造的抖音青春高校版 MV——共青团建团 100 年献礼歌曲《有我》共创,合唱部分由学生合唱团团员独立完成。

(陈　瑜　徐　薇)

【复旦剧社推出"每个人都要做一颗好种子"SEED 大师公益课】 8 月 31 日,复旦剧社在中共一大纪念馆"向阳而生"向日葵主题综合实践项目活动演出中推出"每个人都要做一颗好种子"SEED 大师公益课:《种子天堂》剧本朗诵。 (周　涛　徐　薇)

【举办"天问·问天"艺术与科技作品展】 12 月 5—12 日,在北区三角地 3 号楼复旦大学航空航天与力学实验中心举办"天问·问天"艺术与科技作品展,作品包括新媒体艺术、生态艺术、电影、摄影、装置、陶艺、水墨画、油画等。本次展览是艺术教育中心教师和航空航天系不同专业领域学者的跨领域合作,也是艺术教育中心"大美育"思维的系列成果之一。

(包春雷　徐　薇)

体育教学部

【概况】 2022 年,体育教学部在职教职工 53 人,其中任课教师 48 人、行政教辅人员 5 人;具有正高级职称 3 人、副高级职称 28 人。

全年为一、二年级本科生开设体育必修课 539 门次,涉及篮球、排球、足球、乒乓球、羽毛球、太极拳、游泳等 34 个体育项目,开设太极推手、咏春拳、高尔夫等特色课程,共 13 856 人参加体育必修课的学习。为高年级本科生、研究生开设体育选修课 68 门次。2 月,在第二届复旦大学教师教学创新大赛中,朱俊鹏获一等奖,郝霖霖获三等奖。6 月,"排球""游泳"获复旦大学 2022 年度在线课程和教学改革项目立项。"龙狮运动"课程获评复旦大学2022年课程思政标杆课程,"网球"、"排球"、"龙狮运动"、"十六式太极拳"课程案例入选2022年复旦大学课程思政优秀案例。孔斌、郝霖霖、邢聪获复旦大学2022年课程思政教育教学改革研究课题立项。12月,曾泽获评高级讲师。

全年组织各项体育赛事23项,共有18 745人次参加。承办或协办校运会、篮球、排球、足球、乒乓球、羽毛球、拔河等校内比赛。2022年校内体育竞赛综合得分前八名的院系有:基础医学院、信息科学与工程学院、大数据学院、物理学系、历史学系、化学系、数学科学学院、管理学院。受新冠疫情影响,全国赛均未能如期举办。各高水平运动队在上海市第十七届运动会中取得5金4银3铜的优异成绩。各代表队积极参加上海市大学生各项体育赛事,共有514人次参加23个项目的比赛,取得34项第一名(或一等奖),14项第二名(或二等奖),19项第三名(或三等奖)。

全年发表各类论文5篇,获得校级课题2项,省部级优秀成果1项;参加国内外学术会议2人次,其中国际会议1人次,国内会议1人次。参编书籍8册。5月24日于线上举办"复旦大学建校117周年暨第56届科研报告会——体育教学部论文报告分会",高兴、姚志强、李涵作大会报告。

10—11月,开展大学生体质健康测试工作,12 727名本科生参加测试。2022级本科生合格率为93.75%,2021级本科生合格率为95.01%,2020级本科生合格率为89.93%,2019级本科生合格率为85.39%。全校本科生合格率为91.38%。

党建工作。全年共召开党政联席会议和党支部委员会会议48次,研究"三重一大"事项和党风廉政建设具体工作32项。开展党组织生活21次,组织线上学习10次,发展积极分子1人,预备党员1人。5月,组织党支部党员先锋队共计10人进入四校区积极参加学校抗疫工作,为师生正常生活提供保障。9月20日,体育教学部党支部举办"学习贯彻习近平总书记'7·26'重要讲话精神"党课学习活动,邀请复旦大学社会发展与公共政策学院党委书记、上海自贸区综合研究院秘书长尹晨讲授"变局下的不确定性和确定性"。11月23—24日,组织全体教职工观看红色电影《望道》。

【获2021年上海市大学生足球联盟联赛女子校园组冠军】 2月30日,在2021年上海市大学生足球联盟联赛女子校园组决赛中,复旦女足以5比3的总比分战胜同济女足,赢得本项赛事冠军。 (李 芃)

【举行复旦大学首届健康跑活动】 10月1日,复旦大学首届开学健康跑暨新学年校园群众体育活动启动仪式在南区田径场举行。本次健康跑全程5 km,跑者们身着书院代表色的跑衣,以书院为单位组队参加。 (李 芃)

【获上海市第十七届运动会排球项目金牌2枚】 11月19日—12月11日,在上海市第十七届运动会排球比赛(高校组)暨2022年上海市大学生排球联赛、上海市第十七届运动会排球比赛(沙滩排球高校组)暨2022上海市校园排球联盟沙滩排球锦标赛上,复旦大学男、女排代表队分获1枚金牌,男子沙滩排球队获得1枚铜牌。 (李 芃)

【在2022年上海市大学生田径锦标赛中斩获多枚奖牌】 12月3—4日,上海市第十七届运动会田径比赛(高校组)暨2022年上海市大学生田径锦标赛举行,复旦大学高水平田径队包揽甲组男女4*400米接力、男女4*400米接力冠军,甲组男女4*100米接力夺冠。复旦大学田径队获得甲组冠军六项、甲组亚军两项、季军一项,男子甲组团体总分第一名,女子甲组团体以一分之差位居第二名,总分第三名。 (李 芃)

附 录

2022年复旦大学体育竞赛成绩一览

一、上海市比赛:

1. 上海市第十七届运动会排球比赛

男子乙组
领 队:马祖勤
教 练:丁 毅　盛荣根
运动员:戴维卿　马飞越　朱启航　李先梓　侯帅雨
　　　　张小龙　马珺言　卜天尧　尹毓浩　张凯祺
　　　　梁家辉　胡浩宇　林陈彦　葛嘉伟　刘禹呈
　　　　吴奕扬　闵浩东　祖圣皓
复旦大学代表队获得男子乙组第一名
复旦大学代表队获得男子乙组体育道德风尚奖
马珺言获体育道德风尚奖、最佳主攻、最有价值球员
李先梓获最佳二传
闵浩东获最佳接应
马飞越获最佳自由人
丁毅获优秀教练员

女子乙组
领 队:朱寅申
教 练:刘 挺　盛珍珍　盛荣根
运动员:向娉婷　罗凯洋　胡玉洁　马 欣　任继涵
　　　　齐心雅　张倩文　张怡琳　韩超男　庞 澍
　　　　蒋亦颖　谢艺卉　赵子琪　高誉宁　侯锶佳
　　　　孟轩熙　刘佳炜　宋宇婧
复旦大学代表队获得女子乙组第一名
胡玉洁获体育道德风尚奖、最佳主攻
罗凯洋获最佳副攻、最有价值球员
蒋亦颖获最佳二传
刘佳炜获最佳接应
刘挺获优秀教练员

男子甲组
领 队:郭建忠

教练员：郝霖霖
运动员：梁家谦　刘宇奇　覃国津　林润峰　张之奕
　　　　王凯旋　关超文　胡鲲鹏　伍可枫　刘　磊
　　　　李兵磊　郭子恒　王毓轩　王　尹
复旦大学代表队获得男子甲组第一名
复旦大学代表队获得男子甲组体育道德风尚奖
郭子恒获体育道德风尚奖
梁家谦　伍可枫获最佳主攻
王尹获最佳自由人
郝霖霖获优秀教练员
女子甲组
领队：马祖勤
教练员：刘　君
运动员：梅艺涵　魏　麒　黄玮玮　朱婧涵　董继盼
　　　　赵春辰格　　张恩绮　毛绮妤　曹雨桐
　　　　和小琳　何林倩　韦伊丹姆　　林嘉雯
　　　　刘韵嘉
复旦大学代表队获得女子甲组第六名
复旦大学代表队获得女子甲组体育道德风尚奖
韦伊丹姆获体育道德风尚奖
沙滩排球高校组
领队：马祖勤
教　练：丁　毅　盛荣根
复旦大学代表队获得男子甲组第三名
复旦大学代表队获得男子乙组第三名
复旦大学代表队获得女子甲组第八名
复旦大学代表队获得女子乙组第四名

2．上海市第十七届运动会田径比赛

男子甲组
领队：孔　斌
教练员：邱　克　王国华　杨　峻　吴丽红
运动员：陈与时　李梦飞　车浩然　陈　沐　林晨超
　　　　马晗淞　罗晓锋　麦至炫　孙　健　田　炜
　　　　王韬略　薛　羽　袁润泽　张济霖　郑荣杰
　　　　雷岳龙　李智杰
孙健获男子200米第二名
张济霖获男子400米第六名、男子800米第七名
王韬略获男子800米第三名
王韬略获男子1 500米第一名
陈与时获男子110米栏第二名
林晨超　李梦飞　陈与时　孙　健获男子4＊100米
　　　接力第一名
麦至炫　马晗淞　张济霖　王韬略获男子4＊400米
　　　第一名
罗晓锋获男子铅球第四名
男子乙组
领　队：孔　斌
教练员：邱　克　吴丽红　杨　峻
运动员：常　翱　陈宝庆　丁小龙　郭紫秋　胡加贝
　　　　贾笑凡　李鑫龙　毛翊炫　任庭辉

任庭辉获男子100米第一名
毛翊炫获男子200米第四名
李鑫龙　任庭辉　常　翱　毛翊炫获男子4＊100米
　　　接力第一名
胡加贝获男子铅球第一名
陈宝庆获男子铅球第五名
女子甲组
领　队：孔　斌
教练员：王国华　吴丽红
运动员：张子悦　钟晓宇　张　舒　张婧怡　肖梓丹
　　　　翁仕远　陈锦钰　陈诗婷　陈祯美　程睿敏
　　　　何鲁娜　孙洁依　周羽荃　李欣阳
程睿敏获女子200米第四名、100米第七名
陈祯美获女子100米第八名
陈诗婷获女子400米第一名、女子100米栏第七名
肖梓丹获女子400米第四名、女子800米第七名
张子悦　周羽荃　钟晓宇　陈祯美获女子4＊100米
　　　接力第一名
陈锦钰　肖梓丹　李欣阳　陈诗婷获女子4＊400米
　　　第一名
何鲁娜获女子100米栏第六名
孙洁依获女子100米栏第八名
周羽荃获女子跳远第四名

3．上海市第十七届运动会羽毛球比赛

领　队：孔　斌
教练员：卢靖雯　杨至刚
运动员：邓　为　戴　天　王瀚宬　王霁远　王少钧
　　　　刘顺娴　刘顺娴　陈兆祎　吴冰妍　朱奕楠
　　　　孙可心　朱奕楠　张馨月　王少钧　薛昱人
　　　　仲　阳　陈兆祎
戴天获男子单打第一名
王瀚宬获男子单打第八名
吴冰妍　张馨月获女子双打第二名
复旦大学获体育道德风尚奖

4．上海市第十七届运动会网球比赛

领　队：马祖勤
教练员：孔　斌　张　振
运动员：金志伟　吴凌宇　黄家赫　薛宗宪　陈帅威
　　　　胡嘉成　郑丽萍　王敏捷　汪靖滢　董心彦
　　　　李丹丹　韦伊丹姆
复旦大学代表队获女子团体第三名
复旦大学代表队获男子团体第四名

5．上海市第十七届运动会游泳比赛

领　队：马祖勤
教练员：高庭艳
运动员：李佳坤　陆靖昊　钟汶錡　杜心儿　向林冰
　　　　张之涵　蔡松琛　李靖越　刘锡九　莫　飞
　　　　施凯君　何柯乐　王欣怡　徐　缘　张苧月
　　　　钟亦琳
李靖越获男子100米蛙泳第二名、200米蛙泳第二名

蔡松琛获男子200米自由泳第二名、400米自由泳第二名
杜心儿获女子100米自由泳第四名、50米蝶泳第六名
钟汶錡获男子蛙泳第五名、200米混合泳第五名
李佳坤获200米自由泳第五名、400米自由泳第五名

6. 上海市第十七届运动会健美操比赛

领　队：马祖勤
教练员：丰　萍　张　晨
运动员：安亭仪　梁怡瑄　程　帆　蒋楠熙　宗子涵
　　　　林　天　王正蕴　黄　蕾　林可欣　梁怡瑄
　　　　陈寒婧　钱凌霄　杜可好　金依霖　张童语
　　　　刘孟博　张艺馨　余嘉荣　季明媚　樊希彦
　　　　黄　可　朱骊冰　黎洛嘉
复旦大学代表队获规定徒手第七名
复旦大学代表队获双人花球第一名
复旦大学代表队获规定爵士第二名
复旦大学代表队获有氧踏板士第四名

7. 2022年上海市学生阳光体育大联赛在线三对三篮球技能比赛

领　队：马祖勤
教练员：曾　泽
复旦大学代表队获二等奖

8. 上海市学生阳光体育大联赛在线跳踢比赛

领　队：王恩锋
教练员：康晓静
运动员：雷岳龙　李欣怡　罗金子　徐文文　杨振浩
　　　　古景行　邓习语　严思琼　马正豪　鞠　扬
　　　　刘施涵　杨泽加　马云天　雷泽宁　郝婉云
　　　　刘鹏凡　郁嘉欣　王蕴藉　徐晋怡　俞霁洲
李欣怡获跳短绳女子第一名
古景行获跳短绳男子第一名
复旦大学代表队获得长绳团队一等奖
复旦大学代表队获得短绳团队一等奖

9. 2022年上海市学生阳光体育大联赛高校组棋牌比赛

领　队：马祖勤
教练员：谢卫龙
运动员：崔峻达　胡一浚　叶臻茂　刘佳欣　熊若思
　　　　秦旭彤　张益涵　吴新悦　彭　蔚　刘皓蓝
　　　　王　庶
刘佳欣获象棋女子组第六名
复旦大学代表队获象棋男子团体二等奖
复旦大学代表队获象棋女子团体二等奖

10. 2022年上海市学生阳光体育大联赛在线啦啦操比赛

领　队：马祖勤
教练员：丰　萍　张　晨
运动员：王琪琦　季明媚　姚韵希　张艺诺　何雨竹
　　　　樊希彦　程　帆　张童语　安亭仪　黎洛嘉
　　　　侯名瑄　朱骊冰　黄　可　钱凌霄　黄　蕾
　　　　陈贝妮　林可欣　梁怡瑄　王正蕴　宗子涵
　　　　林　涵　杜可好　蒋楠熙　张艺馨　朱元依
　　　　林　天
复旦大学代表队获规定爵士第一名
复旦大学代表队获双人花球第一名
复旦大学代表队获规定花球第三名

11. 2022年上海市学生阳光体育大联赛在线体育舞蹈比赛

领　队：马祖勤
教练员：丰　萍　张　晨
运动员：余嘉荣　陈思颖　曹希亚　王诗媛　伍洲扬
　　　　董晓婉　王艺诺　何雨竹
复旦大学代表队获校园舞六人规定动作恰恰恰二等奖
复旦大学代表队获校园舞六人规定动作伦巴三等奖
复旦大学代表队获校园舞六人规定动作牛仔三等奖

12. 上海市第十七届运动会足球比赛

女子乙组
领　队：郭建忠
教练员：胡　军　鲍　涛　盛荣根
运动员：黄逸帆　周佳仪　胡彦枫　黄哲宁　史亚弘
　　　　付永娴　赫洋洋　曹家于　杨创意　陶思玲
　　　　王嘉怡　杨文静　陆佳妮　陆佳妮　文菲怡
　　　　易婵妍　何佳岭　郭洪泽宇

女子甲组
领　队：郭建忠
教练员：胡　军　鲍　涛　盛荣根
运动员：赵舒萌　张雯茜　黄琪雅　臧雨茗　陈垚宇
　　　　杨涵予　孙传瑞　傅燕娜　汪思屹　刘馨璐
　　　　赖俊衣　黄嫣然　秦韵琛　胡海琾　卢柯瑾
　　　　陈　蕾　王一伊　马尔哈巴·安木都
　　　　王予之　徐灵怡
复旦大学代表队获得第一名
赖俊衣同学获得最佳运动员
傅燕娜同学获得最佳最佳射手
徐灵怡同学获得最佳守门员
黄琪雅同学获得体育道德风尚奖
陈垚宇同学获得体育道德风尚奖

男子校园组
领　队：徐立峻
教练员：高　兴　葛世豪
运动员：豆孟恒　贺嘉年　吴嘉析　辛　路　臧苹钰
　　　　刘东昇　王健欣　黄彦澄　江宇杰　田　也
　　　　詹承璘　李应辰　付泳顺　谢方刚　黄文翔
　　　　张　飚　张子恒　常笑睿　魏　来　张瑞航
　　　　阿地力　段　珂　程子豪　高振超　闫博文
　　　　马吾兰　郑仁浩　杨陆宇　刘宥宏　盛怀瑄

13. 上海市第十七届运动会毽球比赛

领　队：邢　聪
教练员：朱俊鹏
运动员：张宇轩　张天晟　马云天　涂　倩　胡凝霜

　　　　刘香玲　颜心语　陈美融　邓诺诺　何慧玉
复旦大学代表队获女子三人赛第三名
复旦大学代表队获女子双人赛第三名
复旦大学代表队获混合双人赛第四名
复旦大学代表队获男子三人赛第六名
复旦大学代表队获男子双人赛第六名
复旦大学代表队获混合计数赛第三名

14. 上海市第十二届舞龙舞狮锦标赛

领　　队：马祖勤

教练员：孙建冰　朱俊鹏

运动员：马蓝齐　郭景榕　刘月　施睿赟　周天怡
　　　　罗佳妮　刘冉彦　邬明路　董彦如　代宇彤
　　　　徐清扬

复旦大学代表队获得创意龙狮成年组第一名
复旦大学代表队获得舞龙自选成年组第三名

15. 第九届上海市学生龙文化比赛

领　　队：马祖勤

教练员：孙建冰　朱俊鹏

运动员：史卓然　李旖敏　王雨　左安晨　赵康西
　　　　李鑫　苏恒　宋晗　刘冉彦　邓天宇
　　　　郝文喆　邬明路　刘语涵　徐清扬　厉学凯
　　　　罗佳妮　乐家宜　朱樟炜　马蓝齐　赵千艺
　　　　张文锦　路庆贺　施睿赟　满夏风　李仪
　　　　张明涵　郭景榕　程耀辉　董彦如　黄靖然
　　　　杨玛果　何恺健　刘姝怡　王斐　刘祖延
　　　　邓翊辰　杨洋　李心怡　周伊菲　杨西玄
　　　　蒋乐妍　王然田

复旦大学代表队获得传统套路一等奖
复旦大学代表队获得自选套路二等奖
复旦大学代表队获得龙狮比赛最佳编排奖

16. 上海市第四届高校舞龙邀请赛

领　　队：马祖勤

教练员：孙建冰　朱俊鹏

运动员：马蓝齐　郭景榕　刘月　施睿赟　周天怡
　　　　罗佳妮　刘冉彦　邬明路　董彦如　代宇彤
　　　　徐清扬　熊思佳　赵千艺　厉学凯　王然田
　　　　程耀辉　邓天宇　郝文喆

复旦大学代表队获得男子三等奖
复旦大学代表队获得女子三等奖

17. 上海市第五届龙狮精英赛

领　　队：马祖勤

教练员：孙建冰　朱俊鹏

运动员：马蓝齐　郭景榕　刘月　施睿赟　周天怡
　　　　罗佳妮　邬明路　代宇彤　徐清扬　李仪

复旦大学代表队获得舞龙自选三等奖

18. 上海市第五届舞龙舞狮公开赛

领　　队：马祖勤

教练员：孙建冰　朱俊鹏

运动员：马蓝齐　郭景榕　刘月　施睿赟　周天怡
　　　　罗佳妮　邬明路　代宇彤　徐清扬　厉学凯
　　　　邬明路　董彦如　邓天宇　赵千艺　黄靖然
　　　　何恺健　刘姝怡　郝文喆　杨玛果　何恺健
　　　　刘姝怡　王斐　刘祖延　邓翊辰

复旦大学代表队获得龙狮传统一等奖

19. 上海市首届舞龙舞狮邀请赛

领　　队：马祖勤

教练员：孙建冰　朱俊鹏

运动员：马蓝齐　郭景榕　刘月　施睿赟　周天怡
　　　　罗佳妮　邬明路　代宇彤　徐清扬　厉学凯
　　　　邬明路　董彦如　邓天宇　赵千艺　黄靖然
　　　　何恺健　刘姝怡　郝文喆　蓝天晴　何恺健
　　　　刘姝怡　王雨　刘祖延　邓翊辰　余秋芳
　　　　乐家宜

复旦大学代表队获得龙狮传统二等奖

20. 2022年上海市学生阳光体育大联赛在线空手道比赛

领　　队：汪琦阳

教练员：汪琦阳　王立

运动员：王一雯　赵贝拉　池俊杰　蓝灵锐

池俊杰获男子个人九级位组第五名
蓝灵锐获男子个人九级位组第五名

（体育教学部供稿）

分析测试中心

【概况】 2022年，分析测试中心有在职教职工13人，其中正高级职称3人、副高级职称6人、中级职称4人。

有气/质联用仪、高效液相色谱仪、紫外光谱仪、傅立叶变换红外光谱仪、显微拉曼光谱仪、电感耦合等离子体发射光谱分析仪、离子色谱仪、扫描探针显微镜等大型仪器10台（套）。

面向全校理科研究生开设"高等结构分析"学位基础课，选修学生共90人，完成教学实验270人次。面向化学系本科生开设"高等结构分析"荣誉课程，选修学生共49人，完成教学实验272人次。

全年发表科学论文2篇。共完成校内委托测试样品数4 958个，机时数3 509小时，校外委托测试样品数209个，机时数561小时，校内样品占比超过95%。中心大型仪器使用总机时数4 070小时。

（刘新刚）

发育生物学研究所

【概况】 2022年，发育生物学研究所有教职员工60人，包括教授4人、青年研究员1人、教授级高级实验师1人、高级实验师1人。在读博士研究生15人、硕士研究生4人、联合培养研究生13人，毕业博士研究生1人，硕士研究生1人。研究所教师主持国家重点研发计划课题、国家自然科学基金、上海市科委教委项目等7项，参与国家重点研发计划项目、国家自然科学基金创新研究群体项目等5项。在《细胞发现》(Cell Discovery)、《细胞通讯》(Cell Reports)、《细胞死亡及疾病》(Cell Death & Disease)等杂志以通信作者发表研究论文5篇（平均影响因子14.12）。研究所以小鼠为主要模式动物开展发育和疾病机理研究。截至2022年底，累计承担或参与国家重点研发计划、国家科技支撑计划、"973计划""863计划"、国家自然科学基金等科研计划项目80余项。通过研究所建立的PBmice数据库在线发布全部基因插入突变小鼠品系，累计向国内外单位提供PB突变小鼠和工具试剂100余例。

2022年，研究所实验动物设施和品系资源为生命科学学院、代谢研究院、表型组研究院和附属华山医院、中山医院、儿科医院等多家附属医院提供动物饲养、品系复苏、表型分析等服务。新楼建筑面积10 000平方米，设计动物容量为25 000个SPF级小鼠笼位，5 000余种基因突变小鼠资源。2楼10 000笼位SPF级动物房及屏障系统内的代谢、行为、免疫、超声等表型分析设施在2022年度持续投入使用，全年承接校内院系、附属医院和外单位小鼠5 000余笼位，提供实验设备技术服务11 000余机时；4楼15 000笼位SPF级动物房获批上海市科委实验动物生产及使用许可证。该平台的正常运行，基本缓解了江湾校区和邯郸校区实验动物设施紧张局面，为继续建设高质量的发育生物学学科和一流的实验动物平台提供保障。

（顾志鞠）

古籍整理研究所

【概况】 2022年，古籍整理研究所设有中国古代文学、中国文学古今演变、中国古典文献学、汉语言文字学4个博士学位授予点和硕士学位授予点。

有在职教职工16人，其中专任教师13人，行政人员3人。有正高级职称9人，副高级职称3人，中级职称4人，另有兼职教授2人。有研究生指导教师13人。

招收硕士研究生12人，博士研究生11人。毕业硕士研究生12人，博士研究生10人。

在各类学术期刊发表论文29篇，出版学术专著3种，古籍整理著作3种，编著3种，工具书1种。

（古 纪）

【举办古文献新视野系列讲座】 5月21日，邀请上海大学教授郑幸作线上讲座"浅谈清代写刻本的字体"。11月5日，邀请中国美术学院教授杨振宇作线上讲座"什么是美术史"。11月6日，邀请浙江大学教授韩琦作线上讲座"什么是科学史"。11月17日，《新民晚报》高级编辑曹正文到所作"史与侠——忆章培恒谈文史旧学与金庸新武侠"讲座。11月27日，邀请京都大学教授金文京作线上讲座"汉籍训读的来源和历史"。12月2日，上海图书馆研究馆员黄显功到所作"藏书票的历史文化特征与中国早期藏书票"讲座。12月21日，邀请牛津大学教授威尔逊（Nigel Wilson）作线上讲座"拜占庭图书的生产与流通"。

（古 纪）

【举办"第六次明代文学研究青年学者论坛暨古典诗文的辨体与修辞专题学术研讨会"】 11月11—14日，以线上线下相结合的方式召开"第六次明代文学研究青年学者论坛暨古典诗文的辨体与修辞专题学术研讨会"，来自北京大学、浙江大学、复旦大学等各高校的二十余位专家学者与会发言。

（古 纪）

【举办前沿学术讲座】 11月17日，华东师范大学副教授张春田到所作"情感何为——从'情感研究'到'王国维问题'"讲座。12月6日，上海大学教授王晓明到所作"鲁迅和中国人的自信力"讲座。

（古 纪）

【联合主办"中日汉籍研究学术研讨会"】 12月17日，由北京大学中国古文献研究中心、复旦大学古籍整理研究所和日本早稻田大学中国古籍文化研究所联合主办的"中日汉籍研究学术研讨会"以线上形式举行，此次研讨会由复旦大学古籍整理研究所承办。近二十位来自中国古典文献学和中国古代文学专业领域的中日两国专家学者出席会议，开展专题学术交流。

（古 纪）

【联合主办"光华古文献学研究生论坛"】 11月19日，华东师范大学古籍整理研究所、复旦大学古籍整理研究所和上海师范大学古籍整理研究所联合主办第十届"光华古文献学研究生论坛"，此次论坛由华东师范大学古籍整理研究所承办。三校同学分别就历史文献、文学文献以及汉语言文字学等领域的相关问题展开深入研讨。

（古 纪）

【自设王靖宇-鲍亦康奖助学金年度项目】 为奖励和资助古籍所优异学生和家庭经济困难的全日制优秀学生，继续设立王靖宇-鲍亦康奖助学金年度项目，该项目由美国斯坦福大学讲座教授王靖宇先生遗孀鲍亦康女士捐赠设立。2022年度，设立复旦大学王靖宇-鲍亦康奖学金4名，奖额5 000元/人；设立复旦大学王靖宇-鲍亦康助学金2名，资助金额5 000元/人。

（古 纪）

中国历史地理研究所

【概况】 2022年，中国历史地理研究所（简称"史地所"）设有历史地理学1个硕士学位授予点；历史地理学、人口史、边疆史地3个博士学位授予点。其中，历史地理学是国家重点学科。史地所组建有历史地理研究国家哲学社会科学创新基地和首批教育部人文社会科学重点研究基地历史地理研究中心。教职工41人（包括3位已退休的资深教授、1位在职非在编的引进人才、1位租赁制编辑），其中研究人员33人、工程师1人、编辑2人、图书资料2人、党政管理3人。

2022年，招收硕士研究生17人，博士研究生20人。在读研究生145

人,其中硕士研究生47人、博士研究生98人。共有12名博士研究生和14名硕士研究生毕业并获得学位。"明清的疆土管理"暑期学校于7月11—16日以线上会议方式举行,共有50名正式学员和10名旁听学员参加,邀请历史地理学、明清史、边疆学等领域的著名学者授课,共举办12场线上学术讲座。

全年共有19项科研项目立项。其中国家社会科学基金重大项目2项:"《水经注》校笺及水道与政区复原研究"(李晓杰)、"两千年来中国重大灾害性气候事件与社会应对机制研究"(杨煜达);国家社会科学基金冷门绝学研究专项1项:"马祖地区历代地图整理与研究"(费杰);教育部哲学社会科学研究重大课题攻关项目1项:"中华治水历史脉络梳理与国家文化形象构建研究"(段伟);其他省部级项目2项:教育部人文社会科学研究规划基金项目1项——"近代中国邮政舆图的整理与研究(1903—1942年)"(王哲),上海市决策咨询委员会决策咨询研究课题1项——"中国城市网络空间结构溯源——基于全球化早期中国邮政源汇数据的网络范式研究(1903—1942)"(王哲);校级项目6项:复旦大学人文社科先导计划支持项目"中国土司历史地理研究与地图集绘制"(杨伟兵)、"数字化视野下康熙《皇舆全览图》的绘制及影响研究"(韩昭庆),复旦大学人文社科先导计划·冷门绝学专项支持项目"清代外藩蒙古多语文世职敕书翻译整理研究"(齐光)、"吐蕃赞普敕颁佛学纲要《大乘经纂要义》对勘与研究"(任小波),复旦大学人文社科先锋计划"康熙《皇舆全览图》长城以南地区绘制精度的空间分异"(韩昭庆)、"气候变化与江苏海岸的历史适应研究"(鲍俊林);横向项目7项。全年共有学术成果135个,其中著作34部,在国内外学术期刊上发表论文101篇(包括SCIE论文1篇、CSSCI论文19篇、其他文章81篇)。王振忠著《从徽州到江南:明清徽商与区域社会研究》(上海人民出版社2019年1月版)获上海市第十五届哲学社会科学优秀成果奖著作类二等奖;丁雁南撰写《1808年西沙测绘的中国元素暨对比尔·海顿的回应》(《复旦学报(社会科学版)》2019年第2期)获上海市第十五届哲学社会科学优秀成果奖论文类二等奖。邹逸麟主编《中国历史地理概述》(上海教育出版社,2013年7月版),于7月获首届复旦大学教材建设奖特等奖。

学术交流与合作。全年共举办各类学术活动12次。其中举办国际学术研讨会1个、国内学术研讨会4个、各类学术交流活动7次。教师参加学术活动共187人次。　　(戴佩娟)

【葛剑雄主编《中国移民史》(七卷十册)再版】　葛剑雄主编《中国移民史》(七卷十册)由复旦大学出版社于2022年2月再版。该书是国家"十三五"规划重点图书,获国家出版基金项目资助。该书共分七卷,研究自先秦时代至20世纪末发生在中国境内的移民历史。该书是目前国内外最完整、系统的中国移民通史。

(戴佩娟)

【举办中国历史地理研究所建所40周年大会】　6月11—12日,举办"赓续传统,求实创新——复旦大学中国历史地理研究所建所40周年大会"。复旦大学党委书记焦扬,副校长陈志敏,中国地理学会理事长、中国科学院院士、青藏高原研究所所长陈发虎,复旦大学文科资深教授、中央文史馆馆员葛剑雄,北京大学城市与环境学院教授唐晓峰等国内高校、研究院所专家学者及学校相关部处主要负责人出席大会。大会以线上形式进行,分为开幕式、学术报告、校友座谈等多个环节。期间本所重要成果"中国历史地理专题数据展示系统"于6月11日正式上线。　(戴佩娟)

【一项学术成果获中国测绘学会2022年优秀地图作品裴秀奖铜奖】　9月,侯杨方主编《清朝地图集》(同治至宣统卷)获中国测绘学会2022年优秀地图作品裴秀奖铜奖。该图集是在"中国历史地理信息系统"(CHGIS)和"清朝地理信息系统"的基础上,以清朝原始档案为主要资料来源,广泛利用清末及民国时期军用和民用实测地图、条约划界地图、会典地图等资料,并依托高精度的DEM地形数据绘制的地形地貌底图,在进行大量详实考证和比对校勘后编绘而成。

(戴佩娟)

【《儒雅清正铸师魂——邹逸麟先生纪念文集》出版】　由史地所和《邹逸麟先生纪念文集》编委会编写的《儒雅清正铸师魂——邹逸麟先生纪念文集》由中西书局9月出版。邹逸麟(1935年8月3日—2020年6月19日)先生长期致力于中国历史地理学研究,在黄河史、运河史、历史行政区划、区域史、历史环境变迁等重要领域做出了突出贡献。全书共收入纪念文50多篇,邹逸麟先生论述文4篇以及近百幅邹逸麟先生学术活动和生平照片、邹逸麟先生论著要目和弟子名录。　　　　　　(戴佩娟)

【举办"融合与创新"边海地图与边疆史地研究学术研讨会】　11月5—6日,举办"融合与创新"边海地图与边疆史地研究学术研讨会。该次会议由史地所主办,中国测绘学会边海地图工作委员会协办。复旦大学副校长陈志敏,中国工程院院士、中国测绘学会边海地图工作委员会主任委员王家耀,复旦大学中国历史地理研究所所长张晓虹等在开幕式上致辞。论坛分六大主题,来自众多科研教育机构的专家参会。　(戴佩娟)

【举办"2022南方丝绸之路高峰论坛"】　11月16日,由复旦大学中国历史地理研究所、复旦大学一带一路及全球治理研究院人文交流研究所、复旦大学国家民委中华民族共同体研究基地、复旦大学哲学学院、昆明南亚东南亚国际物流研究院、大理州民族宗教事务委员会共同主办的"2022南方丝绸之路高峰论坛"在云南省永平县举行。该论坛系史地所承担的校地对口支援项目。来自复旦大学哲学学院、社会发展与公共政策学院、经济学院、生命科学学院和中国历史地理研究所,以及云南师范大学、昆明南亚东南亚物流研究院、永平县文联等20余位专家学者发表报告。11月15—18日,史地所所长张晓虹、副所长杨伟兵带队,王妙发教授、王建革教授、韩昭庆研究员、王大学研究员、鲍俊林青年副研究员、孙涛工程师等一行参加"2022南方丝

一、院系所与公共教学单位

绸之路高峰论坛"活动,并对永平县内众多古镇、古道、古村落等人文遗迹进行实地调研与考察。（戴佩娟）

【"中国顶尖学科出版工程·复旦大学历史地理学科"丛书出版】 由复旦大学文科资深教授葛剑雄任主编、史地所所长张晓虹任副主编的"中国顶尖学科出版工程·复旦大学历史地理学科"丛书于12月11日完成新书首发。丛书展现复旦大学历史地理学科多年来发展的成果和经验总结,共分为三部分:第一部分为学科学术史和学科论著总目,第二部分为学术传记和相应的学术经典,第三部分为学术前沿。其中第二部分的学术经典（四卷）《谭其骧卷》《邹逸麟卷》《周振鹤卷》《葛剑雄卷》已出版,学术前沿（五卷）已出版其中三卷,剩余两卷以及《学科学术史》《论著总目》和谭其骧、邹逸麟、葛剑雄、周振鹤的《学术传记》将在2023年陆续出版。（戴佩娟）

【《大清一统志（全三十册）》出版】 由史地所教授王文楚等点校的《大清一统志（全三十册）》于12月1日由上海古籍出版社出版。本轮整理以《四部丛刊续编》所收《嘉庆重修一统志》为底本,参校乾隆《大清一统志》及其他相关史籍。该书不仅是嘉庆二十五年以前的清代地理总志,还包含了以往各代的地理志内容,内容精确,可信度高,为清史研究提供了许多宝贵资料。（戴佩娟）

高等教育研究所

【概况】 2022年,复旦大学高等教育研究所共有教职员工18人,其中专职研究人员14人、期刊编辑2人、行政人员2人。专任教师中,5人具有正高级职称、6人具有副高级职称、3人具有中级职称。国内外聘请兼职研究人员10余人。引进讲座教授1人,聘任校外兼职教育硕士研究生导师21人。

在读研究生共113人,其中硕士研究生90人,博士研究生23人。在读硕士研究生中,教育专业硕士生12人,学术型学位硕士生78人（含台湾澳门学生1人）,教育经济与管理专业博士研究生23人（含香港学生2人）。当年新招硕士研究生31人、博士研究生2人,毕业硕士研究生19人、博士研究生4人。

学生工作。2020级研究生班获评复旦大学五星级团支部。2021级研究生党支部获评校组织案例大赛优秀,研工组长孔苓兰获评学生思想政治工作先进个人三等奖。社会实践校级优秀结项3项。西部或基层就业6人,西部地区支教2人,10人次赴基层参加政务实习,2人次在街道团工委挂职锻炼。全年共开展党史常态化学习13次,开展强国追梦铸魂育人活动11次,开展学习党的二十大精神活动12次,新生教育活动8次,学风建设活动8次,高教所研究生党支部全年累计建设志愿服务品牌项目3个,开展活动23次,党员56人次参与活动。

科学研究。全年获批纵向课题4项,横向课题8项。项目经费数93.7万,发表CSSCI期刊论文11篇,SSCI刊物论文1篇,英文公开刊物论文3篇,其他报刊文章2篇,其中有2篇论文被《人大复印资料》转载。全年提供决策咨询专报6篇。举办以"大学生就业形势与对策"为主题的学术论坛和第一届复旦大学教育研究国际博士生论坛。微信公众号共推送期刊文章和其他信息117篇。

研究平台。"课程思政教学研究中心"继续发挥课程思政标杆带头作用,线上教学课程育人实时在线。启动首批院系课程思政教学研究中心建设,立项首批课程思政教育教学改革研究课题。

院校服务。实施"通识核心课程教学质量测量诊断评估",完成《复旦大学本科教学质量年报》,进行本科生培养项目研究咨询,为学校决策提供信息支撑。多次为本科生院、发展规划处、人事处、学工部门、团委等部门组织的课题研究、培训和评审活动提供专家支持。

教育改革。继续在研究生院、物理系、历史系支持下,探索实施创新培养方式,结合复旦基础学科优势,形成"学科+教育"的学科交叉融合培养模式。

国际交流。全年参与境内外国际会议教师6人次。1名博士生获留学基金委资助。2人获国际组织实习"荣昶高级学者"称号。在复旦-拉美联盟框架下,与巴西圣马尔斯科国立大学建立教师交流合作机制。

（王 丽 孔苓兰）

社会科学高等研究院

【概况】 2022年,社会科学高等研究院（简称"高研院"）有专职研究人员13名,主要分布于政治学、法学等一级学科,其中校特聘教授2人,校聘关键岗教授1人,校聘讲座教授2人,教授2人,副教授2人,讲师4人,均为引进人才。依托高研院的学术机构有复旦大学当代中国研究中心、《复旦人文社会科学论丛》（英文刊）(Fudan Journal of the Humanities and Social Sciences)编辑部和《中国政治学评论》(Chinese Political Science Review)编辑部。

出版编著2部,主编英文学术期刊8期;发表各类学术论文40篇,其中SSCI及国内权威期刊论文9篇,CSSCI以上论文23篇。

人才引进。引进曲文和干一卿为复旦大学青年副研究员。

（舒彩霞）

【举办"哲学社会科学新思潮和新方法"学术论坛】 6月6日,高研院主办的"哲学社会科学新思潮和新方法"学术论坛在线举行。高研院全体专职研究人员和在站博士后围绕科学主义、新自由主义、情境主义、网络民粹主义和自然实验法等新思潮和新方法进行研讨。

（舒彩霞）

【联合举办"认识中国现代国家:理论与历史的对话"学术研讨会】 6月21日,高研院"历史政治学"工作坊、北京大学出版社和《东南学术》杂志社联合主办的"认识中国现代国家:理论与历史的对话"学术研讨会在线举行。来自北京大学、中国人民大学、南京大学、武汉大学、华中师范大学、暨南大学、国防大学、大连海事大学及复旦大学等高校的20余名专家学者，共同探寻"现代国家构建的中国路径"的理论内涵和实践特征。

（舒彩霞）

国际问题研究院

【概况】 2022年，国际问题研究院下设15个研究中心，有专职研究人员39人，其中正高级职称23人，副高级职称13人，中级职称3人。有专业技术和行政管理人员6人。全年共招收博士研究生13人，硕士研究生20人。毕业硕士研究生17人，博士研究生10人。

全年出版学术专著8部，编著4部，译著2部；主编2种CSSCI来源集刊《美国问题研究》《韩国研究论丛》；发表高水平A类中文学术论文10篇，高水平A类外文学术论文5篇，高水平B类中文学术论文49篇，一般外文学术论文26篇，一般中文学术论文27篇；51篇内参研究报告被中央有关部门采纳。获批国家社科基金重大专项2项，国家社科基金后期资助项目1项，国家社科特别委托项目1项，国家社科一般项目1项，教育部高校国别和区域研究课题2项，中联部课题4项，外交部专项课题2项，国家发改委课题1项，公安部重大课题1项，上海市浦江人才计划课题1项，上海哲社规划一般课题1项，上海市教委专项课题1项，企事业单位委托的横向项目9项。全年获批纵向项目经费231万元，获批横向项目经费194.2万元。全年纵向科研项目经费到账总额144.2万元，横向科研项目经费到账总额119.5万元。

国际合作与交流。3月，美国研究中心与哈佛大学外交政策项目联合启动"首届复旦-哈佛中美青年领袖对话"活动，吸引中美双方60名学生参与。4月，美国研究中心与美国乔治城大学"美中全球问题对话倡议"共同举办三场"中美学生对话"活动，双方共24名来自国际政治、国际关系、公共治理专业的本科生和硕博研究生参与，研究院院长、美国研究中心主任吴心伯和乔治城大学副校长托马斯·班科夫（Thomas Banchoff）作为双方教师代表联合主持对话。5月31日，研究院与马来西亚国家石油有限公司共同开展以"能源转型：一起点亮绿色未来"为主题的复旦-马石油对话会，吸引了来自厦门大学、北京外国语大学、中国石油大学等十余所兄弟院校的近百位师生参与。9月24—25日，日本研究中心举办"第三届中日关系青年学者论坛"，中日两国40多位青年学者通过线上线下相结合的方式，围绕"面向新时代的国际日本学研究——理论与方法"的主题进行研讨。11月2日，美国美中贸易全国委员会会长克雷格·艾伦（Craig Allen）一行到访美国研究中心，与院长吴心伯开展"中美关系对话"。11月8—14日，院长吴心伯作为中国人民外交学会代表团成员，赴美国纽约参加中美前政府官员和工商界人士对话以及其他重要交流活动。11月15—19日，院长吴心伯到访美国华盛顿，与布鲁金斯学会、战略与国际问题研究中心等机构的专家学者交流，并出席乔治城大学主办的学术会议，与美国国务院负责对华事务的助理国务卿帮办华自强（Rick Waters）、中国驻美大使馆井泉公使就中美关系交换意见。11月26日，研究院与上海国际问题研究院外交政策研究所、智利大学国际问题研究院联合在线举办2022上海论坛高端圆桌会议"新时代构建中拉命运共同体的机遇与挑战"。11月26—27日，日本研究中心举办"留日学人和中日关系——纪念中日邦交正常化50周年"国际学术研讨会，来自东京大学、早稻田大学、北京大学、浙江大学等海内外高校的40余位专家学者，围绕"留日学人与中日人文交流""留日学人与中日关系的发展""留日学人与中国现代化建设""留日学人与日本学研究"等四个专题进行深入研讨。12月2日，研究院举办第十二届复旦大学中国周边外交研讨会，主题为"百年变局下的中国周边外交：和平、合作与发展"，来自中国、柬埔寨、越南、菲律宾、巴基斯坦、印度尼西亚、韩国、俄罗斯和美国9个国家的专家学者以线上线下相结合的方式参会。12月7日，巴基斯坦研究中心与巴基斯坦亚洲生态文明研究所、白沙瓦大学、喀布尔理工大学中国研究中心联合举办第二届"中阿巴青年论坛"，中阿巴三国的7位专家和48名青年学生参会。

（吴心伯）

【发布品牌报告】 1月—9月，研究院先后发布《变局与谋局：复旦国际战略报告2021》《冷暖交织：新冠疫情持续下的中日关系2021》《欧洲对华政策报告（2021）》《欧盟的大国和地区政策（2021）》《中俄对话：2022模式》《欧洲对华经贸"脱钩"：现状与前景》等复旦品牌报告。

（林民旺）

【连续第四次获聘"外交部政策研究课题重点合作单位"】 4月，外交部向研究院颁发证书，确定研究院为2022—2024年"外交部政策研究课题重点合作单位"。这是研究院连续第四次获聘"外交部政策研究课题重点合作单位"。

（吴心伯）

【举办5场校庆报告会】 5月，为庆祝学校建校117周年，研究院、美国研究中心、日本研究中心、中东研究中心、中国与周边国家关系研究中心共举办5场校庆报告会，分别聚焦"俄乌冲突的影响与启示""美国内政与外交走向""邦交正常化50周年视野下的岸田政权与中日关系走势评估""中东国家对俄乌冲突的认知与反应""地区格局变化与中国周边外交"等热点问题展开讨论。吴心伯、胡令远、冯玉军、信强、宋国友、林民旺等20多位专家学者作专题发言，校内外参会师生共300余人次。这5场校庆报告会是学校117周年校庆科学报告会暨复旦大学2022智库周系列活动的重要组成部分。

（吴心伯）

【获3项上海市哲社优秀成果奖】 7月12日，获上海市第十五届哲学社会科学优秀成果奖3项。冯玉军著《欧亚新秩序》获上海市第十五届哲学社会科学优秀成果奖著作类一等奖；石源华著《新中国周边外交史研究（1949—2019）》获学科学术优秀成果奖著作类二等奖；任晓著《走向世界共生》获学科学术优秀成果奖著作类二等奖。

（冯玉军）

【入选高校智库评价三大榜单】 12月，国研院在由南京大学、江苏省社会科学院开展的智库评价中成为国内唯一同时入选"CTTI 2022年度高校智库百强榜A+""CTTI 2022年度智库建设标杆案例""CTTI 2022年度智库优秀成果特等奖"三大榜单的高校智库。

（宋国友）

先进材料实验室

【概况】 2022年，先进材料实验室（科技创新平台）有教职工64人，其中双聘研究人员32人、专职研究人员9人、党政管理人员6人、实验技术人员17人。研究人员中有院士6人、复旦特聘教授12人、国家自然科学基金委创新研究群体5个、国家自然科学基金委重大项目首席科学家2人、上海市优秀学科带头人14人。

全年招收研究生40人，其中硕士研究生14人、博士研究生26人。毕业硕士研究生11人、博士研究生12人。实验室在册研究生共有132人，其中博士研究生90人、硕士研究生42人。在站博士后18人，博士后出站10人。

科研成果。全年承担研究项目63项，其中包括科技部重大研究计划项目2项，国防项目4项，国家自然科学基金重大、重点项目17项，国家自然科学基金面上项目、青年基金5项，上海市项目11项，横向项目24项。2022年获批各类课题经费14 257万元，各类课题经费到款4 280万元。平台双聘、全聘科研人员在SCI收录期刊杂志上共发表以"先进材料实验室"为通讯单位的论文186篇，其中《自然-催化》（Nature Catalysis）2篇、《先进材料》（Advanced Materials）5篇、《美国化学会志》（Journal of American Chemistry Society）7篇。全年授权专利26项，新申请专利23项。陈培宁、王兵杰获国家基金委优秀青年基金项目资助，郑耿锋、晁栋梁、车仁超获Clarivate科睿唯安全球高被引科学家。

公共技术平台建设。10月中旬至12月底，完成介孔材料大型仪器设备共享平台建设项目的仪器购置工作，新购置仪器设备12台（套），共计5 330万元。参与筹建校级高性能电镜中心，完成其中2台电镜的购置工作，共计2 460万元。对原有仪器进行维修。继续推进培训工作，各类仪器培训学生共计175人次。

研究生工作。深化党建引领作用，邀请党总支书记马蔚纯带领新生党员、新发展党员参观共产党宣言展示馆、重温入党誓词。党总支副书记林丽为研究生党员讲"礼赞新时代，奋进新征程"主题音乐党课，为新建团支部授团旗、讲团课；指导支部书记结合自身学习，为支部党员讲党课。积极参与创建示范党支部，2021级研究生党支部获评三星级党支部。做好组织发展工作，发展党员4名。坚持以党建带团建，组织开展红色巴士之旅、集体观看电影《望道》、重温入团誓词、参观校史馆、参访杨浦滨江"绿之丘"新时代上海互联网企业党建创新实践基地等活动，举办"双创比赛"线上宣讲、"最美风景在江湾"摄影展、心理影片集体赏析等活动。加强与不同院系、学科间合作交流，组织研究生党团组织联合开展系列活动。学工首要负责人带队走访殷行街道共建单位，共商合作事宜。坚持筑牢校园抗击疫情防线，校园封闭管理期间，学生工作专职力量轮流进校值守，开展线上主题党团日、博士生工作坊、摄影书画、志愿服务等活动，丰富学生精神文化生活；邀请中科院院士赵东元教授为研究生作线上科技论文写作系列讲座，吸引校内外共计40 000多名师生听讲；用好疫情防控鲜活教材，分五期在"复旦先材人"微信公众号推送各类先进事迹。坚持党建促学术，指导研究生会主办复旦大学博士生学术论坛之新材料科学篇——"先进材料促发展，交叉学科促创新"，投稿数为历届最多。坚持实践育人，要求研究生全员参与社会实践与志愿服务活动，成功立项11个校级社会实践项目。组队参加复旦大学第七届乐跑赛、江湾校区趣味运动会等，获第二届江湾校区师生趣味运动会"同心协力"奖。

（林 丽 孙秋红 白 敏 万 昪 马蔚纯）

【获第八届中国国际"互联网+"大学生创新创业大赛全国金奖、上海赛区金奖及优秀指导教师称号】 2020级博士生王闯"高性能纤维电池产业化制备和智能织物的开发方案"项目获第八届中国国际"互联网+"大学生创新创业大赛上海赛区金奖、"柔性电池革命——高性能纤维电池产业化及智能织物开发"项目获第八届中国国际"互联网+"大学生创新创业大赛全国总决赛金奖。王兵杰副研究员获第八届中国国际"互联网+"大学生创新创业大赛上海赛区优秀指导教师称号。

（林 丽）

发展研究院

【概况】 2022年，发展研究院秉持学校赋予的"全校智库管理运营机构和聚焦中国发展的专业智库"双重职能，在保持和完善业务建设的基础上，以有组织科研强化统筹功能，以自主知识体系建构推进自身建设，多角度引领国内高校智库建设，着力构建全球思想生产中心，提升智库服务国家和地方的能力，向着世界上最有影响力的高校智库行列迈进。

强化统筹职能。1. 贯彻落实"党管智库"，发挥智库基层党支部生命线作用。2022年，发展研究院2个党支部开展党的二十大精神、国家发展动力等专题党课6次，主题党日活动28次，召开支委会20次，支部党员大会3次，共计发展党员2名。2. 夯实"融咨政"，形成复旦智库高质量发展新机制，与科研院、融创院等机构，信息学院、化学系等院系，包括院士在内的专家学者建立常态化对接机制。3. 以有组织科研推动复旦智库体系能级提升。对接教卫党委宣传处，做好"上海高校智库"项目的科研管理工作，统筹"复旦发展研究院智库支持计划""复旦大学人文社科先锋计划·决策咨询专项"等多个项目,鼓励开展学校咨政研究。4.参与上海市决策咨询奖评选,组织全校开展"第十三届上海市决策咨询研究成果奖"评奖活动,获评一等奖4项(位居上海各单位之首)、二等奖1项、三等奖3项,创历史新高。5.完善和细化人事管理评价标准,修订《复旦大学智库研究系列高级职务聘任实施办法(试行)》并通过智库人才工作小组审议。全年引进智库研究员2名,帮助实体机构引进研究员3名;完成2021年复旦大学智库研究系列高级职务的聘任(含新晋教授1名,副研究员2名)。6.持续推进"复旦智库"品牌建设,全年共发布复旦智库报告26期,其中英文9份,西班牙语1份,统筹开展"智库周"系列活动。

加强自身建设。1.积极发挥智库功能,高质量完成决策咨询工作。强化智库服务国家导向,积极报送决策咨询成果,主动对接中共中央办公厅及相关部委渠道,加强对上海地方的服务与贡献;服务上海抗疫大局,围绕上海疫情防控的若干问题开展专项研讨,并形成专报报送;主动对接教育部社科司,承担部内内刊编辑工作。2.坚持构建全球智库网络,多路径推进中外人文交流。举办上海论坛2022,持续发挥上海论坛品牌影响。继续探索海外中国研究中心发展路径,复旦-欧洲中国研究中心深度参与国际科研合作,在中心协调下,复旦大学是唯一成功获批欧盟地平线项目的中方参与单位,并有其他多个项目获欧盟研究委员会、挪威研究基金会赞助;复旦-加大中国研究中心举办"中国研究工作坊""青年学者论坛"等活动。继续推进国际大学联盟建设。依托复旦-拉美联盟"种子基金",组织开展中拉研究课题,其中"中拉减贫比较研究Lab"获中国国际扶贫中心资助;金砖国家大学联盟承办多项重要活动,包括中联部主办的2022金砖国家智库国际研讨会等;鼓励海外访问学者使用多语种(中、英、西、葡)发表成果,海外访问学者全年以发研院访问学者名义出版论著11本,发布研究报告4本,发表学术论文10篇,媒体发表17篇。3.推进科研工作稳步开展,持续产出高质量哲学社会科学成果。持续推进"国家发展动力"议题,积极构建自主知识体系。建立全球发展动力版图动态可视图,将国家发展动力指数化,以较高频次发布报告;邀请多国多方学者共同参与,形成"对外国家动力与全球发展、区域和国家发展、全球创新竞争中的青年综合实力与国家发展动力"主题相关的系列研究成果;建设国情资料库与动力数据库,创设《国家发展动力》季刊,并推动内参刊物《中国观》围绕"国家发展动力"主题进行升级改版。发展研究院专职研究员持续产出高质量成果,全年发表学术论文29篇,包括SSCI 6篇、CSSCI 15篇;出版书籍4本,包括编著3本,专著1本;立项纵向课题6个,包括2个国家级项目和4个省部级项目,签订横向课题22个,在《中国青年报》《中国社会科学报》《文汇报》等主流媒体发表文章11篇。加强对博士后的引育培养,全年共有上海市超级博士后2人,学校超级博士后2人。4.深化政企合作,滋养智库建设。与农业农村长江办、上海哲社办等政府部门建立深度合作;与金光集团、中宏保险、丰实集团、韩国高等教育财团等国内外企业开展深度合作。本年度获捐赠款约755万元,累计课题经费约1 100万元,到账500万元。

2022年,复旦发展研究院入选中国智库索引(CTTI)2022年度高校智库百强榜。

（黄　晨）

【首次发布《2021年上海消费市场大数据蓝皮书》】 3月2日,消费市场大数据实验室(上海)首次发布《2021年上海消费市场大数据蓝皮书》。《蓝皮书》囊括了《2021年上海消费市场发展情况报告》,以及《上海首发经济发展报告》《上海免税及退税消费发展报告》《上海夜间经济发展报告》《上海零售物业市场发展报告》《上海与国内城市消费往来发展报告》《"五五购物节"对上海消费促进的评估报告》等六大专题研究报告,为政府部门决策、产业研究及企业发展等提供参考。

（黄　晨）

【助理研究员李琴获评"全国长江禁渔执法监管先进个人"】 3月18日,国家长江禁捕退捕工作专班印发《关于对2021年度长江禁渔执法监管先进集体和先进个人给予表扬的通报》。复旦发展研究院是禁捕执法协作部门和机构,发研院李琴同志获评全国长江禁渔执法监管先进个人。

（黄　晨）

【发布《中国网络社会心态报告(2020)》】 4月27日,复旦发展研究院传播与国家治理研究中心、上海信息安全与社会管理创新实验室、哔哩哔哩公共政策研究院联合发布《中国青年网民社会心态调查报告(2009—2021)》。此次调查在社交媒体通过分层抽样抽取4 556个出生于1990年至2005年的来自不同区域、年龄层和教育层级的活跃青年网民作为研究样本,建设100余万条人工训练集数据库,将数据分为2017年以前(2009—2016)和2017年以后(2017—2021)两个时间段。报告分为"经济生活观""婚恋生育观""文化价值观"三个篇章。

（黄　晨）

【举办"复旦大学2022智库周系列活动"】 5月19—6月10日,发展研究院统筹校内外14家机构开展"智库周"系列活动,共举办学术活动15场,百余位专家学者作主题发言,近千位校内外专家学者、青年学生在线上线下参与活动。

（黄　晨）

【举办2022全球网络空间治理国际研讨会】 6月28日,由网络空间国际治理研究基地主办的2022全球网络空间治理国际研讨会以线上形式举办,会议围绕"新时期的全球网络空间治理新秩序——携手构建网络空间命运共同体"的主题进行研讨,来自高校、研究机构、产业的专家、学者共计16人参会发言。

（黄　晨）

【举办林业碳汇与实现路径研讨会】 6月29日,由复旦发展研究院、复旦大学IRDR风险互联与治理国际卓越中心、上海能源与碳中和战略研究院和金光集团APP(中国)共同举办的林业碳汇与实现路径研讨会以线上形式召开。来自国家林草局中国林业科学研究院林业科技信息研究所、国家林业和草原局调查规划设计院、金光集团APP(中国)、复旦发展研究院、复旦大学环境科学与工程系、复旦大学大气与海洋科学系、上海市园林科学规划研究院、上海市发改委碳汇示范计划等学界、政界、商界的20多位领域内专家学者参与。与会者从不同角度对我国林业碳汇与实现路径的发展提出建议。

（黄 晨）

【举办中韩大学生领导力交流项目十周年系列活动之"中韩学生深度对话"】 6月30日，由复旦大学与韩国高等教育财团共同主办的中韩大学生领导力交流项目十周年系列活动之"中韩学生深度对话"以线上方式举行。来自复旦大学、北京大学、交通大学、高丽大学、首尔大学、延世大学、加州大学圣地亚哥分校（UCSD）、芝加哥大学等高校的20位中韩学生就中韩两国的社会价值观和国家发展差异、数字和智慧城市建设，以及"躺平族"兴起而带来的失业和低生育率等社会问题展开讨论。来自复旦大学、首尔大学和延世大学的6位老师为学生们提供建议和指导。

（黄 晨）

【举办2022年上海暑期学校（金砖国家项目）】 7月18日—8月7日，由复旦发展研究院金砖国家研究中心承办的"2022年上海暑期学校（金砖国家项目）"在线上举行。该暑期学校主题为"全球化新阶段：金砖国家发展动力"，来自金砖国家32所知名大学和研究机构的43名在校学生参加。项目共邀请18位来自金砖国家的专家、学者授课演讲，内容围绕金砖国家与全球经济治理改革、金砖国家安全合作、教育合作、金砖国家在全球卫生治理中的作用、数字经济、能源转型、气候变化等9个新兴议题。会议期间同时安排新开发银行讲座和文化分享、才艺展示等活动。

（黄 晨）

【复旦发展研究院合作研究成果获第六届中国水产学会范蠡科学技术奖二等奖】 9月15日，复旦发展研究院与中国水产科学研究院、湖北省长江生态保护基金会、中国农业大学等单位组织实施的《长江禁捕退捕渔民补偿机制设计及应用》项目获第六届中国水产学会范蠡科学技术奖科技进步类二等奖，复旦发展研究院助理研究员李琴博士为该成果的第二完成人员。

（黄 晨）

【举办2022金砖国家智库国际研讨会】 9月15日，2022金砖国家智库国际研讨会以线上形式举办。会议由金砖国家智库合作中方理事会主办，复旦发展研究院金砖国家研究中心承办。金砖国家研究中心主任沈逸教授主持会议，金砖国家智库合作中方理事会秘书长、中共中央对外联络部研究室主任金鑫，复旦大学副校长陈志敏分别致辞。来自金砖五国高校和智库的专家学者共计20余人参会，就"新时代下金砖国家深化全球治理合作的挑战和路径"的主题展开交流。

（黄 晨）

【研究员王帆入选"上海市健康科普青年英才能力提升专项"】 10月31日，上海市健康促进委员会办公室公布第一轮上海市健康科普人才能力提升专项立项名单，复旦发展研究院研究员、院学术委员会委员王帆入选"上海市健康科普青年英才能力提升专项"。

（黄 晨）

【举办2022年世界互联网大会乌镇峰会"网络空间国际规则：实践与探索"论坛】 11月10日，2022年世界互联网大会乌镇峰会"网络空间国际规则：实践与探索"论坛在浙江乌镇举行。本次论坛由复旦大学和北京邮电大学主办，中国电子信息产业发展研究院、北京航空航天大学协办。来自各国政府、高校、研究机构、行业协会和企业代表等近60位嘉宾通过线上、线下方式参加论坛。与会嘉宾就"围绕促进数字基础设施普惠接入加强国际合作""加快构建数字规则体系，加强数字发展国际合作""构建网络空间国际治理新秩序"等进行交流探讨。论坛同时发布《构建网络空间命运共同体》系列国际研讨会成果汇编》（中英文）。

（黄 晨）

【举办第四届复旦-拉美大学联盟年会】 11月10—12日，由复旦-拉美大学联盟和墨西哥蒙特雷科技大学主办的第四届复旦-拉美大学联盟年会以线上会议方式举行。本届年会共设"可持续发展合作""投资与贸易""治理、地缘政治与新金融秩序""国家发展动力"4场分论坛。来自中国内地、中国澳门、墨西哥、阿根廷、巴西、智利、哥伦比亚、秘鲁、西班牙的50余位学者与会分享研究成果。

（黄 晨）

【商务部副部长盛秋平到复旦大学就消费市场大数据实验室（上海）建设情况与成效进行调研】 11月11日，商务部副部长盛秋平一行来到复旦发展研究院，就消费市场大数据实验室（上海）建设情况与成效进行调研。商务部市场运行和消费促进司副司长李党会，流通发展司副司长李刚，上海市商务委主任顾军、副主任刘敏，复旦大学副校长陈志敏，复旦发展研究院执行院长张怡等陪同调研。

（黄 晨）

【文化和旅游部科技教育司副司长杨莎莎到文旅部数字文化保护与旅游数据智能计算重点实验室（复旦大学）调研】 11月13日，文化和旅游部科技教育司副司长杨莎莎一行至文旅部数字文化保护与旅游数据智能计算重点实验室（复旦大学）（以下简称"实验室"）调研。文化和旅游部科技教育司主任科员但乐，上海市文化和旅游局信息科技处处长张毅，实验室主任、复旦大学计算机学院教授张新鹏，实验室副主任、复旦发展研究院副院长黄昊和复旦大学旅游学系副主任孙云龙出席调研会。

（黄 晨）

【举办"上海论坛2022"】 详见"学校综述"【举行"上海论坛2022"年会】条，第61页。

【举办第七届传播与国家治理论坛】 12月3日，以"数字中国与传播创新"为主题的第七届传播与国家治理论坛在校举行。复旦发展研究院传播与国家治理研究中心、复旦大学新闻学院、复旦大学全球传播全媒体研究院联合举办本次论坛，新闻传播学界的10位资深学者发表主旨演讲。600余位来自全国各地的学界和业界嘉宾和观众在线上线下出席此次论坛。

（黄 晨）

二、上海医学院

综　述

【概况】 复旦大学上海医学院有直属院所平台14个,附属医院(含筹建)18所,设有本科专业10个,有博士学位授予权的一级学科9个,博士后科研流动站8个。有专任教师767人、专职科研人员199人,其中高级职称619人。有中国科学院院士10人,中国工程院院士5人。全院在校生11 820人,其中博士研究生4 017人(含港澳台生27人,留学生18人),硕士研究生3 603人(含港澳台生23人,留学生40人),普通本科生4 200人(含港澳台生75人,留学生226人)。年内,招收本科生813人(含港澳台生12人,留学生31人)。招收研究生2 359人(含港澳台生20人,留学生25人),其中硕士生1 282人,博士生1 077人。

学习宣传贯彻党的二十大精神。通过收看现场直播、举办党委理论中心组研讨、邀请专家作辅导报告等方式,深入学习习近平总书记在中国共产党第二十次全国代表大会上的报告精神、上海市第十二次党代会精神。制订印发《关于认真学习宣传贯彻党的二十大精神的通知》,对医学院各级党组织和全体党员干部学习二十大精神进行专门部署。制订医学院学习宣传贯彻党的二十大精神主题教育方案,组建师生理论宣讲团,深入各单位开展宣讲,迅速掀起学习宣传贯彻党的二十大精神热潮。

庆祝复旦大学上海医学院创建95周年。2022年是复旦大学上海医学院创建95周年,通过举办贯穿全年的"十个一"重点活动(一个纪念大会、一个文艺晚会、一场高峰论坛、一个系列研讨会、一场校友论坛、一场大型义诊、一座文化场馆、一部纪录片、一部话剧、一套丛书),回顾上医光荣历史,展示办学成就,赓续红色血脉,弘扬优良传统,凝聚广大师生和校友力量,向着第二个百年奋斗目标团结迈进。10月20日,纪念复旦大学上海医学院(原上海医科大学)创建95周年"聚力建设'第一个复旦'书写上医新辉煌"主题论坛举行,发布《建设"第一个复旦"上海医学院行动宣言》,彰显上医人加快探索综合性大学办医学院新路、加快建设中国特色世界一流医学院的信心与决心。围绕"引领发展 创新融合—复旦大学附属医院高质量发展""基础—临床交叉融合与转化""一流医学人才培养""新医科人才成长之路""合作、创新与发展"等主题开展"第一个复旦"医学系列研讨,凝聚师生智慧。

全力以赴打赢大上海保卫战。充分发挥党的政治优势和制度优势,充分发挥各级党组织战斗堡垒作用和广大党员先锋模范作用,调动一切力量,抗击新冠疫情。召开医学院疫情防控领导小组会议7次,分党委书记会9次,应急指挥部会议69次。制订印发各类工作方案25项,疫情防控专报78期,指挥部工作提示32项。迅速建立临时党组织55个,党员突击队8个,党员先锋岗30个。在校内值守过的副处级以上干部96人,65名学工干部和辅导员坚守一线,2 479名居家师生党员到社区报到参加志愿服务。第一时间成立校园防疫志愿者服务队,2 500余名师生、党员志愿者在楼宇楼层服务、核酸检测相关、快递服务、接驳车秩序维持、公卫流调、环境采样、枫林"云超"、"医问医答"、学生返乡服务等岗位开展志愿服务,累计服务离校返乡学生1 400余人次,接送师生员工超3.5万人次,发放抗原检测试剂盒近8 800盒,开展流调2 000人次,检测样本1 000多份,服务时长超6万小时。6家直属附属医院始终坚守在疫情防控和患者救治的前线,在定点医院、亚定点医院、方舱医院等医疗救治点开展救治工作。累计派驻抗疫医护技等团队工作人员3 885人次,收治患者74 000余人次,派出核酸采样队伍4 000余人次。解除校园封闭管理后,进一步落实优化疫情防控措施,科学精准开展校园疫情常态化防控和应急处置,切实维护校园安全稳定。

全面深化医学教育领域综合改革。1.深化教育评价改革。推进本科生评价考核方法改革,形成性和终结性评价相结合。编制《"申请-考核"制招收博士研究生工作规范(暂行)》和相应招生选拔办法,取消临床医学专业学位报考对同等学力的限制,注重评价考生真才实学。在培养过程中探索轮转学习和长周期奖励,推动修订学位授予标准,树立正确学术导向。2.全力构建"十育人"工作新格局。稳步推进"博士生医疗服务团"(实践育人)、"上医师道"系列校史剧(文化育人)、"三全育人"辅导员工作室(管理育人)、"福庆学者"学生科创项目(科研育人)、"医起来"心理工作联盟(心理育人)、医学生党员成长计划(组织育人)、医学人文职业导航课程(课程育人)、"一站式"学生社区(服务育人)、"屏连心"线上工作矩阵(网络育人)、"五维德育"励志成长计划(资助育人)等思政重点项目。推进课程思政研究,建设学院课程思政教学研究分中心,10门课程入选上海市课程思政示范课,8门课程被确立为复旦大学课程思政标杆。3.加强卓越医学人才培养体系建设。推进医科"2+X"本科生培养体系建设,在医学院实现国家级一流本科专业全覆盖。推动以学为中心的教学改革，打造优质课程，运用PBL、CBL、TBL及模拟教学、虚拟仿真教学等多种教学方法。建立"全程导师制-课程体系改革-实践创新论坛-科技创新中心"四位一体的创新型医学人才培养模式，持续推进多维教学质量监督。推进新时代教材建设，优化院系两级责任制，严格把控教材选用、管理、审查各环，立项支持20本医学特色教材编著。获复旦大学"七大系列百本精品教材"邀请制项目12项，教材建设奖特等奖8项、一等奖12项、二等奖12项，博学·医科窥径系列教材开始出版。4.积极优化研究生培养布局。增列口腔医学博士专业学位授权点，设置神经科学与转化二级学科，脑科学转化研究院单列招生代码，完成公共卫生博士专业学位点方案院系论证。招录直博生、推免硕士生较上年显著增加，50余名本校优秀本科生通过"卓博计划"攻读博士学位。公共卫生学院进行国家高层次应用型人才创新培养项目和上海高校学位点培优培育专项建设，入选国家首批高水平公共卫生学院建设序列，"复旦-中国人保委托培养合作项目"签约并开始健康管理专业硕士招生。大力推进学科交叉与融合创新人才培养，优化修订上海市重大传染病和生物安全研究院、脑科学转化研究院、生物医学研究院等学科交叉研究机构人才培养方案24份。完成第12届学位评定分委员会换届，组织"新锐博导论坛"等系列活动11场。

加快医学院人才队伍建设。1.建设高水平医学人才高地。引进高层次人才68人，入选国家和上海市各类高层次人才计划76人，推荐申报上海人才揽蓄行动项目46人。修订医科教学科研系列高级职务聘任学术评价标准，开展各级各类职称评审工作，其中临床教授共聘任95名（教授44名、副教授51名）。34人入选上海市"超级博士后"激励计划，5人获评复旦大学优秀博士后，37人获聘"复旦大学超级博士后"，21人延期续聘。2.持续打造一流医学师资队伍。以提升导师指导能力为目标，通过教材建设推进高质量教学团队和教师教学能力与水平提升。"正谊导师学校"培训导师1400余人次，开展复旦-哈佛全球临床学者研究培训项目（GCSRT）和临床师资培训项目（T2T），推进中华医学基金会（CMB）一流医师队伍项目。获上海市优秀教学成果特等奖2项，入选优秀教学成果11项，4项获得上海市推荐申报国家级教学成果奖。以师德师风与教师能力建设为主线，推出"钟扬式"好老师、好团队风采展，宣传复旦上医人争做"大先生"的优秀事迹，葛均波院士团队获第二批"全国高校黄大年式教师团队"创建认定。

提升创新策源功能和服务能级。1.统筹组织推进医科"双一流"和高水平地方高校建设项目的立项与实施。积极推进基础医学、临床医学、药学、中西医结合、公共卫生与预防医学5个国家新一轮"双一流"建设学科学术发展中心的运行，从人才梯队、科教产出、服务能力、学术影响四个维度对6家直属医院16个代表性顶尖学科开展评估。完成首批学科交叉融合需求和基础临床融合创新代表性案例征集发布，上海市重大传染病和生物安全研究院获国家疫苗产教融合创新平台立项。制订发布《高水平地方高校建设项目实施管理办法》《高水平地方高校建设专项经费管理办法》，夯实制度和管理保障体系。统筹高水平地方高校建设项目，推动和南通经济技术开发区、晋江市等地区战略合作框架协议的签订，推进与济南和淄博、绍兴等地的合作，加快区校合作布局。2.统筹推进"大平台"建设，服务创新策源能力稳步提升。组建脑功能与脑疾病全国重点实验室，参与组建心脏病全国重点实验室、克服递药屏障高端制剂全国重点实验室、中西医结合情志病防治全国重点实验室。推进治疗性疫苗国家工程实验室验收、优化整合，协助推进广州实验室上海基地建设。BSL-3实验室获国家卫生健康委批准，成为首批国家高等级病原微生物实验室生物安全培训基地之一。获批建设核酸实验室。主动对接上海科创中心建设，推进营养研究院、新药创制联合研究中心、中西医结合研究院、罕见及疑难病防治研究院申报。新增健康老龄化智慧医疗教育部工程研究中心、上海市肾脏疾病临床医学研究中心、上海市妇科疾病临床医学研究中心3个省部级科研平台，新增复旦大学智能医学研究院（筹）实体运行科研机构，新增复旦大学中国人保健康管理研究院虚体研究机构。3.加强基础研究创新引领。年内新增科研经费到款总数为5.53亿元。获批国家重点研发计划8项、"科技创新2030"计划10项，累计国拨经费逾2.9亿。立项校内先导计划18项。新增国家自然科学基金各类资助项目564项。新增各类科技奖项（人）85项。新增申请专利1258项，授权专利1026项。签订专利成果转让和许可合同109个，累计合同金额为6.2亿元，科研到款1330万元。签署543项技术开发、转让、咨询、服务和联合实验室等项目，立项金额8.5亿元，科研到款近1.2亿元。总发表论文6774篇，其中中文论文2057篇，SCI论文4717篇，以第一完成单位牵头发表CNSNL论文4篇。4.积极响应上海建设"五个新城"的重大举措，服务地方发展。进一步推进宝山院区建设工作，形成初步规划方案。推进闵行复旦上医创新研究院建设，推动同上海交通大学医学院、上海中医药大学等院校的交流互动，促进同中国人保、复星医药、艾力斯等企业的合作。作为主要技术力量支撑健康城市WHO合作中心开展"健康上海"计划，积极拓展西太/"一带一路"地区合作。

持续发挥附属医院"国家队"示范作用。2022年，附属医院开放床位数19402张，全年门急诊服务量2896.26万人次，出院人数79.37万，住院手术服务量62.04万人次。中山医院获批立项全国首个综合类国家医学中心。推动国家儿童医学中心、国家神经疾病医学中心、国家传染病医学中心建设，加强政策支持、保障和考核监督。6家直属附属医院被全部列为国家区域医疗中心输出医院；肿瘤医院福建医院、儿科医院海南医院入选第三批国家区域医疗中心"辅导类"项目，妇产科医院河南医院入选第四批"国家区域医疗中心"建设项目。附属医院承担江西、四川、云南、西藏、青海、新疆等中西部6省、市、自治区20余地州市56家医疗机构援建工作，全年派出医疗挂职干部及医务人员116人，新建远程医疗中心29个，建立特色专科64个，开展各类新技术、新项目601项；派出10名医务人员帮扶摩洛哥的4家医疗机构。附属医院3个专家工作站落地永平，目前共设立9个专家工作站，其中7个专家工作站成为云南省级工作站。妇产科腹腔镜培训中心、儿科医院"陈翠贞儿童健康发展中心"在永平县人民医院成立。妇产科医院在云南建立"上海-云南妇产科疾病临床协作中心"。

推进全面从严治党向纵深发展。1.强化思想认识，注重政治建设，筑牢意识形态底线。确保全面从严治党主体责任一抓到底，强化"第一议题"制度；全年召开38次党委会、27次院长办公会，进一步贯彻落实《党委领导下的院长负责制实施办法》《关于加强医学院党的政治建设的实施意见》《重大事项请示报告实施办法（试行）》的各项要求。不断强化各级党组织的政治功能，确保中央和市委决策部署、学校和医学院党委的具体要求贯彻落实到基层党组织，实现"一（医）路畅通"。将意识形态工作纳入年度党建工作要点，逐项推进工作落实，党委会研究部署意识形态工作4次，妥善做好意识形态风险情况摸底排查工作，营造良好舆论氛围。2.扎实推动院系和附属医院的基层党建工作，党建引领精神文明建设。积极推动教育部新时代高校党建"双创"工作、上海市"攀登"计划的落实，抓实抓牢首批41个"党建工作样板支部"培育创建工作，成功创建上海市党建工作样板支部1个，2个党支部入选第三批全国党建工作样板支部创建名单，1个院系入选上海市"攀登"计划标杆院系创建名单，2个党支部入选上海市"攀登"计划和样板支部创建名单，2个学生党支部和3名学生党员入选上海高校"双百"创建名单。推动附属医院党建工作质量再上新台阶，附属妇产科医院"午间分享会"党建案例获"2020—2021全国公立医院党建创新案例"，6个党支部入选2021年度市教卫工作党委系统党支部建设示范点。党建引领下，各类荣誉获奖成绩喜人，精神文明建设硕果累累。2022年，上医人获得全国五一巾帼奖状1项、全国五一巾帼标兵岗1项、"全国五四红旗团支部"1项、"全国优秀共青团干部"1项、"中国医师奖"1项、"最美医生"1项、第二批"全国高校黄大年式教师团队"1项。3.强化对青年干部的引导，落实干部日常管理监督制度。突出加强对年轻干部的日常管理教育监督，举办机关青年干部培训班；汇编年轻干部违纪违法案例集，加大警示教育力度；建立完善对年轻干部的传帮带机制，加强日常性、经常性监督管理。把严格监督管理体现在日常，坚持抓早抓小、防微杜渐，实事求是运用监督执纪"第一种形态"，常态化开展约谈提醒。以党内监督为主导，定期听取医学院纪委开展监督检查、执纪问责情况报告，了解掌握选人用人、意识形态、公立医院党建等领域职能监督的情况；抓实二级党委书记抓基层党建工作述职评议考核工作，把推动党组织书记种好党建"责任田"作为述职评议考核的主线，促进干部日常管理监督制度得到有效落实。4.健全完善挂职交流机制。培训组织员48人次，组织教职工党支部书记参加培训303人次。在近年来实施科级干部挂职、骨干专家赴附属医院挂职等项目经验基础上，2022年新增副处级干部挂职项目，新一批各类挂职干部25人。派出援藏、青、疆、滇等援建干部人才22人，为援建工作取得新进展发挥作用。5.落实新时代党的建设总要求和党的组织路线。研究制订《关于加强学生党建工作的指导意见》《学生党支部书记考核方案》，做好学生党员发展对象培训班、学生党支部书记培训班，针对校内院所、直属附属医院、非直属附属医院学生党建工作的不同特点进行分类指导。党建服务中心完成党员组织关系转出938人次，转入3 100人次，完成党员发展、转正材料审核856份。扎实推动医学院出席市十二次党代会代表推选和市教卫系统出席党的二十大代表推选各项工作，在党代表候选人初步人选推荐提名中实现党支部和党员参与率100%。6.严格抓好制度落实，培训培养能够落实制度的高素质干部人才。根据《关于附属医院经济领域重点部门干部任期制管理的意见》规定，各医院完成重点部门干部轮岗32名，对落实未到位的个别医院进行提醒并要求整改。为附属医院党务工作队伍提供更多学习培训机会，对6家附属医院263名教职工党支部书记进行全覆盖培训，13名党务干部、10名教职工支部书记参加市医疗卫生党员干部高级研修班和"双带头人"党支部书记示范培训班。7.贯彻统战工作会议精神，凝聚党外人士共识，做好民族宗教工作。引导党外人士深入学习领会党的二十大精神及中央统战工作会议精神，进一步推动《中国共产党统一战线工作条例》精神的贯彻落实。着力开展强化党外代表人士队伍培养、人才输送、政治安排等重点工作。在各民主党派组织换届中，1人担任民主党派中央副主席，5人担任民主党派中央委员；2人担任党派市委副主委，6人担任党派市委常委，5人担任党派市委委员。在市人大代表、政协委员推荐中，分别有4人和11人列入考察人选。本年度认定无党派人士25人，总规模实现破百（106人），达到中等规模民主党派组织水平。筑牢安全底线，做好民族宗教工作，依托民族学生工作室项目，做好民族学生思想引导；争取社会资源为民族新生申请资助，组织师生参加1+1结对帮扶项目，加强民族学生就业指导。进一步落实民族宗教工作主体责任，坚决抵御宗教渗透和防范校园传教，切实维护校园和谐稳定。

推进校园基建修缮和重大文化工程建设。根据学科发展整体规划需求，完成基础医学院、公共卫生学院、药学院本科生教学实验室的布局调整与资源整合。制订本科教学实验室治道楼改建方案。为治道楼改建教学之用，完成办公空间腾挪点图书馆楼16—18层的修缮。将西六号楼修缮建设成上医文化中心、复旦大学上海医学院院史馆，在院庆纪念活动当日如期开馆，成为蕴含丰富精神力量的重大文化工程。在福庆广场新建"上医在重庆歌乐山办学地老校门"，院训、院歌、上医精神交相辉映。

（陈东滨）

【举行复旦大学上海医学院创建95周年师生元旦健康跑活动】 1月1日，复旦大学上海医学院创建95周年师生元旦健康跑热力开跑，作为95周年院庆系列的首发活动，开启上医展望未来、凝心聚力、继续前行的新篇章。校长、上海医学院院长金力为比赛鸣枪发令。校党委副书记、上海医学院党委书记袁正宏及上海医学院领导班子成员，以及来自复旦上医各单位的运动爱好者参加活动。 （马楚涵）

【举行2021年度"一健康基金"颁奖仪式】 1月14日，以"为爱前行，永不止步"为主题的2021年度"一健康基金"颁奖仪式在复旦大学上海医学院举行，来自附属医院和各院系、平台的20位教师、36位本科生、研究生和3篇《微生物与感染》杂志优秀论文获得奖励。一健康基金创始人、中国工程院院士闻玉梅，上海医学院院董、校友龚朝晖，一健康基金捐赠人、上海知到知识数字科技有限公司葛新，一健康基金管理委员会主任、校党委副书记、上海医学院党委书记袁正宏，校务委员会副主任、上医校友会会长桂永浩，上海医学院副院长朱同玉，一健康基金管理委员会委员包志宏，各附属医院、医学院职能部处院系平台负责同志及师生代表参加颁奖仪式。 （张欣驰）

【与南通经济技术开发区签订战略合作协议】 2月11日，与南通经济技术开发区管委会签订战略合作协议。校长、上海医学院院长金力，校党委副书记、上海医学院党委书记袁正宏一行在南通滨江会议中心，与南通市委书记王晖，市委副书记、代市长吴新明会面，就深化拓展校地合作进行交流。根据合作协议，双方将携手建设一流区域医疗中心，扩大"复旦医疗"在长三角影响力，为推动长三角卫生健康一体化发展树立"新样板"。

（马楚涵）

【5个学科入选第二轮"双一流"建设学科】 2月14日，教育部、财政部、国家发展改革委公布第二轮"双一流"建设高校及建设学科名单。复旦大学上海医学院基础医学、临床医学、公共卫生与预防医学、中西医结合、药学5个学科入选本轮"双一流"建设学科。

（曹西蓉）

【与徐汇区卫生健康委员会合作共建签约】 8月29日，复旦大学上海医学院和上海市徐汇区卫生健康委员会在漕河泾街道社区卫生服务中心举行合作共建签约仪式。在第一批合作共建的三家社区卫生服务中心（斜土街道社区卫生服务中心、枫林街道社区卫生服务中心、徐家汇街道社区卫生服务中心）的基础上，增加康健街道社区卫生服务中心、漕河泾街道社区卫生服务中心、龙华街道社区卫生服务中心。

（张欣驰）

【复旦大学口腔医学院正式成立】 9月16日，学校召开干部会议正式宣布成立复旦大学口腔医学院，宣读复旦大学口腔医学院党政班子任命的决定。刘月华任口腔医学院院长，王珏、陈栋、吴瓈璐任口腔医学院副院长；陈正启同志任口腔医学院党委书记，刘月华同志任党委书记（兼），张颖同志任党委副书记兼纪委书记，王艳同志任党委副书记。

（张欣驰）

【举行复旦大学上海医学院2022级新生迎新大会】 9月13日，复旦大学上海医学院暨克卿书院2022级新生迎新大会在正大体育馆举行。校长、上海医学院院长金力，校党委副书记、上海医学院党委书记袁正宏等复旦大学上海医学院党政领导，克卿书院院务委员会代表，上海医学院各本科生新生培养单位主要领导、分管教学和学生工作院领导，新生导师，新生辅导员和855名2022级上海医学院全体新生共同参会。迎新大会后，袁正宏以"启航新征程，奋楫正当时，做不负时代的上医人"为主题，向2022级本科新生讲授一堂生动的思政课。

（张欣驰）

【复旦上医多项成果获2021年度上海医学科技奖】 9月14日，2021年度上海医学科技奖一等奖答辩会暨奖励委员会委员会议在上海市医学会学术报告厅举行。本届上海医学科技奖授予一等奖7个、二等奖20个、三等奖36个，成果推广奖4个，青年奖6个。复旦上医作为第一完成单位共有15项科研成果获本届上海医学科技奖，其中中山医院李小英领衔项目"2型糖尿病的肝源机制研究"，儿科医院徐虹领衔项目"创新性的遗传性肾脏病精准诊治与研究体系的建立和推广"等2项获一等奖；中山医院宋元林领衔项目"急性呼吸窘迫综合征致病新机制和诊疗新技术及推广"，华山医院王正昕领衔项目"肝脏移植精准诊疗技术体系的创建与临床应用"、陈世益领衔项目"膝关节不稳人工韧带重建创新技术及临床应用研究"，肿瘤医院章真领衔项目"局部晚期直肠癌新辅助治疗策略的创新和精准治疗体系的建立与应用"，眼耳鼻喉科医院周行涛领衔项目"圆锥角膜快速交联的关键技术与优化"等5项获二等奖；中山医院罗哲领衔项目"重症肺炎的综合治疗关键技术建立及推广应用"、石洪成领衔项目"SPECT/CT技术操作规范的建立与临床应用及推广"，肿瘤医院杨慧娟领衔项目"宫颈癌的分子生物学、免疫学特征及其临床意义"，儿科医院王晓川领衔项目"原发性免疫缺陷病精准诊治体系的建立和应用"，上海市第五人民医院董有海领衔项目"组织工程骨生理性重建人工椎板及其机制研究"、揭志军领衔项目"呼吸道病毒感染的早期诊治、免疫机制研究及推广应用"，闵行区中心医院冯莉领衔项目"长非编码RNA在胃癌发生发展中的机制研究及临床诊治应用"等7项获三等奖；中山医院符伟国领衔项目"复杂主动脉夹层腔内治疗方案的应用与推广"获成果推广奖。

（戴悦春）

【举办复旦大学"十大医务青年"二十周年交流论坛】 9月25日，作为上医创建95周年系列活动之一，复旦大学"十大医务青年"二十周年交流论坛在中银大厦举办。复旦大学十届"十大医务青年"线上线下汇聚一堂，共话"正谊明道"上医院训，传承弘扬"为人群服务，为强国奋斗"上医精神。《医路二十载，薪火向未来——复旦大学"十大医务青年"访谈录》现场发布，复旦大学"十大医务青年"联盟启动。校长、上海医学院院长金力，上海市卫生健康委员会主任邬惊雷，共青团上海市委员会副书记徐豪，校党委副书记尹冬梅，上海医学院党委副书记、副院长徐军，中山医院党委书记汪昕，眼耳鼻喉科医院院长周行涛等出席活动。 （张欣驰）

【举行复旦上医创建95周年大型健康咨询活动】 10月15日，复旦大学上海医学院齐聚多方优质医疗资源，以线上线下结合的方式举办"正谊明道展初心，健康服务为人群"——复旦大学上海医学院创建95周年大型健康咨询活动。18家附属医院结合各自特色，依托各医院互联网医院平台，在线举行大型义诊活动。本次义诊由36位医院重点专科学科带头人领衔，共计439位专家和优秀医师代表参加，为3 000余名患者带来足不出户的云就医体验。 （陈琳）

【抗战时期上医重庆歌乐山办学纪念校门揭牌】 10月19日，抗战时期上医重庆歌乐山办学纪念校门在复旦大学上海医学院福庆广场上正式落成揭牌。纪念校门按照1941至1946年间上医在重庆歌乐山上办学的校舍大门复原建造，承载着老一辈上医人开拓进取、爱国奉献的精神，也象征上医与重医两校之间深厚血脉联系。校长、上海医学院院长金力，校党委副书记、上海医学院党委书记袁正宏，重庆医科大学校长黄爱龙，原上海医科大学党委书记、复旦大学党委原副书记彭裕文，上医校友会会长、复旦大学原常务副校长、上海医学院原院长桂永浩，上海红十字会原常务副会长、上医校友会药学分会会长熊仿杰，复旦大学党委原副书记王小林，原上海医学院党委书记程刚，复旦大学原副校长张志勇，颜福庆老校长之孙、复旦大学放射医学研究所副研究员颜志渊，医学院各部处、院所负责人，学生代表等领导出席揭牌仪式。 （张欣驰 张晓磊）

【举行复旦上医创建95周年捐赠鸣谢仪式】 10月19日，庆祝复旦大学上海医学院（原上海医科大学）创建95周年捐赠鸣谢仪式在治道楼二楼和汉堂举行，向为95周年院庆捐赠的校友、院董和社会热心人士及机构颁发捐赠牌和感谢状。校长、上海医学院院长金力，校党委副书记、上海医学院党委书记袁正宏，上海医学院领导吴凡、张艳萍、徐军，上海医科大学校友会会长、复旦大学原常务副校长、上海医学院原院长桂永浩，原上海医科大学党委书记、复旦大学原党委副书记彭裕文，复旦大学原党委副书记王小林，原上海医学院党委书记程刚，复旦大学管理学奖励基金会秘书长、复旦大学原副校长张志勇，颜福庆老校长之孙、复旦大学放射医学研究所副研究员颜志渊，复旦大学教育发展基金会秘书长杨增国，以及捐赠机构和个人代表，医学院各部处院所负责人等领导嘉宾出席仪式。
（张欣驰）

【举行纪念复旦大学上海医学院（原上海医科大学）创建95周年"聚力建设'第一个复旦'书写上医新辉煌"主题论坛】 详见"学校综述"同条，第61页。

【上医文化中心落成】 10月20日，上医文化中心落成，复旦大学上海医学院院史馆开馆。上医文化中心作为上医精神新地标，能够更好地弘扬传统、展示成就、凝聚人心、激励奋斗。新建成的院史馆位于上医文化中心1至3层，由"始创奠基""探索发展""改革振兴""奋进一流""携手向前进展"5个展厅以及"医学丰碑""中国共产党人的精神谱系——上医人的身影"2个专题连廊组成。
（陈思宇）

【举行第八届上医文化论坛】 10月20日，第八届上医文化论坛在明道楼二楼报告厅举行。本次论坛由复旦大学上海医学院、上海医科大学校友会主办，复旦大学校友会协办。医学院党政领导、院董，学校和上医老领导、老教授代表，上医校友会理事会成员，以及来自世界各地近3 000人次的校友师生在线上线下齐聚一堂，围绕"激发上医文化的育人优势，助力高质量发展的人才战略"主题，共享文化盛宴，共论精神传承。
（陈琳）

【举行中国人民保险-复旦大学战略合作签约仪式】 11月2日，复旦大学与中国人民保险集团股份有限公司战略合作签约仪式在治道楼举行，校长、上海医学院院长、中国科学院院士金力和中国人民保险集团股份有限公司党委书记、董事长罗熹一起为双方共建的"复旦大学中国人保健康管理研究院"揭牌。双方将携手打造健康管理高水平研究和教育平台，开展重大课题合作研究，推进专业硕士联合培养工作，更好地促进学科发展和人才培养，更好地促进研究成果转化应用。中国人民健康保险股份有限公司总裁邵利铎，上海市教委学位办主任束金龙及校党委副书记、上海医学院党委书记袁正宏，上海医学院党委副书记、副院长徐军，上海医学院副院长朱同玉，双方相关职能部门负责人、学生代表等出席活动。
（赵天润）

【上海市欧美同学会（上海市留学人员联合会）复旦大学上海医学院分会成立】 11月2日，上海市欧美同学会（上海市留学人员联合会）复旦大学上海医学院分会成立大会在治道楼八角厅举行。会上宣读上海市欧美同学会首届复旦上医分会理事会成员。市欧美同学会党组成员、常务副会长桂永浩，校党委副书记、上海医学院党委书记袁正宏，上海医学院党委副书记张艳萍，市欧美同学会徐汇分会会长周秀芬，徐汇区委统战部副部长、区侨办主任、区侨联党组书记张雪梅等出席会议。 （邱悦）

【韩启德院士赴上医考察调研】 11月11日，上医杰出校友、中国科协名誉主席韩启德院士到复旦大学上海医学院考察调研。韩启德先后参观了复旦大学上海医学院院史馆、复旦大学图书馆医科馆（康泉图书馆）、抗战时期国立上海医学院重庆歌乐山办学纪念校门和医学分子病毒学教育部/卫健委重点实验室，并在脑科学研究院/医学神经生物学国家重点实验室主持开展座谈会。韩启德还看望了闻玉梅院士，并与上医师生代表展开座谈。校长、上海医学院院长金力，校党委副书记、上海医学院党委书记袁正宏，医学院领导班子成员及有关负责部门同志陪同调研。

（马楚涵）

【启动全国首个立项的综合类国家医学中心建设项目】 11月18日，复旦大学附属中山医院国家医学中心建设启动仪式在新落成的中山医院医教研综合大楼举行。国家发展和改革委员会副主任连维良，上海市人民政府常务副市长吴清、副市长宗明，复旦大学党委书记焦扬、校长金力和国家卫生健康委规划司、医政司及上海市有关部门负责同志等出席启动仪式。中山医院国家医学中心建设项目于8月31日正式获得国家发展改革委批复立项，这是全国首个获批立项的综合类国家医学中心建设项目。

(张欣驰)

【举行复旦上医首期"枫林科技沙龙"】 11月24日，复旦上医首期"枫林科技沙龙"在伊泰利大厦复旦枫林科技园举行，本次活动由上海医学院科研处主办，生物医学研究院承办。基础研究学者、临床医学专家、企业代表等30余人参与活动。首期"枫林科技沙龙"主题聚焦"肿瘤诊断新技术和新靶点的开发"。路演环节中，来自生物医学研究院的三位青年学者许杰、卢智刚、陈海威分别带来各自创新成果的精彩分享。 (周 颖)

【举行2022年上海传染病论坛】 11月26—27日，2022年上海传染病论坛在沪举行。本次论坛由上海市重大传染病和生物安全研究院、上海市医师协会、上海市医师协会公共卫生与预防医学医师分会共同主办。论坛聚焦新发突发传染病和生物安全的最新研究进展，包括"SARS-CoV-2的流行病学""中医药抗疫病""猴痘：自然史、诊断和生物学""疫苗的发展""抗SARS-CoV-2疫苗、抗体和抗病毒药物的研制""耐药细菌"和"耐多药结核病的流行病学、预防和治疗"等7大议题展开研讨。来自国内外顶尖大学、医院和研究机构的科学家和医生汇聚一堂，交流思想、碰撞观点，从多个角度为传染病研究与防控贡献创新思路与最新成果。上海市人大常委会教育科学文化卫生委员会主任委员、上海市医师协会会长、上海市医学会会长徐建光，上海市卫生健康委员会主任闻大翔，校党委副书记、上海医学院党委书记袁正宏出席开幕式并发表致辞。

(张欣驰)

【召开2022上海智能医学论坛暨第五届复旦大学人工智能医学影像论坛】 12月4日，"2022上海智能医学论坛暨第五届复旦大学人工智能医学影像论坛"在线召开。论坛以"智能医学，融合创新"为主题，围绕国家人工智能发展战略，共探人工智能技术在医学领域的研究现状及未来趋势。大会设置"智能医学新技术""智能药学""医学影像人工智能"3大分论坛模块，分别聚焦医学人工智能新技术、人工智能开辟药物研究新范式、人工智能助力医学影像研究等问题，与会专家学者在交流互鉴中切磋琢磨，共飨学术盛宴，贡献前沿智慧。校长、上海医学院院长金力，中国信息通信研究院院长余晓晖，上海市经济与信息化委员会副主任张英，中国工程院院士杨胜利，中国信息通信研究院副总工程师王爱华，上海市重大传染病和生物安全研究院院长、上海医学院副院长吴凡及人工智能与信息技术、生命科学等领域主管部门、高校、医疗卫生机构的专家学者相聚云端参加论坛。

(张欣驰)

基础医学院

【概况】 2022年，基础医学院设有本科生专业2个，博士后流动站3个，一级学科博士点5个，二级学科博士点15个，硕士点15个。国家一级重点学科3个，国家二级重点学科7个，上海市重点学科1个。下设12个系和10个研究中心、研究室，2个教育部重点实验室，2个卫健委重点实验室及1个上海市重点实验室。

现有教职员工324人，其中正高级职称74人，副高级职称128人，硕士生导师85人，博士生导师93人。现有院士3人（闻玉梅、徐国良、马兰），973首席科学家6名（汤其群、马兰、于文强、袁正宏、雷群英、文波）。

2022年录取本科生456名（含转专业转入学生），其中临床医学八年制146名、临床医学五年制183名（含儿科方向）、基础医学专业学生23名、基础医学（强基计划）29名、法医学专业19名、口腔医学专业31名、临床医学专业六年制留学生（MBBS）25名。录取研究生198名，其中硕士生84名、博士生114名。在读本科生1 656人，在读研究生609人，其中硕士研究生216人，博士研究生393人。

教学工作。深入推进"拔尖学生培养计划2.0"和"强基计划"，实施未来医学家培养计划。"人体疾病生物学"虚拟教研室获批首批国家虚拟教研室。袁正宏教授领衔《"人文""融合""创新"，构建卓越医学人才成长基础培养体系的实践》获2022年上海市高等教育优秀教学成果一等奖；医学细胞遗传系《思政为魂，科技添翼——创新医学遗传学系列课程建设》获2022年上海市高等教育优秀教学成果二等奖；人体解剖与组织胚胎学《面向临床需求的人体解剖学教学创新与实践》获2022年上海市高等教育优秀教学成果二等奖。刘琼教授获2022年第二届全国高校教师教学创新大赛二等奖（正高组）；刘洋、徐晨副教授获上海市高校青年教师教学竞赛三等奖。"基于疾病的多学科教学"和"医学微生物学"获评上海市课程思政标杆课程，教学团队获评课程思政示范团队。汤其群教授主编《生物化学与分子生物学》获首届复旦复旦大学优秀教材奖。在第二届复旦大学教师创新大赛中，获特等奖1项、一等奖1项、二等奖2项、三等奖1项。在复旦大学上海医学院第四届课程思政教案大赛中，获一等奖、二等奖和三等奖各1项，并获优秀组织奖。6项案例获评"复旦大学课程思政优秀案例"。持续支持本科生科创，鼓励学生参加各级各类竞赛。2022年度共指导本科生科创立项58项（包括卿枫学者、正谊学者、望道、曦源、箸政等项目）；在2022年高等学校国家级实验教学示范中心联席会组织的"第八届全国大学生基础医学创新研究暨实验设计论坛本科院校东部赛区"复赛中，学院教师指导的本科生获一等奖2项、三等奖4项和优秀奖1项;在2022年第七届国际生理学竞赛中国地区赛中,生理与病理生理系夏春梅指导的8位学生获团体全国一等奖,1名学生获个人特等奖、3名学生获个人一等奖、2名学生获个人二等奖。

科研工作。截至2022年底,获批各类纵向科研项目78项,其中国自然项目53项,包括面上项目27项、青年项目7项、重点研发项目11项、2030重大项目4项、科技创新专项2项、优秀青年基金1项;科技部重点研发项目6项;获批纵向经费3 379.39万元。发表一区论文116篇。陆路获"谈家桢生命科学创新奖",蔡启良入选"上海市优秀学科带头人",张荣入选"上海市青年优秀学术带头人",庄涛入选"上海市卫健委优青计划",赵超入选"上海市卫健委百人计划",刘洋入选"启明星计划",李中华、李倩入选"浦江人才计划"。

人才与干部队伍。修订《基础医学院优秀人才奖励计划》,出台"托举计划""争优计划"等青年人才扶持计划,通过精神激励与物质奖励相结合,激励机制与约束机制相结合,加快人才队伍建设。成立基础医学院前沿创新中心,打破系室壁垒,促进学科间交叉融合,成为基础医学学科未来领军人才的孵化基地。全年共引进青年研究员(提前兑现四青)7名,其中获国家自然科学基金优秀青年科学基金项目(海外)3名。

大上海保卫战。3月13日起,学院第一时间牵头成立疫情防控工作领导小组,指导组建各专项工作组。组建临时党支部,为争创校园"无新冠病毒区"、落实园区包保责任、组织校内志愿服务等提供组织保障。先后召开学生代表座谈会、住楼辅导员座谈会,倾听诉求,帮助协调解决实际困难。召开全院导师线上会议3次,专题布置落实"导师关爱行动"。主动电话关心慰问资深老教授、孤老、家庭经济困难、生大病的教职工等20余人,协调解决物资短缺、求医问药等困难。在疫情最艰难的时刻,学院发出《致全体教职工的一封信》,并为570位教职工发放蔬菜补贴。设立"基知即办"线上办事平台,及时回应师生关切,解决实际困难。支持学院团委组建青年突击队,先后动员67名学生出征上海市PCR检测志愿者,430名基医学子投身校内各类志愿服务中,累计服务时长2 600小时。党员教师响应市委号召,通过"先锋上海"等平台积极投身一线抗疫,社区志愿服务累计超过300人次。

党建工作。学院制订《基础医学院学习党的二十大精神工作方案》,明确支部学习宣传贯彻党的二十大精神"五个一"要求。组织党支部书记、党委中心组等专题学习讨论会4场,编发教职工政治理论学习资料2期。邀请复旦大学哲学系教授吴晓明作《世界历史与中国式现代化》党的二十大精神专题辅导报告,邀请法医学系教授赵子琴结合党的二十大精神作《从历史变迁看法医学科发展》专题讲座。以上医95周年庆为契机,组织师生参观上医文化中心,加强师生"为人群服务、为强国奋斗"的理想信念教育。组织动员师生编撰《基础医学院院史》,举行系室"十年成果展"评比等活动。举办"立德树人、同向同行——基础医学院迎接上医创建95周年暨教师节表彰大会",利用学院网站、公众号推送宣传优秀教师感人事迹,大力弘扬师德师风先进典型。邀请党建组织员开展党员发展工作专项培训,编发《基础医学院党员发展手册》口袋书,分期分批选送支部书记参加学校学习培训活动等。全年共发展党员87人,其中包括四青人才等教师党员4人。病原生物学教工党支部入选"全国党建工作样板支部"培育创建单位。

党风廉政建设。学院党委坚决落实全面从严治党主体责任,党委书记第一责任,班子成员"一岗双责",坚持把"四责协同"工作机制贯穿学院治理各环节,与年度工作统一部署、统一落实。院长、书记分别与班子成员和系室主任、党支部书记签订党风廉政建设责任书,层层压实各方责任。深入贯彻落实中央八项规定精神,推进作风建设常态化。学院班子成员深入系室走访调研,并形成问题清单,逐一研讨落实。在本年度上海市教卫党委的从严治党专项调研中,学院工作获得专项工作组的高度肯定。

学生工作。学生党总支充分发挥党支部战斗堡垒作用,面对疫情,发挥学科优势,鼓励学生党员带头参与校园疫情防控工作;认真开展党的二十大精神、宣言精神及回信精神的学习活动。开展2期发展对象培训班联系工作,106名发展对象参与;开展1期入党积极分子培训学员考核工作,79名入党积极分子参与。以"'医'百青春红"为题开展主题教育活动,并组织队伍参加2022年复旦大学"一二·九"主题歌会合唱比赛,承办"启程计划"跨校区校园定向、二十大主题游园会等活动。开展58个寒假社会实践项目、5个春季日常化社会实践项目、2个暑期社会实践项目、20个秋季日常化社会实践项目,实践参与人数达500余人;其中7个项目获得十佳提名,1个项目获评十佳项目。共孵化8个稳定运行的青年志愿者服务项目,各志愿服务项目参与人次近500人,总服务时长2 000余小时。

精神文明、统一战线、群众工作。召开庆祝上医创建95周年暨2022年度重阳节线上座谈会。院长雷群英当选九三学社中央委员、上海市人大代表。

(顾 源 刘佳琦 王 琪 曾文姣)

【召开复旦大学基础医学强基拔尖学生学术培养交流会暨《步行者:闻玉梅传》新书分享会】 1月7日,基础医学强基拔尖学生学术培养交流会暨《步行者:闻玉梅传》新书分享会在复星楼一楼会议室召开。中国工程院院士闻玉梅,复旦大学党委副书记、上海医学院党委书记袁正宏,基础医学院党委书记许晓茵,基础医学院院长雷群英,学院党政领导、师生代表出席会议。基础医学"强基计划""拔尖人才培养计划"工作委员会执行主任程训佳主持会议。

(曾文姣)

【召开基础医学院春季务虚会暨建设"第一个复旦"基础医学人才工作专题会】 2月16日,2022年基础医学院春季务虚会暨建设"第一个复旦"基础医学人才工作专题会在复星楼一楼报告厅召开。复旦大学党委副书记、上海医学院党委书记袁正宏，基础医学院党政班子成员，学术委员会主任、副主任，教学指导委员会主任、副主任，各系（室）主任、副主任，党支部书记，教师代表等70余人参加会议。会议由基础医学院党委书记许晓茵主持。

（顾 源）

【召开基础医学院党委书记调整宣布大会】 3月9日，基础医学院召开党委书记调整宣布大会，校党委副书记、上海医学院党委书记袁正宏，校党委组织部副部长盛晓蕾，上海医学院组织部副部长张瑾、基础医学院党政班子成员，以及全体教职工参加会议。会议由张瑾主持。会议宣布由张威同志任基础医学院党委书记、党委委员。许晓茵同志因调任上海医学院办公室主任，不再担任基础医学院党委书记、党委委员。

（顾 源）

【召开第四届国际感染病科学与应用研讨会】 10月21日，第四届国际感染病科学与应用研讨会在复旦大学上海医学院召开。会议开幕式由校党委副书记、上海医学院党委书记、医学分子病毒学教育部/卫健委/医科院重点实验室主任袁正宏主持。中国工程院院士闻玉梅致辞。世界著名免疫学家、诺贝尔奖获得者、澳大利亚墨尔本大学教授彼得·杜赫提（Peter Doherty）在线做主旨演讲，对新型冠状病毒肺炎的流行、免疫机制、应对措施、疫苗研发、药物干预等深入探讨。

（周 琼）

公共卫生学院

【概况】 2022年，公共卫生学院设有公共卫生与预防医学一级学科博士点，社会医学与卫生事业管理二级学科博士点，公共卫生与预防医学、公共管理2个博士后科研流动站。流行病与卫生统计学、社会医学与卫生事业管理为教育部国家重点学科，流行病学为上海市重点学科，流行病学、环境卫生学、儿少卫生与妇幼卫生学、卫生经济学以及健康教育与健康促进为上海市公共卫生重点学科建设承担或参与单位。预防医学、公共事业管理专业为国家一流本科专业。学院设有公共卫生安全教育部重点实验室和国家卫健委卫生技术评估重点实验室。公共卫生与预防医学学科入选新一轮教育部"双一流"学科建设；学院入选教育部等四部委高水平公共卫生学院建设。

有教职员工152人，其中专任教师123人，行政人员11人，教辅人员18人；正高级职称48人，副高级职称50人。有研究生指导教师144人，其中博士生指导教师42人，硕士生指导教师46人，MPH研究生指导老师20人，聘请兼职研究生导师36名。2022年，聘请黄至生为兼职教授；引进研究员孙亮，青年研究员刘聪、牛越、杨帆、陶灵、虞炎秋，青年副研究员李亚琦、张济明、江蔚曦。

全年有在读本科生588名，其中预防医学专业492名，公共事业管理专业96名；43名本科毕业生获推免试深造，其中本院录取35人，外校8人。开设本科生课程121门，其中国家级一流本科课程1门，国家级精品在线开放课程3门，中国大学慕课课程7门，上海市一流/精品/重点课程10门，全英语课程6门，综合实践课程6门，人文医学课程19门，复旦大学课程思政专业示范课程27门，课程思政标杆课6门。新增主编出版教材8本（罗力主编《医院信息管理》、陈英耀主编《医院人力资源管理》、史慧静主编《婴幼儿常见疾病预防和护理》、秦国友主编《卫生统计学（第二版）》、张志杰主编《统计学：统计设计和数据搜集、整理与分析》、熊成龙主编《卫生微生物学实验教程》、童连主编《0—6岁儿童营养与食育》、邓伟主编《临床试验设计与统计分析》），副主编出版国家级规划教材1本（侯志远副教授《社会医学（第3版）》）。发表教学论文6篇。

全年在读博士研究生247人、硕士研究生267人、全日制公共卫生硕士（MPH）研究生385人、非全日制MPH研究生167人。招收博士研究生81人、硕士研究生124人、全日制MPH研究生131人、非全日制MPH研究生57人。开设研究生课程101门，其中博士研究生课程10门，硕士研究生课程91门。下设1个上海市专业学位研究生基地建设单位，3个校级建设基地，为中华预防医学会公共卫生教育分会主委单位。人保-复旦委托培养合作项目招收首批学生。

科研工作。全年到账科研经费6 402万元，立项203项。获国家自然科学基金项目11项，牵头科技部重点研发计划2项。发表英文论文303篇，其中高水平期刊（影响因子>10）论文76篇；发表中文论文222篇。获各类专利授权5项。罗力受聘担任上海市重大行政决策咨询论证专家，刘聪入选"上海科技青年35人引领计划"，杨帆入选上海市浦江人才计划，张娟娟获上海市启明星项目，王彭彭（博士后）获上海市扬帆专项，姚烨入选上海市"卫生健康青年人才"。

学术交流。1月19日，流行病学教研室召开高层次应用型流行病学学科建设暨教科研基地共建研讨会；4月3日，线上召开学院全体导师大会；8月16日，举办学院与上海市疾病预防控制中心联合培养博士后开题报告会；9月8日，举办社会医学与卫生管理学科2022年第三次学科会议；9月15日，医院管理学教研室赴华中科技大学同济医学院医药卫生管理学院交流；11月1日，召开2022年度学科建设会议；11月2—4日，社会医学教研室赴重庆医科大学公共卫生学院、四川大学华西公共卫生学院交流；11月6日，举办上海市青少年科学创新实践工作站——复旦大学环境与健康实践工作站2022年推优答辩会；12月10—11日，召开营养与食品卫生学科建设研讨会议；12月15日，复旦大学全球健康研究所赴澳门大学交流；12月24日，举办卫生政策与管理学科2022年度学科会议。

国际交流。聘请外国长期专家1人，港澳台长期专家2人，学生出国校际交流4人。开展讲座约14场次。

实验室安全工作。"复旦大学公共卫生安全教育部重点实验室"（生物安全二级）获2022年度复旦大学标杆实验室奖。组织开展各项实验室安全培训21次，其中实验室新进人员实验室安全培训 1 次,实验室化学品安全专项培训 6 次、实验室生物安全专项培训 6 次,开展复星楼生物安全应急演练 1 次、科研二号楼消防安全应急演练 1 次、特种设备应急演练 1 次;组织 39 名新进实验室人员参加特种设备操作培训;组织 BSL-2 实验室人员生物安全专项培训和在线考试、操作培训及考核准入,学院实验室生物安全专项在线考试,共计 180 人次在线考试合格。

对外联络及校友工作。10 月 29 日,召开德隆论坛海外校友专场。捐赠到账彦序奖学金 15 万元,一禾宽泽奖学奖教金 50 万元,卫生技术评估基金 200 万元,以及校友小额捐赠等。

党建工作。全院共有党员 519 人(其中学生党员 414 人),新发展党员 64 名,预备党员转正 49 名。学院党委深入学习贯彻党的二十大精神,举办党的二十大精神专题宣讲会,邀请本科生院院长、文科资深教授吴晓明作专题报告。各党支部开展理论学习 18 次,学习党章 8 次,红色参访 6 次。本年度学院党委入选第二轮上海市高校党组织"攀登"计划标杆工作院系建设单位;公共卫生体系研究团队获复旦大学 2022 年"钟扬式"科研团队;卫生事业管理与卫生监督联合党支部进入上海医学院"党建工作样板支部"培育创建名单;胡善联、俞顺章教授获评复旦大学 2022 年优秀离退休教职工;2016 级预防医学本科生王凯琳获上海市教卫工作党委"百名学生党员标兵"荣誉称号。

获奖情况。科研方面,余宏杰科研团队的"全球人感染禽流感病毒的流行病学特征演化及大流行风险评估"、张蕴晖科研团队的"生命早期环境因素的母婴健康风险综合评估及应用"获教育部高等学校科学研究优秀成果奖二等奖,阚海东科研团队的"大气颗粒物的健康危害、致病机制和个体干预"获上海市科学技术奖一等奖,王伟炳科研团队的"新冠肺炎环境影响因素和非药物干预的效果及策略研究"获上海市科学技术奖二等奖,钱梦岑《人口流动、健康与社会保障:迈向新型城镇化的政策选择》获上海市哲学社会科学优秀成果奖著作类二等奖。教学方面,何纳等完成的"双轮驱动 顶天立地 公共卫生人才培养体系二十年创新与实践"获上海市教学成果特等奖,史慧静等完成的"'一加强 二联动 三融合'思政融入儿少妇幼卫生人才培养的创新探索'"获上海市教学成果二等奖,"现代医院管理学理论"获批上海高校一流本科课程,"环境卫生学(线上线下混合式课程)"获批上海市教委重点课程,"组织行为学:卫生视角"入选上海市课程思政示范课程、教学团队入选课程思政示范团队,学院品牌项目"健康中国西部行"计划获评全国"三下乡"社会实践优秀品牌项目。学生获奖方面,2018 级公共事业管理本科生周新宇获第十七届"挑战杯"大学生课外学术科技作品竞赛国赛二等奖、"人卫杯"第十一届全国医药卫生管理专业本科毕业论文(设计)竞赛一等奖;2020 级预防医学本科生杨耀莲、2020 级预防医学本科生李文洁、2019 级公共事业管理本科生王祎宁、2021 级预防医学本科生苟菲菲获"知行杯"上海市大学生社会实践大赛二等奖。生物统计学教研室 2020 级博士生魏可成中国生物统计 2022 年学术年会优秀研究生论文比赛三等奖、第六届全国统计学博士研究生学术论坛优秀论文二等奖。在第四届"一带一路"全球健康国际研讨会中,生物统计学教研室 2020 级研究生何沅宸获青年学者学术汇报比赛二等奖、医院管理学教研室 2020 级硕士研究生方哲伊获优秀壁报奖。环境卫生教研室 2020 级博士生姜宜萱获第六届"钱易环境奖"。

(罗 君 俞筱雯)

【成立公共卫生学院公卫战疫者流调志愿服务队】 3 月 27 日,应徐汇区新冠肺炎疫情防控工作领导小组办公室要求,学院成立由卫生事业管理学教研室教授孙梅和学工队伍组成的"公共卫生学院公卫战疫者流调志愿服务队"。当日举行动员培训会,110 余名学生作为流调志愿者光荣"出征"。大上海保卫战期间,志愿者通过远程、进驻等形式参与市级及各区级疾控中心的疫情防控工作,完成包括感染者、密接、次密接等近 13 000 人的流行病学调查,获 2022 年复旦大学十佳青年志愿服务先进集体。

(池迅由之)

【举行中华预防医学会社会医学分会——第三期社会医学学科发展论坛暨上海市预防医学会社会医学专委会学术论坛】 于 5 月 30 日在线上举行。会议由中华预防医学会社会医学分会常委严非教授主持,主要围绕复旦大学社会医学学科特色、研究方向以及科研成果等内容进行学术报告和交流。全国社会医学分会委员单位师生和上海市社会医学专委会成员近 200 人参会。 (付朝伟)

【举办德隆公共卫生论坛(海外校友专场)】 为庆祝复旦大学上海医学院(原上海医科大学)创建 95 周年,公共卫生学院于 10 月 29 日举办德隆公共卫生论坛——海外校友专场,共邀请 16 位来自英国、丹麦、瑞典、瑞士、澳大利亚、美国等著名海外高校、研究所和国际组织等任职的本、硕、博优秀校友代表作在线分享。论坛由 1991 届本科校友、公共卫生学院院长何纳致辞,副院长陈英耀、何更生、阚海东,院党委副书记史慧静、郁颖佳,学科带头人和学术骨干钱序、余勇夫、邓伟、张玉彬等先后担任主持,并与线上嘉宾和现场学生进行互动提问,1996 届本科校友、院党委书记罗力作总结发言。学院师生、毕业校友和兄弟院校公共卫生学院的师生共千余人观看线上直播。 (张玉彬)

【举办第六届"一带一路"及全球治理国际论坛公共卫生分论坛】 于 11 月 10 日在线上举办,主题为"一带一路"公共卫生教育的创新实践。开幕仪式由复旦大学一带一路及全球治理研究院公共卫生治理研究所所长、复旦大学公共卫生学院副院长陈英耀主持并致辞,世界卫生组织助理总干事任明辉发表视频演讲。复旦大学一带一路及全球治理研究院副院长黄仁伟、中国科协"一带一路"人类表型组联合研究中心副院长陶韡烁、复旦大学一带一路及全球治理研究院公共卫生治理研究所副所长黄葭燕、陆一涵出席。来自巴基斯坦、坦桑尼亚、柬埔寨、哈萨克斯坦、越南和中国的受邀嘉宾作主旨报告。线上应邀观众分别来自国内 10 余所高校及关心关切"一带一路"共同发展繁荣的企事业单位,共计 200 余人线上参加本次分论坛。

(张玉彬)

【召开公共卫生安全教育部重点实验室 2022 年度学术委员会会议】 于 12 月 9 日在沪召开。重点实验室学术委员会林东昕院士、郏堂春院士等 8 位学术委员会委员,特邀专家北京大学教授李立明、复旦大学上海医学院副院长朱同玉参加会议。会议由公共卫生学院副院长、教授阚海东主持,学院教授余宏杰进行工作汇报,学术委员会对实验室的工作及发展提出意见及建议。重点实验室在教育部组织的五年考核评估中获"优秀"。

(王莉莉)

【召开国家卫生健康委员会卫生技术评估重点实验室 2022 年度学术委员会会议】 于 12 月 9 日在沪召开。重点实验室学术委员会副主任委员孟庆跃、委员于保荣、左学金、孙强、张亮、张朝阳、陈文、赵耐青、胡志、俞卫、董恒进等专家及相关学科教师 30 余人参加会议。公共卫生学院副院长、教授陈英耀作工作汇报,学术委员会对实验室的工作及发展提出意见及建议。

(陈英耀)

【举办第十五届中国卫生技术评估论坛】 于 12 月 9—11 日以线上线下方式在沪召开。国家卫健委科教司规划评估处处长刘桂生、上海申康医院发展中心书记赵丹丹、上海市医疗保障局副局长曹俊山、复旦大学公共卫生学院院长何纳以及国际卫生技术评估协会(HTAi)主席奥特维金·维嘉(Oortwijn Wija)分别致辞。国家卫生健康委体制改革司司长许树强作主旨发言,海南省医保局党组成员省医改办副主任朱永峰、北京大学全球健康发展研究院院长刘国恩、国家卫健委药物与卫生技术综合评估中心教授赵琨、中山大学药学院医药经济研究所所长宣建伟、中国医药生物技术协会副理事长吴晓晖、国家卫健委卫生技术评估重点实验室主任陈英耀分别作报告。复旦大学公共卫生学院教授陈文主持圆桌讨论。论坛包括 12 场分论坛、4 场大会口头汇报、青年论坛、壁报论文等交流活动,线上直播观看量达万余人次。

(杨 毅)

【举办 2022 阳光论坛】 于 12 月 24 日在线上召开,主题为"中国式健康治理体系现代化战略、路径与能力",由复旦大学公共卫生学院卫生事业管理学教研室、复旦大学中国残疾问题研究中心、中国残联复旦大学无障碍环境研究基地、残疾人事业发展研究会残疾人健康管理专业委员会、潍坊医学院中国康复健康研究院共同主办,复旦大学公共卫生学院教授吕军、孙梅共同主持,上海市卫生健康委员会规划发展处处长徐崇勇、厦门大学公共政策研究院院长陈振明、复旦大学公共卫生学院教授高翔、安徽爱博智能科技有限公司总经理苏莹分别作主旨报告,200 多名专家学者和实践工作者在线参加。 (吕 军)

药 学 院

【概况】 2022 年,药学院设有药学一级学科博士点 1 个、专业学位硕士点 1 个,二级学科博士点 7 个、硕士点 7 个,博士后科研流动站 1 个,本科药学专业 1 个(含临床药学方向)。药剂学科为国家重点学科,药理学科为上海市重点学科。下设天然药物学、药物化学、生物药物学、药理学、药物分析学、药剂学、临床药学与药事管理学、放射药学与分子影像学等 8 个系/中心。

有在编教职工 138 人,其中正高级职称 45 人、副高级职称 46 人,博士生导师 54 人、硕士生导师 40 人。双聘中国工程院院士 1 人,国家"973 计划"项目首席科学家 2 名(含讲座教授 1 名)。

有在读药学专业本科生 372 人。全年毕业本科生 84 人,其中 52 人获得免试攻读硕士研究生推荐资格。开设本科生课程 175 门次,药学专业必修课"仪器分析"获评上海市线上线下混合式一流本科课程,"药剂学 I"获评上海市线下一流本科课程。获上海市教学成果一等奖 1 项,上海市重点课程 1 项。开设研究生专业课程 84 门,其中必修课 51 门,选修课 34 门。各类别在校研究生总人数 713 人,包括学术型博士生 282 人、专业型博士生 71 人、学术型硕士生 160 人、专业型硕士生 200 人(含非全日制专业学位硕士生 19 人)。在校研究生中,与中国医药工业研究总院、中国科学院上海药物所联合培养的博士研究生分别为 34 人、20 人,与中国医药工业总院联合培养硕士研究生 25 人。毕业研究生总人数 152 人,其中博士生 56 人、硕士生 96 人;获得学位 154 人,其中获得博士学位 57 人,获得硕士学位 97 人。

科研情况。2022 年获批立项科研项目 96 项,包括横向项目 61 项,纵向项目 35 项,其中国家自然科学基金 18 项;立项经费 6 560.62 万元,到位科研经费 4 481.18 万元,其中纵向经费 2 167.02 万元,横向经费 2 314.16 万元。申请发明专利 73 项,获授权专利 84 项。发表 SCI 论文 310 篇。药物化学系教授周璐领衔的项目"靶向糖脂代谢关键酶的原创候选新药发现和药理学研究"获中国药学会科学技术奖二等奖。主办晶晖青年学术论坛、大师面对面和学术报告等学术活动 14 场次。

国际交流情况。与 2 个国家的高校达成 1 项国际合作项目,举办国际会议 2 场,师生参与国际会议 3 场。3 名国际留学生来院交流学习,4 名学生赴海外院校交流。

党建工作。药学院党委设置教职工党支部 8 个,党员 92 人;退休党支部 1 个,党员 34 人;学生党总支 1 个,含研究生党支部 12 个、本科生党支部 2 个,学生党员 310 名,其中正式党员 231 名,预备党员 79 名。全年共发展教工党员 2 名,转正 2 名;发展学生党员 60 名,转正 49 名;新进教工党员与新转入组织关系教职工(含博士后)党员 5 名。举办入党积极分子培训班 2 次,结业 62 人。教工第二党支部完成换届工作,李嫣任支部书记,杨萍任组织委员,方小泥任宣传委员。制订《药学院关于认真学习宣传贯彻党的二十大精神的实施方案》,

师生党支部围绕学习宣传贯彻党的二十大精神开展主题党日活动42次,支部书记讲党课17次;组织党委中心组学习研讨8次,召开支部书记研讨交流会8次,党员领导干部参加所在党支部组织生活次数60次,到联系党支部讲党课8次;举办"支部这五年"教职工党建工作汇报展览、线上知识竞赛、趣味运动会及"党旗映药院"教工党支部系列活动。学院党委与复旦大学附属第五人民医院签订党建共建协议,教工党支部与华山医院感染科党支部、复旦大学附属妇产科医院药剂党支部等开展支部共建活动。邀请党的二十大精神宣讲团专家罗力、校纪委办公室毛宁分别作主题为"二十大报告解读:健康中国""扣好廉洁的'第一粒扣子'"的宣讲会。举办"云开五月,创享青春"第34届药学院"五月风"系列活动。教工第四党支部入选攀登计划"上海高校党建工作样板支部",同时获评"药学院先进教工党支部"。2021级硕士生第一党支部获评复旦大学研究生第十五批示范党支部,本科生第一党支部、2021级博士第二党支部获评"药学院先进学生党支部"。教工第六党支部书记马国获评"药学院优秀教工党支部书记"。2020级博士生支部书记郭炜获评"药学院优秀学生党支部书记"。党委副书记、学生党总支书记王宁宁获评"药学院优秀教工党员"。2019级本科生陈纪翔、2021级硕士研究生张苗苗获评"药学院优秀学生党员"。3月—6月,成立封控管理期间校内临时党支部和药学院青春里临时党支部,83名在职党员在"先锋上海"完成"双报到",参加社区志愿服务累计457人次,服务时间达1 371小时。

退休工作。共有退休教师116人,离休干部1人。校退离休教师协会会员68名,上海市老科协药学委员会成员67名。陈纪岳获评"2019~2022年度上海市教育系统为老服务优秀志愿者"称号,朱建华获评"2022年复旦大学关工委先进工作者"。

其他获奖情况。2018级本科生侯东岳获评复旦大学毕业生之星、上海医学院第八届"枫林之星"特别奖、复旦大学十佳青年志愿者;2019级本科生刘梦园获评复旦大学优秀学生干部标兵;2021级本科生醴磊获评复旦大学2022年奖学金年度人物;2019级博士研究生段文佳获评上海医学院第八届"枫林之星";2019级本科班辅导员徐萌、2018级博士班辅导员库德莱迪·库尔班获评复旦大学2022年度十佳辅导员。药学院师生获"团结奋斗,青春之声"——2022年复旦大学"一二·九"主题歌会银奖。2020级本科班获评复旦大学优秀学生集体标兵;"法莫西"学生讲师团获评复旦大学博士生讲师团五星级分团。

(廉茹月 洪 兰 常 英 张艺凡
 秦 洁 曹 骑 朱 校 陈蓓蓓
 徐 琛 郑 锰)

【承办第六届光华青年学者论坛药学分论坛】 1月6日,复旦大学光华青年学者论坛药学分论坛在张江校区药学院举行。来自美国多所著名高校和研究机构的10位青年学者应邀参加,围绕手性池和化学酶法策略在天然产物合成中的应用、基于PROTAC技术发展激酶和表观遗传学靶标的小分子降解剂、新型PET分子探针的开发和临床前评价等前沿研究领域进行探讨与交流。

(洪 兰)

【举办"松德云论坛"系列活动】 4月4日—10月6日,药学院举办"松德云论坛"系列讲座,邀请药学行业专家学者以"我国医药行业发展趋势及对药学人才发展的要求""药学人生与感悟""我国创新药物的发展历史、现状与展望""守正创新担使命,做与时代同行的药学人""医药产业发展与创新人才培育""薪火相传,革故鼎新"等为主题进行药学行业分享与生涯规划指导,提高学生的专业认同与科研创新热情。

(虞文嫣)

【药学学位评定分委员会换届】 5月5日,药学院完成药学学位评定分委员会换届工作。新一届药学学位评定分委员会由王建新、张雪梅、陈道峰、蒋晨、鞠佃文、李聪、李智平、卢建忠、周璐、孙逊、沈晓燕、王洋、王健组成。王建新任主席,张雪梅任副主席。

(张艺凡)

【成立上海市生物医药放射性专业技术服务平台】 5月13日,上海市科学技术委员会公布上海市专业技术服务平台建设立项名单,复旦大学药学院申报的"上海市生物医药放射性专业技术服务平台"获立项。

(秦 洁)

【举办"七一"党员大会】 6月30日,"七一"党员大会以线上线下结合方式在药学院科研楼晶晖厅举行。药学院党委书记王建新讲授"喜迎二十大 奋进新征程"主题党课,学生党员作抗疫志愿服务、党员志愿服务队事迹分享,药学院2021年度"两优一先"代表作交流发言。会上,为退休党员颁发"光荣在党50年"纪念章,并为新党员佩戴党员徽章,全体党员重温入党誓词。

(曹 骑)

【与永平县鸿瑞农业科技开发有限责任公司签署专家工作站合作协议】 8月10—12日,校长金力、常务副校长许征出席复旦助力永平乡村振兴工作现场推进会,药学院党委书记王建新、常务副院长潘俊陪同参加。王建新代表药学院与永平县鸿瑞农业科技开发有限责任公司董事长杨志刚签署专家工作站合作协议。双方将在滇黄精系列产品深加工方面开展合作,并依托"智能化递药"教育部重点实验室等平台,共同构建黄精药材与饮片质量研究合作。

(李佩珈)

【成立代谢性疾病小分子新药开发校企联合实验室】 8月13日,复旦大学与上海明度智云计算有限公司共建"代谢性疾病小分子新药开发校企联合实验室",该实验由药物化学系教授周璐为负责人,依托药学院建设。

(秦 洁)

【举办复旦大学药学院新一轮"双一流"药学教育与学科发展研讨会】 9月1日,药学院在中国(上海)自由贸易试验区临港新片区生命蓝湾举办新一轮"双一流"药学教育与学科发展研讨会。该会议聚焦学院教育教学、科研进步、学科规划等议题,共商促进药学院创新发展的思路和举措。全院60余名教师参加会议。

(李佩珈)

【召开松德基金发起人会议暨复旦大学药学院与校友企业合作交流研讨会】 9月24日,松德基金发起人会议暨复旦大学药学院与校友企业合作交流研讨会在华润医药商业上海区域举行。药学院与华润医药商业上海区域共建的"本科教学实习(实训)基地"正式签约和揭牌。

(曹 琦)

【举行与上海市第五人民医院党建共建暨科研战略合作启动仪式】 11月2日,复旦大学药学院与复旦大学附属上海市第五人民医院举办党建共建暨科研战略合作启动仪式,全面推进双方科研战略合作,推动党建引领、融合发展新格局,共创党建活动,共促科研合作,共推医药创新,共育时代新人。

(秦 洁)

【举办2022复旦新药创制论坛】 11月26日,"2022复旦新药创制论坛"在张江举办。该论坛由药学院主办,采取线上、线下相结合的方式,包括高校、科研院所、医院和药企研究人员共计1.4万人参会。论坛致力于打通"基础研究-新药创制-成果转化"三大环节之间的壁垒,建设新药创制生态圈,推动我国新药创制事业的源头创新、持续创新和循环创新。

(秦 洁)

【举办"聚焦新靶点、新分子、新技术,助推药物创新和转化"博士生学术论坛】 11月27日,复旦大学药学院携手上海交通大学药学院、海军军医大学药学院和华东理工大学药学院在张江举办"聚焦新靶点、新分子、新技术,助推药物创新和转化"主题博士生学术论坛,来自四所高校近百名师生参会。

(叶全伟)

护理学院

【概况】 2022年,护理学院共有教职工45人,其中专业教师25人,教辅人员5人,行政管理人员13人,专职思政人员2人。具有博士学位或学历者23人;具有正高级职称4人,副高级职称15人,其中3位教师新晋副高职称。学院及附属医院共有研究生指导教师60人,其中博士生指导教师18人,硕士生指导教师42人。在站博士后4人,其中全职博士后2人,新进站1人。

全年共招收本科生101人(含助产方向23人),研究生72人,其中招收全日制博士7人(含卓博计划3人),科学学位硕士研究生9人,专业学位硕士研究生56人。在籍本科生400人,研究生219人,其中博士21人,硕士198人。

课程教学获奖情况。参与教材编写或获奖共5人次,胡雁主编人民卫生出版社教材《护理研究(第六版)》;胡雁主译世界图书出版社教材《护理领域的变革型领导力:从临床专家到有影响力的领导者》1本。《循证护理学(第二版)》获首届复旦大学教材建设奖特等奖;《高级护理实践(第三版)》《护理理论(第二版)》获二等奖。校级教学研究及改革实践项目立项4项。获上海市高等教育优秀教学成果一等奖;获上海市护理学会护理教育专委会护理学类课程思政教学能力比赛二等奖。"儿科护理学"课程教学团队获评上海市课程思政示范团队。获评校思政标杆课程2门,校课程思政优秀案例4例。"老年护理学"获评上海市教学课程思政示范课程,"健康行为理论与护理健康教育"与"肿瘤护理"课程获复旦大学研究生课程思政建设立项。获复旦大学上海医学院"医学名师培育工程"1项。

学科建设。以建设"第一个复旦"为目标,深化医学教育管理体制改革,努力走好护理学院发展新路。召开"第一个复旦"与复旦护理学科跨越式发展及人才工作专题研讨会,推进2022年度"一流护理学科建设项目"建设,推动循证护理、大数据智能护理、高级护理实践平台建设,提升急危重症护理、肿瘤护理、高危孕产妇护理、高危新生儿护理、老年护理等重点领域的实践与管理水平。服务"健康中国"和"一带一路"国家发展战略,建设"健康与护理循证"决策智库、大数据驱动的临床智能护理支撑平台、高级护理实践培训与交流合作网络、全生命周期临床护理重点领域创研基地等。

科研工作。在研项目68项,包含纵向项目32项,横向项目36项;在研经费总额为1 263.05万元。其中国家自然科学基金面上项目3项,青年基金项目4项;获批国自然项目2项。省部级课题8项,其中上海市软科学项目3项,上海市教卫党委党建专项课题1项。澳大利亚JBI循证护理研究项目获得资助2项。复旦大学-复星护理科研基金项目7项。在上海市地方高水平大学建设二期建设项目中申报"一流临床医学学科建设"项目的二级建设项目"临床护理协同创新交叉研究院",17个子项目通过评审,共获经费324.01万元。本科生曦源项目新立8项;卿枫项目新立5项;护航计划新立10项。全年参加国内外学术会议共计73人次,共发表论文130篇,其中高质量论文43篇,核心期刊77篇;SCI论文共计48篇,最高影响因子13.89分。获批专利9项。

循证护理中心工作。完成针对智库核心技术进行专家咨询、技术完善、决策模拟及系统优化的全生命周期核心健康问题循证决策技术智库建设和工具开发;初步完成患者安全管理集束化循证方案开发和全国多中心实施数据监测与标准化管理体系建设等项目。组织举办继续教育学习班及学术会议7次以及中心公众号"枫林E讲堂"的学术直播讲座9期。承担"循证社会科学联盟"公众号9月份"循证护理"主题推文4篇。复旦大学循证护理中心网站及健康照护领域证据总结与证据临床转化注册与报告系统正式上线,证据总结注册892项,证据应用注册169项。

患者报告结局研究中心工作。组织常规科研活动50余次,专家讲座10次。举办第二届中国优生优育护理大会。召开第四届患者报告结局测量信息系统(PROMIS)中国网络研讨会(2022PNC - China Network Symposium),在线观看人数突破3万人次。规划建设上海医学院患者健康报告结局大数据信息化管理系统。研发中国人群特异性患者报告结局测量信息系统计算机自适应测试(PROMIS-CAT)系统。完成智慧护理实验室可用性检验软硬件设备购置。教授袁长蓉再次入选爱思唯尔(Elsevier)2021年中国高被引学者。

外事工作。学院教师长期出国进修1人次;与香港中文大学那打素护理学院联合举办"护理 交融 共享"第二期"天使创新论坛"系列讲座。与印度尼西亚大学护理学院新签涉外协议1项,与美国杜克大学护理学院续签备忘录1项。主办国际讲座论坛2次,师生参加外方主办的线上国际会议22人次。

疫情防控工作。于大上海保卫战期间成立党员先锋队和志愿者服务队,党委书记、学院院长带领全院教师共21人次在校园坚守106天,承担护理学院院区疫情防控管理和各个学院454位学生的包保工作。根据疫情防控形势变化做好教学安排,筑牢学生心理健康防线。校外党员积极参加社区防疫志愿者服务工作,党员社区"双报到"中共计295人次参加社区志愿者服务活动。12月进入疫情防控新阶段后,把"防恐慌、防重症、保运行、保稳定"作为重点,关心师生需求,竭尽全力减缓、减轻疫情对校园的冲击,切实维护校园安全稳定。

党建工作。以党的二十大和市第十二次党代会精神为主线做好学习宣传贯彻各项工作,组织师生收看党的二十大开幕式现场直播,举办党委理论中心组学习研讨、参加学校党的二十大专题学习培训,邀请新闻学院教授周涛甫作辅导报告,赴徐汇滨江、四行仓库开展实践学习。完成教工第一支部和退休职工支部换届改选工作,发展高知青年教师2人、学生32人入党,完成10名预备党员转正工作。退休支部书记朱宝年获"复旦大学关心下一代先进工作者"称号,退休教师杨英华获评"2022年复旦大学优秀离退休教职工(个人)"。

学生工作。以"抓党建、抗疫情、育人文、强管理"为工作主线,成立学生党总支,完善总支委员会组织构建,调整本科生党支部年级划分。仁心团校在基层团校考评中获评"五星级团校",政治理论类课程"若有战,召必回,抢险救灾,虹鹰在行动"获评"校级精品课程"。学校实施封闭管理期间,校园疫情防控志愿队开展核酸检测秩序、保障三餐配送等,为抗疫工作的胜利贡献青年力量。学生们积极参与各类常规志愿服务项目,如医院志愿服务项目、上海国际马拉松赛、复旦乐跑比赛等,共有545人次参与,服务总时长约6 300小时,护理学院师生志愿者服务队获评"复旦大学青年志愿服务先进集体",曹杨街道社区卫生服务中心志愿服务获评"2022年复旦大学秋季学期特色党建优秀项目"。学生积极参加各类创新创业比赛,获第二届上海市护理学会护理学生创新创业项目大赛创意组二等奖、三等奖,第五届中国医疗器械创新创业大赛人工智能类别赛优胜奖,江苏省研究生"医防融合,卫护健康"创新实践大赛一等奖。2019研究生年级兼职辅导员王安妮获2022年研究生辅导员风采奖。

(林 岑 范瑾云)

【6个社会实践基地签约授牌】 1月,上海市儿童临时看护中心、上海市普陀区曹杨街道社区卫生服务中心及上海春田养老服务有限公司签约授牌为学院社会实践基地。10月,上海奇翔儿童发展中心、徐汇区第三老年福利院以及打浦桥街道社区卫生服务中心正式签署合作协议,并举行"实践育人"基地授牌仪式。

(王俊思)

【举办第1期课程思政研讨班】 3月11—13日,第1期"护理学专业课程思政教学设计与实施"研讨班在线举办。来自全国31所医学院校、67家医院的230余名学员参加,学习研讨如何将课程思政建设贯穿护理人才培养体系和护理教育教学全过程。

(刘 慰)

【举办第2期卫生技术人员培训班】 5月17—30日,学院协助国家卫健委国际交流与合作中心在线承办为期14天的"索马里卫生技术人员培训班"。近30名来自索马里的妇幼保健相关专业人员参与本次培训。

(范瑾云)

【获五星级评级及指南透明奖】 7月,复旦大学循证护理中心、上海市循证护理中心研究团队杜世正、胡雁等负责制订的《护士职业性腰背痛预防和护理临床实践指南》在"2021年度中国指南/共识科学性、透明性和适用性评级(STAR)"中获"五星级"评价,并获STAR评级"指南透明奖"。

(杜世正)

【获国家自然科学基金2项资助】 9月,教授胡雁"基于NSPH模式的绝经后乳腺癌内分泌治疗患者骨关节症状精准预测和干预研究"、教师王静"基于感知理论的轻度认知功能障碍老人社交孤独纵向变化机制和精准干预策略研究,"获2022年国家自然科学基金资助。

(项李娜)

【1人获美国护理科学院Fellow称号】 10月,青年教师王静被授予美国护理科学院Fellow(院士),顾问教授吴蓓被授予美国护理科学院2022年荣誉Fellow。

(王 静)

【成立教师教学发展分中心】 10月18日,护理学院教师教学发展分中心成立。分中心将从全面加强护理学本科课程思政建设,加强国家级一流本科专业建设和人才培养,推进国际化课程建设和优质的教育教学资源三方面来加快实施科教兴国战略,强化现代化建设的人才支撑。

(刘 慰)

【举办第四届PROMIS国际研讨会】 11月27日,复旦大学护理学院患者体验研究中心,患者报告结局测量信息系统国际联盟中国中心(PNC-China)于线上举办第四届患者报告结局测量信息系统(Patient-Reported Outcomes Measurement Information System,PROMIS)国际研讨会。会上,来自患者报告结局国际联盟、美国芝加哥西北大学、PHO标准委员会、PNC瑞典中心、南京鼓楼医院、上海交通大学医学院附属第九人民医院以及郑州大学等国内外专家共同分享研究与进展,同时在线观看人数突破30 000人次。

(臧 娴 吴傅蕾)

【举办第五届复旦循证护理国际论坛】 12月3日,在线举办第五届复旦循证护理国际论坛。论坛由复旦大学护理学院、复旦大学循证护理中心、上海市循证护理中心联合举办,以"科学指南促进高效决策"为主题,邀请国内外数十名专家学者与会探讨如何提高临床护理实践指南的质量,架起科学证据与临床实践的桥

梁。来自全国各卫生保健领域人员共10 000人次参会。 （王安妮）

【1人获"超级博士后"资助】 12月，博士后蔡婷婷获上海市2022年"超级博士后"激励计划资助。 （蔡婷婷）

生物医学研究院

【概况】 2022年，生物医学研究院有在职职工209人。科研人员137人，其中研究员35人，副研究员41人，助理研究员16人，博士后45人；工程技术人员39人；项目制研究人员1人；行政管理人员5人；科研助理、租赁制人员27人。

2022年，招收博士研究生75人，硕士研究生26人；毕业博士生65人，硕士生14人；在读研究生398人，同等学力研究生1人。

全聘课题组新立项总数超过70项，总牵头立项经费超过9 300万元。其中，纵向项目经费7 328万元，包括杰青1项，优青1项，国自然面上项目17项，国自然青年项目4项；横向项目12项，总合同经费2 095万元。

引进全职课题组组长5名，其他非独立研究人员3名。

以生物医学研究院作为第一完成单位（含共同第一作者单位）或通讯作者单位在SCI杂志上发表研究论文与综述200余篇，其中在国际顶尖期刊发表4篇，包括《科学》(Science)2篇、《自然》(Nature)1篇、《细胞》(Cell)1篇。

8月18日，上海市医学表观遗传重点实验室经上海市科委组织专家考核验收通过。12月23日，实验室领导班子调整，陆豪杰任上海市重大疾病蛋白质组研究专业技术服务平台主任，蓝斐任医学表观遗传与分子代谢国际科技合作基地主任。8月23日，陆豪杰任复旦大学上海医学院公共技术平台主任。

截至年底，由生物医学研究院承担建设的复旦大学上海医学院公共技术平台已全面投入试运行阶段，近150台（套）设备加入智能预约系统，面向全校以及附属医院科研用户注册使用，总使用机时超过2万小时。

（丁广进 梁 微 孙 璐）

【多项研究取得重要进展】 2月25日，《分子细胞》(Molecular Cell)刊载沈宏杰团队、蓝斐团队与合作者的研究成果《染色质相关m6A修饰调控新生RNA合成》(Dynamic Control of Chromatin-associated m6A Methylation Regulates Nascent RNA Synthesis)。3月8日，《自然-细胞生物学》(Nature Cell Biology)刊载叶丹团队的研究成果《衣康酸抑制TET双加氧酶调控炎症反应》(Itaconate Inhibits TET DNA Dioxygenases to Dampen Inflammatory Responses)。3月10日，《细胞》(Cell)刊载孙蕾团队与合作者的研究成果《可雾化吸入的广谱抗新冠全人源纳米双抗药物》(Broad neutralization of SARS-CoV-2 variants by an inhalable bispecific single-domain antibody)。3月15日，《自然-生物技术》(Nature Biotechnology)刊载胡璐璐团队与合作者的研究成果《哺乳动物转录组单碱基分辨率水平m6A修饰测定》(m6A RNA modifications are measured at single-base resolution across the mammalian transcriptome)。4月15日，《分子细胞》(Molecular Cell)刊载余发星团队的研究成果《WWC蛋白家族在MST1/2激活LATS1/2过程中的重要功能及分子机制》(WWC proteins mediate LATS1/2 activation by Hippo kinases and imply a tumor suppression strategy)。5月18日，《自然》(Nature)刊载徐国良团队与合作者的研究成果《雌性配子源性成年疾病的机制》(Maternal inheritance of glucose intolerance via oocyte TET3 insufficiency)。6月3日，《免疫》(Immunity)刊载储以微团队和刘荣花团队的研究成果《亮氨酸tRNA合成酶2的B细胞亚群调控肠癌免疫逃逸的机制》(Leucine-tRNA-synthase-2-expressing B cells contribute to colorectal cancer immunoevasion)。8月30日，《美国化学会会刊》(Journal of the American Chemical Society)刊载顾宏周团队的研究成果《DNA平末端胆固醇疏水修饰引导的可控聚集行为》(Programmable Assembly of Amphiphilic DNA through Controlled Cholesterol Stacking)。10月7日，《科学》(Science)刊载徐彦辉团队的研究成果《+1核小体调控转录起始机制》(Structures of +1 nucleosome-bound PIC-Mediator complex)。11月8日，《德国应用化学》(Angewandte Chemie)刊载顾宏周团队的研究成果《PECAN技术实现无疤痕裁剪、自由制备任意序列DNA》(Catalytic DNA-Assisted Mass Production of Arbitrary Single-Stranded DNA)。11月18日，《科学》(Science)刊载王磊团队、桑庆团队与合作者的研究成果《人卵母细胞启动纺锤体组装的生理机制》(The mechanism of acentrosomal spindle assembly in human oocytes)。11月21日，《发育细胞》(Developmental Cell)刊载蓝斐团队与合作者的研究成果《转录因子MESP1结合表观遗传修饰蛋白RING1A在心脏发育中的作用》(Essential role of MESP1-RING1A complex in cardiac differentiation)。

（丁广进）

【多位教师获奖】 王磊教授获第十七届中国青年科技奖特别奖和霍英东教育基金会青年科学奖，施立雪青年研究员入选《麻省理工科技评论》亚太区"35岁以下科技创新35人"。汪萱怡研究员获评"全国科技系统抗击新冠肺炎疫情先进个人"，余红秀研究员获"上海市教育系统三八红旗手"，张莹研究员获"复旦大学三八红旗手"。

（丁广进）

脑科学研究院

【概况】 2022年，脑科学研究院有在编人员72人，其中研究人员46人，管理和实验技术人员26人；高级职称47人，中级职称22人，初级职称3人。另有科研助理7人。有研究组42个，其中院专属研究组27个。

2022年，研究人员作为项目负责人新获批国家级科研项目或课题共26项、省部级科研项目7项。在编人员新获批和在研国家及省部级项目共计92项，其中包括科技部科技创新2030"脑科学与类脑研究"重大项目1项、课题2项、青年科学家项目2项，国家重点研发计划课题2项，国家自然科学基金重大重点国际（地区）合作研究项目1项、重大项目1项、重点项目4项等；另有7人作为学术骨干参与国家重点研发计划课题，12人次作为学术骨干参与科技创新2030"脑科学与类脑研究"重大项目。

在《细胞研究》（Cell Research）、《细胞探索》（Cell Discovery）、《科学转化医学》（Science Translational Medicine）、《神经元》（Neuron）、《自然-通讯》（Nature Communications）等高影响力学术刊物以通讯作者发表论文103篇，平均影响因子8.079。主办学术会议1场。研究人员参加国际、国内学术会议（含线上）98人次，受国际学术会议邀请做报告（含线上）4人次。国内外学者到访做学术讲座（含线上）25场次。

推进公共技术平台及"复旦大学神经科学技术共享体系"建设，新安装"高通量数字切片扫描系统""光片式显微镜""在体双光子成像系统"及"小动物代谢系统"等高端设备12台/套。尼康影像中心新增AX共聚焦显微镜及HD25倒置共聚焦显微镜两台大型设备。启动小动物高分辨磁成像系统内部测试运行。分子影像平台及细胞生化分析平台全年开放使用总机时数15 530小时，动物行为平台开放使用总机时数2 142小时。

全年招收博士研究生68人、硕士研究生51人；毕业博士生39人、硕士生23人；在读研究生425人。7月，举办第十届复旦大学脑科学全国优秀大学生夏令营活动。2022年攀登学者本科生科创项目完成立项26项，中期考核26项，结题考核24项。2021级硕士直博生班获评复旦大学优秀学生集体标兵（研究生）。

（姚 佳 朱莉娜 沈莉芸 姜 民 郑书鉴 陈君兰）

【发表多篇重要论文】 2月1日，《细胞研究》（Cell Research）发表马兰团队研究成果《伏隔核D1-MSN亚群能负调控多巴胺水平并介导负性情绪》（A distinct D1-MSN subpopulation down-regulates dopamine to promote negative emotional state）。6月10日，《科学进展》（Science Advances）发表杨雄里团队研究成果《自感光视网膜神经节细胞在眼球生长及近视形成中的作用》（The Role of ipRGCs in Ocular Growth and Myopia Development）。9月28日，《神经元》（Neuron）发表张嘉漪团队与复旦大学附属华山医院毛颖、陈亮团队合作研究成果《人和小鼠视皮层编码时间信息》（Visual cortex encodes timing information in humans and mice）。10月25日，《细胞探索》（Cell Discovery）发表黄志力团队研究成果《dDpMe GABA能神经元簇抑制快速眼动睡眠并抑制猝倒》（A cluster of mesopontine GABAergic neurons suppresses REM sleep and curbs cataplexy）。12月7日，《科学转化医学》（Science Translational Medicine）发表张玉秋团队研究成果《外膝体腹侧核脑啡肽能神经元的视觉激活介导绿光镇痛效应》（Green light analgesia in mice is mediated by visual activation of enkephalinergic neurons in the ventrolateral geniculate nucleus）；《自然-通讯》（Nature Communications）发表黄志力团队研究成果《眼内侧被盖核中的GABA能神经元对快速眼动睡眠抑制至关重要》（GABAergic neurons in the rostromedial tegmental nucleus are essential for rapid eye movement sleep suppression）。12月9日，《自然-通讯》（Nature Communications）发表马兰团队研究成果《去甲肾上腺素信号系统介导记忆的皮层早期标记和远期存储》（Noradrenergic signaling mediates cortical early tagging and storage of remote memory）。

（朱莉娜）

【举办2022级研究生迎新暨入学教育活动】 8月31日，脑科学研究院2022级研究生迎新暨入学教育活动在明道楼二楼报告厅举行。脑科学研究院院长马兰、院党委书记陈靖民、副院长张玉秋、公共技术平台主任姜民、2022级直博生辅导员王丹丹、2022级博士生辅导员张淑红、院研究生会执行主席曹慧以及70余名新同学参加此次活动。活动由院党委副书记罗赟星主持。

（郑书鉴）

放射医学研究所

【概况】 2022年，放射医学研究所有员工46人（含博士后、科研助理及租赁人员15人），正式编制31人，其中科研教学人员15人，包括研究员4人、青年研究员2人、副研究员7人、青年副研究员1人和高级工程师1人。返聘职工9人。

全年招收研究生12人，其中硕士9人、博士3人。毕业研究生14人，其中硕士9人、博士5人。

科研工作。全年获纵向科研课题共4项，其中国家自然科学基金重点项目1项、其他省部级课题3项，纵向到款经费222.30万元，横向到款经费1 502.06万元。新增仪器设备经费2 768.33万元，包括地高建平台仪器经费513.33万元（小动物精准辐照仪），教育部贷款仪器经费1 770.00万元，地高建学科仪器经费390.10万元，基本发展经费仪器费94.90万元。科研人员发表SCI论文36篇，中文核心期刊论文5篇，本研究所为第一署名单位文章18篇，高水平英文文章15篇，其中1区文章4篇（影响因子大于10分的2篇），2区文章5篇。获得授权和申请专利4项。全年参加全国性学术交流会议11人次，国际学术交流会议5人次，大会报告、特邀报告2人次。

科技服务。完成职业病危害控效评价报告书222份、预评价报告书185份、竣工监测报告11份，出具各类CMA检测报告5 524份。开展γ射线和X射线照射技术服务1 000余次，完成10 656人次放射性从业人员健康体检工作。

人事工作。7月，学校任命蒋蕾

为党总支书记,邵春林为所长兼党总支副书记,免去张农所长兼党总支副书记职务。全年共90人次参加进修与培训,其中线上80人次,线下10人次。青年副研究员何颖芳12月入职。

党建工作。在大上海保卫战中,党总支积极宣传贯彻执行党中央和上级党组织决定,充分发挥引领监督作用,主动带领各党支部发挥坚强战斗堡垒作用,努力解决疫情防控过程中师生在物资保障、求医问药等方面遇到的实际困难。党员领导干部发挥模范带头作用,冲锋在前,驻守校园两个多月,带领师生志愿者深入学生宿舍园区一线工作;导师们主动开展"导师关爱行动",关心帮助学生平安度过困难时期;学生积极参与志愿服务;部分党员教师主动在社区基层报到,长期担任社区防疫志愿者,为大上海保卫战和疫情常态化防控工作贡献力量。党总支深入开展习近平新时代中国特色社会主义思想和党的二十大精神学习教育活动,组织师生观看舞剧《永不消逝的电波》、电影《海的尽头是草原》《望道》,参观中共一大会址纪念馆,邀请宣讲团专家讲专题党课,组织二十大精神学习知识竞赛,举办"薪火相传、面向未来"研究生党建交流活动。退休党支部完成换届,形成新一届支委会,分组联系退休党员,提升党支部的组织性和凝聚力。

获奖情况。放医所代表队获上海市首届职业健康技能竞赛放射卫生专业组团体亚军,3名参赛选手以优异成绩全部晋级前六,其中,翟江龙获个人二等奖,刘海宽、张卫媛获个人三等奖;退休党支部获评第二批复旦大学离退休教职工示范党支部;放医所获"以文印心 创意尚医——复旦上医文化创意作品设计比赛"最佳组织奖,杨扬和王睿云的文创作品入围,其中,杨扬作品"尚医明道 枫景独好"获二等奖;西苑西楼1436寝室(靳晓娅、肖雨淇、王静)获"特殊时期 别样生活"复旦大学上海医学院学生生活园区文明寝室评比三等奖;邵春林获中国科协2022年度优秀审稿人奖;杨晓雯获评复旦大学学生思想政治工作先进个人特殊贡献奖和院系心理育人优秀工作案例;刘伟琪获评复旦大学关心下一代工作优秀个人;宋义蒙、陈倩萍获评上海市优秀毕业生;郑旺获评复旦大学优秀毕业生;刘洪铭获硕士研究生国家奖学金;龚可浩、刘洪铭获评复旦大学优秀团干部;曾靓获评复旦大学优秀学生干部;任立、刘兴隆、张瑞琦获评复旦大学优秀团员;周羽川、王静、张洪静、张瑞琦获评复旦大学优秀学生;刘兴隆获评复旦大学优秀心理委员。

(张江虹 孔维佳 孔肇路 王晓夏 杨晓雯)

【发表多篇高影响因子论文】 8月1日,邵春林课题组的研究成果《TGM2以SDC1依赖途径在协调自噬体-溶酶体融合以及胶质母细胞瘤辐射抵抗中发挥重要生物学功能》(SDC1-dependent TGM2 Determines Radiosensitivity in Glioblastoma by Coordinating EPG5-mediated Fusion of Autophagosomes with Lysosomes)发表于《自噬》(Autophagy,影响因子13.391;8月23日,邵春林课题组的研究成果《SOCS2通过诱导SLC7A11泛素化与降解、激活铁死亡,增强肝癌的辐射敏感性》(SOCS2-enhanced Ubiquitination of SLC7A11 Promotes Ferroptosis and Radiosensitization in Hepatocellular Carcinoma)发表于《细胞死亡与分化》(Cell Death and Differentiation,影响因子12.067);9月1日,邵春林课题组的研究成果《乏氧诱导的外泌体蛋白ANGPTL4通过抑制铁死亡介导肺癌的辐射抗性》(Exosomal Protein Angiopoietin-like 4 Mediated Radioresistance of Lung Cancer by Inhibiting Ferroptosis under Hypoxic Microenvironment)发表于《自然》(Nature)杂志旗下的《英国癌症杂志》(British Journal of Cancer,影响因子9.075)。9月6日,卓维海课题组与莱布尼茨-汉诺威大学科研人员合作的研究成果《一种具有全气候环境适应性的系列化、"家族"化的大气氚累积采样技术方案》(Development and Calibration of a Modifiable Passive Sampler for Monitoring Atmospheric Tritiated Water Vapor in Different Environments)发表于《国际环境》(Environment International,影响因子13.35)。

(郑旺 陈倩萍 张育红 冯缤 张江虹 陈波 邵春林 卓维海)

【举办放射医学研究所成立60周年庆祝大会】 11月26日,放射医学研究所成立60周年庆祝大会暨"面向未来的放射医学"专题学术报告会在研究所报告厅举行,复旦大学党委副书记、复旦大学上海医学院党委书记袁正宏出席大会并致辞,党总支书记蒋蕾主持大会。苏州大学柴之芳院士致辞并贺诗,陆军军医大学程天明院士书法寄语"砥砺奋进六十载,更创辉煌新征程",近20所兄弟院所发来贺信。兄弟院校嘉宾、所友代表,放医所老领导和退休教师代表,以及放医所师生代表欢聚一堂。以60周年所庆为契机,放射医学研究所更新形象标识、改版网站、建立公众号、修缮报告厅,并制作纪念册、纪念邮折和纪念卡片,提升所区环境氛围,提振师生精气神,为进一步创新发展凝心聚力。

(王静 王晓夏 蒋蕾)

实验动物科学部

【概况】 2022年,实验动物科学部设有实验动物学硕士点1个。有硕士研究生导师6人,其中1人为新增导师。在编教职工25人,其中教授2人,副教授1人,副研究员2人,青年研究员2人,高级实验师2人,中级职称7人,初级职称5人和技工4人。新增人员有副教授、青年研究员和中级职称各1人。中级职称晋升为副研究员1人。另有租赁制动物饲养人员48人。

全年招收硕士研究生3人。在读硕士研究生11人。硕士研究生转博士研究生1人。毕业硕士研究生1人。

获批立项的纵向科研项目2项;发表论文12篇。

全年提供教学用小鼠2 240只,大鼠185只,新西兰兔970只,豚鼠

230只。为校内外16家单位254个课题组提供实验动物饲养服务,饲养容量可达13 000笼位。完成培训28轮,培训人数610人。提供动物实验服务累计35 642人次。

动物质量控制平台总检测指标为15 407个/次,抽检动物总数847只,其中有外来动物528只。空间落下菌位点检测4 635个,超净台菌落检测位点662个,高压灭菌器效果检测位点62个。水、垫料和饲料抽样684个,检测细胞支原体样本632个,提供基因型鉴定10个品系,样本数256个。净化保种平台净化小鼠品系44个,冷冻精子18个品系,胚胎冷冻2个品系,提供胚胎相关动物实验服务6次。影像平台提供服务275小时,行为平台提供服务6 367小时,血液生化平台检测血液标本376个、生化标本3 934个。

受理完成动物伦理审查申请1 718项,其中二级单位333项,附属医院1 385项。通过实验动物许可证年检。

(吴　捷)

三、发展规划与学科建设

发展规划与学科建设

【概况】 2022年,学校围绕"双一流"建设目标,深入实施学校"十四五"规划,深化学科融合创新,各项工作稳步推进。

推进实施学校"十四五"规划。提出《"十四五"多规合一工作思路建议》,细化"十四五"指标分解。完成青浦复旦国际融合创新中心建设规划编制,做好四大创新学院实体运行建设准备。结合学校整体空间规划,调研各理工科二级单位的发展现状和需求,制订《湾谷办公楼承租建议方案》。

加强"双一流"学科项目管理。将原有的学科个性化项目升级成为学科综合繁荣计划重点项目,推动前沿和交叉学科建设迈向新台阶,促进学科融合创新与结构性增长。

开展"双一流"建设成效评估工作。对全校二级院系、校级研究机构、实体运行科研机构开展2021年评估工作,重点评估各单位"双一流"年度重点工作、发展规划的年度关键任务、年度指标完成情况、重点改革任务完成成效以及管理服务效能情况,形成评估结果。

深化学科管理机制改革。制订并发布《复旦大学实体运行科研机构管理办法(试行)》,规范和加强实体运行科研机构建设和运行管理。推动13个实体运行科研机构的论证、成立。启动第一批学科学术发展中心的组建工作,打造学术共同体议事机制。组建复旦大学新工科建设战略咨询委员会,为新工科未来发展谋划顶层设计。

推动学科科研平台建设。贯彻落实教育部《关于教育领域扩大投资工作有关事项的通知》,开展扩大投资专项工作,形成复旦大学"双一流"建设关键能力提升项目方案和设备清单,推动学科科研平台建设。建设复旦大学CFFF专用计算平台,满足大规模科学计算需求。复旦大学国家疫苗产教融合平台项目获批立项。推进国家集成电路产教融合创新平台项目执行、设备采购、验收等工作。

开展上海高水平地方高校建设工作。完成上海医学院高水平地方高校建设2022年度预算申报方案的编制、评审、经费下达、重点任务的实施推进。制订并发布《复旦大学上海医学院高水平地方高校建设项目实施管理办法》《复旦大学上海医学院高水平地方高校建设专项经费管理办法》,编制完成《临床医学交叉融合研究院建设项目实施推进指导意见》。

开展院校研究与数据统计工作。追踪国内外高等教育发展动态,开展学校核心竞争力、国际科研合作、实体运行科研机构投入产出分析等研究,谋划加快世界一流大学建设的战略方针与实现路径。注重学校基础数据的管理,完成"双一流"建设与学科管理综合数据平台项目验收,实现数据填报、大屏视窗、诊断分析等功能。

推进校学术委员会秘书处工作。6月29日,正式发布修订后的《复旦大学学术委员会章程》。组织开展第八届校学术委员会委员候选人提名。组织各学部参与年度各类奖项、项目等评审。开展学术违规案件调查和教师学术诚信情况核查。开展学术规范宣讲,加强学术诚信教育。

(马子烨 汪清清 汤孝妍)

【举办建设"第一个复旦"系列研讨之"基础-临床交叉融合与转化"主题论坛】 9月23日,建设"第一个复旦"系列研讨之"基础-临床交叉融合与转化"主题论坛在枫林校区明道楼二楼报告厅召开,会议主题为"服务健康中国战略,走出综合性大学办医学院的新路"。校长金力作开幕致辞,中国工程院院士、上海交通大学医学院附属瑞金医院院长宁光,中国科学院院士、复旦大学附属中山医院心内科主任葛均波,复旦大学附属华山医院院长毛颖等5位专家学者分别作主旨报告,上海医学院党委书记袁正宏作总结发言。

(汤孝妍)

【举办学科学术发展中心启动会】 12月6日,复旦大学学科学术发展中心启动会暨学习贯彻二十大精神、强化"双一流"学科发展动能工作交流会在逸夫科技楼举行。校党委书记焦扬宣布第一批学科学术发展中心负责人名单,校长金力作《谋体制机制赋能、聚学科发展合力,开创一流学科奋进新篇章》的报告,中国语言文学、数学、化学、环境科学与工程、基础医学学科学术发展中心负责人交流学科治理思路及举措。

(马子烨)

【举办复旦大学新工科战略咨询委员会成立大会】 12月16日,复旦大学新工科建设战略咨询委员会成立大会在光华楼举行。校党委书记焦扬介绍委员会情况并宣布委员名单,校长金力作《守正创新,引领添翼,不断强化新工科建设动能》的报告,中国科学院院士、新工科战略咨询委员会主任许宁生作代表发言,四大创新学院筹备组汇报学院建设规划。阿里云创始人王坚、华为董事徐文伟、中国商用飞机有限责任公司首席科学家吴光辉、鹏城实验室副主任余少华、南方科技大学原校长陈十一、复旦大学人工智能创新与产业研究院院长漆远、复旦大学生命科学学院院长林鑫华7位委员交流发言,对新工

"双一流"建设

【概况】 2022年，持续推进第二轮"双一流"建设，完善第二轮"双一流"建设方案。2月，启动学校第二轮"双一流"建设整体方案及20个"双一流"建设学科方案修改工作。3月，就学校第二轮"双一流"建设整体方案修改稿征求相关职能部处意见；分管校领导审阅各学科建设方案修改稿，各学科根据分管校领导反馈意见进一步完善建设方案。4月7日，校长办公会审议第二轮"双一流"建设方案修改版。4月22日，根据校长办公会意见修改后的第二轮"双一流"建设方案，经学校党委常委会审议通过后上报教育部。

持续推进学校"双一流"建设项目。1月，编制2022年学校"双一流"建设实施方案和预算计划。3—4月，制订《一流学科培优行动支持专项实施方案》，并经5月13日"双一流"建设领导小组会议审议通过。5月中旬启动"两大工程"二期建设、七大系列百本精品教材计划；逐个启动一流学科培优行动支持专项申请工作。8—12月，继续推进学科科研基本技术平台、学科综合繁荣计划、本科虚拟仿真实验室建设、传世之作计划、人文社科先导计划、人文社科先锋计划、人文社科融合创新平台、国家级平台能力提升项目、理工医先锋先导项目、工研院建设、国际合作交流能力建设等多个类别"双一流"重点项目建设。9月，组队走访各培优学科，与一流学科培优行动支持专项的学科负责人及项目负责人进行沟通交流。10—12月，组织8场培优专项专家论证会，各学科分管校领导主持会议，各领域院士、文科资深教授等担任论证专家。

完成扩大投资专项相关项目立项工作。10月下旬至11月初，按照"双一流"建设项目的管理要求，组织形成扩大投资专项相关项目，并完成专家论证工作。11月中旬至12月初，"双一流"建设工作组分批审议各项扩大投资专项项目，完成全部项目的立项工作。

继续推进上海市高峰学科建设。推动政治学、中国语言文学、新闻传播学、理论经济学、哲学、中国史、数学、基础医学、公共卫生与预防医学、中西医结合、物理学、化学、电子科学与计算机等13个高峰学科开展建设。1月，组织各高峰学科开展2022—2023年经费预算编制工作，并召开校内预评审会。2—3月，组织高峰学科完成2021年总结自评工作。3—6月，制订《复旦大学上海高校高峰学科建设管理办法》；6月2日，《办法》经校长办公会议审议通过后正式发布实施。10—12月，完成2021年度高峰学科建设项目结项检查工作。

"双一流"建设办公室作为"双一流"建设领导小组和工作组的日常办事机构，统筹协调全校"双一流"建设工作，组织"双一流"建设项目管理组的日常工作。全年共组织召开1次"双一流"建设领导小组会议，10次"双一流"建设工作组会议，8次"双一流"建设项目管理组会议。5月13日，经"双一流"建设领导小组会议审议通过，完成"双一流"建设工作组成员、"双一流"建设项目管理组成员调整工作。

(穆若昕)

附 录

复旦大学第七届学术委员会名单

主　任：赵东元
副主任：陈思和　竺乾威　张　卫　汤其群

人文学部
组　长：陈思和(中国语言文学系)
副组长：葛兆光(文史研究院)
委　员：陈引驰(中国语言文学系)
　　　　吴松弟(中国历史地理研究所)
　　　　吴晓明(哲学学院)
　　　　孙向晨(哲学学院)
　　　　曲卫国(外国语言文学学院)

社会科学与管理学部
组　长：竺乾威(国际关系与公共事务学院)
副组长：王　城(经济学院)
委　员：薛求知(管理学院)
　　　　郁义鸿(管理学院)
　　　　王志强(法学院)
　　　　黄　旦(新闻学院)
　　　　梁　鸿(社会发展与公共政策学院)

理学部
组　长：赵东元(化学系)
副组长：郭坤宇(数学科学学院)
委　员：沈　健(物理学系)
　　　　林鑫华(生命科学学院)
　　　　方长明(生命科学学院)
　　　　杨玉良(高分子科学系)
　　　　邹亚明(现代物理研究所)

工程技术学部
组　长：张　卫(微电子学院)
副组长：陈建民(环境科学与工程系)
委　员：汪源源(信息科学与工程学院)
　　　　金亚秋(信息科学与工程学院)
　　　　王晓阳(计算机科学技术学院)
　　　　武利民(材料科学系)
　　　　艾剑良(航空航天系)

医学部
组　长：汤其群（基础医学院）
副组长：秦新裕（中山医院）
委　员：姜世勃（基础医学院）
　　　　马　兰（基础医学院）
　　　　郑　平（医学神经生物学国家重点实验室）
　　　　杨芃原（生物医学研究院）
　　　　陈　文（公共卫生学院）
　　　　陆伟跃（药学院）
　　　　樊　嘉（中山医院）
　　　　丁　强（华山医院）
　　　　毛　颖（华山医院）
　　　　邵志敏（肿瘤医院）
　　　　徐丛剑（妇产科医院）
　　　　黄国英（儿科医院）
　　　　孙兴怀（眼耳鼻喉科医院）

复旦大学第四届学术规范委员会委员名单

主任委员：陈尚君（中国语言文学系）
副主任委员：唐　颐（化学系）
　　　　　　吴　健（基础医学院）
委　员：曲卫国（外国语言文学学院）
　　　　张伟然（中国历史地理研究所）
　　　　陆　晔（新闻学院）
　　　　郭定平（国际关系与公共事务学院）
　　　　徐以汎（管理学院）
　　　　卢宝荣（生命科学学院）
　　　　杨中芹（物理学系）
　　　　范仲勇（材料科学系）
　　　　王　琳（环境科学与工程系）
　　　　陈道峰（药学院）
　　　　周　俭（中山医院）
　　　　邹和建（华山医院）
　　　　华克勤（妇产科医院）

复旦大学发展与规划委员会名单

（经 2011 年 12 月 21 日党委常委会第 103 次会议批准，2012 年 3 月 12 日校通字 5 号发布通知）

主　任：吴晓明（哲学学院）
副主任：陈家宽（生命科学学院）
　　　　彭裕文（上海医学院）
委　员：卢丽安（女，外国语言文学学院）
　　　　陈　雁（女，历史学系）
　　　　张双利（女，哲学学院）
　　　　任　远（社会发展与公共政策学院）
　　　　潘伟杰（法学院）
　　　　尹　晨（经济学院）
　　　　资　剑（物理学系）
　　　　范康年（化学系）
　　　　徐　雷（信息科学与工程学院）
　　　　杨卫东（计算机科学技术学院）
　　　　郭慕依（上海医学院）
　　　　刘　宝（公共卫生学院）

复旦大学新工科建设战略咨询委员会名单

主　任：许宁生
副主任：徐　雷　蒋华良　徐文伟

集成电路与微纳电子领域
委　员：叶甜春　中国科学院微电子所所长
　　　　刘　明　中国科学院院士、复旦大学芯片院院长
　　　　张素心　华虹集团董事长
　　　　罗先刚　中国科学院院士、中国科学院光电所所长
　　　　封松林　中国科学院上海高等研究院原院长

信息与人工智能领域
委　员：邬江兴　中国工程院院士、复旦大学大数据研究院院长
　　　　李　骏　中国科学院院士、复旦大学数学中心主任
　　　　王　坚　中国工程院院士、阿里巴巴集团技术委员会主席
　　　　柴洪峰　中国工程院院士、复旦大学金融科技研究院院长
　　　　常瑞华　加州大学伯克利分校教授
　　　　余少华　中国工程院院士、鹏城实验室副主任
　　　　漆　远　复旦大学人工智能创新与产业研究院院长

生物医学与医药领域
委　员：马　兰　中国科学院院士、医学神经生物学全国重点实验室主任，脑科学研究院院长
　　　　陈凯先　中国科学院院士、上海中医药大学原校长，中国科学院上海药物研究所
　　　　林鑫华　遗传工程全国重点实验室主任，生命科学学院院长
　　　　郑海荣　中国科学院深圳先进技术研究院副院长
　　　　葛均波　中国科学院院士、复旦大学附属中山医院心内科主任

能源材料与智能制造等新工科领域
委　员：丁建东　聚合物分子工程全国重点实验室主任
　　　　王耀南　中国工程院院士、湖南大学教授，

	机器人视觉感知与国家工程实验室主任	陈十一	中国科学院院士、南方科技大学原校长
甘中学	复旦大学机器人研究院院长	赵东元	中国科学院院士、复旦大学化学与材料学院院长
吴光辉	中国工程院院士、中国商用飞机有限责任公司首席科学家		

复旦大学上海高校高峰学科名单

序 号	类 别	学 科 名 称
1	上海高校Ⅰ类高峰学科	政治学
2		中国语言文学
3		新闻传播学
4		理论经济学
5		哲学
6		中国史
7		数学
8		基础医学
9		公共卫生与预防医学
10	上海高校Ⅱ类高峰学科	中西医结合
11		物理学
12		化学
13	上海高校Ⅳ类高峰学科	电子科学与计算机

复旦大学第二轮"双一流"建设学科名单

序号	学科名称	序号	学科名称
1	哲学	11	生物学
2	应用经济学	12	生态学
3	政治学	13	材料科学与工程
4	马克思主义理论	14	环境科学与工程
5	中国语言文学	15	基础医学
6	外国语言文学	16	临床医学
7	中国史	17	公共卫生与预防医学
8	数学	18	中西医结合
9	物理学	19	药学
10	化学	20	集成电路科学与工程

(发展规划处、"双一流"建设办公室、医学学科规划与"双一流"建设办公室供稿)

四、人才培养

本科生教育

本科生招生

【概况】 2022年复旦大学招收本科生3 647人（不含留学生），其中高考统招录取1 853人，上海、浙江综合评价录取改革试点招生805人，国家专项计划251人，高校专项计划（"腾飞计划"）278人，强基计划193人，外语类保送生77人，高水平运动队24人，优秀运动员免试保送5人，内地新疆班、西藏班和预科升本科生74人，民委专项本科生3人，以及港澳台生84人。另外招收插班生28人。

2022年，复旦大学本科一批次（普通批）录取分数线文科在23个省份排名前三，理科在18个省份排名前三，医科在15个省份排名第一，7个省份居第二。综合录取分数在主要生源省份位居全国高校第三。

（陈昶安）

【首期复旦大学周末学堂学生结业】 1月22日，首期复旦大学周末学堂556名学生完成修读课程要求，顺利结业。2021年起，复旦大学面向上海市所有高一年级在读学生启动实施"周末学堂——复旦大学拔尖学科高中先修计划"，加强基础教育和高等教育的有效衔接，激发和培养高中生对基础学科、前沿学科、交叉学科的学习兴趣和志向。首期全上海144所高中880名高一学生以复旦大学先修学生身份走进复旦校园，进行为期1年的周末学堂学习。 （陈昶安）

【开展大规模线上招生选拔工作】 受新冠肺炎疫情影响，复旦大学2022年高水平艺术团和高水平运动队文化测试，高水平艺术团艺术专项测试，强基计划和浙江综合评价录取改革试点的笔试、面试选拔，上海综合评价录取改革试点的面试选拔均调整为线上考核形式。近五百名各学科正高级教授，超一万名考生参与线上招生选拔，考试过程安全平稳顺利。

（陈昶安）

【首批实施强基计划招生选拔方式改革】 经教育部批准同意，2022年复旦大学作为首批实施高校在高考成绩公布前组织强基计划校考，共录取考生193人，其中具有奥赛省级赛区一等奖以上的学科特长考生68人，占比35.23%，较2021年提高18个百分点，生源质量提升明显。 （陈昶安）

本科生培养

【概况】 2022年，全校共开设本科课程7 567门次（包括校内第二专业、第二学位课程102门次），其中小班（30人及以下）课程4 591门次。为在读学生提供转专业名额718个，申请转专业学生640名，学生获准转专业399名。开设校内第二专业13个，获校内第二专业证书学生273人、第二学位学生15人。

课程思政建设。评选36门校级课程思政标杆课程、87个课程思政优秀案例；学校课程思政教学研究中心入选上海市课程思政教学研究示范中心；25门课程入选上海市课程思政教学研究示范课程、17个团队入选示范团队、8位教师入选示范名师；《课程思政"复旦模式"：落实"三全育人"的新探索》入选全国基层思想政治工作优秀案例。承办首届上海市课程思政教学设计展示活动（社会科学组），学校7个项目入选本次展示活动，其中特等奖3项、一等奖3项、二等奖1项。学校课程思政教学研究中心首批立项教改课题67个；教务处与研究生院联合开展院系课程思政教学研究中心建设，首批立项建设10个院系分中心；与院系共同举办7场线上课程思政午间教学研讨会。建成"新华思政"复旦大学课程思政数字化展示平台，集纳学校课程思政建设成果。

本科生培养体系改革。完成"2+X"本科教务信息化系统迭代，实现从培养方案设定-选课修读-毕业审核的学业服务全程系统化管理。编制发布《复旦大学"十四五"双学士学位培养项目建设规划》；组织制订《复旦大学经济学院-澳门大学工商管理学院经济学学士及理学学士双学位项目培养方案》。编制发布《关于"2+X"发展路径与学程等项目的问答》。制订《复旦大学实体科研机构研究人员申请开设本科课程管理办法（试行）》。加强体育优质数字资源建设，遴选25名体育类教师担任书院体育专项导师；制订实施本科生参与第二课堂艺术实践活动工作方案，聘请13位知名艺术家担任特聘书院导师；制订实施本科生劳动周工作方案，建设第二课堂劳动实践活动登记认证系统；建设通识教育专项心理健康教育模块，实现本科生心理健康教育全覆盖。

基础研究拔尖人才源头培养。推出"步青"高中生学术见习计划与高中生科普课堂，将试点中学推广至江浙沪17所学校；继续在复旦附中开展步青计划微课项目，共计开课42门；组织基础学科10余名教授对34名中学生"英才计划"学员开展为期一年的科研训练；继续开展"周末学堂——复旦大学拔尖学科高中先修计划"，探索基础学科创新人才早发现早培养机制。扩大本科荣誉项目覆盖面，新增中文、外文、新闻3个院系以及计算机学院信息安全和保密技术、信息学院光电信息科学与工程3个专业实施本科荣誉项目,项目已覆盖全校80%院系。制订《复旦大学拔尖创新人才培养的学生奖励计划及其管理办法》,将拔尖计划学生评选自基础理科院系扩展至11个拔尖2.0基地相关院系。新建"智柔体""人工智能药学"等5个跨学科学程,累计建设13个跨学科学程;加强对"神经语言学""智能移动机器人"等跨学科学程的宣传推广。"政治学、经济学与哲学"(PPE)新专业获教育部备案并完成首期招生。

复旦品牌优质课程建设。开展首批复旦大学优质课程推荐评定工作,全校相关院系、部门共推荐课程184门,1400余名本科生参与提名,120余位专家对推荐课程开展随堂听课。30门课获2022年度上海高校市级重点课程立项。制订《关于推进复旦大学全英语学程(课程)建设实施办法》,立项建设2个全英语学程及21门全英语课程;4门本科生课程获"上海高校国际学生英语授课示范性课程"。

通识核心课程建设。采用"邀请制"推进9门通识核心新课建设;开展13场"复旦通识月"系列活动;上新"丝绸之路上的敦煌"线上游学课程;邀请59位通识核心课程主讲教师编写出版《复旦通识100(卷一)》,出版"复旦通识文库"系列读本。

教材建设与管理。完成"七大系列精品教材"首批邀请制和认定制共51个项目的立项。继续开展教材规范管理与建设专项行动,共排查本科生课程教材2600余本;完成教育部教材教辅图书专项排查整改工作,并接受国家督查组督查指导;完成10本新编教材审读。

实践育人。获批国家级创新创业学院;与宝武集团宝地创新中心、中国移动通信集团有限公司、海尔海创汇等签署双创示范基地合作意向书。组织申报教育部产学合作项目,推进51个项目与企业达成合作协议,持续推进与华为、戴尔等企业在课程建设、师资培训、课外实践活动等方面的深度合作。制订《复旦大学大学生创新创业训练计划管理办法》,规范项目管理流程;持续推进"本科生学术研究资助计划",动员包括实体研究机构在内的全校教师为本科生提供研究课题,全年征集课题近450个,立项近470项,本科生发表论文约60篇。支持本科生参加高水平竞赛,参赛学生规模、学科竞赛种类、历史最好成绩等均有所突破。阶段完成材料楼群、逸夫楼、光学楼群等信息化改造,新设激光雷达、机器视觉等一系列学科前沿专业实验室;累计建设虚拟仿真实验教学项目40余项。

教师教学发展体系。举办2期教师教学发展研修班,参与教师人数比2021年增加28%。推进教学改革实践与研究,全年共立项43个项目。组织教师参加第二届全国高校教师教学创新大赛,基础医学院教授刘琼获部属高校正高组二等奖。承办"上海高校示范性本科课堂"建设及展示交流活动,召开第十一届创新教与学年会,参与教育部高校教师融合式教学公益进修项目,带动区域教师教学发展。

教育评价与教学质量保障体系建设。将学生评价体系改革推广到更多院系,数学、哲学、物理学等16个院系在推免工作细则中加强对学生专业素养、研究能力和创新潜质等多元评价考量,鼓励学生多样化的学业发展方向,扭转"唯GPA"倾向。推进课程分类评价,为理论课、实验课、体育课、毕业论文分别设计评教问卷;进一步完善督导听课机制,对评教排名较低的课程,建立多人听课小组进行全面评价,及时向任课教师反馈意见建议;强化同行听课要求,要求院系加强线上教学常态化督检,促进校院两级质量保障体系联动运行。2022年,校院两级本科教学督导共听课2925节次。 (孟媛)

【新增20个国家级一流本科专业建设点】 详见"学校综述"【20个专业入选2021年度国家级一流本科专业建设点名单】条,第60页。

【举办第二届海峡两岸暨港澳服务学习研讨会】 9月2—3日,第二届海峡两岸暨港澳服务学习研讨会以在线方式举办。研讨会以"服务学习教育的实践与挑战"为主题,汇聚来自海峡两岸不同高校的专家、学者,共同探讨服务学习的前景与挑战,交流服务学习的教学实践,汇报相关领域的学术研究成果。 (谭晓姝)

【召开教材工作推进会暨教材建设表彰会】 9月30日,召开学校教材工作推进会暨教材建设表彰会,深入学习贯彻习近平总书记关于教材工作的重要论述,落实全国教材工作会议精神,总结近年来学校教材工作成效。会上颁授首届全国优秀教材奖25项、首届全国教材建设先进个人1名、首届全国教材建设先进集体1个,揭晓首届学校优秀教材奖95项、首届学校教材建设特别贡献奖13名、首届学校教材建设先进个人10名和首批"七大系列精品教材"立项项目51项。 (李琲琲)

【39项本科项目获评2022年上海市优秀教学成果】 10月18日,上海市教育委员会公布2022年上海市优秀教学成果名单,复旦大学39项本科项目获评2022年上海市优秀教学成果,其中特等奖7项、一等奖16项、二等奖16项。 (刘寒冰)

【举办复旦大学第十一届创新教与学研讨会】 10月30日,复旦大学第十一届创新教与学研讨会以在线方式举办。本届研讨会与西交利物浦大学未来教育学院联合举办,围绕"面向未来的新常态教学:融合与超越"主题,结合因疫情加速融合线上线下、校内校外、实境与虚拟的教学新常态展开深入研讨。来自全国700所高校的9800多人次参会。 (曾勇)

【举办学校课程思政表彰会暨骨干教师培训班】 12月2日,举办学校课程思政表彰会暨骨干教师培训班,总结学校课程思政建设的经验与成果,对获评上海市课程思政示范项目与校级课程思政标杆课程的授课教师及团队进行表彰,并开展课程思政分类指导。 (夏璐)

【形成"校史中的课程思政"教学研究成果】 学校课程思政教学研究中心创新形式,以教育史的视角开展课程思政教育教学专题研究,梳理形成研究成果《复旦校史中的"课程思政"——新中国成立以来学校专业课程发挥育人功能的历史回顾与现实

启迪》,并以视频形式发布于新华网课程思政云平台,与学校师生交流共享。　　　　　　　（李琲琲）

【获第八届中国国际"互联网＋"大学生创新创业大赛多个奖项】 复旦大学在第八届中国国际"互联网＋"大学生创新创业大赛中获高教主赛道金奖1项、银奖2项、铜奖2项,产业赛道银奖1项。　　　（赵星敏）

附录

2022年复旦大学本科专业设置

单位名称		专业		一级学科
学院	系	专业代码	专业名称	
	中国语言文学系	050101	汉语言文学	中国语言文学
		050102	汉语言	中国语言文学
国际文化交流学院		050102	汉语言(对外语言文化方向)	中国语言文学
		050102	汉语言(对外商务汉语方向)	中国语言文学
	历史学系	060101	历史学	历史学
		120901K	旅游管理	旅游管理
	文物与博物馆学系	060104	文物与博物馆学	历史学
哲学学院	哲学系	010101	哲学	哲学
		010101	哲学(国学方向)	哲学
		010101	哲学(科学哲学与逻辑学方向)	哲学
		010101	哲学(艺术哲学方向)	哲学
	宗教系	010103K	宗教学	哲学
		030205T	政治学、经济学与哲学	法学
外国语言文学学院	英语系	050201	英语	外国语言文学
	翻译系	050261	翻译	外国语言文学
	俄语系	050202	俄语	外国语言文学
	德语系	050203	德语	外国语言文学
	法语系	050204	法语	外国语言文学
	日语系	050207	日语	外国语言文学
	韩语系	050209	朝鲜语	外国语言文学
	西班牙语系	050205	西班牙语	外国语言文学
新闻学院	新闻学系	050301	新闻学	新闻传播学
	广播电视学系	050302	广播电视学	新闻传播学
	广告学系	050303	广告学	新闻传播学
	传播学系	050304	传播学	新闻传播学
国际关系与公共事务学院	国际政治系	030202	国际政治	政治学
	政治学系	030201	政治学与行政学	政治学
	公共行政系	120402	行政管理	公共管理
法学院		030101K	法学	法学
马克思主义学院		030504T	马克思主义理论	马克思主义理论
社会发展与公共政策学院	社会学系	030301	社会学	社会学
	社会工作系	030302	社会工作	社会学
	心理学系	071101	心理学	心理学

续 表

单位名称		专 业		一级学科
学 院	系	专业代码	专业名称	
经济学院	经济学系	020101	经济学	经济学
		020101	经济学(数理经济方向)	
		020101	经济学(国际项目)	
	世界经济系	020401	国际经济与贸易(国际经济学)	经济与贸易
	公共经济系	020201K	财政学	财政学
	国际金融系	020301K	金融学	金融学
	保险系	020303	保险学	金融学
管理学院	管理科学系	120101	管理科学(人工智能、大数据、供应链管理)	管理科学与工程
	信息管理与信息系统系	120102	信息管理与信息系统(商务智能、云计算、电子商务)	管理科学与工程
	企业管理系	120201K	工商管理(战略管理、国际商务、人力资源)	工商管理
	市场营销系	120202	市场营销	工商管理
	财务学系	120204	财务管理(金融与财务)	工商管理
	会计学系	120203K	会计学	工商管理
	统计学系	071201	统计学	统计学
数学科学学院		070101	数学与应用数学	数学
		070102	信息与计算科学	数学
	物理学系	070201	物理学	物理学
	核科学与技术系	082201	核工程与核技术	核工程
	化学系	070301	化学	化学
		070302	应用化学	化学
		070305T	能源化学	化学
	航空航天系	080101	理论与应用力学	力学
		082002	飞行器设计与工程	航空航天
	材料科学系	080402	材料物理	材料
		080403	材料化学	材料
		080702	电子科学与技术	电子信息
	高分子科学系	080407	高分子材料与工程	材料
	环境科学与工程系	082503	环境科学	环境科学与工程
		082503	环境科学(环境工程方向)	
		082503	环境科学(环境管理方向)	
	大气与海洋科学系	070601	大气科学	大气科学
生命科学学院	生物化学系	071001	生物科学	生物科学
	微生物与微生物工程系			
	生理学与生物物理学系			
	遗传学与遗传工程系	071002	生物技术	
	生物统计学与计算生物学系			
	生态与进化生物学系	071004	生态学	生态学

四、人才培养

续表

单位名称		专业		一级学科
学院	系	专业代码	专业名称	
信息科学与工程学院	电子工程系	080714T	电子信息科学与技术	电子信息
		082601	生物医学工程	生物医学工程
	光科学与工程系	080705	光电信息科学与工程	电子信息
	通信科学与工程系	080703	通信工程	电子信息
	光源与照明工程系	080601	电气工程及其自动化	电气
		080907T	智能科学与技术	计算机
微电子学院	微电子学系	080704	微电子科学与工程	电子信息
计算机科学技术学院		080901	计算机科学与技术	计算机
		080904K	信息安全	计算机
		080717T	人工智能	电子信息
国家保密学院		120106TK	保密管理	管理科学与工程
		080914TK	保密技术	计算机
软件学院		080902	软件工程	计算机
大数据学院		080910T	数据科学与大数据技术	计算机
基础医学院		100101K	基础医学	基础医学
		100901K	法医学	法医学
临床医学院		100201K	临床医学(八年制)	临床医学
		100201K	临床医学(六年制)	临床医学
		100201K	临床医学(五年制)	临床医学
		100201K	临床医学(五年制)(儿科学方向)	临床医学
公共卫生学院		100401K	预防医学	公共卫生与预防医学
		120401	公共事业管理	公共管理
药学院		100701	药学	药学
		100701	药学(临床药学方向)	药学
护理学院		101101	护理学	护理学
		101101	护理学(助产士方向)	护理学
口腔医学院		100301K	口腔医学	口腔医学

复旦大学2022年本科修读校内第二专业及第二学位专业设置

专业名称	开设院系
汉语言文学	中国语言文学系
对外汉语	国际文化交流学院
英汉双语翻译	外国语言文学学院
新闻学	新闻学院
经济学	经济学院
会计学	管理学院
法学	法学院
公共事业管理(社会管理方向)	社会发展与公共政策学院

续表

专业名称	开设院系
环境科学与公共政策	环境科学与工程系
数据科学	大数据学院
外交与公共事务	国际关系与公共事务学院
哲学	哲学学院
国际经济与贸易(国际经济学)	经济学院

复旦大学"七大系列"精品教材立项名单

院系	负责人	奖项范围	奖项内容
中国语言文学系	陈思和	复旦大学	中国现代文学教程
中国语言文学系	刘钊	复旦大学	出土文献与古文字教程
历史学系	邓志峰	复旦大学	中国历史文选(修订本)
哲学学院	吴晓明	复旦大学	马克思主义哲学经典文本导读
哲学学院	张双利	复旦大学	西方马克思主义
新闻学院	童兵	复旦大学	马克思主义新闻思想十讲
国际关系与公共事务学院	陈志敏、张骥	复旦大学	当代外交学
社会发展与公共政策学院	刘欣	复旦大学	社会研究方法
法学院	李世刚	复旦大学	民法学全论
经济学院	张军	复旦大学	中国发展经济学
经济学院	陈诗一	复旦大学	中国财政学
管理学院	芮明杰	复旦大学	产业经济学(第四版)
数学科学学院	陈恕行	复旦大学	现代偏微分方程
数学科学学院	陈晓漫	复旦大学	实变函数与泛函分析
物理学系	金晓峰	复旦大学	热力学与统计物理
化学系	贺鹤勇	复旦大学	大学化学实验系列教材
高分子科学系	张红东	复旦大学	高分子物理
生命科学学院	金力	复旦大学	人类表型组学
生命科学学院	刘祖洞、吴燕华、乔守怡、赵寿元	复旦大学	遗传学
生命科学学院	卢宝荣	复旦大学	科学研究方法、论文写作与发表
材料科学系	杨振国	复旦大学	材料失效分析
环境科学与工程系	陈建民	复旦大学	大气化学
大数据学院	柏兆俊、高卫国、魏柯	复旦大学	数值线性代数
航空航天系	谢锡麟	复旦大学	微积分讲稿系列
信息科学与工程学院	汪源源	复旦大学	信号与通信系统
信息科学与工程学院	迟楠	复旦大学	面向6G的可见光通信
微电子学院	蒋玉龙	复旦大学	半导体器件基础

续　表

院系	负责人	奖项范围	奖项内容
微电子学院	杨　帆	复旦大学	数字集成电路设计自动化基础
计算机科学技术学院	阚海斌	复旦大学	离散数学
计算机科学技术学院	张　奇、黄萱菁	复旦大学	自然语言处理导论
软件学院	赵卫东	复旦大学	机器学习(第二版)
马克思主义学院	高国希	复旦大学	当代中国马克思主义伦理学
马克思主义研究院	潘伟杰	复旦大学	法律的逻辑：马克思主义法学原理
马克思主义研究院	李　冉	复旦大学	马克思主义中国化概论
马克思主义研究院	彭希哲	复旦大学	社会治理现代化概要
基础医学院	左　伋	复旦大学	细胞生物学(第4版)
基础医学院	袁正宏	复旦大学	医学微生物学
基础医学院	汤其群	复旦大学	医学分子遗传学
临床医学院	桂永浩	复旦大学	儿科学(第4版)
临床医学院	张文宏	复旦大学	感染病学(第4版)
临床医学院	吴　毅	复旦大学	康复医学(第4版)
临床医学院	徐丛剑	复旦大学	生殖医学概论
临床医学院	李华伟	复旦大学	耳鼻咽喉头颈外科学(第4版)
临床医学院	邵志敏、郭小毛	复旦大学	临床肿瘤学概论(第三版)
公共卫生学院	张艳萍	复旦大学	医患沟通
药学院	张雪梅	复旦大学	药物研发案例
放射医学研究所	卓维海、朱国英	复旦大学	医用辐射防护与剂量学
哲学学院	王国豫	复旦大学	医学伦理
经济学院	袁志刚	复旦大学	中国宏观经济学
经济学院	寇宗来	复旦大学	中国微观经济学
经济学院	孟　捷	复旦大学	中国特色社会主义政治经济学

上海市课程思政示范项目

院　系	负责人	奖项范围	奖项内容	备　注
新闻学院	马　凌	上海市	马克思主义新闻思想	上海市课程思政示范项目
经济学院	石　磊	上海市	当代中国经济	上海市课程思政示范项目
国际关系与公共事务学院	苏长和	上海市	国际关系导论	上海市课程思政示范项目
材料科学系	杨振国	上海市	材料失效分析	上海市课程思政示范项目
经济学院	李志青	上海市	人口资源环境与经济发展	上海市课程思政示范项目
微电子学院	陈　赟	上海市	智能芯片与社会	上海市课程思政示范项目
物理学系	蒋最敏	上海市	大学物理A：力学	上海市课程思政示范项目
生命科学学院	吴燕华	上海市	遗传学	上海市课程思政示范项目

续 表

院 系	负责人	奖项范围	奖项内容	备 注
外国语言文学学院	冯予力	上海市	英语演讲	上海市课程思政示范项目
法学院	梁咏	上海市	全球化时代的法律冲突与对话	上海市课程思政示范项目
临床医学院	黄国英	上海市	儿科学B	上海市课程思政示范项目
药学院	马国	上海市	药学服务与健康	上海市课程思政示范项目
护理学院	杨红红	上海市	儿科护理学	上海市课程思政示范项目
基础医学院	袁正宏	上海市	医学微生物学	上海市课程思政示范项目
公共卫生学院	吕军	上海市	组织行为学：卫生视角	上海市课程思政示范项目
基础医学院	钱睿哲	上海市	基于疾病的多学科教学	上海市课程思政示范项目
信息科学与工程学院	金亚秋	上海市	高等电磁场理论	上海市课程思政示范项目
环境科学与工程系	马臻	上海市	学术规范和科研技能	上海市课程思政示范项目
大气与海洋科学系	高艳红	上海市	地球系统数值模拟	上海市课程思政示范项目
计算机科学技术学院	张文强	上海市	机器人学导论	上海市课程思政示范项目
现代物理研究所	张斌	上海市	科学技术中的核物理方法Ⅰ	上海市课程思政示范项目
临床医学院	周文浩	上海市	医学人文与医患沟通	上海市课程思政示范项目
护理学院	来小彬	上海市	老年护理学	上海市课程思政示范项目
护理学院	邢唯杰	上海市	肿瘤护理学	上海市课程思政示范项目
护理学院	成磊	上海市	母婴保健与护理	上海市课程思政示范项目
教务处	—	上海市	复旦大学课程思政教学研究中心	上海市课程思政教学研究示范中心
新闻学院	马凌	上海市	"马克思主义新闻思想"课程教学团队	上海市课程思政示范团队
经济学院	石磊	上海市	"当代中国经济"课程教学团队	上海市课程思政示范团队
经济学院	李志青	上海市	"人口资源环境与经济发展"课程教学团队	上海市课程思政示范团队
微电子学院	陈赟	上海市	"智能芯片与社会"课程教学团队	上海市课程思政示范团队
物理学系	蒋最敏	上海市	"大学物理A：力学"课程教学团队	上海市课程思政示范团队
生命科学学院	吴燕华	上海市	"遗传学"课程教学团队	上海市课程思政示范团队
药学院	马国	上海市	"药学服务与健康"课程教学团队	上海市课程思政示范团队
护理学院	杨红红	上海市	"儿科护理学"课程教学团队	上海市课程思政示范团队
基础医学院	袁正宏	上海市	"医学微生物学"课程教学团队	上海市课程思政示范团队
公共卫生学院	吕军	上海市	"组织行为学：卫生视角"课程教学团队	上海市课程思政示范团队
基础医学院	钱睿哲	上海市	"基于疾病的多学科教学"课程教学团队	上海市课程思政示范团队
信息科学与工程学院	金亚秋	上海市	"高等电磁场理论"课程教学团队	上海市课程思政示范团队
大气与海洋科学系	高艳红	上海市	"地球系统数值模拟"课程教学团队	上海市课程思政示范团队
计算机科学技术学院	张文强	上海市	"机器人学导论"课程教学团队	上海市课程思政示范团队
护理学院	来小彬	上海市	"老年护理学"课程教学团队	上海市课程思政示范团队
护理学院	邢唯杰	上海市	"肿瘤护理学"课程教学团队	上海市课程思政示范团队
护理学院	成磊	上海市	"母婴保健与护理"课程教学团队	上海市课程思政示范团队
新闻学院	马凌	上海市	—	上海市课程思政教学名师
经济学院	石磊	上海市	—	上海市课程思政教学名师

续表

院　系	负责人	奖项范围	奖项内容	备注
国际关系与公共事务学院	苏长和	上海市	—	上海市课程思政教学名师
材料科学系	杨振国	上海市	—	上海市课程思政教学名师
临床医学院	黄国英	上海市	—	上海市课程思政教学名师
信息科学与工程学院	金亚秋	上海市	—	上海市课程思政教学名师
环境科学与工程系	马　臻	上海市	—	上海市课程思政教学名师
临床医学院	周文浩	上海市	—	上海市课程思政教学名师

上海市课程思政教学设计展示活动获奖情况

院　系	负责人	奖项范围	奖项等级	奖项内容
环境科学与工程系	包存宽	上海市	特等奖	环境管理
中国语言文学系	侯体健	上海市	一等奖	古典诗词导读
外国语言文学学院	冯予力	上海市	二等奖	英语演讲
生命科学学院	吴燕华	上海市	特等奖	遗传学
上海医学院	袁正宏	上海市	特等奖	医学微生物学
材料科学系	杨振国	上海市	一等奖	材料失效分析
大气与海洋科学系	高艳红	上海市	一等奖	地球系统数值模拟

复旦大学课程思政标杆课程

院　系	负责人	奖项范围	奖项内容
中国语言文学系	侯体健	复旦大学	古典诗词导读
国际文化交流学院	胡文华	复旦大学	中国概况（上、下）
哲学学院	郭晓东	复旦大学	《春秋》三传选读
哲学学院	祁　涛	复旦大学	马克思主义哲学史
外国语言文学学院	管玉华	复旦大学	同声传译基础
新闻学院	刘海贵	复旦大学	新闻采访与写作
新闻学院	黄　瑚	复旦大学	中国新闻传播史
新闻学院	张涛甫	复旦大学	新闻评论
艺术教育中心	龚金平	复旦大学	当代电影美学
艺术教育中心	张　勇	复旦大学	古村落的保护与开发
体育教学部	孙建冰	复旦大学	龙狮运动
国际关系与公共事务学院	张　骥	复旦大学	外交学
社会发展与公共政策学院	陈　侃	复旦大学	艺术与心灵
经济学院	张晖明	复旦大学	政治经济学
经济学院	石　磊	复旦大学	经济与社会
管理学院	张　喆	复旦大学	营销创新
数学科学学院	谢启鸿	复旦大学	高等代数
物理学系	刘韡韬	复旦大学	大学物理A：电磁学
物理学系	陈　焱	复旦大学	热力学与统计物理Ⅰ（荣誉课程）
生命科学学院	李　琳	复旦大学	生命科学研究设计与实践（上）

续　表

院　系	负责人	奖项范围	奖项内容
生命科学学院	赵　斌	复旦大学	生态学：管理大自然的经济学
环境科学与工程系	包存宽	复旦大学	环境管理
航空航天系	艾剑良	复旦大学	航空与航天
航空航天系	谢锡麟	复旦大学	数学分析B（Ⅰ、Ⅱ）
核科学与技术系	杨　洋	复旦大学	天使还是恶魔—人类驯核记
微电子学院	张　卫	复旦大学	前沿讲座
计算机科学技术学院	李景涛	复旦大学	密码学基础
软件学院	戴开宇	复旦大学	程序设计
基础医学院	袁正宏	复旦大学	医学微生物学
临床医学院	黄国英	复旦大学	儿科学B
基础医学院	高　璐、李文生	复旦大学	局部解剖学A
基础医学院	周国民、张丽红	复旦大学	组织胚胎学B
公共卫生学院	严　非	复旦大学	社会医学
药学院	戚建平	复旦大学	药剂学Ⅰ
护理学院	胡　雁、梁　燕	复旦大学	健康与护理
护理学院	王君俏	复旦大学	内科护理学

第二届上海市高校教师教学创新大赛

院　系	负责人	奖项范围	奖项等级	奖项内容
基础医学院	刘　琼	上海市	特等奖	组织胚胎学B
新闻学院	沈　玢	上海市	一等奖	广告学概论
外国语言文学学院	李　昕	上海市	一等奖	英语语音学

第二届全国高校教师教学创新大赛

院　系	负责人	奖项范围	奖项等级	奖项内容
基础医学院	刘　琼	国家	二等奖	组织胚胎学B

第五届上海高校青年教师教学竞赛获奖情况

院　系	负责人	奖项范围	奖项等级	奖项内容
大学英语教学部	单理扬	上海市	一等奖	英语公众演说
艺术教育中心	周　涛	上海市	二等奖	戏剧表演
马克思主义学院	唐荣堂	上海市	二等奖	毛泽东思想和中国特色社会主义理论体系概论
物理学系	戚　扬	上海市	二等奖	固体理论
附属眼耳鼻喉科医院	郑　克	上海市	二等奖	眼科学
基础医学院	刘　洋	上海市	三等奖	生物化学（一）
基础医学院	徐　晨	上海市	三等奖	病理生理学
附属妇产科医院	张　宁	上海市	三等奖	妇产科学
大数据学院	魏忠钰	上海市	优秀奖	人工智能导论
附属中山医院	朱　琳	上海市	优秀奖	内科学

2022年度上海高校市级重点课程

院　系	负责人	奖项范围	奖项内容	备注
中国语言文学系	陈正宏	上海市	《史记》导读	线下课程
中国语言文学系	张怡微	上海市	《西游记》导读	线下课程
历史学系	高晞	上海市	医学的社会文化史	线下课程
文物与博物馆学系	柴秋霞	上海市	展览形式设计	虚拟仿真实验教学课程
哲学学院	佘碧平	上海市	笛卡尔《谈谈方法》导读	线下课程
外国语言文学学院	吴仙花	上海市	基础韩语Ⅰ	优质在线课程
外国语言文学学院	苏耕欣	上海市	英语精读(上、下)	线下课程
大学英语教学部	王薇	上海市	学术英语(管理科学)	线上线下混合式课程
新闻学院	林溪声	上海市	中国新闻传播史	线上线下混合式课程
新闻学院	张大伟	上海市	数字出版	社会实践课程
社会发展与公共政策学院	沈洁	上海市	城市化与发展	示范性全英语课程
经济学院	寇宗来	上海市	经济与社会	优质在线课程
经济学院	杜莉	上海市	国际税收	优质在线课程
管理学院	郑琴琴	上海市	商业伦理学	线下课程
管理学院	张晶	上海市	营销创新	线上线下混合式课程
化学系	石梅	上海市	普通化学实验	线下课程
生命科学学院	皮妍	上海市	遗传学实验	线上线下混合式课程
生命科学学院	钟江	上海市	微生物与人类健康	线下课程
核科学与技术系	张雪梅	上海市	核辐射探测与测量方法	线上线下混合式课程
软件学院	戴开宇	上海市	虚拟世界:科技与人文	线上线下混合式课程
大数据学院	魏忠钰	上海市	人工智能	线下课程
国际文化交流学院	王小曼	上海市	中级汉语视听说(上、下)	线上线下混合式课程
国际文化交流学院	胡文华	上海市	汉字研究	线上线下混合式课程
基础医学院	杨玲	上海市	细胞与医学遗传学实验	线下课程
基础医学院	周国民、张丽红	上海市	正常人体形态与功能学ⅡB	线上线下混合式课程
公共卫生学院	张蕴晖	上海市	环境卫生学	线上线下混合式课程
药学院	张雪梅	上海市	药学专业英语	线上线下混合式课程
护理学院	陆敏敏	上海市	健康评估	线上线下混合式课程
附属儿科医院	汤梁峰	上海市	小儿泌尿盆底解剖虚拟仿真系统	虚拟仿真实验教学课程
附属妇产科医院	徐丛剑	上海市	生殖医学概论	线下课程

2022年上海市优秀教学成果(本科)

主要完成单位	成果名称	主要完成人姓名	奖项范围	获奖等级	申报单位
复旦大学	以"六度育人空间"构建本科教育全链条:复旦大学三全育人共同体探索与实践	焦扬、徐雷、陈玉刚、李冉、徐阳、吴晓晖、徐珂、黄洁、李翡翡、夏璐	上海市	特等奖	复旦大学

续 表

主要完成单位	成果名称	主要完成人姓名	奖项范围	获奖等级	申报单位
复旦大学	追求卓越、挑战自我——兼具高挑战度和高开放度的"本科荣誉项目"探索与实践	徐 雷、陈力奋、张力群、楼红卫、徐 红、吴晓晖、蒋最敏、杨中芹、孙兴文、陈 雁	上海市	特等奖	复旦大学
复旦大学	双轮驱动 顶天立地 公共卫生人才培养体系二十年创新与实践	何 纳、汪 玲、吴 凡、何更生、姜庆五、陈 文、刘岱淞、刘 星、贾英男、陈晓敏	上海市	特等奖	公共卫生学院
复旦大学	创建一流物理本科教学体系,培养基础学科优秀人才	侯晓远、蒋最敏、周 磊、张新夷、陈 焱、陆 昉、肖 江、沈 健、杨中芹	上海市	特等奖	物理学系
复旦大学	立足中国实践,打造中国学派:经济学拔尖创新人才培养体系探索	张 军、田素华、陈 梅、段白鸽、徐明东、王弟海、程大中、王永钦、张 毅、朱丽萍	上海市	特等奖	经济学院
复旦大学	入门、进阶与对话——复旦大学本科生哲学公共教育教学体系建设	张双利、张汝伦、孙向晨、丁 耘、郁喆隽、王德峰、郝兆宽、徐 波、汤克凤	上海市	特等奖	哲学学院
复旦大学	以习近平新时代中国特色社会主义思想为核心内容的高校思政课课程群建设	李 冉、李国泉、高国希、杜艳华、马拥军、曹金龙、谢宜泽	上海市	特等奖	马克思主义学院
复旦大学	马克思主义理论学科本硕博一体化人才培养模式的探索与实践	许 征、董雅华、陈 坚、高国希、张新宁、肖存良、潘孝楠、肖 巍	上海市	一等奖	马克思主义学院
复旦大学	以学生发展为中心的儿科模拟教学体系构建与实施	周文浩、胡黎园、吴静燕、陆国平、黄国英、柴毅明、殷 荣、刘 芳、王晓川、徐 秀	上海市	一等奖	临床医学院
复旦大学	数学本科核心课程体系的改革与实践	陈 猛、傅吉祥、郭坤宇、雷 震、吕 志、沈维孝、王志强、薛军工、姚一隽、应坚刚	上海市	一等奖	数学科学学院
复旦大学	全球治理和国际组织人才全过程培养模式探索	苏长和、刘季平、方 明、朱 峰、李 辉、张 骥、郑 宇、敬乂嘉、赵晓惠、朱杰进	上海市	一等奖	国际关系与公共事务学院
复旦大学,中国科学院上海药物研究所,上海勃林格殷格翰药业有限公司	张江"药谷"生物医药创新模式驱动的卓越药学人才培养机制探索与实践	张雪梅、戚建平、马 国、付 伟、王 洋、王宁宁、李 聪、姜琳琳、何 敏、殷雪林	上海市	一等奖	药学院
复旦大学	产教融合"强-芯-制"集成电路人才培养的创新与实践	周 鹏、林 青、韩 军、艾 竹、王安华、张 卫、俞 军、曾晓洋、孙 劼、宋 芳	上海市	一等奖	微电子学院
复旦大学	书院新生支持系统的构建与实践——以"四学"为抓手	陈尚君、陆 昉、汪源源、卢宝荣、傅德华、倪 刚、谢锡麟、王柏华、谭晓妹、秦玉琪	上海市	一等奖	本科生院(复旦学院)
复旦大学	"人文""融合""创新",构建卓越医学人才成长基础培育体系的实践	袁正宏、闻玉梅、汤其群、桂永浩、程训佳、钱睿哲、钱海红、严钰锋、曾文姣、刘 晔	上海市	一等奖	基础医学院
复旦大学	认同、志同、乐同——建设教师共同体,打造通识课程质量持续提升的新路径	孙向晨、徐 雷、蒋最敏、陈 焱、任军锋、朱 刚、黄 洋、石 磊、杨 继、刘丽华	上海市	一等奖	本科生院(复旦学院)
复旦大学	服务国家战略的一流护理人才培养模式的改革与实践	赵 缨、胡 雁、包江波、王君俏、卢惠娟、张玉侠、顾春怡、胡晓静	上海市	一等奖	护理学院
复旦大学	人人都能成为拔尖学生:历史学专业本科拔尖人才培养机制的探索与创新	陈 雁、黄 洋、戴鞍钢、章 清、向 荣、余 蔚、高 晞、田文娟	上海市	一等奖	历史学系

续　表

主要完成单位	成果名称	主要完成人姓名	奖项范围	获奖等级	申报单位
复旦大学	"数据分析与信息可视化"新闻类新文科特色课程建设与培养模式创新	周葆华、徐笛、崔迪、尤莼洁、吕妍	上海市	一等奖	新闻学院
复旦大学、腾讯科技（上海）有限公司	面向系统观的新工科卓越软件实践能力培养	韩伟力、陈辰、赵卫东、吴石、赵泽宇、冯红伟、查德平、彭鑫、赵一鸣	上海市	一等奖	计算机科学技术学院
复旦大学	"认知体验 固本强基 前沿创新"——复旦大学化学实验课程体系的建设与实践	孙兴文、刘永梅、刘莎莎、雷杰、高翔、樊惠芝、张晋芬、石梅、陆豪杰、贺鹤勇	上海市	一等奖	化学系
复旦大学	"多维赋能"理念下英语专业人才培养模式创新	高永伟、朱建新、郑咏滪、陈靓、冯予力、秦文娟、李昕	上海市	一等奖	外国语言文学学院
复旦大学	"理论与临床结合，线上与线下并进"的传染病教学体系建设	张文宏、阮巧玲、王新宇、陈晨、赵华真、邵凌云、张继明、朱浩翔、郑建铭、翁心华	上海市	一等奖	临床医学院
复旦大学	中国特色、复旦特点的服务学习课程体系建设与实践	徐珂、洪浏、周楚、包春雷、邵黎明、张勇、黄洁、陈虹霖、陈侃、戴开宇	上海市	二等奖	本科生院（复旦学院）
复旦大学	树立质量标杆，创新"双培"模式：为成功的混合式教学铺设最后一公里	陆昉、丁妍、蒋玉龙、范慧慧、曾勇、郑咏滪、吴燕华、李娜、方雁、钱榕	上海市	二等奖	本科生院（复旦学院）
复旦大学、海军军医大学、上海健康医学院	面向临床需求的人体解剖学教学创新与实践	李文生、杨向群、李志宏、孙燕、高璐、吕叶辉、刘芳、高静琰、刘镇、张红旗	上海市	二等奖	基础医学院
复旦大学	以博物馆＋为平台，融通理论，联动育人——文博专业教学实践模式的新探索	刘朝晖、麻赛萍、石鼎、赵晓梅、王荣、赵琳、潘艳、祁姿妤、董宁宁、刘守柔	上海市	二等奖	文物与博物馆学系
复旦大学	具有一流程度的力学数学基础知识体系的教学研究与实践	谢锡麟	上海市	二等奖	航空航天系
复旦大学	构建同向同行立体化新闻传播学课程思政育人体系	陈建云、杨鹏、陆优优、马凌、王迪、窦锋昌、邓建国、章平、李华强、杨敏	上海市	二等奖	新闻学院
复旦大学	创新实践在老年医学人才培养中的应用	保志军、黄一沁、张艳、王姣锋、陈洁、胡晓娜、纪雪莹、吴豉、崔月、夏祖宇	上海市	二等奖	基础医学院
复旦大学	数学、哲学与计算机科学的交叉融合：基于数理逻辑学程的基础学科人才培养	郝兆宽、杨睿之、姚宁远、William Johnson	上海市	二等奖	哲学学院
复旦大学	以研究能力和创新意识为导向的生物学实验教学理念与实践创新	吴燕华、王英明、乔守怡、薛磊、皮妍、郭滨、杨鲜梅、曹洋、娄慧玲、梅其春	上海市	二等奖	生命科学学院
复旦大学	以个性化、全能级为特征的外语学习共同体建设的探索与实践	范烨、季佩英、彭华、万江波、杜方圆、王建伟、向丁丁、王薇	上海市	二等奖	外国语言文学学院
复旦大学	思政为魂，科技添翼——创新医学遗传学系列课程建设	刘雯、左伋、杨玲、杨云龙、陈莉	上海市	二等奖	基础医学院
复旦大学	夯实科艺理念育才 融筑美智并举拓育：艺术与科学前沿教育的创立与实践	张桦文、卢宝荣、赵东元、郭声健、应质峰、沈海军、陈宜方、张学新	上海市	二等奖	艺术教育中心
复旦大学	打造全媒体语境下卓越主流新闻评论人才培养的"复旦模式"	张涛甫、翁之颢、米博华、夏正玉、曹林	上海市	二等奖	新闻学院

主要完成单位	成果名称	主要完成人姓名	奖项范围	获奖等级	申报单位
复旦大学	面向未来产业需求的电子信息卓越人才多元化培养研究与实践	胡波、冯辉、郭翌、汪源源、迟楠、孔庆生、李旦、王斌	上海市	二等奖	信息科学与工程学院
复旦大学	文创类创新创业课程产教融合新模式	张大伟、张涛甫、胡波、游畅、汤筠冰、郑璐、黄强、黄景誉	上海市	二等奖	新闻学院
复旦大学	建设健康中国，扎根祖国大地——医教协同实践育人体系的探索与实践	包涵、徐军、陈文婷、于专宗、尤小芳、高继明、刘嫣、陈苏华、游畅、张志强	上海市	二等奖	上海医学院学生工作部（处）

2022年全国大学生数学建模竞赛获奖情况

队员一姓名（队长）	队员一院系	队员二姓名	队员二院系	队员三姓名	队员三院系	国奖获奖等级	市赛获奖等级	指导教师姓名
刘煜	计算机科学技术学院	王思尹	计算机科学技术学院	王兆瀚	计算机科学技术学院	一等奖	一等奖	
周琪皓	大数据学院	李嘉桐	物理学系	林睿扬	经济学院	一等奖	一等奖	
黄河	管理学院	柳世纯	计算机科学技术学院	周正	管理学院	一等奖	一等奖	
邓天宇	管理学院	邱奕珲	管理学院	池正昊	管理学院	一等奖	一等奖	
任禹同	数学科学学院	郑惠元	软件学院	左晓蕊	经济学院	二等奖	一等奖	俞熹
朱俊杰	计算机科学技术学院	陈瑞昊	物理学系	史茹文	外国语言文学学院	二等奖	一等奖	
陶净梢	经济学院	关启孟	经济学院	陈与时	临床医学院	二等奖	一等奖	
王鹏锦	数学科学学院	陈欣骅	微电子学院	王宇昂	微电子学院	二等奖	一等奖	
马昊天	经济学院	陈添辰	数学科学学院	王正源	软件学院		一等奖	
毛炫林	管理学院	娄泽坤	物理学系	曾晓玮	管理学院		一等奖	
孙翌凯	经济学院	马金哲	经济学院	王一程	经济学院		一等奖	
卞诗瑞	数学科学学院	张叶昊	数学科学学院	刘子为	数学科学学院		一等奖	
高萌	数学科学学院	陈升升	数学科学学院	王嗣超	物理学系		一等奖	
郭晓霏	管理学院	卢柯瑾	计算机科学技术学院	訾惠斌	大数据学院		一等奖	
薛建阳	航空航天系	徐天乐	航空航天系	曹星宇	航空航天系		一等奖	
庄集	微电子学院	潘成骏	大数据学院	赵之善	信息科学与工程学院		一等奖	
王思雨	大数据学院	杨蕾婷	生命科学学院	王婉伊	大数据学院		一等奖	
殷林琪	大数据学院	柴世兴	信息科学与工程学院	南书峰	大数据学院		一等奖	
马宸	信息科学与工程学院	李旭辉	信息科学与工程学院	姜汤雨	信息科学与工程学院		一等奖	
唐侨	计算机科学技术学院	罗旭涵	核科学与技术系	陈乐	计算机科学技术学院		二等奖	
许洪玮	微电子学院	徐可	微电子学院	林与正	微电子学院		二等奖	
杨耕智	数学科学学院	王逸扬	数学科学学院	徐佳鹏	数学科学学院		二等奖	
凌越	环境科学与工程系	叶泽琳	数学科学学院	殷笛轩	管理学院		二等奖	
张以诚	信息科学与工程学院	蒋榕泽	计算机科学技术学院	刘一村	计算机科学技术学院		二等奖	
吴艺舒	经济学院	张智尧	软件学院	李琼玖	经济学院		二等奖	
秦铮	计算机科学技术学院	陈义桐	计算机科学技术学院	赵浦越	信息科学与工程学院		二等奖	
胡一凡	大数据学院	陈学添	大数据学院	李一帆	大数据学院		二等奖	

续 表

队员一姓名(队长)	队员一院系	队员二姓名	队员二院系	队员三姓名	队员三院系	国奖获奖等级	市赛获奖等级	指导教师姓名
王楠欣	计算机科学技术学院	章薇	信息科学与工程学院	沈芯宇	信息科学与工程学院		二等奖	
连允睿	计算机科学技术学院	吕法名	计算机科学技术学院	王宽宁	计算机科学技术学院		二等奖	
柴悦茹	经济学院	于泰来	数学科学学院	钟咏楠	大数据学院		二等奖	
唐嘉恒	微电子学院	周子凡	计算机科学技术学院	韩鑫豪	经济学院		二等奖	
李善策	微电子学院	张嘉良	微电子学院	邱梓鹏	计算机科学技术学院		二等奖	
郑一	信息科学与工程学院	吴偲	经济学院	王力	经济学院		二等奖	
李钰坤	物理学系	谢天悦	管理学院	吴嘉骜	大数据学院		二等奖	
欧大政	微电子学院	刘清华	微电子学院	曹力炫	微电子学院		二等奖	
居正	大数据学院	梅王毅	大数据学院	何佳颖	大数据学院		二等奖	
陈艾利	计算机科学技术学院	苟嘉杰	计算机科学技术学院	李叔禄	计算机科学技术学院		二等奖	
李骁天	数学科学学院	杨家尔	经济学院	王博涵	经济学院		二等奖	
秦振航	微电子学院	卢可汗	大数据学院	田埜	经济学院		二等奖	
向雨馨	管理学院	卓明涵	计算机科学技术学院	朱斯涵	数学科学学院		二等奖	徐祺
潘云鹏	管理学院	章超逸	管理学院	杨帅怡	社会发展与公共政策学院		二等奖	
刘书豪	数学科学学院	谭雯兮	数学科学学院	何世凡	计算机科学技术学院		二等奖	
周思琪	经济学院	汪俊轩	计算机科学技术学院	王起航	数学科学学院		二等奖	
孟祥源	管理学院	李元楷	大数据学院	沈逸恺	数学科学学院		二等奖	郑明
兰宇舟	经济学院	陈劲宇	经济学院	陈烨	经济学院		二等奖	
高喆	经济学院	阮心睿	经济学院	虞辛芷	经济学院		二等奖	
屠雨翔	管理学院	邓程	管理学院	潘恺	管理学院		二等奖	刚博文
余定之	大数据学院	柯舒琳	计算机科学技术学院	冯一恒	管理学院		二等奖	
任慧蓉	管理学院	王星苹	管理学院	朱珉珲	管理学院		二等奖	
李元亨	管理学院	鲁佳辰	管理学院	唐一飞	临床医学院		二等奖	
葛煦旸	计算机科学技术学院	瞿昱炜	微电子学院	朱哲	微电子学院		二等奖	
陶可	数学科学学院	黄丹青	信息科学与工程学院	陈秭伟	数学科学学院		二等奖	
王屹宸	数学科学学院	吴屹昊	信息科学与工程学院	张韬予	微电子学院		二等奖	
王彬	微电子学院	翟天屿	微电子学院	袁星宇	大数据学院		二等奖	
范璐菲	信息科学与工程学院	张悦	管理学院	聂子尧	管理学院		二等奖	
吴天顺	经济学院	李燕	软件学院	林奕諴	软件学院		二等奖	
唐睿祺	大数据学院	汪依凡	计算机科学技术学院	李云舒	信息科学与工程学院		二等奖	
艾匡时	大数据学院	胡鲲鹏	微电子学院	杨羽因	大数据学院		二等奖	
戴圣九	软件学院	罗悦清	经济学院	蔡依姝	管理学院		二等奖	
刘致依	微电子学院	戴芸菲	微电子学院	郑昊	微电子学院		三等奖	
蔡天骏	材料科学系	曹肇立	数学科学学院	韩睿仪	经济学院		三等奖	
王思元	数学科学学院	杨金果	计算机科学技术学院	刘帝恺	计算机科学技术学院		三等奖	

续 表

队员一姓名(队长)	队员一院系	队员二姓名	队员二院系	队员三姓名	队员三院系	国奖获奖等级	市赛获奖等级	指导教师姓名
李泽昊	数学科学学院	吴家茂	数学科学学院	周瑞松	数学科学学院		三等奖	
顾祎文	管理学院	蓝岚	管理学院	李轩	管理学院		三等奖	
肖一帆	计算机科学技术学院	陈煦天	计算机科学技术学院	李昊霖	计算机科学技术学院		三等奖	
林怡珊	信息科学与工程学院	舒驰	物理学系	余悦	物理学系		三等奖	
马宇杰	微电子学院	鲁万丰	数学科学学院	徐屹恒	微电子学院		三等奖	
李偎泉	大数据学院	徐杰	信息科学与工程学院	叶俊杰	计算机科学技术学院		三等奖	
章圣楠	微电子学院	李敏	微电子学院	马蓝齐	微电子学院		三等奖	
沈闵	信息科学与工程学院	田伟辰	经济学院	刘昊	计算机科学技术学院		三等奖	
单弋	软件学院	陈锦浩	经济学院	刘子石	经济学院		三等奖	
余添	航空航天系	刘思涵	环境科学与工程系	傅于	航空航天系		三等奖	
沈一秀	经济学院	倪旖培	经济学院	陈蔚	经济学院		三等奖	
张梓檬	管理学院	董海一	计算机科学技术学院	徐颢仁	管理学院		三等奖	
沈嘉玮	数学科学学院	金毓淇	计算机科学技术学院	王子银	大数据学院		三等奖	
龚诗涛	软件学院	卢绍荣	生命科学学院	王嘉宜	软件学院		三等奖	
张挺	计算机科学技术学院	蔡力冠	管理学院	张楚沛	经济学院		三等奖	
冯屹哲	数学科学学院	刘骋栋	数学科学学院	田慧楠	微电子学院		三等奖	
刘岩	材料科学系	文一帆	计算机科学技术学院	杨玛果	数学科学学院		三等奖	
孔章辰	数学科学学院	张恒志	信息科学与工程学院	房柳成	经济学院		三等奖	
池浦赐果	计算机科学技术学院	曾琦	计算机科学技术学院	李雲佳	计算机科学技术学院		三等奖	
唐唯译	信息科学与工程学院	张子睿	信息科学与工程学院	周帆	信息科学与工程学院		三等奖	张建国
陈锐峰	数学科学学院	郭研	经济学院	翟卫翔	数学科学学院		三等奖	
杜明远	微电子学院	赵一溪	计算机科学技术学院	曹子恒	物理学系		三等奖	
何欣宸	经济学院	李欣泽	经济学院	董家豪	经济学院		三等奖	
苏钰桐	微电子学院	吴远征	计算机科学技术学院	陈沛仪	软件学院		三等奖	
彭俞钧	物理学系	周誉	大数据学院	蔡宇杰	计算机科学技术学院		三等奖	
周璟	物理学系	王宇晖	计算机科学技术学院	王云萱	数学科学学院		三等奖	
张正哲	微电子学院	邓喆锴	微电子学院	李思源	微电子学院		三等奖	
杜卓尧	微电子学院	邹桂镔	微电子学院	赵艺程	经济学院		三等奖	
郭宇迪	信息科学与工程学院	罗岚心	数学科学学院	吴柯廷	临床医学院		三等奖	
马奕骏	管理学院	李渭栋	管理学院	吕博宇	管理学院		三等奖	
徐乾翔	化学系	周婧怡	管理学院	兰天	大数据学院		三等奖	
韩菁杭	大数据学院	费彦琳	大数据学院	余悦	大数据学院		三等奖	
姜炀	外国语言文学学院	何书阳	数学科学学院	张哲	外国语言文学学院		三等奖	
李嘉栋	航空航天系	操宇轩	航空航天系	张志豪	计算机科学技术学院		三等奖	
张根豪	微电子学院	郑志宇	微电子学院	程云锴	数学科学学院		三等奖	王雪平
赵屹冉	物理学系	章子钒	物理学系	熊锴	物理学系		三等奖	

续表

队员一姓名(队长)	队员一院系	队员二姓名	队员二院系	队员三姓名	队员三院系	国奖获奖等级	市赛获奖等级	指导教师姓名
邱峻蓬	微电子学院	杜耀达	计算机科学技术学院	郭正康	计算机科学技术学院		三等奖	
王一泽	管理学院	蔡宛真	管理学院	李枢杰	管理学院		三等奖	李 根
任臻臻	计算机科学技术学院	罗嘉骐	计算机科学技术学院	刘永横	计算机科学技术学院		三等奖	
王逸帆	微电子学院	周天怡	微电子学院	郑佳萱	大数据学院		三等奖	
王毅飞	管理学院	张展豪	管理学院	诸皓庭	管理学院		三等奖	
杨登宇	环境科学与工程系	任昱枢	计算机科学技术学院	李 熙	计算机科学技术学院		三等奖	
黄钟浩	经济学院	汤上轩	软件学院	罗天宇	数学科学学院		三等奖	
李鸣正	大数据学院	完 泉	物理学系	过泽森	管理学院		三等奖	
宋祖瑶	经济学院	安佰毅	经济学院	高铭泽	经济学院		三等奖	
刘润笛	数学科学学院	杨秋安	数学科学学院	刘桐好	信息科学与工程学院		三等奖	
公 超	计算机科学技术学院	郭虹麟	计算机科学技术学院	李培基	计算机科学技术学院		三等奖	

第六届全国大学生计算机系统能力培养大赛(龙芯杯)获奖情况

学生姓名	所在院系	获奖等级	指导教师
陈实立	计算机科学技术学院	三等奖	张 亮、陈 辰
孙姝然	软件学院		
李咸若	计算机科学技术学院		
于 康	软件学院		
李睿潇	计算机科学技术学院	三等奖	张 亮、陈 辰
朱元依	计算机科学技术学院		
张政镒	信息学院		
李少群	信息学院		

2022年第十五届全国大学生信息安全竞赛获奖情况

学生姓名	所在院系	竞赛名称	获奖等级	指导教师
赵 瑞	计算机科学技术学院	创新实践能力赛华东南赛区	二等奖	陈 辰、韩伟力、吴承荣
魏子淇	计算机科学技术学院			
王海伟	计算机科学技术学院			
陈晋松	计算机科学技术学院			
杨 昱	计算机科学技术学院	信息安全作品赛决赛	一等奖	杨 珉
叶国懿	计算机科学技术学院			
陈晋松	计算机科学技术学院			
戴圣九	计算机科学技术学院			
陈心诺	计算机科学技术学院	信息安全作品赛决赛	一等奖	杨哲慜
刘定一	计算机科学技术学院			
刘慕梵	计算机科学技术学院			
施蒂妮	计算机科学技术学院			

2022年YICGG"荣昶杯"青年全球治理创新设计大赛获奖情况

学生姓名	所在院系	作品/项目名称	获奖情况
张书言	国际关系与公共事务学院	最后一公里疫苗伙伴关系	最具价值方案
姜润依	国际关系与公共事务学院		
李炳萱	国际关系与公共事务学院		
张书言	国际关系与公共事务学院	亚洲综合疫苗伙伴关系	最佳演讲者
翟灵	国际关系与公共事务学院	SafeTrace: A Blockchain-based Contact Tracing System	最佳创意团队，最具价值方案
李天勤	国际关系与公共事务学院		

2022年YICMG澜湄青创赛获奖情况

学生姓名	所在院系	作品/项目名称	获奖情况
吴优	国际关系与公共事务学院	Youth Power, Healthy Future	最具创意团队
翟灵	国际关系与公共事务学院		
王彬	微电子学院		

2022年第三届"华数杯"全国大学生数学建模竞赛获奖情况

学生姓名	所在院系	获奖等级
甄若暄	大数据学院	一等奖
阎思杰	大数据学院	
涂诗怡	材料科学系	一等奖
范亦心	管理学院	一等奖

第十三届丘成桐大学生数学竞赛获奖情况

学生姓名	所在院系	获奖等级	类别
金雍奇	数学科学学院	二等奖	应用数学与计算数学
周瑞松	数学科学学院	三等奖	应用数学与计算数学
陈仡韬	数学科学学院	三等奖	团体赛
谭纪元	数学科学学院		
周瑞松	数学科学学院		
肖云洋	数学科学学院		
郭家祺	物理系		
金雍奇	数学科学学院		

2022年美国数学建模竞赛获奖情况

学生姓名	所在院系	获奖等级
李笑仪	数学科学学院	特等奖提名奖(Finalist)
杜心怡	数学科学学院	
张洲	经济学院	
曹晨阳	数学科学学院	一等奖(Meritorious Winner)
张雅思	大数据学院	
俞姚琳	数学科学学院	

四、人才培养

续　表

学生姓名	所在院系	获奖等级
顾祎豪	数学科学学院	一等奖(Meritorious Winner)
阮毅凡	计算机科学技术学院	
钱海纳	数学科学学院	
陈思齐	数学科学学院	一等奖(Meritorious Winner)
谢子璇	软件学院	
陈艺萌	数学科学学院	
郭星砚	管理学院	一等奖(Meritorious Winner)
韩鹤天	信息科学与工程学院	
刘语灵	数学科学学院	
刘书豪	数学科学学院	一等奖(Meritorious Winner)
赖兴琦	计算机科学技术学院	
朱国瑞	数学科学学院	
李　艺	经济学院	二等奖(Honorable Mention)
宋祖瑶	经济学院	
安佰毅	经济学院	
张国蕴	数学科学学院	二等奖(Honorable Mention)
汪子怡	数学科学学院	
季俊晔	数学科学学院	
刘忻奕	数学科学学院	二等奖(Honorable Mention)
朱　睿	计算机科学技术学院	
李哲彦	数学科学学院	
王　彬	微电子学院	二等奖(Honorable Mention)
万晓强	管理学院	
裘星宇	大数据学院	
李慕涵	微电子学院	二等奖(Honorable Mention)
颜裴松	基础医学院	
贺则喜	数学科学学院	
胡海辰	数学科学学院	二等奖(Honorable Mention)
张涵星	软件学院	
蔡建栋	数学科学学院	
李仪青	大数据学院	二等奖(Honorable Mention)
何佳颖	大数据学院	
李嘉桐	物理学系	

第五届华东地区中国大学生物理学术竞赛获奖情况

学生姓名	所在院系	获奖等级	指导教师
张宇泰	物理学系	一等奖	俞　熹、苏卫锋、姚红英、岑　剡、符维娟、白翠琴、周诗韵、陈元杰、乐永康、石　磊、谭　鹏、陈　唯、何　琼、吴义政、殷立峰、娄　捷
李松宇	物理学系		
龙麒宇	物理学系		
张成言	物理学系		

续表

学生姓名	所在院系	获奖等级	指导教师
卢文海	物理学系	一等奖	
苏悠乐	物理学系		
李嘉曦	物理学系		

第十一届全国高校物理实验教学研讨会获奖情况

学生姓名	所在院系	竞赛名称	获奖等级	指导教师
胡雨晗*	材料科学系	自制教学仪器评比	一等奖	苏卫锋、吴红艳、唐璜
陈柏霖	物理学系			
陈立坤	物理学系	自制教学仪器评比	一等奖	周诗韵、乐永康
朱允铉	物理学系			
李牧天	物理学系			
娄泽坤	物理学系	学生论文评比	三等奖	乐永康
袁马轲	物理学系			
黄俊涵	物理学系			

第三届"微瑞杯"全国大学生化学实验创新设计大赛（华东赛区）获奖情况

学生姓名	所在院系	获奖等级	指导教师
潘梁恺	化学系	二等奖	匡云艳、周伟
高昀键	化学系		
唐玉莲	化学系		
胡诗雨	化学系	二等奖	刘永梅
叶子豪	化学系		
武楷棂	化学系		

第七届全国大学生生物医学工程创新设计大赛获奖情况

学生姓名	所在院系	作品/项目名称	获奖等级	指导教师
李中天*	信息科学与工程学院	可预测心肌消融损伤深度的射频消融仪设计	三等奖	鄢盛杰
姚芷玮*				
范白云				
郑越*	信息科学与工程学院	心肺复苏中的可电击复律心律自动判别算法研究	三等奖	邬小玫
陈一宁*				
许华龙				

2022年全国大学生生命科学竞赛获奖情况

学生姓名	所在院系	作品/项目名称	获奖等级	指导教师
杨鹏	生命科学学院	低密度脉冲超声对大鼠海马神经元形态与功能的调控	国家级一等奖,省部级特等奖	薛磊
徐誉菲	生命科学学院			
齐冠普	生命科学学院	全球变化背景下长江口滨海湿地碳汇动态模拟研究	国家级一等奖,省部级特等奖	马俊
韩兆伦	生命科学学院			

四、人才培养

续 表

学生姓名	所在院系	作品/项目名称	获奖等级	指导教师
叶知棋	生命科学学院	应用代谢组学技术对袖状胃切除术减重降糖的机制研究	国家级三等奖,省部级二等奖	刘铁民
李韫	生命科学学院			
王蕾	生命科学学院	上海城市环境对于貉栖息地选择和食性组成的影响研究	省部级三等奖	王放
李佳琪	生命科学学院			
潘盆艳	生命科学学院			
王奕蘅	生命科学学院	前列腺癌高表达基因 WSB2 抑制肿瘤细胞凋亡的机制探索	省部级三等奖	李瑶
徐馨憙	生命科学学院			
池冠桥	生命科学学院	线虫 TMC 蛋白膜定位的调控机制研究	省部级三等奖	唐逸泉

2022 年国际基因工程机器大赛(IGEM)获奖情况

学生姓名	学生院系	作品/项目名称	获奖等级	指导教师
陈蔚文	基础医学院(临八)	Rester	Best New Basic Part, Best Measurement, Best Part Collection 3 项最佳单项奖,金奖,Best Software Tool, Best New Composite Part 2 项单项奖提名	卢大儒、蔡亮
陈之越	基础医学院(临八)			
林浩原	药学院			
李蔚怡	基础医学院(临八)			
刘韵嘉	生命科学学院			
潘谊芸	基础医学院(临八)			
宋雨健	基础医学院(临八)			
王子晗	生命科学学院			
徐欣洋	生命科学学院			
杨众毅	基础医学院(临八)			
张羽彤	基础医学院(临八)			
张子晧	生命科学学院			

第十届全国大学生光电设计竞赛获奖情况

学生姓名	所在院系	作品/项目名称	获奖等级	指导教师
杨依颖	信息科学与工程学院	AI 战疫——多功能智能防疫巡检车	全国三等奖	倪刚
金品	信息科学与工程学院			
叶宇澄	信息科学与工程学院			
黎林	信息科学与工程学院			
王天蛟	信息科学与工程学院	慧眼辨瑕——基于智能视觉的缺陷检测系统	东部区赛二等奖	张祥朝
朱钧	信息科学与工程学院			
陈硕	大数据学院			

第 24 届华东杯大学生数学建模邀请赛获奖情况

学生姓名	所在院系	获奖等级
吴振梁	数学科学学院	特等奖
王淄勋	数学科学学院	
张开润	数学科学学院	

续表

学生姓名	所在院系	获奖等级
阎思杰	大数据学院	
唐 诗	管理学院	特等奖
甄若暄	大数据学院	
周知言	数学科学学院	
李子豪	数学科学学院	一等奖
鲁万丰	数学科学学院	
吴楷彦	数学科学学院	
季雨衡	数学科学学院	一等奖
詹 芮	物理学系	
杨秋安	数学科学学院	
刘润笛	数学科学学院	二等奖
刘桐妤	信息科学与工程学院	
李万里	数学科学学院	
张怀松	计算机科学技术学院	二等奖
蔡 斌	数学科学学院	
孙艺青	数学科学学院	
陈熊宇	数学科学学院	二等奖
陈秭伟	数学科学学院	
陈 骁	数学科学学院	
浦 晶	数学科学学院	三等奖
谢承翰	数学科学学院	
何益涵	数学科学学院	
叶泽琳	数学科学学院	三等奖
叶爵达	大数据学院	
赵子超	数学科学学院	
林子寒	数学科学学院	三等奖
刘嘉辰	数学科学学院	
陈子健	数学科学学院	
陈 硕	数学科学学院	三等奖
邹恒川	数学科学学院	

第五届上海市大学生力学竞赛获奖情况

学生姓名	所在院系	获奖等级	指导教师
王 泽	航空航天系	特等奖	童 崎、倪玉山
王子健	航空航天系	一等奖	童 崎、倪玉山
张星宇	航空航天系	一等奖	童 崎、倪玉山
沈嘉竣	航空航天系	二等奖	童 崎、倪玉山
董 鑫	航空航天系	二等奖	童 崎、倪玉山

续表

学生姓名	所在院系	获奖等级	指导教师
曹城	航空航天系	三等奖	童崎、倪玉山
吕梓城	航空航天系	三等奖	童崎、倪玉山
严辉宇	航空航天系	三等奖	童崎、倪玉山

第十六届上海大学生化学实验竞赛获奖情况

学生姓名	所在院系	获奖等级	指导教师
金芸珂	化学系	特等奖	赵滨
李欣泽	化学系	一等奖	匡云艳
陈伟灿	化学系	二等奖	刘永梅

第八届全国大学生物理实验竞赛（创新）获奖情况

学生姓名	所在院系	作品/项目名称	获奖等级	指导教师
万思恬	物理学系	基于旋转法和机器学习设计新型声音定位装置及实验探究	一等奖	魏心源、岑剡
汪思佳	物理学系			
彭佳腾	核科学与技术系	紧束缚近似下晶格电子等能面仿真及立体投影演示	二等奖	岑剡、魏心源
李沛	核科学与技术系			
罗旭涵	核科学与技术系			
李柏轩	物理学系			
袁海鹏	软件学院			
诸思吟	物理学系	积木式光栅光谱仪的搭建	三等奖	乐永康、岑剡
陈雨凯	物理学系			
李尚坤	物理学系			
宣民祺	物理学系	电路虚拟仿真实验平台	优秀奖	乐永康、蒋最敏
李连闯	物理学系			
王子鸣	物理学系			
陈卓	物理学系			
陈诺	物理学系	液氮比汽化热实验课堂教学	优秀奖	俞熹
赵玉雪	物理学系			

第十三届中国大学生物理学术竞赛（全国赛）获奖情况

学生姓名	所在院系	获奖等级	指导教师
龙麒宇	物理学系	二等奖	俞熹 乐永康 苏卫锋 姚红英 符维娟
李松宇			
范宁玥			
郭睿杰			
罗熠晨			
张凯峰（领队）			
卢文海（领队）			

ICPC 国际大学生程序设计竞赛获奖情况

学生姓名	所在院系	竞赛名称	获奖情况	指导教师
陆佳艺	计算机科学技术学院	第46届ICPC亚洲东大陆区决赛	一等奖(金奖)	孙未未
刘明君	计算机科学技术学院			
高庆麾	计算机科学技术学院			
聂绍珩	计算机科学技术学院	第46届ICPC亚洲东大陆区决赛	二等奖(银奖)	孙未未
梁敬聪	大数据学院			
程鹏志	计算机科学技术学院			
刘明君	计算机科学技术学院	第46届ICPC亚洲区域赛(昆明)	一等奖(金奖)	孙未未
薛振梁	计算机科学技术学院			
许逸培	计算机科学技术学院			
刘澈	自然科学试验班	第47届ICPC国际大学生程序设计竞赛亚洲区域赛(杭州)	二等奖(银奖)	孙未未
张润哲	数学科学学院			
吴思鸿	技术科学试验班			
聂绍珩	计算机科学技术学院	第47届ICPC国际大学生程序设计竞赛亚洲区域赛(杭州)	二等奖(银奖)	孙未未
陆佳艺	计算机科学技术学院			
陈可汗	管理学院			
马成	计算机科学技术学院	第47届ICPC国际大学生程序设计竞赛亚洲区域赛(杭州)	二等奖(银奖)	孙未未
张宇琪	计算机科学技术学院			
刘皓蓝	计算机科学技术学院			
杨登宇	环境科学与工程系	第47届ICPC国际大学生程序设计竞赛亚洲区域赛(沈阳)	三等奖(铜奖)	孙未未
秦励超	计算机科学技术学院			
王雨晨	计算机科学技术学院			
柳西贤	计算机科学技术学院	第47届ICPC国际大学生程序设计竞赛亚洲区域赛(济南)	三等奖(铜奖)	孙未未
周俊豪	计算机科学技术学院			
周煜凯	航空航天系			
葛煦旸	计算机科学技术学院	第47届ICPC国际大学生程序设计竞赛亚洲区域赛(济南)	三等奖(铜奖)	孙未未
舒文韬	计算机科学技术学院			
李航成	航空航天系			
万欣芸	软件学院	第47届ICPC国际大学生程序设计竞赛亚洲区域赛(济南)	三等奖(铜奖)	孙未未
熊程远	计算机科学技术学院			
邱欣祺	中国语言文学系			
周子羽	计算机科学技术学院	第47届ICPC国际大学生程序设计竞赛亚洲区域赛(西安)	三等奖(铜奖)	孙未未
宋悦荣	计算机科学技术学院			
俞嘉琪	高分子科学系			
葛煦旸	计算机科学技术学院	第47届ICPC国际大学生程序设计竞赛亚洲区域赛(西安)	二等奖(银奖)	孙未未
舒文韬	计算机科学技术学院			
李航成	航空航天系			
聂绍珩	计算机科学技术学院	第47届ICPC国际大学生程序设计竞赛亚洲区域赛(合肥)	一等奖(金奖)	孙未未
陆佳艺	计算机科学技术学院			
陈可汗	管理学院			

续 表

学生姓名	所在院系	竞赛名称	获奖情况	指导教师
万欣芸	软件学院	第47届ICPC国际大学生程序设计竞赛亚洲区域赛(合肥)	二等奖(银奖)	孙未未
熊程远	计算机科学技术学院			
邱欣祺	中国语言文学系			

CCPC中国大学生程序设计竞赛获奖情况

学生姓名	所在院系	竞赛名称	获奖情况	指导教师
聂绍珩	计算机科学技术学院	第7届CCPC中国大学生程序设计竞赛总决赛	二等奖(银奖)	孙未未
梁敬聪	大数据学院			
程鹏志	计算机科学技术学院			
孙若诗	计算机科学技术学院	第7届CCPC中国大学生程序设计竞赛总决赛	二等奖(银奖)	孙未未
陆佳艺	计算机科学技术学院			
田嘉禾	计算机科学技术学院			
杨登宇	环境科学与工程系	2022年CCPC上海市大学生程序设计竞赛	二等奖(银奖)	孙未未
秦励超	计算机科学技术学院			
王雨晨	计算机科学技术学院			
柳西贤	计算机科学技术学院	2022年CCPC上海市大学生程序设计竞赛	二等奖(银奖)	孙未未
周俊豪	计算机科学技术学院			
周煜凯	航空航天系			
周子羽	计算机科学技术学院	2022年CCPC上海市大学生程序设计竞赛	二等奖(银奖)	孙未未
宋悦荣	计算机科学技术学院			
俞嘉琪	高分子科学系			
葛煦旸	计算机科学技术学院	2022年CCPC上海市大学生程序设计竞赛	二等奖(银奖)	孙未未
舒文韬	计算机科学技术学院			
李航成	航空航天系			
聂绍珩	计算机科学技术学院	2022年CCPC上海市大学生程序设计竞赛	一等奖(金奖)	孙未未
陆佳艺	计算机科学技术学院			
陈可汗	管理学院			
马成	计算机科学技术学院	2022年CCPC上海市大学生程序设计竞赛	一等奖(金奖)	孙未未
张宇琪	计算机科学技术学院			
刘皓蓝	计算机科学技术学院			
万欣芸	软件学院	2022年CCPC上海市大学生程序设计竞赛	二等奖(银奖)	孙未未
熊程远	计算机科学技术学院			
邱欣祺	中国语言文学系			
陆佳艺	计算机科学技术学院	2022年CCPC中国大学生程序设计竞赛女生赛	一等奖(金奖)	孙未未
张宇琪	计算机科学技术学院	2022年CCPC中国大学生程序设计竞赛女生赛	一等奖(金奖)	孙未未
田嘉禾	计算机科学技术学院			
宋悦荣	计算机科学技术学院			
周子羽	计算机科学技术学院	2022年CCPC中国大学生程序设计竞赛(桂林赛区)	三等奖(铜奖)	孙未未
宋悦荣	计算机科学技术学院			
俞嘉琪	高分子科学系			

续表

学生姓名	所在院系	竞赛名称	获奖情况	指导教师
葛煦旸	计算机科学技术学院	2022年CCPC中国大学生程序设计竞赛(绵阳赛区)	二等奖(银奖)	孙未未
舒文韬	计算机科学技术学院			
李航成	航空航天系			
马 成	计算机科学技术学院	2022年CCPC中国大学生程序设计竞赛(绵阳赛区)	三等奖(铜奖)	孙未未
张宇琪	计算机科学技术学院			
刘皓蓝	计算机科学技术学院			
聂绍珩	计算机科学技术学院	2022年CCPC中国大学生程序设计竞赛(广州赛区)	一等奖(金奖)	孙未未
陆佳艺	计算机科学技术学院			
陈可汗	管理学院			
马 成	计算机科学技术学院	2022年CCPC中国大学生程序设计竞赛(广州赛区)	二等奖(银奖)	孙未未
张宇琪	计算机科学技术学院			
刘皓蓝	计算机科学技术学院			
聂绍珩	计算机科学技术学院	2022年CCPC中国大学生程序设计竞赛(威海赛区)	一等奖(金奖)	孙未未
陆佳艺	计算机科学技术学院			
陈可汗	管理学院			
万欣芸	软件学院	2022年CCPC中国大学生程序设计竞赛(威海赛区)	三等奖(铜奖)	孙未未
熊程远	计算机科学技术学院			
邱欣祺	中国语言文学系			

ACM学生研究竞赛(Student Research Competition,简称ACM SRC)获奖情况

学生姓名	所在院系	作品/项目名称	获奖等级
黄 润	计算机科学技术学院	Locating CDN Edge Servers with HTTP Responses	本科生组第一名(金牌)

第六届全国大学生集成电路创新创业大赛获奖情况

学生姓名	所在院系	竞赛名称	获奖等级	指导教师
王 彬	微电子学院	曾益慧创杯	三等奖	易 婷
翟天屿	微电子学院			
李坤龙	微电子学院	芯来RISC-V杯	华东赛区二等奖	陈 赟
林炫达	微电子学院			
马宇杰	微电子学院			

外语类各类竞赛获奖情况

学生姓名	所在院系	竞赛名称	获奖等级	指导教师
杨康绮	基础医学院	第四届"外教社杯"全国高校学生跨文化能力大赛全国决赛,总决赛	大赛冠军(特等奖)/"最佳案例奖"单项奖	时丽娜
徐予唯	外国语言文学学院			
冯嘉旭	物理学系			
杨康绮	基础医学院	2022国际公共演讲比赛(IPSC)全球决赛(International Public Speaking Competition)	全球冠军	时丽娜

续　表

学生姓名	所在院系	竞赛名称	获奖等级	指导教师
颜裴松	基础医学院	第二十四届"外研社·国才杯"全国大学生英语辩论赛	全国决赛一等奖	何　静
金乐涵	外国语言文学学院	第二十四届"外研社·国才杯"全国大学生英语辩论赛	全国决赛一等奖,华东赛区复赛一等奖	何　静
金乐涵	外国语言文学学院	2022外研社英语辩论公开赛·宁波站	一等奖	何　静
金乐涵	外国语言文学学院	Asian Online Debating Championship	一等奖	何　静
王逸群	外国语言文学学院	首届"高教社杯"高等学校(本科)"用外语讲中国故事"优秀短视频作品征集活动	上海市一等奖,全国一等奖	张家琛、赵　蓉
杨亦敏	临床医学院			
詹静芳	外国语言文学学院			
陈思甜	新闻学院			
顾　芃	外国语言文学学院			
谢　瑞	外国语言文学学院			
黎璟桦	临床医学院	第二届"外教社·词达人杯"全国大学生英语词汇能力大赛	上海市二等奖	张晓艺
丁　祎	外国语言文学学院	2022外研社英语辩论公开赛·华东高校联赛	三等奖	—
史茹文	外国语言文学学院			
俞佳菲	外国语言文学学院	第19届亚运会"中国移动杯亚运英语之星"大赛全国决赛(高校组)	二等奖	单理扬
乔可欣	外国语言文学学院	第19届亚运会"中国移动杯亚运英语之星"大赛	二等奖	时丽娜
张凌云	外国语言文学学院	2022年创研杯全国大学生英语词汇能力挑战赛全国决赛	二等奖	—
刘映涵	外国语言文学学院	2022第一届CATTI杯全国翻译大赛笔译初赛	二等奖	—
刘映涵	外国语言文学学院	2022第一届CATTI杯全国翻译大赛口译初赛	三等奖	—
陈　蓉	外国语言文学学院	2022外研社英语辩论公开赛粤港澳大湾区大学生英语辩论赛	二等奖	—
王可滢	外国语言文学学院	第七届全国大学生学术英语词汇竞赛	二等奖	—
徐　岑	外国语言文学学院	杭州2022年第19届亚运会"中国移动杯亚运英语之星"大赛全国决赛(高校组)	一等奖	张家琛、时丽娜
张　舒	外国语言文学学院			
徐　岑	外国语言文学学院	2022"外研社·国才杯"全国大学生英语辩论赛备赛夏令营暨首届师范高校学生英语辩论赛,首届重庆国际辩论锦标赛	一等奖	何　静
张　舒	外国语言文学学院			
徐　岑	外国语言文学学院	World Debate Open 2022	EFL grand finalist	何　静
张　舒	外国语言文学学院			
徐　岑	外国语言文学学院	4th North-South Debate Open	Open quarter finalist	何　静
张　舒	外国语言文学学院			
张栀雨	外国语言文学学院	第27届中国日报社"21世纪杯"全国大学生英语演讲比赛	上海赛区决赛季军	赵　蓉
洪樵风	外国语言文学学院	全国高校德语专业本科生学术创新大赛	二等奖	李双志

续 表

学生姓名	所在院系	竞赛名称	获奖等级	指导教师
马凌炜	外国语言文学学院	2021年全国高校俄语大赛	二等奖	俞一星
沈知渊	外国语言文学学院	第十六届中华杯全国日语演讲比赛(华东赛区)	特等奖	山本幸正
沈知渊	外国语言文学学院	第十六届中华杯全国日语演讲比赛(全国总决赛)	三等奖(JFE特别奖)	山本幸正
潘晓琦	外国语言文学学院	2021年笹川杯日本研究论文大赛	全国优秀奖	—
章瓢轩	新闻学院	第四届中国日报社"一带一路"青少年英语演讲比赛全球决赛	二等奖	张家琛、万江波
佐藤拓末	数学科学学院	第四届中国日报社"一带一路"青少年英语演讲比赛全球决赛	二等奖	张家琛、时丽娜
张 舒	外国语言文学学院	2022"外研社·国才杯"全国英语演讲大赛全国决赛	二等奖	时丽娜
陈 蓉	外国语言文学学院	2022"外研社·国才杯"全国英语演讲大赛全国决赛	三等奖	赵蓉、万江波、时丽娜
张栀雨	外国语言文学学院	2022"外研社·国才杯"全国英语演讲大赛全国决赛	三等奖	赵蓉、万江波、时丽娜
周智芸	外国语言文学学院	第27届中国日报社"21世纪杯"全国英语演讲比赛全国总决赛	一等奖	时丽娜
詹辰乐	新闻学院	第27届中国日报社"21世纪杯"全国英语演讲比赛全国总决赛	二等奖	万江波、江吉娜
王 深	外国语言文学学院	China Open	季军,个人积分第二名	何 静
张 仪*	外国语言文学学院			
陈 蓉	外国语言文学学院	2022"外研社·国才杯"全国英语演讲大赛上海赛区决赛	冠军	赵蓉、万江波、时丽娜
张 舒	外国语言文学学院	2022"外研社·国才杯"全国英语演讲大赛网络赛	特等奖	时丽娜
夏 梦	外国语言文学学院	2022"外研社·国才杯"全国英语演讲大赛网络赛	二等奖	张家琛
金乐涵	外国语言文学学院	2022外研社英语辩论公开赛·华南高校联赛暨第四届广东国际辩论锦标赛,第五届华中英语辩论公开赛	一等奖	何 静
金乐涵	外国语言文学学院	2022外研社英语辩论公开赛·华西高校联赛暨第十届"丝路联盟杯"英语辩论赛,第四届"凌云杯"军地高校英语辩论赛,首届民族高校英语辩论赛	特等奖(公开组季军)	何 静
姚 璐	外国语言文学学院			
马彦升	外国语言文学学院	北京高校联合辩论新手赛	2nd Best Speaker(全场第二最佳辩手)	何 静
张溢妍	外国语言文学学院	2022中国大学生英语辩论赛·华东赛区	冠军(特等奖)	何 静
张崇芸*	国际关系与公共事务学院			
张溢妍	外国语言文学学院	2022中国大学生英语辩论赛·全国决赛	一等奖	何 静
张崇芸*	国际关系与公共事务学院			
徐 岑	外国语言文学学院	2022外研社英语辩论公开赛·华西高校联赛暨第十届"丝路联盟杯"英语辩论赛,第四届"凌云杯"军地高校英语辩论赛,首届民族高校英语辩论赛	二等奖	何 静
张 舒	外国语言文学学院			

续　表

学生姓名	所在院系	竞赛名称	获奖等级	指导教师
周智芸	外国语言文学学院	第五届"外教社杯"全国高校学生跨文化能力大赛上海赛区	特等奖(冠军)	时丽娜、张家琛
于皓南	经济学院			
罗紫然	社会发展与公共政策学院			
佐藤拓未	数学科学学院	第五届"外教社杯"全国高校学生跨文化能力大赛上海赛区国际学生组	一等奖(冠军)	张家琛、时丽娜
帕斯卡	基础医学院(临五)			
娜　瑟*	临床医学院			
詹辰乐	新闻学院	2022上海市"全球胜任力"大学生英语演讲比赛	特等奖(冠军)	万江波
马彦升	外国语言文学学院	2022上海市"全球胜任力"大学生英语演讲比赛	一等奖	陈可薇
程子钰	计算机科学与技术学院	2022上海市"全球胜任力"大学生英语演讲比赛	二等奖	万江波
吴逸萌	外国语言文学学院	2022"外研社·国才杯"全国英语写作大赛全国决赛	特等奖(亚军)	郭　骅
胡语芯	经济学院	2022"外研社·国才杯"全国英语写作大赛全国决赛	特等奖(季军)	郭　骅
胡语芯	经济学院	2022"外研社·国才杯"全国英语写作大赛上海赛区决赛	特等奖(第二名)	郭　骅
钱孟欣	外国语言文学学院	2022"外研社·国才杯"全国英语写作大赛上海赛区决赛	一等奖	高　洁
陈可心	法学院	2022"外研社·国才杯"全国英语写作大赛上海赛区决赛	二等奖	江吉娜
单佳骊	数学科学学院	2022"外研社·国才杯"全国英语阅读大赛上海赛区决赛	一等奖	张璐璐
徐斯尧	基础医学院	2022"外研社·国才杯"全国英语阅读大赛上海赛区决赛	三等奖	张璐璐
李昀岚	药学院	第四届全国高校创新英语挑战活动综合能力赛	决赛非英语专业组一等奖	—
邱子杰	大数据学院	2022年"中外传播杯"全国大学生英语翻译大赛	一等奖	—
沈知渊	外国语言文学学院	第三十四届韩素音国际翻译大赛(日译汉)	一等奖	艾　菁
沈知渊	外国语言文学学院	第三十四届韩素音国际翻译大赛(汉译日)	优秀奖	艾　菁
沈知渊	外国语言文学学院	第五届人民中国杯国际翻译大赛笔译日译汉本科生组	三等奖	艾　菁
周晏清	外国语言文学学院			
周晏清	外国语言文学学院	第五届人民中国杯国际翻译大赛笔译汉译日本科生组	优秀奖	艾　菁
黎芷妍	外国语言文学学院	"中日友好杯"中国大学生日语征文比赛	二等奖	宫地里果
吴安迅	外国语言文学学院	第五届人民中国杯国际翻译大赛口译本科生组	一等奖	艾　菁
吴安迅	外国语言文学学院	"永旺杯"第十五届多语种全国口译大赛日语交传	优秀奖	艾　菁
金依辰	外国语言文学学院	科普中国·绿色发展——2022年多语种系列国际演讲大赛	三等奖	艾　菁

医学类各类竞赛获奖情况

学生姓名	学生院系	竞赛名称	作品/项目名称	获奖等级	指导教师
施齐	临床医学院	第七届国际生理学竞赛中国地区赛	—	个人二等奖	夏春梅
李绪	基础医学院	第七届国际生理学竞赛中国地区赛	—	个人一等奖	夏春梅
何沐阳	基础医学院	第七届国际生理学竞赛中国地区赛	—	个人一等奖	夏春梅
杭桢	基础医学院	第七届国际生理学竞赛中国地区赛	—	个人二等奖	夏春梅
冯吟洲	临床医学院	第七届国际生理学竞赛中国地区赛	—	个人一等奖	夏春梅
郭旸洋	临床医学院	第七届国际生理学竞赛中国地区赛	—	个人二等奖	夏春梅
张道涵	基础医学院	第七届国际生理学竞赛中国地区赛	—	个人一等奖	夏春梅
卢文涵	临床医学院	第七届国际生理学竞赛中国地区赛	—	个人特等奖	夏春梅
施齐	临床医学院	第七届国际生理学竞赛中国地区赛	—	团体一等奖	夏春梅
李绪	基础医学院				
何沐阳	基础医学院				
杭桢	基础医学院				
冯吟洲	临床医学院				
郭旸洋	临床医学院				
张道涵	基础医学院				
卢文涵	临床医学院				
符凯奕	临床医学院	第八届全国大学生基础医学创新研究暨实验设计论坛本科院校东部赛区复赛	MMP14作为胶质瘤浸润巨噬细胞新型标志物的发现与验证	一等奖（创新研究）	储以微
黄侃	临床医学院				
唐海韬	临床医学院				
黄一骏	基础医学院	第八届全国大学生基础医学创新研究暨实验设计论坛本科院校东部赛区复赛	cGAS调控内皮细胞铁自噬减轻肺动脉高压血管重构的机制研究	一等奖（创新研究）	夏春梅
张丁文	基础医学院				
钱辛夷	临床医学院				
任笑容	基础医学院				
孙春鸣	临床医学院	第八届全国大学生基础医学创新研究暨实验设计论坛本科院校东部赛区复赛	RNA甲基化酶NSUN5介导β-catenin-CD47信号轴重塑胶质瘤免疫微环境的作用和机制研究	三等奖（创新研究）	束敏峰
吴瑞昕	临床医学院				
杨闰悦	临床医学院				
徐艺珊	基础医学院	第八届全国大学生基础医学创新研究暨实验设计论坛本科院校东部赛区复赛	可缓释Mg^{2+}生物材料对损伤心肌的修复效果及相关机制探究	三等奖（创新研究）	徐晨
巴荷娟·加尔肯	基础医学院				
陈与时	基础医学院				
于楚嫣	基础医学院				
曾弘	基础医学院				
刘心怡	临床医学院	第八届全国大学生基础医学创新研究暨实验设计论坛本科院校东部赛区复赛	硫胺素代谢障碍导致乳头体特定类型神经元病变的研究	三等奖（实验设计）	何苗、龚玲
仇来章	基础医学院				

续　表

学生姓名	学生院系	竞赛名称	作品/项目名称	获奖等级	指导教师
俞柏康	临床医学院	第八届全国大学生基础医学创新研究暨实验设计论坛本科院校复赛(法医学赛道)	Calpain-1在早期心肌缺血所致猝死中的法医学诊断意义研究	三等奖（创新研究）	李立亮
徐晨超	临床医学院				
刘铮	临床医学院				
张墨林	基础医学院				
王以宣	临床医学院	第八届全国大学生基础医学创新研究暨实验设计论坛本科院校东部赛区复赛	小鼠脊髓神经元HCAR2参与酮体缓解神经病理性疼痛的机制探讨	优秀奖（创新研究）	王彦青

其他竞赛获奖情况

学生姓名	所在院系	竞赛名称	获奖等级	指导教师
李孝慧	外国语言文学学院	2022年全国大学生新媒体大赛	二等奖	—
苟菲菲	公共卫生学院	知行杯上海市大学生社会实践大赛	二等奖	张璐莹等
马雨哲	国际关系与公共事务学院	知行杯上海市大学生社会实践大赛	二等奖	陈水生
魏澜	国际关系与公共事务学院			
刘进成	国际关系与公共事务学院	知行杯上海市大学生社会实践大赛	三等奖	刘虹
魏澜	国际关系与公共事务学院			
魏子淇	计算机科学技术学院	2022XCTF高校网络安全挑战赛总决赛	优胜奖	陈辰、韩伟力、吴承荣
陈晋松	计算机科学技术学院			
严峥翔*	计算机科学技术学院			
杨洋	计算机科学技术学院			
张瀚予	环境科学与工程系	"关注绿色发展，建设生态文明"生态科普作品征集活动	优秀奖	余兆武
陈汉夫	计算机科学技术学院	2022年Intel全国大学生嵌入式邀请赛	三等奖	冯辉
杨秀华	信息科学与工程学院			
金品	信息科学与工程学院			
张津斐	信息科学与工程学院	2022年TI杯模拟电路设计邀请赛	三等奖	黄彦淇、黄奇伟
杨秀华	信息科学与工程学院			
杨君昊	信息科学与工程学院			
胡欣宇	微电子学院	第四届"复微杯"全国大学生电子设计大赛数字AI赛道	优胜奖(第六名)明日之星奖	—
马宇杰	微电子学院			
刘佳忻	微电子学院			
邱峻蓬	微电子学院			
詹佳豪	大数据学院	2022全国大学生创新能力大赛	一等奖	—
胡一凡	大数据学院	"欧贝杯"工业品供应链数据智能创新大赛	二等奖	侯燕曦
李源	核科学与技术系	高校学生课外"核+X"创意大赛	优秀奖	张有鹏
田绍威	核科学与技术系			

续　表

学生姓名	所在院系	竞赛名称	获奖等级	指导教师
刘端阳	材料科学系	第五届全国大学生网络文化节作品征集活动	二等奖	—
张允檬	外国语言文学学院	第二届"怀新杯"经典·阅读·写作大赛	特等奖	—

（教务处、医学教务处供稿）

研究生教育

【概况】 2022年，研究生院认真学习贯彻党的二十大和习近平总书记对研究生教育工作作出的重要指示精神，全面深化研究生教育改革，坚持疫情防控和事业发展双线并进，全力推进《复旦大学研究生教育博英计划行动方案（2020—2022）》收官，研究生教育改革发展取得一系列新的进展和显著成效。

2022年，全校培养学术学位研究生共涉及12个学科门类、44个一级学科，其中博士、硕士学位授权一级学科点40个，硕士学位授权一级学科点3个；培养专业学位研究生涉及博士专业学位授权点5个、硕士专业学位授权点35个，基本形成较为齐全的研究生教育学科专业和学位授权体系。获批增列口腔医学1个博士专业学位授权点，应用伦理、社会政策、气象3个硕士专业学位授权点。新增政府运行保障管理、神经科学与转化2个二级学科博士点，德语笔译、新一代电子信息技术、通信工程、人工智能等专业学位领域。

招生工作。1.向教育部积极争取扩大研究生招生规模，特别是博士生招生计划。2022年学校博士生可用计划数为3066人，比上年增加134人，博士招生规模首次突破3000人。2.招生计划完成情况。2022级共招收中国大陆地区（内地）学历教育博士生3066人；全日制学术学位硕士生2190人，专业学位硕士生3330人，非全日制专业学位硕士生2367人。合计招收各类研究生11529人（含全日制、非全日制、港澳台、留学硕博士生），其中招收中国大陆地区研究生比上年增加682人，增幅创历史新高。教育部下达博士生招生计划和学术硕士招生计划的执行率达到100%，文、社、理、工、医各学科大类学术学位博士生招生结构均衡布局。学术学位博士生生源质量进一步提升，本科阶段在"一流建设高校"就读生源连续提高，2020年比例为42%，2021年的比例为46%，2022年提高至50%。3.招生方式进一步优化。2022级招收硕士推免生2540人，占全日制硕士生招生人数的46%，比2021级增加206人。2022级招收直博生888人、硕博连读生421人，分别比2021年增加123人和增加44人，长学制博士生（直接攻博生和硕博连读生）占比增加到40%。全日制学术学位硕士生中的985高校生源比例为62%；全日制专业学位硕士生中的985高校生源比例为49%。学术学位博士生中本科阶段的985高校生源比例为50%；专业学位博士生中本科阶段的985高校生源比例为27%。招收2022级港澳台硕士生151人、博士生16人（2021级分别为138人、14人）。4.优化招生学科结构。突出重点支持和动态调整，对接国家重大需求，加强精准管理，招生计划向重大平台、重点项目、优势学科、基础学科倾斜，向高水平师资、科研活跃导师倾斜，与培养质量联动。

学籍学历工作。2022年度，学校共有在校在读研究生33596人，其中学历研究生33055人，包括学历博士生11042人，学历硕士生22013人；非学历研究生541人，包括非学历博士生155人，非学历硕士生386人。本年度共录取研究生新生（含港澳台、留学生）超过一万人。按照教育部要求和上海市教委安排，在新生迎新报到期间采用信息化和大数据手段，加强新生入学报到复查工作。复旦迎新小程序投入运行，实现线上报到和照片采集比对，结合新生信息确认工作，实现新生入学复查院系、研究生院和学校三级审核。本年度采用现场注册和线上注册相结合的方式，春季学期和秋季学期按期注册率均在95%以上。本年度学籍学历注册全面实行两轮确认，校内院系和学生确认，学信网信息和人像比对确认。完成学信网的三大数据注册工作，共处理大陆和港澳台地区10642名研究生新生学籍注册，21333名老生学年注册，6977名毕业、结业学生学历注册。本年度进一步加强分流工作，博转硕34人，结业106人，退学219人，通过上述方式合计完成分流359人。全年处理各类学籍变动11720人次。

培养工作。1.推进研究生课程和教材建设。2022年，实际开设各类研究生课程4260门次，其中博士生课程837门次、硕士生课程2586门次、硕博通用课程837门次、暑期FIST课程46门。研究生累计选课129809人次。持续推进研究生层次学科专业课程的课程思政建设，在2021年首批立项建设91门课程思政课程基础上，2022年持续立项建设研究生课程思政课程68门。提升专业学位研究生课程教学质量，首批立项建设17门体现专业学位研究生培养和教学特色的课程，包括案例教学课程、实践性课程、校企合作课程等。完成2022年研究生FIST课程建设任务。举办复旦大学2022年研究生暑期学校，全年累计资助经费111万元举办各类研究生暑期学校13个,198名授课教师、1192名研究生学员参加暑期学校的学习交流活动,913名学员获暑期学校项目学习证明。组织开展2022年研究生规划系列教材建设工作,共计67部教材获立项;开展"七大系列百本精品教材"首批邀请制、评审制建设项目,共计105部项目拟立项。2. 架构专业学位培养框架。推进专业学位研究生教育改革与发展,制订《复旦大学与合作单位联合培养专业学位研究生实施办法(试行)》《复旦大学关于加强研究生创新创业教育工作的实施意见》等系列文件。以项目制为牵引,实施国际仲裁、工程硕博士改革、生物医疗器械等人才联合培养专项试点,与华润集团、长三角国创中心等20多家集团、创新中心签署人才联合培养协议,推进产教融合协同育人新模式。新建校级专业实践基地17个。3. 开展国家公派研究生项目。本年度各类公派项目录取143人,其中国家建设高水平大学公派研究生项目117人(博士生26人,联合培养博士生91人),国际组织后备人才培养项目10人,国际组织实习项目6人。4. 持续加强研究生科学道德和学风建设。举办2022年科学道德和学风建设宣传月活动,化学系赵东元院士作第24期"大师面对面"系列讲座——"科研创新从思维开始"专题报告。开展2022级研究生入学教育测试工作,全校共11 101名研究生在线完成研究生入学教育测试,测试内容覆盖校情校史、学籍管理、课程学习、学风道德、学位申请、纪律处分、网络安全以及实验室安全专项测试等方面。5. 获奖情况。信息学院金亚秋院士领衔的"高等电磁场理论"课程及教学团队入选教育部课程思政示范课程;7门课程入选上海市课程思政示范课程,其中大气与海洋科学系穆穆院士团队开设的研究生专业基础课"地球系统数值模拟"获首届上海市课程思政教学设计展示活动研究生教育综合专业组一等奖;3门课程教学团队入选上海市课程思政示范团队,金亚秋、马臻、周文浩等3位教师获"上海市课程思政教学名师"称号。在2022年中国研究生创新实践系列大赛中,共获全国一等奖2项,二等奖10项。

学位工作。全年共授予硕士学位6 528人,其中专业学位4 791人;授予博士学位1 785人,其中专业学位275人。全年博士学位论文双盲共送审4 169篇,异议率为6.4%;全年共抽检硕士论文2 918篇,异议率10.3%。其中学术学位送审1 224篇,异议率为6.3%;专业学位送审1 694篇,异议率为13.1%。开展各一级学科、专业学位类别博士、硕士学位授予标准制订工作,完善学位授予工作制度建设,树立正确学术评价导向,逐步破除仅以发表论文作为学位申请前提条件的做法。以《复旦大学学位授予工作细则》相关章节内容为基础,修订并发布《复旦大学博士学位基本要求》《复旦大学硕士学位基本要求》。

导师工作。新增博士生指导教师岗位任职资格269人、硕士生指导教师岗位任职资格430人、专业学位行业导师岗位任职资格330人。全年经绿色通道直接认定新增博士生指导教师103人,新增校外合作导师岗位任职资格33人。开展研究生导师招生信息采集与资格年度审核,依托"相辉导师学校",组织开展导师专业能力提升培训等,构建全方位、多角度、常态化的研究生导师培训体系。

质量监督与建设工作。在深化研究生教育督导和质量建设工作等方面持续开拓创新,在深入构建研究生教育督导工作机制,建立院系研究生教育质量年度报告制度,提升《上海研究生教育》办刊水平,全过程提升研究生教育质量等方面取得新成绩,促使全校研究生教育质量建设与监督工作迈上新台阶。按照文、社、理、工、医五个督导组分别组织,在校级层面建立起常态化、定期召开督导工作会议的制度。重点督导与全面督导相结合,以问题为导向督促院系全面提升研究生教育质量。结合学校大力推进博士生分流退出改革,督导院系建立健全博士生分流退出机制,将与之配套的资格考试制度建设及落实成效、核心课程体系建设情况等作为年度督导工作重点;开展硕士研究生入学统一考试自命题试卷质量检查督导;针对民族宗教类课程、针对部分院系开展重点督导;持续针对研究生招生、课程、开题、中期考核、资格考试、论文预审、答辩等重要环节开展全面督导。首次出台全校院系研究生教育质量年度报告,并建立起质量评价结果与院系年度绩效考核联动机制。

服务与管理工作。1. 师生服务工作。2022年,研究生服务中心坚持"师生为本,服务为先"理念,开发多项信息化、自助化、移动化电子服务,规范和简化办事程序,提高咨询业务的准确度和时效性,打造全天候服务,提升服务质量和师生办事便利度。导师服务中心通过导师沙龙、导师关爱行动、导师调研等,为院系和导师搭建交流的平台。2. 信息化建设工作。完成研究生信息管理系统教学教务功能模块的优化升级,建立完善培养项目、课程、外聘教师、院系教室、选用教材、成绩等数据库,持续优化核心业务的系统功能,构建包含20个功能模块的"课程开设-培养方案-选课排课-学分审核-成绩管理"的全流程、精细化的教学教务业务体系的"数字镜像"。电话呼叫服务系统上线,实现人工接听向信息化服务转变,可24小时接听考生电话,提供自助语音或人工服务,具有预设知识库、建立考生档案、录音回听、满意度评价等系统功能,截至12月31日,系统共接听来电23 129通。

(陈焱 楚永全 先梦涵 胡安宁 王昕 杜磊 姚玉河 王晶晶 陆德梅 胡玲琳 陈珂 包晓明 施展 金鑫 陈建平 谭芸 赵姝婧 陈仁波 任宏 许滢 段咏红 马普霖 杨芊浮 潘星)

【《复旦大学研究生教育博英计划行动方案(2020—2022)》全面落实】 研究生院采用项目管理的方式,时间倒排、责任到人,全力推进"博英计划"八大任务24项举措全面落实。"卓博计划"实施三期,共录取原拟出国读研、绩点前10%的本校优秀本科生509人,"优生优师优培"品牌效应凸显;推进招生选拔改革,研究生生源质量稳步提升。实施《复旦大学博士研究生培养分流退出实施办法》，优化强化资格考试、核心课程等关键培养环节过程管理；深化以产教融合为导向的专业学位研究生教育改革；建成学术学位和专业学位"一体两翼"研究生分类培养体系。研究生规模和质量大幅提升，在校学历研究生从2020年的29 878人增长到2022年的35 405人，其中博士研究生增长2 591名，硕士研究生增长2 907名。

（陈泳华　杜磊　施展　潘晓蕾　王令颖）

【11个项目获上海市高等教育优秀教学成果奖项（研究生教育）】 经单位和个人申报、专家评审、上海市优秀教学成果领导小组审查等程序，学校11个项目获评上海市高等教育优秀教学成果奖项（研究生教育），包括特等奖4项、一等奖2项、二等奖5项。这是自1994年国家发布《教学成果奖励条例》以来，学校研究生教育项目在上海市优秀教学成果奖评选中取得的历史最佳成绩。

（陆德梅　金鑫）

【实施工程硕博士改革专项招生】 自2022级起，学校按照教育部要求实施工程硕博士培养改革专项试点，足额完成教育部下达的招生计划。学校联合13家合作单位，在半导体、先进试验与测试、关键软件、人工智能、生物医药及高端医疗设备等多个重点领域招收2022级工程硕博士专项硕士生46人、博士生61人，合计107人；招收2023级工程硕博士专项硕士生38人、博士生40人。

（楚永全　王晶晶　樊廷建）

【进一步推进招生方式改革】 研究生院落实学校指示，继续在学术学位硕士生和直接攻博生中加大推免生招生力度，切实加强对院系"全国优秀大学生夏令营"、推免生"预选拔"和接收等工作的指导，努力扩大直接攻博生和学术学位推免硕士生的招生规模，吸引本校优质生源留校深造，提高生源质量。开展2023级研究生招生工作，共招收学术学位直博生907人；招收学术学位推免硕士生1 587人，占全校学术学位硕士生招生计划的72.47%（按2022年计划数2 190人计算），实现《复旦大学研究生教育博英行动计划方案（2020—2022）》所提出的"招收学术学位直接攻博生不低于900人、学术学位推免硕士生招生比例不低于70%"的目标。学校博士生招生计划的分配工作落实教育部关于编制招生计划的要求，以立德树人、服务需求、提高质量、追求卓越为主线，深入推进招生结构调整优化，为推进学校"双一流"建设服务，为建设研究生教育强国和世界重要人才中心提供基础支撑。研究生院积极制订《复旦大学博士研究生招生计划管理办法》，主动对接国家重大需求，加强精准管理，突出重点支持，招生计划向重大平台、重点领域、重点项目、优势学科和高水平师资倾斜，与培养质量联动，建立健全以一流学科、一流平台、一流师资和一流科研为主要依托支撑一流人才培养的招生资源分配机制。

（楚永全　王晶晶　王烨　刘翼婷）

【"卓博计划"招生培养工作深入推进】 第三期"卓博学员"招生工作分两阶段完成。第一阶段，2022年上半年面向全校2023届优秀本科毕业生进行选拔，175人入选；第二阶段，入选者在9月下旬获得推荐资格后，按招生程序申请直接攻博生。5名学生在第二阶段放弃，第三期学员拟录取170人。据统计，第三期学员的平均绩点为3.61，平均排名为前10.92%。组织完成首届共165名卓博学员年度考核工作，考核优秀率为67.21%。考核期（2021—2022学年）内，卓博学员累计发表各类学术作品63件，其中期刊论文33篇、专利13项、专著2册；累计参加各类学术会议42人次。

（王晶晶　樊廷建　蒋瑜　陆德梅　金鑫　高嘉玲）

【全面推进博士研究生资格考试工作】 落实《复旦大学博士研究生培养分流退出实施办法》，组织研究生培养单位全面制（修）订博士生资格考试的笔试科目、核心课程和实施细则。以一级学科为学术单元，各培养单位(不含医学院)设置105个资格考试笔试科目，确定资格考试相关的221门研究生层次核心课程，为各培养单位进一步规范博士生资格考试工作的组织实施、提高博士生培养质量打下良好基础。

（陆德梅　金鑫　陈建平）

【开展二级学科自主设置与调整工作】 2022年，经校学位评定委员会审议并表决通过，同意在学校博士学位授权一级学科范围内自主设置政府运行保障管理、神经科学与转化2个二级学科博士点，撤销应用力学二级学科博士点。通过二级学科自主设置调整，进一步加强公共管理、基础医学两个一级学科的力量，更好地凝聚学科方向，强化新兴前沿学科的资源集聚和发展动能。

（陈琍　陈思）

【深入开展研究生教育督导，创设院系研究生教育质量年度报告制度及质量评价结果与绩效联动机制】 重点督导与全面督导相结合，以问题为导向督促院系全面提升研究生教育质量，组织校督导组专家全年累计深入全校61个院系开展线上、线下现场督导共500余次、检查相关制度文件近60余份，督导博士生资格考试共15次；开展硕士研究生入学统一考试自命题试卷质量检查督导，针对近三年硕士生招生自命题试卷进行质量评估，共检查试卷270份；对现物所、数学、高分子、代谢和表型组等5个院系开展重点督导。首次出台全校院系研究生教育质量年度报告，全年共完成2021年度院系研究生教育质量报告61份，并在此基础上编制发布《2021年复旦大学院系研究生教育质量报告》。对获评研究生教育质量优等的29个院系，以及在年度内为本院系研究生教育改革发展或质量提升做出突出贡献和成效的研究生导师、研究生教务员、教学秘书、主管或分管领导等人员共1 761人，进行专项绩效奖励。评选并奖励2021年复旦大学优秀研究生教育管理工作者一、二等奖各30人。

（姚玉河　潘星　樊智强）

【多措并举加强导师培训及开展"导师关爱行动"】 在"相辉导师学校"常态化培训基础上，学校积极拓展渠道，与上海市学位委员会、市师资培训中心等开展合作，举办多样化导师培训活动。2022年，学校组织集成电路、人工智能、生物医药、法学、信息学等学科专业的研究生导师分批参加"上海高校新聘研究生导师培训班",通过理论学习、交流研讨,提升专业指导能力。举行第19期研究生导师沙龙,邀请科研院、计算机学院、信息学院、微电子学院、工研院等电子与信息类别工程博士招生培养院系负责人和导师等,围绕工程博士教育改革与质量提升等相关议题展开深入研讨。针对研究生在疫情中遇到的困难,开展研究生导师关爱行动,多次下发通知要求导师做到"三关心"和"两确保"(关心研究生的思想、学业、生活状况,确保每一位导师都要关心关爱到本人指导的所有研究生,确保每一个研究生都有导师开展关心联络工作,把关心关爱传递到每一位学生)。各研究生培养单位和导师迅速响应,为学生送去急需的学习生活与防疫物资,为校外专硕发放补助,开展定期沟通、学业个性化帮扶等关心关爱活动。

(楚永全 许滢 杨芊泞 包晓明 段咏红 马普霖)

【完成工程类专业学位领域对应调整和设置】 根据国务院学位委员会发布的《各专业学位类别的领域设置情况》,考虑社会、行业对工程类专业学位原有领域的认可度,以及学生就业的实际需求,1月,经校学位评定委员会第108次会议审议,通过光学工程、材料工程、电子与通信工程等原12个领域的对应调整方案。8月,经校学位评定委员会第110次会议审议,同意设置新一代电子信息技术、通信工程、人工智能、大数据技术与工程等专业学位领域。 (陈琍 陈思)

【开展2022年硕士生招生网络远程复试工作】 学校2022年硕士研究生招生复试工作于3月20日正式启动。按照新冠肺炎疫情防控需求和教育部招生复试要求,复试工作采取网络远程复试方式,在校园准封闭管理与城市静态管理的双重压力下实施。学校2022年硕士生招生一志愿参加复试考生4 013人,有47个招生院系组织开展网络远程复试工作,涉及156个招生学科专业,复试总体过程安全、平稳、顺利。 (王晶晶 王烨 刘翼婷 马普霖)

【推进研究生课程思政和教材建设项目】 研究生课程思政建设项目持续推进,在2021年首批立项建设91门课程思政课程基础上,2022年持续立项建设68门,通过两年时间的立项建设,实现全校院系研究生课程思政课程建设全覆盖。4月,教务处和研究生院联合组织启动院系课程思政教学研究中心建设项目申报,经专家评议,首批立项建设10个院系课程思政教学研究中心。启动2022年研究生规划系列教材建设工作,以院系整体性的教材编写出版规划为基础,67部教材获立项,涉及10个院系、14个系列,将有计划地支持出版一批立足学科前沿、体现复旦水准、适应实际需求的高质量研究生教材,受资助教材将使用"复旦大学研究生教材系列"统一标识。 (胡玲琳 陈芳 赵姝婧)

【研究生成绩单版式和服务更新】 结合研究生课程教务管理信息系统的升级,基于国内外一流高校的成绩单样式调研,4月完成研究生成绩单的版式更新,4月20日正式推出研究生电子成绩单服务。

(陆德梅 金鑫 包晓明)

【启动文科博士生国际访学资助项目】 在霍氏基金会、复旦大学教育发展基金会支持下,2022年文科博士生国际访学资助项目于4月首次启动,首批遴选的7名来自中国语言文学系、外国语言文学学院、哲学学院、历史学系、历史地理研究中心的博士研究生于11月前全部派出。

(赵姝婧 陆德梅)

【完成第十二届校学位评定委员会换届】 根据《复旦大学学位评定委员会章程》要求,于4月启动校学位评定委员会换届工作。经院系分党委会和党政联席会审议推荐、研究生院制订建议名单、教工部审查、校干部领导小组、校长办公会、校党委常委会审议,于6月完成换届。新一届学位评定委员会由校长金力任主席,共有委员43名。在学位评定委员会第111次会议上,举行第十二届学位评定委员会委员聘书颁发仪式。

(先梦涵 陈琍)

【评选2021年度复旦大学优秀博士学位论文】 2022年,开展2021年度校级优秀博士学位论文评选工作,以树立高水平博士学位论文的榜样作用,激励广大研究生积极进取、奋发有为,进一步提高学校研究生学位论文水平与质量。经过系列评审程序,评选结果于2023年1月正式发布,共有20篇论文入选"2021年度复旦大学优秀博士学位论文名单"。

(任宏 刘靓)

附 录

国务院学位委员会第八届委员名单(复旦大学)

第八届委员会(2018年9月7日)	许宁生

国务院学位委员会第八届学科评议组成员名单(复旦大学)

序 号	代 码	一级学科名称	姓 名
1	0101	哲学	吴晓明*
2	0201	理论经济学	张 军*

续表

序 号	代码	一级学科名称	姓 名
3	0202	应用经济学	张金清
4	0301	法学	王志强
5	0302	政治学	陈志敏*
6	0303	社会学	刘 欣
7	0305	马克思主义理论	邹诗鹏
8	0501	中国语言文学	陈引驰
9	0502	外国语言文学	高永伟
10	0503	新闻传播学	张涛甫
11	0602	中国史	章 清*
12	0603	世界史	李剑鸣
13	0701	数学	陈 猛△
14	0702	物理学	许宁生★、龚新高
15	0703	化学	赵东元
16	0710	生物学	金 力*
17	0713	生态学	李 博
18	0809	电子科学与技术	郑立荣
19	0812	计算机科学与技术	薛向阳
20	0839	网络空间安全	杨 珉
21	1001	基础医学	袁正宏△
22	1002	临床医学	葛均波*、毛 颖
23	1004	公共卫生与预防医学	何 纳
24	1006	中西医结合	王彦青△
25	1007	药学	蒋 晨
26	1011	护理学	袁长蓉
27	1201	工商管理	蒋肖虹
28	1204	公共管理	陈 文
29	1401	集成电路科学与工程	刘 明
30	1402	国家安全学	苏长和

注：*为该学科评议组召集人，△为该学科评议组秘书长，★为国务院学位委员会委员。

复旦大学一级学科博士学位授权点一览表

序 号	一级学科	博士点数	硕士点数
1	哲学	11(3)	11(3)
2	理论经济学	6	6
3	应用经济学	7	8
4	法学	8	9
5	政治学	8(1)	8(1)
6	社会学	6(3)	7(3)
7	马克思主义理论	7(1)	7(1)

续表

序号	一级学科	博士点数	硕士点数
8	中国语言文学	12(5)	12(5)
9	外国语言文学	2	8
10	新闻传播学	4(2)	5(3)
11	考古学*	1(1)	1(1)
12	中国史*	2(2)	2(2)
13	世界史*	—	—
14	数学	5	5
15	物理学	5	7
16	化学	6(1)	6(1)
17	大气科学	0	0
18	生物学	12(2)	12(2)
19	生态学*	—	—
20	统计学*	1(1)	1(1)
21	光学工程*	—	—
22	材料科学与工程	2	2
23	电子科学与技术	5(1)	6(2)
24	信息与通信工程	0	0
25	计算机科学与技术	4(1)	4(1)
26	航空宇航科学与技术	0	0
27	环境科学与工程	2	2
28	生物医学工程*	1(1)	1(1)
29	网络空间安全	—	—
30	基础医学	10(4)	10(4)
31	临床医学	19(2)	20(3)
32	公共卫生与预防医学	5	6(1)
33	中西医结合	2	2
34	药学	7(1)	7(1)
35	护理学*	—	—
36	管理科学与工程*	3(3)	4(4)
37	工商管理	6(3)	8(4)
38	公共管理	8(5)	9(5)
39	集成电路科学与工程	—	—
40	国家安全学	—	—

注：1. 本表中"*"为原国家目录不设二级学科的一级学科或2011年对应调整的一级学科，除自设学科外，不作二级学科点统计。
2. 本表中硕士点数涵盖博士点数；括号中的数据为学校自设的二级学科数（已包含在括号前的数据中）。

复旦大学培养研究生学科、专业目录(学术学位)

(统计至2022年11月)

所属门类	一级学科名称	一级学科授权时间	序号	专业名称	专业代码	二级学科硕士点批准时间	二级学科博士点批准时间	备注
哲学	哲学**	2000年12月	1	马克思主义哲学*	010101	1981年11月	1981年11月	
			2	中国哲学*	010102	1981年11月	1981年11月	
			3	外国哲学*	010103	1981年11月	1981年11月	
			4	逻辑学*	010104	1986年7月	2015年10月	
			5	伦理学*	010105	1993年12月	2003年1月	
			6	美学*	010106	2014年6月	2018年10月	
			7	宗教学*	010107	1998年6月	2001年4月	
			8	科学技术哲学*	010108	1981年11月	1998年6月	
			9	国外马克思主义哲学*(自设专业)	0101Z1	2004年2月	2004年2月	
			10	经济哲学*(自设专业)	0101Z2	2004年2月	2004年2月	
			11	比较哲学*(自设专业)	0101Z3	2004年2月	2004年2月	
经济学	理论经济学**	1998年6月	12	政治经济学*	020101	1981年11月	1981年11月	
			13	经济思想史*	020102	1981年11月	1984年1月	
			14	经济史*	020103	1981年11月	2019年10月	
			15	西方经济学*	020104	1993年12月	2001年4月	
			16	世界经济*	020105	1981年11月	1986年7月	
			17	人口、资源与环境经济学*	020106	1990年11月	2001年4月	
	应用经济学**	1998年6月	18	国民经济学*	020201	1993年12月	2001年4月	
			19	区域经济学*	020202	1993年12月	2001年4月	
			20	财政学*	020203	1996年6月	2018年10月	
			21	金融学*	020204	1990年11月	1993年12月	
			22	产业经济学*	020205	1984年1月	1986年7月	
			23	国际贸易学*	020206	1993年12月	2001年4月	
			24	劳动经济学	020207	1998年6月	—	
			25	数量经济学*	020209	1986年7月	2001年4月	
法学	法学**	2011年3月	26	法学理论*	030101	1998年6月	2012年6月	
			27	法律史*	030102	1981年11月	2012年6月	
			28	宪法学与行政法学*	030103	1996年6月	2012年6月	
			29	刑法学*	030104	2000年12月	2016年10月	
			30	民商法学*	030105	1998年6月	2006年1月	
			31	诉讼法学*	030106	2000年12月	2012年6月	
			32	经济法学	030107	2005年1月	—	
			33	环境与资源保护法学*	030108	2003年5月	2012年6月	
			34	国际法学*	030109	1993年12月	2003年7月	
	政治学**	2000年12月	35	政治学理论*	030201	1984年11月	1990年11月	
			36	中外政治制度*	030202	2000年12月	2001年4月	
			37	科学社会主义与国际共产主义运动*	030203	2003年5月	2020年11月	
			38	中共党史*	030204	2003年5月	2005年1月	

续　表

所属门类	一级学科名称	一级学科授权时间	序号	专业名称	专业代码	二级学科硕士点批准时间	二级学科博士点批准时间	备注
法学	政治学**	2000年12月	39	国际政治*	030206	1981年11月	2001年4月	
			40	国际关系*	030207	1981年11月	1986年7月	
			41	外交学*	030208	2003年5月	2005年7月	
			42	政治哲学*（自设专业）	0302Z1	2012年6月	2012年6月	
	社会学**	2011年3月	43	社会学*	030301	1993年12月	2006年1月	
			44	人口学*	030302	1984年1月	2014年6月	
			45	人类学*	030303	2000年12月	2014年6月	
			46	民俗学(含:中国民间文学)	030304	2003年5月	—	
			47	社会心理学*（自设专业）	0303Z1	2016年10月	2016年10月	
			48	老年学*（自设专业）	0303Z2	2017年10月	2017年10月	
			49	社会工作*（自设专业）	0303Z3	2017年10月	2017年10月	
	马克思主义理论**	2006年1月	50	马克思主义基本原理*	030501	2006年1月	2006年1月	
			51	马克思主义发展史*	030502	2018年10月	2018年10月	
			52	马克思主义中国化研究*	030503	2007年1月	2007年1月	
			53	国外马克思主义研究*	030504	2018年10月	2018年10月	
			54	思想政治教育*	030505	2006年1月	2006年1月	
			55	中国近现代史基本问题研究*	030506	2020年11月	2020年11月	
			56	党的建设*（自设专业）	0305Z1	2017年10月	2017年10月	
教育学	教育学▲	2011年3月	57	课程与教学论	040102	2005年1月	—	
			58	高等教育学	040106	1996年6月	—	
	心理学▲	2011年3月	59	应用心理学	040203	2006年1月	—	可授教育学、理学学位
文学	中国语言文学**	1998年6月	60	文艺学*	050101	1981年11月	1986年7月	
			61	语言学及应用语言学*	050102	1981年11月	2003年1月	
			62	汉语言文字学*	050103	1981年11月	1981年11月	
			63	中国古典文献学*	050104	1984年1月	1999年7月	
			64	中国古代文学*	050105	1981年11月	1981年11月	
			65	中国现当代文学*	050106	1984年1月	1986年7月	
			66	比较文学与世界文学*	050108	1984年1月	2000年12月	
			67	中国文学批评史*（自设专业）	0501Z1	2004年2月	2004年2月	
			68	艺术人类学与民间文学*（自设专业）	0501Z2	2004年2月	2004年2月	
			69	现代汉语语言学*（自设专业）	0501Z3	2004年2月	2004年2月	
			70	影视文学*（自设专业）	0501Z4	2005年4月	2005年4月	
			71	中国文学古今演变*（自设专业）	0501Z5	2005年4月	2005年4月	
	外国语言文学**	2011年3月	72	英语语言文学*	050201	1981年11月	1984年1月	
			73	俄语语言文学	050202	1990年11月	—	
			74	法语语言文学	050203	1981年11月	—	
			75	德语语言文学	050204	1993年12月	—	
			76	日语语言文学	050205	1986年7月	—	

续　表

所属门类	一级学科名称	一级学科授权时间	序号	专业名称	专业代码	二级学科硕士点批准时间	二级学科博士点批准时间	备注
文学	外国语言文学**	2011年3月	77	西班牙语言文学	050207	2021年10月	—	
			78	亚非语言文学	050210	2000年12月	—	
			79	外国语言学及应用语言学*	050211	1990年11月	2003年7月	
	新闻传播学**	2000年12月	80	新闻学*	050301	1981年11月	1984年1月	
			81	传播学*	050302	1997年	1998年6月	
			82	广告学*（自设专业）	0503Z1	2003年1月	2012年6月	
			83	广播电视学*（自设专业）	0503Z2	2003年1月	2003年1月	
			84	媒介管理学（自设专业）	0503Z3	2013年6月	—	
历史学	考古学**	2011年8月	85	考古学及博物馆学*	060101	1990年11月	2001年4月	
			86	古籍保护*（自设专业）	0601Z1	2017年10月	2017年10月	
	中国史**	2011年8月	87	史学理论及史学史*	060201	1997年	2001年4月	
			88	历史地理学*	060202	1981年11月	1981年11月	
			89	历史文献学*	060203	1986年7月	2003年1月	
			90	专门史*	060204	1981年11月	2001年4月	
			91	中国古代史*	060205	1981年11月	1981年11月	
			92	中国近现代史*	060206	1984年1月	1996年6月	
			93	人口史*（自设专业）	0602Z1	2004年2月	2004年2月	
			94	边疆史地*（自设专业）	0602Z2	2012年6月	2012年6月	
	世界史**	2011年8月	95	世界史*（本一级学科暂不设二级学科）	60300	1981年11月	1981年11月	
理学	数学**	1996年6月	96	基础数学*	070101	1981年11月	1981年11月	
			97	计算数学*	070102	1981年11月	1984年1月	
			98	概率论与数理统计*	070103	1981年11月	1986年7月	
			99	应用数学*	070104	1981年11月	1981年11月	
			100	运筹学与控制论*	070105	1981年11月	1998年6月	
	物理学**	1998年6月	101	理论物理*	070201	1981年11月	1981年11月	
			102	粒子物理与原子核物理*	070202	1981年11月	1981年11月	
			103	原子与分子物理*	070203	1986年7月	2003年1月	
			104	等离子体物理	070204	1996年6月	—	
			105	凝聚态物理*	070205	1981年11月	1981年11月	
			106	光学*	070207	1981年11月	1984年1月	
			107	无线电物理	070208	1981年11月	—	
	化学**	1996年6月	108	无机化学*	070301	1981年11月	1981年11月	
			109	分析化学*	070302	1981年11月	1986年7月	
			110	有机化学*	070303	1981年11月	1990年11月	
			111	物理化学*	070304	1981年11月	1981年11月	
			112	高分子化学与物理*	070305	1981年11月	1981年11月	
			113	化学生物学*（自设专业）	0703Z1	2003年1月	2003年1月	

续 表

所属门类	一级学科名称	一级学科授权时间	序号	专业名称	专业代码	二级学科硕士点批准时间	二级学科博士点批准时间	备注
理学	大气科学**	2018年3月	114	大气科学*（本一级学科暂不设二级学科）	070600	2018年3月	2018年3月	
	生物学**	1998年6月	115	植物学*	071001	1981年11月	1986年7月	
			116	动物学*	071002	1981年11月	1984年1月	
			117	生理学*	071003	1981年11月	1981年11月	
			118	微生物学*	071005	1981年11月	1981年11月	
			119	神经生物学*	071006	1986年7月	1996年6月	
			120	遗传学*	071007	1981年11月	1981年11月	
			121	发育生物学*	071008	2000年12月	2000年12月	
			122	细胞生物学*	071009	2003年5月	2019年10月	
			123	生物化学与分子生物学*	071010	1981年11月	1981年11月	
			124	生物物理学*	071011	1981年11月	1990年11月	
			125	生物信息学*（自设专业）	0710Z1	2004年2月	2004年2月	
			126	人类生物学*（自设专业）	0710Z2	2004年2月	2004年2月	
	生态学**	2011年8月	127	生态学*（本一级学科暂不设二级学科）	071300	1986年7月	2001年4月	
	统计学**	2011年8月	128	统计学*	071400	2000年12月	2005年7月	可授理学、经济学学位
			129	生物统计学*（自设专业）	0714Z1	2014年6月	2014年6月	
工学	光学工程**	2011年3月	130	光学工程*（本一级学科国家目录不设二级学科）	080300	2003年5月	2011年3月	
	材料科学与工程**	2011年3月	131	材料物理与化学*	080501	1990年11月	1998年6月	可授工学、理学学位
			132	材料学*	080502	2000年12月	2012年6月	
	电子科学与技术**	1998年6月	133	物理电子学*	080901	1981年11月	1981年11月	可授理学、工学学位
			134	电路与系统*	080902	1981年11月	1990年11月	
			135	微电子学与固体电子学*	080903	1981年11月	1997年	
			136	电磁场与微波技术*	080904	1998年6月	2005年7月	
			137	光电系统与控制技术（自设专业）	0809Z1	2005年4月	—	
			138	集成电路与系统设计*（自设专业）	0809Z2	2018年10月	2018年10月	
	信息与通信工程**	2021年10月	139	信息与通信工程*	081000	2011年3月	2021年10月	
	计算机科学与技术**	2000年12月	140	计算机系统结构*	081201	1986年7月	2001年4月	可授理学、工学学位
			141	计算机软件与理论*	081202	1981年11月	1986年7月	
			142	计算机应用技术*	081203	1981年11月	2000年12月	
			143	数据科学*（自设专业）	0812Z1	2014年6月	2014年6月	
	航空宇航科学与技术**	2021年10月	144	航空宇航科学与技术*	082500	2011年3月	2021年10月	
	环境科学与工程**	2006年1月	145	环境科学*	083001	1990年11月	2000年12月	可授理学、工学学位
			146	环境工程*	083002	2003年5月	2012年6月	

续 表

所属门类	一级学科名称	一级学科授权时间	序号	专业名称	专业代码	二级学科硕士点批准时间	二级学科博士点批准时间	备注
工学	生物医学工程**	2000年12月	147	生物医学工程*	083100	1981年11月	1996年6月	可授理学、工学、医学学位
			148	生物力学*(自设专业)	0831Z1	2004年2月	2004年2月	
	网络空间安全**	2018年3月	149	网络空间安全*（本一级学科国家目录不设二级学科）	083900	2018年3月	2018年3月	
医学	基础医学**	1998年6月	150	人体解剖与组织胚胎学*	100101	1981年11月	1981年11月	可授医学、理学学位
			151	免疫学*	100102	1981年11月	1981年11月	
			152	病原生物学*	100103	1981年11月	1984年1月	
			153	病理学与病理生理学*	100104	1981年11月	1981年11月	
			154	法医学*	100105	1986年7月	2005年1月	
			155	放射医学*	100106	1986年7月	1993年12月	
			156	分子医学*(自设专业)	1001Z1	2004年2月	2004年2月	
			157	医学信息学*(自设专业)	1001Z2	2004年2月	2004年2月	
			158	医学系统生物学*(自设专业)	1001Z3	2004年2月	2004年2月	
			159	神经科学与转化*(自设专业)	1001Z4	2022年10月	2022年10月	
	临床医学**	2003年9月	160	内科学*	100201	1981年11月	1981年11月	
			161	儿科学*	100202	1981年11月	1984年1月	
			162	老年医学*	100203	1996年6月	2013年6月	
			163	神经病学*	100204	1981年11月	1981年11月	
			164	精神病与精神卫生学*	100205	1981年11月	1986年7月	
			165	皮肤病与性病学*	100206	1981年11月	1981年11月	
			166	影像医学与核医学*	100207	1981年11月	1981年11月	
			167	临床检验诊断学*	100208	1986年7月	1996年6月	
			168	外科学*	100210	1981年11月	1981年1月	
			169	妇产科学*	100211	1981年11月	1984年1月	
			170	眼科学*	100212	1981年11月	1981年11月	
			171	耳鼻咽喉科学*	100213	1981年11月	1981年11月	
			172	肿瘤学*	100214	1984年1月	1984年1月	
			173	康复医学与理疗学*	100215	2003年5月	2005年1月	
			174	运动医学*	100216	1981年11月	2005年7月	
			175	麻醉学*	100217	1986年7月	1993年12月	
			176	急诊医学*	100218	1993年12月	2016年10月	
			177	临床流行病学和循证医学(自设专业)	1002Z1	2005年4月	—	
			178	全科医学*(自设专业)	1002Z2	2004年2月	2013年6月	
			179	临床口腔医学*(自设专业)	1002Z3	2014年6月	2014年6月	
	口腔医学		180	口腔临床医学	100302	1981年11月	—	
	公共卫生与预防医学**	1998年6月	181	流行病与卫生统计学*	100401	1981年11月	1981年11月	可授医学、理学学位
			182	劳动卫生与环境卫生学*	100402	1981年11月	1981年11月	
			183	营养与食品卫生学*	100403	1981年11月	2005年7月	
			184	儿少卫生与妇幼保健学*	100404	1981年11月	2005年7月	

续 表

所属门类	一级学科名称	一级学科授权时间	序号	专业名称	专业代码	二级学科硕士点批准时间	二级学科博士点批准时间	备注
医学	公共卫生与预防医学**	1998年6月	185	卫生毒理学*	100405	1990年11月	2001年4月	可授医学、理学学位
			186	健康教育与健康促进(自设专业)	1004Z1	2015年10月	—	
	中西医结合**	1998年6月	187	中西医结合基础*	100601	1981年11月	1981年11月	
			188	中西医结合临床*	100602	1981年11月	1981年11月	
	药学**	1998年6月	189	药物化学*	100701	1981年11月	1990年11月	可授理学、医学学位
			190	药剂学*	100702	1981年11月	1986年7月	
			191	生药学*	100703	1981年11月	2001年4月	
			192	药物分析学*	100704	1981年11月	2012年6月	
			193	微生物与生化药学*	100705	2015年10月	2015年10月	
			194	药理学*	100706	1981年11月	1981年11月	
			195	临床药学*(自设专业)	1007Z1	2012年6月	2012年6月	
	护理学**	2011年8月	196	护理学* (本一级学科暂不设二级学科)	101100	1996年6月	2011年8月	可授医学、理学学位
管理学	管理科学与工程**	1998年6月	197	管理科学与工程*	120100	1990年11月	1998年6月	可授管理学、工学学位
			198	管理科学(自设专业)	1201Z1	2004年2月	—	
			199	信息管理与信息系统*(自设专业)	1201Z2	2004年2月	2012年6月	
			200	物流与运营管理*(自设专业)	1201Z3	2004年2月	2004年2月	
			201	商务人工智能*(自设专业)	1201Z4	2018年10月	2018年10月	
	工商管理**	2000年12月	202	会计学*	120201	1993年12月	2001年4月	
			203	企业管理*	120202	1986年7月	1996年6月	
			204	旅游管理*	120203	1996年6月	2005年1月	
			205	技术经济及管理*	120204	2003年5月	—	
			206	东方管理学*(自设专业)	1202Z1	2004年2月	2004年2月	
			207	市场营销*(自设专业)	1202Z2	2004年2月	2012年6月	
			208	财务学*(自设专业)	1202Z3	2004年2月	2012年6月	
			209	金融工程管理(自设专业)	1202Z4	2004年2月	—	
	公共管理**	2003年9月	210	行政管理*	120401	1997年	1998年6月	
			211	社会医学与卫生事业管理*	120402	1986年7月	1993年10月	可授管理学、医学学位
			212	教育经济与管理*	120403	2003年5月	2012年6月	可授管理学、教育学学位
			213	社会保障	120404	2003年5月	—	
			214	环境管理*(自设专业)	1204Z1	2005年4月	2012年6月	
			215	社会管理与社会政策*(自设专业)	1204Z2	2005年4月	2005年4月	
			216	公共政策*(自设专业)	1204Z3	2006年1月	2006年1月	
			217	应急管理*(自设专业)	1204Z4	2020年5月	2020年5月	
			218	政府运行保障管理*(自设专业)	1204Z5	2022年6月	2022年6月	
艺术学	戏剧与影视学▲	2011年8月	219	电影学	130302	2003年5月	—	
			220	广播电视艺术学	130303	2000年12月	—	

续表

所属门类	一级学科名称	一级学科授权时间	序号	专业名称	专业代码	二级学科硕士点批准时间	二级学科博士点批准时间	备注
交叉学科	集成电路科学与工程**	2020年3月	221	集成电路科学与工程*（本一级学科暂不设二级学科）	140100	2020年3月	2020年3月	
	国家安全学**	2021年10月	222	国家安全学*（本一级学科暂不设二级学科）	140200	2021年10月	2021年10月	

注：1. 带**为博士学位授权一级学科；带▲为硕士学位授权一级学科；带*为博士学位授权二级学科。
2. 上述学科、专业中，共有博士学位授权一级学科40个，硕士学位授权一级学科3个。

复旦大学培养研究生学科、专业目录（专业学位）

（统计至2022年08月）

序号	专业学位类别	类别代码	授学位级别	专业学位领域	领域代码	授权年份
1	应用伦理	S0151	硕士	—	—	2022
2	金融	0251	硕士	—	—	2010
3	应用统计	0252	硕士	—	—	2014
4	税务	0253	硕士	—	—	2010
5	国际商务	0254	硕士	—	—	2010
6	保险	0255	硕士	—	—	2010
7	资产评估	0256	硕士	—	—	2010
8	法律	0351	硕士	—	—	1998
9	社会工作	0352	硕士	—	—	2009
10	社会政策	S0354	硕士	—	—	2022
11	教育	0451	硕士	教育	045100	2010
12	汉语国际教育	0453	硕士	—	—	2007
13	应用心理	0454	硕士	—	—	2014
14	翻译	0551	硕士	英语笔译	055101	2007
				英语口译	055102	2017
				德语笔译	055109	2022
15	新闻与传播	0552	硕士	—	—	2010
16	出版	0553	硕士	—	—	2010
17	文物与博物馆	0651	硕士	文物与博物馆	065100	2010
18	气象	S0751	硕士	—	—	2022
19	电子信息	0854	博士、硕士	新一代电子信息技术	085401	2022
				通信工程	085402	2022
				集成电路工程	085403	2022
				计算机技术	085404	2022
				软件工程	085405	2022
				光电信息工程	085408	2022
				生物医学工程	085409	2022

续 表

序号	专业学位类别	类别代码	授学位级别	专业学位领域	领域代码	授权年份
19	电子信息	0854	博士、硕士	人工智能	085410	2022
				大数据技术与工程	085411	2022
				网络与信息安全	085412	2022
20	机械	0855	硕士	机械	085500	2019
21	材料与化工	0856	博士、硕士	材料工程	085601	2022
				化学工程	085602	2022
22	资源与环境	0857	硕士	环境工程	085701	2022
				生态工程	0857Z1	2022
23	生物与医药	0860	博士、硕士	生物技术与工程	086001	2022
24	临床医学	1051	博士、硕士	内科学	105101	1998
				儿科学	105102	1998
				老年医学	105103	1998
				神经病学	105104	1998
				精神病与精神卫生学	105105	1998
				皮肤病与性病学	105106	1998
				急诊医学	105107	1998
				重症医学	105108	2021
				全科医学	105109	2011
				康复医学与理疗学	105110	1998
				外科学	105111	1998
				儿外科学	105112	2021
				运动医学	105114	1998
				妇产科学	105115	1998
				眼科学	105116	1998
				耳鼻咽喉科学	105117	1998
				麻醉学	105118	1998
				临床病理	105119	2011
				临床检验诊断学	105120	1998
				肿瘤学	105121	1998
				放射肿瘤学	105122	2021
				放射影像学	105123	2021
				超声医学	105124	2021
				核医学	105125	2021
25	口腔医学	1052	博士、硕士	—	—	2022
26	公共卫生	1053	硕士	—	—	2001
27	护理	1054	硕士	—	—	2010
28	药学	1055	硕士	—	—	2010
29	工商管理	1251	硕士	—	—	1991
30	公共管理	1252	硕士	—	—	2000

续表

序号	专业学位类别	类别代码	授学位级别	专业学位领域	领域代码	授权年份
31	会计	1253	硕士	—	—	2004
32	旅游管理	1254	硕士	—	—	2010
33	图书情报	1255	硕士	—	—	2014
34	工程管理	1256	硕士	项目管理	125602	2022
				物流工程与管理	125604	2022
35	艺术	1351	硕士	戏剧	135102	2009

2022年复旦大学在职博士生指导教师一览表

学科门类	一级学科名称/专业学位类别	序号	专业名称	专业代码	博士生导师	批准日期	所属院系(所)
哲学	哲学	1	马克思主义哲学	010101	吴晓明	1994-11-01	哲学学院
			马克思主义哲学	010101	冯 平	1996-06-01	
			马克思主义哲学	010101	陈学明	1999-07-01	
			马克思主义哲学	010101	王德峰	2005-01-26	
			马克思主义哲学	010101	邹诗鹏	2005-07-14	
			马克思主义哲学	010101	郑召利	2007-01-19	
			马克思主义哲学	010101	王金林	2014-01-10	
			马克思主义哲学	010101	吴 猛	2020-09-02	
		2	中国哲学	010102	张汝伦	1998-01-01	
			中国哲学	010102	杨泽波	2003-01-01	
			中国哲学	010102	林宏星	2004-01-13	
			中国哲学	010102	吴 震	2006-01-12	
			中国哲学	010102	白彤东	2012-01-13	
			中国哲学	010102	郭晓东	2015-01-12	
			中国哲学	010102	何 俊	2018-04-04	
			中国哲学	010102	徐 波	2022-01-18	
		3	外国哲学	010103	刘放桐	1986-07-01	
			外国哲学	010103	张庆熊	2001-04-01	
			外国哲学	010103	莫伟民	2003-01-01	
			外国哲学	010103	佘碧平	2005-01-26	
			外国哲学	010103	孙向晨	2008-01-14	
			外国哲学	010103	丁 耘	2014-01-10	
			外国哲学	010103	徐英瑾	2015-01-12	
			外国哲学	010103	林 晖	2017-01-05	
			外国哲学	010103	陈亚军	2018-12-06	
		4	逻辑学	010104	郝兆宽	2018-01-17	
			逻辑学	010104	姚宁远	2022-01-11	
		5	伦理学	010105	邓安庆	2004-01-13	
			伦理学	010105	王国豫	2016-06-24	

续 表

学科门类	一级学科名称/专业学位类别	序号	专业名称	专业代码	博士生导师	批准日期	所属院系(所)
哲学	哲学	6	美学	010106	沈建平	2017-06-30	哲学学院
			美学	010106	潘公凯	2017-06-30	
			美学	010106	孙 斌	2020-09-02	
			美学	010106	鲁明军	2022-01-11	
		7	宗教学	010107	李天纲	2004-01-13	
			宗教学	010107	王新生	2011-01-19	
			宗教学	010107	VERMANDER Benoit, Jean-Marie, Maurice	2015-01-12	
			宗教学	010107	刘 平	2018-01-17	
			宗教学	010107	Eberhard Guhe	2020-09-02	
			宗教学	010107	傅新毅	2021-11-02	
			宗教学	010107	郁喆隽	2022-01-11	
		8	科学技术哲学	010108	张志林	2009-07-03	
			科学技术哲学	010108	黄 翔	2014-01-10	
			科学技术哲学	010108	Chuang LIU（刘 闯）	2017-06-30	
			科学技术哲学	010108	Forster, Malcolm	2017-08-28	
		9	国外马克思主义哲学	0101Z1	汪行福	2007-01-19	
			国外马克思主义哲学	0101Z1	王凤才	2007-01-19	
			国外马克思主义哲学	0101Z1	张双利	2016-01-12	
经济学	理论经济学	10	政治经济学	020101	张晖明	1998-01-01	经济学院
			政治经济学	020101	朱国宏	1998-01-01	
			政治经济学	020101	严法善	2005-01-26	
			政治经济学	020101	汪立鑫	2015-01-12	
			政治经济学	020101	孟 捷	2017-12-04	
			政治经济学	020101	高 帆	2018-01-17	
		11	经济思想史	020102	马 涛	2003-01-01	
		12	经济史	020103	李 丹	2020-09-02	
			经济史	020103	李 楠	2020-09-02	
		13	西方经济学	020104	张 军	1998-01-01	
			西方经济学	020104	袁志刚	1998-01-01	
			西方经济学	020104	李维森	2005-01-26	
			西方经济学	020104	陈 钊	2009-01-07	
			西方经济学	020104	王 城	2010-01-27	
			西方经济学	020104	封 进	2012-12-27	
			西方经济学	020104	陈诗一	2012-12-27	
			西方经济学	020104	方汉明	2012-12-27	

续表

学科门类	一级学科名称/专业学位类别	序号	专业名称	专业代码	博士生导师	批准日期	所属院系(所)
经济学	理论经济学	13	西方经济学	020104	章 元	2015-01-12	经济学院
			西方经济学	020104	王弟海	2016-01-12	
			西方经济学	020104	韦 潇	2017-01-05	
			西方经济学	020104	陈 硕	2018-01-17	
			西方经济学	020104	刘志阔	2021-10-09	
			西方经济学	020104	宋 弘	2022-10-14	
		14	世界经济	020105	黄亚钧	1998-01-01	
			世界经济	020105	丁 纯	2009-01-07	
			世界经济	020105	沈国兵	2011-01-19	
			世界经济	020105	田素华	2012-12-27	
			世界经济	020105	吴力波	2012-12-27	
			世界经济	020105	罗长远	2017-01-05	
			世界经济	020105	万广华	2017-12-04	
			世界经济	020105	袁堂军	2018-01-17	
			世界经济	020105	李志远	2019-01-08	
			世界经济	020105	樊海潮	2019-12-31	
		15	人口、资源与环境经济学	020106	彭希哲	1993-12-01	社会发展与公共政策学院
			人口、资源与环境经济学	020106	王桂新	2001-04-01	
			人口、资源与环境经济学	020106	梁 鸿	2003-01-01	
			人口、资源与环境经济学	020106	任 远	2007-01-19	
			人口、资源与环境经济学	020106	张 力	2009-01-07	
			人口、资源与环境经济学	020106	尹 晨	2022-01-11	
			人口、资源与环境经济学	020106	张伊娜	2022-01-11	
	应用经济学	16	区域经济学	020202	范剑勇	2010-01-27	经济学院
		17	财政学	020203	杜 莉	2018-01-17	
			财政学	020203	孙 琳	2020-09-02	
		18	金融学	020204	高华声	2019-03-25	泛海国际金融学院
			金融学	020204	钱 军	2019-03-25	
			金融学	020204	Charles CHANG（张纯信）	2019-03-25	
			金融学	020204	魏尚进	2019-03-25	
			金融学	020204	Huafeng Chen（陈华锋）	2020-03-27	
			金融学	020204	施东辉	2021-01-13	
			金融学	020204	黄 毅	2022-01-11	
			金融学	020204	干杏娣	1996-01-01	经济学院
			金融学	020204	刘红忠	2001-04-01	
			金融学	020204	张金清	2004-01-13	
			金融学	020204	朱 叶	2006-01-12	

续表

学科门类	一级学科名称/专业学位类别	序号	专业名称	专业代码	博士生导师	批准日期	所属院系(所)
经济学	应用经济学	18	金融学	020204	孙立坚	2007-01-19	经济学院
			金融学	020204	张陆洋	2009-01-07	
			金融学	020204	张宗新	2012-12-27	
			金融学	020204	胡永泰	2012-12-27	
			金融学	020204	杨青	2014-01-10	
			金融学	020204	何光辉	2015-01-12	
			金融学	020204	牛晓健	2015-01-12	
			金融学	020204	杨长江	2016-01-12	
			金融学	020204	刘庆富	2018-01-17	
			金融学	020204	陆前进	2019-01-08	
			金融学	020204	杜在超	2019-11-21	
			金融学	020204	周光友	2020-09-02	
			金融学	020204	沈红波	2020-09-02	
			金融学	020204	许闲	2020-09-02	
			金融学	020204	王晓虎	2022-09-20	
		19	产业经济学	020205	石磊	1999-07-01	管理学院
			产业经济学	020205	寇宗来	2014-01-10	
			产业经济学	020205	王永钦	2016-01-12	
			产业经济学	020205	芮明杰	1994-11-01	
			产业经济学	020205	骆品亮	2008-01-14	
			产业经济学	020205	刘勇	2014-03-24	
			产业经济学	020205	张来武	2016-07-22	
			产业经济学	020205	王华庆	2017-07-04	
			产业经济学	020205	李玲芳	2018-01-17	
			产业经济学	020205	王小林	2018-04-25	
		20	国际贸易学	020206	尹翔硕	2001-04-01	经济学院
			国际贸易学	020206	强永昌	2006-01-12	
			国际贸易学	020206	程大中	2011-01-19	
		21	数量经济学	020209	谢识予	2001-04-01	
法学	法学	22	法学理论	030101	孙笑侠	2012-01-13	法学院
			法学理论	030101	张建伟	2014-01-10	
			法学理论	030101	侯健	2015-01-12	
		23	法律史	030102	赵立行	2005-01-26	
			法律史	030102	郭建	2006-09-07	
			法律史	030102	王志强	2008-01-14	
			法律史	030102	王伟	2019-01-08	
			法律史	030102	赖骏楠	2022-01-11	
		24	宪法学与行政法学	030103	朱淑娣	2009-01-07	
			宪法学与行政法学	030103	潘伟杰	2009-01-07	

续表

学科门类	一级学科名称/专业学位类别	序号	专业名称	专业代码	博士生导师	批准日期	所属院系(所)
法学	法学	24	宪法学与行政法学	030103	刘志刚	2012-12-27	法学院
			宪法学与行政法学	030103	杜仪方	2020-09-02	
		25	刑法学	030104	汪明亮	2012-12-27	
			刑法学	030104	杜 宇	2014-01-10	
		26	民商法学	030105	季立刚	2007-01-19	
			民商法学	030105	李世刚	2019-01-08	
			民商法学	030105	许多奇	2019-04-02	
			民商法学	030105	许凌艳	2021-01-13	
			民商法学	030105	唐应茂	2022-11-02	
		27	诉讼法学	030106	章武生	2003-01-01	
			诉讼法学	030106	马贵翔	2008-01-14	
			诉讼法学	030106	段厚省	2012-01-13	
			诉讼法学	030106	杨严炎	2018-01-17	
		28	环境与资源保护法学	030108	张梓太	2007-01-19	
		29	国际法学	030109	张乃根	2001-04-01	
			国际法学	030109	陈 梁	2004-01-13	
			国际法学	030109	刘士国	2005-01-26	
			国际法学	030109	陈 力	2010-01-27	
			国际法学	030109	龚柏华	2011-01-19	
			国际法学	030109	马忠法	2015-01-12	
			国际法学	030109	高凌云	2020-09-02	
			国际法学	030109	蔡从燕	2020-11-05	
	政治学	30	政治学理论	030201	林尚立	1999-07-01	国际关系与公共事务学院
			政治学理论	030201	郭定平	2005-01-26	
			政治学理论	030201	陈明明	2005-01-26	
			政治学理论	030201	陈 云	2014-01-10	
			政治学理论	030201	Sujian GUO（郭苏建）	2014-01-10	
			政治学理论	030201	陈周旺	2015-01-12	
			政治学理论	030201	王正绪	2016-09-05	
			政治学理论	030201	张 卫	2016-09-08	
			政治学理论	030201	贺东航	2018-12-06	
			政治学理论	030201	熊易寒	2019-12-31	
			政治学理论	030201	孙国东	2020-09-02	
			政治学理论	030201	汪仕凯	2022-09-06	
		31	中外政治制度	030202	臧志军	2003-01-01	
			中外政治制度	030202	刘建军	2008-01-14	
			中外政治制度	030202	李 辉	2020-09-02	
			中外政治制度	030202	包刚升	2022-01-11	

续　表

学科门类	一级学科名称/专业学位类别	序号	专业名称	专业代码	博士生导师	批准日期	所属院系(所)
法学	政治学	32	科学社会主义与国际共产主义运动	030203	陈锡喜	2020-08-28	马克思主义学院
		33	中共党史	030204	桑玉成	2003-01-01	
			中共党史	030204	杜艳华	2006-01-12	
			中共党史	030204	杨宏雨	2010-01-27	
			中共党史	030204	高晓林	2012-01-13	
			中共党史	030204	肖存良	2022-01-11	
			中共党史	030204	杨德山	2022-08-19	
		34	国际政治	030206	石源华	2001-04-01	国际关系与公共事务学院
			国际政治	030206	吴心伯	2001-04-01	
			国际政治	030206	徐以骅	2003-01-01	
			国际政治	030206	胡令远	2004-01-13	
			国际政治	030206	任晓	2008-01-14	
			国际政治	030206	唐世平	2010-01-27	
			国际政治	030206	张建新	2012-01-13	
			国际政治	030206	苏长和	2012-01-13	
			国际政治	030206	郑宇	2016-01-12	
			国际政治	030206	黄河	2017-01-05	
			国际政治	030206	古斯塔夫	2017-10-19	
			国际政治	030206	沈逸	2018-01-17	
			国际政治	030206	郑继永	2020-09-02	
			国际政治	030206	陈拯	2022-01-11	
		35	国际关系	030207	沈丁立	1998-01-01	国际关系与公共事务学院
			国际关系	030207	陈志敏	2005-01-26	
			国际关系	030207	潘锐	2007-01-19	
			国际关系	030207	张贵洪	2008-01-14	
			国际关系	030207	潘忠岐	2009-01-07	
			国际关系	030207	陈玉刚	2011-01-19	
			国际关系	030207	信强	2014-01-10	
			国际关系	030207	刘永涛	2014-01-10	
			国际关系	030207	张家栋	2016-01-12	
			国际关系	030207	方秀玉	2017-01-05	
			国际关系	030207	薄燕	2017-01-05	
			国际关系	030207	冯玉军	2017-01-05	
			国际关系	030207	包霞琴	2018-01-17	
			国际关系	030207	蔡翠红	2018-01-17	
			国际关系	030207	徐海燕	2019-01-08	
			国际关系	030207	邢丽菊	2019-01-08	
			国际关系	030207	高兰	2019-01-08	

续 表

学科门类	一级学科名称/专业学位类别	序号	专业名称	专业代码	博士生导师	批准日期	所属院系(所)
法学	政治学	35	国际关系	030207	黄仁伟	2019-09-26	国际关系与公共事务学院
			国际关系	030207	孙德刚	2020-08-28	
			国际关系	030207	朱杰进	2020-09-02	
			国际关系	030207	林民旺	2020-09-02	
		36	外交学	030208	宋国友	2015-01-12	
			外交学	030208	韦宗友	2015-01-12	
			外交学	030208	张晓通	2022-01-11	
		37	政治哲学	0302Z1	洪 涛	2015-01-12	
	社会学	38	社会学	030301	张乐天	2004-01-13	社会发展与公共政策学院
			社会学	030301	刘 欣	2006-01-12	
			社会学	030301	周 怡	2006-07-01	
			社会学	030301	范丽珠	2007-01-19	
			社会学	030301	桂 勇	2010-01-27	
			社会学	030301	Feng WANG（王 丰）	2012-01-13	
			社会学	030301	李 煜	2016-08-26	
			社会学	030301	胡安宁	2017-01-05	
			社会学	030301	黄荣贵	2022-01-11	
		39	人口学	030302	沈 可	2020-09-02	
		40	人类学	030303	潘天舒	2014-01-10	
			人类学	030303	纳日碧力戈	2014-01-10	
		41	社会心理学	0303Z1	孙时进	2007-01-19	
			社会心理学	0303Z1	张学新	2014-01-10	
			社会心理学	0303Z1	朱 磊	2018-01-17	
			社会心理学	0303Z1	王 燕	2020-09-02	
			社会心理学	0303Z1	周 楚	2022-01-11	
			社会心理学	0303Z1	陈斌斌	2022-11-07	
		42	老年学	0303Z2	朱 勤	2020-09-02	
			老年学	0303Z2	胡 湛	2020-12-11	
			老年学	0303Z2	郭秀艳	2022-09-26	
			老年学	0303Z2	吴玉韶	2022-09-26	
		43	社会工作	0303Z3	顾东辉	2008-01-14	
			社会工作	0303Z3	赵 芳	2019-01-08	
			社会工作	0303Z3	陈虹霖	2020-09-02	
	马克思主义理论	44	马克思主义基本原理	030501	肖 巍	2001-04-01	马克思主义学院
			马克思主义基本原理	030501	吴海江	2016-01-12	
			马克思主义基本原理	030501	马拥军	2018-01-17	
			马克思主义基本原理	030501	谌中和	2020-09-02	
			马克思主义基本原理	030501	刘华初	2020-09-02	

续 表

学科门类	一级学科名称/专业学位类别	序号	专业名称	专业代码	博士生导师	批准日期	所属院系(所)
法学	马克思主义理论	45	马克思主义发展史	030502	张东辉	2020-09-02	马克思主义学院
		46	马克思主义中国化研究	030503	顾钰民	2007-03-05	
			马克思主义中国化研究	030503	李 冉	2016-01-12	
			马克思主义中国化研究	030503	周 文	2016-09-07	
			马克思主义中国化研究	030503	张新宁	2021-01-13	
			马克思主义中国化研究	030503	严金强	2022-01-11	
		47	国外马克思主义研究	030504	郭丽双	2019-01-08	
			国外马克思主义研究	030504	夏 巍	2020-09-02	
		48	思想政治教育	030505	高国希	2005-01-26	
			思想政治教育	030505	王贤卿	2012-12-27	
			思想政治教育	030505	徐 蓉	2015-01-12	
			思想政治教育	030505	董雅华	2018-01-17	
			思想政治教育	030505	邱柏生	2001-07-01	国际关系与公共事务学院
		49	中国近现代史基本问题研究	030506	朱鸿召	2020-09-02	马克思主义学院
		50	党的建设	0305Z1	刘红凛	2018-07-13	
			党的建设	0305Z1	薛小荣	2020-09-02	
文学	中国语言文学	51	文艺学	050101	朱立元	1993-12-01	中国语言文学系
			文艺学	050101	汪涌豪	2001-04-01	
			文艺学	050101	陆 扬	2007-01-19	
			文艺学	050101	王才勇	2011-01-19	
			文艺学	050101	杨俊蕾	2013-06-25	
			文艺学	050101	张宝贵	2015-01-12	
			文艺学	050101	谢金良	2016-01-12	
		52	语言学及应用语言学	050102	龚群虎	2003-01-01	
			语言学及应用语言学	050102	申小龙	2004-01-13	
			语言学及应用语言学	050102	陈忠敏	2011-07-13	
			语言学及应用语言学	050102	卢英顺	2016-01-12	
			语言学及应用语言学	050102	高顺全	2019-01-08	
		53	汉语言文字学	050103	刘晓南	2010-07-23	古籍整理研究所(中国古代文学研究中心)
			汉语言文字学	050103	傅 杰	2005-01-26	中国语言文学系
			汉语言文字学	050103	吴礼权	2006-01-12	
			汉语言文字学	050103	殷寄明	2006-01-12	
			汉语言文字学	050103	汪少华	2007-04-12	
			汉语言文字学	050103	施谢捷	2007-09-05	
			汉语言文字学	050103	祝克懿	2009-01-07	
			汉语言文字学	050103	张豫峰	2015-01-12	

续 表

学科门类	一级学科名称/专业学位类别	序号	专业名称	专业代码	博士生导师	批准日期	所属院系(所)
文学	中国语言文学	53	汉语言文字学	050103	张伯江	2016-01-12	中国语言文学系
			汉语言文字学	050103	郭永秉	2017-01-05	
			汉语言文字学	050103	陈振宇	2019-01-08	
			汉语言文字学	050103	广濑薰雄	2020-09-02	
			汉语言文字学	050103	盛益民	2020-09-02	
			汉语言文字学	050103	陶 寰	2020-09-02	
			汉语言文字学	050103	梁银峰	2021-01-13	
			汉语言文字学	050103	张传官	2022-06-22	
		54	中国古典文献学	050104	陈正宏	2001-05-01	古籍整理研究所(中国古代文学研究中心)
			中国古典文献学	050104	钱振民	2005-01-26	
			中国古典文献学	050104	苏 杰	2016-01-12	
			中国古典文献学	050104	裘锡圭	2005-07-01	中国语言文学系
			中国古典文献学	050104	刘 钊	2008-01-14	
			中国古典文献学	050104	陈 剑	2010-01-27	
			中国古典文献学	050104	张小艳	2015-01-12	
			中国古典文献学	050104	唐 雯	2018-01-17	
		55	中国古代文学	050105	陈广宏	2003-01-01	古籍整理研究所(中国古代文学研究中心)
			中国古代文学	050105	郑利华	2004-01-13	
			中国古代文学	050105	黄仁生	2008-01-14	
			中国古代文学	050105	徐 艳	2014-01-10	
			中国古代文学	050105	王水照	1990-10-01	
			中国古代文学	050105	陈尚君	1996-06-01	
			中国古代文学	050105	骆玉明	1998-01-01	
			中国古代文学	050105	陈引驰	2004-01-13	
			中国古代文学	050105	戴 燕	2007-03-05	
			中国古代文学	050105	查屏球	2008-01-14	
			中国古代文学	050105	朱 刚	2013-06-25	
			中国古代文学	050105	侯体健	2020-09-02	
		56	中国现当代文学	050106	陈思和	1993-12-01	中国语言文学系
			中国现当代文学	050106	郜元宝	2004-01-13	
			中国现当代文学	050106	栾梅健	2005-01-26	
			中国现当代文学	050106	张新颖	2006-01-12	
			中国现当代文学	050106	张业松	2012-01-13	
			中国现当代文学	050106	李振声	2013-06-25	
			中国现当代文学	050106	李 楠	2014-01-10	
			中国现当代文学	050106	梁燕丽	2018-01-17	
			中国现当代文学	050106	段怀清	2018-01-17	
			中国现当代文学	050106	金 理	2020-09-02	

续 表

学科门类	一级学科名称/专业学位类别	序号	专业名称	专业代码	博士生导师	批准日期	所属院系(所)
文学	中国语言文学	57	比较文学与世界文学	050108	王宏志	2004-01-13	中国语言文学系
			比较文学与世界文学	050108	邵毅平	2007-01-19	
			比较文学与世界文学	050108	杨乃乔	2007-03-05	
			比较文学与世界文学	050108	周荣胜	2011-04-15	
			比较文学与世界文学	050108	严 锋	2014-01-10	
			比较文学与世界文学	050108	王宏图	2014-01-10	
			比较文学与世界文学	050108	戴从容	2015-01-12	
			比较文学与世界文学	050108	刘耘华	2021-09-03	
		58	中国文学批评史	0501Z1	黄 霖	1993-12-01	
			中国文学批评史	0501Z1	陈维昭	2004-01-13	
			中国文学批评史	0501Z1	吴兆路	2006-01-12	
			中国文学批评史	0501Z1	邬国平	2009-01-07	
			中国文学批评史	0501Z1	罗书华	2011-01-19	
			中国文学批评史	0501Z1	罗剑波	2020-09-02	
			中国文学批评史	0501Z1	杨 焄	2021-01-13	
			中国文学批评史	0501Z1	李桂奎	2022-11-18	
		59	艺术人类学与民间文学	0501Z2	郑元者	2001-04-01	
			艺术人类学与民间文学	0501Z2	郑土有	2008-01-14	
		60	中国文学古今演变	0501Z5	谈蓓芳	2007-01-19	古籍整理研究所(中国古代文学研究中心)
			中国文学古今演变	0501Z5	梅新林	2008-01-14	
			中国文学古今演变	0501Z5	陈建华	2018-07-13	
	外国语言文学	61	英语语言文学	050201	褚孝泉	1999-07-01	外国语言文学学院
			英语语言文学	050201	谈 峥	2005-01-26	
			英语语言文学	050201	王建开	2007-01-19	
			英语语言文学	050201	汪洪章	2011-01-19	
			英语语言文学	050201	沈 园	2015-01-12	
			英语语言文学	050201	卢丽安	2015-01-12	
			英语语言文学	050201	苏耕欣	2016-05-31	
			英语语言文学	050201	马秋武	2017-04-07	
			英语语言文学	050201	高永伟	2018-01-17	
			英语语言文学	050201	张 琼	2018-01-17	
			英语语言文学	050201	陶友兰	2018-01-17	
			英语语言文学	050201	陈 靓	2019-01-08	
		62	外国语言学及应用语言学	050211	魏育青	2007-01-19	
			外国语言学及应用语言学	050211	姜 宏	2008-01-14	
			外国语言学及应用语言学	050211	姜宝有	2009-01-07	
			外国语言学及应用语言学	050211	李 征	2014-01-10	
			外国语言学及应用语言学	050211	杨雪燕	2016-05-31	
			外国语言学及应用语言学	050211	王升远	2016-06-17	

续 表

学科门类	一级学科名称/专业学位类别	序号	专业名称	专业代码	博士生导师	批准日期	所属院系(所)
文学	外国语言文学	62	外国语言学及应用语言学	050211	康志峰	2017-01-05	外国语言文学学院
			外国语言学及应用语言学	050211	赵翠莲	2017-03-03	
			外国语言学及应用语言学	050211	毕玉德	2018-11-20	
			外国语言学及应用语言学	050211	郑咏滟	2019-01-08	
			外国语言学及应用语言学	050211	蔡玉子	2019-01-08	
			外国语言学及应用语言学	050211	李双志	2019-01-08	
			外国语言学及应用语言学	050211	袁 莉	2020-09-02	
			外国语言学及应用语言学	050211	程弋洋	2022-01-11	
	新闻传播学	63	新闻学	050301	李良荣	1994-11-01	新闻学院
			新闻学	050301	刘海贵	2001-04-01	
			新闻学	050301	黄 旦	2003-01-01	
			新闻学	050301	童 兵	2003-01-01	
			新闻学	050301	黄 瑚	2004-01-13	
			新闻学	050301	孙 玮	2008-01-14	
			新闻学	050301	曹 晋	2010-01-27	
			新闻学	050301	张涛甫	2012-12-27	
			新闻学	050301	陈建云	2015-01-12	
			新闻学	050301	马 凌	2020-09-02	
			新闻学	050301	窦锋昌	2020-09-02	
			新闻学	050301	白红义	2020-09-02	
			新闻学	050301	蒋建国	2021-07-02	
			新闻学	050301	刘 勇	2022-01-11	
			新闻学	050301	张志安	2022-07-13	
			新闻学	050301	裘 新	2022-10-11	
		64	传播学	050302	孟 建	2003-01-01	
			传播学	050302	陆 晔	2004-01-13	
			传播学	050302	顾 铮	2007-01-19	
			传播学	050302	谢 静	2014-01-10	
			传播学	050302	廖圣清	2014-01-10	
			传播学	050302	朱春阳	2015-01-12	
			传播学	050302	孙少晶	2015-01-12	
			传播学	050302	Lifen ZHANG（张力奋）	2016-09-07	
			传播学	050302	胡春阳	2017-01-05	
			传播学	050302	周 笑	2018-01-17	
			传播学	050302	周葆华	2018-01-17	
			传播学	050302	张殿元	2019-01-08	
			传播学	050302	沈国麟	2019-01-08	
			传播学	050302	张大伟	2019-01-08	

续　表

学科门类	一级学科名称/专业学位类别	序号	专业名称	专业代码	博士生导师	批准日期	所属院系(所)
文学	新闻传播学	64	传播学	050302	邓建国	2020-09-02	新闻学院
			传播学	050302	潘霁	2020-09-02	
			传播学	050302	汤景泰	2021-09-03	
历史学	考古学	65	考古学及博物馆学	060101	陆建松	2006-01-12	文物与博物馆学系
			考古学及博物馆学	060101	高蒙河	2006-01-12	
			考古学及博物馆学	060101	朱顺龙	2008-01-14	
			考古学及博物馆学	060101	吕　静	2014-01-10	
			考古学及博物馆学	060101	刘朝晖	2016-01-12	
			考古学及博物馆学	060101	杜晓帆	2016-01-12	
			考古学及博物馆学	060101	陈　刚	2016-01-12	
			考古学及博物馆学	060101	袁　靖	2017-11-10	
			考古学及博物馆学	060101	王金华	2017-12-15	
			考古学及博物馆学	060101	郑建明	2018-09-13	
			考古学及博物馆学	060101	沈岳明	2018-09-13	
			考古学及博物馆学	060101	秦小丽	2018-11-20	
			考古学及博物馆学	060101	王　辉	2018-12-06	
			考古学及博物馆学	060101	魏　峻	2019-09-18	
			考古学及博物馆学	060101	胡耀武	2019-10-30	
			考古学及博物馆学	060101	王　荣	2020-09-02	
			考古学及博物馆学	060101	郑　奕	2020-09-02	
			考古学及博物馆学	060101	柴秋霞	2022-01-11	
		66	古籍保护	0601Z1	吴格	1999-07-01	中华古籍保护研究院
			古籍保护	0601Z1	杨光辉	2018-01-17	
	中国史	67	历史地理学	060202	葛剑雄	1993-12-01	历史地理研究中心
			历史地理学	060202	周振鹤	1993-12-01	
			历史地理学	060202	王振忠	1999-07-01	
			历史地理学	060202	姚大力	2001-04-01	
			历史地理学	060202	吴松弟	2001-05-01	
			历史地理学	060202	张伟然	2005-01-26	
			历史地理学	060202	王建革	2006-01-12	
			历史地理学	060202	安介生	2008-01-14	
			历史地理学	060202	李晓杰	2009-01-07	
			历史地理学	060202	张晓虹	2010-01-27	
			历史地理学	060202	朱海滨	2012-12-27	
			历史地理学	060202	韩昭庆	2014-01-10	
			历史地理学	060202	傅林祥	2015-01-12	
			历史地理学	060202	杨伟兵	2016-01-12	
			历史地理学	060202	杨煜达	2017-01-05	
			历史地理学	060202	樊如森	2018-01-17	

续 表

学科门类	一级学科名称/专业学位类别	序号	专业名称	专业代码	博士生导师	批准日期	所属院系(所)
历史学	中国史	67	历史地理学	060202	段 伟	2019-01-08	历史地理研究中心
			历史地理学	060202	王妙发	2019-06-19	
			历史地理学	060202	路伟东	2020-09-02	
			历史地理学	060202	费 杰	2020-09-02	
			历史地理学	060202	徐建平	2022-01-11	
		68	历史文献学	060203	巴兆祥	2008-01-14	历史学系
		69	专门史	060204	熊月之	2001-04-01	
			专门史	060204	葛兆光	2007-01-19	
			专门史	060204	李星明	2010-07-23	
			专门史	060204	高 晞	2015-01-12	
			专门史	060204	董少新	2015-01-12	
			专门史	060204	王维江	2015-01-12	
			专门史	060204	刘 震	2016-01-12	
			专门史	060204	吴玉贵	2018-03-22	
			专门史	060204	邓志峰	2019-01-08	
			专门史	060204	朱 溢	2019-01-08	
			专门史	060204	张佳佳	2020-09-02	
			专门史	060204	王鑫磊	2021-01-13	
			专门史	060204	邓 菲	2022-01-11	
			专门史	060204	Rostislav Berezkin	2022-01-11	
		70	中国古代史	060205	韩 昇	2001-04-01	
			中国古代史	060205	邹振环	2003-01-01	
			中国古代史	060205	张海英	2007-01-19	
			中国古代史	060205	冯贤亮	2012-01-13	
			中国古代史	060205	余 蔚	2014-01-10	
			中国古代史	060205	刘永华	2018-05-10	
			中国古代史	060205	陈晓伟	2018-12-06	
			中国古代史	060205	黄敬斌	2020-09-02	
			中国古代史	060205	仇鹿鸣	2020-09-02	
			中国古代史	060205	林志鹏	2020-09-02	
			中国古代史	060205	达力扎布	2020-09-09	
			中国古代史	060205	徐 冲	2021-01-13	
			中国古代史	060205	鲁西奇	2022-11-24	
		71	中国近现代史	060206	姜义华	1996-06-01	
			中国近现代史	060206	吴景平	1998-01-01	
			中国近现代史	060206	章 清	2001-07-01	
			中国近现代史	060206	金光耀	2003-01-01	
			中国近现代史	060206	刘 平	2014-01-10	

续 表

学科门类	一级学科名称/专业学位类别	序号	专业名称	专业代码	博士生导师	批准日期	所属院系(所)
历史学	中国史	71	中国近现代史	060206	陈 雁	2016-01-12	历史学系
			中国近现代史	060206	董国强	2016-01-12	
			中国近现代史	060206	张仲民	2018-01-17	
			中国近现代史	060206	唐启华	2019-03-12	
			中国近现代史	060206	马建标	2020-09-02	
			中国近现代史	060206	戴海斌	2020-09-02	
			中国近现代史	060206	皇甫秋实	2021-01-13	
	世界史	72	世界史	060300	黄 洋	1999-07-01	
			世界史	060300	顾云深	2003-01-01	
			世界史	060300	李宏图	2006-01-12	
			世界史	060300	冯 玮	2006-01-12	
			世界史	060300	孙科志	2009-01-07	
			世界史	060300	张 巍	2012-01-13	
			世界史	060300	吴晓群	2014-01-10	
			世界史	060300	向 荣	2014-04-11	
			世界史	060300	李剑鸣	2014-04-11	
			世界史	060300	周 兵	2016-01-12	
			世界史	060300	金寿福	2017-12-01	
			世界史	060300	欧阳晓莉	2020-09-02	
			世界史	060300	吴 欣	2021-01-13	
			世界史	060300	陆启宏	2022-01-11	
理学	数学	73	基础数学	070101	李大潜	1981-11-01	数学科学学院
			基础数学	070101	胡和生	1981-11-01	
			基础数学	070101	陈恕行	1985-12-01	
			基础数学	070101	洪家兴	1993-12-01	
			基础数学	070101	陈晓漫	1994-11-01	
			基础数学	070101	周子翔	1999-07-01	
			基础数学	070101	东瑜昕	2001-04-01	
			基础数学	070101	朱胜林	2001-04-01	
			基础数学	070101	郭坤宇	2001-04-01	
			基础数学	070101	邱维元	2003-01-01	
			基础数学	070101	吴泉水	2003-01-01	
			基础数学	070101	丁 青	2003-01-01	
			基础数学	070101	陈 猛	2004-01-13	
			基础数学	070101	袁小平	2004-01-13	
			基础数学	070101	范恩贵	2005-01-26	
			基础数学	070101	吕 志	2007-01-19	
			基础数学	070101	李洪全	2008-01-14	
			基础数学	070101	张永前	2009-01-07	

续 表

学科门类	一级学科名称/专业学位类别	序号	专业名称	专业代码	博士生导师	批准日期	所属院系(所)
理学	数学	73	基础数学	070101	傅吉祥	2009-01-07	数学科学学院
			基础数学	070101	金 路	2012-01-13	
			基础数学	070101	嵇庆春	2014-01-10	
			基础数学	070101	张国华	2015-01-12	
			基础数学	070101	谢启鸿	2015-01-12	
			基础数学	070101	陈伯勇	2016-08-31	
			基础数学	070101	姚一隽	2017-01-05	
			基础数学	070101	杨 翎	2017-01-05	
			基础数学	070101	华波波	2017-01-05	
			基础数学	070101	王 凯	2018-01-17	
			基础数学	070101	谢纳庆	2018-01-17	
			基础数学	070101	田学廷	2019-01-08	
			基础数学	070101	黄耿耿	2020-09-02	
			基础数学	070101	梁振国	2021-01-13	
			基础数学	070101	王志张	2021-01-13	
			基础数学	070101	苏伟旭	2022-01-11	
			基础数学	070101	郁国樑	2008-07-11	上海数学中心
			基础数学	070101	李 骏	2008-07-11	
			基础数学	070101	沈维孝	2016-08-31	
			基础数学	070101	吴河辉	2018-12-06	
			基础数学	070101	李志远	2018-12-06	
			基础数学	070101	江 智	2018-12-06	
			基础数学	070101	王国祯	2018-12-06	
			基础数学	070101	丁 琪	2019-12-31	
			基础数学	070101	江 辰	2019-12-31	
			基础数学	070101	陈佳源	2020-08-28	
			基础数学	070101	伍晓磊	2022-01-04	
			基础数学	070101	吴健超	2022-01-04	
			基础数学	070101	石荣刚	2022-01-11	
		74	计算数学	070102	程 晋	2003-01-01	数学科学学院
			计算数学	070102	薛军工	2005-01-26	
			计算数学	070102	苏仰锋	2006-01-12	
			计算数学	070102	魏益民	2008-01-14	
			计算数学	070102	高卫国	2010-01-27	
			计算数学	070102	陈文斌	2011-01-19	
			计算数学	070102	张云新	2014-01-10	
			计算数学	070102	杨卫红	2016-01-12	
			计算数学	070102	陆 帅	2017-01-05	
			计算数学	070102	张淑芹	2019-01-08	
			计算数学	070102	李颖洲	2021-07-05	

续表

学科门类	一级学科名称/专业学位类别	序号	专业名称	专业代码	博士生导师	批准日期	所属院系(所)
理学	数学	75	概率论与数理统计	070103	应坚刚	1999-07-01	数学科学学院
			概率论与数理统计	070103	朱 冀	2017-12-27	
			概率论与数理统计	070103	吴 波	2021-01-13	
			概率论与数理统计	070103	Elie Francis AIDEKON	2022-01-11	
			概率论与数理统计	070103	张新生	2003-01-01	管理学院
			概率论与数理统计	070103	应志良	2008-07-11	上海数学中心
			概率论与数理统计	070103	徐蓉晖	2022-01-04	
		76	应用数学	070104	吴宗敏	1999-07-01	数学科学学院
			应用数学	070104	周 忆	1999-07-01	
			应用数学	070104	Jianfeng FENG（冯建峰）	2008-07-11	
			应用数学	070104	肖体俊	2009-01-07	
			应用数学	070104	蔡志杰	2010-01-27	
			应用数学	070104	林 伟	2011-01-19	
			应用数学	070104	卢文联	2011-01-19	
			应用数学	070104	雷 震	2011-01-19	
			应用数学	070104	严 军	2012-01-13	
			应用数学	070104	David Waxman	2014-01-10	
			应用数学	070104	Michael S. Waterman	2015-01-12	
			应用数学	070104	孙丰珠	2015-01-12	
			应用数学	070104	吴 昊	2016-01-12	
			应用数学	070104	王志强	2017-01-05	
			应用数学	070104	张 仓	2019-12-31	
			应用数学	070104	Mikhail Korobkov	2019-12-31	
			应用数学	070104	石 磊	2020-09-02	
			应用数学	070104	曲 鹏	2021-01-13	
			应用数学	070104	李春贺	2018-01-17	上海数学中心
			应用数学	070104	丁维洋	2022-01-11	类脑人工智能科学与技术研究院
		77	运筹学与控制论	070105	汤善健	2003-01-01	数学科学学院
			运筹学与控制论	070105	楼红卫	2006-01-12	
			运筹学与控制论	070105	张 奇	2019-01-08	
			运筹学与控制论	070105	张 静	2022-01-11	
			运筹学与控制论	070105	杜 恺	2020-09-02	上海数学中心
	物理学	78	理论物理	070201	孙 鑫	1984-01-01	物理学系
			理论物理	070201	吴长勤	1998-01-01	

续　表

学科门类	一级学科名称/专业学位类别	序号	专业名称	专业代码	博士生导师	批准日期	所属院系(所)
理学	物理学	78	理论物理	070201	林志方	2001-04-01	物理学系
			理论物理	070201	周　磊	2005-01-26	
			理论物理	070201	黄吉平	2006-01-12	
			理论物理	070201	马永利	2006-01-12	
			理论物理	070201	施　郁	2007-01-19	
			理论物理	070201	盛卫东	2007-01-19	
			理论物理	070201	陈　焱	2008-04-02	
			理论物理	070201	向红军	2010-06-08	
			理论物理	070201	吴咏时	2012-01-13	
			理论物理	070201	虞　跃	2014-01-10	
			理论物理	070201	Cosimo Bambi	2014-01-10	
			理论物理	070201	黄旭光	2014-01-10	
			理论物理	070201	Antonino Marciano	2015-01-12	
			理论物理	070201	HUNG LING YAN（孔令欣）	2015-01-12	
			理论物理	070201	万义顿	2016-08-26	
			理论物理	070201	李晓鹏	2017-01-05	
			理论物理	070201	绳田聪	2018-01-17	
			理论物理	070201	戚　扬	2018-01-17	
			理论物理	070201	朱黄俊	2018-01-17	
			理论物理	070201	周　洋	2019-01-08	
			理论物理	070201	丁　鲲	2022-01-03	
			理论物理	070201	顾嘉荫	2022-01-03	
			理论物理	070201	邵鼎煜	2022-01-03	
		79	粒子物理与原子核物理	070202	施立群	2006-01-12	现代物理研究所
			粒子物理与原子核物理	070202	沈　皓	2009-01-07	
			粒子物理与原子核物理	070202	孔　青	2012-12-27	
			粒子物理与原子核物理	070202	彭述明	2014-01-10	
			粒子物理与原子核物理	070202	黄焕中	2016-08-31	
			粒子物理与原子核物理	070202	王小龙	2018-01-17	
			粒子物理与原子核物理	070202	Daekyoung KANG	2018-01-17	
			粒子物理与原子核物理	070202	张　斌	2019-01-08	
			粒子物理与原子核物理	070202	罗　涛	2019-01-08	
			粒子物理与原子核物理	070202	马余刚	2019-03-11	
			粒子物理与原子核物理	070202	陈金辉	2019-03-11	
			粒子物理与原子核物理	070202	马国亮	2019-03-11	

续 表

学科门类	一级学科名称/专业学位类别	序号	专业名称	专业代码	博士生导师	批准日期	所属院系(所)
理学	物理学	79	粒子物理与原子核物理	070202	方德清	2019-03-11	现代物理研究所
			粒子物理与原子核物理	070202	欧阳晓平	2019-03-11	
			粒子物理与原子核物理	070202	沈成平	2019-03-20	
			粒子物理与原子核物理	070202	大川英希	2019-06-24	
			粒子物理与原子核物理	070202	符长波	2019-07-05	
			粒子物理与原子核物理	070202	李增花	2020-09-02	
			粒子物理与原子核物理	070202	严 力	2020-09-02	
			粒子物理与原子核物理	070202	张 松	2020-09-02	
			粒子物理与原子核物理	070202	周 波	2020-12-31	
			粒子物理与原子核物理	070202	王旭飞	2021-01-13	
			粒子物理与原子核物理	070202	郭玉萍	2021-01-13	
			粒子物理与原子核物理	070202	严 亮	2021-01-13	
			粒子物理与原子核物理	070202	沈文庆	2021-07-02	
			粒子物理与原子核物理	070202	王思敏	2022-01-03	
			粒子物理与原子核物理	070202	马 龙	2022-01-11	
			粒子物理与原子核物理	070202	孔祥进	2022-12-02	
			粒子物理与原子核物理	070202	赵 杰	2022-12-02	
		80	原子与分子物理	070203	邹亚明	1998-01-01	
			原子与分子物理	070203	宁西京	2006-01-12	
			原子与分子物理	070203	陈重阳	2008-01-14	
			原子与分子物理	070203	胡思得	2008-07-11	
			原子与分子物理	070203	赵凯锋	2011-01-19	
			原子与分子物理	070203	唐永建	2011-01-19	
			原子与分子物理	070203	王月霞	2012-12-27	
			原子与分子物理	070203	张雪梅	2014-01-10	
			原子与分子物理	070203	魏宝仁	2016-01-12	
			原子与分子物理	070203	王建国	2017-12-04	
			原子与分子物理	070203	杨家敏	2017-12-04	
			原子与分子物理	070203	陈 京	2018-12-26	
			原子与分子物理	070203	肖 君	2019-01-08	
			原子与分子物理	070203	姚 利	2020-09-02	
		81	凝聚态物理	070205	侯晓远	1993-12-01	物理学系
			凝聚态物理	070205	金晓峰	1994-11-01	
			凝聚态物理	070205	资 剑	1998-01-01	
			凝聚态物理	070205	陆 昉	1999-07-01	
			凝聚态物理	070205	蒋最敏	1999-09-30	
			凝聚态物理	070205	龚新高	2001-04-01	
			凝聚态物理	070205	封东来	2003-01-01	
			凝聚态物理	070205	杨中芹	2004-01-13	

续 表

学科门类	一级学科名称/专业学位类别	序号	专业名称	专业代码	博士生导师	批准日期	所属院系(所)
理学	物理学	81	凝聚态物理	070205	吴义政	2006-01-12	物理学系
			凝聚态物理	070205	李世燕	2007-09-13	
			凝聚态物理	070205	韦广红	2008-01-14	
			凝聚态物理	070205	沈 健	2010-04-02	
			凝聚态物理	070205	刘晓晗	2011-01-19	
			凝聚态物理	070205	杨新菊	2011-01-19	
			凝聚态物理	070205	钟振扬	2011-01-19	
			凝聚态物理	070205	肖 江	2011-01-19	
			凝聚态物理	070205	陈 唯	2011-01-19	
			凝聚态物理	070205	吴施伟	2011-04-28	
			凝聚态物理	070205	刘韡韬	2011-04-28	
			凝聚态物理	070205	田传山	2011-05-16	
			凝聚态物理	070205	张远波	2011-05-16	
			凝聚态物理	070205	蔡 群	2012-01-13	
			凝聚态物理	070205	吴 骅	2012-01-13	
			凝聚态物理	070205	安正华	2012-12-27	
			凝聚态物理	070205	殳 蕾	2012-12-27	
			凝聚态物理	070205	修发贤	2012-12-27	
			凝聚态物理	070205	赵 俊	2013-05-24	
			凝聚态物理	070205	Ruqian WU（武汝前）	2014-01-10	
			凝聚态物理	070205	石 磊	2015-01-12	
			凝聚态物理	070205	谭 鹏	2015-01-12	
			凝聚态物理	070205	殷立峰	2016-01-12	
			凝聚态物理	070205	张 童	2016-01-12	
			凝聚态物理	070205	高春雷	2016-01-12	
			凝聚态物理	070205	王熠华	2016-01-12	
			凝聚态物理	070205	王 靖	2016-08-26	
			凝聚态物理	070205	郑长林	2018-01-17	
			凝聚态物理	070205	李 炜	2018-01-17	
			凝聚态物理	070205	杨吉辉	2019-05-31	
			凝聚态物理	070205	张 成	2020-09-02	
			凝聚态物理	070205	郭杭闻	2020-09-02	
			凝聚态物理	070205	何 攀	2020-12-11	
			凝聚态物理	070205	王文彬	2021-01-13	
			凝聚态物理	070205	阮 威	2022-01-11	
			凝聚态物理	070205	徐长松	2022-01-11	
			凝聚态物理	070205	余伟超	2022-01-11	
			凝聚态物理	070205	彭 瑞	2019-12-31	先进材料实验室
			凝聚态物理	070205	徐海超	2022-01-11	

续 表

学科门类	一级学科名称/专业学位类别	序号	专业名称	专业代码	博士生导师	批准日期	所属院系(所)
理学	物理学	82	光学	070207	沈学础	1990-01-01	物理学系
			光学	070207	赵 利	2004-01-13	
			光学	070207	马世红	2005-01-26	
			光学	070207	肖艳红	2010-01-27	
			光学	070207	谭砚文	2011-01-19	
			光学	070207	吴赛骏	2015-01-12	
			光学	070207	季敏标	2015-01-12	
			光学	070207	晏湖根	2015-04-03	
			光学	070207	陶镇生	2018-03-22	
			光学	070207	何 琼	2019-01-08	
			光学	070207	古 杰	2022-11-23	
			光学	070207	陈良尧	1994-11-01	信息科学与工程学院
			光学	070207	徐 雷	2001-04-01	
			光学	070207	刘丽英	2003-01-01	
			光学	070207	吴嘉达	2004-01-13	
			光学	070207	陆 明	2005-01-26	
			光学	070207	郑玉祥	2008-01-14	
			光学	070207	王松有	2009-01-07	
			光学	070207	朱鹤元	2009-01-07	
			光学	070207	赵海斌	2010-01-27	
			光学	070207	Min XU（徐 敏）	2010-04-29	
			光学	070207	张宗芝	2011-01-19	
			光学	070207	许 宁	2017-01-05	
			光学	070207	金庆原	2017-06-30	
	化学	83	无机化学	070301	黄春辉	1990-07-01	化学系
			无机化学	070301	金国新	2001-04-01	
			无机化学	070301	周锡庚	2001-04-01	
			无机化学	070301	李富友	2006-01-12	
			无机化学	070301	岳 斌	2006-01-12	
			无机化学	070301	王忠胜	2009-01-07	
			无机化学	070301	邓勇辉	2010-01-27	
			无机化学	070301	周亚明	2010-01-27	
			无机化学	070301	侯秀峰	2012-12-27	
			无机化学	070301	王华冬	2014-01-10	
			无机化学	070301	董安钢	2014-01-10	
			无机化学	070301	李巧伟	2015-01-12	
			无机化学	070301	冯 玮	2016-01-12	
			无机化学	070301	唐 云	2016-01-12	

续 表

学科门类	一级学科名称/专业学位类别	序号	专业名称	专业代码	博士生导师	批准日期	所属院系(所)
理学	化学	83	无机化学	070301	李晓民	2018-01-17	化学系
			无机化学	070301	张立新	2019-01-08	
			无机化学	070301	刘 倩	2019-06-12	
			无机化学	070301	李 鹏	2019-12-31	
			无机化学	070301	程晓维	2022-01-11	
			无机化学	070301	凌 云	2022-01-11	
			无机化学	070301	郑耿锋	2010-04-19	先进材料实验室
			无机化学	070301	张丽娟	2018-01-17	
		84	分析化学	070302	张祥民	2001-04-01	化学系
			分析化学	070302	孔继烈	2001-04-01	
			分析化学	070302	刘宝红	2004-01-13	
			分析化学	070302	邓春晖	2011-01-19	
			分析化学	070302	张 凡	2012-01-13	
			分析化学	070302	樊惠芝	2015-01-12	
			分析化学	070302	乔 亮	2016-01-12	
			分析化学	070302	王旭东	2016-01-12	
			分析化学	070302	高明霞	2017-01-05	
			分析化学	070302	孔 彪	2017-06-20	
			分析化学	070302	陈 惠	2022-01-11	
			分析化学	070302	凡 勇	2022-01-11	
			分析化学	070302	张炜佳	2017-07-04	生物医学研究院
		85	有机化学	070303	陈芬儿	2001-04-01	化学系
			有机化学	070303	王全瑞	2004-01-13	
			有机化学	070303	范仁华	2008-01-14	
			有机化学	070303	黎占亭	2009-10-09	
			有机化学	070303	涂 涛	2011-01-19	
			有机化学	070303	侯军利	2012-12-27	
			有机化学	070303	张丹维	2015-01-12	
			有机化学	070303	郭 浩	2015-01-12	
			有机化学	070303	孙兴文	2016-01-12	
			有机化学	070303	麻生明	2016-08-26	
			有机化学	070303	陆 平	2017-06-20	
			有机化学	070303	施章杰	2017-09-12	
			有机化学	070303	蔡 泉	2017-10-11	
			有机化学	070303	张俊良	2018-01-17	
			有机化学	070303	关冰涛	2019-12-31	
			有机化学	070303	李明洙	2019-12-31	
			有机化学	070303	朱 灿	2020-12-31	
			有机化学	070303	钱 辉	2022-01-11	

续 表

续表

学科门类	一级学科名称/专业学位类别	序号	专业名称	专业代码	博士生导师	批准日期	所属院系(所)
理学	化学	85	有机化学	070303	杨俊锋	2022-01-11	化学系
			有机化学	070303	周 刚	2012-12-27	先进材料实验室
		86	物理化学	070304	贺鹤勇	1999-07-01	化学系
			物理化学	070304	赵东元	1999-07-01	
			物理化学	070304	唐 颐	2001-04-01	
			物理化学	070304	周鸣飞	2001-05-01	
			物理化学	070304	夏永姚	2003-01-01	
			物理化学	070304	蔡文斌	2003-01-01	
			物理化学	070304	戴维林	2004-01-13	
			物理化学	070304	乐英红	2005-01-26	
			物理化学	070304	曹 勇	2005-01-26	
			物理化学	070304	屠 波	2005-01-26	
			物理化学	070304	钱东金	2006-01-12	
			物理化学	070304	刘智攀	2006-01-12	
			物理化学	070304	乔明华	2006-01-12	
			物理化学	070304	俞爱水	2007-01-19	
			物理化学	070304	傅正文	2007-01-19	
			物理化学	070304	徐华龙	2008-01-14	
			物理化学	070304	华伟明	2009-01-07	
			物理化学	070304	张亚红	2009-01-07	
			物理化学	070304	熊焕明	2009-01-07	
			物理化学	070304	徐 昕	2010-10-29	
			物理化学	070304	沈 伟	2011-01-19	
			物理化学	070304	李振华	2012-01-13	
			物理化学	070304	王永刚	2014-01-10	
			物理化学	070304	王凤燕	2014-01-10	
			物理化学	070304	包信和	2016-05-19	
			物理化学	070304	胡 可	2017-10-11	
			物理化学	070304	张黎明	2017-10-11	
			物理化学	070304	李晔飞	2018-01-17	
			物理化学	070304	李 伟	2018-01-17	
			物理化学	070304	张 颖	2018-06-11	
			物理化学	070304	陈雪莹	2019-01-08	
			物理化学	070304	曾小庆	2019-06-12	
			物理化学	070304	龚 鸣	2019-06-12	
			物理化学	070304	王冠军	2020-09-02	
			物理化学	070304	段 赛	2020-12-31	
			物理化学	070304	张东辉	2021-07-05	
			物理化学	070304	商 城	2021-10-20	

学科门类	一级学科名称/专业学位类别	序号	专业名称	专业代码	博士生导师	批准日期	所属院系(所)
理学	化学	86	物理化学	070304	董晓丽	2022-01-11	化学系
			物理化学	070304	朱义峰	2022-01-11	
			物理化学	070304	郑 晓	2022-07-28	
			物理化学	070304	李卫星	2022-11-02	
			物理化学	070304	方 为	2022-11-02	
			物理化学	070304	晁栋梁	2020-12-31	先进材料实验室
			物理化学	070304	李 峰	2022-01-05	
		87	高分子化学与物理	070305	江 明	1990-10-01	高分子科学系
			高分子化学与物理	070305	杨玉良	1993-12-01	
			高分子化学与物理	070305	丁建东	1999-07-01	
			高分子化学与物理	070305	邵正中	2001-04-01	
			高分子化学与物理	070305	汪长春	2004-01-13	
			高分子化学与物理	070305	陈道勇	2006-01-12	
			高分子化学与物理	070305	周 平	2006-01-12	
			高分子化学与物理	070305	何军坡	2006-01-12	
			高分子化学与物理	070305	张红东	2007-01-19	
			高分子化学与物理	070305	陈 新	2007-01-19	
			高分子化学与物理	070305	倪秀元	2008-01-14	
			高分子化学与物理	070305	杨武利	2009-01-07	
			高分子化学与物理	070305	彭慧胜	2009-01-07	
			高分子化学与物理	070305	胡建华	2011-01-19	
			高分子化学与物理	070305	冯嘉春	2012-01-13	
			高分子化学与物理	070305	唐 萍	2012-01-13	
			高分子化学与物理	070305	卢红斌	2012-12-27	
			高分子化学与物理	070305	李卫华	2014-01-10	
			高分子化学与物理	070305	陈国颂	2014-01-10	
			高分子化学与物理	070305	魏大程	2014-09-25	
			高分子化学与物理	070305	余英丰	2015-01-12	
			高分子化学与物理	070305	俞 麟	2016-01-12	
			高分子化学与物理	070305	朱亮亮	2016-01-12	
			高分子化学与物理	070305	闫 强	2016-01-12	
			高分子化学与物理	070305	陈 茂	2017-06-20	
			高分子化学与物理	070305	江东林	2017-06-20	
			高分子化学与物理	070305	王国伟	2018-01-17	
			高分子化学与物理	070305	郭 佳	2018-01-17	
			高分子化学与物理	070305	潘翔城	2018-01-17	
			高分子化学与物理	070305	Nie Zhihong（聂志鸿）	2018-06-11	
			高分子化学与物理	070305	彭 娟	2019-01-08	

续 表

学科门类	一级学科名称/专业学位类别	序号	专业名称	专业代码	博士生导师	批准日期	所属院系(所)
理学	化学	87	高分子化学与物理	070305	杨 东	2019-01-08	高分子科学系
			高分子化学与物理	070305	孙雪梅	2019-01-08	
			高分子化学与物理	070305	张 波	2019-01-08	
			高分子化学与物理	070305	李剑锋	2020-09-02	
			高分子化学与物理	070305	高 悦	2022-07-28	
			高分子化学与物理	070305	汪 莹	2022-07-28	
			高分子化学与物理	070305	千 海	2022-07-28	
			高分子化学与物理	070305	冯雪岩	2022-07-28	
			高分子化学与物理	070305	曾裕文	2022-11-02	
			高分子化学与物理	070305	王兵杰	2022-01-11	先进材料实验室
			高分子化学与物理	070305	陈培宁	2022-01-11	
		88	化学生物学	0703Z1	贺福初	2004-01-13	化学系
			化学生物学	0703Z1	王文宁	2006-01-12	
			化学生物学	0703Z1	陆豪杰	2007-01-19	
			化学生物学	0703Z1	谭相石	2007-03-16	
			化学生物学	0703Z1	Alastair Iain Hamilton Murchie	2005-07-01	生物医学研究院
			化学生物学	0703Z1	刘妍君	2017-01-05	
			化学生物学	0703Z1	金 红	2018-01-17	
	大气科学	89	大气科学	070600	成天涛	2012-12-27	大气与海洋科学系
			大气科学	070600	王桂华	2016-07-15	
			大气科学	070600	穆 穆	2016-07-15	
			大气科学	070600	张人禾	2016-07-15	
			大气科学	070600	武炳义	2017-01-05	
			大气科学	070600	吴志伟	2017-01-05	
			大气科学	070600	温之平	2017-09-12	
			大气科学	070600	张义军	2017-09-12	
			大气科学	070600	吴其冈	2018-03-22	
			大气科学	070600	赵德峰	2018-04-25	
			大气科学	070600	游庆龙	2018-06-29	
			大气科学	070600	吴立广	2019-03-25	
			大气科学	070600	王 蕾	2019-04-30	
			大气科学	070600	孙德征	2019-06-14	
			大气科学	070600	高艳红	2019-08-30	
			大气科学	070600	张 峰	2020-03-04	
			大气科学	070600	杨海军	2020-04-29	
			大气科学	070600	左志燕	2020-08-28	
			大气科学	070600	陈长霖	2020-09-02	

续 表

学科门类	一级学科名称/专业学位类别	序号	专业名称	专业代码	博士生导师	批准日期	所属院系(所)
理学	大气科学	89	大气科学	070600	孙丙强	2020-09-02	大气与海洋科学系
			大气科学	070600	袁嘉灿	2020-09-02	
			大气科学	070600	占瑞芬	2020-09-02	
			大气科学	070600	梁湘三	2021-09-03	
			大气科学	070600	冯 杰	2022-01-11	
			大气科学	070600	姚 波	2022-01-18	
			大气科学	070600	周 文	2022-06-20	
			大气科学	070600	李志锦	2022-09-05	
	生物学	90	植物学	071001	卢宝荣	2001-04-01	生命科学学院
			植物学	071001	杨 继	2008-01-14	
			植物学	071001	葛晓春	2011-01-19	
		91	动物学	071002	严 俊	2020-06-17	
			动物学	071002	许彤辉	2021-01-13	
		92	生理学	071003	朱依纯	2000-04-01	基础医学院
			生理学	071003	陆利民	2011-01-19	
			生理学	071003	阮承超	2020-08-28	
		93	微生物学	071005	钟 江	2004-01-13	生命科学学院
			微生物学	071005	赵国屏	2004-05-01	
			微生物学	071005	朱乃硕	2009-01-07	
			微生物学	071005	全哲学	2011-01-19	
			微生物学	071005	胡 薇	2012-12-27	
			微生物学	071005	王敬文	2015-01-12	
			微生物学	071005	李 杨	2016-01-12	
			微生物学	071005	于肖飞	2019-03-20	
			微生物学	071005	黄广华	2019-06-24	
			微生物学	071005	张永振	2020-09-02	
			微生物学	071005	余 垚	2022-01-11	
			微生物学	071005	陶 丽	2022-01-11	
			微生物学	071005	王吉鹏	2022-01-11	
		94	神经生物学	071006	薛 磊	2012-01-13	
			神经生物学	071006	鲁伯埙	2012-12-27	
			神经生物学	071006	闫致强	2014-01-10	
			神经生物学	071006	Liu Tiemin（刘铁民）	2017-09-04	
			神经生物学	071006	孔星星	2021-04-20	
			神经生物学	071006	孙凤艳	1995-07-01	基础医学院
			神经生物学	071006	陈 俊	2004-01-13	
			神经生物学	071006	朱采红	2021-01-13	
			神经生物学	071006	郑 平	2001-04-01	脑科学研究院

续 表

学科门类	一级学科名称/专业学位类别	序号	专业名称	专业代码	博士生导师	批准日期	所属院系(所)
理学	生物学	94	神经生物学	071006	杨雄里	2001-06-01	脑科学研究院
			神经生物学	071006	张玉秋	2003-01-01	
			神经生物学	071006	朱粹青	2004-01-13	
			神经生物学	071006	Yun WANG（王 云）	2007-03-28	
			神经生物学	071006	Thomas Behnisch	2007-09-11	
			神经生物学	071006	黄 芳	2008-01-14	
			神经生物学	071006	钟咏梅	2008-01-14	
			神经生物学	071006	王中峰	2008-01-14	
			神经生物学	071006	彭 刚	2009-01-07	
			神经生物学	071006	杨振纲	2010-01-27	
			神经生物学	071006	赵冰樵	2010-01-27	
			神经生物学	071006	禹永春	2012-12-27	
			神经生物学	071006	高艳琴	2014-01-10	
			神经生物学	071006	张嘉漪	2015-01-12	
			神经生物学	071006	何 苗	2015-01-12	
			神经生物学	071006	解云礼	2015-01-12	
			神经生物学	071006	邵志勇	2015-01-12	
			神经生物学	071006	Nashat Abumaria	2015-06-30	
			神经生物学	071006	沙红英	2017-01-05	
			神经生物学	071006	陈献华	2018-01-17	
			神经生物学	071006	江 燕	2018-07-05	
			神经生物学	071006	顾 宇	2019-01-08	
			神经生物学	071006	彭 勃	2019-09-03	
			神经生物学	071006	段树民	2019-09-03	
			神经生物学	071006	诸 颖	2020-03-13	
			神经生物学	071006	丁玉强	2020-04-28	
			神经生物学	071006	韩清见	2020-09-02	
			神经生物学	071006	舒友生	2020-09-24	
			神经生物学	071006	陆 巍	2020-09-24	
			神经生物学	071006	邵志成	2021-01-13	
			神经生物学	071006	迟喻丹	2021-01-13	
			神经生物学	071006	杨 辉	2021-01-13	
			神经生物学	071006	李 博	2021-01-13	
			神经生物学	071006	程田林	2021-01-13	
			神经生物学	071006	倪金飞	2021-05-08	
			神经生物学	071006	袁 鹏	2021-10-11	

续表

学科门类	一级学科名称/专业学位类别	序号	专业名称	专业代码	博士生导师	批准日期	所属院系(所)
理学	生物学	94	神经生物学	071006	李伟广	2021-11-22	脑科学研究院
			神经生物学	071006	王维胜	2021-11-22	
			神经生物学	071006	李 丰	2022-01-03	
			神经生物学	071006	胡荣峰	2022-01-03	
			神经生物学	071006	马 通	2022-01-03	
			神经生物学	071006	范文英	2022-01-11	
			神经生物学	071006	熊 曼	2022-01-11	
			神经生物学	071006	邰一琳	2022-01-11	
			神经生物学	071006	肖 雷	2022-01-11	
			神经生物学	071006	吴瑞琪	2022-01-11	
			神经生物学	071006	许智祥	2022-01-11	
			神经生物学	071006	倪剑光	2022-01-11	
			神经生物学	071006	王 涛	2022-01-11	
			神经生物学	071006	王丹丹	2022-01-11	
			神经生物学	071006	邱志欣	2022-01-11	
			神经生物学	071006	杨涵婷	2022-01-11	
			神经生物学	071006	柳申滨	2022-01-11	
			神经生物学	071006	宋 彬	2022-01-11	
			神经生物学	071006	唐逸泉	2022-01-11	
			神经生物学	071006	邓 娟	2022-01-11	
			神经生物学	071006	郭非凡	2022-06-13	
			神经生物学	071006	李保宾	2022-09-22	
			神经生物学	071006	王以政	2022-11-16	
			神经生物学	071006	李世斌	2022-11-29	
			神经生物学	071006	邓菡菲	2022-11-29	
		95	遗传学	071007	罗泽伟	1996-06-01	生命科学学院
			遗传学	071007	金 力	1999-07-01	
			遗传学	071007	卢大儒	2001-04-01	
			遗传学	071007	谢 毅	2001-04-01	
			遗传学	071007	印春华	2004-01-13	
			遗传学	071007	季朝能	2007-01-19	
			遗传学	071007	李 瑶	2007-01-19	
			遗传学	071007	吕 红	2007-01-19	
			遗传学	071007	石乐明	2011-04-15	
			遗传学	071007	唐 翠	2012-01-13	
			遗传学	071007	吴家雪	2012-01-13	
			遗传学	071007	朱焕章	2012-01-13	
			遗传学	071007	倪 挺	2012-12-27	
			遗传学	071007	缑金营	2015-01-12	

学科门类	一级学科名称/专业学位类别	序号	专业名称	专业代码	博士生导师	批准日期	所属院系(所)
理学	生物学	95	遗传学	071007	黄 强	2015-01-12	
			遗传学	071007	李 琳	2015-01-12	
			遗传学	071007	王永明	2015-01-12	
			遗传学	071007	姚纪花	2015-01-12	
			遗传学	071007	张瑞霖	2015-01-12	
			遗传学	071007	汪海健	2016-01-12	
			遗传学	071007	Xinhua LIN（林鑫华）	2016-09-02	
			遗传学	071007	赵健元	2017-01-05	
			遗传学	071007	Andres Ruiz-Linares	2017-09-04	
			遗传学	071007	凌 晨	2018-01-17	
			遗传学	071007	王 纲	2018-03-22	
			遗传学	071007	李 晋	2018-06-19	
			遗传学	071007	樊少华	2018-09-13	生命科学学院
			遗传学	071007	罗小金	2019-01-08	
			遗传学	071007	桑 庆	2019-01-08	
			遗传学	071007	郑 琰	2019-01-08	
			遗传学	071007	侯宪玉	2019-03-11	
			遗传学	071007	蒋 进	2019-03-11	
			遗传学	071007	周兆才	2020-06-17	
			遗传学	071007	张 鹭	2020-09-02	
			遗传学	071007	王陈继	2020-09-02	
			遗传学	071007	于 淼	2021-01-06	
			遗传学	071007	严 冬	2021-03-08	
			遗传学	071007	张晓阳	2021-10-12	
			遗传学	071007	陈 璐	2022-01-03	
			遗传学	071007	王鹏飞	2022-01-03	
			遗传学	071007	张雪莲	2022-01-11	
			遗传学	071007	顾正龙	2022-08-28	
			遗传学	071007	左 伋	1999-07-01	
			遗传学	071007	纵微星	2018-07-09	基础医学院
			遗传学	071007	杨云龙	2022-11-29	
			遗传学	071007	王红艳	2007-07-09	
			遗传学	071007	张 锋	2010-01-27	
			遗传学	071007	张静澜	2020-12-08	妇产科医院
			遗传学	071007	杨红波	2021-12-14	
			遗传学	071007	郑煜芳	2022-01-11	
			遗传学	071007	Xun GU（谷迅）	2005-07-01	人类表型组研究院

续　表

学科门类	一级学科名称/专业学位类别	序号	专业名称	专业代码	博士生导师	批准日期	所属院系(所)
理学	生物学	95	遗传学	071007	王笑峰	2012-12-27	人类表型组研究院
			遗传学	071007	钱　峰	2015-01-12	
			遗传学	071007	陈兴栋	2020-09-02	
		96	发育生物学	071008	陶无凡	2006-01-12	生命科学学院
			发育生物学	071008	吴晓晖	2006-01-12	
			发育生物学	071008	徐人尔	2010-01-27	
			发育生物学	071008	赵　冰	2019-01-08	
			发育生物学	071008	冯　喆	2022-01-03	
			发育生物学	071008	孙　磊	2022-01-11	
		97	细胞生物学	071009	焦　石	2021-05-08	
		98	生物化学与分子生物学	071010	蒯本科	2001-04-01	
			生物化学与分子生物学	071010	熊　跃	2005-07-01	
			生物化学与分子生物学	071010	管坤良	2005-07-01	
			生物化学与分子生物学	071010	董爱武	2008-01-14	
			生物化学与分子生物学	071010	麻锦彪	2011-01-19	
			生物化学与分子生物学	071010	蔡　亮	2012-01-13	
			生物化学与分子生物学	071010	杨　青	2012-01-13	
			生物化学与分子生物学	071010	郑丙莲	2012-12-27	
			生物化学与分子生物学	071010	唐惠儒	2014-03-24	
			生物化学与分子生物学	071010	余　巍	2014-03-24	
			生物化学与分子生物学	071010	任国栋	2015-01-12	
			生物化学与分子生物学	071010	张旭敏	2015-01-12	
			生物化学与分子生物学	071010	丁　琛	2015-07-16	
			生物化学与分子生物学	071010	王应祥	2016-01-12	
			生物化学与分子生物学	071010	林金钟	2017-04-28	
			生物化学与分子生物学	071010	朱　炎	2018-01-17	
			生物化学与分子生物学	071010	常　芳	2018-01-17	
			生物化学与分子生物学	071010	Jianpeng Ma（马剑鹏）	2018-11-20	
			生物化学与分子生物学	071010	Michael Levitt	2018-11-20	
			生物化学与分子生物学	071010	俞　瑜	2020-09-02	
			生物化学与分子生物学	071010	洪尚宇	2020-09-02	
			生物化学与分子生物学	071010	张一婧	2021-10-12	
			生物化学与分子生物学	071010	金　俊	2022-11-01	
			生物化学与分子生物学	071010	李　蓬	2018-09-07	代谢与整合生物学研究院
			生物化学与分子生物学	071010	王红阳	2018-09-07	
			生物化学与分子生物学	071010	赵同金	2019-10-09	
			生物化学与分子生物学	071010	杨洪远	2020-05-28	
			生物化学与分子生物学	071010	汪凌波	2020-09-02	

续 表

学科门类	一级学科名称/专业学位类别	序号	专业名称	专业代码	博士生导师	批准日期	所属院系(所)
理学	生物学	98	生物化学与分子生物学	071010	叶浩彬	2021-01-06	代谢与整合生物学研究院
			生物化学与分子生物学	071010	黄林章	2021-01-06	
			生物化学与分子生物学	071010	杨天舒	2021-01-13	
			生物化学与分子生物学	071010	许 毅	2022-01-03	
			生物化学与分子生物学	071010	杜兴荣	2022-01-03	
			生物化学与分子生物学	071010	戴 薇	2022-01-03	
			生物化学与分子生物学	071010	李福明	2022-01-03	
			生物化学与分子生物学	071010	陈丰荣	2022-01-11	
			生物化学与分子生物学	071010	黄立豪	2022-01-11	
			生物化学与分子生物学	071010	陈 立	2022-01-11	
			生物化学与分子生物学	071010	常春美	2022-01-18	
			生物化学与分子生物学	071010	顾建新	1995-12-01	基础医学院
			生物化学与分子生物学	071010	汤其群	2001-07-01	
			生物化学与分子生物学	071010	吴兴中	2005-01-26	
			生物化学与分子生物学	071010	马 端	2005-02-01	
			生物化学与分子生物学	071010	施 扬	2005-07-20	
			生物化学与分子生物学	071010	汀建海	2009-01-07	
			生物化学与分子生物学	071010	于 敏	2009-01-07	
			生物化学与分子生物学	071010	石雨江	2009-01-07	
			生物化学与分子生物学	071010	文 波	2011-01-19	
			生物化学与分子生物学	071010	党永军	2012-12-27	
			生物化学与分子生物学	071010	陈 舌	2014-01-10	
			生物化学与分子生物学	071010	甘肖箐	2014-01-10	
			生物化学与分子生物学	071010	刘 赟	2014-07-01	
			生物化学与分子生物学	071010	徐洁杰	2015-01-12	
			生物化学与分子生物学	071010	阮元元	2016-01-12	
			生物化学与分子生物学	071010	潘东宁	2016-06-17	
			生物化学与分子生物学	071010	吕 雷	2018-01-17	
			生物化学与分子生物学	071010	刘 泹	2018-04-24	
			生物化学与分子生物学	071010	卫功宏	2019-11-27	
			生物化学与分子生物学	071010	任士芳	2020-09-02	
			生物化学与分子生物学	071010	蒋 维	2021-01-13	
			生物化学与分子生物学	071010	张 思	2022-01-11	
			生物化学与分子生物学	071010	施冬云	2022-01-11	
			生物化学与分子生物学	071010	张 朝	2022-01-11	
			生物化学与分子生物学	071010	蒋宪成	2010-01-27	药学院
			生物化学与分子生物学	071010	徐彦辉	2008-07-11	肿瘤医院
			生物化学与分子生物学	071010	雷群英	2010-01-27	
			生物化学与分子生物学	071010	赵世民	2010-01-27	妇产科医院

续表

学科门类	一级学科名称/专业学位类别	序号	专业名称	专业代码	博士生导师	批准日期	所属院系(所)
理学	生物学	98	生物化学与分子生物学	071010	董琼珠	2018-01-17	闵行区中心医院
			生物化学与分子生物学	071010	贺 林	2008-01-14	
			生物化学与分子生物学	071010	邢清和	2009-01-07	
			生物化学与分子生物学	071010	于文强	2009-01-07	
			生物化学与分子生物学	071010	Dongrong Chen Murchie（陈东戎）	2012-12-27	
			生物化学与分子生物学	071010	温文玉	2012-12-27	
			生物化学与分子生物学	071010	蓝 斐	2014-01-10	
			生物化学与分子生物学	071010	何祥火	2014-07-01	
			生物化学与分子生物学	071010	叶 丹	2015-01-12	
			生物化学与分子生物学	071010	余发星	2015-01-12	
			生物化学与分子生物学	071010	周玉峰	2015-06-30	
			生物化学与分子生物学	071010	王 磊	2016-01-12	
			生物化学与分子生物学	071010	顾宏周	2016-01-12	
			生物化学与分子生物学	071010	Suling LIU（柳素玲）	2016-07-05	生物医学研究院
			生物化学与分子生物学	071010	秦 钧	2017-01-05	
			生物化学与分子生物学	071010	徐国良	2017-06-20	
			生物化学与分子生物学	071010	卢智刚	2017-11-23	
			生物化学与分子生物学	071010	施奇惠	2018-03-22	
			生物化学与分子生物学	071010	罗 敏	2018-04-24	
			生物化学与分子生物学	071010	丰伟军	2018-06-19	
			生物化学与分子生物学	071010	徐 薇	2019-01-08	
			生物化学与分子生物学	071010	胡晋川	2020-09-02	
			生物化学与分子生物学	071010	韩 冰	2021-01-13	
			生物化学与分子生物学	071010	黄鑫欣	2021-01-13	
			生物化学与分子生物学	071010	胡璐璐	2021-03-08	
			生物化学与分子生物学	071010	张端午	2021-03-08	
			生物化学与分子生物学	071010	屈前辉	2021-03-08	
			生物化学与分子生物学	071010	程净东	2021-07-16	
			生物化学与分子生物学	071010	沈宏杰	2021-10-11	
			生物化学与分子生物学	071010	何云刚	2022-01-11	
			生物化学与分子生物学	071010	张琰青	2022-01-11	
			生物化学与分子生物学	071010	杨 力	2022-06-21	
			生物化学与分子生物学	071010	刘新华	2020-09-02	人类表型组研究院
			生物化学与分子生物学	071010	田 梅	2021-01-06	
			生物化学与分子生物学	071010	邱 敏	2022-01-11	
			生物化学与分子生物学	071010	黄 刚	2022-01-11	

续　表

学科门类	一级学科名称/专业学位类别	序号	专业名称	专业代码	博士生导师	批准日期	所属院系(所)
理学	生物学	99	生物物理学	071011	俞洪波	2009-06-17	生命科学学院
			生物物理学	071011	于玉国	2012-01-13	
			生物物理学	071011	甘建华	2012-12-27	
			生物物理学	071011	李继喜	2014-03-24	
			生物物理学	071011	服部素之	2015-04-23	
			生物物理学	071011	胡长龙	2017-01-05	
			生物物理学	071011	丁　澦	2020-09-02	
		100	生物信息学	0710Z1	田卫东	2008-10-17	生命科学学院
			生物信息学	0710Z1	孙　璐	2011-01-19	
			生物信息学	0710Z1	周　雁	2014-01-10	
			生物信息学	0710Z1	戚　继	2016-01-12	
			生物信息学	0710Z1	徐书华	2021-10-12	
			生物信息学	0710Z1	曹志伟	2021-12-03	
			生物信息学	0710Z1	冯会娟	2022-08-26	
			生物信息学	0710Z1	吴　浩	2022-01-11	人类表型组研究院
		101	人类生物学	0710Z2	李　辉	2010-01-27	生命科学学院
			人类生物学	0710Z2	王久存	2012-01-13	
			人类生物学	0710Z2	张梦翰	2020-09-02	
			人类生物学	0710Z2	郑媛婷	2022-01-11	
			人类生物学	0710Z2	罗竞春	2020-10-12	人类表型组研究院
	生态学	102	生态学	071300	李　博	2001-04-01	生命科学学院
			生态学	071300	吴纪华	2006-01-12	
			生态学	071300	宋志平	2007-01-19	
			生态学	071300	赵　斌	2009-01-07	
			生态学	071300	傅萃长	2010-01-27	
			生态学	071300	马志军	2010-01-27	
			生态学	071300	张文驹	2011-01-19	
			生态学	071300	聂　明	2016-01-12	
			生态学	071300	鞠瑞亭	2017-01-05	
			生态学	071300	李霖锋	2018-01-17	
			生态学	071300	贺　强	2018-05-18	
			生态学	071300	潘晓云	2020-09-02	
			生态学	071300	刘佳佳	2020-09-02	
			生态学	071300	王　放	2021-01-13	
			生态学	071300	王玉国	2022-01-11	
			生态学	071300	胡俊韬	2022-01-11	
	统计学	103	统计学	071400	朱仲义	2006-01-12	管理学院
			统计学	071400	郑　明	2007-01-19	
			统计学	071400	黎德元	2015-01-12	

续　表

学科门类	一级学科名称/专业学位类别	序号	专业名称	专业代码	博士生导师	批准日期	所属院系(所)
理学	统计学	103	统计学	071400	Jianqing FAN（范剑青）	2016-04-27	管理学院
			统计学	071400	夏寅	2017-01-05	
			统计学	071400	肖志国	2020-09-02	
			统计学	071400	郁文	2020-09-02	
			统计学	071400	沈娟	2020-09-02	
			统计学	071400	庄吓海	2017-01-05	大数据学院
			统计学	071400	傅博	2017-09-22	
			统计学	071400	张正军	2017-09-22	
			统计学	071400	付彦伟	2019-01-08	
			统计学	071400	黄增峰	2019-01-08	
			统计学	071400	魏轲	2019-01-08	
			统计学	071400	邵美悦	2019-06-05	
			统计学	071400	魏忠钰	2020-09-02	
			统计学	071400	王健	2020-09-02	
			统计学	071400	江如俊	2020-09-02	
			统计学	071400	侯燕曦	2020-09-02	
			统计学	071400	陈钊	2020-09-02	
			统计学	071400	郦旭东	2020-09-02	
			统计学	071400	林学民	2020-10-28	
			统计学	071400	漆远	2021-12-03	
			统计学	071400	王勤文	2022-01-11	
			统计学	071400	朱雪宁	2022-01-11	
			统计学	071400	郑卫国	2022-01-11	
			统计学	071400	陈思明	2022-01-11	
			统计学	071400	张力	2022-01-11	
		104	生物统计学	0714Z1	胡跃清	2010-01-27	生命科学学院
			生物统计学	0714Z1	Yin YAO（姚音）	2018-03-26	
工学	光学工程	105	光学工程	080300	庄军	2006-01-12	信息科学与工程学院
			光学工程	080300	张荣君	2014-01-10	
			光学工程	080300	李晶	2015-01-12	
			光学工程	080300	吴翔	2016-01-12	
			光学工程	080300	曹健林	2016-09-27	
			光学工程	080300	肖力敏	2017-01-05	
			光学工程	080300	马炯	2017-01-05	
			光学工程	080300	孔令豹	2017-01-05	
			光学工程	080300	蒋向前	2017-06-20	
			光学工程	080300	Junpeng GUO（郭军鹏）	2018-11-20	

续表

学科门类	一级学科名称/专业学位类别	序号	专业名称	专业代码	博士生导师	批准日期	所属院系(所)
工学	光学工程	105	光学工程	080300	孙树林	2020-09-02	信息科学与工程学院
			光学工程	080300	王家骐	2021-07-05	
			光学工程	080300	徐士杰	2021-07-05	
			光学工程	080300	宁吉强	2022-01-03	
			光学工程	080300	常瑞华	2022-06-13	
			光学工程	080300	姚 其	2022-01-11	工程与应用技术研究院
	材料科学与工程	106	材料物理与化学	080501	武利民	2001-04-01	材料科学系
			材料物理与化学	080501	吴晓京	2003-01-01	
			材料物理与化学	080501	杨振国	2004-01-13	
			材料物理与化学	080501	俞燕蕾	2005-01-26	
			材料物理与化学	080501	叶明新	2006-01-12	
			材料物理与化学	080501	范仲勇	2006-01-12	
			材料物理与化学	080501	余学斌	2009-01-07	
			材料物理与化学	080501	肖 斐	2009-01-07	
			材料物理与化学	080501	周树学	2010-01-27	
			材料物理与化学	080501	梅永丰	2011-01-19	
			材料物理与化学	080501	方晓生	2011-01-19	
			材料物理与化学	080501	胡新华	2012-01-13	
			材料物理与化学	080501	陈 敏	2012-12-27	
			材料物理与化学	080501	梁子骐	2012-12-27	
			材料物理与化学	080501	沈剑锋	2016-01-12	
			材料物理与化学	080501	周永宁	2016-01-12	
			材料物理与化学	080501	Alexander A. Solovev	2016-01-12	
			材料物理与化学	080501	黄高山	2017-01-05	
			材料物理与化学	080501	方 方	2018-01-17	
			材料物理与化学	080501	赵 岩	2019-05-17	
			材料物理与化学	080501	刘云圻	2019-05-17	
			材料物理与化学	080501	KAI ZHANG（张 凯）	2019-05-21	
			材料物理与化学	080501	步文博	2020-08-28	
			材料物理与化学	080501	宋 云	2020-09-02	
			材料物理与化学	080501	王 珺	2020-09-02	
			材料物理与化学	080501	郭艳辉	2020-09-02	
			材料物理与化学	080501	王 飞	2020-09-02	
			材料物理与化学	080501	夏广林	2020-09-02	
			材料物理与化学	080501	赵 健	2021-01-06	
			材料物理与化学	080501	陆雪峰	2021-01-13	

续 表

学科门类	一级学科名称/专业学位类别	序号	专业名称	专业代码	博士生导师	批准日期	所属院系(所)
工学	材料科学与工程	106	材料物理与化学	080501	崔继斋	2022-01-06	材料科学系
			材料物理与化学	080501	刘 洋	2022-01-06	
			材料物理与化学	080501	刘 陶	2022-01-06	
			材料物理与化学	080501	宋恩名	2022-01-06	
			材料物理与化学	080501	韦 嘉	2022-01-11	
			材料物理与化学	080501	刘艳颜	2022-01-11	
			材料物理与化学	080501	黄 海	2022-01-11	
			材料物理与化学	080501	梁 佳	2022-01-11	
			材料物理与化学	080501	车仁超	2009-06-29	先进材料实验室
		107	材料学	080502	李 劲	1997-04-01	材料科学系
			材料学	080502	孙大林	2004-01-13	
			材料学	080502	崔晓莉	2009-01-07	
			材料学	080502	游 波	2012-01-13	
			材料学	080502	蒋益明	2012-12-27	
			材料学	080502	朱国栋	2014-01-10	
			材料学	080502	高尚鹏	2014-01-10	
			材料学	080502	吕银祥	2015-01-12	
			材料学	080502	于志强	2016-01-12	
			材料学	080502	吴仁兵	2017-01-05	
			材料学	080502	李 卓	2018-04-10	
			材料学	080502	朱 凡	2022-01-11	
	电子科学与技术	108	物理电子学	080901	徐 伟	2003-01-01	
			物理电子学	080901	张 群	2006-01-12	
			物理电子学	080901	贾 波	2009-01-07	
			物理电子学	080901	褚君浩	2021-01-06	
			物理电子学	080901	肖 倩	2021-01-13	
			物理电子学	080901	李文武	2022-01-11	
			物理电子学	080901	郝加明	2022-09-29	
			物理电子学	080901	梁荣庆	2003-01-01	信息科学与工程学院
			物理电子学	080901	刘克富	2007-01-19	
			物理电子学	080901	刘木清	2010-01-27	
			物理电子学	080901	郭睿倩	2012-12-27	
			物理电子学	080901	蒋寻涯	2012-12-27	
			物理电子学	080901	孙耀杰	2014-01-10	
			物理电子学	080901	林燕丹	2016-01-12	
			物理电子学	080901	张善端	2017-01-05	
			物理电子学	080901	区琼荣	2017-01-05	
			物理电子学	080901	guerdan	2018-01-17	
			物理电子学	080901	方志来	2018-01-17	

续 表

学科门类	一级学科名称/专业学位类别	序号	专业名称	专业代码	博士生导师	批准日期	所属院系(所)
工学	电子科学与技术	108	物理电子学	080901	解凤贤	2020-09-02	信息科学与工程学院
			物理电子学	080901	田朋飞	2022-01-11	
			物理电子学	080901	张国旗	2019-03-13	工程与应用技术研究院
			物理电子学	080901	QINGCHUN JON ZHANG（张清纯）	2019-10-30	
			物理电子学	080901	戴 奇	2020-09-02	
			物理电子学	080901	毛赛君	2021-01-13	
			物理电子学	080901	樊嘉杰	2021-01-13	
		109	电路与系统	080902	胡 波	2001-04-01	信息科学与工程学院
			电路与系统	080902	张建秋	2004-01-13	
			电路与系统	080902	王 斌	2006-01-12	
			电路与系统	080902	李 翔	2009-01-07	
			电路与系统	080902	顾晓东	2015-01-12	
			电路与系统	080902	陈 雄	2019-01-08	
			电路与系统	080902	陈 涛	2019-06-12	
			电路与系统	080902	徐跃东	2022-01-11	
		110	微电子学与固体电子学	080903	Ran LIU（刘 冉）	2004-06-01	
			微电子学与固体电子学	080903	Lirong ZHENG（郑立荣）	2010-01-27	
			微电子学与固体电子学	080903	陈宜方	2012-12-27	
			微电子学与固体电子学	080903	仇志军	2017-01-05	
			微电子学与固体电子学	080903	丛春晓	2017-01-05	
			微电子学与固体电子学	080903	万 景	2017-01-05	
			微电子学与固体电子学	080903	詹义强	2018-01-17	
			微电子学与固体电子学	080903	邹 卓	2018-06-19	
			微电子学与固体电子学	080903	熊诗圣	2018-06-19	
			微电子学与固体电子学	080903	Xiao LIU（刘 骁）	2020-07-02	
			微电子学与固体电子学	080903	Ye LU（陆 叶）	2020-07-02	
			微电子学与固体电子学	080903	黄雄川	2021-07-05	
			微电子学与固体电子学	080903	张 卫	2001-04-01	微电子学院
			微电子学与固体电子学	080903	茹国平	2004-01-13	
			微电子学与固体电子学	080903	李昕欣	2006-04-01	
			微电子学与固体电子学	080903	屈新萍	2007-01-19	
			微电子学与固体电子学	080903	江安全	2008-01-14	
			微电子学与固体电子学	080903	丁士进	2009-01-07	

续 表

学科门类	一级学科名称/专业学位类别	序号	专业名称	专业代码	博士生导师	批准日期	所属院系(所)
工学	电子科学与技术	110	微电子学与固体电子学	080903	吴东平	2010-01-27	微电子学院
			微电子学与固体电子学	080903	王鹏飞	2010-01-27	
			微电子学与固体电子学	080903	周 嘉	2012-01-13	
			微电子学与固体电子学	080903	蒋玉龙	2012-12-27	
			微电子学与固体电子学	080903	何 磊	2012-12-27	
			微电子学与固体电子学	080903	孙正宗	2014-01-10	
			微电子学与固体电子学	080903	周 鹏	2015-01-12	
			微电子学与固体电子学	080903	孙清清	2015-01-12	
			微电子学与固体电子学	080903	Hai DENG（邓 海）	2015-07-17	
			微电子学与固体电子学	080903	卢红亮	2016-01-12	
			微电子学与固体电子学	080903	包文中	2016-01-12	
			微电子学与固体电子学	080903	张增星	2019-01-08	
			微电子学与固体电子学	080903	Keshab Kumar Parhi	2019-03-13	
			微电子学与固体电子学	080903	季 力	2019-10-30	
		111	电磁场与微波技术	080904	金亚秋	1993-12-01	信息科学与工程学院
			电磁场与微波技术	080904	杨国敏	2020-09-02	
			电磁场与微波技术	080904	吴语茂	2020-09-02	
		112	集成电路与系统设计	0809Z2	闵 昊	2001-04-01	微电子学院
			集成电路与系统设计	0809Z2	Dian ZHOU（周 电）	2003-01-01	
			集成电路与系统设计	0809Z2	曾 璇	2003-01-01	
			集成电路与系统设计	0809Z2	任俊彦	2005-01-26	
			集成电路与系统设计	0809Z2	林殷茵	2007-01-19	
			集成电路与系统设计	0809Z2	曾晓洋	2008-01-14	
			集成电路与系统设计	0809Z2	来金梅	2010-01-27	
			集成电路与系统设计	0809Z2	王伶俐	2012-01-13	
			集成电路与系统设计	0809Z2	李 巍	2012-12-27	
			集成电路与系统设计	0809Z2	Pei JIANG（姜 培）	2012-12-27	
			集成电路与系统设计	0809Z2	唐长文	2015-01-12	
			集成电路与系统设计	0809Z2	Hongtao XU（徐鸿涛）	2015-06-30	
			集成电路与系统设计	0809Z2	王俊宇	2016-01-12	
			集成电路与系统设计	0809Z2	Chang WU（吴 昌）	2016-01-12	
			集成电路与系统设计	0809Z2	Chuanjin SHI（史传进）	2016-01-12	

四、人才培养

续 表

学科门类	一级学科名称/专业学位类别	序号	专业名称	专业代码	博士生导师	批准日期	所属院系(所)
工学	电子科学与技术	112	集成电路与系统设计	0809Z2	韩 军	2018-01-17	微电子学院
			集成电路与系统设计	0809Z2	杨 帆	2019-01-08	
			集成电路与系统设计	0809Z2	俞 军	2019-01-08	
	信息与通信工程	113	信息与通信工程	081000	石艺尉	2006-01-12	信息科学与工程学院
			信息与通信工程	081000	徐 丰	2014-01-10	
			信息与通信工程	081000	朱 宇	2018-01-17	
			信息与通信工程	081000	韩定定	2019-06-12	
			信息与通信工程	081000	余少华	2020-03-04	
			信息与通信工程	081000	王海鹏	2020-09-02	
			信息与通信工程	081000	戴琼海	2021-03-22	
			信息与通信工程	081000	张俊文	2021-07-05	
			信息与通信工程	081000	罗先刚	2022-06-13	
		114	通信与信息系统	081001	迟 楠	2008-10-17	
			通信与信息系统	081001	余建军	2011-01-19	
			通信与信息系统	081001	王 昕	2012-12-27	
			通信与信息系统	081001	将 轶	2017-01-05	
	计算机科学与技术	115	计算机系统结构	081201	邬江兴	2016-08-31	计算机科学技术学院
			计算机系统结构	081201	周扬帆	2019-01-08	
			计算机系统结构	081201	吴 俊	2019-11-27	
			计算机系统结构	081201	赵 进	2020-09-02	
			计算机系统结构	081201	陈 阳	2020-09-02	
			计算机系统结构	081201	于 全	2022-01-04	
			计算机系统结构	081201	高 跃	2022-01-04	
		116	计算机软件与理论	081202	陆汝钤	1984-01-01	
			计算机软件与理论	081202	朱扬勇	1999-07-01	
			计算机软件与理论	081202	赵文耘	2003-01-01	
			计算机软件与理论	081202	顾 宁	2004-01-13	
			计算机软件与理论	081202	张 亮	2005-01-26	
			计算机软件与理论	081202	陆佩忠	2005-01-26	
			计算机软件与理论	081202	周水庚	2005-03-01	
			计算机软件与理论	081202	杨 夙	2008-01-14	
			计算机软件与理论	081202	Xiaoyang WANG（王晓阳）	2012-01-13	
			计算机软件与理论	081202	李银胜	2012-12-27	
			计算机软件与理论	081202	彭 鑫	2014-01-10	
			计算机软件与理论	081202	牛军钰	2015-01-12	
			计算机软件与理论	081202	肖仰华	2015-01-12	
			计算机软件与理论	081202	陈翌佳	2015-01-12	

续　表

学科门类	一级学科名称/专业学位类别	序号	专业名称	专业代码	博士生导师	批准日期	所属院系(所)
工学	计算机科学与技术	116	计算机软件与理论	081202	韩伟力	2017-01-05	计算机科学技术学院
			计算机软件与理论	081202	王　鹏	2017-01-05	
			计算机软件与理论	081202	熊　赟	2017-01-05	
			计算机软件与理论	081202	张为华	2019-01-08	
			计算机软件与理论	081202	尚　笠	2020-07-02	
			计算机软件与理论	081202	卢　暾	2020-09-02	
			计算机软件与理论	081202	陈碧欢	2020-09-02	
			计算机软件与理论	081202	谢志鹏	2021-01-13	
			计算机软件与理论	081202	丁向华	2021-01-13	
			计算机软件与理论	081202	陈左宁	2021-03-22	
			计算机软件与理论	081202	荆一楠	2022-01-11	
		117	计算机应用技术	081203	薛向阳	2001-04-01	计算机科学技术学院
			计算机应用技术	081203	陈雁秋	2003-01-01	
			计算机应用技术	081203	沈一帆	2005-03-01	
			计算机应用技术	081203	黄萱菁	2007-01-19	
			计算机应用技术	081203	王　新	2011-01-19	
			计算机应用技术	081203	张玥杰	2012-01-13	
			计算机应用技术	081203	张军平	2012-01-13	
			计算机应用技术	081203	李　伟	2012-12-27	
			计算机应用技术	081203	路　红	2012-12-27	
			计算机应用技术	081203	颜　波	2012-12-27	
			计算机应用技术	081203	姜育刚	2012-12-27	
			计算机应用技术	081203	金　城	2014-01-10	
			计算机应用技术	081203	张　奇	2015-01-12	
			计算机应用技术	081203	Chen Yi-Ping Phoebe	2015-06-30	
			计算机应用技术	081203	冯　瑞	2016-01-12	
			计算机应用技术	081203	张　巍	2016-01-12	
			计算机应用技术	081203	邱锡鹏	2017-01-05	
			计算机应用技术	081203	张文强	2018-01-17	
			计算机应用技术	081203	李　斌	2018-01-17	
			计算机应用技术	081203	郑骁庆	2022-01-11	
			计算机应用技术	081203	吴祖煊	2022-01-18	
			计算机应用技术	081203	叶广楠	2022-06-29	
			计算机应用技术	081203	马兴军	2022-06-29	
			计算机应用技术	081203	杨晓峰	2012-01-13	工程与应用技术研究院
			计算机应用技术	081203	甘中学	2017-10-13	
			计算机应用技术	081203	张立华	2017-10-13	
			计算机应用技术	081203	王洪波	2018-01-17	

续表

学科门类	一级学科名称/专业学位类别	序号	专业名称	专业代码	博士生导师	批准日期	所属院系(所)
工学	计算机科学与技术	117	计算机应用技术	081203	徐 鉴	2018-12-06	工程与应用技术研究院
			计算机应用技术	081203	齐立哲	2019-01-08	
			计算机应用技术	081203	张 丹	2019-03-13	
			计算机应用技术	081203	孙云权	2019-03-13	
			计算机应用技术	081203	郭士杰	2019-03-13	
			计算机应用技术	081203	方虹斌	2019-04-02	
			计算机应用技术	081203	宋 梁	2019-04-02	
			计算机应用技术	081203	周 华	2019-06-05	
			计算机应用技术	081203	杨士宁	2019-08-27	
			计算机应用技术	081203	朱云龙	2019-11-29	
			计算机应用技术	081203	孙富春	2020-12-31	
			计算机应用技术	081203	Jon Timmis	2021-03-09	
			计算机应用技术	081203	丁晨阳	2021-04-20	
			计算机应用技术	081203	冷思阳	2022-01-03	
			计算机应用技术	081203	殳 峰	2022-01-11	
		118	数据科学	0812Z1	汪 卫	2005-01-26	计算机科学技术学院
			数据科学	0812Z1	危 辉	2007-01-19	
			数据科学	0812Z1	周向东	2012-12-27	
			数据科学	0812Z1	孙未未	2012-12-27	
			数据科学	0812Z1	杨卫东	2016-01-12	
			数据科学	0812Z1	池明旻	2018-01-17	
	航空宇航科学与技术	119	航空宇航科学与技术	082500	唐国安	2001-04-01	航空航天系
			航空宇航科学与技术	082500	丁光宏	2001-04-01	
			航空宇航科学与技术	082500	霍永忠	2004-01-13	
			航空宇航科学与技术	082500	艾剑良	2005-01-26	
			航空宇航科学与技术	082500	马建敏	2006-01-12	
			航空宇航科学与技术	082500	孙 刚	2007-01-19	
			航空宇航科学与技术	082500	田振夫	2010-01-27	
			航空宇航科学与技术	082500	丁淑蓉	2012-01-13	
			航空宇航科学与技术	082500	Hongyi XU（徐弘）	2013-05-24	
			航空宇航科学与技术	082500	姚 伟	2014-01-10	
			航空宇航科学与技术	082500	杨爱明	2016-01-12	
			航空宇航科学与技术	082500	邓道盛	2016-01-12	
			航空宇航科学与技术	082500	倪玉山	2016-01-12	
			航空宇航科学与技术	082500	徐 凡	2018-01-17	
			航空宇航科学与技术	082500	赵拥军	2020-04-15	
			航空宇航科学与技术	082500	童 崎	2020-09-02	
			航空宇航科学与技术	082500	宋振华	2020-09-02	

续 表

学科门类	一级学科名称/专业学位类别	序号	专业名称	专业代码	博士生导师	批准日期	所属院系(所)
工学	航空宇航科学与技术	119	航空宇航科学与技术	082500	吴光辉	2020-12-31	航空航天系
			航空宇航科学与技术	082500	莫景科	2021-01-13	
			航空宇航科学与技术	082500	费成巍	2021-01-13	
			航空宇航科学与技术	082500	冯锦璋	2022-01-04	
			航空宇航科学与技术	082500	祖迎庆	2022-01-11	
			航空宇航科学与技术	082500	董一群	2022-01-11	
	环境科学与工程	120	环境科学	083001	王祥荣	1997-10-01	环境科学与工程系
			环境科学	083001	陈建民	2001-04-01	
			环境科学	083001	董文博	2007-01-19	
			环境科学	083001	隋国栋	2008-07-11	
			环境科学	083001	郭志刚	2009-01-07	
			环境科学	083001	周 斌	2011-01-19	
			环境科学	083001	陈 莹	2011-01-19	
			环境科学	083001	王 琳	2011-01-19	
			环境科学	083001	付洪波	2012-01-13	
			环境科学	083001	李 想	2014-01-10	
			环境科学	083001	张立武	2015-01-12	
			环境科学	083001	王寿兵	2016-01-12	
			环境科学	083001	马蔚纯	2016-01-12	
			环境科学	083001	余方群	2016-01-12	
			环境科学	083001	黄 侃	2016-06-24	
			环境科学	083001	叶兴南	2018-01-17	
			环境科学	083001	王玉涛	2018-01-17	
			环境科学	083001	王 戎	2018-03-26	
			环境科学	083001	陈颖军	2018-09-13	
			环境科学	083001	Alfred Wiedensohler	2018-12-06	
			环境科学	083001	李 丹	2019-01-08	
			环境科学	083001	李 庆	2019-01-08	
			环境科学	083001	Michel Attoui	2019-03-11	
			环境科学	083001	Hugh Coe	2019-04-22	
			环境科学	083001	张宏亮	2019-05-07	
			环境科学	083001	刘思秀	2020-09-02	
			环境科学	083001	邓丛蕊	2020-09-02	
			环境科学	083001	孔令东	2020-09-02	
			环境科学	083001	张 艳	2020-09-02	
			环境科学	083001	谢玉静	2020-09-02	
			环境科学	083001	王珊珊	2020-09-02	
			环境科学	083001	王丽娜	2020-09-02	

续表

学科门类	一级学科名称/专业学位类别	序号	专业名称	专业代码	博士生导师	批准日期	所属院系(所)
工学	环境科学与工程	120	环境科学	083001	王笑非	2020-09-02	环境科学与工程系
			环境科学	083001	樊正球	2021-01-13	
			环境科学	083001	余兆武	2022-01-11	
			环境科学	083001	方明亮	2022-08-18	
			环境科学	083001	姚 磊	2022-09-01	
		121	环境工程	083002	刘 燕	2006-01-12	
			环境工程	083002	郑 正	2009-07-03	
			环境工程	083002	宋卫华	2011-01-19	
			环境工程	083002	张士成	2012-01-13	
			环境工程	083002	马 臻	2012-01-13	
			环境工程	083002	唐幸福	2012-12-27	
			环境工程	083002	安 东	2016-01-12	
			环境工程	083002	罗 刚	2017-01-05	
			环境工程	083002	王梓萌	2018-03-22	
			环境工程	083002	张仁熙	2020-09-02	
			环境工程	083002	代瑞华	2020-09-02	
			环境工程	083002	张继彪	2021-01-13	
			环境工程	083002	裴海燕	2021-10-19	
			环境工程	083002	朱秀萍	2021-11-19	
			环境工程	083002	刘 翔	2022-01-11	
			环境工程	083002	燕姝雯	2022-01-11	
	生物医学工程	122	生物医学工程	083100	汪源源	2001-04-01	信息科学与工程学院
			生物医学工程	083100	他得安	2011-01-19	
			生物医学工程	083100	邬小玫	2014-01-10	
			生物医学工程	083100	Wei CHEN(陈 炜)	2016-01-12	
			生物医学工程	083100	余锦华	2017-01-05	
			生物医学工程	083100	杨翠微	2018-01-17	
			生物医学工程	083100	许凯亮	2020-09-02	
			生物医学工程	083100	郭 翌	2022-01-11	
			生物医学工程	083100	朱山风	2016-01-12	类脑人工智能科学与技术研究院
			生物医学工程	083100	林庆波	2017-01-05	
			生物医学工程	083100	赵兴明	2018-01-17	
			生物医学工程	083100	张 捷	2018-01-17	
			生物医学工程	083100	王守岩	2018-01-17	
			生物医学工程	083100	纪 鹏	2019-01-08	
			生物医学工程	083100	Barbara J. Sahakian	2019-04-02	
			生物医学工程	083100	胡小平	2019-04-02	

续　表

学科门类	一级学科名称/专业学位类别	序号	专业名称	专业代码	博士生导师	批准日期	所属院系(所)
工学	生物医学工程	122	生物医学工程	083100	Keith Maurice Kendrick	2019-04-02	类脑人工智能科学与技术研究院
			生物医学工程	083100	Gunter Schumann	2019-04-02	
			生物医学工程	083100	Trevor W. Robbins	2019-04-02	
			生物医学工程	083100	Edmund Thomson ROLLS	2019-04-02	
			生物医学工程	083100	郑奇宝	2019-11-14	
			生物医学工程	083100	LUIS PEDRO FRAGAO BENTO COELHO	2020-08-28	
			生物医学工程	083100	罗　强	2020-09-02	
			生物医学工程	083100	王　鹤	2020-09-02	
			生物医学工程	083100	贾天野	2020-09-02	
			生物医学工程	083100	肖　晓	2020-09-02	
			生物医学工程	083100	程　炜	2020-09-02	
			生物医学工程	083100	Deniz Mihaylov Vatansever	2020-09-02	
			生物医学工程	083100	宋卓昇	2021-01-13	
			生物医学工程	083100	单洪明	2021-01-13	
			生物医学工程	083100	Valerie VOON	2022-01-03	
			生物医学工程	083100	曹　淼	2022-01-11	
			生物医学工程	083100	乔豫川	2022-01-11	
			生物医学工程	083100	唐玉国	2019-03-13	工程与应用技术研究院
			生物医学工程	083100	史国权	2019-03-13	
			生物医学工程	083100	杨晓冬	2019-03-13	
			生物医学工程	083100	董必勤	2019-09-26	
			生物医学工程	083100	刘成成	2021-01-13	
			生物医学工程	083100	陈文明	2022-01-11	
			生物医学工程	083100	刘　欣	2022-01-11	
			生物医学工程	083100	宋志坚	2001-07-01	基础医学院
			生物医学工程	083100	王满宁	2016-01-12	
		123	生物力学	0831Z1	夏　莹	2017-01-05	航空航天系
			生物力学	0831Z1	王盛章	2018-01-17	
	网络空间安全	124	网络空间安全	083900	阚海斌	2007-01-19	计算机科学技术学院
			网络空间安全	083900	赵运磊	2012-12-27	

学科门类	一级学科名称/专业学位类别	序号	专业名称	专业代码	博士生导师	批准日期	所属院系(所)
工学	网络空间安全	124	网络空间安全	083900	章忠志	2012-12-27	计算机科学技术学院
			网络空间安全	083900	吴 杰	2014-01-10	
			网络空间安全	083900	杨 珉	2015-01-12	
			网络空间安全	083900	张新鹏	2017-03-03	
			网络空间安全	083900	吕智慧	2018-01-17	
			网络空间安全	083900	钱振兴	2018-01-17	
			网络空间安全	083900	柴洪峰	2019-03-11	
			网络空间安全	083900	YANG XU（徐 扬）	2019-06-05	
			网络空间安全	083900	张 谧	2020-09-02	
			网络空间安全	083900	金玲飞	2020-09-02	
			网络空间安全	083900	张 源	2021-01-13	
			网络空间安全	083900	吾守尔·斯拉木	2021-03-22	
			网络空间安全	083900	陈 鲸	2021-03-22	
			网络空间安全	083900	刘永坚	2021-03-22	
			网络空间安全	083900	杨小牛	2021-03-22	
			网络空间安全	083900	方滨兴	2021-03-22	
			网络空间安全	083900	杨哲懋	2022-01-11	
			网络空间安全	083900	李 晟	2022-01-11	
医学	基础医学	125	人体解剖与组织胚胎学	100101	周国民	2001-07-01	基础医学院
			人体解剖与组织胚胎学	100101	陈 红	2015-01-12	
			人体解剖与组织胚胎学	100101	李文生	2016-01-12	
			人体解剖与组织胚胎学	100101	梁春敏	2016-01-12	
			人体解剖与组织胚胎学	100101	秦 松	2017-01-05	
			人体解剖与组织胚胎学	100101	刘 琼	2020-09-02	
			人体解剖与组织胚胎学	100101	Linya YOU（尤琳雅）	2022-01-11	
			人体解剖与组织胚胎学	100101	王作云	2022-01-11	
		126	免疫学	100102	储以微	2007-01-19	
			免疫学	100102	何 睿	2010-01-27	
			免疫学	100102	胡维国	2011-01-19	
			免疫学	100102	王继扬	2013-06-25	
			免疫学	100102	吕鸣芳	2014-01-10	
			免疫学	100102	严大鹏	2016-01-12	
			免疫学	100102	徐 薇	2017-01-05	
			免疫学	100102	魏园园	2019-01-08	
			免疫学	100102	张伟娟	2020-09-02	
			免疫学	100102	汪 进	2020-09-02	公共卫生临床中心
			免疫学	100102	鄢慧民	2020-12-08	

续　表

学科门类	一级学科名称/专业学位类别	序号	专业名称	专业代码	博士生导师	批准日期	所属院系(所)
医学	基础医学	127	病原生物学	100103	闻玉梅	1984-01-01	基础医学院
			病原生物学	100103	瞿涤	1998-07-01	
			病原生物学	100103	袁正宏	1999-07-01	
			病原生物学	100103	程训佳	2001-04-01	
			病原生物学	100103	高谦	2004-01-13	
			病原生物学	100103	谢幼华	2008-01-14	
			病原生物学	100103	徐建青	2009-01-07	
			病原生物学	100103	张晓燕	2009-01-07	
			病原生物学	100103	Li CHEN（陈力）	2011-07-13	
			病原生物学	100103	Shibo JIANG（姜世勃）	2011-07-13	
			病原生物学	100103	王宾	2011-07-13	
			病原生物学	100103	Jian WU（吴健）	2012-01-13	
			病原生物学	100103	蔡启良	2012-04-17	
			病原生物学	100103	陆路	2015-01-12	
			病原生物学	100103	应天雷	2016-01-12	
			病原生物学	100103	李建华	2017-01-05	
			病原生物学	100103	邓强	2017-06-20	
			病原生物学	100103	黄竞荷	2017-06-20	
			病原生物学	100103	易志刚	2018-01-17	
			病原生物学	100103	王乔	2018-04-24	
			病原生物学	100103	张荣	2018-04-24	
			病原生物学	100103	张学敏	2019-03-12	
			病原生物学	100103	李爱玲	2019-03-12	
			病原生物学	100103	李慧艳	2019-03-12	
			病原生物学	100103	Wuyuan LU（陆五元）	2020-09-24	
			病原生物学	100103	陈捷亮	2020-10-28	
			病原生物学	100103	高西辉	2021-01-13	
			病原生物学	100103	李涛	2021-03-12	
			病原生物学	100103	潘欣	2021-03-12	
			病原生物学	100103	吕亮东	2022-01-11	
			病原生物学	100103	赵宝玉	2022-07-18	
			病原生物学	100103	龙钢	2022-09-22	
			病原生物学	100103	范小勇	2018-01-17	公共卫生临床中心
			病原生物学	100103	张驰宇	2020-08-28	
			病原生物学	100103	章树业	2020-09-02	
			病原生物学	100103	汪萱怡	2014-01-10	生物医学研究院

续 表

学科门类	一级学科名称/专业学位类别	序号	专业名称	专业代码	博士生导师	批准日期	所属院系(所)
医学	基础医学	128	病理学与病理生理学	100104	朱虹光	2001-04-01	基础医学院
			病理学与病理生理学	100104	张 农	2004-01-13	
			病理学与病理生理学	100104	张志刚	2004-01-13	
			病理学与病理生理学	100104	陈思锋	2006-01-12	
			病理学与病理生理学	100104	陈丰原	2009-01-07	
			病理学与病理生理学	100104	刘秀萍	2011-01-19	
			病理学与病理生理学	100104	钱睿哲	2012-12-27	
			病理学与病理生理学	100104	孟 丹	2012-12-27	
			病理学与病理生理学	100104	孙 宁	2012-12-27	
			病理学与病理生理学	100104	周 平	2016-01-12	
			病理学与病理生理学	100104	吴慧娟	2020-09-02	
			病理学与病理生理学	100104	王宇翔	2020-09-02	
			病理学与病理生理学	100104	徐延勇	2022-01-11	
			病理学与病理生理学	100104	李 飞	2022-01-11	
			病理学与病理生理学	100104	侯英勇	2014-01-10	中山医院
			病理学与病理生理学	100104	陈 岗	2015-01-12	
			病理学与病理生理学	100104	卢韶华	2018-01-17	
		129	法医学	100105	沈 敏	2006-01-12	基础医学院
			法医学	100105	谢建辉	2015-01-12	
			法医学	100105	李成涛	2017-01-05	
			法医学	100105	陈忆九	2017-01-05	
			法医学	100105	陈 龙	2018-01-17	
		130	放射医学	100106	卓维海	2005-07-06	放射医学研究所
			放射医学	100106	邵春林	2005-07-06	
			放射医学	100106	朱国英	2011-01-19	
		131	医学信息学	1001Z2	Michael F. Moyers	2015-01-12	肿瘤医院
		132	医学系统生物学	1001Z3	刘 雷	2014-01-10	基础医学院
			医学系统生物学	1001Z3	汪振天	2022-01-11	
			医学系统生物学	1001Z3	蓝贤江	2022-01-11	
			医学系统生物学	1001Z3	张永振	2019-01-08	公共卫生临床中心
			医学系统生物学	1001Z3	黄胜林	2017-01-05	生物医学研究院
			医学系统生物学	1001Z3	孙 蕾	2017-11-23	
			医学系统生物学	1001Z3	冯莉惠	2017-11-23	
			医学系统生物学	1001Z3	余红秀	2018-01-17	
			医学系统生物学	1001Z3	仇 超	2018-01-17	
			医学系统生物学	1001Z3	周 峰	2019-01-08	
			医学系统生物学	1001Z3	许 杰	2019-09-18	
			医学系统生物学	1001Z3	张 莹	2020-09-02	

续 表

学科门类	一级学科名称/专业学位类别	序号	专业名称	专业代码	博士生导师	批准日期	所属院系(所)
医学	基础医学	132	医学系统生物学	1001Z3	梁琳慧	2020-09-02	生物医学研究院
			医学系统生物学	1001Z3	陈 飞	2020-09-02	
			医学系统生物学	1001Z3	商珞然	2020-09-02	
			医学系统生物学	1001Z3	钱茂祥	2021-03-08	
			医学系统生物学	1001Z3	申华莉	2022-01-11	
			医学系统生物学	1001Z3	周 祥	2022-01-11	
			医学系统生物学	1001Z3	陈海威	2022-11-29	
		133	神经科学与转化	1001Z4	饶艳霞	2022-11-29	脑科学转化研究院
	临床医学	134	内科学	100201	丁小强	2000-04-01	中山医院
			内科学	100201	葛均波	2000-04-01	
			内科学	100201	高 鑫	2003-01-01	
			内科学	100201	沈锡中	2003-01-01	
			内科学	100201	舒先红	2005-01-26	
			内科学	100201	邹云增	2005-02-01	
			内科学	100201	张顺财	2007-01-19	
			内科学	100201	任正刚	2007-01-19	
			内科学	100201	钱菊英	2008-01-14	
			内科学	100201	程韵枫	2008-01-14	
			内科学	100201	王向东	2008-01-14	
			内科学	100201	夏景林	2009-01-07	
			内科学	100201	陈瑞珍	2009-01-07	
			内科学	100201	周京敏	2011-01-19	
			内科学	100201	姜 红	2012-01-13	
			内科学	100201	宋元林	2012-01-13	
			内科学	100201	姜林娣	2012-12-27	
			内科学	100201	董 玲	2012-12-27	
			内科学	100201	孙爱军	2012-12-27	
			内科学	100201	杨向东	2012-12-27	
			内科学	100201	夏 朴	2012-12-27	
			内科学	100201	Jun REN（任 骏）	2013-05-14	
			内科学	100201	宿燕岗	2014-01-10	
			内科学	100201	李善群	2014-01-10	
			内科学	100201	胡必杰	2015-01-12	
			内科学	100201	金美玲	2015-01-12	
			内科学	100201	朱文青	2015-01-12	
			内科学	100201	刘 澎	2015-01-12	
			内科学	100201	陈世耀	2016-01-12	
			内科学	100201	胡 予	2016-01-12	

续表

学科门类	一级学科名称/专业学位类别	序号	专业名称	专业代码	博士生导师	批准日期	所属院系(所)
医学	临床医学	134	内科学	100201	周达新	2016-01-12	中山医院
			内科学	100201	李小英	2016-04-22	
			内科学	100201	姜志龙	2016-06-24	
			内科学	100201	张英梅	2016-09-29	
			内科学	100201	蒋 炜	2017-01-05	
			内科学	100201	颜 彦	2017-01-05	
			内科学	100201	卞 华	2018-01-17	
			内科学	100201	程蕾蕾	2018-01-17	
			内科学	100201	樊 冰	2019-01-08	
			内科学	100201	陆志强	2019-01-08	
			内科学	100201	张 静	2019-01-08	
			内科学	100201	崔兆强	2019-01-08	
			内科学	100201	张 峰	2020-09-02	
			内科学	100201	凌 雁	2020-09-02	
			内科学	100201	杨 冬	2020-09-02	
			内科学	100201	龚 惠	2020-09-02	
			内科学	100201	李晓牧	2021-01-13	
			内科学	100201	陈智鸿	2021-01-13	
			内科学	100201	沈 霂	2021-01-13	
			内科学	100201	周 建	2021-01-13	
			内科学	100201	熊雪莲	2021-03-08	
			内科学	100201	姚 康	2022-01-11	
			内科学	100201	顾 勇	2001-04-01	华山医院
			内科学	100201	施海明	2003-01-01	
			内科学	100201	史虹莉	2004-01-13	
			内科学	100201	施光峰	2004-01-13	
			内科学	100201	张继明	2005-01-26	
			内科学	100201	邹和建	2006-01-12	
			内科学	100201	王明贵	2006-01-12	
			内科学	100201	郝传明	2006-01-12	
			内科学	100201	王庆华	2006-07-01	
			内科学	100201	李益明	2008-01-14	
			内科学	100201	张文宏	2008-01-14	
			内科学	100201	刘 杰	2009-06-05	
			内科学	100201	陈 靖	2010-01-27	
			内科学	100201	罗心平	2012-01-13	
			内科学	100201	张 菁	2012-01-13	
			内科学	100201	朱利平	2012-12-27	
			内科学	100201	陈 彤	2012-12-27	

学科门类	一级学科名称/专业学位类别	序号	专业名称	专业代码	博士生导师	批准日期	所属院系(所)
医学	临床医学	134	内科学	100201	夏荣	2012-12-27	华山医院
			内科学	100201	陈小东	2014-01-10	
			内科学	100201	黄海辉	2014-01-10	
			内科学	100201	王小钦	2014-01-10	
			内科学	100201	黄玉仙	2016-01-12	
			内科学	100201	李圣青	2016-04-22	
			内科学	100201	钟良	2018-01-17	
			内科学	100201	陈明泉	2018-01-17	
			内科学	100201	陈波斌	2019-01-08	
			内科学	100201	顾静文	2019-01-08	
			内科学	100201	王宣春	2019-01-08	
			内科学	100201	杨叶虹	2020-09-02	
			内科学	100201	邵凌云	2020-09-02	
			内科学	100201	张朝云	2020-09-02	
			内科学	100201	徐晓刚	2020-09-02	
			内科学	100201	鹿斌	2020-09-02	
			内科学	100201	薛骏	2021-01-13	
			内科学	100201	张巨波	2021-01-13	
			内科学	100201	骆菲菲	2022-11-03	
			内科学	100201	朱蕾	2005-01-26	华东医院
			内科学	100201	叶志斌	2011-01-19	
			内科学	100201	保志军	2012-12-27	
			内科学	100201	管剑龙	2014-01-10	
			内科学	100201	谢彦晖	2016-01-12	
			内科学	100201	曲新凯	2018-05-11	
			内科学	100201	陈源文	2021-10-20	
			内科学	100201	叶茂青	2022-01-11	
			内科学	100201	杨奕清	2018-01-17	上海市第五人民医院
			内科学	100201	牛建英	2018-01-17	
			内科学	100201	徐迎佳	2020-09-02	
			内科学	100201	揭志军	2021-01-13	
			内科学	100201	查兵兵	2021-01-13	
			内科学	100201	程计林	2015-01-12	公共卫生临床中心
			内科学	100201	陈良	2018-01-17	
			内科学	100201	沈银忠	2021-01-13	
			内科学	100201	金惠敏	2012-12-27	浦东医院
			内科学	100201	鲁晓岚	2019-03-12	
			内科学	100201	潘阳彬	2022-01-11	
			内科学	100201	杜春玲	2021-01-13	青浦区中心医院
			内科学	100201	刘海波	2022-01-11	

续 表

学科门类	一级学科名称/专业学位类别	序号	专业名称	专业代码	博士生导师	批准日期	所属院系(所)
医学	临床医学	134	内科学	100201	冯 莉	2020-09-02	闵行区中心医院
			内科学	100201	杨架林	2021-01-13	
		135	儿科学	100202	孙 波	1997-07-01	儿科医院
			儿科学	100202	郑 珊	1999-07-01	
			儿科学	100202	黄国英	2001-04-01	
			儿科学	100202	陈 超	2001-04-01	
			儿科学	100202	徐 虹	2001-04-01	
			儿科学	100202	桂永浩	2003-01-01	
			儿科学	100202	许政敏	2009-07-03	
			儿科学	100202	王 艺	2010-01-27	
			儿科学	100202	王建设	2010-01-27	
			儿科学	100202	王晓川	2011-01-19	
			儿科学	100202	董岿然	2011-01-19	
			儿科学	100202	严卫丽	2012-01-13	
			儿科学	100202	徐 秀	2012-01-13	
			儿科学	100202	黄 瑛	2012-01-13	
			儿科学	100202	俞 蕙	2012-01-13	
			儿科学	100202	周文浩	2012-12-27	
			儿科学	100202	罗飞宏	2012-12-27	
			儿科学	100202	曾 玫	2014-01-10	
			儿科学	100202	曹 云	2014-01-10	
			儿科学	100202	陆国平	2015-01-12	
			儿科学	100202	俞 建	2016-01-12	
			儿科学	100202	李 凯	2016-01-12	
			儿科学	100202	程国强	2016-01-12	
			儿科学	100202	钱莉玲	2016-01-12	
			儿科学	100202	李 昊	2017-01-05	
			儿科学	100202	张晓波	2019-01-08	
			儿科学	100202	王来栓	2019-01-08	
			儿科学	100202	陈 功	2019-01-08	
			儿科学	100202	饶 佳	2020-05-29	
			儿科学	100202	孙金峤	2020-09-02	
			儿科学	100202	李 强	2020-09-02	
			儿科学	100202	沈 淳	2020-09-02	
			儿科学	100202	刘 芳	2021-01-13	
			儿科学	100202	王慧君	2021-01-13	
			儿科学	100202	沈 茜	2021-01-13	
			儿科学	100202	盛 伟	2022-01-11	
			儿科学	100202	汪吉梅	2022-01-11	妇产科医院

续表

学科门类	一级学科名称/专业学位类别	序号	专业名称	专业代码	博士生导师	批准日期	所属院系(所)
医学	临床医学	136	老年医学	100203	周厚广	2018-01-17	华山医院
			老年医学	100203	程群	2019-01-08	华东医院
			老年医学	100203	阮清伟	2019-01-08	
		137	神经病学	100204	汪昕	2007-01-19	中山医院
			神经病学	100204	钟春玖	2008-01-14	
			神经病学	100204	丁晶	2019-01-08	
			神经病学	100204	董强	2003-11-01	华山医院
			神经病学	100204	王坚	2012-12-27	
			神经病学	100204	陈英辉	2015-01-12	
			神经病学	100204	卢家红	2017-01-05	
			神经病学	100204	王毅	2018-01-17	
			神经病学	100204	陈向军	2018-01-17	
			神经病学	100204	赵重波	2019-01-08	
			神经病学	100204	付建辉	2019-01-08	
			神经病学	100204	郁金泰	2019-03-12	
			神经病学	100204	吴洵昳	2020-09-02	
			神经病学	100204	丁玎	2021-01-13	
			神经病学	100204	魏文石	2016-01-12	华东医院
			神经病学	100204	吴丹红	2021-01-13	上海市第五人民医院
			神经病学	100204	赵静	2018-01-17	闵行区中心医院
		138	精神病与精神卫生学	100205	施慎逊	2004-01-13	华山医院
		139	皮肤病与性病学	100206	李明	2004-01-13	中山医院
			皮肤病与性病学	100206	杨骥	2021-01-13	
			皮肤病与性病学	100206	项蕾红	2006-01-12	华山医院
			皮肤病与性病学	100206	徐金华	2008-01-14	
			皮肤病与性病学	100206	骆肖群	2012-12-27	
			皮肤病与性病学	100206	朱宁文	2012-12-27	
			皮肤病与性病学	100206	李巍	2018-01-17	
			皮肤病与性病学	100206	吴文育	2021-01-13	
			皮肤病与性病学	100206	吴金峰	2022-01-11	
			皮肤病与性病学	100206	李明	2022-11-30	儿科医院
			皮肤病与性病学	100206	王宏伟	2014-01-10	华东医院
		140	影像医学与核医学	100207	王建华	1999-07-01	中山医院
			影像医学与核医学	100207	曾蒙苏	2003-01-01	
			影像医学与核医学	100207	王文平	2004-01-13	
			影像医学与核医学	100207	王小林	2007-01-19	
			影像医学与核医学	100207	张志勇	2009-01-07	
			影像医学与核医学	100207	林江	2010-01-27	
			影像医学与核医学	100207	石洪成	2011-01-19	

续 表

学科门类	一级学科名称/专业学位类别	序号	专业名称	专业代码	博士生导师	批准日期	所属院系(所)
医学	临床医学	140	影像医学与核医学	100207	颜志平	2017-01-05	中山医院
			影像医学与核医学	100207	黄备建	2017-01-05	
			影像医学与核医学	100207	潘翠珍	2017-01-05	
			影像医学与核医学	100207	饶圣祥	2019-01-08	
			影像医学与核医学	100207	程登峰	2019-01-08	
			影像医学与核医学	100207	周建军	2020-09-02	
			影像医学与核医学	100207	董 怡	2021-01-13	
			影像医学与核医学	100207	徐辉雄	2021-12-14	
			影像医学与核医学	100207	耿道颖	2003-01-01	华山医院
			影像医学与核医学	100207	管一晖	2010-01-27	
			影像医学与核医学	100207	姚振威	2015-01-12	
			影像医学与核医学	100207	丁 红	2015-01-12	
			影像医学与核医学	100207	陈 爽	2017-01-05	
			影像医学与核医学	100207	左传涛	2017-01-05	
			影像医学与核医学	100207	杨艳梅	2018-01-17	
			影像医学与核医学	100207	张晓龙	2019-01-08	
			影像医学与核医学	100207	张家文	2019-01-08	
			影像医学与核医学	100207	张 军	2020-11-12	
			影像医学与核医学	100207	刘含秋	2021-01-13	
			影像医学与核医学	100207	李郁欣	2021-01-13	
			影像医学与核医学	100207	常 才	2001-04-01	肿瘤医院
			影像医学与核医学	100207	彭卫军	2004-01-13	
			影像医学与核医学	100207	周正荣	2008-01-14	
			影像医学与核医学	100207	顾雅佳	2010-01-27	
			影像医学与核医学	100207	李文涛	2014-01-10	
			影像医学与核医学	100207	宋少莉	2018-09-13	
			影像医学与核医学	100207	唐 爽	2020-07-02	
			影像医学与核医学	100207	童 彤	2020-09-02	
			影像医学与核医学	100207	王明伟	2021-01-13	
			影像医学与核医学	100207	张盛箭	2022-01-11	
			影像医学与核医学	100207	乔中伟	2016-01-12	儿科医院
			影像医学与核医学	100207	任芸芸	2015-01-12	妇产科医院
			影像医学与核医学	100207	唐作华	2015-01-12	眼耳鼻喉科医院
			影像医学与核医学	100207	强金伟	2009-01-07	金山医院
			影像医学与核医学	100207	林光武	2018-01-17	华东医院
			影像医学与核医学	100207	李 铭	2021-01-13	
			影像医学与核医学	100207	赵小虎	2021-01-13	上海市第五人民医院

续 表

学科门类	一级学科名称/专业学位类别	序号	专业名称	专业代码	博士生导师	批准日期	所属院系(所)
医学	临床医学	140	影像医学与核医学	100207	施裕新	2016-01-12	公共卫生临床中心
			影像医学与核医学	100207	刘兴党	2012-12-27	浦东医院
		141	临床检验诊断学	100208	郭 玮	2016-01-12	中山医院
			临床检验诊断学	100208	关 明	2010-01-27	华山医院
			临床检验诊断学	100208	蒋晓飞	2016-01-12	
			临床检验诊断学	100208	林 勇	2018-01-17	
			临床检验诊断学	100208	胡付品	2020-09-02	
			临床检验诊断学	100208	张 弢	2020-09-02	
			临床检验诊断学	100208	卢仁泉	2019-01-08	肿瘤医院
			临床检验诊断学	100208	徐 锦	2014-01-10	儿科医院
			临床检验诊断学	100208	应春妹	2017-01-05	妇产科医院
			临床检验诊断学	100208	赵 虎	2017-01-05	华东医院
			临床检验诊断学	100208	常 东	2017-01-05	浦东医院
		142	外科学	100210	汤钊猷	1984-01-01	中山医院
			外科学	100210	符伟国	2000-04-01	
			外科学	100210	樊 嘉	2001-04-01	
			外科学	100210	吴国豪	2004-01-13	
			外科学	100210	王春生	2005-01-26	
			外科学	100210	靳大勇	2006-01-12	
			外科学	100210	董 健	2006-01-12	
			外科学	100210	周 俭	2007-01-19	
			外科学	100210	朱同玉	2007-01-19	
			外科学	100210	邱双健	2008-01-14	
			外科学	100210	林宗明	2008-01-14	
			外科学	100210	亓发芝	2009-01-07	
			外科学	100210	许剑民	2009-01-07	
			外科学	100210	牛伟新	2009-01-07	
			外科学	100210	叶青海	2010-01-27	
			外科学	100210	孙惠川	2010-01-27	
			外科学	100210	孙益红	2010-01-27	
			外科学	100210	郭剑明	2010-01-27	
			外科学	100210	刘厚宝	2011-01-19	
			外科学	100210	张 峰	2011-07-13	
			外科学	100210	楼文晖	2012-01-13	
			外科学	100210	阎作勤	2012-01-13	
			外科学	100210	张 健	2012-01-13	
			外科学	100210	周平红	2012-12-27	
			外科学	100210	葛 棣	2014-01-10	
			外科学	100210	谭黎杰	2014-01-10	

续表

学科门类	一级学科名称/专业学位类别	序号	专业名称	专业代码	博士生导师	批准日期	所属院系(所)
医学	临床医学	142	外科学	100210	张晓彪	2014-01-10	中山医院
			外科学	100210	郭大乔	2015-01-12	
			外科学	100210	戎瑞明	2015-01-12	
			外科学	100210	任 宁	2015-01-12	
			外科学	100210	王 群	2015-01-12	
			外科学	100210	黄晓武	2015-01-12	
			外科学	100210	郭常安	2017-01-05	
			外科学	100210	范隆华	2018-01-17	
			外科学	100210	沈坤堂	2018-01-17	
			外科学	100210	史颖弘	2018-01-17	
			外科学	100210	高 强	2018-01-17	
			外科学	100210	尹 俊	2019-01-08	
			外科学	100210	秦 净	2019-01-08	
			外科学	100210	顾建英	2019-01-08	
			外科学	100210	史振宇	2019-01-08	
			外科学	100210	王晓颖	2019-01-08	
			外科学	100210	董智慧	2019-01-08	
			外科学	100210	钟芸诗	2020-05-07	
			外科学	100210	丁建勇	2020-09-02	
			外科学	100210	王 征	2020-09-02	
			外科学	100210	施国明	2020-09-02	
			外科学	100210	陈雁西	2020-09-02	
			外科学	100210	王单松	2021-01-13	
			外科学	100210	韦 烨	2021-01-13	
			外科学	100210	李熙雷	2021-01-13	
			外科学	100210	汪学非	2021-01-13	
			外科学	100210	魏 来	2021-01-13	
			外科学	100210	王利新	2021-01-13	
			外科学	100210	杨欣荣	2021-01-13	
			外科学	100210	郭卫刚	2021-01-13	
			外科学	100210	范 虹	2022-01-11	
			外科学	100210	张 弛	2022-01-11	
			外科学	100210	孙晓宁	2022-01-11	
			外科学	100210	张轶群	2022-01-11	
			外科学	100210	孙云帆	2022-11-03	
			外科学	100210	顾玉东	1990-12-01	华山医院
			外科学	100210	周良辅	1990-12-01	
			外科学	100210	徐建光	1997-07-01	
			外科学	100210	陈 亮	1998-07-01	

续 表

学科门类	一级学科名称/专业学位类别	序号	专业名称	专业代码	博士生导师	批准日期	所属院系(所)
医学	临床医学	142	外科学	100210	朱剑虹	2001-04-01	华山医院
			外科学	100210	丁 强	2001-04-01	
			外科学	100210	劳 杰	2003-01-01	
			外科学	100210	钦伦秀	2003-01-01	
			外科学	100210	毛 颖	2005-01-26	
			外科学	100210	陈宗祐	2006-01-12	
			外科学	100210	黄广建	2007-01-19	
			外科学	100210	徐文东	2007-01-19	
			外科学	100210	邹 强	2008-01-14	
			外科学	100210	傅德良	2009-01-07	
			外科学	100210	马 昕	2011-01-19	
			外科学	100210	余 波	2011-01-19	
			外科学	100210	胡 锦	2011-01-19	
			外科学	100210	金 忱	2012-01-13	
			外科学	100210	宫 晔	2012-01-13	
			外科学	100210	穆雄铮	2012-04-17	
			外科学	100210	姜昊文	2012-12-27	
			外科学	100210	吴 忠	2012-12-27	
			外科学	100210	徐 雷	2012-12-27	
			外科学	100210	赵 曜	2012-12-27	
			外科学	100210	姜建元	2014-01-10	
			外科学	100210	吴劲松	2014-01-10	
			外科学	100210	项建斌	2014-01-10	
			外科学	100210	夏国伟	2014-01-10	
			外科学	100210	杜建军	2014-01-10	
			外科学	100210	陈晓峰	2014-01-10	
			外科学	100210	陈进宏	2015-01-12	
			外科学	100210	吕飞舟	2015-01-12	
			外科学	100210	朱 巍	2016-01-12	
			外科学	100210	夏 军	2016-01-12	
			外科学	100210	顾宇翔	2016-01-12	
			外科学	100210	王正昕	2016-04-22	
			外科学	100210	徐 可	2017-01-05	
			外科学	100210	王 旭	2017-01-05	
			外科学	100210	董 震	2017-01-05	
			外科学	100210	姚 瑜	2017-01-05	
			外科学	100210	冷 冰	2017-01-05	
			外科学	100210	吴雪海	2018-01-17	
			外科学	100210	李 骥	2019-01-08	

续 表

学科门类	一级学科名称/专业学位类别	序号	专业名称	专业代码	博士生导师	批准日期	所属院系(所)
医学	临床医学	142	外科学	100210	陈 亮	2019-01-08	华山医院
			外科学	100210	马晓生	2020-09-02	
			外科学	100210	姚琪远	2020-09-02	
			外科学	100210	王宜青	2021-01-13	
			外科学	100210	贾户亮	2021-01-13	
			外科学	100210	史之峰	2022-06-21	
			外科学	100210	王 鲁	2012-12-27	肿瘤医院
			外科学	100210	孙艺华	2019-01-08	
			外科学	100210	严望军	2019-01-08	
			外科学	100210	耿红全	2022-11-30	儿科医院
			外科学	100210	吴克瑾	2016-04-22	妇产科医院
			外科学	100210	陈 刚	2007-01-19	金山医院
			外科学	100210	高 文	2015-01-12	华东医院
			外科学	100210	范永前	2018-01-17	
			外科学	100210	姜翀弋	2021-01-13	
			外科学	100210	李汭宁	2021-03-08	
			外科学	100210	顾 岩	2021-10-20	
			外科学	100210	柯重伟	2017-01-05	上海市第五人民医院
			外科学	100210	洪 洋	2020-09-02	
			外科学	100210	禹宝庆	2012-12-27	浦东医院
			外科学	100210	王晓亮	2021-01-13	
			外科学	100210	易诚青	2021-06-02	
			外科学	100210	殷潇凡	2018-01-17	闵行区中心医院
		143	妇产科学	100211	孙兆贵	2012-01-13	上海市生物医药技术研究院
			妇产科学	100211	刘素英	2020-09-02	中山医院
			妇产科学	100211	李大金	1998-07-01	妇产科医院
			妇产科学	100211	刘惜时	2003-01-01	
			妇产科学	100211	李笑天	2004-01-13	
			妇产科学	100211	徐丛剑	2005-01-26	
			妇产科学	100211	孙 红	2006-01-12	
			妇产科学	100211	张 炜	2007-01-19	
			妇产科学	100211	华克勤	2009-01-07	
			妇产科学	100211	孙晓溪	2011-01-19	
			妇产科学	100211	鹿 欣	2011-01-19	
			妇产科学	100211	郭孙伟	2011-01-19	
			妇产科学	100211	王文君	2012-01-13	
			妇产科学	100211	隋 龙	2012-12-27	
			妇产科学	100211	尧良清	2014-01-10	

续 表

学科门类	一级学科名称/专业学位类别	序号	专业名称	专业代码	博士生导师	批准日期	所属院系(所)
医学	临床医学	143	妇产科学	100211	姜 桦	2015-01-12	妇产科医院
			妇产科学	100211	顾蔚蓉	2015-01-12	
			妇产科学	100211	杜美蓉	2016-01-12	
			妇产科学	100211	李 斌	2016-01-12	
			妇产科学	100211	朱晓勇	2017-01-05	
			妇产科学	100211	陈晓军	2017-01-05	
			妇产科学	100211	程海东	2017-01-05	
			妇产科学	100211	朱芝玲	2018-01-17	
			妇产科学	100211	丁景新	2018-01-17	
			妇产科学	100211	王 凌	2018-01-17	
			妇产科学	100211	易晓芳	2019-01-08	
			妇产科学	100211	康 玉	2019-01-08	
			妇产科学	100211	李桂玲	2020-09-02	
			妇产科学	100211	姜 伟	2020-09-02	
			妇产科学	100211	高蜀君	2020-09-02	
			妇产科学	100211	李明清	2020-09-02	
			妇产科学	100211	黄荷凤	2020-12-08	
			妇产科学	100211	徐晨明	2020-12-08	
			妇产科学	100211	丁国莲	2022-01-03	
			妇产科学	100211	熊 钰	2022-01-11	
			妇产科学	100211	刘海鸥	2022-01-11	
			妇产科学	100211	金 丽	2022-01-11	
		144	眼科学	100212	戴锦晖	2008-01-14	中山医院
			眼科学	100212	袁 非	2011-01-19	
			眼科学	100212	王志良	2016-04-22	华山医院
			眼科学	100212	孙兴怀	1999-07-01	眼耳鼻喉科医院
			眼科学	100212	卢 奕	2001-04-01	
			眼科学	100212	徐格致	2004-01-13	
			眼科学	100212	周行涛	2008-01-14	
			眼科学	100212	徐建江	2009-01-07	
			眼科学	100212	钱 江	2011-01-19	
			眼科学	100212	龚 岚	2012-12-27	
			眼科学	100212	常 青	2014-01-10	
			眼科学	100212	罗 怡	2014-01-10	
			眼科学	100212	姜春晖	2014-01-10	
			眼科学	100212	莫晓芬	2014-01-10	
			眼科学	100212	钱韶红	2015-01-12	
			眼科学	100212	赵 晨	2017-03-03	
			眼科学	100212	吴继红	2018-01-17	

续 表

学科门类	一级学科名称/专业学位类别	序号	专业名称	专业代码	博士生导师	批准日期	所属院系(所)
医学	临床医学	144	眼科学	100212	蒋永祥	2019-01-08	眼耳鼻喉科医院
			眼科学	100212	王晓瑛	2020-09-02	
			眼科学	100212	孔祥梅	2020-09-02	
			眼科学	100212	陈 玲	2020-09-02	
			眼科学	100212	颜 标	2020-09-02	
			眼科学	100212	季樱红	2021-01-13	
			眼科学	100212	陈君毅	2021-01-13	
			眼科学	100212	陈宇虹	2021-01-13	
			眼科学	100212	雷 苑	2021-01-13	
			眼科学	100212	竺向佳	2021-11-22	
			眼科学	100212	洪佳旭	2022-01-03	
			眼科学	100212	瞿小妹	2022-01-11	
			眼科学	100212	黄 欣	2022-01-11	
			眼科学	100212	张圣海	2022-01-11	
			眼科学	100212	周晓东	2018-01-17	金山医院
			眼科学	100212	张宇燕	2020-09-02	华东医院
		145	耳鼻咽喉科学	100213	黄新生	2014-01-10	中山医院
			耳鼻咽喉科学	100213	孙广滨	2016-01-12	华山医院
			耳鼻咽喉科学	100213	王正敏	1986-07-01	眼耳鼻喉科医院
			耳鼻咽喉科学	100213	迟放鲁	2000-04-01	
			耳鼻咽喉科学	100213	周 梁	2001-04-01	
			耳鼻咽喉科学	100213	郑春泉	2001-04-01	
			耳鼻咽喉科学	100213	蒋家琪	2004-01-13	
			耳鼻咽喉科学	100213	王德辉	2005-01-26	
			耳鼻咽喉科学	100213	李华伟	2005-01-26	
			耳鼻咽喉科学	100213	戴春富	2006-01-12	
			耳鼻咽喉科学	100213	张天宇	2007-01-19	
			耳鼻咽喉科学	100213	陈 兵	2008-01-14	
			耳鼻咽喉科学	100213	吴海涛	2010-01-27	
			耳鼻咽喉科学	100213	戴培东	2011-01-19	
			耳鼻咽喉科学	100213	魏春生	2012-01-13	
			耳鼻咽喉科学	100213	余洪猛	2012-12-27	
			耳鼻咽喉科学	100213	王武庆	2015-01-12	
			耳鼻咽喉科学	100213	陶 磊	2015-01-12	
			耳鼻咽喉科学	100213	李华斌	2017-01-05	
			耳鼻咽喉科学	100213	余逸群	2017-10-12	
			耳鼻咽喉科学	100213	李耕林	2019-07-05	
			耳鼻咽喉科学	100213	舒易来	2020-03-13	
			耳鼻咽喉科学	100213	王 璟	2020-09-02	

续　表

学科门类	一级学科名称/ 专业学位类别	序号	专业名称	专业代码	博士生导师	批准日期	所属院系(所)
医学	临床医学	145	耳鼻咽喉科学	100213	袁雅生	2021-01-13	眼耳鼻喉科医院
			耳鼻咽喉科学	100213	李文妍	2021-03-08	
			耳鼻咽喉科学	100213	任冬冬	2022-01-11	
			耳鼻咽喉科学	100213	孙　珊	2022-01-11	
			耳鼻咽喉科学	100213	章如新	2007-01-19	华东医院
			耳鼻咽喉科学	100213	韩　朝	2021-01-13	
		146	肿瘤学	100214	曾昭冲	2007-01-19	中山医院
			肿瘤学	100214	张博恒	2012-01-13	
			肿瘤学	100214	吴伟忠	2012-01-13	
			肿瘤学	100214	臧荣余	2012-12-27	
			肿瘤学	100214	何　健	2015-01-12	
			肿瘤学	100214	刘天舒	2015-01-12	
			肿瘤学	100214	崔杰峰	2017-01-05	
			肿瘤学	100214	代　智	2018-01-17	
			肿瘤学	100214	黄齐洪	2018-12-06	
			肿瘤学	100214	杜世锁	2019-03-12	
			肿瘤学	100214	刘　亮	2020-09-02	
			肿瘤学	100214	陈荣新	2020-09-02	
			肿瘤学	100214	邵志敏	1999-07-01	肿瘤医院
			肿瘤学	100214	蔡三军	2004-01-13	
			肿瘤学	100214	叶定伟	2006-01-12	
			肿瘤学	100214	王华英	2007-01-19	
			肿瘤学	100214	胡超苏	2007-01-19	
			肿瘤学	100214	吴小华	2007-01-19	
			肿瘤学	100214	陈海泉	2007-01-19	
			肿瘤学	100214	嵇庆海	2008-01-14	
			肿瘤学	100214	章　真	2009-01-07	
			肿瘤学	100214	周晓燕	2009-01-07	
			肿瘤学	100214	吴　炅	2010-01-27	
			肿瘤学	100214	郭伟剑	2010-01-27	
			肿瘤学	100214	杨　恭	2011-01-19	
			肿瘤学	100214	郭小毛	2012-01-13	
			肿瘤学	100214	吴开良	2012-01-13	
			肿瘤学	100214	欧周罗	2012-01-13	
			肿瘤学	100214	虞先濬	2012-01-13	
			肿瘤学	100214	胡夕春	2012-12-27	
			肿瘤学	100214	金　伟	2012-12-27	
			肿瘤学	100214	王亚农	2014-01-10	
			肿瘤学	100214	杨文涛	2014-01-10	

续 表

学科门类	一级学科名称/专业学位类别	序号	专业名称	专业代码	博士生导师	批准日期	所属院系(所)
医学	临床医学	146	肿瘤学	100214	李大强	2014-01-10	肿瘤医院
			肿瘤学	100214	何霞云	2015-01-12	
			肿瘤学	100214	赵快乐	2015-01-12	
			肿瘤学	100214	徐 烨	2015-01-12	
			肿瘤学	100214	王 坚	2016-01-12	
			肿瘤学	100214	杨慧娟	2016-01-12	
			肿瘤学	100214	李小秋	2016-01-12	
			肿瘤学	100214	李心翔	2016-01-12	
			肿瘤学	100214	王建华	2016-01-12	
			肿瘤学	100214	陆雪官	2016-01-12	
			肿瘤学	100214	戴 波	2017-01-05	
			肿瘤学	100214	盛伟琪	2018-01-17	
			肿瘤学	100214	孔 琳	2018-01-17	
			肿瘤学	100214	蔡国响	2018-01-17	
			肿瘤学	100214	徐 近	2018-01-17	
			肿瘤学	100214	王 鹏	2020-03-13	
			肿瘤学	100214	余科达	2020-03-13	
			肿瘤学	100214	马延磊	2020-03-13	
			肿瘤学	100214	江一舟	2020-03-13	
			肿瘤学	100214	王 宇	2020-09-02	
			肿瘤学	100214	胡伟刚	2020-09-02	
			肿瘤学	100214	朱正飞	2020-09-02	
			肿瘤学	100214	王玉龙	2020-09-02	
			肿瘤学	100214	胡 欣	2020-09-02	
			肿瘤学	100214	徐大志	2020-09-02	
			肿瘤学	100214	俞晓立	2021-01-13	
			肿瘤学	100214	朱 耀	2021-01-13	
			肿瘤学	100214	彭俊杰	2021-01-13	
			肿瘤学	100214	李 媛	2021-01-13	
			肿瘤学	100214	刘 辰	2021-01-13	
			肿瘤学	100214	徐晓武	2021-01-13	
			肿瘤学	100214	张海梁	2021-01-13	
			肿瘤学	100214	施 思	2022-01-03	
			肿瘤学	100214	陈 洁	2022-01-11	
			肿瘤学	100214	张 倜	2022-01-11	
			肿瘤学	100214	许国雄	2014-01-10	金山医院
			肿瘤学	100214	郑向鹏	2019-01-08	华东医院
			肿瘤学	100214	任 军	2021-10-20	浦东医院
			肿瘤学	100214	王立顺	2016-01-12	闵行区中心医院

续表

学科门类	一级学科名称/专业学位类别	序号	专业名称	专业代码	博士生导师	批准日期	所属院系(所)
医学	临床医学	147	康复医学与理疗学	100215	吴　毅	2006-01-12	华山医院
			康复医学与理疗学	100215	白玉龙	2015-01-12	
			康复医学与理疗学	100215	贾　杰	2016-01-12	
		148	运动医学	100216	陈世益	2001-04-01	
			运动医学	100216	华英汇	2017-01-05	
		149	麻醉学	100217	缪长虹	2007-01-19	中山医院
			麻醉学	100217	方　浩	2015-01-12	
			麻醉学	100217	方　琰	2016-01-12	
			麻醉学	100217	葛圣金	2016-01-12	
			麻醉学	100217	仓　静	2017-01-05	
			麻醉学	100217	罗　哲	2020-09-02	
			麻醉学	100217	钟　鸣	2020-09-02	
			麻醉学	100217	梁伟民	2006-01-12	华山医院
			麻醉学	100217	王英伟	2016-01-12	
			麻醉学	100217	张　军	2014-01-10	肿瘤医院
			麻醉学	100217	李文献	2015-01-12	眼耳鼻喉科医院
			麻醉学	100217	沈　霞	2022-01-11	
			麻醉学	100217	顾卫东	2021-01-13	华东医院
		150	急诊医学	100218	童朝阳	2012-12-27	中山医院
			急诊医学	100218	宋振举	2021-01-13	
			急诊医学	100218	申　捷	2015-01-12	金山医院
		151	全科医学	1002Z2	潘志刚	2016-01-12	中山医院
			全科医学	1002Z2	江孙芳	2019-01-08	
	口腔医学	152	临床口腔医学	1002Z3	余优成	2008-01-14	华山医院
			临床口腔医学	1002Z3	赵守亮	2014-04-01	
			临床口腔医学	1002Z3	孙红英	2015-01-12	
			临床口腔医学	1002Z3	刘月华	2016-01-12	上海市口腔医院
			临床口腔医学	1002Z3	张　颖	2018-01-17	
			临床口腔医学	1002Z3	刘婷姣	2021-01-13	
	公共卫生与预防医学	153	流行病与卫生统计学	100401	赵根明	2004-01-13	公共卫生学院
			流行病与卫生统计学	100401	孟　炜	2005-01-26	
			流行病与卫生统计学	100401	徐　飚	2005-01-26	
			流行病与卫生统计学	100401	何　纳	2006-01-12	
			流行病与卫生统计学	100401	林燧恒	2006-01-12	
			流行病与卫生统计学	100401	余金明	2008-01-14	
			流行病与卫生统计学	100401	袁　伟	2009-01-07	
			流行病与卫生统计学	100401	郑英杰	2015-01-12	
			流行病与卫生统计学	100401	余宏杰	2016-08-31	
			流行病与卫生统计学	100401	徐望红	2017-01-05	

续 表

学科门类	一级学科名称/专业学位类别	序号	专业名称	专业代码	博士生导师	批准日期	所属院系(所)
医学	公共卫生与预防医学	153	流行病与卫生统计学	100401	王伟炳	2018-01-17	公共卫生学院
			流行病与卫生统计学	100401	付朝伟	2019-01-08	
			流行病与卫生统计学	100401	秦国友	2019-01-08	
			流行病与卫生统计学	100401	苗茂华	2019-01-08	
			流行病与卫生统计学	100401	吴 凡	2019-06-28	
			流行病与卫生统计学	100401	周艺彪	2020-09-02	
			流行病与卫生统计学	100401	张铁军	2020-09-02	
			流行病与卫生统计学	100401	余勇夫	2021-01-13	
			流行病与卫生统计学	100401	粟 硕	2022-01-03	
			流行病与卫生统计学	100401	项永兵	2006-01-12	上海市肿瘤研究所
			流行病与卫生统计学	100401	武俊青	2004-01-13	上海市生物医药技术研究院
			流行病与卫生统计学	100401	楼超华	2005-01-26	
			流行病与卫生统计学	100401	谢 鹭	2022-01-11	
			流行病与卫生统计学	100401	李园园	2022-01-11	
			流行病与卫生统计学	100401	车 焱	2022-01-11	
			流行病与卫生统计学	100401	宋庆今	2022-01-11	
		154	劳动卫生与环境卫生学	100402	傅 华	1999-07-01	公共卫生学院
			劳动卫生与环境卫生学	100402	屈卫东	2006-01-12	
			劳动卫生与环境卫生学	100402	阚海东	2010-01-27	
			劳动卫生与环境卫生学	100402	张蕴晖	2015-01-12	
			劳动卫生与环境卫生学	100402	郑频频	2016-01-12	
			劳动卫生与环境卫生学	100402	陈仁杰	2020-03-13	
			劳动卫生与环境卫生学	100402	赵卓慧	2020-09-02	
			劳动卫生与环境卫生学	100402	郑唯韡	2021-12-08	
			劳动卫生与环境卫生学	100402	赵金镯	2022-01-11	
		155	营养与食品卫生学	100403	何更生	2014-01-10	
			营养与食品卫生学	100403	陈 波	2020-09-02	
			营养与食品卫生学	100403	高 翔	2022-07-09	
		156	儿少卫生与妇幼保健学	100404	汪 玲	2003-01-01	
			儿少卫生与妇幼保健学	100404	钱 序	2004-01-13	
			儿少卫生与妇幼保健学	100404	史慧静	2017-01-05	
			儿少卫生与妇幼保健学	100404	蒋 泓	2021-01-13	
		157	卫生毒理学	100405	周志俊	2003-01-01	
			卫生毒理学	100405	吴 庆	2012-12-27	
	中西医结合	158	中西医结合基础	100601	王彦青	2006-01-12	基础医学院
			中西医结合基础	100601	俞 瑾	2014-01-10	
			中西医结合基础	100601	冯 异	2020-09-02	
		159	中西医结合临床	100602	蔡定芳	1996-07-01	中山医院
			中西医结合临床	100602	董竞成	2001-04-01	华山医院

学科门类	一级学科名称/专业学位类别	序号	专业名称	专业代码	博士生导师	批准日期	所属院系(所)
医学	中西医结合	159	中西医结合临床	100602	陈锡群	2017-03-20	华山医院
			中西医结合临床	100602	孟志强	2011-01-19	肿瘤医院
			中西医结合临床	100602	陈 震	2014-01-10	
			中西医结合临床	100602	陈 颢	2021-01-13	
			中西医结合临床	100602	李亚明	2017-01-05	华东医院
			中西医结合临床	100602	李文伟	2016-01-12	公共卫生临床中心
	药学	160	药物化学	100701	穆 青	2009-01-07	药学院
			药物化学	100701	赵伟利	2009-01-07	
			药物化学	100701	岳建民	2009-01-07	
			药物化学	100701	孙 逊	2010-01-27	
			药物化学	100701	李英霞	2010-01-27	
			药物化学	100701	王 洋	2011-01-19	
			药物化学	100701	胡金锋	2011-01-19	
			药物化学	100701	邵黎明	2012-06-20	
			药物化学	100701	付 伟	2012-12-27	
			药物化学	100701	Yonghui WANG（王永辉）	2014-01-10	
			药物化学	100701	魏邦国	2016-01-12	
			药物化学	100701	上杉志成	2019-03-12	
			药物化学	100701	王任小	2019-04-15	
			药物化学	100701	陈 瑛	2020-09-02	
			药物化学	100701	周 璐	2020-09-02	
			药物化学	100701	古险峰	2020-09-02	
			药物化学	100701	熊 娟	2020-09-02	
			药物化学	100701	丁 宁	2021-01-13	
			药物化学	100701	雷新胜	2022-01-11	
			药物化学	100701	余旭芬	2022-12-01	
		161	药剂学	100702	陆伟跃	2001-04-01	
			药剂学	100702	吴 伟	2006-01-12	
			药剂学	100702	蒋 晨	2008-01-14	
			药剂学	100702	王建新	2012-12-27	
			药剂学	100702	李 聪	2012-12-27	
			药剂学	100702	张奇志	2014-01-10	
			药剂学	100702	陈 钧	2014-01-10	
			药剂学	100702	沙先谊	2016-01-12	
			药剂学	100702	陆 伟	2016-01-12	
			药剂学	100702	黄容琴	2017-01-05	
			药剂学	100702	魏 刚	2018-01-17	
			药剂学	100702	戚建平	2020-09-02	

续表

学科门类	一级学科名称/专业学位类别	序号	专业名称	专业代码	博士生导师	批准日期	所属院系(所)
医学	药学	161	药剂学	100702	姜嫣嫣	2021-01-13	药学院
			药剂学	100702	卢懿	2021-01-13	
			药剂学	100702	庞志清	2021-01-13	
			药剂学	100702	季斌	2021-07-09	
			药剂学	100702	王璐	2021-07-09	
			药剂学	100702	孙涛	2022-01-11	
			药剂学	100702	雷祖海	2022-01-11	
			药剂学	100702	沈顺	2022-01-11	
			药剂学	100702	张志文	2022-12-01	
		162	生药学	100703	陈道峰	1999-07-01	
			生药学	100703	侯爱君	2008-01-14	
			生药学	100703	卢燕	2020-09-02	
			生药学	100703	程志红	2022-01-11	
			生药学	100703	雷春	2022-01-11	
		163	药物分析学	100704	卢建忠	2003-05-01	
			药物分析学	100704	陈刚	2008-01-14	
			药物分析学	100704	郁韵秋	2012-12-27	
			药物分析学	100704	李嫣	2019-01-08	
			药物分析学	100704	曾湖烈	2020-09-02	
		164	微生物与生化药学	100705	鞠佃文	2011-04-15	
			微生物与生化药学	100705	冯美卿	2015-01-12	
			微生物与生化药学	100705	叶丽	2020-09-02	
		165	药理学	100706	马兰	1996-04-01	基础医学院
			药理学	100706	黄志力	2006-07-01	
			药理学	100706	曲卫敏	2014-01-10	
			药理学	100706	占昌友	2016-05-19	
			药理学	100706	朱棣	2017-01-05	
			药理学	100706	王菲菲	2019-01-08	
			药理学	100706	刘星	2020-09-02	
			药理学	100706	李洋	2021-01-13	
			药理学	100706	丁凤菲	2022-01-11	
			药理学	100706	朱依谆	2005-01-26	药学院
			药理学	100706	李雪宁	2008-01-14	
			药理学	100706	程能能	2009-01-07	
			药理学	100706	Ke YU(余科)	2011-04-15	
			药理学	100706	钱忠明	2012-12-27	
			药理学	100706	李润生	2012-12-27	
			药理学	100706	李清泉	2014-01-10	
			药理学	100706	沈晓燕	2014-01-10	

续表

续 表

学科门类	一级学科名称/专业学位类别	序号	专业名称	专业代码	博士生导师	批准日期	所属院系(所)
医学	药学	165	药理学	100706	施惠娟	2014-01-10	药学院
			药理学	100706	李卫华	2014-01-10	
			药理学	100706	张雪梅	2017-01-05	
			药理学	100706	王明伟	2017-09-06	
			药理学	100706	谭文福	2018-01-17	
			药理学	100706	孙祖越	2005-01-26	上海市生物医药技术研究院
			药理学	100706	王 健	2011-01-19	
			药理学	100706	杜 晶	2016-01-12	
		166	临床药学	1007Z1	蔡卫民	2009-01-07	药学院
			临床药学	1007Z1	翟 青	2018-01-17	
			临床药学	1007Z1	相小强	2021-01-13	
			临床药学	1007Z1	宁 光	2022-12-01	
			临床药学	1007Z1	吕迁洲	2012-01-13	中山医院
			临床药学	1007Z1	钟明康	2004-01-13	华山医院
			临床药学	1007Z1	王 斌	2015-01-12	
			临床药学	1007Z1	刘继勇	2020-03-18	肿瘤医院
			临床药学	1007Z1	李智平	2014-01-10	儿科医院
			临床药学	1007Z1	汤 静	2020-09-02	妇产科医院
	护理学	167	护理学	101100	胡 雁	2007-01-19	护理学院
			护理学	101100	夏海鸥	2012-12-27	
			护理学	101100	张玉侠	2015-01-12	
			护理学	101100	袁长蓉	2017-10-19	
			护理学	101100	丁 焱	2018-01-17	
			护理学	101100	万宏伟	2019-01-08	
管理学	管理科学与工程	168	管理科学与工程	120100	Jianqiang HU（胡建强）	2008-10-17	管理学院
			管理科学与工程	120100	宋京生	2014-09-09	
			管理科学与工程	120100	张显东	2017-01-05	
			管理科学与工程	120100	吴肖乐	2018-01-17	
			管理科学与工程	120100	洪 流	2018-07-16	
		169	信息管理与信息系统	1201Z2	黄丽华	2001-04-01	
			信息管理与信息系统	1201Z2	刘 杰	2004-06-01	
			信息管理与信息系统	1201Z2	凌 鸿	2006-01-12	
			信息管理与信息系统	1201Z2	张成洪	2012-12-27	
			信息管理与信息系统	1201Z2	徐云杰	2015-01-12	
			信息管理与信息系统	1201Z2	张 诚	2016-01-12	
			信息管理与信息系统	1201Z2	卢向华	2017-01-05	
			信息管理与信息系统	1201Z2	王有为	2019-01-08	
			信息管理与信息系统	1201Z2	戴伟辉	2019-01-08	
			信息管理与信息系统	1201Z2	窦一凡	2020-09-02	

续 表

学科门类	一级学科名称/专业学位类别	序号	专业名称	专业代码	博士生导师	批准日期	所属院系(所)
管理学	管理科学与工程	170	物流与运营管理	1201Z3	陈祥锋	2016-01-12	
			物流与运营管理	1201Z3	戴 悦	2017-01-05	
			物流与运营管理	1201Z3	冯天俊	2018-01-17	
			物流与运营管理	1201Z3	田 林	2020-09-02	
		171	商务人工智能	1201Z4	徐以汎	2005-01-26	
			商务人工智能	1201Z4	胡奇英	2008-01-14	
	工商管理	172	会计学	120201	李若山	1998-03-01	管理学院
			会计学	120201	洪剑峭	2006-01-12	
			会计学	120201	吕长江	2007-01-19	
			会计学	120201	Chao CHEN（陈 超）	2009-01-07	
			会计学	120201	原红旗	2009-01-07	
			会计学	120201	方军雄	2014-01-10	
			会计学	120201	Xin ZHANG（张 新）	2019-01-08	
			会计学	120201	倪晨凯	2019-01-08	
			会计学	120201	RONG HUANG（黄 蓉）	2019-11-14	
		173	企业管理	120202	陆雄文	2001-04-01	
			企业管理	120202	苏 勇	2001-04-01	
			企业管理	120202	李元旭	2003-01-01	
			企业管理	120202	张 青	2009-01-07	
			企业管理	120202	宁 钟	2010-01-27	
			企业管理	120202	姚 凯	2012-12-27	
			企业管理	120202	李 旭	2012-12-27	
			企业管理	120202	郑琴琴	2019-01-08	
			企业管理	120202	马胜辉	2020-09-02	
			企业管理	120202	卫 田	2022-01-11	
		174	旅游管理	120203	郭英之	2010-01-27	历史学系
			旅游管理	120203	沈 涵	2020-09-02	旅游学系
		175	东方管理学	1202Z1	李绪红	2020-09-02	管理学院
		176	市场营销	1202Z2	范秀成	2007-01-19	
			市场营销	1202Z2	黄 沛	2008-01-14	
			市场营销	1202Z2	蒋青云	2009-01-07	
			市场营销	1202Z2	丁 敏（DING, Min）	2012-01-13	
			市场营销	1202Z2	金立印	2015-01-12	
			市场营销	1202Z2	洪伟萍	2016-01-12	
			市场营销	1202Z2	罗学明	2016-01-12	

续 表

学科门类	一级学科名称/专业学位类别	序号	专业名称	专业代码	博士生导师	批准日期	所属院系(所)
管理学	工商管理	177	财务学	1202Z3	劳兰珺	2005-01-26	管理学院
			财务学	1202Z3	孔爱国	2006-01-12	
			财务学	1202Z3	王克敏	2007-01-19	
			财务学	1202Z3	范龙振	2008-01-14	
			财务学	1202Z3	徐剑刚	2009-01-07	
			财务学	1202Z3	Chenghu MA（马成虎）	2010-01-27	
			财务学	1202Z3	Qian SUN（孙 谦）	2010-04-19	
			财务学	1202Z3	Christine Xiaohong JIANG（蒋肖虹）	2018-03-22	
			财务学	1202Z3	罗 妍	2019-01-08	
			财务学	1202Z3	李隽业	2020-09-09	
	公共管理	178	行政管理	120401	竺乾威	1996-06-01	国际关系与公共事务学院
			行政管理	120401	陈晓原	2007-01-19	
			行政管理	120401	唐亚林	2010-01-27	
			行政管理	120401	顾丽梅	2012-12-27	
			行政管理	120401	敬乂嘉	2012-12-27	
			行政管理	120401	苟燕楠	2016-01-12	
			行政管理	120401	郑 磊	2020-09-02	
			行政管理	120401	陈水生	2022-01-11	
		179	社会医学与卫生事业管理	120402	郝 模	1998-07-01	公共卫生学院
			社会医学与卫生事业管理	120402	陈 文	2006-01-12	
			社会医学与卫生事业管理	120402	孙晓明	2006-01-12	
			社会医学与卫生事业管理	120402	薛 迪	2007-01-19	
			社会医学与卫生事业管理	120402	严 非	2009-01-07	
			社会医学与卫生事业管理	120402	吕 军	2009-01-07	
			社会医学与卫生事业管理	120402	陈英耀	2009-01-07	
			社会医学与卫生事业管理	120402	陈 刚	2011-01-19	
			社会医学与卫生事业管理	120402	罗 力	2014-01-10	
			社会医学与卫生事业管理	120402	应晓华	2014-01-10	
			社会医学与卫生事业管理	120402	黄葭燕	2016-01-12	
			社会医学与卫生事业管理	120402	刘 宝	2018-01-17	
			社会医学与卫生事业管理	120402	金春林	2020-09-02	
			社会医学与卫生事业管理	120402	王 颖	2022-01-11	
		180	教育经济与管理	120403	熊庆年	2011-01-19	高等教育研究所
			教育经济与管理	120403	林荣日	2012-01-13	
			教育经济与管理	120403	Xinchun NIU（牛新春）	2015-01-12	
			教育经济与管理	120403	陆 一	2020-09-02	

四、人才培养

续表

学科门类	一级学科名称/专业学位类别	序号	专业名称	专业代码	博士生导师	批准日期	所属院系(所)
管理学	公共管理	181	环境管理	1204Z1	王新军	2012-01-13	环境科学与工程系
			环境管理	1204Z1	Marie Kieran Waxman	2012-01-13	
			环境管理	1204Z1	包存宽	2012-12-27	
			环境管理	1204Z1	蒋平	2017-01-05	
			环境管理	1204Z1	刘平养	2020-09-02	
		182	社会管理与社会政策	1204Z2	郭有德	2014-01-10	社会发展与公共政策学院
			社会管理与社会政策	1204Z2	赵德余	2015-01-12	
			社会管理与社会政策	1204Z2	吴开亚	2016-01-12	
			社会管理与社会政策	1204Z2	田文华	2017-04-28	
		183	公共政策	1204Z3	朱春奎	2009-01-07	国际关系与公共事务学院
			公共政策	1204Z3	唐贤兴	2010-01-27	
			公共政策	1204Z3	李春成	2014-01-10	
			公共政策	1204Z3	唐莉	2016-09-05	
			公共政策	1204Z3	张平	2020-09-02	
			公共政策	1204Z3	Jose A. Puppim De Olivira	2017-07-07	全球公共政策研究院
			公共政策	1204Z3	公婷	2022-01-18	
			公共政策	1204Z3	Evan Berman	2022-01-18	
			公共政策	1204Z3	Stephen Peter Osborne	2022-01-18	
		184	应急管理	1204Z4	滕五晓	2017-01-05	国际关系与公共事务学院
			应急管理	1204Z4	李瑞昌	2017-01-05	
		185	政府运行保障管理	1204Z5	赵剑治	2020-09-02	
交叉学科	集成电路科学与工程	186	集成电路科学与工程	140100	许宁生	2016-07-08	微电子学院
			集成电路科学与工程	140100	徐敏	2019-03-13	
			集成电路科学与工程	140100	徐佳伟	2019-03-13	
			集成电路科学与工程	140100	Yu Shaofeng（俞少峰）	2019-05-17	
			集成电路科学与工程	140100	顾宗铨	2019-06-27	
			集成电路科学与工程	140100	程增光	2020-04-28	
			集成电路科学与工程	140100	吕铁良	2020-05-20	
			集成电路科学与工程	140100	刘琦	2020-05-28	
			集成电路科学与工程	140100	刘明	2020-05-28	
			集成电路科学与工程	140100	叶凡	2020-09-02	
			集成电路科学与工程	140100	闫娜	2020-09-02	
			集成电路科学与工程	140100	范益波	2020-09-02	
			集成电路科学与工程	140100	陈琳	2020-09-02	
			集成电路科学与工程	140100	刘文军	2020-09-02	

续表

学科门类	一级学科名称/专业学位类别	序号	专业名称	专业代码	博士生导师	批准日期	所属院系(所)
交叉学科	集成电路科学与工程	186	集成电路科学与工程	140100	朱 颢	2020-09-02	微电子学院
			集成电路科学与工程	140100	倪熔华	2020-11-25	
			集成电路科学与工程	140100	陶 俊	2021-01-13	
			集成电路科学与工程	140100	陈时友	2021-05-17	
			集成电路科学与工程	140100	伍 强	2021-07-05	
			集成电路科学与工程	140100	边历峰	2021-11-19	
			集成电路科学与工程	140100	王建禄	2021-11-19	
			集成电路科学与工程	140100	严昌浩	2022-01-11	
			集成电路科学与工程	140100	解玉凤	2022-01-11	
			集成电路科学与工程	140100	陈建利	2022-01-11	
			集成电路科学与工程	140100	王 明	2022-01-18	
			集成电路科学与工程	140100	向 都	2022-01-18	
			集成电路科学与工程	140100	蒋 昊	2022-01-18	
			集成电路科学与工程	140100	刘春森	2022-01-18	
			集成电路科学与工程	140100	胡 申	2022-09-02	
			集成电路科学与工程	140100	陈映平	2022-11-22	
—	电子信息	187	电子信息	085400	马伟明	2021-03-22	计算机科学技术学院
			电子信息	085400	陆 军	2021-10-20	
			电子信息	085400	浦 剑	2021-01-13	类脑人工智能科学与技术研究院
			电子信息	085400	蒋林华	2020-09-02	工程与应用技术研究院
			电子信息	085400	雷光寅	2022-01-11	
			电子信息	085400	陈 赟	2022-01-11	微电子学院
			电子信息	085400	沈 磊	2022-01-11	
—	材料与化工	188	材料与化工	085600	陈 萌	2020-09-02	材料科学系
			材料与化工	085600	王 超	2021-01-13	
			材料与化工	085600	程元荣	2021-01-13	
			材料与化工	085600	吴红艳	2022-01-11	
			材料与化工	085600	顾广新	2022-01-11	
		189	生物与医药	086000	罗畯义	2022-01-11	类脑人工智能科学与技术研究院
—	临床医学	190	内科学	105101	方 艺	2022-01-11	中山医院
			内科学	105101	陈 洁	2022-01-11	华东医院
			内科学	105101	徐旭东	2022-01-11	闵行区中心医院
		191	老年医学	105103	陈 蔚	2022-01-11	华山医院
		192	外科学	105111	胡 杰	2022-01-11	
		193	放射影像学	105123	梁宗辉	2022-01-11	静安区中心医院

(研究生院、医学研究生院供稿)

留学生教育

【概况】 2022年,复旦大学共接受来自112个国家的留学生3 247人次,其中本科生1 552人次,研究生1 096人次,非学历生599人次。

完成各类留学生招录工作。共录取各类外国留学生1 284人,其中本科生414人,研究生386人,非学历生484人。受疫情持续影响,招录总人数较2021年略有下降,学历生规模保持稳定。完成国家留学基金委下达的各项奖学金生招生任务,共录取171人;完成上海市政府奖学金录取工作,共录取51人。在上海市政府奖学金的支持下,学校承办的上海暑期项目共录取39人。

新增能源化学、大气科学、生态学等本科专业面向留学生招生。实施外国留学生本科招生新举措:新增8所"高中校长直推"资格学校;新增美国AP和新西兰NCEA免笔试标准;新增Duolingo English Test(多邻国英语考试成绩)和PTE Academic Test(培生学术英语考试成绩)作为衡量申请人英语水平的依据。

进一步健全完善来华留学教育工作机制。贯彻落实教育部、外交部、公安部联合发布的《学校招收和培养国际学生管理办法》和教育部《来华留学生高等教育质量规范(试行)》等文件要求,对《复旦大学外国留学生管理工作条例》进行修订,发布《复旦大学招收和培养国际学生管理办法》,对国际学生招生管理、教学管理、学生工作与生活管理、社会管理、监督管理等方面进行明确规定,进一步规范各职能部门和培养单位招收、培养、管理国际学生的行为。

继续做好疫情常态化和突发情况下的留学生管理。共处理留学生返校确认申请2 004条,开具留学生办证申请函2 000多份;处理境外学生行李整理委托事宜近150件;在校内隔离点安置留学生近150人次。按照教育部要求,引导境外国际学生有序返华,为35个国家近600名留学生开具返校证明。按照教育部、上海市相关要求,完成留学生离境审批百余件,组织涉疫留学生集体转运隔离2次。 （杨 俐）

【1名留学生获"感受中国新时代"主题征文、摄影和短视频大奖赛三等奖】 8月,中国古代文学研究中心印度尼西亚籍博士研究生Clement Tanaka(陈衍宏)获由中共中央对外联络部《当代世界》杂志社主办的"感受中国新时代"主题征文、摄影和短视频大奖赛摄影类三等奖。复旦大学获优秀组织奖。 （周学森）

【设立复旦大学"国际儒联学者计划"硕士项目奖学金】 该项目由中国"国际儒学联合会"设立并资助,由复旦大学、北京大学、清华大学等中国十所顶尖高校负责项目实施。2022年我校共有两名留学生新生获得该项奖学金,攻读哲学学院英语授课硕士项目。 （张向荣）

【设立复旦大学外国留学生预科项目】 12月,《复旦大学外国留学生预科项目实施方案》经校长办公会议和校党委常委会审议通过。设立外国留学生预科项目是吸引国外高素质生源、保证学校留学生教学质量的重要举措。该项目于2022年底启动招生宣传,预计在2023年秋季迎来首批学生。 （杨 俐）

【复旦留学生代表队获第五届"外教社杯"全国高校学生跨文化能力大赛上海赛区冠军】 12月3日,第五届"外教社杯"全国高校学生跨文化能力大赛上海赛区决赛在上海外语教育出版社举行。数学与应用数学专业2020级日本籍本科生佐藤拓未、临床医学五年制2018级津巴布韦籍本科生帕斯卡(Pascal Kwangwari)和肿瘤医院2022级巴基斯坦籍硕士研究生娜瑟(Javaria Nasir)组成代表队参加国际学生组别比赛,以总分第一的成绩夺得冠军,并获得"Future China Expert"(未来中国通)称号。 （周学森）

继续教育

【概况】 2022年,复旦大学继续教育学院负责学历继续教育与非学历教育培训的具体实施。学历继续教育层次有高中起点升本科和专科起点升本科,教育形式有夜大学和自学考试两类。非学历教育培训主要开展各类面向政府、企业和社会人士的继续教育培训、职业培训等项目。作为中共中央组织部及教育部批准的"全国干部教育培训复旦大学基地",积极依托学校教学、科研、师资优势,统筹协调全校办学资源,为社会提供高质量的干部教育培训服务,逐步形成以规范管理为保障、以质量评估为手段、以优质项目为核心的教育培训品牌特色。

学历继续教育。1.夜大学。继续教育学院负责高等学历继续教育(夜大学)的招生、教学管理、学籍管理、学生事务管理,以及毕业、学位审核等,由学校各相关教学院系负责日常教学。2022年,在校生总数5 238人。录取高等学历继续教育各层次新生1 569人。毕业学生1 496人,其中本科毕业生1 496人,授予学士学位326人。2.自学考试。上海市第80次、第81次高等教育自学考试于10月举行。继续教育学院自学考试办公室行使主考学校职责,在上海市高等教育自学考试委员会和上海市教育考试院指导下开展工作。2022年共有7 991考生参加20 919门次的理论考试和37门次的实践性环节考核,其中新生657人。毕业考生513人,其中本科毕业生513人,授予学士学位464人。

夜大学学生王建东、季姝鑫、裘智超、刘信红、彭登登获2022年上海市成人高校"优秀学员"称号,其中季姝鑫同时获2022年上海市成人高校"十佳学习标兵"荣誉称号。中国语言文学系梁燕丽老师、药学院卢懿老师获2021—2022年度上海市成人高校"优秀教师"称号。继续教育学院庄麒老师、药学院施军老师获2021—2022年度上海市成人高校"优秀管理者"称号。

非学历教育培训。继续教育学院的非学历教育培训以党政干部教育培训为主。全年举办项目33个,累计培训学员2 000余人。项目涉及党政事业机关、企业、金融机构、高等学校、职业学校等,学员地域覆盖上海、浙江、湖南、江苏、福建、西藏、四川、云南、内蒙古、重庆、湖北、宁夏、海南、山东、河南、河北、陕西等。

继续做好复旦大学定点扶贫的云南永平县来沪干部培训,举办2个班次,参训学员100人,学校自筹资金投入43万元。继续推进服务国家国防建设,承担全年21位军转干部进高校培训工作。

9月,胡波任复旦大学继续教育学院院长(试用期一年),免去其复旦大学教务处副处长职务;免去宓詠的复旦大学继续教育学院院长职务。9月,胡波同志任复旦大学继续教育学院党总支委员、副书记(兼)。

(乔琴生 张 英)

附 录

2022年复旦大学高等学历继续教育专业设置

层次	负责教学工作的院系	专业名称	培养方向
高起本	经济学院	金融学	标准
	继续教育学院	工商管理	人力资源
专升本	法学院	法学	标准
	中国语言文学系	汉语言文学	标准
	外国语言文学学院	英语	标准
	新闻学院	新闻学	标准
	新闻学院	传播学	标准
	经济学院	金融学	标准
	经济学院	国际经济与贸易	标准
	社会发展与公共政策学院	心理学	标准
	药学院	药学	标准
	继续教育学院	工商管理	人力资源
	管理学院	工商管理	标准
	管理学院	会计学	标准
	国际关系与公共事务学院	行政管理	标准
	计算机科学技术学院	计算机科学与技术	标准
	计算机科学技术学院	软件工程	标准
	护理学院	护理学	标准

(继续教育学院供稿)

非学历教育

【概况】 2022年,复旦大学成立非学历教育管理办公室(全国干部教育培训基地办公室),负责全校非学历教育的统筹规划和归口管理,标志着非学历教育跨入新阶段。在新起点上,复旦大学非学历教育工作以习近平新时代中国特色社会主义思想为指导,坚持一流定位,主动服务国家战略和经济社会发展,进一步发挥市场机制,不断优化非学历教育管理与服务体系,重点推进终身教育体系建设,努力实现高质量发展,助力"第一个复旦"和"双一流"建设。2022年,学校共授权24个院系举办非学历教育,立项230个,当年举办170个;立项金额合计2.15亿,到账金额1亿;立项计划培训6.7万人次,实际培训7.7万人次。

(游 畅)

【成立非学历教育管理办公室】 6月29日,成立复旦大学非学历教育管理办公室(全国干部教育培训基地办公室)。非学历教育管理办公室是学校党政管理机构,正处级建制,负责全校非学历教育的统筹规划和归口管理。全国干部教育培训基地办公室与非学历教育管理办公室合署办公,负责全国干部教育培训复旦大学基地的日常管理工作。继续教育学院不再承担非学历教育管理和全国干部教育培训基地管理工作。

(游 畅)

【落实中央巡视整改要求】 2022年继续落实中央巡视整改要求,落实学校有关处理合作办学遗留项目的决定,重点清理合作办学、学费优惠等方面的遗留问题。截至8月已妥善处理相关遗留问题。

(游 畅)

【持续开展非学历教育领域问题专项整治】 2022年,学校根据教育部相关文件精神,持续开展非学历教育领域问题专项整治工作。11月28日,教育部直属高校非学历教育领域问题专项整治工作入校核查工作汇报会在校内举行。

(游 畅)

五、科学研究与产业

理工科、医科科研

【概况】 2022年,复旦大学理工医共获得各类项目2 325项,到款总经费27.37亿元。其中纵向项目1 485项,到款经费22.24亿元;横向项目840项,到款经费5.13亿元。全口径科技到款经费41.56亿元。

全年共申请国家自然科学基金4 659项,获资助项目921项,立项经费7.63亿元(直接经费),申请数、立项数、立项金额均创历史新高。其中,科学中心项目单项立项金额6 000万元,共获批3项,创历史新高;获国家自然科学基金面上项目429项,青年科学基金382项;创新研究群体项目1项,国家杰出青年科学基金项目10项,优秀青年科学基金项目16项;重大项目(含课题)5项(其中项目1项,课题4项),国家重大科研仪器研制项目2项(自由申请),重大研究计划6项(其中集成项目3项),重点项目21项,外国学者研究基金项目9项;数学天元基金项目2项,联合基金项目5项,专项项目24项(其中原创探索计划项目1项)。

获批牵头承担国家重点研发计划项目31项(其中青年科学家项目10项,国际合作类专项1项),国拨立项经费4.06亿元;获批科技创新2030重大项目13项,国拨立项经费2.4亿元。"脑科学与类脑研究"2030专项第一批指南立项数全国第一,立项总经费3.7亿元。国家重点研发计划"物态调控"专项年度立项数全国排名第二。获批国家重点研发计划及科技创新2030课题68项,国拨立项经费3.18亿元。

上海市科委资助项目获批立项157项(不含医学院,不含医院),总立项金额1.04亿元,其中基础研究领域项目13项;自然科学基金项目49项;高新技术科技攻关项目11项;社会发展科技攻关项目9项;生物医药科技支撑领域项目5项;优秀学术/技术带头人计划项目4项;启明星项目9项;扬帆计划项目18项。上海市浦江人才计划A类9项,D类6项。上海市教委曙光计划理工科2项。上海市教委晨光计划理工科2项。

获各类国际合作项目资助26项,其中国家重点研发计划"战略性国际科技创新合作"重点专项项目1项,国家自然科学基金委国际合作项目6项,上海市科委"一带一路"国际联合实验室建设项目1项,上海市科委政府间国际科技合作项目8项,美国中华医学基金会项目1项,欧盟"地平线"计划项目1项,日本科学技术振兴机构项目1项,世界卫生组织、世界自然基金会等其他国际科技合作项目7项。

获科技部正式批准试点建设集成芯片与系统全国重点实验室。国家发展改革委原则同意复旦大学附属中山医院国家医学中心建设项目可行性研究报告。

获批新建8个省部级科研平台,包括1个创新引智基地(极端天气气候-大气环境-公众健康多风险互联学科创新引智基地)、1个教育部工程研究中心(健康老龄化智慧医疗教育部工程研究中心)、1个上海市重点实验室(上海市海陆气界面过程与气候变化重点实验室)、2个上海市临床医学研究中心(上海市肾脏疾病临床医学研究中心、上海市妇科疾病临床医学研究中心)、3个上海市专业技术服务平台(上海市生物医药糖复合物专业技术服务平台、上海市临床检验质谱专业技术服务平台、上海市中西医结合医药专业技术服务平台)。

生物多样性与生态工程、医学分子病毒学、代谢分子医学、公共卫生安全、智能化递药、癌变与侵袭原理等6个教育部重点实验室参加2021年度生物医药领域教育部评估,2022年完成评估,其中生物多样性与生态工程、医学分子病毒学、公共卫生安全、癌变与侵袭原理4个教育部重点实验室评估结果为优秀,代谢分子医学、智能化递药2个教育部重点实验室评估结果为良好。微纳光子学和电磁波信息科学2个教育部重点实验室参加2022年度教育部信息科学领域评估,获评良好;先进涂料教育部工程研究中心参加教育部评估,待正式公布评估结果;上海市脑与类脑智能影像专业技术服务平台和上海有机固废污染控制与资源化专业技术服务平台、上海市医学表观遗传学重点实验室通过上海市科委验收。

医学分子病毒学、糖复合物、卫生技术评估、病毒性心脏病、手功能重建、抗生素临床药理、新生儿疾病、听觉医学、近视眼等9个国家卫生健康委员会重点实验室参加国家卫生健康委员会评估,其中国家卫生健康委员会医学分子病毒学重点实验室评估结果为优秀,其余8个重点实验室评估结果为良好。

新建1个校级实体运行科研机构,即复旦大学智能医学研究院(筹)。新建3个校级虚体研究机构,分别为复旦大学元宇宙智慧医疗研究所、复旦大学智能网络与计算研究中心和复旦大学中国人保健康管理研究院。撤销复旦大学感染病科学与应用研究院等6个校级虚体研究机构。

新建校企联合实验室19家;合同额总计2.35亿元。校企联合实验室到校经费总计8 829万元。

与地方和企业合作的科研项目经费到款5.2亿元(含实验室服务,不含附属医院),签订技术合同831个,合同总金额达16.39亿元,签订合同额大于50万的项目291个。与上海企事业单位签订432个技术合同,合同总金额达8.36亿元。其他省市的产学研项目立项共22项,立项金额2 046.8万元,到款1 653.8万元。参加中国技术市场协会金桥奖评选,获得两项突出贡献奖个人奖和一项先进个人奖、一项优秀项目奖。参加中国产学研合作创新与促进奖评选,获得一项创新奖(个人)和一项创新成果奖二等奖。组织参加中国国际高新技术成果交易会(高交会)、日内瓦国际发明展等多个展会,其中,在日内瓦发明展上获2项金奖、1项银奖;在高交会上,16个项目获"优秀产品奖",创历史新高,学校也是本届高交会获奖数最多的高校。

2022年,获高等学校科学研究优秀成果奖(科学技术)8项(人),其中一等奖1项,二等奖6项,青年科学奖1人;获上海市科学技术奖26项(人),其中科技功臣奖1人,特等奖1项,一等奖13项,二等奖7项,三等奖4项;获科学探索奖3人;获中国青年科技奖特别奖1人;获未来女科学家计划1人;获上海市科技精英奖6人,科技精英提名奖5人;获上海青年科技英才2人;获阿里巴巴达摩院青橙奖2人;获上海科技青年35人引领计划5人,提名奖2人;获上海市核学会杨福家核科技青年人才奖3人,提名奖2人,杨福家核科学普及奖1项;获钱伟长中文信息处理科学技术奖一等奖1项;获侯德榜化工科学技术奖青年奖1人;获上海科普教育创新奖16项,其中一等奖5项,二等奖5项,三等奖5项,提名奖1项;获中国材料研究学会科学技术奖二等奖1项;获中国自动化科学技术奖二等奖一项;获上海市计算机学会科学技术奖4项,其中一等奖1项,二等奖1项,三等奖2项;获CCF科技成果奖2项;获中国光学十大进展2项;获中国化学会青年化学奖1人;获上海海洋科学技术奖2项(人),一等奖1项,青年创新奖1人;获谈家桢生命科学奖2人;获华夏医疗保健国际交流促进科技奖2项(人),其中二等奖1项,国际合作奖1人;获中国抗癌协会科技奖2项,其中一等奖1项,二等奖1项;获上海医学科技奖15项,其中一等奖2项,二等奖5项,三等奖7项,成果推广奖1项;获树兰医学奖6人。

申请中国专利821项,授权专利数量868项,其中授权发明专利769项。完成计算机软件著作权登记116项。

根据中国科学技术信息研究所统计,2021年,复旦大学发表SCI论文6 429篇,中国卓越科技论文4 446篇,EI论文2 012篇,科技会议录引文索引收录论文312篇;SCI学科影响因子前1/10的期刊论文收录论文1 833篇,《科学》(Science)、《自然》(Nature)、《细胞》(Cell)和《美国科学院院报》(PNAS)四刊收录论文20篇,作为第一作者国际合著论文收录论文1 165篇。

(邹媛媛 王慧 程诗萌 冯小燕 杨硕 李安琪 王维 支晓 谢鑫 张慧君 张倩宜 董玲玲 丁帆 陈卓敏 戴悦春 邓峰 肖晋芬)

【新增国家重点研发计划牵头项目31项】 分别为:低维动力系统的拓扑和统计性质(上海数学中心沈维孝),面向Chiplet的宽频带低噪声全数字锁相环技术(微电子学院许灏),高精度多模态智能传感芯片与集成系统研究(微电子学院徐佳伟),可见光通信核心芯片与关键技术研究(信息科学与工程学院迟楠),可转运磁共振成像探测阵列(附属华山医院张军),调控肿瘤微环境的活性深海先导化合物发现新技术(药学院蒋维),主动健康知识体系构建与输出技术方法研究(公共卫生学院罗力),基于新技术多模态的艾滋病定向检测筛查与精准诊防策略研究(公共卫生学院何纳),复杂生物体代谢组的高通量超灵敏定性定量分析技术研究(附属中山医院唐惠儒),基于肿瘤干细胞类器官解析转移微环境特征与调控机制(附属华山医院迟喻丹),长三角地区新粒子生成与增长机制与多尺度量化模拟技术研究(环境科学与工程系姚磊),基于阻变存储器件的大规模脉冲神经网络技术研究(芯片与系统前沿技术研究院蒋昊),基于多活性中心含锂有机正极和氟醚类电解液的储能电池研究(高分子科学系高悦),北极海-冰-气系统和热带海-气系统的相互作用及其与全球变暖的联系(大气科学研究院温之平),丰产金属催化有机合成(化学系麻生明),面向重要催化过程的介孔催化材料的创制(化学系李伟),STAR束流能量扫描实验中QCD相结构和临界点的实验研究(现代物理研究所陈金辉),基于光子物理调控的光纤信道安全通信技术工程化研究(材料科学系贾波),人体器官主要细胞的转录调控时空图景及在肿瘤恶性进展中的作用机制(人类表型组研究院丁琛),高指标理论及其应用(上海数学中心吴健超),超构表面对光场与表界面光和物质相互作用的调控(物理学系周磊),低维体系自旋态的调控及其在未来人工智能器件中的应用(微纳电子器件研究院沈健),磁性拓扑态的三维量子霍尔效应与非线性霍尔效应研究(物理学系张成),新型铁性的机理研究及多场超快调控(物理学系向红军),中低压氢气管道固态储氢系统及其应用技术(材料科学系方方),基于Kubas-纳米泵机制MOFs储氢新材料及其储氢系统(材料科学系宋云),肺泡损伤修复再生的细胞和分子机制及药物开发(生命科学学院林鑫华),动脉粥样硬化发生中的胆固醇代谢新机制研究(代谢研究院黄林章),重建肢体瘫痪及失语功能的临床新方法和脑机接口神经调控新技术研发(附属华山医院徐文东),老年人足部辅具关键技术研究及应用推广(附属华山医院马昕),Cav-1和CD36的药靶功能、机制和相关新型组合分子成药性研究(基础医学院朱依纯)。 (王慧 程诗萌)

【新增科技创新2030重大项目13项】 分别为:胶质细胞在中枢神经系统稳态和功能维持中的作用(脑科学转化研究院彭勃),双孔钾离子通道THIK亚家族介导小胶质细胞功能的结构基础和调节分子发现(脑科学转化研究院李保宾),正负性情绪社会转移的神经机制研究(脑科学转化研究院胡荣峰),重复序列扩增相关脑疾病机理与治疗(脑科学转化研究院王涛),中国健康衰老与痴呆社区队列研究(附属华山医院郁金泰),面向语言功能障碍的汉语语言脑机接口研究(附属华山医院路俊锋),分子影像病理探针的开发及其在阿尔茨海默病发病机制中的研究(附属华山医院谢芳),心智空间导航:探索认知地图在人类高级认知功能中作用的认知神经科学研究(类脑人工智能科学与技术研究院 Deniz Vatansever),小鼠乳头体环路介观神经联接图谱(脑科学研究院何苗),基于光电纳米线阵列的高分辨人工视网膜的开发及其在全盲者视觉重建中的应用研究(脑科学研究院颜彪),靶向溶酶体的小分子化合物改善阿尔茨海默病的机制研究(基础医学院李洋),基于全脑维度脑电放大微电极阵列的万级通道脑机接口研究(光电研究院宋恩名),听觉机械转导通道复合物的组装机制及功能研究(附属眼耳鼻喉科医院李文妍)。

(王 慧 程诗萌)

【获国家自然科学基金基础科学中心项目3项】 分别是由人类表型组研究院金力院士作为项目负责人的"低压低氧环境下人类复杂性状的表型组分析与系统解构"项目、大气与海洋科学系/大气科学研究院的张人禾院士作为项目负责人的"海-陆-气系统与北半球中高纬极端天气气候"项目、附属中山医院葛均波院士作为项目负责人的"泛血管介入复杂系统"项目。

(李安琪 谢 鑫)

【获国家自然科学基金创新研究群体项目1项】 该项目为物理学系周磊的"超构光学的基础与应用研究"项目。

(李安琪 谢 鑫)

【获国家自然科学基金重大项目1项、课题4项】 其中国家自然科学基金重大项目1项,负责人为管理学院吴肖云;课题4项,课题负责人分别是物理学系田传山、高分子科学系陈道勇、管理学院吴肖乐、芯片与系统前沿技术研究院刘琦。

(李安琪 谢 鑫)

【获国家自然科学基金重点项目21项】 项目负责人分别是数学科学学院郭坤宇、物理学系赵俊、物理学系资剑、现代物理研究所符长波、放射医学研究所邵春林、化学系徐昕、材料科学系步文博、代谢与整合生物学研究院赵同金、附属妇产科医院赵世民、大气与海洋科学系/大气科学研究院梁湘三、大气与海洋科学系/大气科学研究院杨海军、先进材料实验室车仁超、材料科学系俞燕蕾、信息科学与工程学院王昕、信息科学与工程学院张俊文、管理学院陈祥锋、国际关系与公共事务学院敬乂嘉、经济学院吴力波、附属中山医院邹云增、附属肿瘤医院柳素玲、附属肿瘤医院王鹏。

(李安琪 谢 鑫)

【获国家自然科学基金重大研究计划(集成项目、重点项目)项目3项】 分别是生命科学学院倪挺"基于多器官衰老表型组的数据集成和人工智能计算的衰老预警系统"、生命科学学院聂明"中国湿地温室气体释放反馈气候变化的微生物学机制研究"、附属妇产科医院赵世民"代谢物蛋白质修饰的生理病理及化学干预"。

(李安琪 谢 鑫)

【获国家自然科学基金国家重大科研仪器研制(自由申请)项目2项】 分别是信息科学与工程学院汪源源的"面向心功能不全的全柔性智能心脏超声监测仪研制"与药学院李聪的"用于实体瘤侵袭多分子事件研究的智能拉曼检测仪器研制"。

(李安琪 谢 鑫)

【获国家自然科学基金联合基金项目(重点支持)项目5项】 项目负责人分别是信息科学与工程学院张荣君、化学系邓勇辉、材料科学系李卓、附属肿瘤医院赵快乐、环境科学与工程系李庆。

(李安琪 谢 鑫)

【获国家自然科学基金原创探索计划项目1项】 是物理学系刘韡韬作为项目负责人的"复杂界面微尺度结构的原位非线性光学研究"项目。

(李安琪 谢 鑫)

【获国家杰出青年科学基金项目10项】 项目负责人分别是物理学系张童、物理学系黄旭光、化学系王永刚、材料科学系吴仁兵、物理学系修发贤、管理学院卢向华、附属眼耳鼻喉科医院颜标、附属眼耳鼻喉科医院舒易来、附属华山医院叶丹、类脑人工智能科学与技术研究院赵兴明。

(李安琪 谢 鑫)

【获国家自然科学基金优秀青年科学基金项目16项】 项目负责人分别是上海数学中心杜恺、化学系蔡泉、化学系凡勇、基础医学院王菲菲、大气与海洋科学系/大气科学研究院张峰、先进材料实验室王兵杰、材料科学系沈剑锋、大数据学院朱雪宁、管理学院虞嘉怡、附属中山医院黄鑫欣、附属华山医院邓娟、脑科学研究院熊曼、附属中山医院孙云帆、先进材料实验室陈培宁、附属华山医院李博、信息科学与工程学院江雪。

(李安琪 谢 鑫)

【新增上海市重大项目11项】 上海市科委"科技创新行动计划"重大项目(立项金额200万以上),复旦大学牵头获批(不含医院)总立项金额5 526.5万元,共计11项,分别是:信息科学与工程学院汪源源承担的"自动驾驶试验场关键技术研究与应用验证"、先进材料实验室赵东元承担的"非对称多功能介孔纳米复合材料研究"、计算机科学技术学院王新承担的"奥运备战数据监测和分析平台"、计算机科学技术学院金城承担的"面向应急通信系统的宽带卫星通信关键技术研发和示范应用"、化学系凡勇承担的"新型红外稀土基发光材料的创制及其应用"、物理学系陶镇生承担的"宽谱相干太赫兹光场的产生及主动调控研究"、信息科学与工程学院陆明承担的"片上电泵全硅激光器及其硅光集成应用演示研究"、化学系侯军利承担的"脂双层内仿生通道蛋白的组装及其生物活性研究"、微电子学院陈琳承担的"新型柔性存储器及存算一体技术研究"、计算机科学技术学院肖仰华承担的"数据与知识双驱动的情感认知计算模型研究"、信息科学与工程学院任久春承担的"基于赛艇训练等特定环境的室内智能桨池数字化技术研究"。

(支 晓 王 维)

【获批建设3个上海市专业技术服务平台】 1月12日,上海市科委发布《关于2022年度上海市专业技术服务平台建设立项的通知》,上海市生物医药糖复合物专业技术服务平台、上海市临床检验质谱专业技术服务平台、上海市中西医结合医药专业技术服务平台获批建设。　　(陈　泠)

【撤销6个校级虚体研究机构】　3月31日,复旦大学上海医学院同意撤销复旦大学上海医学院人文与社会医学研究院。5月28日,学校同意撤销复旦大学血液病中心、复旦大学感染病科学与应用研究院、病毒性肝炎研究中心、临床疼痛研究中心、复旦大学-阿尔伯塔大学持续性感染研究中心。　　　　　　　　(陈　泠)

【获批建设1个全国重点实验室】　5月24日,科技部批准建设集成芯片与系统全国重点实验室。　(张倩宜)

【新建1个校级实体运行科研机构】6月30日,新建复旦大学智能医学研究院(筹)。　　　　　(陈　泠)

【新建3个校级虚体研究机构】　6月30日,新建复旦大学智能网络与计算研究中心;10月25日,新建复旦大学元宇宙智慧医疗研究所;6月21日,新建复旦大学中国人保健康管理研究院。　　　　　(陈　泠　丁帆)

【成立2个上海市临床医学研究中心】8月8日,成立上海市肾脏疾病临床医学研究中心、上海市妇科疾病临床医学研究中心。　　　　(陈　泠)

【获批建设复旦大学附属中山医院国家医学中心】　8月31日,国家发展改革委原则同意复旦大学附属中山医院国家医学中心建设项目可行性研究报告。　　　　　(陈　泠)

【获批建设1个教育部工程研究中心】9月15日,健康老龄化智慧医疗教育部工程研究中心获批立项建设。
　　　　　　　　　　　(陈　泠)

【获批建设1个上海市重点实验室】12月15日,上海市海陆气界面过程与气候变化重点实验室获批筹建。
　　　　　　　　(张慧君　董玲玲)

【获批建设1个高等学校学科创新引智基地】　12月30日,极端天气气候-大气环境-公众健康多风险互联学科创新引智基地获批2023年度高等学校学科创新引智基地。
　　　　　　　　(张慧君　董玲玲)

附　录

理工医科政府批建科研平台

序号	级别	建设单位	类别	名称	主要依托单位	主任/负责人	成立年份	归属
1	国家级	教育部、上海市	国家中心(教育部与上海市共建)	上海数学中心	上海数学中心	李骏	2011	理工科
2	国家级	科技部	学科国家重点实验室	应用表面物理国家重点实验室	物理学系	沈健	1990	理工科
3	国家级	科技部	学科国家重点实验室	遗传工程国家重点实验室	生命科学学院	林鑫华	1984	理工科
4	国家级	科技部	全国重点实验室	集成芯片与系统全国重点实验室	集成芯片与系统全国重点实验室	刘明	2022	理工科
5	国家级	科技部	学科国家重点实验室	聚合物分子工程国家重点实验室	高分子科学系	丁建东	2011	理工科
6	国家级	科技部	学科国家重点实验室	医学神经生物学国家重点实验室	脑科学研究院	马兰	1992	医科
7	国家级	国家卫生健康委	国家医学中心	国家儿童医学中心(上海)	附属儿科医院	黄国英	2017	医科
8	国家级	国家卫生健康委	国家医学中心	国家神经疾病医学中心	附属华山医院	毛颖	2021	医科
9	国家级	国家卫生健康委	国家医学中心	国家传染病医学中心	附属华山医院	张文宏	2021	医科
10	国家级	国家卫生健康委	国家医学中心	复旦大学附属中山医院国家医学中心	附属中山医院	樊嘉	2022	医科
11	国家级	科技部、国家卫生健康委等	国家临床医学研究中心	国家老年疾病临床医学研究中心	附属华山医院	顾玉东	2016	医科
12	国家级	科技部、国家卫生健康委等	国家临床医学研究中心	国家放射与治疗临床医学研究中心	附属中山医院	葛均波	2019	医科

续表

序号	级别	建设单位	类别	名称	主要依托单位	主任/负责人	成立年份	归属
13	国家级	工信部	国家制造业创新中心	国家集成电路创新中心	上海集成电路制造创新中心有限公司	张 卫	2018	理工科
14	国家级	科技部	国家应用数学中心	上海国家应用数学中心	数学科学学院、上海数学中心	李 骏	2020	理工科
15	国家级	教育部	产教融合创新平台	国家集成电路产教融合创新平台	微电子学院	张 卫	2019	理工科
16	国家级	教育部	集成攻关大平台	新一代集成电路技术集成攻关大平台	新一代集成电路技术集成攻关大平台	刘 明	2019	理工科
17	国家级	教育部	前沿科学中心	脑科学前沿科学中心	脑科学前沿科学中心	马 兰	2018	医科
18	国家级	科技部	国家野外观测台站	上海长江河口湿地生态系统国家野外科学观测研究站	生命科学学院	李 博	2021	理工科
19	国家级	国家发改委	国家工程实验室	治疗性疫苗国家工程实验室	附属中山医院、复旦大学	(待定)	2013	医科
20	省部级	教育部	省部共建创新协同中心	长三角集成电路设计与制造协同创新中心	微电子学院	张 卫	2021	理工科
21	省部级	教育部、科技部	高等学校新农村发展研究院	新农村发展研究院	信息科学与工程学院/生命科学学院/环境科学与工程系	郑立荣	2013	理工科
22	省部级	教育部	教育部野外科学观测研究站	上海长江河口湿地生态系统野外科学观测研究站	生命科学学院	李 博	2019	理工科
23	省部级	国家林业局	国家林业局野外台站	上海崇明东滩湿地生态系统定位观测研究站	生命科学学院	赵 斌	2013	理工科
24	省部级	教育部	教育部重点实验室	非线性数学模型与方法教育部重点实验室	数学科学学院	陈 猛	1994	理工科
25	省部级	教育部	教育部重点实验室	生物多样性与生态工程教育部重点实验室	生命科学学院	贺 强	2000	理工科
26	省部级	教育部	教育部重点实验室	现代人类学教育部重点实验室	生命科学学院	李 辉	2005	理工科
27	省部级	教育部	教育部重点实验室	计算物质科学教育部重点实验室	物理学系	龚新高	2008	理工科
28	省部级	教育部	教育部重点实验室	微纳光子结构教育部重点实验室	物理学系	吴施伟	2009	理工科
29	省部级	教育部	教育部重点实验室	特性材料与技术教育部B类重点实验室	专用材料与技术中心	叶明新	2010	理工科
30	省部级	教育部	教育部重点实验室	电磁波信息科学教育部重点实验室	信息科学与工程学院	徐 丰	2013	理工科
31	省部级	教育部	教育部重点实验室	核物理与离子束应用教育部重点实验室	现代物理研究所	黄焕中	2017	理工科
32	省部级	教育部	教育部重点实验室	计算神经科学与类脑智能教育部重点实验室	类脑人工智能科学与技术研究院	冯建峰	2018	理工科
33	省部级	教育部	教育部重点实验室	癌变与侵袭原理教育部重点实验室	附属中山医院	樊 嘉	2000	医科

续 表

序号	级别	建设单位	类别	名称	主要依托单位	主任/负责人	成立年份	归属
34	省部级	教育部	教育部重点实验室	医学分子病毒学教育部重点实验室	基础医学院	袁正宏	2001	医科
35	省部级	教育部	教育部重点实验室	代谢分子医学教育部重点实验室	基础医学院	汤其群	2001	医科
36	省部级	教育部	教育部重点实验室	公共卫生安全教育部重点实验室	公共卫生学院	余宏杰	2004	医科
37	省部级	教育部	教育部重点实验室	智能化递药教育部重点实验室	药学院	蒋晨	2010	医科
38	省部级	教育部	教育部工程研究中心	先进涂料教育部工程研究中心	材料科学系	武利民	2001	理工科
39	省部级	教育部	教育部工程研究中心	基因技术教育部工程研究中心	生命科学学院	卢大儒	2001	理工科
40	省部级	教育部	教育部工程研究中心	网络信息安全审计与监控教育部工程研究中心	计算机科学技术学院	吴杰	2006	理工科
41	省部级	教育部	教育部工程研究中心	创新科学仪器教育部工程研究中心	化学系	孔继烈	2008	理工科
42	省部级	教育部	教育部工程研究中心	智能机器人教育部工程研究中心	工程与应用技术研究院	甘中学	2018	理工科
43	省部级	教育部	教育部工程研究中心	心血管介入治疗技术与器械教育部工程研究中心	附属中山医院	葛均波	2013	医科
44	省部级	教育部	教育部工程研究中心	健康老龄化智慧医疗教育部工程研究中心	附属华山医院	徐文东	2022	医科
45	省部级	上海市科委	上海市重点实验室	上海市现代应用数学重点实验室	数学科学学院	程晋	2001	理工科
46	省部级	上海市科委	上海市重点实验室	上海市分子催化与功能材料重点实验室	化学系	赵东元	2002	理工科
47	省部级	上海市科委	上海市重点实验室	上海市智能信息处理重点实验室	计算机科学技术学院	周水庚	2004	理工科
48	省部级	上海市科委	上海市重点实验室	上海市大气颗粒物污染防治重点实验室	环境科学与工程系	陈建民	2012	理工科
49	省部级	上海市科委	上海市重点实验室	上海市数据科学重点实验室	计算机科学技术学院	肖仰华	2013	理工科
50	省部级	上海市科委	上海市重点实验室	上海市针灸机制和穴位功能重点实验室	航空航天系	丁光宏	2014	理工科
51	省部级	上海市科委	上海市重点实验室	上海市代谢重塑与健康重点实验室	代谢与整合生物学研究院	李蓬	2020	理工科
52	省部级	上海市科委	上海市重点实验室	上海市海陆气界面过程与气候变化重点实验室	大气科学研究院	张人禾	2022	理工科
53	省部级	上海市科委	上海市重点实验室	上海市周围神经显微外科重点实验室	附属华山医院	顾玉东	2005	医科
54	省部级	上海市科委	上海市重点实验室	上海市医学图像处理与计算机辅助手术重点实验室	基础医学院	宋志坚	2006	医科
55	省部级	上海市科委	上海市重点实验室	上海市器官移植重点实验室	附属中山医院	朱同玉	2009	医科
56	省部级	上海市科委	上海市重点实验室	上海市女性生殖内分泌相关疾病重点实验室	附属妇产科医院	徐丛剑	2010	医科
57	省部级	上海市科委	上海市重点实验室	上海市视觉损害与重建重点实验室	附属眼耳鼻喉科医院	徐格致	2012	医科

续表

序号	级别	建设单位	类别	名 称	主要依托单位	主任/负责人	成立年份	归属
58	省部级	上海市科委	上海市重点实验室	上海市乳腺肿瘤重点实验室	附属肿瘤医院	邵志敏	2012	医科
59	省部级	上海市科委	上海市重点实验室	上海市出生缺陷防治重点实验室	附属儿科医院	黄国英	2013	医科
60	省部级	上海市科委	上海市重点实验室	上海市老年医学临床重点实验室	附属华东医院	保志军	2013	医科
61	省部级	上海市科委	上海市重点实验室	上海市肾脏疾病与血液净化重点实验室	附属中山医院	丁小强	2014	医科
62	省部级	上海市科委	上海市重点实验室	上海市医学表观遗传学重点实验室	生物医学研究院	徐国良	2019	医科
63	省部级	上海市科委	上海市重点实验室	上海市脑功能重塑及神经再生重点实验室	附属华山医院	毛颖	2019	医科
64	省部级	上海市科委	上海市重点实验室	上海市传染病与生物安全应急响应重点实验室	附属华山医院	张文宏	2020	医科
65	省部级	上海市科委	上海市重点实验室	上海市肺部炎症与损伤重点实验室	附属中山医院	宋元林	2020	医科
66	省部级	上海市科委	上海市重点实验室	上海市放射肿瘤学重点实验室	上海市质子重离子临床技术研发中心	郭小毛	2020	医科
67	省部级	上海市科委	上海市重点实验室	上海市围手术期应激与保护重点实验室	附属中山医院	缪长虹	2021	医科
68	省部级	上海市科委	上海工程技术研究中心	上海超精密光学制造工程技术研究中心	信息科学与工程学院	孔令豹	2011	理工科
69	省部级	上海市科委	上海工程技术研究中心	上海工业菌株工程技术研究中心	生命科学学院	吕红	2013	理工科
70	省部级	上海市科委	上海工程技术研究中心	上海手性药物工业不对称催化工程技术研究中心	化学系	陈芬儿	2017	理工科
71	省部级	上海市科委	上海工程技术研究中心	上海重要产品追溯工程技术研究中心	信息科学与工程学院	郑立荣	2017	理工科
72	省部级	上海市科委	上海工程技术研究中心	上海区块链工程技术研究中心	计算机科学技术学院	阚海斌	2018	理工科
73	省部级	上海市科委	上海工程技术研究中心	上海智能机器人工程技术研究中心	工程与应用技术研究院	甘中学	2018	理工科
74	省部级	上海市科委	上海工程技术研究中心	上海碳化硅功率器件工程技术研究中心	工程与应用技术研究院	张清纯	2019	理工科
75	省部级	上海市科委	上海工程技术研究中心	上海综合能源系统人工智能工程技术研究中心	信息科学与工程学院	孙耀杰	2019	理工科
76	省部级	上海市科委	上海工程技术研究中心	上海低轨卫星通信与应用工程技术研究中心	信息科学与工程学院	迟楠	2020	理工科
77	省部级	上海市科委	上海工程技术研究中心	上海消化内镜诊疗工程技术研究中心	附属中山医院	姚礼庆	2011	医科
78	省部级	上海市科委	上海工程技术研究中心	上海分子影像探针工程技术研究中心	附属肿瘤医院	宋少莉	2014	医科
79	省部级	上海市科委	上海工程技术研究中心	上海结直肠肿瘤微创工程技术研究中心	附属中山医院	许剑民	2017	医科

续 表

序号	级别	建设单位	类别	名 称	主要依托单位	主任/负责人	成立年份	归属
80	省部级	上海市科委	上海工程技术研究中心	上海质子重离子放射治疗工程技术研究中心	上海市质子重离子临床技术研发中心	郭小毛	2017	医科
81	省部级	上海市科委	上海工程技术研究中心	上海心肺疾病人工智能工程技术研究中心	附属中山医院	王向东	2018	医科
82	省部级	上海市科委	上海工程技术研究中心	上海心脏瓣膜工程技术研究中心	附属中山医院	王春生	2018	医科
83	省部级	上海市科委	上海工程技术研究中心	上海免疫治疗药物工程技术研究中心	药学院	鞠佃文	2019	医科
84	省部级	上海市科委	上海工程技术研究中心	上海介入治疗工程技术研究中心	附属中山医院	葛均波	2019	医科
85	省部级	上海市科委	上海工程技术研究中心	上海肿瘤智能药物工程技术研究中心	附属华山医院	刘 杰	2019	医科
86	省部级	上海市科委	上海工程技术研究中心	上海毛发医学工程技术研究中心	附属华山医院	吴文育	2019	医科
87	省部级	上海市科委	上海工程技术研究中心	上海神经再生与细胞治疗工程技术研究中心	附属华山医院	朱剑虹	2019	医科
88	省部级	上海市科委	上海工程技术研究中心	上海老年疾病人工智能辅助医疗工程技术研究中心	附属华山医院	陈 靖	2019	医科
89	省部级	上海市科委	上海工程技术研究中心	上海肿瘤疾病人工智能工程技术研究中心	附属肿瘤医院	吴 炅	2019	医科
90	省部级	上海市科委	上海工程技术研究中心	上海合成免疫工程技术研究中心	基础医学院	应天雷	2020	医科
91	省部级	上海市科委	上海工程技术研究中心	上海呼吸物联网医学工程技术研究中心	附属中山医院	白春学	2020	医科
92	省部级	上海市科委	上海工程技术研究中心	上海脑重大疾病智能影像工程技术研究中心	附属华山医院	耿道颖	2020	医科
93	省部级	上海市科委	上海工程技术研究中心	上海胆道微创及材料工程技术研究中心	上海市影像医学研究所	刘厚宝	2020	医科
94	省部级	上海市科委	上海工程技术研究中心	上海激光与裸眼3D视觉健康工程技术研究中心	附属眼耳鼻喉科医院	周行涛	2020	医科
95	省部级	上海市科委	上海工程技术研究中心	上海肿瘤多维靶向基因组诊断工程技术研究中心	附属金山医院	程韵枫	2020	医科
96	省部级	上海市科委	上海工程技术研究中心	上海生物医学检测试剂工程技术研究中心	张江研究院	张 凡	2020	理工科
97	省部级	市发改委	上海市工程研究中心	上海市超精密运动控制与检测工程研究中心	工程与应用技术研究院	杨晓峰	2019	理工科
98	省部级	市发改委	上海市工程研究中心	上海市人工智能医疗辅助器具工程研究中心	附属华山医院	徐文东	2019	医科
99	省部级	市科委	上海市野外科学观测研究站	长江河口湿地生态系统上海市野外科学观测研究站	生命科学学院	李 博	2019	理工科
100	省部级	科技部	国家国际科技合作基地	储能技术示范型国际科技合作基地	先进材料实验室	赵东元	2009	理工科

续 表

序号	级别	建设单位	类别	名 称	主要依托单位	主任/负责人	成立年份	归属
101	省部级	科技部	国家国际科技合作基地	现代人类学示范型国际科技合作基地	生命科学学院	金 力	2012	理工科
102	省部级	科技部	国家国际科技合作基地	气候和环境变化研究示范型国际科技合作基地	环境科学与工程系	陈建民	2013	理工科
103	省部级	科技部	国家国际科技合作基地	发育与疾病国际联合研究中心	发育生物学研究所	林鑫华	2013	理工科
104	省部级	科技部	国家国际科技合作基地	医学表观遗传与分子代谢国际科技合作基地	生物医学研究院	杨芃原（去世）	2016	医科
105	省部级	教育部	国际联合实验室	遗传与发育国际合作联合研究中心	生命科学学院	金 力	2016	理工科
106	省部级	科技部、教育部	创新引智基地	量子调控学科创新引智基地	物理学系	吴长勤	2006	理工科
107	省部级	科技部、教育部	创新引智基地	先进材料科学与技术学科创新引智基地	物理学系	龚新高	2007	理工科
108	省部级	科技部、教育部	创新引智基地	现代应用数学学科创新引智基地	数学科学学院	程 晋	2008	理工科
109	省部级	科技部、教育部	创新引智基地	人类遗传学科创新引智基地	生命科学学院	金 力	2013	理工科
110	省部级	科技部、教育部	创新引智基地	功能纳米材料系统工程学科创新引智基地	化学系	赵东元	2014	理工科
111	省部级	科技部、教育部	创新引智基地	计算神经科学与类脑智能学科创新引智基地	类脑人工智能科学与技术研究院	冯建峰	2017	理工科
112	省部级	科技部、教育部	创新引智基地	脑发育与重塑学科创新引智基地	脑科学研究院	郑 平	2015	医科
113	省部级	科技部、教育部	创新引智基地	持续性感染与疾病学科创新引智基地	基础医学院	袁正宏	2016	医科
114	省部级	科技部、教育部	创新引智基地	重离子物理学科创新引智基地	现代物理研究所	马余刚	2021	理工科
115	省部级	科技部、教育部	创新引智基地	极端天气气候-大气环境-公众健康多风险互联学科创新引智基地	大气科学研究院	张人禾	2022	理工科
116	省部级	上海市教委	上海市协同创新中心	长三角集成电路设计与制造协同创新中心	微电子学院	严晓浪	2013	理工科
117	省部级	上海市教委	上海市协同创新中心	上海市药物研发协同创新中心	药学院	邵黎明	2013	医科
118	省部级	上海市教委	上海市协同创新中心	上海市低轨卫星信息技术协同创新中心	信息科学与工程学院	迟 楠	2021	理工科
119	省部级	上海市教委	上海市协同创新中心	上海市智能视觉计算协同创新中心	计算机科学技术学院	姜育刚	2021	理工科
120	省部级	上海市教委	上海市协同创新中心	上海市内镜微创协同创新中心	附属中山医院	周平红	2021	医科
121	省部级	上海市教委	上海市前沿科学研究基地	上海市海洋-大气相互作用前沿科学研究基地	大气科学研究院	张人禾	2021	理工科
122	省部级	上海市教委	上海市前沿科学研究基地	上海市智能光电与感知前沿科学研究基地	光电研究院	褚君浩	2021	理工科

续 表

序号	级别	建设单位	类别	名 称	主要依托单位	主任/负责人	成立年份	归属
123	省部级	上海市教委	上海市前沿科学研究基地	上海市生殖与发育前沿科学研究基地	附属妇产科医院	黄荷凤	2021	医科
124	省部级	上海市教委	上海市前沿科学研究基地	上海市病原微生物与感染前沿科学研究基地(培育)	基础医学院	袁正宏	2021	医科
125	省部级	上海市科委	上海市研发公共服务平台专业技术服务平台	上海市微电子材料与元器件微分析专业技术服务平台	材料科学系	王 珺	2010	理工科
126	省部级	上海市科委	上海市研发公共服务平台专业技术服务平台	上海市微纳器件与工艺专业技术服务平台	微电子学院	张 卫	2013	理工科
127	省部级	上海市科委	上海市研发公共服务平台专业技术服务平台	上海市脑与类脑智能影像专业技术服务平台	类脑人工智能科学与技术研究院	冯建峰	2019	理工科
128	省部级	上海市科委	上海市研发公共服务平台专业技术服务平台	上海市有机固废污染控制与资源化专业技术服务平台	环境科学与工程系	张士成	2019	理工科
129	省部级	上海市科委	上海市研发公共服务平台专业技术服务平台	上海市聚合物分子工程专业技术服务平台	高分子科学系	彭慧胜	2021	理工科
130	省部级	上海市科委	上海市研发公共服务平台专业技术服务平台	上海市重大疾病蛋白质组研究专业技术服务平台	生物医学研究院	陆豪杰	2011	医科
131	省部级	上海市科委	上海市研发公共服务平台专业技术服务平台	上海市高等级生物安全病原微生物检测专业技术服务平台	附属公共卫生临床中心	张晓燕	2011	医科
132	省部级	上海市科委	上海市研发公共服务平台专业技术服务平台	上海市恶性肿瘤生物样本库专业技术服务平台	附属肿瘤医院	孙孟红	2014	医科
133	省部级	上海市科委	上海市研发公共服务平台专业技术服务平台	灵长类模式动物专业技术服务平台	附属浦东医院	余 波	2017	医科
134	省部级	上海市科委	上海市研发公共服务平台专业技术服务平台	上海市生物医药放射性专业技术服务平台	药学院	李 聪	2021	医科
135	省部级	上海市科委	上海市研发公共服务平台专业技术服务平台	上海市生物医药糖复合物专业技术服务平台	生物医学研究院	陆豪杰	2022	医科
136	省部级	上海市科委	上海市研发公共服务平台专业技术服务平台	上海市临床检验质谱专业技术服务平台	附属中山医院	郭 玮	2022	医科
137	省部级	上海市科委	上海市研发公共服务平台专业技术服务平台	上海市中西医结合医药专业技术服务平台	附属华山医院	董竞成	2022	医科
138	省部级	国家卫生健康委	国家卫生健康委员会重点实验室	国家卫生健康委员会抗生素临床药理重点实验室	附属华山医院	张 菁	1984	医科
139	省部级	国家卫生健康委	国家卫生健康委员会重点实验室	国家卫生健康委员会医学分子病毒学重点实验室	基础医学院	袁正宏	1985	医科

序号	级别	建设单位	类别	名称	主要依托单位	主任/负责人	成立年份	归属
140	省部级	国家卫生健康委	国家卫生健康委员会重点实验室	国家卫生健康委员会手功能重建重点实验室	附属华山医院	顾玉东	1992	医科
141	省部级	国家卫生健康委	国家卫生健康委员会重点实验室	国家卫生健康委员会听觉医学重点实验室	附属眼耳鼻喉科医院	王正敏	1993	医科
142	省部级	国家卫生健康委	国家卫生健康委员会重点实验室	国家卫生健康委员会糖复合物重点实验室	基础医学院	陆豪杰	1994	医科
143	省部级	国家卫生健康委	国家卫生健康委员会重点实验室	国家卫生健康委员会病毒性心脏病重点实验室	附属中山医院	葛均波	1994	医科
144	省部级	国家卫生健康委	国家卫生健康委员会重点实验室	国家卫生健康委员会近视眼重点实验室	附属眼耳鼻喉科医院	孙兴怀	2002	医科
145	省部级	国家卫生健康委	国家卫生健康委员会重点实验室	国家卫生健康委员会卫生技术评估重点实验室	公共卫生学院	陈英耀	2004	医科
146	省部级	国家卫生健康委	国家卫生健康委员会重点实验室	国家卫生健康委员会新生儿疾病重点实验室	附属儿科医院	桂永浩	2005	医科
147	省部级	总后勤部	总后勤部卫生部重点实验室	全军智能化递药重点实验室	药学院	陆伟跃	2010	医科
148	省部级	上海市科委	上海市临床医学研究中心	上海市放射与治疗(介入治疗)临床医学研究中心	附属中山医院	钱菊英	2019	医科
149	省部级	上海市科委	上海市临床医学研究中心	上海市老年疾病临床医学研究中心	附属华山医院	徐文东	2019	医科
150	省部级	上海市科委	上海市临床医学研究中心	上海市神经系统疾病临床医学研究中心	附属华山医院	毛颖	2019	医科
151	省部级	上海市科委	上海市临床医学研究中心	上海市病理诊断临床医学研究中心	附属肿瘤医院	王坚	2019	医科
152	省部级	上海市科委	上海市临床医学研究中心	上海市耳鼻咽喉疾病临床医学研究中心	附属五官科医院	李华伟	2020	医科
153	省部级	上海市科委	上海市临床医学研究中心	上海市感染性疾病(艾滋病)临床医学研究中心	附属公共卫生临床中心	卢洪洲(离职)	2020	医科
154	省部级	上海市科委	上海市临床医学研究中心	上海市急危重症临床医学研究中心	附属中山医院	宋振举	2021	医科
155	省部级	上海市科委	上海市临床医学研究中心	上海市放射治疗临床医学研究中心	附属肿瘤医院	郭小毛	2021	医科
156	省部级	上海市科委	上海市临床医学研究中心	上海市康复医学临床医学研究中心	附属华东医院	高文	2021	医科
157	省部级	上海市科委	上海市临床医学研究中心	上海市肾脏疾病临床医学研究中心	附属中山医院	丁小强	2022	医科
158	省部级	上海市科委	上海市临床医学研究中心	上海市妇科疾病临床医学研究中心	附属妇产科医院	黄荷凤	2022	医科
159	省部级	上海市发改委	创新研究中心	上海北斗智慧应用创新研究中心	信息科学与工程学院	金亚秋	2020	理工科
160	省部级	上海市经信委	研究院	上海人工智能算法研究院	类脑人工智能科学与技术研究院	冯建峰	2019	理工科

续表

序号	级别	建设单位	类别	名称	主要依托单位	主任/负责人	成立年份	归属
161	省部级	上海市卫健委	研究院	上海市重大传染病和生物安全研究院	上海市重大传染病和生物安全研究院	吴 凡	2020	医科
162	省部级	上海市经信委	制造业创新中心	上海集成电路制造业创新中心	微电子学院	张 卫	2018	理工科
163	省部级	上海市经信委	联合创新实验室	上海大数据金融联合创新实验室	大数据学院、大数据研究院	吴力波	2018	理工科
164	省部级	上海市教委	上海高校工程研究中心	视频技术与系统上海高校工程研究中心	计算机科学技术学院	薛向阳	2013	理工科
165	省部级	上海市教委	上海高校工程研究中心	电子与光电子材料及器件分析技术上海高校工程研究中心	材料科学系	吴晓京	2013	理工科
166	省部级	上海市教委	上海高校重点实验室	量子调控上海高校重点实验室	物理学系	龚新高	2014	理工科
167	省部级	上海市教委	上海高校重点实验室	心力衰竭上海高校重点实验室	附属中山医院	葛均波	2014	医科
168	省部级	上海市教委	上海高校重点实验室	蛋白质化学生物学上海高校重点实验室	化学系	王文宁	2014	理工科
169	省部级	上海市教委	上海高校重点实验室	表观遗传学上海高校重点实验室	生物医学研究院	蓝 斐	2014	医科
170	省部级	上海市教委	上海高校重点实验室	小分子活性物质上海高校重点实验室	基础医学院	朱依纯	2014	医科
171	省部级	上海市科委	研发与转化功能型平台	类脑芯片与片上智能系统研发与转化功能型平台	类脑芯片与片上智能系统研究院	（企业法人）	2017	理工科
172	省部级	上海市科委	研发与转化功能型平台	大数据试验场研发与转化功能型平台	大数据试验场研究院	（企业法人）	2020	理工科

2022 年成立校企联合实验室一览表

序号	基地名称	依托院系	成立时间	批准部门
1	先进汽车照明技术校企联合研究创新中心	信息学院	2022	复旦大学
2	钙钛矿光伏技术校企联合实验室	信息学院	2022	复旦大学
3	数据中心先进算力技术与系统校企联合研究中心	计算机学院	2022	复旦大学
4	先进汽车数字模拟与功率芯片校企联合实验室	工研院	2022	复旦大学
5	中西医结合创新药物研发校企联合实验室	基础医学院	2022	复旦大学
6	高性能EDA算法校企联合实验室	数学科学学院	2022	复旦大学
7	先进电池技术校企联合研究中心	光电研究院	2022	复旦大学
8	智能网云电路与系统校企联合实验室	类脑芯片与片上智能系统研究院	2022	复旦大学
9	混合信号链与泛在数据处理芯片校企联合实验室	微电子学院	2022	复旦大学
10	EDA创新校企联合实验室	微电子学院	2022	复旦大学
11	复旦-珐赞噬菌体联合实验室（续）	生科院	2022	复旦大学
12	代谢性疾病小分子新药开发校企联合实验室	药学院	2022	复旦大学
13	优眠技术校企联合研究中心	药学院	2022	复旦大学

序号	基地名称	依托院系	成立时间	批准部门
14	新能源碳材料校企联合实验室	药学院	2022	复旦大学
15	人工智能与金融大数据校企联合实验室	药学院	2022	复旦大学
16	生物相容性光纤技术校企联合研究中心	药学院	2022	复旦大学
17	智慧教育人工智能与融合感知技术校企联合研究中心	药学院	2022	复旦大学
18	恶劣天气下的嵌入式视觉监控校企联合研究中心	药学院	2022	复旦大学
19	医疗循证管理智能决策校企联合实验室	药学院	2022	复旦大学

2022年新增重要理工科、医科科研项目一览表

一、重点研发计划项目

序号	所属重点专项名称	牵头项目名称	项目负责人	所属院系	中央财政经费（万元）
1	数学和应用研究	低维动力系统的拓扑和统计性质	沈维孝	上海数学中心	500.00
2	微纳电子技术	面向Chiplet的宽频带低噪声全数字锁相环技术	许灏	微电子学院	300.00
3	微纳电子技术	高精度多模态智能传感芯片与集成系统研究	徐佳伟	微电子学院	1 500.00
4	信息光子技术	可见光通信核心芯片与关键技术研究	迟楠	信息科学与工程学院	1 299.40
5	基础科研条件与重大科学仪器设备研发	可转运磁共振成像探测阵列	张军	附属华山医院	500.00
6	深海和极地关键技术与装备	调控肿瘤微环境的活性深海先导化合物发现新技术	蒋维	药学院	200.00
7	主动健康和人口老龄化科技应对	主动健康知识体系构建与输出技术方法研究	罗力	公共卫生学院	700.00
8	病原学与防疫技术体系研究	基于新技术多模态的艾滋病定向检测筛查与精准防策略研究	何纳	公共卫生学院	1 830.00
9	前沿生物技术	复杂生物体系代谢组的高通量超灵敏定性定量分析技术研究	唐惠儒	生命科学学院	2 090.00
10	干细胞研究与器官修复	基于肿瘤干细胞类器官解析转移微环境特征与调控机制	迟喻丹	附属华山医院	500.00
11	大气与土壤、地下水污染综合治理	长三角地区新粒子生成与增长机制与多尺度量化模拟技术研究	姚磊	环境科学与工程系	300.00
12	新型显示与战略性电子材料	基于阻变存储器件的大规模脉冲神经网络技术研究	蒋昊	芯片与系统前沿技术研究院	300.00
13	储能与智能电网技术	基于多活性中心含锂有机正极和氟醚类电解液的储能电池研究	高悦	高分子科学系	300.00
14	地球系统与全球变化	北极海-冰-气系统和热带海-气系统的相互作用及其与全球变暖的联系	温之平	大气科学研究院	2 375.00
15	催化科学	丰产金属催化有机合成	麻生明	化学系	2 400.00
16	催化科学	面向重要催化过程的介孔催化材料的创制	李伟	化学系	2 480.00
17	大科学装置前沿研究	STAR束流能量扫描实验中QCD相结构和临界点的实验研究	陈金辉	现代物理研究所	2 500.00
18	颠覆性技术创新	基于光子物理调控的光纤信道安全通信技术工程化研究	贾波	材料科学系	1 000.00

序号	所属重点专项名称	牵头项目名称	项目负责人	所属院系	中央财政经费（万元）
19	生物大分子与微生物组	人体器官主要细胞的转录调控时空图景及在肿瘤恶性进展中的作用机制	丁琛	人类表型组研究院	2 550.00
20	数学和应用研究	高指标理论及其应用	吴健超	上海数学中心	300.00
21	物态调控	超构表面对光场与表界面光和物质相互作用的调控	周磊	物理系	2 755.00
22	物态调控	低维体系自旋态的调控及其在未来人工智能器件中的应用	沈健	微纳电子器件研究院	2 200.00
23	物态调控	磁性拓扑态的三维量子霍尔效应与非线性霍尔效应研究	张成	物理系	500.00
24	物态调控	新型铁性的机理研究及多场超快调控	向红军	物理系	2 785.00
25	氢能技术	中低压氢气管道固态储氢系统及其应用技术	方方	材料科学系	2 000.00
26	氢能技术	基于Kubas-纳米泵机制MOFs储氢新材料及其储氢系统	宋云	材料科学系	300.00
27	发育编程及其代谢调节	肺泡损伤修复再生的细胞和分子机制及药物开发	林鑫华	生命科学学院	2 900.00
28	发育编程及其代谢调节	动脉粥样硬化发生中的胆固醇代谢新机制研究	黄林章	代谢研究院	400.00
29	主动健康和人口老龄化科技应对	重建肢体瘫痪及失语功能的临床新方法和脑机接口神经调控新技术研发	徐又尔	附属华山医院	1 453.00
30	主动健康和人口老龄化科技应对	老年人足部辅具关键技术研究及应用推广	马昕	附属华山医院	1 199.00
31	战略性科技创新合作	Cav-1和CD36的药靶功能、机制和相关新型组合分子成药性研究	朱依纯	基础医学院	200.00

二、科技创新2030重大项目

序号	专项类别	项目名称	项目负责人	所属院系	中央财政经费（万元）
1	脑科学与类脑研究	胶质细胞在中枢神经系统稳态和功能维持中的作用	彭勃	复旦大学脑科学转化研究院	4 800.00
2	脑科学与类脑研究	中国健康衰老与痴呆社区队列研究	郁金泰	复旦大学附属华山医院	13 749.55
3	脑科学与类脑研究	双孔钾离子通道THIK亚家族介导小胶质细胞功能的结构基础和调节分子发现	李保宾	复旦大学脑科学转化研究院	500.00
4	脑科学与类脑研究	心智空间导航:探索认知地图在人类高级认知功能中作用的认知神经科学研究	Deniz Vatansever	复旦大学类脑人工智能科学与技术研究院	500.00
5	脑科学与类脑研究	小鼠乳头体环路介观神经联接图谱	何苗	复旦大学脑科学研究院	500.00
6	脑科学与类脑研究	靶向溶酶体的小分子化合物改善阿尔茨海默病的机制研究	李洋	复旦大学基础医学院	500.00
7	脑科学与类脑研究	正负性情绪社会转移的神经机制研究	胡荣峰	复旦大学脑科学转化研究院	500.00
8	脑科学与类脑研究	基于全脑维度脑电放大微电极阵列的万级通道脑机接口研究	宋恩名	复旦大学光电研究院	500.00
9	脑科学与类脑研究	基于光电纳米线阵列的高分辨人工视网膜的开发及其在全盲者视觉重建中的应用研究	颜彪	复旦大学脑科学研究院	500.00

续表

序号	专项类别	项目名称	项目负责人	所属院系	中央财政经费（万元）
10	脑科学与类脑研究	重复序列扩增相关脑疾病机理与治疗	王涛	复旦大学脑科学转化研究院	500.00
11	脑科学与类脑研究	面向语言功能障碍的汉语语言脑机接口研究	路俊锋	复旦大学附属华山医院	500.00
12	脑科学与类脑研究	分子影像病理探针的开发及其在阿尔茨海默病发病机制中的研究	谢芳	复旦大学附属华山医院	500.00
13	脑科学与类脑研究	听觉机械转导通道复合物的组装机制及功能研究	李文妍	复旦大学附属眼耳鼻喉科医院	500.00

三、国家自然科学基金委员会和上海市重大重点项目

国家自然科学基金科学中心项目

项目名称	项目负责人	所属院系
低压低氧环境下人类复杂性状的表型组分析与系统解构	金力	人类表型组研究院
海-陆-气系统与北半球中高纬极端天气气候	张人禾	大气与海洋科学系/大气科学研究院
泛血管介入复杂系统	葛均波	附属中山医院

国家自然科学基金创新研究群体项目

序号	项目名称	项目负责人	所属院系
1	超构光学的基础与应用研究	周磊	物理学系

国家自然科学基金重大项目

序号	项目名称	项目负责人	所属院系
1	集成微腔光梳的超宽带频率转换与参量放大研究	田传山（课题）	物理学系
2	超结构动态调控与协同机制	陈道勇（课题）	高分子科学系
3	供应链韧性与安全基础理论	吴肖乐（项目）	管理学院
4	面向国家战略的供应链安全策略	吴肖乐（课题）	管理学院
5	神经信息检测与闭环调控智能芯片研究	刘琦（课题）	芯片与系统前沿技术研究院

国家自然科学基金重点项目

序号	项目名称	项目负责人	所属院系
1	几何与分析中的算子理论	郭坤宇	数学科学学院
2	关联体系中的隐藏序研究	赵俊	物理学系
3	基于光子晶体动量空间偏振奇点和偏振场的光场调控	资剑	物理学系
4	强激光作用下氚氚同核异能态激发研究	符长波	现代物理研究所
5	FLASH光子放疗联合肿瘤免疫治疗的最适物理参量及生物机制研究	邵春林	放射医学研究所

续 表

序号	项目名称	项目负责人	所属院系
6	高精度的多(跨)尺度理论和模拟方法的系统性发展	徐 昕	化学系
7	肿瘤化学动力学疗法的材料化学基础	步文博	材料科学系
8	重要代谢组织器官脂肪酸吸收分工不同的机制研究	赵同金	代谢与整合生物学研究院
9	线粒体蛋白质乳酰化修饰调控酶的调控机制及生理/病理意义	赵世民	附属妇产科医院
10	因果分析、大气可预报性传递及其在台风突然转折路径预报中的应用	梁湘三	大气与海洋科学系/大气科学研究院
11	大西洋热盐环流多百年际变率机理及模拟研究	杨海军	大气与海洋科学系/大气科学研究院
12	耐高温磁性合金复合吸波材料与微观机制	车仁超	先进材料实验室
13	面向光控智能塑形软体机器人的液晶高分子材料	俞燕蕾	材料科学系
14	通导遥物理层融合理论与方法研究	王 昕	信息科学与工程学院
15	面向下一代移动通信的关键太赫兹光电集成器件研究	张俊文	信息科学与工程学院
16	数智时代的运营管理与商业模式创新	陈祥锋	管理学院
17	公共治理体系变革创新的理论与机制	敬乂嘉	国际关系与公共事务学院
18	基于复杂系统建模的碳中和多维政策模拟仿真研究	吴力波	经济学院
19	心肌细胞膜受体失衡在高血压合并高血糖微环境下心肌重构发生发展中的作用和干预研究	邹云增	附属中山医院
20	乳腺癌生态系统中调控乳腺癌化疗耐药的关键分子及其功能机制研究	柳素玲	附属肿瘤医院
21	胰腺癌免疫微环境特征分析与有效干预中药筛选体系构建	王 鹏	附属肿瘤医院

国家自然科学基金委员会重大研究计划
(集成项目、重点项目)

序号	项目名称	项目负责人	所属院系
1	基于多器官衰老表型组的数据集成和人工智能计算的衰老预警系统	倪 挺（集成）	生命科学学院
2	中国湿地温室气体释放反馈气候变化的微生物学机制研究	聂 明（集成）	生命科学学院
3	代谢物蛋白质修饰的生理病理及化学干预	赵世民（集成）	附属妇产科医院

国家自然科学基金国家重大科研仪器研制项目(自由申请)

序号	项目名称	项目负责人	所属院系
1	面向心功能不全的全柔性智能心脏超声监测仪研制	汪源源	信息科学与工程学院
2	用于实体瘤侵袭多分子事件研究的智能拉曼检测仪器研制	李 聪	药学院

国家自然科学基金联合基金项目(重点支持)

序号	项目名称	项目负责人	所属院系
1	二维过渡金属硫化物/氧化镓异质结宽谱光学特性及光电探测器研究	张荣君	信息科学与工程学院
2	介孔半导体气敏薄膜的原位组装合成与柔性智能气体传感器的创制	邓勇辉	化学系

续表

序号	项目名称	项目负责人	所属院系
3	面向航天器结构健康监测的柔性传感网络关键技术与应用	李 卓	材料科学系
4	NFE2L2-cGAS-STING信号通路在中国人食管鳞癌放疗和免疫治疗中的作用机制研究	赵快乐	附属肿瘤医院
5	基于人源肺类器官模型研究典型区域大气污染物的毒性机制及健康风险	李 庆	环境科学与工程系

国家自然科学基金原创探索计划项目

序号	项目名称	项目负责人	所属院系
1	复杂界面微尺度结构的原位非线性光学研究	刘韡韬	物理学系

上海市科学技术委员会重大/重点项目

序号	项目名称	姓名	所属院系	领域
1	自动驾驶试验场关键技术研究与应用验证	汪源源	信息科学与工程学院	人工智能领域
2	非对称多功能介孔纳米复合材料研究	赵东元	先进材料实验室	基础研究领域
3	奥运备战数据监测和分析平台	王 新	计算机科学技术学院	社会发展科技攻关
4	面向应急通信系统的宽带卫星通信关键技术研发和示范应用	金 城	计算机科学技术学院	高新技术科技攻关
5	新型红外稀土基发光材料的创制及其应用	凡 勇	化学系	基础研究领域
6	宽谱相干太赫兹光场的产生及主动调控研究	陶镇生	物理学系	基础研究领域
7	片上电泵全硅激光器及其硅光集成应用演示研究	陆 明	信息科学与工程学院	基础研究领域
8	脂双层内仿生通道蛋白的组装及其生物活性研究	侯军利	化学系	基础研究领域
9	新型柔性存储器及存算一体技术研究	陈 琳	微电子学院	集成电路领域

2022年度新增理工科、医科人才项目一览表

项目来源	序号	人才类型	姓名	所属院系
		杰 出 青 年 科 学 基 金		
国家自然科学基金委员会	1	国家杰出青年科学基金	张 童	物理学系
	2	国家杰出青年科学基金	黄旭光	物理学系
	3	国家杰出青年科学基金	王永刚	化学系
	4	国家杰出青年科学基金	吴仁兵	材料科学系
	5	国家杰出青年科学基金	修发贤	物理学系
	6	国家杰出青年科学基金	卢向华	管理学院
	7	国家杰出青年科学基金	颜 标	附属眼耳鼻喉科医院
	8	国家杰出青年科学基金	舒易来	附属眼耳鼻喉科医院
	9	国家杰出青年科学基金	叶 丹	附属华山医院
	10	国家杰出青年科学基金	赵兴明	类脑人工智能科学与技术研究院
		优 秀 青 年 科 学 基 金		
	1	优秀青年科学基金	杜 恺	上海数学中心
	2	优秀青年科学基金	蔡 泉	化学系
	3	优秀青年科学基金	凡 勇	化学系

续 表

项目来源	序号	人才类型	姓名	所属院系
国家自然科学基金委员会	4	优秀青年科学基金	王菲菲	基础医学院
	5	优秀青年科学基金	张 峰	大气与海洋科学系/大气科学研究院
	6	优秀青年科学基金	王兵杰	先进材料实验室
	7	优秀青年科学基金	沈剑锋	材料科学系
	8	优秀青年科学基金	朱雪宁	大数据学院
	9	优秀青年科学基金	虞嘉怡	管理学院
	10	优秀青年科学基金	黄鑫欣	附属中山医院
	11	优秀青年科学基金	邓 娟	附属华山医院
	12	优秀青年科学基金	熊 曼	脑科学研究院
	13	优秀青年科学基金	孙云帆	附属中山医院
	14	优秀青年科学基金	陈培宁	先进材料实验室
	15	优秀青年科学基金	李 博	附属华山医院
	16	优秀青年科学基金	江 雪	信息科学与工程学院
	优秀学术/技术带头人计划			
	1	优秀学术带头人	刘韡韬	物理学系
	2	优秀学术带头人(青年)	丁 琛	人类表型组研究院
	3	优秀学术带头人(青年)	任国栋	生命科学学院
	4	优秀学术带头人(青年)	冯 玮	化学系
	浦江人才计划			
上海市科学技术委员会	1	浦江人才计划(A类)	曾裕文	高分子科学系
	2	浦江人才计划(A类)	褚维斌	计算物质科学研究所
	3	浦江人才计划(A类)	高明君	生命科学学院
	4	浦江人才计划(A类)	韩美康	光电研究院
	5	浦江人才计划(A类)	李 豪	类脑智能科学与技术研究院
	6	浦江人才计划(A类)	吕华良	光电研究院
	7	浦江人才计划(A类)	屠秉晟	现代物理研究所
	8	浦江人才计划(A类)	张 鸿	光电研究院
	9	浦江人才计划(A类)	周宝健	大数据学院
	10	浦江人才计划(D类)	卢秋洁	工程与应用技术研究院
	11	浦江人才计划(D类)	杨树章	光电研究院
	12	浦江人才计划(D类)	张 智	生命科学学院
	13	浦江人才计划(D类)	王 堃	微电子学院
	14	浦江人才计划(D类)	李 炎	微电子学院
	15	浦江人才计划(D类)	孙允陆	信息科学与工程学院
	青年科技启明星计划			
	1	青年科技启明星计划	黄 刚	人类表型组研究院
	2	青年科技启明星计划	阮 威	物理学系
	3	青年科技启明星计划	刘春森	新一代集成电路技术集成攻关大平台
	4	青年科技启明星计划	周 杨	上海数学中心
	5	青年科技启明星计划	AntoineJean PierreRene Riaud	微电子学院

续表

项目来源	序号	人才类型	姓名	所属院系
上海市科学技术委员会	6	青年科技启明星计划	刘 陶	光电研究院
	7	青年科技启明星计划	王礼锋	信息科学与工程学院
	8	青年科技启明星计划	秦 朗	材料科学系
	9	青年科技启明星计划	朱义峰	化学系
	扬帆计划			
	1	扬帆计划	罗 灏	大气与海洋科学系
	2	扬帆计划	刘 洋	材料科学系
	3	扬帆计划	代汗清	工程与应用技术研究院
	4	扬帆计划	周 婷	高分子科学系
	5	扬帆计划	赵天聪	先进材料实验室
	6	扬帆计划	张佳佳	高分子科学系
	7	扬帆计划	蒋斐宇	管理学院
	8	扬帆计划	顾 希	航空航天系
	9	扬帆计划	王 俊	信息科学与工程学院
	10	扬帆计划	王竞立	新一代集成电路技术集成攻关大平台
	11	扬帆计划	蒋宇超	类脑人工智能科学与技术研究院
	12	扬帆计划	罗 珞	大数据学院
	13	扬帆计划	刚博文	管理学院
	14	扬帆计划	冯晋文	人类表型组研究院
	15	扬帆计划	赵轶劼	类脑人工智能科学与技术研究院
	16	扬帆计划	戴 维	智能复杂体系基础理论与关键技术实验室
	17	扬帆计划	高文青	生命科学学院
	18	扬帆计划	任路瑶	人类表型组研究院
上海市教育委员会	曙光计划			
	1	曙光计划	李 伟	化学系
	2	曙光计划	张 成	维纳电子器件与量子计算机研究院
	晨光计划			
	1	晨光计划	原致远	类脑人工智能科学与技术研究院
	2	晨光计划	李运章	智能复杂体系基础理论与关键技术实验室

国际合作项目
国家自然科学基金委员会国际(地区)合作研究与交流项目

序号	姓名	项目名称	所属院系
1	方晓生	聚合物/二维材料功能化复合结构应用于光电探测器	材料科学系
2	王玉涛	国际应用系统分析研究学会2022暑期青年科学家项目	环境科学与工程系
3	王 飞	基于含水共晶电解质的高安全、宽温区、高比能锂离子电池	材料科学系
4	孟 丹	MRG15在动脉粥样硬化中的作用和机制研究	附属中山医院
5	陈万坤	肿瘤围术期综合治疗中日双边研讨会	附属中山医院
6	顾 岩	"腹壁缺损修复、重建与再生"中韩双边研讨会	附属华东医院

(另有5万元以下会议项目2项)

国家自然科学基金委员会外国学者研究基金项目

序号	姓 名	项目名称	所属院系	类别
1	Cosimo Bambi	Advanced reflection models for precision measurements of accreting black holes	物理学系	外国优秀青年学者研究基金项目
2	Anna Maria Cusco Marti	Deciphering microbial complexity in the dog gut using long-read metagenomics and Hi-C proximity ligation	类脑人工智能科学与技术研究院	外国青年学者研究基金项目
3	Joern Alexander Quent	7T fMRI investigation of mental navigation across conceptual spaces using VR	类脑人工智能科学与技术研究院	外国青年学者研究基金项目
4	服部素之	CNNM镁离子转运蛋白的分子机理及其调控机制研究	生命科学学院	外国优秀青年学者研究基金项目
5	Alastair Murchie	以RNA甲基转移酶核酶为工具在体内精准靶向mRNA甲基化修饰的研究	生物医学研究院	外国资深学者研究基金项目
6	孙德征	The Diabatic and Nonlinear Origin of El Ninño	大气与海洋科学系/大气科学研究院	外国资深学者研究基金项目
7	John Harold Rogers	Economic Activity in the U.S. and China, and the Relations between them.	复旦泛海国际金融学院	外国资深学者研究基金项目
8	任 骏	内质网与线粒体联接调节的铁死亡在糖尿病心肌病中的作用及机制研究	附属中山医院	外国资深学者研究基金项目
9	Valerie Voon	Theory-driven neuromodulation: technological advances of closed-loop precision stimulation in mental health	类脑人工智能科学与技术研究院	外国资深学者研究基金项目(团队)

2022年度复旦大学科技成果一览表

一、国家科学技术奖

2022年度国家科学技术奖未启动。

二、高等学校科学研究优秀成果奖(科学技术)

序号	奖种	等级	项目名称/被提名人	第一完成人	完成单位
1	自然科学奖	一等奖	多元协同的视觉计算理论与方法	姜育刚	计算机科学技术学院
2	自然科学奖	二等奖	油菜素甾醇信号转导网络及其调控植物生长发育的多重机制	王学路	生命科学学院
3	自然科学奖	二等奖	新型存储器件机理与应用研究	周 鹏	微电子学院
4	自然科学奖	二等奖	生命早期环境因素的母婴健康风险综合评估及应用	张蕴晖	公共卫生学院
5	科学技术进步奖	二等奖	全球人感染禽流感病毒的流行病学特征演化及大流行风险评估	余宏杰	公共卫生学院
6	科学技术进步奖	二等奖	胰腺癌中西医结合治疗方案关键技术的构建与实践	陈 震	附属肿瘤医院
7	科学技术进步奖	二等奖	新一代高强仿生人工韧带研发及关键手术技术创新与应用	陈世益	附属华山医院
8	青年科学奖	授奖	占昌友	占昌友	基础医学院

三、上海市科学技术奖

序号	奖种	等级	项目名称	第一完成人	完成单位
1	科技功臣奖	授奖	—	赵东元	化学系
2	科学技术普及奖	特等奖	新冠疫情下的全民抗疫与健康生活科普	张文宏	附属华山医院

续 表

序号	奖种	等级	项目名称	第一完成人	完成单位
3	自然科学奖	一等奖	基于取向纳米结构的高性能纤维太阳能电池	彭慧胜	高分子科学系
4	自然科学奖	一等奖	雷达散射成像目标智能识别信息感知理论与方法	徐 丰	信息科学与工程学院
5	自然科学奖	一等奖	流形上调和分析及相关一些问题的研究	李洪全	数学科学学院
6	自然科学奖	一等奖	稀土近红外发光探针可控合成、性能调控及生物应用基础研究	张 凡	化学系
7	自然科学奖	一等奖	铁硒/氧化物界面超导的调控与机理研究	彭 瑞	先进材料实验室
8	技术发明奖	一等奖	千兆采样率高速高可靠ADC/DAC关键技术及产业化	任俊彦	微电子学院
9	科技进步奖	一等奖	基于区块链与属性密码的数据存证、确权、共享交换技术及应用	阚海斌	计算机科学技术学院
10	科技进步奖	一等奖	虚拟现实(VR)的云边端协同视频传输关键技术及应用	吴 俊	计算机科学技术学院
11	科技进步奖	一等奖	大气颗粒物的健康危害、致病机制和个体干预	阚海东	公共卫生学院
12	科技进步奖	一等奖	新生儿罕见病精准干预策略建立与推广应用	周文浩	附属儿科医院
13	科技进步奖	一等奖	规范化的结直肠癌全程诊疗体系的建立与推广	许剑民	附属中山医院
14	科技进步奖	一等奖	高度近视白内障精准治疗技术与应用	卢 奕	附属眼耳鼻喉科医院
15	科技进步奖	一等奖	耳源性眩晕精确诊疗体系的建立及推广	李华伟	附属眼耳鼻喉科医院
16	自然科学奖	二等奖	激活型分子识别及控释体系	易 涛	化学系
17	自然科学奖	二等奖	纳米纤维复合材料的多级结构构筑及其电化学储能机理	刘天西	高分子科学系
18	科技进步奖	二等奖	新冠肺炎环境影响因素和非药物干预的效果及策略研究	王伟炳	公共卫生学院
19	科技进步奖	二等奖	肾小球疾病诊断和治疗技术创新与临床转化	丁小强	附属中山医院
20	科技进步奖	二等奖	耳畸形功能重建与美学再造的技术创新及推广应用	张天宇	附属眼耳鼻喉科医院
21	科技进步奖	二等奖	幽门螺杆菌精准诊疗关键技术的创新、规范和推广应用	保志军	附属华东医院
22	科学技术普及奖	二等奖	"健康五官护你精彩世界"科普系列推广	王 璟	附属眼耳鼻喉科医院
23	科技进步奖	三等奖	特大型综合医院患者安全和合理药物治疗保障体系的构建及价值体现	吕迁洲	附属中山医院
24	科学技术普及奖	三等奖	健康小卫士,培养医学知识的践行者与传播者	陈海燕	附属中山医院
25	科学技术普及奖	三等奖	乳腺健康科普漫画作品《若初,早安——漫话乳腺健康》	陈嘉健	附属肿瘤医院
26	科学技术普及奖	三等奖	脑健康系列科普作品的制作和多元化传播	王剑虹	附属华山医院

四、中国青年科技奖

序号	奖项	获奖人	完成单位
1	第十七届中国青年科技奖	王 磊	生物医学研究院

五、第十五届谈家桢生命科学奖

序号	奖项	获奖人	完成单位
1	临床医学奖	黄国英	附属儿科医院
2	生命科学创新奖	陆 路	基础医学院

六、上海市科技精英

序号	等级	获奖人	完成单位
1	科技精英	雷 震	数学科学学院
2	科技精英	张远波	物理学系
3	科技精英	彭慧胜	高分子科学系
4	科技精英	周 俭	附属中山医院
5	科技精英	虞先濬	附属肿瘤医院
6	科技精英	周平红	附属中山医院
7	提名奖	周鸣飞	化学系
8	提名奖	沈维孝	上海数学中心
9	提名奖	俞燕蕾	材料科学系
10	提名奖	张 卫	微电子学院
11	提名奖	赵 晨	附属眼耳鼻喉科医院

七、上海青年科技英才

序号	获奖人	完成单位
1	李 伟	化学系
2	江一舟	附属肿瘤医院

八、腾讯"科学探索奖"

序号	获奖人	完成单位
1	雷 震	数学科学学院
2	彭慧胜	高分子科学系
3	张 凡	化学系

九、阿里巴巴达摩院青橙奖

序号	获奖人	完成单位
1	周 杨	上海数学中心
2	江一舟	附属肿瘤医院

十、中国产学研合作促进会产学研合作创新与促进奖

序号	奖种	等级	项目名称	获奖人	完成单位
1	产学研合作创新奖个人奖	授奖		石 磊	物理学系
2	产学研合作创新成果奖	二等奖	高性能可重构亿门级FPGA技术研究与实现	俞 军	微电子学院

十一、上海科普教育创新奖

序号	奖项	等级	项目名称	获奖人	完成单位
1	科普成果奖（科普作品）	一等奖	"脑与人工智能"系列套数	顾凡及	生命科学学院
2	科普贡献奖（个人）	一等奖	以"破圈效应"跨界探索女性健康精准科普新路径	华克勤	附属妇产科医院
3	健康科普奖（个人）	一等奖	穿越"黑白"世界，探索大脑奥秘	耿道颖	附属华山医院
4	科普管理优秀奖	一等奖	统筹推进、创新实践，全方位打造儿童健康文化科普基地	徐虹	附属儿科医院
5	优秀科普志愿者奖（团队）	一等奖	复旦大学附属中山医院爱馨老年护理志愿者团队	附属中山医院	附属中山医院
6	科普成果奖（科普作品）	二等奖	爱犯错的智能体	张军平	计算机科学技术学院
7	科普传媒奖	二等奖	一起读顶刊，打通科普与教育	赵斌	生命科学学院
8	优秀科普志愿者奖（个人）	二等奖		郑克	附属眼耳鼻喉科医院
9	优秀科普志愿者奖（个人）	二等奖		张煊	附属妇产科医院
10	健康科普奖（组织）	二等奖	新冠来了，别慌！——中山专家如是说	附属中山医院	附属中山医院
11	科普成果奖（科普作品）	三等奖	心血管健康谣言"粉碎机"——世说"心"语系列微视频	齐璐璐	附属中山医院
12	科普成果奖（科普作品）	三等奖	降低卒中院前救治延迟的体系建立和推广应用	赵静	附属闵行区中心医院
13	科普成果奖（科普活动）	三等奖	恶性肿瘤骨转移专题科普	严望军	附属肿瘤医院
14	科普传媒奖	三等奖	守正创新中医药科普新模式	杨云柯	附属中山医院
15	科普贡献奖（个人）	三等奖	耳鸣知识科普教育工作	韩朝	附属华东医院
16	提名奖	授奖	精益求精，百折不挠，塑新时代医者担当	马昕	附属华山医院

十二、中国产学研合作促进会产学研合作创新与促进奖

序号	奖种	等级	项目名称	获奖人	完成单位
1	产学研合作创新奖个人奖	授奖		石磊	物理学系
2	产学研合作创新成果奖	二等奖	高性能可重构亿门级FPGA技术研究与实现	俞军	微电子学院

十三、华夏医疗保健国际交流促进科技奖

序号	奖项	等级	项目名称	第一完成人	完成单位
1	科学技术奖	二等奖	冠状动脉微血管疾病的机制探索和临床诊疗策略	钱菊英	附属中山医院
2	国际合作奖	授奖		恩斯特·瓦格纳（国内合作者黄容琴）	药学院

十四、上海科技青年35人引领计划

序号	等级	领域	获奖人	完成单位
1	授奖	面向世界科技前沿	江雪	信息科学与工程学院
2	授奖	面向世界科技前沿	宋恩名	光电研究院
3	授奖	面向人民生命健康	熊雪莲	附属中山医院

续　表

序号	等级	领域	获奖人	完成单位
4	授奖	面向人民生命健康	刘歆阳	附属中山医院
5	授奖	面向人民生命健康	刘聪	公共卫生学院
6	提名奖	面向世界科技前沿	邓娟	脑科学转化研究院
7	提名奖	面向人民生命健康	王鹏飞	生命科学学院

十五、侯德榜化工科学技术奖

序号	奖项	等级	获奖人	完成单位
1	青年奖	授奖	孔彪	化学系

十六、中国光学十大进展

序号	奖项	等级	项目名称	获奖人	完成单位
1	应用基础类	授奖	柔性显示织物及其智能集成系统	彭慧胜	高分子科学系
2	应用基础类	授奖	新型范德瓦尔斯单极势垒红外探测器	周鹏	微电子学院

十七、2021年度未来女科学家计划

序号	获奖人	完成单位
1	秦旻华	大气与海洋科学系

十八、中国材料研究学会科学技术奖

序号	奖项	等级	项目名称	主要完成人	完成单位
1	基础研究类	二等奖	二维石墨单炔碳材料的研制及新能源应用	崔晓莉	材料科学系

十九、中国化学会青年化学奖

序号	获奖人	完成单位
1	陈培宁	先进材料实验室

二十、中国自动化科学技术奖

序号	奖项	等级	项目名称	获奖人	完成单位
1	自然科学技术奖	二等奖	群智智能计算与工厂运行优化的理论与方法	朱云龙	工程与应用技术研究院

二十一、中国抗癌协会科技奖

序号	等级	项目名称	第一完成人	完成单位
1	一等奖	消化系癌转移复发的免疫代谢调控机制与干预新策略	钦伦秀	附属华山医院
2	二等奖	直肠癌规范化诊治体系的优化及推广	李心翔	附属肿瘤医院

二十二、第二十届上海医学科技奖

序号	等级	项目名称	第一完成人	完成单位
1	一等奖	2型糖尿病的肝源机制研究	李小英	附属中山医院

续表

序号	等级	项目名称	第一完成人	完成单位
2	一等奖	创新性的遗传性肾脏病精准诊治与研究体系的建立和推广	徐虹	附属儿科医院
3	二等奖	急性呼吸窘迫综合征致病新机制和诊疗新技术及推广	宋元林	附属中山医院
4	二等奖	局部晚期直肠癌新辅助治疗策略的创新和精准治疗体系的建立与应用	章真	附属肿瘤医院
5	二等奖	圆锥角膜快速交联的关键技术与优化	周行涛	附属眼耳鼻喉科医院
6	二等奖	肝脏移植精准诊疗技术体系的创建与临床应用	王正昕	附属华山医院
7	二等奖	膝关节不稳人工韧带重建创新技术及临床应用研究	陈世益	附属华山医院
8	三等奖	宫颈癌的分子生物学、免疫学特征及其临床意义	杨慧娟	附属肿瘤医院
9	三等奖	重症肺炎的综合治疗关键技术建立及推广应用	罗哲	附属中山医院
10	三等奖	SPECT/CT技术操作规范的建立与临床应用及推广	石洪成	附属中山医院
11	三等奖	原发性免疫缺陷病精准诊治体系的建立和应用	王晓川	附属儿科医院
12	三等奖	组织工程骨生理性重建人工椎板及其机制研究	董有海	附属第五人民医院
13	三等奖	呼吸道病毒感染的早期诊治、免疫机制研究及推广应用	揭志军	附属第五人民医院
14	三等奖	长非编码RNA在胃癌发生发展中的机制研究及临床诊治应用	冯莉	附属闵行区中心医院
15	成果推广奖	复杂主动脉夹层腔内治疗方案的应用与推广	符伟国	附属中山医院

二十三、第九届树兰医学奖

序号	奖项	等级	获奖人	完成单位
1	医学奖	授奖	徐文东	附属华山医院
2	医学奖	授奖	周平红	附属中山医院
3	青年奖	授奖	朱耀	附属肿瘤医院
4	青年奖	授奖	陆路	基础医学院
5	青年奖	授奖	占昌友	基础医学院
6	青年奖	授奖	潘文志	附属中山医院

二十四、钱伟长中文信息处理科学技术奖

序号	等级	项目名称	第一完成人	完成单位
1	一等奖	自然语言表示学习及其开源应用	邱锡鹏	计算机科学技术学院

二十五、CCF科技成果奖

序号	奖项	等级	项目名称	获奖人	完成单位
1	自然科学奖	二等奖	用户口令的脆弱性建模与应对方法	韩伟力	计算机科学学院
2	自然科学奖	二等奖	图的算法与计算理论若干问题研究	章忠志	计算机科学学院

二十六、上海海洋科学技术奖

序号	奖项	等级	项目名称/被提名人	获奖人	完成单位
1	海洋科学进步奖	一等奖	中国海海平面变化机制及其对近海的影响	陈长霖	环境科学与工程系
2	青年科技创新奖	授奖	陈长霖	陈长霖	环境科学与工程系

二十七、上海市计算机学会科学技术奖

序号	奖项	等级	项目名称	主要完成人	完成单位
1	自然科学奖	一等奖	面向移动互联网生态的安全防护理论与方法	杨 珉	计算机科学技术学院
2	自然科学奖	二等奖	基于信息隐藏的多媒体内容保护	钱振兴	计算机科学技术学院
3	自然科学奖	三等奖	大规模在线社交网络用户行为研究	陈 阳	计算机科学技术学院
4	自然科学奖	三等奖	图的计算理论与算法	章忠志	计算机科学技术学院

二十八、第一届上海市核学会杨福家核科技奖

序号	奖项	等级	获奖人	完成单位
1	青年人才奖	授奖	马国亮	现代物理研究所
2	青年人才奖	授奖	陈金辉	现代物理研究所
3	青年人才奖	授奖	程登峰	附属中山医院
4	青年人才奖	提名	许晓平	附属肿瘤医院
5	青年人才奖	提名	杨忠毅	附属肿瘤医院
6	科学普及奖	授奖	焦玉新	附属华东医院

(科学技术研究院供稿)

文科科研

【概况】 2022年,文科科研处以习近平新时代中国特色社会主义思想和复旦大学第十五次党代会精神为指导,深入学习贯彻党的二十大精神,以中国特色、世界一流为目标,聚焦"双一流"建设及学校"十四五"规划,在稳步做好基地建设、项目申报、成果报奖、队伍建设、服务学校对口支援等常规工作的基础上,重点推进校内"双一流""两大工程"等工作,主动对接国家重大战略需求,服务地方区域发展。

项目立项、规划管理工作取得新成绩。获批研究阐释党的十九届六中全会精神国家社科基金重大项目3项,居上海市首位;国家社科基金重大项目招标课题6项,居上海市首位;国家社科基金重大专项6项;马工程重大(国家社科重大)项目1项;上海唯一国家社科基金冷门绝学团队项目;国家社科年度项目41项;国家社科基金后期资助暨优秀博士论文出版项目10项;《国家哲学社会科学成果文库》1项;国家社科基金中华学术外译项目1项。获批教育部人文社科各类课题32项,包括教育部哲学社会科学研究重大课题攻关项目2项、教育部哲学社会科学研究重大专项项目1项、教育部人文社科研究一般项目22项、后期资助项目2项、教育部委托项目5项;教育部人文社会科学重点研究基地重大项目3项、高校国别和区域研究专项项目4项、中外人文交流中心专项项目3项。获批上海市哲学社会科学规划各类课题35项,包括年度课题31项、委托课题4项。其他各级各类省部级课题累计立项近150项。

强化项目全过程管理服务。组织52个归口单位的66批次项目申报,受理申报纵向项目1 763项。组织46场国家和上海市课题的校内专家预审论证。完成国家社科重大项目、国家社科年度项目、教育部人文社科各类项目、上海市哲学社会科学规划课题及其他各类项目年度中期检查工作。获国家社科基金鉴定优秀成果5项、良好20项,上海市哲学社会科学规划各类课题免于鉴定1项、良好11项,上海市人民政府决策咨询研究重点课题优秀1项。受理4项课题的上级管理部门结项年度审计。

做好科研经费管理服务工作。完成国家社科基金、教育部人文社科、上海市哲学社会科学等各类纵向课题年度拨款经费下达共计3 249万元。完成教育部、上海市等各级各类基地项目年度拨款经费下达共计1 755.52万元,包括教育部和其他部委经费300万元、上海市经费1 455.52万元。建立对校内13项繁荣计划非研究类项目的专项管理。加强小额横向科研项目分级分类管理,横向科研经费全年到账8 821万元。实现年度科研总收入1.57亿元。

推进高质量发展项目和团队培育。继续实施"人文社科先导计划",全年立项46项,其中人文24项、社科22项,4项经校内孵化培育分获1项国家社科基金重大研究专项和3项国家社科基金重大招标课题立项公示。实施"人文社科先锋计划",全年立项25项,其中人文10项、社科10项、决策咨询专项5项。持续实施"两大工程"二期。人文社科青年融合创新团队项目(2021—2022)建设期满并完成验收,7个团队考核优秀,同时启动新一轮2022—2023年度项目申报及立

项评审工作。完成第六批"人文社会学科传世之作学术精品研究项目"申报工作。协调推进双一流文化传承创新重大科技攻关项目"中华早期文明跨学科研究计划"。

组织各类成果评奖。57项成果获上海市第十五届哲学社会科学优秀成果奖，获奖总数及一等奖数均居第一，获奖总数占比创历史新高，曹沛霖教授获"学术贡献奖"。8项成果获第十三届上海市决策咨询研究成果奖，其中一等奖4项，创历史新高，一等奖数位列全市第一，11项"人文社科先锋计划"支持成果获奖。2人获得第五届思勉原创奖。2项成果分获第九届"董必武青年法学成果奖"二等奖、三等奖。

加强基地平台、实验室建设和管理。新增3家省部级研究基地及实验室，包括中国书画摹揭与传统书画修复工作室、中国绘画理论工作室2家上海市教育委员会批建的"新一轮高校文化艺术人才工作室"，以及与上海市司法局共建的智慧法治实验室。新设国家智能评价与治理实验基地、国家发展与智能治理综合实验室、科技伦理与人类未来研究院3家实体研究机构。国外马克思主义研究中心、世界经济研究所、信息与传播研究中心3家基地在教育部人文社科重点研究基地"十三五"评估中获评优秀，优秀基地数量并列第三。网络空间国际治理研究基地在三年评估（2018—2021）中获评良好，其中"为国家网信办提供服务""为地方政府机构提供服务""招生情况""编印论文集"等指标位列全国第一。

增强服务国家战略和社会发展能级。上报国家社科基金重大项目、教育部重大课题攻关项目各类选题82份。组织申报省部级各类决策咨询课题322项，立项104项。承接各类市场委托课题419项，围绕总体国家安全观、"双碳"等国家战略议题，数字化改革、营商环境等地方发展议题，"一老一小"抚育、人口老龄化等议题建言献策。参与学校对口支援和校地合作，推动落实与甘肃、云南、河南、山东、杭州等校地科研合作任务。

推动文科国际影响力建设。与澳门大学合作成立"教育部人文社会科学重点科研基地——复旦大学世界经济研究所"伙伴基地，就金融和经济开展研究合作和人才培养。由文物与博物馆学系牵头，联合国内外近20家高校、文博机构和基金会成功申报联合国"活态遗产与社区发展"教席席位，这是学校首次获批联合国教席席位。全年涉外科研项目立项数和到账经费较往年均实现翻倍增长。文物与博物馆学系和现代语言学研究院青年教师参与欧盟研究委员会基金"洲地平线"项目"甘青地区人群与语言的融合"，在遗传、考古、语言等前沿研究领域参与合作。

提升文科科研管理服务水平。开发上线文科科研创新服务平台手机移动端，修订《文科科研工作服务手册》《复旦大学文科虚体机构管理办法》《复旦大学文科科研项目管理办法》《复旦大学文科科研经费管理办法》，强化文科虚体科研机构、科研项目和科研经费等规范化管理。

（顾东辉）

【复旦大学国家智能评价与治理实验基地（筹）成立】 6月30日，复旦大学国家智能评价与治理实验基地（筹）获批作为学校实体运行科研机构管理运行。该实验基地（筹）是国家层次智能社会实验基地之一，由中央网信办、国家发改委、民政部、教育部等八部委发文批建，由复旦大学牵头长三角地区十余家高水平大学研究机构、科研院所机构、大数据与人工智能领先企业、数字化转型创新企业共同推进建设。

（李琬）

【复旦大学国家发展与智能治理综合实验室（筹）成立】 6月30日，复旦大学国家发展与智能治理综合实验室（筹）获批作为学校实体运行科研机构管理运行。该实验室是首批教育部哲学社会科学重点实验室，其建设核心目标是通过面向国家现代化发展进程中强化治理能力与治理体系的迫切需求，瞄准社会科学智能计算的学术前沿，立足复旦大学哲学社会科学雄厚的理论和政策研究基础，发挥理工医多学科交叉的综合性大学优势，打造顶尖创新团队，服务国家重大战略，推动学科融合创新。

（李琬）

【文博数字艺术研究中心揭牌】 7月26日，河南文物局与复旦大学合作共建的文博数字艺术研究中心揭牌并落地郑州商都遗址博物院。双方在省校合作框架支持下，以新的合作机制，发挥各自优势，聚焦"十四五"国家数字文化重大战略需求，深入推动数字化文博等领域合作。由复旦大学团队历时四年打造的"雕画汉韵——寻找汉梦之旅"展览首次于该馆展出，这是双方通过数字技术进行文物活化利用的最新合作成果。

（李琬）

【上线文科科研创新服务平台移动端】 8月，复旦大学文科科研处依托"复旦大学文科科研处"微信公众号开发上线文科科研创新服务平台移动端。移动端旨在打造"移动科研""掌上科研"，面向科研人员和科研管理人员，开放科研项目和成果等科研信息浏览和查询、事项审核完成情况跟踪等功能。

（宗一文）

【举行"人间正道是沧桑——党的一大至七大主题连环画展"复旦大学站开幕式暨主题研讨会活动】 10月14日，复旦大学以线上线下结合的方式，举行"人间正道是沧桑——党的一大至七大主题连环画展"复旦大学站开幕式暨主题研讨会活动。展览是复旦大学首个国家艺术基金项目成果，由国家艺术基金管理中心和复旦大学主办，在全国巡展10场，以创新的连环画展形式再现党史，喜迎党的二十大，发挥哲学社会科学多维功能，讲好新时代党史故事。

（陈俊超）

【与嘉定区人民法院签署《上海法院数字经济司法研究及实践（嘉定）基地战略合作框架协议》】 10月24日，复旦大学与上海市嘉定区人民法院签订《上海法院数字经济司法研究及实践（嘉定）基地战略合作协议》。双方将围绕智库建设、专题研讨、人才培养、成果转化等多渠道开展深度合作，推动我校在法治建设领域的立法、行政、司法等各层面建言献策，提升我校在司法研究与实践领域的地位，更好服务保障上海国际数字之都建设。

（吴慧）

【成立多方共建"双碳"目标法治保障

【研究基地】 10月29日,上海市生态环境局、上海市第三中级人民法院、上海市人民检察院第三分院、上海环境能源交易所与复旦大学等5家单位举行合作签约仪式,共建"双碳"目标法治保障研究基地。该基地重点围绕举办学术活动、连续出版《"双碳"法治发展系列报告》蓝皮书、设立"双碳"法治信息发布平台、加强学术交流和人才培养等方面开展工作,围绕国家和上海重大任务,开展"双碳"法治领域前沿研究和实务研究,推动校内外、国内外学者专家跨学科、跨领域交流,培养高层次碳法治人才,助力我国参与全球气候治理进程。

(李琬)

【复旦大学科技伦理与人类未来研究院(筹)成立】 10月31日,复旦大学科技伦理与人类未来研究院(筹)成立,依托哲学、医学、生命科学、计算机科学一级学科,作为校级实体科研机构运行。该研究院以前沿布局为导向,自设交叉研究,围绕全球健康伦理(包括环境伦理与生命医学伦理)和数字伦理(包括人工智能伦理与大数据伦理)两大主导方向深入开展学术研究与人才培养。

(李琬)

【中国科学技术协会与复旦大学签署科技伦理与人类未来研究院建设合作协议】 10月31日,中国科学技术协会与复旦大学签署《中国科协-复旦大学科技伦理与人类未来研究院建设合作协议》,双方将围绕健康伦理和数字伦理问题及其治理研究,建设国内一流数字伦理实验室,培养"伦理+"多层次科技伦理人才,加强科技伦理国际合作交流等领域开展合作,整合双方资源优势,集结科技伦理人才队伍,提升中国科技伦理治理水平,促进科技伦理治理能力建设。

(吴慧)

【举行"学习宣传贯彻二十大精神 高质量提升社科项目组织"专家交流座谈会】 11月14日,举行"学习宣传贯彻二十大精神 高质量提升社科项目组织"专家交流座谈会,来自12个单位的18位教授参加交流座谈,来自人文社科各单位共计130余人以线上线下结合的方式参会。与会专家结合二十大报告提出的形势分析、重大议题、重要论断和最新阐述等,结合学科研究前沿,就如何深入开展课题研究进行交流发言,为青年学者进一步开展学术研究和凝练研究方向提供有益参考和借鉴。

(严明)

【举行第二届俞樾文化学术研讨会】 12月24日,第二届俞樾文化学术研讨会举行,活动由杭州市临平区和复旦大学联合主办,采用线上线下结合的方式在杭州市临平区、复旦大学同步进行。研讨会围绕俞樾与临平江南文化、玉架山遗址、大运河文化、未来社区、公共文化、志愿者服务、精神富有建设等内容,持续深入探讨文化"两创"的新时代课题,从中华优秀传统文化中汲取奋进之力,推进扎根于中国式现代化实践前沿的学术创新研究。此次学术研讨会也是复旦大学和杭州市临平区委学习贯彻落实党的二十大精神,进一步深化校地合作,服务长三角一体化国家战略的重要举措。

(陈俊超)

附录

复旦大学人文社会科学各类研究基地(省部级)一览表

基地级别	基地类型	基地名称/研究方向	基地负责人
国家级	国家高端智库	中国研究院	张维为
教育部级基地	教育部人文社会科学重点研究基地	中国古代文学研究中心	陈尚君
		历史地理研究中心	张晓虹
		当代国外马克思主义研究中心	吴晓明
		中国社会主义市场经济研究中心	张 军
		美国研究中心	吴心伯
		信息与传播研究中心	孙 玮
		世界经济研究所	万广华
		中外现代化进程研究中心	章 清
	教育部人文外交研究基地	中俄人文交流研究中心	冯玉军
		中美人文交流研究中心	吴心伯
		中欧人文交流研究中心	丁 纯
		中英人文交流研究中心	陈志敏
		中外人文交流研究中心	张 骥
	教育部国别和区域研究中心	金砖国家研究中心	沈 逸
		中国与周边国家关系研究中心	杨 健
		俄罗斯中亚研究中心	冯玉军

续 表

基地级别	基地类型	基地名称/研究方向	基地负责人
教育部级基地	教育部国别和区域研究中心	日本研究中心	胡令远
		朝鲜韩国研究中心	郑继永
		南亚研究中心	张家栋
		欧洲问题研究中心	丁 纯
	教育部立法研究基地	复旦大学教育立法研究基地	陈志敏(史大晓)
	高等学校中国共产党革命精神与文化资源研究中心	中国共产党革命精神与文化资源研究中心	李 冉、朱鸿召(执行)
	人权研究中心	复旦大学国家文化创新研究中心	孙笑侠
	首批教育部哲学社会科学实验室(培育)	国家发展与智能治理综合实验室	陈志敏
		首批国家语言文字推广基地	陈志敏、陈引驰
其他部委基地	特色基地(教育)	国家智能社会治理实验基地——复旦大学	陈思和
	统战基础理论研究基地	中国统一战线理论研究会上海统战基础理论研究基地/中国特色社会主义统一战线理论研究基地	许 征
	外交部政策研究重点合作单位	复旦大学国际问题研究院	吴心伯
	国家民委民族理论政策研究基地	复旦大学民族理论政策研究基地	纳日碧力戈
	中联部"一带一路"智库合作联盟共同理事长	一带一路及全球治理研究院	焦 扬
	国家文化创新研究中心	复旦大学国家文化创新研究中心	孟 建
	团中央中特理论体系研究中心	中国特色社会主义理论体系研究中心研究基地青年研究中心	郑长忠
	第一批网络空间国际治理研究基地	网络空间国际治理的规则制订、态势研判与能力建设	沈 逸
		中国梦研究中心	陆建松
		无障碍环境研究基地	吕 军
	全国妇联、中国妇女研究会与复旦大学共建基地	全国妇女/性别研究与培训基地	彭希哲
	中国老龄协会第一批老龄科研基地	复旦大学社会发展与公共政策学院	彭希哲
	国家民委中华民族共同体研究基地	复旦大学民族研究中心	邹诗鹏
	术语和专科词典研究基地	术语和专科词典研究基地	高永伟
	第一批"古文字与中华文明传承发展工程"协同攻关创新平台	复旦大学出土文献与古文字研究中心	刘 钊
	文化和旅游部重点实验室	"数字文化保护与旅游数据智能计算"文化和旅游部重点实验室	张新鹏
上海市基地	上海市人民政府决策咨询研究基地领军人物工作室	上海产业发展与结构调整	芮明杰
		上海物流研究院	徐以汎
		改革开放新时代形势下上海金融发展战略与政策研究	袁志刚
		医药卫生政策研究	罗 力
	上海市社会科学创新研究基地	行政体制改革与服务型政府建设研究	竺乾威
		中国的哲学话语体系建构	吴晓明
		社会结构转型与社会学理论创新	刘 欣

续 表

基地级别	基地类型	基地名称/研究方向	基地负责人
上海市基地	上海市社会科学创新研究基地	中国特色政治学话语体系理论创新	刘建军
		亚太区域合作与治理研究	吴心伯
		博物馆建设与管理创新研究	陆建松
		中国特色社会主义政治经济学	张晖明
	上海市软科学研究基地	上海市科技创新与公共管理研究中心	朱春奎
	上海市高校智库	党建与国家发展研究中心	郑长忠
		人口与发展政策研究中心	彭希哲
		长三角一体化发展研究院	张 军
		亚太区域合作与治理研究中心	吴心伯
		中国经济研究中心	张 军
		宗教与中国国家安全研究中心	徐以骅
		网络空间战略研究所	沈 逸
	上海市重点智库	复旦大学发展研究院	许宁生、彭希哲、张 怡
	上海市高校智库(二类智库)	新时代党的建设与党内法规研究中心	刘红凛
	上海高校"立德树人"人文社会科学重点研究基地	上海市历史教育教学研究基地	章 清
		上海市数学教育教学研究基地(中小学数学)	李大潜
		上海市物理教育教学研究基地(中学物理)	蒋最敏
		上海市化学教育教学研究基地(中学化学)	麻生明
	上海高校 E-研究院	健康领域重大社会问题治理	郝 模
	上海高校人文社会科学研究基地	国际大都市的治理与发展研究中心	梁 鸿
		国家意识形态建设研究中心	高国希
		就业与社会保障研究中心	袁志刚
		世界文明史研究中心	黄 洋
		中国博物馆事业建设与管理研究基地	陆建松
	上海教育立法咨询与服务研究基地	复旦大学上海教育立法咨询与服务研究基地	陈志敏(史大晓)
	上海市"两新"组织党建研究基地	"两新"组织党建研究(侧重于社会组织党建)	李 冉
	上海市委宣传部与复旦大学共建基地	复旦大学上海儒学院	陈 来
	上海市人民政府合作交流办公室与复旦大学共建基地	上海(复旦大学)合作发展研究中心	张志勇、潘晓岗
	中共上海市委组织部、上海党的建设研究会与复旦大学共建基地	党建理论研究基地	李 冉、李威利(执行)
	上海市地方志办公室与复旦大学共建基地	上海市地方志发展研究中心	巴兆祥
	上海市习近平新时代中国特色社会主义思想研究中心	上海市习近平新时代中国特色社会主义思想研究基地	李 冉、吴海江(执行)
	中共上海市教育卫生工作委员会与复旦大学共建基地	上海市马克思主义理论研究院	李 冉、李国泉(副主任)
	长江经济带(复旦大学)发展研究院	上海市政府合作交流办公室与复旦大学共建基地	彭希哲
		首批上海市语言文字推广基地	陈志敏、陈引驰
		上海市教育科研领域(人文社科)大数据联合创新实验室	张计龙

续　表

基地级别	基地类型	基地名称/研究方向	基地负责人
上海市基地		国家消费市场大数据实验室（上海）	张伊娜
		平安建设与社会治理研究基地	熊易寒
		上海市人口大数据研究中心	陈志敏、彭希哲
		信访理论研究基地	桂　勇
		上海能源与碳中和战略研究院	吴力波
		智慧法治实验室	
	上海市级基地	复旦大学中国金融法治研究院	陈志敏、季立刚（执行）
	复旦大学为主要依托单位，联合上海复旦规划建筑设计研究院、上海市环境科学研究院共同建设	上海市生态环境治理政策模拟与评估重点实验室	包存宽
	上海高校高层次文化艺术人才工作室	艺术人才工作室（潘公凯）	潘公凯
		艺术人才工作室（沈亚洲）	沈亚洲
	长三角江南文化研究联盟	青浦-复旦江南文化研究院复旦基地	
	上海市人才理论研究基地	复旦大学全球科创人才发展研究中心	姚　凯
	上海市机关事务局	机关事务研究中心	朱春奎
	"十四五"上海民政科研基地	复旦大学国际关系与公共事务学院（社区治理）	刘建军
		复旦大学社会发展与公共政策学院（社会救助）	滕五晓
	上海市总工会与复旦大学共建基地	马克思主义工人运动理论研究基地	李　冉、乐昕（副主任）
地方政府基地		"一带一路"南亚东南亚区域发展研究中心	
		文博数字艺术研究中心	柴秋霞

2022年度复旦大学获国家社科基金重大项目、专项项目、重点项目立项一览表

项目名称	项目负责人	所在单位	备注
习近平总书记关于全人类共同价值重要论述研究	李　冉	马克思主义学院	重大项目
国家治理现代化进程中的数字沟通与共识构建的中国路径研究	朱春阳	新闻学院	重大项目
后疫情时代的全球化演变研究	郑　宇	国际关系与公共事务学院	重大项目
两千年来中国重大灾害性气候事件与社会应对机制研究	杨煜达	中国历史地理研究所	重大项目
《水经注》校笺及水道与政区复原研究	李晓杰	中国历史地理研究所	重大项目
先秦至南北朝官私玺印集存	施谢捷	出土文献与古文字研究中心	重大项目
东亚汉籍版本学史	石　祥	古籍整理研究所	重大项目
中华优秀传统文化创造性转化与创新性发展的社会实现路径与机制研究	胡安宁	社会发展与公共政策学院	重大项目
新阶段、新理念、新格局下我国金融结构优化与高质量发展研究	王永钦	经济学院	重大项目
中国共产党百年奋斗中坚持中国道路经验的哲学研究	马拥军	马克思主义学院	重大项目
题目略	黄仁伟	一带一路及全球治理研究院	重大研究专项学术团队项目
题目略	唐亚林	国际关系与公共事务学院	重大研究专项项目

续表

项目名称	项目负责人	所在单位	备注
题目略	张 骥	国际关系与公共事务学院	重大研究专项项目
题目略	张楚楚	国际关系与公共事务学院	重大研究专项项目
题目略	汪晓风	国际问题研究院	重大研究专项项目
题目略	韦宗友	国际问题研究院	重大研究专项项目
16—17世纪西人东来与多语种原始文献视域下东亚海域剧变研究	董少新	文史研究院	冷门绝学研究专项学术团队项目
共建共治共享的社会治理制度运行机制及实践模式创新研究	熊易寒	国际关系与公共事务学院	重点项目
推动经济发展的质量变革、效率变革和动力变革研究	寇宗来	经济学院	重点项目
我国社会科学国际影响力评估与学术话语权建设研究	唐 莉	国际关系与公共事务学院	重点项目
大国竞合态势下的中非发展合作研究	郑 宇	国际关系与公共事务学院	重点项目
广东台山新村沙丘遗址考古资料整理与研究	魏 峻	文物与博物馆学系	重点项目
构建中国新闻业发展新格局的路径创新研究	朱春阳	新闻学院	重点项目
习近平新时代中国特色社会主义思想对唯物史观发展的原创性贡献研究	夏 巍	马克思主义学院	重点项目
殷墟卜辞分类缀合研究	蒋玉斌	出土文献与古文字研究中心	后期资助重点项目

2022年度复旦大学获教育部哲学社会科学重大课题攻关项目立项一览表

项目名称	项目负责人	所在单位	备注
中国图像传播通史研究	顾 铮	新闻学院	重大课题攻关项目
中华治水历史脉络梳理与国家文化形象构建研究	殷 伟	中国历史地理研究所	重大课题攻关项目
习近平生态文明思想研究	陈学明	哲学学院	重大专项项目

2022年复旦大学文科科研获奖成果一览表

复旦大学获上海市第十五届哲学社会科学优秀成果奖名单

作者	成果名称	获奖等级
宗廷虎	中国辞格审美史	一等奖
洪 涛	《格列佛游记》与古今政治	一等奖
秦绍德	中国地区比较新闻史	一等奖
张乃根	条约解释的国际法	一等奖
熊 浩	中国边境地区缅甸边民的身份认同与公共管理:一个对缅甸学生与当地公务员的比较经验研究	二等奖
胡安宁	差序格局,"差"、"序"几何?——针对差序格局经验测量的一项探索性研究	二等奖
张双利	论《共产党宣言》对资本主义的批判	二等奖
朱春阳	县级融媒体中心建设:经验坐标、发展机遇与路径创新	二等奖
高晓林	新中国70年党的形象建设:历程、路径与启示	二等奖
刘建军	"阶级利益联合体"与"人类命运共同体"	二等奖
丁 纯	中欧关系70年:成就、挑战与展望	二等奖
李 辉	互联网信息技术与廉政建设:中国两项地方廉政创新改革的案例研究	二等奖

续　表

作者	成果名称	获奖等级
高　帆	中国农地"三权分置"的形成逻辑与实施政策	二等奖
熊易寒	技术改变政治：互联网＋政务服务与基层权力结构的变迁	一等奖
陈诗一	经济周期视角下的中国财政支出乘数研究	一等奖
唐亚林	当代中国政治发展的逻辑	一等奖
曹沛霖	制度的逻辑	其他奖
冯玉军	欧亚新秩序	一等奖
王克敏	年报文本信息复杂性与管理者自利——来自中国上市公司的证据	二等奖
彭　贺	领导正直对员工创造力的涓滴效应：一个被调节的中介作用模型	二等奖
许多奇	新税制改革与创新驱动发展战略	二等奖
吴　震	东亚儒学问题新探	二等奖
陈尚君	唐诗求是	二等奖
王振忠	从徽州到江南：明清徽商与区域社会研究	二等奖
刘永华	礼仪下乡：明代以降闽西四保的礼仪变革与社会转型	二等奖
陈学明	马克思与当代中国	二等奖
张晖明	纪念改革开放40周年丛书	二等奖
钱梦岑	人口流动、健康与社会保障：迈向新型城镇化的政策选择	二等奖
姚　凯	上海全球城市人才资源开发与流动战略研究	二等奖
任　晓	走向世界共生	二等奖
石源华	新中国周边外交史研究（1949—2019）	二等奖
吴晓明	辩证法的本体论基础：黑格尔与马克思	一等奖
朱立元	试论人文学科知识体系建构的若干理论问题——以当代中国文艺学学科为例	一等奖
裘锡圭	说〈老子〉中的"无为"和"为"——兼论老子的社会、政治思想	一等奖
刘志阔	中国企业的税基侵蚀和利润转移：国际税收治理体系重构下的中国经验	一等奖
贺东航	中国公共政策执行中的政治势能——基于近20年农村林改政策的分析	一等奖
苏长和	中国大国外交的政治学理论基础	一等奖
唐世平	国际秩序变迁与中国的选项	一等奖
蒋玉斌	释甲骨金文的"蠢"兼论相关问题	二等奖
张梦翰	语言谱系证据支持汉藏语系在新石器时代晚期起源于中国北方	二等奖
周葆华	错失恐惧、加速感知与永久在线	二等奖
张涛甫	在挑战中创新：历史视野中的马克思主义新闻观进阶	二等奖
刘　欣	协调机制、支配结构与收入分配：中国转型社会的阶层结构	二等奖
胡　湛	应对中国人口老龄化的治理选择	二等奖
李　冉	试点：改革开放的中国方法与中国经验	二等奖
宋　弘	政府空气污染治理效应评估——来自中国"低碳城市"建设的经验研究	二等奖
唐　莉	中国科研诚信建设的五条必由之路	二等奖
陈登科	资本劳动相对价格、替代弹性与劳动收入份额	二等奖
周　文	中国特色社会主义政治经济学：渊源、发展契机与构建路径	二等奖
杨俊蕾	机器，技术与AI写作的自反性	二等奖
周　波	战国铭文分域研究	二等奖
张仲民	"不科举之科举"——清末浙江优拔考及其制度性困境	二等奖

续表

作者	成果名称	获奖等级
丁雁南	1808年西沙测绘的中国元素暨对比尔·海顿的回应	二等奖
邹诗鹏	马克思的社会存在概念及其基础性意义	二等奖
郭定平	政党中心的国家治理：中国的经验	二等奖
陈明明	发展逻辑与政治学的再阐释：当代中国政府原理	二等奖
包刚升	西方政治的新现实：族群宗教多元主义与西方民主政体的挑战	二等奖

复旦大学获第十三届上海市决策咨询研究成果奖名单

作者	成果名称	获奖等级
彭希哲	上海市"十四五"时期人口发展研究	一等奖
孙立坚	上海建立国际金融中心的跨越式发展路径研究	二等奖
郑磊	上海市公共数据开放制度规则研究	一等奖
罗力	新冠肺炎疫情常态化防控与公共卫生应急管理体系系统性建设策略	一等奖
张军	国内外新形势下上海经济增长的动力来源研究	三等奖
吴凡	科学精准防控新冠疫情的上海决策研究	一等奖
姚凯	长三角生态绿色一体化发展示范区"十四五"人才发展战略研究	三等奖
唐亚林	城市社区物业管理的现状、问题及对策	三等奖

复旦大学获第五届思勉原创奖名单

作者	成果名称	获奖等级
陈尚君	《全唐诗补编》	思勉原创奖
徐英瑾	《心智、语言和机器——维特根斯坦哲学和人工智能科学的对话》	思勉青年原创奖

（文科科研处供稿）

学术刊物

《复旦学报（社会科学版）》

《复旦学报》（社会科学版）是教育部主管、复旦大学主办的综合性学术理论刊物，主要刊载文、史、哲、经、法、政等学科论文。编委会主任葛兆光，主编汪涌豪。

2022年，该刊编辑出版6期，共刊发文章109篇，其中文学类29篇、历史类24篇、哲学类26篇、经济类15篇、法政类15篇。每期印数2 400册。

《复旦学报》（社会科学版）政治上坚定地以马克思主义为指导，坚持正确的舆论导向和价值取向，全面贯彻落实意识形态工作责任制。学报办刊的大政方针，均由复旦大学主管文科的副校长领衔，会同学校文科科研处领导和本刊主编具体执行。每期拟刊发的文章，除了常规的"三审""四校"之外，在拼版之后的三校样阶段，都要把当期拟刊发的文章报送学校党委，由学校主管文科的副校长（副书记）审阅圈定夺。

2022年，积极刊发马克思主义理论研究成果，以"马克思主义中国化时代化"等栏目为抓手，刊发重头文章。例如，第六期李斌《真理的力量：〈共产党宣言〉与中国共产党的创建》与权衡《资本的逻辑批判及其发展：一个理论分析框架》、第三期任帅军《从反贫困到共同富裕：论马克思恩格斯首次合作的动因及其当代意义》与张新宁《马克思主义中国化与马克思主义科技经济理论新境界》、第二期周文《马克思社会所有制及其当代形式再探讨》与林青《马克思、恩格斯对德国"真正的社会主义"的批判及其启示》，以及第一期王凤才《再谈马克思与黑格尔关系问题》等，从各个角度不同层面进行解析。高度重视中国特色哲学社会科学"三大体系"建设，积极策划，精心组织重头文章，大力弘扬与构建具中国风格与气派的学科、学术及话语体系。比如，第四期孟捷《毛泽东与社会主义制度经济学》与郑娟《经济学方法论的重新思考》等。同时，积极服务党和国家工作大局，高度重视决策服务，既加大对学术新思潮的反映，又注意回应当下，聚焦重大理论和现实问题，不断推出有学理、接地气的深度分析文章。例如，对疫情防控、流动人口、数字经济等重大问题，及时推出有学理有深度的长篇论文，如《新型举国体制中的有为政府：社会组织参与疫情防控的视角》（2022年第二期）、《城市规模与流动人口身份认同》（2022年第二期）、《国际比较视角下的中国制造业数字化转型——基于中美德日的对比分析》（2022年第三期）等。

2022年，《复旦学报》（社会科学版）通过创新办刊举措，集束刊发优质文章，取得良好的社会效益，学术与社会影响力与日俱增。在各大转载期刊（《新华文摘》《中国社会科学文摘》《高等学校文科学术文摘》《人大复印报刊资料》）上被转载文章的数量均名列前茅。获中国期刊协会、上海新闻出版局高度肯定，相关办刊经验拟成专文上报。在2022年度国家社科基金资助期刊考核中获得"优秀"。

（吕晓刚）

《复旦学报（自然科学版）》

《复旦学报（自然科学版）》是由教育部主管，复旦大学主办的自然科学综合性学术刊物。该刊为双月刊，国际标准刊号ISSN 0427—7104，每期120页。逢双月的月底出版。编委会主任赵东元，主编唐颐。

2022年5月，学校通过新一届编委会主任、副主任、主编和副主编的任命。编委会主任为赵东元院士，副主任为曾璇教授和唐颐教授；主编为唐颐教授，副主编为雷震、林鑫华、迟楠、陈建民、孙大林、姜育刚教授。2022年杨福家和王威琪两位资深编委去世，年底学报增选18位新编委，共有40位编委。

2022年该刊第61卷共出版6期，总页码820页，刊登学术论文89篇（包括英文论文3篇）。校外稿件39篇，校内稿件50篇，外稿相比往年有一定减少（47/92）。有63篇论文受各种项目或基金资助，基金资助论文比例70%。其中国家自然科学基金资助的论文40篇次，国家重点研发计划资助论文10篇次，国家社科基金资助论文2篇次，其他部级相关基金资助的论文11篇次。按照编委会新要求，从第4期增加文章的学科分类和部分优秀文章的彩色图文摘要，对第5、6期的封面进行重新设计。第5期刊登"全国声音与音乐技术会议"专题论文9篇，第6期刊登"高滋教授九十寿辰暨执教七十周年"专题论文20篇。另刊登反映"第一个复旦·科学家精神"的专题稿件3篇。2022年，学报开通微信公众号并对学报主页进行改版，增加"专题专辑""最新录用""专题评论"等栏目，对专题专辑进行设计并配发新封面。学报获2022年"中国高校百佳科技期刊"称号并入选北京国际图书博览会（BIBF）"2022中国精品期刊展"。2021年知网复合影响因子1.027，比2020年（0.897）有所提高。

（刘东信）

《复旦学报（医学版）》

《复旦学报（医学版）》是教育部主管、复旦大学主办的综合性医药卫生类学术期刊。主编桂永浩，编委70人。双月刊，国际标准刊号ISSN 1672—8467，国内统一标准刊号CN 31—1885/R。官网地址：http://jms.fudan.edu.cn。学报以医药卫生领域的医疗和科研人员为主要作者和读者对象，关注医药卫生领域最新科研成果和诊疗经验，鼓励学术争鸣，促进学术交流，提高医学学术水平。是北京大学《中文核心期刊要目总览（2020年版）》核心期刊，中科院文献情报中心《中国科学引文数据库》（CSCD）核心期刊，中国科学技术信息研究所中国科技核心期刊，《复旦大学学位与研究生教育国内期刊指导目录》自然科学A类（权威）杂志。被国内知网、万方、维普等多家数据库和国外多家数据库（Scopus, BIOSIS Previews, EBSCO, CSA, CA, WPRIM, JST China等）收录。

2022年，学报克服疫情困难，全年基本按时出版6期正刊，载文量148篇共1 016页，其中10%为编委署名文章，22%为编委组织或贡献的文章，89.2%有基金资助。全年总退稿率约76%，退稿原因主要为质量欠佳，文字重合率太高，或修改后未通过复审和编委终审等。所有纸刊文章均提前数周至数月于知网网络首发，以扩大传播效率，提高学术影响力。

2022年期刊影响因子稳中有升，据中信所2022年版中国科技期刊引证报告，学报扩展影响因子为1.645（涨7.6%）；根据中国知网2022年版影响因子年报，学报复合影响因子1.332（涨23%）。

9月，第5期出版"复旦大学附属浦东医院建院90周年专辑"，服务医院学科建设和人才培养。专辑获浦东医院院长、学报编委余波的大力支持，并与医院科研处通力合作、提前近一年筹划和组织，共组稿100篇，外审和编委终审后出版32篇（录用率32%）。

10月，学报在中国期刊协会医药卫生期刊分会的组织下，参加"不忘初心、助力基层"期刊捐赠活动，寄送期刊给湖南省和江西省的3个县人民医院或镇卫生院。

11月，作为上海市科技期刊学会生物医学期刊专委会主任委员单位，学报主办"2022年一流科技期刊建设论坛"线上研讨会；12月，与学会学术期刊专委会联合主办"老话新说：科技期刊编校的难与解"主题沙龙。

3月—12月，学报4位编辑完成中国高校科技期刊研究会基金项目"高校学术规范制度对高校科技期刊科研诚信体系建设的参考价值"的调研工作，并提交结题报告。张秀峰于8月参与复旦大学附属中山医院住院医师之学术素养培训课程并进行线上授课，12月受复旦大学学术规范委员会邀请进行"学术规范教育"附属医院专场线上讲座，12月受前述主题沙龙主办方邀请，作为特邀嘉宾参与讨论和发言。

2022年底，学报获中国高校科技期刊研究会"2022年度中国高校科技期刊建设示范案例库百佳科技期刊"称号；王蔚获2022年度上海市科技期刊学会"先进个人"称号；段佳获2021年度上海市科技期刊学会"先进个人"称号（2022年颁发）；编辑部新人岳顿取得"第五届上海市科技期刊编辑技能大赛"第9名（二等奖）的好成绩。

12月底，启动学报年度优秀论文、优秀审稿专家、优秀编委等数据统计和评选工作，经编委会审阅评选出优秀论文12篇，另根据一定标准评选出优秀审稿专家61位、优秀编委32位。

（张秀峰）

《数学年刊》

《数学年刊A》和《数学年刊B辑》是由教育部主管、复旦大学主办的综合性数学类期刊，主编均为李大潜院士。

2022年出版《数学年刊A辑》（中文版）4期，刊登29篇文章（共454页）；《数学年刊A辑》中译英版《中国当代数学》（Chinese Journal of Contemporary Mathematics，由美国阿伦顿出版公司在美国出版发行）4期，刊登25篇（共400页）文章。出版《数学年刊B辑》（英文版）6期，刊登68篇文章（共1146页）。共出版14期，2 000页。

根据美国科学信息技术研究所（Institute for Scientific Information，ISI）2022年公布的"期刊引证报告"（Journal Citation Reports，JCR）显示，《数学年刊B辑》总被引次数为909次，影响因子为0.531。

《数学年刊B辑》在2022年中国科学公布的期刊分区中进入数学类期刊的T1区；《数学年刊A辑》在2022年中国科学公布的期刊分区中进入数学类期刊的T3区。（周春莲）

《复旦教育论坛》

《复旦教育论坛》是教育部主管、复旦大学主办的高等教育学术刊物，中文社会科学引文索引（CSSCI）来源期刊，《中文核心期刊要目总览》核心期刊，中国人文社会科学A类核心期刊，《中国学术期刊评价研究报告》A类核心期刊，"复印报刊资料"重要转载来源期刊，刊出文章被中国知网学术期刊数据库、万方中国核心期刊（遴选）数据库、维普中文科技期刊数据库、国家哲学社会科学学术期刊数据库、台湾ERIC数据库等多家检索机构和全文数据库收录。

《复旦教育论坛》主要栏目："新论"栏目注重学术新观点，"专题"栏目以主题为线索组合内容，2017年开始重点打造"教育法治"专栏，"专论"栏目侧重问题研究的深度开掘，"方略"栏目以应用研究为主，"域外"栏目着重反映境外高教研究趋向，"医苑"关注医学教育。在内容范围上，宽口径、焦点化，既有高等教育问题研究，又有与高等教育关联的教育问题研究。在内容靶点上，强调"顶天立地"，既重视教育思想的研究，又重视实际问题的研究，力戒"不着天、不落地"。

全年正常出刊6期，每期112页，共印刷11 100册。全年共收稿1 350篇，刊发论文80篇（不含评论），稿件录用率为5.93%；发表的论文中基金论文占77.5%。刊发文章重点涉及"教育法治""高等教育治理""高等教育国际化""考试招生制度与高考改革""家庭第一代大学生""人才培养与学生发展""高校教师发展""教育经济与财政""民办高校发展""国外高等教育""医学教育"等专题。

2022年《复旦教育论坛》获上海市教委"教育法治专栏建设"项目、复旦大学"人文社会科学学术期刊质量提升支持计划"专项资金资助。2022年刊物影响因子继续提升，据2022年中国学术期刊影响因子年报显示，本刊复合影响因子为2.282，较上年提升19.1%。另外，本刊倡导的实证研究范式以及唯文是取的稿件录用原则，在教育学术共同体中起到很好的引领作用。

（赵友良）

《新闻大学》

《新闻大学》是教育部主管、复旦大学主办的新闻传播学术刊物，主编张涛甫。

《新闻大学》多年来获评国内新闻传播类核心期刊，是人大复印报刊资料的核心来源期刊、中文社会科学引文索引（CSSCI）来源期刊、北大中文核心期刊、中国人文社会科学论文与引文数据库首批来源期刊、中国人文社会科学期刊AMI综合评价（A刊）核心期刊、RCCSE中国核心学术期刊（A类）。

2022年，期刊继续对录用稿件实行专家匿名评审制度。全年共收到投稿1 200余篇，刊发稿件102篇（不含卷首语），其中70篇为自由来稿。全年发行12期，每期印数2 000册。

2022年，编辑部加强选题策划力度，着眼学术界重要研究议题，先后推出10期专题，包括"新闻教育改革研究""健康传播研究""视觉框架研究""传播研究的时间与空间""具身理论研究"等，其中"国际传播研究""元宇宙研究"等相关研究专题引起学界较大关注。12月，推出"学习贯彻党的二十大精神系列研究专题"。

全年被转载文章27篇。包括《新闻与传播》（人大复印报刊资料）转载9篇；《新华文摘》（纸质版）转载1篇，《新华文摘》（网络版）转载15篇；《中国社会科学文摘》转载2篇。期刊的复合影响因子由2021年的2.623增至3.19。

12月11日，主办2022年度新闻传播学主编论坛，以"中国经验、全球视野"为主题，从"学术期刊迭代升级与高质量发展""学术期刊与学术创新、学科建设""学术期刊与中国式现代化、自主知识体系构建"等层面作深入探讨和交流。

2022年，"新闻大学"微信公众号共发布文章26篇，截至年底订阅用户数量超66 000人。

（陆　磊）

《当代修辞学》

《当代修辞学》是由教育部主管、复旦大学主办的国内迄今唯一的修辞学专业学术期刊。主编祝克懿教授。该刊全年发行6期，每期印数2 500册。

《当代修辞学》2022年持续入选南京大学"人文社会科学引文索引来源期刊"（CSSCI）正式版、中国社会科学院"中国人文社会科学综合评价AMI"核心期刊、中国人民大学"复印报刊资料"重要转载来源期刊、北京大学"中文核心期刊要目总览"、清华大学中国知网（CNKI）《中国学术期刊影响因子年报》统计源期刊。2022年持续入选复旦大学"双一流建设"期刊。

《当代修辞学》全年刊发学术论文45篇。获中国人民大学《复印报刊资料·语言文字学》全文转载5篇,《高等学校文科学术文摘》转载1篇。

2022年,期刊开设"风格与辞格研究""语篇语义研究""信息修辞研究""中西修辞对话""修辞的结构与功能研究""情感转向与西方修辞""理论探索""外交话语研究""修辞学传统""西方修辞学""话语研究""修辞语义语用研究""语篇修辞研究""法律语言研究""语体互文研究"等专栏。

11月20日,《当代修辞学》编辑部与复旦大学中文系、陈望道研究会共同举办"纪念《当代修辞学》创刊40周年暨第十三届'望道修辞学论坛'学术研讨会",受疫情影响,研讨会采用线上形式举行,以开幕式的纪念活动和大会学术报告两种方式进行。复旦大学的各级主管领导和海内外学术界、期刊出版界的前辈时贤共聚一堂,回顾历史,传授办刊经验,共商刊物建设举措。会场反响热烈,参会人员近600人次,深入讨论新文科背景下学术期刊的传承与发展、修辞学科的知识体系建构等重要论题。

12月3日,《当代修辞学》编辑部与上海外国语大学语料库研究院共同主办"语料库应用与修辞研究前沿理论工作坊",受疫情影响,工作坊采用线上形式举行。工作坊邀请12位国内著名语言学专家,报告围绕语料库与修辞学研究,从语料库建设、网络语言治理、语料库与人际修辞、语料库与情感分析等多个方面,展开中文学界和外语学界的对话、语料库研究和修辞学研究专家的对话。

微信公众号"当代修辞学"2019年创办,至2022年,关注量已过万。全年共推文52篇,被多家网站、公众号转发共计27篇。

2022年,《当代修辞学》搭建了海内外业界精英学术活动的交流平台,促进了学者、编读者之间的学术往来,增强了《当代修辞学》在学界的影响力。

(王 静)

《世界经济文汇》

《世界经济文汇》是教育部主管、复旦大学主办、经济学院承办的经济学学术期刊,属于中文社会科学引文索引(CSSCI)来源期刊,主编张军。

2022年,《世界经济文汇》继续坚持双向匿名审稿制度,全年共收到自然来稿约1 000篇论文,其中进入匿审程序的论文约60篇,最终刊发录用论文40篇,全年共发行6期,每期印刷1 000份。

2022年,《世界经济文汇》刊登文章的学术水平稳步提高,学术规范进一步加强。期刊所发表的论文涉及国际经济学、劳动经济学、区域经济学、发展经济学、金融学等多个领域,开设"减贫""劳动力市场""国际贸易"等专栏。

12月5日,2022年"中国最具国际影响力学术期刊"(TOP5%)和"中国国际影响力优秀学术期刊"(TOP5%—10%)名单发布,《世界经济文汇》连续第3年入选"中国国际影响力优秀学术期刊"(人文社会科学),且在2022年排名进步显著。

(朱红英)

《研究与发展管理》

《研究与发展管理》创刊于1989年,主管单位是教育部,由复旦大学主办,复旦大学管理学院与高校科技管理研究会承办。创刊以来,一直致力于我国的R&D管理及其所支持的创新与创业研究,目前已成为在研发管理、创新创业、知识管理、知识与创新网络、产学研结合等领域具有一定学术与社会影响的学术期刊,是国家自然科学基金委员会管理学部组织选定的30本中国管理科学重要期刊、中文社会科学引文索引(CSSCI)来源期刊、中国科技核心期刊、中国人文社会科学期刊AMI综合评价(A刊)核心期刊、中国人文社会科学核心期刊、《中文核心期刊要目总览》核心期刊。

《研究与发展管理》2022年收到稿件1 624篇,其中,属于国家自然科学基金资助项目的论文502篇,其他各类基金资助项目的论文共计698篇;全年发行6期,刊登稿件86篇,录用率约为5.2%。

除常规栏目外,期刊紧密围绕国家战略需求和学术理论前沿展开选题策划,邀请国内知名学者担任专栏/专刊客座编辑,2022年发表5个专栏和1期专刊,专栏主题分别为"中国制造企业的数字化转型:典型案例与理论构建""科创大家谈""双碳目标与绿色技术创新""平台经济与高科技领域反垄断""研究型大学与科技创新中心建设",专刊主题为"QCA方法与复杂性背景下的创新创业研究"。以线上和线下结合的方式参加与本刊研究领域紧密相关且具有较高影响力的全国性学术会议6次,积极宣传期刊新的发展动态,与参会的专家学者就期刊发展、学科前沿进行交流。微信公众号"研究与发展管理"全年发布150篇推文,关注用户超过7 300人,较2021年增长42%。通过多措并举,继续提升学术影响力,2022年期刊的影响因子为5.165,首度破5,学科排序全国第四;连续获得"中国国际影响力优秀学术期刊"奖项;连续入选FMS(Federation of Management Societies of China)管理科学高质量期刊;首次被日本科学技术振兴机构数据库(Japan Science & Technology Corporation, JST)收录。

(金 妮)

《历史地理研究》

《历史地理研究》2022年出版4期刊物,共刊出53篇研究论文,包括8篇札记、1篇译丛、2篇学术史,共计97万字,印数增至900册。2022年,编辑部接收自由投稿量与去年基本持平,在450篇左右,期刊加强初审,送外审334人次,送编委190人次;退稿363篇。期刊继续加强地图史、学术史等传统板块,并首次刊出翻译文章。

2022年自由投稿量趋于稳定,共计444篇,编辑部初审要求进一步提高,外审量有所控制,为328人次;退稿数升至418篇,接受/投稿比率继续降低。据统计，自《历史地理研究》创刊起至2022年底，中国知网期刊数据库显示文章被引总次数为142次，较2021年同期增长91次；下载总次数为42 659次，较2021年同期增长23 039次。期刊网站2022年PDF文件下载24 028次，摘要页面点击26 698次，全文页面点击2 440次。"历史地理研究编辑部"公众号关注量增至1.3万余人，共发布178篇，阅读量均数在1 000次左右，最高超4 000阅读量。编辑部受邀与国家哲学社会科学学术期刊数据库签署协议并授权发布，可提供浏览和下载服务。

6月，编辑部参与复旦大学中国历史地理研究所建所40周年大会；11月底，参与"运河与生态文明"工作坊，期刊还进一步宣传"考古地理学理论与实践研讨会""'融合与创新'——边海地图与边疆史地研究学术研讨会"等。依托这些会议，期刊吸纳一批优秀稿件。

2022年，《历史地理研究》继续稳步发展。在中国社会科学评价研究院新一轮《中国人文社会科学期刊AMI综合评价报告（2022年）》中，《历史地理研究》名列其中。刊物被列入"中文社会科学引文索引（CSSCI）"来源期刊目录和目前地理学领域公认具备较高研究水平的"中国地理资源领域高质量科技期刊分级目录（2020年）"。

（程心珂）

《管理视野》

《管理视野》由教育部主管、复旦大学主办、复旦大学出版社有限公司出版、复旦大学管理学院承办、中国管理研究国际学会（IACMR）提供学术支持，由复旦大学管理学院院长陆雄文担任主编，旨在促进学界和业界交流，提升管理学的社会影响力和政策影响力。

2022年，《管理视野》杂志重点打造内容优势，不断优化栏目定位，坚守杂志的学术性、专业性和前瞻性。杂志全年共出版四期，共发表文章95篇，其中来自全球商学院管理学者的供稿约60篇，学术论文改写12篇，国内外企业家深度专访12篇。

在内容定位上，《管理视野》致力于搭建学界和商界管理者的桥梁，传递全球领先的管理研究和商业实践。杂志设计多个特色栏目，以专业文章体现理论深度，以前沿内容主题拓宽读者视野，以学术视角关注商业趋势和实践创新，形成《管理视野》衔接学术界和业界的独家视角和新时代的影响力。比如2022年第3期的专题"成为科创企业家"，体现《管理视野》对科创企业的长期关注与积累，专题共发表12篇重量级文章，撰稿者既有中科院院士，也有知名经济学者和国内外商学院教授，并访谈8位分别处于不同发展阶段的科创企业家，研讨科创企业面临的管理难题和挑战。2022年第1期的专题"如何点亮Z世代"抓住当下Z世代年轻人初入职场，为管理者带来新管理难题的痛点，呼吁公司重新审视管理者与年轻员工的合作关系，并提出通时适用的管理新逻辑。2022年第2期的专题"数字进化论"紧跟当下数字化的时代命题，通过学者和管理者的声音，探索如何探究经典管理理论的新突破、新规则。2022年第4期的专题则是关注中小企业的新出海模式，通过学术研究的回溯，结合新出海企业的特征，试图总结出"动荡世界的出海新策略"。

2022年，《管理视野》借助学院官方视频号的"瞰见"系列线上直播，推出多场主题研讨会。其中，以"如何点亮Z世代"为主题的直播课吸引全网近30万人次在线观看，并获得新浪财经、网易财经、百度财经、36氪、《中国企业报》·中企视讯等10家主流媒体的报道。

2022年年底推出《管理视野》英文内容专刊，精选全年杂志精彩内容翻译成英文，并在国际知名商学院、国际出版平台传播推广，讲好中国故事和案例，提升复旦管理学科在国际上的影响力。

（于保平　胡伟洁）

《绿色合成与催化》

《绿色合成与催化》（Green Synthesis and Catalysis，简称GSC）是由教育部主管，复旦大学和武汉工程大学联合主办的英文学术刊物。由复旦大学陈芬儿院士和亚利桑那大学教授王卫担任主编，副主编由来自美国、新加坡、日本和德国等国家和地区的绿色合成与催化领域知名教授专家组成。国际标准刊号ISSN 2666—5549。GSC与北京科爱森蓝文化传播有限公司进行合作，出版内容委托Elsevier进行制作，并全部在ScienceDirect上托管出版发行，并被开放获取期刊检索系统DOAJ和Scopus数据库收录。

《绿色合成与催化》紧紧围绕低碳化、清洁化和节能化的发展要求，致力于发表绿色合成与催化科学的创新性研究成果，努力搭建高质量国际交流平台，陆续刊登引领技术重大变革的学术文章，是一本涵盖绿色合成与催化领域的开源英文期刊。

《绿色合成与催化》以绿色合成与催化及其交叉领域为切入点，剖析绿色合成发展的焦点难点问题，聚焦无污染或少污染研究方向，提出新观点、新策略来解决可持续合成技术，涉及有机金属催化、光催化和生物催化，以及合成设计、连续加工、多相催化、绿色试剂等合成技术。

期刊列入复旦大学科技期刊卓越行动计划以来，每期刊载10—15篇论文，每期发行量约为2 000册。2022年期刊接收文章104篇，出版53篇，接收率50.90%，自由来稿的退稿率49.03%。完成4期正刊编辑和出版工作，载文量53篇，其中发布外籍文章21篇，出版国内文章32篇。

2022年，促进绿色合成与催化等领域的学术交流，扩大GSC在学界的影响力。10月，举办"不对称催化研讨会"。在第一届编委会第六次会议上，南京工业大学教授郭凯以"微尺度效应作用与强化机制"为题做汇报；郑州大学教授梅光建以"偶氮二烯烃参与的催化不对串联环化反应"为题做汇报；清华大学教授陈超以"含氟高价碘试剂的合成与性质研究"为题做汇报。

2022年，《绿色合成与催化》期刊

微信公众号累计推送33篇《绿色合成与催化》的原创文章及相关通知等，发表"基于二茂铁骨架手性四齿配体的发现与开发和在铱催化酮的不对称氢化中的应用"高点击率推文。编辑部通过网站等平台与作者及读者建立良好互动，借助自媒体平台扩大传播范围。

（唐　博）

《中国感染与化疗杂志》

《中国感染与化疗杂志》由教育部主管，复旦大学附属华山医院主办，由著名感染性疾病诊治及抗感染药物临床应用专家张婴元教授主编。期刊为全国一级学术刊物，国际标准刊号 ISSN 1009—7708，国内统一标准刊号 CN31—1965/R。期刊旨在通过学术交流提高感染性疾病的诊断及抗感染治疗水平。刊登稿件内容为：感染性疾病的病原诊断研究，包括细菌、支原体、衣原体、真菌、病毒和寄生虫等病原；抗感染新药临床评价；细菌耐药性监测、细菌耐药机制研究；医院感染防治；抗感染药体外、体内药效学研究；抗感染药临床药动学研究；抗感染药药理、毒理实验研究；感染性疾病诊治临床经验、病例分析、个案报道等。

期刊已加入的国内主要数据库有：国家科技部中国科技论文统计源期刊（核心期刊）、中国科学引文数据库（CSCD）以及中国学术期刊综合评价数据库等，并入编北京大学出版社出版的《中文核心期刊要目总览》2020年版之临床医学/特种医学类的核心期刊。已加入的国外主要数据库有：荷兰《医学文摘》、WHO 西太平洋地区医学索引（WPRIM）等。

在2022年版中国科技期刊引证报告（扩刊版）中影响因子 3.378，在中国学术期刊影响因子年报（自然科学与工程技术 2021 版）中，影响因子 2.174，均在同类杂志中名列前茅。

2022年在疫情影响下，仍坚持完成6期杂志的编辑出版工作，每期印数8 000册，全年总发行量为48 000册。2022年共收到投稿602篇，录用76篇，录用率约13%。全年页码784页，共刊出文章147篇，其中包括论著81篇，专家论坛1篇，病例报告33篇，综述与编译32篇。

全部刊出文章中，受国家级基金项目资助的有31篇，省市级和其他基金项目资助的有63篇，合计基金资助论文83篇。

（曹忆菫）

《中国眼耳鼻喉科杂志》

《中国眼耳鼻喉科杂志》是教育部主管，复旦大学附属眼耳鼻喉科医院主办的全国性专业学术期刊，是中国科技核心期刊、中国科技论文统计源期刊。面向全体眼科、耳鼻喉科医学工作者，旨在促进国内外眼科、耳鼻喉科领域内重要科研成果的交流，加快技术与信息的传播，为临床工作者总结经验和提高业务水平提供学术交流平台。本刊为双月刊，由王正敏院士领衔，孙兴怀教授、迟放鲁教授主编。

期刊目前被以下数据库收录：《科技期刊世界影响力指数（WJCI）报告（2022）》，日本科学技术振兴机构数据库（JSTChina）、美国《乌利希期刊指南》、中国知网、万方数据、维普资讯、超星预出版等，继续被收录为中国科技核心期刊、中国科技论文统计源期刊。174篇论文入选中国知网发布的《学术精要数据库》。

2022年共收稿629篇，刊登175篇，退稿441篇，退稿率约为70%。组稿61篇（占全年刊登论文的34.8%），各类基金论文70篇（占刊登论文的40%）。基于附属眼耳鼻喉科医院主办的第十四届眼科临床疑难病例讨论会组织出版临床病例讨论增刊1期。全年出刊7期，包括6期正刊和1期增刊，总页码720页。

2022年期刊微信公众号共推送论文151篇，发布后7天内总阅读达104 999人次，篇均阅读近695人次。其中针对社会热点组织的《鼻腔盐水冲洗预防新冠病毒感染专家共识》5月9日预发布和8月13日正式发布2条内容的总阅读均突破10W＋，并被申工社、上观新闻、天目新闻等国内知名大众媒体转载。

2022年，参加由中国期刊协会医药卫生期刊分会和中国高校科技期刊研究会医学期刊专委会共同组织的"不忘初心，助力基层"主题实践系列活动，向基层医院赠送期刊，并持续定点支援，助力基层专业人员技能提升。

2022年度，期刊获"2022年度中国高校科技期刊建设示范案例库—优秀科技期刊案例"。

（杨美琴）

《微生物与感染》

《微生物与感染》为教育部主管、复旦大学主办的学术性期刊，"中国科技论文统计源期刊"（中国科技核心期刊）及《复旦大学学位与研究生教育国内期刊指导目录》A类（权威）期刊，被万方数据资源系统数据库、知网《中国期刊全文数据库》（CJFD）、超星学术期刊"域出版"、维普资讯—中文科技期刊数据库等收录。名誉主编为闻玉梅、翁心华，主编为瞿涤、张文宏。主要报道与人类、动物和植物感染相关病原微生物的生物学及分子生物学特性，抗感染免疫，实验室诊断技术，临床感染及流行病学与防疫等方面的研究。该杂志为双月刊，双月25日出版，网址：http://jmi.fudan.edu.cn（读者可在该网站免费下载该刊发表的论文）。

2022年期刊继续向读者提供HTML格式的全文阅读模式，其中包括各种功能的标签链接，为读者二次利用文献内容提供便利。

2022年第17卷出版6期，总页码400页，载文量55篇，约77万字。在发表的文章中，新年寄语1篇、特约专稿1篇、论著21篇、病例分析6篇、综述24篇、医学论坛2篇。其中获国家自然科学基金项目资助的17篇、"十三五"国家科技重大专项资助的6篇、其他国家级基金项目资助的5篇、省市级基金项目资助的28篇、其他项目资助的12篇，合计各类基金资助课题文章36篇，基金论文比65.5%。

在2022年版中国科技期刊引证报告（核心版）中综合评价总分38.61，在感染性疾病学、传染病学类期刊中名列第六。

（王　静）

《中国循证儿科杂志》

《中国循证儿科杂志》办刊宗旨为"面向临床,突出循证";办刊理念为"以最好的表达方式和最好的表现形式体现作者的学术意图,发表偏倚风险小的文章"。

2022年第17卷出版6期,总页码484页。收到来稿605篇,退稿523篇,刊出82篇(13.5%),平均刊出周期103天,平均审稿天数13天。论著66篇,病案报告11篇,指南·共识4篇,病例讨论1篇。

《中国循证儿科杂志》在2022年中国科协发布的《高质量科技期刊分级目录总汇第二版》中,入选儿科学领域T1区。是中国科技论文统计源期刊(中国科技核心期刊)、中文核心期刊要目总揽(北京大学核心期刊)、《复旦大学学位与研究生教育国内期刊指导目录》临床医学A类杂志。

(张崇凡)

《中国临床神经科学》

《中国临床神经科学》是教育部主管,复旦大学附属华山医院、复旦大学神经病学研究所主办的医药卫生类科技期刊。主编蒋雨平,编辑部主任丁正同。于1993年创刊,双月刊,16K,120页,彩色铜版纸印刷。至2022年已发行30卷。2000年起被中国科技论文统计源期刊、中国学术期刊综合评价数据库等5家期刊数据库收入并评为"中国科技核心期刊"。2012年获评《复旦大学学位与研究生教育国内期刊指导目录》临床医学A类杂志。

该刊主要刊登与临床神经病有关的神经科学基础研究和临床应用研究的论著,对神经疾病的新认识和新治疗、实验方法与诊断技术、简讯和论著报道,兼登医学动态研究进展等栏目。主要读者对象为从事神经科学临床和基础研究的医务人员、科技人员,全国各大专院校从事相关研究的教师和研究生。中国学术期刊影响因子年报2022年发布的2021年期刊影响因子为0.990。

2022年度接收各类稿件394篇,刊出110篇,录用率27.92%。其中,论著47篇,论著报道20篇,进展28篇,疾病的新认识和新治疗9篇,专家建议4篇。期刊坚持为新疆、云南、广西等西部地区的临床神经科学发展提供支持和服务。

(蒋雨平)

《中国医学计算机成像杂志》

《中国医学计算机成像杂志》由教育部主管,复旦大学附属华山医院主办,主编沈天真,责任主编冯晓源。

办刊宗旨为:"普及与提高相结合",提高我国医学计算机成像的科研应用水平,向广大有关专业人员普及CT、MRI、DSA的知识;"理论和实践相结合",介绍科研应用和生产实践经验,交流理论研究成果;"百花齐放、百家争鸣",CT、MRI、DSA属新尖理论、技术和方法,刊出关于此的不同见解、技术和方法,在比较中去伪存真、去粗取精。

该刊为双月刊,大16开,116页。设立关于医学计算机成像的述评、论著、实验研究、病理报道、技术进展、知识更新讲座、新技术的开发应用、新产品介绍以及成像设备的维护等栏目。主要读者对象为:从事医学影像诊断,包括介入放射学医技人员、从事临床工作的医务人员;相关研究机构(计算机成像设备研究单位)的科技人员;制造和生产计算机成像设备工厂中的工程师和技师;全国各大专院校相关课程的教师和学生。

2022年共收稿318篇,出刊6期,发表论文128篇,其中论著113篇、综述11篇、实验研究2篇、短篇报道2篇。

(李克)

《中国临床医学》

《中国临床医学》杂志(ISSN 1008-6358/CN 31-1794/R)创刊于1994年,1998年经国家科学技术部、国家新闻出版总署批准面向国内外公开出版发行,双月刊,主编为樊嘉院士,常务副主编为周俭教授;为科技核心A类医学期刊。期刊由教育部主管、复旦大学附属中山医院主办,立足于临床医学前沿,密切关注临床医学的发展,着力报道我国临床医学领域的新成就、新经验、新技术、新方法。

2022年期刊接收投稿2 305篇,分6期共发表183篇文章,刊发《物联网辅助成人急性呼吸窘迫综合征诊治中国专家共识》《D-SPECT心肌血流定量操作规范专家共识》等高级别的指南与规范。2021年,期刊学术影响力及辐射面稳步提升,投稿作者覆盖面广,期刊总被引频次、基金论文比等指标稳中有升。2022年复合影响因子及综合影响因子分别达1.138、0.933。

2022年,《中国临床医学》获"中国高校优秀科技期刊奖""中国高校科技期刊建设示范案例库优秀期刊",持续入选《中国学术期刊影响因子年报》统计源期刊,持续被收录为中国科技核心期刊(中国科技论文统计源期刊)。编辑部获第5届上海市科技期刊编辑技能大赛优秀组织奖,个人获第5届上海市科技期刊编辑技能大赛个人优秀奖。两位编辑的课题获上海市科技期刊学会"海上青编腾飞"项目立项。

2022年,编辑部在医学教育方面进行有益尝试并取得成效。承办10期"复旦中山专利小沙龙"专题讲座并免费提供线上平台,帮助临床一线进行专利点的发掘和专利转化;与复旦大学附属中山医院共同主办"免疫检查点抑制剂相关心肌炎临床诊疗学习班",共十讲,邀请心脏病、肿瘤诊治领域多位专家线上授课,获得较高的专业关注度。

(王迪)

《中国癌症杂志》

《中国癌症杂志》是教育部主管、复旦大学附属肿瘤医院主办的全国性肿瘤学术期刊。1991年创刊,月刊,名誉主编为汤钊猷、曹世龙、沈镇宙教授,主编为邵志敏教授。杂志宗旨为"服务读者,成就作者"。主要报道国内外肿瘤学领域前沿的研究内容,包括肿瘤学基础医学、临床医学、转化医学研究、流行病学及医学统计学等。开设栏目主要包括专家述评、论著、综述、论著选登、个案报道、指南与共识等。官方网址：www.china-oncology.com。

期刊已被《中文核心期刊要目总览》（北大中文核心期刊）、中国科技论文统计源期刊（中国科技核心期刊）数据库、《中文生物医学期刊文献数据库-CMCC》及《中国生物医学期刊引文数据库-CMCI》《中国生物文献数据库》《科技期刊世界影响力指数（WJCI）报告》2021年版、DOAJ数据库、荷兰SCOPUS数据库、荷兰EMBASE数据库、美国《化学文摘》（CA）、美国EBSCO数据库、波兰《哥白尼索引》、日本科技振兴机构数据库（JST）以及WHO西太平洋地区医学索引（WPRIM）等数据库收录。2012年获评《复旦大学学位与研究生教育国内期刊指导目录》A类期刊。2022年11月30日获"2022年度中国高校科技期刊建设示范案例库百佳科技期刊"。

2022年度共收稿1 230篇，发表论文129篇，其中论著74篇（含专题论著21篇），综述15篇，个案报道及短篇论著各6篇，专家述评21篇，指南与共识13篇。基金论文发表63篇，占总发表文章数量的48.8%。2022年度继续加大流行病学文章的约稿力度，发表流行病学约稿多篇。继续保证每期至少发表一篇指南或共识，获得显著的社会效益。

2022年，《中国癌症杂志》第五届编委会扩大成立青年编委会。新一届编委会希望在3—5年内，将《中国癌症杂志》打造为国内顶尖、有一定国际影响力的肿瘤学期刊。

12月中国科学技术信息研究所发布的数据显示，《中国癌症杂志》总被引频次、核心版影响因子在肿瘤学核心期刊中继续保持前列。其中《中国癌症杂志》核心影响因子居肿瘤学中文期刊排名第3位，综合评价总分排名第2位。

为了扩大期刊的国际影响力，编辑部在网站宣传和数据库收录方面继续进行突破。健全和更新《中国癌症杂志》英文网站，完善英文的各项制度、指南、声明等。在国际数据库收录方面，2022年被DOAJ数据库收录。积极开展新媒体工作，加强《中国癌症杂志》微信公众号内容更新，在宣传杂志与文章的同时，对学术会议和学术活动也进行报道，另开设M云学院，定期推送医学专家的学术录播，与作者及读者建立良好互动，为杂志的推广起到一定宣传作用。

（倪　明）

《肿瘤影像学》

《肿瘤影像学》杂志（原《上海医学影像》杂志，2013年3月正式更名）是复旦大学主管、复旦大学附属肿瘤医院主办的学术类期刊。主编常才、樊卫、彭卫军，双月刊，64页，中国科技核心期刊（中国科技论文统计源期刊），入选《复旦大学学位与研究生教育国内期刊指导目录》B类核心期刊。官方网址：www.zhongliuyingxiangxue.com。

办刊宗旨和目标为：贯彻理论与实践、普及与提高相结合的方针，反映肿瘤影像学临床应用和科研工作成果，增进国内外肿瘤影像学学术交流，提高我国肿瘤影像学诊断技术和治疗水平。

杂志刊登内容以肿瘤类疾病为主，非肿瘤类为辅，涉及放射诊断学、超声医学、核医学、介入医学、内镜诊断治疗学、光成像学、综合影像、医学影像工程以及相关学科的论文。

2022年度，杂志共收稿555篇，退稿483篇，自由投稿退稿率为87.0%。共出刊6期，发表论文105篇（其中专家述评与专题论著21篇、论著68篇、综述6篇、病例报告10篇），基金论文比为68.6%（72/105）。

在2022年版《中国科技期刊引证报告》中，《肿瘤影像学》杂志的影响因子为0.551，在35本肿瘤学期刊中排名第25位。2022年《肿瘤影像学》再次被评为中国科技核心期刊。获中国高校科技期刊研究会颁发的"2022年度中国高校科技期刊建设示范案例库·优秀科技期刊"。

《肿瘤影像学》杂志微信公众号自开通以来，关注人数已达到7 061人，覆盖全国。2022年累计推送133篇《肿瘤影像学》杂志原创文章及相关通知等（含专家述评与专题论著21篇），最高阅读量1 267次，篇均阅读量295次（39 235/133）。编辑部通过网站及微信与作者及读者建立良好互动，为杂志的推广起到一定宣传作用。

（倪　明）

《中华手外科杂志》

《中华手外科杂志》编辑部设在复旦大学附属华山医院内。编委会拥有国内著名手外科专家67名，现任总编辑为顾玉东院士。杂志以广大手外科医师为主要读者对象，也适合整形外科、骨科、显微外科和普通外科医师阅读。重点介绍和报道手外科领域中先进的科研成果和临床诊疗经验；优先介绍各专业中的创新及发明；关注对临床有指导作用与临床密切结合的基础理论研究。期刊是手外科高级期刊，已加入中国科学引文数据库（CSCD）、中国学术期刊综合评价数据库、中国期刊全文数据库、中国数字化期刊全文数据库、中文科技期刊数据库。

2022年，共完成6期的编辑和出版工作，每期发行量约为1 350册。全年投稿总数362篇，刊登168篇，刊出率为44.9%，其中省、部级以上基金论文53篇，刊出率为34.2%。重点号刊出6期共23篇文章。

国内统一标准刊号CN 31—1653/R，邮发代号4-491。逢双月10号出版，每期96页。

（周佳菁）

融合创新研究

【概述】　全面对接教育部要求，完成新一代集成电路技术集成攻关大平台、脑科学前沿科学中心建设任务。加强过程管理，召开大平台、前沿中心管理委员会年度会议，成立大平台专家委员会、产业委员会，聘任大平台共同主任，完成前沿中心领导班子的续聘。推动有组织科研，实施科技领军人才团队项目，按教育部要求制订《复旦大学新一代集成电路技术集成大平台科技领军人才团队项目管理办法》《复旦大学脑科学前沿科学中心科技领军人才团队项目管理办法》,组织大平台和前沿中心编制年度任务;推动集成攻关和原始创新,集成攻关大平台新承担9项重大项目,通过旦芯人才计划遴选40位优秀青年教师和博士后参与攻关任务;前沿中心与国家脑计划对接,获批科技创新2030"脑科学与类脑研究"重大项目2项、青年科学家项目11项,参与重大项目1项,项目金额合计2.5亿元。

持续推进张江复旦国际创新中心建设。规划张江校区新建科研楼空间安排,分析张江校区新建科研楼的空间布局等,调研拟入驻科研机构空间需求,初步形成《张江复旦国际创新中心科研空间规划方案》。谋划张江实验动物中心建设,统计拟入驻机构对实验动物种类、笼数、实验特殊要求等需求,初步形成《张江实验动物中心规划方案》。加大张江复旦国际创新中心建设成果推介与宣传,接待上海市副市长刘多、厦门市人大常委会主任杨国豪、崇明区委书记缪京等领导的调研。加强成果宣传,重大研究进展和建设成果参加"2017—2022上海发展成就展"、张江科学城建成30周年成果展、"第一个复旦"成果展、复旦大学"奋进新时代——我们这十年成就图片展"等。承办建设"第一个复旦"系列主题论坛,聚焦"深度融入新发展格局,提升服务社会经济发展能力"主题,邀请市科创办执行副主任彭崧出席并演讲。

完善重大创新任务专任岗位的聘用体系,为专任岗位在更大范围内的推广应用打下基础。累计完成"国际人类表型组计划""功能介孔材料创制与研发""脑科学交叉与转化重大创新研究""重大突发传染病防控关键核心技术研究"等25项重大创新任务的专任岗位设岗论证和审批工作,发布招聘信息122个,累计进校48人。制订具有高级专业技术职务人才进校认定高级职务的评审流程和操作方案并实操1人。完善聘用全过程管理服务,拓展1家社会招聘网站,建立专任岗位薪酬数据exchange共享平台。深化研究符合任务特点的高级职务晋升制度,形成《复旦大学重大创新任务专任岗位研究系列高级专业职务评审实施办法》《复旦大学重大创新专任岗位工程技术系列高级专业职务评审实施办法》征求意见稿。

防范用工风险,加强劳动合同研究,开展人事秘书培训4次,更新《重大创新任务专任岗位操作手册》,与专任岗位人员签署《知情确认书》。

(范仁华 粟佳颖 黄尔嘉 杨逸娴)

产业化与校产管理

【概况】 2022年,上海复旦资产经营有限公司加强对学校保留企业的规范管理,促进国有资产保值增值,为学校教学科研服务。上缴国有资本收益194.1万元;上交学校收益1.9亿元;代表学校为企业出资360万元。

促进科技成果转化。进行知识产权与科技成果转化管理相关政策研究,为学校技术团队提供对外投资、商务谈判、工商登记、企业管理等专业化服务,推动学校科技成果转化产业化。全年完成3个知识产权作价投资项目的校内审批工作。

推进学校所属企业体制改革收尾工作。截至年底,在102家脱钩剥离企业中,已完成86家企业工商变更;1家企业进入法院清算程序(视同完成);另有15家企业已与上海杨浦国有资产经营有限公司签署无偿划转协议。

促进创新创业孵化。完成大学生创业基金会复旦分基金和复旦-云锋创业基金的项目宣传、评审、申报、退出工作。参与学校工作,成功获批首批国家级创新创业学院、上海市高校创业指导站A级。遴选项目参加第八届中国国际"互联网+"大学生创新创业大赛,孵化的"MarsOJ青少年算法编程学习平台"项目获上海市金奖、全国铜奖。

服务校产职工。负责学校编制校产业职工703人的日常管理工作(其中在职114人,退休589人)。针对校产业职工人员多、相对分散的特点,坚持维护稳定大原则,开展个性化服务。对待退休职工,及时更新联络信息,保持联系频次,及时帮助解决实际问题。疫情期间与589名退休职工进行一对一沟通,及时传达学校疫情防控要求和部署,表达学校关怀慰问。

坚持党建领航。在学校党委领导下,突出思想引领,迎接和学习宣传贯彻党的二十大精神,通过举办辅导讲座、播放复旦微党课、组织专题学习活动等,引导广大党员干部立足本职岗位,改进工作作风。突出政治建设,坚持民主集中制原则,落实党政联席会议制度和党委会议制度,召开48次党政联席会,17次党委会议。

(杨学民 张果英)

六、人事工作

队伍建设

【概况】2022年,学校人事工作以习近平新时代中国特色社会主义思想为指导,深入学习贯彻党的二十大精神,围绕立德树人根本任务,立足服务国家发展战略,积极推动体制机制改革,激发广大教职工创新创造活力,踔厉奋发加快推进"第一个复旦"建设。

创新完善人才聘任机制。1.创新高层次人才兼聘双聘机制,构建以国家任务为导向的科研组织新模式。实施《复旦大学校内兼聘管理办法(试行)》《复旦大学教学科研人员双聘至国家实验室工作办法(试行)》《复旦大学关于兼聘国家实验室研究人员工作的试点办法》《复旦大学关于地方合作机构研究人员兼聘工作的试点办法》等,建立校内教师跨院系兼职制度,探索建立学校与国家实验室、地方合作机构间的人才互聘机制,逐步形成适应有组织科研需要的人才组织模式。2.完善高级专家延聘方案,积极发挥高级专家作用。修订《高级专家延长退休年龄管理办法》,进一步明确高级专家延聘期间任务要求、规范延聘申请条件,留住用好师德师风优良、持续活跃在教学科研工作一线的高级专家,继续发挥其重要作用。

持续深化人事制度改革。1.深化教师职称制度改革,健全人才评价机制。实施《复旦大学教师高级职务聘任实施办法》,进一步突出教书育人实绩贡献,强化分类评价,注重代表性成果评价,引导二级单位制订符合本单位学科特点的人才评价标准。会同相关部门修订高等教育管理研究系列高级职务评聘实施办法,加强多维综合评价,突出质量导向,注重凭能力、实绩和贡献评价教师。2.优化学校奖励性绩效体系,突出贡献一流导向。实施2021年"双一流"绩效测算和发放工作,将"双一流"绩效奖励额度与学校"双一流"建设整体进展、各单位业绩贡献紧密挂钩,整合年度综合奖励性绩效和"双一流"绩效,形成新的"双一流"绩效体系。按照"一流导向、突出贡献、奖优励勤、总体稳定"的原则,提升校发奖励性绩效在整体薪酬体系中的权重,树立奖优励勤、贡献一流、迈向顶尖的激励导向。

着力建强各类师资队伍。1.加大教学科研队伍建设力度,提升师资队伍规模质量。2022年新引进教学科研人员295人,教学科研人员净增174人,规模达到3 616人。队伍结构进一步优化,与2021年相比,拥有博士学位的教学科研人员增加198人,比例达到92.6%;具有海外学习、工作经历一年以上的人员增加136人,比例达到54.4%。新增重大专任岗位科研人员18人,较2021年增长125%,为学校承接重大科研项目提供有力支撑。2.进一步加强博士后队伍建设,招收及培养质量实现双提升。完成新一届博士后科研流动站、校内博士后科研工作站专家组换届工作,进一步完善组织架构。全年招收全职博士后490人,其中C9高校毕业生246名,世界大学排名前100的海/境外毕业生45名,26人入选国家"博新计划",人数位居全国第二,147人入选"上海市超级博士后激励计划",入选人数再创新高。

稳步提升人事服务效能。1.深化"一网通办"改革,持续提高教师满意度。进一步优化入职报到流程,新进教职工可在各校区服务终端便捷申领一卡通。开发教职工离校系统,实现离校手续线上跨部门协同办理。全面推广电子签章服务,2022年累计提供在职证明、职称证明、博士后在站证明等电子签章自助服务4 200余次。2.探索人才安居新举措,着力提升住房保障实效。深化与市、区房管部门合作,完成222套馨逸公寓公租房及612套尚景园公租房的整租续签工作。对385人次青年人才进行住房保障专项调研,调整尚景园及耀华滨江公租房三居室准入条件,进一步促进房源合理配置及有效利用。用好上海市人才安居平台,完成新江湾城街道上海院子公租房首轮选房租赁工作。3.完成干部人事档案专项审核,不断提升档案工作规范化水平。高质量完成2 500余卷干部人事档案专项审核,组织开展"回头看"工作,确保干部人事档案真实、准确、完整、规范,探索建立档案审核管理常态化机制。

全面服务学校抗疫大局。1.筑牢校园疫情防控"安全线",全力以赴护航平安校园。3月至6月校园准封闭管理期间,先后发布教职工疫情管理工作提示10余份,制订实施邯郸校区教职工网格化管理方案,负责校外感染新冠病毒教职工健康信息追踪、在校教职工日常生活需求统计等各项工作。统筹调配学校工作力量,协调安排1 200余名教职工通过缓冲观察进入校园值守。主动下沉学生生活园区一线包保,积极投身校园志愿服务,承担校内教职工防疫及生活物资发放20批次。2.持续做好校园常态化疫情防控,保障疫情防控平稳有序。承担近万名教职员工管理重任,建立部门—院系联络员制度,调配工作人员全天候值守,及时响应解决教职工诉求。升级教职工返校申请系统,开发教职工进校登记及查询系统,优化进校权限通知流程,提升工作效率。2022年累计升级平安复旦、返校申请系统、校外人员审批系统20余版,审批教职工返校申请2万余人次,校外人员应急进校近5万人次。

(姜育刚 龚慧娟)

【**深化职称评审制度改革**】 8月,印发新修订的《复旦大学教师高级职务聘任实施办法》,贯彻中央对高校教师职称改革的最新要求,不断提高教师职称评审的科学性、专业性、客观性。新的文件进一步健全三级审核把关机制,强化师德师风第一标准;切实加强教书育人评价,落实立德树人根本任务;完善科学分类评价体系,鼓励不同岗位类型优秀人才脱颖而出;丰富优秀代表性成果的内涵,切实破除"五唯"顽疾。 (陈志强)

【**举办第五届复旦大学博士后创新创业大赛**】 8月,举办第五届复旦大学博士后创新创业大赛,与杨浦区政府创新实践基地、长三角国家技术创新中心深度合作,激发博士后创新创业活力,推动博士后科研成果转化。历经层层筛选,共有19个在站博士后、出站博士后校友团队进入决赛。决赛采取线下路演+答辩的方式,由评委专家打分,产生一等奖2个、二等奖3个、三等奖4个。 (朱嫣敏)

【**承办国际交流计划引进项目全国博士后论坛**】 11月,承办由全国博管办、中国博士后基金会联合主办的国际交流计划引进项目全国博士后论坛,为进一步吸引海外优秀青年人才、加强博士后国际交流搭建互动平台。论坛吸引来自全国高校、科研院所的200余名历届博士后交流计划引进项目入选者、专家学者、博士后管理人员参加,以线上线下相结合的方式开展,直播观看人数达4万余人次。

(朱嫣敏)

附 录

复旦大学(文科)杰出教授

单位	姓名	备注
出土文献与古文字研究中心	裘锡圭(201810退休)	

复旦大学(文科)特聘资深教授

单位	姓名	现聘期起始时间
经济学院	张 军	202009
历史地理研究所	葛剑雄	201404
历史地理研究所	姚大力	201404
历史地理研究所	周振鹤	200802
历史学系	姜义华	200802
社会发展与公共政策学院	彭希哲	201801
文史研究院创新基地	葛兆光	201404
新闻学院	童 兵	200802
哲学学院	刘放桐	200802
哲学学院	吴晓明	202009
中国语言文学系	陈尚君	201404
中国语言文学系	陈思和	201801
中国语言文学系	黄 霖	201404
中国语言文学系	王水照	200802
中国语言文学系	朱立元	201404

复旦大学哲学社会科学领域专业技术一级岗位教授名录

单位	姓名	现职称
出土文献与古文字研究中心	刘 钊	教授
管理学院	芮明杰	教授

续 表

单位	姓名	现职称
国际关系与公共事务学院	徐以骅	教授
经济学院	李维森	教授
经济学院	张 军	教授
历史学系	李剑鸣	教授
社会发展与公共政策学院	彭希哲	教授
哲学学院	吴晓明	教授
中国语言文学系	陈思和	教授

复旦大学2022年度享受政府特殊津贴专家(在职)名录

序号	单 位	姓名	性别	现职称
1	材料科学系	李 劲	男	教授
2	材料科学系	武利民	男	教授
3	出土文献与古文字研究中心	刘 钊	男	教授
4	大气科学研究院	王桂华	男	研究员
5	发育生物学研究所	吴晓晖	男	教授
6	法学院	孙笑侠	男	教授
7	法学院	张乃根	男	教授
8	法学院	章武生	男	教授
9	附属医院特设岗位	王红艳	女	教授
10	高分子科学系	陈道勇	男	教授
11	高分子科学系	丁建东	男	教授
12	高分子科学系	彭慧胜	男	教授
13	高分子科学系	邵正中	男	教授
14	高分子科学系	汪长春	男	教授
15	高分子科学系	杨玉良	男	教授
16	公共卫生学院	郝 模	男	教授
17	公共卫生学院	姜庆五	男	教授
18	公共卫生学院	阚海东	男	教授
19	公共卫生学院	屈卫东	男	教授
20	公共卫生学院	余宏杰	男	教授
21	管理学院	吕长江	男	教授
22	管理学院	芮明杰	男	教授
23	国际关系与公共事务学院	陈明明	男	教授
24	国际关系与公共事务学院	苏长和	男	教授
25	国际关系与公共事务学院	徐以骅	男	教授
26	国际问题研究院	沈丁立	男	教授

续 表

序号	单 位	姓名	性别	现 职 称
27	国际问题研究院	吴心伯	男	教授
28	化学系	陈芬儿	男	教授
29	化学系	贺鹤勇	男	教授
30	化学系	金国新	男	教授
31	化学系	孔继烈	男	教授
32	化学系	黎占亭	男	研究员
33	化学系	刘智攀	男	教授
34	化学系	麻生明	男	教授
35	化学系	唐 颐	男	教授
36	化学系	徐 昕	男	教授
37	化学系	赵东元	男	教授
38	化学系	周鸣飞	男	教授
39	环境科学与工程系	陈建民	男	教授
40	环境科学与工程系	郑 正	男	教授
41	复旦大学办公室	许宁生	男	教授
42	基础医学院	顾建新	男	教授
43	基础医学院	黄志力	男	研究员
44	基础医学院	马 兰	女	教授
45	基础医学院	宋志坚	男	教授
46	基础医学院	孙凤艳	女	教授
47	基础医学院	汤其群	男	教授
48	基础医学院	袁正宏	男	研究员
49	基础医学院	周国民	男	教授
50	基础医学院	朱依纯	男	教授
51	基础医学院	左 伋	男	教授
52	经济学院	陈诗一	男	教授
53	经济学院	陈 钊	男	教授
54	经济学院	石 磊	男	教授
55	经济学院	袁志刚	男	教授
56	经济学院	张 军	男	教授
57	历史地理研究所	王振忠	男	教授
58	历史地理研究所	吴松弟	男	教授
59	历史学系	韩 昇	男	教授
60	历史学系	黄 洋	男	教授
61	历史学系	李剑鸣	男	教授

续表

序号	单位	姓名	性别	现职称
62	历史学系	章清	男	教授
63	马克思主义学院	刘红凛	男	教授
64	脑科学研究院	杨振纲	男	研究员
65	脑科学研究院	张玉秋	女	教授
66	脑科学研究院	郑平	男	教授
67	上海医学院党政办公室	吴凡	女	主任医师
68	社会发展与公共政策学院	刘欣	男	教授
69	社会发展与公共政策学院	彭希哲	男	教授
70	社会发展与公共政策学院	王桂新	男	教授
71	生命科学学院	胡薇	女	研究员
72	生命科学学院	金力	男	教授
73	生命科学学院	卢宝荣	男	教授
74	生命科学学院	卢大儒	男	教授
75	数学科学学院	陈猛	男	教授
76	数学科学学院	陈晓漫	男	教授
77	数学科学学院	傅吉祥	男	教授
78	数学科学学院	郭坤宇	男	教授
79	数学科学学院	李洪全	男	教授
80	数学科学学院	汤善健	男	教授
81	数学科学学院	吴泉水	男	教授
82	数学科学学院	吴宗敏	男	教授
83	数学科学学院	肖体俊	女	教授
84	数学科学学院	严军	男	教授
85	数学科学学院	袁小平	男	教授
86	数学科学学院	周忆	男	教授
87	数学科学学院	周子翔	男	教授
88	图书馆	吴格	男	研究馆员
89	外国语言文学学院	褚孝泉	男	教授
90	微电子学院	曾璇	女	教授
91	微电子学院	李蔚	男	高级工程师
92	微电子学院	闵昊	男	教授
93	微电子学院	俞军	男	教授级高级工程师
94	微电子学院	张卫	男	教授
95	物理学系	陈焱	男	教授
96	物理学系	龚新高	男	教授

续表

序号	单位	姓名	性别	现职称
97	物理学系	侯晓远	男	教授
98	物理学系	蒋最敏	男	教授
99	物理学系	金晓峰	男	教授
100	物理学系	陆昉	男	教授
101	物理学系	吴长勤	男	教授
102	物理学系	虞跃	男	教授
103	物理学系	张远波	男	教授
104	物理学系	周磊	男	教授
105	物理学系	资剑	男	教授
106	现代物理研究所	邹亚明	女	教授
107	新闻学院	孟建	男	教授
108	信息科学与工程学院	陈宜方	男	教授
109	药学院	蔡卫民	男	教授
110	药学院	陈道峰	男	教授
111	药学院	陆伟跃	男	教授
112	哲学学院	李天纲	男	教授
113	哲学学院	吴晓明	男	教授
114	哲学学院	张汝伦	男	教授
115	中国语言文学系	陈尚君	男	教授
116	中国语言文学系	陈思和	男	教授
117	中国语言文学系	陈引驰	男	教授
118	中国语言文学系	陆扬	男	教授
119	中国语言文学系	汪涌豪	男	教授
120	中国语言文学系	王安忆	女	教授
121	专用材料与装备技术研究院	叶明新	男	教授

2022年新增顾问教授、兼职教授名录

顾问教授

序号	姓名	性别	所在单位	职称	受聘时间	聘期	受聘单位
1	李儒新	男	张江国家实验室	研究员	202211	3年	信息科学与工程学院

兼职教授

序号	姓名	性别	所在单位	职称	受聘时间	聘期	受聘单位
1	汪寿阳	男	中国科学院预测科学研究中心	研究员	202201	3年	大数据研究院
2	蒋昌俊	男	同济大学	教授	202205	3年	计算机科学学院
3	李学龙	男	上海人工智能实验室	教授	202203	3年	计算机科学学院

续 表

序号	姓名	性别	所在单位	职称	受聘时间	聘期	受聘单位
4	乔宇	男	上海人工智能实验室	研究员	202203	3年	计算机科学学院
5	汤晓鸥	男	上海人工智能实验室	教授	202203	3年	计算机科学学院
6	陶大程	男	上海人工智能实验室	教授	202203	3年	计算机科学学院
7	王晓刚	男	上海人工智能实验室	教授	202203	3年	计算机科学学院
8	王延峰	男	上海人工智能实验室	教授	202203	3年	计算机科学学院
9	杨旸	男	特斯联科技集团有限公司	教授	202207	3年	计算机科学学院
10	张娅	女	上海人工智能实验室	研究员	202203	3年	计算机科学学院
11	欧欣	男	中科院上海微系统与信息技术研究所	研究员	202210	3年	微电子学院
12	谷延锋	男	哈尔滨工业大学	教授	202212	3年	信息科学与工程学院
13	李翔	男	同济大学	教授	202205	3年	信息科学与工程学院
14	张少霆	男	上海人工智能实验室	教授	202207	3年	信息科学与工程学院

（人事处供稿）

人才工作

【概况】 2022年，为深入学习贯彻习近平总书记新时代人才工作的新理念新战略新举措，紧紧围绕建设"第一个复旦"目标任务，学校谋划实施"大人才"战略，落实党管人才原则，做好顶层设计、谋篇布局，深化人才发展体制机制改革，加大战略人才引进力度、打造校内人才成长沃土、激发二级单位人才工作主体活力，推动人才队伍从"做大筑厚"向"提质增效"转变，全方位培养引进用好人才，打造世界一流战略人才力量。

深入学习贯彻中央精神，推进人才体制机制改革。结合实施"大人才"战略的任务要求，研究起草并发布实施《复旦大学战略人才引进实施办法》《复旦大学战略人才培育实施办法》《复旦大学"人才资源包"试行办法》，加大战略人才引进力度、打造校内人才成长沃土、充分激发二级单位人才工作主体活力，推动人才队伍从"做大筑厚"向"提质增效"转变。

紧抓人才工作重点，推进一流人才队伍建设。积极对标中央、教育部和上海市有关决策部署，围绕建设"第一个复旦"目标任务，深入实施"大人才"战略，坚持党管人才，坚持引育并举，打造世界一流战略人才力量。1.积极开展海外引才工作，创新引才模式，重点以光华青年学者论坛、海外招聘（依托学术交流）、教师和海外校友推介为主要渠道，创新"领军人才＋青年人才""大师＋团队""靶向引进"等引才模式，并针对疫情防控的特殊情况，建立起完善的线上引才审批模式，保证引才工作平稳、有序推进。2022年，累计批复引进各类人才300余人，其中海外直接引进占比约40%，包括4名两院院士（含双聘），66名国家级高层次人才。2.持续完善人才培育机制，做好人才培育与国家、上海市人才计划的衔接，及时掌握人才计划申报条件的新政策，提前谋划、整体布局、全面辅导。全年新增入选国家级青年人才计划79人次，国家级领军人才计划22人次，上海市各项人才计划126人次。截至年底，国家级人才在整个教师队伍中的占比提升至近20%。3.深入实施"卓越2025"人才培育计划，落实"卓识""卓学"人才年度的支持资源包，给予人才更大的资源使用自主权，截至年底，首批"卓识""卓学"人才中45%的教师已获得相应层次国家级人才计划。

增强服务意识，提升人才服务效能。深入贯彻落实为人才服务的工作理念，针对疫情防控特殊情况以及政策变化，主动沟通、及时掌握最新政策，主动收集高层次人才在工作、生活等方面的相关需求，积极与市出入境管理局、人社局、市区县人才服务专窗等部门协调解决人才需求。在疫情防控特殊时期，积极开展对院士、文科资深教授等重点人才和外籍人才的服务保障和人文关怀，定期关心重点人才的生活情况，主动了解、尽力满足各类人才的不同需求。在疫情封控期间，共为重点人才配送生活物资三批次，协调解决各类实际困难近400项。

（朱兴飞）

附 录

中国科学院、中国工程院院士（复旦大学）

编号	类别	学部名称	姓名	当选年份	部门	标识
1	中国科学院	数学物理学部	李 骏	2021	上海数学中心	b
2	中国科学院	数学物理学部	胡和生	1991	数学科学学院	b
3	中国科学院	数学物理学部	李大潜	1995	数学科学学院	b
4	中国科学院	数学物理学部	洪家兴	2003	数学科学学院	b
5	中国科学院	数学物理学部	陈恕行	2013	数学科学学院	b
6	中国科学院	数学物理学部	谢心澄	2015	微纳电子器件与量子计算机研究院	b
7	中国科学院	数学物理学部	王 迅	1999	物理学系	b
8	中国科学院	数学物理学部	陶瑞宝	2003	物理学系	b
9	中国科学院	数学物理学部	孙 鑫	2013	物理学系	b
10	中国科学院	数学物理学部	龚新高	2017	物理学系	b
11	中国科学院	数学物理学部	马余刚	2017	现代物理研究所	b
12	中国科学院	化学部	杨玉良	2003	高分子科学系	b
13	中国科学院	化学部	江 明	2005	高分子科学系	b
14	中国科学院	化学部	麻生明	2005	化学系	b
15	中国科学院	化学部	赵东元	2007	化学系	b
16	中国科学院	化学部	张东辉	2017	化学系	b
17	中国科学院	生命科学和医学学部	李 蓬	2015	代谢与整合生物学研究院	b
18	中国科学院	生命科学和医学学部	杨雄里	1991	脑科学研究院	b
19	中国科学院	生命科学和医学学部	段树民	2007	脑科学转化研究院	b
20	中国科学院	生命科学和医学学部	金 力	2013	生命科学学院	b
21	中国科学院	生命科学和医学学部	徐国良	2015	生物医学研究院	b
22	中国科学院	地学部	张人禾	2015	大气科学研究院	b
23	中国科学院	地学部	穆 穆	2007	大气科学研究院	b
24	中国科学院	信息技术科学部	褚君浩	2005	材料科学系（光电研究院）	b
25	中国科学院	信息技术科学部	刘 明	2015	微电子学院/芯片与系统前沿技术研究院	b
26	中国科学院	信息技术科学部	金亚秋	2011	信息科学与工程学院	b
27	中国科学院	信息技术科学部	许宁生	2009	芯片与系统前沿技术研究院	b
28	中国科学院	医药卫生学部	马 兰	2019	脑科学研究院	b
29	中国工程院	工程管理学部	柴洪峰	2015	计算机科学技术学院	b
30	中国工程院	化工冶金与材料工程学部	陈芬儿	2015	化学系	b
31	中国工程院	医药卫生学部	闻玉梅	1999	基础医学院	b
32	中国科学院	生命科学和医学学部	黄荷凤	2017	附属妇产科医院	y
33	中国科学院	生命科学和医学学部	王正敏	2005	眼耳鼻喉科医院	y

续 表

编号	类别	学部名称	姓名	当选年份	部门	标识
34	中国科学院	生命科学和医学学部	葛均波	2011	中山医院	y
35	中国科学院	生命科学和医学学部	樊嘉	2017	中山医院	y
36	中国科学院	生命科学和医学学部	王以政	2021	附属华山医院	y
37	中国工程院	医药卫生学部	顾玉东	1994	华山医院	y
38	中国工程院	医药卫生学部	周良辅	2009	华山医院	y
39	中国工程院	医药卫生学部	汤钊猷	1994	中山医院	y
40	中国工程院	医药卫生学部	王红阳	2005	肿瘤医院/生命科学学院	y
41	中国科学院	数学物理学部	沈学础	1995	物理学系	zs
42	中国科学院	数学物理学部	沈文庆	1999	现代物理研究所	zs
43	中国科学院	数学物理学部	封东来	2021	物理学系	zs
44	中国科学院	化学部	刘云圻	2015	材料科学系	zs
45	中国科学院	化学部	林国强	2001	化学系	zs
46	中国科学院	生命科学和医学学部	张学敏	2011	基础医学院	zs
47	中国科学院	生命科学和医学学部	赵国屏	2005	生命科学学院	zs
48	中国科学院	生命科学和医学学部	贺福初	2001	生物医学研究院	zs
49	中国科学院	信息技术科学部	陆汝钤	1999	计算机科学技术学院	zs
50	中国科学院	信息技术科学部	干福熹	1980	信息科学与工程学院	zs
51	中国科学院	信息技术科学部	王家骐	2005	信息科学与工程学院	zs
52	中国工程院	机械与运载工程学部	吴光辉	2017	航空航天系	zs
53	中国工程院	能源与矿业工程学部	胡思得	1995	现代物理研究所	zs
54	中国工程院	信息与电子工程学部	邬江兴	2003	计算机科学技术学院	zs
55	中国工程院	信息与电子工程学部	于全	2009	计算机科学技术学院	zs
56	中国工程院	信息与电子工程学部	余少华	2015	信息科学与工程学院	zs
57	中国工程院	信息与电子工程学部	戴琼海	2017	信息科学与工程学院	zs
58	中国工程院	外籍院士(加拿大)	沈学民	2019	计算机科学技术学院	zs
59	中国工程院	医药卫生学部	陆道培	1996	基础医学院	zs
60	中国工程院	医药卫生学部	宁光	2015	药学院	zs

注：标 b 号者为本部，标 y 号者为附属医院，标 zs 号者为双聘。

(人才工作办公室供稿)

退休教职工

【概况】2022年，退休教职工工作处以习近平新时代中国特色社会主义思想和习近平总书记关于老干部工作的重要论述为指导，以党的二十大作为全年工作主线，开展学习贯彻党的二十大系列活动，统筹疫情防控和退休工作，在为老服务和管理中不断改革创新，推动退休工作更高质量发展。

2022年，共有退休教职工5 236人，其中教学人员3 297人，行政人员518人，工勤人员1 411人。全年新增退休教职工131人，去世143人。

开展学习贯彻党的二十大系列活动。组织开展"喜迎二十大，建功新时代"主题活动。联合学校关工委、老(退)教协共同举办3场党的二十大精神报告会,邀请迟楠、钱冬生、张骥等党代表、老领导、学校宣讲团成员开展宣讲,1 000余人次参加。组织老同志参与上级主题征文,推荐上报7篇,其中1篇获上海市退管会主题征文一等奖。组织老同志参加各级喜迎党的二十大摄影、书画等庆祝活动,投稿摄影作品117幅、书画作品34幅。在复旦大学退休系统的"分享美好"模块内征集"喜迎二十大"话题,收到78篇内容482张图片。组织示范支部红色巴士研学实践,参观中国共产党发起组成立地旧址、古北市民中心。

坚持活动品牌建设。退休处与老干部党委、老干部处合作,打造复旦老年事业文化品牌。1.表彰优秀离退休教职工。评选优秀团体5个、优秀个人17位。编印发放《光荣册》。并以《赓续百年初心 谱写银发华章》为题在三个校区门口的橱窗栏展示。2.举办金婚纪念活动。共摸排登记30对结婚50年的金婚夫妇,为其中15对夫妇制作《金婚纪念册》集体册,4对夫妇制作《金婚纪念册》个人册。3.举办敬老月系列活动。举行敬老节庆祝大会,线上线下共参会250余人次;为900位"逢五"和"逢十"的退休教职工送上祝寿慰问金23.84万元;"重阳送温情"9人0.90万元。

做好资助管理。春节前夕,学校继续发放一次性活动经费5 398人1 904.76万元。2022年,"夏送清凉冬送温暖"继续全覆盖,共发放慰问金334.49万元,慰问10 451次,其中重点关心936人次。全年给予44位身患恶性肿瘤等重大病者一次性补助44万元;年终一次性补助26人2.6万元。全年支付医疗补助976人196.45万元,不予补助110人;护理帮困金21人6.72万元(新申请4人);高龄照护费274人87.71万元。学校全额出资,为全体退休教职工集体参加"上海市退休职工住院补充医疗互助保障计划",按上海市总工会要求,2022年2月—6月过渡期参保5 207人(147元/人)、2022年7月—2023年6月正式期参保5 240人(350元/人/年),共支付保费259.94万元,2022全年891人获得补充医疗保障金213.10万元。支付2023年267人安康通月租费8.23万元。为5 224位退休人员下拨福利活动走访费,其中2 421人学校直接拨付,2 804人通过退休处拨付。2人获得上海市退管办慰问金0.4万元;21人获得上海市高校特困补助2.1万元;8人获得上海市"城镇基本医疗保险综合减负"9.91万元。发放去世人员家属慰问金95人11万元,其中丧事一切从简家属慰问金56人8.4万元。为3位95岁及以上长者送上生日祝福、蛋糕、鲜花和自创祝寿书法。

搭建精神文化生活平台。为全校退休教职工订阅《上海退休生活》4 735份(35元/年/人),按月给全校退休教职工寄发《复旦》校刊。社团活动方面,老年桥牌队获得上海市高校退休教职工桥牌比赛第一名;老年象棋队获得上海市高校退休教职工象棋比赛第六名;5人作品获上海市退休职工手机摄影活动入围奖,2人手工艺作品获上海市退休职工手工艺展示活动优秀奖;2人书画、摄影作品被选入上海市高校退休教职工喜迎二十大活动的优秀作品。老年教育方面,由于疫情影响,除无法线下开学外,其他各项业务功能正常运转,2020年春季班学费的退还工作全部完成,两次承办上海老年教育师资培训中心的文史类师资培训项目。老年学理论研究方面,向上海市退管办和上海高校退管会提交理论研究论文16篇,其中7篇获奖;线上举办"居家抗疫,为霞满天"——封控管理中的老龄理论研究报告会。

做好疫情防控专项工作。在大上海保卫战中,紧密配合完成4批捐赠物资在老同志密集居住宿舍区"爱心投喂"最后100米的配送,覆盖老同志360人次;依托退休处微信服务关注号和退休系统,定期推送"复旦要闻概览"和在"分享美好"中征集"全民抗疫"话题内容,加强老同志精神关爱;通过"旦园枫红"微信服务号宣传报道老同志参与社区疫情防控志愿服务以及学校二级单位关心关爱离退休教职工的相关情况。疫情防控措施优化后,成立工作专班,全覆盖排摸老同志接种疫苗情况、更新基础信息,建立独居空巢等600多人的重点人员名单库,发放1.2万颗布洛芬。"一人一策"解决特殊需求。

拨款30万元支持退教协开展群众性相关活动,财务账目单列,由退教协独立运作。退教协完成换届工作。

2022年,退休处连续第十八年获评上海市高校退管工作理论研究"优秀组织奖"。

(周桂发 许丽红)

【举办复旦大学老教授协会和退(离)休教师协会换届大会】 8月24日,复旦大学第五届老教授协会、第十一届退(离)休教师协会代表大会以线上线下相结合的方式召开。校党委书记焦扬出席会议并讲话。上海市退休教育工作者协会理事长朱小娟、上海市老教授协会副会长马钦荣致贺词。会议选举产生复旦大学第五届老教授协会和第十一届退(离)休教师协会理事,表决通过第四届老教授协会、第十届退(离)休教师协会理事会工作报告,通过修改后的《复旦大学老教授协会章程》《复旦大学退(离)休教师协会章程》《复旦大学老教授协会、退(离)休教师协会分会工作职责》。新一届理事会由57名理事组成,复旦大学原党委副书记、中国老教授协会理事陈立民任会长(理事长),姜良斌(兼秘书长)、丁言雯(女)任常务副会长(常务副理事长),叶敬仲、陈宗海、朱宝年、魏洪钟、袁继鼎任副会长(副理事长),推举原任会长方林虎为"名誉会长"。

(姜良斌)

【召开敬老节庆祝大会】 9月28日,复旦大学敬老节庆祝大会在逸夫科技楼采用线上与线下相结合的方式举办,校党委常务副书记、校老龄委主任周亚明,校党委原副书记、校关心下一代工作委员会常务副主任、校老教授协会、退(离)休教师协会会长陈立民出席。各离退休支部书记、校关工委和各关工委二级分会负责人、各院系退休工作在职联系人和退休联络员200余人通过网络参会。大会表彰先进集体和个人,并开展纪念金婚活动。复旦官微推送的《在复旦,看爱情最美的模样》《当我们老了,可以做点什么? 重阳节,他们给出了答案……》两篇敬老相关文章,分别位居当周复旦大学校园热文榜第一和第十。

(许丽红)

【22个退休教职工及集体获复旦大学2022年优秀离退休教职工团体/个人奖】 9月,历史学系退休工作组、国际文化交流学院退管分会、微电子学院退管分会、图书馆关工委分会、附属中山医院关工委分会获评复旦大学2022年优秀离退休教职工(团体)奖;校老教(退)协会方林虎、附属儿科医院韩春林、公共卫生学院胡善联、校关工委陆昌祥、经济学院施正康、法学院唐兰英、国际文化交流学院王国安、数学科学学院忻元龙、管理学院许晓明、生命科学学院杨金水、护理学院杨英华、信息科学与工程学院姚佩玉、附属妇产科医院殷静娅、老干部党总支俞顺章、化学系郁祖湛、社会发展与公共政策学院张乐天、学校办公室赵美仁获评复旦大学2022年优秀离退休教职工(个人)奖。

(许丽红)

【打造互联网退管服务生态圈】 优化已开发的5项面向退休教职工的高频业务,2022年"医疗补助"线上申办率70%,比2021年提高19个百分点;"送清凉送温暖"老同志线上填报率达到54%;超过40%的老同志经常使用"财务管理";"校外老年教育补贴"全部线上申请。新增金婚申报、优秀评选、护理帮困等3项主要面向退管工作人员的线上业务。开发会议管理模块,方便老同志线上参会和组织方了解参会名单。开发分享美好模块,创建线上社区,方便老同志随时记录和分享。开设"复旦要闻概览"栏目,将老同志们比较关心的学校新闻进行概括,考虑到老同志的特点和习惯,将退休处公众号结合网站语音功能进行新闻播报,方便老同志直接收听。启用微信视频号直播。截至年底,退休处微信服务公众号有用户3 323位,全年发布内容61篇,年阅读量15.6万,使用服务4.6万次,视频号直播3场。

(许丽红)

【开展旦星永耀——人生回忆录(第二期)项目】 2022年,开展旦星永耀——人生回忆录(第二期)项目,对11位老师进行深度访谈,形成约30万字的文稿。该活动第一期于2020年12月5日启动,由退休教职工工作处、至美基金会、学生远征社及医疗社共同主办,旨在拓展金婚衍生品牌建设,搭建老幼师生深度沟通交流平台,助力学校课程思政建设。经评审,该项目第三期获复旦大学校友基金2022年度支持并启动实施,共有12位老教授及40多名学生参加,同时获得复旦校友创业创新俱乐部关注和支持,策划《旦星悦谈》,将定期邀请老教授们讲述自己不平凡的人生经历和精彩的复旦故事。

(周桂发)

【8个老年理论研究成果获奖】 在2022年度上海市退休职工管理委员会办公室上海市退休职工管理研究会组织的优秀论文评选中,社会发展与公共政策学院王雪辉《中国老年群体变迁及老龄政策理念转变》获上海市退休职工管理研究会理论研究一等奖,研究生院刁承湘《对高校离退休干部心理健康的思考》和退休教职工工作处褚懿、许丽红《高校退休教职工"一网通办"平台建设的研究》获二等奖,经济学院封进、赵发强《新冠肺炎疫情对中国城镇职工养老保险基金积累的影响》、经济学院王克忠《论我国社会保障急需解决的几个问题》、社会发展与公共政策学院苏忠鑫、朱勤和彭希哲《构建"沪-湖一体化养老"模式的策略构想》、退休教职工工作处陈勤《对进一步完善养老服务工作的几点想法》和护理学院冯正仪《社会面网络老年医学科普的尝试和建议》获优秀奖。

(黄玮石)

七、校外合作与定点帮扶

【概况】 2022年,学校深入学习党的二十大精神,践行服务国家战略、融入上海发展的使命担当,贯彻落实定点帮扶、对口支援、部省合建等国家任务,积极拓展校外合作争取发展资源,加强地方合作机构规范管理,探索机制创新、加强顶层设计,持续推进"大帮扶"长效工作机制和"大合作"工作格局建设。

助力永平走高质量发展之路。严格落实"四个不摘"工作要求,汇聚校内外优势资源助力永平"五大振兴",聚焦教育、医疗、消费"三大领域"重点发力,持续深化"党委统一领导、统筹部门牵头抓总、二级单位分解任务、业务部门各司其责"的长效帮扶机制。依托院系党委与永平县乡镇党委结对共建,以党建联建深化推动学校定点帮扶工作,充分发挥院系专业优势,精准对接乡镇需求,多维度助力永平乡村振兴。全年共为永平县培训基层干部、专业技术人员等11 500余人次,投入及引进帮扶资金720余万元,购买及帮助销售农特产品价值870余万元。学校帮扶永平县相关举措入选国家发展改革委2022年全国消费帮扶助力乡村振兴优秀典型案例;附属妇产科医院专家指导永平县人民医院发表医院历史上首篇SCI论文;学校专家、教授牵头获批建设1个"云南省院士(专家)工作站"及7个"云南省专家基层科研工作站";附属儿科医院"陈翠贞儿童健康发展中心示范点"落地永平县;助力"复旦·永平乡村振兴电商平台上海办事处"成立,为永平农特产品拓宽销售渠道。

扎实推进对口支援和部省合建。校党委书记焦扬带队走访内蒙古自治区、内蒙古大学,校长金力带队走访大理州、大理大学,研讨"十四五"期间高校对口合作的新机制新模式;副校长张人禾作为部省合建专项调研组组长带队调研内蒙古大学大型系列研究设施(平台)建设情况,并参加云南大学生态与资源环境领域学科与平台建设专家咨询会。向西藏大学、内蒙古大学、云南大学等合作高校输送挂职干部,接收南昌大学干部来校挂职;在内蒙古自治区第十二批"草原英才"工程领军人才评选中,学校派出干部武利民教授获评拔尖领军人才;支持云南大学、河西学院本科生联合培养与研究生委托培养。持续推进"西藏大学-复旦大学生物多样性与全球变化联合实验室"建设,支持内蒙古大学发展战略咨询委员会建设,助力内蒙古大学打造"材料化学科学创新中心""生物医学创新中心"2个重大科研创新平台。加强与对口合作高校所在地区的校地协同,与内蒙古自治区、云南省、大理州、南昌市签署校地合作协议。

积极拓展校地校企合作。主动对接国家重大战略和区域经济社会发展需求,不断提升服务能级,积极融入新发展格局。重点推进和拓展与青浦、杨浦、宝山等区的合作,推动青浦复旦国际融合创新中心、复旦未来谷、宝山复旦科创中心等重大园区平台建设;积极对接长三角一体化发展、粤港澳大湾区建设等国家重大区域发展战略,持续推进与浙江、江苏、安徽、广东、山东等地方合作和项目实施;加强产教研融合,推进与华为、商飞、中国人保、中芯国际等重点行业领军企业的战略合作。

推进地方合作机构规范管理和高质量发展。落实巡视整改要求,修订发布《复旦大学地方合作机构管理办法》及任务分工、负面清单等,指导各地方合作机构聚焦主责主业推进高质量发展,加强校内职能部门对地方合作机构发展的指导支撑;研究制订《复旦大学校地合作人员管理办法(试行)》,有序推进地方合作机构理事会、班子成员、挂职人员的调整完善;逐步健全管理机制,常态化执行地方合作机构安全日报告制度、季度工作简报制度、重大问题专项报告机制,召开地方合作机构年度述职会议;新注册成立嘉善复旦研究院、成都市复旦西部国际金融研究院2家机构。

(许蓓蕾 赵忠亮 任雅丽 李昊)

【召开长三角研究型大学联盟秘书处会议】 1月10日,长三角研究型大学联盟秘书处会议在校召开,本届联盟主席、复旦大学校长金力,常务副校长许征,长三角研究型大学联盟秘书长、浙江大学副校长黄先海等出席会议,共同交流讨论联盟2021年工作进展和2022年工作计划,进一步促进联盟高校间的紧密合作。 (许蓓蕾)

【召开地方合作机构2021年度述职会议】 1月19日,复旦大学地方合作机构2021年度述职会议在光华楼东辅楼召开。常务副校长许征出席会议并作总结讲话,相关职能部处、部分院系、各地方合作机构负责同志等参加会议。各地方合作机构负责同志围绕内部治理、业务发展、服务学校、服务地方等方面汇报2021年度工作、建设成效及下一步的发展计划,同时进行现场评议交流。

(赵忠亮 李昊)

【举行复旦大学 义乌市校地合作推进会】 2月16日,复旦大学—义乌市校地合作推进会在子彬院召开,就进一步深化校地合作开展座谈交流。校党委书记焦扬、校长金力、常务副校长许征、副校长徐雷,金华市委常委、义乌市委书记王健,市长叶帮锐,市委常委、宣传部部长朱有清,副市长骆小俊等出席座谈;双方相关部门负责人参加座谈会。

(赵忠亮)

【筹集物资助力校园防疫】 大上海保卫战期间，校外合作处积极与合作单位联络，为师生员工筹集紧缺水果食品和防疫物资。其中，永平自3月下旬起陆续驰援4万余份酱菜、枣核之恋、沃柑等物资以及校区紧缺的瓶装水；义乌在4月中上旬3次驰援复旦，共捐赠价值345.2万元的急需防疫、生活物资；宁波前湾新区、无锡经济开发区、嘉兴嘉善县和秀洲区、山东省委党校及云南大学、大理大学、河西学院、华为公司、银鹭集团等单位驰援大批防护服、口罩、苹果、沃柑、方便面、火腿肠、榨菜等物资，助力学校疫情防控工作。（赵忠亮）

【举办建设"第一个复旦"主题分论坛】 7月6日，建设"第一个复旦"主题论坛之"深度融入新发展格局，提升服务社会经济发展能力"分论坛以线上线下相结合的方式举办。校长金力、党委常务副书记裘新、常务副校长许征、副校长陈志敏出席论坛。上海市社会科学界联合会主席王战、上海推进科技创新中心建设办公室执行副主任彭崧、清华大学副校长杨斌、长三角国家技术创新中心主任刘庆、复星国际执行董事兼联席首席执行官、复旦大学校友会副会长陈启宇分别作主题演讲，共同研讨如何充分发挥高水平综合性研究型大学优势，加快融合创新步伐，通过"第一个复旦"建设更好服务国家和区域重大发展战略，助力构建对外开放新格局。（任雅丽）

【与云南省大理州签订新一轮战略合作协议】 8月4日，大理州委书记杨国宗率代表团访问复旦枫林校区，校长金力出席州校座谈会。会上，常务副校长许征与大理州委常委、常务副州长李苏共同签署新一轮州校战略合作框架协议。根据协议约定，双方将全面推进乡村振兴，助力永平高质量发展；深化高校协作，推动产教研协同发展；强化决策咨询功能，共同服务"一带一路"倡议；拓宽实践领域，合作共育人才。（赵忠亮 李昊）

【举行复旦大学-大理大学合作交流座谈会】 8月10日，复旦大学-大理大学交流座谈会在大理大学古城校区举行，校长金力、常务副校长许征、大理州副州长杨泽亮、大理大学党委书记李涛、校长丁中涛、副校长何志魁等参加座谈，共同研讨"十四五"期间高校对口合作的新机制新模式。（任雅丽）

【赴永平推动乡村振兴工作】 8月10—12日，校长金力、常务副校长许征一行赴永平考察学校在教育、医疗、科技、人才、文化等方面帮扶工作，调研永平县人民医院和学校科助力乡村振兴项目，走访慰问复旦帮扶队伍和农户，全力推进乡村振兴工作。举办复旦助力永平乡村振兴工作现场推进会，校董、青岛科文集团董事长刘振鹏，大理州副州长何建东，大理大学校长丁中涛，学校驻永平挂职干部、研究生支教团、博士生医疗服务团代表，学校相关部门、院系、附属医院代表，永平县委县政府和相关部门负责人等出席会议。（赵忠亮 李昊）

【与内蒙古自治区签署战略合作框架协议】 9月14日，与内蒙古自治区人民政府在呼和浩特签署区校战略合作框架协议。自治区副主席包献华、校党委常务副书记周亚明代表双方签署战略合作框架协议。双方围绕内蒙古自治区"两个屏障""两个基地"和"一个桥头堡"战略定位，在人才培养与教育合作、战略决策咨询、学科建设发展、科技创新与成果转化、医疗卫生领域合作、人才交流等方面开展深化合作。（赵忠亮）

【走访调研内蒙古大学】 9月16日，校党委书记焦扬率队走访调研内蒙古大学，走访省部共建草原家畜生殖调控与繁育国家重点实验室，并就深化部区合建对口合作、共建"双一流"大学开展座谈交流。校党委常务副书记周亚明、校党委副书记尹冬梅，内蒙古大学党委书记刘志彧、常务副校长武利民等参加调研和座谈。（赵忠亮）

【与安徽大学签署合作协议】 9月19日，与安徽大学合作框架协议签约仪式在安徽大学举行。校党委副书记尹冬梅和安徽大学党委副书记、常务副校长陈诗一代表两校签署合作框架协议。双方将聚焦一流学科建设任务和要求，共同推进材料学科深度合作，并在学科建设、人才培养、人员交流、科学研究、智库建设等方面开展合作。（赵忠亮）

【考察调研安徽省，推动省校合作】 9月20日，校长金力率队赴安徽省推进合作事项，与安徽省委书记郑栅洁，省委常委、合肥市委书记虞爱华，副省长王翠凤、杨光荣等会谈交流。随后，金力走访考察附属儿科医院安徽医院等校地合作项目，与在皖选调生代表座谈，看望在皖校友，并参加2022世界制造业大会。（赵忠亮）

【召开崇明区合作交流座谈会】 9月26日，崇明区委、区政府主要领导到校考察，就进一步深化区校合作进行座谈交流。校党委书记焦扬，校长金力，校党委常务副书记周亚明，崇明区委书记缪京、区长李峻、副区长黄晓霞、徐慧泉等出席座谈。（任雅丽）

【与中国人保签订战略合作协议】 11月2日，与中国人民保险集团股份有限公司战略合作签约仪式在枫林校区治道楼举行。中国人民保险党委书记、董事长罗熹，中国人民健康保险股份有限公司总裁邵利铎，上海市教委学位办主任束金龙，校长、上海医学院院长金力，校党委副书记、上海医学院党委书记袁正宏，上海医学院党委副书记、副院长徐军，上海医学院副院长朱同玉等出席活动。朱同玉、邵利铎代表双方签署战略合作协议，金力、罗熹为双方共建的"复旦大学-中国人保健康管理研究院"揭牌。（赵忠亮）

八、对外交流与合作

国际交流与合作

【概况】 全年接待、组织或参与涉外视频会议活动涉及37个国家和地区的92个团体,512人次。全年共审批因公出国出境659人次,其中包括:学生482人次,教职工147人次,博士后10人次,附属医院人员20人次。共审批167人次参加境外方主办的线上会议。

受疫情影响,2022年春季学期学校因公学生海外交流实际派出35人,另有5人参加线上交流。秋季学期实际参与线下交流共132人。全年共接收海外友校交流学生98人,其中春季46人,秋季52人。

全年有长期外籍专家181人,其中外籍博士后38人。境外短期专家545人次,其中中国籍83人次,外国籍462人次。在科技部(国家外国专家局)的资助下,运行高等学校学科创新引智基地6个、高等学校学科创新引智基地(2.0)3个,获批外专项目28个。

2022年,获教育部审批主办或承办的国际学术会议36项,包括人文社科22项,理工类6项,医学类8项。其中包含"上海论坛2022""上海医学论坛之2022高层论坛"等一些规模较大、学术水平较高、在国际上有一定影响的国际学术会议。

继续推进国际合作交流工作。与哥伦比亚大学、康涅狄格大学、圣路易斯华盛顿大学、北卡罗来纳大学教堂山分校、布宜诺斯艾利斯大学、康斯坦茨大学、苏黎世大学、华威大学、阿尔卡拉大学、格拉纳达大学、赫尔辛基大学、隆德大学、阿姆斯特丹自由大学、莫斯科国立谢东诺夫第一医科大学、悉尼大学、奥克兰大学、希伯来大学、新加坡管理大学、京都大学、大阪大学、同志社大学、高丽大学等境外大学新签、续签校际协议或谅解备忘录,展开实质性的合作和交流。全年共与28所境外大学或机构签署校际合作协议及学生交换协议37份,其中与6所境外大学或机构新签校际协议6份,与22所境外大学或机构续签校级协议31份。

2022年,完成阿根廷驻华大使牛望道(Gustavo Sabino Vaca Narvaja)、美国驻沪总领事何乐进(James Heller)、阿根廷驻沪总领事唐路恩(Luciano Tanto Clement)、挪威驻沪总领事丽莎(Lise Nordgaard)等多位外国驻华大使、总领事的来访接待工作,以及出席学校重要活动的韩国驻华大使郑在浩、匈牙利驻沪总领事博岚(Bolla Szilard)等外国政要的接待工作。

(胡诗晔 禹薇)

【美国驻上海总领事何乐进访问复旦大学】 2月18日,美国驻上海总领事何乐进(James Heller)率文化领事胡丹尼(Den Hoopingarner)、政治领事戴杰森(Jack Dart)等一行访问复旦大学。校长金力会见何乐进一行,副校长陈志敏、美国研究中心主任吴心伯、国际合作与交流处处长卢丽安陪同会见。双方就加强中美两国之间的人文和教育合作,及继续深化与拓展复旦大学与美国高校的合作与交流交换意见。

(周忆南)

【阿根廷驻华大使牛望道探访陈望道旧居】 11月3日,阿根廷驻华大使牛望道(D. Gustavo Sabino Vaca Narvaja)到访陈望道旧居(《共产党宣言》展示馆)并与相关专家展开交流。副校长陈志敏会见牛望道一行。阿根廷驻沪总领事唐路恩(Luciano Tanto Clement)、阿根廷驻华使馆政务处、阿根廷驻沪总领事馆文教处及复旦大学国际合作与交流处、发展研究院、外国语言文学学院、国际关系与公共事务学院等相关部处、院系负责人参加会见。

(周忆南)

【第四届复旦-拉美大学联盟年会在墨西哥蒙特雷科技大学召开】 11月10—12日,第四届复旦-拉美大学联盟年会召开。该联盟是由复旦大学牵头,与阿根廷、巴西、智利、哥伦比亚、墨西哥、秘鲁6个拉美国家的15所顶尖高校共同组成的合作平台。年会以"不确定时期的跨太平洋关系"为主题,由联盟轮值主席墨西哥蒙特雷科技大学主办,金力校长出席并致开幕辞。年会设"可持续发展合作""投资与贸易""治理、地缘政治与新金融秩序""国家发展动力"4场分论坛,复旦大学国际关系与公共事务学院教授郑宇、社会科学高等研究院副教授王中原、国际问题研究院副研究员曹廷、发展研究院助理研究员刘丽、博士后研究员石烁分别就中拉减贫、碳中和倡议、援助贷款等重点议题作报告。

(周忆南 胡诗晔)

【复旦大学创新与数字经济研究院揭牌】 11月27日,由复旦大学和法国图卢兹经济学院共同建设的"复旦大学创新与数字经济研究院"揭牌,将以柔性方式引进11名在创新与数字经济领域享有国际声誉的学者,并组建由包括2014年诺贝尔经济学奖获得者让·梯若尔(Jean Tirole)和复旦大学文科资深教授、经济学院院长张军担任联合主任的学术委员会。

(周忆南)

【上海市"一带一路"亚太地区国际联合实验室成立】 12月6日,上海市"一带一路"亚太地区国际联合实验室(以下简称"联合实验室")成立并召开启动会议,来自国内外140余位专家学者在复旦大学主会场或通过线上出席会议。会议由复旦大学主办,印尼国家研究与创新机构、蒙古环境技术研究所、泰国亚洲理工学院、菲律宾德拉沙大学、韩国首尔大学、"灾害风险综合国际研究计划"、"空气质量监测分析与预报国际研究计划"协办。联合国世界气象组织(WMO)研究司高级科学官员亚历山大·巴古拉诺夫(Alexander Baklanovren)代表世界气象组织宣布联合实验室成立。联合实验室由张人禾院士领衔,依托学校"国际灾害风险综合研究计划"国际卓越中心、国际"空气质量监测、分析、预测"研究计划亚洲区域办公室,联合蒙古、印度尼西亚、菲律宾、韩国、泰国等亚太五国大学和科研机构共同建立。

（周忆南 胡诗晔）

【召开第六届中英高等教育人文联盟年度大会暨执行理事会议】 详见"学校综述"【召开2022年中英高等教育人文联盟年度大会暨执行理事会议】条,第61页。

【召开"复旦大学-巴黎高师人文学科联合培养项目"八周年纪念会】 12月21日,由复旦大学中华文明国际研究中心与中国语言文学系联合主办的"复旦大学-巴黎高师人文学科联合培养项目"八周年纪念会于光华楼召开。副校长陈志敏,中华文明国际研究中心主任陈引驰,中文系教授、项目管委会总负责人黄蓓,国际合作与交流处处长卢丽安出席。

（周忆南）

【上海市"白玉兰纪念奖"得主、匈牙利籍杰出校友乐文特来访】 12月26日,上海市"白玉兰纪念奖"得主、匈牙利籍杰出校友乐文特(Levevte Horvath)来访,校长金力与其会面,并为乐文特颁发复旦大学校友会第四届理事会顾问聘书。作为历史学系旅游管理专业2008级本科、2012级硕士留学生校友,乐文特曾担任匈牙利驻沪总领事、匈牙利中央银行行长总顾问,现任匈牙利欧亚研究中心主任、复旦大学校友会顾问、匈牙利诺依曼出版社总经理、欧亚期刊总编,多年来为中匈两国交流与合作做出突出贡献。

（周忆南）

【三位复旦人荣获上海市"白玉兰荣誉奖"】 详见"学校综述"【3人获上海市"白玉兰荣誉奖"】条,第61页。

【邀请外籍专家参加汉语课程和文化活动】 为帮助外籍专家融入校园、吸引国际人才长期在华工作,国合处联合国际文化交流学院,为20名外籍专家提供12门汉语课。在中秋节前夕,邀请42名外籍师生体验中秋月饼手工制作。

（胡诗晔）

附录

2022年重要涉外接待(含线上视频会见)一览表

1. 国外代表团

1) 校长来访/会见

1月21日	维也纳大学校长(Heinz W. Engl)
11月26日	图卢兹经济学院名誉主席 Jean Tirole、院长 Christian GOLLIER
12月6日	埃克塞特大学校长丽莎·罗伯茨(Lisa Roberts)

2) 副校长来访/会见

3月4日	U21教务长 Jenny Dixon
3月8日	剑桥大学副校长方德万(Hans de Van)
11月17日	伦敦政治经济大学科研副校长 Susana Mourato
12月6日	埃克塞特大学副校长马克·古德温(Mark Goodwin)、副校长加里斯·斯坦斯菲尔德(Gareth Stansfield)

3) 政要来访/会见

2月18日	美国驻沪总领事何乐进(James Heller)
3月15日	匈牙利驻沪总领事博岚(Bolla Szilard)
10月17日	西班牙前外交、欧盟与合作部长,巴黎政治大学国际事务学院院长 Arancha González Laya
10月23日	美国卫生和公众服务部驻华卫生专员赵蕊(Erika Elvander)
10月28日	挪威驻沪总领事丽莎(Lise Nordgaard)
11月3日	阿根廷驻华大使牛望道(Gustavo Sabino Vaca Narvaja) 阿根廷驻沪总领事唐路恩(Luciano Tanto Clement)
11月25日	韩国驻华大使郑在浩(CHUNG Jae Ho)
12月6日	印尼国家研究与创新署(BRIN)署长 Laksana Tri Handoko

2. 港澳台地区代表团来访
1) 政府人员来访

10月21日	澳门中联办北京联络部来访
11月25日	上海市台办钟晓敏主任来访

2) 港澳台地区代表团来访

4月25日	与香港中文大学召开两校合作指导委员会第五次会议(线上)
6月30日	参加香港浸会大学"共融共赢再启新程"校长论坛(线上)
8月17日	沪港大学联盟工作会议(线上)
10月25日	沪港大学联盟工作会议(线上)

2022年复旦大学新签和续签校际合作协议(海外)一览表

新签6份	海外大学或机构	国家或地区	签约人	签约时间
1	复旦-布宜诺斯艾利斯大学谅解备忘录	阿根廷	金 力	2022/2/17
2	复旦泛海金融学院-哥伦比亚大学富的基金会工程与应用科学学院双学位协议(泛海金融学院)	美国	钱 军	2022/5/22
3	复旦-康涅狄格大学合作协议	美国	陈志敏	2022/7/14
4	复旦-北卡罗来纳大学教堂山分校谅解备忘录	美国	陈志敏	2022/9/8
5	复旦-希伯来大学合作与学术交流谅解备忘录(社政学院)	以色列	刘 欣	2022/9/21
6	复旦-莫斯科国立谢东诺夫第一医科大学谅解备忘录	俄罗斯	金 力	2022/9/29
续签31份	海外大学或机构	国家或地区	签约人	签约时间
1	复旦-京都大学学生交流协议	日本	金 力	2022/1/28
2	复旦-康斯坦茨大学学生交流协议	德国	金 力	2022/2/1
3	复旦-大阪大学学术交流协议	日本	金 力	2022/2/4
4	复旦-林雪平大学谅解备忘录	瑞典	陈志敏	2022/3/9
5	复旦-林雪平大学学生交流协议	瑞典	陈志敏	2022/3/9
6	复旦交流学生住友商事奖学金谅解备忘录	日本	陈志敏	2022/6/16
7	复旦-阿尔卡拉大学学生交流协议	西班牙	陈志敏	2022/6/23
8	复旦-阿姆斯特丹自由大学谅解备忘录	荷兰	金 力	2022/7/7
9	复旦-阿姆斯特丹自由大学学生交流协议	荷兰	金 力	2022/7/7
10	复旦-康涅狄格大学本科生交流协议	美国	陈志敏	2022/7/14
11	复旦-高丽大学合作协议	韩国	金 力	2022/7/20
12	复旦-高丽大学学生交流协议	韩国	金 力	2022/7/20
13	复旦-奥尔托大学学生交流协议	芬兰	陈志敏	2022/8/9
14	复旦-隆德大学谅解备忘录	瑞典	陈志敏	2022/8/26
15	复旦-隆德大学学生交流协议	瑞典	陈志敏	2022/8/26
16	复旦-奥克兰大学学术合作谅解备忘录	新西兰	陈志敏	2022/8/31

续　表

续签 31 份	海外大学或机构	国家或地区	签约人	签约时间
17	复旦-奥克兰大学学生交流协议	新西兰	陈志敏	2022/9/2
18	复旦-北卡罗来纳大学教堂山分校学生交流协议	美国	陈志敏	2022/9/8
19	复旦-赫尔辛基大学谅解备忘录	芬兰	金力	2022/9/9
20	复旦-赫尔辛基大学学生交流协议	芬兰	金力	2022/9/9
21	复旦-赫尔辛基大学教师交流协议	芬兰	金力	2022/9/9
22	复旦-悉尼大学学生交流协议	澳大利亚	陈志敏	2022/9/9
23	复旦-苏黎世大学谅解备忘录	瑞士	金力	2022/10/17
24	复旦-苏黎世大学交流协议	瑞士	金力	2022/10/17
25	复旦-华威大学教育、科学研究及文化合作谅解备忘录	英国	金力	2022/11/11
26	复旦-圣路易斯华盛顿大学合作开办高级工商管理硕士项目合作协议书（管理学院）	美国	金力	2022/11/14
27	复旦-格拉纳达大学合作协议	西班牙	金力	2022/11/22
28	复旦-格拉纳达大学学生交流协议	西班牙	金力	2022/11/22
29	复旦-关西学院大学学生交流协议	日本	金力	2022/12/5
30	复旦-新加坡管理大学学生交流协议（社政学院）	新加坡	田丰	2022/12/21
31	复旦-同志社大学学生交流协议	日本	陈志敏	2022/12/23

2022 年复旦大学举办海内外国际会议一览表

序号	会议名称	主办/承办单位	召开日期
1	复旦大学历史学系-高丽大学韩国史学系学术交流会	历史学系	2022/2/17
2	国际传播学会年会上海分会场	新闻学院	2022/5/28—5/29
3	新时期的全球网络空间治理新秩序——携手构建网络空间命运共同体	发展研究院	2022/6/28
4	2022 年复旦大学管理学院科创时代下的会计研究学术会议	管理学院	2022/7/1—7/2
5	第二届复旦大学大气科学前沿问题国际研讨会	大气研究院	2022/7/7—7/8
6	第 9 届国际工程失效分析会议	材料科学系	2022/7/11—7/13
7	第五届新制度会计学国际研讨会	管理学院	2022/7/13—7/14
8	第十二届亚太原发性肝癌专家会议	中山医院	2022/8/11—8/14
9	第 13 届从 Phi 到 Psi 的正负电子对撞国际会议	现代物理研究所	2022/8/15—8/19
10	纪念中韩建交 30 周年—大韩民国临时政府与中国学术研讨会	历史学系	2022/8/26
11	2022 年金砖国家智库国际研讨会	发展研究院	2022/9/15
12	2022 年环境、发展与人权国际研讨会	法学院	2022/9/23
13	第三届中日关系青年学者国际研讨会	国际问题研究院	2022/9/24—9/25
14	第七届 IEEE 智能云国际会议	计算机科学技术学院	2022/10/8—10/10
15	国际汽车照明论坛	信息科学与工程学院	2022/10/12—10/14
16	第四届国际感染病科学与应用（云端）研讨会	基础医学院	2022/10/21—10/23

续 表

序号	会议名称	主办/承办单位	召开日期
17	上海医学论坛之2022高层论坛	上海医学院国际合作与交流暨港澳台事务办公室	2022/10/23
18	北欧中心双年会—老龄化和全球医疗保健挑战	国际合作与交流处	2022/10/24—10/25
19	第13届亚洲神经外科论坛	华山医院	2022/10/28—10/30
20	中古中国石碑与石刻文化学术研讨会	历史学系	2022/10/29—10/30
21	上海医学论坛—定量药理学国际学术研讨会	药学院	2022/11/8
22	第六届"一带一路"及全球治理国际论坛	一带一路及全球治理研究院	2022/11/10—11/12
23	2022上海儿科心血管疾病研讨会	儿科医院	2022/11/12
24	原创生物药研发与国际交流中心——免疫治疗前沿国际学术研讨会	药学院	2022/11/13
25	复旦-LSE全球公共政策研究中心2022年学术年会——"全球公共政策:挑战与展望"	全球公共政策研究院	2022/11/17
26	留日学人与中日关系:纪念中日邦交正常化五十周年会议	国际问题研究院	2022/11/25—11/27
27	上海论坛2022	发展研究院	2022/11/25—11/27
28	2022新生儿危重症救治质量改进研讨会	儿科医院	2022/11/30—12/3
29	中欧医疗和长期护理保障的未来	经济学院	2022/12/2—12/3
30	"变局中的全球媒体与传播:在教学和科研中寻求合作"国际双学位合作与全球新闻传播人才培养八校论坛	新闻学院	2022/12/2
31	2022半导体技术论坛	微电子学院	2022/12/2—12/3
32	第十二届中国周边外交研讨会	国际问题研究院	2022/12/2
33	2022年"中英高等教育人文联盟"年会	国际合作与交流处	2022/12/6—12/7
34	2022思想者论坛:全球政治中的文明型国家	中国研究院	2022/12/6
35	"人类文明新形态与数字文化创新"国际学术研讨会	新闻学院	2022/12/10
36	第13届FDU-AGI中日论坛:亚洲城市与区域发展	社会发展与公共政策学院	2022/12/16

(国际合作与交流处供稿)

港澳台交流与合作

【概况】 2022年,港澳台事务办公室学习贯彻落实党的二十大精神,落实党中央各项要求,积极推进疫情防控、"两反一防"工作。以建设"第一个复旦"为目标,继续承接交流任务、创建优质品牌项目、优化顶层制度建设,各项工作取得良好成效。

做好校园疫情防控工作。3月至6月,配合学校闭环管理要求,发挥住楼教师作用,下沉校园一线,关心关爱在校港澳台师生,协同相关部门完成疫情防控各项安排,对在校外的港澳台师生,提供物资支持,时刻关注其健康动态。

做好涉港澳台事务校际交流合作工作。4月,与香港中文大学召开两校合作指导委员会第五次会议。6月,邀请校长金力线上出席香港浸会大学"共融共赢、再启新程"校长论坛。12月,在香港中文大学-复旦大学生命科学与医学联合研究中心合作框架下,粤港澳大湾区精准医学研究院(广州)与香港中文大学签订合作协议,助力粤港澳大湾区国际科技创新高地建设。与港澳台高校签署6份协议,新签《复旦大学与香港浸会大学学术交流合作协议》《复旦大学与澳门大学双学位项目合作协议》《澳门大学、复旦大学、南开大学和中山大学共建"中国旅游教育合作联盟"合作协议》,续签《复旦大学与香港中文大学学术交流协议》《复旦大学与台湾阳明交通大学学术交流合约书》《复旦大学与台湾阳明交通大学学生交换合约书》。与港澳地区10所高校联合申报27个"港澳与内地高等学校师生交流计划"项目。本年度共有6名来自港澳合作高校的学者申报"复旦学者"。春季学期接收港澳台交流生59人，秋季学期接收港澳台交流生38人。

做好港澳台重点项目工作。开展暑期线上课程，吸引13所大学950名同学参与。举办沪港大学联盟高校2023年度研究型硕博招生线上宣讲会，直播平台观看人次超3.4万。推出创业项目暨"快乐柠檬杯"项目，搭建港澳台学生实习平台。举办内地与港澳大学生模拟法庭（仲裁庭）大赛。继续承办上海市台办重点项目"繁星计划"，助力港澳台学生职业生涯规划。

做好港澳台学生国情教育。继续开展港澳台研究生国情教育课程《传统文化与当代中国》，配合课程内容出版港澳台生国情读本《岁时香事——中国人的节气生活》，组织港澳台学生参加教育部"以青春之志 筑强国之路"征文比赛。

做好自身建设工作。组织港澳台事务办公室工作人员集中学习《台湾问题与新时代中国统一事业》白皮书、习近平总书记在庆祝香港回归祖国25周年大会暨香港特别行政区第六届政府就职典礼上的讲话、给参加海峡青年论坛的台湾青年回信等党中央关于港澳台工作的重要论述。组织办内党员同志参加党支部活动、会议共10次。坚持撰写专报，提供决策参考，全年共编写10期。

（张 蒻）

【举办内地与港澳大学生模拟法庭（仲裁庭）大赛】 3月至8月，在教育部港澳台事务办公室、国务院港澳事务办公室法律司、全国人大常委会基本法委员会研究室的指导下，复旦大学举办第二届"内地与港澳大学生模拟法庭（仲裁庭）大赛"，助力三地青年学子交流合作，为国家培养新时代涉外法律高端人才。比赛吸引来自清华大学、复旦大学、香港大学、澳门大学等内地及港澳55所高校的300余名学生参加比赛，复旦大学代表队在78支参赛队伍中获得冠军。

（张 蒻）

【继续承办上海市台办重点项目"繁星计划"】 自7月起，作为政校企共同搭建的两岸青年交流成长平台，第二届"繁星计划"吸引157名来自北京大学、清华大学、复旦大学、上海交通大学等70所高校的台籍学生参加，助力80名学生进入知名企业实习，并有3名应届台籍学生获得全职工作。该计划已被国台办列为重点交流项目。

（张 蒻）

附 录

2022年复旦大学举办港澳台地区会议一览表

序号	召开日期	会议名称	主办/承办单位
1	4月25日	复旦大学与香港中文大学合作指导委员会第五次会议	复旦大学、香港中文大学
2	6月30日	复旦大学等内地18所一流大学与香港浸会大学共同举办"共融共赢·再启新程"校长论坛暨合作签约仪式	复旦大学等内地18所一流大学、香港浸会大学
3	12月14日	香港中文大学与粤港澳大湾区精准医学研究院（广州）签署合作协议	粤港澳大湾区精准医学研究院（广州）、香港中文大学

（港澳台事务办公室供稿）

九、校董、校友、捐赠与基金会管理

【概况】 2022年,对外联络与发展处(以下简称"外联处")继续围绕学校"双一流"建设,对标"十四五"高质量发展目标和核心指标体系,依托校董会、基金会和校友会等平台,积极支持学校抗击新冠疫情工作,努力形成外联工作互联互动、合力发展的管理运行机制,踔厉奋发,继续为建设"第一个复旦"提供有力保障。

校友工作。重庆复旦大学校友会恢复登记注册,为境内注册的第30家校友会。成立复旦大学校友会光华生命健康分会、复旦大学校友会泛海国际金融学院分会。发布《复旦大学校友会代表机构管理办法》。在"大上海保卫战中",各地校友驰援母校疫情防控,上海、西安、宁波、云南、厦门、重庆、广西校友会(组织)做出突出贡献。举行庆祝建校117周年海内外校友活动及"校庆微头像""校庆心语"等活动。截至2022年底,校友数据库共收录46.14万条校友信息。120多个校友组织入驻"复旦校友服务平台",校友注册账户达到6.27万。每月向校友发送《母校资讯速递》电邮。发行第37、38期《复旦人》杂志。15家地方校友组织举办迎新送新活动。2022年度,校友基金共产生三个资助项目,并在校庆期间,出资参与"校庆大礼包"行动,向疫情期间坚守校园的师生送上慰问品。校领导赴云南、北京、贵州、内蒙、福建、安徽等地看望校友。举行复旦大学校友会第四届会员代表大会,选举校长金力为第四届复旦大学校友会会长。校友、复星国际执行董事兼联席首席执行官陈启宇受邀出席"第一个复旦"专题研讨会,围绕校友力量助力学校服务地方发展战略交流分享。一批各领域优秀青年校友代表者担任菁英校友课堂、研究生骨干培训班等活动主讲嘉宾,指导学生生涯成长。500多名在校生开展"一对一"走访校友活动。2022年度校友企业招聘会吸引包括14家上市公司在内的120家企业参加。针对难就业、慢就业的百余位2022届毕业生,举行首次精准就业帮扶活动。20家校友组织在助力学校招生、基层就业、院系部处工作等方面做出突出贡献,获2022年度母校感谢状。

基金会工作。上海复旦大学教育发展基金会(简称"上基会")共签订协议215份,协议金额总计1.79亿元。捐赠到账方面,上基会共收到1515笔捐赠到账,实际到账总额2.03亿元。收到千万级捐赠2笔,合计3200万元;百万级捐赠51笔,合计10053万元,十万级捐赠224笔,合计6023万元。海外基金会(简称"海基会")捐赠收入为117.20万美元,折合人民币约808.35万元。获批中央高校捐赠配比资金3909万元。院系层面,结合院庆系庆和校友返校活动,逐渐形成一批校友小额捐赠的中坚力量,上基会十万以下、以校友为主的小额捐赠频次超过1600人次,小额捐赠总额645.79万元。上基会全年公益支出达2.13亿元,公益支出总额占2021年末净资产的20.1%,远超国家相关政策8%的规定。海基会公益支出总额达142.84万美元,折合人民币约985.20万元,涵盖学生培养、师资建设、学科建设、社会公益及院系发展等5个大类。在投资委员会指导、理事会批准下,上基会继续通过专业的投资理财机构开展资金运作,实现资产的保值增值。截至12月31日,上基会累计收到投资及理财收益1349.26万元。上基会始终以5A级基金会的要求开展自身内部建设。持续加强党建引领,基金会成立党支部,认真学习党的路线、方针、政策,贯彻落实党的二十大精神,积极组织开展党史、学习二十大主题教育专题等活动,充分发挥党组织在基金会组织中的领导作用。积极转型赋能,主动对接学校需求,超额完成学校设定的年度捐赠收入目标,支持学校教育事业发展。不断强化基金会品牌建设,主动担当作为,打造复旦公益形象,全力支持学校和附属医院抗疫工作,并收到上海市民政局发来的感谢信。不断加强自身内涵建设,完善治理体系。2022年共依法合规召开理事会2次,其中通讯会议1次,线上会议1次;完成2021年度基金会年检年报工作;整理基金会制度汇编,积极践行社会公益,坚定扶贫责任担当。基金会积极联系各类社会爱心企业、爱心人士,持续向云南永平县捐赠资金和各类教学医疗设备。

校董及筹资工作。加强与校董、校友、捐赠人的联系,多方筹募资金有力支持学校各项工作。召开复旦大学第七届董事会第三次会议。深化对校董及捐赠人的个人、企业和捐赠行为研究,深入了解捐赠人的特点,主动对接捐赠人需求,提供精准服务。4月,校董蔡彤、陈家泉、郭广昌、高纪凡、屠海鸣、许华芳、许健康、谢吉人、虞锋、郑家纯、周益民支持学校抗疫保障基金、防疫和生活物资逾500万元人民币,有力保障学校准封闭管理期间疫情防控工作。校董郭广昌捐赠500万元人民币支持复旦上医校史馆建设。校董罗康瑞捐资60万元支持第六届复旦大学"一带一路"及全球治理国际论坛。校董霍焱捐赠300万元人民币设立"复旦大学苏汝铿卓越教学奖"留本基金,以表彰和奖励物理相关学科教学卓越的优秀教师。校董谢明出资11万美元购买世界著名吠陀学家、美国哈佛大学南亚系教授、美国科学院院士韦策教授（Michael Witzel）完整吠陀研究资料，以及尼泊尔、伊朗、印度研究文献，捐赠给复旦大学图书馆。

其他年度主要捐赠。500万元以上捐赠14笔。陆峰校友、曹国伟校友、黄奕聪慈善基金会、内蒙古福瑞医疗科技有限公司、北京小米公益基金会、上海兰卫医学检验所股份有限公司、上海复星公益基金会、武汉东湖新技术开发区管理委员会、中植企业集团有限公司、江苏兴达钢帘线股份有限公司、爱康国宾健康管理（集团）有限公司、上海美奥医疗管理集团有限公司等企业和个人捐赠支持学生培养、学科科研、师资建设、校园文化、社会公益等领域，协议金额共计9282.2万元。其中，"复旦大学小米青年学者""复旦大学上海医学院爱康国宾特聘/讲席教授""复旦大学上海医学院爱康国宾青年学者""复旦大学上海医学院美奥特聘/讲席教授""复旦大学上海医学院美奥青年学者"等项目聚焦人才引育，支持学校高质量人才队伍建设。

（林晶晶　苏希　薛刚　程翀）

【复旦大学校友会光华生命健康分会成立】 1月8日，首届光华论坛暨复旦大学校友会光华生命健康分会成立仪式在上海举行。校长金力，常务副校长、校友会副会长许征，中国科学院院士陈凯先校友，上海中医药大学校长徐建光校友，国家传染病医学中心主任、附属华山医院感染科主任张文宏及相关领域专家学者、企业家代表等出席活动。金力、陈凯先共同为复旦大学校友会光华生命健康分会揭牌。

（林晶晶）

【举行药学院暨上海医科大学校友会药学分会校友代表大会】 1月9日，复旦大学药学院暨上海医科大学校友会药学分会校友代表大会在张江校区召开，共计70余位校友出席活动。校党委副书记、上海医学院党委书记袁正宏，上海医学院副院长吴凡，上海医科大学校友会会长桂永浩出席会议并讲话。代表大会审议通过上医校友会药学分会第一届理事会工作报告、财务报告，选举产生第二届理事会理事和会长。

（林晶晶）

【举行2021年度"谷超豪奖"颁奖仪式】 1月12日，复旦大学2021年度"谷超豪奖"颁奖仪式在光华楼举行。上海新纪元教育集团董事长陈伟志、副总裁陈才铸、副总裁陈雨洁、上海新纪元公益基金会公益项目负责人刘敏，副校长徐雷，数学科学学院李大潜院士、陈恕行院士、上海数学中心主任李骏院士、数学科学学院院长陈猛，以及历届"谷超豪奖"获奖者参加颁奖仪式。徐雷与陈伟志为获奖者沈维孝教授和王国祯副教授颁发奖牌与证书。

（刘逸亭）

【举行2021年度"一健康基金"颁奖仪式】 1月14日，以"为爱前行，永不止步"为主题的2021年度"一健康基金"颁奖仪式在上海医学院举行，来自附属医院和各院系、平台的20位教师，36位本科生、研究生和3篇《微生物与感染》杂志优秀论文获得奖励。一健康基金创始人、中国工程院院士闻玉梅，上海医学院院董、校友龚朝晖，一健康基金捐赠人、上海知到知识数字科技有限公司执行董事葛新，一健康基金管理委员会主任、党委副书记、上海医学院党委书记袁正宏，校务委员会副主任、上医校友会会长桂永浩，上海医学院副院长朱同玉，一健康管理委员会委员包志宏，各附属医院、医学院职能部处院系平台负责同志及师生代表参加颁奖仪式。

（刘逸亭）

【举办2022年寒假"复旦校友云走访活动"】 2022年寒假，复旦大学校友会联合学校党委研究生工作部、学生职业教育发展服务中心与各院系推出"复旦校友云走访活动"，促进在校生与校友之间的交流。500余名学生"云"走访全国25个省（自治区、直辖市）以及海外部分国家的518名校友。

（林晶晶）

【举行贵州省复旦大学校友会成立大会】 3月12日，贵州省复旦大学校友会成立大会在贵阳举行。近200名在黔复旦校友，复旦大学四川、海南校友会代表，30多家兄弟高校贵州校友会代表及嘉宾到会祝贺。2007级管理学院MBA校友、贵州数铠科技有限公司执行董事兼总经理王峻峰任贵州省复旦大学校友会首届会长。

（林晶晶）

【积极筹措物资全力支持抗疫工作】 从3月13日进入校园准封闭管理到6月底恢复常态化疫情防控管理期间，基金会通过自身平台资源优势，广泛联络校友、校友企业、校董及社会各界爱心人士，各类抗疫物资通过基金会源源不断地从全国各地进入校园。据统计，基金会共接收到106家单位或个人的各类捐赠，其中捐赠资金1 453.52万元，捐赠抗疫物资共计约325万件、价值2 243.89多万元。其中，87家校友企业、单位、组织及个人捐赠包括防疫物资、水果蔬菜、生活用品等物资86万余件，捐赠抗疫资金近1 000万元；"水果酸奶接力""环保饭盒""校庆大礼包"等校友专项行动为师生带去特殊时期的特别关怀。

（薛　刚　林晶晶）

【举行2022届毕业生春季校友企业专场线上招聘会】 4月14—15日，举办复旦大学2022届毕业生春季校友企业专场线上招聘会。招聘会旨在主动挖掘校外就业岗位增量，积极拓展优势资源与校友渠道，为应届毕业生搭建与多所校友企业之间的桥梁。本次校友企业专场招聘会共有包括14家上市公司在内的120家校友企业参加。

（林晶晶）

【举行"职点迷津·扬帆远航"复旦iCareer菁英校友云课堂】 4月23—24日，举办"职点迷津·扬帆远航"复旦iCareer菁英校友云课堂。云课堂设置数字经济、政企管理、百年树人、生物医药、新兴科技、金融咨询等六大专场，18名相关行业的优秀校友担任主讲嘉宾，吸引近千名在校生参与。

（林晶晶）

【举行庆祝建校117周年海内外校友活动】 在5月校庆月期间，连云港、西安、深圳、新西兰、宁波、多伦多、青岛、杭州、无锡、安徽、大连、厦门、南昌、珠海、天津、北京、西安、纽约、上海、河南、四川、海南、南京、武汉、福建、澳门、广州等全球各地27家校友组织，先后举行论坛讲座、户外健步、云聚会等多种形式的活动，诉说对母校的思念，送上对母校117周年华诞的真诚祝福。在校庆周，复旦大学校友会还举行"校庆微头像"与"校庆心语"活动，吸引世界各地的校友为母

校线上庆生。（林晶晶）

【复旦大学校友会携手基金会开展"校庆大礼包"行动】 5月27日校庆日前夕，复旦大学校友会携手复旦大学教育发展基金会联络多方资源筹措"校庆大礼包"，向疫情期间坚守校园的师生送上慰问。这批礼包来自校友基金、校友、校董企业及社会爱心的共同支持，包含油桃、红李、咖啡、特产馅饼、芳香口罩贴等贴心小礼物。 （林晶晶）

【重庆复旦大学校友会恢复注册登记】 7月12日，重庆复旦大学校友会重新获颁社会团体法人登记证书。该校友会的业务主管单位为重庆市教育委员会，登记机关为重庆市民政局。 （林晶晶）

【举行上海荣昶公益基金会YICGG项目捐赠续签仪式】 7月23日，"荣昶杯青年全球治理创新设计大赛"（YICGG项目）座谈暨捐赠续签仪式在上海荣昶公益基金会举行，校党委副书记尹冬梅、上海荣昶公益基金会执委会主席王建明、理事长黄银荣等出席。会上，上海荣昶公益基金会理事长黄银荣与复旦大学教育发展基金会秘书长杨增国续签第二期YICGG项目捐赠协议。（刘逸亭）

【复旦大学校友会泛海国际金融学院分会成立】 8月27日，泛海国际金融学院五周年院庆暨主题论坛在上海大剧院举行。活动当日，复旦大学校友会泛海国际金融学院分会正式成立并选举产生第一届理事会。学院执行院长钱军教授当选会长，学院2019级金融EMBA李峎校友当选执行会长。 （林晶晶）

【复旦管理学奖励基金会换届会议暨第四届理事会第一次会议】 于9月13日在复旦大学召开。换届会议听取并通过第三届理事会工作报告、换届审计报告、第三届监事会工作报告、换届选举筹备工作情况报告，并选举产生第四届理事会理事13位。第四届理事会第一次会议，选举复旦大学党委书记焦扬担任基金会理事长兼法定代表人，中国中化董事长、党组书记李凡荣，康成投资（中国）执行董事、首席执行官林小海，海尔集团董事局名誉主席张瑞敏，五矿集团副总经理朱可炳任副理事长，复旦大学原党委常委、副校长张志勇任秘书长。第四届监事会推选复旦大学管理学院党委书记李尧鹏任监事长。
（黄薇）

【举行"荣昶-复旦创芯之星"奖励基金捐赠签约仪式】 9月26日，"荣昶-复旦创芯之星"奖励基金捐赠签约仪式在上海荣昶公益基金会举行。校党委常务副书记裘新，上海荣昶公益基金会执行委员会主席王建明、理事长黄银荣、秘书长何堂堂、理事王小林、理事贺平等出席。"荣昶-复旦创芯之星"奖励基金设置"荣昶"科研之星奖、"荣昶"竞赛之星奖、"荣昶"新星奖、"荣昶"全面发展奖等四类奖项，支持复旦大学微电子学院培养专业优秀、全面发展的集成电路产业人才，破解芯片"卡脖子"难题。
（刘逸亭）

【评审确定校友基金2022年度资助项目】 9月底，根据《复旦大学校友基金管理办法》，经过项目申报、校友基金捐赠校友投票、校友基金管理委员会评审等程序，校友基金产生三个支持项目，包括"'让艺术在复旦发生'校园文化氛围建设项目（一期）""复旦人特藏资源建设与推广实践项目——'第一本'主题系列活动"及"旦星永耀——人生回忆录"。
（林晶晶）

【举行庆祝复旦大学上海医学院（原上海医科大学）创建95周年捐赠鸣谢仪式】 10月19日，鸣谢仪式在枫林校区举行。校长、上海医学院院长金力，党委副书记、上海医学院党委书记袁正宏，上海医科大学校友会会长、上海医学院原院长桂永浩，原上海医科大学党委书记、复旦大学原党委副书记彭裕文，复旦大学原党委副书记王小林，上海医学院原党委书记程刚，复旦大学管理学奖励基金会秘书长、复旦大学原副校长张志勇，颜福庆老校长之孙、复旦大学放射医学研究所副研究员颜志渊，以及捐赠机构和个人代表，医学院各部处院所负责人出席仪式。仪式现场，袁正宏致辞，金力、袁正宏向为95周年院庆捐赠的校友、院董和社会热心人士及机构颁发捐赠牌和感谢状。（苏希）

【复旦大学校友会第四届会员代表大会】 于10月29日在逸夫科技楼召开。校党委书记焦扬、校长金力出席会议，校友会第三届理事会副会长、原常务副校长张一华主持会议。大会通过第三届理事会工作报告、第三届理事会财务报告及《复旦大学校友会章程》修订案，听取理事会换届工作筹备情况报告，投票选举产生第四届理事会。校长金力当选校友会第四届理事会会长，常务副校长许征当选副会长兼秘书长，16名各领域杰出校友代表当选副会长，17名资深校友代表受聘担任顾问。
（林晶晶）

【举行"复旦大学崔之骍新生奖学金"捐赠鸣谢仪式】 11月9日，"复旦大学崔之骍新生奖学金"捐赠鸣谢仪式在袁成英楼举行。受妹妹崔之骍遗愿所托，三位年近九十的耄耋老人：崔之骏、崔之骢、崔之骅向学校捐赠150万元设立"复旦大学崔之骍奖学金"，用于奖励有志于报考复旦大学的安徽籍学子。 （刘逸亭）

【校董罗康瑞出席第六届复旦大学"一带一路"及全球治理国际论坛】 11月10—12日，第六届复旦大学"一带一路"及全球治理国际论坛在上海举行。校董罗康瑞视频出席开幕式并发表主题演讲。罗康瑞捐赠60万元人民币支持复旦大学"一带一路"及全球治理国际论坛。 （苏希）

【校董谭瑞清出席"瑞清"冠名奖基金颁奖典礼】 11月12日，复旦大学"瑞清"冠名奖基金首届颁奖典礼在江湾校区举行。校长金力出席并致辞。包信和获杰出贡献奖，范康年获园丁奖，麻生明、邓勇辉获"近思"教席奖，贺鹤勇领衔团队获"笃志"教席奖。另有6名学生获新生奖。校董谭瑞清受邀出席仪式，并作为捐赠人发表讲话。 （苏希）

【复旦大学第七届董事会第三次会议】 于12月16日召开。28位校董、校董代表线上参会。校党委书记焦扬致辞，校长、校董事会主席金力做校情报告，校党委常务副书记裘新列席，常务副校长、校董事会秘书长许征主持并做工作报告。会前，全体与会者深切缅怀杨福家、蒋震、李和声、解直锟4位近一年内离世的董事会成员,集体致敬1995年董事会恢复设立后首任主席杨福家老校长。会上,"杨福家教育基金"正式启动,广东凯普生物科技捐赠500万元人民币率先支持。会上发起"复旦大学战略人才引进基金"倡议。光电研究院院长褚君浩院士分享与校董企业天合光能合作建设国家重点实验室事宜以及光电行业前沿信息。（苏 希）

【上海复旦大学教育发展基金会第四届理事会第七次会议】于12月28日以在线形式召开。校长金力,常务副校长、基金会理事长许征,以及第四届理事会理事、监事等参加会议。与会理事听取基金会2022年工作报告、财务报告和投资情况报告和2023年工作计划,并通过基金会2023年预算方案。会议围绕复旦大学及基金会未来发展、基础科研基金筹措等建言献策。会上,科学技术研究院副院长徐晓创介绍学校设立基础研究基金的设想,基础研究基金捐赠方上海蓝鹊生物医药有限公司总经理俞航分享公司支持学校基础研究项目的思考。

（薛 刚）

附 录

复旦大学第七届董事会成员名单

（按汉语拼音排序）

主　席（1人）：
金　力

资深校董（9人）：
陈曾焘　李达三　李兆基　林辉实　王绍埙　吴家玮
许健康　杨福家　杨紫芝

校　董（42人）：
蔡　彤　蔡冠深　曹其镛　陈家泉　陈天桥　丁肇中
董建成　高纪凡　郭广昌　霍　焱　蒋　震　李本俊
李传洪　李大鹏　李家杰　廖凯原　刘如成　刘振鹏
刘遵义　卢长祺　卢志强　罗康瑞　罗杰·科恩伯格
吕志和　毛江森　孟晓犁　谭瑞清　屠海鸣　王纪来
谢　明　谢吉人　解直锟　许华芳　许宁生　杨玉良
姚祖辉　尹衍樑　虞　锋　袁天凡　张玉良　郑家纯
周益民

复旦大学校友会第四届理事会成员名单

（按姓名笔画排序）

会　长：
金　力
副会长：
丁　磊　王学亮　卢大儒　卢长祺　华　彪　许　玫
许　征　阮伟祥　杨德红　沃伟东　张东辉　张陆洋
陈启宇　徐永前　谭瑞清　黎瑞刚

常务理事：
杨增国　恽小婧　章晓野
理　事：
于　瀛　王久存　王国强　王绍新　王栎栎　王峻峰
王　琳　王德春　石德忠　冯　艾　曲　建　吕荣建
朱化星　朱光亮　任红云　刘　畅　刘　莉　刘　超
刘　嘉　李冬妮　李同新　李志军　杨雪松　杨燕青
岑天宇　何瑞冰　汪方怀　汪新芽　宋　翔　张孔耀
张涛甫　张　捷　陆　璇　陆伟斌　陈显明　陈奕如
陈雪峰　陈强虎　陈燕林　欧启信　季一宁　季昕华
周　天　周　曦　郑　璇　姚　毅　夏立成　顾　靖
徐小川　徐立青　徐铁峰　高亚春　高明宇　曹明富
梁同辉　董存发　蒋华平　裴长利　熊易寒　潘　俊
潘皓波　鞠远智
秘书长：
许　征

上海复旦大学教育发展基金会第四届理事会成员名单

（2022年12月）

理事长：
许　征
理　事：
卢志强　刘洪文燕　陈仲儿　汪新芽　袁天凡　鲁育宗
顾　靖　阮伟祥　谈义良　杨增国　李海峰　赵定理
许华芬　王华惠　余　青　张艳萍
监事长：
孙　谦
监　事：
王学亮　张梓太
秘书长：
杨增国

复旦大学海内外校友组织一览

序号	校友会名称	序号	校友会名称
	国内校友会	3	复旦大学澳门校友会
1	复旦大学校友会	4	复旦大学北京校友会
2	复旦大学安徽校友会	5	复旦大学常州校友会

续　表

序号	校友会名称	序号	校友会名称
6	复旦大学大连校友会	46	复旦大学香港校友会
7	复旦大学佛山校友会	47	复旦大学新疆校友会
8	复旦大学福建校友会	48	复旦大学徐州校友会
9	复旦大学甘肃校友会	49	复旦大学扬州校友会
10	复旦大学广西校友会	50	复旦大学云南校友会
11	复旦大学广州校友会	51	复旦大学漳州校友会
12	复旦大学贵州校友会	52	复旦大学重庆校友会
13	复旦大学海南校友会	53	复旦大学珠海校友会
14	复旦大学杭州校友会	54	上海医科大学校友会
15	复旦大学河北校友会	55	上医常熟校友会
16	复旦大学河南校友会	56	上医福建校友会
17	复旦大学黑龙江校友会	57	上医广州校友会
18	复旦大学景德镇校友会	58	上医杭州校友会
19	复旦大学连云港校友会	59	上医合肥校友会
20	复旦大学龙岩校友会	60	上医湖南校友会
21	复旦大学南昌校友会	61	上医洛阳校友会
22	复旦大学南京校友会	62	上医南京校友会
23	复旦大学南通校友会	63	上医南通校友会
24	复旦大学内蒙古校友会	64	上医山西校友会
25	复旦大学宁波校友会	65	上医苏州校友会
26	复旦大学宁夏校友会	66	上医香港校友会
27	复旦大学平顶山校友会	67	上医新疆校友会
28	复旦大学青岛校友会	68	上医扬州校友会
29	复旦大学青海校友会		**海外校友会**
30	复旦大学厦门校友会	69	复旦大学澳洲校友会
31	复旦大学山东校友会	70	复旦大学德国校友会
32	复旦大学山西校友会	71	复旦大学法国校友会
33	复旦大学上海校友会	72	复旦大学加拿大东部地区校友会
34	复旦大学绍兴校友会	73	复旦大学加拿大渥太华校友会
35	复旦大学深圳校友会	74	复旦大学柬埔寨校友会
36	复旦大学四川校友会	75	复旦大学联合国校友会
37	复旦大学苏州校友会	76	复旦大学马来西亚校友会
38	复旦大学台北校友会	77	复旦大学美国北德州校友会
39	复旦大学台湾校友会	78	复旦大学美国北加州校友会
40	复旦大学天津校友会	79	复旦大学美国波士顿校友会
41	复旦大学温州校友会	80	复旦大学美国大洛杉矶地区校友会
42	复旦大学无锡校友会	81	复旦大学美国佛罗里达校友会
43	复旦大学芜湖校友会	82	复旦大学美国华盛顿校友会
44	复旦大学武汉校友会	83	复旦大学美国南加州校友会
45	复旦大学西安校友会	84	复旦大学美国纽约校友会

续表

序号	校友会名称	序号	校友会名称
85	复旦大学美国休斯顿校友会	91	复旦大学英国校友会
86	复旦大学美国芝加哥校友会	92	复旦上医加拿大温哥华校友会
87	复旦大学日本校友会	93	复旦上医美国佐治亚州校友会
88	复旦大学瑞士校友会	94	上医加拿大多伦多校友会
89	复旦大学新加坡校友会	95	上医美东校友会
90	复旦大学新西兰校友会	96	上医美国波士顿校友会

注：校友会按地域拼音字母排序

共96家校友会，其中国内68家（包括港澳台5家），海外28家。

2022年复旦大学基金会接受大额捐赠一览（到账人民币100万及以上）

序号	捐赠人	项目
1	天臣国际医疗科技公司	复旦大学公共卫生学院"双碳目标"背景下的卫生技术评估研究基金
2	黄奕聪慈善基金会	复旦大学陈灏珠院士医学发展基金
3	广东双林生物制药有限公司	上海医学院上医文化基金
4	上海南芯半导体科技股份有限公司	复旦大学微电子学院南芯人才基金
5	黄奕聪慈善基金会	复旦发展研究院智库研究基金
6	北京小米公益基金会	复旦大学"小米青年学者"项目
7	上海荣昶公益基金会	国务学院荣昶学者专项计划
8	江苏硕世生物科技股份有限公司	复旦大学抗击疫情专项基金
9	微梦创科网络科技有限公司	复旦大学抗击疫情专项基金
10	上海高毅资产管理合伙企业	复旦大学陈灏珠院士医学发展基金
11	上海金镅资产管理有限公司	复旦大学数学科学学院上海金镅基金
12	北京雅本科技有限公司	复旦雅本流域污染控制实验室项目
13	瑞星集团股份有限公司	复旦大学本科生专业发展基金
14	上海云锋新创投资管理有限公司	复旦大学准封闭期间捐赠物资专项
15	深圳全棉时代科技有限公司	复旦大学准封闭期间捐赠物资专项
16	星际光（上海）实业有限公司	复旦大学准封闭期间捐赠物资专项
17	华泰证券股份有限公司	复旦大学华泰证券科技奖学金
18	上海浦东科创集团有限公司	复旦大学微电子学院上海浦东科创集团学生培养基金
19	华为技术有限公司	复旦大学新工科人才基金
20	上海荣昶公益基金会	复旦大学国务学院荣昶杯青年全球治理创新设计大赛
21	武汉东湖新技术开发区管理委员会	复旦大学-光谷奖学金
22	泛海公益基金会	复旦泛海国际金融学院发展基金
23	北京中国科学技术大学新创公益基金会	复旦大学脑科学研究院针灸疗法的现代解剖学基础项目
24	杭州糖吉医疗科技有限公司	杭州糖吉医疗科技有限公司
25	何佩鑫、陈晓明	复旦大学陈晓明何佩鑫校友基金

续表

序号	捐赠人	项目
26	上海复旦医疗产业创业投资有限公司	颜福庆医学教育发展基金
27	上海适达投资管理有限公司	颜福庆医学教育发展基金
28	上海荣晟新能源科技有限公司	颜福庆医学教育发展基金
29	上海复星公益基金会	复旦大学准封闭期间捐赠物资专项
30	江苏国致体育发展有限公司	复旦大学准封闭期间捐赠物资专项
31	江苏恒瑞医药股份有限公司	复旦大学管理教育发展基金
32	上海市东方红公益基金会	复旦大学管理学院学生成长基金
33	赛诺威盛科技(北京)有限公司	复旦-云南永平公益基金
34	上海适达投资管理有限公司	复旦大学历史学系朱维铮基金
35	上海泽周信息科技有限公司	颜福庆医学教育发展基金
36	汤钊猷	颜福庆医学教育发展基金
37	上海荣昶公益基金会	复旦大学微电子学院"荣昶-复旦创芯之星"奖励基金
38	崔之骅、崔之骢、崔之骏	复旦大学本科生专业发展基金
39	因美纳(中国)科学器材有限公司	"复育新生"新生儿疑难罕见病患儿寻因项目
40	上海丰实金融服务有限公司	复旦发展研究院中美友好互信研究计划项目
41	谭瑞清	瑞清冠名奖基金
42	上海云锋新创投资管理有限公司	复旦-云锋创业基金,复旦大学生科院教育发展基金
43	中国西部人才开发基金会	复旦大学新闻学院教育发展基金
44	李兆基基金(香港)北京代表处	复旦大学李兆基奖学金
45	崔钟贤学术院	上海论坛
46	安徽省仁众教育基金会	复旦大学经济学院张军教育发展基金
47	香港董氏慈善基金会	复旦大学董顾丽真艺术博物馆
48	iKwok Scholarship Fund	复旦大学管理学院 IKWOK 奖学金
49	霍焱	复旦大学霍焱学生海外交流基金,复旦大学人文社会科学领域博士研究生短期国际访学研究项目

(对外联络与发展处供稿)

2022届获得毕业证书学生名录

本科生

材料科学系
材料化学
成广德　李光曦　丁洁颖　李湘怡　曹琦瑜　唐泽辉
朱宇轩　王文斌　邓铭　何皓轩　李夏　李熹涵
吴晴宇　徐万顷　杨壹程　焦柯炜　肖溟丰　时文睿
吴林平　杨舒

材料物理
傅朝　杨帆　刘汉卿　王崇宁　郭保同　帅含语
王昊舟　刘世源　陆尧辰　张其然　黄邦燬　胡荣润
戴天　周汛　蔡秉锜　欧阳思远　姚轶舟
朱舸舟　帅明坤　马波　满思琪　王端端　胡晓奕
范佳晨　石茂林　卢雨婷　房宸涛　李鸿尧　马元辰
方景贤　梅哲　石轶群　颜思嘉(马来西亚)

电子科学与技术
何晓龙　丁尧昕　李诗怡　胡恒瑞　兰如雷　徐沈炎
林锐　陈志军　王开元　吴宗义　陈圣朋　胡雨航
罗超　晏炀　徐婧　邓建锴　陈凌云　朱春名

蒋冰瑶　马书涛

大气与海洋科学系
大气科学
陈凯扬　范思艺　井辰飞　李复尧　王一心　丁家华
吴啸天　牛浩成　杨世禧　黄一峰　郭思慧　陈笑然
包冯滋　江　山

大数据学院
数据科学与大数据技术
刘宇哲　李保山　陈劭涵　詹远瞩　李欣颖　卢亮洁
杨远琨　刘津铭　林若晨　郑　煜　朱世宇　王　湛
周文浩　张　鑫　董笃翀　吴鹏飞　张雨竹　肖露露
刘意如　杭江南　姜凯腾　王嘉一　张晋瑜　吴云涛
林肖靖　杨海阔　侯帅臻　杜俊江　许雯颖　章黎景华
张海萍　骆思勉　钱路恒　刘有哲　徐振宇　周千慈
丁毅威　冯中睿　丁泽澎　汤如明　任　意　游　涛
姜国超　梁敬聪　钱皓然　杜闻博　张雅思　王雨晴
黄婧越　丁越凡　高　源　戴昕昊　朱笑一　王宇驰
张胜伟　陈毓锐　董巧乐　王隽杰　张傲霖　张先印
杜梦飞　李俨达　祁宇升　袁云龙　张志杰　郑钦泽
罗子钦　胡　正　李欣虹　刘晴雯　梁月潇

法学院
法学
程梦兰　张燮林　方文钊　李茹玥　黄　唯　冯怡萱
丁佳惠　陈佳颖　杨艳梅　王晓雨　董家杰　杨翰钦
黄清韵　黄宗垚　吴雨诺　陈思亦　魏　澜　彭　媛
毛昕元　仇云逸　谢　林　颜陈祺　赵尔东　周　夷
周子雨　朱正昊　魏金钊　毕苑博　陈敬元　郭天成
刘中奇　吴王浩　袁天遥　卢红宇　黄礼威　熊传君
马向阳　欧阳义唯　　　　赖兆曦　陈明王　蒋龙宇
田江豪　唐　杰　王少枫　马　永　曹靖雯　陈予安
丁应宁　顾诗怡　李若晴　李世缘　罗　雯　田泽华
涂程佳　吴珊珊　吴依依　吴　羽　徐睿琪　杨雨晗
叶家雯　袁　源　张　妍　郑淳元　周　彤　周郁璐
冯禧玥　时雨鑫　郑佳欣　金　青　尹艺静　陈珂衍
黄馨雨　章骊玥　李以宁　田　诺　王喜悦　周楚越
庄语滋　吴佳丽　刘姝晨　杨兆一　臧莹奇　袁梦如
兰心敏　陆玲玲　韦　娜　屈　斐　唐慧婷　罗玥维
尹　星　陈　仪　郝文杰　罗　雨　徐子淳　朱明月
张炳晓　王彦人　张惠佳　廖一凡　毛启珍　杨　月
陈思思　党　璐　杨凯燕　张安琪　戴鑫雨　刘与同
王孟笛　孙旻祺　柯夏涵　苏美匀　王丹曦　刘雨潇
魏子涵　冯竹悠　阙灵昀　金东现(韩国)
朴彩镇(韩国)　　　　　江华美(哥伦比亚)
李灵珍(韩国)　　　　　赵依荻(美国)
李诗绚(韩国)

高分子科学系
高分子材料与工程
刘凯文　李刘径舟　刘宇昂　陈添淛　冷思言　刘雨杭
张宇昕　戴泽寰　甘栩晨　屈佳禾　张御辰　贾　凡
郭艺凯　曹旭琛　孙　凯　姜剑超　程逸飞　张琪昊
张显诚　陆子琪　万　言　王彦杰　吴官滨　胡轩博
胡云婷　李金妍　于婉婷　臧雨茗　关新宇　陈洁莹
李嘉贤

公共卫生学院
公共事业管理
连　代　袁守信　周新宇　何君仪　张　伟　严　威
刘子荣　吴　迪　王鸿杰　朱致旭　乔渲淇　陶　颖
赵佳欣　刘诗婷　段旭昶　李婧怡　宋淑洁　陈凯悦
预防医学
王一清　陈　全　邹美清　王文文　菲罗热·衣不拉音
娜扎凯提·阿不都克里木　　　　　毋雅楠　马永祥
唐啸宇　谢　宁　徐　杨　曹巍钊　张圣鑫　陈星宇
胡志强　王天也　黄　雨　周驰骋　陈润迪　俞剑平
蔡汝君　陈伟杰　谢栋臣　朱文宇　邹锐涵　范经志
白云天　曹　贺　耿扬博　吴　博　杨　宝　于　路
李春隆　彭胤舜　陈怡舟　雷锦逯　李　涛　缪应新
格桑多吉　　　　　赵　康　哈　达　喀迪尔江·谢木西丁
凯维萨·阿布杜许库尔　　　　　李厚橙　夏依阿巴斯·艾尼瓦尔
陈佳娴　封嘉楠　李菁菁　卢霖瑶　谷秋韵　李明洋
丁佳韵　礼晨姝　白　雪　王　溢　赵　越　王　鑫
陈　晴　陈　欣　李晶菁　李星颖　刘又嘉　孟欣雨
张艺璇　伊　澜　周　璐　董贞贞　蒋俊佳　邵　爽
杨金凤　蔡　菲　陈慧洺　陈子琪　赖茹含　王鑫钰
许雨柔　许　月　尤丽君　赵思泓　周晓钰　王思怡
刘汗青　刘馨雨　王　玉　张彧文　朱淑娟　黄君慧
文　馨　张梦迪　李文婕　卢水萍　殷安欣　谭名惠
张　帆　陈　笑　盘洁杏　吴佳璘　蔡心怡　张　云
白　涵　余可欣　张瑞昀　郑洪秋　蒲佳璐　杜　荣
郭欣雨　张博雅　周双梅　巴根娜　凯迪热娅·克依木
张　坤

管理学院
财务管理
司　扬　李清扬　钱君宇　王　琪　孙康妮　王崧霖
龙　浩　傅靖宸　吴　筠　王真琪　赵佳妮　杜欣桐
孔振东　李高俊　曾颖涵　李心玥　王艺筑　吴可意
徐弋凡　宫睿明　方正豪　王志诚　邓　宇　谢虞望
许啸宇　廖浩旭　王琬琪　邓宇淇　刘　浏　李宓宓
任天齐　徐昱成　赵珂扬　张　翼　陈霄翔　沈岩枫
周浩敏　潘　宇　伍宏琪　丁　羽　覃天傲　彭烁宇
汤　晗　刘宇轩　陆子宽　车佳云　顾思婷　姜蓓文
林宇鑫　刘安昱　陆则瑜　梅芊芊　牟亦涵　张思懿
张子喻　赵旖旎　周　芸　周紫嫣　鲍艾咪　曹睿洁
孙　钰　薛淇允　贡徐滢　谢　畅　张书贤　詹子涵

邹清阳　张叶童　黄可欣　成歆旖　黄浣鸿　苏慕吟
程媛媛　刘佳琪　胡思佳　吕乾亨　欧阳倩明
尤翰洲(巴西)

工商管理
周启航　朱意超　松本惠理(日本)

管理科学
魏翌　许家瑞　阿拉帕提·尔肯　张秋岑

会计学
陆莹　王致远　朱懿哲　周敏　刘菲菲　陆晨
吴小珂　张高阳　朱冰一　刁誉琳　纪洛洛　胡玥
苗一平　吴翩然　斯琴塔娜　　　梁昊宇　张繼瑤

市场营销
陈柯帆　章辉　沙岳岩　高毅涛　尹源浩　夏子清
段绍冉　李牧歌　王春然　吉旸　王啸天　王雨萱
张陈逸　周芸慧　朱澳华　刘品彤　许恩慧(菲律宾)

统计学
钱文清　许天章　孙靖智　姜文轩　郝佳宁　胡高航
夏浩瑞　肖扬　戴濡羽　宁佳琦　孔德悦　蒋云帆
张逸晗　谷畅　汪峤鸢　高雯健　刘雯洋　刘昊飞
张琳悦　杨留　高洁瑶　李辰霄　陆佳昊　王子墉
郑直　周锦天　朱凯闻　朱汶轩　于泓波　孟繁民
王泽烜　刘永　祁星皓　冯誉　罗锦珣　王耀东
吴沛锴　张澄予　陈光裕　王志辉　余承灏　李梦飞
杨镇源　罗禹　季昌赫　盛玺澄　尹文怡　余滢辰
丁语欣　张楠　陈怡涵　高畅　沈鸣阳　王可欣
周萌　李文艺　朱梓菡　李舒沛　孙嘉辰

信息管理与信息系统
项耀鸿　严安　庄楠　张心陶　李彦勳　陈泽琴

国际关系与公共事务学院
国际政治
井立琛　黄歆韵　阮辰阳　施承雨　张天翼　舍金林
叶尔沙那提·吾尔尼克拜　冷宣谕　齐晓彤　李果
黄愈君　李心森　韦香红　梁雨欣　秦苗　庄淇
王镝羽　包蕴颖　彭鑫鑫　姚依念　火玄烨　周炜沁
梁凯祺　马煜凯　聂孝力　张华飞　潘弘林　袁子一
马知秋　汪晓芸　吴诗盈　张艺馨　张紫欣　周韫斐
朱佳莹　朱清灵　朱洋瑶　田圣新　杨昭　左倩闻
薛瑞　金曙贤　笪轩　丁眉卿　虞荟楠　陈琳
梁飞　胡伟佳　曲舒扬　王丹阳　马晓彤　陈婧怡
黄嘉雯　黄相宜　黄志娟　李盈盈　陈月金　陈航
胡芳芳　徐维希　宁晓雯　刘一玉　何嘉源　马倩
马克帕丽·叶尔江　　　　　蒋屹阳　王嘉许
沈载胜(韩国)　金埈成(韩国)　郑茂铉(韩国)
黄秀敏(韩国)　金睿旨(韩国)　赵恩英(韩国)
黄智恩(韩国)　金忠炫(韩国)　海哥(亚美尼亚)
王伟(乌兹别克斯坦)　　　　金彩琳(韩国)
高知润(韩国)　朴美炤(韩国)　朴世彬(韩国)
高暑仑(韩国)　刘书璎(韩国)　文德尔(蒙古)
邓文舍(马来西亚)　　　　李艺麟(韩国)
金汝景(韩国)　　　张育婷(马来西亚)

行政管理
秦玉梅　刘容　崔皓天　陶云鹏　黎磊　张晗钰
吕晶莹　孟威　张雨莹　余晓非　邹博文　肖遥
熊家豪　张逸星　王培红　王若孜　王宇景　崔雨晴
仇睿　沈珂涵　王佳佳　刘佳音　谢仪　程婧
徐伊阳　王蔚　张杰铭　冯君婉　秦钰莹　肖越
李翠舒　李雨涵　尼珍　巴·巴音琴格丽
迪娜尔·阿尔成　李欣彤　张子璇　白承铉(韩国)
程曦(马来西亚)　　　安娜丽莎(意大利)
陈甜甜(泰国)　　　　冰兰(蒙古)

政治学与行政学
周宇翔　刘天洋　江南　严妍　罗青青　胡煜晗
陈天蓝　陆逸超　徐申卓　谭万泽　李世博　郝翰
唐林焕　张昳柔　杨凯淋　石益梦　马媛媛　莫蔓莉
舒溶静　钟雪琦　张海玥　强珍　冯笛

国际文化交流学院
汉语言(对外商务汉语方向)
金诗尹(韩国)　金兑炫(韩国)　任胜旗(韩国)
金受玟(韩国)　李柱宪(韩国)　艾丽佳(哥斯达黎加)
高歌(阿塞拜疆)　　　　　　武燕(泰国)
田山鹏龙(日本)　佘戴键龙(智利)　裴少川(南非)
西村建人(日本)　帕斯卡(塞浦路斯)
张世俊(韩国)　京谷泰藏(日本)　金闰泰(韩国)
郑娥延(韩国)　柳多珉(韩国)　河东柱(韩国)
吴恩周(韩国)　文杰(韩国)　傅靖萱(马来西亚)
胡美琪(奥地利)　朴民(韩国)　刘美幸(日本)
大井萌惠(日本)　峰本尚子(日本)　李珊唐(泰国)
栉间紫音(日本)　朴昭荣(韩国)　鸟井友纪(日本)

汉语言(对外语言文化方向)
李到炯(韩国)　洪在锡(韩国)　姜俊宇(韩国)
徐旼材(韩国)　白乘贤(韩国)　朴律俐(韩国)
孙希愿(韩国)　元彗珍(韩国)　徐和罗(韩国)
竹森大于(日本)　赵阿沈(韩国)　李安欣(亚美尼亚)
岸部智鹤(日本)　康妙珊(俄罗斯联邦)
中尾美穗(日本)　金玟妡(韩国)　尼卡(斯洛伐克)
米朵(塞尔维亚)　　　　　　朴源珠(韩国)
郭星如(新加坡)　　　　　　伍艳妮(委内瑞拉)
德岛安惠(日本)　　　　　　崔礼琳(韩国)
小田祐华(日本)　　　　　　车润静(韩国)

航空航天系
飞行器设计与工程
赵瑞涛　孟宪超　李博文　白煜　许宏旭　王涵
周斌涛　房曙　吴子健　罗鹏宇　龚铃淞　刘佳鑫
袁嘉毅　张旭博　姜颖　兰欣玥　赵君怡　杨力

理论与应用力学
尹尚炜　杨彦程　王添民　李紫豪　黄思睿　戴子睿
李吉癸　钱晟　杨晟　宋源峰　宋一程　刘沄帆

吴鸿禄 程天昊 兰林鹏 李鸿宇 邱连富 纪晓阳
彭 海 陶 充 王文哲 陈国荣 覃 玮 居佳怡
温 雅 李雨琪 田如岚 田汇华 吴镇宇

核科学与技术系
核工程与核技术
汪景航 陈 龙 都炳杰 肖柏林 郎一凡 严碧霜
段丽梅 范峻瑜 孙静安 王从武 叶方舟 郭庭轩
贾方石 田 宇 邢 亮 朱业帆 覃勤博 袁 洲
杨明叶 杨依影 杜雨欣 李雨涵 秦晶晶 张家怡
杜小荃 成若玉 莫连滟 左 莹

护理学院
护理学（四年制）
程桂卿 江 威 罗 昆 张 翔 周 媛 吴胜杰
俞 越 周智浩 高万理 程子坤 王瀚林 李 桎
黄熙行 曾大伟 陈 婧 杜伊然 贺旭妍 胡文慧
康祎陈 连逸飞 林 璐 刘宏明 苏贝怡 汤艾一
王 欣 王欣怡 叶 菲 张华红 张同舒 陈欣岚
管婷玉 何 静 蒋梦婷 马雪露 桑静雅 陶 钧
王凤娟 王 萌 王沙沙 张 敏 张 翼 张 颖
张紫荷 谌雨情 刘婧璇 陶 红 谢 乐 余骏雯
禹 玥 张礼倩 赵 琴 龙丽媛 姚 念 袁 铭
李千缘 宋林林 杨清清 孔海英 李 玲 卢 丹
秦摆湾 谭芷馨 唐凤兰 王曲卿 王歆轶 杨桂香
曾 欣 张相醇 钟高婷 林宇欣 史佳丽
护理学（助产士方向）
杜顺顺 林欣昀 杜建康 陈 浩 何小豪 蔡亦雯
崔盈佳 龚雨欣 顾怡云 韩美静 冷佳瑜 刘家源
刘煜莹 陆依青 潘欣韵 荣心怡 陶 玥 王佳丽
王敏萱 袁潇逸 张偲媛 杨婷婷 张 娜 张 姗
马韩玥

化学系
化学
陈建华 邵 越 李俊延 王雨涵 李光速 汪晨东
张 鹏 高英迪 李昊昆 陈 谦 韩雨龙 陆云汉
段明江 朱音洁 期禄茵 刘彦君 周 偁 马诗韵
陈邦彦 陈逸诚 费嘉辰 黄龙千 李国栋 王泽宇
汪邹洋 邬子豪 杨 飔 张谦玮 郑健徐杰
程昕雨 李耕牧 尹睿泽 刘锦成 陈 辰 陆祺韬
朱 潇 楼丁凯 姚卓言 张和杨 沈海潮 黄雨航
叶子琰 黄一钊 邹正熙 高天翊 刘 翔 明顺熤
杨浩楠 刘柯源 谢远照 王 尹 马千里 张 霄
周 宁 钱 喆 顾忆婷 李易涵 徐舒雨 严珂欣
郭芷秀 曹雪婷 林可欣 孙沁柔 徐姝炀 齐子夜
赵田阳 丁雨果 韩梦漩 胡清晓 申 静
应用化学
董宇哲 陈天南 章祎文 严雨欣 许 灿

环境科学与工程系
环境科学
高 原 邓钦瑞 刘宗玥 黄浩霖 许晖敏 董欣玮
宋逸云 胡施源 孙 璋 朱增辉 周天琦 刘 韩
周子琪
环境科学（环境工程方向）
毛梦君 朱可亮 李 臻 周俊都 张净晶
环境科学（环境管理方向）
杜正廷 朱 著 瞿 琳 朱泳岩

基础医学院
法医学
曾钰杰 黄勇炳 钱亦乐 徐寅文 年彦刚 薛 嵩
徐洪斌 马 玥 钱宇妍 方可欣 刘 彤 申赵铃
唐佩玉 杨 刊 李雅欣 张 碟
基础医学
周成伟 王煜权 李永波 罗其文 董 岱 徐志坚
陈瑞波 黄 鑫 李琦琪 屈采薇 姚 丹 饶 杰
张碧珊 马珍珍 潘苗苗 陈竞翔

计算机科学技术学院
保密管理
杨凤屏 成王桢 董宇泽 赵海东 梅嘉靖 陈 昶
郭 旭 荆靖淳 郭恒其 曾自立 刘选东 吴云天
吴欣悦 苏沐杭 李知颖 邓睿君 杨睿凝 罗婷婷
保密技术
罗铭源 杨 帆 王杨开元 路小凡 熊 忻
黄妮朵 邱雯昱 龙豆豆
计算机科学与技术
张 鑫 袁 钏 杨永祎 褚晟昊 吴嘉晟 薛卓亿
张明旭 朱 琪 邓勇军 吉政豪 张孝亮 查佳峻
车 洋 吴毓文 张世哲 李龙庆 陈韬宇 韩晓宇
张健熙 田翔宇 曹中廷 陈泓宜 戴嘉麒 洪 阳
贾子安 谭一凡 万靖平 肖琪霖 薛 冰 张洺川
张晟豪 郑伟杰 朱庭辉 刘维汉 刘明君 赵予珩
姜博天 夏海淞 朱 秦 包 容 陈冠多 李仲明
沈 溯 许逸培 赵文轩 陈 睿 金辰哲 沈 锐
王 博 宗 一 蔡栋梁 陈 越 戴华昇 杨 航
李睿琛 周子轩 王敦正 陈 豪 孙福特 傅尔正
薛振梁 吴汶澍 于凡奇 朱家信 刘杨燃 彭润宇
范菁鹏 王鹏宇 力维辰 邵欣怡 宋珺龄 陶静怡
王馨怡 于欣悦 李佳航 李可欣 张雨薇 叶 桢
吕逸凡 陶雪纯 李沛珍 黄尹璇 黄韵澄 李 爽
晏鸥影 李泓洁 夏 淼 易唯一 谷卓遥 曾柏铭
信息安全
王东东 蔡梦婷 方润翔 管 箫 洪凌屹 谢雨轩
袁焯闻 贾昊龙 路琛泽 刘智晨 张名赫 邵子卿
吴嘉琪 安 泰 冯信然 唐 宸 宋易承 高卜凡
汪亦凝 郑一婕 庄颖秋 刘星雨 蒋淇淇 陈彦婷
陶雨馨 张 歆 吴家宏

经济学院

保险学

王路宽	谷倚山	陈正阳	瞿艺玲	何玘瑶	赵婉婷
孙圣泽	郑艺鹏	陈逸龙	樊欢乐	郑 威	纪星宇
左子毅	颜煜昌	杨 昊	张 彬	王雨玲	王子妍
程亦璇	羊若依	石川平	朴智妍	徐嫣然	赵聪悦
黄沅琪	唐玥宁	莫环玮	周泓佑	邓 珊	刘招佑
雷晨瑞	苏咪娅				

财政学

王汝佳	李丰雨	穆 清	吴海天	张志昊	刘苏睿
黄 澍	苏兴麟	廖子恒	靳昊威	沈吉苏	陈倩怡
王紫琳	于佳琦	于 越	邹 璇	阮 颖	曾 婷
李欣悦	赵亚萍	宋灵玥	赵 倩	郭 熠	苏旖婧
赵 欣					

国际经济与贸易（国际经济学）

朴慧兰	柳奇颖	张美玉	潘琪昀	杨 爽	陈天佑
王翰韬	于泽华	张天泽	李易轩	张天泽	朱玄哲
武子枭	金钟焕	郑浩宇	熊 恒	陈 达	张明哲
熊弘毅	梁帅康	周钰翔	向泉州	郭汶鑫	李丹书
马佳雯	闵馨仪	宋 佳	吴 悦	郁雯婷	田羽盟
张 浩	张之晗	孙铭洋	李 坤	朴秀真	毛瀚敏
沐以恒	祝 源	邹卓尔	陈娇香	赵心怡	何世怡
吕安琪	何汀聆	程瀚瑶	华 雯	白昕昱	宋青云
杨 楠	岳佳玫	李媛媛	阿拉依·阿大力别克		
姑丽米努尔·阿布都克尤木			陈子健		
关家杰	梁诗琪	郑胜元(韩国)		金伸优(韩国)	
朴柄俊(韩国)		余灿铭(哥伦比亚)			
李敏锡(韩国)		小川千贺(日本)		铃木瑞代(日本)	
方小贞(马来西亚)					

金融学

潘慧莹	杨 潇	王昱榕	王烨凭	陈思倩	纪颖承
郭非凡	麦崇俨	林昕阳	桂雪斌	应宇遨	应 政
曾逸诚	王 骥	孙正浩	白浩岩	张乐平	朱昱帆
陈伟烨	何 天	李 帅	蔡峻博	覃志远	邹禹一
左罡源	潘德智	侯文龙	于 欣	姜昊昀	李 硕
刘若凡	孙雪婧	姚 谣	温欣雨	孟夏同	李千一
邱兰婷	周倩宇	陈子钰	何昀瑾	徐 芮	马明淳
邵晨漪	韩晴文	陈秋鸿	熊晓卉	谭凯歌	胡 睿
吴皓月	王春雨	李翔伟	张澳星	房宇辰	陈月华
傅钰珊	余 珂	崔芮俊(韩国)			

经济学

李浩川	陈汝健	吴晓宇	杨颢怿	董婉琪	王春燕
梁恩东	许 多	徐云帆	杨昊坤	雍浩成	钟乐扬
徐明扬	周甲豪	武 朔	陈迪龙	洪斯铭	陈沛迪
韩皓宇	郝 烁	李昊明	李亦泽	王舜尧	周留志
张郁文	吕一伟	方佳文	蒋嘉乐	林 凌	马婧俣
潘思颐	王家欣	吴涵嫣	杨芷懿	张思佳	乔雨萌
谢宇菲	徐飞洋	陈文曦	刘博雅	韩京宴	陈朵泱
成雅伦	徐祎丹	张辰悦	吴恺婷	黄日南	辛 迪
姜佳怡	丁晓月	卢泓伶	章玢晶	王若霖	陈玲洁

张婧彧	曾允内	任俊鹏	李 铮	任立然	周珈卉
金泳信(韩国)		大桥博俊(日本)		玉置健楽(日本)	
伟 亚(亚美尼亚)				金彩映(韩国)	

经济学（数理经济方向）

张致勋	李昕鸿	赵 梁	蔡明宏	张 悦	程逸敖
刘一恒	沈彬朝	童星海	涂孟泽	姚 想	陈家铭
吴文涵	冷科慧	黄梓健	张昱辰	黄 昱	孔曲阳
盛 情	屠鸿捷	周楚琰	陈辉煌	卢 曼	徐海晨
马艺萌	余敬哲	尹 岚	谭可欣	徐尔瀚	陶一凡
吴程远					

历史学系

历史学

符忻子	黄启宸	李步亮	李 龙	陈 扬	
吐马热斯·吐逊		何宏科	张芷宁	苏 晴	金蕴灵
李锡德	刘再骋	王 悦	金希源	吕珺昊	唐 哲
曹子尼	乔 智	赵泽涵	陈俊杰	刘威龙	徐文凯
曾 煜	陈知新	路蘅健	宋张文扬		沙 涛
鲍 颖	陈彦君	蔡昕怡	柴南欧	陈雨顾	庄 麦
张 姿	李思玥	刘 笛	王思茹	白一诺	
姜星显(韩国)					

临床医学院

临床医学（八年制）

张瀚桢	董语可	刘凤至	董思瑶	张馨怡	陈旭峰
陈寅斐	丁力盛	管成功	厉赛天	刘思尧	罗明豪
戚贝杰	沈非凡	施智杰	信卓成	徐业成	徐志航
姚 远	刘祺岭	郭 放	韩官杰	许东浩	叶庆荣
贾 旭	曹 航	范可扬	高 寒	黄 旭	潘梁威
戎泽宁	童家辉	朱家琦	金凯锋	向雪松	饶昆耕
姚子安	崔王鹏	李泽煜	王鹏宇	任恒宇	王韵哲
代正杰	李柏锐	邓新雨	吴国昊	严永昊	莫凡迪
何 玮	李柏良	袁 聪	符子琛	乔冠宇	裴晏梓
苏文哲	李昭润	蔡家安	陈芷祺	杜嘉怡	甘逸涵
高凯晶	顾巧稚	胡嘉年	胡晓昕	黄雨欣	蒋寅婕
金秋琰	李嘉娜	李诗仔	李书琪	李心怡	毛 备
孟仁玉	潘海婷	沈岑楷	施琬龄	隋启海	孙凯璘
孙倩之	王 婧	王 奕	吴星玥	徐明真	严钰韬
杨回凡	叶 涵	赵彧青	周心怡	朱以健	黄欣滢
宋琳子	张 简	路 畅	孙思捷	李 彬	
苏曼其其格		黄 睿	韩小松	司静怡	许伊琳
张玉莹	卢 冲	孙谭乐子		周 迟	曹佳宁
冯源原	韩俊杰	贺梦迪	黄文晗	林馨怡	卢文涵
吕琰琛	毛莉雅	宣 言	周斐然	哈心雨	刘 晓
郭 杨	陈雨霏	杜嫣妘	陈 鸿	陈 竞	黄秋月
李墨馨	郑碚璇	李 慧	汪 芾	吴 桐	周钰莲
陈思佳	吕文娇	尤瑞蕊	雷雅岚	李欣忆	魏珂璐
王思远	贾婉楠	吕伟洛	俞美秀(马来西亚)		

临床医学（六年制）

刘乃榕	王若鹏	刘紫薇	王慧娴

AMOS ZVIKOMBORERO DHLIWAYO(津巴布韦)
ANIEKAN FRIDAY EZEKIEL(尼日利亚)
上条肇典(日本)　　　颜镇彦(马来西亚)
马　赞(苏丹)　　　SHASHVAT JOSHI(印度)
SABIA AFREEN(孟加拉国)　　侯印彦(马来西亚)
连育斌(美国)　ARJAN SINGH ARORA(美国)
李智涵(马来西亚)　　游家乐(马来西亚)
ANDREW KAI HONG YUEN(加拿大)
何健航(马来西亚)　　　蘇栩(美国)
有川欣司(日本)　　　黄国赢(马来西亚)
NIMNA CHULLABA LIYANAGE(斯里兰卡)
NUTTAPAT LUESOMBOON(泰国)
OMAR SAJJAD(巴基斯坦)
INGTAWAN APIRAT(泰国)
李佳宣(马来西亚)　　KABO MOGOROSI(南非)
何恺冰(马来西亚)　　KATAMON KLAICHART(泰国)
LALADA KONGPIYACHARN(泰国)
LANI JANE CHONG(加纳)　　　李恩雅(美国)
METHINEE SAPSUWAN(泰国)　　李美藁(韩国)
PANCHEEWA LERKWARUNYU(泰国)
PRIYA PAHILAJANI(印度)
SARISA SUWANNACHET(泰国)
方　雨(美国)　　　林谕均(新加坡)
黄敬洲(马来西亚)

临床医学(五年制)

岑艳琳　塔吉古丽·奥斯曼　屈一帆　吕成贞　夏　磊
蒲云龙　孔怡德　陈梓滢　杨峥　丁　章　方佳梁
王炜越　罗煜云　王定心　徐梓昊　夏　阳　唐　洁
迪力尕尔·艾尔肯　　　　潘雯琪　赵明来　肖玉铃
金宇焘　刘燚铭　刘静静　于金洋　费煜超　王翔鹤
黄子航　尚　岩　陈威霖　李依格　张竹天　王家琪
潘晓玉　陈子怡　张宇琛　史铭塑　吴　遒　黄秋人
孟　源　魏天畅　孙滢雪　张宸已　魏咏琪　付裕园
包　容　陈科桦　成　实　付子乐　黄　涵　黄怡然
李天宇　刘宇轩　陆以腾　潘轶凡　钱　俊　茹添泓
盛穑欣　王嘉祺　王远舟　夏　天　杨明轩　杨润君
叶　成　虞　强　张博文　张熠菲　张仲岩　邹曜聪
高　克　黄百川　徐子恒　邱　实　陆一洲　唐新宇
张　耕　韩惠天　韩家炜　吕泠锋　唐天立　叶宇航
应　赢　章灼见　邹孜珹　李梓明　林　昊　林世泓
蒋昊天　孟繁盛　周士信　赵子恒　胡　鸣　谢明鑫
韦明星　古茂成　覃晓睿　文舒展　海　峰　肖　智
赵锦凌　嘎玛曲加　　　　何　畅　廖　荃
索朗旺堆　　　殷　豪　王泽钦　赵　鼎　朱　楠
马心迪　依里扎提·麦麦提　　　卞逸喆　曹　越
陈芝雪　黄嘉秋　李宇嘉　陆嘉怡　路心怡　倪裳羽
牛印蓉　彭雯雅　施雨鑫　田　毅　肖开轩　薛奕文
颜庭梦　仰乐心　杨时佳　杨亦敏　虞惟恩　余　子
张思玮　张雨婷　周欣悦　朱蓓青　朱文婷　李　灿
刘明慧　祁晓悦　刘　燕　蔡　晨　邹雨桐　孙慧怡
黄诗怡　李慧婷　王一然　张雨婷　胡潇倩　黄玮玮
邵　笛　王雨汇　许恬逸　郑　好　周　钦　连阳也
林灵茜　付乔雨　高张婧仪　贺智娇　林蕴瑶　赵雨婷
桑丹卓嘎　　　　牛　童　汪梦月　李佳韵　王秦月
王　睿　王雅萍　王钰婷　吴雨朔　陈思月　马雨梅
热萨莱提·阿卜杜艾尼　　谢仁阿依·吐迪　杨　睿
伊丽娜·赛百都拉　孜丽努尔·阿不都许库尔
祖丽米热·阿不都萨拉木　占泽铭　梁海锋　何惠珊
陈露文　杨洁莹　李玮妍　罗佩琪　魏可慧　杨心怡
颜笑天　张　一　韩凯文(美国)
AMANTUR MAMATALIEV(吉尔吉斯斯坦)
亚　达(阿富汗)　　多米哥(东帝汶)　　娜　瑟(巴基斯坦)
倍　思(尼泊尔)　　VANESSA CHILANGISHA(赞比亚)
万　德(佛得角)

临床医学(五年制)(儿科学方向)

盛　晨　黄宇菲　洪　博　冯佳琳　毕天怡　陈舒阳
孔繁阳　陆亦非　唐　诺　宣昊翔　孙浩清　林思屹
张宇翔　吴嘉桁　杨辉强　蔡逸青　黄喆兰　蒋晶晶
李珍旭　钱　韵　徐　帆　张兆毓　朱洁雯　朱奕凝
吕明君　刘姗姗　马佳敏　郭东灵　何　晨　徐思琰
尤烁铭　俞施熠　张静怡

旅游学系

旅游管理

曾智参　曹晓彤　周延伟　袁玉锦　王　彪　杨云康
张　静　郭怡冰　刘崇沣　崔嘉顾　韩佳妍　黄岑莹
冯培培　王佳清　梁　宇　蔡家璇　刘润沁　王诗涵
李　佳　郑亨彬(韩国)　　　金载弘(韩国)
谢凯威(马来西亚)　　　金恩惠(韩国)
金旼社(韩国)　　韩秀斌(韩国)　　陈炯潾(韩国)
金贤重(韩国)　　清塚俊沢(日本)　　张　勇(委内瑞拉)
岑家瑜(南非)　　二木基华(日本)
高素沇(韩国)　　金兑任(韩国)　　高桥 雪音(日本)

软件学院

软件工程

蔡小宝　张　健　耿树筱　周钰承　卢永强　肖　杨
张志禹　刘人豪　张添翼　殷必坤　陈　中　赵一玲
蔡惊天　曹峻滔　刘亦奇　陆宸昊　潘星宇　沈云飞
沈征宇　师安祺　童煜晨　王栋辉　王中亮　许奕诚
宣子涛　杨宇晗　姚鸿韬　俞哲轩　张丰泽　丁　瑞
颜泽禹　杨雲腾　赵宇飞　陈　源　方煜晟　吕昌泽
宋子阳　王　天　徐韫博　张京涛　汪俊杰　黄子豪
梁超毅　罗宏亮　冯启航　高龙超　孙　颢　岑晓鹏
郭泰安　刘俊伟　刘　岩　徐亚涛　颜　华　戴予淳
唐　锋　廖荣上　何值全　范青华　彭　超　杨　柳
杨连欢　周永康　杨朝辉　张　明　韩明璐　黄怡清
陶紫信　王丽薇　吴妍杰　夏张雪　许佳明　尹添晴
曾馨儿　朱晓萱　许　辉　陈　焱　张　琳　蔡可妍
胡藤妍　林夏雪　张育茹　张　超　吴中兰　黄郑捷

周诗洋　魏文婕　胡彧锋　王涵章　蒋晓雯　罗宇琦
俞晓莉　段欣然　贺劲洁　唐颖晨

社会发展与公共政策学院
社会工作
白玛旦增　蔡仕贤　张博文　龚郅建　张静远
热合曼江·热吉　叶歆瑜　尹相文　崔斌斌
马湘澳　阿布地艾尼·阿布地热合曼
吴艺涵　刘　娜　金慧彦　李明花　潘　悦
王　韵　常诗宇　徐文澜　张洹铮　郭锡华
向娉婷　解文霞　杨　琴　李明勋(韩国)
郑润厦(韩国)

社会学
陈治甫　王曼曼　吴静斐　王　皓　丁翔鹏　马嘉祥
赵佳宁　叶陈洁　潘佳灵　宋姗姗　杨姝瑞　杨轶聪
张雨婷　陈彦君　赵欣雅　高雯韬　樊奕妍　朱　爽
巴　森　刘瑜亮　王若玚　余彦泽　蔺煊皓　王天健
蒙澳灿　张　鑫　杨国宏　杨纪源　才旺珠扎
王　磊　方雨芊　郭美宏　潘意宁　施雨辰　胡琳悦
马　苗　张美琳　陈吉宁　黄辰雨　蔺　彤　何雨欣
程　南　范丽莹　李燕芳　许　晴　刘谦谦　陈璐璐
陆晖月　马汲清　韦佳慧　赵玮雯　李锴婧　杨雅然
刘　洁　邓昕芸　邓　琛　王李安娜　　　张轩昂
朴钟虎(韩国)　　金　俊(韩国)　　全海印(韩国)

心理学
赵旭东　王智祺　吴洪宇　李阳旺　吕依云　李子默
张天宇　周禹辰　贾　浩　董洁源　潘思远　陈思佳
段景怡　屠梦怡　陆冰洁　宋嘉怡　黄钰巧　刘亦莼
王小瑗　黄雨馨　陈怡洁

生命科学学院
生态学
崔焱琳　高少羽　姚成捷　叶子安　邱雨雯　肖乐遥
任星玥　张卓锦　周睿哲

生物技术
舒法瑞　张　帆　徐　皓　王泰仑　叶　琳　沈家麒
徐任哲　金子奇　肖　泷　张　凯　吴　为　赵玺宇
刘唯洁　刘以涵　乔谈歆　杨子艺　徐雅菲　张逸飞
邹　晨　邓艳虹

生物科学
刘乐陶　饶啸亮　杨　旭　肖子康　刘鑫柏　辛志宸
王跃澎　石少卓　简佳捷　罗佳凌　钱心怡　张欣钰
缪淑彦　张楚顾　龚逸辰　龚　锴　林逸帆　陶嘉俊
肖扬帆　徐世澳　张明远　朱浩然　周梓楚　吕　宁
马靖超　陈彦嘉　黄静波　包昊权　黄子帅　严子玄
陈启程　李　霖　王恺言　卫子源　刘　磊　李柏坤
刘灿杰　肖云龙　邱子瀚　程寰宇　黄泊皓　王　淇
张晋铭　常石初　陈奕佳　林太玥　宋依帆　孙语忻
许怡冉　赵子琪　徐天卉　刘媛媛　李梦欣　李欣然
牟坤汀　刘婧萱　杨可盈　王沁妤　谢竹欣　罗雨然

唐笙愉　杨海霞　曹潋予　金子琛　展玉媛　李雨珊
张兆霖　欧阳雨潇

数学科学学院
数学与应用数学
谌　嘉　肖书田　汪彭鑫　崔世勋　田　元　吴重霖
卢俊雄　赵垚凌　张继霖　陈玺任　王炯逍　丁　渝
卿　越　赵泓宇　朱静静　林晓雨　王俪蓓　汤之韫
张俊悦　杨佳奇　张开润　王捷翔　张舒益　罗　通
唐朝亮　叶　晨　陈斯远　顾天翊　管闻捷　何飞旸
华树杰　黄隆德　金晟哲　金桢阳　金子云　李沛扬
李哲蔚　林逾凡　陆易辰　秦　朗　苏明波　唐逸扬
邬正千　郑文琛　朱子丞　张昊航　魏润文　周子涵
李　佳　王　森　王淄勋　董雨霆　张起珉　张天启
刘一川　陈宇杰　顾文颢　胡行健　黄珂玮　谢永乐
徐牧川　徐哲涵　叶雨阳　唐棣之　张溥睿　陈熊宇
古俊龙　周子翔　李国豪　刘星宇　张天赐　陈　锐
李松林　章雨涵　陈松文　丁思成　封　清　廖庄子龙
杨春晓　张宸宇　赵宇珵　周烁星　宋展鹏　江孝奕
胥仁涛　刘经宇　曹晨阳　刘道政　黄诗涵　李涵之
马悦越　王信予　祝苒雯　于　晨　孙　瑞　陈　茗
唐一铭　谷静雨　周星雨　季夏仪　曹文景　李子灏
祝尤淇　顾子涵　钱东箭　徐泽一　黄尹灿　叶骐铭
陈志恒　蒋　安　夏伟淳　胡广全　谭依凡　邹思远
孙　进　田宇翔　黄世鹏(马来西亚)

信息与计算科学
叶小舟　付泳顺　李　昊　李雨泽　刘鸿杰　崔鑫凯
董　逸　黄大洲　王家鹏　陈天悦　许琼文　曹泽远
龚　畅　张哲维　林　沽　白　杨　范辰健　黄泽松
李奕炜　乔安捷　吴润华　张思哲　刘茂璋　吴若凡
王　啸　张听海　周子添　袁鹏宇　程蕴韬　仇逸晨
陈雨涛　高博文　刘林洋　马再霖　吴洲同　章浩晨
金维涵　戚雨欣　杨　希　赵睿濛　孙晓雯　张丹丹
朱一然　谭　园　李欣倍　牛乐欣　鲁　娜　陈建翔
陈　河　张若冲

外国语言文学学院
朝鲜语
姜金豪　张千一　吴祖昊　曹　俣　陈子一　丁逸凡
李润婷　蒋彦芳　刘青葙　赵佳萱

德语
谢昇呈　洪樵风　刘　菁　沈逸菁　周　忆　王雨萱
王春荣　王　洮　刘辰雨　王小荷(荷兰)

俄语
林慧娟　薛菲阳　张嘉祺　何美瑄　黄家忆　裘　实
徐岳渊　赵一璇　王子豪　张君慧　张子彤　赵　哲
郑仟仟　安　琪　王菲羽　汪子希　张颢瑾　陈朋芃
冯　慧　王丽婷

法语
代轩瑾　李陈诺　徐　崟　程伊泽　李雨涵　丁逸心

任子仪　丁乐怡　汤　越　郑雅焜　吴嘉颖(委内瑞拉)

翻译
张亦弛　刘昱祺　陈安琪　龚盈上　朱　逸　金莹明
徐辰伊　赵姝玮　管　欣　魏　萌　卢慧姬
黄康琦(马来西亚)　　　　何慧琪(爱尔兰)

日语
黄秀燕　潘晓琦　葛铭禹　穆浩坤　傅鹤辰　李珂萱
徐子璇　张黎熠　陈如奕　林祯婧　程文曦　李诗羽
千禧雪

西班牙语
黄彬彬　杨成利　孙文馨　刘　杨　褚陶珠　吴睿思
吴嫣然　徐心怡　刘维森　冯麟钧　黄睿彤　鲁依棋
舒　玥　毕泽佳　刘昱初　罗筱楠　陈灏奕　杨涵琪

英语
朱凌皓　黄筱雨　李昀蔟　王雨柔　苏翔宇　沈笑天
洪舒新　黄可琰　徐泽安　姚永卿　郑子屹　朱雨丰
何　淼　蔡则卿　陈思悦　冯清琳　洪圆融　黄迎佳
黄子欣　贾柔嘉　金箫笙　刘悦桐　齐　楚　万欣怡
徐诗轶　陈冬儿　疏玉凝　孙镭耘　徐子涵　欧阳姝琪
吴信瑶　张点点　石心然　陈媛宛若　　　　李　珣
马　芸　覃夏宜　林曾汇　王雅舒　赵心怡　彭久玲
蒋凌晖　江默柔　金君度(韩国)　金磐石(韩国)
朴宰玄(韩国)　朴舒妍(韩国)　千揆旼(韩国)
梁城柱(韩国)　柳生昂俊(日本)　朴智晤(韩国)
吕浩境(韩国)　金廷玹(韩国)　李旼知(韩国)
沈余晋(韩国)

微电子学院
微电子科学与工程
何换祥　刘晗楚　吴展瑞　栾朋鑫　黄　鑫　朱　李
邓　杰　冉一卜　张亿东　赵子丰　陈星宇　陈自翔
丁　华　范中天　傅思皓　黄宸昊　李　昂　毛怡青
秦昊祺　沈伯金　施　钰　宋鲁闻宇　　　　孙天悦
汤宇辰　魏晨程　夏斯鹏　鄢宇扬　张世麒　章志元
丁瀚文　李熙正　王　政　侯瀚森　张书煜　陈骊龙
高　寒　蒋侃亨　李　誉　梁仁阳　林锦河　桑浩洋
汪　页　王圆方　陈浩杰　柳　扬　刘泽蔚　吴　冉
俞广涵　蔡志杰　聂茂华　上官炜松　　　　吴东霖
曾承昱　刘龙彪　沈　宸　肖泽正　余泽鹏　李培靖
彭　坦　盛思远　张　昊　周广明　朱奔超　朱俊丞
祝启龙　丁宇灏　吕术洋　彭　宽　单博远　周晰朗
陈昊文　毛浩天　张天骄　黄　昕　匡泓霖　朱昌昊
陈国豪　李嘉玮　梁晋豪　王储煜　吴滔滔　徐宇豪
林　凡　黎　涛　曹家林　李昀徽　刘宗沛　万祥辰
向　洋　钟翼联　黄　蛟　高旭辰　王辰龙　贺健恒
姜　天　姜伊璟　吕思捷　沈永怡　王玉婷　张曼婷
朱叶欣　郑叶萍　刘　霏　曹　珣　祝银那　张鸿懿
王丽娜　赫芷莹　何斯琪　许佳敏　申高花　胡　珂
文　堰　刘知礼　孙　琪　赵可青　王祺乐　王靖一
董之晅　廖倩贤　黄一飞　李天浩　刘文涛　沈子扬
陈　超　谢晓旭　曾绍溁　楼佳杭　张钰杰　何陈龙

刘　星　朱杏涛　崔子悦　蒋旻格　曾　玥

文物与博物馆学系
文物与博物馆学
温鹏永　王　卓　骆晓莹　马子琪　李政欣　董妙繁
冯思雨　惠　苑　吾德布勒·巴特苏克　　　韩璐冰
卓　霓　汤　琪　齐锦文　付玉涛　程欣悦　戴碧莹
姜淑平　江思琦　李黛丽　赵佳茗　周晓凡　包丽娜
胡雨桐　齐心雅　王宇飞　袁　悦　关家禧　穆祉潼
崔镇元(韩国)

物理学系
物理学
王守民　郑　鑫　胡耕源　陈巍文　严　续　赵铮阳
熊子扬　杨尧智　万臻哲　张献玺　杨远帆　林立宇
代　靓　沈舒阳　袁嘉悦　赵　和　李乐章　谢牧廷
王成泽　蒋　喆　黄迦珺　江楚晗　蒋沛辰　刘　伟
沙旭阳　王思源　于鑫阳　张昶炜　张衷华　岳舒啸
王霁远　周宇轩　王擎昊　闫方刚　李禹默　杨京朴
陈宫煜　魏庚辰　沈宗奇　汪语涵　许跃洺　许子轩
朱哲渊　陈　畅　方胤豪　舒　畅　王昕豪　王逸舟
吴晋渊　徐昌豪　谷　峰　刘琪纯　余博洋　王子超
温连炳　付雨涵　谢文轩　陈昊楠　韩纪元　马清扬
宋文卿　王浩宇　张滋杨　王涵儒　喻知博　屈　腾
陈柏霖　谢震宇　任兴宇　唐涵麟　彭劲搏　王嘉宇
王昕睿　王跃龙　赵星棋　周文涛　祝程浩　渠　瀚
王天羿　王奕豪　胡家鸣　丁雨可　张世勖　陈艳艳
汪　睿　王　颖　黄紫潇　黄可欣　杨舒然　黄健康
孙雯思　张　遥　邵一陆　王海洋

新闻学院
传播学
吴怡榕　仇铭哲　张子昂　赖苏延　童　宇　卫思冰
张乐萌　李　想　裔宇欣　何瞻洵　尹海颖　赵梦琪
齐臻熹　罗　沛　申云瑾　梁嘉慧　李正昊(韩国)
郑升皓(韩国)　河承亨(韩国)　金台珉(韩国)
李海源(韩国)　金滋永(韩国)　刘资宪(马来西亚)
金政贤(韩国)　野中诗织(日本)　徐菲娅(阿根廷)
朱逸慈(马来西亚)

广播电视学
白梦真　郑德芳　欧阳鹏　郭天华　何域璘　王晨璇
陈心怡　徐欣然　黄晓钰　袁小力　黄豪云　林　森
宋一顺　李先梓　周正昕　白一波　何祎华　严奕晨
赵舒萌　霍烨彤　刘懿萱　吴　倩　鲍　涵　曾召时
任继涵　申梦扬　赵泽晨　李雨芊　龚梦婷　卢青青
张邹圆　彭雨田　艾梦佳　熊思思　叶　翡
德力娜尔·海拉提　　　　王宁馨　吾丽潘·也尔肯
刘予晟　兰亦清　吴以诺(韩国)　丁叙荣(韩国)
南铸恩(韩国)　植皓燚(马来西亚)
潘　悦(美国)　高欣怡(新加坡)

刘轩伶(马来西亚)　　　林映慧(新加坡)　　　田育彰　陈乾凯　李浩哲　盛家木　耿庆玮　王志鹏
许芷瑜(马来西亚)　　　　　　　　　　　　　　王星童　彭任远　宋亚棋　吕宇星　倪中一

广告学　　　　　　　　　　　　　　　　　**光电信息科学与工程**
南音彤　宋　尧　游天航　卞凯玥　戴思杰　康心语　　刘季阳　朱天寅　贺嘉诚　施　扬　佟　为　俞浩博
王尔愉　杨书涵　金春兰　金　颖　魏爱丽　汪宇涵　　於亦非　傅　伟　刘俊捷　蔡欣怡　孔珊珊　李乐恒
夏　菁　刘诗绮　丁辰琦　赖华姣　文　灿　于佩瑶　　徐智坚　章辰皓　罗宇昂　金　涛　向炯榶　黄宇睿
黄　璨　江汀兰　张瀛心　刘沛沛　张　乐　马瑞雪　　麦小涵　杨习羽　方　文　周本玄　范文琪　周子妍
林　衢　刘舒灵　娄云涛　许诗佳　张文翰　　　　　　黄金红
林钟焕(韩国)　金俊洙(韩国)　吴睿燦(韩国)　　　　**生物医学工程**
权珉赫(韩国)　金玟池(韩国)　陈　曦(美国)　　　　俞乐微　李　澳　张　乐　王　润　牛歆媛　刘　天
朴睿恩(韩国)　崔高野(韩国)　金圭里(韩国)　　　　李金钰
吕　姗(尼日利亚)　金娜延(韩国)　朴晟希(韩国)　　**通信工程**

新闻学　　　　　　　　　　　　　　　　　马　源　夏大简涵　　　飞　竣　蒋佳辰　李　铖
徐　啸　吕心怡　黄晞晨　陆　敏　王欣怡　温瑞琪　　唐　钧　侯永伟　韦　笑　林丽辉　郭浦哲　王梓童
王秋晴　王晓娟　徐朝阳　金希文　梁　好　傅吉靖　　肖炳楠　卞淇俊　蒋梓文　胡　圣　孙一帆　王　童
胡佳璐　姜辛宜　沈佳颖　马雪迎　朱文清　胡渤皓　　许宇庆　严　峻　杨晓晨　张宝琪　田　鹏　王　洋
曹力江　高若君　陈希雯　杨　伽　武菲菲　李　珂　　周展宏　龚飞帆　黄钟民　覃国津　靳瑞哲　赵俊皓
焦　彤　严艾雯　段明淼　秦思晶　栾　歆　施好音　　朱扬航　杨昱洲　张子豪　戴佳盈　唐元琪　周闻萱
黄瑩儀　安熙源(韩国)　黄赞松(韩国)　　　　　　　杨　晨　戴隅尘　王　琳　徐思聪　张舒琪　张馨月
林以铄(韩国)　　　　　吴奕楠(阿根廷)　　　　　　张源萌　王胜男　刘嘉雯
增山恭祥(日本)　　　　卢奕财(马来西亚)
佘宇庆(韩国)　　　　　文舒圆(韩国)　　　　　　　**药学院**
金志润(韩国)　　　　　奇主恩(韩国)　　　　　　　药学
曾我佳惠(日本)　　　　黄靖淳(马来西亚)　　　　　刘德帅　王治博　贺云鹏　王继彦　徐瑞哲　张仁杰
王芷莹(新加坡)　　　　　　　　　　　　　　　　　杨文根　白智心　郑　宸　胡煜铭　卢彦昆　李志敏
　　　　　　　　　　　　　　　　　　　　　　　　蔺闯峰　徐雯旸　曾小霞　周　济　毕潇剑　乔森泽
信息科学与工程学院　　　　　　　　　　　　　　樊嘉诚　黄梓杞　彭　辰　朱凌玄　林晨腾　林国榕
电气工程及其自动化　　　　　　　　　　　　　　　杨明忠　揭秉人　侯东岳　汪会斌　程广励　刘　光
金赵瑞　郭紫秋　覃宇航　王洪宇　刘继贤　　　　　王家兴　张宗旭　任明亮　刘醴仁　陈卓大　韩干阳
西尔艾力·麦麦提敏　　吉如奕　李云林　邢逸枫　　陈昕翀　程峻锋　蒋袁鹏　陈京卓　李天龙　宋雪悦
李旭泽　刘忠来　张　海　陶晓楠　刘　鸿　杨　杰　孙欣欣　王梦倩　许舒雯　李美漪　于少坤　顾生颖
邓海鹰　张硕勋　苟鸿浩　刘亦乐　缪佳璇　王梓杨　何乾媛　张函畅　林　颖　汤栩懿　杨惠琳　王雨晴
付子钊　魏湛淇　　　　　　　　　　　　　　　　　朱　琦　董美辰　李思薇　吴奕霏　陈淑婷　杨玉琪
电子信息科学与技术　　　　　　　　　　　　　　　苗葑菲　陈柳静　卢　晶　王　萍　向　虹　王海燕
阿地力·吐合提　　　　卞振伟　熊宇浩　余奉真　张晓莉　兰方舟　冯　霄　吴舜喜　黄熙庭　冉　琴
高雪莲　程双毅　冯成龙　徐逸凡　张正泉　赵　铮　**药学(临床药学方向)**
李朝伟　桂浩淮　李明山　程　瑞　黄　鹏　胡　桐　郑婉容　李俊懋　张若浩　何田野　李雨聪　王至研
刘奕畅　林　辉　刘彦文　舒勤雰　周澍本　陈　坤　唐圆圆　靳　影　罗　蕊　李　岩　曾永豪
丁凌云　李铭晟　胡鹏博　骆一铭　宋子良　袁家康　周俊伟(马来西亚)
张　栋　田　野　曾泽铿　黄　庚　黎　林　唐雨舜
吴凌宇　张　用　时鸿博　孙乾东　黄文翔　蔡亦蕙　**哲学学院**
倪佳怡　沈瑞琪　吴　婧　谢子涵　诸子悦　李秋月　哲学
王思颐　李欣颖　杨一航　迟雪仪　梁舒煜　倪源潞　肖　阳　曹亦清　陈明君　黄　慧　刘　娜　吴长赓
沈菁菁　熊扬奕　徐宸宇　袁杨阳　谢倩妮　曾雯雯　吕心质　李佳璐　张颢颖　曹艺涵　邢铭劼　刘雨阡
王　珺　冀子熙　詹　霖　龚剑文　汤碧琦　陈　澜　李嘉宇　王怡心　龚宇充　王孟睿　熊鑫逸　胡鹏钰
陈　利　肖静怡　何语林　穆雨婷　唐夷平　吴　宏　彭天宇　郭炜飚　何　毅　汪　宸　颜孙棋　蔡应光
冷　阳　潘骏玮(马来西亚)　　　　　　　　　　　　曹忆沁　陈家宜　林沁心　彭逸星　王宁仪　王宇澄
电子信息科学与技术(智能科学与技术方向)　　　　　姚晨萱　岳舒晗　朱沁玥　程子聪　李子怡　陈文静
方　锐　刘念一　秦嘉雨　张　郯　徐　墅　彭　超　纪巧艳　丁闻望　李　唐　包小珂　余弘隽
张洁莹　冯铭菲　谭梦觉　陈天泽　曹航溥　刘清阳　林浩东(阿根廷)　崔亚美(韩国)

哲学(国学方向)
陆文斓　于秀珍　张蔡君　陈清露　龚军肖　吕晓丹
张凯赟　顾江鹏　张毅凡　范　旭　姬昱晨　金奕欣
吴　静　郭晨玥　武纪冰　陈锦旺　张妙妙
哲学(科学哲学与逻辑学方向)
郭子恒　季嘉程　夏天宇　俞靖昊　徐方涵
宗教学
周宇晖　曹雁清　唐明星　次仁吉姆

中国语言文学系
汉语言
张向旭　沈　钰　杨　澜　王　倩　周思瑶　沈心妍
谢　霓　姚好婕　武佳蔚　马杰丽　胡展华　游丰硕
张　韬　徐凝雨　郝司凝　曲淞漫　董淑月　蔡可歆
洪　佳　崔　越　耿皓楠　林雨桐　陈　静　陈美辰
杨冰玉　高瑞遥　张嘉豪　包笑婷　张嘉禾
张旭鹏(阿根廷)
汉语言文学
戴文卿　徐天逸　杨天一　由　田　殳　简　汪豆豆
吴姗姗　俞　沛　韩萧羽　白　露　杜昕儿　姜子悦
张馨月　邹嘉然　吕佳禾　曲慎捷　王健欣　王悦舟
张　悦　陈笑天　王启文　吴　棋　叶　晟　储文睿
缪锦华　刘洪志　李嘉祺　杨晶凯　陈慧燕　高怡雯
胡晶晶　康文帆　李晴仪　李玥涵　刘浦欣　刘怡君
王思凡　王之莹　许昕宇　余宜谦　张金菁　张雨婷
程笛轩　邱诗韵　魏文心　陈嫣然　吴一冉　张晓潇
常佳丽　张　玮　王姿雁　石清溪　陈嘉宜　陈嘉仪
万梦娇　张余灏　赵　芃　周梦瑜　厉千珞　颜　润
于　旸　朱　茚　王涓汇　陈　佳　李思涵　李思娴
王雨晴　杨雨晴　刁惠敏　方　华　郭曼雅　卢倩蓉
谢　怡　杨　璇　张　渝　黄雅慧　蒋沅颖　罗瑜涵
秦紫怡　喻浚雅　张倩文　陈纡瑶　高　馨　薛丹阳
胡文珍　莫浩然　杨百灵　张　璐　吴文恬　王瑞琳
吴　蕊　曹　烨　黄博文　丁妍琦　肖飞越　李祎峰
孙静宜　陈景怡　余凌盈　张雅仪　蔡宜凡
宋灿永(韩国)　　　　　金志娜(韩国)
林子涵(新加坡)　　　宋祖儿(委内瑞拉)
张婉卿(马来西亚)　　翁雪琪(新加坡)

硕士研究生

马克思主义学院
科学社会主义与国际共产主义运动(1月份毕业)
许雨婷
科学社会主义与国际共产主义运动(6月份毕业)
程鹏鹏　张劲松　龚佳俊
中共党史(6月份毕业)
刘晨晨　赵　颖　李文蕾　刘熙哲

马克思主义基本原理(6月份毕业)
张玥琪　陈　玉　陈安雪　郝静静　郑一芳　蒋　寒
杨　易　张苗苗　张兆成
马克思主义中国化研究(6月份毕业)
杨　茜　马俊飞　赵若讓　胡　铖　洪景怡　崇　高
思想政治教育(6月份毕业)
陈金洪　韩　歌　邱紫君　胡嫒媛　潘蓣佳　朱胜雪
孙露露　夏艺恣　刘佳佳　冯　栋　朱栎瑶　曲文鹏
党的建设(1月份毕业)
郑　璇
党的建设(6月份毕业)
吕子佳　郭　成　蒋英勃　李晓伟　张　娜　宋高杰

古籍整理研究所(中国古代文学研究中心)
汉语言文字学(6月份毕业)
陈　犇
中国古典文献学(6月份毕业)
王　玥　李　涛　史桢英　刘靖萱
中国古代文学(1月份毕业)
成思琴
中国古代文学(6月份毕业)
刘天禾　林聚佳　曹煜东
中国古代文学(8月份毕业)
DAVID JOSHUA DELVENTHAL
中国文学古今演变(1月份毕业)
冯玉霜
中国文学古今演变(6月份毕业)
张玉博　朱蔚婷

中国语言文学系
民俗学(6月份毕业)
张雪亭　赵　希
文艺学(1月份毕业)
张婷婷
文艺学(6月份毕业)
岳怡欣　谢子峰　杨　烨　朱　玮　张可嘉
文艺学(8月份毕业)
陈店霞　白　豪
语言学及应用语言学(6月份毕业)
周文杰　魏佳宁　赵倬成　李　梅
汉语言文字学(6月份毕业)
费诗薇　WOO RIM RYU　王君婷　杨　扬　朱璟依
张琦婧　尹　鑫　倪伊芯　王鹏远　任龙龙
汉语言文字学(8月份毕业)
SEOW HWEE OOI
PINTO DE LA SOTTA CAMPOS RODRIGO
中国古典文献学(6月份毕业)
袁广华　马誉文　程名卉　康博文
中国古典文献学(8月份毕业)
卢　路

中国古代文学(6月份毕业)
陈雨辛　LUWEN KEVIN DUAN　邓紫莹　顾若蓝
谢雅琳　葛锦宇　朱晨蕾　朱万敏　吴皞
中国现当代文学(1月份毕业)
杨兆丰
中国现当代文学(6月份毕业)
卢天诚　HEE YOON KIM　陈宇彤　朱宝杰　张睿颖
宋晓
中国现当代文学(8月份毕业)
于志晟　张燊
比较文学与世界文学(6月份毕业)
张译仁　龙楚鸥　闫瑾　胡雨玼　罗倩　李梦
中国文学批评史(6月份毕业)
顾腾腾　蒋晴　翟皓月　方言
艺术人类学与民间文学(6月份毕业)
蒋正聿　周梓缘
现代汉语语言学(6月份毕业)
刘颖
现代汉语语言学(8月份毕业)
张立岩
出版(6月份毕业)
周洋　鲁嘉颖　韩紫薇　谢凡　覃子阳　袁青
蒋小涵　胡琪姝　程驰也　王煜　土思凡　杨慧姗
李鹤晴　李欣雨　李丹玉　张甜甜　张璇　张琳琳
张新　张卓凡　嵇慧　吴佳莹　刘蕊绮　田一熙
梁嘉怡　朱雪婷
戏剧与影视学(6月份毕业)
滕婷　端木住睿
戏剧(6月份毕业)
夏沈纯　顾迪　鞠欣　陈钦铭　钟宇晨　郑海榕
法雨奇　欧阳高飞　杨鸿涛　李淑宁　朱思婧
张晓旭　张培　崔天月

外国语言文学学院
英语语言文学(6月份毕业)
戴佳倩　黄睿　黄云　谭润琦　胡赢　王筱珊
王清卓　王仪诗　徐心怡　徐国恩　张瑞杰　张学芬
王正娴　刘颖杰
英语语言文学(8月份毕业)
王家娴
俄语语言文学(6月份毕业)
孙瑷倪　黄艳玲
法语语言文学(6月份毕业)
周芳颜
德语语言文学(6月份毕业)
刘妍彤　贺成伟　贺嘉韵　杨黄石　张政
日语语言文学(6月份毕业)
綦咪咪　胡昊中　杨小雨　李潇雯
亚非语言文学(6月份毕业)
张慧洁　YUNJEONG KIM　欧金笋　张萌婷

英语笔译(1月份毕业)
丁静雯
英语笔译(6月份毕业)
吴艳芸　黄淑洁　魏文卓　陈哲铭　金婕　范梓淇
翟思远　缪钰明　管懿德　王一航　潘珏　汪倩
杨捷　杜爽　李大鹏　张艺馨　张知航　屠寅
季辰旸　刘彦青　刘奕　侯泽南　侯云帆
英语笔译(8月份毕业)
程南茜
英语口译(6月份毕业)
卞舒婷　陈雨涵　王安琪　王依曾　方博洽　徐蕾英
寿晨佳　周正阳

新闻学院
新闻学(6月份毕业)
袁超颖　陈禹潜　邹凯欣　邓沐　蔡钰泓　肖暖暖
米雪　徐巧丽　张云亚　任旭丽
新闻学(8月份毕业)
茅冠隽　TOMOYUKI LIN
传播学(1月份毕业)
谢琪如　PITCHAKARN KULRATKITIWONG
传播学(6月份毕业)
张天宇　LISA BRUNELLE
DIANE MARIE CLEMENCE KREIENBUHL
DANIELLE LAUREN WALSH　FLORENCIA HU
ZIJUN XU　SEONGMIN SONG　陈敬信　袁如月
章晨辉　田雨阳　王昀祎　朱作权　明媛　张欣
付怡雪　丁美栋　尹逸柔　李少伟　王灵燕　朱质彬
传播学(8月份毕业)
周晗　HYUNSOO KIM　HUI SHI FOO　蔡沛庭
广告学(6月份毕业)
丁慧娴　LINA GONG　LIRUI DENG　黄思源　殷妍璐
戴芸芸　舒雪琪　杨露婕　慕宇航　张驰　冯钰婷
广播电视学(6月份毕业)
EUNMI KIM　高嘉玲　吴晓君　乔等一
JIMMY HUNG SHIU LUO　张天琦　岳秀茹
媒介管理学(6月份毕业)
林之玉　张瑞佳
新闻与传播(1月份毕业)
夏周祺　郭文珺　谢思语　杜晏楠　朱柳霖
新闻与传播(6月份毕业)
韩宁宇　MARCOS MAO LIU　SIMONA LOU
魏雨田　马朝阳　马庆隆　马冬平　陶亚迪　陈贞李
陈涛　陈思涵　陈必欣　陆昊辉　鄢浩　郭晟
郭子彧　郑浩威　邬璐临　迟秋怡　赵茜　赵畅
赵姝婷　赵一峰　赖桐桐　谭苏芸　谢沁伶　薛莹
蔡丽　蒋超　董姗　罗钧文　王凤范　王颖
王静颐　王露纯　王雪妍　王逸帆　王诺　王浩
王智　王明瑞　王敏燕　王彦琳　王子安　王咏荷
王佳婧　王云杉　熊翔鹤　浦柳婷　段欣彤　梁鹤

梁方圆　林荣昌　林晓晖　杨　阳　杨　迪　杨　皖
杨文瑛　杨　帆　李紫薇　李彦涵　朱　玥　朱恺洁
朱帅默　徐铭兼　徐俊奕　徐　丹　彭　慧　张琬琪
张　熙　张潆予　张梓桐　张晗睿　张小檬　张子浩
张健梅　应璐洋　常　晋　孟繁羽　孙　玥　孙梦真
姜若涵　姚易琪　喻佩雯　周雨薇　周鑫雨　周林怡
周旦烨　吴晋怡　吴卓颖　吉效廷　司睿琦　华璐月
刘玉璐　刘晓庆　刘惠宇　刘子慧　刘奕宁　冯雅雯
冯赛琪　何芷茵　付天麟　于佳鑫　乔　博
BENYAPA PREEYAPORN
新闻与传播（8月份毕业）
刘一鸣　MENG LI　马晓洁　王天罡　张榕潇

历史学系
中国史（6月份毕业）
迪丽菲热·艾尔肯　ROSS DAVID ALAN MONCRIEFF
顾　源　陈晓雯　郭恬薇　邹子澄　路锦昱　肖　斐
王思雨　沈园园　汤沉怡　殷雪萍　施瑜宁　方　凯
徐　畅　张雨怡　张　琪　张梦瑶　张官鑫　周　宁
俞昶畅　李维军　常　健　岳潇翰　潘　晨
世界史（1月份毕业）
沈亦楠
世界史（6月份毕业）
王倩茹　顾嘉琪　田梦美　田　娜　杜万鑫　徐　成
何　炜

哲学学院
马克思主义哲学（6月份毕业）
侯春晓　黄庆辉　许叶雨　董珂璐　岳泽民　姚建萍
刘玉玲　严碧雯
中国哲学（1月份毕业）
SUNJIDA MUKTA
中国哲学（6月份毕业）
葛领童　GIULIO STAUFER
PABLO GONZALEZ LOPEZ
EMILY ANNABERTA MAIRE KLUGE
CATERINA FIGUEIREDO PAIVA
EVAN CHRISTOPHER MALLORY
ARSENIY SAYFULIN
吴子键　王丹雅　涂文清　柴致冶　徐稚文　张良浩
周亦成　叶泳妍　仇伊凡
中国哲学（8月份毕业）
LUIS MATTE DIAZ
外国哲学（1月份毕业）
赵珂男
外国哲学（6月份毕业）
何静瑜　边霄驰　王靖雅　梁毓文　李子建　宋佳慧
何彦昊　马　欣
外国哲学（8月份毕业）
汤　凌

逻辑学（6月份毕业）
刘　桢　陈昌捷　孙德天
伦理学（6月份毕业）
王丹丹　KAZUNORI ISHIKAWA　马雨乔　刘中奇
美学（6月份毕业）
吴　玥　陈颖华　张相彤　孙　羽
宗教学（6月份毕业）
PARK LIMPONGPAN　鲍宏然　沈星朵　李　浩
李　洋　周子钦　刘宇波　傅海伦　包　瑨
科学技术哲学（6月份毕业）
朱金宝　阳春白雪　王艺宁　朱锴婷　刘仕洁　何　婕
国外马克思主义哲学（6月份毕业）
张吉泰　胡洁琼　孔如珂

国际关系与公共事务学院
政治学理论（6月份毕业）
全　实　黎　洋　高逸凡　蔚丰阳　范涛溢　王　昊
梅文婷　李梦欣　周　瑶　周桃亦　周子钰　卢嘉珺
国际政治（1月份毕业）
LAURA PIPITONE
国际政治（6月份毕业）
蒋文臣　YUDAI ISHII
MAUD LOUISE BLANCHE CARTRON
STEFANI ANN CHRISTIESON　DANIEL KARPIUK
赵欣予　柯孜凝　李　苗　尹佳晖　孙志强
国际关系（1月份毕业）
RUDA LEE　SONA MAMMADLI
国际关系（6月份毕业）
李臻赤　NUTCHAYA　PANANITI　陆　吉　谭秋凡
祝姝婷　王永望　汪思余　彭霏霏　张羡一　宋瑞曦
宋　奥　孙孝玲　周楚人　刘语默　刘诗成　刘　璐
何　园　于大皓
国际关系（8月份毕业）
CHRISTOPHER MAXIMILIAN KONSTANTIN BECKER
外交学（6月份毕业）
丛琬晶
行政管理（6月份毕业）
俞佳慧　黄铎宾　魏晓莉　田登位　李安琪　方　恬
叶小梦　严泽心
行政管理（8月份毕业）
李传琪
公共政策（6月份毕业）
刘梦远　KOHEI UNO　严　乐　王若楠　东　卉
丁佳丽　TIN SANDAR WIN　LEAKHENA CHHOEUN
杨雪寅　曹锦纤　周雨晨　陈小维　郑　娉
旦吾然·塔依尔
公共政策（8月份毕业）
张　涵
公共管理（1月份毕业）
王宏龙　龚裕乐　黄海燕　黄晨曦　黄天琪　魏　婷

马胜龙 马瑶 马梦展 马偲莹 马云洁 顾文婕
陈鹤飞 陈飞 陈秋萍 陈滢 陈旭 陈怡仪
陈廷雯 陆赟 陆旭澜 陆佳妮 钱晨哲 郭姹姹
郭佳倩 郑梁冲 郑卉子 邢新好 邢建鹏 辛雨
赵瑛 赵浩 赵治嬗 赵晴 赵介铭 赵丽伟
赖玲霞 贾晓彤 贺娟琴 谷月 许彦兰 许好
袁铭泽 蒋羚 董燕华 胡慧瑶 胡倩 翟晓青
罗琦 缪添 缪一鸣 管培维 章佳炜 祝佳
祁叶敏 石佑 瞿未未 申璐曼 王珊 王晓青
王晓琪 王思齐 王壹 王君 潘敏 潘成敏
浦小立 沈雪婷 沈吴越 汤昀昀 汤亚玲 殷燕
楼巧婷 林颖 林永昕 杨鑫 杨梓伟 李智轩
李峰 李嘉铖 朱芊霖 朱聪 朱慧 朱寒
朱仁君 朱亮佳 曹翔 曹晨 曹又丹 戴玥
徐金鑫 徐智勇 徐忆柠 彭达 彭泊远 彭元富
张馨予 张韫慧 张航 张继佳 张益丹 张楚
张晓青 张晓燕 张悦萍 张峥彦 张家桢 张婷婷
张园悄 张凯彦 张亚朋 崔锋 屠清磊 富洁
宋一潇 孟胜男 孙海楼 孙春美 孙彤 孙宇
孙云彬 姜子越 姚依澄 夏少明 唐乘舟 周雪云
周涛 周泳 周文星 周佳琪 吴铭 吕筠
吕林 吉鹏亮 励栋磊 刘秦一丰 刘真
刘煜 刘梦琳 刘杰 凌子凡 倪婷 余善飞
任思嘉 马思聪 裴艳斌 蔡金津 秦晶晶 王艺霖
王晨 王明亮 李晶 李昕超 李宗杰 曲尼央宗
扎西加措 徐国华 宗洁 孙婧 向巴班宗
卓玛曲央 刘韵韵 刘冬阳 关远 乐天吉
章倩 汤逸 张文波 张宁远 张帆 余洋
杨峥臻 闫怀峰 徐涛 徐陈佳 王腾 王松阳
王广兆 汪翠 石慧 任羿诚 梅麟 茅风燕
罗彧琦 卢培培 刘延伟 焦志敏 顾颉 高玉瑶
戴艺纯 陈震 陈煜 陈延霞 邵幸颖 吉烨
伍梦惠 刘长兴 扎西卓嘎 杨鑫 郑煜
许宴 徐雪怡 王经纬 沈杨 计竹君 胡丽君
方舒宁 杜紫婉 周爽 岳姗姗 俞磊 叶佳韵
汪澜 沈轶凡 虞爽 姚泽康 乐遵敏 季慧特
张茂森 杨达东

公共管理(6月份毕业)

王健 顾晓辰 隋奇凡 陆晓东 陆华 郑悦
赵路桥 赵心云 贾明华 谭钰霜 谢红霞 许畅
袁碧雯 薛慧敏 蒋松杞 蒋旻悦 苏杭 胡添添
翟瑀 翁磊 程昊 申灵晏 王靖贻 王靓
王璐 王旭 王守法 王守政 王君 王博雅
熊鑫 潘雨婷 洪丹青 江玉 江文珺 殷国栋
梅黛萍 梁寒冰 林世雯 杨舒然 杨笑宇 杨琳
杨徐潇 杨子君 李真 李沈劭 朱月梅 明玥
戴莉馨 徐敏 徐弘道 张金娜 张琳婕 张曼
张宇 廖允超 庄阅 宋睿鑫 孙嘉忆 孙一楠
夏振耀 周璐璐 周海明 周泽天 吴迪 吴清君
卜瑞 单赓 刘过梦 刘翔宇 刘乾正 冯霞
冯智颖 俞舜尧 任泽民 靳丹丹 陈梦梦 符永娣
杨春光 曾玲 余娇娇 周必奇 李佳杰 胡晶磊
陈栋 朱晨晔 朱冰 周宁 张洲 张怡
杨艳 孙金鑫 孙赫阳 施思 沈宁晨 彭惠
陆陶宇 刘甜 李云啸 顾亚栋 费嘉懿 尹倩
徐云鹏 吴碧茹 高柳一 扎西玉措 叶小勇
宋骏霆 茆苑 沈宇 郭庭峰 张蓬 董剑平

公共管理(8月份毕业)

丁易文 田玉帅 王会 庄鑫 许时良 申文元
刘小马 刘畅 刘强 侯润之 傅启琛

数学科学学院

金融(1月份毕业)

王昕豪

金融(6月份毕业)

丁宁 袁嘉轶 黄嘉成 陈昆 陈德华 郭雨婷
郭晶 邱武强 邬崇正 谈仲奇 覃诗曼 袁风雨
藏多 胡宝莹 肖桢玮 索家琛 祁亦玮 王珏
江皓云 段曦 梁誉耀 林葳杨 杨灿 李宗一
李云 朱宇轩 张珺雪 左鑫 孙正瑞 孔德涛
周诗琪 吴步升 刘鑫 刘权庆 刘彦菁 侯正源
余敏 何志昂 伍真 任晓旭

金融(8月份毕业)

宋杨 杨郭浩 徐静璇

应用统计(1月份毕业)

傅博宇 张奕蒙

应用统计(6月份毕业)

任隽灵 黄晓乐 王祯祎 王嘉炜 林大渝 杨智宇
李浩 李汇鑫 孙凡斐 娄爱民 于钱楷琳
钱成 胡诗璇 胡尽涵 王浩宇 曾鸣 徐文雨

应用统计(8月份毕业)

夏巍玮 曹竞禹

基础数学(1月份毕业)

姚俊杰 阮超峰

基础数学(6月份毕业)

申思为 马浩 陈旭阳 金方归 邓淋 许珏
杨盼盼 李瑞杰 张祎芃 张朋 傅路顺 仲培榕
朱太阳 郭靖

基础数学(8月份毕业)

徐襟

计算数学(6月份毕业)

柴寅生 赛林溪 洪子靖 梁子龙

概率论与数理统计(6月份毕业)

董谨豪

应用数学(1月份毕业)

祖尧

应用数学(6月份毕业)

杨雨晨 范文瑞 梁露 方昆玉 张煜韬 张无淇
蒋修远 孙晓萌 周泰吉

应用数学(8月份毕业)
董博文　吕杰锴
运筹学与控制论(6月份毕业)
丁文杰　林健文　伊文秀

物理学系
理论物理(6月份毕业)
陈天懿　王超棋　丁一茗　黄　姗　郝云超　张家斌
理论物理(8月份毕业)
冯一帆　蒲晨曦　杨　皓　曹　政
凝聚态物理(6月份毕业)
何光萌　黄　浩　陈锡恒　洪璨煜
凝聚态物理(8月份毕业)
沈寒非　杨运坤
光学(6月份毕业)
郭　莉　陈慧玲

现代物理研究所
粒子物理与原子核物理(6月份毕业)
储泽轩　韩红强　程勤勤　王　顺　李　凡　崔峻熙
唐世帅
原子与分子物理(1月份毕业)
陈炫宇
原子与分子物理(6月份毕业)
许鹏程　许幅芹　樊厚辰　李雅静　严成龙　韩　杰
牛长蕾

化学系
无机化学(1月份毕业)
耿永印　杨　杰
无机化学(6月份毕业)
夏韧昆　杨金羽　张峻崭　周乔语　刘　燕　于冰洁
王戚丽莎　　　宗　晨
无机化学(8月份毕业)
王晨风
分析化学(1月份毕业)
陆经天　张泽宇
分析化学(6月份毕业)
施若晗　蒙佩怡　徐厚犇　张容容　周佳祺　何　莺
熊桧文　易润秋
有机化学(1月份毕业)
谢潇潇　虞珏钦
有机化学(6月份毕业)
侠　磊　雷　卓　王路路　殷东瑞　杨海迪　李雨鑫
刘鸿琨　凌　俐　宗　杨
有机化学(8月份毕业)
周　锵
物理化学(1月份毕业)
丁　辰　刘瀚祺
物理化学(6月份毕业)
谭诗乾　黄遵辉　顾皓阳　陈佳音　金　晨　赵斯文
罗令衡　程达姣　王孝浩　武晴滢　李亚静　曹心乐
方　忠　张　宇　姚志强　刘　俊
化学生物学(1月份毕业)
张政成
化学生物学(6月份毕业)
李剑楠　陈　恒　薛雨燕
化学工程(6月份毕业)
顾书帆

计算机科学技术学院
计算机系统结构(6月份毕业)
叶琼赞
计算机软件与理论(1月份毕业)
田梦晗　江嗣嘉　龚绩阳　段　宇　陈章辉　蔡一涵
雷　涛　徐　婷
计算机软件与理论(6月份毕业)
张明睿　黄　力　陈　挺　王禹博　张星宇
VAN ANH NGUYEN　钱文渊
计算机应用技术(1月份毕业)
潘思聪　汤佳欣
计算机应用技术(6月份毕业)
刘　勤　郑子琳　魏星奎　陈鹤丹　邵云帆　訾柏嘉
袁莉萍　王沛晟　汪励颢　李宗义　李争彦　施　凡
张灵西　张政锋　庞泽雄　庄逸锋　孟天放　姜剑峰
刘　璐　刘楷文
计算机应用技术(8月份毕业)
赵　君　麻俊特
网络空间安全(1月份毕业)
罗思成
网络空间安全(6月份毕业)
郝世迪　钟　明　郑云涛　邓　彪　赵　瑜　袁和昕
胡豪棋　杨　森　施孟特　方　宁　徐雅静　唐松涛
刘安聪　何珺菁　万俊鹏
计算机技术(1月份毕业)
罗　磊　黄锴宣　黄　波　黄傲彬　鲍涟漪　高吉祥
马　成　韩帅帅　韦霞杰　靳璐瑞　雷斯元　陈齐翔
陈竞晔　陈正卿　陈　曦　陈　曦　陈明珠　陈怡然
陈思宇　陈心怡　陈　宇　郑照宇　郑李伟　邹会江
邵金杰　邰　阳　邢思远　赵锦涛　赵申捷　赵中原
赵世豪　贺港龙　谢隽丰　许　睿　袁　梓　袁月航
蔡　煜　蒋书尧　茹港徽　苗思雨　胡育玮　胡玥琳
耿同欣　罗辉翔　穆延妍　秦语晗　秦　琨　石华峰
王　磊　王洪永　王从一　王　京　浣徐麟　沈祥龙
毕研翔　毕文远　殷杰飞　欧阳俊　梁　超　柴　颖
林榕健　杨悉瑜　杜子琦　李鹏举　李雨晴　李旭桐
李帅成　李姝洁　朱留川　朱家明　朱仁杰　曾伟俊
方世能　徐　杰　徐杨川　徐　峰　徐小康　张颖涛
张　航　张　杰　张思源　张志远　张建宁　张　岳
张宝根　张子恒　张一鸣　康　溦　康家琪　宦文楠
宋　奇　宁伟勇　孙校珩　孙勤佳　周逸峰　周超逸

周超凡　周振华　周　军　周义恒　吴祺亮　吴海波
吴永峰　吴晓栋　吴华建　吴　优　叶厚豪　叶佳成
刘　鹏　刘　辉　刘宇轩　刘子畅　刘壮状　刘兴旺
刘丰艺　刀　坤　余　万　何沛阳　何梦雨　何　文
代俊奇　于家硕　严智宇　万航宇　张海鹏　袁　根
谢佳铭　吴甜甜　王先朋　陶　星　任　静　彭凡琳
潘　洋　马兆威　李映江　胡乙凡　高佳楠　冯文廷
戴雨浓　许钧丞

计算机技术（6月份毕业）
董燕林　黄　飒　鲍　倩　陈首臻　陈　晖　郝磊祯
邹文雄　邓瑞祺　辛海莎　谢思思　蔡锦绵　祝粘粘
王毅文　王思童　王子雯　王唐宇　王　博　王　健
王一新　沈　杰　池　瑶　欧阳豪　林奕帆　李振超
朱　哲　曹　蕊　文　静　支　龙　张家乐　张安妮
廖梦纯　左启奥　岳婧雯　姚敏捷　唐益莹　唐志伟
唐彬涵　周生龙　叶兆丰　刘卓立　刘之航　凌嘉伟
万仕贤　丁羽燕　王金丰

计算机技术（8月份毕业）
许文滔

法学院

法学理论（6月份毕业）
张东萌　祝叩捷　朱敏垍　冯岳澄

法律史（6月份毕业）
刘　珊　魏慧宁　方怀瑾　戚宇辰　周姝欣　刘沫寒
俞　越

宪法学与行政法学（6月份毕业）
卢虹宇　杨首圣　马宇辰　王樱蕙　方璞玉石
徐仁进　卢　意　胡昕仪　孙淑宾

刑法学（6月份毕业）
朴成海　周寅子　王一飞　曹天意

民商法学（1月份毕业）
许钊源

民商法学（6月份毕业）
REN TING RUI　郁昕玥　徐钦雯　郝智鑫　辛　琦
车范莲　赵昊楠　王元媛　李睿琦　方　菲　徐　爽
徐云麒　刘泽慧　任家璇　陈桢鋆

诉讼法学（1月份毕业）
史旭敏　马成福　孙　乐

诉讼法学（6月份毕业）
盛　霖　邓阳立　王琦婷　王沪庆　杨棱博　张　宁
任家谊

经济法学（6月份毕业）
张智勇　周泽龄　张　钰　刘艺璇　褚　楚　刘彤宇

环境与资源保护法学（1月份毕业）
王谦谦

环境与资源保护法学（6月份毕业）
王若懿　龚思斌　董梦雅

国际法学（1月份毕业）
吴青曜　沈佳琳

国际法学（6月份毕业）
陈艳青　王心妤　黄　慧　闵未若雁　裘佳捷　蒋志琦
江吟泓　杨思远　施时栩　廖雪钰　宋文龄　孙　缪
孙玉山　吴　璇　刘思嘉

法律（非法学）（1月份毕业）
蒋晓曦　夏　天　胡佳颖　杜昕韵　丁笠田　余东妮
谢莹莹　汪苏岷　牛伟伟　焦婷婷

法律（非法学）（6月份毕业）
林雅苹　龚舒宇　龙　可　黄林杰　黄仁昱　鲁　亮
魏　妮　魏圣文　马　龙　马骁驰　马兰兰　韩　祎
韩桑莹　韩孟格　雷子涵　陶征宇　陈金曦　陈　诺
陈羽昕　陈玫君　陈狄锋　陈牧风　陈爽莹　陈炤铮
陈沐熙　陈慧晴　陈悦欣　陈　婕　陈佳歆　陈予慧
钱昱昊　钟邓斌　郭湘仪　郭亦歆　郭中康　郑发帝
郑中舒　邹寒蕊　邵娅婷　邢聪聪　车国旺　赵　蕾
赵　炜　贺世泓　谢冬雅　谢　俊　谢佳佳　许韫祎
许博远　袁舒怡　薛　蕊　蔡梓萌　蓝菁菁　蓝晓燕
董诸浩　荣周继萱　　花苏晨　肖嘉楠　聂茜雅
罗　雪　罗亚文　章　铮　章兼葭　祁　慧　石雪儿
王　雯　王　莹　王　笑　王　晨　王新宇　王德锦
王家齐　王　品　王冰清　王　健　王佳昀　王佳君
土义峰　狄怡华　熊子寒　浦　桐　沈欣悦　沈卓一
毛文璐　毛月阳　殷文翔　梁海强　栗　翔　栗皓楠
杨　颖　杨舒晴　杨翔宇　李　鑫　李穆清　李福馨
李玉豪　李燕玲　李沛东　李　欣　李政政　李思宏
李志怡　李彬莹　李　广　李宇晟　李子璇　李　婷
李　坤　李依敏　朱锦坤　朱欣彤　朱晓丹　曾静雅
施　雯　施艺谐　戴维华　成如意　徐　雪　徐　灿
徐湘伟　徐楚婷　徐椰林　徐安昌　徐子涵　彭　媛
彭书倩　张　雯　张雅琪　张钧霖　张　诚　张诗旸
张润东　张晓曼　张敏英　张　庆　张　婷　张　娴
张可欣　张力文　张　冲　张俏珊　张亚苹　廖泓颖
庄尹豪　尤　洋　尤　洁　宋燕清　宋　桢　宁义才
孟　梦　孙静雯　孙雯静　孙俊红　姚　淑　奚丹妮
周若兰　周廷郁　周凌霄　吴韵瑶　吴　睿　吴存荣
司　望　叶根源　叶心萌　史文彬　卢怿洵　包经纬
刘鸿凯　刘雪莹　刘腾飞　刘美诚　刘晓映　刘文霞
关惠文　兰　蕊　倪　鹏　俞文健　何桂林　代佩芸
严一硕　万　钰　丁言星　丁姝方　周艳辉　杨展迪
徐　晨　王崇宇

法律（法学）（1月份毕业）
西艾力·热合曼　张艺凝　南乃绮

法律（法学）（6月份毕业）
何　欣　黄欣琳　马　杰　韦　豪　韦斓仪　陈　羽
陆栋栋　谭远劲飞　谢雨桐　袁明慧　符颂颐
程翔宇　石新婉　白　绫　王苏珊　王瑞卿　泮　银
沈　烨　沈杨蔻蔻　江雨旸　林梦琦　来雨嘉
李金珍　李琳琳　李克凡　曹　萱　敖永茹　徐晨曦
张淇珮　张正阳　张晓雨　崔心怡　宋志强　姚逸飞
周太平　吴咏谦　原舒仪　何逸铭　何亚男　付　驿

高昕 董郡怡 胡凯伦 王沈乐 李适 尹红
孙汝靓 夏璟 夏清 余帆
法律（法学）（8月份毕业）
蔡易璋

航空航天系
一般力学与力学基础（6月份毕业）
汪思懿
固体力学（1月份毕业）
浦洪飞
固体力学（6月份毕业）
沈嘉昊 李婧婷
流体力学（8月份毕业）
卢骏斌
工程力学（6月份毕业）
吴家琦 孙煜贤
飞行器设计（6月份毕业）
李安迪 陈锐
生物医学工程（6月份毕业）
黎健明

材料科学系
材料物理与化学（1月份毕业）
王浩正
材料物理与化学（6月份毕业）
冯筠雅 黄鑫 郭皓 郦鑫杰 王栞 王文杰
林心怡 杨硕 杨卓 李晨溪 张媛 左超磊
孔晔 叶佶恺 张文俊
材料学（6月份毕业）
付博文 安冬月
物理电子学（6月份毕业）
武楷博 马亦骁 王丛欢
材料工程（1月份毕业）
曾天睿 黄锡奇 陈士堂 许大同 薛丹妮 王保晗
汪亚刚
材料工程（6月份毕业）
付磊 陈芷欣 程盛 方玲
材料与化工（6月份毕业）
丘晓婷 黄兴鸿 高雷 马思远 韩骏超 陆雨瑄
闫博宇 赖永芳 许子廷 蒋若翰 耿彬彬 程凡
王鑫 王咸廷 彭春根 张顺江 张莱 张良媛
张皓 张景怿 张合华 孙雨晴 孙钰涛 姜春宇
周露妍 吴菲菲 刘雨 冉国永 伏辰琳 代宁馨
于海岩
材料与化工（8月份毕业）
刘大帅 高仕达 韩素艳 王旭东 王宇鹏 李文豪
徐建勋 孙晴雯

高分子科学系
高分子化学与物理（1月份毕业）
王秀丽 朱云扬 何俊豪 郭倩颖

高分子化学与物理（6月份毕业）
王茹瑾 陈倩莹 陆旻琪 郭悦 郭屹轩 达高欢
赵少权 谢金雨 许佳琪 薛舒晴 翟伟杰 王晶
杨滨如 杨晗 李朋翰 时家悦 张颖 张哲彬
刘黎成 丁宁 冯依婷
化学工程（6月份毕业）
潘绍学 邢翌 邢天宇 赵志峰 栾猛 曾雅
叶张帆

高等教育研究所
课程与教学论（6月份毕业）
张楠 胡淼 程乐斐 施茂源 张熙
高等教育学（1月份毕业）
陈嘉
高等教育学（6月份毕业）
冶秀雯 JOANNA JEONGYOON WON 吴曼甄
郭婕 詹磊 莫瑶 肖阳 王涵
教育经济与管理（6月份毕业）
姚俊阁 陈晨 辛颖 袁宏波 曹耀之

旅游学系
旅游管理（6月份毕业）
方天舒 黄荔桐 肖嘉颖 申家兴 干丛祉 刘晓洁
侯华尧
旅游管理（1月份毕业）
沈滢 高梦 陈婷婷 陈嘉敏 谢颖 范东晓
罗鄢铭志 王子龙 焦阳 毛竹青 武华龙
杨眉 李骥恒 朱程 朱玥宏 徐旭皎 徐尧雷
张自立 张凌云 唐米 吴贤赟 叶显达 刘婷婷
刘圣佼 刘凯 何振武 丁丽卉 黄钰淳 陈尧
陈凯茜 钟禹溪 郭桂芳 连嘉颖 谭芬芬 蒋涵
苗凤荻 王莹 沈正明 李品清 曹程林 张雅灵
庄旋 宋静文 孙海涛 刘晓丹 仝晶晶 季爽
蒋越 贺婷 何忻
旅游管理（6月份毕业）
庞晋元 陈奕奕 薛亮 王靖琪 潘晓兰 沈思怡
沈帅帅 沈丽喆 汪正云 杨晓丽 徐雨晴 周进兰
严雯菲 胡金 盛冲 孙云峰 徐方言 李宗洺
孙毅
旅游管理（8月份毕业）
方正

文物与博物馆学系
考古学（6月份毕业）
任心禾 ZI HAO ZHAO 马梦媛 薄小钧 琚香宁
弓雨晨
考古学（8月份毕业）
焦乐晖
文物与博物馆（1月份毕业）
翟如月 黄莹莹

文物与博物馆（6月份毕业）

杨淑蘅　黄俊仪　马 荣　韩泽玉　陈晓瑜　陈可笛
陈冠亨　陈予惠　邹铭佳　远 真　赵婉辰　赖颖滢
贾心语　谢雅婷　蓝 怡　肖洛瑶　罗炽瑛　罗亚豪
罗 丹　缪慧妍　程海娇　王闯子　王孟珂　王 军
梁威威　林得菊　杨靖怡　杨 薇　杨倪帆　李 玥
方淑芬　徐 杨　徐俊杰　张思宁　屠纯洁　宁小茜
孟凡宁　孙 逊　姜琳馨　姚 辉　吴玥瑶　吴 昊
吴叶菲　吴丽丽　卢 颖　刘燕宏　余佩弦　魏笑颜

文物与博物馆（8月份毕业）

卢心仪

泛海国际金融学院

金融（6月份毕业）

井泽华　MICHAEL WENXIN HUA　YEN-JEN LAI
ANASTASIA NIKOLAEVA　　　梁家进　黎宇昕
黄蔓琪　黄琛茜　高 铭　高 珺　马梓裕　马庆华
顾月清　韩子静　陈 鑫　陈逸林　陈怡文　陆天寅
闫 海　金屹捷　金 山　邹煜莹　邓奥弌　赵子奕
贺 一　许金浩　蔡雨洋　蔡林海　莫芷晴　童思艺
干韶怀　王 鑫　王 翔　王羽雯　王 睿　王泽宸
王晓瞳　熊 峰　涂 瑞　沈陈悦　沈 清　武一丹
樊珏希　樊孝林　樊子珺　梁韫之　梁兆殷　柳 博
柳俊祥　杨韫泽　杨 越　杨欣欣　杨杰怡　杨怡莹
杨希希　李玥静　李灿然　李以宁　李亚兰　朱星宇
朱冰文　朱佳睿　方 缘　戴文奇　徐嘉琪　张晓瀚
张阳熠　张芷馨　张淇茗　张之瑞　廖雪霖　左辛欣
屈 宁　宋 洋　姚辉婷　夏欣羽　唐诗源　唐子婧
吴 艳　吴 昊　司 颖　卞 鹏　包岱秦　刘宇峰
关欣欣　侯雨沛　佟 婧　任思杰　郭書瑋　彭欣怡

金融（8月份毕业）

刘呈豪　高子清　陈喆沅

工商管理（1月份毕业）

张逸馨　王文博

工商管理（6月份毕业）

刘世展　ZHI YI QU　　　巫茹蓓　刘奎佑　蔡英伟
周玲知　郑佳慧　张轶捷　余峥恺　姚瑞基　严晓蝶
王泽华　汤兆雄　邵静静　刘 通　林 俐　李丹凝
旷聖佶　江 茜　季 飞　顾京安　黄钰涵　黄逸飞
黄 硕　魏政乐　马浩君　顾 菲　顾玮妍　韩雅琴
雷露娟　陈祥玺　陈 皓　陈 晶　陈意真　陈巍韬
陈子文　陈奇楠　陈丹莹　阮逸茹　闫泽君　郭赟赟
郑雪慧　郑 春　邱 添　邢大伟　车思亮　赵晓菲
谭 星　蔡 杰　葛佳妮　胡昊天　胡 健　王艺晓
王昌健　王怡斌　王奕璇　王佳吟　王一鸣　沈昕怡
沈 旭　李 颖　李 炜　李文慧　李 文　李东冬
李世珍　李世旸　朱雨潇　朱慧玲　朱婧婧　戴元亨
徐彬哲　张晓清　张大乾　崔逸凡　宋丽华　孟思达
孙荔丽　孙 祺　孙 佳　姜 宇　姚经伟　唐雨穗
唐植瑞　吉鉴君　刘秋粟　刘炜凡　刘 洋　刘向东

刘 倩　傅英杰　俞 硕　任 翌　于和琛　郑皓天
蒋怡文　苗 颂　朱 姝　张广华　叶茂诚

高级管理人员工商管理（1月份毕业）

丁 海　马士浩　邱光文　谢扬业　董 进　石 磊
王恩颖　李 崚　朱 浩

高级管理人员工商管理（6月份毕业）

JINGBO LIU　PING JIN　QING QI HE　　陈灏浚
陈 洁　陈智峰　郭梓洪　郭晶晶　郑 斌　赵 芳
赵海燕　许 静　袁雪斐　王慧英　王 因　杨 洋
印 丹　刘菁如　刘新发　马剑鸣　戴伯英　徐 瑾
徐有勇　张抒月　吴亚洲　刘 鹏　刘宇彧　刘华宾

经济学院

政治经济学（6月份毕业）

刘庭汐

经济思想史（8月份毕业）

瞿亦潇

西方经济学（6月份毕业）

吉卿谊　JANG WOO ROH　　　汪 静　骆志洋
韩泰来　陈 靓　金丽雯　罗吉罡　李 璐　徐小荷
陈广瑞　邵 萱　荆 哲　苏 浩　王慧婕　方嫣彤
李翰林　黄泓竣

世界经济（1月份毕业）

WEI CHEN LIAO　LIM JIA QIN

世界经济（6月份毕业）

程图展　TINA VAN DE VEEN　RUBEN BOSCH
JANNIEK GEERT TOPPER
DIMITAR GEORGIEV TERZIEV
EKATERINA EFIMOVA　WILLIAM HUANG
MARINA ORTIZ AGUILO　LEI CAO
ANDREW JAMES CRAWFORD
MATEJ SVOBODA　　　蔡跃祺　黄师贝　韩 菁
金恺媛　贾玉媛　胡柳珺　曾雯歆　彭 悦　张灏清
吴 童　吕嘉滢　杨陈浩彤

世界经济（8月份毕业）

廖明月　VERENA THERESE WIRKNER　YU MUROGA

国民经济学（6月份毕业）

龚书慧

区域经济学（1月份毕业）

冯鹰林

区域经济学（6月份毕业）

冉世林

财政学（6月份毕业）

易晨莉　陈宏松　柯 睿

金融学（1月份毕业）

赵 剑　杨孟典

金融学（6月份毕业）

张煜昱　KASPAR PAN　PATRICK JOEL SCHREINER
EUGENE PUTRA JUNIOR MOMMEJAC　BEN YANG
赵炙阳　徐千倩　何敏华　PEIYING YAO

KHULAN GANBAT　　孙嘉邦　姚偉良　黄 蓝
鲁 烁　陈梓延　金霜莹　袁 震　童晓月　秦瑜瞳
李 博　庄珺涵　季雯婕　何 菁　何彦桐　黄琳蔚
金融学（8月份毕业）
OYUNDELGER LKHAGVASUREN　ROBERT GRAF
DANIEL WEATHERLEY　CATEAU LEONIE ROOS
国际贸易学（6月份毕业）
万思娇　ZI HAO CHEN　颜嘉莹　薛小艳　汤倩倩
周雪倩　CHO YANG XU　　林咏儒　吴嘉许
劳动经济学（6月份毕业）
李頡民
数量经济学（6月份毕业）
闫德政　李骅刚
金融（1月份毕业）
吴厚东　DAVID VARGA　JANOS SANTA
马 鑫　陈鹏鹏　彭少杰
金融（6月份毕业）
朱兆益　VIKTOR PETER LENGYEL　TAMAS VEGSO
ROLAND BERNATH　MIKLOS GYORGY LUSPAY
MARIA KOVACS-MANNINGER　GABOR MEHESZ
ESZTER MIHALY　DAVID PAPP　DAVID BERTA
CSABA LAY　ADRIENN LAURA HELD　王依超
SEISHO NAMAI　吴毓豪　王珮琪　施纯利　黄俊鑫
洪培渊　黎芷刘　黄 泽　黄 姗　魏 玮　魏梦萱
高小磊　高俊杰　马广昊　颜明宇　顾敏琦　韩 禹
韩思雨　王煊林　霍云鹏　陶昕彤　陈 莉　陈美璇
陈灵依　陈 晨　陈昕冉　陈慧敏　陈怡宇　陈思伊
陈屠亮　陈小军　陈博雅　陈卓楠　陈 功　陈依凡
陈佳敏　陈伊琳　阎玉洁　郭筱雯　郭 磊　郭明鹭
郭令仪　郝兆升　郑靖旋　郑钧译　郑逸飞　郑艺萌
边南铮　蹇青青　赵海可　赵朝旋　赵晓鸣　赵德明
赵 康　赵婧哲　谢雨辰　谌俊伊　谈 天　许博文
许佳希　袁 浩　袁旭东　袁均城　薛丰昀　蔡明清
董立起　葛毓辰　莫芷妍　范欣怡　苏 晗　胡舜杰
胡瀚心　胡泽滢　胡世豪　纪晓东　章欣若　程星维
程 倩　盛君婧　田雨璐　田雨慧　田坤鹭　班红敏
王馨悦　王霁野　王 瑜　王润芝　王林琛　王春峰
王振鹏　王思宇　王忆莲　王家瑞　王定杨　王宇航
王 宁　王子钰　王子威　王哲同　王可文　王兴佳
潘雨萱　洪嘉琳　沈炜坚　沈世民　汤 鑫　江毅阳
毕 磊　梅嘉挺　查玉洁　林陈寅　林 菲　林海亮
杨祎铭　杨晓曦　李 韬　李钠平　李 鑫　李璐彤
李照宇　李 楠　李枫婷　李林容　李 杰　李 惠
李建茜　李卓妹　李华熠　李则毅　李兴云　李佳琦
朱腾磊　曹冬青　易舒云　方 田　方王会　戴林汐
徐 鹏　徐逸洋　徐逸楠　徐 超　徐良辉　徐知睿
徐 瑗　徐 源　徐李鸿　徐文程　徐 尧　张鹏飞
张雅斐　张雅容　张金森　张瑞林　张 瑜　张琪源
张 毅　张栋梁　张 智　张春晖　张恒源　张宁远
张剑楠　张仕根　张中华　张世骏　廖敏聪　康诗韵

庞雪苹　常可可　席揽月　崔 杨　尹晓宇　尹天杰
宋环翔　孟 旋　孙雨乔　孙英哲　孙琳越　孙梓涵
孙 晋　孙明慧　姜笔书　姜桠耀　夏际刘　夏 晨
夏 冰　周赟琦　周璐瑶　周 晶　周彦池　吴萍萍
吴灏煜　吴天浩　叶 桐　史鹏飞　史梦颖　卢姿卉
刘鹤洋　刘 颖　刘艳荣　刘琮寅　刘泽宇　刘 桃
刘 校　刘曦漫　刘思语　刘嘉林　刘佳宁　冯 鼎
傅 磊　倪 邦　倪 端　俞银涛　俞久勉　何海畅
任 磊　任 博　付 迪　于 淇　严艺鸣　严桑桑
严媛媛　万璠钰　KRISZTIAN STROMAJER
LORANT KASSAI　ANNA VARGA-KARDOS
董 薇　崔雅婧　夏 秋
金融（8月份毕业）
朱文政　叶炜麟　鲍永安　樊碧瑜
税务（1月份毕业）
左宇贤
税务（6月份毕业）
余浩纶　马斐妍　饶文琪　陈飞宇　陈琳萱　陈凤梅
陈一丹　金 婷　郭紫萱　邱迎昊　邓斯佳　邓思懿
赵希钰　许帼倩　许 娟　蒋隆桦　董璐瑶　胡静璇
翟雨玲　王 菲　王梓萌　王俊卿　王交通　洪康隆
沈柯钰　林杨馨　杨曼曼　杜浩诚　李 祯　李洁雯
李昱翰　李俊林　李亚宁　朱石山　朱娜　曹湘琳
方佳源　张雨婷　张 珵　廉 漪　巩慧敏　孔淑荣
周之微　吕 萌　吕丁洋　刘 越　刘晓东　刘家骅
俞倩雯
国际商务（1月份毕业）
谢林倩　顾 盼
国际商务（6月份毕业）
刘 琛　龙凤娇　黄一晟　魏 琦　高 锋　马菁菁
陈益欣　邹马小叶　　邹宇轩　赵谐圆　赵海楠
赵旻灏　贾方宇　葛美霞　胡正维　胡思蓓　王 璐
王昊臻　牛 璐　杨蕙泽　朱明德　曾建王敏
方心宇　戴 昕　张晨滢　张懿婧　张 乐　廖小慧
廖一静　崔凯雯　孙英杰　奚筱云　周雨婷　吴若琪
刘 格　刘 智　刘 晨　侯 蕾　代伟华　初子怡
国际商务（8月份毕业）
杨婧琛
保险（6月份毕业）
刘炳磊　黄悦言　黄佳慧　鲁 馨　鲁岳林　魏启祥
高霄雁　颜晓旭　顾涵阳　顾 婕　鞠 爽　陈 妍
钟 甜　邹 敏　邵豪枫　蒋 凯　董 筱　苏 红
胡润格　罗 璇　秦寅臻　石依旎　王怡妍　王佳歆
王 丁　潘馨天　楼 畅　梁宇轩　杨馥瑗　杨紫杰
杨 硕　朱梦洁　忻绎凯　彭子哲　张正浩　尹鸿飞
孙辉贤　孔 熙　姚艺涵　周煜雯　周 源　周思佳
史 书　刘楚乔　刘 攀　刘子铭　冯 旭
保险（8月份毕业）
李 兆

资产评估(1月份毕业)
曲晓晴 陈璐
资产评估(6月份毕业)
伍文祥 龚斐 陈舒 陈浩丰 陈成 谢颢玮
蔡雄宇 蔡凌菲 董文睿 董丰田 莫予杉 胡文婧
王高航 王毅 王志远 王兆峰 毛之亿 樊越
梁曦琪 杨超 杨潇 杨明 杨喆 李智
朱铿 朱泽武 曲奕合 张文迪 庄伟斌 孙嘉文
姬一汀 刘璇 刘嘉恒 何宜静
资产评估(8月份毕业)
冯健然 徐展 左杰薇

管理学院

产业经济学(6月份毕业)
孙博涵 易龙平
金融(6月份毕业)
张苾菡 姚远 陈钧皓 魏志龙 马润玮 韩雨冰
韩欣源 陈陆言 陈三强 陆文汐 金雨涛 郭姝雨
郑欣怡 赖晟炜 贺怡如 谭昊鹏 谭天阳 许思卓
虞瑶 董贝佳 胡安琪 盛卉 田雨心 田梦翔
田平川 王麒森 王秋雨 潘文哲 殷铭 樊博文
杨霄 杜倩旖 李笑 李商羽 朱正尧 朱梦婷
把宇婷 徐子涵 徐一睿 彭思凯 张靖如 张思涵
张嘉豪 崔镇涛 夏济舟 喻溪 唐泽文 周玥辰
周浩博 周宇凯 吴语陶 吕聪子 刘露菲 刘丹雅
俞栎淳 于泽 万姝彤 牛逸楠 熊沁茹
应用统计(6月份毕业)
付怀宇 吴吉虹 侯玥 崔佳琳 顾思懿 韦俊雄
陶淳涛 陈林君 陆家楠 金文强 谭哲贤 詹同钰
袁征 蒋明威 艾兵辉 王茂林 王羽佳 王玉珏
王潇 王旭宁 杜秋蕊 李锦 李维波 李炳震
李炫希 李根源 李林晟 朱紫怡 方雯欣 张继坤
张沥丹 张欣瑜 张怡 张佩芬 庞睿宸 崔巍
孙铭 姜凯 姚键 吴李双 史超杰 刘敏雯
刘恒志 何钰怡 何友
国际商务(1月份毕业)
ALBERTO PRA TANCREDI SABA
RICCARDO MALAPONTI MIRKO COMERLATI
MARTA FORTE MARCO GAUDENZI
LUCIA TOMSIG LORENZO ROCCHI
JACOPO JOURNO GUAN YI STEFANO JIANG
DILETTA CARDINI DAVIDE DI GIUSEPPE
ANTONIO FILANNINO
齐悦 黄沈懿 黄桂彬 高泽庆 马心妍 马可艺
顾含笑 陈翰韬 陈悦 陈怡晴 赵启睿 谭佩瑶
虞婉 蔡京容 罗青云 王靖茹 王金玉之
王臻 王欣艳 沈雪吟 梁泽宇 杨世哲 李喆
李佳璠 朱艳婷 朱晓东 朱冰雪 曹琬靖 屠婕妤
尉喆文 周子琪 何翘风 于典 严诗佳
SILVIA MARIA BALDUCCI ENRICA SUPERIORI
MONICA WU MICHELE QUINDICI
MANUEL DI MASCIO GIORGIO STATELLO
GIANLUCA VITTORINI
国际商务(6月份毕业)
牟姚子野 MARCEL BARTELIK 顾逸飞 陈逸鲲
陈嫣然 陈吉颖 金郁昂 金斯雯 郑秀 董雨霏
王子月 王婧楠 段山应 杨明颉 李佳玥 徐竞如
徐梦雯 徐佳璇 唐雪韬 周科源 吴锦尧 何文婷
YUAN QING LI THEA NAWAL ZIEGLER PACHECO
STEFANO MERENDA PASQUALE MAPPA
NICOLA ALINOVI
MARIA BEATRICE TREQUATTRINI
MARGHERITA GIACOMELLI
MARCO CARBONI LUDOVICO GALLI
LORENZO SALANDRI LI JIACHENG
GIOVANNI SANCI GIORGIO CARELLI
GINEVRA BONFANTI GIACOMO SGALLA
FRANCESCA PAGANI FEDERICO ROTOLO
ERICA GATTO ENRICO MARIA ZAMBELLI
EMANUELE GALLACE EMANUELE RAMAZIO
DAVIDE ORSO GIACONE BEATRICE GOBBO
ANTONIO VLADIMIRO PIAZZA
ALICE MARTINOLI 李昕祎 张沁仪
NADIA PETTINARI FRANCESCO MORO
国际商务(8月份毕业)
陈浩男
统计学(6月份毕业)
陈玉婧
信息管理与信息系统(6月份毕业)
夏晨露
会计学(6月份毕业)
董咏茵 孙倩 罗子奇
企业管理(6月份毕业)
储陈红
市场营销(6月份毕业)
黄若菡
财务学(6月份毕业)
吴丹 闻天 孙仕霖 戴霞 陈晓丽
工商管理(1月份毕业)
陈泱 陈筱汝 范颖娟 周涵 龚爱萍 龚炯
龚民 龚大懿 龚凯 龚佩佩 龚伟屏 龙泉霖
龙婧霞 黄璐 黄涛 黄海 黄晓斌 黄弋娜
黄伟 魏贤良 魏琦 魏烨 魏建树 高伟
马金龙 马殿翔 马树超 马惠颖 马张青 马奇慧
马佳 饶锦龙 饶畅 颜春晖 颜敏昊 顾海荣
顾沁 顾晶晶 顾晓娟 顾嘉祯 顾凯 韩自强
韩煦 韦艳丽 韦澄 韦强 鞠方顺 雷艳
陶婧知 陈鹰 陈隆波 陈轶恺 陈诚 陈程
陈秀梅 陈瑾 陈燕 陈渊暲 陈润财 陈涛
陈涛 陈海亮 陈月圆 陈斌斌 陈捷 陈懿睿

陈怡 陈建芳 陈家豪 陈嘉琛 陈哲祎 陈君
陈佳 陈伟 陈之平 陆雪晨 陆星星 陆军
闻长青 钱袁方 钱智丽 钱振宇 钱宇佳 钟诚姣
钟文堂 金钟钰 金春培 金奇峰 金伟 金中佳
郭雯静 郭祖利 郭晓林 郭显 郭志勇 郭亮
郑莹 郑洁 郑新临 邵雨秋 邵越 邵炜炜
邱隽慧 邬文彦 邓桂凤 迟颖 达芸 边丽
赵琪峰 赵曜 赵悦 赵婧莹 赵凤林 赖冬梅
贺逸鹏 谭越 谭亚琪 谢锦 谈真祺 谈庆杲
许玉传 许昭川 许旭 许帆捷 许冕豪 许云珊
许一凡 詹漪 裴心怡 袁烨 袁晟睿 袁强
袁华倩 虞安安 蔡圣婴 蒲霄磊 蒋轶 蒋玉珍
蒋毅栋 蒋晓璇 蒋昕怡 蒋少君 蒋俊巍 董肇睿
董湛 董海香 董斌 莫辛 范子齐 范天娇
范俊琦 苏静 臧琼 胡译匀 胡瑞峰 胡滨
胡梦 胡强 胡宁 胡克 胡伟佳 胡丽芳
肖松 肖月莲 肖健 聂清 罗寒 缪晓彤
缪哲华 童贺岿 童经纬 童俊 窦彩霞 程童
程凯琳 秦晋 秦新通 石媛媛 瞿新营 申凌芳
田至光 田横 田力夫 王黎 王静 王长军
王萍 王萌 王菁英 王芸 王艳儒 王纯依
王磊石 王琳 王琪 王珏文 王珍 王玲
王玥玥 王烁 王炳蔚 王毅 王正禄 王栋
王朝阳 王昱 王春姝 王旭骐 王寅俊 王宇欢
王婷 王大志 王伯岩 王丹彤 王丹 牟剑群
牛艳莉 牛一峰 焦荣 潘思佼 潘从春 游婷
涂鑫宇 涂倩倩 浦忠威 洪邵卿 沙晓俊 沈艳
沈梦涵 沈恬 沈依婷 沈亮 汪煦孟 汪晶
汪亮 汤琳 段宇 武蕾 武利民 樊懿
栗利刚 栗俊梁 柳婧 柏啸天 林潇潇 林昊
林平 杨郁州 杨艳强 杨羽辰 杨琳 杨晶晶
杨志明 杨家琪 杨婷 杨娟 杨凡 束晨
杜菲洋 杜帅帅 李颖杰 李鑫 李路远 李英祺
李臻彦 李耀东 李翔 李甜甜 李琼 李琳
李琦 李源博 李渤 李涛 李林 李昕
李昊 李志君 李德鑫 李宗谕 李婷 李姝贤
李奕琳 李天锡 李嘉燊 李哲 李倩 李享
李乐颖 朱陈东 朱锦芳 朱蓓丽 朱瑶瑶 朱源远
朱清乐 朱梦婷 朱晓梦 朱振 朱佳韵 曹青
曹硕 曹瑜 曹琰 曹建明 曹华铭 昌丽
施镇 施嘉辰 施博泉 方岚 方丽 房超
戴培玉 成功 戎捷 戈媛 忻莉元 徐鹏
徐鑫 徐西明 徐菁 徐艳平 徐珊 徐涛
徐毓锟 徐栋 徐旸 徐捷 徐悦 徐婷婷
徐则灵 徐凌 徐伟煌 徐亨玺 徐亦泓 徐之琛
彭莹 张鹏青 张驰 张韵南 张雅欣 张闵远
张鉴庭 张达 张莹 张英杰 张红雷 张立伍
张磊 张琳 张灿 张渊豪 张永新 张毓昱
张梦洁 张桂铭 张晶 张晓霖 张晓奕 张文俊
张怡珏 张忱悦 张帆 张婷婷 张婷 张娅琼

张博 张勤 张作坤 张亚 张云菀 张云祯
张东琪 康樱 康志敏 康志军 庞彦 应秋祺
平晓昕 干珺 常雯 常兆亮 崔昊羽 屈斌
尹佳 尤晨 封秋红 封向东 宫鹏举 宋云峰
季亚彬 孟思贤 孙翰琳 孙梦娇 孙旻祺 孙斌
孙凤仪 孙佳慧 孙亚婷 孔静依 娜仁花 姜科
姜珊珊 姜昊鼎 姚祖怡 夏蕾 夏柳 夏文静
夏冰月 商若宾 商佳吉 唐颖婕 唐晓敏 周磊
周泰 周杰 周晶 周景莲 周春雷 周徐慧
周嫣君 周婧 周伟 周乐 吴迪 吴赣
吴薇 吴筠 吴睦 吴琼 吴海明 吴昭君
吴军玲 吴俊 吴丹 吕骏 叶瑛瑶 叶玉洁
叶智侃 叶晓军 古欣 卢鑫 卢夕祥 初奇峰
刘驰 刘逢甦 刘远鹏 刘茜 刘灿华 刘松华
刘守杰 刘季陶 刘存峰 刘媛媛 刘婧超 刘婕
刘娇 刘大捷 刘国俊 刘卫琴 刘佳艺 刘书源
冯月蕾 冯宇君 冯士嘉 冯佳 冒嘉晟 党君雅
傅勤炼 倪峰 倪佳菲 俞黔旸 俞淼 俞善超
俞凯 俞一舟 侯艳婷 佟琳 余心怡 何玫佳
何嘉勇 何剑雯 何佳 伍丹 任鹃 任源源
任洁琳 仲慧 付天援 仇紫东 于文志 乔喜明
乐也 严莉婷 万波 丁明慧 丁志雯 丁呈呈
丁冬 丁丹彦 THIBAUT PAUL
ANDRE GHESTEM HAYONG LEE 陈婷
钱钰隆 郑云奕 王昊 江晓 杨川娇子 徐东萍
张锦秀诗 吴卓 伍满红 周子谦 卢锡恩
林永耀 黄志升 朱凌宇 周志杰 周嘉寅 郑楠
张舟逸 张奕 张舒洁 张璞 张杰 张海磊
袁浩 游梦婷 姚磊 徐丽程 徐力凡 徐磊
武金城 王幽洁 王旭东 宋明园 戚芳芳 刘丽丽
刘海涛 李玥 孔祥泰 姜建锋 黄莺 花国文
韩宇 付欣淼 曹敏华 鲍莹 郭福江
HONG XU 章春阳 王冰 汪涵 宓笑安
陆伏崴 卢鑫 刘冰 江旻 胡晟宁 郝祝华
付强 陈雨琳

工商管理（6月份毕业）

边晶言 LAI WEI XIAN JUNGMYEONG KIM
GYO HYUN KIM DOHUN KIM JUNNAN XU
ALICE XUEQING LI 黄璟菁 鲍忆雯 高莘艾
高瑞桐 马悦 顾翔 顾明峰 项文 陈佳琳
闫恺 郝雅琼 赵宸艺 谷晓彤 谢宇光 蒋辰迪
范蓉 缪菲 练盈 童秋卉 程文婷 王韧豪
王绪敏 王瑞兵 王天智 王垦 潘张婷 滕凤麟
温泉 洪雅丽 沈凯力 汪韵 汪小丽 汤人凡
江珊 武阳 杨颖婷 杨雪伟 杨登诣 李继军
李小语 李化屾 朱基芳 朱兴超 曾立韡 施舒文
施建涛 方园 徐芳 徐娅婷 彭凯 张辉
张萧文 张玥 张徐波 张卓 庄健 常洪雨
崔鹏黎 宋百科 季熠 孙昕 孙亚平 唐露萍
唐嘉俊 周乐 吴赵伟 吴彰宇 吴尚哲 单清越

刘筱	刘晨	刘云鹏	倪好	余舸	何鸿矶	杨峰安	杨峰	杨健	杜建亮	李莉	李政
何超凡	任若天	任思祺	丁晨	黄昭翰	马立轩	李志平	李俊萍	李世博	朱言干	朱庆骅	朱勇震
连广骅	刘润林	龚思全	黄齐建	黄钰梅	黄羽	朱丽娜	曹韵	曹李发	施爱刘	戴洛飞	戴丽
黄智华	黄国会	黄丹丽	高旻敏	高岩岩	马兰	咸佳年	徐俊	徐伟	张芳	张素华	张竹林
顾瑶磊	顾澄清	顾俊杰	韦仪	陈飞	陈颖	张玉香	张晓萍	张建龙	张守波	张华林	张凯明
陈雯娟	陈辰	陈思丽	陈卉	陈冰	陆一仁	张先君	张亚波	张乔	张世阳	廖承慧	廖原
闫欣	金铭康	赵铁明	许梦迪	许丹	袁天文	宋凯迪	季卫	季勇	孙高明	孙盟	孙慧峰
袁协冰	薛白	蔡奎	蒋雯劼	蒋奇	葛慧	孙建怀	孙广华	孙宝华	姚然	姚伟	夏庆才
范烨凝	苏洋	胡逸眉	胡毅洁	胡丹	耿雨超	夏俊	唐维昌	唐亮	周颖	周红全	周晓琨
秦瑶雯	石惠	王雯甜	王肖凡	王瑞强	王燕凌	周峰	吴锋	吴芳	吴艳红	吴春莲	吴彦妮
王海波	王釜	王增洋	王伟骏	王伊馨	王亦韻	吴建嵩	吴小杰	吕猛	吕挺	古立平	卢伟
王云婷	潘页冰	潘罡	沈敏霞	汤嘉源	汤倩	卢云辉	初颖	刘鹤然	刘自勇	刘琛	刘恒
江晶璟	段书新	梁渊	梁明俊	栾宝勇	林秋月	刘应填	刘嘉	刘伟	凌峰	冯文华	俞能江
杨龙	杨阳	杨毅强	杨晓晨	杨姚斌	束晓琤	俞美茹	余江	何珺	何再坚	伏正勇	任静
李韶华	李辰昉	李菁雯	李桦君	李旭	李惠丽	任希	仇如愚	于洪源	主迻	丁德升	翁世和
李嘉璐	李刚	朱鸿清	朱雨辰	朱文卉	朱圣好	林上炜	蔡玮蔓	朱卓敏	袁瑞仪	俞云谈	叶琳
曹彦端	施红	斯康琳	敖冰妍	成俊	徐梦舟	薛庆松	徐瑾	徐建中	王鑫	孙楠楠	孙景岐
徐心怡	徐婧	徐俊寅	徐东方	张颖聪	张院菊	聂文华	茅建辉	林玥颖	林兴群	梁媛媛	李世红
张触天	张潇	张海明	张晶	张晓	张敏伟	荆斌华	吉瑜	黄娴	黄海腾	胡芳芳	洪林
廖任	左百慧	岳茏	宣浩	孙雨禾	孙星	洪飞	何欢	顾昕	董建德	储德恒	陈小英
姜苏	姜浩	姚臣谌	吴宗秀	卓士其	劳宇	陈娴	陈洁	STEPHEN SHIHHSIEN HUANG			
刘欢	刘晶	刘倩	凌莹	冯烨	余程	周挺	杨莹	闫冬	罗丹	代敏	
何海寅	何怡宁	仟冰珅	任亚君	仇文敏	万世豪						
丁炜彬	丁一	陈临琳	赵晖	殷同飞	杜恺						

高级管理人员工商管理(6月份毕业)

程睿赟	YI QI WANG	萧美英	王善谦	容仁亮	
林季昌	董洁	周勇	赵晓飞	徐刚	熊中立
肖桂杰	吴亚春	滕尚利	刘超	李波	贾晋燕
窦玉凤	黄锦	黄彩芬	黄俊	魏炳汉	魏子茹
高惠	马迅	顾娟	顾佳蓓	须文宏	韩瑞
霍钢	雷新华	陶宇亮	陈默	陈阳	陈春燕
陈捷	陈慧博	陈忠华	陈峻	陈宏桃	陈义忠
钱孟	金月清	郭帅民	郭俊峰	郑潇潇	郑文娟
邵叶佳	邵健平	邱瑾	邢燕茹	邓嘉伟	赵立基
谭颖	诸春梅	许燕	蒋晓龙	蒋佳佳	苗东方
苏亮	芮俊	胡松柏	胡婧	聂世珺	童艳华
程燕	白雪	王鹏程	王雨石	王锐	王艳
王稳红	王智庆	王景源	王晓箐	王少宇	王定华
王佳龙	王伟	王丽	燕立超	潘黄锋	潘俊
沙文蓉	沈志明	汪亚东	毛美蓉	柯纲	林涛
林昊	林劲松	杨郑娟	杨献博	杨爱兵	杨桂锋
李玲	李楚潇	李康年	李宝明	朱继峰	朱琦斌
朱智明	曾勤勇	曹智杰	房占超	成松徽	徐翠
徐力	张述评	张芳芳	张玲	张晓强	张振虎
张彭	张强	张居平	张寿龙	张威威	张仁涛
常银河	崔雅丽	崔勇	季雨松	季毅华	孟祥跃
孟德凤	孟庆涛	孙辉	孙莉	孙亚	姜棠亮
姜勇	姜伟辉	奚乐乐	喻强	唐慧敏	周超
周杭	周忠辉	周丽娜	周丽丽	吴淳	吴松华
吴彬武	向可欣	叶柯	史宇	卢京红	刘飞
刘璐璐	刘武	刘晓巍	刘明	刘斯斯	凌丽芬
冯涛	俞继东	侯明雯	余涛	何春林	何兰芳

工商管理(8月份毕业)

唐胜 郑莉婷 蒋剑阳

高级管理人员工商管理(1月份毕业)

程乐	罗文进	龚德爱	龚小磊	龚京宏	齐菲
黄晶	黄勇	魏金宇	高虹	高品亚	马冀
韩晶	韩协成	鞠钧	陈静	陈锡斌	陈钰珍
陈运生	陈超	陈荣平	陈荣	陈若菲	陈苏萍
陈琳	陈洪	陈敏	陈军	陆纯青	陆奇峰
闫新化	钱鹏飞	钱城	郭赞	郭新宇	郭敏
邢小伟	辛强	赵兴荣	赵佳君	薛江博	蔡迎
蒋睿	董林	葛亮	舒斌	胡守宝	胡先伟
胡丹	肖楠	聂劲松	程秀君	程玉平	石明明
石劲松	瞿飞跃	盛璇	盖永鹏	白含	田景文
王鹏飞	王进	王誉	王翔	王羽	王焕玮
王渊明	王洁	王戍	王国强	熊国刚	熊卫华
沈宇佳	汪琦	毛磊	毛建威	段璇琦	欧小文
梁世春	桑永生	桑惠	柏华	林义奇	杨青
杨秋菊	杨瑜灏	杨珊	杨树德	杨文娟	杨建国

仲 强	仇旭斌	云 筠	丁海滨	丁 凯	麦灏丰
黄子奇	黄东梅	高志行	马珍珍	顾甜甜	陈 颖
陈洁琼	陈卫平	陈华新	陆 乐	钱洪祥	郭金艳
郭晶晶	郭品磊	郑翠君	郁 标	邵 亮	邱中桂
迟 徐	贺顺宇	袁 飞	蔡燕舞	蒋玲玲	苏文华
胡 静	胡彬彬	肖艳平	肖万威	简光洲	秦 鑫
秦皎皎	盛 莉	王艳洁	王 珏	王媛清	王伟前
王 亮	牛德彬	熊 鹏	沈夏晨	毛雄伟	林 帆
杨 波	李 腾	李晶晶	李建峰	李 平	李小刚
李 伟	李仁军	朱 骏	朱 澄	施 健	戚诚伟
徐轶秋	徐孙骏	徐丽滢	彭见兴	张蕴子	张 炜
张海洋	张 浩	张晓琴	张学奇	应建明	崔娇阳
尹智刚	孙 路	孙慧平	孙希艳	姚华俊	夏灿军
周芳容	周 炯	周 斌	周小逸	吴科敏	吴劲松
史 晶	卢国谦	刘 飞	刘 频	刘 钦	刘海宁
刘晓光	俞秀杰	付 丽	丁 磊		
HUANG WENRONG			谢明忠	蔡宜珊	朱亿清
于 淼	杨志华	杨瑾莹	吴敏华	王 伟	佟 振
宋 莉	任鹏飞	倪慧平	陆荟侃	楼旭兵	刘砚春
刘宏韬	李良超	乐九辉	蒋 鹏	葛 萍	杜 雪
董 圆	邓露茜	陈 倩	毕美丽	罗永政	朱陈银
张友城	张 波	于 雷	杨 崇	吴礼学	魏 军
王 春	孙 轶	沈 挺	刘亚威	刘晓春	李 玥
李即佳					

会计（1月份毕业）

孙 晗	龚佳玉	黄 毅	黄晓娜	鲁 俊	高惠敏
马 榛	顾勇刚	韩 璐	韦 波	陈敏燕	陈国斌
陈 吉	钟 希	金清颖	金 劭	邹明君	邓扬帆
赵 云	许宏霜	薛 楠	蔡 欢	蔡梦洋	蔡嘉辉
蒋剑婷	范梦迪	苏如露	苏 嘉	臧 彬	程 宇
秦菲凡	秦莹莹	祝树文	盛煜航	王雁珊	王 璐
王洁琳	王 星	王旭玲	王 慧	王建鑫	王卫云
王兴华	王佳璐	王丽丽	潘 沅	潘彦杰	沈雅芳
沈 虹	汪吉伟	汪亚中	汤 瑞	汤傲然	毛 青
武韵祺	林皓祺	林娇娇	杨 瑞	杨玉立	杨 潇
杨 溢	李雪莹	李泓庆	李恒博	李叙哲	朱鑫琳
朱 航	朱 立	朱岱逸	朱公博	曾世友	曹鲸鲸
施 蔚	方 盼	徐 燕	徐 晶	徐宏丽	张 涛
张怡婷	张已捷	张小蓉	张小洁	崔佳璐	宋利昕
孙 蕾	孙仁娣	姚雅超	姚晓岚	奚梦佳	夏爱萍
夏 寒	周 迁	周 洋	周奕彤	吴金海	吴 杨
吴依洲	吕惠琼	向 靖	叶 佳	卢 飞	卢小洋
刘靓晶	刘雪莹	刘佳琦	何君骋	于 平	严路发
万 慧	丁筠懿	钱琛琛	陆 恺	董书成	邹小平
王恬懿					

会计（6月份毕业）

沈冯依	黄明丹	顾 言	胡珉安	王自锋	杜 翰
李 林	朱一敏	徐卿涵	张 潇	张念溥	宋 璇
孟 辉	吴 颖	庄玉莲	张 莉	孙爱玲	黄敏扬

生命科学学院

植物学（6月份毕业）

盛超雷

微生物学（1月份毕业）

李 喆

微生物学（6月份毕业）

成韶芸	马立婷	钱嘉宁	钟 婷	赵颖颖	王 雨
李帅虎				

神经生物学（6月份毕业）

严昕昊　张佳伟

遗传学（1月份毕业）

高思琪	杨淑娴	沈晓婷	么欣彤	刘 畅	李秋萍

遗传学（6月份毕业）

王季尧	陈 瑾	赵漫滢	谢亦临	胡建颖	林钰莹
易 媛	戴春烨	徐书琴	周鹏程	吴田田	刘含梅
侯凌慧	何 曦	于一帆	王 菁	梁智铭	

遗传学（8月份毕业）

张天然

发育生物学（8月份毕业）

彭思斯

细胞生物学（6月份毕业）

马啸楠　高心语

生物化学与分子生物学（1月份毕业）

安 硕　施 磊

生物化学与分子生物学（6月份毕业）

钟佳芸	钟王磊	赵 进	窦锦慧	王帅尧	王健正
李时杰	李天杨	李冯晟	易小璇	刘平辉	刘佳慧
刘佳慧	刘二冬	严佩雯	杜彬荷		

生物物理学（6月份毕业）

沈 成　徐子蓝　张怡然

生态学（6月份毕业）

黎 静

生物信息学（6月份毕业）

吴思怡

生物信息学（6月份毕业）

刘 畅　汪伟旭　王泽坤

人类生物学（1月份毕业）

刘沛仪

人类生物学（6月份毕业）

曹恺心　贺子唯

生态学（6月份毕业）

许静娴	马跃维	陈雨虹	赵天天	田维韬	田 巍
王 惠				

生态学（8月份毕业）

汤亚男

生物统计学（6月份毕业）

鲍明阳

生物工程（1月份毕业）

宋春波	殷建国	刘会会	郭利敏	丁旭芬	谢白云
田德锋	秦纹静	陈泳滨	赵丽娟	吴帅帅	

生物工程(6月份毕业)
陈露 童秋丽 樊莹 齐磊 黄德林 魏情珍
魏会哲 高旭霞 颜志超 韩妍妍 陈璐 陈智闻
陈安珂 陆九正 赵明明 谭诗尚 谭子怡 蒋永红
蒋凯韬 蒋伟 艾毅 肖文轩 程时豪 石嘉楠
王飞 王露飞 王金慧 王西 王思佳 毛惠琳
楼涛 梁雪 柳媛 杨国建 李梦云 李园园
朱玲娴 曹一航 施晨怡 张腾 张枭 尹安琪
宋奇 周方 吕雪玮 周项

生物工程(8月份毕业)
刘雅晴 高营营 甘远春 资懿 谭孝雪 李婧柔
张胜楠 宣博

信息科学与工程学院
光学(6月份毕业)
王也 薛夏妍 梅浩东 张敬莹 巩星宇
光学工程(6月份毕业)
俞夏雨奇 陈雨星 谢堃 董光熙 沈子豪 朱睿
廖袁杰
物理电子学(6月份毕业)
印丽 邱艺 谢姝鸽 戴丛珊
电路与系统(6月份毕业)
苗佳佳 顾美琳 顾志晧 颉佳峰 项煦 陈成
贾若凡 蔡菀顿 臧佳琦 肖戈川 王怡臻 渠入元
文柯宇 张宁晴 周路 刘程诚 刘度为 刁海康
丁博文
电路与系统(8月份毕业)
赵震霄
微电子学与固体电子学(6月份毕业)
叶磊 邹雅婷 李文卓 叶子芃 刘韬 张贺贺
叶龙青
电磁场与微波技术(6月份毕业)
万嘉昕 范艺博 王康宁 施贤正 张文亮 宋凤丽
吴佳晔
光电系统与控制技术(6月份毕业)
仇鹏江 陶晟宇 章天驰 杨润泽
通信与信息系统(6月份毕业)
朱萍 马铭梓 韩泽宇 陈张雄 郑怡然 赵星宇
肖晗微 罗庚峪 王苹汛 熊心旋 杨智宇 曾嘉富
徐瑾 哈依那尔 赵泽巧 邢儆 刘瑞鑫
生物医学工程(6月份毕业)
万容茹 陈茜 袁涵 游佳欣 段海强
光学工程(1月份毕业)
万峰 魏亚男 汤依水 张程睿
光学工程(6月份毕业)
田新章
电子与通信工程(1月份毕业)
陈豪 罗超 黄雪冰 黄镔 黄逸轩 黄平平
魏佳艺 骆佳艳 陈鑫溢 陈红 陈敏 阚立宸
阎瑾 金含奇 郭睿琪 郭子钦 邵一宸 邓瞻

赵华亮 贺文婧 袁梓菡 蒋明乐 苏现慧 罗恒
程雯洁 皮韶冲 王雨婷 王紫怡 王楠森 王思泽
王博陆 王传模 汪雅茹 汪相锋 林利祥 杨正壮
杨杰 杨启航 李楚溪 李智峰 李光浩 曹荣
曹峥 文川 徐明月 张晓冬 张昕玥 张大川
岳琛舜 宗钰 姜煜 周雪萌 周垚宇 周义
吴依珂 吴佳玉 叶创冠 叶俊儒 刘琢 刘振
冯凯强 何娟 严瑞阳 丁小曼
电子与通信工程(6月份毕业)
任玉蓉 ALI HASSAN SHAH 齐国栋 高伟峻
雷正鑫 陈星宇 郭炎冰 郭勇良 邱景 赵怀锐
谭系文 许金力 范婉玲 王宝睿 王子剑 汪兴伟
汪书乐 杨超 李瑞金 李晓曦 彭去尘 张硕
张玮 张扬刚 张天祺 廖永斌 周若一 周涛
周江浩 刘旭东 刘子寒 修思瑞 何璇
电子与通信工程(8月份毕业)
亓婧
生物医学工程(1月份毕业)
陈家曦
项目管理(1月份毕业)
程欢欢 赵玉博 葛亮 朱永红 成卫
项目管理(6月份毕业)
刘虹
物流工程(1月份毕业)
丁志强 江慧 杨宏伟 晁茜
物流工程(6月份毕业)
时浩东 王晶

社会发展与公共政策学院
人口、资源与环境经济学(6月份毕业)
王骊 陈钰佳 章颖 王旭阳 李雅凝 王志远
社会学(6月份毕业)
林思恒 MAUD OCEANE MARIE CHAVANNE
AIRA KISSES RODRIGUEZ
魏利鑫 陈李伟 薛芳怡 王莹莹 武艾佳 李璐
吴宇 向橄叶子 吴一帆 王肖宇
人口学(1月份毕业)
许婉婷
人口学(6月份毕业)
王雨路 程雪倩
人口学(8月份毕业)
刘宇晴
人类学(6月份毕业)
裴阳蕾 瞿滢
人类学(8月份毕业)
刘舒 何静
社会工作(6月份毕业)
孔春燕 林森苗 曾婉如
社会工作(1月份毕业)
陈桑怡 程淑芳 王君华 李浩

社会工作(6月份毕业)
陈林楠 王 树 史贵昌 黄 钦 黄奕心 韩 静
韩敬文 韦梦婷 陈 增 郭子怡 赵 莉 赵清扬
赵海彤 赵文璐 赵婉莉 谢 姣 袁 圆 胡 钰
王子琳 燕可欣 汶一帆 汪琪钧 杨馥榕 杨嘉睿
杜 柯 李雨蒙 李 阳 李燕茹 李 娜 李修丽
曹 莹 房森滔 徐 英 张 震 张菡容 张自豪
张秀鑫 张心童 张 帆 张宇波 张婷婷 张云帆
尼鲁帕尔·艾斯卡尔 唐明秀 周诗敏 吴仙红
吕雅欣 吕菲菲 刘 贤 刘玉春 刘明华 俞欣贝
齐家惠 鲁希雨 马世泽 陈蓉蓉 陈 瑜 陆 玲
金 语 郭 超 郭子贞 郝言芝 赵嘉慧 谢 鈜
胡萌萌 程越越 王芳玲 段金利 杨雨果 杨贤青
杨婉婷 李 静 李绮琪 李相蒲 李 瑾 李梦婷
李昱慧 李婧婷 徐嘉擎 徐伟楠 张 雨 张诗爽
张译丹 常鹏飞 崔溪云 孙少华 唐欣欣 刘雯睿
刘 贝 刘焕然 伏 爽 伏慧玲 任亦佳 万莺莺
丁思萌 闫 岩 吴晶晶 孙 迪
社会工作(8月份毕业)
丁艺华 李涵秋
心理学(6月份毕业)
SHARON LOK 计邹慧 田雪垠 杨 琴 冷仕钦
郑展禧
心理学(8月份毕业)
倪 冰
应用心理(1月份毕业)
李 珊 蒋诗榆 董 巍 苏晓昀 舒 晴 周 晔
赵 霞 张 琪 王明倩
应用心理(6月份毕业)
杨凯婷 ZE NAN ZHOU 黎懿霆 鲁梦婷 陈雯馨
钱 璐 金慧煜 郎 朗 赵晓雯 贾胜洲 祁文彦
甘育冰 王砚晗 潘 悦 樊梓屹 林 静 杨双洁
巢雨凡 孙玥儿 夏淑楠 刘怡婷 刘家琪 余炳锦
黄妍朦 鲍舜妞 雷天蔚 陈美均 陈 杨 许 悦
解慧倩 翟宇涵 王 蔚 王柯玉 王悠扬 林铮楠
杨 紫 杨依婧 杜晶晶 李松徽 李向君 张 莹
张寅滢 廖 翔 佘雯翊 何云青 任萌萌 严潘婕
李莉菲 邓小玲
社会保障(6月份毕业)
吴陈孜薇 黄书奇

环境科学与工程系
环境科学(1月份毕业)
赵 洁
环境科学(6月份毕业)
王树榕 陆小曼 金圣妍 贺宝山 茆俊芳 肖茗明
王嘉佳 李淑雅 李文清 李卓育 李丹冉 徐思清
徐冠君 夏 凡 厉 圆 刘向林 李德寰 黄景龄
环境科学(8月份毕业)
任思曼

环境工程(1月份毕业)
姜婷婷
环境工程(6月份毕业)
卢 蓓 JUNG HYUN SON 马颖潇 陈夏霞 金星鹏
詹佳慧 苗臣勇 杨鸣凤 李 淼
环境工程(8月份毕业)
王 倩 邹建旻
环境工程(1月份毕业)
陈 璐 周文慧 杨叶晨 严莹婷 李雅卓
环境工程(6月份毕业)
鲁 洋 陈 鹭 李可忻 鹿 达 高震国 高 凡
顾传奇 陈 萌 陈一航 许畅畅 祁生昕 田 丰
王 雪 王 雨 王 朝 王思雨 王 宇 汪舒怡
江兴华 杨金月 杨碧琦 杨懿煊 杨 帅 束启航
李慧琪 朱旌安 成洪宽 徐 倩 张 未 崔媛媛
唐 睿 叶 诚 卢冰洁 余 桂 张天浩
环境工程(8月份毕业)
李方洲 赵 熙
环境管理(6月份毕业)
张君昊 马明义 邹吉昊鸣 盖雨欣 徐 可 张阳洋

历史地理研究中心
中国史(1月份毕业)
华 烨
中国史(6月份毕业)
何 伊 鲍明晗 陈法铸 王水寒 汪童童 桑弘毅
李锦涛 李 昕 张端成 塔格塔 唐少威 刘 妍
历史地理学(6月份毕业)
YEAP PEI YEE

国际文化交流学院
汉语国际教育(1月份毕业)
陆小艳 AIZADA BAKYT 花永露 王兆翔 薛 冰
汉语国际教育(6月份毕业)
桂雯洁 RINRIN AOYAMA NUNU ABUASHVILI
陈永淳 陈修齐 邱君楠 袁 俊 秦思琦 王梦辰
李玮琛 李 濛 曹令懿 徐艳艳 彭雪霏 夏淑锦
唐继宏 周超群 周芸芸 周思媛 刘兆怡
SUYUN PARK THAZIN MAUNG
AZALIIA NURLANOVA 黄婉岚 闫 攀 王江俊
叶彭琴 周思洁 徐诗韵 李艺璇
汉语国际教育(8月份毕业)
疏 玥 BING QIAN JENNY ZHOU YUYU GO
FATEMEH JAHANI POUR EDY JANTONO
黄 璇 汤家慧 张海霞 QIN YING HO
语言学及应用语言学(1月份毕业)
林戴礼
语言学及应用语言学(6月份毕业)
JIAXI SUN 韩卓冰 郭 蒨 李欣珂

文献信息中心
图书情报（6月份毕业）
孟文斌　高自港　马疏窃　马新明　谢青妍　詹展晴
胡慧慧　翁妍钰　程　祯　王钰琛　王盛伊　王丁一
沈文静　汪　巧　江　澜　毛彦青　李　钰　李　赫
李秋云　曲　缘　方诗雨　徐　洋　张　骐　张毕佳
师文欣　孙非儿　孙华铱　周笑宇　周　丽　卢培婧
冷思慧　储晨凤　何紫艳　于　畅　于　悦

上海数学中心
应用统计（6月份毕业）
俞　越　蒯文啸　董辰晖　罗　元　王泽源　王承乾
林雨涵　张　弛　姚一格　单艺佳

类脑人工智能科学与技术研究院
应用数学（8月份毕业）
高少洁　李济远
生物医学工程（6月份毕业）
刘子钰　赵博涛　於葛畅
生物医学工程（8月份毕业）
韩佳薇　韩萧阳

工程与应用技术研究院
有机化学（1月份毕业）
张耀宸
有机化学（6月份毕业）
陈卓文　陈巧玉
光学工程（6月份毕业）
梅　祯　范学伟　王　鼎
物理电子学（6月份毕业）
张　蒙　阮　微　金梦茵　范彬海　段景阳　李山山
曹露泽　张鹏聪
电路与系统（6月份毕业）
陈柳宏
计算机应用技术（1月份毕业）
韩　暑　胡　坤
计算机应用技术（6月份毕业）
侯福宁　陈默涵　邹敏浩　赖志平　贺鲲鹏　蔡汝佳
罗　杰　王言凯　杨子鹏　杜洋涛　李嘉晟　曹加旺
徐博文　张伟奇　弓佩弦　姜璐璐　卢　洋　包寅翔
生物医学工程（6月份毕业）
宋左婷　龙相安　陈芷涵　钟佳慧　辛恩慧　管佳明
王海睿　焦　博　杜　强　曹宇琦　方　涛
光学工程（1月份毕业）
徐中彦　胡敏政　李梁涛
光学工程（6月份毕业）
卢志成　袁泽兴　王　昊　李　敏　曾泽钧
计算机技术（1月份毕业）
何东东　陈　昊　邓　欣　董　宇　肖小亮　管　民
王潇潇　王友好　杜达鸣　朱敏华　张　圆　吴福旺
计算机技术（6月份毕业）
李蓝建　赵欣璇　苏　昊　熊清悦
生物医学工程（1月份毕业）
乐　松　蒋东港　张园园　卢飞雨
生物医学工程（6月份毕业）
冷一峻　谢媛媛

全球公共政策研究院
公共政策（6月份毕业）
宋昭颖　AN QI ANGEL ZHOU ZHOU
TING-YI YE ZHANG　JASON WU
NATTAYADA BUNPHOKAEW
ANDREA LOUISE PUECH
JEANNE CLELIA MARIE LE GALCHER-BARON
阳星月　赵汗青　王振宇　王依涵　沈张琪　江一菲
李若彤　曹璇璐
公共政策（8月份毕业）
彭家曦

大数据学院
金融（1月份毕业）
何成洋　李小乐
金融（6月份毕业）
时　琛　颜　翼　陈静怡　邹雨益　赵　旋　贾子寅
谢　昊　蒋明皓　蒋　婷　董佳奇　范蒋诗月
臧子悦　王非凡　王　钰　王映辉　王　婧　王嘉程
王俊虹　牛皓玥　潘博益　沈思佳　梁东屹　杨静怡
杨文屹　杨君怡　曾舒萌　方文尧　徐秋月　张睿婷
张佳伟　张一川　孙宝鹏　唐瑞楠　周　晨　周千裕
吴云龙　向旭晨　卢逾昔　刘静茹　刘雨竺　冯佳文
丁雨婷
金融（8月份毕业）
张宇宣　禄晨耕　王　震　王一民
应用统计（1月份毕业）
陈昱昊
应用统计（6月份毕业）
严贞婷　黄　超　黄家含　马嘉晨　颜　帆　韩司仪
韩伟东　钱昱东　郭涵青　郭家兴　郁佳欣　邹瑞祥
赵　磊　赵　斌　赖新贵　胡致远　肖圣明　聂　铭
王成汉　王徐嵘　王　啸　牟馨忆　潘佳仪　沈思琦
李芸江　李志伟　李寅子　李住睿　朱励文　易经杰
张逸敏　张泽洋　张晓琛　巨锦浩　夏　西　周笑宇
吴雁州　刘　唐　傅雅婷　侯艺杰　余心晴　乔　楠
应用统计（8月份毕业）
胡旭东　陈　磊
国际商务（1月份毕业）
任贤聪　邱开睿　李瀚修　卓　越　刘芝亭
国际商务（6月份毕业）
刘　钰　马祎迪　陈华健　王敬惠　杨　越　张　硕
尹诚明　吴奕欣　向　敏

统计学(1月份毕业)
宁上毅
统计学(6月份毕业)
栗书敬　魏　政　高亦煦　韩文慧　钟祖远　赵思云
袁　建　薛吕欣　罗栋梁　王守道　王健安　王佳莉

基础医学院
生理学(6月份毕业)
倪佳芸　林　云
生理学(8月份毕业)
李志明
神经生物学(6月份毕业)
陈美玲
神经生物学(8月份毕业)
贲　惠
遗传学(8月份毕业)
桂爱玲
生物化学与分子生物学(1月份毕业)
李淑婷　徐文龙
生物化学与分子生物学(6月份毕业)
韩丽萍　陈梦仟　郭　宝　肖　港　杨雅婧　张榕榕
周梦雨　吉　致　何旭东　何志惠　侯　佳
人体解剖与组织胚胎学(6月份毕业)
朱继莹　胡俊涛
人体解剖与组织胚胎学(8月份毕业)
陈鑫宇
免疫学(6月份毕业)
何敏静　李柳燕
免疫学(8月份毕业)
陈叶颖
病原生物学(6月份毕业)
于　尹　郑丽兰　邹永琳　邓茗芝　袁雯婕　朱立君
病原生物学(8月份毕业)
张舒心
病理学与病理生理学(1月份毕业)
刘锦波
病理学与病理生理学(6月份毕业)
徐慧君　谢奇苑　葛　菲　程杭杭　武慧杰　杨乐梅
朱文佳　刘雨桐
病理学与病理生理学(8月份毕业)
高亚彪
法医学(6月份毕业)
陈尚亨　罗毅涛　朱蓉喆
分子医学(6月份毕业)
宋赛赛
医学信息学(6月份毕业)
刘颜静
中西医结合基础(6月份毕业)
李晓晨　高鸿儒

药理学(6月份毕业)
于盼盼　陶诗源　姜　姗
药理学(8月份毕业)
王怡然
生物医学工程(6月份毕业)
何学才　高文宇

公共卫生学院
流行病与卫生统计学(6月份毕业)
卢映宏　马中慧　郭金鑫　沈　思　杨　雨　李仕祯
李亚欣　彭欣伟　张　娜　叶尔扎提·叶尔江
流行病与卫生统计学(8月份毕业)
张　欣
劳动卫生与环境卫生学(6月份毕业)
何　雨　黄　畅　雷　蕾　赵文轩　瞿　飞　樊　昊
彭仁祯　宣亚男　宋　博
营养与食品卫生学(6月份毕业)
孙　卓
营养与食品卫生学(8月份毕业)
胡　曼
儿少卫生与妇幼保健学(6月份毕业)
尹灿灿　陆　璇　施姣姣
卫生毒理学(6月份毕业)
吴　璇　张　芬
健康教育与健康促进(6月份毕业)
于　洋　邓　慧　赵　杰
公共卫生(1月份毕业)
陈丽菁　王　唐　黄美雪　韩　磊　李曼诗
公共卫生(6月份毕业)
顾慧宁　陈炜越　陈恺韵　谷臣琳　袁雨晨　臧金鑫
王　珏　王　浩　王庆荟　朱　莹　尹　漫　姜　帆
包婷婷　余　力　何若璇　龚裕卿　龚　慧　黎锦鸿
黄菲菲　黄　楹　黄小倩　马雪祺　韩明慧　陈雨牵
陈胤孜　陈美意　陈维怡　陈瑛玮　陈星会　陈卓如
陈光华　陈一涵　郑颖彦　郑梦熳　邵　琦　赵　峥
赵仁嘉　薛　静　蒋绮蕴　苗雅楠　苏　晴　白　月
田　婕　王　茜　王梦妍　王　昊　洪　洁　沈雁翎
江弋舟　江佳艳　殷小雅　柏宇舜　李赵进　李自慧
李秉哲　李玉荣　朱晶晶　时慧琳　施婷婷　张　静
张　磊　孙　悦　姜之歆　唐　颢　唐跃昆　唐　蕾
唐紫君　吴　萍　叶全伟　刘　鑫　刘瑾瑜　刘晓曦
刘慧琳　刘孟双　俞沁雯　何锦怡　何春燕　张艺馨
袁轶鸣　许青青　吴　程　吕丽雪　张石昊　俞沈彧
魏雪辉
公共卫生(8月份毕业)
张艳飞
社会医学与卫生事业管理(6月份毕业)
夏泽敏　JIAYU GUO　解　君　胡艺铭　祁玉成
王　草　王艺园　樊长佳　李梦颖　张懿中　张一凡
吴博姗　吕　超　严佳琦

药学院

药物化学(1月份毕业)
刘家密

药物化学(6月份毕业)
于智慧　陈宗龙　阮莉　闻子豪　薛子安　祝晨宇
洪晓倩　欧阳志蓉　　　张绍辉　何宇航

药剂学(6月份毕业)
刘春影　门泽宁　郑贤子　邵倩文　赵梓彤　李羿娴
张芷依　张舒雅

生药学(1月份毕业)
赵婷

生药学(6月份毕业)
王常悦

药物分析学(6月份毕业)
孙茹　黄回晨　臧柳　王欣怡

微生物与生化药学(6月份毕业)
丁文鑫　郭晓涵　许伟明　弋彤　刘嘉扬

药理学(1月份毕业)
任安琦　幸赟

药理学(6月份毕业)
何佳琪　钟文　贺姝华　苑艳　毛文博　杨佳鸿
张绍卿

临床药学(6月份毕业)
刘烨

药学(1月份毕业)
岑利锋　田恩铭　唐兴雨　杨亚峰　徐子砚　胡傢椿

药学(6月份毕业)
丁子慧　庞雨时　黎子祥　陈锦娇　陈榆佳　肖玥
王强强　张馨仍　张玉婷　张晓艺　宋思雨　姚莉
史静仪　何洁　马宇蕾　顾骧　韩金珠　郭诗琪
郭晓宇　赵亚茜　谢胜盛　谢一博　许倩竹　董子榕
王芳珍　王媛媛　王威　林梅英　李馨蔚　李阳
李木子　李敏　张鹤　张悦　张希　张司韬
张儒　尹淑杰　宫琴婷　宋欣珞　宁金凤　周楷程
司书慧　占紫龙　刘荔桢　刘恺恒　冯依曼

实验动物科学部

动物学(6月份毕业)
李亿红

放射医学研究所

放射医学(6月份毕业)
陈胜之　钟登琴　李潇萌　曲水音　徐琳珊　张育红
张湘言　张月颖　何昱灵

上海市生物医药技术研究院

遗传学(6月份毕业)
张坚

生物化学与分子生物学(6月份毕业)
王威威

流行病与卫生统计学(6月份毕业)
赵旭红　郑雨佳

药理学(1月份毕业)
李德保

药理学(6月份毕业)
任冰涛　陈靖雯　王凯玥

护理学院

护理学(6月份毕业)
毛诗柔　陈艺彤　邹莘莘　胡鑫　朱瑞　卞学莉
刘成成

护理(1月份毕业)
黄盼盼　杨玚　许雅芳

护理(6月份毕业)
汪洋　GLENDA HELEN DANGIS　马思玥　郑钦
章莹莹　成笑非　岳朋　孔菁燕　项李娜　金芸
郑兰平　邓名淳　许凤　袁霞　翟越　章清
石裕琦　李彬霞　李以睿　李丽玲　戚少丹　张舒文
庄宇　左丹妮　宋品芳　孙莹珠　丁敏　林琳
郭燕　勾桢楠　葛丽萍　安培　曹均艳　王琳

护理(8月份毕业)
姚利

中山医院

内科学(6月份毕业)
俞文溯　王羿文　魏婷婷　陈轶妍　郑添琪　薛俊强
蔡巧婷　臧童童　王宝敏　潘乐　沈道琪　朱桂萍
孟庆楠　吴琪　吴圆圆　刘进

神经病学(6月份毕业)
刘韬　张怡莹

皮肤病与性病学(6月份毕业)
严悦梅　唐嘉萱

影像医学与核医学(6月份毕业)
王栋　陈彦玲　董三源　包静文

临床检验诊断学(6月份毕业)
金安莉

外科学(6月份毕业)
舒晓龙　陈维新　钱乐琪　邹凌威　贾昊　王恩慈
王忆宁　武琦　栾靖旸　朱文润　张继成　史忠义
刘丹　严弢

外科学(8月份毕业)
许阳

肿瘤学(6月份毕业)
袁艺洮　高洁

药理学(6月份毕业)
李婷婷

内科学(6月份毕业)
余茜茜　陈方园　钱点点　迪丽拜尔·艾尼瓦尔
苏雅　苏熳　沈艳婷　张俊　周楚君
周兴好

内科学(8月份毕业)
杨 浩
神经病学(6月份毕业)
梁 佳 金 畅
皮肤病与性病学(6月份毕业)
王修远
影像医学与核医学(6月份毕业)
刘萍萍 鲁鸿飞 王马丽 施帅楠
外科学(6月份毕业)
俞 宽 韩思阳 陈佳锋 谢天晨 许家豪 朱鹏举
张思弘 庄晨阳 屈程辉 吴健章 卞赟艺
外科学(8月份毕业)
张其琛
妇产科学(6月份毕业)
张 雯
眼科学(6月份毕业)
李 优 王鸽纯
耳鼻咽喉科学(6月份毕业)
李光耀
麻醉学(6月份毕业)
叶姗姗 刘洋洋 刘 婕 冯 真 关 昱
急诊医学(6月份毕业)
廖凤卿 赵会鑫 董亦鸣 曾湘鹏
全科医学(6月份毕业)
周馨媚 黄焦娇 陈丹霞 胡可文 程雪霖 杨良燕
张盼盼 张佳裕
临床病理学(6月份毕业)
吴佳美 陶云兰 赵红杏 庞艳蕊
口腔医学(6月份毕业)
张孝利 韦 笑

华山医院
内科学(1月份毕业)
钟豪轩
内科学(6月份毕业)
何婧婧 黄晓岚 霍美思 金烁烁 王 莉 武 勇
杨斐飞 杨敬书 李静文 李文阳 张楚彬 张 宇
孔铭佳 史佳林 华文雅 刘小锦 傅掌璠
神经病学(6月份毕业)
常雪纯 郝一凝 范国航 肖朕旭
皮肤病与性病学(6月份毕业)
何 姗 黄永雄 梁馥闵 王润南 王 冰
影像医学与核医学(6月份毕业)
沈怡媛 雷 哲
临床检验诊断学(6月份毕业)
孙 玥 邵友星 辛 玲 葛 羽
外科学(6月份毕业)
TANIGAWA HIROMI 邢 皓 邓君元 董银辉
沈 晴 李 智 庄靖铭 孔 磊 叶方叠 何韬宸

康复医学与理疗学(6月份毕业)
刘美茜
运动医学(6月份毕业)
王 鹏
急诊医学(6月份毕业)
温惠梅
中西医结合临床(6月份毕业)
汤蔚峰
内科学(6月份毕业)
刘寄语 陈 未 赵晓雨 贾轶迪 胡超璐 种昱淋
王晗璐 林 杉 杨 宇 唐 佳
神经病学(6月份毕业)
付佳玉 颜 蔚 陈运灿 郑永胜 任 雪
皮肤病与性病学(6月份毕业)
戴小茜 郑承辉 朱逸飞
影像医学与核医学(1月份毕业)
方紫薇
影像医学与核医学(6月份毕业)
付君言 潘 婷 徐国辉
外科学(1月份毕业)
孙舒尘
外科学(6月份毕业)
于子页 黄先觉 谭 博 王友博 滕兆麟 宋清怡
周 睿 吕金阳
眼科学(6月份毕业)
田 莎 马懿辰
耳鼻咽喉科学(6月份毕业)
胡鑫祺 李佳颖
康复医学与理疗学(6月份毕业)
方东翔 胡义茜 朱立维
麻醉学(6月份毕业)
徐威龙 董婧婧 苏怡蝶
急诊医学(6月份毕业)
翟小江
全科医学(1月份毕业)
顾美花 李 阳
全科医学(6月份毕业)
徐志伟 龙宇益 顾 问 范梅香 王锦秀 王 燕
临床病理学(6月份毕业)
孙仁静 金 哲
口腔医学(6月份毕业)
伊丽娜 陈 婕 李约君

肿瘤医院
生物医学工程(1月份毕业)
杨强兴
生物与医药(6月份毕业)
彭冀优 陈力源 翟昊阳 米 静 石少康
医学系统生物学(6月份毕业)
袁 旭

影像医学与核医学(6月份毕业)
李 悦
临床检验诊断学(6月份毕业)
朱珂宇　管晓琳
肿瘤学(1月份毕业)
姚兴鑫
肿瘤学(6月份毕业)
丁佳涵　黄嫦婧　韩 暄　霍诗颖　雷雅洁　钱云臻
赖京雷　谭励城　谢亦璠　裴玉蕾　薛倩倩　葛靖宇
范凡凡　罗 伊　管铭炜　田 熙　潘 剑　杨贻兰
李思远　李兴慧　徐 仝　屠文静　周逸凡　何学锋
流行病与卫生统计学(6月份毕业)
肖佳龙
影像医学与核医学(6月份毕业)
刘明玉　陈章哲　刘晁旭
外科学(6月份毕业)
张家宁　韩博悦　郑佳杰　罗文杰
肿瘤学(6月份毕业)
倪梦珊
临床病理学(6月份毕业)
冯铭礼　马 静　刘 谢　刘佳涵

儿科医院
医学系统生物学(6月份毕业)
路丹荑
儿科学(1月份毕业)
许丽楠
儿科学(6月份毕业)
孙嘉利　韩玲丽　陈旭东　陈 宾　陈媚媚　钱天阳
郑红梅　赵 雯　薛珊珊　苏娜润　胡梅新　田钰欣
王耀东　桂怡婷　林思园　林伟鸿　李 璐　李 婷
张 海
影像医学与核医学(1月份毕业)
陈 斌
临床检验诊断学(6月份毕业)
朱训华
儿科学(1月份毕业)
杜秀丽
儿科学(6月份毕业)
王 乐　袁 梦　王程浩　潘晓雪　林雅丽　李 飞
李 苹　李梦遥　李兵家　李 仪　曾玉媛　曹芯诚
方 成　徐 琛　崔静怡　刘嘉林　何 雯

妇产科医院
妇产科学(6月份毕业)
司马一桢　韩 笑　郭靖婧　符艺涵　王 博　柳 妍
李宇祺　　朱国华　唐芷菁　周 丹
麻醉学(6月份毕业)
王琛冉

临床药学(6月份毕业)
李月妍
妇产科学(6月份毕业)
俞舒悦　黄 武　魏 智　陈 璐
阿依提拉克孜·阿不都克尤木　阮璐煜　金夏雨
郑沛沛　车嘉慧　谢惠娟　袁 敏　王 倩　潘 恩
李佳蔚　徐 蕾　张 瑞　崔 璨　尹一琳　周一凡
刘申平

眼耳鼻喉科医院
影像医学与核医学(6月份毕业)
于思慧
临床检验诊断学(6月份毕业)
邱逸超
眼科学(6月份毕业)
万惜晨　范昕彤　绳思琦　石泽惠　孔康杰　华志翔
乔云圣
耳鼻咽喉科学(6月份毕业)
储银颖　黄汇莹　王锟琨　张玮洵　刘世杰
麻醉学(6月份毕业)
李玉凤
耳鼻咽喉科学(6月份毕业)
刘 旭　闵世尧　邢 鹭　赖丽娴　管鹏飞　宋 静

金山医院
内科学(6月份毕业)
周 雷　曾静怡　屠晓婷
神经病学(6月份毕业)
麦美婷
外科学(6月份毕业)
林 珩　甄自力
肿瘤学(6月份毕业)
杜雅静
中西医结合临床(6月份毕业)
汪萧坤　田心韵
内科学(6月份毕业)
乔子轩
儿科学(6月份毕业)
罗 闪
神经病学(6月份毕业)
郭晓柔
影像医学与核医学(6月份毕业)
唐含洲　温雪婷
外科学(6月份毕业)
叶 沐　费继昌
急诊医学(6月份毕业)
戴清霞
全科医学(6月份毕业)
吕兴初　王运涛

华东医院

内科学(6月份毕业)
刘萱琪　管　理
内科学(8月份毕业)
梁有道
老年医学(6月份毕业)
徐康乔
神经病学(6月份毕业)
李　楠
影像医学与核医学(6月份毕业)
张少杰
临床检验诊断学(8月份毕业)
迟文静
中西医结合临床(6月份毕业)
李士传
内科学(6月份毕业)
张凌云　赵璧和　蔡家晟　李明轩　易颜琳　张学云
神经病学(6月份毕业)
杨　露　杨馥霞
影像医学与核医学(1月份毕业)
林丽娜
影像医学与核医学(6月份毕业)
吕一宁　黄雪梅　陆金娟
影像医学与核医学(8月份毕业)
苏　彪
外科学(6月份毕业)
付文韬　马明剑　陈之灏　王龙祥　王　恒　李　杨
外科学(8月份毕业)
迪力夏提·吐尔洪
耳鼻咽喉科学(1月份毕业)
韩之瑾
耳鼻咽喉科学(8月份毕业)
鲍　婧
康复医学与理疗学(6月份毕业)
王孟玲　连　洁　胡天城
麻醉学(6月份毕业)
赵　璇　陈永庄
全科医学(6月份毕业)
武国华　赵茹茜　田　玥　王　瑜　王娜娜
生物医学工程(6月份毕业)
张书郡

上海市第五人民医院

内科学(6月份毕业)
李　娜　邹　粟　孙奕凡
神经病学(6月份毕业)
陈修齐
外科学(1月份毕业)
葛健超
外科学(6月份毕业)
张啸天　李海龙　李浩然
内科学(6月份毕业)
任晓婷　申　锐　王　凯
神经病学(6月份毕业)
康小翠
影像医学与核医学(6月份毕业)
宋英杰　胡绮莉
外科学(6月份毕业)
沈家门　顾嘉伟　王鹏宇
妇产科学(8月份毕业)
李　畅
麻醉学(6月份毕业)
李笑笑
急诊医学(6月份毕业)
王　丹
全科医学(6月份毕业)
刘璐琼　汪丽红　孙文博　周　颖

公共卫生临床中心

免疫学(6月份毕业)
刘杉杉
病原生物学(6月份毕业)
唐怡洁　蒋海霞　王晓萌　石慧春
内科学(6月份毕业)
郭　静
外科学(6月份毕业)
吴立伟
中西医结合临床(6月份毕业)
张　媛

上海市影像医学研究所

影像医学与核医学(6月份毕业)
林于茹　马　琼　陈颖俐　陈园园　阮卓颖　谢雅舒
潘怡君　曹炎焱　庄志泉　左　丹

浦东医院

外科学(6月份毕业)
杜建航　赵杰炳　桑维聪
肿瘤学(6月份毕业)
苏　伟
康复医学与理疗学(6月份毕业)
田　浩
全科医学(6月份毕业)
吉亚军　田宏扬　王　荷　彭雪米

静安区中心医院

内科学(6月份毕业)
黄　挺

影像医学与核医学（6月份毕业）
郑妍玲
外科学（6月份毕业）
陈鹏飞
全科医学（6月份毕业）
巫雨恬

青浦区中心医院
内科学（6月份毕业）
陶易秀
全科医学（6月份毕业）
李佳霖

闵行区中心医院
内科学（6月份毕业）
朱一凡　薛　帅　潘紫月
临床检验诊断学（6月份毕业）
于　彤
外科学（6月份毕业）
徐亚运　景　晖
急诊医学（6月份毕业）
于水利
全科医学（6月份毕业）
曾钰朋　王秋秋

上海市口腔医院
口腔临床医学（6月份毕业）
姚姝冉

生物医学研究院
化学生物学（1月份毕业）
吴　怡
化学生物学（6月份毕业）
许柯华
生物化学与分子生物学（6月份毕业）
吴思中　胡琴丰　黄建航　柳鑫成　张　盼
医学系统生物学（6月份毕业）
李方芸　谢张娟　许妍晴　杨绍英　尹家勇

脑科学研究院
神经生物学（1月份毕业）
焦钰涵
神经生物学（6月份毕业）
何承锋　陈赛勇　郭书钰　郑启民　薛雯娇　秦　璐
江寒阳　方　蓉　周之欣　吴锦云　刘　蒲
神经生物学（8月份毕业）
孔志涛　黄　楠

软件学院
软件工程（1月份毕业）
陈展鹏　许朝智　乔　丹　吕朝阳

软件工程（6月份毕业）
朱明超　黄君扬　陶　赟　陶文慧　陈　卓　陆　怡
郭　雨　谢思豪　许驹雄　许聪颖　蒋雪瑶　蒋　婷
章苏尧　甘红楠　王积旺　王　森　王传旺　潘思成
沈心瑶　汪成荣　杜清华　李　轩　李艾丽丝
李　智　李博文　朱玉倩　曾　楠　张明明　张　健
张俊杰　庞艺伟　土育民　周忠君　周　健　吴豪奇
吴舒仪　包乔奔　刘　弋　余天焕　严倩羽　朱　潇
软件工程（8月份毕业）
戎珂瑶　陈浩远
软件工程（1月份毕业）
耿邱一郎　　邓　晓　苏　杰　沈钦倩　江啸栋
徐　静　张积伟　尤吉庆　周天鹏　黄　杨　赵　航
谢佳展　程　俏　杨　奔　李陶然　张洪森　张文绮
张　卓　左涵坤　宋　瑞　孙冬旋　夏天宇　吴　帅
吴　俊　吕　港　叶　威　刘俊涛　元奕超　余乐章
何童远　郑巧菲　严律成　路天一　郭东山　臧子凝
王　琪　柳　通　孙宇航
软件工程（6月份毕业）
刘昕伟　郑雯怡　赵茂祥　赵喜梅　王一笑　林鸣宏
李　锴　朱佑虹　曾昌林　张雨卉　常玉杰　唐　悦
刘　浩　侯振威　黄林涛　邵　熙　邓嘉琦　邓佳颖
许昊南　蒙梓仪　王舒炘　王文浩　王一霏　潘泽通
汤佳诚　戴学监　张永强　张罗杰　应亦周　周玺众
汪　健　石庭豪　陈天宇　卞思宸　谭啸宇　周　准
梁　伟　钟　宁　张雁南　杨猛猛　汪　森　宋　博
宓云亭　马艳琼　费敏佳　赵彦杰　徐华俊　戚　俊
韩荣华　冯　进　季博骏　孙　伟

微电子学院
微电子学与固体电子学（1月份毕业）
张子豪　白　悦
微电子学与固体电子学（6月份毕业）
王　巍　鲁之釜　高靖博　马静怡　陈　敏　钱嘉栋
金　健　郑　溯　邢　宸　赵婧尧　谢瑞祺　谢　鳃
蔡俊哲　范龙波　胡佳辉　王　艳　王　翠　王　渝
王　欣　王　柳　熊斯语　混瑞智　沈　悦　沈宇航
李樱琦　李晓敏　李子为　曾　诚　支玮琦　张　辉
张文笛　张婷婷　张　凯　完晓妍　孙云钊　姜　昊
唐招武　吴琦娟　卢　震　刘佳峰　冯佳韵　余　睿
何文彬　付　旭　周　益　张轶超
微电子学与固体电子学（8月份毕业）
陈德政
集成电路工程（6月份毕业）
刘志恒
集成电路工程（8月份毕业）
刘　威

先进材料实验室
无机化学（6月份毕业）
李　思　王启豪　燕　帅

有机化学(6月份毕业)
明彬彬　梁丁莉
高分子化学与物理(6月份毕业)
吴辉扬　王佳玮　杨子琪　孙唯元
材料物理与化学(6月份毕业)
张瑞轩　张　畅

大气与海洋科学系
大气科学(1月份毕业)
蒋雪蕾
大气科学(6月份毕业)
郝　雪　黄雯菁　高　震　陈　珲　邓　琪　程敬雅
王锡龙　王晨色　查鹏飞　李晓萌　李　哲　康慧慧
宁子凡　孙宇婷　周　莹　刘朝阳　但婧瑜　刘　亚
大气科学(8月份毕业)
廖舒洁

博士研究生

马克思主义学院
中共党史(1月份毕业)
谈思嘉
马克思主义基本原理(1月份毕业)
石明星　吴　燕　王晓蕾
马克思主义基本原理(6月份毕业)
孙　健　徐伟轩　刘　超
马克思主义基本原理(8月份毕业)
安连新　李建肖　刘繁荣
马克思主义中国化研究(1月份毕业)
李　超
马克思主义中国化研究(6月份毕业)
石　璞　郑继承
马克思主义中国化研究(8月份毕业)
刘思帆
思想政治教育(1月份毕业)
赵成林
思想政治教育(6月份毕业)
钟　祝　兰丽丽
思想政治教育(8月份毕业)
胡　敏　陆婷婷
党的建设(6月份毕业)
刘　莹　王贺宇　庞　敏

古籍整理研究所(中国古代文学研究中心)
汉语言文字学(1月份毕业)
宋华强
中国古典文献学(8月份毕业)
王　弢

中国古代文学(1月份毕业)
王英达
中国古代文学(6月份毕业)
李颖燕
中国古代文学(8月份毕业)
刘莎莎　宋怡心　顾承学
中国文学古今演变(1月份毕业)
赵海涛
中国文学古今演变(8月份毕业)
江　涛

中国语言文学系
文艺学(1月份毕业)
沈若然
文艺学(6月份毕业)
郑　端　黄　瑞
文艺学(8月份毕业)
王煜东
语言学及应用语言学(6月份毕业)
SALEH RAWDA MOHAMMED MUSTAFA　王雅琪
汉语言文字学(6月份毕业)
花友娟　MARZIYEH MIRTAJADDINI GOKI　张　莹
李建新　卢勇军　李　豪
中国古典文献学(1月份毕业)
李霜洁
中国古典文献学(8月份毕业)
魏晓帅
中国古代文学(1月份毕业)
郭小小　豆红桥
中国古代文学(6月份毕业)
田雨露　梁燕妮　李傲寒　张思茗　张志杰　王蔚乔
中国现当代文学(1月份毕业)
周紫薇　林静声
中国现当代文学(6月份毕业)
吴天舟　黄炜星　许慧楠　刘明真　郑依梅　王玮旭
刘天艺　SING JEK DING
比较文学与世界文学(8月份毕业)
LOH SAY CHUNG　姚成凤
中国文学批评史(6月份毕业)
付杉杉　陶明玉　邹佳茹　李文韬
艺术人类学与民间文学(6月份毕业)
郎雅娟　斯竹林

外国语言文学学院
英语语言文学(1月份毕业)
宫　昀
英语语言文学(6月份毕业)
王作伟　金太东　江雨斯
外国语言学及应用语言学(1月份毕业)
赵沛然

外国语言学及应用语言学(6月份毕业)
LEE HYUNHO 徐 利

新闻学院
新闻学(1月份毕业)
孙 宇 贺才钊 陈鑫盛
新闻学(6月份毕业)
曾娇丽 邓又溪 任 桐 赵 静
新闻学(8月份毕业)
向妮娜
传播学(1月份毕业)
褚传弘
传播学(6月份毕业)
凤 仙 周小溪 王雅琪 高鹏宇 李 晗 张岩松
传播学(8月份毕业)
冷东红
广播电视学(6月份毕业)
赖楚谣

历史学系
中国史(1月份毕业)
陈懿人 朱梦中 岳敏静 张 宁 贺梦楚 丁 乙
张延和 阚 海
中国史(6月份毕业)
杨 洁 王 钊 熊 钿 孙毓斐 张宝宝 杨 瑞
许 浩 王奕斐 王 旭 李煜东 成 棣 裴艾琳
PARK, SEI WAN 朱 菁
世界史(1月份毕业)
魏灵学 殷九洲 刘山明 关依然 褚书达 李 晨
世界史(6月份毕业)
唐晓霞 薛鹏程 吕晓彤 白珊珊 沐 越 刘子韬
王可雅

哲学学院
马克思主义哲学(6月份毕业)
关山彤 王瀚浥 王俊勇 张润坤 张志鹏
马克思主义哲学(8月份毕业)
王一帆 姜 婷
中国哲学(1月份毕业)
KONSTANTIN TITOV
中国哲学(6月份毕业)
徐 凯 于超艺 刘 兵 金 瑞 张亦辰
BULITSINA NADEZDA
中国哲学(8月份毕业)
LIU WENFEI 李 洁
外国哲学(1月份毕业)
孙嘉琪
外国哲学(6月份毕业)
周轩宇 高诗宇 杨自由 杨 健 王勤栖 黄琼璇
陈 萌 苏爱玲

外国哲学(8月份毕业)
李志龙 柳 康
逻辑学(6月份毕业)
单芃舒
伦理学(1月份毕业)
黄 斌 孟令宇
伦理学(6月份毕业)
蒋 益
伦理学(8月份毕业)
庞 聪
美学(6月份毕业)
金舜华
宗教学(6月份毕业)
彭柏林
宗教学(8月份毕业)
赵炜蓉
科学技术哲学(6月份毕业)
姚小琴 韩东奥
科学技术哲学(8月份毕业)
张 明
国外马克思主义哲学(6月份毕业)
李毅琳 闫高洁

国际关系与公共事务学院
政治学理论(1月份毕业)
胡淑佳
政治学理论(6月份毕业)
吴纪远 赵文杰 栗潇远 李 松
中外政治制度(6月份毕业)
杨蔚玲 邓 理 莫丰玮 MIRAE KIM
国际政治(6月份毕业)
陶欣欣 NIFTA SUGEY LAU IBARIAS
HINDU SANSKRITI KARKI
徐 成 唐嘉华 曹 航
国际政治(8月份毕业)
蔡 畅
国际关系(6月份毕业)
余璟仪 聂侯诚 周逸江 王 悦 侯冠华
国际关系(8月份毕业)
余 姣
外交学(6月份毕业)
汪 道
外交学(8月份毕业)
张 淦
行政管理(1月份毕业)
郭奕贤 马心怡
行政管理(6月份毕业)
董昀宏 李欢欢 张鸣春 侯晓菁
公共政策(1月份毕业)
廖福崇

公共政策(6月份毕业)
李玮

数学科学学院
基础数学(6月份毕业)
倪嘉琪 高昆 韩凤文 陆琳根 陆斯成 邹瑜
蔡舒雅 欧丽 杨依灵 张洵 张儒轩 王子夕
练静芳 张泽川 张页 沈启帆 黎前锋 胡可
陈拓炜
基础数学(8月份毕业)
刘炎林 邢旭
计算数学(6月份毕业)
王淑芬 朱曾颖 徐熙宁
应用数学(1月份毕业)
应雄
应用数学(6月份毕业)
葛启阳 赵琦 陈波宇 王子叶 鹿彭 何静宁
王宇
运筹学与控制论(1月份毕业)
刘若杨
运筹学与控制论(6月份毕业)
赵颖
运筹学与控制论(8月份毕业)
何家钧

物理学系
理论物理(6月份毕业)
郭会杰 王昊 王丹东 欧阳云卿 张宾花
徐永钢 林键 须留钧 王冬逸 娄家奇 刘晓娟
沈策 刘通 辛杰 汤山昌
理论物理(8月份毕业)
何佳程 赵渊晟 谢军 汪祺
凝聚态物理(1月份毕业)
何政 刘昌勤 车治辕
凝聚态物理(6月份毕业)
陈培宗 高琼 沈唐尧 朱子浩 鲍海瑞 朱楚楚
赵茂雄 张喆 张彦彬 姚逸飞 杨燕兴 王临舒
唐一鸣 倪佳敏 劳曾慧 黄烨煜 汪凡洁 宋祎琛
凝聚态物理(8月份毕业)
张立建 宋元和 刘垒 郇昊 钱瑞杰
光学(6月份毕业)
徐影 李惠 鲁兴达
光学(8月份毕业)
裘李阳

现代物理研究所
粒子物理与原子核物理(6月份毕业)
李佳 马凯强 覃潇平 王世梅 潘祥 屠汉俊
宋一丹 杨师偭 刘向阳 胡昱
原子与分子物理(6月份毕业)
刘羽鹏 陆祺峰 邵琰 张春雨

化学系
无机化学(6月份毕业)
王美银 张思荻 张富瑛 周倩雯 张海宁 马玉柱
刘梦丽 陈漪 柴应洁 徐活书 陈杰 张慧
吴娜 李明重 刘东亚 刘栋
分析化学(1月份毕业)
胡旭芳
分析化学(6月份毕业)
黄志鹏 韩国斌 闫苗 钟青梅 程孟霞 王妍蔺
吴永雷 杨奕 王婷 连莹 李巧玉
有机化学(1月份毕业)
李晓彤 徐金诚 李三亮 储豪科 陈军
有机化学(6月份毕业)
郑杰 李磊 王长城 胡堃 王增垚 竺科杰
王泽坤 蒋思扬
有机化学(8月份毕业)
林杰 吴国林 王华南 钟昶煦 王梦 秦安妮
物理化学(1月份毕业)
贺露露 王辉 范玉桥 周方舟 盛治政 史鼎任
物理化学(6月份毕业)
黄阳环 谷霍亮 董雪林 王天 武贺臣 李凌凤
曾杨 张姜 马宪印 李斯坦 张春娜 叶兆祺
杨思宇 颜文杰 王子剑 王丹 唐灿 马跃洋
康沛林 靳欢 方越
物理化学(8月份毕业)
张菊华
化学生物学(1月份毕业)
田恒之 刘嘉 李永芳 李顺祥
生物与医药(6月份毕业)
胡辰

计算机科学技术学院
计算机软件与理论(1月份毕业)
杨智慧 雷一鸣 李林蔚
计算机软件与理论(6月份毕业)
常玉虎 白帆 刘逸群
计算机应用技术(1月份毕业)
黄一博 王丽 吴沁倬 周练 高永伟
计算机应用技术(6月份毕业)
杨立伟 陈绍祥 袁劲飚 王文萱 于帅 顾嘉臻
王铮 蒋龙泉
计算机应用技术(8月份毕业)
叶家炜
数据科学(1月份毕业)
曹满亮
数据科学(6月份毕业)
张家伟
软件工程(1月份毕业)
黄凯锋 侯慧莹 周顺帆 谢晨昊 何郁郁
软件工程(6月份毕业)
张季博宁 刘名威 张寒冰 张晨 徐政 王超

吴英培　谢婧璘
网络空间安全(6月份毕业)
张　亮　洪　赓
电子与信息(1月份毕业)
罗光圣
电子与信息(6月份毕业)
孙振峰　马晨曦　李吉春　严传续

法学院
法学(1月份毕业)
朱嘉程
法学(6月份毕业)
俞弘志　韩晨光　陈红艳　李　灿　程飞鸿　张　琳
王怡然　石　磊
法学(8月份毕业)
赵卢伟
诉讼法学(6月份毕业)
成　谦
国际法学(8月份毕业)
郑贝贝　朱蔚云

航空航天系
流体力学(1月份毕业)
汪　婷　张靖宇
流体力学(6月份毕业)
袁　烨　高　升　王立悦　王　飞　张　毅　顾智博
刘　涛
流体力学(8月份毕业)
杨雪琦　李夜金　王　威　张　鹏
生物力学(6月份毕业)
于　仪　李冰融

材料科学系
材料物理与化学(1月份毕业)
陈　伟　赵　哲　吉翠萍　程巧焕
材料物理与化学(6月份毕业)
王胜辉　骆赛男　裴立远　杜佳远　朱啸东　张虹宇
严亚杰　刘锦润　崔淑贞　程　扬　朱羽烨　朱　红
于　爽　陈　燕　陈家欣　唐　杰
材料学(1月份毕业)
陈　欣　雷龙林
材料学(6月份毕业)
陈秋松　臧佳贺　白　宇　王瑞瑞　江　乐　张　林
倪惺惺　何延楠　武泽懿
材料学(8月份毕业)
闫永坤
物理电子学(1月份毕业)
黄经纬
物理电子学(6月份毕业)
郭家辰　李凯文
电子与信息(6月份毕业)
黄　鹏
电子与信息(8月份毕业)
李永伟
材料与化工(6月份毕业)
姬敬敬　钱壮飞　朱贵磊　张　宁

高分子科学系
高分子化学与物理(1月份毕业)
郑　爽　赵宇澄　李　宁　郭振豪　杨孝伟　李聪聪
高分子化学与物理(6月份毕业)
高振飞　黄竹君　米　震　方怡权　宋青亮　周　杨
张　艳　康　华　蔡彩云　朱建楠　沈　阳　周旭峰
张栩诚　谢　琼　温蕴周　温慧娟　邵靖宇　强宜澄
李嫣然　蔡青福
高分子化学与物理(8月份毕业)
刘青松
生物与医药(1月份毕业)
潘艳娜
生物与医药(6月份毕业)
张理火
材料与化工(1月份毕业)
秤宝昌
材料与化工(6月份毕业)
路晨昊　孔德荣　蒋　元　李立心　曾　阳　吕春娜
材料与化工(8月份毕业)
巩泽浩　赵国伟

高等教育研究所
教育经济与管理(1月份毕业)
刘　阳
教育经济与管理(6月份毕业)
胡平平
教育经济与管理(8月份毕业)
蔡樱华　边　静

旅游学系
旅游管理(1月份毕业)
KIM JIWOO　李　颖

文物与博物馆学系
考古学(1月份毕业)
陈嘉琦
考古学(6月份毕业)
黄献源　张学津　周孟圆
考古学(8月份毕业)
施宇莉　刘　奥

经济学院
政治经济学(6月份毕业)
沈　斌

政治经济学(8月份毕业)
黄丽璇　李　斌
经济思想史(1月份毕业)
王　嘉
经济思想史(6月份毕业)
黄鹏翔　王玲强
西方经济学(1月份毕业)
苏映雪　张建鹏　李夏伟　陈　洲　袁　婷
西方经济学(6月份毕业)
高　月　艾静怡　吴晨钰　刘茜楠　吴茂华　申　洋
李　涛　王子太　石　烁
西方经济学(8月份毕业)
刘晓罡
世界经济(6月份毕业)
李　玥　张帅帅　徐少丹　胡晓珊　梁　冰　史周相
世界经济(8月份毕业)
HA NEUI KIM　刘　丹
区域经济学(6月份毕业)
赵　鹏
金融学(1月份毕业)
罗　鑫
金融学(6月份毕业)
崔　华　王宁远　吴钊颖　高基乔　郑凯鑫　赵娇阳
徐益宁　吴楚男　沈晓倩　胡　宁　高李昊　陈　莹
孙晓雷　孙大钊　李劲锋
金融学(8月份毕业)
郭胤含
产业经济学(1月份毕业)
王钦云
产业经济学(6月份毕业)
汤　樾　张安达
国际贸易学(6月份毕业)
杨航英　张　欢

管理学院
产业经济学(6月份毕业)
韩佳玲　张　洺
产业经济学(8月份毕业)
赵　曦
概率论与数理统计(6月份毕业)
逯文琪
统计学(6月份毕业)
全卓君　陈刘军
管理科学与工程(6月份毕业)
杨翔宇
物流与运营管理(6月份毕业)
岳寰宇　刘传君
信息管理与信息系统(1月份毕业)
孙雅慧　张　琦
信息管理与信息系统(6月份毕业)
吴　越　陈　刚　张悦悦

会计学(1月份毕业)
高　翀
会计学(6月份毕业)
罗一麟　邵　原　何慧华　于雪航
企业管理(1月份毕业)
李荣华　刘姿萌
企业管理(6月份毕业)
蔡小锦　郑恬依　李真真　朱丹阳
市场营销(1月份毕业)
徐　婕　林海超　余灵芝
财务学(6月份毕业)
张天骄　王小环　汪先珍　焉昕雯

生命科学学院
植物学(1月份毕业)
姜晓琦
植物学(6月份毕业)
汪　智
微生物学(1月份毕业)
夏宇程　张　轩
微生物学(6月份毕业)
毛云子　钟正伟　范淑如　杨文彬　王丹其　王宾宾
汪　琪　徐　艳
微生物学(8月份毕业)
朱炳宽
神经生物学(1月份毕业)
王　铎　徐彬鑫
神经生物学(6月份毕业)
李松凌　章雨晨　章晓丹　郑红兰　冯　尚
遗传学(1月份毕业)
缪朗曦　朱成凯　周国强　宋梦华　彭美芳　孔祥贞
马进民　席海瑞
遗传学(6月份毕业)
曾炜佳　张　亮　张　丽　鲁亚莉　陈洁仪　郝　萌
董　洁　肖　慧　李　晴　曲荣贵　施天仿　张　辉
孙申飞　殷才湧　杨德强　魏京京　孙善月　潘晗雨
梁剑青　黄柳琪　陈淑霞　杨　宇　张娇娇　傅肖依
杨吉轩
遗传学(8月份毕业)
唐宇龙　李项南　张　蕊
发育生物学(8月份毕业)
谢思敏
生物化学与分子生物学(1月份毕业)
何承鹏　于朝丽
生物化学与分子生物学(6月份毕业)
彭叶青　沈　怡　徐富江　尹刘翻　吴晓晖　印叶盛
方　鑫　陈钦盛　周娜娜　余　英　刘　燕
生物化学与分子生物学(8月份毕业)
徐　莉
生物物理学(6月份毕业)
万　茼　LU GENG　李洋洋　战博闻　齐晓英

生物物理学(8月份毕业)
王梦琪　胡　娟
生物信息学(1月份毕业)
段晓克
人类生物学(1月份毕业)
刘佳星　熊建雪　杜盼新　俞雪儿
人类生物学(6月份毕业)
田君哲
人类生物学(8月份毕业)
陶驿辰
生态学(1月份毕业)
杨喜书
生态学(6月份毕业)
刁奕欣　张修平
生态学(8月份毕业)
邝粉良
生物统计学(1月份毕业)
晏紫君
生物统计学(6月份毕业)
杨　晶　乔春红
生物与医药(1月份毕业)
周　樱
生物与医药(6月份毕业)
叶贵子

信息科学与工程学院
光学(6月份毕业)
刘　盛　陈　星　屈云鹏　干志远　李　彪　武冠杰
沈　宏　李乐群
光学工程(1月份毕业)
姚龙芳　谢亮华　荆　奇
光学工程(6月份毕业)
涂华恬　阎正宇　朱绪丹　彭　星　张宇宸　吴　钰
郭志和　袁　鹤
光学工程(8月份毕业)
张欣彤　丁曼曼
物理电子学(1月份毕业)
侯丹丹　魏　娴
物理电子学(6月份毕业)
张潇临　史雪漾　张　禹　闫泽奔
电路与系统(6月份毕业)
成庆荣　闫　鑫　张　铂　吴洁宁　祁彦星
微电子学与固体电子学(6月份毕业)
徐佳唯　周小洁　金　怡　ZEBA IDREES　蔡　霞
崔建军
电磁场与微波技术(1月份毕业)
李商洋
电磁场与微波技术(6月份毕业)
孔　淼　陈慧林　田　何猛辉　孙　超
MUHAMMAD SALEEM

电磁场与微波技术(8月份毕业)
符士磊
生物医学工程(1月份毕业)
任浩冉　范嘉浩
生物医学工程(6月份毕业)
乔梦云　SAADULLAH FAROOQ ABBASI
SAEED AKBARZADEH
生物医学工程(8月份毕业)
顾恺灏
电子与信息(1月份毕业)
蒋卓韵　张海娟
电子与信息(6月份毕业)
张永刚　王演祎　潘晓航　林继先　李艺杰　徐明升
夏朝阳　施则骄
电子与信息(8月份毕业)
雏梅逸香　汤玉美

社会发展与公共政策学院
人口、资源与环境经济学(6月份毕业)
马淑伟　刘鹏飞　李瑶玥　张一舟
社会学(1月份毕业)
YEOPHAM NYEONG　靳亚飞
社会学(6月份毕业)
谢　砲　陈　滔　李　挺　张　娟
社会学(8月份毕业)
顾　源　黄锦标
人口学(1月份毕业)
袁　益
人口学(6月份毕业)
郝　立
人类学(6月份毕业)
张梅胤
社会心理学(6月份毕业)
唐良树
社会管理与社会政策(1月份毕业)
贾文龙
社会管理与社会政策(6月份毕业)
彭佳平　王　荻
社会管理与社会政策(8月份毕业)
王京捷　陈园园

环境科学与工程系
环境科学(1月份毕业)
李镕汐　王　宇　刘益良
环境科学(6月份毕业)
黄奎贤　霍耀强　赵俊日　谢珊珊　白　哲
IQRA NABI　郑潇威　邢晓帆　吕　睿　周升钱
环境工程(1月份毕业)
史志坚

环境工程(6月份毕业)
钱云坤　胡晓蕾　刘艳飞
环境工程(8月份毕业)
聂建欣
生物与医药(6月份毕业)
张　童
环境管理(1月份毕业)
王　珏
环境管理(6月份毕业)
边少卿　CHIKE CHUKWUENYEM EBIDO

历史地理研究中心
中国史(1月份毕业)
谭嘉伟
中国史(6月份毕业)
陈琰璟　姜明辉　吴泽文　徐正蓉　田大刚　沈卡祥
程　军　朱慧敏　夏　军
中国史(8月份毕业)
方志龙

上海数学中心
基础数学(6月份毕业)
王轶珉
计算数学(6月份毕业)
陆天怡
计算数学(8月份毕业)
吕　智
应用数学(1月份毕业)
张　翊
应用数学(6月份毕业)
康菊姣
运筹学与控制论(8月份毕业)
鞠京楠　汪子轩

类脑人工智能科学与技术研究院
应用数学(1月份毕业)
陈　笛
应用数学(6月份毕业)
杜　量
生物医学工程(1月份毕业)
聂英男
生物医学工程(6月份毕业)
张博宇　谢　超　吴欣然　刘宇晨　宋利婷　郭婉婉

工程与应用技术研究院
光学工程(6月份毕业)
王　乐
物理电子学(6月份毕业)
熊志勇

微电子学与固体电子学(6月份毕业)
丁润泽
计算机应用技术(6月份毕业)
于　航　翟　鹏
电子与信息(1月份毕业)
陈智浩　杨大卫　韩志乐
电子与信息(6月份毕业)
董宁宁　周旻超　严心涛　凌　毅　寇　斌
生物与医药(6月份毕业)
李　霄

大数据学院
统计学(6月份毕业)
刘庆柏　毛思翰　高尚奇
基础医学院
生理学(8月份毕业)
李　烨
神经生物学(6月份毕业)
黄玉琦
遗传学(8月份毕业)
仇　石　孙　琪
生物化学与分子生物学(1月份毕业)
李亚然
生物化学与分子生物学(6月份毕业)
于　超　闫林雨　郭盈盈　贺道川　蒙伟达　穆文娟
王　蕾　王晓博　沙季辰　徐月新　吴梦芳　吴冰蕊
张丹丹　付礼胜　潘冠星　刘　馨　郭新颖
生物化学与分子生物学(8月份毕业)
宁流芳
生物医学工程(1月份毕业)
王意茹
生物医学工程(6月份毕业)
王玥月
生物与医药(6月份毕业)
袁承宗　王石磊
人体解剖与组织胚胎学(1月份毕业)
许接天
人体解剖与组织胚胎学(6月份毕业)
洪文童
免疫学(6月份毕业)
王　莹　钱　贵
免疫学(8月份毕业)
谢梦莹
病原生物学(1月份毕业)
施碧胜　高子翔　蔡艳星　钟一维　王　丛
病原生物学(6月份毕业)
热孜亚·吾买尔　马　骁　刘晓庆　朱云凯　张　境
王晓燕　田小龙　苏彩霞　宋迎迎　李晓芳　蒲　静
蒋　盛　丁家惠

病原生物学(8月份毕业)
周韵娇　邹　琳　段倩玉
病理学与病理生理学(1月份毕业)
程倩云
病理学与病理生理学(6月份毕业)
李　雪　黄　洁　郑煜凡　石佼玉　林佳鑫　李言坤
徐晨悦
法医学(6月份毕业)
杨沁蕊　韩刘君　陈安琪
医学信息学(6月份毕业)
吴传府　裘茗烟
药理学(1月份毕业)
何观虹
药理学(6月份毕业)
姜铸轩　陈培培　栗　蕾　杨　洋
药理学(8月份毕业)
汪婷婷

公共卫生学院
生物与医药(6月份毕业)
潘金花
流行病与卫生统计学(6月份毕业)
黄哲宙　陈　登　祖之鹏　石瑞紫　李意杰　朱俊洁
流行病与卫生统计学(8月份毕业)
阚　慧
劳动卫生与环境卫生学(6月份毕业)
陈　浩　JOVINE SAMSON BACHWENKIZI　张丽娜
周钰涵
劳动卫生与环境卫生学(8月份毕业)
石峻岭
营养与食品卫生学(6月份毕业)
杨家齐
儿少卫生与妇幼保健学(1月份毕业)
顾春怡
儿少卫生与妇幼保健学(6月份毕业)
黄勤瑾　邹佼佼　林　丹
社会医学与卫生事业管理(1月份毕业)
肖　恺　杨　毅　王希晨
社会医学与卫生事业管理(6月份毕业)
何江江　陈　阳　王　倩　朱星月　张馨予　刘世蒙
马振凯　黄巧云　陈　璐
社会医学与卫生事业管理(8月份毕业)
李　娜

药学院
生物与医药(6月份毕业)
付志飞　黄卫珍　江涛涛　楚永超　李　扬　刘洪川
生物与医药(8月份毕业)
刘　翔　崔小培
药物化学(1月份毕业)
边　江　张　涛　陆海波　霍志鹏　程　华　吕训磊

药物化学(6月份毕业)
曹　扬　陈纪安　胡超羽　王显洋　赵云鹏　季　鑫
付　强　薛一婕　王显连　解　鹏
药物化学(8月份毕业)
王学娇
药剂学(1月份毕业)
唐文婧　何文秀
药剂学(6月份毕业)
朱航昌　胡　杨　段文佳　JISU KIM　霍涛涛　董　妮
曹　崇
药剂学(8月份毕业)
范　洋
生药学(1月份毕业)
田　荣　夏　校　焦峪坤
生药学(6月份毕业)
李亚婷　尤金秋
药物分析学(1月份毕业)
李法瑞　李秀秀
药物分析学(6月份毕业)
梁　栋
微生物与生化药学(6月份毕业)
卞星晨　胡晓植　汤佳伟　张金华
药理学(1月份毕业)
马淑梅　刘巧凤
药理学(6月份毕业)
何凤莲　杨　君　冯　梅　王孟玲

放射医学研究所
放射医学(6月份毕业)
杨　扬　郑　旺　赵昕睿　宋义蒙　陈倩萍

上海市生物医药技术研究院
流行病与卫生统计学(1月份毕业)
曾梦遥
流行病与卫生统计学(6月份毕业)
张家帅
药理学(8月份毕业)
陶施民

护理学院
护理学(1月份毕业)
刘　雯　张　雯
护理学(6月份毕业)
徐志晶　蔡婷婷

中山医院
生物与医药(6月份毕业)
刘少燕　孙星峰　黄　琪　陆云涛　郑博豪　梁海峰
唐妍敏
生物与医药(8月份毕业)
隋秀莉

内科学(1月份毕业)
田明明 钟冬祥 马秀瑞 李 畅 白恩诚
内科学(6月份毕业)
沈 波 林姿均 黄阎妹 高婷雯 马 帅 顾玉露
陈 涵 阿地兰·沙拉木 金沁纯 郭 漫 邹 恬
蒋雪丽 苏恩勇 胡蔚萍 翟天羽
维妮热·阿布都外力 程 灏 王晓岑 沈毅辉
沈 悦 汪小燕 毕亚光 柏佩原 杨琰英 李 苏
李立扬 李冬平 朱梦婵 张 宁 孙潇泱 孙嘉磊
唐敏娜 吴润达 向桂玲 刘小霞 刘潇潇 黄嘉楠
耿雪梅 曹晶晶 张宝丽 陈 朴
神经病学(6月份毕业)
古力切木·艾麦尔 钟绍平 干张阳 李玉香
皮肤病与性病学(6月份毕业)
刘超凡
影像医学与核医学(1月份毕业)
詹 嘉
影像医学与核医学(6月份毕业)
付哲荃 尹乐康 侯思楠
临床检验诊断学(6月份毕业)
段昕岑
外科学(1月份毕业)
李豪杰 隋翔宇
外科学(6月份毕业)
张建平　MANAR ATYAH　　卓 然 黄 润
马 腾 陈 政 赵过超 赵梦男 苏 伟 管若愚
王晨中 潘教孟 沈 洋 江 天 江增鑫 杨帅玺
朱师超 方 远 方 超 徐世豪 张翔宇 张之远
孙 杰 孙建益 姜 铨 姚 璐 周 雷 周 成
向俾桃 刘雪峰 刘轶凡 刘天宇 余松阳 丁佐佑
外科学(8月份毕业)
周鹏扬
肿瘤学(6月份毕业)
彭 轲 薛 颖 朱梦璇 张 希
麻醉学(6月份毕业)
李居宸 王颖勤
全科医学(6月份毕业)
葛剑力 闫云云
临床口腔医学(6月份毕业)
孙 扬
药理学(1月份毕业)
陈菡菁
药理学(6月份毕业)
刘 超
内科学(1月份毕业)
李明飞 齐 峰 宋东强
内科学(6月份毕业)
杨琤瑜 陶 然 杨力凡
影像医学与核医学(1月份毕业)
朱宇莉

影像医学与核医学(6月份毕业)
庞丽芳 张子寒 冒 炜 严丽霞 刘 慧 尹红燕
影像医学与核医学(8月份毕业)
于洋力
外科学(6月份毕业)
王俊杰 杨燕文 龙启来
眼科学(6月份毕业)
沈旻倩
麻醉学(1月份毕业)
马媛媛
麻醉学(6月份毕业)
赵曦宁
急诊医学(6月份毕业)
薛明明

华山医院
生物化学与分子生物学(6月份毕业)
王 顺
生物与医药(6月份毕业)
程广文 魏 凯 王 皓 徐 睿 张玉倩 叶文静
内科学(6月份毕业)
王 茜 黄志伟 陈羽斐 赵 颖 赵 力 缪炜伦
王令彪 杨明鑫 李 菁 李 甲 李婉贞 徐 安
张雪云 张 琦 张 炜 周泠宏 吴婧雯 于慧辉
丁 欣 孙 健 李若水
老年医学(6月份毕业)
王剑涛
神经病学(1月份毕业)
梁小妞
神经病学(6月份毕业)
刘逸奇 范 云 洪 澜 沈雪宁 林瑷琪 孙 健
皮肤病与性病学(6月份毕业)
杨千里 许 垚 曹 珂 寿艳红 刘文杰 杨奕雯
影像医学与核医学(6月份毕业)
胡忆文 鹿 蓉 陈 萍 杜成娟 李骏鹏 张海燕
孙成凤 吴诗熳 乔晓慧
临床检验诊断学(1月份毕业)
陈绍恒
临床检验诊断学(6月份毕业)
付 盼 范志佳 田东兴 彭珊珊
外科学(1月份毕业)
邢腾飞
外科学(6月份毕业)
张子敬 黄 鑫 陈臻浩 金 涛 郭金鼎 袁承杰
肖炜平 王 进 王之枫 李小燕 张 冲 刘利杰
伏 炎 任海江 任军伟 于爱萍 丁晓杰 曾 军
童宇圣 纪晨星 冯 洁 陈 琦
外科学(8月份毕业)
方玉超
眼科学(6月份毕业)
王罗梓怡

康复医学与理疗学(6月份毕业)
罗 路　邢 影
运动医学(6月份毕业)
李倩茹　陈雨舟
急诊医学(6月份毕业)
王 尧　田 觅
临床口腔医学(1月份毕业)
卢 皙
临床口腔医学(6月份毕业)
张 慧　何 旭
中西医结合临床(6月份毕业)
吕泽玺　杨芳勇
临床药学(1月份毕业)
牛万洁
临床药学(6月份毕业)
刘晓芹　李光慧
内科学(6月份毕业)
吴 婷　黄清昱
神经病学(6月份毕业)
张健颖
皮肤病与性病学(6月份毕业)
马文涓
影像医学与核医学(6月份毕业)
王东东　蒋业清
外科学(6月份毕业)
陈明宇　陈 佶　童劲松
康复医学与理疗学(1月份毕业)
邱 晓
麻醉学(1月份毕业)
涂梦云
麻醉学(6月份毕业)
欧国瑶

肿瘤医院
生物化学与分子生物学(1月份毕业)
刘翠翠　许佳慧　刘 珍
生物化学与分子生物学(6月份毕业)
芮春花　王振宁
生物与医药(6月份毕业)
吕力琅　井艳华
医学信息学(6月份毕业)
赵静芳
影像医学与核医学(6月份毕业)
黄浩哲　马晓雯　金安琪　王思敏　姜春娟　张光远
外科学(6月份毕业)
盛昊悦　汪 越
肿瘤学(6月份毕业)
陈静贵　黄彬豪　陈丽华　钱 玲　金恺睿　赵海云
谈 震　许 赟　桑雨廷　杨 帆　杨云松　李 璇
李 培　彭雯婷　周旭婕　吕 涛　向文强　叶 增
刘 铮　刘 琪　吴玉团　王佳舟　杜承润　管西寅

中西医结合临床(6月份毕业)
董 舒　张 柯
影像医学与核医学(6月份毕业)
周 瑾
肿瘤学(6月份毕业)
杨 莉　陈 鑫　薛 芬　艾沓杉　张 丽　邓家营
麻醉学(6月份毕业)
侯文婷　黄 婷　王 飞

儿科医院
生物化学与分子生物学(6月份毕业)
曹润怿
生物与医药(6月份毕业)
罗 甜　肖甜甜
儿科学(1月份毕业)
杜 敏　许亚玲
儿科学(6月份毕业)
闫钢风　林予婷　魏 蒙　谢丽萍　蔡 科　董文科
胡文慧　石奇琪　王 婧　梅红芳　杨 艳　李 萍
张雅雯　叶纯静　郑远征　俞 莎　薛爱娟　吴明妍
李梦茹　黄湘晖　韩祺蕾　代 丹　崔思颖
临床药学(6月份毕业)
陈 肖
儿科学(1月份毕业)
梅 枚　王 睁
儿科学(6月份毕业)
刘 静　葛萌萌　李 萍　程 晔　蔡洁皓

妇产科医院
遗传学(6月份毕业)
丛江珊
生物与医药(6月份毕业)
吕 斌　朱 晨
影像医学与核医学(6月份毕业)
孙红双
临床检验诊断学(6月份毕业)
赵付菊
妇产科学(6月份毕业)
王诚洁　高玲芸　金云峰　郑涵曦　裴江南　李芸芸
李泊宁　彭耀铭　卢惠晴　任晓俊
妇产科学(8月份毕业)
侯小满
妇产科学(6月份毕业)
卢 冲　彭 靖　杜丹峰　王 婷
妇产科学(8月份毕业)
赵 颖

眼耳鼻喉科医院
生物与医药(6月份毕业)
游舒棋　赵玉瑾

眼科学(6月份毕业)
袁轶群 韩如意 赵武校 赵淞皎 范祥雨 王丹丹
林晓蕾 杨雨婷 杨 茜 张少华 夏韦艺 夏 卿
卢 苇 余 建
耳鼻咽喉科学(1月份毕业)
张 佳
耳鼻咽喉科学(6月份毕业)
陈 乐 刘会勤 马菁茹 陈 鑫 郭 瑾 郑 宇
王 丽 刘 畅 许 伦 黄佳蒙
麻醉学(6月份毕业)
李楠琦
影像医学与核医学(6月份毕业)
洪汝建

金山医院
内科学(6月份毕业)
许石赞
儿科学(6月份毕业)
张亚楠
影像医学与核医学(6月份毕业)
马晓亮
外科学(6月份毕业)
王适雨
眼科学(6月份毕业)
佘 曼
肿瘤学(6月份毕业)
徐晓琳
急诊医学(6月份毕业)
丁建文

华东医院
内科学(6月份毕业)
任安民 侯成成
老年医学(6月份毕业)
张 帆 邱轶轩
皮肤病与性病学(6月份毕业)
吴闽枫
临床检验诊断学(6月份毕业)
刘宜昕
外科学(6月份毕业)
凌 铭 李 政
中西医结合临床(1月份毕业)
吕忠宽
内科学(6月份毕业)
邹佳楠
老年医学(6月份毕业)
黄宇新
影像医学与核医学(1月份毕业)
陈武飞
影像医学与核医学(6月份毕业)
贾惠惠

上海市第五人民医院
病理学与病理生理学(6月份毕业)
王美丽
内科学(1月份毕业)
郭晓鹃
内科学(6月份毕业)
翟若男 郭雨菡
外科学(6月份毕业)
夏 杰
肿瘤学(6月份毕业)
俞殷珏

公共卫生临床中心
内科学(6月份毕业)
刘丹萍

上海市影像医学研究所
影像医学与核医学(6月份毕业)
李 娜 雷洋洋 赵娴靓 葛振一

浦东医院
外科学(6月份毕业)
杨 周
外科学(6月份毕业)
菅 振

闵行区中心医院
外科学(6月份毕业)
葛宇翔

上海市口腔医院
生物与医药(6月份毕业)
王 莉 笪东欣
临床口腔医学(6月份毕业)
陈晴晴

生物医学研究院
化学生物学(1月份毕业)
定 力 杨麓洁
化学生物学(6月份毕业)
王中杰 黄 晖 熊悦婷 袁 行 于海龙 韩书文
邵钰银 朱晨鑫 聂晓迪 刘颖超 曹心怡 汪 丹
庄奥加
生物化学与分子生物学(1月份毕业)
胡颂华 廖云飞 刘秀云 刘昀赫
生物化学与分子生物学(6月份毕业)
刘锦频 潘丽虹 沈梦婷 杨 兰 于子涵 唐国庆
盛丹丹 范琳琳 王 新 刘凯伊 曹明明 王嘉华
李 璇 陈施余 赵 丹 张海珠 于子朔 乔叶军
戚轶伦 李青婷 刘小娜 周文捷 孙思佳 马铭悦

生物化学与分子生物学(8月份毕业)
乔一蒙　朱　青　张　金　粟　宇
医学系统生物学(1月份毕业)
曹康丽　於江鸿　彭雪晴　何香川　姜　浪　宫天琪
徐　鹏
医学系统生物学(6月份毕业)
余艾娟　赖洪燕　张　玮　张灿晶　王晓超　张宝珑
施李丽　张太梅
医学系统生物学(8月份毕业)
何晨曦　王司清

脑科学研究院
神经生物学(1月份毕业)
刘雅安　唐雨龙　石延君　产江平　姜少娜　高　鸽
杜　蘅
神经生物学(6月份毕业)
林攸宁　韩　旭　赵国丽　童石渊　李俊杰　朱渊博
储辰珊　付雅丽　张　琪　曹紫玄　张燕东　余慧林
刘兆霖　程　硕　陈　笛　杨　皓
中西医结合基础(1月份毕业)
杨　维
药理学(1月份毕业)
高文静
药理学(8月份毕业)
崔　键　田　振

临床医学院
内科学(6月份毕业)
高梦迪　麦尔耶姆·瓦热斯　托玛丽斯·艾尼瓦尔
屈　虹　杨　扬　王红羽　周蔚然　倪礼爱　姜思雨
张颖嘉　王文静　马　骏　崔昊树　罗书能　熊宇君
陈润南　刘雨晨　潘　越　王康杰
儿科学(6月份毕业)
钱　莱　沈洁茹
神经病学(6月份毕业)
沈凌霄　周宇帆　陈奇思　仲伟逸　沈恺源　胡子寒
皮肤病与性病学(6月份毕业)
刘书韬　姜子琪　肖仔婧　王　钰　徐　警　高海清
吕昊桢
外科学(6月份毕业)
梁伟成　丁嘉堃　马丽云　陈玉芸　耿子寒　施明悦
胡晓倩　冯　佳　程　羲　陈希南　王俊捷　代曦煜
齐国宾　蔡嘉豪　张宸昊　沈晓天　欧宸璋　戴思远
陈康宁　赵晋欧　杨　帆　杨新宇　李　明　郭　然
袁一帆　虞善超　徐云峰　王泽生　马亦信　鲁姜申
陈怡铭
外科学(8月份毕业)
奚水君　林荣辉
妇产科学(6月份毕业)
李楚宇　梁颖婷　郝萌昕　娄瑶晨　陈　瑶　康茗贻

瞿欣瑜　戚仪雯　黄锃恕
眼科学(6月份毕业)
温惠铭　朱冰雪　韦佼佼　陆　强　张艺凡　谷晨阳
彭　睿　郭晨雯　王怡丽　张宇晔　王霄婧　叶宇豪
束　炼　苗　傲　李宏哲　魏若妍　胡　艳
耳鼻咽喉科学(6月份毕业)
王舒琪　张一帆　杨　润
肿瘤学(6月份毕业)
马泽林　曾怡瑄　苏　越　张安澜　王　琨　陈欣宇
郑舒月　俞　强　邓朝强　刘诗洋　杨恩原　张令仪
段　然
肿瘤学(8月份毕业)
包怡超
康复医学与理疗学(6月份毕业)
邰佳慧
运动医学(6月份毕业)
马腾佳　钟雨婷

微电子学院
微电子学与固体电子学(1月份毕业)
曹永峰　徐刚伟　李　炎　纪书江　郭晓娇　徐荣金
吴天祥　王威振　裴俊翔　戴风伟　王鹏程　刘　磊
胡　毅　张继伟
微电子学与固体电子学(6月份毕业)
金晓亮　陈洪雷　闫　霄　范梦雅　童　领　王　晨
汪　洋　朱浩哲　孟佳琳　何振宇　卓盛龙　杨陈辰
肖东奇　王晓琳　王　珏　王创国　汪　超　宋树人
芮西川　刘维珂　金贵祥　胡校兵　范让萱　穆　庚
高家宝　工孝东　王水源　顾正鏊　陈孝章　周　号
章锦程　陈　剑
微电子学与固体电子学(8月份毕业)
吴奕旻　王　鹏　敖孟寒　陈　帆　许玉娥　何　彪
电子与信息(1月份毕业)
单伟君
电子与信息(6月份毕业)
孙　鹏　武泽成　王　凡

先进材料实验室
无机化学(6月份毕业)
陈锰寰　王瑞聪
有机化学(6月份毕业)
赵　翔
有机化学(8月份毕业)
薛浩栋
高分子化学与物理(6月份毕业)
叶　蕾
材料物理与化学(6月份毕业)
裴　科　吴正晨

大气与海洋科学系
大气科学(6月份毕业)
崔延星　马　旋　赵川鸿　王　超　宋晓萌　华雯丽
刘师佐　张轩文　张　超　马井会

浙江西湖高等研究院
物理学(1月份毕业)
文　玮　赵　赟

物理学(6月份毕业)
祝钦清
生物学(6月份毕业)
秦申璐　卞维祥　朱晓薇　张冬冬
计算机科学与技术(1月份毕业)
刘　健
基础医学(6月份毕业)
白惠茹

（教务处、研究生院供稿）

十、办学条件与保障

校园建设与管理

基本建设

【概况】2022年,基建处坚持规划先行,将规划工作作为新建、修缮工作的前置程序,使校园建设成为有机整体。分别于6月和9月,取得青浦复旦国际融合创新中心项目新城地块和西岑地块控制性详细规划局部调整批复。

积极推进新建项目建设。完成张江复旦国际创新中心供电配套和地下连通工程设计施工一体化招标的相关工作;9月取得浦东新区规资局审定的张江复旦国际创新中心生活组团项目设计方案批复,并形成项目初步设计及概算成果;配合杨浦区完成本部排水系统初期雨水调蓄工程启动工作。

办学条件和校园环境持续改善。全年在建基建项目9个。邯郸校区中华文明资源中心已通过现场竣工验收和5项专项验收;中华经济文化研究中心三栋楼宇完成结构封顶,进入幕墙、机电安装以及内装阶段;南区35kV用户站项目完成主设备安装工程,12月20日正式送电;江湾校区学生宿舍(一期)项目完成二层结构施工;江湾校区第二食堂项目完成一层结构施工;实验物资服务站项目于11月完成基坑施工。张江校区三栋科研楼进入幕墙工程、机电工程、室内装修工程阶段。

有序推进计划内规模修缮。完成枫林西6号楼、邯郸3栋本科实验楼群、四校区体育运动场地整修工程(一期)、邯郸校区中部雨污水管网改造等14个项目,修缮面积约9.15万平方米。启动后续重点修缮项目的筹备工作,完成枫林校区东1号楼、邯郸校区第四教学楼等13个重点修缮项目的前期立项和准备工作,涉及修缮面积6.96万平方米。依托eHall平台实现50万元以下修缮项目的一站式服务,受理日常修缮申请376份,签订立项修缮合同145个。

不断健全内控管理。修订并发布《复旦大学基本建设管理办法》,进一步促进学校基本建设工作的制度化和规范化。强化内控工作,在审计、财务部门支持下,清理既往遗留项目,完成南区、北区、东区学生24栋宿舍楼等39项工程的竣工结算审计工作,完成江湾校区数学中心项目及枫林校区东园变配电站用房项目竣工决算,建设项目形成工作闭环。

全力以赴应对疫情。落实学校疫情防控工作领导小组的工作要求,整合参建单位力量,学校封闭管理期间,基建处在四校区派驻管理人员和应急保障队伍,承担起校园急抢修任务。派驻管理人员组织急抢修保障队伍承担生活物资、捐赠物资紧急搬运和分类任务,为师生打通物资供应"最后100米",校园封闭管理期间近2 000人次参与相关工作。(张雯璟)

【取得青浦复旦国际融合创新中心项目新城地块和西岑地块控制性详细规划局部调整批复】青浦复旦国际融合创新中心规划建设包括新城、西岑两个地块,规划建设用地面积共计约22.5万平方米(338亩),其中新城地块约15.9万平方米(238亩),西岑地块约6.6万平方米(100亩)。6月30日取得新城地块控制性详细规划局部调整批复,9月6日取得西岑地块控制性详细规划局部调整批复。

(盛 夏)

【四校区体育运动场地整修工程(一期)竣工】1月4日,四校区体育运动场地整修工程(一期)完成竣工验收。四校区体育运动场地整修工程(一期)包括江湾校区田径场、江湾校区篮球场、江湾校区排球场、邯郸校区南区田径场、张江校区篮球场及枫林校区游泳馆(零星修缮)共六处运动场地,总修缮面积约3.5万平方米,项目总投资约1 559万元。(辛 欣)

【邯郸校区材料一楼装修工程竣工】1月15日,邯郸校区材料一楼装修工程完成竣工验收。邯郸校区材料一楼是单体建筑(5层框架结构),始建于1991年,最大建筑高度23.5米,总装修面积为3 098平方米,项目总投资约1 068万元。竣工后,将作为本科教学实验中心投入使用。

(辛 欣)

【邯郸校区材料二楼装修工程竣工】1月17日,邯郸校区材料二楼装修工程完成竣工验收。邯郸校区材料二楼是单体建筑(地上4层,局部5层框架结构),始建于1991年,最大建筑高度15.6米,总建筑面积1 597平方米,项目总投资约649万元。竣工后,将作为本科教学实验中心投入使用。

(辛 欣)

【邯郸校区先材楼装修工程竣工】8月23日,邯郸校区先进材料楼装修工程完成竣工验收。邯郸校区先进材料楼是单体建筑(4层框架结构),始建于1987年,最大建筑高度19.8米,总建筑面积3 619平方米,项目总投资约2 004万元。竣工后,作为本科教学实验中心投入使用。(辛 欣)

【枫林校区西6号楼(复旦大学上海医学院文化中心及配套工程)修缮工程竣工】10月18日,枫林校区西6号楼(复旦大学上海医学院文化中心及配套工程)修缮工程完成竣工验收。西6号楼整体建筑始建于20世纪50年代末期,为多层砖混结构,屋顶区域为木结构屋顶,总建筑面积3 741平方米,项目总投资约3 200万元(合同价为2 629.3万元)。竣工后的枫林校区西6号楼作为复旦大学上海医学院文化中心,用于医学院校史展陈、会议、接待、文化交流等。

(辛 欣)

【枫林校区东园变配电站用房项目完成决算】 枫林校区东园变配电用房项目于2016年11月4日开工,2017年5月2日竣工并投入使用,2022年度完成竣工决算。项目总建筑面积约1 665平方米,其中地上面积1 115平方米,地下面积550平方米,建筑高度为13.5米。项目总投资约7 367万元。项目建成后为复旦大学枫林校区提供稳定和高质量的供电保障,改善提高校园现有供电能力,加强校园供电安全,满足复旦大学枫林校区新建项目、改建项目的用电扩容需求,为枫林校区师生在科研、教学、校园生活等方面创造良好的学习生活环境。

(严刚华)

【江湾校区数学中心项目完成决算】 上海数学中心项目于2015年11月10日开工,2017年9月26日竣工并投入使用,2022年度完成竣工决算。项目总建筑面积约11 626.4平方米,其中地上面积9 536.3平方米,地下面积2 090.1平方米,建筑高度23.7米。项目总投资约9 113万元。项目建成后进一步推进我国数学学科的发展,推进上海"两个中心"建设,满足数学科学研究、学术讨论交流、研究生培养、办公等功能要求。

(施建荣)

枫林校区

【概况】 2022年,枫林校区驻有基础医学院、公共卫生学院、护理学院、生物医学研究院、脑科学研究院、脑科学转化研究院、放射医学研究所、实验动物科学部等单位。

完善枫林校区管理体制和运行模式。修订并完善《枫林校区管委会联席会议制度》《枫林校区管委会督办制度》《枫林校区师生满意度测评制》《枫林校区管委会工作条例》《枫林校区管委会印章及公文管理制度》《枫林校区管委会资产管理制度》等相关制度规定,规范部门内部管理。

持续改进部门作风与效能建设。继续实行挂牌上岗制、文明用语制,推行微笑服务和温馨服务。落实首问负责制、一次性告知制、限时办结制等3项制度。推行"枫林校区管委会联席会议""枫林校区师生座谈会""校区入驻单位专项协调会"等3项会议制度,关注并及时解决师生关切的热点问题、难点问题。

实事项目服务师生。完善"复旦枫林"微信公众号(微信号:fdfenglin),作为服务师生的平台,开设特色专栏"老季看枫林",受到校区师生员工和校友的广泛关注。

校区安全稳定工作。根据学校和上海医学院统一部署,做好校区新冠疫情各项防控工作。全年组织58次捐赠物资的接收和分发,协调解决封控在校师生的生活保障问题,协助解决学生转移、物资和环境消杀等,积极保障校区师生正常工作学习和生活。开展校区各项安全大检查,涉及楼宇消防、实验室安全、改扩建工程安全、食品安全、防汛防台防低温等方面,打造"平安枫林"。

(陈 琴)

【完成上医文化中心建设和上海医学院95周年庆各项保障协调工作】 枫林校区管委会协调西六号楼上医文化中心建设工作,克服疫情困难,顺利保障项目建设如期完成,为上海医学院95周年庆献礼。协调"复旦大学上海医学院创建95周年庆主题论坛"等活动的准备工作,保障活动顺利举行。

(陈 琴)

【开展校区空间优化和功能提升调研工作】 枫林校区管委会组织各职能部处,实地走访上海医学院各院所和有关职能部处、政府部门等,调研校区发展中迫切需要解决的空间优化和功能提升突出问题,形成调研报告,服务上海医学院决策,助力院系教学科研工作。

(陈 琴)

张江校区

【概况】 2022年,张江校区常驻单位有药学院、微电子研究院、集成电路与系统国家重点实验室、微纳电子创新平台、长三角集成电路设计与制造协同创新中心以及国家微电子材料与元器件微分析中心、人类表型组研究院、张江国际脑影像中心、复杂体系多尺度研究院、类脑芯片与片上智能系统研究院、类脑智能科学与技术研究院、工程与应用技术研究院等。

2022年,张江校区有学生1 297人,其中本科生458人,硕士研究生283人,博士研究生556人。

召开张江校区工作例会8次,通报校区管理运行情况,布置日常工作,协调解决校区管理运行过程中的突出问题。完成一期新能源车充电桩和二期非机动车充电桩的加装、食堂二楼阅览空间改造、计算机楼阶梯教室改建工程等相关事宜。协同做好宣传教育、应急演练、联合检查等安全生产工作,加强各学院易制爆、易制毒化学品的检查和管控工作,加强实验室、宿舍、食堂、工地及公共区域安全巡查。

张江校区管委会负责校区在汛期内执行防台防汛工作总指挥。台风"梅花"来袭前夕,张江校区管委会联合基建处、总务处、图书馆、保卫处等部门,完成近三百名建筑工人的临时撤离和安置工作。

联系张江股份有限公司、上海中医药大学等业主单位和新张江物业公司,落实高科苑区和科教社区内复旦学生的服务和管理,协调学生生活园区的各项后勤保障工作。为学生园区添置微波炉、隔离栏、快递货架、雨棚等物资;妥善解决学生空调移机问题;对高科苑约100间房间进行修缮,确保新生入住。

负责学生园区房租、物业管理费、公用水电费、辅导员用电补贴、网络账号补贴费用等各项费用支付工作;会同学工部、研工部、保卫处定期安排对学生园区的用电设施、消防设施、基础设施进行巡查,对学生宿舍的日常卫生、违章用电等进行检查并及时督促整改;协同学工部、研工部完成毕业生离校、本科生搬迁、研究生新生入住等重要工作节点的后勤保障工作。

协助校工会开展校区活动,联合校区内各单位开展教工活动,负责瑜伽教室、多功能活动室等工会活动和场地管理。

与张江高科技园区管委会对接，办理张江人才公寓网上申请工作。向校区院系发布房源信息和申请要求，并统一处理张江院系教职工的申请工作。

做好张江校区疫情防控工作。3月13日—6月26日，张江校区实施分阶段封闭管理，在学校张江校区前方指挥部领导下，全程值守校园，统筹、协调、组织、安排校区的各项疫情防控管理工作，守护校区师生健康和校园安全稳定，确保学校教学科研平稳运行。完成准封闭期间的校区人员底数排摸，动态掌握每天教职工进校、离校和学生返校、返乡等实际情况。定期召集值守校区的相关部门工作人员召开校区疫情防控工作会，学习传达市委和学校的最新疫情防控的要求，部署校区疫情防控各项工作。督促在校师生员工做好个人防护和每日健康检测报告，完成抗原自检和核酸检测。配合学校流调组相关工作。负责校区封闭管理期间各类防疫物资和生活物资的管理、统筹、申领和发放工作，并为校区募集部分社会捐赠物资。疫情防控常态化管理期间，在学校防控办统一领导下，组织做好校区核酸检测，落实日常消杀等常态化防控措施。配合浦东新区疾控和张江镇防疫办等属地防疫部门，做好校区内涉疫人员排查、转运，做好临时封控楼宇服务保障等工作。12月14日开始，根据学校防控办部署，设立专家楼和高科苑8甲楼两处健康驿站，组织协调做好健康驿站入住学生和员工等生活保障、医疗服务等工作。

（苏向颖）

江湾校区

【概况】2022年，江湾校区入驻的院系和科研机构有：法学院、生命科学学院、化学系、物理学系、信息科学与工程学院、计算机科学技术学院、高分子系、材料科学系、环境与科学工程系、大气与海洋科学系、大气科学研究院、先进材料实验室、代谢与整合生物学研究院、上海数学中心、光电研究院、微纳电子器件与量子计算机研究院、芯片与系统前沿技术研究院、发育生物所、计算物质科学研究所、现代物理研究所等。

10月中旬，学校党委任命罗英华同志为江湾校区管理委员会主任，金再勤同志不再担任江湾校区管理委员会主任职务。

上半年疫情封控期间，江湾校区管理委员会（以下简称"江湾校区管委会"）在江湾疫情防控指挥部的领导下，落实学校疫情防控工作要求，抓好校区疫情防控相关工作，确保校区教学、科研、生活服务等各项工作平稳有序运行。江湾校区管委会配合相关职能部门，做好校区核酸检测及后勤保障服务，包括校区园区4个核酸亭的选址、安放，校区紧急抗疫物资的储备、领用、发放及报备工作、院系核酸检测志愿者招募工作等。统筹职能部门做好园区学生离校、返校、新生报到，学生军训等重要时间节点的疫情防控工作。积极对接属地政府部门，加强信息沟通，做好校区师生疫苗接种工作。

江湾校区管委会以习近平新时代中国特色社会主义思想为指导，深入学习贯彻党的二十大精神，围绕学校中心工作，坚持以师生为中心，以问题为导向，通过走访院系科研单位、召集职能部门现场办公会、组织联席办公会议、专题协调会、创建校区微信公众号等多种形式，拓宽沟通渠道。10月份以来，江湾校区管委会走访校区17家院系、科研单位，举行学生代表座谈会，听取对校区管理方面的意见和建议。针对师生关心的问题，组织召开专题协调会，与职能部门积极沟通协调，努力推进落实，做到事事有回应。

2022年，江湾校区管委会协调总务、基建、研工等部门，推动江湾生活园区外卖柜的建成，积极推动园区非机动车充电桩的安装与使用，解决园区学生电瓶车充电难问题。牵头推进的校区2号门停车场（可停机动车43辆，非机动车160辆）项目工程已完工。完成校区景观石题字添彩小工程。为帮助江湾校区教职工进一步了解和及时掌握学校最新的采购政策，规范做好各类采购工作，江湾校区管委会、采购与招标管理中心共同组织召开采购政策解读会，为学校科研创新助力。

健全校区安全管理工作机制。在督促各方抓好安全保卫常规工作的同时，协调有关方面开展校区安全宣传和消防主题教育活动，联合职能部门不定期开展校区消防、实验室、防汛防台、宿舍安全检查等，加强校园巡视，及时与相关职能部门沟通解决问题。

加强校区文化建设。响应师生需求，在文化平台、活动和阵地上下功夫，让江湾校区的人文气息更浓。建设"一个平台"，"复旦江湾"微信公众号正式上线，成为江湾校区的信息整合和融合交流平台。举办"两大活动"，11月中旬江湾校区管委会、江湾学生生活园区管委会成功举办首届校区师生趣味运动会，共14支团队参加；开展"江湾启程，美好同行"师生摄影大赛，打造"文化江湾"名片，共收到150名师生500多幅摄影作品。打造"两个阵地"，法学楼和江湾图书馆成为文化展陈的两大阵地。10月中旬，"讴歌新时代 奋进新征程—复旦大学庆祝党的二十大胜利召开主题书画展"在江湾图书馆展出；管委会协办的复旦大学第六届金秋曝书节在江湾校区举行。10月30日，江湾校区管委会协办的《抽天开象——许德民东方抽象主义艺术展》在江湾图书馆开幕。10月30日—11月26日，全国首个"伟大建党精神"大型特展在法学楼展出。12月初，江湾校区管委会和党委研究生工作部联合推动"固本强基筑堡垒——中国共产党支部建设百年历程展"在法学楼展出。

（晁华荣）

图书情报

【概况】2022年底，学校图书馆馆藏纸质文献总量602.14万册（含纸质图书和期刊合订本，其中中文475.79万册，外文126.35万册），数据库683个。全年购置纸质中文图书86 822册，外文图书 10 432 册，中文报刊 1 156 种，外文报刊 470 种，新增数据库 22 个。接收国内外捐赠图书 4 708 册。

全馆在编职工 173 人，其中具有正高级职称 8 人，副高级职称 43 人，中级职称 97 人。聘用合同制员工 42 人。聘用勤工助学学生 150 人，提供服务 56 500 小时。

疫情防控工作。起草、落实图书馆疫情防控方案和应急方案，组织疫情防控演练。结合防疫实际，以分党委会、党政联席会为核心，联防联控工作组为主体，充分发挥党支部的战斗堡垒作用和党员的先锋模范作用。党员干部带头进入四个校区图书馆，全力配合校区前方指挥部做好疫情防控和读者服务工作；承担"包保"任务，组建图书馆包保工作支援组，发挥专业优势，线下线上结合，与学工队伍一起服务学生；响应学校号召，党员自愿报名参加常态化核酸采样志愿者技能培训及考核，多次参与师生和大后勤人员的核酸采样工作，为学校的疫情防控工作做出贡献。上海疫情保卫战期间，居家办公的党员向社区党组织报到，参与社区服务工作，参加社区核酸采样和物资发放等工作；配合街道党委做好疫情防控相关工作，以实际行动感悟初心使命。

文献资源建设。充分发挥协调采购作用，着力特藏建设、探索中文电子图书单采模式、进行纸电图书联合保障、开展外文图书分学科的系统性补缺工作和持续进行大码洋图书建设。完成 2022 年度数据库使用评估、2022 年国内八所高校电子资源调查报告和 2023 年电子资源建设规划报告。彭博数据库原由新闻学院、管理学院、泛海国际金融学院分别采购，2022 年由图书馆联合采购，减少支出约 55 万元/年。作为集团采购牵头馆在高校图书馆数字资源采购联盟（英文名称：Digital Resource Acquisition Alliance of Chinese Academic Libraries，简称 DRAA）年会上发布《DRAA 集团采购数据库综合评价体系与实施办法》，对 138 个数据库进行评价。年度验收中、外文图书 110 155 册，中、外文报刊 12 735 册（张）；订购数据库 145 个。完成中、外文纸质图书编目 100 745 条，中、外文电子图书编目 201 813 条。被评为 CALIS 联合目录建设先进单位和 CALIS 联合目录馆藏数据建设先进单位。

读者服务工作。全年接待读者 1 877 907 人次，总借还量 370 323 册，读者外借图书 221 207 册。四校区各分馆间通借通还 79 次，处理来往还书 82 632 册，处理来往预约书 53 986 册。提供馆际互借 3 259 册，文献传递 3 324 篇。图书馆主页访问量 7 057 958 次。中文期刊全文下载 13 295 365 篇次，外文期刊全文下载 12 761 252 篇次，电子书下载量 5 979 150 篇/册/页次，文摘数据库检索 15 938 997 次，多媒体访问 677 137 次，MetaLib/SFX 系统登录量 882 040 人次。完成科技查新课题 126 个，提供定题服务 68 项，查收查引服务 1 948 项。开展各类读者培训 181 场，15 000 人次参加；开展线上和线下图书馆新生教育 53 场，约 6 668 人参与，嵌入式教学 21 场，开设信息素质教育课 7 门。官微发布推文 292 篇，阅读量 35.5 万次，截至 12 月 5 日，粉丝数达到 69 822 人。延长图书馆开放时间，从原来的 8:00—22:00，改为 7:30—22:00；四校区书库和服务台开放时间从原来周一至周五、日的 8:00—17:00，改为周一至周日 8:00—22:00。图书馆在除夕至初三以及其他国定节假日不闭馆，实现 365 天 * 14.5 小时向师生开放。各分馆大厅安装 LED 大屏，动态发布最新公告、新书推荐、可视化服务数据等。通过图书馆公众号微服务扫码，实现手机借书。努力满足师生的个性化需求，校园准封闭或封闭期间，开通 70 万册以中文为主的教材教参类电子书试用试读，助力在线教学；保持图书馆的线上服务时刻畅通，所有窗口服务电话呼叫转移，确保邮件和电话咨询、查收查引、科技查新等服务及后台技术支持不中断。在线办理赔书、还书、延期申请、转移账户、图书清缴证明、代还院系资料室图书等业务，确保毕业生顺利办理离校手续。对于图书尚未清缴的在校毕业生，图书馆设置多个还书点；对于图书尚未清缴的校外毕业生，采用快递到付的办法归还图书。为打消读者借书超期的顾虑，将图书借期统一延长至 9 月份，并及时推出违约清零的政策。努力保障图书馆网站群和数据库正常运行；学科馆员开展志愿服务，搭建十多个读者微信群为师生答疑解惑。

人才培养工作。文献信息中心招收图书情报专业硕士 41 名，其中包括 9 名推免生、1 名留学生和 1 名港澳台学生；中华古籍保护研究院招收博士生 2 名。2022 届毕业生 35 人。其中专业硕士生 34 人、学术博士生 1 人。中心在职博士生导师 2 名，专业学位硕士导师 29 名，聘请校外行业导师 28 人，特聘专家 5 人。拥有上海图书馆、浙江图书馆、扬州古籍线装文化有限公司、北京卫计委、中国科学院上海生命科学信息中心、上海辰山植物园、上海市研发公共服务平台管理中心、云南省图书馆等 13 家实践基地。举办藏书故事大赛、金秋曝书节、传统书画修复与摹揭论坛等活动，为师生提供走进古籍、书画、篆刻、版画等传统手工技艺的机会，切实感受中华传统文化的魅力。与上海辰山植物园、上海艺术博物馆合作，搜集和挖掘造纸植物信息资料，举办造纸植物科普展，开展"造纸植物进校园"活动，在传播中国传统造纸文化的过程中，增强文化自信。以信息素养教育为抓手，突破疫情影响赋能图书馆服务；为全校 20 个班级 1 174 名学生开展信息素养公共课教学；推进课程思政建设，加强合理合法使用信息、学术写作规范的教学。"研究生学术规范与论文写作"课程入选 2021—2022 年度研究生课程思政建设项目。

2022 年，获得纵向省部级及国家级课题立项 3 项，横向项目立项 13 项。发表论文 61 篇（含 C 刊/北大核心 27 篇，SCI 14 篇）；出版专著 2 部。知识产权信息服务中心参加首届全国知识产权公共服务机构专利检索分析大赛，李莹获一等奖（全国仅 6 人获此殊荣），中心获全国一等奖，是上海高校唯一入围全国决赛的单位。

持续创新，打造有影响力的复旦

图书馆品牌。2022年,学生使用医科馆相关数据公布后在社会上引起极大关注,仅"#怪不得能上复旦#""#复旦女生一年打卡图书馆1 424次#"两个微博热搜话题的阅读量就超过3.2亿,同时登上了人民日报、新华社等主流媒体,吸引几十家媒体争相对"图书馆达人"和图书馆进行深入追踪报道。基于此数据和活动,医科馆获2022IFLA国际营销奖之十大最富创意的项目之一。

形成复旦学术典藏平台体系,2022年平台新增论文数据3万篇,共向10 309位老师新推送待认领数据63 983条。全校共有140个机关院系和科研机构的2 424位老师认领了39 745条论文和图书成果;复旦学术典藏展示平台集中展示2009年以来复旦学者的学术成果,包括论文(期刊和会议论文)、图书专著、专利、学位论文等成果类型,从学校、学者、学科、机构、成果等角度进行多维度查询和浏览,全方面展示复旦学术成果详情与发展态势。

推进国家智能评价与治理实验基地实体化建设,开展高等教育学术评价研究。举办"探索与反思:人文学者谈学科评价"线上研讨会、6期"学术评价理论与方法研修班/工作坊"等学术活动。开展高等教育学术评价研究,依托实验基地开展多国高等教育评价课题研究,报送专报2份,其中《从西方学术话语垄断中突围:当前对策与建议》提交教育部办公厅,在《教育部简报(高校智库专刊)》第44期刊发,并被中央教育工作领导小组秘书局采用。

为师生办实事,持续推进图书馆功能提升。改造江湾馆空间功能,满足读者对图书馆不同层次的需求。文科馆三楼增设20席阅读座位;理科馆4个阅览室全部安装电源插座;采购智能预约书柜以及智能寄包柜,提升用户的使用体验。

(袁玉红 张维乐)

【陈引驰任图书馆馆长】 3月1日,学校任命陈引驰为图书馆馆长。6月28日,馆长任免大会在复旦大学图书馆理科馆报告厅举行,副校长陈志敏、校党委组织部部长周虎出席,图书馆党政班子成员、部门负责人和支部书记等参加会议。

(张维乐)

【纪念苏步青校长诞辰120周年文献资料展开幕】 适逢苏步青校长诞辰120周年,在国际数学日到来之际,图书馆特别策划"纪念苏步青校长诞辰120周年文献资料展",展览于3月14日在文科馆四楼卿云书房开幕。

(赵冬梅 周月琴 侯茜)

【复旦大学江湾校区李兆基图书馆一楼修缮工程完成】 复旦大学江湾校区李兆基图书馆一楼修缮工程完成,改造后的江湾图书馆一楼开放面积从1 500平方米增加到2 800平方米,形成以藏阅一体、展陈一体、休闲协作、多媒体阅读等功能于一体的人文艺术"融合空间"。

(吴佳良)

【举办复旦大学图书馆与上海市研发平台中心共建研究生实践基地签约授牌仪式】 1月18日,复旦大学图书馆(复旦大学文献信息中心)与上海市研发公共服务平台管理中心(上海市科技人才发展中心、上海市外国人来华工作服务中心)就共建"复旦大学图书馆—上海市研发公共服务平台管理中心研究生实践基地"举行签约授牌仪式。未来三年,双方将围绕上海科创中心建设、上海人才高地建设、科技资源高效开放共享等重大主题,依托实践基地,共同推进信息管理、情报分析、学术评价、平台建设的深度合作,发挥双方优势,促进人才培养、实践教学、研究能力、成果转化方面不断取得良好成效。

(伏安娜)

【举办复旦大学第十届读书节系列活动】 4月23日,在第二十七届世界读书日当天,复旦大学第十届读书节系列活动拉开帷幕。开幕式上,复旦大学文科资深教授、图书馆馆长陈思和,上海音乐学院音乐教育系教授杨燕宜,复旦大学退休工作处处长、书画篆刻研究会常务副会长周桂发,复旦大学中文系教授梁永安,复旦大学大数据研究院教授赵星,复旦大学图书馆参考咨询部主任张敏以及复旦大学图书馆文献信息中心校友等嘉宾应邀进行在线讲座。读书节系列活动分竞赛篇和分享篇,包括"检索王者"挑战赛、"慧源共享"全国高校开放数据创新大赛、藏书故事会、第一本·vlog征集活动、书评影评活动等。

(陆长玮)

【启动张江馆腾挪工作】 根据学校战略部署,张江校区将转型为张江复旦科技创新园区,张江图书馆楼宇将重新施工并改作他用。考虑到师生需求,将张江一教101阶梯教室改建为密集书库,图书馆在物理空间上仅保留书库功能,改为复旦大学图书馆张江服务点,为张江师生提供文献服务;为满足张江学生的学习需求,将张江食堂二楼交由图书馆管理,改为自习空间。

(陈铁英)

档案管理

【概况】 2022年,复旦大学档案馆深入学习贯彻党的二十大精神,落实习近平总书记关于档案工作重要批示和重要论述精神,围绕"四个好""两个服务",推动档案工作全面提质增效,抓细抓实档案事业发展"十四五"规划各项目标任务实施,不断提升工作水平,扩大档案工作宣传,提升档案工作影响力,扎实推进各项工作。

本年度共接收进馆入库档案10 664卷、照片档案810张、征集档案743件,其中对现存复旦大学档案馆的苏步青旧居物品进行清点核查,总计整理苏老人物档案1 030件。接待档案利用4 757人次、调阅档案9 741卷次。校史馆年度接待参观者1万人次,《共产党宣言》展示馆(陈望道旧居)、苏步青旧居和谈家桢(陈建功)旧居年度接待参观者5 437人次。《校史通讯》出版3期。

(慕梁)

【出版《中共复旦大学纪事(1919—1949)》】 该书以编年条目式体例,辅之以大量原始照片和文献图片,记录了五四运动到中华人民共和国成立之间复旦大学的党员活动、党组织发展以及党领导与影响下的进步师生活动,收录了可考的500余位复旦大学中共党员名录及其籍贯、学号、院系等信息,复旦三十个团体举行座谈致函政协会陈述和平建国意见的珍贵文献以及复旦大学烈士简介等。

(慕梁)

【出版《〈共产党宣言〉与陈望道研究论丛(第一辑)》】 该书从2018年—2022年《共产党宣言》展示馆(陈望道旧居)主办及参与主办的学术研讨会论文中遴选编集而成,汇聚了当前党史研究和陈望道研究较为全面、专业的力量,在《共产党宣言》各译本版本、《共产党宣言》中所蕴含的马克思主义原理及其现实意义、陈望道的生平事迹、陈望道文学与新闻学贡献等多个方面做出了积极探索,推进了《共产党宣言》与陈望道的研究、宣传和普及。 （刘晓旭）

【出版《苏步青画传》】 该书从多个角度反映著名数学家、教育家、社会活动家苏步青的一生,是一部综合性画传。该书共收入图片230余幅,时间跨度近百年,从苏步青的早年经历、数学成就、在浙江大学和复旦大学的工作成绩、所参与的社会工作、家庭与业余爱好等多个方面,呈现他丰富多彩的一生。 （慕梁）

【出版《颜福庆教授诞辰140周年纪念文集》】 该文集通过个人传记、亲友学生等撰写的纪念文章、论文代表作以及岁月留痕等四部分内容,图文并茂,史料详实地展示了一级教授颜福庆的事迹经历与杰出贡献。 （慕梁）

【出版《荣独山教授诞辰120周年纪念文集》】 该文集通过个人传记、亲友学生等撰写的纪念文章、论文代表作以及岁月留痕等四部分内容,图文并茂,史料详实地展示了一级教授荣独山的事迹经历与杰出贡献。 （慕梁）

【玖园爱国主义教育建筑群入选首批"科学家精神教育基地"】 5月,玖园爱国主义教育建筑群入选首批"科学家精神教育基地"。玖园爱国主义教育建筑群包括《共产党宣言》展示馆(陈望道旧居)、苏步青旧居、谈家桢(陈建功)旧居三个展示馆,以"信仰""爱国""科学"为主题,三馆共同组成"玖园爱国主义教育建筑群",通过珍贵的实物资料和丰富的多媒体技术,多维度展现大师追求真理、克难攻坚、科学报国、矢志不渝的精神风范。 （刘晓旭）

【举办"致敬大师——苏步青先生诞辰120周年纪念展""纪念苏步青诞辰120周年特展"】 9月23日,与宣传部联合举办"致敬大师——苏步青先生诞辰120周年纪念展";12月15日,在松江区人文松江活动中心云间会堂第三展厅举办"百年巨匠 星光璀璨——纪念苏步青诞辰120周年特展"。两个大型展览均以复旦大学档案馆的丰富馆藏为基础,展出苏步青的论文、译作、诗歌、题字、信件、相关图片等,呈现了苏步青不忘初心、爱党爱国、潜心学术、精益求精、投身实践、学以致用、立德树人、诲人不倦的崇高精神和伟大人格。 （刘晓旭）

【主办"陈望道文艺美学思想研讨会"】 为纪念陈望道先生逝世45周年,11月26日,与中国左翼作家联盟会址纪念馆、复旦大学望道研究院联合主办"陈望道文艺美学思想研讨会"。会议采取线上线下相结合的方式进行,来自复旦大学、华东师范大学、中共上海市委党史研究室、中共上海市虹口区党史办、上海鲁迅纪念馆、左联会址纪念馆、中共二大会址纪念馆、中共四大纪念馆的学者围绕陈望道文艺美学思想的主题,交流各自最新的研究成果。 （刘晓旭）

【"玖园大讲堂"第一讲开讲】 12月1日,"玖园大讲堂"在玖园开讲,复旦大学生命科学学院教授卢大儒面向玖园志愿者及各院系学生作题为"遗传学的魅力"的演讲,并介绍李汝祺、谈家桢等中国现代遗传学前辈所做的贡献。玖园大讲堂是玖园爱国主义教育群的品牌项目之一,以党的二十大精神为指引,持续邀请专家学者围绕"信仰、爱国、科学"的主题为广大青年学子做主题演讲,引导他们坚定理想信念、厚植爱国情怀、传承科学精神,努力成长为担当民族复兴重任的时代新人。 （刘晓旭）

出 版

【概况】 2022年,复旦大学出版社有限公司设有人文编辑部、社科编辑部、理科编辑部、经济管理分社、医学分社、外语分社、学前教育分社、南怀瑾项目组、社会读物项目组、现代学徒制教材项目组、大词典项目组、质检中心、校对室、版权部、法务部、装帧设计部、出版部、宣传策划部、营销部、院校合作部、储运部、社办公室、总编办、财务部等机构,下辖上海复旦大学电子音像出版社有限公司、上海复旦经世书局有限公司两家独立核算机构。2022年度出版社在职员工为254人;共出版新书455种,其中再版书78种;重印书1 108种。

15种图书获得奖励表彰。《中国地区比较新闻史》获"上海市第十五届哲学社会科学优秀成果奖(学科学术优秀成果奖)"一等奖,《上海全球城市人才资源开发与流动战略研究》《纪念改革开放四十周年丛书》获二等奖;《阳明大传:"心"的救赎之路(上中下卷)》获"浙江省第二十一届哲学社会科学优秀成果奖(基础理论研究优秀成果奖)";《使不可见者可见:保罗·克利艺术研究》获"广西第十七次社会科学优秀成果奖(著作类)"三等奖;《活力四射——新时代上海创新型企业攻坚克难实践案例》获"中共中央组织部全国干部教育培训好教材"及第八届"管理科学奖"专项奖促进奖;《幼儿教师资格证考试即兴伴奏与弹唱实训教程》获"黑龙江省教育科学研究'十三五'期间优秀教育科研成果奖(高等教育类)"二等奖,《学前教育钢琴基础进阶教程》获三等奖;《茶事服务》获"江西省普通高等教育优秀教材奖";《金融营销学:原理与实践》获"2022年上海市高职院校经济类专业优秀教材"特等奖,《跨境电商英语》获三等奖;《校园传染病防治手册》获"2022年上海市优秀科普图书";《博物馆建造及展览工程管理》获"第三届全国博物馆学优秀学术成果图书奖";《批评的观念》获"宁波市文艺评论奖";《ESG理论与实务》获2022中国企业社会责任年会"ESG研究奖"及向光奖"年度学术研究TOP10"。

22种图书入选各类项目。《复旦大学图书馆藏古籍稿抄珍本(第二辑)》入选"2022年国家出版基金资助项目";《阳明诗赋编年笺证》《全明诗话新编》入选"2022年国家古籍整理出版资助项目";《明人别集丛编》《阳明诗赋编年笺证》《全明诗话新编》《历代文话新编》《上海历代著述总目》《复旦大学图书馆藏善本目录》入选"2021—2035年国家古籍工作规划";《肿瘤转移：基础与临床》《现代医学影像学（第二版）》入选"2022年度国家科学技术学术著作出版基金项目";《移民政治：当代中国的城市化道路与群体命运》入选中宣部"2022年经典中国国际出版工程";《关键——中国共产党与中国道路》《共同富裕：历史渊源与实现路径》入选教育部"全国高校出版社主题出版项目";《现代神经外科学手册》《现代乳腺肿瘤学》《古本与今本：现存〈水经注〉版本汇考》入选"上海市促进文化创意产业发展财政扶持资金项目";《丁景唐研究丛书》《王欣夫文存》《〈大公报〉全史（1902—1949）》入选"上海市文化发展基金资助项目";《现代乳腺肿瘤学》《宋代文学通论》《陆深全集》《上海历代著述总目》《世界博物馆最新发展译丛》《日本情报中的近代中国报刊史料汇编》《肿瘤转移：基础与临床》入选"2022年度上海市重点图书"。

发展对外交流，拓展版权合作。引进图书18种，包括《欧洲妇女运动史》《纯粹过程形而上学奠基》《传播学》等；出版输出图书5种，《美国政治文化转型与外交战略调整》《从割裂到融合：中国城乡经济关系演变的政治经济学》由英国泰勒·弗朗西斯出版集团出版英文版，《经济战"疫"：新冠肺炎疫情对经济的影响与对策》《文化提升国家质量：中国发展的使命》由世界科技出版公司出版，繁体字版《汉字的魔方》由香港中华书局出版；结项输出图书2种，包括中宣部"中国图书对外推广计划"翻译资助项目《世界文明视阈下的中华文明》英文版（由瑞士兰培德国际学术出版集团出版）和丝路书香工程项目俄语版《立于礼："三礼"选读》（由俄罗斯尚斯国际出版社出版）；签订版权输出协议8种，包括与施普林格出版社签订的《螺网理论》《中国语言学史》《中国哲学史十讲》英文版输出协议，与世界科技出版社签订的《中国信用债市场发展研究》《现代肾脏病临床前沿焦点》英文版输出协议等。

（陈丽英　戴文沁　秦　霓）

【首次入选中组部全国干部教育培训好教材】　3月11日，由上海市委党校教授毛军权主编、出版社出版的《创新创业 活力四射——新时代上海创新型企业攻坚克难实践案例》一书经上海市委组织部推荐，正式入选中组部"全国干部教育培训好教材推荐目录"。

（陈丽英　杨梦瑶）

【首获中国博物馆学界最高学术奖项】　5月18日，由文物与博物馆学系主任陆建松撰著、出版社出版的《博物馆建造及展览工程管理》一书获选第三届"全国博物馆学优秀学术成果推荐著作学术成果"，这一奖项为中国博物馆学界最高学术奖项。

（杨梦瑶）

【举行《全球治理导论》出版座谈会】　7月6日，由清华大学社会科学学院与出版社共同主办的《全球治理导论》新书出版座谈会暨全球治理的中国知识体系学术研讨会以线上线下同步召开的方式在京举行。《全球治理导论》由清华大学教授赵可金撰著，为国内第一部国际事务硕士教材。

（杨梦瑶）

【出版重点图书《立德树人 铸魂育人》】　7月，出版社重点图书《立德树人 铸魂育人：复旦大学"三全育人"综合改革案例选编》出版。本书由学校党委书记焦扬担任主编，综合论述学校各院系、部门关于"三全育人"综合改革和"课程思政"建设的具体实践。

（陈丽英）

【出版沪上首本急诊专科病例集】　7月，由上海市医学会急诊专科分会感染学组组长单位复旦大学附属华山医院急诊科牵头主编的《急诊科精彩案例解析（感染篇）》出版，本书为上海市第一本具有急诊专科特色的病例集，收集以华山急诊为主的上海各大医院急诊感染病例，对急诊感染相关疾病的诊疗流程规范、诊断思路拓宽和诊治能力提升有参考意义。

（陈丽英）

【成立大词典项目组】　8月26日，出版社成立大词典项目组。大词典项目组的主要职能是推进《中华汉英大词典》纸质产品和数字产品的编辑加工及宣传推广工作，深入开发和推广其周边产品，包括中小型词典、汉英语料库等。

（陈丽英）

【举办《王蘧常文集》发布会】　9月3日，《王蘧常文集》新书发布会在沪举办。副校长陈志敏出席致辞。王蘧常先生的家属及来自学术界、书法界、出版界、媒体界等50余位嘉宾出席活动，探讨王蘧常先生的学术成果和书法诗学艺术成就。

（杨梦瑶）

【社会效益评价考核再获优秀】　9月6日，教育部社科司公布图书出版单位2021年度社会效益评价考核结果，出版社2021年度社会效益评价考核结果为优秀。这是继2019年度之后，出版社连续第三次获此殊荣。

（陈丽英　杨梦瑶）

【出版重点图书《跨越百年的信仰对话》】　9月，2021年中宣部主题出版重点出版物选题、2022年国家社科出版基金资助项目《跨越百年的信仰对话》面世。本书聚焦青春、初心、信仰、奋斗、梦想等话题，以跨越百年的历史长河中中国青年信仰对话的形式来探讨中国青年信仰的生成与力量这一主题，由出版社组织相关高校从事党的建设、马克思主义意识形态理论、青年思想政治教育研究工作的青年教师和博士研究生历时一年多编写而成。

（陈丽英）

【举行学习贯彻党的二十大精神专题党课】　12月2日，学校党委常务副书记、党的二十大精神宣讲团成员裘新到出版社作党的二十大精神专题宣讲。出版社党委书记、董事长严峰主持宣讲报告会，出版社党政领导班子、全体党员参加学习。

（陈丽英　杨梦瑶）

信息化校园与服务

【概况】　2022年，信息化办公室强化服务意识、优化工作流程、提升工作效能，完成多项学校重点工作和实事工程。特别在校园准封闭管理期间，信息办全员为保障正常教学和精准防控，发挥信息化创新引领作用，快速开发并实施一系列应用,满足师生迫切需求,让"数据跑路"紧跟政策方向。

深化"一网通办"建设,提升综合效能。持续推进线上服务事项建设,通过流程精简、数据共享等手段优化服务事项。新增上线"科研类分散比价采购申请""医科科研用章申请""部门(院系)印章使用申请""公务用车台账填报""外籍教职工工作类证照办理""第二课堂劳动实践活动登记认证系统""云服务器续期"等事项。2022年,网上办事大厅在线运行事项共计304项,新增上线40项,年度申请数50万项。试点推进二级单位网上办事大厅建设,有9个二级单位申请开通,共计26个服务事项投入运行。

推进电子签章多项应用落地。基于eHall网上办事大厅和"复旦eHall"微信小程序,开发"学校印章使用申请"和"部门(院系)印章使用申请",支持在线申请学校电子印章和部门(院系)电子印章,师生可直接下载已签章的电子文件。上线研究生成绩单、本科生二专/二学位成绩单、本科生奖学金(英文)、因公出国、赴港澳台任务批件等共8项电子证明服务,今年共计签发电子文件45 323份,同比增长3.3倍。

"一网统管"数据治理,精准提供数据服务。基于个人一张表平台实现个人已发表认领和已录入系统的论文数据集成,响应上级部门关于开展减轻青年科研人员负担专项行动的工作要求,减少师生论文数据的重复填报。数据治理平台新增数据清单81个和采集报表51个,新增支持76个数据共享交换业务,完成文科科研系统、成果认领系统数据治理,为常态化数据服务提供支撑。持续推进"一网统管"数据驾驶舱建设,新建医学院迎新大屏、在校活动分析、常态化防疫大屏、第二课堂统计大屏等,并将大屏拓展到移动端,实现移动订餐统计大屏、核酸检测进度统计大屏等,满足不同场景下对数据统计和展示的需求。基于数据分析平台为学校办、人事处、研究生院、研工部、保卫处等各单位提供各类数据统计服务,包括高基表、研究生资助资金登记、平安复旦、一卡通进出校和门禁、订餐数据分析、研究生新生大数据、医保缴费统计等。

持续深化"2+X"本科培养体系改革。完成培养方案X部分的功能改造,结合学生的修读现状,自动推荐多元化学程和发展路径。共完成编制659条"2+X"培养方案,400名2018级"2+X"学生顺利通过毕业审核。不断优化研究生系统支持研究生教育改革。持续完善研究生系统师生门户,推出导师遴选、论文审阅等共计10余项服务。门户集成日程表,并打通论文和科研数据;基于通用问卷平台为研究生论文答辩提供支持创建答辩问卷超过4 000份。完成在线教学eLearning平台升级,优化视频流媒体服务能力,增加教务信息与平台的集成融合。保障支持"周末先修学堂"二期顺利开展,新增用户、课程等管理功能,增强系统监控和保障能力。AI应用持续深化,基于校内的人脸识别平台,提升系统安全性和业务并发能力,构建迎新报到、老生注册、新生学籍复查应用,深度赋能疫情常态化背景下身份认证场景智能化升级。

信息办第一、第二党支部坚持以"3·5"学雷锋日、全民国家安全教育日、建校117周年校庆、2022级新生报到、国家网络安全宣传周为契机,开展宣教和服务活动,增强师生获得感。在准封闭期间,以党员为骨干的驻校留守服务队通过线上/线下相结合,圆满完成抗击疫情信息化保障任务。上线教职工离校系统,提供教师离校手续的线上跨部门协同办理,累计服务5类人员批次共436人。优化"旦问无妨"应用,构建常见问题知识库,通过机器人自动回复师生的高频问题,自3月份上线后,自动应答超4万次。陆续上线图书馆、研究生院、总务处机器人,智能问答平台累计访问达11万余次。推进校园卡各应用场景终端设备改造,完成四校区门禁设备更换升级469套,水控设备更换升级2 106套,可支持虚拟校园卡使用需求;推出"订餐小程序"应用,支持封控期间四校区七个食堂不同的供餐方案,保障封控期间校内人员订餐业务的稳定运行。"复旦信息办"微信公众号持续传递信息化建设资讯、服务指南、网络信息安全等资讯,全年公众号共推文188篇,用户数达14.7万人,总阅读量56.7万。

"一网通办"助力校园疫情防控。在校园准封闭管理期间,紧急上线手机流量和家庭宽带申请、在校师生求医问诊专用通道、离校返乡送站车辆预约等"一网通办"服务事项。常态化管理后,上线核酸检测预约、校园场所码申请等;建设全口径人员信息溯源平台,提供基本信息和轨迹查询、核酸检测情况统计。构建"场所码"平台,获取数据实现一键核验,全年共启用212个"场所码",扫码人次近100万。对接上海市大数据中心,实现师生随申码、核酸数据、疫苗数据实时获取,充分利用社会资源为学校疫情防控精细化管理提供保障。完成视频会议场景拓展和云会议平台扩容,可预约500人、1 000人会议室,并实现对各校区已改造视频会场的远程控制。全年累计召开视频会议27 000余场,较2021年同期增长超4倍。

完成IPv6规模化部署,新增加2段/48长度IPv6地址段。推进二级网站IPv6支持,将二、三级链接IPv6支持率提高到98%,即将实现应用系统全覆盖。5G虚拟校园网、物联专网、视频专网等支持IPv6接入。IPv6日均流量从1Gbps提升至3Gbps。加快核心机房建设,完善校园网建设。配合光华楼机房搬迁,梳理调整主干网架构。推进枫林校区网络基础设施升级项目,升级主干网和一卡通网络。更换江湾校区生科楼、教学楼、后勤楼、先材楼、食堂约100台老旧交换机,用户接入带宽从100Mbps升级到1Gbps,上联链路从1Gbps升级到20Gbps。推进时钟服务NTP系统部署,为全校提供精准的时钟服务。

完成网络安全保障工作,守住安全底线。全年重保147天,保障北京冬奥会、全国两会、党的二十大等重要时期学校的网络安全。参加教育部、上海市公安局组织的攻防演习,开展专项检查整改,切实加强网络安全防范和监测措施,落实值守和"零报告"制度,全年网络安全零事故。2022年,累计抵御网络攻击超过3 790万次,拦截垃圾邮件超过13亿封。

获奖情况。复旦大学成为全国信标委云计算标准工作组-云建设与应用专题工作组成员单位;复旦大学获由中国联通授予的"5G校园随行专网十佳示范校"荣誉称号;复旦大学"基于5G+校园物联网的智慧后勤创新实践"入选中国教育后勤协会"2021年教育后勤信息化建设优秀案例";复旦大学获智慧高校SCIO组委会颁发的"智慧校园—示范高校"称号。复旦大学信息化办公室获评上海市总工会颁发的"建功'十四五'奋进新征程——2021年推进高质量发展上海职工劳动和技能竞赛"二等奖;信息办运维及应急服务小组获复旦大学团委授予的"2020—2021年度复旦大学青年安全生产示范岗"称号。1人获智慧高校SCIO组委会颁发的"高校数字化转型发展先锋人物"称号。

（王明洁）

资 产 管 理

【概况】 2022年,资产与实验室安全管理处以重点工作为轴线,着力于制度建设、信息化建设、实验室安全、大型仪器共享、防疫保障等工作,助力"第一个复旦"建设。

2022年新增仪器设备2.14万台/件,金额8.57亿元。全年报废仪器设备9 744台/件,金额为0.58亿元。截至12月31日,复旦大学共有仪器设备29.02万台/件,金额约为80.08亿元。其中:不满20万元的仪器设备有28.52万件,36.98亿元;20万元以上的仪器设备有4 978台/件,金额43.09亿元(其中,20万元以上至50万元之间的仪器设备有3 199台/件,金额10.13亿元;50万至200万之间的仪器设备有1 342台/件,金额13.04亿元;200万以上的仪器设备有437台/件,金额19.92亿元)。家具12.94万件,金额约3.11亿元。汽车23辆,金额约0.05亿元(其中,轿车9辆,金额0.02亿元;小型载客汽车10辆,金额0.02亿元;其他车辆4辆,金额0.01亿元)。

制度建设。制订发布《复旦大学实验室风险分级评估指标(试行)》《复旦大学实验室安全事故应急预案(试行)》《复旦大学实验室特种设备安全管理办法(试行)》,协同制订发布《复旦大学科研项目安全风险评估实施细则(试行)》,制订《复旦大学房产租赁管理暂行办法》《复旦大学公用房有偿使用管理暂行办法》《复旦大学人文社科公用房配置实施细则(试行)》和《复旦大学理工医科公用房配置实施细则(试行)》。

业务信息化。建设完成"公务用车使用登记系统",实现公务用车使用时间、次数、里程、行程和相关费用等信息的收集;改进"新增设备、车辆、货物预算申报系统"业务流程,做实查重功能;完善"外贸合同管理系统"以适应学校采购方式的变更,增加"实验室危险化学品管理系统"中危化品课题组间转移功能,加强安全管理。

大型仪器管理。单价40万元人民币以上的大型精密贵重仪器设备1 534件,价值22.96亿元,使用机时1 896 321.3小时。其中教学使用机时70 107.1小时,占总机时的3.69%;科研使用机时1 758 511.83小时,占总机时的92.73%;社会服务使用机时67 702.37小时,占总机时的3.57%。开放使用机时395 919.59小时,占全部机时的20.88%。完成教学实验项目数633项;科研项目数8 599项。培训学生教师19 689人。

合同审核签订。2022年签订货物类合同4 747份,其中:外贸合同1 085份,金额27 947.76万美元;内贸合同3 354份,金额133 236.86万元人民币;仪器设备维修保养及协议供货和集中采购等合同308份,金额2 806.06万元人民币。其中,扩大投资贷款项目合同1 294份,金额28 398.64万元人民币,内贸合同814份,金额11 482.16万元人民币;外贸合同480份,金额23 651.31万美元,约合人民币169 164.75万元。

进口免税报关报检。2022年办理进口货物征免税确认通知书1 220份,2 030台/套/批,金额11 383.71万美元;办理特殊物品、动植物及其产品入境审批手续7批次,金额1.68万美元。完成非贸易进出口货物报关报检14批次,金额18.88万美元。获得国家商务部进口贴息资金168.77万元人民币。

实验室安全管理。2022年,学校经政府部门批建的科研实验室共164个,其中国家重点实验室5个,国家工程中心和创新平台6个,创新引智基地18个;经教务处备案的教学实验室134个。学校实验室总计298个。

完成江湾、枫林实验室危化品暂存点技防改造,配备重点实验楼宇应急安全柜74台,制作安装287间实验室安全信息牌,印制安全标识42 220份;受理废弃物处置申请单4 257笔,回收各类实验室废弃物12 052件,转运生物废弃物226吨、危险废弃物209吨;转运普通医废210批次、新冠医废80批次。

公用房管理。1.公用房产证办理。2022年,取得75 530.06平方米房产的不动产权证书,其中,张衡路825号东部52 293.44平方米,张衡路825号西部15 242.45平方米,复华科技楼7 994.17平方米。2.空间布局规划及楼宇用房安排。完成中华文明资源中心用房布局安排建议方案,落实中华文明资源中心用房分配。3.公用房调借配管理。结合用房单位需求及学校房产现状,2022年共完成公用房调配13项,涉及房屋面积6 722.55平方米;完成公用房借配9项,涉及房屋面积1 670.25平方米。4.公用房租赁管理。完成16个校外承租房、19个校内出租房合同签署;承担新金博大厦、金创大厦、爱久公寓等学校整体承租房相关管理职能。5.公用房修缮审批管理。累计完成116栋楼宇172个修缮项目的审核。6.公用房的回收与处置。收回政肃路250弄1号、国年路270弄3号等校外承租房屋;落实黄浦区长乐路260号使用权房征收补偿事宜。

防疫物资保障。2022年采购各类防疫物资254个品类829.99万件(个/瓶),总价值3 368万元;接收49

批次126种捐赠物资,价值1136万元;受理并完成物资申领5177单,发放防疫物资1339.35万件(个/瓶),总金额3602万元。

(江培翃 魏书真)

【固定资产调剂公示】 调剂公示存量资产14批次,共130台设备、3件家具(账面金额5785.22万元);成功调剂75.40万元大型仪器。

(谢静芳 郭竞男)

【开展实验室安全隐患排查与整治】 全年检查实验室841间次,其中"一查一启用"61间。开展10批次重要危险源专项检查,其中易燃易爆化学品规范存储专项检查3次,易燃易爆类废旧药品专项排查1次,特种设备专项安全检查4次,用气安全专项检查2次。制订《复旦大学2022年实验室安全专项行动暨实验室安全检查工作方案》,开展实验室安全专项行动。处置烟感报警事件6起、历史遗留剧毒品事件3起,封停实验室42间。

(张义 谢余凤)

【推进实验室安全教育系统化】 更新"实验室安全在线校级卷"题库,7854人通过校级卷测试;组织591人参加特种设备取证专项培训,其中管理人员39人,操作人员552人;协助化学系、环境科学与工程系开设校级实验室安全公选课程各1门,全年677人选课。

(张义 谢余凤)

【举办校级实验室安全应急演练】 组织高压灭菌锅安全、锅炉安全、危化品泼洒、危废泄漏、气瓶安全等6场次校级专题应急演练,拍摄制作危化品泼洒、危废泄漏、气瓶安全等专题应急教育视频。

(张义 谢余凤)

【发放实验室安全宣传资料】 向39个二级单位发放《实验室安全手册》与《漫话实验安全》共计7652册本;设计印制"实验室用气安全""易制爆危险化学品存储管理""生物废弃物安全""生物安全柜使用管理""实验室电源插座和接线板使用安全""实验室加热装置使用安全"等专题海报696张。

(张义 谢余凤)

【迎接属地各部门现场检查】 迎接公安、生态环境、市场监管、卫健委、应急管理等部门现场检查34次。

(张义 谢余凤)

【1个项目入选2023年"上海高校实验室安全示范攻坚项目"】 12月,江湾校区危化品暂存点功能化实现项目入选2023年"上海高校实验室安全示范攻坚项目",获70万元建设经费支持。

(张义 谢余凤)

附 录

2022年复旦大学实验室一览表

单 位	实 验 室 名 称	备 注
航空航天系	上海市针灸机制和穴位功能重点实验室** 材料力学性能实验室 动力学与控制实验室 流体力学实验室 设计制造实验室 生物力学实验室 飞行控制与仿真实验室 设计创新实验室 振动与强度实验室 复杂介流体及其技术应用实验室	10
物理学系	应用表面物理国家重点实验室*(应用表面物理) 微纳光子结构教育部重点实验室**(微纳光子结构) 计算物质科学教育部重点实验室**(计算物质科学) 量子调控创新引智基地** 量子调控上海高校重点实验室** 先进材料科学与技术创新引智基地** 基础物理实验室 物理演示实验室 医学物理实验室 文科物理实验室 综合实验室 近代物理实验室 创新实验室 设计性研究性物理实验室 多功能讨论室 金工车间 电脑机房	17

续表

单 位	实 验 室 名 称	备 注
现代物理研究所	核物理与离子束应用教育部重点实验室**/*** 核工程和核技术教学实验室 重离子物理学科创新引智基地**	3
环境科学与工程系	上海市大气颗粒物污染防治重点实验室** 气候和环境变化研究示范型国际科技合作基地** 环境教学与工程试验教学示范中心(环境教学实验室) 上海市有机固废污染控制与资源化高值化利用专业技术服务平台**	4
大气科学研究院	上海市海洋-大气相互作用前沿科学研究基地** 极端天气气候-大气环境-公众健康多风险互联学科创新引智基地** 上海市海陆气界面过程与气候变化重点实验室**	3
化学系	上海市分子催化与功能材料重点实验室** 创新科学仪器教育部工程研究中心(先进仪器制造)** 功能纳米材料系统工程创新引智基地** 上海手性药物工业不对称催化工程技术研究中心** 普通化学实验室 无机化学与化学分析实验室 有机化学实验室 仪器分析和物理化学实验室 化工原理实验室 综合化学实验室 科学训练实验室 应用化学实验室 蛋白质化学生物学上海高校重点实验室**	13
生命科学学院	遗传工程国家重点实验室*(遗传工程) 现代人类学教育部重点实验室**(现代人类学) 生物多样性与生态工程教育部重点实验室**(生物多样性与生态工程) 上海崇明东滩湿地生态系统定位观测研究站** 上海工业菌株工程技术研究中心** 人类遗传学创新引智基地** 现代人类学示范型国际科技合作基地** 遗传与发育国际合作联合研究中心** 上海市丝路人类学国际联合实验室** 现代生物科学实验室 普通生物学实验室 开放实验室 生物化学实验室 微生物学实验室 动植物学实验室 生态学实验室 遗传学实验室 细胞生物学实验室 基因技术教育部工程实验中心** 基因工程实验室 细胞接种室 生理学实验室	22
发育生物学研究所	发育与疾病国际联合研究中心**	1
信息科学与工程学院	电磁波信息科学教育部重点实验室**(电磁波信息科学) 电气工程及其自动化教学实验室 光电信息科学与工程专业实验室(光科学专业实验室) 通信工程专业实验室(现代通信实验室) 近代电子学实验室	23

续 表

单 位	实 验 室 名 称	备注
信息科学与工程学院	上海超精密光学制造工程技术研究中心** 新农村发展研究院** 生物医学工程专业实验室 上海重要产品追溯工程技术研究中心** 电路基础实验室 EDA软件教学实验室 本科生开放实验室 高频电路实验室 微机与接口实验室 认知体验实验室 电子学方法实验室 综合实验室 电工实验室 创新实验室 上海综合能源系统人工智能工程技术研究中心** 上海北斗智慧应用创新研究中心** 上海低轨卫星通信与应用工程技术研究中心** 上海市低轨卫星信息技术协同创新中心**	23
微电子学院	专用集成电路与系统国家重点实验室*（专用集成电路芯片与系统） 工信部国家集成电路创新中心** 长三角集成电路设计与制造协同创新中心** 上海市微纳器件与工艺专业技术服务平台** 集成电路工艺教学实验中心(集成电路实验室) 新一代集成电路技术集成攻关大平台** 国家集成电路产教融合创新平台* 上海集成电路制造业创新中心** 集成电路设计教学实验中心	9
管理学院	信息系统与金融工程综合实验室(管理学综合实验室)	1
经济学院	经济学教学创新实验室	1
材料科学系	教育部先进涂料工程研究中心**（先进涂料） 上海市微电子材料与元器件微分析专业技术服务平台** 材料化学专业实验室 材料物理实验室 电子科学与技术实验室 电子与光电子材料及器件分析技术上海高校工程研究中心**	6
新闻学院	视频制作实验室 灯光摄影实验室 音频制作实验室 无界直播互动教学实验室 彭博财经数据实验室 可视化传播实验室 数据采集分析实验室 传媒与舆情调查研究中心 公共传播实验室 广播数据直播实验室 高清虚拟演播室	11
中国语言文学系	语言学实验室	1
外国语言文学系	语言实验室、同声翻译实验室 语言学习中心	2
社会发展与公共政策学院	社会工作实验室 社会心理与行为科学实验室 社会调查实验室	3

续表

单 位	实 验 室 名 称	备 注
国际关系与公共事务学院	公共决策实验室 智慧治理实验室	2
艺术教育中心	陶艺实验室 媒体艺术实验室 艺术表演实验室	3
数学科学学院	非线性数学模型与方法教育部重点实验室**（非线性数学模型与方法） 上海市现代应用数学重点实验室** 计算机教学实验室 现代应用数学创新引智基地**	4
上海数学中心	上海数学中心* 上海国家应用数学中心*	2
高分子科学系	聚合物分子工程国家重点实验室*（聚合物分子工程） 高分子科学实验教学中心 上海市聚合物分子工程专业技术服务平台**	3
文物与博物馆学系	文物保护实验室	1
专用材料与装备技术研究院	特性材料与技术教育部B类重点实验室**	1
计算机科学技术学院	上海市智能信息处理重点实验室** 上海市数据科学重点实验室** 网络信息安全审计与监控教育部工程中心**（网络信息安全审计与监控） 上海区块链工程技术研究中心** 视频技术与系统上海高校工程研究中心** 上海市智能视觉计算协同创新中心** 基础教学实验室 计算机专业教学研究实验室 人工智能专业教学研究实验室 特色软件教学研究实验室 保密安全教学研究实验室 ACM竞赛实验室 晨曦工作室 科创实验室 在线课程及网络可见研发实验室 多功能室	16
软件学院（计算机科学技术学院）	软件学院教学实验室	1
法学院	模拟法庭专业教学实验室	1
基础医学院	医学神经生物学国家重点实验室*（医学神经生物学） 医学分子病毒学教育部/卫健委重点实验室**（医学分子病毒学） 临床技能学习中心 代谢分子医学教育部重点实验室**（代谢分子医学） 国家卫健委糖复合物重点实验室**（糖复合物重点实验室） 上海市医学图像处理与计算机辅助手术重点实验室** 上海合成免疫工程技术研究中心** 上海市病原微生物与感染前沿科学研究基地（培育）** 小分子活性物质上海高校重点实验室** 脑发育与重塑创新引智基地** 持续性感染与疾病创新引智基地** 医学形态学教学实验室 医学功能学科教学实验室 病原生物学教学实验室 法医学教学实验室 解剖学教学实验室 分子医学实验室	17

续 表

单 位	实 验 室 名 称	备 注
药学院	智能化递药教育部实验室**（智能化递药） 全军重点实验室**（全军智能化递药重点实验室） 上海药物研发协同创新中心** 药剂学与物理化学实验室 药物分析实验室 有机药化和天药实验室 药理生化和生物合成实验室 上海免疫治疗药物工程技术研究中心** 上海市生物医药放射性专业技术服务平台**	9
临床医学院	临床技能内外科学分中心一 临床技能内外科学分中心二 临床技能妇产科学分中心 临床技能儿科学分中心 临床技能眼耳鼻喉学分中心 临床技能肿瘤学分中心	6
护理学院	护理实践教学中心	1
公共卫生学院	公共卫生安全教育部重点实验室**（公共卫生安全） 卫生化学本科教学实验室 国家卫健委卫生技术评估重点实验室** 职业卫生与毒理学实验室 环境卫生学实验室 流行病与卫生微生物学本科教学实验室（卫生微生物本科教学实验室） 计算机与信息实验室 学生教学科创共享空间	8
附属医院	癌变与侵袭原理教育部重点实验室**（癌变与侵袭原理） ［中山医院］ 卫生部病毒性心脏病重点实验室**（病毒性心脏病重点实验室） 　　　　　　　　　　　　　　　　　　　　　　　　　　　　　［中山医院］ 上海市肾脏疾病与血液净化重点实验室** ［中山医院］ 上海市器官移植重点实验室** ［中山医院］ 上海消化内镜诊疗工程技术研究中心** ［中山医院］ 上海市内镜微创协同创新中心** ［中山医院］ 上海结直肠肿瘤微创工程技术研究中心** ［中山医院］ 上海心肺疾病人工智能工程技术研究中心** ［中山医院］ 上海心脏瓣膜工程技术研究中心** ［中山医院］ 放射与治疗国家临床医学研究中心* ［中山医院］ 上海市放射与治疗（介入治疗）临床医学研究中心** ［中山医院］ 上海市肺部炎症与损伤重点实验室** ［中山医院］ 心血管介入治疗技术与器械教育部工程研究中心** ［中山医院］ 上海呼吸物联网医学工程技术研究中心** ［中山医院］ 上海介入治疗工程技术研究中心** ［中山医院］ 心力衰竭上海高校重点实验室** ［中山医院］ 上海市围手术期应激与保护重点实验室** ［中山医院］ 上海市临床检验质谱专业技术服务平台** ［中山医院］ 上海市急危重症临床医学研究中心** ［中山医院］ 上海市肾脏疾病临床医学研究中心** ［中山医院］ 卫健委抗生素临床药理重点实验室**（抗生素临床药理重点实验室） 　　　　　　　　　　　　　　　　　　　　　　　　　　　　　［华山医院］ 卫健委手功能重建重点实验室**（手功能重建重点实验室）［华山医院］ 上海市周围神经显微外科重点实验室** ［华山医院］ 上海市脑功能重塑及神经再生重点实验室** ［华山医院］ 上海市神经系统疾病临床医学研究中心** ［华山医院］ 上海市老年疾病临床医学研究中心** ［华山医院］	57

续表

单 位	实验室名称	备 注
附属医院	上海市人工智能医疗辅助器具工程研究中心** ［华山医院］ 国家临床医学研究中心(老年疾病)* ［华山医院］ 上海肿瘤智能药物工程技术研究中心** ［华山医院］ 上海毛发医学工程技术研究中心** ［华山医院］ 上海神经再生与细胞治疗工程技术研究中心** ［华山医院］ 上海老年疾病人工智能辅助医疗工程技术研究中心** ［华山医院］ 上海市传染病与生物安全应急响应重点实验室** ［华山医院］ 上海脑重大疾病智能影像工程技术研究中心** ［华山医院］ 健康老龄化智慧医疗教育部工程研究中心** ［华山医院］ 上海市中西医结合医药专业技术服务平台** ［华山医院］ 卫健委新生儿疾病重点实验室**(新生儿疾病重点实验室)［儿科医院］ 上海市出生缺陷防治重点实验室** ［儿科医院］ 国家儿童医学中心* ［儿科医院］ 卫健委听觉医学重点实验室**(听觉医学重点实验室) ［五官科医院］ 卫健委近视眼研究重点实验室**(近视眼研究重点实验室) 　　　　　　　　　　　　　　　　　　　　　　［五官科医院］ 上海市视觉损害与重建重点实验室** ［五官科医院］ 上海市激光与裸眼3D视觉健康工程技术研究中心** ［五官科医院］ 上海市耳鼻咽喉疾病临床医学研究中心** ［五官科医院］ 上海市女性生殖内分泌相关疾病重点实验室** ［妇产科医院］ 上海市生殖与发育前沿科学研究基地** ［妇产科医院］ 上海市妇科疾病临床医学研究中心** ［妇产科医院］ 上海市乳腺肿瘤重点实验室** ［肿瘤医院］ 上海市恶性肿瘤生物样本库专业技术服务平台** ［肿瘤医院］ 上海市分子影像探针工程技术研究中心** ［肿瘤医院］ 上海肿瘤疾病人工智能工程技术研究中心** ［肿瘤医院］ 上海市病理诊断临床医学研究中心** ［肿瘤医院］ 上海市放射治疗临床医学研究中心** ［肿瘤医院］ 上海市老年医学临床重点实验室** ［华东医院］ 上海市康复医学临床医学研究中心** ［华东医院］ 上海肿瘤多维靶向基因组诊断工程技术研究中心** ［金山医院］ 灵长类模式动物专业技术服务平台** ［浦东医院］	57
生物医学研究院	上海市医学表观遗传学重点实验室** 医学表观遗传与分子代谢国际科技合作基地** 上海市重大疾病蛋白质组研究专业技术服务平台** 表观遗传学上海高校重点实验室** 上海市生物医药糖复合物专业技术服务平台**	5
先进材料实验室	储能技术示范国际科技合作基地**	1
类脑人工智能科学与技术研究院	计算神经科学与类脑智能学科创新引智基地** 上海市张江国际脑影像中心专业技术服务平台** 上海人工智能算法研究院** 计算神经科学与类脑智能教育部重点实验室**	4
附属公共卫生临床中心	上海市高等级生物安全病原微生物检测专业技术服务平台** 上海市感染性疾病(艾滋病)临床医学研究中心**	2
上海市重大传染病和生物安全研究院	上海市重大传染病和生物安全研究院**	1
工程与应用技术研究院	智能机器人教育部工程研究中心** 上海智能机器人工程技术研究中心** 上海市超精密运动控制与检测工程研究中心** 上海碳化硅半导体功率器件工程技术研究中心**	4

续表

单 位	实 验 室 名 称	备注
脑科学研究院/脑科学前沿科学中心	脑科学前沿科学中心**	1
大气与海洋科学系	大气综合观测场 大气化学教学实验室 海洋调查教学实验室 大气探测教学实验室 天气分析预报教学实验室 大气物理教学实验室	6
大数据学院	上海大数据金融联合创新实验** 大数据本科教学实验室	2
大数据试验场研究院	大数据试验场研发与转化功能型平台**	1
上海市质子重离子临床技术研发中心	上海质子重离子反射治疗工程技术研究中心** 上海市放射肿瘤学重点实验室**	2
代谢与整合生物学研究院	上海市代谢重塑与健康重点实验室**	1
张江研究院	上海生物医学检测试剂工程技术研究中心**	1
上海市影像医学研究所	上海胆道微创及材料工程技术研究中心**	1
类脑芯片与片上智能系统研究院	类脑芯片与片上智能系统研发与转化功能型平台**	1
光电研究院	上海市智能光电与感知前沿科学研究基地**	1
现代教育技术中心	公共计算机实验室	1
交叉实验中心	交叉实验中心	1
合计		298

说明：(1) * 国家重点实验室；** 部(省)重点实验室；*** 世行贷款重点学科专业实验室
(2) 附属医院实验室仅统计部(省)级及以上实验室

（资产与实验室安全管理处供稿）

后 勤

【概况】 2022年，学校以习近平新时代中国特色社会主义思想为指导，深入学习宣传贯彻党的二十大精神，落实立德树人根本任务，聚焦加快建设"第一个复旦"中心任务，践行以师生为中心的发展理念，持续深化后勤社会化改革，统筹发展与安全，慎终如始做好疫情防控背景下的后勤保障服务，精准防控、精细管理、精心服务、精打细算，推进后勤高质量发展。

校园校区基础保障工作。四校区食堂营业额18 888万元，就餐人次1 186万次，采购额9 368万元，发放源头补贴787万元。所辖物业建筑面积179.92万平方米，公共会场会务量3 244场次，完成公共部位一万元以下零星维修42 226单，生活园区办理新生入住10 317人次，毕业生退宿9 006人次，清扫房间7 389间，保障室内外体育场馆场地(不含游泳馆)预约锻炼17万人次，保障洗浴约4.5万人次。所辖"三馆一堂"建筑面积约2.11万平方米，保障相辉堂活动17场次，保障江湾校区游泳馆、枫林校区游泳馆、邯郸南区游泳池游泳锻炼9.59万人次。分发各类信件包裹45.58万件，快递总入库量1 675 555件，总出库量1 425 130件。四校区修复或提升绿地11处，改造绿地面积1 632平方米，工程以外补植草坪516平方米，补植小苗230平方米，移植乔灌木217株，更换草花282 724盆。校车累计发车19 420车次，运行里程217 741公里，乘车人数346 951人次。全年清理干垃圾4 374吨，湿垃圾1 373吨，有害垃圾1.58吨，清理大件垃圾189车，清运绿化垃圾203车，回收可回收物34.2吨，为新生宿舍配置干湿两分类脚踏垃圾桶1 568套。维护保养电梯193台，空调12 938台，空气源热泵64台。回收能源费746.94万元，回收燃料动力费530.15万元，提供新能源汽车充电服务36 455次，提供电动自行车充电服务503 474次。为248位教职工办理校产教师公寓入住手续，为276位教职工办理退寓手续，总租住人数净减28人，完成周转性教师公寓及校产权房修缮项目200项，维修、更换室内设施设备约192件(套)，为956位在职在编教职工发放住房补贴约2 697.51万元。校医院完成门诊13 745人次，新生体检14 311人次，门急诊报销6 046人次，大病报销37人次，组织3次集中无偿献血，采集全血1 132人份，献血总量22.64万毫升。完成全校合同审核977份。

疫情防控工作。落实大后勤人员疫情防控管理和每日信息通报制度。上半年累计完成3 000余吨食材采购，共计559万份盒饭供应，下半年累计保障59栋临时封控楼宇8 500余名师生送餐4.4万份。在四校区建立7处大宗物资集中卸货消杀缓冲区，在校外设立12处物资消杀点，组建消杀和卸货专班，24小时不间断对进校物资卸货消杀累计5 000余次20万件，共计9 000余人次参与；完成24小时应急消毒近3 000次，协助完成涉阳楼宇消杀580次，聘请专业单位累计完成终末消毒40.49万平方米，预防性消毒47.39万平米；配合工程与应用技术研究院研制系列专业消杀设备。校医院保证"生命通道"畅通，发挥发热门诊哨兵职能；在校内组织设立15个固定核酸采样点和30人的核酸采样队伍，全年完成检测245万余人次，封控楼宇上门单采6 500余人。调派十辆大巴运行124车次，安全运送1 861名师生员工长途跨省隔离；开设30条线路，累计发车867车次，完成学生集中返乡送站11 067人。上半年分发应急生活物资15万件，清运垃圾19万桶（袋）。燕园保障6 400余名师生进行健康观察；10至11月指导复宣酒店作为外地返沪缓冲区接收学生237人，启动江湾生活园区5、6号楼博士后公寓作为健康观察点接收学生280人；12月建成校内健康驿站，燕园和江湾生活园区5、6号楼博士后公寓累计接待入住师生员工984人。

安全生产工作。召开本年度学校食品安全工作组会议和学校防汛防台工作会议。全年共开展安全检查78次，参与防汛防台值班和抢险待命1 066人次，排查排除设施设备、高空坠物等安全隐患43处，疏通下水管网35 000米，应急处置事件139起。完成各校区变电站系统电气预防性试验，升级改造新闻学院变电站10KV高压柜、张江校区二期变电站变压器和变电站配套相关项目，对江湾校区食堂一楼进行电力增容，消除供电安全隐患。开展安全培训、消防演练和救生演练，提升员工安全意识与应急处置能力。

校企改制后业务交接和人员安置工作。平稳有序完成"三馆一堂"业务交接，江湾游泳馆、枫林游泳馆安全规范开馆。接收南苑专家楼、新闻学院和燕园宾馆的管理，统一纳入学校公共物业。提出复宣酒店归口管理实施方案和预算建议。建立退管工作三级网络，做好对原后勤公司633名退休职工的服务联系和关心关爱工作；做好改制人员安置政策宣介和教育培训，指导3名待岗人员竞聘上岗。

加强餐饮和物业精细管理。严格落实"四个最严"要求，确保校园食品安全零事故，主动与政府部门对接加强依法监管，向所有经营单位发布《学生食堂综合考评方案》，通过量化计分和专项考评加强日常监管和过程监管。修订《物业管理手册》，开发启用物业精细化管理系统，实现对四校区物业人员配置的精细化统计和监管。试行物业检查智能化管理系统，实现物业检查考核及时性、信息化和可视化。编制《物业服务流程图》《物业服务手册》等，为一线人员提供规范操作指南。

提高生活服务便利。升级改版总务处网站，优化"复旦总务"微信公众号，引入智能问答机器人，畅通沟通渠道，回应师生诉求，受理和回复各类建议投诉近900件。根据师生需求，新增周六张江邯郸校车班次，方便跨校区上课。四校区增加电动自行车智能插座480个，增加新能源汽车充电桩14个。定期开展物业便民服务活动35场次，累计服务1 216人次。在江湾游泳馆增设更衣柜，安装2.82平方米大时钟。四校区增加配备AED设备28台，持续开展急救知识教育和技能培训。搭建平台，召开城投宽庭江湾社区保障性租赁住房校内宣介会，为教职工争取折扣租金。

提升餐饮保障水平。南区食堂二楼、旦苑食堂二楼整体家具换新，增设绿植调节氛围；升级改造枫林食堂二楼包厢；旦苑食堂一楼试点引进米饭机和洗米机；江湾食堂引进肯德基餐厅。南苑餐厅二楼新增火锅米线、肠粉、牛肉粉丝汤窗口；张江一楼新增烤盘饭、汉堡炸鸡档口；旦苑二楼推出鸡汤煨饭窗口；北区二楼推出千里香馄饨窗口；推出除夕夜饭、元宵汤圆、端午粽子、军训消暑餐、新生专属套餐、中秋套餐、国庆套餐、上医95周年庆套餐等特色餐饭。

改善师生居住环境。局部维修南苑专家楼门房、前厅、客房、锅炉房等，更新技防设备、室内地毯窗帘与纱窗；配合留学生公寓大修，采购家具、空调、开水炉、窗帘及配套厨房设备；在各学生园区宿舍改造加长床13张，更换家具桌面板、门板、抽斗、蚊帐杆等，更换开水炉2台。

推进大学生医保并轨。根据市医保局要求，联合各相关部门做好大学生持卡就医结算及医保参保通知动员，为40 000余名在籍大学生提供参保登记申报、缴费及后续报销服务，助力每位学生人有所保、病有所医。

推进节约型校园建设。倡导爱粮节粮，枫林校区率先试点使用自助称重系统，实现个人按需按量点餐，平均消费金额下降约10%—15%，食物浪费下降约15%。推进节能改造，改造食堂传统冰库为变频冰库，降低能耗级别；用空气源热泵替代南苑专家楼老旧锅炉，实现节能减排的同时也消除了安全隐患；为一教公共区域LED灯安装自动感应控制设备，改造光华楼东辅楼公共区域LED灯，进一步减少照明能耗。节约资金成本，北区食堂通过微生物降解将餐厨垃圾转化为水和二氧化碳，节约垃圾收运处理费9万元/年、人力运行成本24万元/年；食堂维保费用由学校和各食堂经营单位共担，自试行以来，食堂维修材料费用比去年同期下降52.7%；燕园宾馆作为校内隔离点，全年至少为学校节省625万元校外隔离房费；枫林游泳馆重新招标后比上一轮节省资金约56%；相辉堂招标后比往年运行费节省资金约14%。盘活住房资源，提出馨逸公寓（一期）公租房、尚景园公租房续租方案，签订馨逸公寓保留222套(退租84套)、尚景园续租612套的整体租赁协议。

加强大后勤党建联建和文化建设。总务处建立后勤干部培训专家库，从政治理论、业务知识、党风廉政、安全生产、法务合同等多个维度开展干部教育培训十余次。发挥"大后勤党建联建"机制，与所辖企业党组织开展党的二十大精神学习系列教育活动，打造大后勤党建同心圆。挖掘宣传报道复旦后勤历史上、社会化改革进程中、闭环管理期间涌现的先进人物和感人事迹十余篇。在四校区举办"战疫——致敬后勤员工书画展"。

坚持内控和长效机制建设。总务处借助经济责任审计工作进行全面体检，即知即改。修订《总务处固定资产管理办法》《总务处20万元(不含)以下采购项目实施细则》。调整内设科室职能，缩短反应时间，提高管理效率。

（陈琳）

采购与招标管理

【概况】 2022年，学校采购工作贯彻落实党的二十大精神，聚焦群众"急难愁盼"问题关键点，突破学校采购体制机制瓶颈，推进完善学校统一采购管理机制，切实提高部门工作的服务保障效能。

提升服务保障效能。一是精简办事流程。全面梳理简化eHall办事大厅采购流程，适当减少采购申请填写内容；简化各类申请所附材料，解决校园准封闭期间用印难问题。二是通过信息化手段提高服务水平。上线采招中心微信公众号，提供各类规范文本、解读及流程示意，年内累计发布16条信息，关注人数近500人。推出意向公开模块和科研类分散比价模块，最大限度实现用户线下"少跑路"，提升服务满意度。三是畅通集中采购、紧急采购渠道。通过非科研类紧急采购渠道在电子卖场直接下单，破解批量集中采购的"盲盒式"采购问题，提高采购效率和质量。

四是推出分散比价采购方式。推进落实科研"放管服"政策，将50万元以下科研类采购，由学校统一采购改为由项目负责人采取比价方式自主决定成交商、相关部门审核的采购模式。五是加大采购政策宣讲力度。举办5场采购新制度政策解读会，500余人参会。

做好扩大投资专项贷款项目采购。从11月下旬到12月底的短短40天时间里，克服疫情困难，超预期完成工作，有力推动学科科研平台等相关建设。重视采购规范性和提高节约率，将进口项目预算与限价分开，仅预留进口环节相关手续费用一项措施，就为学校节约资金2 000余万元。

积极应对疫情防控。继续实施疫情相关采购"绿色通道"机制，积极参与相关重大采购，保证抗疫物资采购及时、顺畅、到位。在校园疫情防控的特殊时期，采购与招标管理中心还协助资产处、校外合作处、外联处等部门做好防疫物资储备、捐赠物资分配等事项。

重视内部建设。采购与招标管理中心建立每周固定学习制度，年内开展各类业务学习40余场，参加教育部、中国教育会计学会等上级部门组织的采购业务学习2次。加强监督管理，要求采购相关人员签署《诚信与廉洁承诺书》。不定期开展风险点排查，对违规违法行为坚持零容忍，切实做到发现问题"立行立改"，营造风清气正的采购氛围。

2022年，累计完成货物、服务、工程类采购项目1 584项，采购预算37.57亿元，实际成交35.96亿元，节约资金1.61亿元，节约率4.28%。

（陈淑妍 卜小芮）

【采购与招标管理系统建设】 7月22日，完成采购与招标管理系统建设立项论证。9月5日，通过公开招标方式选择合作单位。12月底，系统上线试运行，实现统一采购一网通办。

（陈淑妍）

【制度建设】 8月30日，采购与招标领导小组审议通过《复旦大学采购评审专家管理办法》《复旦大学采购代理机构管理办法(试行)》等2项制度。9月16日，校长办公会议审议通过《复旦大学各类采购限额标准(暂行)》《复旦大学快速交易采购实施细则(试行)》《复旦大学网上竞价采购实施细则(试行)》《复旦大学采购评审价格权重管理办法(试行)》《复旦大学落实〈政府采购促进中小企业发展管理办法〉实施细则》等5项制度。10月1日起，上述7项制度正式实施。

（陈淑妍）

【招标代理增补】 12月2日，通过公开遴选方式增补上海中世建设咨询有限公司和上海东松医疗科技股份有限公司为学校进口类项目招标代理。

（陈淑妍）

财务与审计

财　务

【概况】 按照上报教育部的年度部门决算数据，2022年，学校总收入136.56亿元，较2021年增长28.25%；2022年度学校总支出135.1亿元，较2021年增长13.44%。年度总收入中，中央及上海市财政拨款41.43亿元，教育事业收入18.03亿元，科研事业收入26.38亿元，其他收入50.72亿元。年度总支出中，人员支出45.83亿元，公用支出85.22亿元，基建支出4.05亿元。

（徐尉南　李瑾）

【落实财政部教育部预算管理一体化改革要求】 完成预算管理一体化新系统启用、测试工作。对应新的申报要求，做好原6大专项扩展为全部68个项目申报评审的转换工作。

（徐尉南　杨晶晶）

【加强国有资产价值管理体系和制度建设】 根据《学校所属企业国有资产管理实施细则》，构建学校、资产公司及所属企业的校企管理体系。

（徐尉南　汪雅琼）

【完成全国首笔设备更新改造贷款】 贯彻落实国务院常务会议关于支持经济社会发展薄弱领域设备更新改造的决策部署，主动对接相关部委和商业银行，获得全国首笔设备更新改造贷款。

（徐尉南）

【聚焦重点加强信息化建设】 运营维护微信公众号"复旦大学财务与国资处"。用户数突破2万,全年推送图文消息30多篇,单篇最高点击量1万余次,菜单点击量6.7万次。上线薪酬单订阅服务、e税服务两项新功能,并开通微信公众号财务缴费功能。同时,科研项目的结题结项决算表电子化,实现学校科研财务版块全流程线上操作。 (徐尉南 秦筱)

【优化结构做好银行账户相关工作】 采取多种方式优化存款结构,提升学校财力。通过2021年银行账户年检,完成银行账户法人资料更换及开户许可证变更。优化公务卡流程,与农业银行协商打通征信调整绿色通道,帮助老师解决疫情期间还款难等问题。 (徐尉南)

【深化推进学校所属企业改制】 按照教育部做好校企改革"回头看"工作要求,进一步清理退出学校所属企业;做好学校所属企业资产评估备案工作;配合完成资产经营公司董事会换届、章程修订。 (徐尉南 汪雅琼)

【持续强化历年往来款核销工作】 继续加大往来款的清理和核销力度,将暂付款落实责任到借款人和经费负责人,对于账龄超过6个月的暂付款要求全部冲销。
(徐尉南 李瑾)

【疫情期间保障学校财务工作平稳运行】 在学校准封闭管理期间,做好财务资源配置,保障学校运行的各项开支需求。其间,财务业务邮箱扩容5次,处理业务邮件16 000多封,审核预约报销单10 000多份。 (徐尉南)

审 计

【概况】 2022年,审计处共完成各类审计项目311项,审计涉及资金总额101.95亿元,出具各类审计结果文本278份,提出审计意见/建议453条。

领导干部经济责任审计。完成2项,均为进点审计项目,审计涉及金额15.40亿元,出具审计结果文本2份,提出审计意见/建议23条。

建设项目全过程跟踪审计。实施39项,出具审计结果性文书70份,提出审计意见/建议245条。对其中2个项目完成竣工结算审计,合计送审金额2.15亿元,审减金额(即直接经济效益)233.46万元,平均审减率为1.08%。

建设项目竣工结算审计。完成500万以上竣工结算事中审计4项,审计涉及金额9 445.97万元,出具竣工结算造价咨询意见书4份,出具竣工结算事中审计报告2份,提出审计意见/建议12条,审减金额(即直接经济效益)185.19万元,平均审减率为1.96%。完成500万以下竣工结算事中审计42项,审计涉及金额6 528.63万元,出具竣工结算造价咨询意见42份,出具竣工结算事中审计报告29份,提出审计意见/建议138条,审减金额(即直接经济效益)138.69万元,平均审减率为2.12%。完成竣工结算事后审计80项,出具竣工结算事后审计报告80份,提出审计意见/建议13条,确定应审减金额共计81.48万元,平均审减率为2.75%,最高审减率达14.63%。

预算管理审计。完成学校2018年度预算执行审计项目,审计涉及金额81.15亿元,提出建议9条。

内部控制评价。结合教育部关于内部控制建设和评价的要求,对学校重要业务领域进行内部控制检查,出具复旦大学2021年度内部控制评价报告、复旦大学2021年度风险评估报告,并提出风险评估结果运用措施。

科研项目管理审计。完成科研项目课题结题审计43项,审计涉及金额1.45亿元,出具审计结果文本43份。提交年度科研课题结题审计综合报告1份,提出审计意见/建议7条。完成科研项目财务决算报告审签96项,涉及金额1 943.49万元。

审计咨询。提供审计咨询服务2项,出具审计咨询意见书2份,提出审计咨询建议19条。

推进审计整改工作。下发审计整改通知书9份。提交2021年度审计项目整改情况综合报告1份。

加强审计结果公开和运用。印发《建设工程管理审计工作简报》4期,在一定范围内予以公开。建立审计结果与纪检监察、巡视、组织人事、财务管理、资产管理、科研管理等有关职能部门共享协同机制,有效构建监督大审计格局。 (刘妍)

【完善管理制度】 完善《复旦大学内部审计工作规定》。着手对《复旦大学领导干部经济责任审计规定》《复旦大学领导干部经济责任审计联席会议制度》《复旦大学审计整改工作规定》《复旦大学经济责任审计结果运用办法》进行修订。 (刘 妍)

【建设审计信息化系统】 完成审计信息化系统一期——工程审计管理系统建设。为二期经济责任审计、科研审计等各审计业务管理系统建设做好前期准备。 (刘 妍)

【组织审计宣传】 面向学校新任处级干部开展经济责任审计培训。召开中层领导干部经济责任审计进点会或述职会10场,召开建设工程管理审计进点会2场,加强审计知识宣传,促进多部门通力协作。 (刘 妍)

【加强党对审计工作的领导】 召开中共复旦大学审计委员会第二次会议,谋划完善审计委员会制度,梳理议事决策机制,充分发挥审计委员会在统领学校审计工作中的重要作用。
(刘 妍)

【推动完成国家审计整改后续工作】 作为整改秘书单位,落实审计署对国家审计发现问题的整改工作要求。跟踪、督促、指导有关问题持续整改,形成阶段性审计整改情况报告。
(刘 妍)

【完成上级部门和学校专项任务】 承担中国教育审计学会专业规范委员会工作。入选成为2022—2025年上海教育系统内审人员见习基地之一,并召开上海教育系统复旦大学内审人员见习基地启动会。选派1名同志参加学校开展的"基本建设领域招标采购自查自纠检查工作"。配合教育部完成对中央戏剧学院书记、院长经济责任审计。 (刘 妍)

【加强队伍建设】 在职人员累计38人次参加中国教育审计学会等举办的各类专业培训、讲座等。以国家审计整改为主题,召开工作总结交流会。加强理论研究,3位同志在《中国内部审计》等期刊发表专业论文2篇。
(刘 妍)

十一、党建与思想政治工作

纪检监察工作

【概况】 2022年,中央纪委国家监委在学校设立国家监委驻复旦大学监察专员办公室,与学校纪委合署办公,一体履行纪律检查、国家监察职责;任命金海燕同志担任国家监委驻复旦大学监察专员,复旦大学纪委、国家监委驻复旦大学监察专员办公室统称为"纪检监察机构",确定全体专职纪检监察干部的监察官等级。学校纪检监察机构坚持以习近平新时代中国特色社会主义思想为指导,深入学习宣传贯彻党的二十大精神,立足职能职责,规范履职尽责,推进学校纪检监察工作高质量发展。

强化政治监督,坚持履行协助职责与监督职责相结合,促进"两个责任"贯通协同。校纪委书记第一时间传达上级有关文件和会议精神,带头学习贯彻总书记重要讲话精神以及党的二十大精神;制订《学习宣传贯彻党的二十大精神专项监督方案》,推动新征程的战略部署贯彻于各项工作中;邀请党外人士、教代会代表、中层干部等座谈,听取意见建议。开展深化中央巡视整改和校内巡视整改监督,针对反馈问题,梳理汇总22条具体问题和56项长期整改任务;定期向上级报告整改情况;聚焦中央巡视和国家审计反馈的重大复杂疑难而推进缓慢的问题,反复沟通协调,并取得突破;对上一轮校内巡视后已完成集中整改的3个二级党委开展下沉监督,督促真改实改。协助党委制订《贯彻落实中共中央〈关于进一步加强对"一把手"和领导班子监督的意见〉的若干举措》,督促有效贯彻执行;校纪委书记对反映"一把手"问题的线索直接把关、逐一谈话;与处级干部谈心谈话126余人次,与新任处级干部廉政谈话39人次。优化选人用人监督,对有关干部问题认真核实、提出建议或异议意见。严把党风廉政意见回复关,全年对干部使用、人才项目遴选等出具党风廉政意见2 573人次。建立廉政档案500余份,阶段性完成中层正职的廉政档案更新。协助落实好党委书记与纪委书记双周会商制度,纪委书记定期向党委书记报告重要问题、提出意见建议;协助校党委召开全面从严治党工作暨警示教育大会,部署年度工作,通报典型案例;监督推动落实《关于加强全面从严治党"四责协同"机制建设的实施办法》,进一步完善校纪委委员、专职纪检干部联系院系制度,强化压力传导。监督推动统筹疫情防控与学校事业发展双线并进。封控期间,校纪委书记带队开展实地监督检查和走访调研10余次,通过高频次电话调研了解情况,在教学、科研管理作出重大调整时提出意见建议;全年围绕疫情防控和安全稳定向二级纪委印发工作提示3次。

坚持监督与服务结合,推动解决师生急难愁盼问题。疫情防控攻坚期连续1个多月每日开展电话调研累计2 000余次,在学校每日疫情防控调度会上报告并推动解决重点和普遍问题,推动主责部门解决个案问题。在复旦纪检监察网站开辟"建言献策专栏",及时分析研判、分类处置。关注"且问无妨"中的问题和回复内容,督促解决到位。对信访反映的业务范围外问题,督促主责部门及时处理49件,发出转办函33件。强化信访举报处理结果运用,督促指导被反映单位,规范权力运行。国庆前后到院系开展调研式监督,对存在的问题给予提醒,并分类向相关部门反映。校纪委班子成员深入基层开展党的二十大精神宣讲7次,各室主任开展全面从严治党和纪律宣讲4次。强化资源供给,汇编年轻干部和青年学生典型案例,制作宣讲材料;将纪律教育关口前移到青年学生,开展毕业生廉洁教育。督促各级领导干部深化作风建设,疫情防控攻坚期向全校543位领导干部发送提醒短信;常态化防控阶段,提醒各部门防止工作简单化、一刀切、层层加码;结合重要节点向处级以上干部作廉洁提醒3次,开展公款购买校名月饼专项检查,推送违反中央八项规定精神警示案例15次。

聚焦重点领域,深化日常监督。聚焦"第一个复旦"建设"卡壳点",针对办学空间紧缺问题开展监督,对若干房产长期未能收回等历史遗留问题和公用房使用率问题,深入考察分析并提出意见建议。制订基建领域采购招标自查自纠方案,督促主责部门梳理和排查214项基建采招项目,提出4条改进措施,并部署二级纪委督促本单位做好零星采购自查自纠;针对市纪委监委下沉检查中发现的问题,督促相关部门深入整改;对重点关注问题作为问题线索开展调查了解;针对大批集中采购招标中串标围标的苗头性倾向性问题,推动主责部门紧急召开会议强调纪律要求,向二级纪委印发工作提示,部署做好教育和监督。持续开展对非学历教育、基础教育合作办学、附属医院、校办企业等重点领域整改情况监督,6次向教育部报送整改台账,督促主责部门扎实推进整改。做深做细做实招生考试监督,开展纪律宣讲18次,参与各类监督16次,疫情期间确保监督渠道畅通,向招生主责部门提出改进意见建议6条,强化主责部门职能监督意识。

规范信访举报和问题线索受理,

加强线索处置和案件查办。全年收到信访举报110件，协助上级办理5件。做好50件实名检举控告件的核实、受理、告知反馈工作；做实做细群众工作，向业务范围外信访反映人讲清政策、指明路径、做好情绪疏导；召开专题研判会议21次，强化信访举报受理、办理、处理、反馈全流程闭环管理，81件初次信访件办结或了结72件，结件率88.9%。持续优化问题线索归口受理、集中管理、分类处置、及时办理、定期汇总，严格执行请示报告和重要线索备案制度；坚守办案安全底线，强化措施使用的审批与监管，全年使用措施57人次；持续加强"走读式"谈话安全工作，做好办案安全大检查，完成标准化谈话室改造，制订使用管理规定；重视领导首谈工作要求，校纪委书记直接参加谈话近十人次。严查快处涉疫防控违纪问题。积极稳妥推进重点问题线索处置与重点案件查办。精准运用"四种形态"，全年党纪政务立案4件5人，作出党纪政务处分4人。发出监督意见函1份，以多种方式提醒教育党员干部30余人次。

加强自身建设。深入推进纪检监察体制改革，协助党委制订纪检监察机构改革方案；严格执行上级纪检监察机关工作要求和规范，制订议事决策暂行办法；加强理论研究，推动成立复旦大学纪检监察研究院。完善纪检监察系统工作机制，向上级书面报告涉疫舆情2次、重要情况4次，协助有关纪检监察机关调取证据、排摸情况、安排谈话等工作6次；健全校院两级纪检监察工作体系，加强对二级纪委的指导和培训，制订二级纪委工作指引，印发工作提示5次，召开座谈会6场，举办二级纪委书记(纪检委员)专题培训班，召开附属医院纪委书记联席会议2次。推动校内各类监督协同贯通、形成合力，建立纪检监察机构班子成员联系机关部门机制，发挥民主监督和群众监督作用，推进与巡视、组织、人事、审计、工会、统战等部门的横向联动；重点推进和巡视、审计监督的贯通协同，履行好经济责任审计联席单位职责，形成监督合力。提升纪检监察干部履职能力，强化"双周"学习制度，定期开展理论学习和业务研讨；选派2名专职纪检干部"以干代训"；鼓励纪检干部开展研究，全年申报课题3项，发表研究成果4篇。

(高安琪)

【完成校十五届党委巡视全覆盖任务】 校十五届党委对物理学系、环境科学与工程系、管理学院、复旦附中党委等开展第十七轮校内巡视，结合被巡视单位学科特点和实际情况，精准设置个性化巡视观测点，做到一单位一策；本轮巡视共发现4家被巡视单位主要问题51条，有针对性地提出整改建议14条，向校党委提交需进一步研究事项6项，高质量完成本届校党委巡视全覆盖目标。探索实行巡视专员制度，配合组织部共同选拔一批党务经验丰富、有责任担当的巡视专员，加强巡视工作力量，着力破解"熟人社会"巡视难题。强化校内巡视整改和成果运用，梳理总结校内巡视发现的主要共性问题，推动相关职能部门从体制机制上堵塞漏洞，切实做好巡视整改"后半篇文章"。

(陈长城)

附 录

国家监委驻复旦大学监察专员办公室

监察专员　金海燕

(纪检监察机构供稿)

组织工作

【概况】 2022年，学校组织工作坚持以党的二十大精神和习近平新时代中国特色社会主义思想为指导，深入贯彻落实新时代党的建设总要求和新时代党的组织路线，全面贯彻落实《中国共产党普通高等学校基层组织工作条例》，全面加强全校干部人才队伍的统筹谋划和系统推进，持续强化各级党组织政治功能和组织功能，全面深化党对机构编制工作的集中统一领导，为加快建设"第一个复旦"提供坚强的组织保证。

深入学习贯彻党的二十大精神。通过线上线下相结合方式，组织全校2万余名党员收看党的二十大开幕式，全校基层党支部围绕学习党的二十大精神开展主题党日近2 000次，基层党支部书记讲授学习党的二十大精神专题党课728次，党员参与近3.7万人次。全面加强新时代上海高校党建工作创新实践基地建设，承办市教卫工作党委系统党的二十大精神专题学习研讨班，充分发挥党建阵地载体的教育管理服务功能。认真做好党的二十大和市第十二次党代会代表的推荐提名工作。

配优建强高素质干部队伍。结合校园疫情防控形势，统筹做好校内管理服务保障岗位力量调配，组织包保干部下沉学生生活园区一线。树立鲜明选人用人导向，加大在关键时刻、重大斗争一线考察识别干部力度，10名在大上海保卫战和校园闭环管理期间经受吃重岗位考验的干部得到提拔任用(校本部4人、附属医院6人)。推动2家二级单位党组织换届和5家行政领导班子换届，新提任处级干部49人(正处17人、副处32人)，交流任职干部39人，开展32名干部试用期满考核。拓宽干部培养渠道，共选派校外挂职锻炼干部人才52人，全年累计在外挂职人员108人，遴选首批26名来自院系、附属医院的干部到校部机关、上海医学院机关和地方研究院开展为期一年的挂职锻炼。克服疫情影响，按照中组部统一部署，统筹协调校内外人员力量如期完成2 702卷干部人事档案专项审核任务。不折不扣落实规范党政领导干部在高校兼职工作，健全和完善学校有关制度规定，在全面自查基础上稳妥有序推进规范工作。

推动基层党建工作全面提质增效。贯彻落实基层党建工作重点任务，组织开展全校党的建设工作会议，完成学校全国党建工作示范高校创建验收评估工作。坚持大抓基层的鲜明导向，开展院系党组织会议和党政联席会议议事制度执行落实情况专项督导，认真执行党的组织生活制度，全校党支部开展组织生活1.2万余次，党员参与率达86%。持续做好在优秀师生中发展党员工作，发展党员人数连续4年居上海高校首位，大力推进"复旦大学—高中学生党员接力培养项目"。充分发挥三线联动机制优势，组织引导全校基层党组织和广大党员在重大考验中挺身而出、冲锋在前。大力推进"复旦·1925"数字党建平台建设，全面实现党务工作一站式窗口整合。

不断规范学校机构编制管理工作。组织编写《学校实体二级机构设置调整工作细则（流程）》和《机构编制委员会办公室批复印发工作细则》，全年完成16个二级实体机构设置调整和31个机构负责人选聘工作。发挥党管人才制度优势，组织召开复旦大学人才工作会议暨建设"第一个复旦"系列研讨人才专题研讨会，进一步提升学校高层次人才服务水平和保障能力。

（陈辉艳）

【做好党的二十大代表、市十二次党代会代表推荐提名工作】 按照中央和市委统一部署，认真做好党的二十大和市第十二次党代会代表推荐提名工作，党支部参与率均达到100%，党员平均参与率达到99.93%。召开学校党代表大会议，严格按照党章和党内有关规定，圆满完成选举工作。学校2名同志当选党的二十大代表，3名同志当选市第十二次党代会代表。全力配合上级部门做好上海市第十六届人大代表和第十四届政协委员推荐考察工作。

（刘建妮）

【深入推进党建示范创建和质量创优】 学校通过全国党建工作示范高校创建验收评估；1个院系党委和3个党支部入选第三批全国党建工作"标杆院系"和"样板支部"培育创建单位；3个院系党委和5个党支部入选上海党建工作"标杆院系"和"样板支部"培育创建单位；复旦附中党委和复旦大学第二附属学校党总支分别入选上海中小学校示范学校和特色学校创建单位；10个学生党支部、12位学生党员入选上海"百个学生样板党支部""百名学生党员标兵"创建名单。

（刘建妮）

【打好校园疫情防控攻坚战】 在大上海保卫战期间，全校各级党组织和广大党员在特殊时期发扬特殊精神、体现特殊担当，让党旗在疫情防控一线高高飘扬，"党员先上"成为鲜明标识。全校建立临时党组织120个、党员突击队和服务队266个、党员先锋岗566个，全校6 000余名师生党员累计参与社区志愿服务2.4万余人次。累计调配260人次副处级以上干部进校值守，组织98名机关和院系干部下沉学生生活园区82个网络落实包保责任，全面参与现场公共事务，协助落实阶段性重点任务，开展"健心坊"等特色工作，做好疫情防控查漏补缺和维护稳定应急处置。

（刘建妮　陈辉艳）

附 录

2022年复旦大学党委下属二级单位党组织一览表（排序不分先后）

二级党委（47个）	
中国语言文学系党委	国际文化交流学院党委
外国语言文学学院党委	现代物理研究所党委
新闻学院党委	航空航天系党委
历史学系党委	护理学院党委
法学院党委	附属中山医院党委
哲学学院党委	附属华山医院党委
经济学院党委	附属肿瘤医院党委
国际关系与公共事务学院党委	附属妇产科医院党委
管理学院党委	附属儿科医院党委
社会发展与公共政策学院党委	附属眼耳鼻喉科医院党委
马克思主义学院党委	图书馆党委
数学科学学院党委	附属中学党委

二级党委(47个)	
物理学系党委	出版社党委
材料科学系党委	机关党委
高分子科学系党委	老干部党委
化学系党委	脑科学研究院党委
生命科学学院党委	上海医学院机关党委
信息科学与工程学院党委	生物医学研究院党委
计算机科学技术学院党委	资产经营有限公司党委
环境科学与工程系党委	科研机构综合党委
微电子学院党委	化学与材料学院党委
基础医学院党委	大数据学院党委
公共卫生学院党委	大气与海洋科学系党委
药学院党委	

（党委组织部供稿）

党校工作

【概况】 学校坚持把习近平新时代中国特色社会主义思想作为干部教育培训的首要任务，重点围绕迎接、学习贯彻党的二十大精神，立足"大党建""大思政"格局，着力加强党员干部教育培训工作，教育引导党员干部深刻领悟"两个确立"决定性意义，深入学习领会总书记重要讲话和批示指示精神，自觉增强"四个意识"、坚定"四个自信"、坚决做到"两个维护"。全年共主办、协办各级各类培训24个(含6期发展对象培训班)，共计培训党员干部、骨干教师、发展对象等8 466人。

继续加强基层组织理论学习资源供给。2022年制作并陆续推出"学习新思想，奋进新征程"学习党的二十大精神系列视频微党课16讲，由校领导领衔主讲；录制"传承红色基因 培养忠实传人"全国高校党组织示范微党课；推出"喜迎二十大、奋进新征程"学习《习近平谈治国理政》第四卷系列微党课10讲。向各二级党委编发学习新思想导学课件，先后推出5期围绕两会精神、疫情防控等主题的导学课件。下发《党的二十大报告》导学课件、《中国共产党章程》导学课件2期，学习活页5期；党建平台微信公众号持续推送信息总计达200余期。
（刘 玲）

【举办党的十九届六中全会精神专题培训(第二场)】 1月7日，举办党的十九届六中全会精神专题培训(第二场)，邀请党的十九届六中全会精神中央宣讲团成员、原中央党史研究室主任欧阳淞主讲"'四个深刻把握'：学习党的十九届六中全会精神"线上报告，全校中层干部、骨干教师代表共400人参加培训。
（刘 玲）

【举办2021年度党建研究课题总结表彰暨2022年党建研究课题立项培训会议】 6月24日，线上举办2021年党建研究课题总结表彰暨2022年课题立项培训会议。表彰优秀课题一等奖4个、二等奖6个、三等奖10个。会议邀请上海市党建研究会特邀研究员、上海市教卫党委党建研究会顾问、研究员顾继虎为2022年立项课题组做"着力提高新时代党建研究的质量和水平"专题辅导报告。
（刘 玲）

【制订下发《复旦大学党委关于党的二十大精神教育培训的工作方案》】 11月11日，根据中央、教育部等上级有关要求，制订印发《复旦大学党委关于党的二十大精神教育培训的工作方案》，明确在学校层面抓好全体中层干部、教职工党支部书记、学工队伍、党委党校主体班次等重点群体学习党的二十大精神的培训。
（刘 玲）

【举办学习贯彻党的二十大精神专题培训(第一场)】 11月18日，举办学习贯彻党的二十大精神专题培训，邀请上海市党的二十大精神宣讲团成员、市委党校副校长梅丽红主讲。培训采取线上线下相结合方式进行，全校副处级以上干部、教职工党支部书记、思政课教师代表、学工队伍代表共计500人参加培训。
（刘 玲）

【举办"学习贯彻党的二十大精神"教职工党支部书记专题培训】 11月18—12月13日，举办"学习贯彻党的二十大精神"教职工党支部书记专题培训。培训采取党校集中培训和各分党委、总(直)支组织培训、个人自主研学相结合的方式进行，围绕"新修订《党章》""党的全面领导""党的纪律建设""基层组织建设"等主题设置课程，全校共计579名教职工党支部书记(含离退休党支部书记)参加培训。
（刘 玲）

【举办学习贯彻党的二十大精神专题培训(第二场)】 11月30日，举办学习贯彻党的二十大精神专题培训(第二场)，邀请中国社科院马克思主义研究院党委书记辛向阳主讲"马克思主义为什么行"线上报告，全校副处级以上干部、教职工党支部书记、思政课教师代表、哲社骨干教师代表、学工队伍代表共计400人参加培训。

（刘　玲）

【举办学习贯彻党的二十大精神中层干部集中专题培训班】 12月8—17日，举办学习贯彻党的二十大精神中层干部集中专题培训班，先后邀请上海市宣讲团成员、中国浦东干部学院首任常务副院长奚洁人，上海市宣讲团成员、市委党校副校长曾峻，校长金力等校领导，校宣讲团成员、美研中心主任吴心伯为学员授课，全校共514名处级干部参加培训。（刘　玲）

【举办学习贯彻党的二十大精神处级干部网上专题班】 2022年12月12日至2023年6月，依托中国干部网络学院，组织全校514名处级干部参加学习贯彻党的二十大精神处级干部网上专题班。学习内容包括《全面建设社会主义现代化国家的若干重大问题——党的二十大报告精神学习辅导》《向着伟大复兴阔步前进——党的二十大精神解读》《开辟马克思主义中国化时代化新境界》等18门课程。

（刘　玲）

宣 传 工 作

【概况】 2022年，党委宣传工作坚持以习近平新时代中国特色社会主义思想为指引，把迎接和学习宣传贯彻党的二十大精神作为贯穿全年工作的主题主线，学习贯彻习近平总书记重要指示批示和回信精神。加强理论学习，强化理论武装；加强新闻策划与宣传，推进媒体融合；深化文明创建，繁荣校园文化建设；加强网络阵地管理，提升舆论应急处置能力。

学习宣传贯彻党的二十大精神。召开学校学习传达党的二十大精神大会，组织党委理论学习中心组（扩大）集体学习。推动理论宣讲，成立党的二十大精神宣讲团，对二级单位开展全覆盖宣讲。学校各层级宣讲队伍全年开展宣讲活动1 000余场、覆盖5万多人次。积极向各级单位推介宣讲专家，其中入选全国专家1位、上海市8位。推出"见证十年""喜庆二十大 奋进新征程""奋进新征程 建功新时代"等主题栏目，盘点党的十八大以来学校在人才培养、科研创新等10个重点领域取得的重大成果。举办"奋进新时代——我们这十年成就图片展""我们这十年"主题座谈会、"伟大精神铸就伟大时代——中国共产党伟大建党精神专题展"全国巡展（复旦大学站）等学习教育活动。

聚焦疫情防控，凝聚复旦力量。主动设置议题，面向全校开展"师生有所呼，学校必有应""特殊精神，特殊担当""特殊时期，特别有爱"三大主题宣传，积极宣传身边先进人物或事迹。学校防疫工作的经验做法获中央及上海主流媒体广泛报道。推动以防疫消杀为重点的爱国卫生运动，成立教师关爱工作专班。

强化理论武装，压实意识形态工作责任制。加强党委理论学习中心组学习制度建设，全年组织党委理论学习中心组学习研讨12次，加强对二级党委的领学促学。加强复旦大学"强国号"内容建设，全年发文约1 000篇。巩固深化中央巡视整改成果，落实意识形态工作责任制追责问责流程，落实会议讲座论坛审批制度。加强教材阵地建设和管理，推进习近平新时代中国特色社会主义思想、党的二十大精神进教材进课堂。学校学者全年在《人民日报》《光明日报》《红旗文稿》《解放日报》《文汇报》等大报党刊上发表理论文章107篇。

提升校园文明程度，繁荣校园文化。召开学校2022年精神文明建设工作会议，完成2021—2022年度上海市文明校园复查工作。结合总书记重要回信两周年、校庆、清明节、烈士纪念日等重要时间节点，开展主题教育活动。支持创排《行走在大山深处的白衣天使》《西望》两部校园新剧。成立电影《望道》宣发工作专班，推进电影宣发与观影工作。完成校史纪录片《旦复旦兮》拍摄制作，20多万人收看纪实人文频道首播。推动三批22家院系开展学科史编写工作。玖园爱国主义教育建筑群入选全国首批"科学家精神教育基地"。开设文化号"人文相辉"。

深化新闻宣传。全年学校融媒体平台点击传播量近5亿。学校微信公众号发稿866篇、阅读量1 514万；微博发布图文2 285条，点击2.6亿；视频平台播放量超过7 050万，其中播放量超100万的有12条；主页发稿1 613篇，阅读量达86.1万。学校与人民日报社、中国日报社签署新一轮战略合作协议。全年向新闻媒体外发新闻稿件和线索超过500条，各类媒体上刊发的涉校新闻总计145万余条，其中报刊落地报道5 000余条。9月，《公众号谈育人｜复旦大学：大思政如盐入水，打造网络育人坚实阵地》发表，总结学校入选首批"高校思政类中重点建设公众号"以来的工作方法与经验，受到教育部领导关注与批示。"浦江科学大师讲坛"在全媒体平台多层次、高质量传播，首期讲坛开讲一周内，相关信息全网传播流量超过1 460万。完善学校对外宣传工作协调机制和"大外宣"工作格局。用好上海市打造的外宣平台传播学校形象，入驻IP Shanghai并获资源贡献榜前十（全市各类单位排名）。夯实英文网站，英文官方微信公众号建设，英文网站编译新闻稿件155篇，英文微信发布稿件173篇。

加强网络宣传和安全管理，推进校园网络文化阵地建设。全校新增新媒体23个，校园网络新媒体矩阵进一步壮大。组织编写报送中央有关部门研究报告39篇，获评全国及上海市先进单位。举办年度"望道新传媒奖"评选活动，组织师生参加第六届全国大学生网络文化节和全国高校网络教育优秀作品推选展示活动、上海高校网络文化节暨第八届上海大学生公益广告大赛等活动。开展国家网络安全宣传周系列宣传活动，持续面向二级单位工作队伍和师生群体开展网络安全素养培训，提供相关培训课程50余讲。

（邵　瑛）

【创设文化号"人文相辉"】 2月28日，创设复旦大学文化号"人文相辉"，以文字、摄影、视频等多种形式相结合反映多彩校园文化生活，提供校园文化信息。开设复旦moment、复旦草木、社团巡礼、彩旦 Video 等 8 个栏目。

（张嘉匀）

【系统开展党委理论学习中心组学习】 分为习近平新时代中国特色社会主义思想、重大法规条例文件精神、党情国情世情、科学前沿等四大学习模块,高质量推进党委理论学习中心组学习。3月16日,举行全国"两会"精神专题学习。6月6日,组织"统筹发展和安全,牢固树立和践行总体国家安全观"专题学习研讨。9月26日,举办学习《习近平在上海》和《当好改革开放的排头兵——习近平上海足迹》专题辅导报告。

（龚婷婷）

【举行复旦大学第56届科学报告会】 5月,庆祝建校117周年第56届校庆科学报告会在线举行,"加快建构中国自主知识体系""中华早期文明的形成与发展""科学前沿与未来""科技成果转化和应用""面向人民生命健康"等文理医五场专场学术报告会共邀请26位校内外教授学者作主题报告。5月27日,"大数据、人工智能与学科融合创新"综合学术报告会举行,校长金力致辞,中国工程院院士、大数据研究院院长邬江兴,大数据学院、类脑研究院院长冯建峰,工程技术研究院教授廿中学,基础医学院教授刘雷,经济学院教授吴力波,新闻学院教授周葆华等分别从信息通信、类脑、医学智能诊断、能源经济学、传播学等不同角度发表学术报告,常务副校长许征主持报告会。

（张嘉匀）

【举行庆祝中国共产党成立101周年暨学习习近平总书记重要回信两周年座谈会】 6月30日,庆祝中国共产党成立101周年暨学习习近平总书记重要回信两周年座谈会在逸夫科技楼举行,校党委书记焦扬出席并讲话,校领导袁新、周亚明、尹冬梅、徐军,陈望道之子、信息科学与工程学院退休教授陈振新,上海电影集团副总裁、电影《望道》监制徐春萍,解放日报特聘首席记者高渊,武警上海总队执勤第四支队十中队代表徐子建,浙江义乌市委常委、宣传部部长朱有清,浙江义乌陈望道故居讲解团团长刘亚琴,复旦大学"星火"党员志愿服务队代表,"小火苗"代表等以线上线下相结合的形式出席座谈会。与会嘉宾交流分享了学习贯彻习近平总书记重要回信精神的收获体会,总结回顾两年来全校师生深入学习宣传贯彻重要回信精神的成果成效。

（李子凡）

【与中国日报社签署新一轮战略合作框架协议】 7月6日,学校与中国日报社签署新一轮战略合作框架协议。双方深入贯彻落实党中央关于加强我国国际传播能力建设和教育强国建设的部署要求,将进一步深化在品牌传播、人才培养、科研交流等方面的友好合作,更好地发挥各自优势,共同为加强和改进国际传播工作做出新的更大贡献。

（李沁园）

【召开2022年精神文明建设工作会议】 7月8日,2022年精神文明建设工作会议在逸夫科技楼召开,以线上线下相结合的形式举行。校党委书记、精神文明建设委员会主任焦扬出席会议并讲话。校党委常务副书记、精神文明建设委员会副主任裘新主持会议。会议总结近年来特别是抗疫期间学校精神文明建设经验,落实中央迎接党的二十大胜利召开群众性主题宣传教育活动部署和上海市精神文明建设工作会议精神,部署新一轮文明校园创建工作,激励全校以踔厉奋进的精神风貌迎接党的二十大胜利召开。校内相关部门、校园抗疫工作条线代表进行现场和书面交流发言。

（邵瑛）

【举办"伟大精神铸就伟大时代——中国共产党伟大建党精神专题展"全国巡展(复旦大学站)】 9月6日,"伟大精神铸就伟大时代——中国共产党伟大建党精神专题展"全国巡展(复旦大学站)在校开展。展览分五大板块展示在伟大建党精神引领下党和人民的百年奋斗历程,并增设28个展板反映不同历史时期复旦大学师生奋勇拼搏所呈现的中国共产党精神谱系。同时,全国首个以"伟大建党精神"为主题的红色展览巡回展车以复旦为起点,开启全国高校巡展。

（张嘉匀）

【举办学习贯彻党的二十大精神宣讲团集体备课会】 紧扣学习宣传贯彻党的二十大精神主线,成立专家宣讲团,党委书记焦扬任团长,组织召开宣讲团集体备课会。11月2日,举办党的二十大精神学习研讨会暨宣讲动员和联合集体备课会;11月11日,举办学习贯彻党的二十大精神理论宣讲专家集体备课会,中央宣讲团成员、中国人民大学党委副书记、校长林尚立作辅导报告。

（龚婷婷）

【与人民日报社签署新一轮全面合作协议】 11月17日,学校与人民日报社签署新一轮全面合作协议。双方将进一步加强优势互补、交叉融合,在深化习近平新时代中国特色社会主义思想学习与实践、扩大党中央机关报在校园的影响力、加强人才培养和学术研究多环节合作、加快推进媒体深度融合发展等方面深化合作,助力建设具有强大凝聚力和引领力的社会主义意识形态和宣传思想文化阵地,赋能新型主流媒体和"第一个复旦"建设。

（李沁园）

【开展党的二十大精神全覆盖宣讲】 11月至12月,在全校组织开展党的二十大精神集中宣讲,覆盖所有二级单位。校领导以专题党课等形式带头宣讲,专家宣讲团成员深入各单位开展宣讲60场、覆盖听众7000多人次。同时发挥博士生讲师团、"星火"党员志愿服务队、青年讲师团、马克思主义学院宣讲团等多支理论宣讲队伍作用,开展分众化对象化宣讲。面向各二级单位,制作发送党的二十大精神专题学习课件、《中心组学习参考》学习专刊,提供《党的二十大报告辅导读本》《党的二十大报告学习辅导百问》等辅导材料,加强学习资料供给。

（龚婷婷）

【举行"奋进新时代——我们这十年成就图片展"开展仪式暨"我们这十年"主题座谈会】 11月10日,"奋进新时代——我们这十年成就图片展"在光华楼志和堂开展。校党委书记焦扬、校长金力共同为展览揭幕,并和师生代表一起参观展览。该展览用530多张照片、160多组数据、约3.6万字图说记录十年来复旦人团结进取、踔厉奋发的坚实足迹。开展当日,举行"我们这十年"主题座谈会,邀请一线教师、科研人员、党支部书记、扶贫干部、管理服务人员和学生校友代表等，畅谈国家和学校十年的发展成就，为奋进"第一个复旦"新征程凝心聚力。焦扬、袭新等校领导出席座谈会。

（邵琰）

【举办网信工作条线实务能力提升专题网络培训】 12月，校党委网信办首次依托国家教育行政学院平台启动网信工作条线实务能力提升专题网络培训，专题学习国家网络安全战略思想、网络安全形势政策及相关工作案例，以促进二级单位提升网信领域风险防范和问题应对能力。培训班遴选由中央网信办、教育部、中央党校及高校有关专家讲授的在线课程46门。全校二级单位网信工作队伍及相关同志200余人参加培训。

（刘畅）

【学校主页新版投稿系统上线】 学校主页新版投稿系统于12月15日正式上线。新系统进一步规范投稿及审核流程，同时开放移动端审稿通道，保证稿件及时高效审核和展示。

（李斯嘉）

附 录

2022年复旦大学党委中心组学习一览表

时间	主题	主讲人	出席范围
1月7日	党的十九届六中全会精神专题报告会	欧阳淞	校党政领导班子成员、党委常委，各二级单位处级以上干部，以及部分师生代表
3月7日	传达学习习近平总书记在中央党校（国家行政学院）中青年干部培训班开班式上的重要讲话精神		学校党政领导、党委常委，部分机关部处、院系主要负责同志
3月16日	传达学习全国"两会"精神	马兰、吴凡	学校党政领导、党委常委、校长助理，部分机关部处主要负责人
4月29日	传达学习习近平总书记在中国人民大学考察时重要讲话精神		学校党政领导、党委常委、校长助理，部分机关部处主要负责人
5月7日	传达学习习近平总书记在中共中央政治局常委会会议上的重要讲话精神		学校党政领导、党委常委、校长助理，部分机关部处主要负责人
5月12日	传达学习习近平总书记在庆祝中国共产主义青年团成立100周年大会上的重要讲话精神		学校党政领导、党委常委、校长助理，部分机关部处主要负责人
6月6日	统筹发展和安全，牢固树立和践行总体国家安全观	苏长和、杨珉	学校党政领导、党委常委，相关部处和部分院系主要负责人
6月28日	传达学习上海市第十二次党代会精神		学校党政领导、党委常委、校长助理，部分机关部处主要负责人，上海市第十二次党代会代表
8月2日	学习习近平总书记在省部级主要领导干部"学习习近平总书记重要讲话精神，迎接党的二十大"专题研讨班上的重要讲话精神，传达学习中央统战工作会议精神		学校党政领导、党委常委，部分机关部处主要负责人
9月26日	学习《习近平在上海》《当好改革开放的排头兵——习近平上海足迹》，深入学习领会习近平新时代中国特色社会主义思想，深入学习贯彻习近平总书记对上海工作的重要指示精神，进一步增强干事创业的使命担当和工作本领，面向国家战略全局和上海发展大局积极推进"第一个复旦"建设。	冯小敏	学校党政领导、党委常委，上海医学院党政领导班子成员，各机关部处长、各院系正职，思政课教师代表，理论专家宣讲团代表，星火志愿者服务队代表，各机关部处、各单位副处级干部、教职工党支部书记
10月24日	专题传达学习党的二十大精神	迟楠、卢丽安	学校党政领导、党委常委、校长助理，部分机关部处主要负责人，党的二十大代表
11月11日	学习贯彻党的二十大精神专题辅导报告	林尚立	学校党政领导、党委常委、校长助理，校党委委员、纪委委员，机关部处负责人，院系党委书记、院系行政负责人，校党的二十大精神专家宣讲团成员

2022年复旦大学举办橱窗展一览表

序号	展览主题
1	巾帼心向党　喜迎二十大——复旦大学先进女性及女性集体风采
2	笃行建工新时代　踔厉奋发新征程——复旦大学"十三五"以来建设巡礼
3	银发正能量 建功新时代——复旦大学2022年优秀离退休教职工风采展示
4	国家网络安全宣传周
5	奋进新时代——我们这十年成就图片展(精选)
6	1922—2022君怀经邦志·旦赋济世学·勤行大道再百年——复旦经济学科百年纪念展
7	学习宣传贯彻党的二十大精神　自觉维护宪法权威——国家宪法日·纪念现行宪法公布实施40周年

(党委宣传部供稿)

统战工作

【概况】 2022年,学校统战工作紧跟校党委工作部署,聚焦学习贯彻党的二十大以及中央统战工作会议精神重点任务,紧扣凝聚人心根本,突出思想引领主线,坚持双线并进,围绕中心、服务大局。

召开全校统战工作会议,推动统战工作全面开展。2022年是统一战线政策提出100周年,学校紧跟中央部署,及时开展统一战线学习宣传贯彻党的二十大与中央统战工作会议精神的系列活动。10月初,召开全校统战工作会议,进一步在校内传达和深化学习中央统战工作会议精神。同月,校党委书记焦扬在"浦江同舟"微信号上发表《胸怀大局、强化担当奋力开创新时代高校统战工作新局面》署名文章,擘画学校新时代统战工作高质量发展。

完善平台载体,推动统战工作多元创新。2022年,通过多种方式举办"光华同心大讲堂"与"同心研学营"系列活动,共开展专题讲座、参观学习等各类活动10余次。11月,欧美同学会复旦大学分会完成换届工作,医学院成立复旦上医一级分会,欧美同学会平台机制进一步完善。

助力打赢"大上海保卫战",推动统一战线凝心聚力团结发展。在2022年上半年疫情期间,多次组织召开双月座谈会、疫情防控专题会、党派团体抗疫交流会等,带领全校广大统一战线成员同心抗疫、履职尽责,上报各类建言献策信息30余篇。先后向120余位统一战线老同志及困难成员发放生活物资包,增强统一战线凝聚力和号召力。

强化理论武装,巩固思想政治基础。深入贯彻落实中央系列会议精神,经党委常委会审议通过,9月中旬正式印发《中共复旦大学委员会关于贯彻落实〈中国共产党统一战线工作条例〉的实施意见》。召开学校统一战线学习贯彻党的二十大精神座谈会、"统一战线与中国式现代化"专题研讨会,引导学校统一战线多维度学习贯彻党的二十大精神,为深入学习和阐发二十大精神贡献统战智慧。

发挥统战所长,服务中心工作开展。7月,召开学校统一战线工作领导小组暨民族宗教工作领导小组会议,进一步提升统战工作领导小组效能,压实成员单位统战工作责任。支持党外代表人士参政议政。据统计,2022年两会期间,我校各级人大代表、政协委员累计提交议案、提案近30件,多篇信息被《统战专报·上海"两会"特刊》采纳。校政协委员参与的5项提案入选市政协2021年度优秀提案。统战部获2022年度上海统战信息工作三等奖。

加强统筹谋划,推进党外代表人士队伍建设。多条线推荐党外代表人士履职锻炼,积极争取党外代表人士的政治安排机会。在党派市委换届中,共有27人当选为民主党派市委委员,总数较上一届增加1人;党外代表人士入选新一届全国人大代表人选1人,全国政协委员初步人选5人,入选新一届上海市人大代表1人、上海市政协委员18人。推动无党派人士队伍建设再上新台阶,新认定无党派人士55人,全校无党派人士总人数达到240人,进一步增强无党派人士队伍"蓄水池"。

贯彻党的民宗政策,维护校园和谐稳定。组织开展民族与宗教领域专题培训,邀请校内资深专家作辅导报告,加强和深化安全教育工作。依托校博物馆馆藏台湾省高山族民俗文物独特资源,申报上海市民族团结进步教育基地。积极支持校民族研究中心暨国家民委中华民族共同体研究基地开展《"中华民族交往交流交融史"史料汇编·上海部分》编撰工作。年内完成统战系统各项少数民族学生助学金申报,推动民族团结进步教育工作深入开展。

加强统战基础理论研究工作。组织统一战线成员开展统一战线课题研究,来自校内院系、机关及统一战线成员申报的12个项目获校内课题立项并顺利结项。统战基础理论上海研究基地获2021年度中国统一战线理论研究会研究基地"流动奖杯"和"成果奖"两项大奖,基地研究成果发表于《人民政协报》。年内,基地及统战部共完成市委统战部两项重点课题。

(高艳)

【上海市委常委、统战部部长、人大常

【委会副主任郑钢淼到校调研统战工作】 2月28日，上海市委常委、统战部部长、人大常委会副主任郑钢淼一行到校专题调研统战工作，校党委书记焦扬汇报学校近年来统一战线工作开展情况，双方就如何进一步做好学校统战工作开展座谈交流。座谈会由校党委常务副书记周亚明主持。党委常委、副校长陈志敏等相关负责同志参加座谈会。 （高　艳）

【上海医学院召开党外代表人士双月座谈会】 3月10日，复旦大学上海医学院党外代表人士双月座谈会在治道楼和汉堂召开。上海医学院党委书记袁正宏、副书记张艳萍，医学院党委统战部部长周鹏，各民主党派、无党派人士、统战团体代表出席会议。会议由张艳萍主持。 （贝一冰）

【召开党外代表人士双月座谈会】 5月31日，我校党外代表人士双月座谈会以线上方式召开，校党委常务副书记周亚明、上海医学院党委副书记张艳萍出席会议并讲话。学校各民主党派、统战团体负责人及无党派代表人士近40人参会。与会同志听取学校统一战线参与抗击新冠疫情工作情况报告及2022年学校人才工作会议主要成果介绍，并就围绕如何提升学校人才工作实效、更好统筹协调疫情防控与学校事业发展两个主题提出意见建议。校党委常委、统战部部长赵东元主持座谈会。 （邓丝雨）

【举办统一战线第四期"光华同心大讲堂"活动】 6月16日，学校统一战线"光华同心大讲堂"活动以在线方式举办，由著名艺术家、美术教育家潘公凯教授作"谈跨界实践——跨学科的人文理想"专题讲座。校党委常务副书记周亚明，校党委常委、副校长陈志敏出席活动并致辞。校党委常委、统战部部长赵东元主持本次活动。学校各民主党派、统战团体成员以及无党派人士、统战干部代表约120人线上参与活动。讲座通过复旦大学微信视频号向社会公众直播，共有3.5万余名各界人士实时在线收看。 （高　艳）

【召开统一战线工作领导小组、民族宗教工作领导小组会议】 7月6日，召开学校统一战线工作领导小组暨民族宗教工作领导小组会议。校党委书记、统一战线工作领导小组、民族宗教工作领导小组组长焦扬出席会议并讲话。校党委常务副书记周亚明主持会议。校党委常委、统战部部长赵东元汇报两个领导小组2021年工作情况及2022年工作要点。各成员单位代表及校内相关专家参加交流研讨。 （邓丝雨）

【九三学社全国传统教育基地在校挂牌】 9月3日，九三学社上海市委在校图书馆医科馆（康泉图书馆）召开九三学社市委理论学习中心组会议暨九三学社全国传统教育基地挂牌活动。市政协副主席、九三学社市委主委、中国工程院院士钱锋到会讲话，复旦大学校长、上海医学院院长、中国科学院院士金力致辞。校党委常务副书记周亚明、九三学社市委专职副主委周锋共同为基地揭牌。九三学社市委副主委葛均波主持揭牌仪式。 （邱　悦）

【上海市委常委、统战部部长陈通到校调研统战工作】 9月21日，上海市委常委、统战部部长陈通一行到校专题调研《中国共产党统一战线工作条例》落实情况及学校统战工作开展情况，校党委书记焦扬汇报学校相关工作开展情况，双方就如何进一步做好学校统战工作开展座谈交流。座谈会由校党委常务副书记周亚明主持。 （高　艳）

【马兰院士获"侨界贡献奖"一等奖】 9月21日，中国侨联第九届"侨界贡献奖"颁奖仪式在北京举行，中国科学院院士、复旦大学脑科学研究院院长马兰获一等奖。 （邱　悦）

【召开全校统战工作会议】 10月8日，召开全校统战工作会议，会议由校党委副书记、校长金力主持，校党委常务副书记周亚明传达中央统战工作会议精神，校党委常委、统战部部长赵东元，上海医学院党委副书记张艳萍分别汇报学校及上海医学院统战工作情况，相关单位做工作经验交流。校党委书记焦扬出席会议并作总结讲话。 （高　艳）

【召开上海市欧美同学会复旦大学分会第七次会员代表大会】 11月1日，上海市欧美同学会复旦大学分会举行第七次会员代表大会。市欧美同学会党组成员、常务副会长桂永浩，校党委常务副书记周亚明，校党委常委、统战部部长赵东元，分会顾问杨玉良、陈恕行、江明、陶瑞宝、周鲁卫等学长应邀出席。大会选举产生复旦大学分会第七届理事会理事。副校长张人禾院士当选复旦大学分会第七届理事会会长。 （高　艳）

【召开上海市欧美同学会复旦大学上海医学院分会成立大会】 11月2日，上海市欧美同学会复旦大学上海医学院分会成立大会在上医举行。市欧美同学会党组成员、常务副会长桂永浩，复旦大学党委副书记、上海医学院党委书记袁正宏，上海医学院党委副书记张艳萍等出席会议并讲话。桂永浩宣读上海市欧美同学会批复成立文件及首届复旦上医分会理事会成员名单。 （贝一冰）

【召开统一战线学习贯彻党的二十大精神座谈会】 11月4日，学校召开统一战线学习贯彻党的二十大精神座谈会。校党委常务副书记周亚明就学校统一战线深入学习贯彻党的二十大精神提出要求。校党委常委、统战部部长赵东元主持会议并传达党的二十大精神，学校各民主党派、统战团体负责人出席座谈会并交流学习感受以及各党派、团体进一步的学习安排。 （高　艳）

【召开"统一战线与中国式现代化"研讨会】 11月16日，统战基础理论上海研究基地在复旦大学举办"统一战线与中国式现代化"研讨会。校党委常委、统战部部长、统战基础理论上海研究基地办公室主任赵东元，上海市委统战部研究室主任翟靖出席会议并致辞。来自复旦大学、上海交通大学、华东师范大学、上海师范大学等高校院所的专家学者20余人与会。会议由统战基础理论上海研究基地专家委员会主任、复旦大学国际关系与公共事务学院教授陈明明主持。 （梁君思）

【举办上海医学院党外代表人士培训班】 12月10—11日，上海医学院党外代表人士培训班在上海国家会计学院举办，共有50余人参加培训。本次培训班通过专题讲座、研讨等方式组织党外代表人士学习党的二十大精神，提升参政议政能力。 （邱　悦）

附 录

复旦大学当选全国和上海市、区人大代表名录

一、第十三届全国人大(2018年3月5日)
  代   表：许宁生 马 兰(女) 王安忆(女)

二、上海市第十五届人大(2018年1月23日)
  代   表：焦 扬(女) 张涛甫 封东来
         周 俭 臧志军 王文平
         钱菊英(女)
         张文宏(2020年6月增补)

三、区人大
1. 上海市杨浦区第十七届人大(2022年1月11日)
  常   委：尹冬梅(女)
  代   表：吴 坚 石 磊 卢大儒
         吴肖乐(女) 许亚云(女)
         还擎宇 李笑天 韩昭庆(女)
         赵海斌 庄晓漪(女)
2. 上海市徐汇区第十七届人大(2022年1月5日)
  常   委：张艳萍(女) 潘志刚
  代   表：胡 雁(女) 李 耘(女)
         吴 炅 周行涛
         潘 俊(女) 应天雷
3. 上海市静安区第二届人大(2022年1月11日)
  代   表：伍 蓉(女) 徐文东
4. 上海市黄浦区第三届人大(2022年1月11日)
  代   表：陈晓军(女)
5. 上海市浦东新区第七届人大(2022年1月11日)
  代   表：虞晓贞(女) 蒋 晨(女)
6. 上海市闵行区第七届人大(2022年1月11日)
  代   表：邵 骏 汪永红(女) 赵重波
7. 上海市宝山区第九届人大(2022年1月11日)
  代   表：邹和建
8. 上海市青浦区第六届人大(2022年1月11日)
  代   表：陈震宇
9. 上海市长宁区第十七届人大(2022年1月14日)
  代   表：李秋明

复旦大学担任全国和上海市、区政协委员名录

一、第十三届全国政协(2018年3月3日)
  委   员：龚新高 朱同玉 徐丛剑
         葛均波 吴 凡(女)

二、上海市第十三届政协(2018年1月22日)
  常   委：陈引驰 郭坤宇 贺鹤勇 杨 新
         邹云增 王德辉 左 伋
  委   员：袁正宏 徐 虹(女) 吴晓晖
         张祥民 周蓓华(女) 孙小丰
         许剑民 张宏伟 孙立坚
         唐 颐 陈 新 徐 雷
         郑 珊(女) 董竞成
         邹诗鹏 陈 澍

三、区政协
1. 上海市杨浦区第十五届政协(2022年1月10日)
  副 主 席：郑 明(女)
  常   委：孙文捷(女) 赵立行 徐 珂
  委   员：姜 桦 郭 娟(女) 金 颖(女)
         苏仰锋 陈国颂(女) 刘军梅(女)
         许 军 潘 艳(女) 丁 纯
2. 上海市徐汇区第十五届政协(2022年1月4日)
  常   委：梁春敏(女) 莫晓芬(女)
  委   员：李 昊 钟芸诗 罗 哲
         雷群英(女) 金赟杰
3. 上海市虹口区第十五届政协(2022年1月10日)
  常   委：邵正中
  委   员：薛 磊 杨 青(女) 赵 俊
         陈 钊
4. 上海市浦东新区第七届政协(2022年1月10日)
  委   员：江 琦(女) 吴劲松 肖 晓(女)
5. 上海市静安区第二届政协(2022年1月10日)
  常   委：毛 颖 吴文育
  委   员：李益明
6. 上海市长宁区第十五届政协(2022年1月11日)
  委   员：陈 彤(女)
7. 上海市青浦区第六届政协(2022年1月10日)
  委   员：张之银 谢 玲(女) 李儒芝
         汤罗嘉(女)
8. 上海市黄浦区第三届政协(2022年1月10日)
  委   员：杜美蓉(女)
9. 上海市闵行区第七届政协(2022年1月10日)
  委   员：赵 晨 杨晨皓 黄延焱(女)
10. 上海市宝山区第九届政协(2022年1月10日)
  常   委：傅 镁
  委   员：温 晖

复旦大学担任全国和上海市政府特聘职位

中央文史研究馆馆员

杨福家 葛剑雄

上海市人民政府参事室参事

徐以骅 王祥荣 陈世益

上海市文史研究馆馆员

姜义华　吴景平　周振鹤　葛兆光　胡守钧
葛剑雄　王安忆(女)　　　　吴　毅　沃兴华
朱鼎成　邹振环　陈思和　董竞成

复旦大学当选各民主党派中央、市委领导成员名录

一、当选各民主党派中央领导成员

1. 中国国民党革命委员会第十四届中央委员会(2022年12月)
   委　　　员：吴晓晖
2. 中国民主同盟第十三届中央委员会(2022年12月)
   委　　　员：朱同玉　沈维孝
3. 中国民主促进会第十五届中央委员会(2022年12月)
   委　　　员：郭坤宇
4. 中国农工民主党第十七届中央委员会(2022年12月)
   委　　　员：徐丛剑
5. 中国致公党第十六届中央委员会(2022年12月)
   委　　　员：孙立坚
6. 九三学社第十五届中央委员会(2022年12月)
   中 央 副 主 席：葛均波
   委　　　员：钱菊英(女)　周　磊　雷群英(女)

二、当选各民主党派上海市委领导成员

1. 中国国民党革命委员会上海市第十五届委员会(2022年7月)
   常　　　委：吴晓晖
   委　　　员：李益明　孙文捷(女)
2. 中国民主同盟上海市第十六届委员会(2022年7月)
   常　　　委：路　帅　赵　晨
   委　　　员：沈维孝
3. 中国民主建国会上海市第十四届委员会(2022年7月)
   常　　　委：钱　军　郑　明(女)
4. 中国民主促进会上海市第十七届委员会(2022年7月)
   副 主 任 委 员：郭坤宇
   常　　　委：孟志强
   委　　　员：苏仰锋　董文博
5. 中国农工民主党上海市第十四届委员会(2022年7月)
   副 主 任 委 员：徐丛剑
   常　　　委：许剑民　潘志刚
   委　　　员：黄　洋　徐　珂　缪长虹
6. 中国致公党上海市第九届委员会(2022年7月)
   常　　　委：赵　俊
   委　　　员：莫晓芬
7. 九三学社上海市第十八届委员会(2022年7月)
   副 主 任 委 员：葛均波
   常　　　委：钱菊英　周　磊
   委　　　员：杨光辉　刘智攀　李继扬
8. 台盟上海市第十三届委员会(2022年7月)
   委　　　员：潘　艳

复旦大学当选各民主党派区委领导成员名录

一、当选各民主党派杨浦区委领导成员

1. 中国国民党革命委员会杨浦区第十四届委员会(2021年5月)
   副 主 任 委 员：孙文捷(女)
2. 中国民主同盟杨浦区第十三届委员会(2021年5月)
   副 主 任 委 员：赵海斌
3. 中国民主建国会杨浦区第十届委员会(2021年4月)
   主 任 委 员：郑　明(女)
4. 中国农工民主党杨浦区第十四届委员会(2021年5月)
   副 主 任 委 员：徐　珂
5. 九三学社杨浦区第九届委员会(2021年4月)
   委　　　员：刘军梅(女)
6. 台盟杨浦区第四届委员会(2021年4月)
   副 主 任 委 员：潘　艳(女)

二、当选各民主党派徐汇区委领导成员

1. 中国国民党革命委员会徐汇区第十五届委员会(2021年4月)
   委　　　员：李　昊
2. 中国民主同盟徐汇区第十三届委员会(2021年3月)
   委　　　员：罗　哲
3. 中国民主促进会徐汇区第十三届委员会(2021年1月)
   副 主 任 委 员：梁春敏(女)
4. 中国农工民主党徐汇区第十四届委员会(2021年4月)
   主 任 委 员：潘志刚
5. 台盟徐汇区第六届委员会(2021年4月)
   委　　　员：金赟杰

三、当选各民主党派静安区委领导成员

中国民主同盟静安区第二届委员会(2021年5月)
   副 主 任 委 员：吴文育

四、当选各民主党派青浦区委领导成员

1. 中国国民党革命委员会青浦区第五届委员会(2021年4月)
   副 主 任 委 员：谢　玲(女)
2. 中国农工民主党青浦区第三届委员会(2021年4月)
   委　　　员：李儒芝

复旦大学各民主党派委员会成员名录

一、中国国民党革命委员会复旦大学第五届委员会(2021年11月13日)

主 任 委 员：吴晓晖
副 主 任 委 员：薛　磊　郑耿锋　李益明
　　　　　　　谢晓凤(女)
委　　　员：方志来　孙文捷(女)　来　滨
　　　　　　陈利明

二、中国民主同盟复旦大学第八届委员会（2021年9月28日）

主　任　委　员：陆　帅

副主任委员：韩昭庆（女）　杨　忠　赵　晨
　　　　　　　杜美蓉（女）　罗　哲

委　　　员：鲁伯埙　王华冬　嵇庆春　蒋　平
　　　　　　　胡　湛　何　睿（女）　邹建洲
　　　　　　　吴劲松　柴毅明（女）
　　　　　　　赵金镯（女）　卢　懿

三、中国民主建国会复旦大学第五届委员会（2021年10月8日）

主　任　委　员：钱　军

副主任委员：赵立行　沈忆文（女）

委　　　员：罗忠洲　俞　麟　吴婉琳（女）
　　　　　　　朱晓东　张圣海　杨伯捷　竺　挺

四、中国民主促进会复旦大学第五届委员会（2021年6月25日）

主　任　委　员：孟志强

副主任委员：苏仰锋　周平红　王　亮

委　　　员：董文博　陈　莹（女）　吴　昊
　　　　　　　黄　啸（女）　杨晨皓　方　锐
　　　　　　　施冬云（女）　陈　斌　任芸芸（女）

五、中国农工民主党复旦大学第五届委员会（2021年9月23日）

主　任　委　员：许剑民

副主任委员：黄　洋　徐　珂　缪长虹
　　　　　　　陈　彤（女）

委　　　员：赵　斌　李玲芳（女）　孙云龙
　　　　　　　杨　青（女）　李　楠　张　华
　　　　　　　叶晓峰（女）　赵重波　李清泉
　　　　　　　刘　权（女）

六、中国致公党复旦大学第五届委员会（2021年9月9日）

主　任　委　员：赵　俊

副主任委员：陈国颂（女）　莫晓芬（女）　周　璐

委　　　员：薛军工　时丽娜（女）　李卫华
　　　　　　　张国华　秦　倩（女）　左　才（女）
　　　　　　　郑　磊　王　霞（女）　余发星
　　　　　　　陈　凌　洪佳旭

七、九三学社复旦大学第八届委员会（2021年9月27日）

主　任　委　员：钱菊英（女）

副主任委员：周　磊　杨光辉　刘智攀　赵世民
　　　　　　　雷群英（女）

委　　　员：麻锦彪　刘军梅（女）　马志军
　　　　　　　马　臻　赵兴明　郭景春（女）
　　　　　　　丁艳华（女）　温文玉（女）
　　　　　　　冯陈陈

复旦大学各统战团体负责人名录

一、复旦大学少数民族联合会第六届委员会（2018年1月10日）

会　　　长：徐　虹（女）

副　会　长：金再勤　马　端　谢　静（女）
　　　　　　　马丽香（女）

秘　书　长：谢　静（女）（兼）

副秘书长：马丽香（女）（兼）

委　　　员：李　劲　包江波（女）　他得安
　　　　　　　刘　岩（女）　李鸿娟（女）
　　　　　　　陶　力　于　菲（女）
　　　　　　　高海峰　马晓萍（女）
　　　　　　　罗晓阳　王来栓

二、复旦大学归国华侨联合会第四届委员会（2017年12月27日）

主　　　席：贺鹤勇

副　主　席：戴晓芙（女）　文　波　吕　静（女）
　　　　　　　杨　青（女）　许政敏

秘　书　长：陈　颖（女）

副秘书长：袁海心

委　　　员：邱晓露（女）　　马敏芝（女）
　　　　　　　朱百鸣（女）　　张　震
　　　　　　　朱　芹（女）　　孔庆安（女）
　　　　　　　陆平利　　　　　黄抗美（女）
　　　　　　　吴菊芳（女）　　毕道平
　　　　　　　阮　斐（女）　　张　予（女）
　　　　　　　陈隽琳（女）　　吴　庆（女）

三、复旦大学中青年知识分子联谊会第四届理事会（2018年12月27日）

会　　　长：邵正中

常务副会长：孙向晨

副　会　长：宓　詠　任俊彦　何更生（女）
　　　　　　　丁　纯　钱　序（女）　王国豫（女）
　　　　　　　杜　宇　吴　昊　江建海
　　　　　　　陈　炜（女）

秘　书　长：钱　序（女）（兼）

四、欧美同学会复旦大学分会第七届理事会（2022年11月1日）

会　　　长：张人禾

副　会　长：田　梅（女）　　刘军梅（女）
　　　　　　　陈国颂（女）　　俞燕蕾（女）
　　　　　　　戴从容（女）

秘　书　长：田　梅（女）（兼）

副秘书长：马　臻　郑　磊

理　　　事：孔婧倩（女）　田　丰（女）
　　　　　　　朱振梅（女）　刘韡韬（女）　许凯亮
　　　　　　　孙未未　　李继喜　　张　卫
　　　　　　　姚建华　　徐晓羽（女）　涂　涛
　　　　　　　梁　咏（女）　程　晋

五、欧美同学会复旦大学上海医学院分会第一届理事会（2022年11月2日）

会　　　长：钱　序（女）

副　会　长：孙爱军（女）　徐文东　梁春敏（女）

秘　书　长：孙爱军（女）（兼）

副 秘 书 长:	曹育玲(女) 周琼洁(女) 谢博钦(女)
理　　　　事:	程能能　莫晓芬(女)　严 非(女) 王永辉　刘彬彬(女)　张雪梅(女) 张嘉漪(女)　严大鹏 王碧芸(女)　冯陈陈 张 蓉(女)

六、复旦大学台胞台属联谊会第三届委员会(2018年6月19日)

会　　　长:	王爱萍(女)
副 会 长:	江 琦(女)　金赟杰　谭砚文(女) 潘 艳(女)
秘 书 长:	张振维
委　　　员:	刘 强　罗峻义

(党委统战部供稿)

教师工作

【概况】 2022年,教师工作部以习近平新时代中国特色社会主义思想为指导,深入贯彻落实习近平总书记关于教育的重要论述和在中国人民大学考察时的重要讲话精神,深入学习宣传贯彻党的二十大精神,瞄准"第一个复旦"建设的总体目标,巩固深化巡视整改成果,落实"强师行动计划",开展师德日常教育,提升教师思政工作能级。

选树典型,发挥榜样引领作用。6月—7月,在全校范围开展"钟扬式"好老师、好团队评选,评选出10名"钟扬式"好老师、5个"钟扬式"教学团队、5个"钟扬式"科研团队,并通过巨幅展板、微信公众号、橱窗展示等形式进行广泛宣传。 (左 超)

【做好疫情防控期间教师思政工作】 3月—6月,发布《防疫不松懈,育人不断线——致全校教师的倡议书》《关于加强校园准封闭管理期间教职工思想政治工作的实施方案》,倡导疫情防控不松劲、思政工作不断线、育人工作不停摆。开展"导师关爱行动",全校2 300余名研究生导师开展关心关爱学生工作,及时缓解学生焦虑,帮助学生克服疫情不利影响,顺利推进学业、毕业、就业。密切关注封控期间教师思想动态,开展摸排调研,报送《教师动态》2期、《教师工作简报》3期。 (左 超)

【成立党委教师工作委员会】 6月6日,成立中共复旦大学委员会教师工作委员会,构建党委集中统一领导、党政齐抓共管、教师工作部门统筹协调、各职能部门协同配合的大教师工作格局。 (左 超)

【举办全国高校师德师风建设专家委员会工作会议】 8月10日,2022年全国高校师德师风建设专家委员会工作会议以线上线下相结合的方式在校召开。教育部教师工作司司长任友群致辞,校党委书记、全国高校师德师风建设专家委员会主任委员焦扬作总结讲话。会上,全国高校师德师风建设专家委员会委员们就师德师风建设和专家委员会的工作进行交流讨论。 (左 超)

【举办教师节系列活动】 9月,举办"迎接党的二十大,培根铸魂育新人"教师节系列活动。9月9日,教师节大会在光华楼举行,校党委书记焦扬出席会议并讲话,校长金力等校党政领导及各院系部处相关负责人,复旦大学2022年"钟扬式"好老师、好团队称号获得者,"从事教育工作三十年"教职工代表,老同志、老教师代表,新入职教师代表等出席大会。开展"师恩难忘,师情永存"线上送祝福、"为教师亮灯""我对老师说"视频征集等活动;推出5期校园原创大师剧资源,传承弘扬老校长办校治学精神。 (左 超)

【举办"致敬大师"系列活动】 2022年,举办"致敬大师"系列活动,把大师名师的事迹精神和人格风范作为传承师道、弘扬师德的宝贵素材。9月23日,于光华楼举办"情随国步,德溢丹青"纪念苏步青先生诞辰120周年致敬大师活动。11月29日,于逸夫科技楼举办纪念张世禄先生诞辰120周年座谈会。12月17日,于上海五角场创新创业学院举办朱维铮先生逝世十周年纪念座谈会暨"史学与中国社会现代转型"学术研讨会。 (左 超)

【组织教师专题社会实践】 11月,面向全校教师组织开展"学思践悟二十大,强国追梦启新程"2022年复旦大学教师专题社会实践。实践共设计5大主题17条路线,组织7个实践团近300名教师到上海市深刻反映新时代十年伟大变革的代表性地方学习考察。 (左 超)

【师德案例获评优秀工作案例】 11月,《传承复旦师道 双线并进全面加强师德师风建设》入选首批新时代上海学校教师思想政治和师德师风建设优秀典型工作案例。 (左 超)

附　录

复旦大学2022年"钟扬式"好老师

陈 焱	物理学系
钦伦秀	附属华山医院

续 表

郭定平	国际关系与公共事务学院
徐丛剑	附属妇产科医院
卢大儒	生命科学学院
孙兴文	化学系
尹　晨	社会发展与公共政策学院
周文浩	附属儿科医院
黄萱菁	计算机科学技术学院
陆建松	文物与博物馆学系

复旦大学2022年"钟扬式"教学团队

新闻学院	数据分析与信息可视化教学团队
社会发展与公共政策学院	服务学习教学团队
附属妇产科医院	妇产科学教学团队
生命科学学院	改变生活的生物技术教学团队
药学院	临床药学创新型教学团队

复旦大学2022年"钟扬式"科研团队

附属中山医院	中山医院肝肿瘤外科团队
新闻学院	新媒体与城市传播研究团队
公共卫生学院	公共卫生体系研究团队
国际关系与公共事务学院	中国政治学自主知识体系创新团队
信息科学与工程学院	微纳电子青年创新团队

(党委教师工作部供稿)

学生工作

本科生工作

【概况】 2022年,在校党委领导下,学校本科生思想政治工作以习近平新时代中国特色社会主义思想为指导,深入学习宣传贯彻党的二十大精神,深入学习贯彻党的十九大和历次全会精神,贯彻落实习近平总书记重要回信精神,落实立德树人根本任务,统筹发展与安全,大力推进"第一个复旦"建设,深化"三全育人"综合改革,继续完善具有复旦特色学生思政体系,努力培养担当民族复兴大任的时代新人。

加强思想政治引领,坚定不移用习近平新时代中国特色社会主义思想铸魂育人。1.深入学习宣传贯彻党的二十大精神。落实首要政治任务,发布专题学习方案,组织支部书记专题培训,将二十大精神学习作为学工队伍和各类学生骨干培训的重要内容,做到本科生党支部、党章学习小组全覆盖。发布3期《学生党建工作参考》,立项秋季特色党建项目120项,开展"学习二十大,奋进新征程"微党课展评,录制18个终审视频形成学习菜单。组织专题光华论坛,"卿云歌"平台推出"青春向党 强国追梦"特辑,开设宝藏复旦人、院系风采等学习党的二十大精神系列专栏,展示院系学习风采,分享师生学习体会,结合党的二十大精神学习,开展"宪法卫士"竞答活动,参与率较上一年度翻倍。2.深化党建引领作用。上半年,以学习十九届六中全会精神为重点,巩固党史学习教育成果。持续推进大学—高中党员接力培养项目,五四前夕与附中联合举办"青春赛道奋力奔跑"接力培养交流活动;暑期举办"信仰学长"与高中积极分子结对仪式等交流活动3场;组织新骨班开展"十年新变化,青年看发展,复兴勇担当"暑期社会实践活动。落实党建进园区进书院,全年完成566间党员寝室全覆盖挂牌,累计开展园区党支部志愿服务项目106项，3 600人次，服务时长超6 000小时。3.推进"强国追梦铸魂育人"行动。组织院系带领学生深入学习宣传贯彻习近平总书记重要讲话精神，及时学习习近平总书记在中国人民大学重要讲话精神，牵头起草《关于深入学习宣传贯彻习近平总书记在庆祝中国共产主义青年团成立100周年大会上的重要讲话精神的通知》，引导学生自觉践行"请党放心、强国有我"的铿锵誓言。加强整体设计，围绕重要时间节点举办主题教育活动，编发3期《主题班会参考》，制作更新3个主题班会课件，提高主题教育覆盖率和实效性。发布《本科毕业生主题教育方案》，组织举办本科生"毕业生之星"评选、本科毕业生"我心目中的好老师"评选。克服疫情影响，组织举办毕业典礼；为本科毕业生开发"云上游园会"H5，有效参与人数超过7 000人。结合焦书记"新生第一课"，开展"强国筑梦 追求进步"新生主题教育活动。制作军训主题班会课件，引导参训学生端正认识，以饱满状态投入军训。面向港澳台学生，通过课程教育、谈心谈话、实践考察、骨干培养，建立健全具有复旦特色的国情教育体系。扎实推进铸牢中华民族共同体意识教育，开展少数民族学生、预科班学生的教育管理工作，助力少数民族学生成长成才。

坚持疫情防控与"第一个复旦"建设"两手抓、双胜利"。1.全力守护"平安复旦"。邯郸校区上半年封闭管理106天，确保2个园区、5个气泡的安全稳定。带领超过90%的专职辅导员、125名"人才工程"一期队员、800余名学生党员和积极分子以及80余名管理督导员坚守岗位，承担起近万名在校学生日常教育管理、72栋宿舍楼的核酸抗原检测组织工作、一日三餐及物资发放、室内环境消杀、楼内垃圾清理、户外活动排班、紧急物资转运、返乡送站、园区内心理咨询、安全稳定等工作。累计发放餐食超过92万份，发放防疫等物资覆盖60多万人次。连续两个月负责统筹学生口校外捐赠物资的接收、查验、清点、分配，向本研各学生园区转运、发放水果等学生急盼物资80余万件。持续关心在校辅导员的工作保障、心理健康，及时帮助辅导员疏解情绪。做好辅导员队伍风采展示，发布推送5期，1篇被教育部官微转载，2位老师事迹被上海媒体报道。2.筑牢校园防线不松懈。严格执行学校要求，做到人员动态管理有序，全年报送各类防疫人员数据信息约2 000条。在封闭管理期间，加强线下关心关怀、充实线上活动矩阵，开设东区、政通路"虚拟通道"28天，运行112次，接驳班车420余班次，全力保障学生生活需求，建立校园用药生命通道，为四校区师生员工借送药3 712人次。为学生提供学习资料打印和递送服务，在邯郸校区共送出文印材料2 924份。探索建立"寝室长—楼层长—楼长—网格长"四级网格管理模式，实时掌握学生动态，把好"出"和"进"两道关。在常态化疫情防控阶段，从严从紧加强校园出入审批管理，做好学生离校返乡（持续22天送出900余批次）、毕业生退宿离园、新生报到入校等各项工作，保障整体工作平稳、有序。3.用好疫情防控鲜活教材，努力讲好防疫"大思政课"。3月初，启动"这个春天，青春该有的样子"主题教育活动，在本科生中开展大讨论，各院系积极组织各类线上活动660余场。推出强国追梦系列光华论坛17场，累计直播时长超35小时。制作"严守纪律、增强自律，共同守'沪'，平安复旦"主题班会课件，在152个本科生班级中全覆盖。围绕"严峻形势下的责任与担当"开展主题党日和班会，引领学生彰显特殊精神、体现特殊担当。发布5期疫情防控倡议海报，累计阅读量13 836人。"卿云歌"平台策划发布东区"虚拟通道"短视频，浏览量达到22.7万，被央视、教育部官微转载报道。住楼辅导员代表、党员服务队队长接受人民日报视频号专访，介绍准封闭管理期间在校师生生活和志愿服务，展现抗疫决心信心。4.确保党建示范引领不下线。准封闭管理启动当晚，学工部迅速组织学生党员、积极分子400余人，成立学生党员服务队。解决急难愁盼需求，在"虚拟通道"运营、独立面试房间运营、宿舍楼寝值班、垃圾分类督导、物资搬运发放、户外活动秩序维持等方面发挥重要作用，累计组织4 423人次参与抗疫工作，累计服务11 240小时。指导院系务实落实党群结对，全覆盖加强学生关心引导。发布3期《学生党建工作参考》和《学生党建工作提示》，传达疫情防控相关精神，指导院系务实有效开展工作，发挥好组织动员力和示范引领力，培养锻炼学生骨干、加强入党宣传教育。根据实际工作需要组建楼宇党支部和党员先锋队，围绕疫情防控相关主题立项特色党建项目69项。

深化"三全育人"综合改革成果，持续健全具有复旦特色的学生思政工作体系。1.健全队伍建设子体系。继续推进"政治能力建设年"专项行动，邀请分管校领导围绕"统筹安全与发展，以高质量发展迎接党的二十大"上党课。完善队伍培训体系建设，将政治能力提升作为岗前培训、日常培训、专题培训的重要内容。以"学习宣传贯彻党的二十大精神，培养担当民族复兴大任的时代新人"为主题，举办17场专题培训。策划举办上海市骨干辅导员高级研修班。分析队伍建设重点难点问题，组织专题座谈会、院系走访调研。探索制订辅导员队伍结构优化方案。2.健全网络育人子体系。继续推进网络育人三年行动计划。与宣传部合作推动第二届"望道新传媒奖"校园网络文化作品评选，申报数量为第一届的两倍。围绕"升级网络育人产品、提高网络文明素养，维护网络空间安全"筹备主题展览，引领校园网络文化正确导向。重点培育8个本科生网络育人创新工作室，孵化31个特色网络育人项目。更新网络文明素养主题班会课件，实现本科新生教育全覆盖。3.健全资助育人子体系。完善制度建设，成立校学生资助工作领导小组，规范开展奖助学金评审工作，2022年认定家庭经济困难本科生1 691人，共设置本科生助学金34项，2 578人次受助；共评审本科生奖学金38项，8 365人次获奖。推进精准资助，全新升级"冬季送温暖"活动，为家庭经济困难学生精心准备羽绒服、购书券、博物馆美术馆通票等个性化温暖大礼包,给予学生物质上的温暖,精神上的鼓舞,充分满足学生个性化需求。提升育人实效,继续实施助力成长计划,全年开展学习沙龙、心理团训、日常化社会实践、志愿服务近三十项,举办"行远计划""新生成长训练营""新生入学100天"等主题系列活动,引导学生心怀感恩、服务社会、砥砺成长。加强资助宣传。推出"资助百科"栏目,开展榜样、感恩、诚信、反诈骗、安全教育系列宣传,继续做好面向获奖受助学生主题教育,发送专题推送25篇,阅读量22 374次。4.健全心理健康教育子体系。以"心理育人五级体系"建设为核心,强化普及性课程教育,构建"1+10+X"复合型心理健康教育课程群,正式纳入本科生必修课。开展心理文化月活动,举办六大系列共223场活动,参与学生过万。提供干预性咨询服务,组织心理健康普测,接待个体咨询。加强示范忄专业培训,切实承担上海市示范培训中心工作,推动医教结合,组织专兼职队伍学习70余次,接受校外专家督导32次,参与1 100余人次。为全校师生提供工作坊、专题讲座、团体活动近160场,参与5 800余人次。持续打造"糖心旦"朋辈心理互助品牌,志愿者队伍达100余人,提供各类朋辈心理援助服务累计1 000余小时,参与人数3 000余人次。全年发布心理健康知识图文293篇,浏览量35.2万余人次。5.健全书院"五维育德"思政教育体系。促进育人内容体系均衡发展。全年策划线上线下活动300余项,着力加大美育、体育活动供给。大力弘扬中华美育精神,春季学期创新推出云端美育课堂,秋季学期推动传统文化体验季创新性发展,推出"大美中国"美育系列讲座和"人文艺术教育月"活动。深挖校史教育内涵,通过大师剧排演传承红色基因,面向新生厚植爱国主义情怀。创新举办开学健康跑活动,建设书院足球训练营。不断优化育人评价工具"智慧书院"小程序功能模块开发,依托"小程序"精准引导,学生参与率较去年提高173%,公共空间借用人次翻倍。加大书院宣传,运维8个公众号,全年发文总计1 264篇,总阅读量118.2万余人次。

(顾 宁)

【召开2022年春季学生工作会议】 3月4日,复旦大学2022年春季学生工作会议在光华楼东辅楼102报告厅举行。会议以"对标'第一个复旦'使命,聚力'强国一代'培养,稳中求进,以高质量发展迎接党的二十大"为主题,交流经验、总结成效、谋划发展。学工部门相关负责同志,各院系、各附属医院学生工作首要负责人、学研工组长、专职辅导员共计约120人参加会议。

(杨媛媛)

【开展"这个春天,青春该有的样子"主题教育活动】 在上半年准封闭管理期间,以"这个春天,青春该有的样子"为主题,在学生中开展形式多样、生动有效的主题教育活动,依托清朗工作室等网络育人工作室,在疫情防控校园治理的关键节点,发布诚信校园倡议、守护平安复旦、自律者强自强者胜、校园清零行动、防疫平安签等5轮海报倡议;制作《严守纪律、增强自律,共同守"沪",平安复旦》主题班会课件,在本科生共计152个班级中全覆盖开展主题班会。引导同学们在更大的格局中思考,积极为校园抗疫贡献一份力量,共建平安校园、文明校园、美好校园。

(汤 潮)

【开展2022届本科生"我心目中的好老师""毕业生之星"风采展评活动】 4月,启动毕业季主题教育活动,经各院系毕业生推选、网上微信巡展、终审委员会评审等环节,产生陆晔等10名"我心目中的好老师",22名"我心目中的好老师"提名奖获得者。5月13日,复旦大学2022届本科"毕业生之星"风采展评终审答辩会举行。由终审评委和现场大众评委共同推荐产生张向旭等10名2022届本科"毕业生之星"与11名"毕业生之星"提名奖获得者。

(汤 潮)

【成立复旦大学学生资助工作领导小组并调整复旦大学奖(助)学金评审委员会】 经6月3日校党委常委会审议,决定成立复旦大学学生资助工作领导小组。同时,调整复旦大学奖(助)学金评审委员会。

(贺倩如)

【召开2022届毕业生"我为母校献金点子"座谈会】 毕业季期间,党委学生工作部、党委研究生工作部、上海医学院党委学生工作部在2022届毕业生中开展"我为母校献金点子"征集活动。6月17日,召开2022届毕业生"我为母校献金点子"座谈会。校长金力、党委副书记尹冬梅、相关部处负责人、2022届毕业生代表等以线上线下相结合的形式出席会议。

(汤 潮)

【举行2022届学生毕业典礼】 6月17日,复旦大学2022届学生毕业典礼在正大体育馆举行,1万余名毕业生以线上线下相结合的形式参加典礼。校党委书记焦扬、校长金力等校党政领导以及教师代表、校友代表等共同送别毕业生。典礼由校党委常务副书记裘新主持。

(汤 潮)

【学生党员服务队协助迎新】 2022年迎新期间,学生党员服务队组织各院系的本科生党员、入党积极分子、递交入党申请书的同学累计近300人,帮助新生搬运行李、答疑解惑。来自"复旦大学-复旦附中学生党员接力培养计划"的19名高中被确立为入党积极分子的新生全员加入迎新服务队伍,从入学第一天开始争当先锋、争做表率。

(刘佳锜)

【举行2022级学生开学典礼】 9月3日,复旦大学2022级学生开学典礼在正大体育馆举行。来自77个国家和地区的4 162名本科新生和11 531名研究生新生正式成为复旦人。校党委书记焦扬、校长金力等校党政领导,书院院长、书院导师代表、卓博计划导师代表、新生辅导员代表及各院系、部处负责人等出席典礼。开学典礼由校党委常务副书记裘新主持。15 000多名新生以线上线下相结合的方式,在主会场和140个线下分会场共同参加开学典礼。

(汤 潮)

【2022级本科生"新生第一课"开讲】 9月3日,复旦大学党委书记焦扬以《强国筑梦,追求进步》为主题,为来自祖国各地的3 600多名复旦本科新生上开学第一课。新生第一堂思政课以主会场授课、分会场直播,线上线下相结合的形式展开。其中,一部分新生在正大体育馆现场听课,其他新生在光华楼吴文政报告厅、蔡冠深

报告厅等12个分会场观看直播。

（顾　宁）

【心理健康教育课程模块纳入2022级本科生教学培养方案】　9月起，在2022级本科生教学培养方案的通识教育专项教育板块中增列心理健康教育课程模块，本科生必修1学分32学时。该模块课程由11门课组成，第一和第二课堂相结合，内容集知识传授、心理体验与行为训练为一体，旨在帮助学生增强自我心理保健意识和心理危机预防意识，掌握并应用心理健康知识，培养自我认知能力、人际沟通能力、自我调节能力，切实提高心理素质，促进学生全面发展。

（曹高举）

【举办2022年上海市"大学生生涯咨询师资训练营"】　10月14日—12月9日，在上海市教育委员会的指导下，复旦大学学生职业发展教育服务中心举办2022年上海市"大学生生涯咨询师资训练营"，为来自全市17所高校34名就业工作条线的专职教师提供大学生生涯咨询工作指导。该培训课程包含生涯预备、生涯实训、生涯实践、生涯讲坛四大模块，紧密贴合高校生涯咨询与就业工作的实际需求，全力协助提升高校学生职业生涯教育质量，进一步推动高校生涯咨询活动更有效进行。

（蒋梦莹　白　鸽）

【组织"学习二十大，奋进新征程"本科生情景剧微党课展评】　10月—12月，学工部组织"学习二十大，奋进新征程"情景剧微党课展评活动，各院系共有34个项目500余人参与，其中17个项目入围终审展评。经党委宣传部、学工部、校团委、医学宣传部、医学学工部、校史研究室等机关单位和部分院系代表评审，共评出特等奖1个、一等奖3个、二等奖6个、三等奖7个。

（刘佳锜）

【组织《陈望道》大师剧展演】　为传承红色基因，培养"宣言精神"的忠实传人，把"信仰之源、真理之甘"故事代代讲下去，2022年版《陈望道》大师剧于11月20日及21日面向校内师生连演三场，1 000余名师生现场观演。

（周　缳）

【举行"新时代大学生生涯教育与就业趋势探索"主题研讨会】　11月30日，"新时代大学生生涯教育与就业趋势探索"主题研讨会在复旦科技园举行，会议采用线上线下结合的方式举行。研讨会由上海市教育委员会指导、复旦大学主办。上海市人力资源和社会保障局政策研究室主任李国虹、上海市学生事务中心副主任周红星、复旦大学党委研究生工作部部长陈洁等出席会议，在沪各高校就业部门负责人、教育部宏志助航计划复旦基地讲师成员线下参会。上海市大学生生涯咨询师师资训练营学员及复旦大学毕业班辅导员、就业职能辅导员、生涯发展研究中心成员在线参会。

（蒋梦莹　白　鸽）

【组织2022年上海市骨干辅导员高级研修班】　12月14日，2022年上海市骨干辅导员高级研修班开班仪式在线上举行。本期培训班在上海市教卫工作党委、上海市教委指导下，由上海市学生德育发展中心、教育部高校思想政治工作队伍培训研修中心（复旦大学）、上海高校辅导员培训研修基地（复旦大学）、复旦大学党委学生工作部组织举办，以"学习宣传贯彻党的二十大精神，培养担当民族复兴大任的时代新人"为主题，共有来自39所高校的78位学员参加培训。

（杨媛媛）

【做好疫情防控信息报送和人员管理工作】　全年报送各类防疫人员数据信息约2 000条，为学校掌握学生基本情况和动态、制订和调整疫情防控政策提供数据支撑和依据。协调并安排外省市返沪、生病就医、密接次密接学生解离后居家隔离观察等各类情况的学生入校前的健康观察。上半年校园封闭管理期间，学工部骨干作为转运专班成员，负责转运阳性人员、密接人员工作，确保应转尽转、应转速转；开设东区和政通路宿舍"虚拟通道"共计28天，东区通道运行112次，政通路接驳班车420余班次。积极做好疫情期间学生资助帮扶工作，设立疫情应急资助、网络流量补助、就业支持基金等项目，共计资助学生2 266人次。

（贺倩如）

【推进"智慧书院"建设和使用】　加快推进书院综合素质评价工具"智慧书院"小程序的研发及功能完善，2022年以促进师生交流功能完善为重点优化建设。截至12月15日，"智慧书院"小程序共发布975个活动，活动浏览量为75 793人次。上线邯郸校区和枫林校区共95个公共空间信息开放借用，共计1 929人次借用。累计116 548人次，共12 158人访问智慧书院小程序，20 901名师生有积分记录。

（周　缳）

【开展铸牢中华民族共同体意识教育】　做好学工队伍少数民族学生工作专题培训，开展以"铸牢中华民族共同体意识，做好学生民族工作"为主题的院系学工首要负责人及专职辅导员专题培训，加强对院系学生民族工作理论指导。举办第三届民族文化节、第四届民族体育趣味运动会、第8期和第9期民族舞蹈兴趣班，以多民族的文艺、体育活动为载体，在校园营造轻松愉快的民族团结教育氛围，搭建各民族师生交流、交往、交融的平台。

（哈丽努·哈力木拉提）

【做好少数民族学生培养工作】　紧密围绕"铸牢中华民族共同体意识"的工作主线，做好新疆、西藏籍少数民族学生的教育管理工作。做好2021级预科生结业转本科工作及2022级预科生新生入学工作。夯实工作基础，强化学生底线意识，做好思想引领、学业辅导和生涯指导，助力少数民族学生成长。

（哈丽努·哈力木拉提）

【完善园区队伍建设体系】　积极总结抗疫经验，长效实施"网格长—楼长—楼层长—寝室长"四级网格管理体系，组建起包含60个楼长、139个住楼辅导员、222个楼宇院系学生联络人、874个学生楼层长、3 142个寝室长的楼宇应急联络队伍。修订《管理督导员岗位职责及纪律要求》及《管理督导员奖惩办法》，印制新版《管理督导员工作手册》，进一步规范管理督导员的日常管理。80余名管理督导员全程参与校园封控管理。

（马思嘉　罗子奇）

附录

复旦大学 2021—2022 学年本(专)科生奖学金一览表

政府设奖情况表

名称	金额(元/人)	人数(人)	总金额(万元)
国家奖学金	8 000	192	153.6
国家励志奖学金	5 000	468	234
港澳及华侨学生奖学金	8 000	1	0.8
	6 000	6	3.6
	5 000	9	4.5
	4 000	15	6
台湾学生奖学金	8 000	0	0
	6 000	2	1.2
	5 000	2	1
	4 000	4	1.6
上海市奖学金	8 000	30	24
合计		729	430.3

校内设奖情况表

等级	名称	金额(元/人)	人数(人)	总金额(万元)
本科生优秀学生奖学金	优秀学生奖学金一等奖	3 000	17	5.1
	优秀学生奖学金二等奖	1 500	1 235	185.25
	优秀学生奖学金三等奖	1 000	2 537	253.7
	小计	—	3 789	444.05
单项奖学金	学术科技创新单项奖学金	2 000	5	1
	艺术单项奖学金	2 000	5	1
	体育单项奖学金	2 000	5	1
	志愿者单项奖学金	2 000	5	1
	社会实践单项奖学金	2 000	5	1
	自立自强逆境成才单项奖学金	2 000	5	1
	公民道德素养单项奖学金	2 000	2	0.4
	小计	—	32	6.4
民族奖学金	民族奖学金	1 000	85	8.5
专业奖学金	专业奖学金	1 200	886	106.32
		1 800	391	70.38
		2 400	125	30
	小计	3 000	104	31.2
		—	1 506	237.9
合计		—	5 412	696.85

校外设奖情况表

等级	名称	金额(元/人)	人数(人)	总金额(万元)
	宝钢教育基金会优秀学生奖学金	10 000	6	6
	金龙鱼奖学金	10 000	30	30
	永赢基金奖学金	10 000	15	15
	中国友好和平发展基金会松下奖学金	10 000	6	6
	华泰证券科技奖学金	10 000	44	44
	波音奖学金	8 000	4	3.2
	KLA奖学金	8 000	5	4
	董氏奖学金	8 000	25	20
	宏信奖学金	6 000	10	6
	华谊奖学金	6 000	10	6
	史带奖学金	6 000	66	39.6
	三星奖学金	5 000	10	5
	刘永龄基金会奖学金	5 000	10	5
	陈灏珠院士医学奖学金	5 000	10	5
	太平洋保险奖学金	5 000	30	15
	华为奖学金	5 000	38	19
	罗氏诊断中国医学及生命科学教育基金奖学金	5 000	3	1.5
	港爱赞助优异奖(教)学金	4 000	13	5.2
	高山奖学金	3 333	18	5.999 4
	小　计	—	353	241.499 4
二等奖	徐增寿奖学金	2 400	25	6
	小　计	—	25	6
奖助学金	台湾东华书局奖学金	5 000	1	0.5
	小　计	—	1	0.5
	合计		379	247.999 4

复旦大学2022—2023学年本科生助学金一览表

序号	项目名称	金额(元/人)	人数(人)	总金额(万元)
1	冯煊旻助学金	1 000	19	1.9
2	梦想基金助学金	5 000	29	14.5
3	爱心接力助学金	5 000	30	15
4	陈伯佐助学金	9 800	3	2.94
5	陈灏珠院士医学奖助学金	5 000	6	3
6	陈晓明何佩鑫新生助学金	5 000	329	164.5
7	东亚银行助学金	5 000	24	12
8	东志刚东轶宙助学金	5 000	10	5
9	笃志助学金(胡西院)	5 000	5	2.5
10	笃志助学金(校友)	5 000	10	5
11	笃志助学金(谢乐军)	7 200	4	2.88

续 表

序号	项目名称	金额(元/人)	人数(人)	总金额(万元)
12	郭维城励志奖助学金	10 000	8	8
13	郭谢碧蓉助学金	4 000	63	25.2
14	国泰君安助学金	5 000	14	7
15	华谊集团助学金	3 000	10	3
16	健博助学金	5 000	12	6
17	金宝助学金	5 000	20	10
18	刘永龄基金会助学金	2 000	25	5
19	美美与共助学金	6 000	15	9
20	欧阳纯冯静贞助学金	5 000	20	10
21	青山助学金	5 000	50	25
22	书明助学金	5 000	10	5
23	松侯助学金	5 000	10	5
24	孙嘉明助学基金	5 000	2	1
25	新长城自强助学金	4 000	9	3.6
26	永赢助学金	5 000	20	10
27	钰翔助学金	3 000	30	9
28	张明为励志奖助学金	5 000	50	25
29	中海油大学生助学基金	5 000	15	7.5
30	中华助学金	3 000	15	4.5
31	中辉行项珍娣黄卫中助学金	5 000	3	1.5
32	甬协公益基金助学金	4 000	2	0.8
33	上海市甬协公益基金会"冬季送温暖"助学金	1 000—2 000	15	2.25
	合计		887	412.57

复旦大学2022届本科生"我心目中的好老师"

院系	姓名	院系	姓名
新闻学院	陆晔	计算机科学技术学院	阚海斌
历史学系	沈涵	材料科学系	周树学
经济学院	田素华	高分子科学系	何军坡
国际关系与公共事务学院	张建新	中山医院	孙益红
数学科学学院	楼红卫	华山医院	茅善华

复旦大学2022届本科生"我心目中的好老师"提名奖

院系	姓名	院系	姓名
中国语言文学系	陈特	核科学与技术系	赵凯锋
外国语言文学学院	王炎强	信息科学与工程学院	徐跃东
哲学学院	何益鑫	微电子学院	茹国平
物理学系	石磊	化学系	刘永梅

续表

院 系	姓 名	院 系	姓 名
软件学院	朱东来	环境科学与工程系	包存宽
大数据学院	魏忠钰	国际文化交流学院	顾 颖
生命科学学院	王 放	基础医学院	孙凤艳
管理学院	田 林	公共卫生学院	赵根明
法学院	班天可	药学院	康 云
航空航天系	孙 刚	护理学院	邢唯杰
社会发展与公共政策学院	陈岩燕	华东医院	唐东方

复旦大学 2022 届本科生"毕业生之星"

院 系	姓 名	院 系	姓 名
中国语言文学系	张向旭	物理学系	喻知博
历史学系	郭怡冰	计算机科学技术学院	董宇泽
经济学院	卢泓伶	大数据学院	李俨达
数学科学学院	胡行健	药学院	侯东岳
数学科学学院	马再霖	中山医院	隋启海

复旦大学 2022 届本科生"毕业生之星"提名奖

院 系	姓 名	院 系	姓 名
中国语言文学系	包笑婷	法学院	李世缘
新闻学院	马雪迎	航空航天系	钱 晟
经济学院	伟 亚	公共卫生学院	王 玉
计算机科学技术学院	宣子涛	公共卫生学院	周晓钰
生命科学学院	牟坤汀	药学院	汤栩懿
管理学院	沈鸣阳		

2022 年度复旦大学本科生十佳辅导员

院 系	姓 名	院 系	姓 名
外国语言文学学院	王 馨	生命科学学院	朱震宇
新闻学院	许 愿	管理学院	王银飞
国际关系与公共事务学院	周滨滔	马克思主义学院	陆婷婷
数学科学学院	杜竑毅	药学院	秦艳晖
计算机科学技术学院	陈晓婷	华山医院	阿卜杜米吉提·艾麦提

2022 年度复旦大学本科生辅导员工作特色风采奖

院 系	姓 名	院 系	姓 名
新闻学院	邓智友	社会发展与公共政策学院	徐子恒
国际关系与公共事务学院	于 丹	环境科学与工程系	杨茜迪
数学科学学院	张嘉璇	药学院	王翰麒
法学院	金瑜婷		

2021—2022学年复旦大学书院之星

所在书院	姓名/团体名	最终获奖	院系
克卿书院	金凯锋	书院之星	临床医学院
克卿书院	江晨宇	书院之星	华山医院
克卿书院	陈与时	书院之星	基础医学院
任重书院	卢嘉妮(《陈望道》大师剧宣发团队)	书院之星	管理学院
腾飞书院	田慧楠	书院之星	微电子学院
腾飞书院	王彬	书院之星	微电子学院
腾飞书院	聂雨辰(先导课程辅导队)	书院之星	信息科学与工程学院
希德书院	施怡辰	书院之星	经济学院
志德书院	蔺煊皓	书院之星	社会发展与公共政策学院
志德书院	张馨月	书院之星	国际关系与公共事务学院

2021—2022学年复旦大学书院之星提名奖

所在书院	姓名/团体名	最终获奖	院系
克卿书院	王晓鹂	书院之星提名奖	公共卫生学院
克卿书院	刘诗楚(克卿书院文化建设中心)	书院之星提名奖	基础医学院
任重书院	常家莉	书院之星提名奖	管理学院
腾飞书院	孙晗	书院之星提名奖	计算机科学技术学院
希德书院	冯嘉旭	书院之星提名奖	物理学系
希德书院	徐子楷(化学大神答疑团队)	书院之星提名奖	化学系
志德书院	孙奕霏	书院之星提名奖	外国语言文学学院
志德书院	李天勤	书院之星提名奖	国际关系与公共事务学院
志德书院	宋佳琪	书院之星提名奖	外国语言文学学院

(党委学生工作部供稿)

研究生工作

【概况】 2022年,党委研究生工作部和上海医学院党委学生工作部(处)在校党委的领导下,全面学习把握落实党的二十大精神,进一步加强研究生思政教育,以扎实的工作实绩助力"双一流"建设,为建设"第一个复旦"添砖加瓦。

强国追梦,深入学习宣传贯彻党的二十大精神。多维度强化学习指导。制订《关于在全校学生中学习宣传党的二十大精神的实施方案》《上海医学院学生学习宣传贯彻党的二十大精神主题教育方案》,编发学习党的二十大精神《组织生活参考》,指导各院系、党支部制订学习培训方案,开展自学自测、书记领学、宣讲导学、研讨互学、实践研学。分层次开展骨干轮训,举办学工队伍学习党的二十大精神系列专题培训;举办研究生党支部书记专题红帆论坛2期,累计面向骨干组织专题培训8场,覆盖1 000人。多形式开展学习宣传,制作发放党的二十大精神导学PPT、口袋读本、"研读新时代"系列视频等学习资料包,各支部开展学习党的二十大精神组织生活1 100余次;博士生讲师团"学习党的二十大精神"主题宣讲团在校内外开展宣讲120场,受众3 400人次;开设红色巴士"党的二十大精神学习专线";编排原创校史话剧《追梦百年》。

凝心铸魂,强化思政教育实效。全年编发《组织生活参考》10期、50万字,研究生党支部全年开展组织生活4 300余次;举办第20期红帆训练营,覆盖新任支部书记165人,举办8期红帆论坛,覆盖支部骨干2 400余人次;举办2期发展对象培训班。完善"星级支部"评定制度,全年支持81个党建创新项目,90个党支部参加第八届组织生活案例大赛,85个党支部参与第十五批研究生示范党支部创建。

1个研究生党支部入选第三批"全国党建工作样板党支部",7个党支部入选上海高校"百个学生样板党支部",10名党员入选"百名学生党员标兵"。博士生讲师团全年开展理论宣讲逾400场,受众11.6万人次。"星火"党员志愿服务队全年讲解和宣讲150余场,覆盖6 700人次。复建上海医学院学生理论宣讲团,第一批形成宣讲课程10余门;组建上医院史馆讲解队,培训学生讲解员近40名。举办全国大学生理论类社团工作案例论坛、第五届上海市高校学生微课程比赛等活动。"星火"队入选党史学习教育案例选编。全年立项社会实践项目678个,6 595人次参与,组织"千名党员下基层""奋进第二个百年""献策上海十四五"等专项主题实践,形成一批具有学科特色的实践品牌。博士生医疗服务团暑期在云南、贵州、上海等地志愿服务患者2 270余人次,开展讲课培训60余次、覆盖600余人次。

五维育德,助力学生成长成才。举办"大师面对面"系列讲座12场,开展"四个自信"大讲堂29场,约6万人次参与。评选第十届"研究生心目中的好导师"。举办32场主题讲座,观看人次超过1万。举办第十三届"学术之星"评选。举办首届"相辉学术文化节",促进学科交叉交流;支持39个院系举办博士生论坛;举办"旦博卿云汇"3期,累计参与300人次;联合各院系举办"走进学科"系列学术活动20余场、"科研技能提升营"系列云上学术活动18场,累计参与6 800余人次。组织各院系研究生导师、学生参加2022年长三角科学道德和学风建设论坛。开展艺术学习—欣赏—实践系列美育活动,举办"强国追梦·艺起前行"主题讲座6场;举办研究生迎新文化节、歌王旦生战、研究生五四演讲比赛等大型群众文化活动近20场。围绕上医创建95周年,组织"医路向前跑"师生健康跑活动、上医文化创意作品设计比赛、"上医师道(第三期)·医路向未来"主题访谈、"寻找医路奋斗者"年度微视频大赛等活动。联合体教部举办院系杯各类赛事,共48个院系962人次参

与,同比增长33.6%;举办首届3V3男女混合篮球赛,共20个院系143位师生参赛。以"复旦研究生""复小研""复旦医学生"等为核心构建研究生思政新媒体账号矩阵,累计订阅人数超过23.8万,推送内容1 500多篇,阅读量超过284万;打造新媒体爆款产品,博士生讲师团"研读新时代"系列视频在"学习强国"平台单集播放量超过200万,"四史"研习社"青春向党——中国共产主义青年团"系列音频播放量逾50万。

精准指导,促进学生高质量就业。全年举办5场线上大型招聘会、25场线下宣讲会和143场空中宣讲会,发布校招公告4 600余条、职位12 000余个。及时调整服务形式和流程,提供网上签约等就业手续在线办理,开设毕业生就业咨询微信群,日均线上咨询近百人次。开展春秋季生涯活动月,举办职业生涯规划大赛、菁英校友云课堂、简历门诊、在线模拟面试、求职训练营、生涯职途系列讲座等活动,参与学生约2万人次。作为教育部宏志助航计划培训基地,对全市450余位学生进行职业生涯能力培训。建设全校生涯发展研究中心,组建院系就业职能辅导员团队,举办上海市大学生生涯咨询师师资训练营,培训30余位资深就业工作教师。作为全国普通高校就业创业指导委员会医药卫生行业就指委主任单位,支持各委员单位举办线上线下招聘会,组织撰写全国医药卫生行业就业供需年度报告。拍摄赴西部、基层、国家重点单位就业毕业生专题纪录片;组织"新羽计划"选调生特训营;选调生政策宣讲团"进院系、进支部、进班级",4 000余人次参与。举办"赋能青年人才"国际胜任力培训项目,27所高校近千名学生参与;同时开展6场直播活动,线上覆盖学生超过53万人次。新增2个校级学生实习实践基地,与2家国际组织完成实习合作协议续签,与我校开展专项实习的国际组织数量累计达到18家。2022届毕业生中超5 100人次报名参加选调生及党政储备人才项目招录,272人完成签约派遣,72位学生赴国际组织实习。

优化管理,打造安全温馨园区。全年安排校内健康观察点进出2 433人次,安排转运学生534人次,配合组织核酸检测志愿者2 342人次。各园区完成近3 000名老生退宿离园工作,安排近4 700名新生入住,调整搬迁近1 500人;开发爱久公寓摇号申请系统,配合保卫处和信息办进行消防、网络设施改造;完成医学生住宿资源优化调整,完成541名研究生搬迁至附属医院住宿。将园区安全教育纳入新生入学教育,开展4场安全宣讲,组织新生全覆盖消防轮训;落实日常安全卫生检查,定期联合保卫处等部门进行宿舍消防检查,规范辅导员走寝及登记考核,加强与院系沟通交流,及时处理园区突发事件。秋季学期园区党员实践服务岗增量创新,113个党支部2 629名党员服务总时长近3 000小时,较去年同期服务时长增长约80%;50个学生党支部、1 000余名学生党员参与上海医学院党员实践服务岗,累计服务时长820小时。依托园区公共空间和学生组织开展美育劳育和文体活动,园区装扮、微课堂、学雷锋志愿服务、植树节玫瑰种植、周末歌会、读书沙龙、趣味运动会等活动辐射学生逾9 000人次。结合复旦上医创建95周年,在西苑学生公寓楼内设立院史展板、院史背景墙、院史答题互动二维码,打造沉浸式的院史学习体验。

资助育人,提升资助帮扶精度。评出获奖研究生27 297人次,金额13 675.26万元;评选出457名上海市优秀毕业生、881名复旦大学优秀毕业生;推送优秀毕业生和国家奖学金获得者典型案例共计13篇。全年累计发放研究生生活津贴24 365.33万元;助管助教岗位设岗聘任及津贴(考核津贴)发放3 097.56万元;认定家庭经济困难研究生2 327人,困难生比例9.62%;发放困难补助94.54万元,医疗帮困117.37万元,资助9 017人次,评审发放社会冠名助学金15项324.8万元,资助751人次,资助覆盖率32.27%;发放专业学位硕士研究生交通补贴4 608.80万元。上海医学院完成3项医科奖助学金评选,资助30人次。完成老生助学贷款

发放工作，共计发放 234 人，放款总金额 258.65 万元；完成新申请助学贷款办理工作，共计办理 342 人，贷款总金额 507.91 万元；1 247 人申请生源地国家信用助学贷款，申请贷款总金额 1 771.65 万元；举办研究生国家助学贷款宣讲会及诚信教育大会；宣传赴西部基层就业的贷款代偿及学费代偿政策。在家庭经济困难学生中开展"喜迎党的二十大 说说我的新变化"资助育人主题征文评选活动，优秀作品获上海市级一等奖；组织观看"暗流涌动"宣传片，在新生中全覆盖开展防诈骗宣传教育；开设助管培训课程 5 门次，719 人次参训。

守土有责，坚决打赢疫情防控攻坚战。在校园疫情防控攻坚战特殊时期，建立"网格负责人—楼长—楼层长—寝室长"四级网格管理体系，成立 49 支研究生党员志愿服务队，校内外参与志愿服务的研究生党员累计超过 6.5 万人次；2 406 名医学生参与疫情防控志愿服务，服务 59 345 小时；18 名研究生成为"120 市医疗急救中心话务志愿者"。将疫情防控实践转化为生动的"大思政课"，研究生各党团班开展相关主题班会、主题党日 450 余场，各院系开展集"学习、科研、能力、身心、文艺、未来"六位一体的学生活动，3 万人次参与。发掘抗疫典型人物、温情故事，发布微信推文、短视频 150 余篇，总点击量达 27 万次。上海医学院上线"医问医答"线上反馈通道，收到意见、建议等反馈问卷 1 400 多份，并形成长效运行机制；开展"同心同'疫'"辅导员沙龙活动 7 次；组织开展 11 期"福庆·云学堂"系列讲座，累计观众 2 500 余人次；围绕"无新冠病毒区"建设，开展疫情防控知识科普、文明宿舍评比、宿舍健身等多样线上活动，近 1 000 名学生参与。联合多部门开展导师关爱行动，推动院系导师在封闭管理初期、节庆假日等重要节点集中发力，为学生送温暖。

（陈 洁 包 涵 黄丹妮 夏泽敏）

【举办首届相辉学术文化节】 分为初心、繁星、沃土、基石四个篇章，举办"相辉讲堂·四个自信"系列讲座 29 场，累计参与约 60 000 人次；举办 5 期交叉学科论坛，40 余个课题组就碳中和、医工结合、数字社会、新型导学关系等议题深度交流，上千名校内外师生参加讨论；来自 18 个院系的 33 个课题组参与相辉课题组建设，8 个社团和 1 个院系合作推出 20 余场"相辉·学术＋"系列活动。

（黄子寒）

【举行复旦大学上海医学院创建 95 周年师生元旦健康跑活动】 1 月 1 日，师生健康跑作为 95 周年院庆系列的首发活动，热力开跑。复旦大学校长、党委副书记，上海医学院院长金力为比赛鸣枪发令；复旦大学党委副书记、上海医学院党委书记袁正宏致辞；上海医学院领导张艳萍、徐军、吴凡、朱同玉以及来自复旦上医各单位的运动爱好者参加比赛。

（孙昶领 熊 般）

【上线"研读新时代"系列微党课】 在上海市委宣传部、市教育卫生工作党委、市教育委员会指导下，复旦大学博士生讲师团推出"研读新时代"系列微视频，通过展现不同专业、不同背景的青年成长经历，反映新时代以来的原创性思想、变革性实践、突破性进展和标志性成果。系列视频共 7 期，于 9 月起上线"学习强国"平台，累计播放量超 223 万。（范佳秋）

【举办第三期复旦大学 FIST 课程"国际组织前沿讲座"】 9 月 24 日—11 月 20 日，由研究生院和国务学院联合举办，学生职业发展教育服务中心协办的"国际组织前沿讲座"举行。来自联合国毒品和犯罪问题办公室、欧洲复兴开发银行、禁止化学武器组织、世界银行、新开发银行、亚洲开发银行、联合国人口基金、驻非盟使团等国际组织和我驻外使团的专家、国际公务员为约 300 名学员授课。

（王子雄）

【举办 2022 年上海市"大学生生涯咨询师师资训练营"】 10 月 14 日—12 月 9 日，在上海市教育委员会的指导下，复旦大学学生职业发展教育服务中心举办 2022 年上海市"大学生生涯咨询师师资训练营"，为来自全市 17 所高校 34 名就业工作条线的专职教师提供大学生生涯咨询工作指导。培训课程包含生涯预备、生涯实训、生涯实践、生涯讲坛四大模块。

（蒋梦莹 白 鸽）

【举办博士生讲师团成立 20 周年座谈会】 10 月 29 日，"书记面对面"博士生讲师团 20 周年座谈会在子彬院举行。校党委书记焦扬与来自博士生讲师团的师生及校友代表交流座谈，对博士生讲师团成立 20 年来取得的成绩予以肯定，并对博讲团未来发展提出期待。校党委副书记尹冬梅及各部门和分团所在院系相关负责人出席座谈会。

（范佳秋）

【博士生医疗服务团暑期社会实践和上海医学院原创主题话剧《行走在大山深处的白衣天使》公演】 11 月 6 日、8 日、12 日、13 日，以上医"指点江山医疗队"和复旦大学上海医学院博士生医疗服务团为原型故事改编的原创主题话剧《行走在大山深处的白衣天使》在相辉堂、中山医院"福庆厅"公演 4 场，讲述上医师生半个多世纪以来始终致力于乡村医疗服务的故事，剧中的主要角色均由复旦上医学生出演。

（尤小芳 孙肇星）

【举办上海高校毕业生就创工作示范基地专题研讨会暨复旦大学"赋能青年人才"国际胜任力培训项目（第三期）结业仪式】 11 月 14 日，2022 年上海高校毕业生就业创业工作示范基地专题研讨会暨复旦大学"赋能青年人才"国际胜任力培训项目（第三期）结业仪式在校举行。上海市教委、市学生事务中心有关领导，上海交大、同济大学、华师大等 16 所上海市兄弟高校就业部门负责人出席研讨会和结业仪式。会上发布复旦大学《国际组织职业发展指南》及其附录（2022 年版）。

（王子雄）

【红色巴士研学实践"党的二十大精神学习专线"开通】 复旦大学博士生讲师团、"星火"党员志愿服务队、青年马克思主义研究会联合推出红色巴士研学实践"党的二十大精神学习专线"，沿着习近平总书记的上海足迹、光荣之城的红色脉络，形成 4 个主题路线"套餐"，打造行走的党课。10 月 29 日，举行"红色巴士"首发揭幕仪式。10 月—12 月项目运行期间，校内外 1 000 余人次体验沉浸式研学，获人民日报、文汇报、青年报等媒

【举办"与党同心，跟党奋斗"复旦大学博士生讲师团成立二十周年暨大学生理论类社团宣讲工作论坛】 11月29日，在中共上海市委宣传部、市教卫工作党委、市教委、复旦大学的指导下，上海市大学生理论宣讲联盟和复旦大学博士生讲师团联合主办"与党同心，跟党奋斗"宣讲工作论坛，全国66所高校、90多个理论类社团的讲师代表和复旦大学研究生党员代表累计500余人在线上线下参会，交流分享青年理论宣讲的经验体会。校党委书记焦扬，上海市委宣传部副部长徐炯，上海市教卫工作党委副书记、市教委副主任闵辉在论坛开幕式上致辞。 （范佳秋）

【举行"新时代大学生生涯教育与就业趋势探索"主题研讨会】 11月30日，"新时代大学生生涯教育与就业趋势探索"主题研讨会在复旦科技园采用线上线下结合的方式举行。研讨会由上海市教育委员会指导、复旦大学主办。上海市人力资源和社会保障局政策研究室主任李国虹、上海市学生事务中心副主任周红星、校党委研究生工作部部长陈洁等出席会议，在沪各高校就业部门负责人、教育部宏志助航计划复旦基地讲师成员线下参会。上海市大学生生涯咨询师师资训练营学员及复旦大学毕业班辅导员、就业职能辅导员、生涯发展研究中心成员通过线上会议参会。 （蒋梦莹 白 鸽）

附 录

2022年复旦大学研究生奖学金设置情况一览表

奖学金名称	人数	金额（元/人）	鼓励对象
博士生国家奖学金	224	30 000	用于奖励纳入全国招生计划内的高校中表现优异的全日制博士研究生
硕士生国家奖学金	193	20 000	用于奖励纳入全国招生计划内的高校中表现优异的全日制硕士研究生
博士生学年学业奖	6 231	5 000—10 000	全日制在校非定向研究生、少数民族骨干定向培养研究生
硕士生学年学业奖	7 090	4 000—10 000	全日制在校非定向研究生、少数民族骨干定向培养研究生
博士生优秀学业奖	6 363	1 500—10 000	全日制在校非定向研究生、少数民族骨干定向培养研究生
硕士生优秀学业奖	6 711	1 000—8 080	全日制在校非定向研究生、少数民族骨干定向培养研究生
复旦大学宝钢优秀学生奖学金（特等）	1	20 000	品学兼优的研究生
复旦大学宝钢优秀学生奖学金（优秀）	5	10 000	品学兼优的研究生
复旦大学第一三共制药奖学金（博士）	22	5 000	品学兼优的医药学研究生
复旦大学第一三共制药奖学金（硕士）	17	3 000	品学兼优的医药学研究生
复旦大学董氏奖学金	25	8 000	品学兼优的研究生，先进制造和国家安全等关键领域及基础学科学生优先
复旦大学港爱赞助优异奖	9	4 000	品学兼优的研究生
复旦大学华为奖学金（博士）	8	10 000	信息科学与工程学院、微电子学院、计算机软件学院、经济学院、管理学院、数学科学学院、物理学系在读品学兼优的博士研究生
复旦大学华为奖学金（硕士）	47	8 000	信息科学与工程学院、微电子学院、计算机软件学院、经济学院、管理学院、数学科学学院、物理学系在读品学兼优的硕士研究生
复旦大学陆宗霖奖学金（博士）	8	6 000	品学兼优的理科女博士生及其母亲
复旦大学陆宗霖奖学金（硕士）	8	4 000	品学兼优的理科女硕士生及其母亲
复旦大学三星奖学金（博士）	1	10 000	理(60%)：数学科学学院、物理学系、化学系、信息科学与工程学院、材料科学系 文(40%)：经济学院、法学院、管理学院、以及社会学、朝鲜语、广告学、行政管理、公共事业管理学专业

续 表

奖学金名称	人数	金额(元/人)	鼓励对象
复旦大学三星奖学金(硕士)	7	7 000	理(60%):数学科学学院、物理学系、化学系、信息科学与工程学院、材料科学系 文(40%):经济学院、法学院、管理学院、以及社会学、朝鲜语、广告学、行政管理、公共事业管理学专业
复旦大学笹川良一奖学金	7	10 000	品学兼优的研究生
复旦大学罗氏诊断中国医学及生命科学教育基金奖学金	5	5 000	品学兼优的全日制生命科学学院、生物医学研究院在读研究生
复旦大学吴英蕃-吴张令昭奖学金	20	3 000	品学兼优的经济学院、物理学系、遗传学系研究生
复旦大学汪氏文科基础学科奖学金	6	6 000	哲学学院、中国语言文学系、历史学系全面发展、品学兼优的研究生,侧重宗教学研究
复旦大学蒋震奖学金	10	10 000	国际关系与公共事务学院和法学院相关专业一年级优秀硕士生
复旦大学陈灏珠院士医学奖学金	10	5 000	奖励公共卫生学院、脑科学研究院、上海市计划生育研究所、上海市影像研究所、生物医学研究院、公共卫生临床中心、华山医院、上海市第五人民医院、肿瘤医院、护理学院的优秀医学类研究生
复旦大学太平洋保险奖学金	20	5 000	品学兼优的研究生
复旦大学宏信奖学金	6	10 000	奖励经济学院、管理学院全日制普通在校二、三年级的优秀硕士生
复旦大学KLA奖学金	8	8 000	奖励数学科学学院、物理系、信息科学与工程学院、大数据学院、材料科学系、现代物理研究所、核科学与技术系半导体检测设备技术相关专业的优秀研究生
复旦大学华谊集团奖学金(博士)	10	9 000	奖励化学系、高分子科学系、先进材料实验室的优秀博士生
复旦大学华谊集团奖学金(硕士)	20	6 000	奖励化学系、高分子科学系、先进材料实验室的优秀硕士生
复旦大学台湾东华书局奖学金	5	5 000	奖励全日制在校品学兼优且家庭困难学生
复旦大学英仕奖学金	12	5 000	奖励公共卫生、大数据、保险专业的优秀硕士研究生
复旦大学趣时笃行奖学金	50	10 000	奖励经济学院、生命科学学院、数学科学学院、物理学系、化学系品学兼优的研究生
复旦大学国泰君安奖学金	10	20 000	奖励经济学院、管理学院、泛海国际金融学院全日制硕士研究生(二年级)优秀学生
复旦大学永赢奖学金	15	10 000	奖励经济学院、管理学院、数学科学学院、物理学系、化学系、计算机科学技术学院品学兼优的硕士研究生
复旦大学华泰证券科技奖学金	46	10 000	奖励数学科学学院、物理学系、现代物理研究所、信息科学与工程学院、计算机科学技术学院、软件学院、微电子学院、上海数学中心、大数据研究院、类脑人工智能科学与技术研究院、智能机器人研究院、脑科学研究院品学兼优的研究生
复旦大学波音奖学金	14	8 000	奖励航空航天系、信息科学与工程学院品学兼优的研究生

复旦大学第十三届研究生"学术之星"特等奖名单

院 系	姓 名	院 系	姓 名
基础医学院	李 澄	文物与博物馆学系	郝雪琳
数学科学学院	任浩杰	高分子科学系	路晨昊
附属肿瘤医院	王 海		

复旦大学第十三届研究生"学术之星"名单

（人文社科）

院系	姓名	院系	姓名
管理学院	何慧华	国际关系与公共事务学院	张 兰
新闻学院	李 晗	新闻学院	曹 钺
文物与博物馆学系	郝雪琳	历史学系	王 钊
马克思主义学院	刘 超	历史地理研究中心	吴泽文
经济学院	艾静怡	经济学院	孙诗怡

（理工科）

院系	姓名	院系	姓名
高分子科学系	路晨昊	微电子学院	王水源
数学科学学院	任浩杰	微电子学院	孟佳琳
工程与应用技术研究院	翟 鹏	材料科学系	朱 红
化学系	徐萌萌	计算机科学技术学院	潘旭东
先进材料实验室	叶 蕾	工程与应用技术研究院	焦 博
化学系	王 婷		

（医科）

院系	姓名	院系	姓名
基础医学院	李 澄	附属妇产科医院	汪雨萌
附属中山医院	朱梦璇	脑科学研究院	余慧林
附属肿瘤医院	王 海	附属中山医院	周 雷
脑科学研究院	许锦洪	附属儿科医院	石奇琪
附属肿瘤医院	邓朝强	公共卫生学院	潘金花

复旦大学第十届"研究生心目中的好导师"名单

院系	姓名	院系	姓名
中国语言文学系	王安忆	计算机科学技术学院	黄萱菁
哲学学院	孙向晨	类脑人工智能与科学与技术研究院	冯建峰
经济学院	封 进	附属中山医院	周 俭
历史学系	向 荣	附属肿瘤医院	邵志敏
数学科学学院	沈维孝	附属儿科医院	徐 虹

复旦大学2022年度十佳辅导员（研究生）名单

院系	姓名	院系	姓名
中国语言文学系	许亚云	管理学院	黄一倩
外国语言文学学院	杨娅雯	法学院	纪明岑
经济学院	丁敬耘	药学院	库德莱迪·库尔班
国际关系与公共事务学院	周凌一	附属华山医院	李妍斐
计算机科学技术学院	林 青	脑科学研究院	范家乐

复旦大学2022年度辅导员风采奖(研究生)名单

院　系	姓　名	院　系	姓　名
数学科学学院	张慧琳	公共卫生学院	刘少杰
生命科学学院	吴　敌	护理学院	王安妮
科研机构综合党委	顾诗佳		

(党委研究生工作部供稿)

保卫及人民武装工作

保卫工作

【概况】 2022年,保卫处武装部在校党委坚强领导下,对标"第一个复旦"建设任务,强化政治意识,发挥职能作用,坚决维护校园和谐安全稳定。

校园管理严格化。校园安全稳定形势相对平稳,风险总体可控。全年共发生刑事案件41起,火警火情13起。全年召开消防安全工作组会议1次、国家安全工作组会议1次、保密工作组会议1次、综合治理工作组会议1次、维护稳定工作组会议1次。时刻保持高度警惕,有序开展维稳工作。全年累计服务师生超过15 000人次,共计收到表扬信8封,锦旗4面。

疫情防控常态化。学校封闭管理期间保卫处近30名干部、400余名安保人员第一时间进驻,平均住校超过70天。严格校门出入管理,配合建立进出白名单制度,办理应急出入19 860人次。保障绿色通道进出车辆累计10 675辆,随车人员13 727人次。加强校园巡防布控,建立校园网格责任制,保卫干部驻点包保。校内及周边24小时不间断巡逻巡视,视频巡控高频次开展,重点区域围墙监控实时投屏。做好各类服务保障,药品经生命通道进校1 783批次、主校区以东师生经虚拟通道进校275波次;校内短驳服务4 389次,紧急短驳陪护240余次。常态管理不放松,确保门岗查验顺畅,提升现场服务质量。符合条件的核酸短暂超期师生,增测抗原保障23 000余人次进校。

校园治理体系化。编辑下发两版《非在编在籍人员管理工作手册》,定期开展培训,提升联络员业务水平。协同开发"平安复旦(非在编版)",掌握人员健康、行程一手情况。规范各类交通标识标牌、减速带设置,开展长期停放废旧自行车和共享单车整治。优化云AI智慧校园机动车管理系统大平台及道闸系统建设,推动大型车辆进校预约管理,推进安装交通违章显示大屏。技防设施设备升级换代,新增各类设备1 905套、张力式电子围栏400米。健全快反机制,制订专项预案,重视信息研判,快速有效处置化解各类风险隐患。开展各类安全巡查检查186次,出动853人次,反馈整改意见244条。加大电动车违规停放排查治理力度,积极协调集中充电点建设。

安全教育系统化。开展出国(境)人员行前、新生辅导员、机关教师等国家安全教育,涉密人员保密教育。累计组织各类消防安全培训演练19场次,参训师生15 000余人次,新生全覆盖,开展沉浸式实操演练14场次。开展消防进军训、实验室消防安全进课堂、公益宣传大联盟、B站互动直播讲座、在线安全知识竞赛、校园安全岗体验等活动。

党建引领深入化。开展"七个一"行动,丰富学习内容。全年共计开展各类学习研讨21次。邀请安全保卫领域专家开展专题讲座4次。牢固树立"大安全"理念、着力构建"大安全"格局。设置"1个安全领导小组+2个委员会+11个工作小组",执行定期开会制度和月研判制度,严格落实党政领导安全责任。对内加强各部门互联互通,信息资源共享;对外加强校警、校地、校际合作,积极推动周边综合治理工作机制。针对"重要时间、重要人员、重要事件",建立信息收集和风险研判机制,健全风险防范化解机制,定期排摸重点人员信息库,完善各类预案。

队伍建设专业化。推动全国2021—2023年度高校保卫科学研究课题,开展华东学术协作区高校安全高峰论坛保卫工作案例征集,成果《基于"3E"原则多措并举打造实验室高水平安全堡垒》获由教育部思想政治工作司、中国高等教育学会指导的"2021年高校平安校园建设优秀成果研讨展示活动"典型案例类一等奖。编制《复旦大学安保人员培训教案》;开展反恐防暴能力训练及应急演练;通过软件打卡签到,实现巡逻管理动态化。扩展队伍,线上安全教育结合线下活动,发挥一线优势,掌握工作现状。安保兼职担任校园微型消防站消防员,将微站纳入消防救援总队和支队的指挥调度平台,统一部署、集中培训。

服务保障人性化。一站式服务大厅办理各项业务6 900余件,接受电话咨询7 600余个,集中代办户口迁移证393份,单个代办并快递户口迁移证250余份。综合治理值班大厅接受咨询、报案、反映问题650余件,为师生寻找遗失物373人次,追回自行车、手机等239件。机动车搭电50余次,校内短驳运送服务4 400余次,陪护运送身体有恙师生240余次,义务理发800余次。

志愿模式品牌化。开展首届"安全教育特色主题活动项目",营造整体良好安全教育氛围。成立新媒体工作室,原创作品造氛围。开展品牌项目育苗,创新校园安全活动新形式。拓展上海市志愿者协会、公安、消防等社会资源,联动支持队伍成长。

（周序倩　张洁）

人民武装工作

【概况】 2022年,保卫处武装部在校党委坚强领导下,开展包括本科生军事理论教学、学生军训、大学生兵员征集、拥军优属、高水平射击运动队建设等在内的各项工作。始终坚持"党管武装"原则,守好人民武装战线,稳步推进国防教育工作。

学生军训和国防教育工作。全年共开设30个军事理论课教学班,约3 000余名学生选课。因疫情原因,采取线上线下相结合方式展开教学,确保教学进度不因疫情防控而停滞、教学质量不因形式改变而降低。8月21日至9月2日开展学生军训,参训人数3 700余人。在严格遵循上级防疫要求及本校疫情防控方案前提下,依据实际情况科学有序组织学生线上线下相结合进行军训。此次军训,学校15名退伍学生作为预备军训教官,勇担重任,前往枫林校区带训,助力军训活动圆满完成。

征兵工作。持续发力开展征兵动员,全年征集两批大学生士兵,共计14人(男兵12名,女兵2名),其中本科毕业生及研究生3名,圆满完成警备区下达的征兵任务。9月共有35名参军学生退伍返校顺利复学。

拥军优属工作。2022年因疫情原因,主要通过线上渠道与参军学生联系,关注其身心状态。全年协同相关院系前往海南、珠海等地慰问参军学生,深入开展母校指导员活动。新年慰问校内军烈属、复转退军人等近450名。始终与共建部队保持密切联系,捐赠10万元办公物资支持部队建设。

（朱雅琳）

【校射击队多次获奖】 在2022年上海市第十七届运动会射击比赛(高校组)暨2022年上海市大学生射击锦标赛中,学校射击队共夺得5枚金牌、3枚银牌、2枚铜牌。在2022年全国射击冠军赛中,学校射击队员共获得1枚金牌、1枚铜牌。在2022年埃及射击世界锦标赛中,学校射击队2名队员夺得3枚金牌、2枚铜牌。

（朱雅琳）

老干部工作

【概况】 2022年,学校老干部工作围绕党的十九大和十九届历次全会精神、党的二十大精神及习近平总书记关于老干部工作的重要指示精神,结合老干部实际,创新工作机制,在特殊时期推动疫情防控与老干部工作双线并进,认真落实老干部政策和待遇,提升老干部工作服务质量,发挥"五老"作用,推动关心下一代工作融入学校"三全育人"工作格局,确保各项工作有序开展。

截至12月31日,学校共有离休干部67人(邯郸校区18人、枫林校区24人、附属单位24人、附属中学1人),最高年龄100岁,平均年龄92.67岁;退休局级以上干部33人,最高年龄98岁,平均年龄82.21岁。全年共有17位离休干部去世。

以"三项建设"为主线,全面加强离退休党建工作。根据疫情防控常态化及特殊时期要求,结合老干部自身特点,组织学习贯彻党的十九大、十九届历次全会及二十大精神,围绕"喜迎二十大"开展主题活动,组织校党史学习教育宣讲团专家开展"巩固党史学习教育成果,深入学习和研究十九届六中全会精神""坚持全面准确深入理解内涵,学习、领会党的二十大精神"等线上专题报告会5次,组织党总支委员和支部书记开展"理论学习研讨会"1次,邮寄学习资料8期,及时将党中央的声音、学校的发展等传递给老同志。依托学校党校平台组织线上全校离退休党支部书记专题培训"学习贯彻党的二十大精神",集体学习"解读党的二十大精神"上海市离退休干部在线形势报告会,引导各离退休党支部和离退休党员深入学习党的二十大报告和党章,持续进行理论自学,提升老干部党建工作组织力和凝聚力。在"旦园枫红"微信公众号推出"银发正能量守'沪'、复旦老干部抗疫"系列文章5期。

探索长效化、精准化服务体制机制,关心照顾老干部生活。在疫情防控常态化背景下,优化"一人一策"服务模式,实施"一对一""多对一"服务到家。"大上海保卫战"期间,创新工作机制,加强与社区、老干部家属联系沟通,摸排老同志困难情况、响应老同志需求,适时商请社区关注老同志生活物资保障及日常用药需求。克服物流困难,点对点向所有老同志配送三批应急生活物资,向江湾医院住院老同志配送应急食品,为封控在养老院的离休干部及遗属代理配药,将关怀落到实处。完成年度护工费调整、无工作遗属补助调整工作,与人事处共同做好离休干部生活完全不能自理的社保补助申请工作。向上海市教卫党委报送老同志提高医疗待遇32位。与符合骨灰寄存条件的离休干部家属沟通骨灰寄存工作。2022年工作人员累计走访联系老干部及遗属1 392人次,共向老干部发放各类慰问补助150余人次,补助金额35万余元。

加强关心下一代工作委员会(简称"关工委")建设。校党委配齐配强学校关工委领导班子,发布《复旦大学关心下一代工作委员会工作实施细则》,明确校关工委办公室设立在老干部工作处。根据学校管理规定刻制复旦大学关心下一代委员会公章。建立关工委工作议事规则和办公会议制度。梳理关工委成立以来的重大事项。开展关心下一代工作先进集体先进个人评选表彰活动。组织骨干队伍60余人线上参加2022年中国关工委理论培训班,学习领会《关于加强新时代关心下一代工作委员会工作的意见》精神,通过微信群组、视频会议、书面交流学习体会,提高关工委骨干队伍政治素质和工作能力。开展上海市教育系统复旦大学关工委理论研究基地工作,继续做好《复旦大学关工委参与"课程思政"的理念与实践研究》理工科课题工作,召开理工科教学院长座谈会和理工科子课题交流会。持续加强校院两级关工委自身建设,将关工委分会工作纳入党建工作规划。

以支部建设为抓手增强团队建设。每月至少举行一次支部学习活动，开展"严峻形势下的责任与担当""用心发挥支部堡垒作用，用情汇聚防疫强大力量"等老干部处疫情防控专题组织生活会，"深入学习贯彻党的二十大精神""伟大精神铸就伟大时代——中国共产党伟大建党精神专题展"主题党日活动等线上线下支部学习活动共13次。进一步落实"首问负责制""AB角工作制""服务评价制"，提高团队合作能力和工作效率。坚持从严治党，学习习近平总书记关于廉洁文化建设的重要论述、警示案例等，与所有工作人员签署《全面从严治党工作任务书》，完善党政联席会议制度、"三重一大"会议制度、财务管理制度、固定资产管理制度、物资采购制度等执行方法。结合老干部工作实际，完成《离退休干部发挥作用品牌建设的实践与思考——以复旦大学"老教授谈教书育人"品牌建设为个案》课题调研，推动老干部工作创新发展、高质量发展。

2022年，老干部党委获评"上海市老干部工作先进集体"。复旦大学关工委获评"教育部关心下一代工作委员会《心系下一代》宣传工作先进单位"，俞胜南获评"教育部关心下一代工作委员会《心系下一代》宣传工作先进个人"，历史学系关工委分会获评"上海市教育系统基层'五好关工委组织'"。复旦大学关工委课题组《配合主渠道百年党史学习教育实践研究》获上海市教育系统关心下一代工作课题研究成果一等奖。

（甄理）

【开展"喜迎二十大"主题活动】 开展"建言二十大""我看中国特色社会主义新时代""我看高等教育这十年"等专题调研。老干部工作处与老干部党委共同撰写老干部新故事正能量典型案例《战"疫"中的公卫人》。在"旦园枫红"微信公众号推出"老干部红色故事，深情献礼二十大"系列文章6期。在党的二十大召开当日，组织老干部收看党的二十大开幕会。

（甄理）

【组织开展"读懂中国—共话百年奋斗，争做时代新人"活动】 以"共话百年奋斗，争做时代新人"为主题，通过"五老"和青少年结对开展以党史教育为重点的"四史"教育，引导广大青年学生赓续党的红色血脉、弘扬党的优良传统，迎接党的二十大胜利召开。共有15个关工委分会参与活动，26位"五老"受访，106位主创团队学生参与，受益师生6 000余人。学校关工委获评教育部关工委2022年"读懂中国"活动表扬单位，附属妇产科医院关工委分会征文作品《为妇女健康守门的"世界外婆"》及信息科学与工程学院关工委分会征文作品《为了心中的理想信念砥砺前行》获评最佳征文，附属眼耳鼻喉科医院关工委征文作品《我和祖国共成长》获评优秀征文。

（甄理）

机关党的建设工作

【概况】 2022年，机关党委坚持以习近平新时代中国特色社会主义思想为指导，以政治建设为统领，认真学习宣传党的二十大精神，以作风建设和效能改革为抓手，持续推进"一网通办"，全面推进机关党建工作高质量发展，为加快建设"第一个复旦"提供坚强保证。

机关党委下辖51个部门，在职教职工1 147人，退休教职工1 342人。设6个党总支，58个党支部，党员1 097人，其中在职教职工党员813人，退休教职工党员284人。

每月召开机关党委（扩大）会议，全年共召开机关党委（扩大）会议9次。把学习党的二十大精神作为中心组首要学习内容和"第一议题"，组织开展机关党委中心组理论学习11次。

及时完成8个党支部换届工作；及时调整党支部书记5人。认真组织机关党支部书记参加学校培训。组织支委深入学习《中国共产党普通高等学校基层组织工作条例》。做好党员发展蓄水池工作，2022年发展中共党员16人，中共预备党员转正9人。坚持党员发展预审、公示制度，落实谈心谈话制度，组织预备党员集体宣誓。举办2022年机关入党积极分子培训班。

定期开展青年大学习。举办"青春奉献，薪火相传"庆祝中国共产主义青年团建团百年主题活动，机关70余名团员青年参加。启动2022年机关青年骨干培训班。配合组织部做好75名机关科级干部的考察工作，82名教职工的档案专审工作。正式出版《复旦大学机关部处长工作手册》。

认真做好帮困慰问、生日结婚生育慰问、献血慰问、为教职工申办工会会员服务卡、投保团体医疗保险等常规工作。向机关1 342名退休教职工发放慰问金和慰问品。举办机关退休教职工荣休仪式。召开机关工会代表大会，增补5名教代会代表。

扛起疫情防控政治责任。在校园疫情防控清零攻坚战时期，机关25名干部下沉一线。机关志愿者组成"日问无妨"运营团队，开辟出一条24小时在线的师生需求必应通道。成立总务处各校区4个临时党支部，确保每项防控措施执行到位、每项服务保障到位。机关在职教职工党员到"先锋上海"程序或社区现场报到的双报到率为100%。组建三支校内外党员志愿者服务队，为36名留校机关教职工的子女传递祝福，为364名留校教职工的464名子女送上校工会准备的六一防疫礼包，为40名困难退休教职工发放物资。及时向各部门传达学校疫情防控通知，坚持每日动态管理并汇总信息1 300多人。做好机关350多名在校教职工核酸检测等信息汇总、邯郸本部教职工物资发放等。组建67人机关流调队伍。

扎实开展党的二十大精神学习教育。结合机关实际，精心制订机关党委学习贯彻党的二十大精神教育培训工作方案和实施方案，认真落实全覆盖、分层次、多形式的学习宣传要求。机关各部门围绕学习宣传贯彻党的二十大精神开展主题党日活动117次，其中党员参与1 788人次，支部学习和党员参加覆盖率为100%。机关党委书记周亚明为全体机关教职工开讲题为"守正创新、踔厉奋发，为推进'第一个复旦'建设提供重要支撑保障"的专题党课，覆盖机关教职工1 100余人。机关各党总支围绕学习贯彻党的二十大精神，机关如何在"第一个复旦"建设中发挥作用、如何统筹协调推进学校中心工作等问题召开9次党支部书记专题研讨会。领导班子围绕学习宣传贯彻党的二十大精神集中研讨学习81次，党支部书记讲专题党课23次。各党支部之间、机关与院系之间、机关与校外其他党组织等开展党建联建学习教育活动，形成资源共享、优势互补、共同提高的党建工作联动机制。人事处党支部联合6个党支部共同举行党的二十大精神专题组织生活会，机关党委办公室党支部与大数据学院共同举行聆听党的二十大精神专题报告活动。干部领学与个人自学相结合、理论学习与工作实践相结合，通过辅导报告、电影党课、行走党课、知识竞赛、红色定向、专题展览等多种形式，组织广大机关党员认真学习党的二十大精神。

依托新时代上海高校基层党建创新实践基地，组建一支由机关青年党员骨干组成的10人讲解员队伍。各单位基层党支部前往新时代上海高校基层党建创新实践基地开展主题党日活动16次，共174人次参与。

深化"一网通办"改革。在准封闭管理期间，下发《关于进一步加强准封闭期机关作风建设的通知》，指导各部处严守工作纪律，及时端正服务态度、改进工作方式、调整业务流程、提振工作状态，持续加强机关作风建设、提升服务效能。

做好"旦问无妨"24小时热线回复工作，建立问题清单、实行日销号管理，及时解决师生对学校疫情防控、校园管理和师生服务方面的需求。常态化运行中，继续负责回复工作。2022年"旦问无妨"自动应答提问13 000余次，用户提交人工咨询超过4 300条。

2022年度网上办事大厅新上线32项业务，共上线304项，年度申请数135万次。新上线教职工离校系统，累计服务5类人员共436人。以"精准化管理"为动力，实现师生个人论文数据集成共享，减少数据重复填报。

拓展机关文化平台。组建10个机关文化社团，先后举办30多场健身、合唱、亲子读书等线上讲座或活动。

（仲艳 黄芳）

【涌现一批优秀代表】审计处获评2021年度上海市教育系统"三八"红旗集体；研究生工作部、国际合作与交流处、外国留学生工作处、总务处获评复旦大学"三八"红旗集体；纪委办公室申华蕾、学生工作部马思嘉、财务与国有资产管理处余青获评2021年度复旦大学"三八"红旗手。党校办公室李达作为扶贫干部在云南永平担任驻村第一书记，在2022年永平县抓党建促乡村振兴"擂台比武"中获第二名。

（仲艳）

科研机构党建工作

【概况】根据学校党委部署，2022年科研机构综合党委领导11个实体化运行科研机构和智库的党建工作，分别是工程与应用技术研究院、代谢与整合生物学研究院、类脑芯片与片上智能系统研究院、复杂体系多尺度研究院、马克思主义研究院、现代语言学研究院、智能复杂体系基础理论与关键技术实验室、芯片与系统前沿技术研究院、新一代集成电路技术集成攻关大平台、中国研究院和望道研究院。

截至2022年底，共有在岗人员293人，其中在编人员158人，租赁制用工99人，非编引进及劳动合同制人员36人。在籍研究生802人，其中博士研究生350人，硕士研究生452人。有正式党员401人，其中教职工党员134人，学生党员267人。设有24个党支部，其中教职工支部8个，学生支部16个。

科研机构综合党委认真落实学校党委各项决策部署，全年围绕学习贯彻习近平新时代中国特色社会主义思想和党的二十大精神，常态化开展以党史为重点的"四史"学习教育，组织好科研机构综合党委理论学习中心组学习，指导监督党支部认真开好"三会一课"。通过自学、集体学习、专家辅导报告、实践教育等形式，做好党员学习教育和教职工政治理论学习，牢固树立"两个确立"，增强"四个意识"，坚定"四个自信"，坚决做到"两个维护"。

认真贯彻落实《基层组织工作条例》，不断加强基层组织建设，规范开好科研机构综合党委（扩大）会议和研究院党政联席会议，深化"中场线"工作机制，发挥好政治核心作用。新设立芯片与系统前沿技术研究院党支部、智能复杂体系基础理论与关键技术实验室党支部，完成10个支部的换届和支委增选工作，继续优化支部设置，加强支部建设。推荐3位青年教师参加学校青干班，完成1个研究院班子换届、2个研究院副院长增选推荐、4个科级岗位推荐。发展党员18名。完成芯片与系统前沿技术研究院"教工小家"和马克思主义研究院"教工小家"建设，7名教职工参与志愿无偿献血。推荐认定无党派人士、民主党派以及群众团体会员任职7人。

全年围绕做好疫情防控和事业发展"双线并进"，把统筹发展与安全贯彻在各项工作部署中，认真开展"第一个复旦"建设研讨，落实立德树人根本任务。在"大上海保卫战"中充分发挥党建引领作用，党员领导干部和党员师生骨干在疫情防控一线，做好抗疫、志愿活动、科研攻关以及各项关心关爱。各研究院人才队伍建设和人才培养工作快速发展，入选国家级人才计划7人。承担重要科研任务，科研经费快速增长。党政合力做好研究生培养质量保障。工程与应用技术研究院、代谢与整合生物学研究院推进"工程伦理""微电子制造及可靠性""科研伦理规范与生物安全教育"等课程思政建设。做好辅导员队伍建设，选拔11名青年教师担任班级辅导员。大力推动做好学生就业工作，2022届毕业研究生初次就业率为94.68%。

不断加强全面从严治党"四责协同"机制建设，健全科研机构综合党委纪检工作体系。加强各研究院班子"一岗双责"，严格贯彻落实中央八项规定精神，持续深化作风建设。认真开展师德专题教育,坚持从严从实抓师德师风建设,做好新进教职工的校史校情和"底线""红线"教育。加强学风建设,组织学术规范专题教育。做好讲座类活动、网络安全等管理。

本年度有4个研究生支部创评示范党支部,2个支部获组织生活案例大赛优秀案例,1个支部获评示范党支部。1位辅导员获研究生辅导员特色风采奖。1位辅导员获评就业工作先进个人。工研院2020级学硕班获评复旦大学优秀集体标兵。学生参加挑战杯、互联网＋大赛的校赛获奖项目数在校内名列前茅。工研院足球队获院系杯第三名,获新生杯乒乓球比赛第一、第四名。代谢院参加江湾校区运动会,学生个人包揽绳踢毽比赛前两名。

(梅雪倩)

十二、群众团体

工 会

【概况】 2022年,中国教育工会复旦大学委员会(简称"工会")以习近平新时代中国特色社会主义思想为指导,围绕学习贯彻党的二十大会议精神,学习贯彻习近平总书记关于工人阶级和工会工作的重要论述,深刻领悟"两个确立"的决定性意义,增强"四个意识"、坚定"四个自信"、坚决做到"两个维护",切实增强工会组织的政治性、先进性、群众性,树立以教职工为中心的工作导向,在建机制、强功能、增实效上下功夫,构建联系广泛、服务教职工的群团工作体系,推动工作创新发展,不断增强教职工的获得感与幸福感,奋进新时代,为学校建设"第一个复旦"和全面开启迈向中国特色世界顶尖大学新征程做出新的贡献。

加强思想政治引领,筑牢立德树人信念。组织教代会执委会委员、工委会委员通过专题会议学习党的二十大精神,举办工会干部培训系列讲座4场,提高教代会执委会委员、工委会委员和基层工会干部的政治站位。积极落实全体会员观看《望道》电影党课活动,下拨专项经费33.36万元。

以选树劳模先进激励教职工,传承弘扬劳模精神。制作并发布《马余刚:格物·志核》《李瑶:生命的思考者》《复旦大学附属中学:循声》3部劳模微电影,其中《复旦大学附属中学:循声》获上海市教育工会2022年度"为党育人,为国育才"身边的好教师微电影银奖。微电子学院张卫获全国五一劳动奖章,物理系谭硕文、张远波家庭获第十三届全国五好家庭。复旦大学附属中学获上海市五一劳动奖状,魏大程团队"用于新冠病毒快速精准检测的新型晶体管传感芯片及集成系统研发"项目获第二届"上海职工优秀创新成果奖"优秀创新奖。

以青联会换届为契机,积极引导青年教师岗位建功。完成复旦大学第三届青年教师联谊会理事会换届。选优选强青年教师参加第五届上海高校青年教师教学竞赛,获1个一等奖,4个二等奖,3个三等奖,2个优秀奖。

发挥工会帮扶职责,对口帮扶云南省永平县。为助力永平县乡村振兴,组织召开第五届复旦定点帮扶永平县高原特色农产品推介会,推广提升永平农特产品知名度,促进提高永平农产品销售额。校工会及各基层工会全年购买永平特色农产品227.35万元。

以教代会为抓手,充分发挥民主管理。组织召开七届三次教代会。共征集提案草案14件,其中立案4件、作为建议2件。邀请基础教育集团主任黄金辉、信息办主任张凯分别作"复旦大学基础教育发展情况介绍""扬时代风帆,开启智慧校园创新之路"的校情通报会,充分听取教职工的意见和建议,保障教职工的知情权与建议权。特邀上海工会管理职业学院教学部职业发展教研室主任王华生为教代会代表作题为"教职工代表提案工作"的线上培训,指导教职工代表如何写好提案。教代会闭幕期间,执委会行使民主选举权,补选金再勤为执委会委员;推荐全国及上海市工会系列先进候选集体或个人;发展规划处向执委会委员通报《关于复旦大学七届教代会执委会对〈复旦大学第十四个五年规划纲要(草案)〉审议意见的反馈》。

维护教职工权益,加强帮困慰问工作。节日及日常帮困慰问、重大病慰问及结婚、生育慰问合计人数108人次,总金额39.62万元;生日慰问、电影兑换券发放惠及全部会员,金额224.04万元。工会出资办理的职工互助保障、工会会员专享保障、团体补充医疗保险项目,保障金给付及理赔2 824人次,金额合计397.39万元。全年为教职工免费提供法律咨询4次。联合上海医学院医院管理处,邀请附属医院的专家开设9场线上医疗保健系列讲座,吸引377人次参加。

坚持工作重心和工会资源向基层倾斜。2022年返还基层工会会费195.60万元,按照人均500元下拨会员集体活动费398万元,按照人均200元增加下拨抗疫专项经费163.58万元,用于购买抗疫及生活保障物资;为贯彻落实《上海市总工会关于组织开展2022年"看上海、品上海、爱上海"主题系列活动的通知》的要求,按照人均500元下拨"品上海"专项经费411.50万元。继续推进教工小家建设,拨款10.76万元新建材料科学系、先进材料实验室、马克思主义研究院、芯片与系统前沿技术研究院教工小家,为航空航天系、环境科学与工程系教工小家添置资产0.79万元。基层工会特色活动专项经费共资助12个基层工会举办21场特色活动,金额7.18万元。

提升服务精准度,切实解决青年教师后顾之忧。倾听青年教师的诉求和心声,切实帮助解决青年教师的实际困难和生活问题。疫情期间,为缓解青年教师子女疫情宅家的焦虑感,开展以"童心勠力,以'艺'战疫"为主题的复旦大学教职工子女综合才艺展示活动,共102个教职工子女参与,收到121个作品;举办"复二代"线上泡泡趣味运动会,134名"复二代"参与活动。积极关注青年教师子女的学习与成长,举办寓教于乐的"乘风破浪 不负'粽'望"——第六届"乐学乐玩"云亲子游乐会,分为"画一画、做一做、动一动、玩一玩"等四大板块,共132人次参与活动。组织城投宽庭江湾社区保障性租赁住房宣介会。

积极推进工会信息化建设。把网上办事作为教职工联系工会的重要平台,简化工会业务流程,提高工会服务便捷性。推进"智慧工会系统项目"建设,完善PC版开发。"基层工会经费查询系统"于11月19日正式上线使用,改变传统手工查询方式,方便基层工会便捷、及时地查询本部门工会经费开支和结余情况。

举办形式多样的文艺活动,献礼二十大。举办"笃志行远——复旦大学喜迎党的二十大精品集邮展""革命自有后来人,砥砺奋发向前行——学习贯彻二十大精神主题戏曲党课"。举办"复旦大学'光华·光影'迎校庆主题摄影作品展",共有百余幅作品参展;助力江湾校区文化建设,举办"江湾启程 美好同行"师生摄影大赛,62名教职工投稿,参赛作品150幅。组织教职工参加上海市教育工会主办的"申城教工抗疫行"庆五一《抗疫志愿者的故事》征文比赛,获1个特等奖、3个一等奖、1个二等奖、1个优胜奖。复旦大学工会戏剧社团获"上海市十大职工示范性文艺团队"称号。

积极开展群众性体育活动,提升教职工身体素质。组织教职工参加上海市第九届教工运动会,参加多个项目比赛,其中气排球项目获得银牌,中国象棋项目获得第三名,桥牌项目获得第四名,三对三篮球项目获得第六名,羽毛球项目获得第三名。组织225名教职工参加复旦大学第七届乐跑比赛;举办复旦大学教工乒乓球团体赛比赛。

(于 圆)

【做好疫情期间保障慰问】 疫情期间,工会担起责任,传递关怀,积极做好慰问保障工作。3月底封控前,下拨基层抗疫专项经费164万元,用于各基层单位购买防疫物资及生活物资。3月底,为在校园封闭期间坚守一线的教职工发放牛奶和维生素泡腾片等慰问品3 500份,合计28.7万元;4月中旬,为疫情导致家境困难、物资短缺,因新冠感染、隔离、住院,以及孕期哺乳期人员、劳模及烈士家属等群体累计发放防疫暖心包266份,合计12.43万元;3—6月,为封闭在单身宿舍的210位青年教师送去方便面、小电锅、酒精消毒喷雾等慰问品累计734人份,合计3.38万元;六一期间,为值守学校一线教职工子女发放防疫包793份,合计7.87万元。为保证将慰问品及时送到教职工手中,工会安排物流快递到家,让隔离中的教职工感受到学校的关怀,工会"娘家人"的温暖。

(于 圆)

【组织工会干部系列培训讲座】 7月14日,特邀上海工会管理职业学院党委副书记、院长李友钟作题为《学史知史 悟史——中国共产党领导中国工人运动百年历程与经验启示》的讲座;9月26日,由校宣讲团成员、中国研究院教授吴新文作题为《建设引领时代的社会主义》的报告;10月9日,邀请上海工会管理职业学院专职教师宋紫薇作《新〈工会法〉与〈上海市工会条例〉解读》;11月29日,特邀学校党的二十大精神宣讲团成员、微电子学院教授张卫为工会干部和教代会执委会委员作题为《打赢关键核心技术攻坚战,加快实现高水平科技自立自强》的报告。

(于 圆)

【修订《复旦大学基层工会工作手册(2022年版)》】 9月,《复旦大学基层工会工作手册(2022年版)》修订完成,内容涵盖工会组织工作、宣传工作、经费管理、权益维护、妇女和青年工作、社团与特色活动、内部管理,教代会工作制度,国家相关法律法规等,合计修订制度10项、流程9项。

(于 圆)

【召开复旦大学第三届青年教师联谊会理事会换届大会】 10月9日,复旦大学第三届青年教师联谊会理事会换届大会在线上举行。会议审议修订《复旦大学青年教师联谊会章程》,选举产生新一届常务理事会,姜育刚当选理事长,王梓萌当选执行理事长,蔡樱华等9名教师当选副理事长,理事会任命夏天怡为秘书长。

(于 圆)

【举办讴歌新时代 奋进新征程——复旦大学庆祝党的二十大胜利召开主题书画展】 该书画展于10月21日在江湾校区李兆基图书馆开幕,汇集80余幅由复旦师生、校友创作的书画篆刻作品,在江湾与邯郸两个校区巡回展出。书画篆刻研究会会长吴晓明主持开幕式,校党委副书记、工会主席尹冬梅宣布书画展开幕。校工会常务副主席王丽红、校退休工作处处长周桂发、有关职能部处负责人及参展师生和校友代表出席开幕式。

(于 圆)

【召开复旦大学七届教代会暨十八届工代会第三次会议】 该会议于11月1—8日在光华楼东辅楼202报告厅召开,全校324名正式代表、特邀代表、列席代表出席大会。代表们听取、审议校长金力所作的"复旦大学年度工作报告",校党委常务副书记袁新所作的"复旦大学年度财务工作报告",校党委副书记、校工会主席尹冬梅所作的"复旦大学教代会、工会年度工作报告",并就加快学校"双一流"建设、迈向中国特色世界一流大学前列积极建言献策。6个代表团进行大会交流发言,会议通过《复旦大学七届三次教职工代表大会暨十八届三次工会会员代表大会会议决议》。校党委书记焦扬在闭幕会上作重要讲话。

(于 圆)

附　录

复旦大学第十八届工会委员会

主　　席：尹冬梅
副主席：王丽红（常务）　吴佳新（专职）　孙　钢（专职）
　　　　奕丽萍（专职）　刘　君（兼职）　陈周旺（兼职）
　　　　林　伟（兼职）　张　威（兼职）
委　　员：（共30人，按姓氏笔画为序）
　　　　于　瀛（女）　王丽红（女）　王建新
　　　　毛　华（女）　尹冬梅（女）　付朝伟
　　　　刘　君　　　刘亦春（女）　刘军梅（女）
　　　　刘建峰　　　孙　钢　　　李　峻（女）
　　　　杨　鹏　　　吴佳新　　　吴燕华（女）
　　　　张　威（女）　张玥杰（女）　陈　寅（女）
　　　　陈永英（女）　陈周旺　　　林　伟
　　　　金再勤　　　周　刚　　　周广荣（女）
　　　　周桂发　　　赵立行　　　胡光喜
　　　　奕丽萍（女）　徐宏波　　　黄　芳（女）

（复旦大学工会供稿）

团　委

【概况】2022年，共青团复旦大学委员会（简称校团委）坚持以习近平新时代中国特色社会主义思想为指导，紧扣学习宣传贯彻落实党的二十大精神这一主线，围绕学校"十四五"规划中心工作，聚焦"双一流"建设发展大局，完善"三全育人"工作体系，积极深化基层组织改革，着力提升实践创新能力，切实加强校园文化建设，不断保持和增强团组织的政治性、先进性和群众性，努力在建设"第一个复旦"的进程中彰显青春作为。

以组织建设为抓手，增强青年思想引领。开展"青年大学习"网上团课学习，全年共计36期团课，约60 000人次参与。开展党的二十大精神专题培训工作，复旦大学党的二十大精神宣讲团成员为团学骨干宣讲党的二十大精神，培训共覆盖各级团学骨干1 729人。开展"学习二十大 永远跟党走 奋进新征程"主题教育实践活动，课程总计覆盖1 604名团干部。围绕庆祝建团一百周年主题，制作发布"坚定不移跟党走，为党和人民奋斗"学习贯彻习近平总书记在庆祝中国共产主义青年团成立100周年大会上的重要讲话精神系列微团课，共计8期，在学习强国、青春上海、哔哩哔哩等平台上播放总量逾21万人次。围绕"一二·九"主题教育举办主题歌会，以多样的艺术形式增强爱国主义教育，用歌声传递爱国精神，凝聚爱国热情。《复旦青年》推出"二十大"和"建团百年"主题特刊。召开复旦大学第五十次学生代表大会，各院系学生代表参与会议，选举产生37名学生常任代表。利用"智慧团建"系统推行团员教育评议、对标定级等专项工作，开发线上团费收缴系统"复兴壹号"。开展五月评优、十月评优、第六届青年五四奖章评选等评奖评优活动。开展优秀团支部及五四红旗团支部创建、基层团校精品课程评选工作。组织院系二级团组织、职业青年二级团组织考评，加强院、校两级联动。

以人才培养为保障，完善青年成长体系。举办"望道青马"团学骨干培训班和新生团支书培训班，培训对象包括141名团学骨干和375名新生团支书，培训班成员所属学科涵盖文、社、理、工、医，所属培养层次涵盖本、硕、博。举办基层团校负责人培训，培训内容包含优秀基层团校建设经验分享、新学年基层团校工作安排介绍等。面向全校团学骨干开放团务实践岗位，共计20名骨干参与团务实践锻炼。开展第四期"笃行计划"复旦大学青年志愿者骨干培养班，共选拔学员47人。招募复旦大学第25届研究生支教团28人，完成推免相关工作并开展培训。校学生会举办"旦星永耀"系列讲座、"星空峰汇"学术论坛、"研精究微"学术沙龙以及"格物讲堂"等专题培训。

以实践育人为载体，鼓励青年走向社会。全年开展1 500余项社会实践，在"知行杯"上海市大学生社会实践大赛中获得一等奖1项、二等奖3项、三等奖6项。开展首届复旦大学"光华杯"学术与社会实践大赛，面向全校征集具有现实意义和理论价值的优秀实践项目，进一步整合实际资源、发掘优质实践项目。推动青年走进基层、建设基层，开展"一起云支教·阅读向未来"2022大学生社会实践公益行动和暑期返家乡社会实践"一起云支教 携手创未来"专项活动。深入推进各项志愿服务工作，为第五届中国国际进口博览会等重大活动提供服务保障。在校园准封闭管理期间，校团委响应学校疫情防控要求，组织青年志愿者保障疫情下校园秩序的正常运行。开展"云托班"志愿服务项目，共有来自33个院系的292位志愿者参与其中，累计对接360个家庭，为378位抗疫一线人员子女提供服务，志愿服务总时长达1 617个小时。

以文化育人为根基，营造青年双创氛围。举办"青年创新 梦想远征"创新文化月活动和第二届"双创文化节"，营造校内双创氛围，提高学生的创新意识和创业素养。在第十三届"挑战杯"中国大学生创业计划竞赛上海市赛中，获市赛金奖7项、市赛银奖8项、市赛铜奖7项，其中6个项目进入国赛网评，3个项目进入国赛决赛答辩。在第八届中国国际"互联网+"大学生创新创业大赛全国总决赛中获得金奖1项、银奖3项、铜奖2项。开展第二十一届校园十大歌手大赛，共吸引200余名选手报名，线上观众总人数达40 000余人，以多元的活动类型、新颖的赛事体系、盛大的现场效果给全校师生带来音乐盛会。

举办院系杯系列体育赛事,在友好比拼中凝聚集体意识,增强校园整体体育氛围。开展"奋斗强国梦,点亮新征程"复旦大学2022年迎新晚会,以喜迎二十大为主线,通过展现复旦大学深厚的文化底蕴、先进的学术科研力量、丰富的校园文化生活和突出的社会实践成果,讲述全体复旦人为建设"第一个复旦"的奋斗故事,激励2022级新复旦人奋进新征程,建功新时代。开展以毕业晚会为核心的一系列毕业季校园活动,覆盖来自各校区、各院系和各阶段的毕业生,让毕业生全方位感受欢送的氛围。举办"音遇光阶 唱响光华"大合唱、"信仰之路"系列短视频、"一起来唱演唱会"、原创剧本杀等一系列活动。

(王雨淳)

【开展第六届复旦青年五四奖章评选活动】 1月起,校团委组织开展第六届复旦大学青年五四奖章评选活动。经单位推荐、通讯评审、资格审查、终审答辩、学校审核等程序,评选出"第六届复旦大学青年五四奖章(个人)"10名,"第六届复旦大学青年五四奖章(个人提名奖)"10名,"第六届复旦大学青年五四奖章(集体)"10个。

(薛近怡)

【开展2022年"光华杯"学术与社会实践大赛工作】 3月,组织开展首届复旦大学"光华杯"学术与社会实践大赛,面向全校征集具有现实意义和理论价值的优秀实践项目。初赛环节共213个项目报名参赛,经院系推荐与评审选拔,140个项目晋级复赛。除20个因疫情影响等因素未能持续开展的项目外,共120个项目参与复赛。

(闫文轩)

【开展校园疫情防控志愿服务】 3月起,校团委响应学校疫情防控要求,在各校区招募校园志愿者,组织开展核酸检测辅助、虚拟通道引导、三餐配送、物资搬运、云超配送、食堂入口处测温等志愿服务项目,保障疫情下校园秩序的正常运行。3月至6月共招募青年志愿者3 594名,共计13 934人次,累计服务时长37 450.5小时。

(米热古丽)

【举办复旦大学第59个学雷锋日主题活动】 3月,举办复旦大学第59个学雷锋日志愿服务活动,分为校内线下集中服务与志愿服务线上分享会两部分,校内线下集中服务包括志愿者注册服务、研支团爱心资助等十余项服务,同时开展志愿服务线上分享会,邀请第十三届中国青年志愿者评选荣誉对象及其他学校优秀志愿者团队和个人进行志愿服务经历分享。

(彭蔚)

【开展"云托班"志愿服务项目】 3月至6月,开展"云托班"志愿服务项目,共有来自33个院系的292位志愿者参与其中,累计对接360个家庭,为378位抗疫一线人员子女提供服务,志愿服务总时长达1 617个小时。志愿者们为抗疫一线人员留在家中的孩子提供云陪伴、兴趣课程、课业辅导等线上志愿服务。

(张宁馨)

【开展"五月评优"工作】 4月,校团委开展2021—2022年度"复旦大学优秀团员""复旦大学优秀团干部"和"复旦大学优秀团支部"申报评选工作。经过申报评选,本年度五月评优工作共授予2 136名学生"复旦大学优秀团员"称号,728名学生"复旦大学优秀团干部"称号,271个集体"复旦大学优秀团支部"称号。

(薛近怡)

【开展2022年"望道青马"团学骨干培训班】 4月,开展2022年"望道青马"团学骨干培训班。培训内容主要包括小组读书、分议题讨论、集体专题讲座等活动。参与培训的141名学员全部顺利结业。经过综合考评,评选出卓越学员6名、优秀学员14名。

(胡译文)

【举办2022年复旦创新创业大赛暨第十三届"挑战杯"中国大学生创业计划竞赛校内选拔赛】 4月起,2022年复旦创新创业大赛暨第十三届"挑战杯"中国大学生创业计划竞赛校内赛启动,共有443个项目报名,参赛学生人数和指导教师人数分别达到1 847名和479名。本次校内赛有175个项目参与答辩,现场邀请专业导师担任评审,并从中遴选23个优秀项目参加上海赛区决赛。市赛准备阶段,邀请51名校内外专家为参赛项目提供辅导,共组织培训40场。市赛评比中,复旦大学获7个市赛金奖、8个市赛银奖、7个市赛铜奖,其中6个项目进入国赛网评,3个项目进入国赛决赛答辩。

(李善策)

【举办2022年复旦创新创业大赛暨第八届中国国际"互联网+"大学生创新创业大赛校内选拔赛】 4月起,2022年复旦创新创业大赛暨第八届中国国际"互联网+"大学生创新创业大赛校内赛启动,共吸引全校608个项目报名。本次校内赛有175个项目参与答辩,现场邀请专业导师、业界校友和投资人担任评审,并从中遴选28个优秀项目参加上海赛区决赛。市赛准备阶段,邀请51名专家为参赛项目提供辅导,共组织培训40场。市赛评比中,复旦大学在主赛道中获6个市赛金奖、5个市赛银奖、2个市赛铜奖,在红旅赛道中获1个市赛银奖、2个市赛铜奖,在产业赛道中获1个市赛银奖,1个市赛铜奖,6个项目进入国赛。在10月的"互联网+"大学生创新创业大赛全国总决赛中,复旦大学1个参赛项目获全国金奖,3个参赛项目获全国银奖,2个参赛项目获全国铜奖。

(李善策)

【打造"建团百年"主题微团课】 5月,制作发布"坚定不移跟党走,为党和人民奋斗"学习贯彻习近平总书记在庆祝中国共产主义青年团成立100周年大会上的重要讲话精神系列微团课。微团课共8期,在学习强国、青春上海、哔哩哔哩等平台上被积极转载,播放总量达21万逾人次。

(易建旭)

【开展复旦大学"十大医务青年"二十周年交流论坛活动】 9月25日,举办复旦大学"十大医务青年"二十周年交流论坛。复旦大学十届"十大医务青年"线上线下汇聚一堂,共话"正谊明道"上医院训传承,弘扬"为人群服务,为强国奋斗"上医精神。

(徐冯祎旸)

【开展"十月评优"工作】 10月,校团委开展2021—2022学年度复旦大学优秀学生集体、优秀学生、优秀学生干部申报评选工作。经过评选,决定授予20名学生"复旦大学优秀学生标兵"称号,2 501名学生"复旦大学优秀学生"称号;授予20名学生"复旦大学优秀学生干部标兵"称号,837名学生"复旦大学优秀学生干部"称号;授

予20个集体"复旦大学优秀学生集体标兵"称号,141个集体"复旦大学优秀学生集体"称号。　　　(薛近怡)

【推出《复旦青年》"二十大"主题特刊】 10月,党的二十大召开后,复旦大学团委机关报《复旦青年》制作《〈复旦青年〉二十大报告青年读本》。本次特刊以二十大报告为底本,分为经典释文、思想火炬、时代瞭望和青春宣言四个部分,分别对报告全文进行文本导读、理论研读和符合报告的典型人物的挖掘,共72版。　　(赵芸巧)

【开展"学习二十大 永远跟党走 奋进新征程"主题教育实践活动】 11月,开展"学习二十大 永远跟党走 奋进新征程"主题教育实践活动。本次主题教育围绕学习宣传贯彻党的二十大精神,于11月13日、11月23日面向团干部分批开展系统培训,总计覆盖1 604名团干部;动员团干部上讲台,参考示范团课内容面向支部团员完成团课学习,总计覆盖复旦大学1 551个团支部、33 862名团员。　(易建旭)

【开展党的二十大精神专题培训工作】 11月,举办党的二十大精神专题培训讲座。党的二十大代表、学校党的二十大精神宣讲团成员迟楠,学校党的二十大精神宣讲团成员郭定平,为校团委委员、分团委书记、团支部书记、各级学生会研究生会负责人、学生骨干等带来党的二十大精神专题宣讲。此次培训共覆盖各级团学骨干1 729人。　(任宇辰)

【开展2022年度复旦大学社会实践十佳项目评选工作】 11月,开展2022年度复旦大学社会实践十佳项目评选工作。各单位推选出44个十佳提名项目,经校团委审核、线上投票、终审答辩,最终评选出年度十佳项目。
　　　　　　　　　　　(闫文轩)

【开展第五届中国国际进口博览会会期志愿服务】 11月5—10日,第五届中国国际进口博览会在国家会展中心召开,校团委承接2022年度复旦大学进博会志愿服务项目,于9月启动志愿者的招募选拔和培训工作,落实信息收集、文创工作、前期培训、防疫工作、住宿保障等环节,保障复旦"小叶子"顺利参与进博会新闻宣传处、招商处等部门多个岗位的志愿服务工作。本届进博会中,复旦大学共68位"小叶子"参与志愿服务,累计服务时长643天。　　(李可奕)

【举办澜湄青年线上座谈会】 11月27日,举办澜湄青年线上座谈会,来自复旦大学、越南外交学院、柬埔寨金边皇家大学、泰国宋卡王子大学和老挝国立大学等五所大学的澜湄高校青年参与座谈会,围绕"青年之于澜湄区域发展的认识和作用"相关议题展开交流讨论。　(倪博恒)

【举办复旦大学第37个国际志愿者日主题活动】 12月5日,复旦大学第37个国际志愿者日主题活动于光华楼东辅楼草坪举办,活动内容包括校院两级青年志愿者工作汇报展览及集章活动、进博会等优秀项目分享、二级青志队特色活动、志愿者个人及集体获奖情况展示、宪法主题日活动等。　　　　　　　　　(索林高娃)

【举办"一二·九"主题歌会】 12月,举办"一二·九"主题歌会。此次歌会共有28个院系(联队)报名参与,共决出金奖1名、银奖2名、铜奖3名、优胜奖4名。　　　(何曼语)

附　录

2022年度复旦大学学生社团一览表

性质	社团类别	社团名称
本(专)科生社团	创新创业类	产学实践协会
本(专)科生社团	创新创业类	复旦咨询投行俱乐部
本(专)科生社团	创新创业类	科创协会
本(专)科生社团	创新创业类	证券投资协会
本(专)科生社团	思想政治类	国旗护卫队
本(专)科生社团	思想政治类	青年讲师团
本(专)科生社团	思想政治类	习近平新时代中国特色社会主义思想研究会
本(专)科生社团	体育文化类	ENIE风车西语社
本(专)科生社团	体育健身类	upup短视频达人协会
本(专)科生社团	体育健身类	吧与酒文化协会
本(专)科生社团	体育健身类	北辰文社
本(专)科生社团	体育健身类	垂钓社
本(专)科生社团	体育健身类	大众印社
本(专)科生社团	体育健身类	旦口喜剧社
本(专)科生社团	体育健身类	沸点漫画社

续 表

性质	社团类别	社团名称
本(专)科生社团	体育健身类	枫林吉他协会
本(专)科生社团	体育健身类	枫林空手道社团
本(专)科生社团	体育健身类	枫林篮球协会
本(专)科生社团	体育健身类	枫林排球协会
本(专)科生社团	体育健身类	枫林羽协
本(专)科生社团	体育健身类	枫林足球协会
本(专)科生社团	体育健身类	复旦 HipHop 社
本(专)科生社团	体育健身类	复旦棒垒球协会
本(专)科生社团	体育健身类	复旦茶社
本(专)科生社团	体育健身类	复旦车协
本(专)科生社团	体育健身类	复旦大学 FDanso 现代舞协会
本(专)科生社团	体育健身类	复旦大学北方社
本(专)科生社团	体育健身类	复旦大学电影协会
本(专)科生社团	体育健身类	复旦大学读者之友协会
本(专)科生社团	体育健身类	复旦大学钢琴协会
本(专)科生社团	体育健身类	复旦大学龙狮协会
本(专)科生社团	体育健身类	复旦大学围棋协会
本(专)科生社团	体育健身类	复旦大学悠悠球社
本(专)科生社团	体育健身类	复旦大学中国与德语国家文化交流社
本(专)科生社团	体育健身类	复旦大学桌球协会
本(专)科生社团	体育健身类	复旦大学足球协会
本(专)科生社团	体育健身类	复旦刀笔油画社
本(专)科生社团	体育健身类	复旦登山探险协会
本(专)科生社团	体育健身类	复旦电子竞技联盟
本(专)科生社团	体育健身类	复旦枫林 Fun yoga 瑜伽社
本(专)科生社团	体育健身类	复旦剑道社
本(专)科生社团	体育健身类	复旦狼人杀协会
本(专)科生社团	体育健身类	复旦魔术社
本(专)科生社团	体育健身类	复旦琴社
本(专)科生社团	体育健身类	复旦射箭射击俱乐部
本(专)科生社团	体育健身类	复旦诗社
本(专)科生社团	体育健身类	复旦燕曦汉服协会
本(专)科生社团	体育健身类	复旦尤克里里社
本(专)科生社团	体育健身类	高尔夫协会
本(专)科生社团	体育健身类	国标舞协
本(专)科生社团	体育健身类	国际象棋协会
本(专)科生社团	体育健身类	红石榴社
本(专)科生社团	体育健身类	滑板社
本(专)科生社团	文化艺术类	基岩社
本(专)科生社团	文化艺术类	吉他协会

续 表

性质	社团类别	社团名称
本(专)科生社团	文化艺术类	极限飞盘社
本(专)科生社团	文化艺术类	毽球协会
本(专)科生社团	文化艺术类	剧本之谜协会
本(专)科生社团	文化艺术类	科幻协会
本(专)科生社团	文化艺术类	空手道协会
本(专)科生社团	文化艺术类	口琴联盟
本(专)科生社团	文化艺术类	昆曲研习社
本(专)科生社团	文化艺术类	啦啦队
本(专)科生社团	文化艺术类	篮球协会
本(专)科生社团	文化艺术类	乐手联盟
本(专)科生社团	文化艺术类	零零舍社
本(专)科生社团	文化艺术类	留声社
本(专)科生社团	文化艺术类	龙舟协会
本(专)科生社团	文化艺术类	麻将社
本(专)科生社团	文化艺术类	麦田剧社
本(专)科生社团	文化艺术类	美式橄榄球协会
本(专)科生社团	文化艺术类	魔方社
本(专)科生社团	文化艺术类	跑步爱好者协会
本(专)科生社团	文化艺术类	乒乓球协会
本(专)科生社团	文化艺术类	七艺画社
本(专)科生社团	文化艺术类	奇点新媒体研究中心
本(专)科生社团	文化艺术类	奇幻文学扮演协会
本(专)科生社团	文化艺术类	桥牌协会
本(专)科生社团	文化艺术类	青益文创社
本(专)科生社团	文化艺术类	柔术社团
本(专)科生社团	文化艺术类	少龙拳术俱乐部
本(专)科生社团	文化艺术类	摄影协会
本(专)科生社团	文化艺术类	时光邮局
本(专)科生社团	文化艺术类	守望剧社
本(专)科生社团	文化艺术类	书画协会
本(专)科生社团	文化艺术类	素食文化协会
本(专)科生社团	文化艺术类	太极拳推手协会
本(专)科生社团	文化艺术类	陶艺协会
本(专)科生社团	文化艺术类	跳绳社
本(专)科生社团	文化艺术类	网球协会
本(专)科生社团	文化艺术类	无限排球协会
本(专)科生社团	文化艺术类	武术协会
本(专)科生社团	文化艺术类	武术协会枫林分社
本(专)科生社团	文化艺术类	星丛游戏研究社
本(专)科生社团	文化艺术类	西泠琴社

十二、群众团体　　　　　　　　　　　　　　　　　　　　　　　　　　　　·441·

续　表

性质	社团类别	社团名称
本(专)科生社团	文化艺术类	新媒体协会
本(专)科生社团	文化艺术类	宜家社
本(专)科生社团	文化艺术类	音乐剧社
本(专)科生社团	文化艺术类	游泳协会
本(专)科生社团	文化艺术类	余音社
本(专)科生社团	文化艺术类	羽毛球协会
本(专)科生社团	文化艺术类	中国象棋协会
本(专)科生社团	文化艺术类	桌友联盟
本(专)科生社团	学术科技类	FD世界语言社
本(专)科生社团	学术科技类	白桦俄语社
本(专)科生社团	学术科技类	贝塔朗菲社
本(专)科生社团	学术科技类	本草心
本(专)科生社团	学术科技类	博雅学社
本(专)科生社团	学术科技类	创意与实践协会
本(专)科生社团	学术科技类	电子创客社团
本(专)科生社团	学术科技类	翻译社
本(专)科生社团	学术科技类	复旦大学军事爱好者协会
本(专)科生社团	学术科技类	复旦大学算法协会
本(专)科生社团	学术科技类	复旦大学天文协会
本(专)科生社团	学术科技类	复旦大学吴语协会
本(专)科生社团	学术科技类	复旦大学演讲与口才协会
本(专)科生社团	学术科技类	复旦文理学社
本(专)科生社团	学术科技类	复旦英语辩论与演说协会
本(专)科生社团	学术科技类	复旦中外交流协会(FISCA)
本(专)科生社团	学术科技类	金庸社
本(专)科生社团	学术科技类	理辩社
本(专)科生社团	学术科技类	理财社团
本(专)科生社团	学术科技类	量化投资协会
本(专)科生社团	学术科技类	木槿韩语社
本(专)科生社团	学术科技类	欧洲研究协会
本(专)科生社团	学术科技类	青年法学会
本(专)科生社团	学术科技类	青年照明协会
本(专)科生社团	学术科技类	上海医学院辩论社
本(专)科生社团	学术科技类	生命学社
本(专)科生社团	学术科技类	生命与潜力学社
本(专)科生社团	学术科技类	史翼社
本(专)科生社团	学术科技类	推理协会
本(专)科生社团	学术科技类	曦社
本(专)科生社团	学术科技类	弦墨藏书
本(专)科生社团	学术科技类	校史协会

续 表

性质	社团类别	社团名称
本(专)科生社团	学术科技类	信息网络安全协会
本(专)科生社团	学术科技类	医鳞社
本(专)科生社团	学术科技类	翼缘社
本(专)科生社团	学术科技类	舆图社
本(专)科生社团	学术科技类	凿空法语社
本(专)科生社团	学术科技类	张江国际脑库学生协会
本(专)科生社团	志愿公益类	爱和猫协
本(专)科生社团	志愿公益类	彩云支南协会
本(专)科生社团	志愿公益类	春晖社
本(专)科生社团	志愿公益类	枫林猫协
本(专)科生社团	志愿公益类	复旦大学学生法律援助中心
本(专)科生社团	志愿公益类	复梦青海
本(专)科生社团	志愿公益类	梦行社
本(专)科生社团	志愿公益类	南山谷协会
本(专)科生社团	志愿公益类	青苗社
本(专)科生社团	志愿公益类	认性社
本(专)科生社团	志愿公益类	生命关怀协会
本(专)科生社团	志愿公益类	拓客科技教育协会
本(专)科生社团	志愿公益类	向日葵社
本(专)科生社团	志愿公益类	萤火社 firefly
本(专)科生社团	志愿公益类	远征社
本(专)科生社团	志愿公益类	云聚社
本(专)科生社团	自律互助类	复小招工作室
本(专)科生社团	自律互助类	生涯协会
本(专)科生社团	自律互助类	糖心旦

复旦大学第二十五届研究生支教团志愿者名单

院 系	姓 名	院 系	姓 名
新闻学院	李大武	经济学院	罗诗韵
微电子学院	施俊龙	国际关系与公共事务学院	刘舒婷
历史学院	王莹	国际关系与公共事务学院	叶芷玲
国际关系与公共事务学院	管航	新闻学院	张金玉
国际关系与公共事务学院	谭敬元	法学院	李家阳
高分子科学系	李春霖	法学院	李若涵
法学院	宁静	中国语言文学系	肖淑方
哲学学院	薛近怡	外国语言文学学院	杜思雨
外国语言文学学院	梅一晨	计算机科学技术学院	李昊宸
外国语言文学学院	朱天怡	中国语言文学系	赵芸巧
外国语言文学学院	黄一夏	生命科学学院	常怡然
历史学系	杭彦	附属华山医院	刘汇

院 系	姓 名	院 系	姓 名
国际关系与公共事务学院	帕提曼·阿不都热衣木	经济学院	吴柱贤
中国语言文学系	钱天则	计算机科学技术学院	牛嘉阳

"卓越思源 服务社会"复旦大学优秀学生培养计划第十期录取名单

姓 名	院 系	姓 名	院 系
戴越洋	中国语言文学系	温 馨	经济学院
赵文瑜	中国语言文学系	萨 娜	管理学院
盛丹骎	外国语言文学学院	华婉懿	马克思主义学院
吴逸萌	外国语言文学学院	单佳骊	数学科学学院
张 舒	外国语言文学学院	罗熠晨	物理学系
翁仕远	哲学学院	史骥伟	环境科学与工程系
方佳雯	法学院	施 懿	环境科学与工程系
周永健	法学院	范凯旋	计算机科学技术学院
张哲祯	国际关系与公共事务学院	庄 集	微电子学院
田海伦	国际关系与公共事务学院	陈凌杰	大数据学院
尹 悦	新闻学院	林子开	大数据学院
龚涵孜	新闻学院	韩晓汀	大数据学院
王小淳	新闻学院	蔺子岩	基础医学院
施云扬	经济学院	郑皓予	基础医学院
姚 杰	经济学院	瞿炀芪	药学院
于皓南	经济学院	张 桐	药学院

2022西部计划志愿者录取名单

院 系	姓 名	院 系	姓 名
社会发展与公共政策学院	杜梦萍	法学院	罗 雨

(共青团复旦大学委员会供稿)

妇女委员会

【概况】 2022年,复旦大学妇委会(简称"妇委会")以习近平新时代中国特色社会主义思想为指导,紧紧围绕学习宣传贯彻党的二十大精神这条主线,以高质量党建引领新时代妇女工作高质量发展,推动党的创新理论和路线方针政策在妇女群众中贯彻落实。深入贯彻习近平总书记关于疫情防控工作的重要指示精神,落实市委市政府和各级妇联相关会议精神和要求,面对挑战,积极应对,担当责任。

思想政治引领,学习贯彻二十大精神。特邀学校党的二十大精神宣讲团成员、上海高校智库·复旦大学政党建设与国家发展研究中心主任、国际关系与公共事务学院教授郑长忠作题为"解码中国式现代化"的讲座;特邀二十大代表、信息科学与工程学院教授迟楠拍摄巾帼大学习——"今天我来问"对话二十大代表微视频,并在全国妇联宣传部、全国妇联联络中心(外文社)平台发布,引领带动广大女性学习二十大精神。

选树先进典型,立足岗位建功奉献。完成2021年度上海市、上海市教育系统、复旦大学各类先进选树工作,制作并发布《李瑶:生命的思考者》女性劳模微电影,以先进典型为引领,营造学习先进、争当先进、赶超先进的良好氛围。

围绕改革大局,倡导巾帼岗位建功。积极引导广大女教师女学者在推进上海"五个中心"建设和服务国家发展战略中实现自我价值。妇委会响应科技部、全国妇联《关于支持女性科技人才在科技创新中发挥更大作用的若干措施》的号召,开展调查研究并着手拟定关于支持女性科技人才在"第一个复旦"建设中发挥更大作用的措施,倡导建设"第一个复旦"巾帼建功行动。

开展多种线上课程,丰富女教职工居家生活。疫情封控期间,妇委会、工会根据女教职工的喜好,开设以"共同守'沪','云'养身心"为主要内容的云微课36节,吸引1 788人次参加。

拓展妇女问题研究,加强妇女工作顶层设计。围绕支持女性科技创新政策的落实情况,撰写智库报告,为完善公共政策提供决策咨询,得到全国妇联的肯定与回复。(于 圆)

【召开复旦大学纪念三八国际妇女节112周年表彰大会】 3月8日,以"巾帼心向党 喜迎二十大"为主题的复旦大学纪念三八国际妇女节112周年暨先进表彰大会在光华楼东辅楼202报告厅举行。校党委书记焦扬出席并讲话。3位获奖代表进行大会发言,她们分别为上海市三八红旗手标兵提名奖获得者,生命科学学院、附属妇产科医院教授,生殖与发育研究院常务副院长王红艳;上海市巾帼建功标兵、管理学院教授吴肖乐;上海市巾帼文明岗、基础医学院中西医结合学系党支部书记褚玉霞。(于 圆)

【组织疫情期间女教职工慰问】 在抗疫居家隔离期间,妇委会、工会关心关爱孕期哺乳期女教职工,以实物派送到家的形式发放暖心蔬菜包108份。六一前夕,向3月至6月坚守校园一线的教职工子女(0—14周岁)发放793份"六一健康包",内含口罩及洗手液,致敬坚守校园一线的教职员工,感谢其家人的理解与支持。

(于 圆)

【举办"妇女之家工作坊"】 3月8日,在光华楼东辅楼202报告厅,妇委会邀请社会发展与公共政策学院副教授沈奕斐作题为"双减时代,家庭教育怎么做?"的讲座。疫情期间,开设心理辅导讲座"'疫'期携手 为爱赋能——疫情期间亲子心理辅导讲座""疫情下,抑郁情绪的调控和抑郁症的早期发现、预防和处理",积极转发市总工会、教育系统工会及学校的心理咨询类讲座或咨询辅导,为急需情绪疏导与心理支持的女教职工提供帮助,并在复工前夕开设"复工心理调适课程",帮助她们缓解心理压力,激活自愈能力,找到正确定位。

(于 圆)

【开展"云"上过六一活动】 4月,通过腾讯会议举办"线上趣味运动会",共有134位教职工子女参加。5月底,举办"童心勠力,以'艺'战疫——复旦大学教职工子女综合才艺展示活动",102位小朋友积极参与,共提交121幅作品,最终共有12位小朋友的作品当选本次活动的"最佳人气奖"。六一前夕,举办"'乘风破浪 不负「粽」望'——第六届云亲子游乐会",设四大线上闯关版块,通过绘画、运动、手工DIY、玩游戏的形式,让参赛小朋友们足不出户云端游,活动吸引132位小朋友积极参与。同时通过"复旦教工"微信公众号展示基层妇委会丰富多彩的六一活动。

(于 圆)

十三、附属医院

综述

【概况】 2022年,复旦大学共有18家附属医院,其中直属附属医院6家,非直属附属医院10家,筹建中的附属医院2家。其中中山医院、华山医院、华东医院为三级甲等综合性医院,肿瘤医院、妇产科医院、儿科医院、眼耳鼻喉科医院、上海市公共卫生临床中心、上海市口腔医院为三级甲等专科医院,金山医院、上海市第五人民医院、浦东医院、静安区中心医院、闵行区中心医院、青浦区中心医院、徐汇区中心医院为三级乙等综合性医院,闵行区精神卫生中心为二级专科医院,上海市质子重离子医院是国内首家同时拥有质子和重离子放射治疗技术的医疗机构。筹建中的附属医院包括上海市口腔医院、上海市闵行区精神卫生中心。

附属医院有4个国家医学中心:综合类国家医学中心建设项目(中山医院)、国家儿童医学中心(儿科医院)、国家神经疾病医学中心(华山医院)和国家传染病医学中心(华山医院);有2个国家临床医学研究中心:国家老年疾病临床医学研究中心(华山医院)和国家放射与治疗临床医学研究中心(中山医院);有国家疑难病症诊治能力提升工程项目3个:中山医院(心脑血管方向)、华山医院(心脑血管方向)、肿瘤医院(肿瘤方向)。有中国科学院院士5人(王正敏、葛均波、樊嘉、黄荷凤、王以政),中国工程院院士3人(汤钊猷、顾玉东、周良辅)。

以服务人民健康为使命,持续作出一流医疗服务贡献。2022年,附属医院共有在职职工35 987人,核定床位数17 421张,实际开放床位数19 402张,年门急诊服务量2 896.26万人次,年出院人数79.37万,年住院手术服务量62.04万。

落实疫情防控任务,提升疫情防控和救治能力。在大上海疫情保卫战中,附属医院累计派驻抗疫医护技等团队工作人员3 885人次,收治患者74 000余人次,派出核酸采样队伍4 000余人次;全年支援海南、重庆、新疆、四川、贵州、河南、西藏等地抗疫人员440余人次。支援全校核酸采样、样本检测、采样培训工作,协助学校进驻"健康驿站"、建立绿色通道等。

聚焦"第一个复旦"建设目标,推动附属医院高质量发展。召开"引领发展 创新融合——复旦大学附属医院高质量发展主题论坛",围绕"服务健康中国战略,走出综合性大学办世界一流医学院的新路"的主题,深入探讨加快推进复旦大学附属医院高质量发展、努力创建世界一流医学院的关键问题与重要方略。

依托"地高建"专项,创新开展学科建设和人才培养工作。创新构建附属医院顶尖学科评估指标体系,针对性选取6家直属附属医院16个代表性顶尖学科开展评估。开展研究型医院多学科诊疗MDT示范项目,评选出40个示范项目、20个培育项目和20个建设项目。开展复旦大学上海医学院"临床名医培育工程"评选工作,共10人入选。

整合附属医院优质资源,提升综合与专科实力。中山医院获批成为全国首个综合类国家医学中心建设项目;6家直属附属医院全部列为国家区域医疗中心输出医院;妇产科医院河南医院入选"国家区域医疗中心"建设项目;肿瘤医院福建医院、儿科医院海南医院入选国家区域医疗中心建设项目"辅导类"名单。与厦门市人民政府合作共建复旦大学附属中山医院厦门医院和复旦大学附属儿科医院厦门医院。复旦大学上海医学院和上海市徐汇区卫生健康委员会签约,合作共建社区卫生服务中心。

推进医疗质量安全管理,提升医疗服务能级和水平。在2020年度全国三级公立医院绩效考核(2022年7月公布)中,中山医院列全国综合类榜首,肿瘤医院列全国肿瘤专科组榜首,华山医院列综合类第14,眼耳鼻喉科医院在其他专科手术组排名第2,妇产科医院在妇产科专科组排名第2,儿科医院在儿童专科组排名第5。在2021年度全国三级公立医院绩效考核(2022年9月公布)中,中山医院列全国综合类第2,华山医院列综合类第4,肿瘤医院在肿瘤专科组排名第2,妇产科医院在妇产科专科组排名第2,儿科医院在儿童专科组排名第4,眼耳鼻喉科医院在其他专科手术组排名第7。在复旦版《2021年度中国医院排行榜》中,中山医院和华山医院分列全国第5和第8,6家直属附属医院和公卫临床中心进入全国前100。在《2021年度中国医院全国专科声誉排行榜》中,附属医院共有6个专科位列全国单科声誉排行榜榜首,28个专科进入全国前10强。

完善毕业后医学教育管理,推进医教协同综合改革。2022年,附属医院共招录住院医师851名,合格出站666名,在培住院医师2 501名。在2022年度上海市住院医师规范化培训评优中,4人获优秀管理者、12人获优秀带教老师、53人获优秀住院医师。上海市专科医师规范化培训招录233人。中山、华山、儿科、华东4家医院参加国家专培基地招生,涉及16个专业基地,全年共招录40名专科医师,在培专科医师178名。

落实健康帮扶和援外医疗工作，创新援建援外新机制。附属医院承担江西、四川、云南、西藏、青海、新疆等中西部6省、市、自治区20余地州市56家医疗机构援建工作，全年派出医疗挂职干部及医务人员116人，新建远程医疗中心29个，建立特色专科64个，开展各类新技术、新项目601项；派出10名医务人员帮扶摩洛哥的4家医疗机构。眼耳鼻喉科医院"基层眼病防治周行涛专家服务团"获评上海市第四批市级专家服务团。整合附属医院优质医疗资源和专家团队援建云南省永平县，中山医院急诊科施东伟专家工作站、儿科医院儿童呼吸疾病王立波专家工作站、金山医院泌尿外科陈刚专家工作站、陈翠贞儿童健康发展中心、上海—云南妇产科疾病临床协作中心、妇产科医院支援永平县人民医院腹腔镜培训中心落地云南永平。7个永平县专家工作站获批成为云南省专家基层科研工作站。

(雍昕 王怡)

复旦大学附属中山医院

【概况】2022年，医院本部有业务科室64个，核定床位2 005张。全年门急诊人次536.9万（含核酸检测101.4万），出院人次15.27万，住院手术人次11.45万，平均住院天数5.67天。在职员工5 578人，其中高级职称779人。有国家临床医学研究中心1个，国家疑难病症诊治能力提升工程1个，国家重大疾病多学科合作诊疗能力建设项目4个，国家临床重点专科建设项目20个，国家重点学科13个，省部级工程研究中心9个，省部级重点实验室7个。医院有上海市"重中之重"临床医学中心3个，上海市重点学科2个，上海市"重中之重"临床重点学科2个，上海市重要薄弱学科5个，上海市临床重点专科建设项目22个，上海市研究所8个，有10个上海市临床质量控制中心挂靠。

疫情防控。落实疫情防控措施，保障常规医疗、急救抢救、核酸检测、定点救治等医疗工作。3—6月，开设上海市老年医学中心定点医院、闵行体育馆亚定点医院、徐汇西岸A馆方舱医院三个新冠救治机构，共2 776张床位，收治11 858人。院长樊嘉、副院长钱菊英多次出席上海市新冠肺炎疫情防控工作新闻发布会；院感专家胡必杰、高晓东多次参与全国、上海市疫情防控政策制订。

医疗服务。持续建设22个上海市临床重点专科建设项目、165个临床亚专科以及院级诊疗中心。搭建公网模式、厦门模式、长三角智慧医院模式和软视频模式共4种远程会诊平台。完成4个国家重大疾病多学科合作诊疗能力建设项目的中期评估，上海市危重孕产妇救治中心及重症ICU、产前诊断中心三个项目的验收。2月25日，国家医学中心智慧全生命周期健康管理项目在佘山园区正式启动。持续推动电子病历应用，已完成51个病种21 120份单病种病历数据的上报。开展医疗技术临床应用伦理委员会和管理委员会评审12次，共申报51项新技术，申报全市首例技术5项，上海市卫生监督所限制类技术备案7项。开展国际首例亲体活体加废弃肝的双供肝"肝移植"、上海市首例离体肝切除联合自体肝移植术。开展中山健康促进讲座72堂，多渠道医学科普作品共1 957个。在第九届上海市青年医学科普能力大赛中，医院获优秀组织单位奖。对口帮扶西藏日喀则市岗巴县人民医院、云南金平县人民医院。8月组建国家医疗队至云南省红河州，开展为期21天的巡回医疗工作。完成第五届进博会、上海国际马拉松等重大活动医疗保障工作。开启国家组织药品（胰岛素专项）及人工关节集中带量采购。推进按疾病诊断相关分类（DRGs）医保付费工作。

国家医学中心和国家区域医疗中心工作。7月1日，市长龚正主持召开专题会议，审议通过《国家医学中心总体建设方案》。8月31日，国家发展改革委正式批复同意医院《国家医学中心建设项目可行性研究报告（代项目建议书）》。11月18日，全国首个综合类国家医学中心建设项目在中山医院正式启动。年初，医院成为国家公立医院高质量发展试点单位；10月，被列入上海市综合类公立医院高质量发展试点单位。复旦中山厦门医院迎来建院五周年，"同质化"管理模式作为厦门医院建设国家区域医疗中心的先进经验和"一院多区"建设典型案例向上级报送。

医院管理。全院新设置或调整行政及业务部门16个，2021年度全国三级公立医院绩效考核获第二名，连续4年评级A++。在2021年度申康医院绩效考核中，医院总分为91.09分，位列综合类医院第一名（A等）。开展成本数据治理工作，在新系统中增加核算流程控制、自动数据校验和自定义报表等功能。持续推进医疗服务价格项目智能化监管工作，完成上海市5次医疗服务项目价格调整工作，其中涉及医疗服务项目53项。完善内部控制制度体系，共制订和修订12项内部控制制度。做好财政资金监督项目、财政财务收支监督项目、院内审计项目和下属单位监督审计。组织重大活动与节假日前消防安全专项检查12次。获评2022年度徐汇区消防工作先进集体、2022年度上海市治安保卫先进集体。共梳理5G＋数字孪生智慧医疗生态圈项目八大场景群，并以佘山智慧化健康管理为特色，实现10余个5G＋智慧化场景；完成多院区接入、运营管理场景拓展、智慧诊疗场景探索、智慧医院评级支持、知识中心建设和标签中心建设；对院内各专病库建设的数据进行规范化和标准化。融合5G的医联体影像协同创新平台已积累高质量标注影像10万例，产生AI辅助诊断168万例，AI质控21万例，申请专利5项，获奖2项。智能化、精细化设备管理平台获"上海申康医院发展中心申康-联影联合科研发展计划"立项。

人才培养。完成50人次职能部门干部的任免工作，组织开展7次管理干部培训班，全院新设置或调整行政及业务部门16个。全年开展本科生线下课程43门，线上课程40门。招收博士生184名，硕士生142名。21名专家受聘成为上海理工大学兼职导师，首批招收上理工硕士研究生

10名。全年进站博士后9名,临床博士后在站29名,在站博士后获国自然青年基金19项、博士后面上基金16项。全年招录住院医师206人,国家试点基地招录专科医师24人;上海市专科医师培训基地招录103人。在培住院医师568名、专科医师351名。共有68名住院医师首次参加执业医师资格考试,合格率94.12%。200名住院医师首次参加结业综合考试,结业考试合格率99.5%。完成骨科、外科(泌尿外科方向)、外科(胸心外科方向)住培专业基地新申报。举办国家级及省市级继教项目91项,举办远程医学教育国家级、省市级Ⅰ类、院级Ⅱ类项目共26项。作为主编编写并出版教材11本,葛均波院士团队获评教育部第二批全国高校黄大年式教学团队。获批上海市医务工会"住院医师规范化培训管理劳模创新工作室",《微创外科基本技能培训课程体系建设》获上海市教学成果二等奖。2022年获评国家自然科学基金优秀青年2项,国家自然科学基金海外优青2项;上海市各级人才计划57人次。

科研工作。2022年共获得纵向课题357项,横向课题251项。获批上海市重中之重研究中心2个:上海市肝肿瘤研究中心,上海市心血管疾病研究中心。获批上海市高水平地方高校创新团队(战略创新团队)2个:"缺血性心血管疾病的发病机理和综合干预研究"创新团队,"消化系统恶性肿瘤新技术研发及精准干预"创新团队。获批上海市肾脏疾病临床医学研究中心。获批复旦大学"双一流"重点建设项目先锋项目4项、重点建设项目先导项目2项。新聘及续聘的双聘人才27人。全年发表各类学术论文1 514篇,其中SCI论文943篇,影响因子总计6 277.68分。主编、副主编学术专著25本,主译3本。牵头制订各类标准、共识、指南55项,国内50项、国际5项;参与制订各类标准、共识、指南158项。全年共申请专利919项,其中发明专利324项、实用新型专利595项;487项专利获得授权,其中发明专利61项、实用新型专利425项;软件著作权登记42项;国际专利授权5项;转化专利及软件著作权共106项。医院是唯一进入2022年度全球生物医药发明专利TOP100的中国医院,排名87名。10月,获评上海市医学创新(专利)转化指数(pMIT-40)综合十强医疗单位、上海市医学创新(专利)转化指数(pMIT-40)2021年度十强医疗机构。11月,医院成为首批"上海市产医融合创新基地"。

对外交流与合作。举办第五届亚洲医学周-亚洲医学创新与发展论坛暨第二届亚洲护理论坛、首届复旦大学上海医学院和附属医院对外交流合作论坛、"一带一路"肿瘤防治联盟分论坛。举办"疫路同行、向高向好"公立医院高质量发展高峰论坛。举办"医学创新与公立医院高质量发展大会暨中山医院建院85周年学术活动",大会双语直播观看人次达近40万。举办"顶级公立医院研学之旅"培训项目、"第二届中国医械创新转化50人论坛"等会议。出席匈牙利驻沪总领事馆举办的医学教育合作对话论坛。与上海电气集团签署战略合作协议,共同开展医工交叉技术创新攻关;与久事集团正式签约共建"国家医学中心-上海国际医学科创中心-斜土路公交停车场能力提升工程",与罗氏制药、罗氏诊断签署合作意向备忘录。此外,接待来访的中日友好医院、昆明医科大学附属第一医院、上海电气集团等,访问南通市经济技术开发区。修订《复旦大学附属中山医院医疗技术协作管理办法》,与南通瑞慈医院、无锡市第二人民医院、上海好望角医院等15家医院新建和续签协作关系。

党建与精神文明工作。开展学习习近平新时代中国特色社会主义思想、党的二十大精神的活动。加强党务骨干与业务骨干的"双培养"机制,党支部书记中担任科室主任、副主任的比例上升至92%。多人当选民主党派上海市委员会和复旦大学委员会副主委或委员、全国代表大会代表。其中,葛均波院士当选九三学社中央副主席,钱菊英副院长当选九三学社中央委员。落实全面从严治党,创作《赓续先贤初心 传承中山精神》微视频,加强廉洁文化建设。夯实共青团建设,创新开展"杜鹃花青年文化季"系列活动。肝肿瘤(外)科、消化科24病区获评一星级全国青年文明号。搭建职代会提案网上征集和全流程办理系统。

(朱延军 彭 娟)

【全国首个综合类国家医学中心建设项目在中山医院正式启动】 11月18日,中山医院医教研综合大楼落成,并举行中山医院国家医学中心建设启动仪式。建设项目将新建上海国际医学科创中心、青浦新城院区一期工程,依托中山医院徐汇总部院区和佘山院区部署落实各功能中心任务。国家发展改革委副主任连维良、上海市人民政府常务副市长吴清、副市长宗明、国家卫生健康委医政司一级巡视员齐贵新、副司长邢若齐、国家发展改革委副司长孙志诚等领导出席。

(朱延军 彭 娟)

【举办中山医院建院八十五周年系列活动】 11月19日,举办医学创新与公立医院高质量发展大会暨纪念中山医院建院85周年学术活动。开幕式上正式成立"国家卫生健康委人才交流服务中心'一带一路'医学人才培养联盟护理专业发展专家委员会"。大会特设首届复旦大学上海医学院和附属医院对外交流合作论坛,并延续往届传统继续开展"一带一路"肿瘤防治联盟分论坛。来自中国大陆、港澳台地区以及东亚、东南亚等国家和地区的专家学者相约云端、相聚线下。大会通过中文、英文双语频道直播,观看人次达近40万。第五届亚洲医学周、第二届亚洲护理论坛与大会同期举行。

(朱延军 彭 娟)

【获批2个上海市重中之重研究中心和1项国家自然科学基金基础科学中心项目】 2022年,樊嘉院士牵头获批上海市肝肿瘤研究中心,葛均波院士牵头获批上海市心血管疾病研究中心。葛均波院士获批国家自然科学基金"泛血管介入复杂系统"基础科学中心项目。

(朱延军 彭 娟)

复旦大学附属华山医院

【概况】 2022年,复旦大学附属华山医院有教职员工5 331人(包括派遣170人),其中正高级职称267人,副高级职称460人,中级职称1 347人,初级及以下职称2 597人,未聘专技职称494人,工人26人。新增职工231人。有核定床位3 142张,临床医技科室共42个。现有国家神经疾病医学中心、国家传染病医学中心、国家临床医学研究中心(老年疾病)三个国家中心;教育部国家重点学科10个、国家卫生健康委国家临床重点专科20个;上海市重点实验室3个、市临床医学研究中心2个、市工程技术中心5个、市"重中之重"临床医学中心4个、市"重中之重"临床重点学科1个。继续落实"十四五"规划工作,监督、考核医院"十四五"目标落实情况,深化相关激励措施,确保预定目标达成。

受新冠疫情影响,上半年业务量有所影响,下半年复工复产,全年门诊3 608 649人次,全年急诊360 044人次,出院123 278人次,手术107 643人次;全院平均住院日为7.1天,较上年有所上升;门诊次均费为439元,住院次均费为27 876元,同比上年略有下降,收入结构较为合理,医院整体运营平稳有序。

做好常态化疫情防控工作。在上半年"大上海保卫战"中,医院在市委市政府的领导、国家卫生健康委等的专业指导下,参与定点医院的布局建设、方舱医院建设、亚定点医院高效转型、派队支援老年医学中心、各类核酸采样、紧急血透任务等工作任务。宝山院区整建制转换为新冠患者定点救治医院,集中收治重症及伴有基础疾病新冠患者,共计收治新冠感染者3 753人,近40%患者为70岁高龄患者,提升救治成功率、降低死亡率,体现了国家队的水平和担当。医院牵头建设临港方舱医院(后部分转为亚定点医院),累计救治患者47 224名,累计救治亚定点医院病患5 336名。年内多次派出医疗队赴兄弟省市支援核酸采样、方舱建设、重症救治等工作,共计派出6批次150余人次分赴海南、西藏、四川、新疆等地进行救援。同时,多院区协同保障百姓的就医需求,通过对院内实施功能分区封闭管理,住院部与门诊、急诊、发热门诊之间实行相对分区、独立运行的闭环管理,根据新冠风险进行分层管理,确保患者医疗救治的及时性和疫情防控安全性。在下半年的复工复产相关工作中,根据疫情形势的变化,不断实时更新院内疫情防控要求、各项相关的医疗应急流程,在三季度快速恢复疫情前日常医疗、工作量水平,并在12月迅速调整,将重点调整为"防重症、保健康",整合全院资源,全力救治患者。

2022年,医院获科研总经费5.38亿元,创医院历史新高。获国家自然科学基金立项98项,包括杰出青年科学基金1项,优秀青年科学基金2项,海外优秀青年科学基金1项,"器官移植免疫稳态调控及重塑"专项项目1项,面上49项,青年43项,重大研究计划项目1项,近五年再次新获杰青1项,近十年再获优青2项,首获海外优青项目,立项数位列全市三甲医院第五,直接经费5 197万元。获科技部重点研发计划项目首席6项,经费1.79亿元,项目数和经费均创历史新高。获上海市科学技术委员会项目44项,总经费数1 464万元;获上海市卫生和计划生育委员会项目27项,总经费数946.5万元。获上海市科学技术奖科普奖特等奖1项,获中华医学科技奖三等奖1项、上海医学科技奖二等奖2项、上海科普教育创新奖健康科普奖一等奖1项;新获国家级人才项目4项、部市级人才项目23项,获2022年度上海市高水平地方高校创新团队4项。

完成常规教学任务。全年完成理论教学1 400余课时,示教3 000余课时,考务3 000多人次;参与教学教师人数达400余人,副高职称以上教师的授课学时占授课总学时比例超过80%;理论授课学生数700余人。全年共招收各类研究生307名,包括硕士146名、博士161名。修订本科培养"2+X"方案,进行实习手册的修订,本年度进一步推行"枫林实习"APP实习平台,进一步加强信息化管理,并充分利用"CCMTV平台"布置线上实习任务,为受疫情影响无法现场实习的学生提供线上实习资源。根据《复旦大学附属华山医院研究生津贴发放管理办法(暂行)》的执行情况,制订《华山医院研究生津贴发放管理办法补充说明》。

进一步明确三级医院功能定位,不断优化病种结构,提升疑难重症的医疗诊治服务能力。以国考、DRG/DIP支付改革为抓手,进一步鼓励新技术、高难度手术的开展,并加大内科收治疑难重症的力度。进一步提升病案首页填写准确率,规范DRG/DIP入组,以全院同质化的要求积极调整病种结构,提升服务能力。做好疫情期间绩效管理,针对每月实际情况推行"一月一方案"举措,在医院收入锐减的封控期间,通过医院补贴等形式平滑员工收入曲线,推出复工复产激励方案等举措,促进解封后快速复工复产。进一步明确考核导向,加强院科二级分配与一级分配相结合的管理模式,落实向临床一线和重点岗位倾斜的分配方式,年内完成内科绩效方案调整,职能部门绩效随临床浮动,向一线员工倾斜,提高员工获得感。

持续推进精细化管理。1.利用新兴技术,创新医疗服务模式。继续加强互联网医院建设,互联网医院作为华山医院"第五院区",年门诊量较2021年增长超过100%,特别是在疫情封控期间,互联网医院成为门诊的主力场,新增跨院复诊配药、"一老一小"代配药、志愿者代配药服务和药品到院自提功能,方便老百姓看病就医。2.加强门诊规范管理,在做好常态化疫情防控工作的同时坚持增效扩容;加强院区功能定位,统筹各院区协同发展,推进数字化转型与智慧医疗建设同时兼顾老年友善能力建设,创新华山门诊服务品牌;提升门诊服务能力和运行效率的同时,为群众办实事,持续改善患者就医体验。同时对门诊现有临床学科进行重新布局,让学科发挥更大运营效能,节省人力资源,提高服务效率。3.进一步优化急诊管理,发热门诊、急诊一体化管理。适应疫情救治,急诊与发热门诊一体化的管理模式,圆满完成抗疫防疫的各项任务。急诊救治能级提升,亚专科建设更加完备,年内增添床旁 POCT、急性中毒、急诊复苏、应急救援保障等亚专科,创建了急性脑疝绿色通道、脑脊液采集中心、脓毒症信息采集中心、急性发热救治中心等,提高危重病抢救能级。

加强信息建设,全方位打造智慧医院,推进三大等级评审建设。年内正式通过电子病历五级评审,并对六级中的功能要求进行系统升级改造;继互联互通标准化评级四甲之后,通过两年整体建设,已初步完成互联互通系统改造,通过互联互通标准化评级(五乙)的线上专家初审,完成各项标准的改造工作,等待测评专家现场评审;对标智慧服务等级三级评审,持续改进患者就医体验,除医疗质量外,加强人力资源、设备耗材管理、财务管埋方面的信息融合,把临床业务数据和科研数据做有机结合,形成产学研一体化结构。

完成社会服务工作。1. 对口支援。年内派出首批共5人前往西藏自治区仲巴县人民医院医疗队开展医疗帮扶工作;派出2批共12人前往江西省兴国县人民医院、2批共11人前往云南省丘北县人民医院开展医疗帮扶工作;派出赣南巡回医疗队5人在兴国县人民医院、南康区第一人民医院开展为期近1个月的巡回医疗工作。2. 持续建设红十字品牌。重点关注罕见病患者,通过新闻宣传提升医院人道救助基金的救助范围及影响力;协助作家马伯庸完成其小说《大医》,讲述中国红十字总医院的缘起与初心,挖掘医院历史故事,引起社会对华山医院红十字文化的关注。

落实合作项目,分院区、区域医疗中心多元发展。截至年底,医院共有14个合作体,其中外省市合作单位6家。北院发展提质增效,宝山院区融入华山医院高质量一体化发展的开局之年,年内建立儿科中心,率先与总院神经外科、手外科合作,开展小儿神外、手外等特色小儿亚专业。

浦东院区业务稳步发展,在确保临床业务全面恢复、顺利开展的基础上,追求质的提升,继续秉承在注重医疗品质人群中深耕"专业,效率"的概念。虹桥院区稳步快走,继续以推动国家神经疾病医学中心高质量发展,打造长三角脑卒中与创伤中心、大虹桥区域医疗中心为建设目标,不断优化服务、提升能级,持续推进院区一体化、高质量发展。继续与福建医科大学附属第一医院联合,推进国家区域医疗中心建设,整体运行平稳,年内成立下丘脑垂体诊疗中心,海-陆-空三维立体化救援体系成熟,福州新区急救中心暨急诊医学中心开业运营。

推进医院后勤管理相关工作。病房综合楼改扩建工程进入收尾阶段,截至年底,项目外部结构、机电安装、幕墙、弱电、医用气体、消防、绿化等工作全部完成,电梯、装饰装修和净化工程完成95%。病房综合楼内手术室、病房、医技空间已基本完工,新建职工食堂即将投入使用,"深坑"设计和花园融为一体,有望打造成医院网红地标。积极筹备国家神经疾病医学中心项目与国家传染病医学中心项目新建工作,年内已将两项工作的规划文本方案提交至国家卫生健康委规划发展与信息化司报批。做好大型医用设备配置的经济效益分析等相关论证工作,做到有效分析,优化医院智慧运营管理平台的信息化建设,提升使用效率。加强消防安全管理,全面提升维保质量,虹桥院区于2月初步完成消防安全标准化工作,为全院区实现标准统一化树立标杆。

党建工作。按照上级党委的工作要求,制订《华山医院党委学习宣传贯彻党的二十大精神实施方案》,围绕"全面学习、全面把握、全面落实"的"三个全面"要求,把党的二十大精神学习领会到位、贯彻落实到位。年内进一步健全完善医院党政领导班子议事决策制度,党委、行政督办室对党委会议和院长办公会议议定事项、医院年度重点工作项目、领导班子民主生活会的整改事项等进行督促检查和反馈。扎实推进职能部门负责人和临床医技科主任的换届调整工作,在学校党委的支持和指导下完成5个副处级岗位的选任工作,完成31个临床科室的换届工作,共选拔科室主任、副主任130人,其中主任26人、副主任(主持工作)5人、副主任99人,为学科带头人后备人才做好储备与培养。

(管德坤)

【华山医院核定床位调整】 1月28日,上海市卫健委批复同意复旦大学附属华山医院虹桥院区增加研究型床位300张;5月29日,上海市卫健委批复同意华山医院增加床位,宝山院区增加600张床位,其中包括研究型床位150张。至此,医院总核定床位增至3 142张,研究型床位450张,总床位规模为3 592张。 (潘懿敏)

【科普微电影《悔》首映】 2月16日,华山医院携手陈薪伊艺术中心拍摄制作、上海市科委科技创新行动计划科普专项资助的科普微电影《悔》在华山健康科普研讨会上正式首映,影片讲述了痛风治疗的规律及误区,呼吁全民关注痛风及慢病健康。

(潘懿敏)

【华山医院罕见病中心成立】 2月28日,复旦大学附属华山医院罕见病中心成立。该中心依托国家神经疾病医学中心、国家传染病医学中心、国家老年疾病临床医学研究中心等尖峰学科群,加强多学科合作,全方面提升罕见病预防、诊治、教研能力,致力于建成华东区域最有影响力的罕见病诊疗、研究中心。 (潘懿敏)

【史玉泉教授逝世】 3月17日,中国神经外科事业的开拓者和奠基者之一、原上海医学院神经外科创始人、复旦大学附属华山医院终身教授史玉泉,因病医治无效逝世,享年103岁。 (潘懿敏)

【仲巴医疗队出征】 7月23日,华山医院首批对口帮扶西藏仲巴县人民医院医疗队抵达日喀则,开始为期6个月的医疗对口帮扶工作。因疫情实际情况,队员们克服4 500米高海拔严重缺氧等种种困难,将原本的常规医疗援助计划及时调整为疫情防控计划,在第一时间抵达位置偏远、条件艰苦的仲巴县,承担仲巴县疫情防控医疗专家组的工作,协助当地医疗人员及时控制疫情的传播。

（潘懿敏）

【"华山医院儿科中心"顺利完成迭代升级】 9月1日，华山医院以"宝山-华山-儿科医联体"为依托，凭借国家医学中心强大的学科实力，以小儿神经外科、手外科为先导，带动小儿内科、重症、传染病等多学科协同发展的"华山儿科"模式逐渐成型，为切实解决区域内的儿童就医问题提供支撑。

（潘懿敏）

【华山医院在国家三级公立医院绩效考核中名列前茅】 9月30日，国家卫生健康委公布2021年三级公立医院绩效考核成绩，华山医院位列全国第4，得分934.5分，位居全国综合医院第一梯队A++（排名前1%），为医院2018年首次参加国考评价以来的最好成绩。

（潘懿敏）

【华山医院入选上海市公立医院高质量发展试点单位名单】 10月10日，上海市政府官网发布《上海市深化医改领导小组办公室关于开展上海市公立医院高质量发展试点工作的通知》，华山医院入选上海市公立医院高质量发展试点单位名单。

（潘懿敏）

【举行华山医院建院115周年系列纪念活动】 11月18日，华山医院纪念建院115周年"奋进新时代·创新向未来——公立医院高质量发展与创新论坛""聚焦发展、共建共享，公立医院学科建设新时代新征途主题论坛"举办。此外，医院先后举办"洒向人间都是爱"红十字健康嘉年华、上海市公立医院党建引领下医院文化论坛、"新时代，新医科：党建引领下医院教师工作论坛暨首届'师说·华山'文化沙龙""华山老专家口述史""逐梦华山"职工线上健步嘉年华等一系列主题活动。

（潘懿敏）

复旦大学附属肿瘤医院

【概况】 2022年，复旦大学附属肿瘤医院设有徐汇院区、浦东院区两个院区，并与上海市质子重离子医院高度融合、共同发展。截至年底，实际开放床位2 136张，设有大外科（含乳腺外科、胸外科、头颈外科、胃外科、肝脏外科、胰腺外科、大肠外1科、大肠外2科、大肠综合治疗科、泌尿外科、肿瘤妇科、神经外科、骨软组织外科、麻醉科）、大内科（含头颈及神经内分泌肿瘤内科、乳腺及泌尿肿瘤内科、胸部肿瘤内科、消化肿瘤内科、淋巴瘤科）、放射治疗中心、中西医结合科、综合治疗科、介入治疗科、I期临床试验病房、病理科、放射诊断科、核医学科、超声诊断科、内镜科、检验科、药剂科、心肺功能科、营养科、心理医学科等临床医技科室。医院有教职员工2 933人，其中医师777人，护理人员1 298人，医技人员519人，科研专职人员128人，职能人员211名；其中正副高级专家453人；在岗硕士生导师112名（含双聘），博士生导师91名（含双聘）。

有国家教育部重点学科2个（肿瘤学、病理学）、国家临床重点专科4个（肿瘤科、病理科、中西医结合科、胰腺肿瘤）、国家卫健委临床重点学科3个（乳腺癌、放射治疗、病理学）、教育部创新团队1个（乳腺癌的基础和临床研究）、上海市临床医学中心3个（肿瘤学、肿瘤放射治疗、乳腺癌）、上海市重中之重临床医学中心1个（上海市恶性肿瘤临床医学中心）、上海市重中之重临床重点学科1个（胸外科）、上海市卫生重点学科1个（病理学）、上海市临床重点专科项目5个（肿瘤学、病理学、放射治疗学、妇科肿瘤学、胸部肿瘤学），同时是上海市病理质控中心、放射治疗质控中心的挂靠单位，也是上海市抗癌协会的支撑单位。设有国家药物临床试验机构，拥有上海市乳腺肿瘤重点实验室、上海市病理诊断临床医学研究中心、上海市放射治疗临床医学研究中心、上海市放射肿瘤学重点实验室、上海市分子影像探针工程技术研究中心、上海市肿瘤疾病人工智能工程技术研究中心、上海市胰腺肿瘤研究所和上海市泌尿肿瘤研究所，以及复旦大学肿瘤研究所、复旦大学病理研究所、复旦大学乳腺癌研究所、复旦大学胰腺癌研究所、复旦大学大肠癌诊治中心、复旦大学鼻咽癌诊治中心、复旦大学前列腺肿瘤诊治研究中心、复旦大学甲状腺肿瘤诊治研究中心、复旦大学附属肿瘤医院肺癌防治中心、复旦大学生物医学影像研究中心、复旦大学附属肿瘤医院恶性黑色素瘤防治中心、复旦大学胸部肿瘤研究所等科研机构，成立王红阳院士工作站，建有复旦大学附属肿瘤医院精准肿瘤中心，国家疑难病症诊治能力提升工程项目顺利竣工。主办《中国癌症杂志》《肿瘤影像学》、英文版《放射肿瘤杂志》（Journal of Radiation Oncology）、英文版《精准肿瘤医学》（Precision Cancer Medicine）4本学术期刊，以及《抗癌》科普杂志，努力打造肿瘤精准医学期刊的高地。

2022年，医院门诊量140.1万人次，住院10.3万人次，手术7.4万人次，出院者平均住院日5.36天。医院全面提高运行效率，推动高质量发展，在国家三级公立医院年度考核中荣获A，位列全国肿瘤专科第二；在年度中国医院综合排行榜中，排名第28位，位列肿瘤专科医院前列；在申康中心院长绩效考核中获得优异成绩。医院始终以病人为中心，坚持公益性办医，不断践行"人民至上、生命至上"的理念。以医疗质量为核心，以满意度为导向，不断提升医院综合服务能级，深化多学科诊疗，完善医疗质量考核与管理体系，提升肿瘤规范化诊疗能力，并挂牌"上海市级医院肿瘤临床规范化诊疗研究中心"。

医院与上海市质子重离子医院高度融合、资源共享，打造国际先进的肿瘤医学中心。截至年底，已收治患者超5 305例，完成国内首例坐姿重离子颅底脊索瘤放疗、国内首例重离子治疗眼部脉络膜黑色素瘤、国内首例质子治疗眼部疾病（湿性眼底黄斑变性），开展研究者发起的临床研究136项，在研93项。

2022年，在大上海保卫战期间，守住防控"底线"和医疗安全"红线"，尽全力护航广大肿瘤患者"生命线"。在党委领导下，积极响应冲锋号召，在最短时间调度精锐力量，参与支持市内核酸采样与检测任务，支援上海嘉定F1方舱、临港方舱、上海公卫中心、海南省三亚市方舱、四川省成都市检测、重庆方舱等抗疫一线工作。

人才队伍建设方面。6人新获省部级、校局级人才计划项目。全年共招收硕士研究生61名，博士研究生112名，博士后进站37人（含临床博士后16人）；毕业硕士46名，博士75名，博士后出站16人；住院医师规范化培训招录93名，结业37名；临床病理科基地获批国家住培重点专业基地；专科医师规范化培训招录18人，结业42人。

科研创新方面。共获各级各渠道科研项目291项，立项金额首次超过2亿元，达2.13亿元。获立项国家自然科学基金项目79项，其中重点项目2项，区域联合重点项目1项，资助总经费达4054万元；科技部国家重点研发计划子课题3项，经费总额2581万元。发表 IF≥20 的论著10篇。强化产学研医合作，在首届"春昇杯"医学创新人才大赛中，包揽四分之一奖项，一项用于三阴性乳腺癌的免疫组化方法获得转化，签约金额为3100万元，另有多项高价值专利即将签约。获得各级各类科技奖项18项。持续推动临床研究与基础研究的高度融合，新立项临床研究项目387项，牵头项目257项，推动CAR T注册研究项目，完成其他类细胞治疗研究患者12例。牵头或参与编写国际、国内多项肿瘤指南，进一步扩大行业影响力。

医院按照"十四五"规划目标全力推进各项工作，以建设国家区域肿瘤中心为目标建设厦门医院，积极推动肿瘤三级防治网络建设，牵头组建的肿瘤专科医联体已覆盖全国60余家成员单位，为广大肿瘤患者提供同质化的肿瘤诊疗服务。继续对口支援西藏、新疆、云南等地区。在国际合作方面，先后与美国德州安德森肿瘤中心、新加坡国立健保集团癌症中心、法国Gustave-Roussy（古斯塔夫·鲁西）肿瘤中心、日本金泽大学癌症研究所、意大利肿瘤研究中心、美国杜克大学肿瘤研究所、澳大利亚彼得麦卡勒姆癌症中心、加拿大玛嘉烈公主癌症中心、英国诺丁汉大学癌症科学中心等共11所机构签署框架合作协议，形成伙伴关系，在医疗、科研、人才培养、患者国际转诊等方面进行深入合作与交流。

（秦悦）

【召开2022年度肿瘤医院迎七一暨抗击新冠肺炎疫情表彰大会】 6月29日，举行2022年度肿瘤医院迎七一暨抗击新冠肺炎疫情表彰大会。2个团队获"抗击新冠肺炎疫情先锋集体"荣誉称号，112名个人获"抗击新冠肺炎疫情卓越个人"荣誉称号。

（高晓琳）

【援疆干部邵龙龙赴新疆医科大学第八附属医院开展援建工作】 7月6日，医院胸外科邵龙龙同志作为教育部第十批援疆干部，启程奔赴新疆医科大学第八附属医院（原新疆自治区胸科医院）进行为期一年半的对口支援工作。医院提前为邵龙龙同志举行小型欢送会，医院党委书记李端树、胸外科主任及支部书记陈海泉、党办主任陆冰等共同为其送行。

（高晓琳）

【与厦门市政府合作共建复旦大学附属肿瘤医院厦门医院】 9月27日，与厦门市人民政府签署合作协议，共建复旦大学附属肿瘤医院厦门医院。医院地处厦漳泉核心圈，占地面积10.1万平方米，总规划床位1500张，将按照"大专科，小综合"的方向，同质化运营管理，以建设国家肿瘤区域医学中心为目标，打造国内一流的肿瘤中心，让当地居民在家门口就能享受到上海的优质医疗资源。

（秦 悦）

【成立上海市级医院肿瘤临床规范化诊疗研究中心】 9月28日，上海申康医院发展中心副主任赵蓉、医联工程与信息化部主任何萍、规划绩效部副主任王爱荣一行到院，宣布成立上海市级医院肿瘤临床规范化诊疗研究中心并正式授牌。该中心将致力于推动和提升上海市级医院乃至国内肿瘤规范化诊疗能力，造福更多肿瘤患者。

（王清江）

【徐彦辉团队研究成果在《科学》杂志发表】 10月7日，《科学》（Science）杂志在线发表徐彦辉课题组研究成果《+1核小体转录起始复合物结构解析》（Structures of +1 nucleosome-bound PIC-Mediator complex）。

（王广兆）

【获"春昇杯"医学创新人才大赛多个奖项】 11月1日，市卫生健康委、市科委等五部门共同举办首届"春昇杯"医学创新人才大赛。医院共获3项奖项，其中宋少莉发明专利"一种PSMA结合剂及其用途"获得创业组三等奖，蔡国响"血浆ctDNA多基因甲基化标志物在结直肠癌预后预测和动态监测中的应用"和周世崇"人工智能辅助乳腺肿瘤筛查的超声仪器"分获成长组二等奖及成长组三等奖。

（庄建辉）

【乳腺外科1项发明专利成功实现转化】 12月14日，精准肿瘤中心主任、乳腺外科主任邵志敏教授团队领衔的"一组用于三阴性乳腺癌免疫组化分型的基因及应用"专利成功向企业转让，合同金额3100万元。

（庄建辉）

复旦大学附属妇产科医院

【概况】 2022年，复旦大学附属妇产科医院有在职职工1895人。有硕士生导师60名，博士生导师45名，在读研究生287人。在全国三级公立医院绩效考核中，医院连续四年成绩为专科医院类最高等级A，名列全国妇产专科系列第二名；获2022年上海市五一劳动奖状。

医疗服务。受疫情影响，全年门急诊数1316272人次，比上年下降23.06%；出院数54867人次，比上年下降23.97%；住院手术数35285人次，比上年下降23.87%；分娩数9143人次，比上年下降5.58%；平均住院日3.61天，比上年增加0.06天。

科学研究。共计立项项目71项，立项经费合计5743.78万元。作为第一（含共同）作者及通讯（含共同）作者发表SCI收录论文397篇，总IF分值1356，单篇最高分值41.307；发表中文论文192篇（不含科普），其中复旦大学A类期刊论文53篇。共申报新专利18项，科研相关奖项20余项，其中获奖9项。

学科建设。有序开展学科建设项目：上海市高水平地方高校建设项目(生殖与妇女健康交叉研究院)、上海医学院基本发展项目、国家重大项目预研项目(先导项目)及其他重点项目。妇产科学科取得多项世界级前沿成果:首次实施胚胎植入前遗传学检测-多基因病技术(PGT-P),诞生世界首例基于PGT-P优选低风险糖尿病试管婴儿,医院在《自然》(Nature)、《细胞发现》(Cell Discovery)、《自然遗传学》(Nature Genetics)等期刊发表最新研究成果。此外,黄荷凤院士主编《发育源性疾病》出版发行,并入选"十四五"时期国家重点出版物出版专项规划项目。

人才培养。推进住院医师和专科医师规范化培训工作,现有住院医师规范化培训学员133人,专科医师规范化培训学员106人。承担"子宫内膜异常增生和子宫内膜癌保育治疗——从临床到病理"等18项国家级继续医学教育项目、1项市级继续医学教育项目。申报"不孕不育及相关疾病规范化诊治及进展学习班"等6项国家级继续医学教育项目,"育龄期女性乳腺肿瘤的个体化治疗学习班"等28项国家级继续医学教育备案项目。持续开展周二晚上的专业讲座,按期开展"新生儿窒息、复苏"等49项专业课程。

社会服务。开设国内首个女性健康社会工作学习班,开展"粉黛迎新会"、"美丽重塑计划"系列活动、"乐与TONG行"——关爱内异症患者行动、"红MO坊"减重活动、粉红丝带月、"子宫颈保卫战"、"加倍爱*康复之家"——妇科肿瘤患者关怀项目,医二代匠心筑梦系列、"病例大讨论"活动等。积极选派医务人员赴摩洛哥、云南、西藏、新疆参与医疗援助,其中1名放射科医生参加西藏日喀则人民医院援建工作。（周昱琪）

【女性健康科普微电影《生死超越》首映】 1月5日,由上海市科委"科技创新行动计划"科普专项资助、复旦大学附属妇产科医院和庖丁影视文化公司联合制作出品的女性健康科普微电影《生死超越》新片发布会在上海国际时尚中心举行。影片出品人妇产科专家华克勤教授携主创人员出席发布会。该片于即日起在全网播出,供观众免费观看。（周昱琪）

【获批上海市妇科疾病临床医学研究中心】 7月20日,上海市科学技术委员会公布了上海市2022年度"科技创新行动计划"医学创新研究专项拟立项项目名单,复旦大学附属妇产科医院学科带头人黄荷凤院士领衔的上海市妇科疾病临床医学研究中心获得专项建设资助,下拨资助经费500万元。上海市妇科疾病临床医学研究中心将重点围绕妇科肿瘤、普通妇科以及妇科内分泌三大方向开展工作。（周昱琪）

【世界首例PGT-P试管婴儿诞生】 8月2日,基于家系遗传信息分析的世界首例PGT-P技术(胚胎植入前遗传学检测-多基因病)试管婴儿在复旦大学附属妇产科医院诞生,这也是中国首例PGT-P技术诞生的试管婴儿。黄荷凤院士团队通过多基因疾病遗传风险评估模型,对胚胎进行2型糖尿病的多基因遗传风险评估,选择2型糖尿病风险最低的胚胎进行移植,并成功进行临床妊娠。这也是在中国范围内首次使用PGT-P技术。（周昱琪）

【召开第十一届东方妇产科影像新进展研讨会】 8月13日,第十一届东方妇产科影像学新进展研讨会暨"孕之行"第五届输卵管造影及介入规范化诊疗论坛成功召开。本次会议由复旦大学附属妇产科医院和上海交通大学医学院附属国际和平妇幼保健院、《中国医学计算机成像杂志》杂志社承办。中国妇儿介入联盟、中国妇幼保健协会放射医学专委会妇产学组、上海市医学会放射学分会泌尿生殖学组、上海市医师学会放射医师分会妇儿工作组、中国医师协会介入医师分会妇儿介入学组和上海市中西医结合学会医学影像专业委员会介入学组协办。会议采用网络直播的形式,邀请国内放射介入及妇科生殖领域30余位知名专家授课。会议组织5个分论坛,开展专题学术报告39场,在线听课点击量3 000余人次。（周昱琪）

【获批上海市泌尿生殖系统疾病研究中心】 9月15日,上海市卫生健康委员会公布2022年上海市重中之重研究中心A类项目名单,妇产科医院获批上海市泌尿生殖系统疾病研究中心。（周昱琪）

【上海-云南妇产科疾病临床协作中心揭牌】 11月11日,复旦大学附属妇产科医院、云南省妇幼保健院、大理州妇幼保健院和永平县人民医院四院联动举行"上海-云南妇产科疾病临床协作中心"项目启动暨揭牌仪式。"上海-云南妇产科疾病临床协作中心"项目由妇产科医院依托《2021年沪滇农村地区群众医疗卫生项目》开展而成,将根据云南农村妇女群众常见病、多发病的实际医疗诊治需求,制订出符合当地特色的高质量妇产科诊疗服务。（周昱琪）

【举行合作共建云南省滇南妇产区域医疗中心签约仪式】 11月13日,复旦大学附属妇产科医院与红河州卫生健康委员会、红河州妇幼保健院(妇女儿童医院)在蒙自市举行合作共建"云南省滇南妇产区域医疗中心"签约仪式。妇产科医院将以此次合作为契机,聚焦红河州需要,发挥自身优势,积极推动优质资源到红河州来,不断加快红河州妇幼保健事业发展,真正提升红河州妇女群众的幸福感,助力红河州妇幼保健事业新的腾飞。（周昱琪）

【举办第七届生育保健论坛】 11月18—20日,由中国妇幼保健协会主办,中国妇幼保健协会生育保健分会、复旦大学附属妇产科医院和复旦大学生殖与发育研究院联合承办的第七届生育保健论坛在线举行。论坛设置主论坛、生殖医学、出生缺陷防控、围产医学、疑难病例讨论和优秀青年论坛等不同专场,邀请国内外著名专家学者围绕"维护人口健康"这一主题,就前沿技术和临床热点问题作学术报告,开展交流研讨。（周昱琪）

复旦大学附属儿科医院

【概况】 2022年,复旦大学附属儿科医院(简称"儿科医院")有在职职工2 059人(含规培121人),其中正高级职称63人，副高级职称165人，博士研究生导师52人，硕士研究生导师45人。医院继续位居"中国医院排行榜"全国儿童专科医院榜首，连续13年儿内科专科声誉排名和综合排名第一，儿外科专科声誉排名和综合排名第二。

2022年上半年，医院"三舱联动"，承担"大上海保卫战"的儿童新冠确诊病例救治工作。319名儿科人进驻上海市公卫临床中心、仁济南院和定点院中区隔离病房，累计收治新型冠状病毒感染患儿2 127例，包括3例危重型患儿和1例重型患儿。同时，儿科医院充分发挥危重新生儿会诊抢救中心作用，承担上海市新冠感染孕妇所生的"密接"新生儿救治工作，累计收治"密接"新生儿175例。2022年，儿科医院门急诊数1 728 074人次，同比下降17.61%；出院33 892人次，同比下降25.28%。手术14 024人次，同比下降26.60%；平均住院日7.13天，升高0.79天；全年业务总收入124 485.34万元。

专病门诊增加至240个，罕见病门诊36个，MDT门诊增加至52个，多学科年诊治病例数达到1 142例。

教学工作。获批国家级继续医学教育学习班50个，培训学员总数2 545人。全年招收长期进修生357人次，短期参观进修生216人次。开展5项对口支援项目，助力偏远地区儿科医师92人来院进修学习。

科研工作。以第一/通讯作者在《自然》(Nature)、《科学》(Science)、《内科学年鉴》(Ann Intern Med)、《细胞研究》(Cell Research)、《循环》(Circulation)等国际学术期刊发表论文481篇。科研基金纵向项目立项81项，其中国家重点研发计划9项，国家自然科学基金27项。科研基金所获经费总金额9 800万元。

国内外合作。国内协作医院遍布31个省市，包括省级协作医院77家在内的全国协作网络，2022年新增或续签医院共18家。共举办国际会议2场，获批2022年度科技部外专项目2项、地高建项目3项。

慈善公益。全年新增18个慈善项目，共计126项慈善项目，累计募集善款超过3.4亿元，资助患儿1.25万人次。先后启动"同心圆"项目、小星欣之家公益项目、爱心厨房项目、重症监护室儿童关怀室等公益项目，共计帮助家庭300户，入住500人次，发放爱心餐券333张。共计10余支团队1 200余人次院内外志愿者开展服务3 600余小时，受益人数超过10万人。

对口支援。孙金峤圆满完成3年援青工作。选派物流中心倪佳晟作为上海市第十批"组团式"援藏医疗队队员开展援藏工作，张赟健作为上海市第十二批援滇干部开展援滇工作。派驻1批5名援滇队员在金平县人民医院开展对口支援工作。8月，"陈翠贞儿童健康发展中心"在云南永平县正式揭牌，以推进县域医共体建设为契机，在智能医疗赋能基层、建立专家工作室开展适宜技术等方面开展工作，提高县域医共体儿童健康服务能力。

党建工作。党委牵头拟定《儿科医院关于学习贯彻党的二十大精神的实施方案》，启动医院党委党校钉钉线上平台，在医院官网、党建网、党建学习公众号平台推出学习党的二十大精神专栏。通过各类主题活动，持续创新开展意识形态宣传教育和文化建设，举办庆祝建党101周年主题党日活动、70周年院庆系列活动。

（袁 琳）

【"儿童白血病专题培训"项目正式上线】 1月29日，国家基层儿科医护人员培训项目之"儿童白血病专题培训"项目正式上线。该专题培训项目由副院长翟晓文牵头，联合国家卫健委儿童白血病专家委员会及国家儿童医学中心儿童血液肿瘤专科联盟共同建立。项目建立"国家儿童医学中心儿童白血病定点医院培训平台"，并借助"国家基层儿科医护人员培训项目"创建"儿童白血病培训专题"，录制51节儿童白血病培训课程，为全国儿童白血病定点医院的医护人员及全国基层医护人员提供同质化、规范化、标准化的儿童白血病培训课程。

（徐 婕）

【召开"复旦儿科医联体中西医网络全覆盖"项目推进会】 2月15日，"复旦儿科医联体中西医网络全覆盖"项目推进会召开，32家复旦儿科医联体中西医结合协作网成员单位参加会议，共商项目发展策略。（徐 婕）

【复旦儿科医联体案例获第七季改善医疗服务行动全国医院擂台赛卓越案例奖】 8月12日，在第七季改善医疗服务行动全国医院擂台赛总决赛上，复旦儿科医联体案例"儿科医联体下转模式的建立与探索"获卓越案例。同时该案例在2022年全国医院医联体建设实践案例征集活动中获"跨区域专科联盟"十佳典范单位。

（马 琦）

【召开协作医院年度工作交流会】 8月25日，儿科医院召开协作医院年度工作交流会，本次会议以"携手合作推动高质量发展"为主题，多位专家学者和医院管理者从医院实际出发，以不同的角度分析和思考公立医院高质量发展的方向与实践。会议首次采用线上直播形式，来自国内20个省市自治区的40余家协作医院近1 000人次在线参会，医院党政领导及相关职能科室主任出席会议。

（刘斐霞）

【与厦门市人民政府合作共建复旦大学附属儿科医院厦门医院】 9月27日，复旦大学与福建省厦门市政府共同签署《厦门市人民政府与复旦大学合作共建复旦大学附属儿科医院厦门医院协议书》。（刘斐霞）

【召开第十届上海国际儿科心血管疾病研讨会】 11月12日，第十届上海国际儿科心血管疾病研讨会在上海召开，49位来自中国大陆和香港、日本、韩国、新加坡、泰国、马来西亚的专家学者参与会议，会议以线上线下结合的形式展开，直播累计观看人数突破万余人次。该研讨会已成为我国具有代表性的国际儿童心血管疾病研讨会。

（淳于凌峰）

【召开新生儿危重症救治质量改进研讨会】 11月30日—12月3日，2022新生儿危重症救治质量改进研讨会在上海召开，此次研讨会汇聚了中国、加拿大、美国、英国等国家的73位专家学者，直播累计观看人数突破两万余人次。本次会议推动新生儿医疗质量改进的国际化交流与合作，代

表了新生儿医学领域的国内领先水平和国际前沿水平。（朱祎昕）

【召开复旦儿科医联体专题培训会】12月13日，复旦儿科医联体组织召开"充分发挥医联体辐射作用 增强儿科新冠感染处置能力——复旦儿科医联体专题培训会"。本次培训围绕儿童新冠临床管理和防治进展、儿童新冠危重症的早期识别等主题，提升基层医疗机构儿童新冠处置能力，加强儿童新冠的分级分类就诊转诊工作。会议采用线上线下相结合的形式，儿科医院院长黄国英、副院长翟晓文和相关职能部门参加，复旦儿科医联体88家成员单位的医务人员在线观看。同时，在"国家基层儿科医护人员培训项目"平台上同步直播，观看人数超1 500余人。上海市卫生健康委巡视员吴乾渝和闵行区卫生健康委主任杭文权参加会议。

（马琦）

复旦大学附属眼耳鼻喉科医院

【概况】 2022年，复旦大学附属眼耳鼻喉科医院有职工1 643人，其中中国科学院院士1人，博士生导师57名，硕士生导师54名，具有高级职称者258人。

2022年全院医疗业务量受到疫情的影响，略微下降。2022年门急诊总人次为2 051 593人次，同比下降19.3%；出院病人45 200人次，同比下降25.16%；住院手术42 587人次，同比下降25.17%；门诊手术83 501人次，同比下降19.94%；床位使用率52.73%；平均住院天数3.14天。各项医疗业务量都有所下降，但平均住院日保持下降趋势，说明我院的住院医疗效率仍有所提高。

2022年医院两大科共开展22个病种，其中眼科8种、耳鼻喉科14种。医院所有临床路径均已实现信息化管理，入径率达到100%；全年眼科临床路径入径例数9 424例，耳鼻喉科临床路径入径例数8 833例，占全院住院患者总数的21.19%。

2022年医院共获得各类科研课题139项，新增科研经费6 468.37万元。其中，国家级项目56项（4 217.2万元），省部级26项（1 070万元），市局级17项（258万元）。本年度全院共登记发表论文307篇。

2022年研究生招生共101名，毕业研究生75名；招收38名基地医师。

2022年，院党委以习近平新时代中国特色社会主义思想为指导，把学习贯彻宣传党的二十大精神作为首要政治任务，贯彻落实习近平总书记系列重要讲话精神和新时代党的卫生与健康工作方针，持续巩固拓展党史学习教育成果。全年共组织中心组（扩大）学习15次。根据上级文件精神，制订《关于认真学习宣传贯彻党的二十大精神实施方案》，组织全院各层面学习。11月14日，举行党的二十大精神宣讲会，邀请复旦大学特聘教授、社会科学高等研究院专职研究员、复旦大学党的二十大精神宣讲团成员贺东航作专题报告；12月12日，举行党的二十大精神宣讲会（第二场）——"学习贯彻党的二十大精神 以全面从严治党引领保障医院高质量发展"，邀请复旦大学纪委副书记胡华忠授课。12月下旬，在全院范围内开展"凝心七十载 聚焦二十大"知识竞赛活动，党员带动群众一起学习党的二十大精神、新党章、党史及院史。医院党委坚持将党的建设与卫生事业发展、党建工作与业务工作同谋划、同部署、同推进、同考核，结合基层党建工作、意识形态工作、党风廉政建设等管党治党主体责任，牵头抓总、协调各方，深入推进全面从严治党"四责协同"机制建设。

（王士强）

【附属眼耳鼻喉科医院全新英文网站上线】 自1月1日起，医院英文网站（https://www.fdeent.org/eng/）同步推出"70周年院庆"版本，与关心、支持眼耳鼻喉科医院的海外机构、学者、同道及校友等共同庆祝70周年院庆，更好地服务世界各国患者。

（王士强）

【遗传性耳聋的精准治疗以及临床转化获得新突破】 2月1日，《细胞研究》(Cell Research)在线发表眼耳鼻喉科医院舒易来、李华伟题为《CRISPR/Cas9介导优化型同源修复策略治疗常染色体隐性遗传性耳聋》(Treatment of autosomal recessive hearing loss via in vivo CRISPR/Cas9-mediated optimized homology-directed repair in mice)的报道。这是首个基于CRISPR/Cas9-HMEJ成功治疗隐性遗传性感音神经性聋的研究，为遗传性耳聋的精准治疗以及临床转化提供了科学证据。

（王士强）

【举办附属眼耳鼻喉科医院建院七十周年纪念活动】 详见"学校综述"【举行"高质量发展与创新"论坛暨复旦大学附属眼耳鼻喉科医院建院70周年纪念活动】条，第60页。

复旦大学附属金山医院

【概况】 2022年，金山医院门急诊116.97万人次，出院27 192人次，手术10 968人次，四级手术1 621人次，床位使用率74.39%，平均住院日7.06天，全年总收入13.86亿元。设有28个临床科室、8个医技部门，核定床位700张。全院职工1 648人，其中高级职称171人，硕士以上学历375人，硕士生导师30人，博士生导师7人。

医疗服务。1.医疗工作。持续提升医疗质量和医疗安全，加强医疗技术临床应用管理，共完成院内新技术、新项目备案20种。加强医疗多中心建设，继续优化胸痛中心、卒中中心、创伤中心的诊疗流程。利用临床路径指挥棒，规范临床合理诊疗，18个专业、164个病种进入信息化管理系统，进入路径病例数10 576个，入径出院人数10 480个，完成率99.09%。推出"组团式"医疗服务模式，"高精准"对标群众需求，提名第五届"上海医改十大创新举措"。建立病历质量三级管理系统，动态监控单病种质控情况，应用QCC管理工具进行质量改善，加强抗菌药物管控，优化医院收治患者的结构。完成互联网医院备案，开展线上诊疗，促进智慧医院建设。调整布局，优化工作流程，提升门诊服务。2.护理工作。

护理质量控制每季度全覆盖,按PDCA持续改进;严格落实二级护理管理质控;加强护理不良事件、护理差错防范管理;开展优质护理服务,打造8个标杆延续护理服务主题;完善护理综合信息平台建设;开展社区联合联动,接受院外PICC。

学科建设。完成上海市医学重点专科(2019—2022)——儿科、医学影像科、肿瘤科验收考核;急危重病科(化学灾难应急)完成上海市公共卫生体系建设三年行动计划(2020—2022年)重点学科验收考核;完成金山区卫健委第六周期医学重点专科年度汇报及考核;9个学科申报金山区卫健委第七周期医学重点建设专科;完成院级重点学科平台年度汇报及考评,启动"3+2+X"后备学科平台建设。

人才培养。引进复旦大学脑科学转化研究院段树民院士团队;精准育才与灵活引才相结合,全职引进科主任3人,柔性引进科主任1人;完成金山区卫健系统第十一周期优秀人才终期考核工作;完成金山区卫健系统第十二周期优秀人才评审;完成第二届院级人才培养计划第一阶段的培养对象成果验收工作;选送2名优秀医生进行专科医师规范化培训;3人入选2022年复旦-哈佛全球临床学者研究培训项目(GCSRT),2人入选2022年哈佛大学医学院全球临床教学师资培训项目(T2T),2人报名2023年哈佛大学医学院全球临床教学师资培训项目(T2T)。招收博士研究生6人,硕士研究生23人;毕业博士研究生7人,硕士研究生18人。其中上海市优秀毕业生1名、复旦大学优秀毕业生2名,1名博士后出站、1名博士后进站。承担复旦大学本科大课任务共计79学时,共接受临床医技专业本、专科实习生62名,其中本科34名(其中复旦大学法医系17名),专科28名。具有7个国家级住院医师规范化培养专业基地、2个上海市住培基地,在培住院医师共148人,助理全科学员4人,全科转岗学员6人,规培结业考试首次通过率86.79%。

科研工作。申报各类纵向项目213项。获国家自然科学基金立项10项(面上2项,青年8项);部级项目立项3项;上海市卫健委卫生政策研究课题立项2项;金山区科委科普特色项目立项3项;医药卫生类科技创新资金项目立项10项;金山区卫健委项目14项;金山医院青年科研启动基金立项30项。共发表论文161篇,其中SCI文章82篇、复旦核心A类14篇、复旦核心B类44篇、非复旦核心21篇,高质量SCI文章(IF>5分)37篇,其中IF>10分的有5篇。发明专利受理24项,授予11项;实用新型受理9项,授予3项。伦理新项目审查共132项,其中GCP新项目4项,科研新项目97项,医疗技术伦理审查40项。

医院管理。对接"国考"指标,优化绩效考核,持续推进"创三甲"工作,推动医院高质量发展,提供优质的医疗服务。1.推进医院物资精细化管理,手术室高值耗材寄售模式,按需结算。加强内控体系建设,建立内控体系建设工作小组。修订《金山医院内部审计工作规定》《金山医院经济合同审计规定》《科研经费审计实施办法》《金山医院基建工程审计实施办法》《金山医院合同管理制度》和《金山医院采购和招投标管理办法》,实施采购立项-招投标-签订合同-合同履行闭环管理流程,关注重点、高风险领域的监督。2.加强财务和预算管理。完善全成本核算,合理调整医疗服务价格;完成电子票据的退费流程;提供自助机打印发票;手机移动支付项目-住院模块;完成预算软件建设。3.应急工作。针对突发公共卫生事件、院内感染防控、医疗救治、安全保卫、网络安全等各类应急培训21次;组织应急队伍进行各项演练44次;完善院内群体伤医疗救治信息上报流程,处理群体伤事件7起,救治33人次。4.信息工作。完成互联网医院全面上线运行,门诊医技预约平台升级改造,发热门诊等候区排队系统,上海医保家庭账户共济结算改造,医保交易结算由医保五期接口到医保国家平台的切换工作;改造门诊西药房LED屏重建及排队叫号系统、门诊创面诊疗中心排队叫号系统;开发检验系统核酸混采、官方微信公众号体检预约、自助机和官方微信公众号的快速核酸缴费功能;梳理电子病历五级项目;扩容PACS系统存储;更新物理隔离网闸和外网出口负载均衡等网络安全设备。5.医保工作。加强异地医保基金监管;推进DRG支付改革工作;开展医保联合约谈;开展第五批国家药品带量采购工作,定期对药品带量采购工作进行数据汇总。

基建工作。完成发热门诊、急诊缓冲区、PCR实验室、化学伤害急危重病医学重点实验室改造。新住院楼项目于9月25日竣工,并于11月18日正式投入使用。积极配合诊疗工作完成基础建设及改造。

后勤管理。完成重点维保项目24项,推进特种设备、电气火灾安全生产隐患排查整治工作,注销特种设备11台,新增特种设备6台,加强国有资产出租出借管理,开展节能减耗工作,做好绿化养护及环境卫生工作,加强医疗废物及污水处理、危液管理,优化生活垃圾管理,严格执行公务用车制度,疫情防控期为闭环人员提供餐饮等后勤保障。

安全生产。严格落实安全生产责任制,加强消防安全管理,构建消防安全全员网格化管理体系,全年无重大火灾事故。加强治安防范措施,全年无重大治安、刑事案件,医疗纠纷医警联动启动2次,建立5个独立监控平台,与派出所"智慧公安"系统实现联网。积极开展"扫黑除恶"工作,清理小广告、宣传品,发现外地牌照可疑"黑救护车"1辆,发现医托1起,开展反诈培训、保密宣传活动。

红十字会工作。在"世界急救日"主题活动日,开展健康宣教、急救知识宣讲及义诊等活动;积极组织无偿献血、造血干细胞采样入库活动,共有93名职工献血,共计献血20 000 cc,37名职工造血干细胞入库。医院闭环管理期间,发放捐赠生活物资,共计1 752人次。

新冠疫情防控工作。贯彻落实疫情防控的各项要求,严格按照上级统一部署,根据疫情变化及时调整疫情防控方案,院内严格网格化管理,持续推进各项防控工作有序、高效地进行。完成发热门诊环境改造，开设重点门诊、隔离病房。封控人员就诊2 094人次，重点门诊就诊586人次，隔离病房初筛阳性复核人员612人次。外派接种保障394次，区内外支援采样任务98次，外派采样队员19 602人次，派驻浦东机场疫情值守人员13人次，金山区集中隔离点共派驻医护363人次，派出援琼人员18名、援疆3名、援藏8名、援渝8名，完成疫情期间活动、赛事医疗保障等20项。12月，在院领导的指挥下，成立急诊患者收治专班、重症患者救治专班、后勤保障、氧供专班，全院上下众志成城，积极应对，打破专科限制，统一调配病房和工作人员，协调收治，打赢疫情攻坚战。

对口帮扶工作。完成《三级医院对口帮扶县级医院协议书》签约工作，派出第2批、第3批援滇医疗队共计10人开展对口支援工作。在帮扶医院完成29项新技术及1个特色专科建设，完成云南3名骨干医师培训，接收云南普洱卫生专业技术人员11人来院完成3个月的短期培训。金山医院泌尿外科陈刚专家工作站在永平县正式设立并揭牌。

对外交流合作和社会服务。中山专家团队推进医院普外科亚专科建设，成立肿瘤综合治疗MDT组。糖足闭环管理体系服务半径扩大到金山区11家社区卫生服务中心。积极开展药品帮扶，与张堰社区卫生服务中心成立康复医学专科联盟。贯彻落实长江三角洲区域一体化发展国家战略，与平湖市独山港镇中心卫生院续签合作协议，双方在提升化学伤害的应急处置能力、急危重病的综合救治能力、儿科及消化内镜的医疗技术水平和服务能力方面开展合作。"郁金香"志愿者服务队共开展志愿服务22 000余小时，志愿服务6 000余人次，常规开展志愿服务品牌项目10余项，新招募社会志愿者146名。

精神文明与文化建设。开展"我和金医新院的那10年"征文活动，通过知院史、晓院情，增进认同感和归属感。挖掘培育新典型、新品牌，开展选树培优等创建活动。建成"官网-报纸-微信-平面-短视频"五位一体的多元化立体宣传服务平台，发布视频53个，获"金闻奖"视频类一等奖1个。以网络宣传促进就医模式转变，积极宣传新技术及成功病例、新的医疗成果、特色专科、医疗动态及义诊活动等。做好健康科普宣传，打造金医健康宣传品牌效应。

党建工作。进一步加强公立医院党的建设，把握医院公益性发展方向。加强标准化规范化党支部建设；培养入党积极分子18人，接收预备党员7人，预备党员转正10人；党支部参与科室重要事项90余项；制订《复旦大学附属金山医院单位和个人预警黑名单制度》；开展"廉政"查房；通过抽查等形式，开展专项督查40次；对重大项目发放督查整改建议书4次；抽查关键风险点52次，参与科室核心小组督查20余项；参与招投标工作12项；按照"一岗双责"的要求，四大层面签订党风廉政建设责任书；组织全院职工学习《中华人民共和国监察法》，开展党规党章考核3次；推送"以案示'金'"13期，"金医话廉"15期，"清风润金医"3期；开展廉政文化月活动。

（陈叶 曹赛勇）

【"复旦大学脑科学转化研究院-金山医院临床转化中心"揭牌】 1月25日，"复旦大学脑科学转化研究院-金山医院临床转化中心"在金山医院揭牌。复旦大学脑科学转化研究院与金山医院签订合作协议，合作共建"复旦大学脑科学转化研究院-金山医院临床转化中心"，深入推进基础研究成果临床转化，加强复旦系统内资源整合。

（曹赛勇）

【金山医院互联网医院正式开诊】 6月1日，金山医院互联网医院正式开诊，19个诊疗科目获批，市民足不出户可享受复诊、配药、咨询、药品配送到家等便捷高效的医疗服务。

（曹赛勇）

【37名医护人员援助外省】 8月12日，18名医护人员援助海南。8月18、22日，8名医护人员分2批援助西藏日喀则。10月31日，3名护理人员援助新疆。11月22日，8名医护人员援助重庆。全年共有37名金医人援助外省。

（曹赛勇）

【入选上海市公立医院高质量发展试点单位】 10月9日，在上海各区及办医主体推荐的基础上，经上海市卫生健康委会同有关部门的全面审核以及专业评估，上海市公立医院高质量发展试点名单出炉，金山医院入选上海市区属医院高质量发展试点单位。此次试点持续五年，作为试点单位，金山医院将坚持以人民健康为中心，以建立健全现代医院管理制度为目标，努力打造公立医院高质量发展的"上海方案"，提高群众和广大医务人员的获得感和满意度。

（曹赛勇）

复旦大学附属上海市第五人民医院

【概况】 2022年，复旦大学附属上海市第五人民医院有在职员工1 615人（在编职工1 080人，编制外职工535人），其中正高级职称48人，副高级职称127人，中级职称442人，初级职称645人，研究生学历者309人。享受国务院津贴专家6名。

医院有39个临床科室，核定床位630张，全年完成门急诊1 228 371人次，比2021年减少35%；出院人数24 647人次，比2021年减少20%；手术8 834人次，比2021年减少19%；平均住院天数7.90天，比2021年增加0.07天；医疗总收入96.225万元，比2021年减少16%。泌尿外科作为2019—2022年度上海市医学重点专科建设计划（A类）、内分泌科作为上海市医学重点专科建设计划（B类）配合主管部门开展到期验收。中医眩晕专病新入围2022—2024年度闵行区中医特色品牌专科（专病）建设。神经内科、普外科作为闵行区医疗系统大学科，肾脏内科、创伤-急救-危重症医学中心作为闵行区医学特色专科A类，心血管内科、呼吸与危重症医学科、骨科、医学检验科作为闵行区医学特色专科B类，放射科、病理科作为闵行区医学扶持专科，均按要求准备开展中期评估。在建院级重点专科建设14个，其中A类9个：呼吸与危重症医学科、胃肠/结直肠外科、骨科、神经内科、肾脏内科、创伤-

急救-危重症医学中心、心血管内科、医学检验科、放射科;B类5个:老年康复护理、病理科、麻醉科、妇产科-母胎医学、口腔科,均按计划开展中期评估工作。

疫情防控工作。3—5月上海封控期间,医院共计派遣192名工作人员进驻隔离病房和隔离发热门诊,先后设立孕产妇专用病区、封控人员病区,紧急开放3间隔离手术室和隔离产房。在发热门诊诊室不足的情况下,将120车辆作为移动诊室上车接诊、检查和治疗。3月12日,筹备开设颛桥田园血透中心,承担全区除新冠阳性患者之外的所有涉疫尿毒症患者血透任务,至5月31日关闭,共计完成血透988人次。3月7日至5月31日,总计派出1.1万人次参与核酸采样,足迹遍布整个闵行。8—10月,派出861人次支援上海交通大学、吴泾社区、申鑫社区、梅陇社区紧急核酸采样。派出118人次医护支援闵行区康健中心,派驻286人次医护支援隔离酒店、隔离点。筹建慧馨方舱医院、申南驿站方舱医院,接收轻症及无症状阳性患者。其中,慧馨方舱医院运行50天,累计收治患者4 105名;中南驿站方舱医院运行27天,累计收治患者1 812名。4月24日,派遣5名医护进驻上海蓝十字脑科医院,帮助其扑灭疫情,阻断传播途径。8月,派出13名医务人员支援西藏抗疫工作。10月,派出5名医务人员支援新疆抗疫工作。

运营管理工作。从2022年开始,体检中心不再独立核算,纳入医院整体绩效考核体系。3—5月疫情封控时期,制订《特殊时期的绩效考核方案》。配合日间化疗中心建设,制订日间化疗中心绩效考核方案。制订公共病区护士绩效考核方案。开展"业财融合"建设,将HIS系统收支数据、卫材系统领用等通过信息化手段与财务核算系统贯通,减少人为操作,提高数据准确率。

医联体工作。全年借助医联体平台由社区全科医师预约五院专家1 097人次,预约各项特殊检查的有744人次(其中胃镜117人次、肠镜127人次、CT 220人次、磁共振243人次、超声26人次)。医院服务社区MUSE 44 069人次,PACS 82 749人次,眼底镜4 012人次。医院上转华山医院患者7人次,下转社区患者21人次。6月中旬开始,按计划开展社区两癌筛查项目,安排普外科(甲乳)、妇科(宫颈)、护理、B超、病理等团队进行现场筛查、宣教,同时对有需求的患者开展现场转诊工作,全年妇女病体检上转甲乳外科门诊525人次,妇科宫颈专科门诊55人次。

教育工作。承担复旦大学上海医学院、皖南医学院、蚌埠医学院等医学院实习任务,全年共完成实习带教370人。招录硕士研究生25人,博士研究生5人。招录住院规培医师47人,完成率100%。协同华山医院培养规培学员4人,助理全科医师9人。住院规培医师结业30人。执业医师考试首次通过率73.1%,结业综合考试首次通过率96.8%。组织32人参加2022年度国家年度业务水平测试,其中放射科基地崔尔亨全市排名第一,全国前5%,全国排名前10%共4人。获全国医学专业学位研究生教育指导委员会和中国医师协会全国全科医学教育教学研究课题1项,中华医学会教育分会医学教育研究课题2项。医学模拟实训中心开展"产钳助产培训""剖宫产技能培训""腔镜基础技能培训""显微根管治疗培训""成人气管插管操作训练""中心静脉穿刺置管术训练"、BLS、ACLS课程共计19期。

科研工作。获国家自然科学基金面上项目5项,青年项目3项。获上海市科委自然基金项目4项,上海市市科委"科技创新行动计划"港澳台科技合作项目1项,新冠抗原检测相关应急攻关项目2项。获复旦大学-复星护理科研基金立项1项。获上海市医院协会医院管理研究基金年度课题立项1项。获闵行区科委自然基金项目26项,闵行区卫健委项目6项,闵行区科普项目4项,复旦-闵行康联体项目3项。发表论文241篇,其中:SCI 130篇(中科院1区18篇,中科院2区45篇,中科院3区38篇,中科院4区29篇),核心期刊64篇(复旦A类15篇,复旦B类20篇、中文核心25篇),其他期刊47篇。参与编制指南与专家共识4篇。获2020年度上海医学科技奖三等奖2项。主编出版专科普书籍3册。授权发明专利5项,实用新型专利26项,著作权7项,软件著作权4项。获得第三十四届上海市优秀发明选拔赛15项。泌尿外科三项实用新型专利"一种一次性肛门直肠电极插件""一次性盆底生物反馈电极插件"和"一种一次性盆底生物反馈电极贴片"转化至上海诺诚电气股份有限公司,转化总额共50万元。获上海市健康科普专项计划2项,复旦大学医学科普创新项目2项,闵行区科普项目立项4项。在原有样本库和组织库基础上,成立人类遗传资源办公室。

党建工作。在疫情大考中,党委第一时间发出《倡议书》。从3月8日社区开展核酸大筛至5月中旬,班子成员全部驻守闭环工作。党政班子成员分工合作,分别带队深入社区完成大筛任务,参加区防控专班工作、驻点方舱医院指挥工作,驻守院内防控及医疗救治管理等。第一时间在慧馨方舱医院和申南驿站方舱医院分别成立临时党支部,有19名医务人员在火线递交入党申请书。开展"廉洁文化在五院"作品征集及交流活动,并创作"涵养廉洁文化,助力医德医风"专题教育视频,视频短片在2022年复旦大学附属医院行风建设专题教育视频制作及评选活动获得一等奖。开展"今天我站岗-门诊助医志愿服务"活动,共有158名职能科室志愿者参加,为患者及家属提供导医咨询服务。

医疗援建工作。6月,第一批援云南龙陵医疗队完成医疗援建任务回沪,第二批援滇医疗队5名队员接力援建龙陵。8月底,贺晓敏等4名医务人员赴云南保山和昭通开展医疗援建。全年医院共接收昭通市医务人员18名,保山市医务人员1名,来院进修1—3个月;接收保山市医务人员9名,进修3—6个月;接收云南骨干医师2名,进修一年。

获奖情况。医院获2021年上海市"五一"劳动奖状,获评2021年度上海市社区、企事业单位献血工作考核优秀集体。胡德雪获第六届"左英护理奖"提名奖。霍子琪获2021年全国科普讲解大赛二等奖。唐建国获第四届"上海市区域名医"称号。陈美贤、高婷婷、朱毅骏获第七届上海市青年药师职业技能大赛二等奖。梁倾获"2021年度上海青年五四奖章"称号。

(钱庆庆)

【13人赴西藏日喀则支援抗疫工作】8月18日,上海市第五人民医院13名医务人员前往西藏日喀则支援核酸采样工作。此次援藏采样队从报名的100余名医务人员中筛选组成,其中2名医生、11名护士,全部为80后、90后,年龄最小的仅23岁,所有队员都有在"大上海保卫战"中参与核酸采样、隔离病房救治的经历。

(钱庆庆)

【5人赴新疆支援抗疫工作】10月7日,上海市第五人民医院5名医务人员跟随上海援疆医疗队前往新疆维吾尔自治区昌吉体育馆方舱医院进行抗疫工作,完成任务后于12月3日整建制转战喀什地区第一人民医院新城院区继续进行医疗救治工作,12月17日返沪。

(钱庆庆)

【入选上海市公立医院高质量发展试点单位】10月,上海市深化医改领导小组办公室发布关于开展上海市公立医院高质量发展试点工作的通知,遴选确定40家改革意识强、创新劲头足、学科基础扎实、提升空间大的公立医疗机构为"上海市公立医院高质量发展试点单位",上海市第五人民医院榜上有名,是闵行区唯一入选的区属综合性医院。

(钱庆庆)

【获2021年度上海医学科技三等奖2项】11月30日,2021年度上海医学科技奖颁奖大会在上海国际会议中心举行。上海市第五人民医院呼吸与危重症医学科揭志军领衔的团队项目《呼吸道病毒感染的早期诊治、免疫机制研究及推广应用》、骨科董有海领衔的团队项目《组织工程骨构建人工椎板的应用基础研究》获2021年度上海医学科技奖三等奖。

(钱庆庆)

上海市(复旦大学附属)公共卫生临床中心

【概况】 2022年,上海市公共卫生临床中心(简称"公卫中心")有职工1 324人,其中医疗人员272人,护理人员550人,医技人员137人,科研转化人员125人,行政人员119人,后勤及其他人员121人。在1 244名专业技术人员中,正高级职称人员51人,副高级职称人员120人,取得博士学位者87人,硕士学位者287人。新进员工33人,其中博士研究生2人,硕士研究生4人。

公卫中心核定床位1 460张,全年门急诊492 463人次,同比降低4.43%;出院33 804人次,同比增长11.26%;门急均次费622.74元,同比降低30.59%;出院均次费16 563.07元,同比降低42.52%;总药占比34.91%,同比降低5.91%;平均住院日9.35天,与上年基本持平。

获批三级泌尿外科内镜诊疗技术、虹口院区口腔种植诊疗技术、三级脊柱内镜诊疗技术3项上海市限制类医疗技术资质和虹口院区肾病学、心内科、神经内科、胸外科、疼痛科、产科、新生儿科、病理科等业务资质。

持续做好新冠病毒感染疫情防控工作。公卫中心全力做好新冠病毒感染患者医疗救治,成功应对"大上海保卫战"。启动院内病区转换,扩大救治床位资源,金山院区所有医疗区域纳入闭环管理,承担上海本土疫情"老、小、孕、重"四类患者收治,全年开放床位1 100张,收治患者最高峰值2 300人。全年,公卫中心共计收治新冠患者17 332例,治愈出院17 016例,其中新冠分型危重型143例、重型280例、普通型3 171例、轻型7 720例;合并基础疾病重症781例、轻症2 190例;18岁以下的1 760例、60岁以上的3 663例、80岁以上的973例、100岁以上的20例;孕产妇1 307例,新生儿出生144例。

新增复旦大学临床药学硕导1名、申请通过临床医学导师2名(1名学术+专业博导、1名专业硕导)、基础医学导师2名(学术硕导)。完成2批次研究生毕业和学位申请,其中11人(博士3人、硕士8人)获毕业证书、11人(博士4人、硕士7人)获学位证书。开设本科生课程5门,完成临床实习生教学任务及考核评定186名。全年接受内科住培学员116名、全科规培学员69名进行感染科轮转培训,新招录2022级感染科专科医师3名,2021年专培结业学员2名。完成2021年继续教育(CME)项目执行情况评估15项(国家级13项、市级2项),2022年CME项目执行及情况汇报10项(国家级8项、市级2项),完成2022年上海市CME项目申报6项、2023年国家级CME项目申报3项、备案6项。

承接临床研究项目60项,合同金额12 115万元,其中Ⅰ期项目6项(Ⅰ类新药3项),合同金额1 392万元;Ⅱ~Ⅲ期项目13项(其中新冠应急项目11项),合同金额2 715万元;诊断试剂Ⅲ类项目41项(其中新冠应急项目37项),合同金额8 008万元。临床研究中新冠相关研究48项,其中新冠药物类项目11项(合作单位9家)、新冠核酸类诊断试剂项目6项(合作单位5家)、新冠抗原类诊断试剂项目31项(合作单位29家)。院内课题立项43项,立项经费198万元。公卫中心作为责任单位和参与单位共立项课题50项,其中国家重点研发计划8项(子课题4项、参与4项)、国家自然科学基金4项(国自然专项1项、青年项目1项、参与地区联合基金1项/专项1项)、市局级课题37项、协会课题1项,纵向科研项目立项经费总额为3 831.41万元;承担上海市市级科技重大专项"重大突发传染病防控关键核心技术研究"子任务2项,立项经费880万元;承担广州国家实验室应急攻关项目立项子课题1项,立项经费120万元;获批多项应急科技攻关项目,立项经费总计1 684万元。完成课题验收33项,包括国家级项目11项、市局级项目22个,完成2018年在研至今70个项目的执行过程和经费使用的全面审计。公卫中心作为第一作者单位和参与单位登记发表论文237篇,其中SCI论文

155篇,总影响因子1 203.493分,第一作者单位96篇(影响因子642.519分),篇均6.69分(同比提高1.86分);核心期刊论文61篇。科技成果方面,获中华医学科技奖三等奖1项,1项技术转化项目通过上海知识产权交易中心实现专利挂牌,交易总金额2 500万元。公卫中心位列2021年度复旦版中国医院排行榜(综合)第93名、"结核科"位列全国专科排名第4位,科研经费总额位列2022年国家公立医院绩效考核监测结果全国第二(组内),"结核病学"位列2021年度中国医学院校科技量值(STEM)排行榜"结核病学"学科排行榜全国第四名、"传染病学"位列全国第八名,"感染性疾病学"位列上海市2021年度三甲医院科研竞争力学科排名第二名。

完成智能预问诊、智能院内导航、智能识别通行、医疗收费电子票据、智能随访管理、中药代煎配送、便民一键呼救等七大医疗服务应用场景的落地。启用医护人员实名认证,发放数字证书,推进电子化签署,初步实现两院区门诊无纸化系统改造。开发完成"线上义诊""跨院复诊(健康档案调阅)""一老一小、志愿者代配药""线上大病医保结算"等功能,累计接诊患者2 344人次。

公卫中心获"全国五一劳动奖状""全国消除疟疾工作先进集体"称号;新冠病房团支部获评2021年度全国五四红旗团支部;应急救治护理班组获评"上海市工人先锋号";结核科获评"2021年上海市巾帼文明岗";巫善明入选上海市第二届"医德之光"选树人物;施裕新获"上海市医务工匠"称号。

(黄敏 黄瑛)

【各级领导莅临公卫指导抗疫工作,慰问公卫中心医务人员】 1月27日,上海市委书记李强,市委副书记、市长龚正前往市公共卫生临床中心,看望慰问医务人员。4月18日,中共中央政治局委员、国务院副总理孙春兰到公共卫生临床中心,出席医疗救治专题会,并看望慰问奋战在一线的医疗专家和医务人员。

(黄敏 黄瑛)

【上海市级医院传染病与感染病临床专科能力促进与提升专科联盟成立】 2月22日,上海市级医院传染病与感染病临床专科能力促进与提升专科联盟成立仪式在上海市公共卫生临床中心举行。联盟由上海市15家市级三甲医院感染科共同组成,牵头单位为上海市公共卫生临床中心。联盟的建立旨在构建协同创新体系,通过在医、教、研、管领域的积极探索,持续推动针对本专科领域中重点病种的预防、诊断、治疗新技术、新方案和新策略的研究和落地,推动感染病学科发展,惠及广大患者。

(黄敏 黄瑛)

【举办应急医学中心开工活动暨突发公共卫生事件应对学术研讨会】 9月21日,由上海市医院协会传染病管理专业委员会主办,上海市公共卫生临床中心承办的上海市公共卫生临床中心应急医学中心开工活动暨突发公共卫生事件应对学术研讨会在上海市公共卫生临床中心召开。研讨会主要围绕传染病研究和诊治的最新进展、传染病防治策略以及公共卫生学科建设与人才培养等方面展开探讨和交流,会议采取线上与线下相结合的方式举行,吸引线下各医疗单位近40人,线上1 600余人参加。

(黄敏 黄瑛)

【应急医学中心项目开工】 9月22日,上海市公共卫生临床中心应急医学中心项目开工。上海市委副书记、市长龚正宣布开工,并在公卫中心应急指挥中心召开座谈会。市公卫中心应急医学中心项目是上海市"十四五"医疗卫生事业发展重点工程,项目以"平战结合"为建设原则,着力强化集中收治重大传染病患者,参与公共卫生重要事件应急防控,开展重大传染病防治规范研究和制订等公共卫生职能,提升上海应对重大疫情和公共卫生安全事件的能力,建设集医、教、研、防、转为一体的国家公共卫生医学中心。

(黄敏 黄瑛)

【提升医疗服务】 12月8日,公卫中心互联网医院新冠门诊服务正式上线,为广大市民以及居家隔离感染者提供专业的新冠诊疗和居家健康的咨询服务。随着新冠患者不断增加,公卫中心设置家庭病房,并开辟儿童游乐专区,给予针对性照护。

(黄敏 黄瑛)

复旦大学附属华东医院

【概况】 复旦大学附属华东医院是以老年医学为特色,医学、教育、科研、预防协调发展的三级甲等综合性医院。由院本部、闵行门诊部、浦东门诊部和5个市级机关医疗点组成。老年医学科为国家临床重点专科(同时为上海市重中之重临床重点学科、上海市强主体临床重点专科),中医老年科为国家中医药管理局"十二五"重点专科,老年医学科、康复医学科和临床营养科为上海市重要薄弱学科。院内设有上海市老年医学研究所(下设老年痴呆与抗衰老研究室、老年骨质疏松研究室、老年临床医学与保健研究室、流行病学研究室和老年药学研究室)、上海市老年医学临床重点实验室、上海康复医学临床医学研究中心、《老年医学与保健》杂志社,是复旦大学老年医学研究中心、上海市康复医学会、上海市康复治疗质控中心、上海市保健医疗质控中心、上海市老年营养健康质控中心挂靠单位,是上海市首批老年友善医疗机构。

2022年,附属华东医院有在职职工2 256人,其中正高级职称147人、副高级职称280人、中级职称1 041人、初级职称678人、其他110人;其中博士157人,硕士432人。有核定床位1 050张,实际开放床位1 300张,临床医技科室43个,员工2 400余人(含规培),其中副高及以上职称427人,博士生导师31位、硕士生导师70位。

疫情防控工作。坚持"人民至上、生命至上",坚持"动态清零"总方针不犹豫、不动摇。大上海保卫战期间,院党政领导班子团结协作,共同驻守在岗,24小时保持战时状态,确保医院疫情防控工作高效运转。为满足封控期间市民用药需求,开通社区志愿者配药绿色通道,开设挂号/

收费专窗,保障志愿者批量配药的需求。所有临床科室开放普通门诊、专家门诊及专病门诊,相关检查、检验等辅助科室应开尽开。推出"午间就诊连一连、周末门诊延一延"举措,周六门诊从半天延伸到全天,不断延长门诊服务时间。重点保障血透患者、肿瘤放化疗患者、老年患者等特殊人群就医需求,通过开辟绿色通道、设置第二血透室等,确保相关人群治疗不间断。"新十条"出台后,院领导靠前指挥,紧急扩容急诊诊区,提升救治能力,优化就医流程,因时因势加快相关药品、急救设施设备及防护用品的储备,保障临床需求。全院一盘棋,成立收治专班,全面统筹床位及医护资源,积极调动全院医护力量及规培医生,组建 5 支应急医疗队、1 支预备医疗队及 1 支重症医疗队,保障病毒性肺炎患者及重症患者应收尽收、应治尽治。

医疗工作。继续以三级综合性医院复评审工作中发现的问题为抓手,弥补医政管理工作中的不足。进一步提高日间病房管理效率,利用信息化系统完善日间化疗预约流程,提升预约有效性。加强围手术期患者安全管理,建立长效机制,侧重重大手术术前谈话的医疗安全管理工作。以"友善服务、擦亮窗口——华东医院深耕服务文化,提升服务质量专项行动"为抓手,组织推动"门诊一体化"管理工作。不断完善门急诊就医环境,提高服务内涵和诊疗能力,优化就诊流程,持续提升患者就医体验。为进一步满足患者就医需求,开设周六全天门诊,年内新增专家门诊 20 个、特约门诊 6 个、专病门诊 9 个,开设"肺部结节诊疗""肥胖综合治疗"等多学科整合 MDT 门诊及耳鸣、皮肤光动力等特色门诊。

保健工作。持续推进保健对象的健康管理工作,进一步优化调整健康管理组医护人员的构成,鼓励、动员更多外科医护人员参与到健康管理工作中。作为上海市保健医疗质控中心挂靠单位,不断推动各项工作稳步有序开展。在全院支持配合努力下,圆满完成长达三年的中央专项保健任务。

学科建设和科研管理。根据《华东医院重点学科建设管理办法》要求,启动新一轮重点学科 3 年建设周期。修订完善《华东医院重点学科建设管理办法》《华东医院临床研究项目申报的通知》《华东医院老年医学临床医学研究中心管理办法》《华东医院国自然培育计划管理办法》《国家自然科学基金奖励补充条例》等制度。加强科研课题全过程管理,对重大/重点项目、经费总额高的项目和人才项目,定期开展中期考核,督促按时、按质完成,确保结题时取得较好成果。加强医院专利管理工作,鼓励医务人员发明创造,促进专利成果转化推广应用。

人才引育工作。修订《华东医院科研人才引进管理办法》、制订《华东医院后备导师培育计划管理办法》,明确优秀人才、兼职科研人员的引进和研究计划及要求;引进首批 5 名双聘 PI,第二批 5 名双聘 PI 已通过审批流程,有力推动医院基础研究的开展。完成医院优秀人才培养计划的评审及立项,同时补充制订青苗计划并开展申报及遴选工作。

绩效管理工作。坚持推进公立医院高质量发展的内涵建设,深化拓展以医院绩效考核为核心、以运营综合绩效和分配制度改革为重要内容的华东医院综合绩效管理工作,构建综合绩效管理体系,有效推动医院提质增效和精细化管理,促进医院逐步实现高质量发展目标。进一步完善临床医技科室绩效考核体系,加大医疗质量和医疗安全在临床医技绩效考核中的权重,保障医疗诊疗行为的规范化实施。

基本建设和后勤服务。定期召开安全会议分析安全生产形势,及时进行整改。继续做好 1 号楼(南楼)工程文物修缮及装饰装修施工,按规划对 7 号楼进行全面修缮,完成手术室等空调设备更换项目和全院生活水管等地下管线改造项目。制订医院信息化建设三年行动计划,全面完成七大基础场景和四大扩展场景的整体建设。

党建工作。坚持以习近平新时代中国特色社会主义思想为指导,认真学习贯彻党的二十大精神和市十二次党代会精神,深刻领悟"两个确立"决定性意义,增强"四个意识",坚定"四个自信",做到"两个维护",积极落实全面从严治党主体责任,充分发挥把方向、管大局、作决策、促改革、保落实作用,推动全面从严治党向纵深发展,不断提升医院党的建设质量和水平,为医院建设发展提供有力政治保证。坚持人民至上、生命至上,因时因势做好疫情防控工作。切实履行管党治党主体责任,坚定不移推进全面从严治党。明确意识形态责任,加强意识形态阵地管理。夯实基层党建,强化党建工作责任。贯彻落实中央人才工作会议精神,完善人才工作制度建设。贯彻落实统战精神,加强统战团体凝聚力向心力。全面深化文明单位建设,不断提升患者体验度。做好群团工作。 (田晓洁)

【召开党史学习教育总结会】 1 月 26 日,召开华东医院党史学习教育总结会暨 2021 年度先进表彰大会,院党政领导、中层干部、民主党派代表、离任科主任、获奖先进代表等 200 余人出席会议。 (田晓洁)

【支援公卫中心医疗队逆行出征】 4 月 3 日,华东医院援公卫中心医疗队的 10 位医护人员出发赴定点医院执行新冠肺炎的救治任务,出发前医院举行出征仪式。 (田晓洁)

【召开庆祝中国共产党成立 101 周年大会】 7 月 1 日,华东医院庆祝中国共产党成立 101 周年大会召开。会议以线上线下相结合的方式举行。华东医院党政班子成员、全院共产党员、民主党派代表、入党积极分子代表等共计约 100 人出席会议。
 (田晓洁)

【召开 2022 年度党委工作会暨全面从严治党工作会】 7 月 6 日,华东医院党委召开 2022 年度党委工作会暨全面从严治党工作会,深入学习贯彻党的十九大和十九届历次全会精神,坚决贯彻落实习近平总书记考察上海重要讲话精神和对上海工作重要指示的要求,全面落实上海市第十二次党代会精神,分析医院党风廉政建设形势,部署 2022 年度党委工作要点。华东医院党政班子成员、中层干部、各党支部党员、重点部门和重点岗位人员代表、民主党派代表等参加会议。

（田晓洁）

【叶志斌获上海"最美退役军人"称号】 7月29日，在庆祝中国人民解放军建军95周年之际，市委书记李强，市委副书记、市长龚正会见2022年度上海"最美退役军人"，华东医院肾内科主任叶志斌获该殊荣。

（田晓洁）

【唐军获左英护理奖】 8月25日，第六届"左英护理奖"举行颁奖仪式，华东医院护理部副主任唐军获"左英护理奖"。

（田晓洁）

【举办"行业手语"培训班】 9月16日，上海市医务系统首个定制"行业手语"培训班在医院开班。该培训班是全年开展"千人手语培训项目"的第一站，43位本院医生、护士、医技人员、志愿者参与培训，有利于各医院助聋公益门诊建设，为残障患者提供高质量的医疗服务。

（田晓洁）

【申康中心党委来院调研】 9月23日，上海申康医院发展中心党委书记赵丹丹一行到华东医院就加强公立医院党的建设在医院的推进实践进行调研指导工作，医院党政领导班子成员及党办、院办、组织处负责同志参加调研。

（田晓洁）

【举行安宁缓和医疗宣传】 10月8日是世界安宁缓和日，医院举办主题为"至于心灵与社区"的主体宣传活动，在门诊设置宣传展位，为往来的患者、家属及医务人员讲解安宁缓和医疗、生前预嘱等相关知识。

（田晓洁）

【举办老年医学高峰论坛】 12月16—18日，由华东医院主办的"老年医学高峰论坛"在线举办，中国科学院院士葛均波教授、中国工程院院士宁光教授等6位专家参会并作主旨演讲。

（田晓洁）

【高文获中国医院协会2022年优秀医院院长称号】 12月17日，中国医院协会在2022年中国医院大会开幕式上发布《2022年优秀医院院长及突出贡献奖表彰决定》，华东医院院长高文获"中国医院协会2022年优秀医院院长"称号。

（田晓洁）

十四、基础教育

综述

【概况】 2022年，复旦大学共有附属学校、幼儿园6所，包括1所上海市实验性示范性高中——复旦大学附属中学（简称"复旦附中"）；3所九年一贯制义务教育学校，复旦大学第二附属学校、复旦大学附属徐汇实验学校、复旦大学附属闵行实验学校；2所幼儿园，复旦大学附设幼儿园、复旦大学医学院幼儿园。基础教育集团按照学校工作部署，继续深入开展合作办学，着力提高附属学校办学品质，为一流人才队伍做好支撑保障。

服务人才队伍建设。规范有序完成2022年度复旦子弟招生工作，保障复旦子弟入学入托需求；落实重点人才落地协商保障工作专班工作机制，解决引进人才子女就读需求。

推进合作办学工作。起草制订《复旦大学基础教育合作办学管理办法（试行）》，完善合作办学制度管理。推进徐汇实验学校初中部校园建设和完善招生方案；推进复旦附中徐汇分校筹建工作，拟于2023年实施招生；推进闵行实验学校初中部建设，与闵行区教育局进一步协商闵行实验学校初中部开办方案。

加强师资队伍建设。开展2022年度基础教育优秀教师（团队）评选，共评选产生基础教育优秀教师11人、优秀德育工作者6人、优秀管理服务奖3人、优秀教书育人团队3个。开展和完善基础教育教师统一公开招聘工作，共招聘区编教师64人、复旦编制一线教师2人。制订并实施《复旦大学附属中小学推荐优秀区编教师应聘复旦编制岗位办法（试行）》，为优秀区编教师提供更好的发展渠道，健全师资招聘和人事管理体系。

落实对口帮扶工作。承担教育部县中托管帮扶任务，复旦大学托管帮扶广西都安瑶族自治县高级中学、重庆市奉节中学校两所县域高中，7月，复旦大学与县中及所在县人民政府签署托管帮扶协议书。进一步支援永平基础学校建设与发展，继续开展对永平中小学校长骨干教师培训合作，指导和推进复旦二附校开展定点帮扶永平基础教育学校实现乡村教育振兴创新试验项目，支持二附校赴永平开展深度访问，并在异地同步共享课程、支部共建、教育教学方面加强交流合作。

做好疫情防控工作。继续落实基础教育联防联控机制，协调大学各职能部门指导附属学校做好疫情防控应急处置，支持各校开展在线教学，协助附属学校改善硬件条件，创造安全健康的校园环境。在大上海保卫战的特殊时期，基础教育集团联合人事处、组织部等多部门开展抗疫一线教职工子女关心关爱特别行动，各附属中小学与幼儿园排摸校园与社会抗疫一线教职工子女700余人，安排党员志愿者、班主任、任课老师担任成长导师，关心关爱孩子的学习、思想和生活，解决抗疫一线教职工后顾之忧。

(李俊坊)

【签署县中托管帮扶协议】 7月29日，先后举行与广西都安瑶族自治县、重庆市奉节县县中托管帮扶签约仪式，以视频会议的形式在线签署《教育部直属高校县中托管帮扶项目协议书》，托管帮扶广西都安瑶族自治县高级中学、重庆市奉节中学两所县域高中。

(李俊坊)

复旦大学附属中学

【概况】 2022年，复旦大学附属中学（简称"复旦附中"）有在职教职工260人，其中教师223人，正高级教师13人，高级教师53人，特级教师（含特级校长）13人，外籍教师24人。在校学生1 917人（含国际部），共61个教学班（含国际部）。共有525名新生入学，430名学生（民族班43人、国际课程班19人）毕业，并在高考中取得优秀成绩，共有205名毕业生被清华大学、北京大学、复旦大学、上海交通大学和香港大学录取，占学校毕业生比例近60%。超过70%的毕业生被双一流A类高校录取，85%的民族班学生考入985高校。此外，一批附中学子被海外著名学府录取，有4位毕业生被剑桥大学录取，6位毕业生被美国芝加哥大学等顶尖名校录取。

创新人才培养机制，学科竞赛成果累累。附中对接国家强基计划，实施"卓越人才培养计划"，积极探索拔尖创新人才的成长规律和培养模式，在各类竞赛中取得优异成绩。2022年度各学科竞赛获奖人数再创新高：数学学科有98人次、物理学科有44人次、化学学科有45人次、生物学科有12人次获全国联赛上海赛区三等奖以上奖励，信息学科有7人次获得全国信息学奥林匹克竞赛上海赛区二等奖以上。在上海市青少年科技创新大赛、上海市"明日科技之星"等科技创新赛事中共有89人次获奖，获奖人数创近年来新高。以教研组建设推动学科发展。2022年，附中组织"贯通·建构·再生"系列论坛暨教学展示活动，开展基于"双新"的高中教学多维探索实践。论坛聚焦学科教学模式、实施与评价,由特级教师、正高级教师、博士教师进行理论引领和经验分享;以教研组为单位,围绕单元整体教学设计与实施、新课标背景下作业设计和跨学科实践学习,通过优秀课例展示及专家与一线优秀教师对话,深度解读和探究课堂教学中的关键问题,实现学科教学过程中的有形贯通和思维再生。活动历时3个月,共开设22场教学展示和专题讲座,线上观看人数总计35 000余人,教育教学辐射影响不断扩大。

高水平教学科研成果不断涌现。2022年,附中共有7个教学成果获"2021年上海市基础教育教学成果奖",其中特等奖2个、一等奖3个、二等奖2个。此外,石莉获"第三届全国中小学青年教师教学竞赛"语文组一等奖及"上海市五一劳动奖章";冯璟获"上海市中小学中青年教师教学评选活动"高中数学组二等奖;迟文颖获"上海见习教师基本功大赛"一等奖。附中鼓励并组织教师申报市、区级课题,2022年共有8个区级课题立项、2个市青课题立项。

(张敏霞)

【上海市教育发展基金会理事长一行调研学校】 1月20日,上海市政协原副主席、上海市教育发展基金会理事长王荣华,上海市教育发展基金会党支部书记、理事长助理王明复,秘书长张宏莲,副秘书长蒋立明,副秘书长华彪等一行就拔尖学生培养到校指导调研。复旦大学常务副校长许征、副校长汪源源陪同王荣华参观附中教学场所。王荣华听取复旦附中"强基计划"拔尖人才培养方案及成果汇报,与师生开展交流,对附中以生为本的建设理念表示肯定。

(张 翔)

【举办复旦附中师生艺术作品展】 9月16日—10月15日,在建校72周年之际,「观察者」——复旦附中师生艺术作品展于复兴ANNEX空间展出。展览由复星ANNEX艺术高校项目和上海复旦附中教育发展基金会支持,共展出84名师生所创作的43件绘画、摄影、平面设计、多媒体等作品。

(孙梦溪)

复旦大学第二附属学校

【概况】 复旦大学第二附属学校是复旦大学与杨浦区共建共管的九年一贯制公立学校。现有小学40个班级,1 543名学生;中学29个班级,1 114名学生。有教职工208人,其中小学教职工105人,中学教职工103人,有正高级教师2人,副高级教师32人,市、区学科中心组成员14人,杨浦区名教师1人,杨浦区学科带头人8人,杨浦区骨干教师13人,杨浦区骨干教师后备人选12人,杨浦区教学新秀1人,校级骨干18人,校外兼职硕士生导师10人。

学校以"把方向,管大局,以一流党建引领学校高质量发展"为宗旨,强化政治引领,把党的领导贯穿于办学治校的全过程,把立德树人根本任务落实到教育教学全过程。2022年,成功申报"上海市中小学攀登计划特色党组织"。

学校以"班主任工作室"为引领,做好线上线下班主任培训工作。坚持五育并举、全员育人的理念,以推进"中小学一体化德育课程"建设为契机,以丰富的少先队活动为抓手,提出"全员导师制"的"三心"理念(用心、耐心、细心),打造"中小学心理健康教育一体化"项目,创立"益家之言"家长心育课程、"一隅阳光"哈哈大赛心理月活动等系列品牌,全面提升学生素质教育的宽度和广度。

学校立足双新背景,探索教学转型。围绕教学五环节调整教师日常教学工作的观测点、增加课堂表现作为学生综合素质评价的指标,全力打造以"学"为内核的"WISE慧学课堂"变革。发挥信息化标杆校的优势,制订多类型在线学习课表,形成"人人皆学、处处能学、时时可学"的优质在线学习空间。扎实推进"双减"工作,将"活动型"课程纳入课后服务,助力学生健康成长。

学校依托上海市"教育信息化标杆培育校"、区级"三个助手"等重点项目的研究,鼓励教师将研究与课堂教学紧密结合,促进学校良好科研氛围的形成。以学校顾文艳名师工作室为学习平台,发挥骨干教师的引领作用,激发青年教师的科研热情,提高他们的科研能力。

作为上海市信息化培育标杆校,学校依托校园数字化系统,建立全方位、多层次、多空间的直播联动系统,承接14节市级精品课的拍摄,支持各类教育教学活动239次,远程会议、教研80余场次,完成运动会、大型集会等校级活动的转播。建立图书馆借阅、学生课业评价、选修课选课等多项数字化模块,真正做到减负增效。

学校以"复旦大学第二附属学校定点帮扶永平基础教育学校,实现乡村教育振兴创新试验"项目为抓手,通过信息化手段赋能永平县基础教育发展,以"教研共享、教学共享、文化共融"的方式,为乡村教育的振兴贡献力量。

2022年,学校获复旦大学2022年基础教育集团优秀教书育人团队、首批上海市基础教育数字化转型实验校、上海市中小学生行为规范示范校和上海市学校心理活动月优秀组织奖、第十七届全国语文规范化知识学习活动优秀组织奖、第十七届长三角民族乐团展演优秀团队奖等荣誉。

(施伟妍)

复旦大学附属徐汇实验学校

【概况】 2022年,复旦大学附属徐汇实验学校有教职工72人,其中专任教师60人,教辅人员10人。教师学历100%达到本科,研究生以上学历20人,高级教师职称5人,中级教师职称25人,中高级占比50%,招聘教职工19名。

2022年是建校第四年,学校全面进入正规化规模化办学,提升办学质量,迎接上海市中小学学业质量绿色指标检查。坚持立德树人根本任务,持续推进教师队伍建设。2022年暑假期间,组织开展复旦徐汇实验2022年"荣昶"微课评比活动和"荣昶杯"

教育教学案例比赛活动。继上一年全员导师制试点实施成功后，2022年继续在三、四年级中全面开展全员导师制工作，倡导"教师人人是导师，学生个个受关爱"的德育理念，努力形成"让学生有倾诉的导师，让导师有牵挂的学生"的德育氛围，构建学校德育工作一体化的新局面。

教师获奖情况。张悦璐获2022年百年树人·电影阳光行系列活动——"青苗杯"中小学影视作品征集大赛(剧本类小学组)优秀指导教师奖。朱玫婷获徐汇区小学中青年教师课堂教学小学音乐评选活动二等奖。贾敏获"第五届全球未来教育设计大赛"三等奖，2022年上海市青少年科技辅导员论文征集活动三等奖，2022年上海市学生信息素养提升实践活动小学组微视频活动、电子板报活动二等奖。杨全获徐汇区教育系统教职工书法作品评比硬笔类活动、毛笔类活动二等奖。吴樱婷获第四届上海健康教育与健康促进国际论坛优秀案例展示三等奖。沈思思获2022年徐汇区中小学生"好书伴我成长"读书系列活动优秀指导教师奖。姜妍获2022年徐汇区青少年科技创新大赛教师项目三等奖。在2022年上海市中小学信息化教学应用交流展示活动中，宗秋月获"微课"三等奖，赵超获"融合创新应用教学案例"三等奖，金文妍获"课件"三等奖。

（张 浠）

【举办第二届校园体育节活动】 4月，举办以"阳光自信勇拼搏，锤炼身心助成长"为主题的第二届校园体育节活动。共有五大版块活动，包括50米跑、沙包投掷、1分钟跳短绳、仰卧起坐等个人项目和广播操、接力赛、跳龙舟等团体项目，以及融合英语、数学、美术等五门学科的跨学科活动。保证学生全员参与，激发学生"挑战自我、勇敢顽强、竞争团结、为班争光"的体育精神，促进学生身心健康、体魄强健、全面发展。

（张 浠）

【开展4次学习准备期活动】 9月，针对一年级新生开展4次学习准备期活动，主题分别为"爱校小达人""才艺小达人""自理小达人"及"运动小达人"。

【举办"绿色新生活·科创少年行"科技节】 11月，举办"绿色新生活·科创少年行"科技节活动。共开展14个主题活动，包括绿色主题电子报、节水与净化、节水小统计、树叶面积估测、我的植物名片、小小降落伞等，内容涉及语文、数学、英语、自然、美术、信息6大学科，并邀请专家学者到校开展2场博学大讲堂科普讲座。

（张 浠）

复旦大学附属闵行实验学校

【概况】 2022年，复旦大学附属闵行实验学校有在编教职工48人，编外人员10人(其中1人为编外教师)，其中教师49人(高级教师8人)。在校学生581人，共三个年级16个教学班。截至2022年底，学校有区级学科带头人1名，2022年度闵行区三八红旗手1人，记功1人，行政嘉奖7人。加强学校管理和制度建设。不断调整优化学校核心管理团队，中层以上行政人员均为中共党员。设置核心、干事、专管员等多级管理岗位，完善干部梯队建设。2022年，首次印制学校教职工手册，实现教职工全覆盖学习手册内容，该手册同时纳入新进教师入校培训资料。进一步加强校务公开、党务公开工作，完善民主管理制度；建立家长委员会，发挥"三级"家长委员会作用；与学校周边社区、幼儿园保持良好沟通合作。学校全面落实线上教学要求，规范教师上课行为。在线教学期间，学校各学科充分挖掘在线学习特点，开展丰富多样的学科节活动，包括云端体育节、艺术节、科技周、数学周、英语周，提高学生学习兴趣。

2022年度，学校成功申报成为"上海市绿色学校"。学校无人机科创中心成为中国民航科普教育基地。2名教师获评闵行区教育系统引进"骨干人才"。在闵行区第四届"新苗杯"见习教师基本功大赛中，1名教师获二等奖，1名教师获三等奖。在2022年第六届上海市教育信息化论文征集活动中，1名教师获一等奖，1名教师获二等奖。49名学生获区级及以上竞赛奖项。

（陆 菁）

【与上海市戒毒康复中心共建禁毒宣传教育基地】 9月23日，与上海市戒毒中心在复旦闵行实验学校举行共建禁毒宣传教育基地揭牌仪式。上海市戒毒管理局党委副书记、局长蒋毅，上海市戒毒管理局党委委员、市司法局戒毒协调处处长魏晔，市戒毒康复中心社会监督员梦晓，市司法局戒毒教育矫治处处长谷超，市戒毒康复中心党委书记、主任胡骞骜，闵行区委政法委副书记、区禁毒办常务副主任盛志中，区司法局副局长丁妮，区委政法委禁毒室副主任王毅琅，区教育局党工委书记恽敏霞，复旦大学附属中学党委书记郭娟，复旦基础教育集团副主任、复旦大学附属徐汇实验学校书记兼校长黄琪，闵行区教育局法制科负责人张剑青，复旦大学附属闵行实验学校书记兼校长姚伟等参加本次签约仪式。今后双方将在组织共建、宣传教育、文创合作等方面开展各项交流活动。

（陆 菁）

【获2022年闵行区中小学生阳光体育大联赛广播操比赛特等奖】 在2022年闵行区中小学生阳光体育大联赛广播操比赛中，由学校二、三年级29名小运动员组成的广播操队在全区小学组93支参赛队伍中脱颖而出，获小学组特等奖。

（陆 菁）

复旦大学附设幼儿园

【概况】 2022年，复旦大学附设幼儿园有在职教职工60人，其中教师29人；9月，幼儿园扩增1个小班，大、中、小共14个班级，在园幼儿388人。

幼儿园坚持"一切为了孩子"的办园理念，着力培养"自主乐观、健康向上、好学善用、和谐发展"的儿童和"敬业、专业、乐业"的教师，营造师幼共同成长的环境，并不断加强教育教学研究，形成"以研促教、以研兴园"

十四、基础教育

的探索模式。2022年，幼儿园获复旦大学"三八"红旗集体、杨浦区依法治校标准校；幼儿园青年团支部创建"复旦大学优秀团支部"。1名教师获复旦大学三八红旗手，2名教师获复旦大学优秀共青团员称号；1名教师获复旦大学基础教育集团"基础教育优秀管理服务奖"，2名教师获复旦大学基础教育集团"优秀教师"称号，1名教师获复旦大学基础教育"优秀德育工作者"称号。教师申报区级课题2项，立项区重点课题1项；申报市级青年教师教育教学研究课题奖1项，获三等奖。教师参加市级征文活动，获市级二等奖、三等奖各1个；参加各类期刊征文活动，获全国一等奖1篇、全国二等奖2篇、全国三等奖1篇；在期刊发文5篇。1名教师撰写的2篇活动案例参加课程评选活动，均获二等奖。多名幼儿参加"上海市幼儿艺术单项展示活动"，获银奖2个、铜奖4个。

（林爱红）

【立项区级重点课题1项】 8月，刘晓兰、薛嘉俊两名教师分别申报区级课题《幼小衔接中家长认识与参与行为研究》《幼儿园开展体验式劳动教育的实践研究》，其中刘晓兰《幼小衔接中家长认识与参与行为研究》被立项为区级重点课题，此项课题也是幼儿园首次成功立项区级重点课题。

（林爱红）

【2名教师参加五角场幼稚园教育集团"教研微论坛"和"师德讲堂"活动】 8月，幼儿园教师李樵在五角场幼稚园教育集团"和衷共济 明德惟馨"师德讲堂活动中分享师德故事《让"开心"开心起来》，教师陈冰讷在五角场幼稚园教育集团"'幼儿发展优先'探索之路"教研微论坛活动中作《让"协商"的种子在家园互动中生根发芽》的专题交流。

（林爱红）

【获"幼儿健康上海行动"征文二等奖1项、三等奖1项】 9月，幼儿园教师陈敏炎撰写文章《镜子好朋友——生活教育中的趣味环境》、教师刘晓兰撰写文章《"我"眼中的劳动——从儿童视角谈中班幼儿家庭劳动教育》在上海市"幼儿健康上海行动"征文活动中分获二、三等奖。

（林爱红）

【首次参加市级课题评奖并获奖】 11月，幼儿园教师李樵负责的课题《开展多样化幼儿"亲近自然"教育的行动研究》参加市级课题评奖活动，在上海市青年教师教育教学研究课题结题优秀推荐活动中获三等奖。

（林爱红）

复旦大学医学院幼儿园

【概况】 2022年，复旦大学医学院幼儿园有在职教职工30人，在园幼儿145人，设小、中、大三个年龄段，共6个班级。

2022年度适逢70周年园庆，幼儿园集结全园家长、幼儿和教师的共同智慧，设计出吉祥物旦旦龙，组织教师开展"七十载追梦路，新时代筑芳华"青年教师师德演讲展示活动、园庆诗歌创编和拍摄、自创园歌和MV制作，并将开展的特色活动汇编成册《七丨风华，拥抱明天》。幼儿园获2022年度上海市安全文明校园、复旦大学"五四红旗团支部"、行政中心组被评为复旦大学基础教育集团"优秀教书育人团队"。公孙一霏被评为2022年度复旦大学基础教育优秀教师；范珂君被评为2022年度复旦大学三八红旗手；王露梅被评为复旦大学2022年"五月评优"优秀共青团干部；徐楠楠被评为复旦大学2022年"五月评优"优秀共青团员。

多名教师参与相关比赛并获得荣誉。1名教师获上海市第十四届"好灵童"少儿语言展示活动优秀指导奖；2名教师获"阳光天使"杯徐汇区学生艺术作品展幼儿组绘画项目优秀指导教师奖；3名教师获徐汇区田六杯幼儿故事比赛优秀指导老师奖；教师撰写的《家园社协同主推幼儿前书写经验的发展》《疫情背景下缓解小班新生家长入园焦虑的应对措施》均在徐汇区教育局组织的"乌南杯"家园社合作共育征文活动中获二等奖；1名教师撰写的《幼小衔接视角下大班幼儿前阅读经验的发展》在徐汇区教育局组织的"宛南杯"幼小衔接征文活动中获二等奖；3名教师编制的微课获徐汇区"科技杯"幼儿信息技术赋能教育现场技能大赛二等奖。

（沈爱薇）

【1名教师获第二届"活教育杯"全国幼儿教师征文大赛三等奖、"课程故事征集评选"活动三等奖】 疫情期间，陈佳欢老师积极关注幼儿居家的情绪变化，以"云端共育"的形式，在特殊时期与幼儿开展了一段关于情绪的"云"旅程。其撰写的课程故事《一段关于情绪的云旅程—云相约 心相伴》分别被中国教育报学前周刊微信平台、幼师口袋微信平台录用，入选上海市智慧教育平台教育数字化转型实践创新案例交流展示活动，并获第二届"活教育杯"全国幼儿教师征文大赛三等奖、"课程故事征集评选"活动三等奖。

（沈爱薇）

【2名教师获上海市学生阳光体育大联赛6岁学前组一等奖】 4月，公孙一霏、徐楠楠老师编排的幼儿球操获2023年上海市学生阳光体育大联赛6岁学前组一等奖。

（沈爱薇）

【3名教师获儿童原创口腔健康歌曲征集比赛"优胜奖"】 10月，在上海市口腔医学会举办的口腔健康童谣比赛中，陈佳欢、王露梅、翟之月老师原创作词作曲的童谣《牙牙爱健康》获得优胜奖。

（沈爱薇）

【2名教师获上海市第十五届幼儿游戏大赛优秀游戏奖】 12月，范珂君、陈思雨老师设计的"小小方块拉力赛"游戏获"2022中银云上亲子嘉年华"活动"上海市第十五届幼儿游戏大赛"优秀游戏奖。

（沈爱薇）

复旦大学文件

规章制度

复旦大学基础教育合作办学管理办法（试行）

（2022年1月12日校党委常委会审议通过 校通字〔2022〕3号 2022年2月15日发布）

第一条 为深入贯彻落实党中央、国家重大决策部署，扩大优质教育资源供给，促进义务教育优质资源均衡发展，更好服务一流人才队伍建设，更好解决教职工子女就近入学入托，进一步规范复旦大学（以下简称"学校"）基础教育合作办学，根据《中国教育现代化2035》《关于全面深化新时代教师队伍建设改革的意见》（中发〔2018〕4号）、《关于加强新时代高校教师队伍建设改革的指导意见》（教师〔2020〕10号）、《关于全面深化新时代教师队伍建设改革的实施意见》（沪委发〔2018〕18号）等文件精神，结合学校实际情况，制订本办法。

第二条 学校通过与政府部门共建共管公办基础教育学校、幼儿园等方式，开展基础教育合作办学，更好解决教职工子女就近入学入托，扩大教育资源辐射，更好服务区域经济社会建设。学校不开展任何具有商业性质的合作办学，不开展上海之外的合作办学，不开展挂牌或托管的合作办学。

第三条 附属中小学幼儿园是学校公共服务体系的重要组成部分。学校对基础教育合作办学实行统一领导，对附属中小学幼儿园的建设与发展进行顶层设计。

第四条 基础教育集团归口管理各附属中小学幼儿园，负责与政府教育主管部门在基础教育领域的联络和对接，落实校地合作办学协议，统筹协调管理基础教育合作办学相关工作。学校相关职能部门按照职能分工对附属中小学幼儿园加强指导、支持和管理。

第五条 附属中小学幼儿园按照学校与政府合作协议开展建设，一般为事业单位法人性质，具有政府公办基础教育学校与大学附属子弟学校的双重属性，实行政府与大学共建共管模式。政府全面委托学校管理附属中小学幼儿园的各项事务，其中教学管理、日常工作纳入所在区域的基础教育体系。

第六条 附属中小学幼儿园党组织与机构同步建设，根据党员规模设置党组织，党的组织关系隶属学校党委。

第七条 建立学校与政府共建共管的沟通协调机制，定期对附属中小学幼儿园建设情况进行指导和检查，共同研究解决合作办学中的重大事项。

第八条 基础教育合作办学应具备以下条件。

（一）符合党和国家关于基础教育的办学方向、政策规定；

（二）符合学校的发展战略和发展规划，服务一流人才队伍建设、切实解决教职工子女就近入学入托问题；

（三）政府提供保障附属中小学幼儿园长期稳定发展所需的政策、资金、编制、场所等支撑条件，为其后续高水平发展提供委托管理专项经费等重点建设资源；

（四）其他需要的条件。

第九条 按照下列程序，审批决定基础教育合作办学。

（一）研究动议。学校根据事业发展需求和整体规划部署，依据与地方的合作协议，或与相关政府部门形成的初步合作办学意向，由机构编制委员会研究动议新设附属中小学幼儿园；

（二）机构论证。机构编制委员会办公室会同基础教育集团，形成新设附属中小学幼儿园的机构设置方案和人员编制与干部配置方案，并按照内设机构设置程序开展论证；

（三）机构审批。党委常委会审议决定新设附属中小学幼儿园的成立，并审定其"三定"方案；

（四）拟定协议。基础教育集团根据学校党委批准通过的新设附属中小学幼儿园机构设置方案，与政府教育主管部门进行协商，共同拟定合作办学协议，协议主要内容包括：附属中小学幼儿园的名称与性质、属性、管理模式、地址、办学规模、招生计划、建设经费、运行经费、师资队伍和双方的权利义务、合作周期等重要事项；

（五）协议审批。合作办学协议经学校法务部门审核通过后，提交校长办公会研究、党委常委会审议；

（六）签订协议。学校与政府部门签订合作办学协议。

第十条 合作举办的附属中小学幼儿园的一般命名为"复旦大学附属××（地名）学校（幼儿园）"。

第十一条 坚决维护"复旦"商标使用权，未经学校许可，附属中小学幼儿园不得扩大"复旦"品牌使用范围，如冠名"复旦"开办新校区、分校、分部或延伸学段，不得自行使用"复旦"品牌开展合作办学、集团化办学、学区化办学等。基础教育集团建立常态化监控机制，切实维护学校品牌权益。

第十二条 附属中小学幼儿园领导班子成员,经校地双方协商一致后,原则上由学校党委按相应程序选任,一般为学校编制人员。

第十三条 政府按照公办中小学生师比标准等相关规定核定相应教职工编制。为提高办学质量,学校可以在人员编制方面给予一定补充,支持地方编制的优秀教师按照公开招聘程序应聘大学编制的基础教育教师岗位。大学编制教师与地方编制教师的待遇收入保持基本一致,原则上参考所在区域义务教育阶段教师的绩效工资水平确定。

第十四条 基础教育集团依据签署的合作办学协议,对附属中小学幼儿园的重大事项进行审查管理,并统筹用好政府按照合作办学协议提供的委托管理经费以及学校相关资源,支持附属中小学幼儿园提升教育教学质量。

第十五条 学校相关职能部门对附属中小学幼儿园党建、意识形态、思政、纪检、人事、财务、资产、审计、安全、办学质量等工作加强指导,支持附属中小学幼儿园工作。

第十六条 附属中小学幼儿园按照法律法规要求自主办学,并按照校地合作协议,贯彻执行学校相关的规章制度或工作要求,不得损害学校声誉和利益。涉及学校权益的事项,须报学校审议同意。

第十七条 附属中小学幼儿园有下列情形之一的,经与合作方协商,可按照《中华人民共和国教育法》相关规定变更或终止办学。变更或终止办学的,在制订善后处置方案,办理审核批准等程序后,清理校名或简化校名中的"复旦"冠名:

(一)违反学校规章制度或校地双方协议约定,造成学校声誉或学校利益的重大损失;

(二)学校与政府已就合作办学签订终止协议,或者学校与政府合作协议到期,经协商一致不再续签协议;

(三)其他导致合作办学无法继续运行的情形。

第十八条 本办法自发布之日起试行,由基础教育集团负责解释。

复旦大学学生生活园区管理办法

(2021年12月23日校长办公会议审议通过 校通字〔2022〕4号 2022年2月24日发布)

第一章 总则

第一条 为了加强对学生生活园区的管理和服务,维护园区秩序,优化育人环境,根据教育部《普通高等学校学生管理规定》和《复旦大学章程》,制订本办法。

第二条 本办法所称学生生活园区(以下称"园区"),是指学校为学生生活、居住提供基本生活场所和设施的校园指定区域。

第三条 学校对园区进行管理,提供基本物业服务,并且根据自身条件不断改善管理服务水平和生活设施。

学生应当自觉维护园区的秩序,共同建设园区的学习、生活环境,积极参与园区事务的民主管理和监督。

第四条 学校在园区设立管理委员会,统一协调园区重大事项,管理园区日常事务。

学校为园区选聘的物业服务企业或者其他管理人协助园区管理委员会完成管理工作。

第二章 入住和退宿

第五条 申请入住园区应当符合下列条件:

(一)具有复旦大学学籍,是全日制本科生、全日制非定向就业学术学位研究生、全日制非定向就业专业学位博士研究生或者专项计划招录的研究生;

(二)了解并承诺遵守园区的各项规章制度;

(三)按照学校公布的标准交纳首期住宿费用;

(四)近三年内未被园区管理委员会勒令退宿。

第六条 园区管理委员会向符合本办法第五条规定条件、批准入住的学生发出入住通知后,应当登记造册。学生可以到入住通知指定的地点领取钥匙或者门卡。

学生入住园区时,应当检查宿舍内的各类设施设备,确认设施设备已经按照标准配置到位并处于正常状态。发现设施设备缺损的,应当立即向园区物业服务企业或者其他管理人报告。

第七条 学生休学、保留学籍或者注销学籍的,应当退宿。

学生向所在院系申请,经审核同意后,可以退宿。

学生被园区管理委员会勒令退宿的,应当退宿。

第八条 学生退宿的,园区管理委员会应当检查宿舍内的各类设施设备,清算住宿费用和电费、水费交纳情况。学生使用不当造成设施设备缺损的,应当照价赔偿。学生欠交住宿费用、电费、水费的,应当补交;学生多交住宿费用、电费、水费的,应当退还。

学生退宿时应当交还宿舍钥匙或者门卡。

第九条 学生办理完退宿手续的,园区管理委员会应当注销登记并出具证明。

第三章 日常管理

第十条 学生在园区居住期间应当在每学年初按照学校公布的标准交纳住宿费用,并且按照学校规定交纳电费、水费。

第十一条 学生交纳住宿费用确有困难的,可以按照规定向学校申请缓交、减交或者免交。

第十二条 学生入住园区后,发现园区设施设备缺损的,应当及时向园区物业服务企业或者其他管理人报修,园区物业服务企业或者其他管理人应当在其承诺的期限内响应。学生使用不当造成设施设备缺损的,应当照价赔偿。

第十三条 学生在园区内使用的电器产品的标准应当符合消防安全的要求。

学生在园区内安装、使用电器产品,敷设、维护保养、检测其线路,应当符合消防技术标准和管理规定。

第十四条 学生应当及时打扫宿舍、依规分类投放生活垃圾,维护和保持宿舍环境的整洁、美观。

第十五条 学生向园区管理委员会申请,经审核同意后,可以更换宿舍。

学生延长学习年限的,园区管理委员会可以根据统筹,指定其更换宿舍。

学生更换宿舍的,园区管理委员会应当及时变更住宿登记。

第十六条 学生在园区内散发传单或者张贴、悬挂、展示海报、展板、横幅、条幅、标语的,应当向园区管理委员会或者保卫处申请,经审核同意后,方可实施。

第十七条 学生在园区内开展群众性活动的,应当向保卫处申请,经审核同意后,报园区管理委员会备案,方可组织。

第十八条 学生应当配合园区管理委员会和学校为园区选聘的物业服务企业或者其他管理人对园区实施的日常管理。

第十九条 学生在园区内不得有下列行为:

(一)改变房屋结构、用途;

(二)调换、拆解、改装、损毁、强占、挪用园区设施设备,干扰园区设施设备运行;

(三)擅自使用明火;

(四)燃放烟花爆竹;

(五)制造、储存、使用易燃性、爆炸性、毒害性、放射性、腐蚀性物质或者传染病病原体等危险物质;

(六)擅自接线用电,绕越用电计量装置用电;

(七)除空调、饮水机外,使用加温设备或者额定功率大于四百五十瓦的电器;

(八)使用宿舍楼内的电力设施为电动车辆电瓶充电;

(九)存放枪支、弹药或者弩、匕首等国家规定的管制器具;

(十)从建筑物中抛掷物品;

(十一)侵占通道和其他公共区域;

(十二)在指定场所外停放车辆;

(十三)擅自配制宿舍钥匙、门禁卡;

(十四)留宿他人、在他人宿舍留宿或者将宿舍、床位出借、出租给他人;

(十五)排放环境噪声、光污染或者其他污染物,干扰他人正常生活、工作和学习;

(十六)在室内和禁止吸烟的室外区域吸烟;

(十七)随地吐痰、便溺;

(十八)任意弃置垃圾;

(十九)攀折树木,采摘花果;

(二十)擅自在园区建筑物、构筑物、设施设备以及树木上涂写、刻画;

(二十一)饲养、遗弃、虐待动物;

(二十二)擅自开展经营活动;

(二十三)其他违反法律、行政法规和学校规章制度的行为。

前款所称留宿,是指晚二十三点至晨六点期间在宿舍内接待非本宿舍成员的行为。

第二十条 学生违反园区规章制度,园区管理委员会应当根据不同情况,予以口头批评、书面警示、通报批评;情节严重,需要给予纪律处分的,依照《复旦大学学生纪律处分条例》的规定进行处理。

第二十一条 学生违反园区规章制度,扰乱园区秩序,受到二次以上书面警示、一次以上通报批评或者一次以上纪律处分的,园区管理委员会可以勒令退宿。

第四章 附 则

第二十二条 受与学校订立住宿协议的单位派遣来校交流访问人员和其他经学校同意住宿的人员入住园区,参照本办法进行管理。住宿协议同本办法有不同约定的,适用协议的约定。

第二十三条 本办法自 2022 年 3 月 1 日起施行。《复旦大学学生生活园区住宿管理条例(试行)》同时废止。

复旦大学地方合作机构管理办法

(2021 年 12 月 3 日校党委常委会审议通过 校通字〔2022〕6 号 2022 年 3 月 20 日发布)

第一章 总 则

第一条 为深入贯彻落实党的十九大精神,落实习近平总书记关于提升教育服务经济社会发展能力、坚持"四个面向"加快科技创新等重要讲话精神,落实党中央、国务院重大决策部署,服务国家创新驱动发展战略和区域重大战略,提升学校科研创新能力和服务国家、区域发展能级,进一步加强地方合作机构建设,创新机制,明晰权责,规范运行,促进发展,根据中央关于深入推进世界一流大学和一流学科建设的意见、《促进科技成果转移转化行动方案》(国办发〔2016〕28 号)、《关于促进新型研发机构发展的指导意见》(国科发政〔2019〕313 号)、《教育部办公厅关于加强高等学校异地科研机构规范管理的通知》(教科信厅函〔2021〕37 号)等文件要求和《复旦大学章程》等有关规章制度,结合实际情况,制订本办法。

第二条 本办法所称地方合作机构,是指为促进学校"双一流"建设,进一步对接国家区域重大需求、服务国家重大战略和地方经济社会发展,由学校与地方政府合作建设,在校外设立的主要从事科学研究、文化研究、技术创新、政策咨询、研发服务和人才培养的法人单位。地方合作机构是学校科研融合创新、成果转移转化、创新人才培养的重要平台,是学校实施服务国家战略的重要载体,是学校治理体系的重要内容。

第三条 地方合作机构履行的职责按建设要求各有侧重,主要包括:

(一)服务国家重大战略需求,贯彻创新驱动发展战略,助力学校"双一流"建设内部增效、结构发展,促进教育、科技、文化和经济社会发展有机结合;

(二)服务学校办学资源拓展,积蓄发展空间,争取创新基地、人才队伍、研究平台及重大奖励等建设通道;

(三)服务学校科研能力提升,结合地方产业发展特点建设高水平科技创新平台和人文社科研究基地,通过体制机制创新增强科研能级,完善科研队伍结构;

(四)服务学校科研成果转化,通过中试放大、前孵化等工作开展科技研发及成果转化、技术转移及科研服务，延伸创新链，提供成果转化的要素环境，提升成果转化的能力和效益；

（五）服务地方经济社会发展，发挥学校学科综合和智库的优势，为地方发展规划和政策制订提供决策咨询，推动技术交流合作和文化传承创新，支持招才引智，以创新链带动地方产业发展，推动产教融合、产城融合和人才集聚。

第二章 管理机制

第四条 地方合作机构是学校治理体系的重要组成部分，学校对地方合作机构的治理架构和管理运行进行顶层设计，对其建设目标和发展方向进行宏观规划。学校根据发展规划和"双一流"建设要求，结合地方社会经济发展需求，明确其功能定位、学科领域和运行模式。

第五条 学校对地方合作机构实行统一管理。学校成立推进校地合作工作领导小组（以下简称"领导小组"），对地方合作机构的设立及撤销提出建议，研究审议地方合作机构的规划及建设情况、涉及重大财务与资产管理事项、理事会拟审议或合作方提出的重要议题等，其中的重要事项根据学校议事决策规则按程序报学校审议。

第六条 地方合作机构按照学校与地方政府共建协议建设，一般为事业单位法人性质，由学校委派建设单位负责运行管理。实行理事会（合作委员会）领导下的院长负责制，其中代表学校的成员应当占相对多数。

第七条 按照管办分离原则，校外合作处承担领导小组办公室职能，负责统筹协调地方合作机构的设立和监管。学校建设单位围绕地方合作机构发展目标组织实施具体建设和管理任务。业务部门根据职能分工对地方合作机构建设加强指导、管理和服务。

第八条 党组织建设与地方合作机构建设同步进行。根据党员规模设置党组织，党的建设实行属地管理，地方合作机构党组织承担党建工作主体责任。学校党委委派主责建设单位所在二级党组织负责对地方合作机构具体党建工作进行指导和监督，学校党务部门根据职能分工加强指导。地方合作机构依法成立工会组织。

第九条 校地双方明确约定权利义务，建立沟通协调和工作对接机制，定期对地方合作机构建设情况进行指导和检查，组织考核和审计。

第十条 学校组织年度工作会议，对地方合作机构进行考核，对于偏离机构建设方向的，及时督促整改。地方合作机构定期汇报建设进展，重大事项应及时向学校请示报告，包括但不限于：理事会议题及决议，建设发展规划，年度工作计划和总结，审计报告，专项检查整改情况等。

第三章 分 类

第十一条 地方合作机构应当充分发挥校地双方优势，明确建设目标，聚焦主责主业，避免偏离职能或功能定位泛化，禁止无序拓展。学校对地方合作机构实行分类分级管理，在机构成立时，明确机构的类型、主要职能定位、业务范围和任务目标。

第十二条 根据地方合作机构类别确定校内主责业务部门、主责或牵头建设单位和党建指导单位。

（一）综合型地方合作机构

承担多学科建设、综合性科学研究、多层次人才培养和成果转化等多重职能，参与院区基本建设任务（合作方提供土地及地上建筑）。学校成立专门班子负责建设和管理，业务部门按照职能分工加强对各项业务的指导、管理和服务，党建工作由学校科研机构综合党委负责指导。

（二）科学研究型地方合作机构

以学科建设、科学研究和成果转化为主要职能。由科研主管部门负责对科研平台、科研项目及成果转化等业务加强组织和指导，根据学科领域，相关二级院系和科研机构承担建设和管理任务，其他业务部门按照职能分工加强指导、管理和服务。建设学科较为多元与综合，资金投入、人员规模较大的地方合作机构，明确主责建设单位，党建工作由科研机构综合党委负责指导；建设学科相对明确、资金投入和人员规模较小的地方合作机构，明确牵头建设的二级单位，党建工作由相应党组织负责指导。

（三）研发转化型地方合作机构

以后端研发、中试和成果转化、带动产业化为主要功能，建设专业化、市场化的成果转化团队，具备对其他地方合作机构提供成果转化服务的能力。由科研主管部门和资产经营公司牵头负责业务推进，其他业务部门按照职能分工加强指导、管理和服务，党建工作由科研机构综合党委或资产经营公司党委负责指导。

第十三条 地方合作机构应明确其注册法人单位的性质、举办者、开办资金来源、规划目标、主要业务领域、与地方政府开展合作的区域及职责范围、目标任务等。地方合作机构开展学校核定职责范围之外的业务须经学校批准或授权。

第十四条 除特别约定外，地方合作机构原则上按照"地方＋学校"联动建设的"双基地"模式运行。"地方基地"主要负责建设科研创新平台，统筹科研项目的设立与实施，构建应用研究与成果转移转化的新模式；"复旦基地"主要围绕地方合作机构的建设需求和发展目标，组织并支持学校创新团队承接相关科研项目及开展科研活动。"复旦基地"承担的科研项目与"地方基地"的平台建设要紧密对接，整体形成地方合作机构的发展生态。

第四章 设 立

第十五条 设立条件

（一）符合国家、学校和合作区域的发展战略和发展规划，在校地合作框架下进行；

（二）合作区域具有相关的基础和资源，具备保障地方合作机构长期稳定发展所需的政策、资金、场所等支撑条件，并具备支持其后续进一步发展的中长期条件。其中，在资金和场地支持上，地方政府对各类型地方合作机构的经费投入须达到一定标准，满足建设要求，并给予持续支持；

（三）有明确的发展战略规划，合作各方清晰的责权分工，结构合理、坚强有力的管理架构和科研团队，其中科研团队在相应领域具有高水平的一级学科和学术带头人，具备必要的创新科研成果积累和创新能力；

（四）同一个合作区域内（省级或国家战略区域内）根据需要设立多个地方合作机构的，应建立省级（或区域）协调机制，由学校设立或指定机构负责协调和服务在该区域内的事务；与地级市以下政府的合作，原则上以项目制形式建设，可纳入省校合作体系；

（五）学校认为应当满足的其他条件。

第十六条 设立程序

（一）申请设立地方合作机构的单位提出动议。校外合作处、科研主管部门、发展规划处对动议提出初步意见，对于基本符合设立条件的，指导动议单位形成地方合作机构建设方案，并组织专家论证；

（二）校外合作处、科研主管部门、发展规划处就建设方案可行性和学科匹配、资源配置等情况形成报告，报领导小组审议；

（三）校外合作处牵头拟订合作共建协议，提交校长办公会审议、党委常委会审定；

（四）建设单位形成地方合作机构章程，提交校长办公会审定；

（五）校外合作处与主责业务部门、建设单位形成地方合作机构设置建议方案及主要管理人员（包括理事、法定代表人、院班子成员、党组织负责人等），联系校领导建议方案，按程序提交学校审议；

（六）按程序登记设立地方合作机构。

第十七条 命名的一般原则。综合型地方合作机构一般命名为"复旦大学××（地名）研究院"；科学研究型地方合作机构一般命名为"××（地名）复旦××（主要学科或领域）研究院"或"××（地名）复旦××（学科领域）联合创新中心"；研发转化型地方合作机构一般命名为"××（地名）复旦产业技术研究院（或中心）"。

第十八条 复旦冠名的使用。地方合作机构应在学校授权开展的业务范围内以法人全称合理合法使用"复旦"冠名（如与其他机构建立联合实验室等业务合作），不得单独以复旦大学或复旦名义开展业务。遇到可能对校名校誉等学校无形资产产生重大影响的事项，应事先向学校报告并获得授权。

第十九条 复旦商标的保护。全力保护"复旦"商标使用权和知识产权，未经学校许可，不得在各类产品本身、包装、标签、说明书上印制、利用产品外观设计体现，或者在服务上、活动中展示含有"复旦"的文字和图形。

第五章 人员管理

第二十条 学校支持地方合作机构创新用人体制机制，鼓励校内人员通过委派、双聘等形式参与地方合作机构建设（统称"校地合作人员"），纳入学校干部人事体系统一管理。支持地方合作机构建设一支市场化聘用人才队伍，扩充科研、工程技术、转化服务、管理等专业化人才队伍。地方合作机构自主聘用人员应当遵守并认同复旦大学办学治校理念，自觉爱护校名校誉，学历层次和能力水平应当符合学校对于机构的定位和职责要求。

第二十一条 地方合作机构的理事长（合作委员会主任）由学校委派，应为学校编制人员。原则上综合型和规模较大的地方合作机构的理事长（合作委员会主任）应由学校相关负责人担任，其他地方合作机构理事长由学校选派干部或者专业人才担任。

第二十二条 地方合作机构法定代表人、院长和重要岗位原则上应为学校编制人员，由学校委派干部或专业人才担任或兼任。根据工作需要，特别重要的地方合作机构可设处级干部岗位。政府委派或社会化聘用人才担任班子成员的，应当报学校备案。

第二十三条 学校鼓励地方合作机构与学校之间的人才良性流动。地方合作机构聘用的教学科研骨干，符合学校相应岗位要求的可以通过双聘形式参加学校工作，表现特别优异且超过学校聘任标准的，可以推荐其按照招聘或引进人才管理办法，通过竞聘程序纳入学校岗位管理。

学校鼓励校内人员为服务学校事业发展参与地方合作机构建设，按照岗位类型和岗位要求，明确工作内容、薪酬待遇、考核和激励方式等具体事项，相应资源配置由地方合作机构承担。

第二十四条 学校支持地方合作机构承担研究生培养任务。地方合作机构在业务开展中落实立德树人根本任务，服务"三全育人"大格局建设，力争成为学校研究生教育的重要载体。研究生培养单位利用地方合作机构的平台、项目和课题，为研究生培养提供研究资料和实践平台，拓展教育资源，提升培养质量。学校研究生教育主管部门根据地方合作机构师资力量、学科特点、承担任务等方面情况，向教育部和地方争取研究生招生名额（主要为专业学位研究生）。

第二十五条 学校相应党组织加强对地方合作机构党员教育管理、师德师风建设和学生思政工作的指导和监督。地方合作机构聘用人员，其师德师风建设由地方合作机构负责。校地合作人员的师德师风建设，由人事关系归属单位负责，地方合作机构根据业务相关性予以积极配合。承担学生培养任务的地方合作机构应配备指导教师，建立学生思想政治教育和教学管理工作队伍，切实加强思想政治教育、学风教育和日常管理。

第六章 业务管理

第二十六条 学校结合管理实践，鼓励并支持地方合作机构按照新型研发机构等创新型载体进行建设，充分利用地方政府政策开展机制创新。学校对地方合作机构的党建、思政、财务、资产管理、审计、安全等工作加强指导。地方合作机构按照校地合作共建协议开展业务，贯彻执行学校与之相关的规章制度或工作要求；未经学校授权，不得开展超出功能定位和协议范围的业务；未经学校审批同意，不得开展医疗卫生、本科教育、非学历教育培训（含干部教育培训）、基础教育、国际合作办学等业务。学校出台并不断完善"业务开展负面清单",地方合作机构不得开展负面清单所列业务事项,开展各项业务时不得损害学校声誉和利益。

第二十七条 地方合作机构不得再设立分支机构。资产关系归属学校的地方合作机构,应按照高校所属企业体制改革要求,除科技成果作价投资外,原则上不得以任何形式投资新办企业。

第二十八条 地方合作机构应当围绕发展战略和规划目标,形成整体建设方案,建立健全决策体系、财务管理制度、资产管理制度和责任体系。依规编制年度预算,依法进行会计核算,接受审计监督。对预算执行、经费使用等事项的处理,应当建立分级授权审批制度,并落实各级人员责任。

第二十九条 地方政府支持地方合作机构的经费中,按照协议约定用于支持"复旦基地"的经费部分,由地方合作机构通过科研项目合作或以其他直接拨款等形式转入学校财务账户。地方合作机构应当在学校科研主管部门的指导下制订项目遴选和管理办法,实行考核和滚动支持的机制,切实保障和推进"复旦基地"、支持和服务"地方基地"建设。加强全口径预算管理,"复旦基地"年度经费列入学校财务管理事项。

第三十条 地方合作机构应加强知识产权(专利成果、著作、商标等)保护,在使用学校知识产权时,须按学校相关规定获得授权、许可或转让,未经学校同意不得擅自向其他方公开。到地方合作机构进一步研发和孵化学校已有科技成果的,校地合作人员及相关科研团队须向学校知识产权管理部门及时履行披露义务,明晰知识产权权益分割,后续在地方合作机构新产生的知识产权,原则上与学校共有。

第三十一条 地方合作机构独立研发或者以其他形式获得的知识产权,归地方合作机构所有。地方合作机构与校内外机构合作产生的知识产权由地方合作机构与合作方共同所有,知识产权产生的收益按合作协议约定进行分配。地方合作机构转化学校及与学校共有的科研成果,学校所属部分按照学校科技成果转化管理办法办理。

第三十二条 地方合作机构的教师、科研人员发表论文和申报国家、省部级奖项等涉及知识产权事项时,应以复旦大学为第一单位署名;特殊情况须专门约定。

第七章 考 核

第三十三条 学校对地方合作机构实施统一管理和考核。按照分类考核的原则,由各地方合作机构理事会协调,对地方合作机构及其管理团队进行年度考核和阶段性建设情况评估,相关考核评估意见报各合作方。学校结合理事会考核结果组织年度考核确定考核评价结果。

第三十四条 理事会根据考核评估意见和学校考核评价结果对地方合作机构的工作提出意见,决定管理团队的绩效方案。

第三十五条 学校委派到地方合作机构工作的干部按照干部管理权限,由学校组织考核。

第三十六条 违反本办法,造成严重后果或不良影响的,严肃追责问责。

第八章 变更与撤销

第三十七条 地方合作机构章程、涉校权益、业务内容等重大事项变更,须报学校审议通过,在属地登记管理机关办理相关手续。

第三十八条 地方合作机构有下列情形之一的,应当终止举办:

(一)出现重大管理失误,造成学校声誉和利益的重大损失;

(二)连续三年(或累计五年)建设评估未能达到基本要求;

(三)学校与合作区域地方政府已就地方合作机构签订终止协议,或者学校与地方政府合作协议到期,经协商一致不再续签协议;

(四)违反学校规章制度或校地双方协议约定,学校发出整改通知一个月内仍拒不整改;

(五)其他导致地方合作机构无法继续运行的情形。

第三十九条 地方合作机构终止举办,应当依照有关规定依法进行清算,清理债权、债务并处理其他相关事项。

第九章 附 则

第四十条 本办法自发布之日起实施。原《复旦大学地方合作机构管理办法(试行)》(校通字〔2021〕5号)同时废止。学校以往有关规定与本办法不一致的,以本办法为准。

第四十一条 本办法由推进校地合作工作领导小组办公室负责解释。

附件:1.《复旦大学地方合作机构管理办法》重点任务分工
2.复旦大学地方合作机构业务开展负面清单

附件1

《复旦大学地方合作机构管理办法》重点任务分工

序号	阶段	工作任务	主要内容	责任单位
1	设立	校地合作动议	提出设立地方合作机构动议。	申请单位
2			分析研究合作动议,提出初步意见。	校外合作处、科研主管部门、发展规划处

续 表

序号	阶段	工作任务	主要内容	责任单位
3	设立	制订建设方案	制订地方合作机构建设方案,组织实施专家论证。	申请单位
4		形成论证报告	就建设方案可行性和学科匹配、资源配置等情况形成报告,报请领导小组研究审议。	校外合作处、科研主管部门、发展规划处
5		拟定共建协议	协商拟订合作共建协议,提交校长办公会审议、党委常委会审定。	校外合作处、科研主管部门、建设单位
6		注册成立机构	起草机构章程并报请校长办公会审定。	建设单位、校外合作处
7			形成机构设置建议方案及主要管理人员(包括理事、法定代表人、院班子成员、党组织负责人等)、联系校领导建议委派方案,提交学校审议。	校外合作处、建设单位
8			按程序登记设立地方合作机构。	校外合作处、建设单位
9	运行	校内统筹管理	统筹协调地方合作机构的综合治理,制订和更新负面业务清单,召开地方合作机构年度工作会议;牵头加强与合作地方职能部门的工作对接。	校外合作处
10			统筹、协调校内单位对地方合作机构业务发展开展指导、支撑和日常管理。	校外合作处
11		科研项目管理	推进双基地建设。指导"地方基地"建设科研创新平台,统筹科研项目的设立与实施;指导"复旦基地"围绕地方合作机构的建设需求和发展目标,组织并支持学校创新团队承接相关科研项目及开展科研活动。	科学技术研究院、文科科研处、医学科研处
12			提升地方合作机构转化学校科技成果能力,加强学校知识产权保护。	
13		机构建设	围绕建设目标,聚焦主责主业,组织实施地方合作机构建设任务。	建设单位
14		机构党建思政	指导和监督地方合作机构加强党建工作和思想政治工作;按照人事关系负责管理委派、双聘到地方合作机构的教职员工师德师风建设。	组织部、宣传部、相关二级党组织
15			指导地方合作机构落实立德树人根本任务;指导建立学生思想政治教育和教学管理工作队伍,切实加强思想政治教育、学风教育和日常管理。	研工部、教工部、研究生院会同有关部门
16		机构队伍建设	校地合作人员纳入学校干部人事体系统一管理,开展阶段性建设评估及管理团队年度考核。	组织部、人事处、校外合作处、建设单位
17		加强审计监督	按照学校年度审计计划任务对地方合作机构实施审计监督;指导地方合作机构审计工作开展。	审计处
18		人才培养	支持地方合作机构承担研究生培养任务;指导和提升研究生培养单位利用地方合作机构的平台、项目和课题的能力和水平。	研究生院
19			加强地方合作机构国际合作能力建设;统筹管理相关留学生事务。	国际合作与交流处、留学生工作处
20		人才培养	加强地方合作机构创新创业能力建设,提升机构服务学校"双创"工作能级。	创新创业学院
21			加强对地方合作机构非学历教育培训管理;对经学校同意地方合作机构开展的教育培训进行指导;充分利用地方合作机构的平台、项目等有针对性地开展非学历教育培训。	非学历教育管理办公室、继续教育学院、建设单位
22		财务资产管理	指导和督促地方合作机构建立健全财务和资产管理制度;将地方合作机构年度经费列入学校财务管理事项。	财务与国有资产管理处
23			加强对地方合作机构使用"复旦"冠名、商标使用和知识产权的管理。	学校办公室
24		安全保密管理	指导地方合作机构加强实验室安全管理。	资产与实验室安全管理处
25			指导地方合作机构加强对师生员工的安全和保密教育培训。	保卫处
26		院区规划建设	指导地方合作机构加强院区规划设计和施工建设管理。	基建处

序号	阶段	工作任务	主要内容	责任单位
27	运行	重大事项变更	指导地方合作机构完成章程、涉校权益、业务内容、主要管理人员等重大事项变更。	校外合作处、建设单位、有关部门
28	终止	机构撤销清算	地方合作机构涉及终止举办情形的判定；注销和财产清算等。	校外合作处、有关部门

附件 2

复旦大学地方合作机构业务开展负面清单

序号	类别	特别管理措施
1	业务开展	开展不在学校核定职责范围之内的业务应获得学校批准或授权，并对获得批准或授权的业务制订管理办法。尤其是医疗卫生、本科教育、非学历教育培训(含干部教育培训)、基础教育、国际合作办学等类型业务，未经学校授权，不得开展。
		严禁开展招生培训和考前辅导等。
2	冠名使用	未经授权禁止以复旦大学或复旦名义开展业务。
3	商标使用	未经许可，不得在各类产品本身、包装、标签、说明书上印制，利用产品外观设计体现，或者在服务上、活动中展示含有"复旦"的文字和图形。
4	自身重大事项	地方合作机构章程、涉校权益、业务内容等重大事项，未经学校审议通过不得自行变更。
5	开办企业	资产关系归属学校的地方合作机构，应按照高校所属企业体制改革要求，除科技成果作价投资外，原则上不得以任何形式投资新办企业。
6	知识产权	在使用学校知识产权时，须按学校相关规定获得授权、许可或转让，未经学校同意不得擅自向其他方公开。

复旦大学人类遗传资源管理办法（试行）

（2021年5月14日校长办公会议审议通过 校通字〔2022〕7号 2022年3月7日发布）

第一章 总 则

第一条 为有效保护和合理利用我国人类遗传资源，维护公众健康、国家安全和社会公共利益，落实单位法人的人类遗传资源管理责任，规范和加强我校人类遗传资源管理，根据《中华人民共和国生物安全法》《中华人民共和国人类遗传资源管理条例》和相关行政许可服务指南，制订本办法。

第二条 本办法所称人类遗传资源，包括人类遗传资源材料和人类遗传资源信息。人类遗传资源材料是指含有人体基因组、基因等遗传物质的器官、组织、细胞等遗传材料，包括各种来自人体的生物样本和包含人类核酸片段的载体等。人类遗传资源信息是指利用人类遗传资源材料产生的数据等信息资料。

第三条 办法适用于本校教职员工开展的科学研究项目中，涉及中国人类遗传资源采集、保藏、利用、对外提供等事项的规范和管理。任何机构或个人未经学校管理机构批准，不得参与采集、保藏、利用、对外提供人类遗传资源。

第四条 采集、保藏、利用、对外提供我校人类遗传资源，不得危害我国公众健康、国家安全和社会公共利益。

第五条 为临床诊疗、采供血服务、查处违法犯罪、兴奋剂检测和殡葬等活动需要，采集、保藏、对外提供人类遗传资源和利用人类遗传资源开展国际合作，按照国家相关法律法规管理，不属于本管理办法适用范围。

第六条 禁止买卖人类遗传资源。为科学研究依法提供或者使用人类遗传资源并支付或者收取合理成本费用，不视为买卖。

第七条 复旦大学是学校人类遗传资源管理的第一责任主体，任何个人和单位违反《中华人民共和国人类遗传资源管理条例》及相关法律法规将导致学校承担相应的法律责任。

第八条 复旦大学生物安全委员会下设人类遗传资源管理分委员会（以下简称"人遗分委会"）全面负责我校人类遗传资源管理工作，制订并监督落实我校的人类遗传资源相关管理制度和技术规程。

第九条 复旦大学科学技术研究院、上海医学院科研处作为人遗分委会秘书处（以下简称"秘书处"），负责我校人类遗传资源日常管理工作，具体执行人遗分委会制订的相关规划、管理制度和技术规程。

第十条 各二级单位（包括院、系、所和各独立实体运行机构）负责人是本单位人类遗传资源管理的第一责任人，负责在本单位贯彻落实我校人类遗传资源相关管理制度。

第十一条 相关研究项目（课题）负责人是项目（课题）人类遗传资源管理的第一责任人，执行我校人类遗传资源相关管理制度，负责本项目人类遗传资源行政许可事项的申报，负责本人账号的管理和安全，应确保申请材料全面、真实、完整、准确。

第二章 人类遗传资源的采集管理

第十二条 采集人类遗传资源应与有资质的医疗机构合作完成，具有与采集活动相适应的场所、设施、设备。

第十三条 发现重要遗传家系和特定地区人类遗传资源，应向国务院科学技术行政部门申报登记。

第十四条 以下情况，不需要单独申请人类遗传资源采集审批，但应事先获得学校伦理委员会批准：

（一）使用其他合作单位的遗传资源样本开展研究；

（二）使用既往实验室研究项目积累采集的人类遗传资源开展研究。

此外，涉及国际合作或需对外提供的，按照本办法第四章执行。

第三章 人类遗传资源的保藏管理

第十五条 人类遗传资源的保藏是指将来源合法的人类遗传资源保存在适宜环境条件下，保证其质量和安全，用于未来科学研究的行为，不包括实验室检测后的临时存储行为。

第十六条 学校对人类遗传资源的保藏进行统一规范管理，按照分布式生物样本保藏模式，即各样本（包括数据）拥有二级单位，按照符合国家人类遗传资源保藏技术的规范和要求设置场所、设施、设备和人员，完成样本保藏，并汇交遗传资源保藏基本数据。任何个人或二级单位不得私自保藏人类遗传资源。

第十七条 拟保藏人类遗传资源的二级单位应事先向秘书处提交保藏方案备案，说明拟保藏的人类遗传资源类型、数量、储存条件、拟储存时间和负责保藏人类遗传资源的人员等。

第十八条 秘书处拟定全校的人类遗传资源保藏方案，经学校伦理委员会通过后，上报国务院科学技术行政部门批准。学校人类遗传资源管理部门根据人类遗传资源保藏制度执行保藏方案，并根据国务院科学技术行政部门的要求按时提交年度报告。

第十九条 为保藏而采集人类遗传资源应事先获得人类遗传资源提供者的书面知情同意，该知情同意书应为学校伦理委员会提供的统一模板。

第四章 人类遗传资源的利用和对外提供管理

第二十条 利用我校保藏的人类遗传资源开展科学研究，应符合伦理原则，研究方案和知情同意书应事先获得学校伦理委员会批准。研究方案和/或知情同意书中应说明人类遗传资源的内容、范围、所有可能去向和所有可能获得我校人类遗传资源的单位法人。

第二十一条 上述活动如有合作单位的，应保证我校研究人员在合作期间全过程、实质性地参与研究，并获得所有研究记录和数据信息，共享包括专利权在内的合作研究成果。

第二十二条 所有合作单位应按照平等互利、诚实信用、共同参与、共享成果的原则，签订合作合同（协议），我方承担的义务应与研究方案和知情同意书相符，成果的使用和分配方法有明确约定。合作合同（协议）中应明确：

（一）合同（协议）各方承诺遵守《中华人民共和国人类遗传资源管理条例》，相关活动需要经国务院科学技术行政部门批准的，未获得批准前不得开展，并严格按照批准的内容和范围开展相关活动；

（二）合同（协议）各方有义务提供全面、真实、完整、准确的材料，协助申请方获得人类遗传资源相关审批；

（三）说明所有可能获得我校人类遗传资源的单位法人，应与研究方案和/或知情同意书中的一致；

（四）获得我校人类遗传资源的各方不得将其用于合同（协议）约定内容以外的用途，不得提供或开放给除（三）中单位法人以外的其他机构或个人；

（五）说明剩余人类遗传资源材料、人类遗传资源信息的处置方式和理由；

（六）合同（协议）一方因违反前述约定，导致其他各方遭受诉讼、法律程序、调查，所产生的任何损失和责任，一律由违约方承担。守约方有权立即解除合同（协议），并有权要求违约方支付违约金。

第二十三条 上述活动中如果合作单位为外国组织及外国组织、个人设立或者实际控制的机构（以下称"外方单位"），需事先经国务院科学技术行政部门批准，由项目负责人负责申报。项目负责人应在合作活动结束后6个月内与合作外方单位共同向国务院科学技术行政部门提交合作研究情况报告。

第二十四条 以下情况如涉及国际合作或需对外提供的，也应事先获得学校伦理委员会批准，并报国务院科学技术行政部门批准：

（一）使用其他研究项目既往采集的人类遗传资源开展研究；

（二）使用保存的遗传数据开展相关研究。

第二十五条 委托其他单位检测我校人类遗传资源的，应与其签订委托合同/协议，合同/协议中应明确相关内容（参见第二十二条）。

第二十六条 受托测试加工我校人类遗传资源的单位为外方单位的，应事先经国务院科学技术行政部门批准，由项目负责人负责申报。项目负责人应在合作活动结束后6个月内与合作外方单位共同向国务院科学技术行政部门提交合作研究情况报告。

第二十七条 因国际合作确需将我校人类遗传资源材料运送、邮寄、携带出境的，需事先经国务院科学技术行政部门批准，由项目负责人负责申报，并凭国务院科学技术行政部门出具的人类遗传资源材料出境证明办理海关手续。

第二十八条 将人类遗传资源信息向外国组织、个人及其设立或者实际控制的机构提供或者开放使用前,包括发表利用人类遗传资源的研究成果前,应向国务院科学技术行政部门备案并提交信息备份,由项目负责人或论文通讯作者负责申报。

第五章 监督与处罚

第二十九条 学校各级人类遗传资源管理人员须加强对人类遗传资源保护的认识,应建立专门的资料库,指定专人管理人类遗传资源相关文件,确保开展相关国际合作项目和基础研究项目时能严格按规定执行,杜绝人类遗传资源违法违规使用和出境。

第三十条 对于未经审批同意的涉及我国人类遗传资源的国际合作项目和各级各类科研项目,应立即停止实施,并按有关规定补办报批手续,经批准后方可继续实施。

第三十一条 按照中国人类遗传资源管理办公室的书面批准的内容,严格根据科研方案,采集相应的人类遗传资源样本,并根据人类遗传资源管理样本的采集、处理、保存、运输的国家标准、团体标准进行规范操作。

第三十二条 学校人遗分委会和伦理委员会对已获批准立项的涉及我国人类遗传资源的科研项目,有权按照批准的内容和范围,加强对包括人类遗传资源采集、收集及实际使用情况、实体样本或数据信息出境及出境后使用情况、剩余样本处置情况、知识产权分享与安排情况等各环节的监督检查,有权询问相关人员、查阅相关资料,发现违反本办法规定的,有权中止相关活动,并上报学校人遗分委会处理。

第二十二条 项目负责人有义务配合学校人遗分委会和伦理委员会的监督检查,如实回答检查人员的询问,提供完整的原始资料,接到中止通知后立即停止相关活动。

第三十四条 任何人对违反本办法规定的行为,有权向学校人遗分委会投诉、举报。

第三十五条 任何人违反本办法的,暂停相关责任人开展涉及我国人类遗传资源活动的资格1年,并可给予以下处分:暂停伦理申请资格1年、各级各类科研项目(课题)申请资格1年;违反《中华人民共和国人类遗传资源管理条例》的,相关责任人除依法承担相应行政责任、民事责任或刑事责任外,暂停相关责任人开展涉及我国人类遗传资源活动的资格1年以上,并可给予以下处分:暂停伦理申请资格1年以上、各级各类科研项目(课题)申请资格1年以上。

第六章 附则

第三十六条 本办法由科学技术研究院、上海医学院科研处负责解释。

第三十七条 本办法自发布之日起施行。

复旦大学本科教育教学成果奖评选奖励办法(试行)

(2021年12月9日校长办公会议审议通过 校通字〔2022〕8号 2022年1月23日发布)

第一条 为贯彻落实习近平总书记关于教育的重要论述和全国教育大会、新时代全国高等学校本科教育工作会议精神,总结表彰我校本科教育教学领域的最新成果和先进经验,调动院系和广大教师参与本科教育教学工作的积极性、创造性,为培养一流人才、建设一流大学贡献力量,根据《教学成果奖励条例》(1994年国务院令第151号)、《上海市教学成果奖励办法》(沪府发〔1998〕17号)等文件要求,结合学校本科教育教学工作实际,制订本办法。

第二条 本科教育教学成果是指体现正确价值导向,反映教育教学规律,具有独创性、新颖性、实用性,对提高本科教学水平和教育质量、实现培养目标产生明显效果的教育教学和教学管理实施方案。

第三条 本科教育教学成果包括转变教育理念、创新人才培养模式、优化教学培养方案、加强课程内涵建设、开展教学改革与研究、完善教学质量保障体系等类型。

第四条 复旦大学本科教育教学成果奖设特等奖、一等奖、二等奖等3个等级,每两年评选一次,每次设特等奖不超过20项,一等奖不超过40项,二等奖不超过60项。成果奖评选坚持宁缺毋滥的原则,允许各等级奖项空缺。

(一)特等奖成果应属全国首创,在国内有重大影响,在教育教学理论上有创新,在教育教学改革方面实现重大突破,取得特别重大人才培养效益;

(二)一等奖成果应达到国内领先水平,在教育教学理论和实践方面有较大突破,取得重大人才培养效益;

(三)二等奖成果应达到校内领先水平,在教育教学改革方面实现较大突破,取得较大人才培养效益。

第五条 申报复旦大学本科教育教学成果奖的项目,一般应符合以下条件:

(一)成果第一完成人应为本校教职工或正式聘请的校外合作导师。成果完成人应忠诚于党和人民的教育事业,为人师表、师德高尚。主要完成人应直接参与成果的方案设计、论证、研究和实践过程,并做出主要贡献;

(二)成果主要完成单位是指成果主要完成人所在单位。主要完成单位应在成果的方案设计、论证、研究和实践的全过程中做出主要贡献。两个以上单位或个人共同完成的教学成果,由参加单位或个人联合申请;

(三)申报成果须经过至少2年的实践检验。其中,特等奖、一等奖成果应经过不少于4年的教育教学实践检验。实践检验的起始时间,应从正式实施(包括试行)方案的时间开始计算,不含研讨、论证及制订方案的时间;

(四)已获得校级及以上级别教学成果奖的项目,在没有重大突破或进展的情况下,不得再次申报。

第六条 复旦大学本科教育教学成果奖评选由教务处负责组织开展,一般包含教师申报、单位推荐、专家评审、学校审批、结果公示等程序。

第七条 各单位应紧密结合人才培养和学科专业建设最新进展,及时总结本单位在本科教育教学建设、教学改革和研究等方面的成果，统筹谋划并择优向学校推荐。鼓励跨院系、跨部门合作成果联合参与申报。

第八条 教务处负责组建由校内外特邀专家组成的复旦大学本科教育教学成果奖评审专家组，具体开展评审工作，确定建议奖励名单及奖励等级后报学校审批。

第九条 建议奖励名单及奖励等级经学校审批通过且校内公示5个工作日无异议后，学校公布表彰决定并授予成果主要完成人获奖证书。

第十条 对于弄虚作假或剽窃他人成果的获奖者，一经查实，学校将撤销相关奖励，并责成有关单位对当事人给予相应处理。

第十一条 本科教育教学成果奖获奖情况纳入学校"双一流"综合奖励以及教师学术荣誉体系，作为教师职称评定、职务晋升的重要依据。

第十二条 学校优先推荐校级本科教育教学成果奖获奖成果申报上海市、国家级教学成果奖。各单位应加强对获奖成果的宣传推广，发挥优秀成果的示范引领作用，扩大获奖成果在校内外的影响力。

第十三条 本办法自发布之日起施行，由教务处负责解释。

复旦大学研究生教育教学成果奖评选奖励办法（试行）

（2021年3月25日校长办公会议审议通过 校通字〔2022〕8号 2022年1月23日发布）

第一条 为贯彻落实习近平总书记关于教育的重要论述和全国教育大会、全国研究生教育会议精神，总结表彰我校研究生教育教学领域的最新成果和先进经验，调动院系和广大教师参与研究生教育教学工作的积极性、创造性，为培养一流人才、建设一流大学贡献力量，根据《教学成果奖励条例》（1994年国务院令第151号）、《上海市教学成果奖励办法》（沪府发〔1998〕17号）等文件要求，结合学校研究生教育教学工作实际，制订本办法。

第二条 研究生教育教学成果是指体现正确价值导向，反映研究生教育教学规律，具有独创性、新颖性、实用性，对提高研究生教学水平和教育质量、实现研究生培养目标产生明显效果的教育教学方案。

第三条 研究生教育教学成果主要形式为教育教学的实施方案、研究报告、教材、课件、论文、著作等，主要类型包括：

（一）课程教学类：在研究生层次的思政课程、课程思政、教学模式、教学方法、实验教学、专业实践指导等方面的改革或创新成果；

（二）教材成果类：在研究生课程教学中形成的研究生教材或专业学位案例集；

（三）教研成果类：已公开发表或出版的研究生教育教学、研究生教育管理、研究生教育改革相关的研究成果；

（四）培养机制类：研究生培养体系和培养模式的改革创新成果；

（五）组织管理类：研究生培养工作体制机制的改革创新成果，或研究生培养质量保障工作体系的改革创新成果。

第四条 研究生教育教学成果奖设特等奖、一等奖、二等奖三个等级，每2年评选一次，每次设特等奖不超过10项、一等奖不超过20项、二等奖不超过40项。研究生教育教学成果奖评选坚持高站位高标准，本着宁缺毋滥的原则，允许各等级奖项空缺。

（一）特等奖成果应属全国首创或在国内有重大影响，在研究生教育教学理论和实践方面有重大创新，或在研究生教育教学改革方面有重大突破，或在学校研究生教育方面取得特别突出的成就；

（二）一等奖成果应在上海市或学校具有领先水平，在研究生教育教学理论和实践方面有较大突破，或已取得较为显著的研究生培养成效；

（三）二等奖成果应属学校先进水平，在研究生教育教学改革方面已取得一定成果或培养成效，且具有明显的持续建设和发展空间。

第五条 申报研究生教育教学成果的项目，一般应符合以下条件：

（一）成果完成人应忠于党和人民的教育事业，为人师表、师德高尚；

（二）成果完成人应为本校教职工，或本校正式聘请的校外合作导师；

（三）成果完成人应当直接参与成果的方案设计、论证、研究和实践过程，且作出了必要贡献；

（四）成果实践检验的起始时间，应从正式实施或正式试行教育教学方案的时间开始计算，不含研讨、论证及制订方案的时间；

（五）已获得过奖励（校级及以上）的教育教学成果，在没有重大突破或进展的情况下不得再次申报。

第六条 两个以上单位或个人共同完成的成果，计入第一完成单位或第一完成人所在单位的推荐名额。各培养单位每轮次推荐申报项目数不得超过3项。

第七条 研究生教育教学成果按以下标准进行评选：

（一）在学校研究生教育教学中具独创性、新颖性、实用性；

（二）已经过2年以上教育教学实践检验，成果具可推广性；

（三）团队成员有明显梯队，具可持续建设性。

第八条 研究生教育教学成果的评选，一般按照单位或个人申报、单位推荐、专家评审、学校审批、结果公示等程序组织开展。成果申报书由各培养单位统一向研究生院提交申报材料，各培养单位在提交材料时应对本单位成果项目进行排序。研究生院负责组织专家进行成果评选，评选结果经学校审批通过且校内公示5个工作日无异议后，学校公布表彰决定并授予成果主要完成人获奖证书。

第九条 研究生教育教学成果奖的评选委员会由研究生院提名、报学校审核同意后开展评选工作。评选工作以分组评议或集中评议的方式开展，采取无记名评分、平均分按从高到低排序的方式，确定建议获奖名单及奖励等级。

第十条 任何单位或个人对公示的教育教学成果权属、学术不端等有异议的，可在公示期内以书面形式实名向研究生院提出异议。研究生院将即时启动调查，并对提出异议或举报的单位和个人给予保密。不符合规定和要求的异议或举报，不予受理。

第十一条 对于弄虚作假或者剽窃他人教育教学成果的，报学校学术委员会调查处理。确定违规行为属实的，由学校撤销奖励，并责成有关单位对当事人给予相应处分。

第十二条 研究生教育教学成果获奖情况纳入学校"双一流"综合奖励、培养单位年度绩效考核指标体系及教师学术荣誉体系，作为教师职称评定、职务晋升的重要依据。学校为研究生教育教学成果奖完成人颁发获奖证书。

第十三条 学校优先推荐校级研究生教育教学成果奖获奖成果申报上海市、国家级教学成果奖。各单位应加强对获奖成果的宣传推广，发挥优秀成果的示范引领作用，扩大获奖成果在校内外的影响力。

第十四条 本办法自发布之日起施行，由研究生院负责解释。

复旦大学与企业共建联合实验室（研究中心）管理办法

（2022年4月19日校长办公会议审议通过 校通字〔2022〕13号 2022年5月30日发布）

第一章 总 则

第一条 为落实国家创新驱动发展战略，将复旦大学的"双一流"建设与推动国家和地方经济社会发展紧密结合，加快技术创新和成果转化，规范复旦大学与企业共建联合实验室（研究中心）管理，特制订本办法。

第二条 本办法所指的联合实验室、联合研究中心（以下简称"联合实验室"）是指学校根据发展需求与各类企业法人在相关领域开展合作研究与开发，由企业法人出资、学校批准成立，共同建设的产学研合作平台。与事业单位、民办非企业单位、社会团体合作等共建的产学研合作平台可参照此办法管理。

联合实验室成立的目的是为了结合科学前沿和企业重大需求，探索校企协同创新的新模式，促进我校与企业实质性、高水平、可持续的科技合作，促进学科发展，加速成果转化。

第三条 科学技术研究院（以下简称"科研院"）是联合实验室的管理部门，负责联合实验室的审核、报批、运行监管和终止。

联合实验室负责人所在院系是联合实验室的依托院系。依托院系负责联合实验室申请材料、合作协议等的真实性，协调保障院系资源的合理利用。

第二章 成 立

第四条 设立联合实验室，需具备下列条件：

（一）有明确的研究方向和建设目标，具备解决实际问题的能力，能和企业进行协同创新；

（二）合作单位原则上应是国民经济重点发展领域具有行业代表性的企业单位，经营状况良好，具备必要的合作研发条件和较高的合作诚信度；

（三）合作单位对联合实验室的投入应持续三年以上，其中项目研发经费不低于300万元/年，三年内累计到校经费不低于1 200万元；

（四）联合实验室负责人应是复旦大学在职在编人员，无师德师风和科研诚信的不良记录；

（五）联合实验室原则上建在复旦大学国家大学科技园、学校周边科技园区或学校在外设立的研究院；联合实验室因特殊原因在校内或合作单位建设的，由依托院系说明理由，在负责人原有科研用房基础上，学校不再额外增加用房。

第五条 联合实验室的审批流程：

（一）申请人填写"共建联合实验室申请表"，起草合作协议，合作协议中必须有明确的合作方式、合作内容、知识产权归属、保密条款、经费投入和投入方式、合作期限等内容；

（二）所在院系对申请人、申请材料、合作协议和合作单位资质进行审核，并就申请材料的真实性、合作的必要性和可行性签署意见后提交科研院；

（三）科研院对院系提交的各项申请材料进行审核，涉及捐赠、人才培养等内容的由相关职能部处进行审批或认定；

（四）校法律事务室对合作协议进行审核，申请人根据审核意见对合作协议进行必要的修改；

（五）修改后的合作协议与申请材料经分管校领导签署意见后，报校长办公会议审议；

（六）校长办公会议批复同意的合作协议经合作各方签字盖章后生效，联合实验室正式成立。

第三章 运行管理

第六条 联合实验室到校经费按照《复旦大学理工医科科研经费管理办法》和《复旦大学技术合同管理办法》执行。

第七条 联合实验室运行经费是指维持联合实验室正常运转、完成日常工作任务发生的费用，包括办公及印刷费、水电气燃料费、房屋租赁费、图书资料费、差旅费、会议费、日常维修费、小型仪器设备购置改造费、公共试剂和耗材费、专家咨询费和劳务费等。在校外运行的联合实验室，可根据合作协议约定将部分运行经费（房屋租赁费和水电气燃料费等）外拨至挂牌所在单位，并根据合作各方共同认可的预算执行。

第八条 原则上合作各方应在联合实验室的合作协议框架下确定当年度的具体研究内容，签订项目技术合同，约定相应的项目实施、评审指标和考核办法等，并根据技术合同执行。

第九条 联合实验室须编制年度工作报告和年经费预算，年度工作报告和经费预算经依托院系审核后，于次年3月底前报送科研院，年度工作报告是对联合实验室进行年度考核的重要依据。

第十条 合作各方不得以联合实验室名义从事或参加商业活动，不得擅自在商业宣传推广介质中以文字、图片等各种形式引用含有"复旦"的文字和图形；未经学校许可，不得在产品本身、包装、标签、说明书上印制、利用产品外观设计体现，或者在服务上、活动中展示上述文字和图形。

第十一条 联合实验室不设分支机构，不刻公章。

第十二条 联合实验室合作期满后，合作各方如需继续共建，应重新签订合作协议并经科研院审核后报分管校领导审批。

第十三条 联合实验室出现下列情况之一的，学校有权对其进行撤销并公示，必要时追究相关方的法律责任：

（一）有损学校声誉和利益的；

（二）严重运行不良的；

（三）严重违反协议约定，学校发出整改通知一个月仍未整改或协议履行不到位的；

（四）协议到期后未续签，仍以联合实验室名义运行或开展各项活动的；

（五）违反国家法律法规或学校规章制度的。

第四章 知识产权归属

第十四条 联合实验室承担项目所产生的知识产权，其归属按下列条款执行：

（一）合作各方已有的知识产权归各自所有，一方有责任为另一方保密；项目研发过程中共同获得的知识产权共同所有，参与研发的人员具有署名权，排名顺序协商决定；同等条件下，经费投入方享有商业化使用的优先权利，所得收益分配另行约定；未经合作各方书面同意，任何一方不得以任何方式将项目研究成果泄露、转让或许可给第三方；合作各方共同授权给第三方使用所产生的收益，由合作各方根据具体情况，决定分配比例；合作各方另有约定的，按约定执行；

（二）由合作各方共同承担的其他项目所产生的知识产权，其归属按照具体项目合作协议的约定执行。

第五章 附 则

第十五条 联合实验室原则上命名为"×××（研究方向）校企联合实验室"或"×××（研究方向）校企联合研究中心"，命名中的研究方向应当具体、凝练，不得过于宽泛。

第十六条 本办法自发布之日起施行，原《复旦大学与企业共建联合实验室（研究中心）管理办法》（校通字〔2016〕12号）同时废止。

复旦大学学术委员会章程

（2022年1月4日校党委常委会审议通过 校通字〔2022〕16号 2022年6月29日发布）

第一章 总 则

第一条 为规范和加强学术委员会建设，完善学校内部治理结构，保障学术委员会在各项学术事务中有效发挥作用，根据《中华人民共和国高等教育法》《中国共产党普通高等学校基层组织工作条例》《高等学校学术委员会规程》和《复旦大学章程》等有关法律及规定，制订本章程。

第二条 复旦大学学术委员会作为校内最高学术机构，在学校党委的全面领导下，统筹行使学术重大事务的决策、审议、评定和咨询等职权。

第三条 学术委员会应遵循学术规律，尊重学术自由和学术平等，鼓励学术创新，公平、公正、公开地履行职责，维护复旦大学的学术声誉、严谨学风和学术规范。

第二章 机 构

第四条 校学术委员会根据国家学科专业目录设置，结合学校学科体系构成，包含人文学部、社会科学与管理学部、理学部、工程技术学部、医学部和交叉学部。各学部根据相应学科范畴，履行本章程规定的各项职责。附属医院学术委员会在医学部指导下独立开展工作。

各学院（系、所）、实体运行科研机构（以下简称为"二级单位"）、上海医学院、附属医院设立学术委员会，其学术委员会接受校学术委员会的领导和监督，向校学术委员会报告工作。上海医学院、各二级单位和附属医院依据本章程制订本单位学术委员会章程并报校学术委员会审核备案。

第五条 校学术委员会可根据工作职责需要设立若干专门工作委员会。各专门工作委员会向校学术委员会报告工作，接受校学术委员会的领导和监督，遵守校学术委员会的章程及相关规定。

各专门工作委员会设立动议由校学术委员会委员提出，经全体会议表决通过后，与相关职能部门协商，提出人员组成、职责权限、会议制度、议事规则等具体组建方案。专门工作委员会需经校长办公会议和党委常委会会议审议通过后正式成立。

第六条 学校、上海医学院、各二级单位和附属医院学术委员会可委托或聘请校内外专家组成临时性的评议组、评审组或专题工作组，就学术事务有关具体事项进行调查、评议，为各级学术委员会决策提供意见建议。

第七条 校学术委员会设秘书处，挂靠发展规划处，处理学术委员会的日常事务。校学术委员会的运行经费纳入学校预算安排。

第三章 职责权限

第八条 校学术委员会行使以下职责权限：

（一）咨询、审议学校与学术事务相关的重要发展规划、发展战略以及其他按国家和学校规章规定应审议的事项等，提供建议意见；

（二）研究、建议学校学科融合创新发展与调整方向，向学校相关职能部门和工作会议提出咨询意见，参与论证学院（系）、实体运行科研机构等学术机构设置方案，对学校委托的科研成果和奖励申报评价等提出评议意见；

（三）评议学校聘请名誉教授、顾问教授和兼职教授的学术水平；

（四）调查并认定学术违规行为，裁决学术纠纷，维护学术道德规范；对上述调查结论提交教师职业道德和纪律委员会等相关部门处理；

（五）学校委托的其他需要学术委员会审议的事项。

根据医学学科特点，上海医学院学术委员会在医学学科范围内行使以上职责权限。

第九条 上海医学院、各二级单

位和附属医院学术委员会在本单位党组织的领导下,根据校学术委员会章程,确定本级学术委员会应行使的职责权限。

第四章 委员

第十条 学术委员会委员应符合以下任职条件:

(一)遵守宪法、法律和学校章程,学风端正、治学严谨、公道正派;

(二)应具有教授或正高级专业技术职务,学术造诣高,有较高的学术声誉;

(三)关心学校建设和发展,有参与学术议事的意愿和能力,能够正常履行职责;

(四)在职且原则上年龄不超过70岁。

第十一条 校学术委员会委员人数应当与学校的学科、专业设置相匹配,注重体现各学科代表性,根据学科与教师规模确定人数并为不低于43人的单数,年龄小于60岁的委员人数大于委员总人数的50%。

第十二条 校学术委员会委员依照民主集中制的原则产生,由各二级单位、附属医院、有关职能部门及分管校领导进行委员候选人提名。

各二级单位和附属医院提名的委员候选人,需经自下而上民主推荐、公开公正遴选方式产生,委员候选人的人数与应选委员名额的比例应不低于2:1,不高于3:1。二级单位提名委员候选人名单需经党政联席会议审议通过后上报;附属医院提名委员候选人名单需经院长办公会议、党委会议审议通过后上报。

学校相关职能部门可根据学科建设和科研管理工作需要,依据学科背景、专业构成等情况,在二级单位和附属医院提名基础上,进一步提名符合任职条件的委员候选人,提名数量不超过本届学术委员会应选委员名额的十分之一,提交分管校领导审核后,平衡分布到各学部,保证具有广泛的学科代表性和公平性。

校学术委员会委员按程序报校长办公会议和党委常委会议审议通过后,由校长聘任。原则上,委员中不担任党政领导职务及各单位主要负责人的专任教授,不少于委员总人数的二分之一。

第十三条 上海医学院、各二级单位和附属医院学术委员会委员人数原则上为不超过23人的奇数,委员名单由所在单位依照民主集中制的原则选举产生。二级单位学术委员会委员名单需经党政联席会议审议通过;上海医学院、附属医院学术委员会委员名单需经院长办公会议和党委会议审议通过。

第十四条 学术委员会委员每届任期为四年,委员可以连任,但其连任人数不应超过上届总人数的三分之二,连任委员任期一般不超过两届。

第十五条 校学术委员会各学部设组长一人、副组长一人,由所在学部委员选举产生。校学术委员会设主任一人、副主任五人,原则上由各学部组长担任,主任和副主任任期一般不超过两届。

校学术委员会主任由校长提名,全体委员选举产生,按程序报校长办公会议和党委常委会会议审议批准后,由校长聘任。

第十六条 上海医学院、各二级单位和附属医院学术委员会设主任一人,副主任若干人。二级单位学术委员会负责人名单需经党委会会议、党政联席会议审议通过;上海医学院、附属医院学术委员会负责人名单需经院长办公会议和党委会议审议通过。

第十七条 学术委员会委员在任期内有下列情形,经学术委员会全体会议讨论通过,按程序报校长办公会议和党委常委会会议审议批准,可免除或同意其辞去委员职务:

(一)主动申请辞去委员职务的;

(二)因身体、年龄、职务及在校任职情况等变动的原因不能履行职责的;

(三)怠于履行职责或违反委员义务的;

(四)有违法、违反教师职业道德或学术不端行为的;

(五)因其他原因不能或不宜担任委员职务的。

委员会委员在任期内出缺时,按相应的委员产生程序和办法增补。

第十八条 学术委员会委员享有以下权利:

(一)知悉与学术事务相关的学校各项管理制度、信息等;

(二)就学术事务向学校相关职能部门提出咨询建议;

(三)在学术委员会会议中发表意见,进行讨论、审议和表决;

(四)对学术委员会工作及学校学术事务提出建议、实施监督。

第十九条 学术委员会委员须履行以下义务:

(一)遵守国家宪法、法律和法规,遵守学术规范,恪守学术道德;

(二)遵守学术委员会章程,坚守学术专业判断,公正履行职责;

(三)勤勉尽职,积极参加学术委员会会议及有关活动。

第五章 运行

第二十条 学术委员会实行例会制,原则上每学年召开两次全体会议。根据工作需要,经学术委员会主任或校长提议,或三分之一以上委员联名提议,可临时召开学术委员会全体会议,商讨、审议相关事项。

第二十一条 学术委员会主任可根据需要召集主任会议,商讨、决定学术委员会日常工作。主任会议由主任、副主任参加。

第二十二条 学术委员会会议应有三分之二以上委员出席方可举行;若须对重大事项进行审议时,必须有三分之二以上到会委员审议通过或同意方为有效。

第二十三条 委员因特殊情况不能出席会议时,应以书面形式向学术委员会主任请假。不能出席会议的委员不得委托其他委员代为投票。

第二十四条 学术委员会审议、决定或者评定的事项与委员本人及其直系亲属有关,或者具有利益关联的,相关委员应当回避。

第二十五条 学术委员会可根据议题,设立若干旁听席,邀请相关专家学者或者学校职能部门、教师及学生代表列席会议,充分听取意见。

第二十六条 学术委员会建立年度报告制度,对学校学术水平、学科发展、人才培养等进行评价,提出意见和建议;向党委常委会会议汇报学科发展战略、调整优化和创新提升情况;对学术委员会的运行及履职情况进行总结。

第六章 附则

第二十七条 本章程由校学术委员会负责解释。

第二十八条 本章程经校学术委员会全体会议审议通过,校长办公会议和党委常委会会议审议批准,自发布之日起施行。2015年修订的《复旦大学学术委员会章程》同时废止。

复旦大学教师高级职务聘任实施办法

(2021年11月1日校党委常委会审议通过 校通字〔2022〕18号 2022年8月13日发布)

第一章 总则

第一条 以习近平新时代中国特色社会主义思想为指导,深入贯彻党的教育方针,坚持为人民服务、为党的治国理政服务、为巩固和发展中国特色社会主义制度服务、为改革开放和社会主义现代化建设服务,深入贯彻落实中共中央、国务院《关于全面深化新时代教师队伍建设改革的意见》(中发〔2018〕4号)和《深化新时代教育评价改革总体方案》(中发〔2020〕19号),以及人社部、教育部《关于深化高等学校教师职称制度改革的指导意见》(人社部发〔2020〕100号)等文件精神,结合我校实际,制订本办法。

第二条 扎实推进"第一个复旦"建设,深入实施人才强校战略,加快建设与世界一流大学、一流学科相适应的高水平师资队伍,建立健全"总量控制、按需设岗、导向明确、分类评价、规范有序、择优聘用"的教师高级职务聘任制度。

第三条 根据学校新时代教师教书育人评价机制的新要求,坚持以思想政治素质和师德师风为第一标准;坚持以立德树人、教书育人为根本任务;坚持以爱国奉献、服务社会为基本职责;坚持以代表性成果的质量、贡献、影响为评价重点,着力加强课程思政建设,深入推进全员、全方位、全过程育人。

第四条 按照不同岗位类别、不同层级教师的岗位职责,坚持共通性与特殊性、水平业绩与发展潜力、定性与定量相结合,构建科学合理、各有侧重的分类评价体系和学术评价标准。

第五条 坚持"代表性成果"评价机制,突出品德、能力、业绩、贡献导向,克服唯论文、唯"帽子"、唯学历、唯奖项、唯项目等倾向,加强海内外同行评议,注重对师德师风、教书育人、科学研究、社会服务、专业发展的综合评价,引导广大教师追求一流育人质量、一流学术成果和一流社会贡献。

第二章 岗位设置

第六条 根据《教育部直属高等学校岗位设置管理暂行办法》,教师岗位设置"教学科研型""教学为主型"和"科研为主型"三类。教学科研型岗位教师高级职务设教授、副教授,教学为主型岗位教师高级职务设教授(教学为主型)、副教授(教学为主型),科研为主型岗位教师高级职务设研究员、副研究员。

第七条 学校根据学科建设和事业发展需要,对教师高级职务的岗位数量进行总量控制;人事部门根据院系及校级科研机构(实体运行)的学科建设、人力资源规划和师资队伍现状等,提出年度高级职务岗位设置方案,报学校审批。

第八条 教师队伍高级职务岗位设置以教学科研型岗位为主体。科研为主型岗位,主要设置在实体运行的科研机构。教学为主型岗位由学校统一设岗、统一评审。原则上,教师申请的高级职务应与所聘岗位相符合。

第三章 申请条件

第九条 基本资格

(一)能够按照《中华人民共和国教师法》的基本要求,履行相应的岗位职责,遵纪守法,师德师风和政治素质优良。

(二)一般需具有博士学位。公共教学部门、护理学院可适当放宽学位要求。

(三)申报当年原则上应未满57周岁。

(四)符合下列规定的任职年限:

申请正高级职务:具有博士学位的教师,需担任5年以上副高级职务;具有硕士(学士)学位的教师,需担任8年以上副高级职务。青年研究员在第一个聘期期满考核通过后,成果突出,可提前申报。

申请副高级职务:具有博士学位的教师,需正式进校工作后担任2年以上中级职务;具有硕士学位的教师,需正式进校工作后担任5年以上中级职务;具有学士学位的教师,需正式进校工作后担任8年以上中级职务。

(五)青年教师晋升高一级专业技术职务,须有至少两年担任辅导员、书院导师等思想政治工作经历,或支教、扶贫、参加孔子学院及国际组织援外交流等工作经历,并考核合格。

(六)外语、计算机的相关要求,按学校有关文件执行。

第十条 业绩条件

(一)申请正高级职务,应承担教育教学任务,参与第二课堂育人,坚持知识传授与价值引领相统一、显性教育与隐性教育相统一,教书育人业绩显著。坚持面向世界科技前沿、面向经济主战场、面向国家重大需求、面向人民生命健康,主动对接与服务国家重大战略,负责承担国际前沿原创研究和关键核心技术研发,在所从事的学科领域内取得国内先进水平的成果,加强跨学科、跨院系研究合作,促进学科交叉融合、科研协同创新,对推进所在学科发展或开拓新的学科领域有一定贡献。在同行中有较高的学术声誉与学术影响,是本学科的优秀学术骨干,学术水平处于所在一级学科国内同类学者的前列,不低于本学科校内现有正高的平均水平。

(二)申请副高级职务,应承担教育教学任务,参与第二课堂育人,坚持知识传授与价值引领相统一、显性教育与隐性教育相统一，教书育人业绩较好。坚持面向世界科技前沿、面向经济主战场、面向国家重大需求、面向人民生命健康，主动对接与服务国家重大战略，积极参与国际前沿原创研究和关键核心技术研发，在所从事学科领域内取得同行认可的成果，加强跨学科、跨院系研究合作，促进学科交叉融合、科研协同创新。在本学科领域具有发展潜力的主要学术骨干，学术水平处于所在一级学科国内同类学者的前列，不低于本学科校内现有副高的平均水平。

第四章 评价标准

第十一条 申请高级职务，根据不同学科领域，不同研究类别，实施分类评价。

（一）人文、社会科学领域。对主要从事基础和理论研究的，重点评价在推动理论创新、传承文明、学科建设等方面的能力贡献。对主要从事应用对策研究的，重点评价围绕统筹推进"五位一体"总体布局和协调推进"四个全面"战略布局，为党和政府决策提供服务支撑的能力业绩。强调成果的研究质量、内容创新和社会效益，将理论文章、决策咨询研究报告、建言献策成果、优秀网络文章等与论文、专著等效评价。

（二）理科、工科、医科科学领域。对主要从事基础研究类科技活动的，着重考察提出和解决重大科学问题的原创能力、成果的科学价值、学术水平和影响等，注重评价新发现、新观点、新原理、新机制等标志性成果的质量、贡献和影响。对主要从事应用研究类科技活动的，着重考察技术创新与集成能力、取得的自主知识产权和重大技术突破、成果转化、对产业发展的实际贡献等，注重评价技术创新及其产生的重大应用的标志性成果质量、贡献和影响。

第十二条 各级学术评审组织应围绕"教书育人投入与实效""科研的系统性与创新性""学术经历与活动"和"发展潜力与规划"四个评价要素对申请人进行综合评价，择优推荐。

第十三条 为确保获聘人选具有持续和活跃的学术表现，各级学术评审组织在学术评价中，应重点考察申请人任现职以来且近年来的学术表现和业绩贡献。除人文学科外，对申请教师应以任现职后且近年来（正高申请人近5年、副高申请人近3年）的业绩贡献作为学术评价的基础。对于其他任现职以来涉及影响力评价需要较长周期的代表性成果，可不受上述年限限制。博士生期间的成果不得作为申报成果。申请副高级职务，其在博士后流动站工作期间（须取得博士学位后）取得的成果可作为申报成果。

对于人文学科的申请教师，在加强对近期学术业绩表现进行考察的同时，也可考察其通过长期积累形成任现职以来的高质量学术成果。

第十四条 各单位应根据学校"双一流"建设要求，围绕本办法所规定的评价要素，充分考虑育人成果与实绩、学术创新与贡献、成果应用与转化、社会服务与实效等方面，制订符合本单位学科特点的综合准入标准和优秀代表性成果具体要求。对于以共同第一或共同通讯作者合作完成的论文成果，应注重贡献评价，明确论文作者的成果贡献分配比例。

各单位的综合准入标准应不低于相应学科在最近一次教育部学科评估中排名前列（一般为排名前三）的单位同类学科相应职务的聘任标准，且不低于院系以往所制订的准入标准。

第十五条 各单位应加强申请人教书育人业绩与贡献考察。

（一）落实教授、副教授申请人为本科生和研究生授课的要求，明确教学工作数量与工作质量。原则上申请人近2年每年承担的本科理论或实验课程学时数不少于同期本单位同类型同级别教师人均承担的本科理论或实验课程学时数，且教学效果良好。作为研究生指导教师的申请人，申请高级职务前2年指导的学位论文未出现双盲评审或抽检异议。

（二）积极参与课程思政建设、课程体系建设、教育教改项目，以及教研室、课程模块教学团队、课程组等基层教学组织建设，积极参与编写高质量教材，加强教育教学交流，指导本学科青年教师，培养并提高青年教师的教育教学能力。

（三）注重因材施教与学生"德智体美劳"全面培养，积极参与书院和学生生活园区育人、劳动与社会实践育人等课外育人活动。作为指导教师带队开展科学研究、学科竞赛、实习实训、学生社团、创新创业、社会实践、志愿服务等思想政治教育和育人工作中取得突出成绩，并获省部级以上奖励的，在同等条件下优先考虑。

第十六条 各单位应加强申请人学术科研能力与业绩评价。

（一）鼓励申请人发表高质量论文，包括发表在具有国际影响力的国内学术期刊、业界公认的国际顶级或重要学术期刊的论文，以及在国内外顶级学术会议上进行报告的论文等。上述期刊、学术会议的具体范围由本单位的学术委员会本着少而精的原则结合学科或技术领域确定。从事工程应用开发的申请人应提供科技成果转化（如专利授权）或科技成果产生重要应用的证明。

（二）鼓励申请人积极承担国家级及相应级别的科研项目。正高申请人任现职以来且近5年来应主持过国家社会科学基金一般项目、教育部社会科学基金一般项目、国家自然科学基金面上项目或其他相应等级以上的国家级科研项目（或重大产学研项目）；副高申请人任现职以来且近3年来应主持过国家社会科学基金青年项目、教育部社会科学基金青年项目、国家自然科学基金青年项目或其他相应等级以上的科研项目（或重要产学研项目）。

从事工程应用开发的，正高申请人任现职以来且近5年来应主持过国家重要科技攻关课题或项目；副高申请人任现职以来且近3年来应主持过政府或重要企业的课题或项目。院系须根据工程学科特点，并结合实际，制订课题或项目的具体要求，具体要求应不低于院系以往所制订的准入标准。

第十七条 高级职务申请教师需提交任现职以来最重要的若干项

"代表性成果"(申请正高级职务提交5项,申请副高级职务提交3项)。"代表性成果"应是申请教师任现职以来,在教书育人方面取得的优秀成果,或在所从事学科领域做出的具有系统性、标志性、创新性,并在国内外具有较大学术影响的学术成果或者具有重要影响、产生重要作用的应用成果(主要指在公认的国家重大工程、重要国防军工项目、国家法律法规政策文件起草中发挥重要作用,以及被采纳的重要咨政报告等)。

第十八条 学校鼓励教师提交"优秀代表性成果"。"优秀代表性成果"是申请人在教书育人中取得的突出成果,以及对解决所在学科领域重要问题、关键难点或者是对关系国计民生和国家重大战略问题做出重大贡献,具有重大影响并被所在学科领域普遍认可的学术成果或应用成果。

对于提交的代表性成果特别突出(需经学科权威专家和学校审定),达到"优秀代表性成果"要求的申请教师,可适当突破综合准入标准和基本申请条件。

第五章 评审与聘任程序

第十九条 学校按照不同学科专业,成立人文、社科、理科、工科、医科一组(基础类)、智库研究、教学为主、思想政治理论课教师、医科二组(临床外科)、医科三组(临床内科)、医科四组(临床专科及药技护)等11个"高级专业技术职务评审专家组",对各单位推荐人选的学术水平、学术潜力、业绩贡献等进行综合评议。每个专家组成员不少于11人,由校内外权威专家组成(校内专家8—11人,校外专家2—3人),协管学科校领导(教学为主系列为分管教学的校领导)担任组长。专家组成员应是德才兼备,学术水平高、学术视野广,严肃认真、公正负责,愿意为学校把关的权威专家,一般为校级学术机构成员、高层次专家或国家重要学术组织成员等。校内专家由学校聘任,聘期一般为3年。校外专家根据学科方向需求,参照校内专家标准进行邀请。

第二十条 院系高级专业技术职务评审委员会(以下简称:院系"高评委")总体负责本单位教师高级职务评审工作;并根据学校核定的岗位数,向学校推荐拟聘人选。

院系"高评委"由本单位党政主要负责人,具有正高级职务的分管学科、教学、科研的副职领导,学术委员会全体具有正高级职务的成员组成(如上述成员未覆盖本单位全部学科方向,应通过教授大会或学术委员会增补相应学科方向的教授代表)。院系"高评委"主任由行政主要负责人担任,副主任由学术委员会主任和分党委(总支)书记担任。分党委(总支)书记负责对拟推荐人选的思想政治、师德师风,以及对整体评审程序进行把关。

第二十一条 教学科研型、科研为主型岗位评审与聘任程序。

(一)公开招聘

各单位根据学校批准的年度高级职务岗位数,发布招聘信息。

(二)个人申请

申请人按照聘任岗位要求,提交申报材料和代表性成果及说明。申请人应对申报材料的真实性和有效性进行书面承诺。

(三)资格审查

1.思想政治素质与师德师风审核

各单位分党委(总支)在征求支部意见的基础上,对申请人的思想政治素质和师德师风进行审查,并提出评价意见,评价意见为合格或不合格。人事处汇总各单位审核意见后报党委教师工作部复核。

评价意见为不合格者,不得申请当年度高级职务。

2.申请条件审查

各单位对每位申请人提交的材料进行审核,并就是否符合院系规定的"综合准入标准"和"基本申请条件"的要求进行逐项审查。

对于提交"优秀代表性成果",且需突破部分"综合准入标准"和"基本申请条件"的申请人,需提交学校审定。

3.教书育人评估

各单位教学指导委员会对申请人的开课、评教、教改、课建、是否有教学事故等教学情况,以及指导学生学位论文、课外学习、学术活动、实习实训、竞赛展演、书院教育、创新创业、生涯教育、社团活动、社会实践、心理辅导、就业引导等育人情况进行审核,提出教书育人综合评估意见,评估意见为"通过"或"不通过"。对于教学科研型岗位的申请人,如近期(教授申请人近五年,副教授申请人近三年)发生教学事故,或本科教学评价总体居所在院系后30%的,教书育人评估意见应为不通过。教书育人综合评估不通过者,不得进入后续评审程序。(具体按照《关于〈复旦大学教师高级职务聘任实施办法〉中本科教学评价的说明》执行)

未设置教学指导委员会的实体科研单位,由单位学位委员会或成立专门委员会行使教书育人评估职责。

对于通过资格审查的申请人,各单位可以直接提交学校进行校外同行评议;如有需要,各单位也可设置一定的学术评审程序,推荐产生初步候选人提交学校进行校外同行评议。

(四)材料公示

各单位通过内部网络等,对申请人的申报材料及资格审查具体情况在本单位范围内进行公示,公示时间为5个工作日。

(五)校外同行评议

校外同行评议原则上由学校组织实施,邀请国内外学科权威专家以通讯评审方式对各单位初步推荐人选的申请材料进行综合评议。正高申请人的材料邀请不少于8位校外专家评审,副高申请人的材料邀请不少于5位校外专家评审;其中,理工医科候选人应邀请国际权威专家参加评议。同行评议结果分为申请人在国内同学科领域相似年资的学者中处在"前10%""10%—30%""30%—50%""后50%"四个等级,候选人的校外同行评议结果中,"前10%""10%—30%"的合计数量须达到送审专家数量的2/3以上,视为校外同行评议通过。

(六)院系"高评委"综合考察推荐

院系"高评委"结合资格审查、教学评估、校外同行评议等意见,综合评议候选人的思想政治素质和师德师风表现、学术贡献、学术活力和学术影响等,按照学校核定的岗位数,投票产生拟聘人选。

(七)人选公示

各单位推荐人选名单在本单位范围内进行公示,公示时间为5个工作日。

(八)学校高级专业技术职务评审专家组评审

学校高级专业技术职务评审专家组在审阅候选人申报材料、校外同行专家评审意见后,听取各单位负责人汇报,投票产生正式推荐人选。

(九)学校聘任

校长办公会议审议、聘任。

(十)学校公示

学校正式聘任名单在校内进行公示,公示时间为5个工作日。

第二十二条 连续申报限制。连续2次进入"校外同行评议"环节,但最终未能获得晋升的申请人,原则上须停止申报 次。

第六章 议事规则

第二十三条 各类学术评审会议2/3以上委员出席有效;会议表决结果应当场公布、宣读;所作决议应由会议召集者、计票员和监票员在相应文件上签字,并确认后生效。不能出席会议的评委不得委托他人代议和投票。

第二十四条 各环节学术评审投票,通过者须获得实际参加投票人数的2/3以上(并超过应出席人数1/2)的赞成票,如按照该原则计算出的所需赞成票数为非整数,则取大于该计算数的最小整数作为法定通过票数。

第二十五条 工作人员以及专家等相关人员,在职称评审过程中,对于其中涉及本人或本人亲属利害关系的履职活动,应当回避,不得参加相关讨论、评议、投票、审核、决定等活动,也不得以任何方式施加影响。其他需要回避的情况,按相关规定执行。同时,评议过程实施不利申请人回避原则(申请人在提交申报材料时,可提出需回避的校外专家的名单,但最多不得超过3名)。

第二十六条 学校人事处、监察处可委派工作人员作为观察员,列席各单位专业技术职务评审会议。

第七章 纪律规范

第二十七条 申请人应自觉遵守学术规范。在评选过程中,如发现有失范行为,按照《复旦大学学术规范及违规处理办法》和国家人社部、监察部《事业单位工作人员处分暂行规定》进行处理。

第二十八条 申请人在申报过程中,不得影响和干扰评委,如查证属实,取消申报资格2年;如已获得聘任,则终止聘任,并按照《事业单位工作人员处分暂行规定》进行处理。

评委和工作人员应严格遵守保密纪律,不得泄露评审专家的名单和评审专家的意见等相关信息。一经查实,按照《事业单位工作人员处分暂行规定》进行处理。

第八章 申诉处理

第二十九条 当事人在各环节公示期内,可就评审程序是否符合规定、是否存在不当行为提出书面申诉,并提供相关证明材料。超出规定期限不予受理。

各单位"高评委"受理申诉,根据申诉的具体性质,进行相应处理。调查过程和处理意见提交学校学术评议专家组审议。

第三十条 如有必要,学校成立申诉处理小组。申诉处理小组由纪检监察部门和有关学科专家组成。申诉处理小组应在15个工作日内完成调查,形成调查意见。

第三十一条 申诉处理后,若无新证据,不再受理重复申诉。

第九章 附则

第三十二条 本办法中规定的"近5年"是指自申报当年度12月向前追溯至5年前7月1日,"近3年"是指自申报当年度12月向前追溯至3年前7月1日。其他所涉及的时限为任现职以来到申报当年度12月。

第三十三条 各单位在严格遵守学校规定环节和相应规则的前提下,结合本单位情况,制订具体的实施细则和学术评价体系,并报学校批准后实施。

第三十四条 其他

(一)教学为主型岗位教师高级职务聘任工作按照《复旦大学教学为主型岗位教师高级职务聘任实施细则》执行。

(二)智库研究系列高级职务聘任工作按照《复旦大学智库研究系列高级职务聘任实施办法(试行)》执行。

(三)附属医院临床教授、副教授聘任工作按照《复旦大学附属医院临床教授系列高级职务聘任实施细则(试行)》执行。

(四)符合《复旦大学"青年杰出人才"正高级专业技术职务评聘办法》相关规定的优秀青年人才,可通过该办法的程序聘任正高级专业技术职务。

(五)主要从事军工项目的科研人员,由军工部门制订相应办法,名额单列实施。

(六)学校聘任的项目制研究人员、劳务派遣制研究助理人员等,参照本办法规定,申请参评相应的高级职务任职资格。

(七)学校重大创新任务专任研究系列高级职务任职资格评审,另行制订相应办法,单列实施。

(八)个别具有突出贡献的优秀人才,学校可随时启动特别评审程序,由校长办公会议审定。

第三十五条 本办法自发布之日起执行。原2017年修订的《复旦大学高级专业技术职务聘任办法》(校人通〔2017〕66号)同时废止。

第三十六条 本办法由人事处负责解释。

复旦大学教学科研人员双聘至国家实验室工作办法(试行)

(2022年7月11日校党委常委会审议通过 校通字〔2022〕21号 2022年9月1日发布)

第一条 为加快推进复旦大学(以下简称"学校")与国家实验室深度合作,充分发挥学校学科门类齐全、高层次人才集聚的综合优势,积极对接国家、地方各项重大科研任务,支持和规范学校科研人员到国家实验室开展科学研究、人才培养等各项工作,特制订本办法。

第二条 本办法适用于与学校签订聘用合同的全职在编教学科研人员双聘至与学校签订战略合作协议的国家实验室承担科研任务的情况。

第三条 国家实验室根据任务需要向学校科学技术研究院提出双聘人员需求信息。科学技术研究院、人事处根据任务需求,结合教师个人意愿、征得教师所在院系同意后,与国家实验室初步确定拟双聘人员名单、所承担的具体任务、在国家实验室工作时长、薪酬待遇等。双聘人员及任务安排等相关事宜报分管科研、人事人才校领导同意后,提交学校人才工作领导小组组长会议审定。

中层及以上领导干部申请双聘的,应当按干部管理权限向相应的组织部门申请报批。

第四条 学校、国家实验室、双聘人员三方共同签署《复旦大学-××国家实验室科研人员双聘协议》(以下简称"《协议》"),明确双聘期间的主岗,以及双聘人员在实验室的工作任务、工作时间、考核要求和方式、薪酬待遇等具体内容。

第五条 双聘人员在学校和国家实验室工作的总时长记为每年12个月。校内所在单位应根据国家实验室任务需要合理安排双聘人员的教学工作,如有必要可减免其教学任务;双聘人员承担的研究生培养工作可纳入国家实验室岗位职责。

第六条 双聘人员的基本工资由学校发放,校内岗位津贴根据实际在校工作时间按比例折算后发放。国家实验室如为双聘人员发放岗位津贴、科研绩效或其他类型的岗位薪酬、补助或绩效等,其应向学校人事处报备,作为双聘人员校内薪酬和绩效发放的重要参考。如双聘人员承担的双聘工作不影响其校内各项工作,且国家实验室对其每年在实验室固定工作时间不做要求,则其岗位津贴不做核减。

第七条 双聘人员的社会保险、公积金和补充公积金由学校代缴,其缴费基数,按学校基本工资、岗位津贴+国家实验室岗位津贴测算。因国家实验室发放岗位津贴纳入基数测算导致的学校社会保险、公积金和补充公积金统筹费的缴纳增量部分,由国家实验室年度结算,返还学校。

第八条 双聘人员在国家实验室的科研任务完成情况和成果产出,纳入双聘人员校内考核、职称晋升的考核评价范围。主岗在国家实验室的双聘人员可参加国家实验室职称评审后到校认定,以充分保障科研人员安心承担国家实验室攻关任务。

第九条 双聘人员在国家实验室工作期间取得的知识产权和成果归属,按照学校与各国家实验室约定的合作协议执行。

第十条 《协议》和《复旦大学校内岗位聘任合同书》(以下简称《聘任合同》)均为双聘人员与学校签订的《复旦大学聘用合同书》的补充部分。《协议》签订后,双聘人员的校内所在单位应根据《协议》约定,调整双聘人员的校内工作任务、考核要求、薪酬待遇等内容,重新与双聘人员签订《聘任合同》,确保《聘任合同》与《协议》内容不冲突。

第十一条 本办法自发布之日起施行,由人事处负责解释。

复旦大学校内兼聘管理办法(试行)

(2022年7月11日校党委常委会审议通过 校通字〔2022〕23号 2022年9月13日发布)

第一条 (目的)

为服务国家重大战略任务、建设高水平研究型大学,承担创造性建设"第一个复旦"的历史使命,充分发挥学校学科门类齐全的综合优势,促进学科和科研融合创新,增强多学科交叉前沿拓展力和创新引领力,进一步支持校内院系及实体运行科研机构布局开展重大科学问题研究、关键核心技术攻关和文化传承与创新,激发人才创新创造活力,学校支持优秀人才以校内兼聘方式进一步发挥作用。为规范、有序做好校内兼聘管理工作,结合学校实际,制订本办法。

第二条 (适用范围)

本办法适用于与学校签订《复旦大学聘用合同书》的全职在编在岗教学科研人员和工程实验人员(以下合并简称"兼聘人员")。

第三条 (兼聘定义)

校内兼聘是指兼聘人员在本人与学校签订的《复旦大学聘用合同书》聘期内,在正常履行与人事关系所在校内二级单位确定的校内岗位职责的前提下,通过相应程序申请获批后,在人事关系所在校内二级单位(一般作为"主聘单位")以外的校内其他二级单位(含实体运行科研机构,一般作为"兼聘单位")开展必须占用一定工作时间(平均每周一个工作日及以上)的教学科研或技术支撑工作。

教职工在校内其他二级单位开展教学科研或技术支撑工作,不占用工作时间或所占用工作时间未达到平均每周一个工作日的,不作为兼聘管理。

第四条 (兼聘数量限制)

原则上,兼聘人员在校内同时兼聘的单位不超过两家。

第五条 (兼聘岗位设置)

二级单位应根据本单位交叉学科建设任务、承接的国家重大重点项目需求等实际工作需要,确定本单位可接受的兼聘人员总量。原则上,该总量不应超过本单位全职在编教学科研和工程实验岗位数的一半。校级实体运行科研机构如因承担国家、地方重大创新任务或重大创新平台建设等实际需要,在任务执行期或平台建设期内兼聘人员总量规模可适当增加。

第六条 (申请程序)

校内兼聘由兼聘单位发起。兼聘单位人才工作小组研究提出拟聘人选,与人事关系所在单位商得一致后,由兼聘单位所在党委进行思想政治表现和师德师风把关、党政联席会议审议同意提出兼聘动议,经兼聘人员本人、人事关系所在单位同意,报学校人事部门备案。

校内多家单位联合引进的人才,引进时即需明确兼聘关系的,可在人才引进工作中参照上述程序进行备案。

第七条 （兼聘合同）

主聘单位、兼聘单位、兼聘人员三方根据实际情况，签订《复旦大学兼聘岗位聘任合同书》（以下简称《兼聘合同》）。根据学校承担国家重大创新任务或国家设立的重大创新平台建设需要，经三方协商一致，兼聘人员人事关系可调入实体运行科研机构，如全国重点实验室等，形成机构主聘、院系兼聘，兼聘期满或完成平台建设等工作任务后，其人事关系可回到原主聘单位。

《兼聘合同》是《复旦大学校聘/院聘岗位聘任合同书》（以下简称《聘任合同》）的补充合同。《兼聘合同》应就与兼聘相关的科研成果归属、工作任务和目标、经费管理、空间使用、考核方式、绩效发放等事项做出约定，明确三方的权利、义务和责任。如确有必要，经本人与主聘单位协商一致，可对《聘任合同》相关内容进行适当调整，确保《兼聘合同》与《聘任合同》内容不冲突。

《兼聘合同》期满后终止。如需继续兼聘，三方应在协商一致的基础上续签《兼聘合同》。

第八条 （日常管理和考核管理）

主聘单位负责兼聘人员的日常管理，兼聘单位负责其兼聘工作的管理。原则上，兼聘人员的年度考核、聘期考核由主聘单位负责；兼聘单位应对兼聘人员年内兼聘工作开展情况进行评估，并将评估意见及时提供给主聘单位，作为考核的重要依据。《兼聘合同》中对兼聘人员的考核有特别约定的，按约定执行。对于在兼聘单位承担的科研任务、取得的科研成果，可在主聘单位相关学科评估以及学校相关职能部门对于主聘单位考核时予以计算考虑。

第九条 （常规绩效）

兼聘人员的基础性绩效由主聘单位确定并发放，奖励性绩效根据职能部门测算，按照《兼聘合同》约定的方式直发或核拨。《兼聘合同》对绩效的测算和发放方式有特别约定的，按约定执行。

第十条 （兼聘工作绩效）

兼聘单位可自行制订分配方案，使用自有经费（含学校核拨由单位统筹的绩效）对兼聘人员发放与其业绩贡献相匹配的兼聘工作绩效。

第十一条 （专业技术职务晋升）

兼聘人员可选择在主聘单位或兼聘单位申请参加专业技术职务晋升评审。但在同一个专业技术职务晋升评审周期内，只能向其中一方提出申请。兼聘教学科研人员应遵守学校"连续2次申请高级职务均未能晋升，须暂停1次申请"的规定。

第十二条 （兼聘的调整或终止一）

兼聘人员应履行《聘任合同》《兼聘合同》中约定的岗位职责、兼聘工作职责。如出现无法履约的情况，三方应协商调整兼聘工作内容或终止兼聘。

第十三条 （兼聘的调整或终止二）

如兼聘人员的《复旦大学聘用合同书》终止且不再续订，其签订的《兼聘合同》自《复旦大学聘用合同书》终止之日起解除。

如兼聘人员出现校内调动、岗位变更的情况，其兼聘事宜应当由主聘单位、兼聘单位、兼聘人员三方协商一致，解除或重新签订《兼聘合同》。

第十四条 （附则）

本管理办法自颁布之日起实施，由人事处负责解释。

复旦大学高级专家延长退休年龄管理办法

（2022年9月19日校党委常委会审议通过 校通字〔2022〕24号 2022年9月23日发布）

为充分发挥高级专家在"第一个复旦"建设中的重要作用，根据《国务院关于高级专家离休退休若干问题的暂行规定》（国发〔1983〕141号）、《国务院办公厅关于院士等杰出高级专家退休年龄问题的通知》（国办发〔2015〕4号）、《中共中央组织部 人力资源社会保障部关于机关事业单位县处级女干部和具有高级职称的女性专业技术人员退休年龄问题的通知》（组通字〔2015〕14号）、《关于高级专家退（离）休有关问题的通知》（人退发〔1990〕5号）、《上海市教育委员会关于做好本市高校高级专家延长退休年龄等审批工作的通知》（沪教委人〔2005〕78号）等有关政策，结合学校高级专家延长退休年龄（以下简称"延聘"）工作实际，制订本办法。

一、适用范围

在编在职的正高级专业技术人员（高级专家），在申请当年12月31日前年满59周岁及以上，确因工作需要的，可申请适当延聘。

院士、文科一级岗位教授、文科资深教授的退休与延聘工作，按照国家和学校的相关规定执行。

二、延长退休的基本条件

（一）申请人正在面向世界科技前沿、面向经济主战场、面向国家重大需求、面向人民生命健康等领域承担重要任务，正在学校"第一个复旦"和"双一流"建设中发挥重要作用。

（二）本人自愿。

（三）身体健康，能胜任所聘岗位工作。

（四）遵守教师行为规范，具有坚定的理想信念和高尚的师德师风。

三、岗位职责与考核要求

高级专家在延聘期间，应继续积极承担学校各项重要任务、发挥重要作用，在人才培养、科学研究、社会服务、文化传承创新、国际国内交流合作、担当国家使命、一流学科建设、一流人才方阵建设等方面继续发挥引领作用。院系应细化约定其延聘期间的岗位工作职责，充分发挥延聘专家在学校建设中的作用。

高级专家应结合拟延聘期限，提出具体的岗位职责，由院系进行审核。院系应以此为依据，严格实施业绩考核，考核结果作为高级专家申请下一阶段延聘的主要依据。

四、延长退休的分类申请条件及年龄期限

学校根据高级专家在"第一个复旦"和"双一流"建设中实际发挥的作用，结合工作实际，分类设定申请条件。

（一）适用于简易程序的情形

年龄在60周岁至65周岁之间，

且为博士生导师的正高级专家。根据其承担的教学科研等工作任务情况申请延聘。每次申请延长期限为1年。

(二) 适用于一般程序的情形

年满65周岁,且在校聘关键及以上岗位工作的正高级专家。正在承担国家重大任务和重要教学工作、正在学科建设中发挥不可或缺的关键作用的高级专家,符合下列条件之一,可申请延聘。每次申请延长期限为1年,最长可延长至70周岁。

1. 正在承担重大科研任务

现任国家重点研发计划重点专项总体专家组组长、成员;科技创新2030重大项目、国家重点研发计划、国家科技重大专项、国家自然科学基金重点项目及以上等级项目、上海市市级重大专项、上海市科技创新行动计划重大项目等项目负责人;国家重大军工项目负责人;教育部创新团队带头人;正在主持重要科技成果转化工作(到账留校经费总计1 000万元及以上)。

现任国家哲学社会科学基金重大项目、教育部哲学社会科学研究重大项目、中央马克思主义理论研究和建设工程项目首席专家;正在主持国家重大委托咨询决策任务。

现任国际重要合作项目首要负责人。

2. 正在承担重要教学职责

国家精品课程、国家精品开放课程、国家级精品资源共享课程、国家级一流本科课程、国家级课程思政示范课负责人(指课程认定时任负责人);国家级虚拟教研室负责人;国家优秀教学团队负责人;国家级规划教材主编;主持国家级一流本科专业建设点建设任务;上述教师还应一直承担下述任一类别的本科生课程教学任务:本科生通识教育核心课程、通识教育专项教育课程、大类基础课程、专业必修课程、专业核心教育课程或荣誉课程(不含毕业论文或毕业设计)。

3. 在学科建设、教书育人、学术研究等方面具有重大影响力

中国科学院院士初步候选人、中国工程院院士第二轮候选人、复旦大学文科一级岗位教授初步候选人、复旦大学文科资深教授第二轮候选人。

现任国务院学位委员会学科评议组成员、国务院或省级政府参事、中央文史研究馆馆员;国家教学名师;现任教育部高等学校教学指导委员会主任委员、副主任委员;现任国家专业学位研究生教育指导委员会主任委员、副主任委员;现任教育部科学技术委员会、社会科学委员会委员(含学风建设委员会委员);现任国家一级学会会长、副会长、理事长、副理事长、主席、副主席,现任国际著名学术团体主席、副主席或相当职务;现任本学科领域国际国内顶级学术期刊主编、副主编。

4. 其他

其他经学校研究同意,正在承担学校重大重点工作或具有特别突出贡献的高级专家。

五、审批程序

为充分发挥院系主体作用,延聘工作实施分层管理、分类审批。审批程序应严把师德师风审核关,相应程序中各环节均实行师德师风一票否决。

(一) 简易程序

符合"四、延长退休的分类申请条件及年龄期限"所规定的第一类情况的高级专家,适用简易程序:

1. 专家自愿申请;

2. 单位审核:专家所在党支部、分党委进行师德师风审核;学术委员会、人才工作小组或岗聘小组结合专家上一聘期(如在校尚不足一个聘期的,对上一年度)业绩贡献、在"第一个复旦"和"双一流"建设中的预期贡献和师德师风情况进行评估并投票,经单位党政联席会议审议同意后报人事处。涉及投票、审议的,均视获得应出席人数一半及以上同意为通过;

3. 教师工作部、医学教师工作部就申请人的师德师风、医德医风情况进行审核;

4. 学校分管人事工作的校领导牵头召集育人、科研、学科建设、人事人才等职能部门,对延聘申请人正在承担教学科研等工作任务情况进行审核,审核通过的报校长办公会议备案后,报上级主管部门审批;审核未通过的,可按一般程序提请校长办公会议审议。

(二) 一般程序

符合"四、延长退休的分类申请条件及年龄期限"所规定的第二类情况以及个别特殊情况的高级专家,适用一般程序:

1. 专家自愿申请;

2. 单位审核:专家所在党支部、分党委进行师德师风审核;学术委员会、人才工作小组或岗聘小组结合专家上一聘期(如在校尚不足一个聘期的,对上一年度)业绩贡献、在"第一个复旦"和"双一流"建设中的预期贡献和师德师风情况进行评估并投票,经单位党政联席会议审议同意后报人事处。涉及投票、审议的,均视获得应出席人数一半及以上同意为通过;

3. 教师工作部、医学教师工作部就申请人的师德师风、医德医风情况进行审核;

4. 科学技术研究院、文科科研处、医学科研处、教务处、医学教务处、研究生院、医学研究生院、发展规划处、医学规划与"双一流"办等职能部门,就申请人在人才培养、科学研究、社会服务、文化传承创新、国际交流合作、担当国家使命、一流学科建设、一流人才方阵建设等方面正在承担的职责和任务、预期的成果和贡献进行审核,提出是否同意延聘的意见;

5. 校长办公会议审议;

6. 人事处将学校审议通过的人选报上级主管部门审批。

六、附则

(一) 学校应当为达到法定退休年龄、当前延聘期满不再延聘的高级专家,在到龄、到期当月办理退休手续。

(二) 高级专家在达到法定退休年龄、当前延聘期满不再延聘的当月,应当积极配合学校办结退休手续。

(三) 延聘申请、审批工作,一般每自然年启动一次。

(四) 高级专家不再延聘后,其指导的研究生尚未毕业或确需其本人继续指导的,可由所在单位按程序为其申请返聘,继续完成研究生培养或

指导工作。返聘费用由所在单位与专家协商解决。

（五）各附属医院可参照本办法，结合工作实际，自行制订工作方案，在师德师风、医德医风高尚，在教学科研、临床医技等工作中发挥不可或缺作用的高级专家中开展延聘工作。

（六）本办法自发布之日起实施，原《复旦大学高级专家延长退休年龄管理办法》（校通字〔2018〕45号）同时废止。学校原有规定与本办法不一致的，以本办法为准。本办法由人事处负责解释。

复旦大学文科虚体科研机构管理办法

（2022年8月26日校长办公会议审议通过 校通字〔2022〕27号 2022年10月19日发布）

第一章 总则

第一条 为加快构建中国特色哲学社会科学体系，服务学校"双一流"建设，进一步激发二级单位活力，促进学科交叉、融合和创新，助推中青年人才成长和科研团队建设，充分发挥虚体科研机构在科学研究、服务社会中的作用，同时规范其建设和管理，特制订本管理办法。

第二条 本管理办法所称"复旦大学文科虚体科研机构"（简称"虚体科研机构"）是指挂靠在校内二级单位、经学校相应程序批准成立的非实体科研机构，分为校级、院系级两类，含学校与党政部门、企事业单位联合共建的机构，或上级部门委托在学校设立的研究机构。虚体科研机构不属于校内二级单位，不设专门的人员编制，原则上学校不下拨日常运行经费。

第三条 虚体科研机构的设立应符合学校总体和学科发展的方向和要求，有明确的建设目标、研究方向、工作计划与运行规章，遵循"一流导向、结构优化、动态平衡"的总体原则：

（一）一流导向。虚体科研机构要以聚焦一流学术研究、培育一流学者队伍、创造一流学科生态为目标，开放前瞻，追求卓越。

（二）结构优化。虚体科研机构的设立与学科发展的目标和方向相一致，调整存量，优化增量。

（三）动态平衡。在每个"五年规划"内，虚体科研机构有进有出，二级单位新增虚体科研机构数量取决于其发展需要、学科贡献和引领作用。

第四条 虚体科研机构的所有活动必须遵守学校各项规定，文科科研处是文科虚体科研机构的管理部门，负责虚体科研机构的设立与撤销，指导、监督和考核虚体科研机构的建设和管理。

第二章 设立与审批

第五条 二级单位出于组织研究力量、激发科研活力的需要，可以本学科领域为主申请设立院系级虚体科研机构，机构名称应符合下列规范："复旦大学＋二级单位名｜研究范围＋研究中心（或实验室）"。二级单位出于组织跨院系研究、承担国家任务、争取外部资源的需要，可申请成立校级虚体科研机构，机构名称应符合下列规范："复旦大学＋研究范围＋研究中心（或研究院、研究所、研究基地、实验室）"。

第六条 虚体科研机构按成立目的分科学研究类、任务承担类、资源合作类和合作交流类等四类。

（一）基本申请条件

有明确的研究领域和问题导向，且和现有科研机构名称不重叠；

有年龄层次和学科结构合理、分工明确的学术团队，参与成员需取得所在二级单位确认同意；

原则上，拟任负责人应为本校不超过60周岁的副高级以上在职在岗教师，有深厚学术造诣、开阔学术视野，组织协调能力强，承担过多个纵横向研究课题，未担任其他科研机构的负责人。中青年学者担任拟任负责人应予以鼓励。

（二）专项申请条件

科学研究类：所在二级单位或主申请单位须承诺提供建设经费（一般每年至少10万元）、场地空间和学术服务保障，承诺有效地实施管理，并在研究生和博士后等补充性研究力量分配上予以倾斜。

任务承担类：旨在承担国家任务，申请时须提供相关部门的批准文件、长期任务委派函或合作共建协议。委托单位原则上以学校上级或同级部门为主。

资源合作类：旨在争取外部资源，申请时须提交明确的资源投入承诺，包括学校科研所需的数据资料、调查实践基地、人力资源、建设经费等。与企业联合冠名的科研机构，原则上共建企业须连续五年投入且每年不少于100万元的研究经费，或一次性投入不少于500万元的启动和研究经费，并以横向科研项目经费的形式入账。虚体科研机构可依托已有科研机构运行，一旦双方决定不再合作，所在二级单位或主申请单位须立即向文科科研处办理机构撤销申报手续。

合作交流类：旨在与境外大学或科研机构进行合作，申报时须出具联名机构的官方确认书，并明确研究课题、交流内容和经费来源。机构由文科科研处、国际合作与交流处（或港澳台事务办公室）共同审批和管理。

第七条 职能部处确有工作开展和合作交流需要，在征得部门分管校领导同意后，须通过相关学科所在的二级单位申请成立校级虚体科研机构，并切实指导其开展工作，实质性地参与其科研活动，持续推出科研成果。

第八条 二级单位申请设立虚体科研机构须填写《复旦大学文科虚体科研机构申请表》，经本单位学术委员会审议和党政联席会议讨论同意，通过OA系统报文科科研处。申请任务承担类科研机构须提交任务批件，资源合作类和合作交流类科研机构须事先提交合作协议审批，把正式签署的协议作为附件一起报送。

第九条 文科科研处对申请材料的真实性进行审核，根据已有科研机构的分布情况，以及二级单位、学校学科科研的实际情况和发展规划，与申请单位交换意见。形成初步意见后，文科科研处提请校学术委员会组织专家小组进行审议。原则上，专家审议每年组织两次。专家小组审议通过、形成专家意见后，由文科科研处进行报批：

（一）对于校级虚体科研机构，一般由文科科研处报校长办公会议审批，有特殊情况的报校党委常委会审批。审批后形成的批复意见下达文科科研处和相关二级单位。

（二）对于院系级虚体科研机构，由文科科研处报分管校领导审批，分管校领导审批后由文科科研处将通知下达相关二级单位。

第十条　虚体科研机构须以"筹"的名义试运行一年，一年建设考核合格后，校级虚体科研机构由文科科研处报校长办公会议批准同意正式成立，院系级虚体科研机构由文科科研处报分管校领导批准同意正式成立。试运行考核结果为"需改进"的虚体科研机构，所在二级单位可申请延长试运行一年。第二年试运行考核结果依然为"需改进"的，校级虚体科研机构由文科科研处报校长办公会议批准予以撤销，院系级虚体科研机构由文科科研处报分管校领导批准予以撤销。

第十一条　虚体科研机构正式成立后，二级单位参照本管理办法第六条中拟任负责人的相关要求，提名虚体科研机构的负责人选。

校级虚体科研机构负责人选原则上包括正职1位和副职2位。院系级虚体科研机构负责人选包括正职1位和至多1位副职。二级单位需提供党政联席会议提名负责人的简历和二级单位推荐材料，文科科研处提请党委教师工作部对拟聘人选出具有关思想政治素质和师德师风的审核意见。

校级虚体研究机构拟任负责人按本管理办法第九条规定报校长办公会议（或党委常委会）审批后，由文科科研处宣布聘任人选。院系级虚体科研机构拟任负责人经分管校领导批准同意后，由二级单位宣布聘任人选。

第十二条　虚体科研机构必须履行报备或审批手续，机构名录及相关信息在文科科研处网站公布，接受社会监督。一旦发现未履行相关手续擅自开展活动的虚体科研机构，文科科研处将查明情况，形成对相关二级单位和个人的处理意见上报学校。

第三章　运行管理

第十三条　虚体科研机构以三年为一个建设周期，机构负责人三年一个任期，可连任一届。两届期满后，机构所在二级单位须提名机构新负责人，新提名负责人和因确有需要而被提名连任者，须按照本管理办法第十一条完成相应程序。

第十四条　二级单位应为虚体科研机构日常运行提供必要经费，由机构负责人支配使用。虚体科研机构也可根据学校有关规定接受外来资助，用于机构人员聘用、场地租用、举办会议、社会调研、学术交流、成果出版、网站和数据库建设、资料购买、设备购置等建设用途。

第十五条　二级单位对依托本单位建设的虚体科研机构负有主体责任，应将党的领导贯彻到虚体科研机构的建设中，指导虚体科研机构形成规范的内部管理办法、完善的治理架构、有效的运行机制，支持虚体科研机构的工作。相关管理文件报文科科研处审核备案。

第十六条　虚体科研机构应加强自我管理，自我约束，执行学校管理办法和机构内部管理办法，自觉接受二级单位和学校对机构运行、人员管理、经费使用等的指导、监督、审计。

第十七条　虚体科研机构不得从事以下活动，一经发现，由文科科研处责令所在二级单位限期整改，情节严重者报学校处理：

（一）自刻公章；

（二）不经学校批准开展收费性活动；

（三）以虚体科研机构名义和校外单位签署协议；

（四）不经学校批准在虚体科研机构内或对外联合再设中心；

（五）不经报批直接聘请校外兼职研究员；

（六）国家法律、法规和政策禁止的活动；

（七）以虚体科研机构名义，从事有损学校和二级单位声誉的活动。

第十八条　联名机构须遵守合作单位的相关管理规定，虚体科研机构在申请成立时，应一并提交合作单位的相关管理文件。

第四章　考核与评估

第十九条　对不同类虚体科研机构进行分类考核评估：

（一）科学研究类机构，以科研活力和科研绩效为主要考核指标，包括科研项目、发表成果、评价奖励、建设经费、学术活动等。

1. 只统计本校在职机构负责人和核心人员（以申请表所列人员及后续报文科科研处备案人员为准）的相关数据，所有数据只能归一个机构统计；

2. 科研项目：在研（申报书计划完成日期之前）国家社科或教育部人文社科等省部级项目至少1项；或在研（合同完成日期之前）纵横向项目经费人文类不少于15万元，社科类不少于30万元；

3. 二级单位或社会支持：是否每年提供一定运行经费，是否提供相关支持；虚体科研机构是否争取到校外经费对机构建设的支持；

4. 研究成果：公开出版的著作和刊物、学术论文、咨政研究报告、媒体发表等，获得的重要奖项，以及成果的社会转化；

5. 学术活动：会议、讲座、访问学者、国际交流等；

6. 其他相关评价。

（二）任务承担类机构，主要考核相关任务的完成情况，按任务委托部门的要求执行。

（三）资源合作类机构，主要考核合作资源的持续供给，以及资源的使用情况，及其所产生的效益。

（四）合作交流类机构，主要考核合作项目的开展，交流活动的情况，以及合作交流的效益。

第二十条　虚体科研机构实行年检制度。各机构须在年底前登录文科科研管理信息系统，填报当年相关信息和数据，提交年度工作报告。二级单位组织专家对虚体科研机构的年度工作报告和填报信息进行审议，给出"优秀""合格"和"需改进"三种考评结果;"优秀"不超过参加年检机构数的30%,被学校点名批评或出现负面清单所列事项即认定为"需改进"。考核结果由文科科研处组织专家进行审定。

第二十一条 连续三年年检"优秀"的虚体科研机构,自动进入下一个建设周期。连续两年年检"需改进"的虚体科研机构,所在二级单位须提出整改方案,也可申请撤销该虚体科研机构。

第二十二条 文科科研处组织专家对虚体科研机构的每三年工作进行评估。虚体科研机构根据分类考核的要求,提交三年建设自评报告。文科科研处组织专家评审,根据虚体科研机构的负责人汇报和书面材料,给出"优秀""合格"和"不合格"三种评估结果。"优秀"不超过参评机构数的10%,二级单位年检时曾评为"需改进"的机构,不得评为优秀。

第二十三条 三年建设周期评估"优秀"的院系级虚体科研机构,在与学校科研和学科发展规划相一致的情况下,可联合相关二级单位申报建设校级虚体科研机构。三年建设周期评估"不合格"的虚体科研机构:专家意见为撤销的,经文科科研处报批后予以撤销;专家意见为整改的,所在二级单位提交整改方案并更换机构负责人,一年整改期后仍未通过专家评估的,经文科科研处报批后予以撤销。

第五章 变更与撤销

第二十四条 凡有重大事项需要变更,机构负责人须填写《复旦大学文科虚体科研机构重要事项变更表》,经所在单位同意后通过OA系统报文科科研处,文科科研处签署意见后报学校审批。变更事项批准公告发各二级单位,并在文科科研处网站公布。

第二十五条 除前述条款已涉及之外,虚体科研机构出现下述情况之一的,可予以撤销:

(一)整合、新建为校级实体运行科研机构;

(二)无故不参加年检和周期评估;

(三)资源合作类机构的校外资源未按学校规定到位;

(四)与合作方协议期满未续签;

(五)触及负面清单且未完成整改的。

校级虚体科研机构撤销由文科科研处报校长办公会审批,院系级科研机构撤销由分管校领导审批。撤销公告由文科科研处发各二级单位,并在文科科研处网站公布。撤销机构的后续事务由所在二级单位负责处理。

第六章 监督与追责

第二十六条 虚体科研机构接受公开监督,文科科研处为举报受理单位,负责调查核实相关情况,根据本管理办法处理相关二级单位和责任人,或提出处理意见报学校审批。对于虚体科研机构及其专兼职人员的不当活动造成严重后果的,学校追究相关单位和人员的相应责任。

第七章 附则

第二十七条 本办法自颁布之日起实施,原《复旦大学文科虚体科研机构管理办法(试行)》(校通字〔2017〕16号)同时废止。本办法如有与上级部门的专门管理办法不一致的,以上级管理办法为准。

第二十八条 本办法由文科科研处负责解释。

复旦大学实体运行科研机构管理办法(试行)

(2022年6月18日校党委常委会审议通过 校通字〔2022〕28号 2022年11月11日发布)

第一章 总则

第一条 为加快世界一流大学与一流学科建设,构建适应高水平研究型大学发展的学科、科研、育人融合创新体系,规范和加强本校实体运行科研机构的建设和运行管理,依据《复旦大学机构编制管理办法(试行)》等有关文件,制订本办法。

第二条 实体运行科研机构是学校围绕国家重大战略需求和目标、面向学科前沿,加强有组织大规模科研,促进学科交叉发展、融合发展、强化科研育人功能的重要载体,是交叉学科建设和人才培养的重要力量,是学校建设"第一个复旦"战略布局的关键组成部分。

第三条 实体运行科研机构的布局需契合学校中长期规划目标,根据设立背景分为三大类型:

(一)学科先导培优型。主要服务学科前沿拓展和优势集聚,强化有组织科研攻关、聚焦学科交叉、突破关键基础科学问题、孕育原始创新、推动学科结构性发展。

(二)融合创新攻关型。主要服务国家重大战略,或应国家要求带有特定任务设立,承担重大科研攻关、战略决策支撑等融合创新类任务,占领科技制高点,解决国家或上海市重大关切,为经济社会、人类文化发展做出贡献。

(三)全国重点实验室。坚持"四个面向",突出国家战略导向,以解决关键科学问题、拓展认识自然边界为使命任务,组织开展高水平基础研究、应用基础研究,产出战略性、关键性、原创性重大科技成果,打造成为实现重大原始创新、支撑关键核心技术突破、凝聚培养优秀创新人才、开展高水平创新合作的国家科技创新基地。

机构类型可根据内外部发展动态适时调整,确保发展活力和建设成效。

第四条 实体运行科研机构参照学校二级单位管理,根据学校规章制度配备办公科研空间,在人事、财务、资产等管理上具有相对独立的管理权限,纳入学校重点支持和保障,按规定参加学校各类绩效评价,学校通过年底绩效评估等方式落实对不同类型机构的考评。

第五条 本办法适用于校内实体运行科研机构,但不包括二级学院(系)、公共教学和教学科研服务机构、其他教学类机构、校级研究机构等。按照上级主管部门对全国重点实验室的实体化管理要求,全国重点实验室整体纳入实体运行科研机构管理,其他国家(省部级)工程(技术)

研究中心、国家工程实验室、教育部人文社会科学重点研究基地等在内的政府批建机构按上级要求或相关管理办法进行建设管理，不适用于本办法。

第二章 建设条件

第六条 实体运行科研机构建设需面向世界科技前沿、经济主战场、国家重大需求和人民生命健康，围绕科学前沿发展、国家重大战略任务、学科交叉融合创新需求进行布局建设。可以通过全新组建、国家级重大平台实体化建设、从现有校内机构中培育建设或对有条件的校级虚体科研机构进行整合或升级等途径建设。

第七条 实体运行科研机构申请建设应当具备以下基本条件：

（一）定位目标需坚持"四个面向"，围绕若干重大基础科学问题、关键核心技术或中国特色哲学社会科学重大理论创新，体现学科交叉、全链条、全方位推动重大原创性和标志性科研成果产出，在最重要学科领域布点，在最前沿学术领域开拓，推动我校基础研究、应用基础研究和前沿技术研究融通发展，为解决国家经济社会发展中的重大问题提供思路、办法、工具。实体运行科研机构应主动谋划建设国家级高水平科研平台，承担国家重大科研任务、组织发起国际大科学计划，为国家经济社会发展做出实质性贡献。

（二）主要建设任务应围绕开展高水平科学研究，承担学科融合创新职能。需聚焦实现"从0到1"的原创性突破，通过学科交叉有效提升我校科研原创能力，解决应用和技术领域的关键基础科学问题，全面提高基础研究成果的应用转化能力，掌握共性关键技术。需明确机构建设服务的主体学科与参建学科，为推进科学前沿发展、多学科交叉融合提供支撑，形成育人、科研和学科高峰，推进我校一流学科与一流学科群建设。

（三）人员队伍需拥有学术领军人才和高水平创新团队。应由学术造诣高、海内外富有学术声望、具有开拓精神和组织领导能力的学术带头人担任机构负责人，对所属领域及其学科交叉前沿具有战略思考及布局能力，并能够在世界范围内吸引和延揽高水平人才，集聚各类创新资源。有明确的高水平团队建设目标，能够整合校内与校外相关领域人才资源和优势力量，具备科学的人才团队组织形式，以科研任务为导向，切实发挥团队协同作用。

（四）实体运行科研机构需编制科学的发展规划，提出明确的建设目标、阶段性任务和资源需求。应明确与发展目标相匹配的学科、科研和人才等工作基础，提出明确的科研平台建设计划、科研项目承担计划、人才团队建设规划。

（五）需充分考虑校内外资源的可持续性，有切实可行的资金来源和基本条件保障，确保在筹建期结束后，具备自我造血、可持续发展的能力。

第三章 建设程序

第八条 建设动议。由职能部门、二级单位根据事业发展需求提出设置、调整、撤销机构的动议申请，由科研管理部门报分管校领导审核后，报校机构编制委员会办公室，经校机构编制委员会集体讨论决定。动议申请材料需明确机构设置、调整、撤销的目的和意义，分析研判合理性、必要性、可行性；说明编制调整的原由和理据。已获得全国重点实验室、国家级重大平台建设资格的机构可直接进入方案编制与论证环节，无需组织动议。

第九条 建设实施方案编制。建设动议经校机构编制委员会审议通过后，由规划部门牵头，会同教学、科研、人事、资产等部门，组织二级单位及有关力量进行机构建设实施方案编制。方案需明确下列内容：

（一）机构建设目标定位、主要内容、推进路径、建设周期和阶段性任务；

（二）党组织建设、学科建设、队伍建设、人才培养、科学研究、社会服务方面的基本安排与任务；

（三）经费预算、管理架构设置和资源保障机制；

（四）与校内现有相关二级单位的关系。

第十条 机构设立论证。论证工作分为专业性论证、资源可行性论证和"三定"方案论证。专业性论证由规划部门牵头，会同科研管理部门、动议发起单位共同组织校内外权威专家对机构建设的必要性、合理性、前沿性等开展论证。资源可行性论证由规划部门牵头，会同教学、科研、人事、人才、资产、财务等部门，对机构建设所需的资金、空间、招生名额、学科专业设置等进行可行性论证。"三定"方案论证由组织部牵头，会同人事、人才部门，对机构管理架构和人员配置进行论证，明确职能配置、内设机构和人员编制。已获得全国重点实验室、国家级重大平台建设资格的机构无需再组织专业性论证，由机构编制委员会办公室委托学校重点实验室管理委员会开展资源可行性和"三定"方案论证。

规划部门负责汇总论证意见，形成机构设立申请报告和建设实施方案，提交校机构编制委员会办公室。机构设立申请报告主要体现专业性论证和"三定"方案论证意见，建设实施方案进一步明确机构建设的资源可行性和推进落实的基本渠道和机制。

第十一条 筹建申请审议和决策程序。校机构编制委员会办公室对机构设立材料完整性进行确认后，提交校机构编制委员会酝酿讨论。校机构编制委员会听取新设机构的申请报告和建设实施方案，针对新设机构设立建议、职能配置、内设机构和人员配置等进行酝酿讨论，提出意见建议。

经校机构编制委员会审议的实体运行科研机构设立申请报告和建设实施方案由校机构编制委员会办公室向校长办公会、党委常委会提交进入决策程序。党委常委会讨论决定实体运行科研机构的设立和"三定"方案，听取机构建设实施方案。经党委常委会同意设立的实体运行科研机构，其建设实施方案交由校长办公会讨论决定，涉及三重一大的，按照相关程序审批。

第十二条 启动筹建。对于决策审议通过的实体运行科研机构，其"三定"方案由校机构编制委员会办公室予以批复，纳入校级实体运行科研机构管理。学科先导培优型机构设立筹建期，原则上不超过三年。融合创新攻关型机构根据上级主管部门批复要求设立相应筹建期。全国重点实验室不设筹建期。

第十三条 正式运行与调整。学科先导培优型实体运行科研机构须根据目标完成情况，在筹建期结束前向发展规划处提出验收申请。具体验收与脱筹要求详见本办法第七章。融合创新攻关型机构根据上级单位批复确定脱筹建设进度。在完成上级单位建设任务后，由发展规划处组织相关职能部门进行评估，就其是否延续建设或调整进行综合研判。如持续获得国家重大项目支持，则维持原机构性质不变；如已完成攻关任务，但形成学科新方向、有进一步培优发展需求，则转为学科先导培优型机构建设。机构调整方案由发展规划处报校机构编制委员会讨论决定后确定，由校长办公会、党委常委会审议予以正式执行。

第十四条 医科机构管理流程。对于医学领域的实体运行科研机构，由医学规划与"双一流"建设办公室和医学科研处与学校的相应部门密切对接、共同配合、分工完成。

机构设立动议阶段，由医学职能部门、医学二级单位根据事业发展需求提出设置动议，并由医学科研处进一步按要求牵头组织形成动议材料，由医学规划与"双一流"建设办公室上报上海医学院院长办公会议审议，通讨后由发展规划处提交校机构编制委员会酝酿讨论。建设实施方案编制阶段，设置动议经校机构编制委员会审议通过后，由医学规划与"双一流"建设办公室牵头，会同医学科研处等上海医学院职能部门，组织、指导和协助筹建团队，进行建设实施方案编制。

机构设立论证阶段，由医学规划与"双一流"建设办公室组织专家论证和医学院职能部门论证，提交医学院院长办公会审议。由发展规划处组织完成学校职能部门论证，并综合校内各方面论证意见形成新设机构的申请报告和建设实施方案，提交校机构编制委员会审议。申请报告根据校机构编制委员会意见完善后，提交医学院党委会审议，通过后由发展规划处提交进入校长办公会、党委常委会决策程序。建设实施方案由发展规划处牵头，会同医学规划与"双一流"建设办公室、科研管理部门根据学校意见完善后，提交校会讨论通过。

脱筹决策程序阶段，发展规划处会同医学规划与"双一流"建设办公室、医学科研处共同组织专家验收和职能部门论证，脱筹申请以及验收和论证意见由医学规划与"双一流"建设办公室提交医学院院长办公会和党委会审议，通过后提交校长办公会、党委常委会审议，批准后正式成立。

第十五条 全国重点实验室建设。全国重点实验室申请建设时应对照国家主管部门对于国家重大科研平台管理的要求，由拟建单位提出建设意向，撰写申请报告；科研主管部门会同党委组织部、发展规划处、人事处、资产与实验室安全管理处等职能部门对照国家相关政策与学校相关管理办法，审核建设申请报告，组织论证程序，并出具评估与推荐意见。实验室获得国家主管部门批准建设后，由发展规划处负责将其校内实体化建设实施方案提交校机构编制委员会，审议通过后，由科研主管部门提交校长办公会、党委常委会审议。具体建设程序按国家相关规定执行并完善。

第四章 运行管理

第十六条 实体运行科研机构参照学校二级单位管理。学校根据机构的使命任务、功能定位及运行需要为其配置适当的教学科研岗位、工程实验技术岗位、研究生招生名额、教学科研及办公空间、学科建设经费等资源。根据需要，设置独立的单位代码、人事账号、财务账号，批准其刻制公章。

第十七条 对于批准设立的实体运行科研机构，实施目标管理，明确约定平台筹建期的建设目标、建设内容、经费投入方式、岗位总量、验收指标等。

第十八条 实体运行科研机构的运行管理包括：

（一）学科先导培优型机构原则上由机构主建学科所在院系服务管理；理工医科融合创新攻关型机构由融合创新研究院服务管理，人文社会科学融合创新攻关型机构由发展研究院服务管理。融合创新研究院、发展研究院及相关二级学院(系)作为服务管理部门，通过创新组织管理和支撑服务模式，以提高资源使用效率为原则，会同学校职能部门统筹组织和配置实体运行科研机构的经费、人才、空间等各类创新要素，负责对机构全过程的跟踪管理、服务、激励等工作。发展规划处会同科研管理部门、服务管理部门履行考核、绩效评估、机构退出等管理职能。筹建期或者建设期满后，各类机构由发展规划处组织脱筹或建设期评估，根据本办法按评估结果进行类别调整，实行分类管理。

（二）全国重点实验室管理由科研主管部门牵头管理和服务，校重点实验室管理委员会作为议事协调机构，统筹规划建设，对实验室重组改革方案、体制制度设计、主任遴选、绩效评估等重大事项进行决策。相关事项报学校校长办公会、党委常委会审议通过后执行。

（三）实体运行科研机构应明确管理架构，根据建设需要，行政班子可设置1名主任(院长)、2—3名副主任(副院长)，确有需要的，可设置常务副主任(副院长)或执行主任(院长)，根据机构管理运行和科研组织需要，按照精简、高效的原则，自主健全内部组织架构，完善学术治理架构，建立行政运行保障团队。机构应加强党的全面领导，及时成立党组织，健全党组织会议和党政联席会议制度、"三重一大"制度，研究决定机构重大事项。理工医科融合创新攻关型机构党的关系原则上隶属科研机构综合党委，人文社会科学融合创新攻关型机构党的关系原则上隶属机关党委(智库党总支),学科先导培优型机构党的关系原则上优先按照学科属性,隶属主体学科所在建设单位党委。

(四)全国重点实验室实行管理委员会领导下的主任负责制。由本领域学术影响力大、组织管理能力强、年富力强的高水平学术带头人担任机构主任,全面负责机构工作。设常务副主任1名,副主任2—3名,协助主任开展工作。全国重点实验室党的关系原则上隶属所属学科主建院系党委,及时成立党组织,健全党组织会议和党政联席会议制度、"三重一大"制度,研究决定实验室重大事项。

(五)实体运行科研机构应在人事处、人才工作办公室指导下成立人才工作领导小组,制订人力资源规划、人才引进方案等,加快人才引进、人员聘任。人力资源规划应特别注重交叉学科的前沿拓展和对现有一级学科的反哺支撑,同时在人才引进方向和规模等布局上确保与主建一级学科的人力资源规划相协调,相关人力资源规划需经机构归属学科学术发展中心学科建设领导小组审议通过。

(六)充分发挥实体运行科研机构的科研组织作用,以任务为牵引,加强科研团队梯队建设,有组织、有方向、有目标地推动各团队凝聚方向,开展跨学科前沿性的融合创新研究,形成优秀人才集群效应。实体运行科研机构应明确科研平台建设方案,学校在筹建期内视情况给予专项经费支持;应积极争取国家级和省部级的科研平台、重大重点科研项目、人才计划、产学研合作任务,积极申报各类科研奖励,积极申请学校各类"双一流"项目。

(七)实体运行科研机构科研办公用房安排参照二级学院(系)规则确定。科研用房有偿使用费用在筹建期内可由学校投入的运行费支付,正式运行后由机构自筹资金支付,学校可视情况给予一定比例补贴。全国重点实验室根据学校规划布局,结合科研任务和科研团队情况,在相关部门指导下规划独立空间,集中建设大型仪器设施平台群,空间用房调整分步实施,逐步到位。实体运行科研机构按照国家和学校的各类科研经费管理办法,完善内部科研经费管理制度及预决算编制。

(八)实体运行科研机构在研究生院指导下,制订交叉学科研究生招生和培养方案、设立学位委员会等,注重打造交叉学科人才培养机制;涉及跨学科研究生人才培养,参与交叉学科性质的研究生培养项目,参照学校交叉学科学位授予审核相关管理办法进行学位授予审核。实体运行科研机构不承担独立培养本科生的职能。

第十九条 实体运行科研机构是我校学科建设体系的重要组成部分,按照学科相近原则,实体运行科研机构应明确其一级学科归属,并与相关院系形成协同发展机制。实体运行科研机构与相关院系共同推进一流学科和一级学科建设,实体运行科研机构重点瞄准交叉学科领域,聚焦学科融合创新,通过现有一级学科的交叉融合及前沿新兴学科的培育建设打造学科高峰高原,反哺院系学科建设。实体运行科研机构与相关院系共同组成学科学术发展中心,开展学科建设研究咨询等工作,围绕学科建设重要议题进行协商,为一流学科建设规划编制、本学科人才引进计划设立和调整、重大平台布局等开展调研、协商。

第二十条 实体运行科研机构参与学校年度绩效考核和"双一流"建设成效考核,根据建设实施方案和学校各项发展指标分解要求,开展建设成效的年度评估。

第二十一条 未经批准,实体运行科研机构不得以复旦大学或该机构的名义举办或参与任何形式的营利性商业活动,不得擅自对外签订具有法律效力的文件,不得在校外设立分支机构。

第五章 队伍建设

第二十二条 实体运行科研机构负责人聘任:

机构获批筹建后,由科研管理部门会同服务管理部门、二级党委和实体运行科研机构,研究提出行政班子选聘建议,按程序报批;筹建期行政班子聘期一般至筹建期结束。机构脱筹后,应重新聘任行政班子,聘期一般为四年,或根据机构建设需要研究决定。

第二十三条 实体运行科研机构人才队伍建设:

(一)实体运行科研机构根据人力资源规划,按照学校人事管理制度,建立健全各类议事决策体制机制,起草并实施招聘、聘任、考核、职称职务晋升等相关制度。

(二)实体运行科研机构应通过人才引进方式,根据科研任务实际需要,以能力、水平为评价标准,大力延揽海内外优秀人才特别是优秀的领军人才和青年人才,交叉学科和新兴学科人才,以及科研任务紧缺的特殊学科专门技能、高层次核心技术人才,快速集聚科研核心骨干团队。通过积极申请校内外各级各类人才项目等方式,获得科研经费、专项资助等支撑,从而促进优秀人才全身心投入学校各项科研工作。

(三)实体运行科研机构依托学校学科门类齐全的综合优势,以兼聘方式吸引院系教师到机构领衔科研项目,开展科研合作,推动学科交叉融合,推进机构、院系共同发展。

(四)积极争取重大项目和经费投入,依托学校重大创新任务设立专任研究岗位,以企业编的形式建立薪酬市场化的、有利于科研攻关任务实施的科研队伍。

(五)筹建期内的实体运行科研机构,原则上应使用企业编或派遣制方式初步建立管理服务支撑队伍,由学校、机构或任务负责人共担用人成本。脱筹后,实体运行科研机构可通过多种用人方式,组建更高水平的管理服务支撑队伍:高层次核心实验工程技术岗位和核心管理岗位,可设置学校编制岗位;部分骨干岗位通过企业编聘用,机构或任务负责人可提供市场化薪酬,激励其发挥作用,强化任务导向;辅助型操作型实验人员、普通管理人员,可使用项目经费、建设经费,按照学校有关规定通过派遣制聘任。

（六）实体运行科研机构可根据学校规定申请建立博士后流动站、分站，使用项目经费、建设经费招收博士后科研人员，积极支持推荐特别优秀的博士后科研人员参加国家、地方、学校超级博士后等项目。

第二十四条 实体运行科研机构与院系人才流动：完善校内兼聘体制机制，推进实体运行科研机构和校内院系之间的人才双向流动，发挥机构人才蓄水池的作用，促进机构和院系协同发展。

（一）实体运行科研机构可与院系联合实施人才引进，在引进时即由机构、院系、个人自行确定校内兼聘的具体形式。进校后通过聘任合同的形式，约定校内的主聘和兼聘单位；发表论文、著作，申报的有关奖励、专利和科研项目及经费等的署名及归属分配比例；考核方式和考核管理单位；绩效的发放方式；专业技术职务评聘主体等相关内容以及三方的其他权力、义务和责任。

其中，科研成果归属认定方面，原则上第一单位署名主聘单位，第二单位署名兼聘单位，亦可由主聘、兼聘单位对署名事宜进行协商一致；兼聘人员的教学、科研绩效由职能部门根据机构、院系约定的分配方式核算分配，对于署名多家单位的科研成果，考核时对各相关单位不作先后区分，以相同分数计分；兼聘教师可选择在主聘或兼聘单位参加专业技术职务评聘。相关细则按照《复旦大学校内兼聘管理办法（试行）》规定执行。

（二）院系教师如需在实体运行科研机构承担一定量的科研任务，可申请兼聘进入机构，由机构、院系、个人三方协商确定兼聘的具体形式，通过聘任合同，约定主聘、辅聘单位，并确定三方的各项权力、义务和责任。教师在机构承担的科研任务结束后，可回到原院系或继续留在实体运行科研机构承担其他科研任务。

（三）根据工作需要，实体运行科研机构的引进人才，经本人申请、调出（同时包括主聘和兼聘单位）和调入单位同意的程序，可以校内调动至相关学科的院系、实体运行科研机构继续开展工作。

第六章 经费投入

第二十五条 筹建期投入。学校为实体运行科研机构筹建期运行提供支持保障：按照《复旦大学基本发展经费管理办法》规定，支持实体运行科研机构筹建期内的基本发展需求；按照学校人才引进相关制度规定，支持实体运行科研机构筹建期内的人才引进需求；其他个性化需求（如设备平台建设等），应在统筹实体运行科研机构可利用的各类校内外资源前提下，凝练成"双一流"建设项目，由项目主管职能部门受理并组织论证，经"双一流"审批程序，获批后落实。

第二十六条 正式成立后投入。比照院系的经费投入模式，支持实体运行科研机构的各类发展需求。实体运行科研机构可积极申请各类竞争性"双一流"建设项目，项目主管职能部门受理申请，并按项目管理相应规定做好遴选、论证等工作，经"双一流"审批程序，获批后落实。全国重点实验室建设投入包括中央财政设立的专项经费和校内投入。中央财政专项经费主要用于支持机构开放运行、自主创新研究和仪器设备更新改造等；校内投入主要依托学校"四卓计划""先锋计划""先导计划""个性化原创支持计划"等项目。具体建设投入方式参照国家相关规定要求施行。

第二十七条 实体运行科研机构应积极争取国家、地方、企业等外部科研项目、捐赠等资源投入，实现自我造血，打造世界一流的高端仪器与重大科学设施实验平台，并形成专门的技术支撑和服务能力，按照"统筹规划、优势互补、资源共享、开放服务"原则统一管理。

第七章 验收与脱筹

第二十八条 实体运行科研机构筹建期满后，可向学校申请验收脱筹。验收需对照筹建目标全面掌握实体运行科研机构自筹建以来的建设情况，对脱筹的必要性、可行性进行论证。

第二十九条 验收程序：由实体运行科研机构提交筹建期建设报告和脱筹申请，由发展规划处组织专家与职能部门论证，形成论证意见。根据论证意见，发展规划处形成脱筹论证报告，报校长办公会、党委常委会审议。

第三十条 经审议通过验收的机构，按以下两类方式进行管理：如筹建期内高水平完成建设任务，争取到国家重大项目、重大平台，则通过验收，参照本办法第四章进行正式独立运行；如筹建期内基本完成任务，未争取到国家重大项目、重大平台，则成为院系托管机构，由主体学科所在建设院系进行管理，不设独立行政团队和人员队伍。对于在基础研究或是重点领域有重大成果、突出建设成效的，最早可于筹建期第二年提前申请脱筹；申请成功后，可根据脱筹情况与未来建设任务申请二期延续建设支持，时间不超过两年，延续建设支持方案需经专家和职能部门在验收总结基础上予以论证，校长办公会、党委常委会审议批准。

第三十一条 对于验收不通过、经专家论证仍需支持的机构可申请延长筹建期，延长期原则上不超过两年。若截至延长期总体建设取得突破性进展（如获得国家级重大平台建设资质、项目支持等），则可在个别指标尚未达标的情况下酌情予以脱筹论证。对延长后仍不能通过验收的实体运行科研机构，由校机构编制委员会酝酿动议，经发展规划处论证、校机构编制委员会研究审议后，提交校长办公会、党委常委会审议予以撤销。

第八章 评估与退出

第三十二条 由发展规划处会同科研管理部门和"双一流"建设办公室，按照机构及学科发展需要，组织学校相关职能部门出台三类机构的评估细则，对机构进行分类、定期评估，一般评估周期为三年。融合创新攻关型机构应于完成任务的当年进行单独评估。

第三十三条 评估应以机构建设定位目标为导向，对机构在重大基础科学问题、关键核心技术、中国特色哲学社会科学重大理论创新方面，在学科交叉、重大原创性和标志性科研成果产出方面，在国家级高水平科研平台，国家重大科研任务、国际大科学计划等方面的研究贡献进行系统评价。评估形式以专家函评、现场考察和评估会议等方式进行。评估结果分为优秀、良好、整改、未通过四类。评估结果作为学校对实体运行科研机构进行资源配置调整的依据。融合创新攻关型机构根据评估结果，若已完成相应攻关任务，符合学科先导培优型机构建设条件的，则动态调整进入学科先导培优型机构序列建设，不符合条件的，则予以撤销。对于未通过评估的学科先导培优型机构，予以撤销，相关研究力量转由机构主体学科所在建设院系进行管理。

第三十四条 对于评估结果为"整改"的实体运行科研机构，按照评估专家组给出的整改意见进行整改。整改期为两年，两年后由学校再次组织专家组考察整改情况，合格者予以通过，继续运行。整改不合格者，予以撤销。

第三十五条 实体运行科研机构存在下列情况之一者，经校长办公会、党委常委会决策，予以撤销：

（一）未按要求提交年度工作报告；

（二）整改检查不合格；

（三）从事与机构任务无关的活动，或违反国家相关法律法规、学校相关管理规定，对学校声誉造成负面影响或给学校带来重大经济损失。

第三十六条 实体运行科研机构撤销前，应制订工作计划，妥善推进各类人员的调整或退出。其中，事业编制科研人员可经调入单位和学校批准后，校内调动前往其所属学科所在的相关院系；事业编制管理服务支撑人员可通过竞聘，经学校批准调入其他部门、院系；企业编、派遣制方式使用的各类岗位教职员工，根据国家和地方相关规定，解除或终止人事、劳动、派遣关系，或可参与竞聘学校其他公开发布的各类岗位。

第九章 附则

第三十七条 本管理办法由发展规划处负责解释，自公布之日起开始试行，试行期为两年。

复旦大学基本建设管理办法

（2022年12月5日校党委常委会审议通过 校通字〔2022〕32号 2022年12月9日发布）

第一章 总 则

第一条 为加强和改进学校基本建设管理，规范基本建设工作程序，保证工程建设的安全和质量，提高投资效益，促进学校事业持续健康发展，根据有关法律法规、国家相关政策和《教育部直属高校基本建设管理办法》（教发〔2017〕7号），结合学校实际，制订本办法。

第二条 学校校园建设总体规划（以下简称"校园规划"）和五年基本建设规划（以下简称"五年基建规划"）的编制及使用学校各类资金投资进行的新建、扩建、改建等基本建设项目（以下简称"建设项目"）的管理适用本办法。

第三条 校园规划、五年基建规划和建设项目的实施，应当遵循基本建设规律，遵循科学决策原则；严格遵守国家相关法律法规和基本建设程序，严格执行"三重一大"决策程序。

第二章 组织机构及职责

第四条 学校党委常委会、校长办公会是学校建设项目重大事项的决策机构，根据学校有关"三重一大"制度规定，对涉及校园规划、五年基建规划，建设项目立项、建设功能、规模和标准、建设项目建议书、可行性研究报告、备案申请，建设项目重大使用功能和建设标准的变更等重大事项进行决策。

第五条 学校可根据需要设立基本建设领导工作机构，按照学校授权，建立相应管理机制，组织项目协调与实施，确保建设项目顺利开展。

第六条 学校建设项目实行法人责任制度，学校主要领导对项目建设负总责，分管校领导对相关工作负领导责任。

发展规划、财资、资产、基建、采招、保卫、信息、总务、审计、纪检监察等相关部门根据职责分工对建设项目的规划论证、资金管理、资产管理、组织实施、招投标、安全管理、配套项目建设、竣工楼宇运维管理、审计监督、纪检监察专责监督等工作负责。

第七条 学校相关部门各司其职，主要职责为：

（一）基本建设处

负责建设项目的全过程管理，承担建设工程的质量控制、进度控制和投资控制的职责，同时负责安全、环保等的监管，并实行党风廉政"一岗双责"，把廉政风险防控工作融入建设项目的日常管理。具体包括：

1. 组织编制校园规划、五年基建规划；

2. 负责项目的立项报批、备案报批和前期准备；

3. 办理工程报建和项目备案相关手续；

4. 编制设计任务书，设计管理，编审估算、概算、预算、结算等投资类文件；

5. 组织建设项目相关招标和实施，负责建设项目的施工安全、质量、进度和投资控制；

6. 建立健全内部合同管理制度；

7. 办理工程验收手续、组织项目验收、资料移交和归档；

8. 协助编制建设项目财务决算，提供办理竣工财务决算资料；

9. 协助办理竣工验收项目不动产权证；

10. 协助完成建设项目交付；

11. 参与并配合财资等部门进行预算、核算、结算、财务决算等管理；

12. 配合审计部门进行建设项目全过程跟踪审计，落实整改意见，将审计结果运用纳入建设项目管理全过程。

（二）发展规划处

1. 参与编制校园规划、五年基建规划；

2. 负责对建设项目的功能是否符合学科发展方向提出指导性意见；

3. 参与校园建设和重要建设项目的论证；

4. 参与项目建议书、可行性研究

报告的编制。

(三) 资产与实验室安全管理处

1. 参与编制校园规划、五年基建规划；

2. 协调完成搬迁腾挪工作，并根据房屋资产实际变化，更新台账信息；

3. 协同联系使用单位提出建设项目使用需求；

4. 协助提供规划许可、土地使用等前期报批有关资料；

5. 协助办理基建项目配套固定资产登记，负责资产台账管理；

6. 负责办理竣工验收项目不动产权证；

7. 负责组织办理房屋交接。

(四) 财务与国有资产管理处

1. 参与编制校园规划、五年基建规划；

2. 牵头组织建设项目资金的筹措、保障；

3. 负责建设项目预算管理、资金管控、会计核算；

4. 组织建设项目财务决算，编审竣工财务决算报告。

(五) 采购与招标管理中心

1. 负责建设项目招标校内备案管理工作；

2. 参与建设项目合同洽谈、签订和管理。

(六) 保卫处

1. 参与编制校园规划、五年基建规划；

2. 参与建设项目交通、消防、技防的设计管理；

3. 参与建设项目安全管理。

(七) 信息化办公室

1. 参与编制校园规划、五年基建规划；

2. 参与建设项目的信息网络设计管理；

3. 负责建设项目信息化系统(校园信息光纤资源、校园网络、网络机房、移动通信覆盖等)的建设和管理，为建设项目的第三方认证设备(含电子门禁系统)提供校园一卡通标准数据接口和数据归集的技术标准。

(八) 总务处

1. 参与编制校园规划、五年基建规划；

2. 在不影响学校师生正常教学科研和生活的条件下，负责提供施工临时用水、用电；

3. 负责提供校内地下管网相关变更信息，配合施工阶段地下管网的切断和搬迁；

4. 参与建设项目高压供配电、室外总体等的设计管理；

5. 负责建设项目交付使用后的公共物业、基本物业、变配电站的运营、维护。

(九) 档案馆

1. 负责学校建设项目档案工作的指导、监督、检查；

2. 负责学校建设项目档案的接收、保管、提供利用。

(十) 审计处

1. 按学校相关的审计工作规定实施审计监督和服务；

2. 按学校相关制度负责组织并实施建设项目全过程跟踪审计；

3. 跟踪检查审计整改和审计结果运用情况。

(十一) 纪检监察部门

1. 对建设项目开展纪检监察专责监督；

2. 负责受理信访举报，查处违规违纪违法行为。

(十二) 其他部门按职能和需要参与建设项目管理工作，并承担相应职责。

各部门充分协同，各司其职、各负其责，努力推动学校基本建设高质高效进行，严格落实质保、维保和运维的责任，提高校区和楼宇的全生命周期管理。

各部门应按照学校档案工作的要求，将本部门履行上述职责时形成的应归档材料及时归档。

第三章 规划编制

第八条 校园规划是学校确定建设项目和开展基本建设的重要依据，应具前瞻性、科学性、稳定性和权威性，应符合国家教育中长期改革和发展规划纲要及国家、地方相关规定。

第九条 编制校园规划(含新编和修订)应贯彻保护环境、节地、节水、节能、节材的基本方针，坚持适用、经济、勤俭节约的原则，在正确处理近期建设与远景发展目标、既有校区和新建校区关系的基础上进行编制。

第十条 校园规划由学校基本建设处牵头，发展规划处、资产与实验室安全管理处等部门共同参与编制。

第十一条 编制校园规划应当委托有相应资质的单位，组织专家评估论证，并按照有关规定公开相关信息，充分听取师生员工意见。

第十二条 校园规划经地方规划部门批准后，在校内公开发布并报教育部备案。

第十三条 学校根据批准的校园规划，结合学校事业发展需要和财务能力，在教育部指导下编制五年基建规划并报教育部批准。

第十四条 五年基建规划由基本建设处牵头，学校办、发展规划处、资产与实验室安全管理处、财务与国有资产管理处等相关部门共同参与编制。

第十五条 五年基建规划实施期间，可根据学校发展实际，进行一次调整。未列入基建规划的项目原则上不启动建设。

第四章 项目立项与计划管理

第十六条 建设项目应坚持先立项后实施的原则。项目立项经学校决策后，按相关规定程序上报教育部审批或备案。

第十七条 申请中央预算内基建投资建设的建设项目(简称"审批项目")报送教育部审批，学校自有资金建设项目(简称"备案项目")向教育部申请项目备案管理。

第十八条 建设项目应按照教育部规定要求上报项目建议书、可行性研究报告、初步设计及概算、备案申请表等相关材料。审批项目的可行性研究报告、初步设计及概算应当委托有相应资质的单位编制。备案项目可委托有相应资质的单位，对备案申请文件、设计文件及概算进行咨询评估。

第十九条 审批项目须在获得可行性研究报告批复文件三年内启

动建设。备案项目在教育部下达备案意见五年内启动建设。

第二十条 基本建设处负责编制基建年度投资建议计划和年度投资调整计划,财务与国有资产管理处负责审核基建年度投资建议计划和投资调整计划。基建年度投资计划和年度投资调整计划经分管基建和分管财务的校领导审核同意后,由基本建设处负责按时报教育部审核确定。

第五章 项目实施

第二十一条 建设项目应严格执行建设项目报建程序,接受地方政府的监督和管理,及时办理规划许可、施工许可、质量监督、安全监督等前期相关手续,做到合法施工、规范施工。

第二十二条 建设项目应依据国家、地方和学校采购招标管理相关规定,依法对招标代理、勘察、设计、施工、工程监理、咨询服务、主要设备和材料的采购等进行招标。

第二十三条 建设项目视项目实际情况可实施代建制(项目管理)。基本建设处应依法选择有相应资质的代建单位(项目管理单位),确保建设项目管理依照有关法律、法规、技术标准、相关文件及合同实施。

第二十四条 建设项目依法实行工程监理制。基本建设处应依法选择有相应资质的工程监理单位,督促工程监理单位依照有关法律、法规、技术标准、相关文件及合同实施监理。

第二十五条 基本建设处等管理部门应严格执行合同管理制度,完善项目变更、现场签证等内控制度,不得擅自改变建设选址、建筑面积、项目投资和建设用途。

第二十六条 建设项目应当依法完善工程质量控制体系,建立健全工程质量责任追究制度,实行工程质量终身负责制度,保证建设项目工程质量。建设项目的合理工期不得随意压缩或拖延。

第二十七条 建设项目应当建立健全安全责任体系,压实勘察、设计、施工、监理等参建各方的安全责任,确保施工现场和校园安全。

第二十八条 建设项目应当建立健全档案管理制度,由专人负责档案资料的收集、整理,并按规定向学校档案馆、城建部门档案馆归档移交。

第六章 项目交付与使用

第二十九条 建设项目建成后,基本建设处应及时组织建设项目验收,整理建设项目交付相关资料,资产与实验室安全管理处负责组织建设项目交付使用的交接。

第三十条 项目投入使用后,应明确基本建设处、使用单位、管理部门等在质保、维保和运维中的职责,做到建设、使用、管理全面覆盖。

第三十一条 基本建设处负责质保期内工程质保管理。质保期内,基本建设处应负责落实参建单位履行质保义务并承担相应责任。质保期限、保修内容按照国家、地方相关规定及建设项目合同约定执行。

第三十二条 使用单位和管理部门,按照"谁使用,谁负责;谁管理,谁负责"的原则,履行建设项目交付使用后的维保、运维职责。

第七章 资金管理

第三十三条 建设资金应依法严格管理,专人负责、专款专用。建立健全建设资金管理办法和审批程序,建设项目管理与财务管理分离,实行工程款支付"两支笔"会签制度。

第三十四条 财务与国有资产管理处应遵照财政部关于基本建设财务管理规则等有关规定,做好建设项目的预算审核、下达工作,并负责年度预算的执行控制、基本建设资金财务管理与会计核算工作。

第三十五条 建设项目的工程支出应严格按照合同相关条款的规定支付。相关款项的支付和审批程序应严格执行学校有关规定。建设项目预算纳入国库集中支付范围的,资金拨付按照国库集中支付的有关管理办法执行。

第三十六条 建设项目完成后,按照教育部有关直属高校基本建设项目竣工财务决算相关管理办法要求,财务与国有资产管理处组织完成建设项目竣工财务决算,并经符合资质要求的社会中介机构评审后,报送主管部门审批。

第八章 监督与评价

第三十七条 建立健全配套管理制度和信息公开制度,保证师生员工参与建设项目民主监督的渠道畅通。

第三十八条 各参与管理和监督的部门,应建立起内部控制和内部监督的长效机制,督促参与学校建设项目实施的相关单位和人员,认真履行职责,遵守国家法律法规和学校及部门规定,遵守有关工作纪律,廉洁自律,自觉接受监督。

第三十九条 实行建设项目后评价制度。根据有关规定要求,结合实际情况,对项目建成后所达到的实际效果进行绩效评价。

第九章 责任追究

第四十条 各级领导干部应当严格执行教育部关于严禁领导干部违反规定插手干预基本建设工程项目管理行为的规定。

第四十一条 学校纪检监察部门负责受理对项目建设中违规违纪违法问题的信访举报,依纪依法开展审查调查,做出相应处理。

第四十二条 对于因违反法律法规和合同约定造成较为严重的工程质量问题或重大经济损失的工程勘察、设计、监理、施工、造价咨询等社会参建单位,取消其在我校承接后续建设项目的资格,并追究其相应法律责任。

第十章 附则

第四十三条 按照实际情况,各相关部门可根据本办法制订相应的管理制度或实施细则。

第四十四条 本办法自公布之日起施行。由基本建设处负责解释。原《复旦大学基本建设项目管理办法》(校通字〔2012〕29号)同时废止。

学校文件选目

党委文件选目

文　　号	文　件　标　题
复委〔2022〕3号	关于印发《复旦大学深化新时代教育评价改革方案》的通知
复委〔2022〕5号	关于印发《复旦大学2022年党建工作要点》的通知
复委〔2022〕7号	印发《关于在特殊时期拿出特殊精神、体现特殊担当,让党旗始终在疫情防控一线高高飘扬的通知》的通知
复委〔2022〕8号	关于疫情防控期间进一步做好对师生员工关心关爱工作的通知
复委〔2022〕11号	关于深入学习宣传贯彻习近平总书记在中国人民大学考察时重要讲话精神的通知
复委〔2022〕12号	印发《关于进一步加强"三线联动",巩固扩大校园疫情防控成效的通知》的通知
复委〔2022〕13号	印发《关于深入学习宣传贯彻习近平总书记在庆祝中国共产主义青年团成立100周年大会上的重要讲话精神的通知》的通知
复委〔2022〕16号	关于表彰复旦大学2022年"钟扬式"好老师、好团队的决定
复委〔2022〕17号	关于印发《中共复旦大学委员会贯彻落实中共中央关于进一步加强对"一把手"和领导班子监督的意见的若干举措》的通知
复委〔2022〕20号	关于认真学习宣传贯彻党的二十大精神的通知
复委〔2022〕21号	关于成立复旦大学党的二十大精神宣讲团的通知
复委〔2022〕22号	关于印发《复旦大学党委关于做好党的二十大精神教育培训工作的方案》的通知
复委〔2022〕23号	关于印发《复旦大学关心下一代工作委员会工作实施细则》的通知

(复旦大学办公室供稿)

学校通知一览

文　号*	文　件　名　称	发文日期
1号	关于2022年寒假及春季开学安排的通知	2022年1月4日
2号	关于做好《复旦大学年鉴(2022)》编纂工作的通知	2022年1月5日
3号	关于转发《复旦大学基础教育合作办学管理办法(试行)》的通知	2022年2月15日
4号	关于转发《复旦大学学生生活园区管理办法》的通知	2022年2月24日
5号	关于2022年春季学期节假日放假及调课的通知	2022年3月1日
6号	关于修订《复旦大学地方合作机构管理办法》的通知	2022年3月20日
7号	关于转发《复旦大学人类遗传资源管理办法(试行)》的通知	2022年3月7日
8号	关于转发《复旦大学本科教育教学成果奖评选奖励办法(试行)》《复旦大学研究生教育教学成果奖评选奖励办法(试行)》的通知	2022年1月23日
9号	关于成立复旦大学第十二届学位评定委员会的通知	2022年6月14日
10号	关于调整设置复旦大学生物安全管理委员会的通知	2022年6月20日
11号	关于2022年暑假安排的通知	2022年6月29日
12号	关于转发《复旦大学中外合作办学项目管理办法》的通知	2022年6月15日
13号	关于修订《复旦大学与企业共建联合实验室(研究中心)管理办法》的通知	2022年5月30日

续表

文　号※	文　件　名　称	发文日期
14 号	关于成立复旦大学非学历教育管理办公室(全国干部教育培训基地办公室)的通知	2022 年 6 月 29 日
15 号	关于成立复旦大学学生资助工作领导小组并调整复旦大学奖(助)学金评审委员会的通知	2022 年 7 月 1 日
16 号	关于修订《复旦大学学术委员会章程》的通知	2022 年 6 月 29 日
17 号	关于成立复旦大学孙雯体育发展中心的通知	2022 年 7 月 6 日
18 号	关于修订《复旦大学教师高级职务聘任实施办法》的通知	2022 年 8 月 13 日
19 号	关于修订《复旦大学聘用合同管理办法》的通知	2022 年 8 月 17 日
20 号	关于 2022 年中秋节、国庆节放假及调课的通知	2022 年 9 月 5 日
21 号	关于转发《教学科研人员双聘至国家实验室工作办法(试行)》的通知	2022 年 9 月 1 日
22 号	关于复旦大学口腔医学院印章启用的通知	2022 年 9 月 8 日
23 号	关于转发《复旦大学校内兼聘管理办法(试行)》的通知	2022 年 9 月 13 日
24 号	关于修订《复旦大学高级专家延长退休年龄管理办法》的通知	2022 年 9 月 23 日
25 号	关于转发《复旦大学快速交易采购实施细则(试行)》等的通知	2022 年 9 月 29 日
27 号	关于修订《复旦大学文科虚体科研机构管理办法》的通知	2022 年 10 月 19 日
28 号	关于转发《复旦大学实体运行科研机构管理办法(试行)》的通知	2022 年 11 月 11 日
31 号	关于 2023 年元旦放假的通知	2022 年 12 月 22 日
32 号	关于转发《复旦大学基本建设管理办法》的通知	2022 年 12 月 9 日
33 号	关于转发《复旦大学招收和培养国际学生管理办法》的通知	2022 年 12 月 22 日

※文号为校通字〔2022〕×号。

(复旦大学办公室供稿)

学校批复一览

文　号※	文　件　名　称	批　复　单　位	发文日期
1 号	关于成立复旦大学智慧法治重点实验室(筹)的批复	科学技术研究院、组织部*、人事处*、人才办*、本科生院*、研究生院*、资产处*	2022 年 1 月 5 日
2 号	关于成立医美高分子材料校企联合研究中心的批复	科学技术研究院、高分子科学系*	2022 年 1 月 5 日
3 号	关于《复旦大学-临港实验室战略合作框架协议》的批复	文科科研处、法学院*	2022 年 1 月 5 日
4 号	关于"重大突发传染病防控关键核心技术研究"《上海市市级科技重大专项实施框架协议书》的批复	医学党政办、双一流办*、财务与国资处*、科研院*、医学科研处*、医学财务与国资处*	2022 年 1 月 5 日
5 号	关于 2022 年度到龄高级专家延长退休年龄的批复	人事处、教工部*、医学教工部*	2022 年 1 月 5 日
6 号	关于《复旦大学与澳门大学共建"国家教育部人文社会科学重点科研基地-复旦大学世界经济研究所"伙伴基地框架协议》的批复	港澳台事务办公室、宣传部*、文科处*、经济学院*	2022 年 1 月 5 日
7 号	关于与伦敦商学院续签金融硕士双学位项目合作协议的批复	国际合作与交流处、研究生院*、管理学院*	2022 年 1 月 5 日
8 号	关于修订《复旦大学学生生活园区管理条例》的批复	研工部、学校办*、学工部*、医学学工部*、保卫处*、总务处*、留学生处*	2022 年 1 月 5 日

续 表

文 号※	文 件 名 称	批 复 单 位	发文日期
9号	关于《复旦大学所属企业国有资产管理实施细则》的批复	财务与国有资产管理处、资产经营公司、组织部*、监察处*、巡察办*、审计处*、科研院*	2022年1月5日
10号	关于2022年预算预拨方案和新冠疫情防控专项的批复	财务与国有资产管理处	2022年1月5日
11号	关于学生退学事宜的批复	教务处、医学教务处、留学生处*	2022年1月5日
12号	关于《复旦大学上海医学院本科生转专业实施细则》的批复	医学党政办、医学教务处、本科生院*、招办*、宣传部*、医学宣传部*	2022年1月5日
13号	关于与国药控股股份有限公司共建实习实践基地的批复	研工部、学工部*、医学学工部*	2022年1月5日
14号	关于"一种丝蛋白纳米微纤可注射水凝胶及其制备方法"等三项专利权作价投资的批复	科学技术研究院、资产经营公司*	2022年1月13日
15号	关于"一种细胞固定剂、细胞固定方法和应用"专利申请实施普通许可的批复	科学技术研究院	2022年1月13日
16号	关于"可靶向葡萄糖调节蛋白GRP78高表达肿瘤的放射性核素药物及其应用"专利申请权转让的批复	科学技术研究院	2022年1月13日
17号	关于张江mRNA国际创新中心(一期)等相关单位用房安排的批复	资产与实验室安全管理处、科学技术研究院*	2022年1月13日
18号	关于学生退学事宜的批复	研究生院、留学生处*	2022年1月13日
19号	关于学生违纪处分的批复	保卫处	2022年1月13日
20号	关于设立"应用伦理"等3个硕士专业学位授权点的批复	研究生院	2022年1月21日
21号	关于《复旦大学 嵩山实验室战略合作协议》的批复	科学技术研究院、研究生院*、人事处*、文科处*、大数据研究院*	2022年1月21日
22号	关于对"磁性无机纳米粒/有序介孔二氧化硅核壳复合微球及其制备方法"专利权进行作价投资的批复	科学技术研究院、公共卫生学院*	2022年1月21日
23号	关于成立医疗循证管理智能决策技术校企联合实验室的批复	科学技术研究院、资产经营公司*	2022年1月21日
24号	关于对"ITPRIPL1的调节剂在制备调节免疫反应或抗肿瘤的药物中的用途"等三项专利申请实施独占许可的批复	科学技术研究院	2022年1月21日
25号	关于成立复旦大学马克思主义经济学中国化研究中心(筹)的批复	文科科研处、马克思主义研究院*、经济学院*	2022年1月21日
26号	关于社会发展与公共政策学院与波士顿大学续签海外学习项目合作协议的批复	国际合作与交流处、本科生院*、留学生处*、财务与国资处*、社会发展与公共政策学院*	2022年1月21日
27号	关于2021年预算后期调整的批复	财务与国有资产管理处	2022年1月21日
28号	关于调整部分馨逸公寓公租房续签方案的批复	总务处、人事处、医学人事人才办、财务与国资处、医学党政办*	2022年1月21日
29号	关于对"一种具有棘轮式膝关节的随行椅"专利实施许可的批复	科学技术研究院	2022年3月1日
30号	关于复旦大学中古中国研究中心去"筹"的批复	文科科研处、历史学系*	2022年3月1日
31号	关于附属华山医院北院纳入附属华山医院统一人事管理的批复	人事处、医学人事人才办*、华山医院*	2022年3月1日
33号	关于与中国华能集团有限公司共建实习实践基地的批复	研工部、教务处*、研究生院*	2022年3月1日

续 表

文 号※	文 件 名 称	批 复 单 位	发文日期
34号	关于车辆处置相关事宜的批复	财务与国有资产管理处、资产处*	2022年3月1日
35号	关于学生退学事宜的批复	医学教务处、教务处*、留学生处*	2022年3月1日
36号	关于《上海市杨浦区人民政府 复旦大学深化战略合作框架协议》的批复	校外合作处、组织部*、宣传部*、教工部*、学工部*、研工部*、发规处*、复旦学院*、人事处*、科研院*、文科处*、资产处*、团委*、医管处*、资产经营公司*、信息办*、艺教中心*、继续教育学院*、基础教育集团*、附属中学*	2022年3月16日
37号	关于《嘉善复旦研究院章程》的批复	校外合作处、科研院*、微电子学院*	2022年3月16日
38号	关于对"多肽、其制备方法和用途"(专利申请号:PCT/CN2021/071078)专利申请权进行转让的批复	科学技术研究院	2022年3月16日
39号	关于对"多肽、其制备方法和用途"(专利申请号:202110625422.8)专利申请权进行转让的批复	科学技术研究院	2022年3月16日
40号	关于学生退学事宜的批复	研究生院、外国留学生工作处*	2022年3月24日
41号	关于学生退学事宜的批复	教务处、外国留学生工作处*	2022年4月19日
42号	关于学生退学事宜的批复	研究生院	2022年4月19日
43号	关于人文精神研究中心更名相关事宜的批复	文科科研处、哲学学院*	2022年5月28日
44号	关于《复旦大学智慧法治实验室合作建设协议》的批复	文科科研处、宣传部*、法学院*	2022年5月28日
45号	关于伦敦政治经济学院学生赴复旦大学"海外学年项目"协议的批复	国际合作与交流处、教务处*、留学生处*、财务与国资处*、国际文化交流学院*	2022年5月28日
46号	关于《复旦大学与澳门大学双学位项目合作协议》的批复	港澳台事务办公室、宣传部*、学工部*、本科生院*、财务与国资处*、经济学院*	2022年5月28日
47号	关于2021年度附属医院临床卫生系列高级职务拟聘人选的批复	人事处、医学人事人才办、医学教工部*	2022年5月28日
51号	关于第二轮"双一流"建设方案修改稿的批复	"双一流"建设办公室、组织部*、发规处*、本科生院*、科研院*、文科处*	2022年5月28日
52号	关于上海(复旦大学)扶贫研究中心更名的批复	文科科研处、校外合作处*、发展研究院*	2022年5月28日
53号	关于撤销医学5个校级虚体研究机构的批复	医学科研处、科研院*、文科处*	2022年5月28日
54号	关于与芬兰奥尔托大学续签学生交流协议的批复	国际合作与交流处、本科生院*、研究生院*、留学生处*、医学教务处*、医学研究生院*	2022年5月28日
55号	关于成立复旦大学-如皋市人民医院长寿和衰老联合研究所的批复	科学技术研究院、校外合作处*、生命科学学院*	2022年5月28日
56号	关于修订《复旦大学与企业共建联合实验室管理办法》的批复	科学技术研究院	2022年5月28日
57号	关于公开学校2022年部门预算的批复	财务与国有资产管理处、发规处*、本科生院*、研究生院*、科研院*、文科处*、人事处*、基建处*、总务处*、宣传部*	2022年5月28日
58号	关于中华文明资源中心新建项目用房安排建议方案的批复	资产与实验室安全管理处、发规处*、文科处*、外联处*、基建处*	2022年5月28日

续 表

文 号*	文 件 名 称	批 复 单 位	发文日期
60号	关于授权泛海国际金融学院与美国哥伦比亚大学富的基金会工程与应用科学学院签署联合培养项目协议的批复	国际合作与交流处、研究生院*、财务与国资处*、泛海国际金融学院*	2022年5月28日
61号	关于与韩国高丽大学续签谅解备忘录与学生交流协议的批复	国际合作与交流处、本科生院*、研究生院*、留学生处*、医学教务处*、医学研究生院*	2022年5月28日
62号	关于《复旦大学支持内蒙古大学材料化学科学创新中心、生物医学研究中心建设合作框架协议》的批复	校外合作处、组织部*、研究生院*、科研院*、人事处*、人才办*	2022年5月28日
65号	关于复旦大学2022年本科生招生章程和招生计划的批复	本科生招生办公室	2022年5月28日
66号	关于成立智慧教育人工智能与融合感知技术校企联合研究中心的批复	科学技术研究院、信息学院*	2022年5月28日
67号	关于成立恶劣天气下的嵌入式视觉监控校企联合研究中心的批复	科学技术研究院、信息学院*	2022年5月28日
68号	关于经济学院与伦敦政治经济学院修订金融学与金融统计硕士双学位联合培养项目协议的批复	国际合作与交流处、研究生院*、经济学院*	2022年5月28日
69号	关于《中芯国际-复旦大学战略合作协议》的批复	校外合作处、本科生院*、研究生院*、科研院、人事处*、人才办*、外联处*、芯片与系统前沿技术研究院(筹)*	2022年5月28日
71号	关于修订《复旦大学聘用合同管理办法》的批复	人事处、工会*	2022年5月28日
73号	关于2022年银校通防疫物资采购事宜的批复	财务与国有资产管理处、保卫处*、资产处*、总务处*	2022年5月28日
79号	关于《关于2021年复旦大学预算执行情况与2022年复旦大学预算草案的报告》的批复	财务与国有资产管理处、"双一流"办*、总务处*、基建处*	2022年5月28日
80号	关于学生退学事宜的批复	研究生院	2022年5月28日
81号	关于学生退学事宜的批复	教务处、医学教务处、留学生处*	2022年6月22日
82号	关于2022年全国教书育人楷模、上海市"四有"好教师(教书育人楷模)拟推荐人选的批复	人事处、纪委办*、组织部*、教工部*、本科生院*、研究生院*	2022年6月22日
83号	关于2022年国家有关计划教学名师候选人拟推荐人选的批复	本科生院、研究生院*、医学教务处*、医学研究生院*	2022年6月22日
84号	关于国家智能评价与治理实验基地建设方案的批复	发展规划处、组织部*、双一流办*、人事处*、人才办*、研究生院*、科研院*、文科处*、资产处*、发展研究院*、图书馆*	2022年6月22日
85号	关于国家发展与智能治理综合实验室建设方案的批复	发展规划处、组织部*、双一流办*、人事处*、人才办*、研究生院*、科研院*、文科处*、融创院*、资产处*、发展研究院*	2022年6月22日
86号	关于孙雯体育发展中心建设方案的批复	发展规划处、组织部*、双一流办*、人事处*、人才办*、本科生院*、文科处*、资产处*、体教部*	2022年6月22日
87号	关于智能医学研究院建设方案的批复	发展规划处、组织部*、双一流办*、人事处*、人才办*、研究生院*、科研院*、资产处*、医学规划与双一流办*、医学科研处*	2022年6月22日

续表

文 号※	文 件 名 称	批 复 单 位	发文日期
88号	关于《复旦大学上海高校高峰学科建设管理办法》的批复	"双一流"建设办公室、发规处*、本科生院*、研究生院*、人事处*、人才办*、科研院*、文科处*、财务与国资处*、资产处*、国合处*、医学规划与双一流办*	2022年6月22日
89号	关于成立生物相容性光纤技术校企联合研究中心的批复	科学技术研究院、材料系*	2022年6月22日
91号	关于成立复旦大学中国人保健康管理研究院的批复	医学科研处、医学党政办*、公卫学院*	2022年6月22日
92号	关于《复旦大学 安徽大学战略合作框架协议》的批复	校外合作处、发规处*、科研院*、文科处*、研究生院*	2022年6月22日
95号	关于成立复旦大学第十二届学位评定委员会的批复	研究生院、组织部*、教工部*	2022年6月22日
96号	关于2021年度教师高级职务聘任人选的批复	人事处、教工部*、医学教工部*、医学人事人才办*	2022年6月22日
97号	关于与中国日报社续签战略合作框架协议书的批复	宣传部、校外合作处*、学工部*、研工部*、文科处*、国合处*、留学生处*、马院*、外文学院*、国务学院*、国际问题研究院*、发展研究院*	2022年6月22日
98号	关于成立复旦大学国有资产管理委员会的批复	财务与国有资产管理处、组织部*	2022年6月22日
99号	关于《广州南沙经济技术开发区管理委员会 复旦大学科技创新战略合作框架协议》的批复	校外合作处、研究生院*、科研院*、基础教育集团*、生命学院*、微电子学院*	2022年6月22日
100号	关于2021年9月—2022年2月校长办公会议决议事项执行情况报告的批复	学校办公室	2022年6月22日
101号	关于与香港浸会大学签署学术交流合作协议的批复	港澳台事务办公室、宣传部、人事处*、科研院*、文科处*、医学科研处*	2022年6月30日
102号	关于《澳门大学、复旦大学、南开大学和中山大学共建"中国旅游教育合作联盟"合作协议》的批复	港澳台事务办公室、宣传部*、教工部*、学工部*、研工部*、本科生院*、研究生院*、人事处*、文科处*、旅游学系*	2022年6月30日
103号	关于与美国康涅狄格大学签署合作协议的批复	国际合作与交流处、本科生院*、研究生院*、人事处*、科研院*、留学生处*、医学教务处*、医学研究生院*	2022年6月30日
104号	关于与23家联合培养单位分别签署《关于考古学国家急需高层次人才培养合作协议》的批复	研究生院、文博系*	2022年6月30日
105号	关于成立复旦大学智能网络与计算研究中心的批复	科学技术研究院、计算机学院*、信息学院*	2022年6月30日
106号	关于成立上海能源与碳中和战略研究院的批复	文科科研处、发展研究院*	2022年6月30日
107号	关于上海能源与碳中和战略研究院主任、副主任、学术委员会主任拟聘人选的批复	文科科研处、教工部*、发展研究院*、经济学院*、环境系*、大气与海洋科学系*	2022年6月30日
108号	关于平安建设与社会治理研究基地理事长、副理事长、主任、副主任拟聘人选的批复	文科科研处、教工部*、国务学院*	2022年6月30日
109号	关于信访理论研究基地主任拟聘人选的批复	文科科研处、教工部*、社会发展与公共政策学院*	2022年6月30日
110号	关于中东研究中心主任拟聘人选的批复	文科科研处、教工部*、国际问题研究院*	2022年6月30日

续 表

文 号※	文 件 名 称	批 复 单 位	发文日期
111 号	关于调整上海复旦大学三级生物安全防护实验室主任拟聘人选的批复	医学科研处、组织部＊、医学党政办＊、基础医学院＊	2022 年 6 月 30 日
112 号	关于复旦大学所属企业体制改革落实"回头看"自查报告的批复	财务与国有资产管理处、纪委办＊、资产经营公司＊	2022 年 6 月 30 日
114 号	关于学生退学事宜的批复	教务处、留学生处＊	2022 年 6 月 30 日
115 号	关于对"一种介孔-微孔核-壳复合分子筛催化剂的制备方法"专利的所有权赋权后进行作价投资的批复	科学技术研究院、财务与国资处＊、资产经营公司＊	2022 年 7 月 5 日
116 号	关于《青浦区人民政府 复旦大学"青浦复旦国际融合创新中心"项目合作框架协议》的批复	校外合作处、发展规划处、财务与国资处＊、基建处＊	2022 年 7 月 5 日
119 号	关于变更若干文科虚体科研机构负责人的批复	文科科研处、教工部＊、中文系＊、外文学院＊、哲学学院＊	2022 年 7 月 5 日
120 号	关于学生退学事宜的批复	研究生院、留学生处＊	2022 年 8 月 13 日
121 号	关于自费来华留学生学费和住宿费新增、调整收费标准的批复	财务与国有资产管理处、外国留学生工作处、宣传部＊	2022 年 8 月 23 日
122 号	关于部分专业学位硕士教育项目学费标准的批复	财务与国有资产管理处、研究生院、研工部＊、宣传部＊	2022 年 8 月 23 日
123 号	关于《复旦大学校内兼聘管理办法(试行)》的批复	人事处、组织部＊、教工部＊、发规处＊、人才办＊、双一流办＊、本科生院＊、研究生院＊、科研院＊、文科处＊、融创院＊、财务与国资处＊、资产处＊	2022 年 8 月 23 日
124 号	关于对"负载贵金属的有序双介孔金属氧化物复合材料及其制备方法"专利的长期使用权赋权后进行作价投资的批复	科学技术研究院、财务与国资处＊、资产经营公司＊	2022 年 8 月 23 日
125 号	关于上海市针灸机制与穴位功能重点实验室主任、执行主任、副主任和学术委员会主任、副主任及委员拟聘人选的批复	科学技术研究院、教工部＊、航空航天系＊	2022 年 8 月 23 日
126 号	关于上海手性药物工业不对称催化工程技术研究中心主任、副主任和技术委员会主任及委员拟聘人选的批复	科学技术研究院、教工部＊、化学系＊	2022 年 8 月 23 日
127 号	关于复旦大学 mRNA 药物研发中心等 12 个校级虚体研究机构负责人拟聘人选的批复	科学技术研究院、教工部＊、生命学院＊、计算机学院＊、航空航天系＊、数学学院＊、物理系＊、信息学院＊	2022 年 8 月 23 日
128 号	关于教育部直属高校县中托管帮扶协议的批复	基础教育集团、附中＊、团委＊	2022 年 8 月 23 日
129 号	关于与中国农业银行股份有限公司签署新一轮全面战略合作协议的批复	财务与国有资产管理处、研工部＊	2022 年 8 月 23 日
130 号	关于继续整体租赁尚景园公共租赁住房事宜的批复	总务处、人事处＊、人才办＊、财务与国资处＊	2022 年 8 月 23 日
131 号	关于国有资产处置相关事宜的批复	财务与国有资产管理处、资产处＊	2022 年 8 月 23 日
134 号	关于 2022 年度向教育部推荐新建全国重点实验室事宜的批复	科学技术研究院、医学科研处＊	2022 年 8 月 26 日
135 号	关于公开学校 2021 年部门决算的批复	财务与国有资产管理处、宣传部＊	2022 年 8 月 26 日
137 号	关于《中国商用飞机有限责任公司上海飞机设计研究院复旦大学大型客机集成技术与模拟飞行全国重点实验室合作共建协议》的批复	科学技术研究院、研究生院＊、航空航天系＊	2022 年 8 月 26 日

续 表

文 号*	文 件 名 称	批 复 单 位	发文日期
138号	关于与美国北卡罗纳大学教堂山分校签署谅解备忘录的批复	国际合作与交流处	2022年8月26日
140号	关于成立优眠技术校企联合研究中心的批复	科学技术研究院、基础医学院*	2022年8月26日
141号	关于成立新能源碳材料校企联合实验室的批复	科学技术研究院、高分子科学系*	2022年8月26日
142号	关于成立代谢性疾病小分子新药开发校企联合实验室的批复	科学技术研究院、药学院*	2022年8月26日
144号	关于通报2020、2021年度审计项目整改情况综合报告的批复	审计处	2022年9月2日
145号	关于复旦大学2021、2022年度审计计划的批复	审计处	2022年9月2日
146号	关于修订《复旦大学文科虚体科研机构管理办法(试行)》的批复	文科科研处、组织部*、党委教师工作部*、国际合作与交流处*、港澳台事务办公室*	2022年9月2日
149号	关于《复旦大学全国重点实验室重组和新建三年工作方案(2022—2024)》的批复	科学技术研究院、组织部*、校外合作处*、发规处*、双一流办*、人事处*、人才办*、研究生院*、融创院*、财务与国资处*、资产处*、国合处*、医学科研处*	2022年9月2日
151号	关于签署乳基食品营养与健康全国重点实验室共建协议的批复	科学技术研究院、生命科学学院*	2022年9月2日
153号	关于学生退学事宜的批复	教务处	2022年9月15日
154号	关于签署光伏科学与技术全国重点实验室共建协议的批复	科学技术研究院、光电研究院(筹)*	2022年9月15日
155号	关于签署新一轮《人民日报社-复旦大学全面合作协议书》的批复	宣传部、校外合作处*、党校办*、学工部*、研工部*、本科生院*、研究生院*、文科处*、团委*、新闻学院*、马克思主义学院*、发展研究院*	2022年9月15日
156号	关于与莫斯科国立谢东诺夫第一医科大学签署合作谅解备忘录的批复	国际合作与交流处	2022年9月15日
157号	关于对"一种可拉伸的线状超级电容器和锂离子电池制备方法"等九项专利权进行转让的批复	科学技术研究院	2022年9月15日
158号	关于2022年宝钢优秀教师奖拟推荐人选的批复	人事处、教工部*	2022年9月15日
159号	关于修订《复旦大学高级专家延长退休年龄管理办法》的批复	人事处、发规处*、人才办*、本科生院*、研究生院*、科研院*、文科处*、医学规划与双一流办*、医学教务处*、医学研究生院*、医学科研处*	2022年9月15日
161号	关于《复旦大学2021年继续教育发展年度报告》的批复	继续教育学院、财务与国资处*	2022年9月15日
162号	关于国有资产处置相关事宜的批复	财务与国有资产管理处、资产处*、科研院*	2022年9月15日
163号	关于《内蒙古自治区人民政府 复旦大学战略合作框架协议》的批复	校外合作处、组织部*、教工部*、学工部*、研工部*、发规处*、双一流办*、人事处*、教务处*、招办*、研究生院*、科研院*、文科处*、团委*、基础教育集团*、医学党政办*、医管处*、继续教育学院*	2022年9月28日

续 表

文 号*	文 件 名 称	批 复 单 位	发文日期
164号	关于学生退学事宜的批复	教务处、留学生处*	2022年9月26日
165号	关于学生退学事宜的批复	研究生院、留学生处*	2022年9月26日
166号	关于《复旦大学快速交易采购实施细则(试行)》等的批复	采购与招标管理中心、保卫处*、科研院*、财务与国资处*、审计处*、资产处*、总务处*、基建处*	2022年9月28日
168号	关于成立智能网云电路与系统校企联合实验室的批复	科学技术研究院、类脑芯片与片上智能研究院(筹)*	2022年9月28日
169号	关于成立混合信号链与泛在数据处理芯片校企联合实验室的批复	科学技术研究院、微电子学院*	2022年9月28日
170号	关于成立EDA创新校企联合实验室的批复	科学技术研究院、微电子学院*	2022年9月28日
171号	关于上海超精密光学制造工程技术研究中心主任、副主任和技术委员会主任、委员拟聘人选的批复	科学技术研究院、教工部*、信息学院*	2022年9月28日
172号	关于上海市生态环境治理政策模拟与评估重点实验室主任、执行主任、副主任和学术委员会主任、副主任拟聘人选的批复	文科科研处、组织部*、教工部*、发展研究院*	2022年9月28日
173号	关于《中国人民保险集团股份有限公司 复旦大学战略合作协议》的批复	校外合作处、研究生院*、科研院*、文科处*、医学党政办*、医学研究生院*、医学科研处*、公卫学院*、继续教育学院*	2022年10月9日
174号	关于与联合国粮农组织续签派遣实习生协议的批复	研工部、国合*	2022年10月9日
175号	关于部分专业学位硕士教育项目学费标准的批复	财务与国有资产管理处、研究生院、研工部*	2022年10月9日
176号	关于张江复旦国际创新中心供电配套项目建设资金的批复	基建处、财务与国资处*	2022年10月9日
178号	关于学生退学事宜的批复	教务处、留学生处*	2022年10月14日
179号	关于学生退学事宜的批复	研究生院、留学生处*	2022年10月14日
180号	关于车辆额度处置的批复	财务与国有资产管理处、资产处*	2022年10月18日
181号	关于学生退学事宜的批复	教务处、医学教务处、留学生处*	2022年10月21日
185号	关于《复旦大学"十四五"双学士学位培养项目建设规划》的批复	教务处、医学教务处*、招办*	2022年10月25日
186号	关于成立科技伦理与人类未来研究院(筹)的批复	发展规划处、组织部*、文科处*、人事处*、人才办*、研究生院*、资产处*、哲学学院*	2022年10月25日
187号	关于成立复旦大学元宇宙智慧医疗研究所的批复	科学技术研究院、工研院*	2022年10月25日
188号	关于成立高性能EDA算法校企联合实验室的批复	科学技术研究院、数学学院*	2022年10月25日
189号	关于成立先进电池技术校企联合研究中心的批复	科学技术研究院、光电研究院(筹)*	2022年10月25日
191号	关于张江复旦国际创新中心连通工程立项的批复	基建处、财务与国资处*	2022年10月25日
194号	关于《安徽省人民政府 复旦大学合作协议》的批复	校外合作处、学校办*、组织部*、党校办*、教工部*、研工部*、发规处*、教务处*、招办*、研究生院*、科研院*、文科处*、医学党政办*、医学科研处*、医管处*、生命学院*、发展研究院*、儿科医院*	2022年10月25日

续 表

文 号*	文 件 名 称	批 复 单 位	发文日期
195 号	关于《中国科协-复旦大学科技伦理与人类未来研究院建设合作协议》的批复	文科科研处、组织部*、哲学学院*	2022 年 10 月 25 日
196 号	关于《上海法院数字经济司法研究及实践（嘉定）基地战略合作框架协议》的批复	文科科研处、教务处*、发展研究院*、法学院*	2022 年 10 月 25 日
197 号	关于 2021 年度教学为主型教师系列、附属医院临床教授系列高级职务拟聘人选的批复	人事处、教工部*、医学人事人才办*、医学教工部*	2022 年 10 月 25 日
198 号	关于微纳光子结构教育部重点实验室主任、副主任和学术委员会主任、委员拟聘人选的批复	科学技术研究院、教工部*、人事处*、物理系*	2022 年 10 月 25 日
199 号	关于计算物质科学教育部重点实验室主任、副主任和学术委员会主任、委员拟聘人选的批复	科学技术研究院、教工部*、人事处*、物理系*	2022 年 10 月 25 日
200 号	关于电磁波信息科学教育部重点实验室主任、副主任和学术委员会主任、副主任、委员拟聘人选的批复	科学技术研究院、教工部*、人事处*、信息学院*	2022 年 10 月 25 日
201 号	关于非线性数学模型与方法教育部重点实验室主任、副主任和学术委员会主任、委员拟聘人选的批复	科学技术研究院、教工部*、人事处*、数学学院*	2022 年 10 月 25 日
202 号	关于 2022 年第二批银校通项目相关事宜的批复	财务与国有资产管理处、资产处*、总务处*、信息办*	2022 年 10 月 25 日
203 号	关于《湾谷办公楼承租建议方案》的批复	发展规划处、资产与实验室安全管理处、财务与国有资产管理处	2022 年 10 月 25 日
204 号	关于学生退学事宜的批复	教务处、留学生处*	2022 年 10 月 27 日
205 号	关于国有资产处置相关事宜的批复	财务与国有资产管理处、资产处*	2022 年 11 月 4 日
206 号	关于《广州高新技术产业开发区管理委员会 中山大学 复旦大学共建广州光电·存算芯片融合创新中心黄埔基地合作协议》的批复	校外合作处、科研院*、微电子学院*	2022 年 11 月 4 日
207 号	关于《复旦大学关于地方合作机构研究人员兼聘工作的试点办法》的批复	人事处、校外合作处*、人才办*、科研院*、文科处*、教务处*、研究生院*	2022 年 11 月 4 日
208 号	关于《成都市复旦西部国际金融研究院章程》的批复	校外合作处、文科处*、泛海国际金融学院*	2022 年 11 月 4 日
209 号	关于《"双碳"目标法治保障研究基地合作建设协议》的批复	文科科研处、法学院*	2022 年 11 月 4 日
210 号	关于复旦大学超声医学与工程研究所领导班子拟聘人选的批复	医学科研处、附属中山医院*	2022 年 11 月 4 日
211 号	关于复旦大学内镜诊疗研究所领导班子拟聘人选的批复	医学科研处、附属中山医院*	2022 年 11 月 4 日
212 号	关于复旦大学呼吸病研究所领导班子拟聘人选的批复	医学科研处、附属中山医院*	2022 年 11 月 4 日
213 号	关于支持杨浦区建设邯郸校区排水系统初期雨水调蓄工程的批复	基建处、宣传部*、保卫处*、总务处*	2022 年 11 月 4 日
214 号	关于管理学院政立院区项目概算调整事宜的批复	基建处、财务与国资处*、审计处*、管理学院*	2022 年 11 月 4 日
215 号	关于学生退学事宜的批复	教务处、留学生处*	2022 年 11 月 11 日
216 号	关于学生退学事宜的批复	研究生院、留学生处*	2022 年 11 月 11 日
217 号	关于《上海市法律硕士专业学位（国际仲裁）项目联合培养合作协议》的批复	研究生院、法学院*	2022 年 11 月 18 日

续 表

文　号※	文 件 名 称	批 复 单 位	发文日期
218 号	关于与中国二十二冶集团有限公司共建实习实践基地的批复	研工部、学工部*、医学学工部*	2022 年 11 月 18 日
219 号	关于设立"中共党史党建学"等 4 个学位授权点的批复	研究生院	2022 年 11 月 18 日
221 号	关于举办"浦江科学大师讲坛"的批复	科学技术研究院	2022 年 11 月 18 日
222 号	关于通报 2022 年 3 月—8 月校长办公会议决议事项执行情况批复	学校办公室	2022 年 11 月 18 日
223 号	关于成立中西医结合创新药物研发校企联合实验室的批复	科学技术研究院、华山医院*	2022 年 11 月 18 日
224 号	关于 2021 年度复旦大学优秀博士学位论文名单的批复	研究生院、医学研究生院	2022 年 11 月 18 日
225 号	关于与中国海事仲裁委员会、中国国际经济贸易仲裁委员会等分别签署联合培养协议的批复	研究生院、法学院*	2022 年 11 月 18 日
226 号	关于上海市海洋-大气相互作用前沿科学研究基地主任、副主任和学术委员会主任、副主任、委员拟聘人选的批复	科学技术研究院、教工部*、大气科学研究院*	2022 年 11 月 18 日
227 号	关于上海市智能光电与感知前沿科学研究基地主任、副主任和学术委员会主任、委员拟聘人选的批复	科学技术研究院、教工部*、光电研究院（筹）*	2022 年 11 月 18 日
228 号	关于长三角集成电路设计与制造省部共建协同创新中心主任、副主任和技术委员会主任、副主任、委员拟聘人选的批复	科学技术研究院、教工部*、信息学院*	2022 年 11 月 18 日
230 号	关于成立先进汽车数字模拟与功率芯片校企联合实验室的批复	科学技术研究院、工研院*	2022 年 11 月 18 日
231 号	关于科学技术研究院搬迁江湾校区廖凯原楼相关事项的批复	资产与实验室安全管理处、科研院*、军工保密办*	2022 年 11 月 18 日
232 号	关于上海市低轨卫星通信技术协同创新中心主任、副主任和技术委员会主任、副主任、委员拟聘人选的批复	科学技术研究院、教工部*、信息学院*	2022 年 11 月 18 日
233 号	关于学生退学事宜的批复	研究生院、留学生处*	2022 年 12 月 4 日
239 号	关于《复旦大学-中国农业科学院共建交叉科学联合中心战略合作框架协议》的批复	科学技术研究院、校外合作处*、发规处*、人事处*、教务处*、研究生院*、生命学院*	2022 年 12 月 4 日
240 号	关于《横琴粤澳深度合作区人民法院与复旦大学共建"涉外涉港澳台法律实践与研究基地"合作备忘录》的批复	港澳台事务办公室、校外合作处*、宣传部*、学工部*、研工部*、文科处*、教务处*、研究生院*、法学院*、发展研究院*	2022 年 12 月 4 日
241 号	关于《复旦大学-世界顶尖科学家协会战略合作协议》的批复	科学技术研究院、研究生院*、国合处*、资产处*	2022 年 12 月 4 日
242 号	关于上海市智能视觉计算协同创新中心主任、副主任和技术委员会主任、委员拟聘人选的批复	科学技术研究院、教工部*、计算机学院*	2022 年 12 月 4 日
243 号	关于推荐首批中国学位与研究生教育特别致敬人物的批复	研究生院、医学研究生院	2022 年 12 月 7 日
245 号	关于《复旦大学 上海大剧院艺术中心共建合作协议》的批复	学工部	2022 年 12 月 7 日
246 号	关于生物多样性与生态工程教育部重点实验室主任、副主任和学术委员会主任、委员拟聘人选的批复	科学技术研究院、教工部*、人事处*、生命学院*	2022 年 12 月 7 日
247 号	关于复旦大学智能网络与计算研究中心主任拟聘人选的批复	科学技术研究院、教工部*、计算机学院*	2022 年 12 月 7 日

续　表

文　号*	文　件　名　称	批　复　单　位	发文日期
248 号	关于复旦大学元宇宙智慧医疗研究所所长拟聘人选的批复	科学技术研究院、教工部*、工研院*	2022 年 12 月 7 日
249 号	关于《多伦多大学与复旦大学谅解备忘录(电气和计算机工程本硕连读项目)》的批复	国际合作与交流处、教务处*、研究生院*、信息学院*	2022 年 12 月 7 日
250 号	关于江湾校区融合创新二号楼项目暂缓实施事宜的批复	基建处、财务与国资处*、外联处*	2022 年 12 月 7 日
253 号	关于 2022 年预算中期调整方案的批复	财务与国有资产管理处、科研院*、文科处*	2022 年 12 月 7 日
254 号	关于《复旦大学房产租赁管理暂行办法》等的批复	资产与实验室安全管理处、发规处*、人事处*、教务处*、研究生院*、科研院*、文科处*、财务与国资处*、总务处*	2022 年 12 月 7 日
255 号	关于学生退学事宜的批复	教务处	2022 年 12 月 9 日
257 号	关于《复旦大学关于开展 2022 级本科新生入学资格复查工作情况的报告》的批复	教务处、学工部*、招办*、留学生处*、医学教务处*	2022 年 12 月 8 日
258 号	关于《复旦大学-西湖大学博士研究生联合培养工作协议》的批复	研究生院	2022 年 12 月 8 日
259 号	关于《关于合作共建生物医药领域"三复前孵化专项资金"合作协议》的批复	科学技术研究院	2022 年 12 月 8 日
260 号	关于《中国卫星网络集团有限公司 复旦大学战略合作协议》的批复	校外合作处、科研院*、研究生院*	2022 年 12 月 8 日
261 号	关于《复旦大学招收和培养国际学生管理办法》的批复	留学生工作处、教务处*、招办*、研究生院*、学工部*、研工部*、国合处*、保卫处*、总务处*、财务与国资处*、医学教务处*、医学研究生院*、医学学工部*	2022 年 12 月 8 日
262 号	关于开设复旦大学外国留学生预科项目的批复	留学生工作处、教务处*、财务与国资处*、国交学院*	2022 年 12 月 8 日
263 号	关于优化并实施 2022 年"双一流"绩效相关工作的批复	人事处、双一流办*、财务与国资处*	2022 年 12 月 8 日
264 号	关于修订《复旦大学非学历继续教育管理办法》《复旦大学非学历继续教育管理实施细则》的批复	继续教育学院、组织部*、纪委办*、审计处*、财务与国资处*	2022 年 12 月 8 日
265 号	关于修订《复旦大学基本建设项目管理办法》的批复	基建处、纪委办*、监察处*、保卫处*、发规处*、审计处*、财务与国资处*、资产处*、总务处*、采招中心*、信息办*、档案馆*、医学纪委办*、医学监察处*、医学财务办*	2022 年 12 月 8 日
266 号	关于国有资产处置相关事宜的批复	财务与国有资产管理处、资产处*	2022 年 12 月 8 日
267 号	关于学生退学事宜的批复	研究生院、留学生处*	2022 年 12 月 8 日
268 号	关于学生退学事宜的批复	研究生院	2022 年 12 月 22 日
269 号	关于学生退学事宜的批复	教务处、医学教务处、留学生处*	2022 年 12 月 22 日
270 号	关于调整上海市重大疾病蛋白质组研究专业技术服务平台主任的批复	医学科研处、医学组织部*、医学教工部*、生物医学研究院*	2022 年 12 月 23 日
271 号	关于调整医学表观遗传与分子代谢国际科技合作基地依托单位和基地主任的批复	医学科研处、医学组织部*、医学教工部*、生物医学研究院*	2022 年 12 月 23 日

续 表

文 号※	文 件 名 称	批 复 单 位	发文日期
272 号	关于文物与博物馆等3个学位授权点对应调整事宜的批复	研究生院	2022年12月23日
273 号	关于《宁波前湾新区管委会 复旦大学深化合作推进复旦大学宁波研究院发展框架协议》的批复	校外合作处、科研院*、研究生院*、人事处*	2022年12月23日
274 号	关于成立钙钛矿光伏技术校企联合实验室的批复	科学技术学院、信息学院*	2022年12月23日
275 号	关于成立先进汽车照明技术校企联合研究创新中心的批复	科学技术研究院、信息学院*	2022年12月23日
276 号	关于复旦大学国家疫苗产教融合平台项目可行性研究报告编制的基本原则和主要要素的批复	发展规划处、双一流办*、科研院*、财务与国资处*、基建处*、资产处*、采招中心*、医学规划与双一流办*、医学研究生院*、医学科研处*、医学财务办*、复旦大学上海市重大传染病和生物安全研究院*	2022年12月23日
278 号	关于将国家疫苗产教融合创新平台相关设备购置纳入扩大投资专项的批复	"双一流"建设办公室、发规处*、科研院*、研究生院*、财务与国资处*、资产处*、采招中心*、基建处*、医学规划与双一流办*、医学科研处*、医学研究生院*、复旦大学上海市重大传染病和生物安全研究院*	2022年12月23日
279 号	关于2022年度教师高级职务岗位设置方案的批复	人事处、教务处*、医学人事人才办*	2022年12月23日
280 号	关于参与合作共建湘潭大学马克思主义理论学科的批复	发展规划处、校外合作处*、文科处*、人事处*、教务处*、研究生院*、马克思主义学院*	2022年12月23日
281 号	关于《复旦大学 农业农村部长江流域渔政监督管理办公室战略合作框架协议》的批复	文科科研处、科研院*、教务处*、研究生院*、发展研究院*	2022年12月23日

注：※文号为校批字〔2022〕×号。
＊为抄送单位。

(复旦大学办公室供稿)

· 人 物 ·

教 授 名 录

单位	姓名	性别	现职称	单位	姓名	性别	现职称
材料科学系	Alexander A. Solovev	男	研究员	材料科学系	余学斌	男	教授
				材料科学系	俞燕蕾	女	教授
材料科学系	Kai ZHANG（张 凯）	男	研究员	材料科学系	张 群	男	教授
				材料科学系	周树学	男	教授
材料科学系	步文博	男	教授	材料科学系	周永宁	男	教授
材料科学系	陈 敏	女	教授	材料科学系	朱国栋	男	教授
材料科学系	崔晓莉	女	教授	财务与国有资产管理处	余 青	女	正高级会计师
材料科学系	范仲勇	男	教授	复旦大学出版社有限公司	曹珍芬	女	编审
材料科学系	方 方	男	教授	复旦大学出版社有限公司	李 华	男	编审
材料科学系	方晓生	男	研究员	复旦大学出版社有限公司	梁 玲	女	编审
材料科学系	高尚鹏	男	教授	复旦大学出版社有限公司	胡春丽	女	编审
材料科学系	顾广新	男	教授	复旦大学出版社有限公司	王联合	男	编审
材料科学系	胡新华	男	研究员	复旦大学出版社有限公司	张蕊青	女	编审
材料科学系	黄高山	男	教授	复旦大学出版社有限公司	张永彬	男	编审
材料科学系	贾 波	男	教授	出土文献与古文字研究中心	陈 剑	男	教授
材料科学系	蒋益明	男	教授	出土文献与古文字研究中心	广濑薰雄	男	研究员
材料科学系	李 劲	男	教授	出土文献与古文字研究中心	蒋玉斌	男	研究员
材料科学系	李文武	男	研究员	出土文献与古文字研究中心	刘 钊	男	教授
材料科学系	梁子骐	男	研究员	出土文献与古文字研究中心	施谢捷	男	教授
材料科学系	吕银祥	男	教授	出土文献与古文字研究中心	汪少华	男	教授
材料科学系	梅永丰	男	教授	出土文献与古文字研究中心	张小艳	女	教授
材料科学系	孙大林	男	教授	出土文献与古文字研究中心	周 波	男	研究员
材料科学系	王 珺	男	教授	大气与海洋科学系	Dezheng SUN（孙德征）	男	教授
材料科学系	吴仁兵	男	教授				
材料科学系	武利民	男	教授	大气与海洋科学系	Liguang WU（吴立广）	男	教授
材料科学系	肖 斐	男	教授				
材料科学系	徐 伟	男	教授	大气与海洋科学系	陈长霖	男	教授
材料科学系	杨振国	男	教授	大气与海洋科学系	成天涛	男	教授
材料科学系	游 波	女	教授	大气与海洋科学系	高艳红	女	教授
材料科学系	于志强	男	教授	大气与海洋科学系	李志锦	男	教授

续 表

单 位	姓 名	性别	现职称	单 位	姓 名	性别	现职称
大气与海洋科学系	梁湘三	男	教授	法学院	刘 忠	男	教授
大气与海洋科学系	穆 穆	男	教授	法学院	马贵翔	男	教授
大气与海洋科学系	王桂华	男	教授	法学院	马忠法	男	教授
大气与海洋科学系	温之平	男	教授	法学院	潘伟杰	男	教授
大气与海洋科学系	吴其冈	男	教授	法学院	孙笑侠	男	教授
大气与海洋科学系	吴志伟	男	教授	法学院	唐应茂	男	教授
大气与海洋科学系	武炳义	男	教授	法学院	汪明亮	男	教授
大气与海洋科学系	杨海军	男	教授	法学院	王 伟	男	教授
大气与海洋科学系	姚 波	男	研究员	法学院	王志强	男	教授
大气与海洋科学系	游庆龙	男	教授	法学院	许多奇	女	教授
大气与海洋科学系	占瑞芬	女	教授	法学院	许凌艳	女	教授
大气与海洋科学系	张 峰	男	教授	法学院	杨严炎	女	教授
大气与海洋科学系	张人禾	男	教授	法学院	张建伟	男	教授
大气与海洋科学系	张义军	男	教授	法学院	张乃根	男	教授
大气与海洋科学系	周 文	女	教授	法学院	张梓太	男	教授
大气与海洋科学系	左志燕	女	教授	法学院	章武生	男	教授
大数据学院	傅 博	男	教授	法学院	赵立行	男	教授
大数据学院	庄吓海	男	教授	法学院	朱淑娣	女	教授
代谢与整合生物学研究院	赵同金	男	教授	放射医学研究所	陈红红	女	研究员
党委宣传部	樊 巍	女	编审	放射医学研究所	邵春林	男	研究员
党委组织部	周亚明	男	教授	放射医学研究所	朱国英	女	研究员
发育生物学研究所	孙 璘	女	教授	放射医学研究所	卓维海	男	研究员
发育生物学研究所	吴晓晖	男	教授	分析测试中心	任庆广	男	正高级实验师
发育生物学研究所	徐人尔	男	教授	分析测试中心	杨宇红	女	正高级实验师
发展研究院	王 帆	男	研究员	附属医院特设岗位	Jun REN（任 骏）	男	教授
发展研究院	杨庆峰	男	研究员	附属医院特设岗位	Qihong HUANG（黄齐洪）	男	研究员
发展研究院	张 怡	女	研究员				
法学院	蔡从燕	男	教授	附属医院特设岗位	陈锡群	女	教授
法学院	陈 力	女	教授	附属医院特设岗位	崔兆强	男	研究员
法学院	陈 梁	男	教授	附属医院特设岗位	杜世锁	男	教授
法学院	杜仪方	女	教授	附属医院特设岗位	姜志龙	男	研究员
法学院	杜 宇	男	教授	附属医院特设岗位	李耕林	男	研究员
法学院	段厚省	男	教授	附属医院特设岗位	刘海鸥	男	研究员
法学院	高凌云	女	教授	附属医院特设岗位	刘 澎	男	教授
法学院	葛伟军	男	教授	附属医院特设岗位	王红艳	女	教授
法学院	龚柏华	男	教授	附属医院特设岗位	尹 俊	男	研究员
法学院	侯 健	男	教授	附属医院特设岗位	张 锋	男	教授
法学院	季立刚	男	教授	附属医院特设岗位	张英梅	女	研究员
法学院	李世刚	男	教授	附属医院特设岗位	赵世民	男	教授
法学院	刘志刚	男	教授				

续表

单 位	姓 名	性别	现职称	单 位	姓 名	性别	现职称
附属医院特设岗位	郑煜芳	女	研究员	高分子科学系	卢红斌	男	教授
复旦大学办公室	陈立民	男	教授	高分子科学系	倪秀元	男	教授
复旦大学办公室	金海燕	男	研究员	高分子科学系	彭慧胜	男	教授
复旦大学办公室	钱海红	女	研究员	高分子科学系	彭 娟	女	教授
复旦大学办公室	裘 新	男	教授	高分子科学系	邵正中	男	教授
复旦大学办公室	许宁生	男	教授	高分子科学系	唐 萍	女	教授
复旦大学办公室	尹冬梅	女	研究员	高分子科学系	汪长春	男	教授
复旦大学第二附属学校	顾文艳	女	正高级教师	高分子科学系	魏大程	男	研究员
复旦大学第二附属学校	谢燕慧	女	正高级教师	高分子科学系	闫 强	男	研究员
复旦大学老龄研究院	郭秀艳	女	教授	高分子科学系	杨 东	男	教授
复旦大学老龄研究院	吴玉韶	男	研究员	高分子科学系	杨武利	男	教授
复旦泛海国际金融学院	Charles CHANG（张纯信）	男	教授	高分子科学系	杨玉良	男	教授
				高分子科学系	余英丰	男	教授
复旦泛海国际金融学院	Huafeng CHEN（陈华锋）	男	教授	高分子科学系	俞 麟	男	教授
				高分子科学系	张 波	男	教授
复旦泛海国际金融学院	高华声	男	教授	高分子科学系	张红东	男	教授
复旦泛海国际金融学院	黄 毅	男	教授	高分子科学系	周广荣	女	正高级实验师
复旦泛海国际金融学院	钱 军	男	教授	高分子科学系	周 平	女	教授
复旦泛海国际金融学院	施东辉	男	研究员	高分子科学系	朱亮亮	男	研究员
复杂体系多尺度研究院	Jianpeng MA（马剑鹏）	男	教授	工程与应用技术研究院	Dan ZHANG（张 丹）	男	教授
高等教育研究所	Xinchun NIU（牛新春）	女	研究员	工程与应用技术研究院	Liang SONG（宋 梁）	男	教授
高等教育研究所	林荣日	男	研究员	工程与应用技术研究院	QINGCHUN JON ZHANG（张清纯）	男	教授
高等教育研究所	刘凡丰	男	研究员				
高等教育研究所	陆 一	女	研究员				
高分子科学系	Zhihong NIE（聂志鸿）	男	教授	工程与应用技术研究院	戴 奇	男	研究员
				工程与应用技术研究院	蒋林华	男	教授
高分子科学系	陈道勇	男	教授	工程与应用技术研究院	雷光寅	男	研究员
高分子科学系	陈国颂	女	教授	工程与应用技术研究院	孙云权	男	教授
高分子科学系	陈 茂	男	教授	工程与应用技术研究院	张立华	男	教授
高分子科学系	陈 新	男	教授	工程与应用技术研究院	朱云龙	男	教授
高分子科学系	丛培红	女	正高级实验师	公共管理与政策创新基地	吴开亚	男	研究员
高分子科学系	丁建东	男	教授	公共管理与政策创新基地	朱 勤	男	研究员
高分子科学系	冯嘉春	男	教授	公共卫生学院	陈 波	男	教授
高分子科学系	郭 佳	男	教授	公共卫生学院	陈 刚	男	教授
高分子科学系	何军坡	男	教授	公共卫生学院	陈仁杰	男	教授
高分子科学系	胡建华	男	教授	公共卫生学院	陈 文	男	教授
高分子科学系	李剑锋	男	教授	公共卫生学院	陈英耀	男	教授
高分子科学系	李卫华	男	教授	公共卫生学院	付朝伟	男	教授

续表

单 位	姓 名	性别	现职称	单 位	姓 名	性别	现职称
公共卫生学院	傅 华	男	教授	公共卫生学院	周志俊	男	教授
公共卫生学院	高 翔	男	教授	古籍整理研究所	陈广宏	男	教授
公共卫生学院	郝 模	男	教授	古籍整理研究所	陈正宏	男	教授
公共卫生学院	何更生	女	教授	古籍整理研究所	刘晓南	男	教授
公共卫生学院	何 纳	男	教授	古籍整理研究所	苏 杰	男	研究员
公共卫生学院	黄葭燕	女	教授	古籍整理研究所	谈蓓芳	女	教授
公共卫生学院	姜庆五	男	教授	古籍整理研究所	徐 艳	女	研究员
公共卫生学院	蒋 泓	女	教授	古籍整理研究所	张桂丽	女	研究馆员
公共卫生学院	阚海东	男	教授	古籍整理研究所	郑利华	男	教授
公共卫生学院	林燧恒	男	教授	管理学院	Chao CHEN（陈 超）	男	教授
公共卫生学院	刘 宝	男	教授				
公共卫生学院	罗 力	男	教授	管理学院	Chenghu MA（马成虎）	男	教授
公共卫生学院	吕 军	女	教授				
公共卫生学院	钱 序	女	教授	管理学院	Christine Xiaohong JIANG（蒋肖虹）	女	教授
公共卫生学院	秦国友	男	教授				
公共卫生学院	屈卫东	男	教授				
公共卫生学院	史慧静	女	教授	管理学院	Jianqiang HU（胡建强）	男	教授
公共卫生学院	孙 亮	女	研究员				
公共卫生学院	孙 梅	女	教授	管理学院	Qian SUN（孙 谦）	男	教授
公共卫生学院	汪 玲	女	教授				
公共卫生学院	王书梅	女	教授	管理学院	RONG HUANG（黄 蓉）	女	教授
公共卫生学院	王伟炳	男	教授				
公共卫生学院	王 颖	女	教授	管理学院	陈祥锋	男	教授
公共卫生学院	吴 庆	女	教授	管理学院	戴伟辉	男	教授
公共卫生学院	徐 飚	女	教授	管理学院	戴 悦	女	教授
公共卫生学院	徐望红	女	教授	管理学院	窦一凡	男	教授
公共卫生学院	薛 迪	女	教授	管理学院	范龙振	男	教授
公共卫生学院	严 非	女	教授	管理学院	范秀成	男	教授
公共卫生学院	应晓华	男	教授	管理学院	冯天俊	男	教授
公共卫生学院	余宏杰	男	教授	管理学院	洪剑峭	男	教授
公共卫生学院	余金明	男	教授	管理学院	洪 流	男	教授
公共卫生学院	张铁军	男	教授	管理学院	胡奇英	男	教授
公共卫生学院	张蕴晖	女	教授	管理学院	黄丽华	女	教授
公共卫生学院	赵根明	男	教授	管理学院	蒋青云	男	教授
公共卫生学院	赵金镯	女	教授	管理学院	金立印	男	教授
公共卫生学院	赵卓慧	女	教授	管理学院	孔爱国	男	教授
公共卫生学院	郑频频	女	教授	管理学院	劳兰珺	女	教授
公共卫生学院	郑唯韡	男	教授	管理学院	黎德元	男	教授
公共卫生学院	郑英杰	男	教授	管理学院	李隽业	男	教授
公共卫生学院	周艺彪	男	教授	管理学院	李玲芳	女	教授

续　表

单　位	姓　名	性别	现职称	单　位	姓　名	性别	现职称
管理学院	李　旭	男	教授	国际关系与公共事务学院	陈水生	男	教授
管理学院	李绪红	女	教授	国际关系与公共事务学院	陈玉刚	男	教授
管理学院	李元旭	男	教授	国际关系与公共事务学院	陈　云	女	教授
管理学院	凌　鸿	男	教授	国际关系与公共事务学院	陈志敏	男	教授
管理学院	刘　杰	男	教授	国际关系与公共事务学院	陈周旺	男	教授
管理学院	卢向华	女	教授	国际关系与公共事务学院	顾丽梅	女	教授
管理学院	陆雄文	男	教授	国际关系与公共事务学院	郭定平	男	教授
管理学院	罗　妍	女	教授	国际关系与公共事务学院	韩福国	男	教授
管理学院	骆品亮	男	教授	国际关系与公共事务学院	洪　涛	男	教授
管理学院	吕长江	男	教授	国际关系与公共事务学院	黄　河	男	教授
管理学院	宁　钟	男	教授	国际关系与公共事务学院	敬乂嘉	男	教授
管理学院	芮明杰	男	教授	国际关系与公共事务学院	李春成	男	教授
管理学院	田　林	男	教授	国际关系与公共事务学院	李　辉	男	教授
管理学院	王克敏	女	教授	国际关系与公共事务学院	李瑞昌	男	教授
管理学院	王有为	男	教授	国际关系与公共事务学院	刘季平	男	研究员
管理学院	卫　田	女	教授	国际关系与公共事务学院	刘建军	男	教授
管理学院	吴肖乐	女	教授	国际关系与公共事务学院	潘忠岐	男	教授
管理学院	夏　寅	女	教授	国际关系与公共事务学院	任军锋	男	教授
管理学院	肖志国	男	教授	国际关系与公共事务学院	沈　逸	男	教授
管理学院	徐剑刚	男	教授	国际关系与公共事务学院	苏长和	男	教授
管理学院	徐以汛	男	教授	国际关系与公共事务学院	唐　莉	女	教授
管理学院	徐云杰	男	教授	国际关系与公共事务学院	唐世平	男	教授
管理学院	姚　凯	男	教授	国际关系与公共事务学院	唐贤兴	男	教授
管理学院	姚志勇	男	教授	国际关系与公共事务学院	唐亚林	男	教授
管理学院	郁　文	男	教授	国际关系与公共事务学院	汪仕凯	男	教授
管理学院	原红旗	男	教授	国际关系与公共事务学院	王正绪	男	教授
管理学院	战昕彤	女	教授	国际关系与公共事务学院	熊易寒	男	教授
管理学院	张成洪	男	教授	国际关系与公共事务学院	徐以骅	男	教授
管理学院	张　诚	男	教授	国际关系与公共事务学院	殷之光	男	教授
管理学院	张　青	男	教授	国际关系与公共事务学院	臧志军	男	教授
管理学院	张显东	男	研究员	国际关系与公共事务学院	张　骥	男	教授
管理学院	张新生	男	教授	国际关系与公共事务学院	张建新	男	教授
管理学院	郑　明	女	教授	国际关系与公共事务学院	郑　磊	男	教授
管理学院	郑琴琴	女	教授	国际关系与公共事务学院	郑　宇	男	教授
管理学院	朱仲义	男	教授	国际关系与公共事务学院	郑长忠	男	教授
光电研究院	郝加明	男	教授	国际关系与公共事务学院	朱春奎	男	教授
国际关系与公共事务学院	包刚升	男	教授	国际关系与公共事务学院	朱杰进	男	教授
国际关系与公共事务学院	包霞琴	女	教授	国际文化交流学院	高顺全	男	教授
国际关系与公共事务学院	薄　燕	女	教授	国际文化交流学院	李桂奎	男	教授
国际关系与公共事务学院	陈明明	男	教授	国际文化交流学院	刘鑫民	男	教授

续表

单 位	姓 名	性别	现职称	单 位	姓 名	性别	现职称
国际文化交流学院	彭增安	男	正高级讲师	航空航天系	姚 伟	女	教授
国际文化交流学院	王景丹	女	正高级讲师	航空航天系	赵拥军	男	研究员
国际文化交流学院	王 颖	女	研究员	护理学院	胡 雁	女	教授
国际文化交流学院	吴中伟	男	正高级讲师	护理学院	王君俏	女	正高级讲师
国际问题研究院	蔡翠红	女	研究员	护理学院	夏海鸥	女	正高级讲师
国际问题研究院	冯玉军	男	研究员	化学系	Lee MyongSoo（李明洙）	男	教授
国际问题研究院	高 兰	女	研究员	化学系	蔡文斌	男	教授
国际问题研究院	贺 平	男	研究员	化学系	曹 勇	男	教授
国际问题研究院	胡令远	男	教授	化学系	曾小庆	男	教授
国际问题研究院	林民旺	男	研究员	化学系	陈芬儿	男	教授
国际问题研究院	刘永涛	男	研究员	化学系	戴维林	男	教授
国际问题研究院	祁怀高	男	研究员	化学系	邓春晖	男	教授
国际问题研究院	任 晓	男	研究员	化学系	邓勇辉	男	教授
国际问题研究院	沈丁立	男	教授	化学系	董安钢	男	研究员
国际问题研究院	宋国友	男	研究员	化学系	樊惠芝	女	正高级讲师
国际问题研究院	孙德刚	男	研究员	化学系	范仁华	男	教授
国际问题研究院	韦宗友	男	研究员	化学系	冯 玮	男	教授
国际问题研究院	吴心伯	男	教授	化学系	傅正文	男	教授
国际问题研究院	信 强	男	研究员	化学系	高明霞	女	教授
国际问题研究院	邢丽菊	女	研究员	化学系	郭 浩	男	教授
国际问题研究院	徐海燕	女	研究员	化学系	贺鹤勇	男	教授
国际问题研究院	张贵洪	男	研究员	化学系	侯军利	男	教授
国际问题研究院	张家栋	男	研究员	化学系	侯秀峰	女	教授
国际问题研究院	赵明昊	男	研究员	化学系	华伟明	男	教授
国际问题研究院	赵卫华	男	研究员	化学系	金国新	男	教授
国际问题研究院	郑继永	男	研究员	化学系	孔继烈	男	教授
航空航天系	Hongyi XU（徐弘一）	男	研究员	化学系	乐英红	男	教授
航空航天系	艾剑良	男	教授	化学系	黎占亭	男	研究员
航空航天系	邓道盛	男	研究员	化学系	李巧伟	男	教授
航空航天系	丁淑蓉	女	教授	化学系	李 伟	男	研究员
航空航天系	霍永忠	男	教授	化学系	李晓民	男	教授
航空航天系	马建敏	男	教授	化学系	李晔飞	男	教授
航空航天系	倪玉山	男	教授	化学系	李振华	男	教授
航空航天系	孙 刚	男	教授	化学系	刘宝红	女	教授
航空航天系	唐国安	男	教授	化学系	刘智攀	男	教授
航空航天系	田振夫	男	教授	化学系	陆豪杰	男	教授
航空航天系	王盛章	男	教授	化学系	陆 平	男	教授
航空航天系	谢锡麟	男	正高级讲师	化学系	麻生明	男	教授
航空航天系	徐 凡	男	教授	化学系	马蔚纯	男	教授

续表

单 位	姓 名	性别	现职称	单 位	姓 名	性别	现职称
化学系	孟 歌	女	研究员	环境科学与工程系	安 东	男	教授
化学系	钱东金	男	教授	环境科学与工程系	包存宽	男	教授
化学系	乔 亮	男	研究员	环境科学与工程系	陈建民	男	教授
化学系	乔明华	男	教授	环境科学与工程系	陈 莹	女	教授
化学系	商 城	男	教授	环境科学与工程系	陈颖军	男	教授
化学系	沈 伟	男	教授	环境科学与工程系	邓丛蕊	女	教授
化学系	施章杰	男	教授	环境科学与工程系	董文博	男	教授
化学系	孙兴文	男	教授	环境科学与工程系	方明亮	男	教授
化学系	谭相石	男	教授	环境科学与工程系	付洪波	男	教授
化学系	唐 颐	男	教授	环境科学与工程系	郭志刚	男	教授
化学系	涂 涛	男	教授	环境科学与工程系	黄 侃	男	研究员
化学系	屠 波	女	教授	环境科学与工程系	李 丹	女	教授
化学系	王凤燕	女	研究员	环境科学与工程系	李 庆	男	教授
化学系	王冠军	男	教授	环境科学与工程系	李 想	男	教授
化学系	王华冬	男	教授	环境科学与工程系	刘 燕	女	教授
化学系	王全瑞	男	教授	环境科学与工程系	罗 刚	男	教授
化学系	王文宁	女	教授	环境科学与工程系	马 臻	男	教授
化学系	王永刚	男	教授	环境科学与工程系	裴海燕	女	教授
化学系	王忠胜	男	研究员	环境科学与工程系	宋卫华	男	教授
化学系	夏永姚	男	教授	环境科学与工程系	隋国栋	男	教授
化学系	谢颂海	男	正高级实验师	环境科学与工程系	唐幸福	男	教授
化学系	熊焕明	男	教授	环境科学与工程系	王 琳	男	教授
化学系	徐华龙	男	教授	环境科学与工程系	王寿兵	男	教授
化学系	徐 昕	男	教授	环境科学与工程系	王祥荣	男	教授
化学系	余爱水	男	研究员	环境科学与工程系	王新军	男	研究员
化学系	岳 斌	男	教授	环境科学与工程系	王玉涛	男	教授
化学系	张丹维	女	教授	环境科学与工程系	王梓萌	男	研究员
化学系	张 凡	男	教授	环境科学与工程系	叶兴南	男	教授
化学系	张俊良	男	教授	环境科学与工程系	张宏亮	男	教授
化学系	张立新	男	教授	环境科学与工程系	张立武	男	研究员
化学系	张 琪	男	研究员	环境科学与工程系	张仁熙	男	教授级高级工程师
化学系	张祥民	男	教授				
化学系	张亚红	女	教授	环境科学与工程系	张士成	男	教授
化学系	张 颖	男	教授	环境科学与工程系	张 艳	女	教授
化学系	赵东元	男	教授	环境科学与工程系	郑 正	男	教授
化学系	郑 晓	男	教授	环境科学与工程系	周 斌	男	教授
化学系	周鸣飞	男	教授	环境科学与工程系	朱秀萍	女	教授
化学系	周锡庚	男	教授	基础医学院	Jian WU（吴 健）	男	教授
环境科学与工程系	Marie Kieran Waxman	女	教授	基础医学院	Li CHEN（陈 力）	男	教授

续表

单 位	姓 名	性别	现职称	单 位	姓 名	性别	现职称
基础医学院	Shibo JIANG（姜世勃）	男	教授	基础医学院	钱淑文	女	教授
				基础医学院	秦 松	男	研究员
基础医学院	Sunwei GUO（郭孙伟）	男	教授	基础医学院	曲卫敏	女	教授
				基础医学院	任士芳	女	教授
基础医学院	Weixing ZONG（纵微星）	男	教授	基础医学院	阮承超	男	研究员
				基础医学院	阮元元	男	教授
基础医学院	Wuyuan LU（陆五元）	男	教授	基础医学院	施冬云	女	教授
基础医学院	蔡启良	男	研究员	基础医学院	宋志坚	男	教授
基础医学院	陈 红	女	教授	基础医学院	孙凤艳	女	教授
基础医学院	陈 龙	男	教授	基础医学院	汤其群	男	教授
基础医学院	陈 舌	女	研究员	基础医学院	王 宾	男	教授
基础医学院	陈思锋	男	教授	基础医学院	王菲菲	女	教授
基础医学院	程训佳	女	教授	基础医学院	王继扬	男	教授
基础医学院	邓 强	男	研究员	基础医学院	王满宁	男	教授
基础医学院	冯 异	女	教授	基础医学院	王彦青	女	教授
基础医学院	甘肖箐	女	研究员	基础医学院	卫功宏	男	教授
基础医学院	高 谦	男	研究员	基础医学院	文 波	男	研究员
基础医学院	顾建新	男	教授	基础医学院	吴慧娟	女	教授
基础医学院	何 睿	女	教授	基础医学院	谢建辉	男	教授
基础医学院	黄竞荷	女	研究员	基础医学院	谢幼华	男	研究员
基础医学院	黄志力	男	研究员	基础医学院	徐洁杰	男	教授
基础医学院	江建海	男	教授	基础医学院	严大鹏	男	教授
基础医学院	姜 宴	女	教授	基础医学院	杨素荣	女	教授
基础医学院	李建华	男	研究员	基础医学院	应天雷	男	研究员
基础医学院	李文生	男	教授	基础医学院	于 敏	男	教授
基础医学院	梁春敏	女	教授	基础医学院	袁正宏	男	研究员
基础医学院	刘 琼	女	教授	基础医学院	占昌友	男	研究员
基础医学院	刘 雯	女	正高级讲师	基础医学院	张红旗	男	正高级讲师
基础医学院	刘 星	女	教授	基础医学院	张 农	男	教授
基础医学院	刘秀萍	女	教授	基础医学院	张 思	男	教授
基础医学院	刘 泂	男	研究员	基础医学院	张素华	女	研究员
基础医学院	刘 赟	男	研究员	基础医学院	张伟娟	女	教授
基础医学院	龙 钢	男	研究员	基础医学院	张志刚	男	教授
基础医学院	陆利民	男	教授	基础医学院	赵宝玉	男	研究员
基础医学院	陆 路	男	研究员	基础医学院	周国民	男	教授
基础医学院	吕鸣芳	女	研究员	基础医学院	周 平	女	教授
基础医学院	马 端	男	教授	基础医学院	朱依纯	男	教授
基础医学院	马 兰	女	教授	基础医学院	左 伋	男	教授
基础医学院	孟 丹	女	教授	计算机科学技术学院	Xiaoqing LIU（刘晓清）	男	教授级高级工程师
基础医学院	潘东宁	女	研究员				

续表

单位	姓名	性别	现职称	单位	姓名	性别	现职称
计算机科学技术学院	Xiaoyang WANG（王晓阳）	男	教授	计算机科学技术学院	张军平	男	教授
				计算机科学技术学院	张 亮	男	教授
计算机科学技术学院	Yang XU（徐 扬）	男	教授	计算机科学技术学院	张 谧	女	教授
				计算机科学技术学院	张 奇	男	教授
计算机科学技术学院	柴洪峰	男	教授	计算机科学技术学院	张为华	男	教授
计算机科学技术学院	陈雁秋	男	教授	计算机科学技术学院	张文强	男	研究员
计算机科学技术学院	冯 瑞	男	研究员	计算机科学技术学院	张玥杰	女	教授
计算机科学技术学院	高 跃	男	教授	计算机科学技术学院	章忠志	男	教授
计算机科学技术学院	顾 宁	男	教授	计算机科学技术学院	赵文耘	男	教授
计算机科学技术学院	韩伟力	男	教授	计算机科学技术学院	赵运磊	男	教授
计算机科学技术学院	黄萱菁	女	教授	计算机科学技术学院	周水庚	男	教授
计算机科学技术学院	姜育刚	男	教授	计算机科学技术学院	周向东	男	教授
计算机科学技术学院	金 城	男	教授	计算机科学技术学院	周扬帆	男	教授
计算机科学技术学院	金玲飞	女	教授	计算机科学技术学院	朱扬勇	男	教授
计算机科学技术学院	阚海斌	男	教授	纪委、监察处	胡华忠	男	研究员
计算机科学技术学院	李 伟	男	教授	经济学院	Guanghua WAN（万广华）	男	教授
计算机科学技术学院	卢 暾	男	教授				
计算机科学技术学院	路 红	女	教授	经济学院	陈诗一	男	教授
计算机科学技术学院	吕智慧	男	教授	经济学院	陈 硕	男	教授
计算机科学技术学院	牛军钰	女	研究员	经济学院	陈 钊	男	教授
计算机科学技术学院	彭 鑫	男	教授	经济学院	程大中	男	教授
计算机科学技术学院	钱振兴	男	教授	经济学院	丁 纯	男	教授
计算机科学技术学院	邱锡鹏	男	教授	经济学院	杜 莉	女	教授
计算机科学技术学院	尚 笠	男	教授	经济学院	杜在超	男	教授
计算机科学技术学院	沈一帆	男	教授	经济学院	樊海潮	男	教授
计算机科学技术学院	孙未未	男	教授	经济学院	范剑勇	男	教授
计算机科学技术学院	汪 卫	男	教授	经济学院	封 进	女	教授
计算机科学技术学院	王 鹏	男	教授	经济学院	高 帆	男	教授
计算机科学技术学院	王 新	男	教授	经济学院	何光辉	女	教授
计算机科学技术学院	危 辉	男	教授	经济学院	寇宗来	男	教授
计算机科学技术学院	吴 杰	男	研究员	经济学院	兰小欢	男	教授
计算机科学技术学院	吴 俊	男	教授	经济学院	李 丹	女	教授
计算机科学技术学院	肖仰华	男	教授	经济学院	李 楠	男	教授
计算机科学技术学院	熊 赟	女	教授	经济学院	李维森	男	教授
计算机科学技术学院	薛向阳	男	教授	经济学院	李志远	男	教授
计算机科学技术学院	颜 波	男	教授	经济学院	刘红忠	男	教授
计算机科学技术学院	杨 珉	男	教授	经济学院	刘庆富	男	教授
计算机科学技术学院	杨 凤	男	教授	经济学院	刘志阔	男	教授
计算机科学技术学院	杨卫东	男	研究员	经济学院	陆前进	男	教授
计算机科学技术学院	叶广楠	男	研究员	经济学院	罗长远	男	教授

续　表

单　位	姓　名	性别	现职称	单　位	姓　名	性别	现职称
经济学院	马　涛	男	教授	类脑人工智能科学与技术研究院	张　捷	男	研究员
经济学院	孟　捷	男	教授
经济学院	牛晓健	男	教授	类脑人工智能科学与技术研究院	赵兴明	男	教授
经济学院	强永昌	男	教授
经济学院	沈国兵	男	教授	类脑人工智能科学与技术研究院	朱山风	男	研究员
经济学院	沈红波	男	教授
经济学院	石　磊	男	教授	历史学系	巴兆祥	男	教授
经济学院	孙立坚	男	教授	历史学系	陈　雁	女	教授
经济学院	孙　琳	女	教授	历史学系	仇鹿鸣	男	教授
经济学院	田素华	男	教授	历史学系	戴海斌	男	教授
经济学院	汪立鑫	男	教授	历史学系	邓志峰	男	教授
经济学院	王　城	男	教授	历史学系	董国强	男	教授
经济学院	王弟海	男	教授	历史学系	冯贤亮	男	教授
经济学院	王永钦	男	教授	历史学系	高　晞	女	教授
经济学院	韦　潇	男	教授	历史学系	郭英之	女	教授
经济学院	吴力波	女	教授	历史学系	韩　昇	男	教授
经济学院	谢识予	男	教授	历史学系	黄敬斌	男	教授
经济学院	许　闲	男	教授	历史学系	黄　洋	男	教授
经济学院	杨　青	女	教授	历史学系	金光耀	男	教授
经济学院	杨长江	男	教授	历史学系	金寿福	男	教授
经济学院	袁堂军	男	教授	历史学系	李宏图	男	教授
经济学院	袁志刚	男	教授	历史学系	李剑鸣	男	教授
经济学院	张金清	男	教授	历史学系	林志鹏	男	教授
经济学院	张　军	男	教授	历史学系	刘　平	男	教授
经济学院	张宗新	男	教授	历史学系	鲁西奇	男	教授
经济学院	章　元	男	教授	历史学系	陆启宏	男	教授
经济学院	周光友	男	教授	历史学系	马建标	男	教授
经济学院	朱　叶	男	教授	历史学系	欧阳晓莉	女	教授
类脑人工智能科学与技术研究院	David Waxman	男	教授	历史学系	沈　涵	女	教授
历史学系	孙科志	男	教授
类脑人工智能科学与技术研究院	Jianfeng FENG（冯建峰）	男	教授	历史学系	王维江	男	研究员
历史学系	温海清	男	教授
类脑人工智能科学与技术研究院	Valerie VOON	女	研究员	历史学系	吴晓群	女	教授
历史学系	吴　欣	女	教授
类脑人工智能科学与技术研究院	纪　鹏	男	研究员	历史学系	徐　冲	男	教授
历史学系	余　蔚	男	教授
类脑人工智能科学与技术研究院	王　鹤	男	研究员	历史学系	张海英	女	教授
历史学系	张　巍	男	教授
类脑人工智能科学与技术研究院	王守岩	男	研究员	历史学系	张仲民	男	教授
历史学系	章　清	男	教授

续表

单 位	姓 名	性别	现职称	单 位	姓 名	性别	现职称
历史学系	周 兵	男	教授	脑科学研究院	沙红英	女	教授
历史学系	邹振环	男	教授	脑科学研究院	邵志勇	男	研究员
六次产业研究院	王小林	男	教授	脑科学研究院	王中峰	男	研究员
六次产业研究院	张来武	男	教授	脑科学研究院	翁史钧	男	研究员
马克思主义学院	谌中和	男	教授	脑科学研究院	杨振纲	男	研究员
马克思主义学院	董雅华	女	研究员	脑科学研究院	禹永春	男	研究员
马克思主义学院	杜艳华	女	教授	脑科学研究院	张嘉漪	女	研究员
马克思主义学院	高国希	男	教授	脑科学研究院	张玉秋	女	教授
马克思主义学院	高晓林	女	教授	脑科学研究院	赵冰樵	男	教授
马克思主义学院	郭丽双	女	教授	脑科学研究院	郑 平	男	教授
马克思主义学院	李 冉	男	教授	脑科学研究院	钟咏梅	女	研究员
马克思主义学院	刘红凛	男	教授	脑科学研究院	朱粹青	男	研究员
马克思主义学院	刘华初	男	教授	脑科学转化研究院	郭非凡	女	教授
马克思主义学院	刘学礼	男	正高级讲师	脑科学转化研究院	李伟广	男	研究员
马克思主义学院	马拥军	男	教授	脑科学转化研究院	彭 勃	男	研究员
马克思主义学院	吴海江	男	教授	脑科学转化研究院	舒友生	男	教授
马克思主义学院	夏 巍	女	教授	脑科学转化研究院	王维胜	男	研究员
马克思主义学院	杨德山	男	教授	人工智能创新与产业研究院	程 远	男	研究员
马克思主义学院	杨宏雨	男	教授	人工智能创新与产业研究院	李 维	男	研究员
马克思主义学院	张东辉	男	教授	人工智能创新与产业研究院	徐盈辉	男	研究员
马克思主义学院	张新宁	男	教授	人类表型组研究院	Jingchun LUO（罗竞春）	男	教授级高级工程师
马克思主义学院	朱鸿召	男	研究员				
马克思主义研究院	周 文	男	教授	人类表型组研究院	Xun GU（谷 迅）	男	教授
脑科学前沿科学中心	熊 曼	女	研究员				
脑科学研究院	Nashat Abumaria	男	研究员	人类表型组研究院	刘新华	女	研究员
				人类表型组研究院	王笑峰	男	教授
脑科学研究院	Thomas Behnisch	男	研究员	人类表型组研究院	王旭东	男	研究员
				上海数学中心	江 智	男	教授
脑科学研究院	Yun WANG（王 云）	男	研究员	上海数学中心	李 骏	男	教授
				上海数学中心	沈维孝	男	教授
脑科学研究院	陈献华	女	研究员	上海数学中心	王国祯	男	教授
脑科学研究院	范文英	女	研究员	上海医学院党政办公室	丁 强	男	教授
脑科学研究院	高艳琴	女	教授	上海医学院党政办公室	汪志明	男	主任医师
脑科学研究院	何 苗	女	研究员	上海医学院党政办公室	吴 凡	女	主任医师
脑科学研究院	黄 芳	女	教授	上海医学院党政办公室	杨伟国	男	研究员
脑科学研究院	江 燕	女	研究员	上海医学院党政办公室	张艳萍	女	研究员
脑科学研究院	姜 民	男	正高级实验师	上海医学院党政办公室	朱同玉	男	教授
脑科学研究院	解云礼	男	研究员	上海医学院教务处	钱睿哲	女	教授
脑科学研究院	来 滨	男	研究员	上海医学院医院管理处	郭太生	男	正高级会计师
脑科学研究院	彭 刚	男	研究员	上海医学院医院管理处	吴 涛	女	正高级会计师

续 表

单 位	姓 名	性别	现职称	单 位	姓 名	性别	现职称
上海医学院医院管理处	周海平	女	正高级会计师	社会科学高等研究院	林 曦	男	研究员
社会发展与公共政策学院	Feng WANG（王 丰）	男	教授	社会科学高等研究院	孙国东	男	研究员
社会发展与公共政策学院	陈斌斌	男	教授	生命科学学院	Andres RuizLinares	男	教授
社会发展与公共政策学院	陈虹霖	女	教授	生命科学学院	LIU Tiemin（刘铁民）	男	研究员
社会发展与公共政策学院	陈晓云	女	教授				
社会发展与公共政策学院	程 远	男	教授	生命科学学院	Xianyu HOU（侯宪玉）	男	教授
社会发展与公共政策学院	范丽珠	女	教授				
社会发展与公共政策学院	顾东辉	男	教授	生命科学学院	Xinhua LIN（林鑫华）	男	教授
社会发展与公共政策学院	桂 勇	男	教授				
社会发展与公共政策学院	郭有德	男	教授	生命科学学院	Yin YAO（姚 音）	女	教授
社会发展与公共政策学院	胡安宁	男	教授				
社会发展与公共政策学院	胡 湛	男	教授	生命科学学院	蔡 亮	男	研究员
社会发展与公共政策学院	黄荣贵	男	教授	生命科学学院	曹志伟	女	教授
社会发展与公共政策学院	李 煜	男	教授	生命科学学院	常 芳	女	教授
社会发展与公共政策学院	梁 鸿	男	教授	生命科学学院	丁 琛	男	研究员
社会发展与公共政策学院	刘 欣	男	教授	生命科学学院	丁 澦	男	教授
社会发展与公共政策学院	潘天舒	男	教授	生命科学学院	董爱武	女	教授
社会发展与公共政策学院	彭希哲	男	教授	生命科学学院	方长明	男	研究员
社会发展与公共政策学院	任 远	男	教授	生命科学学院	服部素之	男	研究员
社会发展与公共政策学院	沈 洁	女	教授	生命科学学院	傅萃长	男	教授
社会发展与公共政策学院	沈 可	女	教授	生命科学学院	甘建华	男	研究员
社会发展与公共政策学院	孙时进	男	教授	生命科学学院	葛晓春	女	教授
社会发展与公共政策学院	滕五晓	男	教授	生命科学学院	贺 强	男	研究员
社会发展与公共政策学院	田文华	男	教授	生命科学学院	胡 薇	女	研究员
社会发展与公共政策学院	王桂新	男	教授	生命科学学院	胡跃清	男	研究员
社会发展与公共政策学院	王威海	男	教授	生命科学学院	胡长龙	男	研究员
社会发展与公共政策学院	王 燕	女	教授	生命科学学院	黄广华	男	教授
社会发展与公共政策学院	尹 晨	男	教授	生命科学学院	黄 强	男	教授
社会发展与公共政策学院	张学新	男	教授	生命科学学院	季朝能	男	教授
社会发展与公共政策学院	张伊娜	女	教授	生命科学学院	金 力	男	教授
社会发展与公共政策学院	赵德余	男	教授	生命科学学院	鞠瑞亭	男	教授
社会发展与公共政策学院	赵 芳	女	教授	生命科学学院	孔星星	女	研究员
社会发展与公共政策学院	周 楚	女	教授	生命科学学院	蒯本科	男	教授
社会发展与公共政策学院	周 怡	女	教授	生命科学学院	李 博	男	教授
社会发展与公共政策学院	朱剑峰	女	教授	生命科学学院	李 辉	男	教授
社会发展与公共政策学院	朱 磊	女	教授	生命科学学院	李继喜	男	研究员
社会科学高等研究院	Sujian GUO（郭苏建）	男	教授	生命科学学院	李 琳	女	教授
				生命科学学院	李霖锋	男	教授
社会科学高等研究院	贺东航	男	教授	生命科学学院	李 瑶	女	教授

续 表

单 位	姓 名	性别	现职称	单 位	姓 名	性别	现职称
生命科学学院	林金钟	男	研究员	生命科学学院	张文驹	男	教授
生命科学学院	卢宝荣	男	教授	生命科学学院	张旭敏	男	研究员
生命科学学院	卢大儒	男	教授	生命科学学院	张一婧	女	研究员
生命科学学院	鲁伯埙	男	研究员	生命科学学院	赵 斌	男	教授
生命科学学院	罗小金	男	研究员	生命科学学院	赵 冰	男	研究员
生命科学学院	罗泽伟	男	教授	生命科学学院	郑内莲	女	教授
生命科学学院	吕 红	女	教授	生命科学学院	郑 琰	女	研究员
生命科学学院	麻锦彪	男	教授	生命科学学院	钟 江	男	教授
生命科学学院	马志军	男	教授	生命科学学院	周兆才	男	研究员
生命科学学院	梅岩艾	女	教授	生命科学学院	朱焕章	男	教授
生命科学学院	倪 挺	男	研究员	生物医学研究院	Alastair Iain Hamilton Murchie	男	教授
生命科学学院	聂 明	男	教授				
生命科学学院	潘晓云	男	教授	生物医学研究院	Dongrong Chen Murchie（陈东戎）	女	研究员
生命科学学院	戚 继	男	研究员				
生命科学学院	全哲学	男	教授	生物医学研究院	Suling LIU（柳素玲）	女	研究员
生命科学学院	任国栋	男	研究员				
生命科学学院	石乐明	男	教授	生物医学研究院	陈 飞	男	研究员
生命科学学院	宋志平	男	教授	生物医学研究院	储以微	女	教授
生命科学学院	唐 翠	女	教授	生物医学研究院	何祥火	男	研究员
生命科学学院	唐惠儒	男	教授	生物医学研究院	胡维国	男	研究员
生命科学学院	田卫东	男	教授	生物医学研究院	黄胜林	男	研究员
生命科学学院	汪海健	男	教授	生物医学研究院	金 红	女	正高级实验师
生命科学学院	王 纲	男	教授	生物医学研究院	蓝 斐	男	研究员
生命科学学院	王敬文	女	研究员	生物医学研究院	梁琳慧	女	研究员
生命科学学院	王久存	女	教授	生物医学研究院	刘 锋	男	研究员
生命科学学院	王应祥	男	研究员	生物医学研究院	刘妍君	女	研究员
生命科学学院	王永明	男	研究员	生物医学研究院	卢智刚	男	研究员
生命科学学院	王玉国	男	教授	生物医学研究院	申华莉	女	研究员
生命科学学院	吴家雪	男	研究员	生物医学研究院	沈宏杰	男	研究员
生命科学学院	吴燕华	女	正高级讲师	生物医学研究院	施奇惠	男	研究员
生命科学学院	谢 毅	男	教授	生物医学研究院	石雨江	男	教授
生命科学学院	徐书华	男	研究员	生物医学研究院	汪萱怡	男	研究员
生命科学学院	薛 磊	男	教授	生物医学研究院	王 磊	男	教授
生命科学学院	严 冬	男	研究员	生物医学研究院	魏黎明	女	正高级实验师
生命科学学院	杨 继	男	教授	生物医学研究院	温文玉	女	研究员
生命科学学院	杨 青	女	教授	生物医学研究院	邢清和	男	研究员
生命科学学院	杨亚军	男	正高级工程师	生物医学研究院	徐建青	男	研究员
生命科学学院	印春华	男	教授	生物医学研究院	徐 薇	女	研究员
生命科学学院	余 巍	男	研究员	生物医学研究院	许 杰	男	研究员
生命科学学院	俞洪波	男	研究员				

续表

单 位	姓 名	性别	现职称	单 位	姓 名	性别	现职称
生物医学研究院	杨 力	男	研究员	数学科学学院	曲 鹏	男	教授
生物医学研究院	叶 丹	女	研究员	数学科学学院	石 磊	男	教授
生物医学研究院	于文强	男	研究员	数学科学学院	苏仰锋	男	教授
生物医学研究院	余发星	男	研究员	数学科学学院	汤善健	男	教授
生物医学研究院	余红秀	女	研究员	数学科学学院	田学廷	男	教授
生物医学研究院	张晓燕	女	研究员	数学科学学院	王 凯	男	教授
生物医学研究院	张 莹	女	研究员	数学科学学院	王志强	男	教授
生物医学研究院	周 峰	男	研究员	数学科学学院	王志张	男	教授
生物医学研究院	周玉峰	男	研究员	数学科学学院	魏益民	男	教授
生殖与发育研究院	杨红波	男	研究员	数学科学学院	吴 昊	男	教授
实验动物科学部	丁玉强	男	教授	数学科学学院	吴泉水	男	教授
实验动物科学部	许彤辉	男	教授	数学科学学院	吴宗敏	男	教授
数学科学学院	Elie Francis AIDEKON	男	教授	数学科学学院	肖体俊	女	教授
数学科学学院	Mikhail Korobkov	男	教授	数学科学学院	谢践生	男	教授
数学科学学院				数学科学学院	谢纳庆	男	教授
数学科学学院				数学科学学院	谢启鸿	男	教授
数学科学学院	蔡志杰	男	教授	数学科学学院	薛军工	男	教授
数学科学学院	陈伯勇	男	教授	数学科学学院	严 军	男	教授
数学科学学院	陈 猛	男	教授	数学科学学院	杨 翎	男	教授
数学科学学院	陈文斌	男	教授	数学科学学院	杨卫红	男	教授
数学科学学院	陈晓漫	男	教授	数学科学学院	姚一隽	男	教授
数学科学学院	程 晋	男	教授	数学科学学院	应坚刚	男	教授
数学科学学院	丁 青	男	教授	数学科学学院	袁小平	男	教授
数学科学学院	东瑜昕	男	教授	数学科学学院	张国华	男	教授
数学科学学院	范恩贵	男	教授	数学科学学院	张 仑	男	教授
数学科学学院	傅吉祥	男	教授	数学科学学院	张 奇	男	教授
数学科学学院	高卫国	男	教授	数学科学学院	张淑芹	女	教授
数学科学学院	郭坤宇	男	教授	数学科学学院	张永前	男	教授
数学科学学院	华波波	男	教授	数学科学学院	张云新	男	教授
数学科学学院	嵇庆春	男	教授	数学科学学院	周 忆	男	教授
数学科学学院	金 路	男	教授	数学科学学院	周子翔	男	教授
数学科学学院	雷 震	男	教授	数学科学学院	朱胜林	男	教授
数学科学学院	李洪全	男	教授	体育教学部	陈建强	男	正高级讲师
数学科学学院	林 伟	男	教授	图书馆	龙向洋	男	研究馆员
数学科学学院	楼红卫	男	教授	图书馆	眭 骏	男	研究馆员
数学科学学院	卢文联	男	教授	图书馆	王 乐	女	研究馆员
数学科学学院	陆 帅	男	教授	图书馆	吴 格	男	研究馆员
数学科学学院	吕 志	男	教授	图书馆	杨光辉	男	研究馆员
数学科学学院	潘立平	男	教授	图书馆	应 峻	女	研究馆员
数学科学学院	邱维元	男	教授	图书馆	张计龙	男	研究馆员

续表

单 位	姓 名	性别	现职称	单 位	姓 名	性别	现职称
外国语言文学学院	蔡玉子	女	教授	微电子学院	陈更生	男	正高级工程师
外国语言文学学院	曾建彬	男	正高级讲师	微电子学院	陈建利	男	教授
外国语言文学学院	陈 靓	男	教授	微电子学院	陈 琳	男	教授
外国语言文学学院	程弋洋	女	教授	微电子学院	陈时友	男	研究员
外国语言文学学院	褚孝泉	男	教授	微电子学院	丁士进	男	研究员
外国语言文学学院	范 烨	女	正高级讲师	微电子学院	范益波	男	教授
外国语言文学学院	高永伟	男	教授	微电子学院	韩 军	男	研究员
外国语言文学学院	季佩英	女	教授	微电子学院	季 力	男	教授
外国语言文学学院	姜宝有	男	教授	微电子学院	江安全	男	研究员
外国语言文学学院	姜 宏	女	教授	微电子学院	蒋玉龙	男	教授
外国语言文学学院	康志峰	男	教授	微电子学院	来金梅	女	研究员
外国语言文学学院	李双志	男	教授	微电子学院	李 巍	女	研究员
外国语言文学学院	李 征	男	教授	微电子学院	李文宏	男	教授
外国语言文学学院	卢丽安	女	教授	微电子学院	林殷茵	女	教授
外国语言文学学院	沈 园	女	教授	微电子学院	刘 琦	男	教授
外国语言文学学院	苏耕欣	男	教授	微电子学院	刘文军	男	研究员
外国语言文学学院	谈 峥	男	教授	微电子学院	卢红亮	男	教授
外国语言文学学院	陶友兰	女	教授	微电子学院	吕铁良	男	教授
外国语言文学学院	万江波	女	正高级讲师	微电子学院	闵 昊	男	教授
外国语言文学学院	汪洪章	男	教授	微电子学院	倪熔华	女	研究员
外国语言文学学院	王升远	男	教授	微电子学院	屈新萍	女	教授
外国语言文学学院	魏育青	男	教授	微电子学院	任俊彦	男	教授
外国语言文学学院	杨雪燕	女	教授	微电子学院	茹国平	男	教授
外国语言文学学院	袁 莉	女	教授	微电子学院	孙清清	男	研究员
外国语言文学学院	张 琼	女	教授	微电子学院	孙正宗	男	研究员
外国语言文学学院	郑咏滟	女	教授	微电子学院	唐长文	男	教授
微电子学院	Chang WU（吴 昌）	男	研究员	微电子学院	陶 俊	女	教授
微电子学院	Chuanjin SHI（史传进）	男	教授	微电子学院	王俊宇	男	教授
				微电子学院	王 堃	男	教授
				微电子学院	王伶俐	男	教授
微电子学院	Hai DENG（邓 海）	男	研究员	微电子学院	吴东平	男	研究员
				微电子学院	伍 强	男	研究员
微电子学院	Hongtao XU（徐鸿涛）	男	研究员	微电子学院	徐佳伟	男	研究员
				微电子学院	徐 敏	男	研究员
微电子学院	Pei JIANG（姜 培）	男	教授	微电子学院	闫 娜	女	教授
				微电子学院	严昌浩	男	教授
微电子学院	Shaofeng YU（俞少峰）	男	研究员	微电子学院	杨 帆	男	教授
				微电子学院	杨晓峰	男	教授
微电子学院	包文中	男	研究员	微电子学院	俞 军	男	教授级高级工程师
微电子学院	曾晓洋	男	教授				
微电子学院	曾 璇	女	教授	微电子学院	张 卫	男	教授

续表

单 位	姓 名	性别	现职称	单 位	姓 名	性别	现职称
微电子学院	张增星	男	教授	物理学系	黄吉平	男	教授
微电子学院	周 嘉	女	教授	物理学系	黄旭光	男	教授
微电子学院	周 鹏	男	教授	物理学系	季敏标	男	教授
微纳电子器件与量子计算机研究院	王文彬	女	研究员	物理学系	蒋最敏	男	教授
				物理学系	金晓峰	男	教授
文科科研处	吕晓刚	男	编审	物理学系	乐永康	男	正高级讲师
文史研究院创新基地	Rostislav Berezkin	男	研究员	物理学系	李世燕	男	教授
				物理学系	李晓鹏	男	教授
文史研究院创新基地	邓 菲	女	研究员	物理学系	林志方	男	教授
文史研究院创新基地	董少新	男	研究员	物理学系	刘韡韬	女	教授
文史研究院创新基地	李星明	男	研究员	物理学系	刘晓晗	男	教授
文史研究院创新基地	刘 震	男	研究员	物理学系	陆 昉	男	教授
文史研究院创新基地	许全胜	男	研究员	物理学系	马世红	男	教授
文史研究院创新基地	张佳佳	男	研究员	物理学系	马永利	男	教授
文史研究院创新基地	朱 溢	男	研究员	物理学系	戚 扬	男	研究员
文物与博物馆学系	柴秋霞	女	教授	物理学系	沈 健	男	教授
文物与博物馆学系	陈 刚	男	教授	物理学系	盛卫东	男	教授
文物与博物馆学系	杜晓帆	男	研究员	物理学系	施 郁	男	教授
文物与博物馆学系	胡耀武	男	教授	物理学系	石 磊	男	教授
文物与博物馆学系	刘朝晖	男	教授	物理学系	殳 蕾	女	教授
文物与博物馆学系	陆建松	男	教授	物理学系	苏卫锋	女	正高级讲师
文物与博物馆学系	吕 静	女	教授	物理学系	谭 鹏	男	教授
文物与博物馆学系	秦小丽	女	教授	物理学系	谭砚文	女	教授
文物与博物馆学系	沈岳明	男	研究员	物理学系	陶镇生	男	研究员
文物与博物馆学系	王 辉	男	研究员	物理学系	田传山	男	教授
文物与博物馆学系	王金华	男	研究员	物理学系	万义顿	男	研究员
文物与博物馆学系	魏 峻	男	研究员	物理学系	王 靖	男	研究员
文物与博物馆学系	吴 敬	男	教授	物理学系	王熠华	男	研究员
文物与博物馆学系	郑建明	男	研究员	物理学系	韦广红	女	教授
文物与博物馆学系	郑 奕	女	教授	物理学系	吴 骅	男	教授
文物与博物馆学系	朱顺龙	男	教授	物理学系	吴赛骏	男	研究员
物理学系	Cosimo Bambi	男	教授	物理学系	吴施伟	男	教授
物理学系	安正华	男	研究员	物理学系	吴义政	男	教授
物理学系	蔡 群	女	教授	物理学系	吴长勤	男	教授
物理学系	陈 唯	男	教授	物理学系	向红军	男	教授
物理学系	陈 焱	男	教授	物理学系	肖 江	男	教授
物理学系	高春雷	男	教授	物理学系	修发贤	男	教授
物理学系	龚新高	男	教授	物理学系	晏湖根	男	教授
物理学系	何 琼	男	教授	物理学系	杨新菊	女	教授
物理学系	侯晓远	男	教授	物理学系	杨中芹	女	教授

续表

单位	姓名	性别	现职称	单位	姓名	性别	现职称
物理学系	殷立峰	男	教授	芯片与系统前沿技术研究院	王建禄	男	教授
物理学系	虞跃	男	教授	新闻学院	Lifen ZHANG（张力奋）	男	教授
物理学系	张童	男	教授
物理学系	张远波	男	教授	新闻学院	白红义	男	教授
物理学系	赵俊	男	教授	新闻学院	曹晋	女	教授
物理学系	赵利	男	教授	新闻学院	陈建云	男	教授
物理学系	郑长林	男	研究员	新闻学院	邓建国	男	教授
物理学系	钟振扬	男	教授	新闻学院	窦锋昌	男	教授
物理学系	周磊	男	教授	新闻学院	顾铮	男	教授
物理学系	朱黄俊	男	研究员	新闻学院	胡春阳	女	教授
物理学系	资剑	男	教授	新闻学院	黄瑚	男	教授
先进材料实验室	车仁超	男	研究员	新闻学院	姜华	男	编审
先进材料实验室	汪敏	女	正高级实验师	新闻学院	蒋建国	男	教授
先进材料实验室	张丽娟	女	主任技师	新闻学院	廖圣清	男	教授
先进材料实验室	郑耿锋	男	教授	新闻学院	刘勇	男	教授
先进材料实验室	周刚	男	研究员	新闻学院	陆晔	女	教授
现代物理研究所	陈金辉	男	研究员	新闻学院	马凌	女	教授
现代物理研究所	陈重阳	男	研究员	新闻学院	孟建	男	教授
现代物理研究所	方德清	男	研究员	新闻学院	潘霁	男	教授
现代物理研究所	符长波	男	教授	新闻学院	沈国麟	男	教授
现代物理研究所	孔青	男	教授	新闻学院	孙少晶	男	教授
现代物理研究所	李增花	女	教授	新闻学院	孙玮	女	教授
现代物理研究所	马国亮	男	研究员	新闻学院	汤景泰	男	教授
现代物理研究所	马余刚	男	教授	新闻学院	汤筠冰	女	教授
现代物理研究所	宓詠	男	教授	新闻学院	谢静	女	教授
现代物理研究所	宁西京	男	研究员	新闻学院	姚建华	男	教授
现代物理研究所	沈成平	男	教授	新闻学院	张大伟	男	教授
现代物理研究所	沈皓	女	教授	新闻学院	张殿元	男	教授
现代物理研究所	施立群	男	研究员	新闻学院	张涛甫	男	教授
现代物理研究所	王平晓	男	教授	新闻学院	张志安	男	教授
现代物理研究所	王月霞	女	教授	新闻学院	周葆华	男	教授
现代物理研究所	魏宝仁	男	研究员	新闻学院	周笑	女	教授
现代物理研究所	肖君	男	研究员	新闻学院	朱春阳	男	教授
现代物理研究所	张斌	男	教授	信息科学与工程学院	Lirong ZHENG（郑立荣）	男	教授
现代物理研究所	张松	男	研究员
现代物理研究所	张雪梅	女	教授	信息科学与工程学院	Min XU（徐敏）	男	研究员
现代物理研究所	周波	男	教授
现代物理研究所	邹亚明	女	教授
芯片与系统前沿技术研究院	边历峰	女	研究员	信息科学与工程学院	Ran LIU（刘冉）	男	教授
芯片与系统前沿技术研究院	刘明	女	教授

续表

单 位	姓 名	性别	现职称	单 位	姓 名	性别	现职称
信息科学与工程学院	Wei CHEN（陈 炜）	女	教授	信息科学与工程学院	汪源源	男	教授
				信息科学与工程学院	王 斌	男	教授
信息科学与工程学院	Xiao LIU（刘 骁）	男	教授	信息科学与工程学院	王海鹏	男	教授
				信息科学与工程学院	王松有	男	教授
信息科学与工程学院	Ye LU（陆 叶）	男	研究员	信息科学与工程学院	王 昕	男	教授
				信息科学与工程学院	邬小玫	女	教授
信息科学与工程学院	陈 雄	男	工程系列研究员	信息科学与工程学院	吴 翔	男	工程系列研究员
信息科学与工程学院	陈宜方	男	教授	信息科学与工程学院	吴语茂	男	研究员
信息科学与工程学院	迟 楠	女	教授	信息科学与工程学院	肖力敏	男	研究员
信息科学与工程学院	仇志军	男	教授	信息科学与工程学院	徐 丰	男	教授
信息科学与工程学院	丛春晓	女	研究员	信息科学与工程学院	徐 雷	男	教授
信息科学与工程学院	方志来	男	教授	信息科学与工程学院	徐士杰	男	教授
信息科学与工程学院	顾晓东	男	教授	信息科学与工程学院	徐跃东	男	教授
信息科学与工程学院	郭睿倩	女	研究员	信息科学与工程学院	许 宁	男	教授
信息科学与工程学院	郭 翌	女	正高级工程师	信息科学与工程学院	杨翠微	女	教授
信息科学与工程学院	韩定定	女	教授	信息科学与工程学院	杨国敏	男	教授
信息科学与工程学院	胡 波	男	教授	信息科学与工程学院	余建军	男	教授
信息科学与工程学院	黄雄川	男	研究员	信息科学与工程学院	余锦华	女	教授
信息科学与工程学院	蒋寻涯	男	研究员	信息科学与工程学院	詹义强	男	教授
信息科学与工程学院	蒋 轶	男	研究员	信息科学与工程学院	张建秋	男	教授
信息科学与工程学院	孔令豹	男	研究员	信息科学与工程学院	张俊文	男	研究员
信息科学与工程学院	李 晶	男	教授	信息科学与工程学院	张荣君	男	研究员
信息科学与工程学院	林燕丹	女	教授	信息科学与工程学院	张善端	男	工程系列研究员
信息科学与工程学院	刘克富	男	教授				
信息科学与工程学院	刘丽英	女	教授	信息科学与工程学院	张宗芝	女	教授
信息科学与工程学院	刘木清	男	教授	信息科学与工程学院	赵海斌	男	教授
信息科学与工程学院	刘 鹏	男	教授	信息科学与工程学院	郑玉祥	男	教授
信息科学与工程学院	陆 明	男	教授	信息科学与工程学院	朱鹤元	男	教授
信息科学与工程学院	陆起涌	男	主任技师	信息科学与工程学院	朱 宇	男	教授
信息科学与工程学院	马 炯	男	研究员	信息科学与工程学院	庄 军	男	教授
信息科学与工程学院	宁吉强	男	研究员	信息科学与工程学院	邹 卓	男	教授
信息科学与工程学院	钱松荣	男	教授	药学院	Ke YU（余 科）	女	研究员
信息科学与工程学院	区琼荣	男	教授				
信息科学与工程学院	盛传祥	男	教授	药学院	蔡卫民	男	教授
信息科学与工程学院	石艺尉	男	教授	药学院	陈道峰	男	教授
信息科学与工程学院	孙树林	男	研究员	药学院	陈 刚	男	教授
信息科学与工程学院	孙耀杰	男	教授	药学院	陈 钧	男	教授
信息科学与工程学院	他得安	男	教授	药学院	陈 瑛	女	教授
信息科学与工程学院	万 景	男	研究员	药学院	程能能	男	教授

续表

单 位	姓 名	性别	现职称	单 位	姓 名	性别	现职称
药学院	程志红	男	教授	一带一路及全球治理研究院	张晓通	男	研究员
药学院	丁 宁	男	教授	艺术教育中心	龚金平	男	正高级讲师
药学院	冯美卿	女	教授	艺术教育中心	王天德	男	教授
药学院	付 伟	女	教授	哲学学院	Chuang LIU（刘 闯）	男	教授
药学院	古险峰	女	教授	哲学学院	Eberhard Guhe	男	教授
药学院	黄容琴	女	教授				
药学院	季 斌	男	研究员				
药学院	姜嫣嫣	女	教授	哲学学院	VERMANDER Benoit, JeanMarie, Maurice	男	教授
药学院	蒋 晨	女	教授				
药学院	鞠佃文	男	研究员				
药学院	雷新胜	男	教授	哲学学院	白彤东	男	教授
药学院	李 聪	男	教授	哲学学院	邓安庆	男	教授
药学院	李清泉	男	教授	哲学学院	丁 耘	男	教授
药学院	李 嫣	女	教授	哲学学院	郭晓东	男	教授
药学院	李英霞	女	教授	哲学学院	郝兆宽	男	教授
药学院	梁建英	女	教授	哲学学院	何 俊	男	教授
药学院	卢建忠	男	教授	哲学学院	黄 翔	男	教授
药学院	卢 燕	女	教授	哲学学院	李天纲	男	教授
药学院	陆 伟	男	教授	哲学学院	林宏星	男	教授
药学院	陆伟跃	男	教授	哲学学院	林 晖	男	教授
药学院	穆 青	男	教授	哲学学院	刘 平	男	教授
药学院	戚建平	男	教授	哲学学院	莫伟民	男	教授
药学院	沙先谊	男	教授	哲学学院	佘碧平	男	教授
药学院	邵黎明	男	教授	哲学学院	沈建平	男	教授
药学院	沈晓燕	女	教授	哲学学院	孙 斌	男	教授
药学院	孙 逊	女	教授	哲学学院	孙向晨	男	教授
药学院	谭文福	男	研究员	哲学学院	汪行福	男	教授
药学院	王建新	男	教授	哲学学院	王凤才	男	教授
药学院	王任小	男	研究员	哲学学院	王国豫	女	教授
药学院	王 洋	女	教授	哲学学院	王金林	男	教授
药学院	魏邦国	男	研究员	哲学学院	王新生	男	教授
药学院	魏 刚	男	教授	哲学学院	吴 猛	男	教授
药学院	吴 伟	男	教授	哲学学院	吴晓明	男	教授
药学院	杨 萍	女	正高级实验师	哲学学院	吴 震	男	教授
药学院	张奇志	女	教授	哲学学院	徐英瑾	男	教授
药学院	张雪梅	女	教授	哲学学院	张汝伦	男	教授
药学院	张志文	男	研究员	哲学学院	张双利	女	教授
药学院	赵伟利	男	研究员	哲学学院	郑召利	男	教授
药学院	周 璐	男	教授	哲学学院	邹诗鹏	男	教授
药学院	周文江	男	主任技师	智能复杂体系基础理论与关键技术实验室	孙 毅	男	正高级工程师

续 表

单 位	姓 名	性别	现职称	单 位	姓 名	性别	现职称
智能复杂体系基础理论与关键技术实验室	于玉国	男	教授	中国语言文学系	黄 蓓	女	教授
				中国语言文学系	金 理	男	教授
智能医学研究院	刘 雷	男	研究员	中国语言文学系	李 钧	男	教授
智能医学研究院	吴飞珍	男	研究员	中国语言文学系	李 楠	女	教授
中国历史地理研究所	安介生	男	研究员	中国语言文学系	梁燕丽	女	教授
中国历史地理研究所	段 伟	男	研究员	中国语言文学系	梁银峰	男	教授
中国历史地理研究所	樊如森	男	研究员	中国语言文学系	刘耘华	男	教授
中国历史地理研究所	费 杰	男	研究员	中国语言文学系	卢英顺	男	教授
中国历史地理研究所	傅林祥	男	研究员	中国语言文学系	陆 扬	男	教授
中国历史地理研究所	韩昭庆	女	研究员	中国语言文学系	栾梅健	男	教授
中国历史地理研究所	侯杨方	男	研究员	中国语言文学系	罗剑波	男	编审
中国历史地理研究所	李晓杰	男	研究员	中国语言文学系	罗书华	男	教授
中国历史地理研究所	路伟东	男	研究员	中国语言文学系	倪 伟	男	教授
中国历史地理研究所	王大学	男	研究员	中国语言文学系	盛益民	男	教授
中国历史地理研究所	王建革	男	研究员	中国语言文学系	唐 雯	女	研究员
中国历史地理研究所	王振忠	男	教授	中国语言文学系	陶 寰	男	教授
中国历史地理研究所	吴松弟	男	教授	中国语言文学系	汪涌豪	男	教授
中国历史地理研究所	徐建平	男	研究员	中国语言文学系	王安忆	女	教授
中国历史地理研究所	杨伟兵	男	研究员	中国语言文学系	王柏华	女	教授
中国历史地理研究所	杨煜达	男	研究员	中国语言文学系	王才勇	男	研究员
中国历史地理研究所	张伟然	男	教授	中国语言文学系	王宏图	男	教授
中国历史地理研究所	张晓虹	女	研究员	中国语言文学系	吴礼权	男	教授
中国历史地理研究所	朱海滨	男	研究员	中国语言文学系	吴兆路	男	研究员
中国研究院	吴新文	男	教授	中国语言文学系	谢金良	男	教授
中国研究院	张 卫	男	教授	中国语言文学系	严 锋	男	教授
中国语言文学系	查屏球	男	教授	中国语言文学系	杨俊蕾	女	教授
中国语言文学系	陈尚君	男	教授	中国语言文学系	杨 焄	男	教授
中国语言文学系	陈思和	男	教授	中国语言文学系	张宝贵	男	教授
中国语言文学系	陈维昭	男	研究员	中国语言文学系	张新颖	男	教授
中国语言文学系	陈引驰	男	教授	中国语言文学系	张业松	男	教授
中国语言文学系	陈振宇	男	教授	中国语言文学系	张豫峰	女	教授
中国语言文学系	陈忠敏	男	教授	中国语言文学系	郑土有	男	教授
中国语言文学系	戴从容	女	教授	中国语言文学系	郑元者	男	教授
中国语言文学系	戴 燕	女	教授	中国语言文学系	周荣胜	男	教授
中国语言文学系	段怀清	男	教授	中国语言文学系	朱 刚	男	教授
中国语言文学系	郜元宝	男	教授	专用材料与装备技术研究院	沈剑锋	男	教授
中国语言文学系	龚群虎	男	教授	专用材料与装备技术研究院	叶明新	男	教授
中国语言文学系	郭永秉	男	教授				

(人事处供稿)

逝世人员名录

姓名	单位	原职务/职称	出生日期	逝世时间
张令仪	医院管理处	处长	1921年7月24日	2022年1月2日
王篛兰	公共卫生学院	教授	1925年12月27日	2022年1月13日
唐文华	教务处	教材委员会专职副主任	1929年12月12日	2022年1月16日
叶敬棠	航空航天系	教授	1930年10月15日	2022年1月30日
叶春华	新闻学院	教授	1929年4月20日	2022年2月1日
莫浣英	基础医学院	教授	1928年3月17日	2022年2月5日
李毅	工会	办公室主任	1928年1月10日	2022年2月19日
吴江寒	图书馆	科员	1926年1月22日	2022年2月22日
辛成楠	附属眼耳鼻喉科医院	医教科长	1929年10月23日	2022年2月26日
卢纯惠	公共卫生学院	教授	1928年7月21日	2022年3月7日
夏林	管理学院	正处调研员	1928年7月8日	2022年3月11日
王光正	上海医科大学	党委副书记	1925年1月8日	2022年3月14日
陈惠黎	基础医学院	教授	1931年6月29日	2022年3月14日
徐凌云	高分子科学系	教授	1926年7月29日	2022年3月16日
叶世昌	经济学院	教授	1929年3月29日	2022年4月10日
俞惠中	外国语言文学学院	教授	1943年9月16日	2022年4月15日
陈文林	体育教学部	教授	1938年6月13日	2022年4月20日
杜荣根	出版社	编审	1956年1月4日	2022年4月25日
仇缀百	药学院	教授	1944年9月25日	2022年4月28日
曹宠	图书馆	副研究馆员	1928年1月26日	2022年6月1日
姜银国	外国语言文学学院	教授	1949年2月2日	2022年6月3日
苏汝铿	物理学系	教授	1938年5月27日	2022年6月3日
娄鸿儒	继续教育学院	副处调研员	1931年2月14日	2022年6月6日
何球藻	基础医学院	教授	1932年9月15日	2022年6月12日
戴修道	公共卫生学院	教授	1935年11月8日	2022年6月13日
朱志凯	哲学学院	教授	1929年7月13日	2022年6月26日
单怡理	资产与实验室安全管理处	会计员	1968年4月30日	2022年7月5日
徐矛	历史学系	副教授	1931年12月17日	2022年7月14日
曹小定	基础医学院	教授	1931年5月19日	2022年7月16日
杨福家	复旦大学	校长、教授	1936年6月11日	2022年7月17日
徐毓英	附属中学	党总支书记	1926年2月6日	2022年7月20日
赵焕卿	信息科学与工程学院	教授	1925年9月24日	2022年7月22日

续 表

姓 名	单 位	原职务/职称	出生日期	逝世时间
刘忠英	上海医学院机关党委	研究员	1938年7月24日	2022年8月1日
褚云鸿	基础医学院	教授	1929年10月27日	2022年8月4日
汪幼兰	复旦大学	副校长	1933年4月29日	2022年8月6日
李婉先	公共卫生学院	教授	1926年10月16日	2022年8月10日
丁伯龙	附属中山医院	肺科副主任医生	1933年3月24日	2022年8月12日
高天如	中国语言文学系	教授	1933年4月23日	2022年8月14日
庄锡昌	复旦大学	副校长、教授	1933年9月26日	2022年8月15日
周志成	国际关系与公共事务学院	研究员	1966年3月9日	2022年8月16日
查锡良	基础医学院	教授	1949年2月2日	2022年8月17日
童夙明	基础医学院	教授	1930年11月22日	2022年8月23日
李民立	经济学院	教授	1928年10月15日	2022年8月24日
郑师章	生命科学学院	教授	1936年9月23日	2022年8月26日
王威琪	信息科学与工程学院	教授	1939年5月30日	2022年8月26日
陈丽琏	基础医学院	教授	1926年4月21日	2022年8月29日
金曾琴	中国语言文学系	研究馆员	1935年2月13日	2022年9月19日
刘本仁	法学院	教授	1932年4月2日	2022年9月28日
陈文涵	出版社	副社长、副教授	1926年2月2日	2022年9月29日
陈楚良	公共卫生学院	教授	1927年8月5日	2022年10月26日
徐素娟	生命科学学院	教授	1935年12月25日	2022年11月5日
陈秀珍	基础医学院	教授	1936年10月29日	2022年11月19日
薛京伦	生命科学学院	教授	1934年6月25日	2022年12月3日
汪瑞祥	机关第一党总支	教授	1934年2月15日	2022年12月14日
杜开如	放射医学研究所	研究员	1936年12月21日	2022年12月21日
纪俊才	教务处	副处调研员	1929年10月1日	2022年12月24日
杨 林	药学院	正处调研员	1930年12月8日	2022年12月25日
周 群	附属华山医院	总务科科长	1931年7月14日	2022年12月26日
赵惠芬	信息科学与工程学院	教授	1937年9月14日	2022年12月26日
郑培菊	分析测试中心	教授	1933年10月31日	2022年12月26日

(退休教职工管理委员会、老干部处、人事处供稿)

· 表 彰 与 奖 励 ·

先进集体

教育部第三批全国党建工作样板支部培育创建单位
法学院法律硕士"北辰"党支部
上海市"五一"劳动奖状
复旦大学附属中学
上海市三八红旗集体
华山医院皮肤科
儿科医院感染传染科
上海市巾帼文明岗
基础医学院中西医结合学系
中山医院重症医学护理组
华山医院康复医学科
妇产科医院乳腺科
儿科医院消化科
上海市教育系统三八红旗集体
复旦大学审计处
上海市教育系统巾帼文明岗
生命科学学院人类遗传学与人类学系
复旦大学第二附属学校2020届初三年级组
"2017—2021年度上海市老教授事业贡献奖"先进集体
计算机学院老教授协会分会
2021年上海市高校系统老年理论研究"优秀组织奖"
退休教职工工作处
第二届"上海职工优秀创新成果奖"优秀创新奖
高分子科学系魏大程团队
上海市教育工会2022年度"为党育人，为国育才"身边的好教师微电影银奖
复旦大学工会《复旦大学附属中学：循声》
上海高校"百个学生样板党支部"创建单位
复旦大学外国语言文学学院硕士生第一(星译)党支部
复旦大学国际关系与公共事务学院2020级硕士第二(国箴)党支部
复旦大学材料科学系研究生第一党支部
复旦大学管理学院2021级硕博连读党支部
复旦大学经济学院金融专硕二班研究生党支部
复旦大学物理学系2020级研究生第一党支部
复旦大学数学科学学院本科生第一党支部
复旦大学历史学系本科生第一(史迹)党支部
复旦大学附属妇产科医院研究生第一党支部
复旦大学基础医学院本科生第二党支部
复旦大学第十五批研究生示范党支部
历史学系历史旅游2021级研究生党支部
国际关系与公共事务学院2021级硕士生第二党支部
物理学系2021级研究生党支部
化学系2021级硕士生党支部
生命科学学院2021级研究生第三党支部
法学院2021级法律硕士(非法学)第一党支部
法学院2021级法律硕士(非法学)第二党支部
马克思主义学院2021级硕士生第一党支部
材料科学系研究生第一党支部
高分子科学系研究生第五党支部
工程与应用技术研究院2021级专业硕士党支部
药学院2021级硕士生第一党支部
附属中山医院硕士生第一党支部
附属华山医院2021级硕士生党支部
附属肿瘤医院2021级研究生第二党支部
复旦大学三八红旗集体
经济学院党政办公室
信息科学与工程学院"三全育人"创新团队
生命科学学院生物化学与生物物理学系
党委研究生工作部
国际合作与交流处
外国留学生工作处
总务处
复旦大学附设幼儿园
基础医学院病理学系
中山医院护理部核酸检测样本采集队
华山医院麻醉科
肿瘤医院放射诊断科
妇产科医院护理部
儿科医院教育培训部
眼耳鼻喉科医院医务部
2022年复旦大学优秀离退休教职工(团体)奖
历史学系退休工作组
国际文化交流学院退管分会
微电子学院退管分会
图书馆关工委分会
附属中山医院关工委分会
第六届复旦大学青年五四奖章(集体)名单
学生法律援助中心青年团队　　　　　　　法学院

上海数学中心教学科研青年团队	数学科学学院	法学院2021级法律硕士(非法学)第三团支部
詹义强课题组青年团队	信息科学与工程学院	国际关系与公共事务学院团委(共9个)
"健康中国西部行"青年团队	公共卫生学院	国际关系与公共事务学院2020级政行行管本科生第一团支部
张江国际脑影像中心青年团队	类脑人工智能科学与技术研究院	国际关系与公共事务学院2020级政行行管本科生第二团支部
中山医院肝移植医疗青年团队	中山医院	国际关系与公共事务学院2020级国际政治专业本科生第一团支部
华山医院肾病科血液净化室青年团队	华山医院	
妇产科医院"红语堂"青年团队	妇产科医院	国际关系与公共事务学院2020级国际政治专业本科生第二团支部
基层就业服务协会青年团队	党委研究生工作部	
本草心社青年团队	共青团复旦大学委员会	国际关系与公共事务学院2021级社科一班本科生第一团支部

2021—2022学年复旦大学优秀团支部名单(共271个)

中国语言文学系团委(共7个)
中国语言文学系2020级本科生第一团支部
中国语言文学系2020级本科生第三团支部
中国语言文学系2021级本科生第一团支部
中国语言文学系2021级本科生第四团支部
中国语言文学系2021级本科生第五团支部
中国语言文学系2020级MFA团支部
中国语言文学系2021级出版团支部
外国语言文学学院团委(共10个)
外国语言文学学院2020级本科生第四团支部
外国语言文学学院2020级本科生第五团支部
外国语言文学学院2020级本科生第六团支部
外国语言文学学院2021级本科生第一团支部
外国语言文学学院2021级本科生第二团支部
外国语言文学学院2021级本科生第三团支部
外国语言文学学院2021级本科生第五团支部
外国语言文学学院2021级本科生第六团支部
外国语言文学学院2021级翻译硕士研究生团支部
外国语言文学学院2021级科学硕士研究生团支部
历史学系团委(共5个)
历史学系2019级本科班第三团支部
历史学系2020级本科生第三团支部
历史学系2021级本科生第一团支部
历史学系2021级本科生第三团支部
历史学系2021级硕士生团支部
哲学学院团委(共3个)
哲学学院2020级本科生第一团支部
哲学学院2021级本科生第二团支部
哲学学院2020级博士生团支部
法学院团委(共8个)
法学院2019级本科生第二团支部
法学院2021级本科生第一团支部
法学院2021级本科生第四团支部
法学院2020级法律硕士(非法学)第三团支部
法学院2021级法律硕士(法学)第一团支部
法学院2021级法律硕士(非法学)第一团支部
法学院2021级法律硕士(非法学)第二团支部

国际关系与公共事务学院2021级社科一班本科生第二团支部
国际关系与公共事务学院2021级社科二班本科生第一团支部
国际关系与公共事务学院2021级公共行政系硕士生团支部
国际关系与公共事务学院2021级国际政治系硕士生团支部
社会发展与公共政策学院团委(共9个)
社会发展与公共政策学院2019级本科生第一团支部(社会学)
社会发展与公共政策学院2020级本科生第一团支部
社会发展与公共政策学院2021级社会科学试验班3班第一团支部
社会发展与公共政策学院2021级社会科学试验班3班第二团支部
社会发展与公共政策学院2021级社会科学试验班4班第一团支部
社会发展与公共政策学院2021级社会科学试验班4班第二团支部
社会发展与公共政策学院2021级研究生第一团支部(MSW)
社会发展与公共政策学院2021级研究生团支部(MAP)
社会发展与公共政策学院高等教育研究所2020级团支部
新闻学院团委(共13个)
新闻学院2019级本科生第一团支部
新闻学院2019级本科生第二团支部
新闻学院2019级本科生第三团支部
新闻学院2019级本科生第四团支部
新闻学院2020级本科生第二团支部
新闻学院2020级本科生第三团支部
新闻学院2020级本科生第四团支部
新闻学院2021级本科生第一团支部
新闻学院2021级本科生第二团支部
新闻学院2021级本科生第三团支部
新闻学院2021级本科生第四团支部
新闻学院2020级研究生科硕班团支部
新闻学院2020级研究生专硕第四团支部

经济学院团委(共 14 个)
经济学院 2019 级世界经济系、公共经济系本科生班第一团支部
经济学院 2019 级世界经济系、公共经济系本科生班第二团支部
经济学院 2020 级金融保险本科生班第二团支部
经济学院 2020 级经济学系本科生班第一团支部
经济学院 2020 级世界经济系、公共经济系本科生班第二团支部
经济学院 2021 级经济学类二班第一团支部
经济学院 2021 级经济学类三班第一团支部
经济学院 2021 级经济学类三班第二团支部
经济学院 2021 级经济学类三班第三团支部
经济学院 2021 级经济学类一班第二团支部
经济学院 2021 级经济学类一班第三团支部
经济学院 2021 级经济学(国际项目)本科生班团支部
经济学院 2021 级保险专硕研究生团支部
经济学院 2020 级直博研究生团支部

马克思主义学院团委(共 5 个)
马克思主义学院 2021 级本科生望道班团支部
马克思主义学院 2020 级硕士生第一团支部
马克思主义学院 2020 级硕士生第二团支部
马克思主义学院 2021 级硕士生第二团支部
马克思主义学院 2020 级博士生团支部

国际文化交流学院团总支(共 1 个)
国际文化交流学院 2021 级研究生团支部

数学科学学院团委(共 7 个)
数学科学学院 2021 级本科生第一团支部
数学科学学院 2021 级本科生第二团支部
数学科学学院 2021 级本科生第三团支部
数学科学学院 2021 级本科生第四团支部
数学科学学院 2021 级本科生第五团支部
数学科学学院 2021 级本科生第六团支部
数学科学学院 2021 级专业硕士研究生第一团支部

物理学系团委(共 8 个)
物理学系 2020 级本科生第一团支部
物理学系 2020 级本科生第二团支部
物理学系 2020 级本科生第三团支部
物理学系 2021 级本科生第一团支部
物理学系 2021 级本科生第二团支部
物理学系 2021 级本科生第三团支部
物理学系 2021 级研究生第二团支部
物理学系 2021 级研究生第四团支部

现代物理研究所(核科学与技术系)团委(共 3 个)
核科学与技术系 2020 级本科生团支部
核科学与技术系 2021 级本科生团支部
现代物理研究所 2021 级研究生团支部

化学系团委(共 7 个)
化学系 2019 级本科生第二团支部
化学系 2019 级本科生第三团支部
化学系 2020 级本科生第一团支部
化学系 2020 级本科生第二团支部
化学系 2020 级本科生第三团支部
化学系 2021 级自然科学试验 2 班第三团支部
化学系 2021 级硕士生第二团支部

高分子科学系团委(共 5 个)
高分子科学系 2019 级本科生团支部
高分子科学系 2020 级本科生团支部
高分子科学系 2021 级本科生第一团支部
高分子科学系 2021 级本科生第二团支部
高分子科学系 2021 级本科生第三团支部

环境科学与工程系团委(共 6 个)
环境科学与工程系 2020 级本科生一班团支部
环境科学与工程系 2020 级本科生二班团支部
环境科学与工程系 2021 级本科生一班团支部
环境科学与工程系 2021 级本科生二班团支部
环境科学与工程系 2021 级本科生三班团支部
环境科学与工程系 2021 级大气系研究生二班团支部

信息科学与工程学院团委(共 9 个)
信息科学与工程学院 2019 级智能科学与技术(卓越班)团支部
信息科学与工程学院 2019 级信息 1 班第三团支部
信息科学与工程学院 2019 级信息 2 班第一团支部
信息科学与工程学院 2021 级技术科学试验班三班第一团支部
信息科学与工程学院 2021 级技术科学试验班三班第三团支部
信息科学与工程学院 2021 级技术科学试验班二班第三团支部
信息科学与工程学院 2020 级电子工程系研究生第一团支部
信息科学与工程学院 2020 级电子工程系研究生第二团支部
信息科学与工程学院 2021 级电工生医专硕第二团支部

计算机科学技术学院团委(共 25 个)
计算机科学技术学院 2019 级计算机科学与技术本科生第三团支部
计算机科学技术学院 2019 级信安保密本科生第二团支部
计算机科学技术学院 2020 级计算机第一团支部
计算机科学技术学院 2020 级计算机第二团支部
计算机科学技术学院 2020 级计算机第三团支部
计算机科学技术学院 2020 级智息技术第一团支部
计算机科学技术学院 2020 级智息技术第二团支部
计算机科学技术学院 2020 级智息技术第三团支部
计算机科学技术学院 2020 级软件工程本科生第一团支部
计算机科学技术学院 2020 级软件工程本科生第二团支部
计算机科学技术学院 2020 级软件工程本科生第三团支部
计算机科学技术学院 2021 级工科试验一班第一团支部
计算机科学技术学院 2021 级工科试验一班第二团支部
计算机科学技术学院 2021 级工科试验班二班第一团支部

计算机科学技术学院 2021 级工科试验班二班第二团支部
计算机科学技术学院 2021 级技术科学试验一班第二团支部
计算机科学技术学院 2021 级软件工程本科生第三团支部
计算机科学技术学院 2019 级计算机硕士第七团支部
计算机科学技术学院 2019 级计算机硕士第四团支部
计算机科学技术学院 2020 级计算机专硕二班第六团支部
计算机科学技术学院 2021 级计算机专硕三班第一团支部
计算机科学技术学院 2021 级计算机专硕三班第二团支部
计算机科学技术学院 2021 级计算机学硕第二团支部
计算机科学技术学院 2021 级计算机学硕第四团支部
计算机科学技术学院 2021 级计算机学硕第一团支部

微电子学院团委(共 7 个)
微电子学院 2019 级本科生第四团支部
微电子学院 2020 级本科生第一团支部
微电子学院 2021 级技术科学试验 6 班第二团支部
微电子学院 2021 级三年制硕博生邯郸团支部
微电子学院 2021 级专硕邯郸团支部
微电子学院 2021 级专硕张江第三团支部
微电子学院 2021 级专硕张江第一团支部

航空航天系团委(共 4 个)
航空航天系 2021 级本科生班团支部
航空航天系技术科学试验班五班第一团支部
航空航天系技术科学试验班五班第二团支部
航空航天系 2021 级研究生团支部

材料科学系团委(共 8 个)
材料科学系 2020 级本科生第一团支部
材料科学系 2020 级本科生第二团支部
材料科学系 2021 级自然科学试验班 5 班第一团支部
材料科学系 2021 级自然科学试验班 5 班第二团支部
材料科学系 2021 级自然科学试验班 5 班第三团支部
材料科学系 2021 级专硕研究生第一团支部
材料科学系 2021 级专硕研究生第二团支部
材料科学系 2021 级专硕第三团支部

生命科学学院团委(共 8 个)
生命科学学院 2019 级本科生第三团支部
生命科学学院 2020 级本科生第一团支部
生命科学学院 2021 级自然科学试验 3 班第三团支部
生命科学学院 2021 级自然科学试验 3 班第一团支部
生命科学学院 2021 级硕士和直博生 2 班第三团支部
生命科学学院 2021 级硕士和直博生 1 班第三团支部
生命科学学院 2021 级硕士和直博生 1 班第一团支部
生命科学学院 2020 级硕士和直博生 2 班第二团支部

管理学院团委(共 11 个)
管理学院 2020 级本科生第一团总支第二团支部
管理学院 2020 级本科生第二团总支第一团支部
管理学院 2020 级本科生第二团总支第二团支部
管理学院 2021 级本科生团总支第一团支部
管理学院 2021 级本科生团总支第二团支部
管理学院 2021 级本科生团总支第三团支部
管理学院 2021 级本科生团总支第四团支部
管理学院 2021 级本科生团总支第五团支部
管理学院 2020 级硕博连读研究生团支部
管理学院 2021 级金融硕士研究生团支部
管理学院 2021 硕博连读研究生团支部

基础医学院团委(共 16 个)
基础医学院 2020 级临八二班第一团支部
基础医学院 2020 级临八二班第二团支部
基础医学院 2020 级临八二班第三团支部
基础医学院 2020 级临五二班第三团支部
基础医学院 2020 级基法班团支部
基础医学院 2021 级临八一班第一团支部
基础医学院 2021 级临八一班第二团支部
基础医学院 2021 级临八一班第三团支部
基础医学院 2021 级临八二班第一团支部
基础医学院 2021 级临八二班第二团支部
基础医学院 2021 级临八二班第三团支部
基础医学院 2021 级基法班第一团支部
基础医学院 2021 级基法班第二团支部
基础医学院 2021 级基法班第三团支部
基础医学院 2021 级口腔医学班团支部
基础医学院 2021 级硕士生班第 团支部

公共卫生学院团委(共 13 个)
公共卫生学院 2019 级本科生第三团支部
公共卫生学院 2020 级本科生第二团支部
公共卫生学院 2020 级本科生第三团支部
公共卫生学院 2020 级本科生第四团支部
公共卫生学院 2020 级本科生第五团支部
公共卫生学院 2021 级本科生第一团支部
公共卫生学院 2021 级本科生第二团支部
公共卫生学院 2021 级本科生第三团支部
公共卫生学院 2021 级本科生第四团支部
公共卫生学院 2021 级本科生第五团支部
公共卫生学院 2021 级本科生第六团支部
公共卫生学院 2021 级硕士生第二团支部
公共卫生学院 2021 级硕士生第三团支部

药学院团委(共 4 个)
药学院 2019 级本科生二班第一团支部
药学院 2020 级本科生第四团支部
药学院 2021 级本科生第二团支部
药学院 2021 级本科生第二团支部

护理学院团委(共 7 个)
护理学院 2019 级本科生助产班团支部
护理学院 2020 级本科生 2 班团支部
护理学院 2020 级本科生 3 班团支部
护理学院 2020 级本科生助产班团支部
护理学院 2020 级研究生 1 班团支部
护理学院 2021 级研究生 1 班团支部
护理学院 2021 级研究生 2 班团支部

科研机构综合团委(共 1 个)
工程与应用技术研究院 2020 级学硕团支部

脑科学研究院团委(共 4 个)
脑科学研究院 2020 级硕士生团支部
脑科学研究院 2020 级直博生团支部
脑科学研究院 2021 级硕士生团支部
脑科学研究院 2021 级直博生团支部
大数据学院团委(共 3 个)
大数据学院 2020 级第一团支部(人工智能)
大数据学院 2020 级第三团支部(数据科学)
大数据学院 2021 级专硕第二支部(应用统计)
研究生团工委联系单位(共 5 个)
文献信息中心团总支图书馆 2021 级研究生团支部
先进材料实验室 2021 级研究生团支部
中山医院 2020 级硕士生团支部
华山医院 2021 级硕士生班团支部
上海市生物医药技术研究院学生 2021 级团支部
华山医院团委(共 1 个)
华山医院虹桥院区机关团支部
肿瘤医院团委(共 6 个)
肿瘤医院 2021 级肿瘤学硕士团支部
肿瘤医院 2021 级肿瘤学博士团支部
肿瘤医院 2021 级住培专硕团支部
肿瘤医院徐汇护理第四支部
肿瘤医院麻醉科团支部
肿瘤医院浦东护理第四支部
妇产科医院团委(共 1 个)
妇产科医院产科护理第二团支部
儿科医院团委(共 5 个)
儿科医院研究生第一团支部
儿科医院医技第二团支部
儿科医院手术室麻醉科团支部
儿科医院心血管中心团支部
儿科医院外科团支部
眼耳鼻喉科医院团委(共 3 个)
眼耳鼻喉科医院临床医技第一团支部
眼耳鼻喉科医院耳鼻喉科第一团支部
眼耳鼻喉科医院护理第一团支部
复旦基础教育团总支(共 3 个)
复旦大学附属徐汇实验学校教工团支部
复旦大学第二附属学校教工团支部
复旦大学附属中学教工团支部
金山医院团委(共 1 个)
金山医院医技团支部
华东医院团委(共 2 个)
华东医院综合团支部
华东医院机关团支部
浦东医院团委(共 1 个)
浦东医院行政后勤团支部
静安区中心医院团委(共 2 个)
静安区中心医院内科团支部
静安区中心医院医技团支部

质子重离子医院团委(共 1 个)
质子重离子中心第一团支部

2021—2022 学年复旦大学五四红旗团支部名单(共 20 个)
外国语言文学学院团委(共 1 个)
外国语言文学学院 2021 级科学硕士研究生团支部
法学院团委(共 1 个)
法学院 2019 级本科生第二团支部
国际关系与公共事务学院团委(共 1 个)
国际关系与公共事务学院 2020 级国际政治专业本科生第二团支部
社会发展与公共政策学院团委(共 1 个)
社会发展与公共政策学院 2021 级社会科学实验班 4 班第一团支部
新闻学院团委(共 1 个)
新闻学院 2020 级本科生第二团支部
数学科学学院团委(共 1 个)
数学科学学院 2021 级本科生第一团支部
物理学系团委(共 1 个)
物理学系 2020 级本科生第一团支部
环境科学与工程系团委(共 1 个)
环境科学与工程系 2020 级本科生一班团支部
航空航天系团委(共 1 个)
航空航天系技术科学试验班五班第二团支部
材料科学系团委(共 1 个)
材料科学系 2021 级专硕研究生第一团支部
生命科学学院团委(共 1 个)
生命科学学院 2021 级硕士和直博生 2 班第三团支部
管理学院团委(共 1 个)
管理学院 2021 级硕博连读研究生团支部
基础医学院团委(共 1 个)
基础医学院 2020 级临八二班第二团支部
公共卫生学院团委(共 1 个)
公共卫生学院 2020 级本科生第二团支部
中山医院学生团总支(共 1 个)
中山医院 2020 级硕士生团支部
妇产科医院团委(共 1 个)
妇产科医院妇科护理第三团支部
儿科医院团委(共 1 个)
儿科医院医技第三团支部
眼耳鼻喉科医院团委(共 1 个)
眼耳鼻喉科医院行政后勤团支部
复旦基础教育团总支(共 1 个)
复旦大学医学院幼儿园教工团支部
华东医院团委(共 1 个)
华东医院特需团支部

2021—2022 学年复旦大学五四红旗团委名单(共 10 个)
哲学学院团委
国际关系与公共事务学院团委

社会发展与公共政策学院团委
新闻学院团委
数学科学学院团委
微电子学院团委
护理学院团委
妇产科医院团委
眼耳鼻喉科医院团委
华东医院团委

2021—2022学年度复旦大学优秀学生集体标兵名单(共20个)
外国语言文学学院2020级本科生班
国际关系与公共事务学院2020级本科生班
马克思主义学院2020级本科生望道班
马克思主义学院2021级硕士生班
国际文化交流学院2021级研究生班
数学科学学院2020级本科生班
物理学系2020级本科生班
物理学系2021级研究生班
化学系2021级硕士生和直博生班
计算机科学技术学院2020级计算机科学与技术班
微电子学院2020级微电子本科生班
材料科学系2021级硕士研究生班
生命科学学院2019级本科生班
公共卫生学院2020级本科生班
公共卫生学院2021级科硕班
药学院2020级本科生班
护理学院2021级研究生班
工程与应用技术研究院2020级科学硕士班
脑科学研究院2021级硕士直博班
肿瘤医院2021级肿瘤学博士班

2021—2022学年度复旦大学优秀学生集体名单(共141个)
中国语言文学系团委
中国语言文学系2019级本科生班
中国语言文学系2020级本科生班
中国语言文学系2021级学硕班
中国语言文学系专硕班
外国语言文学学院团委
外国语言文学学院2020级本科生班
外国语言文学学院2021级本科生班
外国语言文学学院2021级科学硕士研究生班
历史学系团委
历史学系2020级本科生班
历史学系2021级本科生班
历史旅游2021级研究生班
文物与博物馆系2021级研究生班
历史地理研究中心博士班
哲学学院团委
哲学学院2020级本科生班

哲学学院2021级硕士生班
法学院团委
法学院2020级本科生班
法学院2021级法律硕士(非法学)班
法学院2021级法律硕士(法学)班
国际关系与公共事务学院团委
国际关系与公共事务学院2020级本科生班
国际关系与公共事务学院2021级本科生班
国际关系与公共事务学院2021级硕士生班
国际关系与公共事务学院2021级公共行政系博士生班
社会发展与公共政策学院团委
社会发展与公共政策学院2019级本科生班
社会发展与公共政策学院2020级本科生班
社会发展与公共政策学院2021级社会工作专硕班
高等教育研究所2020级研究生班
新闻学院团委
新闻学院2020级本科班
新闻学院2021级本科班
新闻学院2021级科硕班
新闻学院2021级专业硕士班
经济学院团委
经济学院2020级经济学(国际项目)本科生班
经济学院2020级国际金融、保险本科生班
经济学院2020级经济学系本科生班
经济学院2020级世界经济系、公共经济学系本科生班
经济学院2021级经济学(国际项目)本科生班
经济学院2020级科学硕士班
经济学院2021级科学硕士班
经济学院2021级保险专硕班
经济学院2021级金融专硕二班
经济学院2020级直博班
马克思主义学院团委
马克思主义学院2020级本科生望道班
马克思主义学院2021级硕士生班
国际文化交流学院团总支
国际文化交流学院2021级研究生班
数学科学学院团委
数学科学学院2020级本科生班
数学科学学院2021级本科生班
数学科学学院2021级科学硕士班
数学科学学院2021级专业硕士研究生班
数学科学学院2019级直博生及2021级博士生班
物理学系团委
物理学系2020级本科生班
物理学系2021级研究生班
物理学系2020级直博生硕士生班
现代物理研究所(核科学与技术系)团委
核科学与技术系2021级本科生班
化学系团委
化学系2020级本科生强基班

化学系 2020 级硕士生班
化学系 2021 级硕士生和直博生班
化学系 2021 级博士卓博班
高分子科学系团委
高分子科学系 2020 级本科生班
高分子科学系 2020 级博士生班
环境科学与工程系团委（含大气与海洋科学系）
2020 级环境大气系本科生班
环境科学与工程系 2020 级硕士生班
大气与海洋科学系 2020 级硕士生班
大气与海洋科学系 2021 级硕士生班
信息科学与工程学院团委
信息科学与工程学院 2020 级信息 1 班
信息科学与工程学院 2020 级信息 2 班
信息科学与工程学院 2020 级信息 3 班
信息科学与工程学院 2020 级智能科学与技术（卓越班）
信息科学与工程学院 2020 级光科系研究生班
信息科学与工程学院 2021 级通信科学与工程系专硕班
信息科学与工程学院 2021 级微纳系统中心专硕班
信息科学与工程学院 2021 级电工生医科硕博班
计算机科学技术学院团委
计算机科学技术学院 2019 级计算机科学与技术本科生班
计算机科学技术学院 2019 级信安保密班
计算机科学技术学院 2020 级计算机科学与技术
计算机科学技术学院 2020 级智息技术班
计算机科学技术学院 2021 级计算机专硕 1 班
计算机科学技术学院 2021 级计算机专硕 2 班
计算机科学技术学院 2021 级计算机学硕班
软件学院 2020 级科硕班
微电子学院团委
微电子学院 2020 级微电子本科生班
微电子学院 2021 级专硕班
微电子学院 2020 级直博科硕班
微电子学院 2021 级三年制硕博班
航空航天系团委
航空航天系 2021 级本科生班
材料科学系团委
材料科学系 2020 级本科生班
材料科学系 2021 级硕士研究生班
生命科学学院团委
生命科学学院 2019 级本科生班
生命科学学院 2020 级本科生班
生命科学学院 2020 级硕士生 1 班
生命科学学院 2020 级硕士生 2 班
生命科学学院 2021 级硕士和直博生 1 班
大数据学院团委
大数据学院 2020 级本科生班
大数据学院 2021 级专硕班
大数据学院 2021 级类脑直博班
管理学院团委
管理学院 2020 级本科生班

管理学院 2021 级本科生班
管理学院 2021 级 DDIM 班
管理学院 2021 级 DSBA 班
管理学院 2021 级金融硕士班
管理学院 2021 级硕博连读班
管理学院 2021 级博士班
基础医学院团委
基础医学院 2020 级临床医学（八年制）1 班
基础医学院 2020 级临床医学（八年制）2 班
基础医学院 2021 级临床医学（八年制）1 班
基础医学院 2021 级临床医学（八年制）2 班
基础医学院 2020 级口腔医学班
基础医学院 2021 级基法班
基础医学院 2021 级硕士班
2020 级基础医学博士班
公共卫生学院团委
公共卫生学院 2020 级本科生班
公共卫生学院 2021 级本科生预防 1 班
公共卫生学院 2021 级预防 2 班、公管班
公共卫生学院 2020 级科硕班
公共卫生学院 2021 级科硕班
药学院团委
药学院 2020 级本科生班
药学院 2021 级本科生班
药学院 2020 级博士生班
药学院 2021 级博士生班
护理学院团委
护理学院 2020 级本科生助产班
护理学院 2021 级研究生班
科研机构综合团委
代谢与整合生物学研究院 2020 级研究生班
工程与应用技术研究院 2020 级科学硕士班
工程与应用技术研究院 2020 级专硕班
脑科学研究院团委
脑科学研究院 2021 级硕士直博班
中山医院研究生团总支
中山医院 2021 级科硕班
中山医院 2020 级博士班
华山医院研究生团总支
华山医院 2020 级科研型硕士班
华山医院 2021 级科研型硕士班
华山医院 2021 级科研型博士班
华东医院研究生团总支
华东医院 2020 级研究生班
生物医学研究院学生团总支
生物医学研究院 2020 级研究生班
中山医院学生团总支
2018 级临床医学八年制中山班
2018 级临床医学五年制中山班

华山医院学生团总支
华山医院 16 临八班级
华山医院 18 临八班级
肿瘤医院团委
肿瘤医院 2021 级肿瘤学博士班
妇产科医院团委
妇产科医院 2021 级科研型博士班
儿科医院团委
儿科医院 2021 级博士生班
社团团组织
复旦大学羽毛球协会
复旦大学糖心旦
复旦大学国旗护卫队
复旦大学学生法律援助中心
复旦大学研究生党建 CG

先进个人

全国"五一"劳动奖章
微电子学院　　　　　　　　　张　卫
第十三届全国五好家庭
物理系　　　　　　　　　　　谭砚文　张远波家庭
上海市巾帼创新领军人物
中山医院　　　　　　　　　　孙爱军
华山医院　　　　　　　　　　张　菁
上海市巾帼创新新秀
高分子科学系　　　　　　　　孙雪梅
上海市巾帼建功标兵
大气与海洋科学系　　　　　　陈晓丹
管理学院　　　　　　　　　　吴肖乐
华山医院　　　　　　　　　　骆菲菲
儿科医院　　　　　　　　　　夏爱梅
上海市教育系统巾帼建功标兵
物理学系　　　　　　　　　　刘韡韬
脑科学研究院　　　　　　　　何　苗
上海市巾帼创新未来之星
大气与海洋科学系　　　　　　陈晓丹
2022 年上海市教育系统为老服务优秀志愿者
药学院　　　　　　　　　　　陈纪岳
中国语言文学系　　　　　　　谭兰芳
生命科学学院　　　　　　　　杨金水
国际关系与公共事务学院　　　潘玲娣
2017—2021 年度上海市老教授事业贡献奖"先进个人
生命科学学院　　　　　　　　王　健
基础医学院　　　　　　　　　周淑君
上海市三八红旗手
高分子科学系　　　　　　　　孙雪梅

生命科学学院　　　　　　　　杨　青
中山医院　　　　　　　　　　孙爱军
华山医院　　　　　　　　　　张　菁
妇产科医院　　　　　　　　　杜美蓉
上海市三八红旗手标兵提名奖
生命科学学院/妇产科医院　　 王红艳
上海市教育系统三八红旗手
国际关系与公共事务学院　　　左　才
化学系　　　　　　　　　　　王凤燕
基础医学院　　　　　　　　　程训佳
生物医学研究院　　　　　　　余红秀
上海市海上最美家庭
管理学院　　　　　　　　　　王克敏家庭
上海市教育系统第二届最美家庭
(比翼双飞模范佳侣标兵)
生命科学学院　　　　　　　　王敬文　钱　峰家庭
上海市教育系统第十三届比翼双飞模范佳侣
信息科学与工程学院　　　　　闫　华　李　劲佳侣
上海市教育系统第十三届比翼双飞模范佳侣提名奖
物理学系　　　　　　　　　　刘韡韬　吴施伟佳侣
第五届上海高校青年教师教学竞赛
一等奖
外国语言文学学院　　　　　　单理扬
二等奖
艺术教育中心　　　　　　　　周　涛
马克思主义学院　　　　　　　唐荣堂
物理学系　　　　　　　　　　戚　扬
眼耳鼻喉科医院　　　　　　　郑　克
三等奖
基础医学院　　　　　　　　　刘　洋
基础医学院　　　　　　　　　徐　晨
妇产科医院　　　　　　　　　张　宁
优秀奖
大数据学院　　　　　　　　　魏忠钰
中山医院　　　　　　　　　　朱　琳
2022 年长三角科学道德和学风建设论坛征文
一等奖
赵东元　张自豪
二等奖
孙冰心　罗英华　张　震
三等奖
何梦雨　陈蓉蓉　马　臻　杨娅雯　赵玮杰
优胜奖
徐佳洁　王宁宁
上海市教育工会"申城教工抗疫行"庆"五一"《抗疫志愿者的故事》征文比赛
特等奖
经济学院　李志青

一等奖

宣传部　殷梦昊	
宣传部　胡慧中	

二等奖

宣传部　章佩林

优胜奖

继续教育学院　乔琴生

2022 年上海高校毕业生就业工作优秀工作者

于专宗　郁颖佳　许　妍　赵晓惠

上海市高校学生理论宣讲微课程比赛

一等奖

蔡薛文

二等奖

鄢传若斓

优胜奖

许文嫣　陈天慧

上海高校"百名学生党员标兵"创建个人

杨　宁　左宗正　李飞虎　顾思怡　李俨达　郭怡冰
纪明岑　唐林焕　吴松阳　王凯琳

复旦大学巾帼创新奖

社会发展与公共政策学院	沈　可
经济学院	杨　青
物理学系	苏卫锋
高分子科学系	汤蓓蓓
大气与海洋科学系	高艳红
管理学院	夏　寅
管理学院	李绪红
复旦大学附属中学	张敏霞
基础医学院	刘国元
基础医学院	孟　丹
药学院	黄容琴
华山医院	骆菲菲
肿瘤医院	徐　烨
妇产科医院	丁国莲
妇产科医院	徐晨明

复旦大学三八红旗手

外国语言文学学院	万江波
中国历史地理研究所	张晓虹
法学院	王　蔚
国际关系与公共事务学院	顾丽梅
社会发展与公共政策学院	赵　芳
国际文化交流学院	徐　来
数学科学学院	朱慧敏
化学系	侯秀峰
高分子科学系	彭　娟
环境科学与工程系	李　丹
信息科学与工程学院	郭　翌
微电子学院	殷　韵
生命科学学院	郑丙莲
管理学院	柯佳儿
管理学院	郑琴琴
纪委办公室	申华蕾
党委学生工作部	马思嘉
财务与国有资产管理处	余　青
图书馆	应　峻
复旦大学附属中学	丁　鸣
复旦大学附属中学	张敏霞
复旦大学第二附属学校	蔡剑金
复旦大学附设幼儿园	夏　蓓
基础医学院	潘东宁
基础医学院	梁春敏
药学院	黄容琴
脑科学研究院	罗赟星
生物医学研究院	张　莹
中山医院	洪群英
中山医院	江孙芳
中山医院	姜立经
中山医院	刘　嫣
中山医院	秦　薇
华山医院	黄延焱
华山医院	金嘉琳
华山医院	骆肖群
华山医院	蒋浩琴
华山医院	妞怡冰
肿瘤医院	狄根红
肿瘤医院	郭　林
肿瘤医院	叶　双
妇产科医院	丁国莲
妇产科医院	吴琰婷
妇产科医院	徐晨明
儿科医院	王中林
儿科医院	吴冰冰
儿科医院	严卫丽
眼耳鼻喉科医院	邱晓頔
眼耳鼻喉科医院	聂雯瑾
眼耳鼻喉科医院	席淑新

复旦大学比翼双飞模范佳侣

1. 妻子:复旦大学外国语言文学学院　李新梅
   丈夫:东华大学机械工程学院　陈入领
2. 妻子:复旦大学物理学系　殳　蕾
   丈夫:复旦大学环境科学与工程系　马　臻
3. 妻子:复旦大学化学系　黄德英
   丈夫:复旦大学环境科学与工程系　张继彪
4. 妻子:复旦大学信息科学与工程学院　付海洋
   丈夫:上海交通大学航空航天学院　李伟鹏
5. 妻子:复旦大学生命科学学院　苏　伟
   丈夫:复旦大学生命科学学院　吴家雪
6. 妻子:复旦大学教务处　范慧慧
   丈夫:复旦大学党委政策研究与改革办公室　方　明
7. 妻子:复旦大学附属中山医院　林蕾蕾

丈夫：复旦大学附属中山医院　高晓东
8. 妻子：复旦大学附属华山医院　黄延焱
　　丈夫：上海交通大学附属精神卫生中心/复旦大学精神卫生研究院　徐一峰
9. 妻子：复旦大学附属眼耳鼻喉科医院　邱晓頔
　　丈夫：复旦大学附属华山医院　李培良

2022年复旦大学优秀离退休教职工（个人）奖

校老教（退）协会	方林虎
附属儿科医院	韩春林
公共卫生学院	胡善联
校关工委	陆昌祥
经济学院	施正康
法学院	唐兰英
数学科学学院	忻元龙
管理学院	许晓明
生命科学学院	杨金水
护理学院	杨英华
信息科学与工程学院	姚佩玉
附属妇产科医院	殷静娅
老干部党总支	俞顺章
化学系	郁祖湛
社会发展与公共政策学院	张乐天
学校办公室	赵美仁

第六届复旦大学青年五四奖章（个人）

教师组
石　磊　物理学系
赵　岩　材料科学系
占昌友　基础医学院
陈培宁　先进材料实验室
何　苗　脑科学研究院

医务工作组
刘歆阳　中山医院
刘丰韬　华山医院
叶　双　肿瘤医院

学生组
朱立远　微电子学院

第六届复旦大学青年五四奖章（个人提名奖）

教师组
潘泽瀚　社会发展与公共政策学院
夏　寅　管理学院
张　力　大数据学院
余勇夫　公共卫生学院

医务工作者组
孙　松　儿科医院
张　硕　妇产科医院
黄锦海　眼耳鼻喉科医院

学生组
陈禹潜　新闻学院
李俨达　大数据学院
陈天慧　眼耳鼻喉科医院

长三角科学道德和学风建设论坛活动"树·典"研究生创新实践之星

江兴华　环境科学与工程系

2021—2022学年复旦大学优秀共青团员名单（共2 136人）

中国语言文学系团委（共59人）
陈笛瑶　陈丽绮　陈思宇　陈鑫颖　戴欣怡　刁惠敏
窦文欣　费　璠　冯歆瑶　耿雨妍　韩　超　贺嘉年
洪颖琪　黄　榕　黄雨洁　戢建新　贾颖月　蒋乐妍
康启蕙　李恺昕　李思涵　李心然　李欣瑶　李　宇
李紫桐　励依妍　梁启越　林琪竣　刘冠麟　刘涵玉
刘　盼　刘欣宇　刘雨晴　卢　菁　陆佳妮　陆嘉怡
罗瑜涵　聂　菲　彭若枫　彭　烁　皮明星　任彬源
沈文萱　施睿赟　宋炘悦　王芊漪　王馨卓　王艺澄
邢　岳　许　静　易英凡　于润欣　张婷怡　张　扬
赵其姝　赵文瑜　赵芸巧　周俊杰　朱怡辰

外国语言文学学院团委（共64人）
安奕静　陈梦泽　陈怡丹　成　成　程文曦　丁　祎
杜思贤　杜思雨　顾　芃　郭嘉仪　韩冰仪　贺金月
黄骏博　黄钰娟　金小盟　阚　莉　李大鹏　李慧娴
李佳仪　廖鹏宇　林婧楠　刘立坤　刘　璐　刘芯钰
刘廷格乐　　　刘　奕　楼天韵　芦雨昕　陆顺婕
倪夏骏　邱辰君　施佳余　宋佳仪　孙奕霏　唐丹阳
王宇纯　魏　同　吴新悦　吴逸萌　武宁以　夏　霈
夏子馨　向家萱　熊思佳　徐嘉晨　寻含章　颜　羽
杨　晨　俞佳菲　袁　筝　张点点　张颢瑾　张凌闻
张凌云　张尹嘉　张栀雨　赵雁南　赵易安　周怡航
周智芸　朱涵沽　朱静宜　朱怡然　祝　琳

历史学系团委（共40人）
陈　珏　代宇彤　杜馥利　顾荻飞　郝文喆　何籽成
侯俞一　胡怡波　解淑婷　李厚祺　李文俊　廖　杨
林得菊　刘崇沣　刘　威　刘威龙　罗文沛　骆妙星
潘可欣　齐佳童　秦　莹　任紫钰　施乃也　王　淳
王嘉洛　王　莹　王语涵　翁正麦　吴恒幸　杨创意
杨欣然　殷世强　袁　尚　张　涵　张　静　张曼韵
赵甜甜　赵闻瑾　朱　灵　朱祎旻

哲学学院团委（共29人）
鲍紫莹　贲启涵　蔡思涵　付文博　高晋豪　郭子涵
胡嘉怡　李　丹　梁　誉　刘珂然　刘苡辰　马亚琴
邱宛霖　施怡阳　陶若尢　王怡心　翁仕遠　吴　静
杨　博　殷翔宇　章　含　张涵雯　张之韬　张易超
张晋川　张懿雨　赵翼羽　郑奕涵　邹书玥

法学院团委（共82人）
安小恬　曹　盈　常金凤　陈璐璐　陈启凡　褚轶芸
戴桁宇　方崔喆　高　瞻　龚　胜　顾心瑜　顾周琳
韩时东　胡佳宁　黄　岩　吉艳红　况　凯　李大坤
李含怡　李竞凡　李若涵　李闻迪　林　峥　刘　鸿
刘　裕　刘　玥　刘　喆　刘乔萍　刘心仪　鲁安妮
陆思颖　马乐阳　梅舒婕　谯雅芸　欧阳茗荟
瞿　雷　沈安诺　申佳其　神梦婕　申世屹　石翔旭

史雨燕	孙泽涛	汤朝霞	汪晨涵	汪盛亚	汪震薇	陈虹宇	陈吉思汗	陈家冰	陈豫琦	陈子健
王浩楠	王丽飞	王沁怡	王晓蝶	王欣然	王欣彤	陈子钰	程章锴	崔凯雯	戴佳怡	单诗宇	董家豪
王逸凡	王梓亦	王子骐	吴　静	吴　璇	吴晓晶	杜雨爽	杜子薇	高成凡	高嘉远	高静怡	郭雨桐
吴炫霓	吴伊扬	夏月恒	徐　培	徐浐峪	徐光祖	郭昱龙	韩　菁	郝　禹	洪康隆	侯佳宜	胡　迪
许天琪	严佳蕊	杨　蕾	姚瑜琳	尹宁远	於诗琪	胡　飞	胡瀚心	胡　杰	黄汉成	黄路珺	黄蔓琪
曾鑫坤	詹思源	张　杰	张姝婧	张天行	赵　倩	黄　山	姜子涵	蒋嘉毅	金树清	靳志鹏	康贺怡
郑　硕	周璟希	周易培	朱俊婷	朱依蔓		孔曲阳	李斌善	李灿然	李嘉琪	李珏松	李钠平

国际关系与公共事务学院团委（共71人）

包　蕴	陈皓骏	陈佳玉	程兆语	笪　轩	董庆玲
豆　易	范镜泽	甫昕芮	高登怀	巩　帅	郭印杰
胡伟佳	胡　琰	怀　楠	黄志娟	黄忠军	江　楠
江一菲	蒋亦晴	李翠舒	李际州	李美桦	李　睿
李天勤	李行行	李雨涵	廖　恒	林润儿	刘　惠
陆晟恺	马雨哲	那一佳	南　楠	桑守振	施成樟
孙智蕙	谭敬元	郑抑非	周雨晨	唐艺宁	王　迪
王海宁	王金柱	王开阳	王　寅	王禹欣	王　远
魏　澜	吴陈瑾	吴　蒙	夏　菱	熊芮宁	徐　缘
薛　瑞	晏文骐	杨梅凤	杨凝薇	杨书帆	杨晓蕾
叶芷玲	虞温和	张　傲	张梦瑶	张一凡	张真依
章子娟	赵健鑫	赵翔宇	赵子昂		
帕提曼·阿不都热衣木					

（后接：李千一 李　蔚 李雅玥 李业蕾 李　艺 李卓妹 / 李梓豪 林一桥 刘琮寅 刘海波 刘洁仪 刘栋晨 / 刘璐雨 刘尚贤 刘思佳 刘子琦 柳　博 罗诗韵 / 吕尚坤 吕一伟 梅奕秋 倪　端 聂煜坤 潘文青 / 蒲莫寒 钱韵朵 乔晓雪 秦思佳 丘梓宏 瞿钰玲 / 任思杰 任　真 阮梦婷 阮　颖 施云扬 谭奇思 / 陶瀚喆 万斯语 王高航 王国鉴 王慧婕 王家欣 / 王靖扬 王秋懿 王睿恒 王　毅 王榆茜 卫宇轩 / 吴皓月 吴尚恒 吴双宇 吴宙航 肖　超 徐呆菌 / 徐　鹏 徐小荷 徐一鸣 许金浩 薛力宁 杨悦平 / 杨　喆 姚　航 应　琪 于皓南 于泠然 余景晖 / 余骏菲 郁　研 张嘉乐 张　乐 张明煜 张天帷 / 张馨月 张雅琪 张印岭 张好婕 张云鹏 张哲达 / 章睿彦 赵　康 赵文天 赵娅茗 赵宇翔 赵子文 / 郑雅文 郑振宇 钟为西 周　芮 左　丛 左栋宇）

社会发展与公共政策学院团委（共74人）

卞正涛	常　笑	常鹏飞	陈璐璐	陈青娴	陈书羿
陈汪铭	成雅仪	程　舒	程缨淇	崔舒永	高　莎
顾晨淳	顾峥浩	韩宇新	蒋天一	蓝天弋	李　瑾
李静怡	李绮琪	李少莹	李桐潇	林悦盈	刘　娜
柳珏玺	陆冰洁	马　茜	马　桢	苗　露	莫　飞
墨慧萱	倪　冰	牛睿孜	彭　媛	祁文彦	潜　俊
宋嘉怡	滕玉洁	田浩成	王　磊	王　薇	王　宇
王恕桥	王杨聿	温贺紫	吴晓璐	吴致远	忻舒彦
熊霄丹	许铭嘉	薛芳怡	杨　晶	杨　钊	杨倩盈
杨天萌	杨怡凡	杨雨青	叶　仪	殷佳欣	尤宇涵
于　莹	虞家豪	张陈陈	张婧雯	张开怡	张云帆
章　莹	章一诺	赵　锐	赵佳怡	周闻语	周智鑫
朱梦琦	朱星晓				

马克思主义学院团委（共36人）

安则成	蔡　颖	曹　越	陈原烨	冯叶妮	付芳菁
葛世林	顾　铭	廉伟琪	梁　栋	林　怡	刘　爽
吕子良	马　琳	马文亮	孟从华	倪博恒	欧阳心怡
潘　越	施天婷	史凯颐	宋高杰	孙昊鹏	王婕妤
王君健	王思雨	王晓冉	夏可怡	严　顺	杨怀川
杨柳风	杨　宁	杨之林	郑银琪	周芷琦	朱可涵

国际文化交流学院团总支（共3人）

谷兆颖	王静宇	王伟威

数学科学学院团委（共72人）

蔡　斌	蔡建栋	曹诗韵	陈凯秋	陈升升	陈秭伟
成　然	程　越	戴雨彤	丁宇哲	杜竑毅	杜明聪
郭子菲	何海怡	何宇翔	黄晨欣	黄行健	黄　河
孔章辰	李飞虎	李凯珵	厉　茗	李若为	李笑仪
李雨桓	李宗一	林妙可言		刘骋栋	刘俊杰
刘俞辰	刘语灵	陆斯成	吕兆杰	罗心悦	马一凡
马梓洋	倪涵睿	沈嘉辰	沈舒洁	孙文健	孙晓雯
谭　璞	陶　可	万佳钰	王博宇	王　鹤	王家俊
王　乐	王秦思	王瑞杰	王　赢	王梓畅	卫　博
吴怡杰	吴悦卿	习逸田	夏诗岩	谢宸宇	徐恒阳
徐　梅	闫乙铭	叶舒悦	尹首怡	袁锦星	袁若馨
张骥野	张嘉璇	张　旭	赵明阳	仲昭月	周昕瑶
周　洲					

新闻学院团委（共69人）

边嘉璐	曹浩帆	曾文鹏	陈璐瑶	陈文刚	陈心仪
陈芷沁	储未然	邓　为	丁俏力	董一陶	方佳雯
方青清	冯俊婷	冯子纯	符冬子	高嘉玲	高嘉仪
龚涵孜	谷笑影	何敏君	黄天宇	黄雅萍	计丹洁
李　泓	林　苗	凌雨竹	刘　微	卢　洁	陆冠宇
吕晨安	梅婕雯	欧阳文昕		秦　源	任雅薇
沈逸寒	师梦娇	宋心语	苏佳怡	粟子骞	孙天皓
谭奕茂	唐泽楷	田晓丽	田修齐	王博雅	王　翀
王江帆	王　璐	王　彤	王小淳	王语晴	韦　璐
吴若凝	谢　鑫	许芯蕾	闫文轩	杨晨阳	杨铭宇
余秋芳	张思琪	张思睿	张中晓	赵睿佳	钟沁蕊
周佳怡	周静妍	庄乐言	邹宇凌		

经济学院团委（共137人）

班红敏	曹安琪	曹琼予	曹宇轩	曾　婷	陈凤梅

物理学系团委（共42人）

艾临风	包　宇	陈慧玲	陈宇航	陈玉东	丁靖喆
丁舒悦	冯嘉旭	高宇汉	顾依萌	管欣怡	郭圣炳
何洛妍	金　鹏	李柏轩	李松丞	林一石	刘博弈

罗熠晨　吕霄龙　沈振昌　盛致远　斯　想　孙骏力
孙瑜锋　谈金林　陶志国　王博繁　王徐靖　王　旭
王一飞　吴柏宁　余博洋　袁威杰　詹　芮　张　盼
张言韬　张　艺　赵　猛　郑开新　周书研　周宇鸿

现代物理研究所（核科学与技术系）团委（共13人）
陈暄增　陈一嘉　李　飞　李缘文　罗旭涵　马蒲芳
孙静安　孙彦康　王家伟　王　顺　王银涛　夏子寒
周祎卓

化学系团委（共41人）
陈　璐　陈奕颖　杜　可　高　嵝　韩欣悦　黄怡佳
惠和华　蒋文昊　靳　雪　林恩佑　林　涛　林小青
凌　博　刘述德　刘思远　刘亚楠　卢艺萱　潘梁恺
沈嘉城　沈星宏　石嘉逸　孙世杰　唐　戬　王鉴明
熊　伟　徐萌萌　徐乾翔　徐子星　杨思宇　杨　飑
杨　洋　姚　伦　殷　建　于皓汀　于一博　张峻薪
张天宇　周佳祺　朱肖禹　邹哲涵　曾　晖

高分子科学系团委（共22人）
刁卓凡　冯宇镝　蓝　泽　李春霖　李金妍　李其融
李青芸　刘济增　罗刘晗钰　邱绍恩　舒　丹
陶　晶　屠思聪　王振国　谢奇杉　杨翠琴　杨依蓓
曾佳熙　张逸翔　赵伟雨　周瑚燕　朱子涵

环境科学与工程系团委（共48人）
包冯滋　蔡桢杰　董　哲　窦辰飞　段肖肖　冯　珂
傅正航　海　蓝　韩艾曦　韩　月　洪　昕　胡静茹
黄　薇　金　虎　金慧雨　黎婧倩　李博海　李文清
李　晓　李雨芮　梁　晨　梁涵洲　凌　越　刘靓颖
刘品皓　刘　源　陆金泽　骆　希　牛浩成　齐思齐
邵　姝　施　懿　宋曦雯　孙婉莹　吴义栋　夏甘霖
肖若彤　许东润　许晖敏　许　卉　杨　帅　杨怡萱
张琪越　张笑荣　张译天　郑培铖　卓先旺　邹建旻

信息科学与工程学院团委（共103人）
安慧珺　包　毅　卞振伟　蔡彦成　曹航溥　曾泽铿
陈　成　陈　磊　陈谦益　陈太琪　陈欣骅　陈张雄
单淑慧　刁海康　董劲松　范璐菲　付子钊　高骐彬
高　雪　葛丙辰　顾志皓　韩晓汀　何肽威　黄诗捷
季明娟　姜若嘉　孔珊珊　孔维阳　赖　耘　李　成
李甫杰　李建儒　廖光星　列智坤　林靖涵　林文韬
林志霖　凌非尧　刘晨星　刘凡霄　刘　璟　刘　韬
刘毓馥　卢晗旭　卢宏伟　罗庚峪　罗宇鸿　马　宸
马嘉禹　聂雨辰　聂子尧　欧阳子言　　　　任则华
沈瑞琪　史凌伟　宋早发　孙　苗　谭宇璇　唐　毅
滕梁宇　田俊杰　王　珺　王　琳　王明旭　王麒淦
王思元　王蔚然　王心怡　王宇昂　王越越　魏潇逸
邬奇睿　吴　婧　吴隽妍　吴　颖　许扬锦　薛夏妍
杨金桥　杨云婷　叶荣桢　应宇杰　余一翔　俞珠颖
郁钧瑾　袁奕杰　张军强　张　鄰　张秋仪　张芮珩
张小凤　张钰山　张源萌　张跃慧　赵金婵　郑　一
钟一凡　周昊翔　周丽红　周　涛　周　伟　周晓萌
周昕玥　周滆剑

计算机科学技术学院团委（共127人）
保昱冰　卞雨喆　陈艾利　陈祺钰　陈心诺　陈　中
陈中钰　陈　卓　崔家铭　戴江凡　邓　驭　董宇泽
杜佳颖　杜　娜　范　萌　封含儒　付昊霖　甘晨飞
高铭凯　公　超　管正青　郭　露　侯梦圆　侯　鹏
侯小骞　侯自愿　黄俊杰　黄　力　黄怡琳　姜尔玲
姜剑峰　姜文丽　蒋　婷　蒋雨婷　金雨澄　蓝琵潇
李　博　李昊宸　李昊霖　李靖琦　李美玲　李萌玻
李培基　李瑞峰　李世民　梁　颖　梁祖宁　林博韬
林　青　凌宇航　刘佳楠　刘俊伟　刘佩举　刘香君
刘长安　刘志伟　柳世纯　柳思佳　罗嘉骐　罗景潇
罗婷婷　买巫予鸶　　　　牛炳翔　彭　卓　沈　杰
史一哲　宋鲁杉　苏敬发　苏子轩　孙　晗　孙若诗
孙唯捷　孙　旭　万俊鹏　汪佳伟　王　楚　王　岗
王浚哲　王骏飞　王鹏宇　王书杰　王彤宇　王　威
王文婧　王　轩　王　雨　王御天　卫清渠　魏志鹏
翁泽佳　吴海如　吴嘉植　伍洲扬　肖　凯　肖　杨
谢易蓥　徐际岚　宣子涛　颜家勉　杨　帆　印张悦
游年浩　俞哲轩　虞舒甜　袁祺林　袁润恬　臧　璇
张　昊　张皓捷　张佳妮　张开元　张圣尧　张　挺
张翔宇　张新建　张钰珍　赵凯雅　周　浩　周吉辰
周孟荣　周思敏　周婉怡　朱　奉　朱　睿　訾柏嘉
邹　懿　祖心言

微电子学院团委（共70人）
曹静雅　曹　舒　曾宝荣　陈浩然　陈俊江　陈宇凡
崔乐贝　邓泓椿　翟天屹　冯肖迪　龚力川　何泽显
贺　浩　黄承康　赖嘉辉　赖峥宇　李金媛　李立冉
李怡杰　李　震　林　睿　林与正　林玉明　刘一萱
吕姜寒　潘仲豪　庞星辰　区朗曦　邵佳炳　沈金翼
石佳禾　孙发显　孙旖玮　田慧楠　万茹洁　汪尚美
王　彬　王常昊　王嘉昊　王芃骁　王逸帆　王宇航
王子杰　吴昊奇　吴佳锡　吴思清　相龙玺　谢欣灵
许　珐　许煜民　薛家龙　薛思惟　闫亚州　于晓伟
袁　柱　张海龙　张嘉良　张曼婷　张若彤　张韬予
张馨文　张雨萱　张　越　张运涵　张子怡　赵贝拉
郑凯祥　郑叶萍　钟晓宇　周天怡

航空航天系团委（共16人）
曾靖淞　程灵泉　李沐宸　刘沄帆　罗鹏宇　裴梓成
邵楷钦　粟思怡　沈　阅　汪祎铭　王金强　徐天乐
悦春洋　赵君怡　朱应俊　邹宸东

材料科学系团委（共38人）
包　恬　曹申钰　陈　燕　陈凌云　陈溢涵　陈禹凡
崔峻达　冯瑶箐　顾文君　何　沛　贺宇霏　胡　浩
康钦莲　李汶鑫　李中政　林心怡　林子开　刘凡雍
刘金会　刘俊含　陆雨瑄　马　波　钱凯婧　秦思佳
时欣宇　孙圆元　涂诗怡　王丛欢　王千艺　杨子曦
张　扬　张釜铭　张津铭　张睿哲　张水鑫　张　瑜
周　妍　宗　旸

生命科学学院团委（共57人）
蔡宇晨　操小桐　常怡然　陈　旭　陈　颖　陈仕琳

陈雅慧　陈奕佳　郭寅凤　韩子昂　何弋涛　黄茜蕊
黄伊萱　贾睿靓　江雪彤　姜小涵　孔　博　李安琪
李丹丹　李可馨　李明慧　李庆春　李园园　李哲楷
刘经武　刘沐尧　刘怡箐　刘忠旭　鲁心怡　陆童创
马福盈　马家兴　马铭杨　马志强　欧阳绚雨
孙小荃　汪正宇　王　杰　王佳蕾　王奕蘅　谢林珊
谢文浩　徐思源　杨　洁　杨芊茹　杨箬楠　张　彬
张　鹏　张　鑫　张　璇　章美琪　赵一琦　赵雨薇
钟　超　周娟娟　周思齐　周筱涵

管理学院团委(共73人)

蔡　健　蔡力冠　蔡宛真　曹　阳　陈佳宁　陈美瑜
陈音绮　程　坦　邓悦萌　董士豪　董雄飞　冯珏玮
顾伊晴　顾祎文　郭星砚　过泽森　何　毅　洪佳薇
黄　琳　黄　河　姜竣元　金　怡　景紫汀　柯俊杰
李可馨　李奕萱　李在乐　刘江龙　刘司宇　刘彦扬
刘亦舒　卢怡帆　鲁佳辰　鲁瑜婷　孟祥源　潘　恺
潘晨璋　潘李靖　彭顾逸　上官琪祥　　　　苏昊东
谭智文　汪沁娟　王府璟　王启新　王怡帆　王艺蓉
王毅飞　王志诚　魏家燊　吴菲婷　谢思怡　徐墨涵
杨　莹　杨若雨　杨雅岚　杨嫣然　易殊玥　俞智瀚
张　蒨　张　颖　张海璇　张宏润　张进洪　张露引
章超逸　赵亦丰　郑佳欣　周婧怡　周小为　周逸洋
朱涵文　朱小雅

基础医学院团委(共103人)

阿丽米热·麦合木提　　　白雨洁　蔡奕恒　曹宸瑜
曹沐紫　曾　弘　沈洲盈　沈子月　陈　浩　陈锦钰
陈俊霖　陈　可　陈丽君　陈天骐　陈雪婷　陈政翰
迟爱秋　崔心怡　代雨馨　翟天玉　杜　多　杜岳姗
樊梓儿　付诗曼　付　颖　高明宇　葛佳艺　龚　政
谷　米　韩　晶　韩　政　何洛希　何沐阳　洪光辉
胡毅恺　黄慧钰　黄兴达　黄焱森　金李丹　金小丁
鞠卓凝　雷富植　雷泽宇　李青山　李申申　李晚笛
李昕玥　李　臻　林彦辰　刘佳颖　刘江帆　刘诗楚
刘　硕　刘　旭　刘怡茹　柳绺天　楼宇昂　芦鑫荣
鲁朝臻　陆一萌　马嘉毅　马　娟　马一诺　苗润泽
米尔·叶尔努尔　全心怡　任卡娜　舒文俊　孙　野
特烈克·哈林别克　　　王德禹　王高佳　王文静
王子怡　魏政凯　吴浩芸　吴佳宁　夏铭宇　谢鲤潞
徐　超　徐冯祎旸　　　闫　妍　杨清荧　姚冰然
叶　可　叶一诺　余桓宇　张碧珊　张晨阳　张道涵
张　碟　张涵迪　张洪泽　张靖淇　张曼铃　张天然
张伟鑫　赵陈曦　郑涵予　郑子璐　周骥桐　朱依晗
宗雨昕

公共卫生学院团委(共85人)

白海凡　白佳楠　蔡京廷　蔡　旻　曾庆玮　曾叙衡
曾子涵　陈雨璐　陈梓洁　程见卓　程进扬　次旺曲珍
丁　越　杜晨晋渝　　　段志宏　方皙伊　冯静源
冯　蕾　谷秋韵　管泽铖　郭　元　韩　云　何紫璇
黄君慧　黄荣钏　贾璟瑜　李航宇　李文韵　李艺扬
李轶昆　梁俊怡　廖诗鸣　林大鹏　林米乐　林诗语

刘　霂　刘兴月　刘修良　卢正方　罗　钰　马海峰
马铭晗　美朵拉增　　　孟皓澜　孟欣雨　潘圣沂
庞欣悦　彭　祺　宋和青　苏晓桢　孙浩瑞　孙一诺
童懿昕　万嘉姝　王劼钰　王丽敏　王　莉　王彦欢
魏丹阳　魏思翰　文泽轩　吴枚屹　向海燕　熊　嬴
徐　澳　颜雨佳　杨华灵　杨若茹　杨宇珑　姚琴琴
易康祺　余　涛　张森伟　张天仪　张　欣　张艺凡
张艺璇　张雨欣　赵文轩　郑　波　周美玲　周晓钰
朱　亚　庄婷钰　祖恩晴

药学院团委(共39人)

白　钰　程峻锋　崔彦云　窦子涵　符　源　高　原
顾一雯　李　航　李　拉　李启秀　李韵涵　李紫璇
刘　悦　刘梦园　刘斯凡　路若楠　马馨雨　门泽宁
冉　琴　孙蒙恩　唐泽群　佟勤丽　汪　瑜　王　婷
吴汉杰　谢雨横　熊乐淇　胥敏俊　徐乐晴　宣　添
杨盛敏　杨鑫羽　冶会静　叶　青　于世航　张　桐
张　悦　支樹澄　钟钰璇

护理学院团委(共31人)

陈玺竹　崔盈佳　何加敏　何　静　何小豪　黄雨涵
贾凌莹　兰尚妮　李　静　刘月琴　罗　丽　缪佳凝
舒仁芳　唐奕敏　田茂婷　万　佳　汪小琳　王奕飞
王雨阳　吴　双　徐佳慧　杨世林　杨一乐　余骏雯
袁潇逸　岳　朋　张　蕊　张燊濡　赵露露　郑芳莉
邹莘莘

科研机构综合团委(共22人)

陈　童　董一诺　方高运　封　硕　关起飞　李一丹
刘敏讷　马甲辰　马威战　米　雯　沈迪雅　田承文
王爱萍　许璟珅　张晓珊　张星语　张子萱　周　恒
周琳蕙　周沁彦　周泽楚　朱静逸

脑科学研究院团委(共12人)

蔡静宜　陈　辉　陈　顾　戴婧仪　郭芸珲　胡志斌
黄　玉　邝思颖　孟　珊　邵昱琦　魏俊锋　朱月妍

大数据学院团委(共37人)

陈　仪　程子琛　仇均易　党同真　段皓警　范华鑫
费彦琳　居　正　李德民　李进之　李明辉　李　强
李　任　李　澈　李寅子　刘赟昊　柳　婷　娄祉祯
马若雪　袁星宇　王雪飞　魏诗琪　魏晓宝　夏小岚
向旭晨　肖儒峰　杨　越　冶馨悦　员司雨　袁　楠
袁鑫凤　翟荣泉　赵兴忠　赵正龙　周琪皓　周哲立
朱腾浦

放射医学研究所团总支(共3人)

刘兴隆　任　立　张瑞琦

中山医院学生团总支(共15人)

曾琳淇　甘逸涵　胡海琛　姜安绮　李宇嘉　李　智
屈　虹　王俊捷　武　玥　杨　睿　叶　鑫　于金洋
张书田　张宇晔　周心怡

华山医院学生团总支(共17人)

陈艺凌　付裕园　付子乐　高海清　郭旸洋　黄诗怡
黄子航　李云轻　吕琰琛　彭　芃　孙冰清　王天一
魏天畅　魏咏琪　徐时敏　许之珩　张雨梦

华东医院学生团总支(筹)(共9人)
杜雨鑫　郭繁颖　何　晨　连阳也　刘轩君　刘雨淇
王雨汇　张宸已　周宛仪
古籍整理研究所学生团总支(共3人)
但　锐　王婧怡　于　洋
文献信息中心学生团总支(共7人)
范俣杰　方诗雨　蒋明理　童慧航　邢伟琪　叶书迪
周　丽
先进材料实验室学生团总支(共6人)
李星进　刘坤豪　罗飞宇　王慧宁　文芊又　杨子琪
中山医院研究生团总支(共20人)
敖永强　蔡翊莹　程　灏　高金峰　何巧兰　胡亦清
刘方钰　刘牧吟　刘文凤　奇卓然　邱首继　邱　越
宋晓玥　汪竹涛　王四维　吴奕星　徐　晶　郑高兴
郑添琪　朱文思
华山医院研究生团总支(共19人)
陈佳妮　陈楷文　陈　欣　杜　威　还　道　何　中
林子阳　刘　滢　罗智文　盛怀瑄　涂佳琪　王小杰
王逸然　肖朕旭　薛啸傲　殷瑞琪　张静怡　周　琦
朱晓菲
金山医院学生团总支(共3人)
韩敦生　李珏星　袁　佳
上海市第五人民医院学生团总支(共2人)
蔺晓梅　杨奥磊
公共卫生临床中心研究生团总支(共2人)
陈　宏　袁　媛
华东医院研究生团总支(共2人)
刘萱琪　余润芝
浦东医院学生团总支(共1人)
林学广
静安区中心医院学生团总支(共1人)
周先强
闵行区中心医院学生团总支(共2人)
黎　健　倪兆娴
青浦区中心医院学生团总支(共1人)
郭振宇
口腔病防治院学生团总支(共1人)
翁清清
生物医学研究院学生团总支(共12人)
陈钰熹　焦梦霞　李佳慧　刘如意　王海洲　王　琨
余　然　岳雪彤　张灿钰　赵鹏媛　赵文卓　周　末
上海市影像医学研究所学生团总支(共1人)
陈　伟
上海市生物医药技术研究院学生团总支(共2人)
王凯玥　叶　云
中山医院团委(共63人)
曹　婧　陈丹霞　陈秋叶　陈双双　程雪霖　刁善祥
董锦锦　葛　薇　韩春园　何秀秀　黄佳妮　黄锦莹
黄圣晶　姜懿轩　金雷榆　居晟玉　李晨喆　李广彬
刘　敏　陆嘉祺　陆靖诗　陆铭萱　吕思颖　吕雅菁
吕　炀　马灿灿　潘智伟　裴玉莹　祁雅怡　钱凌依
强欣怡　邱　珺　沈若坚　施丹霞　史一濛　孙　琪
唐佳莉　陶颖雯　王　晨　王苏珍　王　笑　吴　芳
吴佳峰　徐佳依　徐心怡　严晓雯　杨圣璎　余　健
余治高　虞秋慧　张梦瑶　张　明　张　琪　张万金
张　芸　郑丹雪　钟宗烨　周佳妮　周馨娟　朱峰婷
朱莉莉　祝红琴　祝　颖
华山医院团委(共70人)
蔡龙飞　蔡露茜　蔡　群　陈智恒　程继秀　池冰清
单莘依　单文姣　董彬彬　杜铃琴　费佳艳　冯思嘉
傅斌扬　高　艳　葛梦杰　桂大程　国　敏　黄冰倩
黄麟惠　黄　颖　金雯倩　康嘉雯　李金哲　李浦帆
李信存　李燚嵘　李　悦　马　爽　牛　盼　盛玲琳
孙嘉宇　孙靖文　孙悦悦　谭诗成　汤伊婷　汤奕健
唐义满　陶　琳　田苗苗　王兰庭　王梦婷　王培培
王　婷　王雯雯　王一昕　王宇峰　魏成安　吴浩甜
吴哲凡　谢成晨　徐　迟　徐　多　徐舒丹　薛志达
严林枫　严心远　杨敏超　杨一鸣　叶寅昊　喻　馨
张　昂　张　菲　张小凡　张侬妮　赵　敏　郑子越
周星宇　周鋆池　朱子薇　宗　奕
肿瘤医院团委(共43人)
陈　浩　董　嘉　费　帆　贡仫明　何懿斐　胡　珏
华家燕　黄盼晴　姜　琪　李佳林　李　想　刘国伦
刘莹莹　陆芸菲　潘　剑　钱　雨　邱晓庆　苏冠华
王　海　王艳玲　王　洋　王寅喆　韦　煜　文　婷
肖伉家　徐文浩　许　璇　杨彦举　杨艳艳　杨一夫
杨梓怡　印唐臣　张梦晴　张致远　张子豪　赵倩琳
周润叶　周　欣　周侬一　周逸凡　朱　斌　朱一齐
邹　婷
妇产科医院团委(共17人)
鲍洢婷　边欣月　陈倩倩　高红娜　葛瀛洲　龚俊星
顾　斌　郭秀侠　黄茜茜　黄漩茜　梁琼文　彭施燕
王怡憬　肖佳琦　张　晨　张储珩　朱钱颖
儿科医院团委(共31人)
陈　晨　丁浩东　葛慧雯　何　苗　胡梦笛　黄爱丽
金　晶　李梦遥　李佩婷　李晓丽　刘偲怡　陆　滢
马佳倩　马真妮　毛晓雪　孟佳慧　聂传娟　齐　洋
秦　香　邱　瑞　山　杉　沈晓顾　汪庭娟　王　菲
王欢欢　王会莲　许　达　张碧莲　张　洁　张　淼
赵觉宽
眼耳鼻喉科医院团委(共19人)
曹天宇　陈天慧　陈卓艺　崔　冲　翟周诗佳
华志翔　黄诗梦　江佳炜　马英博　庞艳秋　苏秦宇
谈　晨　唐小坪　万雅芳　王海燕　张玮洵　赵玲俐
周春梅　周　燕
机关团总支(共4人)
李　昊　李　茜　吕　雅　秦玉琪
上医机关团总支(共1人)
张　晨

复旦基础教育团总支(共10人)
陈思睿　侯明明　李若夷　李兆庆　任涵妮　王淑涵
王慧珺　吴樱婷　徐楠楠　虞　睿
出版社团支部(共1人)
王轶翾
金山医院团委(共3人)
高　晨　华　倩　王培懿
上海市第五人民医院团委(共3人)
戚艺杨　孙澄晨　吴碧颖
上海市公共卫生临床中心团委(共3人)
潘显阳　文　静　杨再义
华东医院团委(共3人)
邓　尧　姜安琪　梁　勇
浦东医院团委(共3人)
金子宇　李倩倩　沈诗语
静安区中心医院团委(共3人)
董琳嘉　任　丛　郑琼玫
闵行医院团委(共3人)
费逸帆　刘道玉　马　壮
质子重离子医院团委(共3人)
刘银芝　唐吴淼　肖　婷
青浦区中心医院团委(共3人)
丁　秀　沙子菁　杨馨怡
徐汇区中心医院团委(共3人)
徐昕宇　有　娟　张成成
上海市口腔医院团委(共3人)
卢笑雨　殷佳明　张俊浩

2021—2022学年复旦大学优秀共青团干部名单(共728人)
中国语言文学系团委(共17人)
曹禹杰　董雨珊　伏　羲　李俊杰　陆佳妮　毛凡洁
瞿晓妍　孙彦扬　唐晓菁　汪席远　王艺筱　肖淑方
谢孙辰　杨雪纯　曾慧祺　周晗驰　周欣宁
外国语言文学学院团委(共28人)
陈朋芃　陈祺名　杜思雨　胡逸凡　黄韦玮　李嘉欣
李　曼　梅一晨　乔可欣　丘润瑄　石　博　石笑萱
史茹文　孙悦怡　唐伟杰　陶　玥　王　馨　王逸群
武以宁　夏　梦　徐嘉晨　杨　晨　姚舟怡　袁轶铭
袁　筝　恽凯淳　周魏怡　竺清蕾
历史学系团委(共16人)
常　奔　付霁晖　高添媛　侯　的　李映熠　刘晰钥
梅祖浩　宁　杨　潘蕊彤　王奕婷　武禹嘉　肖馥莲
杨靖怡　于　鑫　袁熙雯　张昱佩
哲学学院团委(共10人)
白好佳　段亚蓉　赖晓彪　刘雨翮　彭博彬　冉升林
田壮志　叶姚丞　袁　渊　郑逸珺
法学院团委(共27人)
白礼杰　陈珂衍　陈思含　陈欣黎　陈子毅　党非凡
龚　铮　胡玉屏　蒋佳杉　廖梦圆　刘明瑞　陆思颖
邱洁心　曲子贤　阮雯昕　沙　童　沈佳懿　沈梦云

盛昊宇　王参政　王佳艺　王逸扬　王宇茜　肖　钧
谢迪扬　郑长旗　祝展蕾
国际关系与公共事务学院团委(共33人)
陈　澍　陈镒丹　程　婧　多　静　洪可欣　虎　雪
黄利强　黄　馨　李炳萱　李天勤　刘宇龙　马晓薇
糜　昱　帕提曼·阿不都热衣木　潘嘉懿　石高宇
石婷婷　陶易洁　田蔚熙　汪思余　王于晨　吴　优
吴雨梦　徐佳卿　夏提古丽·艾尼瓦尔　　杨雨琦
阴欣宇　张昊辰　张潇丹　张雅琪　郑开文　朱佳莹
祝辰浪
社会发展与公共政策学院团委(共28人)
蔡心怡　曹雅雪　陈书玥　成雅仪　杜婷玲　顾桑田
何鉴航　黄　钦　季诗雨　李静怡　李　顾　蔺煊皓
刘昱萌　沈家怡　孙芯芸　田雪垠　王　也　王婉怡
王娴娴　王子璇　韦　浉　韦盈盈　向　喆　徐　源
杨怡凡　湛纛宜　章旭东　朱　珠
新闻学院团委(共21人)
陈思甜　陈昕玥　邓智友　董彦如　冯茗铭　高晨婧
顾功菲　顾倪义　何婧文　刘会中　刘一鸣　皮光宇
史卓然　汪　骞　项佳俊　许　愿　余双江　张淑凡
张研吟　郑淑芬　郑　颖
经济学院团委(共46人)
柴玉鹏　陈佳怡　陈智霖　戴人俊　邓秋妍　范一姝
付宝怡　高岚金天　　　高一崴　葛林楠　龚梓泓
皇甫勃涛　　　黄　莹　吉宇轩　林昕旋　凌莉花
吕思诺　路雯珺　马昱源　梅奕秋　彭鸿佳　钱凌霄
沈艺琳　施君怡　俞豪男　孙　岩　孙　娱　陶净栩
王　珂　王琳婧　王新宇　王羽雯　王子方　温蕊嘉
伍曼玮　杨惠婷　应启翔　余沭乐　张达平　张婧彧
张宁馨　张潇兮　赵安琪　赵思琪　钟静秋　朱际帆
马克思主义学院团委(共25人)
蔡薛文　蔡　颖　顾　铭　管笑笑　郭昌盛　黄颖超
焦梦菲　廉伟琪　林　怡　刘海宁　刘梦琪　骆良虎
吕子良　马　甜　阮佳琪　石　慧　王芦林　王明辰
王　琪　王诗茹　王　西　邢　程　颜俊德　余一涵
庄培明
国际文化交流学院团总支(共3人)
李好旻　王梦辰　王钰霏
数学科学学院团委(共22人)
陈智钻　冯新月　富百浩　高　萌　韩卓烨　何国川
季俊晔　金雨菲　李宗一　凌　宸　吕昂格　彭德意
皮苊宇　沈博凡　王嘉琳　王兆钰　徐　襟　徐　凯
许志锐　张文勇　赵钰枫　周子涵
物理学系团委(共11人)
楚　娇　方一彬　黄荣郅　李尚坤　李智杰　马若般
沈浩淇　叶镇嘉　詹　研　朱志飞　诸思吟
现代物理研究所(核科学与技术系)团委(共4人)
高肖玲　刘秋杉　宋柳笛　薛欢璐
化学系团委(共14人)
蔡家敏　陈思哲　陈赟迪　高嘉明　季雨珊　李宏斌

马　丽　　孙理博　　夏文卓　　谢文鹤　　杨子莹　　郑健徐杰
郑睿祺　　朱丛林
高分子科学系团委（共7人）
蔡展翔　　康　琳　　李露阳　　李耀霞　　袤祥运　　于婉婷
云　杰
环境科学与工程系团委（共15人）
蔡钟瑶　　陈若怡　　连莉萍　　马宗良　　瞿　琳　　汤　灿
汪天雨　　吴旭炀　　杨璐萍　　杨茜迪　　杨晓卉　　于骐恺
余洪海　　张晨琪　　张瀚予
信息科学与工程学院团委（共33人）
程郅骁　　顾赟清　　郭碧雨　　杭　禹　　焦　景　　金铮昊
赖　耘　　李家航　　林晓婷　　刘艾林　　刘　城　　刘帝恺
刘　杰　　刘桐妤　　邱世英　　宋慧鑫　　苏逸阳　　汤碧琦
佟　为　　王　涵　　王樵之　　武耀阳　　徐智坚　　杨昕烨
杨雅涵　　张津榕　　张瑞祥　　张舒琪　　张翔睿　　张懿品
赵晨尧　　周　帆　　朱子阳
计算机科学技术学院团委（共40人）
陈思睿　　陈逸飞　　程　茜　　程逸婷　　单　弋　　付翔雨
高巾捷　　龚诗涛　　郭　昕　　经　纬　　鞠元之　　林靖尧
刘佳兴　　刘　勤　　刘文浩　　刘永横　　牛嘉阳　　任洪润
仟彤辉　　邵欣怡　　佘家瑞　　沈　阒　　孙　晗　　汤上轩
汪成荣　　王明霞　　王苏鹏　　王子怡　　文一帆　　吴东芹
吴　瑶　　武柯昊　　杨　昱　　叶俊杰　　张涵星　　张文轩
赵宇飞　　郑一婕　　郑英齐　　朱睿思
微电子学院团委（共22人）
陈必胜　　戴芸菲　　刁　涵　　丁思同　　董琦芸　　杜文韬
郭瀚文　　李善策　　刘晨星　　秦佳音　　施俊龙　　宋皓月
宋天惠　　唐小晴　　王　浩　　王　靖　　王璐瑶　　严宇杰
杨家睿　　于佳杰　　张馨文　　邹桂镔
航空航天系团委（共4人）
顾智博　　黄靖然　　杨开强　　姚　俊
材料科学系团委（共14人）
郭云波　　胡　盈　　刘凡雍　　卢　瑶　　罗　毅　　罗力浩
时文睿　　陶　元　　吴颖洁　　徐茂凯　　杨　舒　　袁昕哲
张　扬　　庄业照
生命科学学院团委（共19人）
陈功春　　陈慧真　　陈翘楚　　陈欣然　　贾屹坤　　姜欣然
孔梦梦　　刘熙环　　马永灿　　孙紫嫣　　王　欢　　王晨曦
王子晗　　武　全　　徐　玥　　余丹妮　　袁　祺　　张徵菲
朱茵湉
管理学院团委（共26人）
查　阅　　沈书羽　　陈昱昊　　韩治宇　　何家明　　黄　旸
蒋凯茜　　蒋翌坤　　金溥谦　　雷心悦　　刘怡然　　卢　鹤
陆丁劼　　陆诗怡　　逄梓民　　邱奕珲　　萨　娜　　施为清
孙家伟　　王欣怡　　肖明格　　薛玥卿　　俞锦琦　　张海璇
张　翼　　张源珍
基础医学院团委（共32人）
阿不都拉·阿吉　　安虹蓉　　蔡思佳　　陈楷文　　陈子慧
冯　毅　　傅心伊　　李冠霖　　李　木　　李瑞敏　　李蔚怡
李欣蔚　　李智敏　　刘　彤　　马腾腾　　戚婉君　　任宇辰
沙一鸥　　宋雨健　　唐　朝　　王　都　　徐闾阍　　严明旭
杨宇轩　　恽健好　　张力恒　　张悦霖　　赵梓芯　　周　沫
周心妍　　朱　喆　　邹柳婷
公共卫生学院团委（共28人）
蔡　旻　　陈楚怡　　董仲勋　　郭瑷玲　　韩东洋　　侯玉燕
柯　乔　　兰麓湾　　李文洁　　刘少杰　　刘逸萧　　骆泰庆
马飞宇　　瞿志强　　尚春晓　　王孟霆　　王梦豪　　王晓鹏
王　玉　　温丹枫　　吴佳璘　　杨耀莲　　叶全伟　　易康祺
于慧敏　　张　玥　　朱　晗　　邹桑妮
药学院团委（共11人）
陈纪翔　　李纪一凡　　梁　栋　　谢胜盛　　杨　玥　　杨建刚
杨尚霖　　杨尚烨　　于少坤　　袁杨珂　　张辰宇
护理学院团委（共9人）
陈欣岚　　黄　蒨　　蒋俊琦　　荆　凤　　任若琳　　舒仁芳
杨以茗　　张佳燕　　郑苏娜
科研机构综合团委（共8人）
毕艳莉　　程绮颖　　程　颖　　靳　葳　　王楷林　　赵雨阳
郑岚育　　朱赞赞
脑科学研究院团委（共3人）
曹　慧　　雷　超　　赵之嵘
大数据学院团委（共14人）
程梦琴　　杜明远　　景宏泰　　李保山　　李仪青　　刘云山
裘星宇　　施　琪　　王帅康　　王逸群　　魏　彤　　晏若琳
余贞颖　　周允成
放射医学研究所团总支（共2人）
龚可浩　　刘洪铭
中山医院学生团总支（共5人）
黄路遥　　金　星　　吕文娇　　孜丽努尔·阿不都许库尔
袁嘉悦
华山医院学生团总支（共5人）
崔熙涵　　刘　汇　　唐　昶　　夏　天　　熊　鑫
华东医院学生团总支（共3人）
付乔雨　　甘丽娜　　高　克
古籍整理研究所学生团总支（共1人）
宋佳忆
文献信息中心学生团总支（共4人）
薄煜煊　　胡皓霖　　王涵笑　　赵玮佳
先进材料实验室学生团总支（共1人）
尹四星
中山医院研究生团总支（共7人）
成怡斐　　黄海怡　　蒋　怡　　李佳坤　　宋　莉　　田晨宇
王　璐
华山医院研究生团总支（共5人）
郭笑潇　　卢鹤扬　　潘俊杰　　朴思蓉　　衷画画
金山医院学生团总支（共1人）
张　聪
上海市第五人民医院学生团总支（共1人）
于云霞
公共卫生临床中心研究生团总支（共1人）
孙婷婷

静安区中心医院学生团总支(共1人)
蔡健鹏
闵行区中心医院学生团总支(共1人)
潘紫月
青浦区中心医院学生团总支(共1人)
李程辉
口腔病防治院学生团总支(共1人)
姚姝冉
生物医学研究院学生团总支(共3人)
杜洋　李巧娟　赵镱淳
上海市影像医学研究所学生团总支(共1人)
刘丁瑕
上海市生物医药技术研究院学生团总支(共2人)
陈芙嘉　李金灿
中山医院团委(共19人)
曹秋君　陈克光　杜鹏　顾丽婕　刘国兵　陆佳艺
倪思康　彭睿　秦艳　孙莹　王君　吴丁韵
杨居坤　杨萍　杨焱焱　虞莹　郑信德　周喆
朱赟洁
华山医院团委(共22人)
陈碧翠　陈婷　葛圣婷　江清清　雷宇　李海庆
李慧洋　史航　孙军　孙亚英　孙远　唐翔
万欢　王安　夏秋怡　徐鑫怡　姚志萍　余琦玮
张红阳　张慧　周鹏　周英杰
肿瘤医院团委(共13人)
柴茂　李玉为　刘毅　瞿超　谭励城　吴焱
杨建辉　杨文君　叶成玲　于鹏程　张文　章孟星
周月
妇产科医院团委(共5人)
陈子任　季淑婷　孟申　秦怡　邱祥
儿科医院团委(共10人)
陈灏　丁浩东　胡梅新　蒋文怡　李婷婷　马乔
戚阳　沈佳倩　吴园园　张艳红
眼耳鼻喉科医院团委(共6人)
高佳颖　高澜　马睿琦　梅佳荔　王晶　肖扬
机关团总支(共1人)
张磊
上医机关团总支(共1人)
马楚涵
复旦基础教育团总支(共4人)
陈敏炎　王露梅　张春焙　张雨彤
金山医院团委(共1人)
张立平
上海市第五人民医院团委(共1人)
李宇津
上海市公共卫生临床中心团委(共1人)
杨宗国
华东医院团委(共1人)
卢湘

浦东医院团委(共1人)
李明超
静安区中心医院团委(共1人)
苗帅
闵行医院团委(共1人)
刘雪婷
质子重离子医院团委(共1人)
章希煜
青浦区中心医院团委(共1人)
姚依欢
徐汇区中心医院团委(共1人)
颜喆
上海市口腔医院团委(共1人)
吕韵云

2021—2022学年度复旦大学优秀学生标兵名单(共20人)
中国语言文学系
谢孙辰　曹禹杰
外国语言文学学院
石博
历史学系
于鑫
法学院
韩时东
社会发展与公共政策学院
张家豪
经济学院
施怡辰
数学科学学院
厉茗
物理学系
李尚坤
大气与海洋科学系
傅正航
信息科学与工程学院
何佳杰
计算机科学技术学院
叶俊杰
微电子学院
李晓茜
生命科学学院
李哲楷
基础医学院
杨康绮
公共卫生学院
王莹莹
华山医院
薛啸傲
儿科医院
袁宵潇

肿瘤医院
王　海
华东医院
郭繁颖

2022 年度上海市普通高等学校优秀毕业生（本科生）（共 171 人）
中国语言文学系
曲慎捷　游丰硕　张　玮　厉千珞　耿皓楠　包笑婷
外国语言文学学院
曹　侯　郑雅焜　张君慧　张颢瑾　龚盈上　齐　楚
石心然
新闻学院
游天航　姜辛宜　马雪迎　裔宇欣　曾召时　叶　琲
历史学系
王　卓　黄启宸　郭怡冰　刘崇沣　柴南欧
经济学院
涂孟泽　何　天　陈　达　纪星宇　闵馨仪　屠鸿捷
谢宇菲　张之晗　徐　芮　马明淳　阮　颖　卢泓伶
雷晨瑞　任立然
哲学学院
龚宇允　姚晨萱　朱沁玥　李　唐
国际关系与公共事务学院
包蕴颖　陆逸超　唐林焕　杨　昭　崔雨晴　胡伟佳
黄嘉雯
数学科学学院
张舒益　周子涵　徐哲涵　叶雨阳　封　清　马再霖
周烁星　黄诗涵　孙　进
物理学系
王霁远　沈宗奇　付雨涵　陈昊楠　喻知博　张　遥
核科学与技术系
王从武　杜雨欣
信息科学与工程学院
施　扬　刘念一　冯铭菲　曹航溥　陶晓楠　盛家木
覃国津　沈瑞琪　梁舒煜　张舒琪　张馨月
微电子学院
张世麒　柳　扬　张曼婷　祝银那　胡　珂　王靖一
陈　超
计算机科学技术学院
董宇泽　黄妮朵　宣子涛　俞哲轩　赵宇飞　宋子阳
张育茹　朱　秦　王鹏宇　邵欣怡　张雨薇　黄尹璇
陈彦婷
大数据学院
李保山　张雅思　高　源　李俨达
化学系
李国栋　朱　潇　姚卓言　张和杨　高天翔
生命科学学院
黄静波　卫子源　杨子艺　李欣然　牟坤汀　邹　晨
管理学院
王　琪　胡高航　蒋云帆　汪峤鸢　王艺筑　吴可意

张　翼　尹文怡　沈鸣阳
法学院
吴王浩　陈予安　李世缘　杨雨晗　陈珂衍　罗玥维
航空航天系
黄思睿　钱　晟　温　雅
材料科学系
张其然　马　波　徐　婧　范佳晨
高分子科学系
程逸飞　胡轩博
社会发展与公共政策学院
蔺煊皓　王　磊　陈璐璐　张洹铮　王李安娜　段景怡
环境科学与工程系
瞿　琳　包冯滋
基础医学院
马珍珍　徐寅文
公共卫生学院
胡志强　卢霖瑶　丁佳韵　伊　澜　赵思泓　李婧怡
药学院
郑　宸　侯东岳　何田野　李　岩
复旦大学附属中山医院
赵明来　肖玉铃　黄子航　付子乐　张　一
护理学院
王　欣　陈欣岚　余骏雯　曾　欣　何小豪　袁潇逸
复旦大学附属华东医院
张宸已　黄玮玮　付乔雨　郭东灵

2022 年度上海市普通高等学校优秀毕业生（研究生）名单（共 457 名）
马克思主义学院
刘　超　徐伟轩　郑继承　赵若譞　孙露露　韩　歌
古籍整理研究所（中国古代文学研究中心）
刘天禾　赵海涛
中国语言文学系
张　璇　王思凡　许亚云　许慧楠　赵　希　周文杰
张睿颖　王君婷　端木佳睿　杨鸿涛　郑依梅
陈雨辛
外国语言文学学院
刘　奕　寿晨佳　王筱珊　张　政
新闻学院
干佳鑫　华璐月　周鑫雨　张子洺　徐铭兼　王　智
王静颐　马晓洁　陈禹潜　丁美栋　付怡雪　袁超颖
尹逸柔　林之玉　李　晗
历史学系
王　钊　殷雪萍　路锦昱　田梦美　杨　瑞　潘　晨
张　宁　褚书达
哲学学院
张润坤　刘玉玲　黄庆辉　张相彤　陈颖华　于超艺
吴　玥
国际关系与公共事务学院
栗潇远　余　姣　周逸江　李欢欢　王　昊　范涛溢

宋瑞曦　汪思余　丛琬晶　方　恬　李安琪　刘梦远
秦晶晶　俞佳慧

数学科学学院

胡诗璇　杨依灵　赵　琦　邓　淋　徐熙宁　何静宁
王子叶　倪嘉琪

物理学系

须留钧　林　键　倪佳敏　王临舒　张　喆　赵茂雄
刘　通　汪凡洁

现代物理研究所

陆祺峰　王　顺　张春雨

化学系

王　天　何　莺　杨海迪　刘　俊　张　宇　马玉柱
张海宁　易润秋　王　婷　杨　奕　王　梦　竺科杰
康沛林

计算机科学技术学院

王文萱　陈绍祥　刘名威　万俊鹏　黄　力　刘　勤
姜剑峰　汪励颉　訾柏嘉　魏星奎　麻俊特　代俊奇
叶佳成　张宝根　张　杰　徐杨川　徐　杰　李帅成
毕研翔　陈竞晔　许　燚

法学院

徐仁进　赵昊楠　杨思远　林梦琦　白　绫　石新婉
卢虹宇　孙淑宾　王若懿　关惠文　刘腾飞　吴　睿
孟　梦　朱晓丹　李　坤　李政政　李沛东　李　鑫
栗皓楠　沈欣悦　王佳君　罗亚文　花苏晨　赵　蕾
韩桑莹　马　龙　张艺凝　程飞鸿　徐　晨　周艳辉

航空航天系

王立悦　汪思懿　张靖宇　顾智博

材料科学系

冉国永　严亚杰　裴立远　江　乐　杨　硕　林心怡
王丛欢　何延楠　陈家欣　朱　红

高分子科学系

米　震　时家悦　王　晶　路晨昊　强宜澄　谢　琼

高等教育研究所

曹耀之　辛　颖

旅游学系

刘晓洁　肖嘉颖　仝晶晶　苗凤荻　朱　程

文物与博物馆学系

杨靖怡　林得菊　马梦媛　施宇莉

泛海国际金融学院

李玥静　梁兆殷　王泽宸　金屹捷　陈怡文　唐雨穗
沈昕怡　郑　斌　郑雪慧　黄逸飞　李　崚

经济学院

刘曦漫　张鹏飞　曹冬青　李　楠　盛君婧　程　倩
胡舜杰　莫芷妍　赵德明　陈佳敏　朱石山　洪康隆
陈凤梅　孙英杰　崔凯雯　周　源　董　筱　冯健然
杨　喆　蔡凌菲　吴晨钰　刘庭汐　王慧婕　黄师贝
汤倩倩　李　斌　申　洋　杨陈浩彤

管理学院

于　泽　刘丹雅　杨　霄　田梦翔　魏志龙　崔　巍
朱紫怡　李　锦　王茂林　郑秀园　方　园　蒋辰迪
于雪航　何慧华　邵　原　杨世哲　赵启睿　刘　行
张　琦　罗一麟　储陈红　董咏茵

生命科学学院

钟正伟　孙申飞　鲁亚莉　尹刘翻　张　亮　钟　婷
何　曦　许静娴　刘二冬　王　惠　田维韬　汪伟旭
鲍明阳　艾　毅　齐　磊　张　轩　彭美芳　傅肖依
张娇娇　毛云子　缪朗曦　晏紫君

信息科学与工程学院

彭　星　林　田　陶晟宇　哈依那尔　周　涛　周若一
张扬刚　徐明月　黄雪冰　齐国栋　张　铂　周小洁
夏朝阳　武冠杰　吴　钰　张　禹　祁彦星　蔡　霞
乔梦云

社会发展与公共政策学院

俞欣贝　张自豪　张菡容　杨嘉睿　赵婉莉　孙玥儿
林　静　陈滔　瞿滢　曾婉如　万莺莺　暴楷静
李相蒲　胡萌萌　陈蓉蓉　倪　冰　田雪垠　廖　翔
王悠扬　严潘婕　贾文龙

环境科学与工程系

谢珊珊　霍耀强　刘向林　夏　凡　陆小曼　马颖潇
朱旌安　王思雨　许畅畅　陈一航

历史地理研究中心

张端成　徐正蓉

国际文化交流学院

周思媛　周芸芸　李欣珂

文献信息中心

周　丽　李　赫　王钰琛

上海数学中心

陆天怡　汪子轩

类脑人工智能科学与技术研究院

杜　量　吴欣然

工程与应用技术研究院

陈巧玉　张　蒙　金梦茵　曹加旺　贺鲲鹏　邹敏浩
方　涛　翟　鹏

全球公共政策研究院

宋昭颖

大数据学院

潘博益　牛皓玥　朱励文　牟馨忆　聂　铭　杨　越
王佳莉　高尚奇

基础医学院

穆文娟　闫林雨　刘晓庆　郭阶雨　朱蓉喆　朱云凯
蒲　静　姜铸轩

公共卫生学院

潘金花　杨家齐　王　倩　张　娜　张　欣　宋　博
俞沁雯　沈雁翎　蒋绮蕴　陈星会

药学院

段文佳　冯　梅　祝晨宇　王常悦　王欣怡　李　敏
李馨蔚　王媛媛　郭　沁

实验动物科学部

李亿红

放射医学研究所
宋义蒙　陈倩萍
上海市生物医药技术研究院
王凯玥
护理学院
蔡婷婷　卞学莉
中山医院
朱梦婵　李立扬　胡蔚萍　陈　涵　钟绍平　姚　璐
赵梦男　孙　扬　董三源　严　弢　贾　昊　卞赟艺
华山医院
徐　睿　周泠宏　刘逸奇　洪　澜　范云鹿蓉
彭珊珊　黄　鑫　李倩茹　肖朕旭　何　姗
肿瘤医院
刘　琪　谈　震　潘　剑
儿科医院
李　萍　谢丽萍
妇产科医院
丛江珊　彭耀铭　王　博
眼耳鼻喉科医院
余　建　王丹丹　黄　强
金山医院
佘　曼
华东医院
邱轶轩　刘萱琪
上海市第五人民医院
李海龙
公共卫生临床中心
张　媛
上海市影像医学研究所
雷洋洋
浦东医院
杨　周
静安区中心医院
陈鹏飞
闵行区中心医院
薛　帅
生物医学研究院
熊悦婷　杨　兰　李青婷　戚轶伦　何晨曦
脑科学研究院
朱渊博　陈赛勇　余慧林　杜　蘅
临床医学院
魏若妍　欧宸璋　周蔚然　杨　扬　丁嘉珺
软件学院
包乔奔　张明明　曾　楠　沈心瑶　潘思成　王传旺
谢思豪　苏　杰
微电子学院
孟佳琳　朱浩哲　范梦雅　何文彬　李子为　蔡俊哲
马静怡　李　炎　王水源
先进材料实验室
叶　蕾　李　思

大气与海洋科学系
赵川鸿　刘朝阳　程敬雅
浙江西湖高等研究院
刘　健

2021—2022学年度复旦大学优秀学生名单（共2 501人）

中国语言文学系团委
步　月　曹禹杰　曹　瑀　陈思宇　陈鑫颖　陈一诺
储梦雨　崔瑞琪　崔晓赟　董　言　段文昕　耿雨妍
郭景榕　韩　超　贺嘉年　贺　田　黄佳敏　黄可涵
戢建新　蒋佳弘　金碧滢　金　佑　孔芝兰　李康昕
李斯成　李　宇　励依妍　梁启越　刘冠麟　刘　凯
刘真毓　马诣培　乔　楚　瞿晓妍　佘东昊　沈文萱
施睿赟　宋炘悦　孙彦扬　谈舒阳　汪宇航　王　晨
王高升　尉　薇　魏　然　谢孙辰　邢　岳　徐鹏飞
杨贺凡　杨娅萌　杨娅雯　应明芮　俞程一　张　耕
张卓瑜　张子悦　赵子瑜　赵芸巧

外国语言文学学院团委
蔡瑞悦　陈瑾柔　陈俊宏　陈紫安　邓　奇　高　健
龚崇霄　顾　芃　郭嘉仪　韩冰仪　胡伊伊　黄骏博
黄韦玮　黄钰娟　金乐涵　黎芷妍　李一诺　廖鹏宇
林婧楠　刘久华　刘一粟　卢彦哲　吕小涵　盛丹骎
施佳余　石　博　石笑萱　宋佳仪　陶　玥　王佳悦
王　莹　王宇纯　巫　璨　吴新悦　夏　霈　谢　瑞
徐　岑　徐子言　薛仅一　杨　晨　姚　璐　应　玥
张旻昊　张　末　张培昕　张姝睿　张天怡　张溢妍
张允檬　赵雁南　赵易安　郑亦文　周晏清　朱祎萌
朱怡然

历史学系团委
白家睿　包嘉怡　陈　珏　陈丽娜　戴若伟　邓　迪
付霁晔　顾荻飞　顾骁达　顾晓宇　郭骁尧　郝文喆
季小妍　蒋乃鹏　金永祺　蓝天晴　李　昕　李雅闻
李怿芃　廖华熙　林心怡　刘郑宁　陆亦瑾　毛宇卿
梅祖浩　倪思颖　阮　戈　沈克坚　盛灏成　盛言宜
孙　梦　王子卓　魏彦春　翁正麦　吴镕庭　谢可舟
徐　垚　徐逸文　徐雨薇　杨创意　杨静颖　杨明芬
杨沈蕴　杨崧愉　杨心苹　姚建顺　叶　鹏　叶　琪
于　鑫　余婼天　袁心怡　张丹妮　张　琰　张宇航
张宇轩　赵晨萌　周卓群　朱嘉祺
叶尔木拉提·叶尔波拉提　邹明江

哲学学院团委
鲍紫莹　陈睿元　陈雨诺　付文博　高晋豪　郭子涵
胡嘉怡　黄燕婷　寇　亮　李宗宜　刘桂芳　刘珂然
刘　琪　刘润将　刘　欣　刘苡辰　罗明贤　施怡阳
舒　琴　苏冠中　苏子川　孙菁菁　陶若玘　王丽楠
王沁雨　王尚杰　翁仕遂　夏诗铭　夏煜瑶　邢万里
徐思成　徐雨彤　杨倩倩　叶姚丞　张懿雨　章　含
赵翼羽　郑宸钊　郑名黄　朱天勤　邹书玥

法学院团委
蔡　钰　曹　盈　陈红宇　褚轶芸　戴文钦　戴宗璋

邓雅元　丁　乙　董佳玥　范传银　方振宇　龚　胜
韩时东　何子菡　贺一非　胡玉屏　黄　岩　黄子益
纪博文　金琪睿　孔寅长　李琳悦　李　腾　李晓薇
李雅琪　李雨萌　李　煜　林宸宇　林　峥　刘　鸿
刘　磊　刘心仪　鲁安妮　陆添运　马丹阳　马自强
梅舒婕　乔泽宇　瞿　雷　阮雯昕　神梦婕　沈安诺
石翔旭　宋一璐　苏和生　孙宏幽　汤朝霞　屠琳舒
汪晨涵　王发娟　王浩楠　王君君　王沁怡　王逸扬
吴宛蓉　吴潇墨　吴　璇　吴炫霓　吴越昊　肖　莹
肖钰田　谢迪扬　谢鑫雨　熊若兰　徐奇琦　许　杉
许子昀　杨慧滢　赵　倩　赵子川　周璟希　周永健
朱俊婷　朱桐引

国际关系与公共事务学院团委

白宇舒　包　蕴　蔡若兰　陈登平　陈铭希　陈　澍
陈杨艺艺　　　　陈津宽　翟　灵　丁礼涵　方炯升
封锡帆　高　瑜　顾嘉伟　郭印杰　洪可欣　洪秋明
黄　馨　江　楠　李际州　李　睿　李文悦　廖　恒
林志文　凌佳亨　刘　惠　刘　馨　潘　婷　秦楚宇
任航奇　桑子茸　申震群　施欣怡　石婷婷　宋菁菁
宋志平　苏李文清　　　　苏语馨　谭敬元　唐霁蕊
唐　曼　陶易洁　田　野　王　迪　王涵霏　王浩宇
王开阳　王晓青　王　也　王于晨　王宇傲　温贺紫
吴陈瑾　吴雨梦　伍　圣　谢昕莹　杨　莉　杨凝薇
杨　寅　易艳霞　虞温和　袁　怡　张心妍　张倖僖
张雅琪　张　远　章捷莹　章旭东　章一诺　赵泓舒
赵健鑫　赵松涛　赵馨悦　赵子昂　郑开文　周　熙

社会发展与公共政策学院团委

柏晓重　蔡雨晴　曹雅雪　柴艺银　陈安妮　陈丹妮
陈海雨　陈泉洁　成雅仪　程缨淇　董萌宇　范锐雪
顾峥浩　韩嘉双　胡潇月　李新玉　李梓妍　梁陈有
林悦盈　刘家雯　刘欣雨　卢　也　吕月双　马康虎
马晓雯　牛欣怡　潘艾骐　任朋雨　赛雪莹　沈利东
石丽萍　石　雯　宋雅宁　孙昊楠　王嘉文　王梦瑶
王娴娴　王杨津　韦　沂　韦姿吉　吴文瑞　向　喆
熊　莹　杨　磊　杨柳一　杨依静　于诗佳　于　莹
余韫琦　袁易卿　张冰夷　张贵军　张家豪　张　悦
章　文　赵晨晨　赵　锐　阿依达娜·阿斯哈尔

新闻学院团委

边嘉璐　蔡燕姿　曹若昕　柴瑞轩　陈璐瑶　陈诗雨
陈思甜　陈　杨　陈雨航　陈芷沁　陈澤銘　戴　亦
邓智友　丁俏力　杜子璇　方青清　方　颖　冯茗铭
高嘉仪　韩晓蕾　何　畅　黄　鑫　金梦圆　金亦辰
雷　磊　李皓云　李　泓　李沁芳　李琴昕　李炜波
李心怡　李欣彤　李一钒　林珺瑶　凌雨竹　刘岍琳
刘睿敏　刘　微　刘玉洁　刘梓涵　陆冠宇　吕晨安
马纯琪　马心雨　潘晓蕾　彭雨嘉　秦　源　邱江雪
任雅薇　沈逸寒　施　畅　苏佳怡　粟子骞　孙嘉蔓
孙欣然　田修齐　童盈盈　王　翀　王洁蓉　王薇晴
王小淳　王　琰　王雨欣　王　越　吴慧恺　吴若凝
吴依洵　吴雨晴　席澜心　项佳俊　杨铭宇　杨天铸

杨伊静　杨卓雅　叶智婧　余秋芳　余双江　张李俐
张力菲　张倩倩　张申博　张淑凡　张云笛　张紫馨
赵佳盈　郑曼琳　郑淑芬　郑　颖　钟沁蕊　周　恒

经济学院团委

蔡文晔　蔡煦颜　曹琼予　陈家冰　陈诗乐　陈思谌
陈希玺　陈心芸　陈　旭　陈序章　陈扬赛　陈智韬
程海怡　程品臻　仇紫怡　单诗宇　邓子乐　丁俊枫
董家豪　董　润　董依心　杜子薇　范一姝　付晶丽
龚洲加　龚子安　郭　研　郝　禹　何巧航　何治廷
洪伟励　侯佳宜　胡　迪　胡文昊　郁凌雨　黄　山
黄太哲　冀新玮　简昀昕　姜子涵　蒋易珊　蒋毅进
蒋玙璠　金　柯　金宇萱　靳　松　康贺怡　雷沁松
李昂斐　李冠曦　李佳依　李嘉琪　李君玉　李庆琳
李　婷　李晓康　李雅玥　李　艺　李艺佳　林博乐
刘登橙　刘海波　刘可馨　刘礼嘉　刘栎晨　刘心怡
刘一非　刘雨晨　鲁菁菁　陆远兮　罗俊宇　吕秋琳
吕天琪　马诗洁　麦文静　牟睿捷　牟逍可　农　晴
裴石涛　漆芙凤　强皓凡　秦思佳　任予乐　施怡辰
石若瑜　舒采奕　舒嫣然　宋思勰　宋思瑶　孙　岩
孙瑜璠　唐　熙　涂雅淇　万斯语　王艾琳　王从从
王登越　王国鉴　王琳婧　王若菡　王天凯　王轩钰
王益敏　王榆茜　魏扬赟　温蕊嘉　温　馨　吴双宇
吴鑫源　肖翊阳　谢安婷　熊　垚　徐杲菡　徐佳蕾
徐铭遥　徐　沁　徐奕扬　许嘉琳　许晓蓓　许奕乔
杨程健　杨康恒　杨宇桢　姚　杰　姚天恺　叶妍妍
殷佳玥　余思娴　郁　研　张晟优　张嘉诚　张　庆
张印岭　张妤婕　张云鹏　张　筠　张哲达　章　涵
张颖莹　赵睿文　赵小路　赵艺程　赵子明　郑海晏
郑浩恬　郑张芸　郑振宇　郑姿盈　钟　睿　钟为西
周晨健　周　芮　周　迅　周晏阳　周云龙　朱际帆
朱俊钰　朱美佳　左丛民　左晓蕊

马克思主义学院团委

安则成　蔡　颖　陈　悦　葛涵微　龚嘉琪　郭子愉
胡译文　华婉懿　刘海宁　刘章仪　吕子良　施天婷
石一琨　史凯颐　滕雅琳　王嘉亮　杨欣悦　杨煜天
姚聪聪　于世润　张　淼　郑蓓涵　朱晓彤

国际文化交流学院团总支

岑金河　陈心涵　谷兆颖　过至晶　李睿娜　李雨桐
饶安妮　沈宇文　王海滨　杨丹妮　臧晓雨　张盈萱
张泽烨　郑俊杰

数学科学学院团委

卞诗瑞　曾辛茹　陈柏颖　陈艺萌　程嘉伟　程　越
单佳骊　杜竑毅　冯屹哲　龚致宾　郭子菲　韩卓烨
何益涵　胡海辰　胡晓波　胡咏嘉　华　宁　黄子瑜
季俊晔　蒋悦辰　金雍奇　金雨菲　孔章辰　李飞虎
李柯薇　李沐宸　李若为　李哲彦　厉　茗　凌　晨
刘骐栋　刘　威　刘宇其　鲁万丰　罗金子　罗心悦
吕兆杰　马一凡　倪晴超　皮茈宇　钱徐喆　任　潇
阮泓铮　沈逸恺　宋维正　谭雯兮　汪子尧　王博宇
王付君　王　鹤　王芃淏　王鹏锦　王起航　王秦思

王 硕	王思元	王崟翀	卫 博	吴 玥	谢宸宇	焦 景	李成康	李国强	李环宇	李家航	李俊达
徐逸麟	许智锟	荀伟康	余宸天	袁若馨	张博洋	李良伟	李易铖	李云舒	李真源	李志洲	列智坤
张晨阳	张家玮	张嘉璇	张一弛	张悦欣	张子堃	刘嘉伟	刘 杰	刘一睿	刘逸凡	刘毓馥	刘 悦
章珂南	赵明阳	周柠艺	周昕瑶	周 瑛	朱伟航	龙 波	卢晗旭	卢禹潼	陆馨怡	吕姜寒	马驰骋

物理学系团委

艾临风	敖建鹏	包 宇	毕思敏	成 洋	丁舒悦	史 晨	宋慧鑫	宋婧多	苏 城	苏浩阳	苏秋实
杜世豪	端 勇	方 申	冯嘉旭	符荣峻	郝 然	苏嘉莲	苏晓凤	隋 安	孙心如	谭圃兰	谭宇璇
黄力男	金亦涵	孔雯霞	冷鹏亮	李柏轩	李尚坤	唐小晴	田斌涛	汪孔祥	王昌志	王 程	王浩亮
李晓天	李子晗	刘博弈	刘呈彦	刘元玺	芦 地	王佳琦	王 静	王 珺	王龙祥	王蔚然	王心怡
吕霄龙	孟田妮	钱佳晖	石 锐	宋 琪	汪炜杰	王一雯	魏沁悦	魏潇逸	文 言	吴浩田	吴珂雨
汪愉翔	王剑心	王炯杰	王 炜	王徐靖	王子涵	谢君童	谢袁欣	谢子涵	邢思哲	邢文宇	徐梦静
杨福宝	杨鹏举	杨泽华	叶碧莹	于昊楠	张宇泰	杨佳丽	杨君昊	杨昕烨	杨依颖	杨云婷	姚 怡
张泽人	张作彬	赵啸书	郑开新	周贝茜	朱进江	叶荣桢	叶宇澄	余承超	俞晨佳	郁钧瑾	张纯洁

现代物理研究所(核科学与技术系)团委

陈暄增	董 旭	郭子豪	李 沛	李 洋	李 源	张德保	张皓通	张晶莹	张 军	张迷逾	张秋仪
刘子豪	罗旭涵	马蒲芳	马志国	石家磊	田绍威	张思而	张文祺	张小凤	张 旭	张宇宸	赵彬彬
夏子寒	肖云龙	张 轩				赵金婵	赵旭阳	赵之善	钟一凡	周世李	周 伟
						周昕玥	周澘剑				

化学系团委

计算机科学技术学院团委

陈心瑜	董钰瑶	杜 可	段立鑫	范文斌	房栋妍	白 婧	白云鹏	卞雨喆	蔡哲飚	曾德锋	车政行
封佳佑	高嘉明	巩 鹏	郭亚欣	胡德骏	胡 筱	陈艾利	陈冠旭	陈沛仪	陈炫婷	陈中钰	程逸婷
黄怡佳	姜 兰	蒋丰鸾	金芸珂	靳 雪	经写意	戴江凡	单新鹏	邓 驭	杜 娜	杜雨轩	段钧文
雷 灿	李峰宇	李秋彤	李闲驰	李新宁	李岩岩	方世成	费 奔	奉 现	付昊霖	傅宇倩	甘晨飞
林恩佑	林枞媛	刘宇菲	刘钰瑶	陆佳寅	路卓尔	高铭凯	耿子端	顾珍桢	郭 露	郭茹萍	郭正康
牟秋水	石雅宁	孙一硕	谈馨月	唐艾佳	汪 晨	洪怿立	侯乔聃	侯自愿	黄辰宇	黄春浦	纪 伟
王舒琪	王 耀	王艺锦	吴方玥	吴文晓	徐乾翔	姜尔玲	蒋璃箫	李 博	李 飞	李嘉良	李美玲
徐子楷	颜 鹏	杨靖磊	杨予忱	叶子豪	尹泽邦	李萌玻	李念琪	连允睿	林博韬	林 晨	林靖尧
虞凌岳	赵子建	赵梓珍	周洋宇	庄国伟		林 青	林 睿	林琰钧	刘 昊	刘佳楠	刘佳兴
						刘佩籴	刘怡婷	刘永横	刘志丹	卢 婧	卢政杰

高分子科学系团委

安杰一	鲍奕霖	陈红岩	陈梦瑜	陈奕西	陈 宇	陆勇雍	罗嘉骐	罗俊韬	罗诗雨	罗雅萧	聂绍珩
戴长昊	高彩云	何 佳	侯 蕾	蓝 泽	刘 越	牛 昊	彭佳汉	祁慧妍	邱皓月	邱剑荣	任昱枢
陆宇韬	罗刘晗钰		骆正旸	孟宇寰	孙强生	阮雯强	上官文钦	佘家瑞	沈 杰	宋文彦	
王乾坤	王耀本	王振国	吴徵婧	夏申欣	肖静雨	宋悦荣	苏敬发	孙若诗	汪方野	汪佳伟	汪家璇
薛泓睿	于 悦	张 薇	赵凤美	赵毅立	邹君逸	王 岗	王鹤霖	王君可	王骏飞	王芃骁	王淇锐
						王骞珩	王少文	王帅宇	王思尹	王韬洋	王文婧

环境科学与工程系团委(含大气与海洋科学系)

曾家宁	陈思辰	陈婉琪	陈亚楠	窦辰飞	范方璐	王雅欣	王宇晖	王御天	王正源	韦 平	卫 今
方 雪	冯 珂	傅正航	葛祖瀚	宫诗雯	海 蓝	魏明宇	文一帆	吴 斌	吴东芹	吴妍琪	吴 瑶
何相龙	金慧雨	孔 畅	黎婧倩	李博海	李欣然	吴逸昕	夏家峰	肖泉彬	谢子璇	徐建伟	徐宛月
李伊扬	李侬蒙	李志浩	梁 晨	梁涵洲	林其燕	杨延军	杨延鑫	杨 乙	姚鑫玉	叶俊杰	尹睿成
凌 越	刘 超	刘品皓	刘思涵	刘 源	苗东洋	印张悦	于可欣	郁思敏	袁润恬	张皓捷	张怀政
邵 姝	施 懿	申璺伟	谭逸菲	王 鑫	王宇炜	张仕洵	张 珂	张逸伦	张宇琪	张章越	赵邦毅
吴婉琪	吴 璇	奚高胜	谢丽芳	徐 岩	杨 叶	赵佳祎	赵凯雅	赵宇航	赵云潇	郑惠元	郑婕妤
姚 楠	俞逸烽	张若愚	张笑荣	赵耀迪	郑培钺	周 浩	周 杰	周智民	周子羽	朱柏霖	朱俊杰
郑曦蔚	周湘莹					朱李旺	朱 睿	祝正鹏	祖心言		

信息科学与工程学院团委

微电子学院团委

包 毅	蔡 峰	蔡佳桐	曹程伟	常全备	常舒淇	白玥寅	曹静雅	曹力炫	曹 阳	曾 光	曾昱满
陈 锴	陈循远	陈一凡	陈志博	程 超	戴 菲	晁 鑫	陈镜西	陈欣骅	陈迎盈	陈宇畅	戴 源
邓雨杭	窦玉莹	范白云	范璐菲	付奇奇	高 睿	戴芸菲	翟丹枫	董琦芸	付天昊	甘仁泽	缑赛飞
高 雪	葛丙辰	谷若诗	郭碧雨	郭博文	何佳杰	胡鲲鹏	黄承康	黄浩涯	姜婧雯	焦子洋	金伯银
何君博	何林倩	何肽威	何晓晗	胡景悦	胡 可	李金媛	李乐萌	李立冉	李庆轩	李晓茜	李玉彬
黄何霖	黄梓悦	季宏宇	季思颖	贾汪鳃	江俊伟	廖文浩	林玉明	刘晨星	刘恩清	刘一萱	刘胤池

鲁 博	路家林	吕 焘	麻晨跃	马宇杰	毛毅赟	景紫汀	柯俊杰	柯镇昊	雷心悦	李会森	李 燊
穆 琛	庞星辰	彭冰冰	邱炳纲	区朗曦	沈金翼	李枢杰	李严婧	李奕萱	李孜仪	林雪颖	刘彦扬
石佳禾	宋皓月	宋亦凡	苏钰桐	孙家亮	陶 聪	刘 怡	刘艺文	刘宗鹭	柳 冰	马瑛东	马毓婕
王 彬	王常昊	王海华	王嘉昊	王军辉	王凯航	毛炫林	孟祥源	明政杰	倪睿琦	逄梓民	彭文静
王添锃	王宇昂	王泽霖	吴佳锡	吴立舟	吴雪颜	祁新洲	钱淑琼	邱子辰	萨 娜	沈弓惠	沈书羽
徐 航	许洪玮	许煜民	薛家龙	薛思惟	薛 玥	石可诗	谭智文	陶灏然	陶长风	屠智萌	王晨雨
闫亚州	杨瀚逸	杨 琳	杨树安	杨廷意	杨 毅	王楚瑜	王聪慧	王麒旭	王 韬	王霆懿	王欣怡
于晓伟	于晓洋	余江南	张若玉	张添瑜	张翔睿	王艺霖	王毓轩	魏家燊	魏婉怡	伍美虹	伍怡静
张雨萱	张语彤	张 越	张振汉	张政锚	章圣楠	习鹏飞	向怡乔	肖苏卿	辛旭妍	徐墨涵	徐 熊
赵贝拉	郑 淇	钟晓宇	庄 集			徐 瑶	薛玥卿	杨 卉	易殊玥	尤 婧	于佳琳

航空航天系团委

丰火雷	何 茜	姜子昂	金源航	李正阳	吕梓城	张媛雯	张凯亮	张 蒨	张庆凯	张晓琪	张 颖
邵楷钦	汪祎铭	王 聪	王 衡	温炯然	许广虎	张 源	张源珍	章超逸	郑佳欣	郑 敏	周婧怡
杨开强	杨易远	姚 俊	张子泥	赵松山		周 璇	周语诠	朱亭瑜	朱小雅	诸皓庭	

材料科学系团委

基础医学院团委

蔡天骏	程 静	丁忻怡	郭凯宇	韩 硕	何承溧	白雨洁	蔡文迅	蔡奕恒	蔡嫒嫒	曹宸瑜	车相贤
吉 波	冀琛阳	李广威	李晓宇	李中政	刘 静	陈 辉	陈启航	陈 藤	陈雪婷	陈政翰	代雨馨
刘俊含	刘 昱	鲁 遥	马立凡	孟 杨	冉国永	代忠通	狄雨霏	翟梦磊	董淑妍	杜心悦	冯 毅
师月浩	时欣宇	孙康耀	孙圆元	谭 剑	魏佳炜	傅科学	傅骁涵	富宁远	高阳漾	顾 勇	郭志伟
吴 铿	奚珉劼	谢 弛	谢佳琪	杨骐源	尹宇航	韩 晶	韩 政	何沐阳	洪艳哲	侯铁男	黄文馨
于瀚洲	张 容	张子煜	赵 欣	钟心怡	周奕璇	寋子涛	江秉谦	靳秋野	居 怡	鞠卓凝	雷中意
朱泽宇						李博锴	李 澄	李申申	李诗曼	李逸心	李 悦

生命科学学院团委

操小桐	曾俊炜	柴佩含	常怀文	崔炘蝶	戴 晨	李 臻	梁 宸	梁智恒	林辰勖	刘清泉	刘 彤
董 哲	方熠涵	费 玥	郭春梅	郭彦超	何欣怡	刘 旭	刘怡茹	罗 玲	罗怡华	马寅君	潘小汀
黄茜蕊	贾屹坤	赖远婷	兰甲宾	蓝灵锐	李佳琪	戚芷芫	齐康威	曲麟昊	阙亦宸	任 虹	任申成
李嘉伟	李可馨	李明慧	李松桥	李哲楷	梁 柠	沈玉佳	舒文俊	孙可心	汤 晗	汤语桐	唐汶璇
梁 玉	林 灯	刘佳琪	刘 祺	刘雪鹤	陆童创	唐一飞	王德禹	王雅茹	王旆萌	王 钰	吴楚洵
罗 杨	马铭杨	马志强	欧阳绚雨		桑超伟	吴佳霖	肖希越	徐艺珊	徐钰深	徐子岳	许海阳
邰 睿	谈芝滢	唐 戡	陶 晨	滕馨雨	王常春	严明旭	杨康绮	杨绍鹏	姚冰然	叶 可	叶一诺
王璐格格	王若颖	王曦晗	王晓丹	王怡涵		尹淑媛	余桓宇	余 玥	张曼铃	张天然	张天彧
王宇晗	王子晗	卫镕恺	温昊龙	吴羚阁	谢能仁泽	张曦文	张彦博	张译心	张玉林	张钰仪	章李高月
谢文浩	徐思源	徐誉菲	徐 玥	杨 洁	杨 林	赵梓芯	郑皓予	周 琳	周 沫	周宇翔	周芷菡
姚天歌	姚珍梅	叶臻茂	余丹妮	詹思量	张继廷	朱晓艺	朱欣怡	朱 喆	竺鑫洁	邹柳婷	
张 鑫	张亦冕	张致源	章美琪	赵倩青	赵一然	迪达尔·木合牙提					
周娟娟											

大数据学院团委

公共卫生学院团委

艾匡时	蔡育铮	陈 锋	陈凌杰	程子琛	仇均易	安景婕	鲍诗意	蔡京廷	蔡 旻	曾叙衡	曾子涵
党同真	段皓警	范华鑫	冯娜娜	葛恕延	及靖宇	昌 皓	陈 丹	陈李枸	褚泓杰	邓清文	丁佳韵
江金菁	姜昊辰	靳建华	李 强	李 任	李 微	杜顺顺	方 玲	冯龙飞	高艺航	韩东洋	何淑娴
李一帆	林恒旭	林子开	刘竹君	柳 婷	马若雪	胡 楹	姬晓艳	李航宇	李 江	李凯渊	李思漫
潘成骏	邱宸豪	裘星宇	石霭青	王 爽	王玥奕	李文韵	李雨鸿	林米乐	刘馨雅	刘鑫媛	刘 洋
魏诗琪	吴义栋	夏景晖	熊中正	许婧函	阎思杰	刘怡菲	卢敏欣	陆东哲	陆婧婷	潘宏羽	庞欣悦
晏若琳	杨安怡	余定之	袁 楠	张博伟	张乃夫	齐人杰	秦 飞	瞿志强	任静静	沈依菡	苏晓桢
张 威	赵佳佳	赵丽敏	赵正龙	钟 诚	周海伟	苏月雯	孙浩瑞	孙蔚然	唐敏华	唐舒宁	万嘉姝
周琪皓	周钊宇	周哲立				王恩鹏	王梦豪	王梦真	王小雨	王祎宁	王 艺

管理学院团委

						王莹莹	王玉洁	王韵歆	韦星黎	魏丹阳	魏兰馨
卞 榛	蔡宛真	查 阅	邓蕊竺	邓悦萌	高冰洁	魏思翰	吴枚屹	吴艳洁	肖彤彤	许吉祥	杨 慧
顾 香	顾伊晴	顾祎文	郭星砚	过泽森	韩治宇	杨林涛	杨若茹	叶星辰	易康祺	尹 浩	于慧敏
何家明	何怡君	洪佳薇	黄 河	解扬奕	金溥谦	于 路	张博雅	张李一	张玲云	张诗雅	张淑敏
						张晓玉	张艺凡	张艺璇	张雨欣	郑亚楠	周 璐
						周琼桂	周 雨	朱文龙	诸心蕾		
						叶丽娜·吐尔地别克				邹海燕	

药学院团委

包彦宁　曹馨月　曹　意　陈　超　陈纪翔　陈政阳
崔小涵　崔彦云　窦子涵　冯　瑗　盖　玺　龚雨帆
郭　炜　郝文婧　李韵涵　李紫璇　梁宇宁　刘　悦
刘　悦　刘云虎　刘卓文　路若楠　孟娜娜　齐柔柔
秦思洁　邱秋钧　瞿炀苠　沈志春　苏　桐　唐嘉悦
唐泽群　童世强　汪　瑜　王俊峰　王若珂　吴汉杰
吴倩玉　夏加璇　徐彩莉　许兢菁　薛永星　杨尚烨
杨盛敏　袁国淇　张　桐　张雨霞　赵　静　钟钰璇
周丽萍

护理学院团委

陈　磊　陈梦怡　陈玺竹　董朝晖　杜　玉　段怡雯
花　玮　怀祎洁　黄雨涵　金依霖　荆　凤　李远远
陆雯君　茅伊琳　缪佳凝　任若琳　阮君怡　时馨蕊
唐奕敏　万　佳　万　艳　王雨阳　王梓宁　吴　双
肖润希　颜姝瑜　张　蕊　张燊淏　张婷婷　张　欣

科研机构综合团委

车黎明　陈星伊　陈艳瑜　董义卓　胡　宇　贾致坤
靳　葳　刘敏讷　刘思宇　刘　洋　路曼曦　罗　啸
吕　阳　孟　辰　米　雯　穆　伟　潘琪琪　潘宇真
邱　江　谭梓峥　汪鹏超　王　冀　王楷林　王志坤
谢幸良　徐夏韵　张　岱　张　楠　张晜语　张子菁
赵梦阳　赵书新　赵雨阳　周沁彦　周泽楚　周子清

放射医学研究所团总支

王　静　周羽川

脑科学研究院团委

蔡静宜　陈　顾　陈紫悦　丁　宁　董宏天　郝湘文
李　娜　刘云凤　施美娟　陶　言　陶赟超　仝秋平
王雅娜　许锦洪　周　斌　周　虹

古籍整理研究所学生团总支

岑瑶瑶　李惟君　任　婕　王艺璇　张知瑾

文献信息中心学生团总支

陈乐奕　郭贝利　蒋明理　王涵笑　武亦文　张　旭
赵玮佳

静安区中心医院学生团总支

赵轩宇

中山医院研究生团总支

陈　遥　单光耀　高金峰　黄丹蕾　黄温勉　荆露霞
李　君　林霞晖　刘牧吟　陆佳成　奇卓然　任碧晨
任　婷　宋晓玥　宋燕莎　苏中钱　孙宝业　孙祥飞
汪竹涛　王政民　翁佳雷　吴晓灵　吴英成　徐宇秋
杨　杨　张　阳　赵雨菲　邹琰培

浦东医院学生团总支

王刚刚　杨　凯

先进材料实验室团总支

李星进　罗飞宇　万　里　王彬航　王博文　王　敏
张腾升

闵行区中心医院学生团总支

黄佳婷　郑婷婷

华山医院研究生团总支

陈丹丹　陈　曦　陈怡然　陈翊圣　邓　波　董银磊
杜　威　郭笑潇　还　逍　李惠珠　李育青　刘　娜
刘宇宸　罗伟航　孟　源　那玉岩　朴思蓉　曲庆明
任姣锜　申思权　沈钰涛　盛怀瑄　孙双一　陶宝锐
王　菲　王沁玥　王小杰　王逸然　王佐元　谢焕光
薛啸傲　杨晨光　杨芳景　杨　金　殷瑞琪　张敬军
张亚茹　赵　斌　赵贤省　赵亚婧　衷画画　周晶雨
周耀龙　周子健　朱榕生　朱晓菲　庄金阳
阿力米热·艾买提　　　米拉依·杰恩斯

金山医院学生团总支

李珏星　韦自卫　袁　佳　麦尔哈巴·图尔荪托合提
张　聪

公共卫生临床中心研究生团总支

马　艳　施冬玲

华东医院研究生团总支

陈春基　董　栋　黄文君　李梁珊　林上进　刘云欢
舒　俊　王　坤　王　为　韦雅芹　张锦雄

上海市第五人民医院学生团总支

洪润琪　徐　可　周　程

生物医学研究院学生团总支

丁　健　范子慧　方冒馨　顾云青　韩　雪　胡玉霞
黄子轩　金钱蔚　李冠楠　李凯悦　李巧娟　李雨薇
刘　璐　申笑涵　王思婕　杨　爽　余赛西　岳雪彤
赵鹏媛　周凯程

上海市影像医学研究所学生团总支

陈如串　刘丁瑕　肖涵予

上海市生物医药技术研究院学生团总支

陈芙嘉　蒋寒宇　罗雅馨

浙江西湖高等研究院团总支

董婷婷　贺柳晴　贺圆珍　李梦娇　李旖旎　李珍珍
陆　恬　吕欣原　钱　雨　帅梦雷　许容阁　杨良伟
尧冰清　周伦妮

中山医院学生团总支

白金松　白立言　曹佳宁　曾琳淇　丁玥岑　冯牵红
付诗曼　何晓宇　胡　薇　姜安绮　李小青　邵洁婕
隋启海　王以宣　吴　靖　武　玥　夏睿琦　许若讷
于　佳　詹碧芸　郑涵予

华山医院学生团总支

陈艺凌　崔义凯　崔熙涵　冯岭洲　郭淑莹　郭旸洋
罗秋阳　吕　凡　孙冰清　檀治平　王子怡　吴浩芸
熊　鑫　熊中梦　于彦泽　张　航　张璐瑶　周　悦

华东医院学生团总支（筹）

郭繁颖　胡贤洋　金　杨　刘心怡　夏欣媛

肿瘤医院团委

陈　超　陈士奇　陈一瑜　葛丽萍　韩　晗　焦巨英
李　雪　李语婕　林万尊　马晓燕　彭林佳　宋俊权
孙　慧　王　海　王　鑫　翁俊勇　徐文浩　张礼翼
张挺维　张芜湖　钟鑫杨　周润叶

妇产科医院团委
曹侃侃　杜　铭　赖真真　刘真真　裴真乐　沈辉慧
汪雨萌　王　晶
儿科医院团委
戴荻阳　丁浩东　杜宣瑾　高润楠　何世伟　梁秋妍
梅玉婷　邵蕾霖　王　利　王　冉　杨文盛　虞梅萍
袁宵潇
眼耳鼻喉科医院团委
陈玉洁　翟子萌　樊淑文　韩笑言　衡　宇　兰远铮
李沛璠　毛寰宇　沈宇杰　盛绮练　王钰靓　杨甜柯
张　哲　周显金
部门团委
蔡　娟　陈　诺　陈诗茵　邓蔼玲　杜　多　段宇涵
方　舒　龚家仪　顾心瑜　顾周琳　郭天成　郭昱龙
何嘉浩　何未晞　何哲琳　黄　榕　季晓然　李含怡
李　霖　梁　栋　刘晰钥　陆　阳　马逸群　马雨哲
上官琪祥　　　　邵　倩　宋天惠　谭婷婷　涂子坤
王欣然　王禹欣　王之琳　伍展毅　肖淑方　谢萌欣
叶芷玲　余　龙　袁文璇　张静远　张其姝　张栀雨
赵晏庆　周魏怡　周晓萌　朱泳霖
学生会团总支
陈书羿　陈　研　陈怡丹　陈之逸　郭佳萌　何凌艺
蒋乐妍　李轶昆　厉学凯　鲁子旭　罗　钰　瞿钰玲
舒子轩　孙智蕙　唐思憧　屠逸菲　王凯歌　王月琴
吴致远　徐清扬　许　静　杨芊茹　姚舟怡　叶小忆
恽凯淳　张睿哲　张伟鑫　张哲祯　朱可涵　朱　烁
党建服务中心学生团总支
付芳菁　万　晨　张铃冉　张　越
基层就业协会团支部
李美桦　张跃慧
艺术团团总支
刘沐尧　姚　远　张靖雯　郑抑非
广播台团总支
汪　骞　王佳同
社团团总支
保昱冰　毕世研　蔡羽诺　曹子言　曾奇桐　陈礼明
陈梦泽　陈瑞昊　陈晏永周　　　　陈奕嘉　翟天屿
丁依静　杜明远　范俣杰　冯珏玮　傅　铖　傅燕娜
龚　铮　顾晨淳　管笑笑　韩子昂　何少飞　贺云鹏
胡美芝　黄　韧　黄一骁　黄裕华　蒋佳钰　孔繁瑞
匡怡然　邝光耀　黎洛嘉　李晨禹　李翀一　李宏斌
李佳莹　李书怡　李儼达　李　政　李政豫　李治力
廉　正　廖锦蕙　林芳怡　林健民　林思羽　刘嘉欣
刘懿萱　柳佳嘉　卢正方　陆金泽　罗正宇　马嘉毅
马文亮　马易成　孟禹舟　宁　静　宁晓宇　潘　越
彭鸿佳　彭麒璇　齐潇轶　邵欣怡　沈迪雅　沈子月
施赛博　施正昱　石鹏飞　石小滟　宋曦雯　孙明阳
唐义慈　陶净栩　佟　为　童懿昕　汪天雨　王诚瑞
王　斐　王　涵　王锦霞　王婧源　王柯妮　王鹏博
王　琪　王　爽　王　彤　韦姗姗　翁冰冰　吴辰越

吴丽莎　吴鹭龄　吴学佳　吴远征　武柯昊　夏维维
项　真　谢雨横　徐佳卿　徐嘉晨　徐平涛　徐欣洋
徐予唯　寻含章　鄢传若斓　　　　颜裴松　杨继豪
杨一文　杨雨琦　尹　青　应雨希　余菁洁　郁思静
张婧雯　张凌奕　张梦瑶　张宁洁　张思琪　张晓澜
赵一闻　赵苑霖　赵振浩　郑晗阳　郑　昊　钟思祺
朱古力　朱骊冰　朱　帅　朱天豪　祝　琳　邹宸东
古丽孙·斯迪克
研究生团工委(包含枫林工作委员会)
白逸凡　陈凯秋　陈楷森　陈媛婧　管真如　郭佳钰
韩　云　郝金骁　黄曦锐　黄子扬　蒋惠雯　赖逸平
李佳坤　李凯伦　李汶鑫　梁　誉　刘偲宇　刘明哲
吕琴瑶　马浩原　彭胤舜　上官凡艺　　　　孙浩宇
孙晓冬　万一铭　王明旭　王　威　王雪萌　王琢玉
吴嘉植　熊霄丹　徐昌昊　徐瑞泽　徐语欣　严佳颖
杨　范　杨蕊菡　尹笑笑　俞曦晨　张柏勋　张洪静
张　燎　张瑞琦　张译天　章　丽　周琳薏　朱旌安
朱元颜
克卿书院团工委
苗润泽
志德书院团工委
顾竟元　张凌云
任重书院团工委
斯莹喆　吴　迪
腾飞书院团工委
孙　晗　应宇杰
希德书院团工委
高铭泽　沈嘉城

2021—2022学年度复旦大学优秀学生干部标兵名单(共20人)
中国语言文学系
陆佳妮　蒋惠雯
外国语言文学学院
丘润瑄
国际关系与公共事务学院
周滨滔
新闻学院
宋心语
经济学院
吕思诺
马克思主义学院
杨　宁
数学科学学院
俞姚琳
物理学系
张言韬
高分子科学系
马明钰
大气与海洋科学系
于骐恺

计算机科学技术学院
保昱冰　杨　范
材料科学系
庄业照　吴颖洁
生命科学学院
冀凌宇
公共卫生学院
王晓鹏
药学院
刘梦园
中山医院
梁嘉琪
儿科医院
杨　然

2021—2022学年度复旦大学优秀学生干部名单（共837人）

中国语言文学系团委
窦文欣　冯歆瑶　伏　羲　黄鸿辉　贾颖月　蒋惠雯
康启蕙　李俊杰　李亚轩　陆佳妮　骆　驿　任彬源
孙睿璇　王旭树　韦　月　许亚云　杨皓雯　于金锋
张　玮
外国语言文学学院团委
丁　祎　杜思贤　胡逸凡　华桑楠　黄钰茹　金小盟
赖喆佚　李亦诚　刘廷格乐　　　　缪珺蕾　孙奕霏
王　馨　吴逸萌　武以宁　杨娅雯　张　绚　张栀雨
历史学系团委
陈庆阳　杜馥利　郭　丹　何籽成　侯宙一　李厚祺
李住桐　李映熠　任紫钰　闪　洪　工晓琪　工泽群
武禹嘉　徐可变　尤淇远　袁　尚　张　涵　张凌奕
哲学学院团委
贲启涵　蔡玉妃　陈梓培　丁少青　段亚蓉　黄　奕
蒋雨语　梁　誉　彭博彬　冉升林　田壮志　王楚涵
王小蝶　殷翔宇
法学院团委
曾鑫坤　陈思含　党非凡　顾周琳　纪明岑　李家阳
李　靖　李　誉　刘彦宏　刘　玥　卢冰华　马欣宇
欧阳茗荟　　　平　凡　裴柯欣　曲子贤　涂漫漫
汪震薇　王欣彤　吴　飞　徐嘉阳　于　颖　祝展蕾
国际关系与公共事务学院团委
陈锰丹　李天勤　林屹涵　刘宇龙　陆晟恺　田海伦
王海宁　王　鑫　王　寅　王　远　王智灏　魏　澜
夏　菱　杨梅凤　杨书帆　杨晓蕾　于　丹　余嘉荣
张　傲　张京亮　张潇丹　张一凡　章子娟　周滨滔
社会发展与公共政策学院团委
陈汪铭　程　舒　韩字新　李　杰　林奕君　陆　辰
欧壹铭　饶　钊　邵杭荟　覃文晶　滕玉洁　韦盈盈
卫玉相　吴可佳　吴小菁　杨怡凡　张闻雷　朱梦琦
新闻学院团委
曾文鹏　陈　铭　陈一诺　董小童　董彦如　冯子纯
高晨婧　龚涵孜　顾功菲　顾倪义　计丹洁　简丹丹

刘会中　刘天天　潘雯智　沈　雪　宋心语　唐泽楷
万旭琪　王博雅　许芯蕾　许　愿　杨晨阳　尹　悦
张研吟　周佳怡　周萧燕
经济学院团委
陈牧风　陈雪妍　耿华泽　巩珈宁　皇甫勃涛　黄沐阳
黄　莹　李珏松　李　蔚　李梓豪　梁　杰　林昕旋
刘嘉晨　刘永星　路雯珊　吕思诺　马欣榕　聂煜坤
乔晓雪　冉小飞　施云扬　施芷涵　宋稚白　王阿倩
王梦颜　王昕彤　王子晨　吴尚恒　伍曼玮　项　欣
薛思涵　杨宁宁　应　琪　于皓南　于泠然　余思娴
张达平　张潇兮　张馨月　张雅琪　张怡然　张　洲
赵安琪　赵思琪　赵文天　赵子文　郑嘉禾　郑雅文
庄子淇
马克思主义学院团委
刘雨桐　阮佳琪　王舒琦　王思雨　韦　叶　魏弋凡
张　玥
国际文化交流学院团总支
李好旻　申洧珍　王伟威　王钰霏
数学科学学院团委
陈凯秋　陈思齐　成　然　丁宇哲　高　萌　吉元元
姜舒晨　李雨桓　李卓如　刘俞辰　谭　璞　陶思博
王嘉琳　王兆钰　吴心宇　徐恒阳　闫乙铭　殷凧沅
尹首怡　俞姚琳　张文勇　张叶昊　仲昭月　朱熠宸
物理学系团委
陈雅馨　楚　娇　郭圣炳　孔祥明　李智杰　寮亦威
罗熠晨　马若殷　孙骏力　吴　琼　杨斯翔　詹　研
詹烨旻　张言韬
现代物理研究所（核科学与技术系）团委
陈一嘉　高肖玲　何懿娇　马　洁　石盼华　王友敬
化学系团委
冯文华　韩欣悦　姜　文　蒋文昊　李元昊　廖莫愁
林子涵　卢艺萱　马家兴　马子力　孙理博　徐文豪
徐子星　杨超超　朱丛林　朱肖禹
高分子科学系团委
蔡展翔　陈舒雯　顾思怡　何侃麒　黄晨奕　马明钰
邱绍恩　杨子锐　朱　润
环境科学与工程系团委（含大气与海洋科学系）
蔡钟瑶　陈若怡　陈奕颖　韩艾曦　宋曦雯　杨茜迪
杨晓卉　于骐恺　余洪海　张　瀚予　张家威　张琪越
张译天　张湛奇　赵宇萌
信息科学与工程学院团委
陈子扬　单淑慧　付亚鹏　龚　晟　龚霖霄　顾赟清
季明媚　孔维阳　赖　耘　李　楠　李仁波　李韦萍
林文韬　林志霖　刘德龙　刘　璟　刘美鑫　娄祉祯
卢宏伟　马　宸　聂雨辰　潘依伊　邱世英　任则华
孙　苗　谭　欣　王桑钰　夏世杰　许珺婷　杨　超
杨金桥　张　兵　张吉安　张思伟　赵晨尧　周晓萌
周泽楷　朱奕晓　朱子阳
计算机科学技术学院团委
保昱冰　陈逸飞　陈嫒嫒　程　茜　程子钰　杜佳颖

龚诗涛　管正青　何博安　李瑞峰　李智鑫　林俊雄
林　青　林奕铖　刘宝玺　刘　明　刘文浩　柳世纯
毛浩楠　牛炳翔　钱　可　沈　阚　孙　晗　孙　旭
汤上轩　王苏鹏　王　威　王孝聪　王迎旭　王越越
王子怡　吴海如　吴嘉植　吴怡杰　肖　凯　徐陈岚
杨　范　杨子旭　袁　泉　张涵星　张　挺　张钰珍
赵嘉豪　郑英齐　钟　鑫　周洺杰　邹　懿

微电子学院团委
曾宝荣　陈必胜　陈文翰　邓长风　丁思同　冯肖迪
何泽显　贾思遥　李　强　李善策　刘旭升　潘茂林
唐浩迪　万茹洁　王璐瑶　王宇航　王子杰　相龙玺
严宇杰　杨家睿　杨　洋　杨奕潇　昝　昭　张嘉良
郑凯祥　朱立远　邹桂镔　邹滕浩

航空航天系团委
陈　力　龚帮民　李应辰　李泽坤　刘丁阳　徐天乐

材料科学系团委
胡　盈　康钦莲　李东磊　盛　开　王千艺　吴颖洁
杨子曦　张津铭　张潇月　张　瑜　庄业照

生命科学学院团委
陈功春　程好雨　丁文冕　韩郑祺　黄志航　冀凌宇
李治力　廖展腾　刘经武　刘熙环　马永灿　史　砚
孙紫嫣　陶　吉　王佳蕾　王梦嵊　王思远　王友超
武　全　张志勇　钟　超

大数据学院团委
程梦琴　翟荣泉　韩晓汀　景宏泰　李威震　刘原冶
刘云山　彭　卓　王耀千　王逸群　吴嘉骛　武柯昊
殷林琪　余唯一　张思源

管理学院团委
曹佳璇　常家莉　陈思毓　陈音绮　董淑慧　何方仪
黄　琳　金　怡　梁郅彬　刘怡然　刘亦舒　陆丁劼
陆诗怡　马奕骏　潘　恺　彭顾逸　邱奕珲　孙家伟
王府璟　王艺蓉　王尊猛　吴菲婷　吴　妍　向雨馨
张宏润　张展豪　职　音　朱涵文

基础医学院团委
陈　浩　陈鸿怡　陈俊霖　樊梓儿　何枝威　洪光辉
胡一度　黄慧钰　金嘉玉　居　君　李昊骏　李　蒙
李　木　李智敏　刘晔瀚　柳络天　鲁朝臻　陆一萌
戚婉君　任宇辰　沙一鸥　沈子月　唐　朝　陶　珂
王蕴蕴　魏　麒　恽婕妤　张涵迪　张琳琛　赵陈曦
周心妍　宗雨昕

公共卫生学院团委
陈媛婧　程进扬　邓诗姣　范经志　高一丹　贾璟瑜
姜宜萱　兰麓湾　李佳颖　李文洁　刘光辉　刘　倩
刘少杰　龙　萍　马飞宇　马海峰　裴剑锋　荣炳凯
施宇凡　史　苏　唐　颢　徐　澳　严　冉　杨耀莲
余　涛　张淼伟　朱　晗　庄婷钰

药学院团委
符　源　贾秋予　李　航　李纪一凡　李可昕　李梦茹
刘梦园　王翰麒　王　蕊　王帅淇　徐　萌　杨宪诚
杨鑫羽　杨鑫羽　杨　玥　叶　青　库德莱迪·库尔班

护理学院团委
蔡　青　沈罗笛　田茂婷　王一如　夏静仪　徐佳慧
杨佳雯　杨以茗　张　湃

科研机构综合团委
封　硕　顾芯宇　何田田　黄　帅　李豪杰　马甲辰
宁心怡　杨鼎康　杨书豪　张安达　郑岚育

放射医学研究所团总支
曾　靓

脑科学研究院团委
陈　辉　范家乐　邝思颖　孟　珊　童　芳　邹鑫泳
赵之嵘

古籍整理研究所学生团总支
刘家佑　周　荣

文献信息中心学生团总支
吴予晨　邢伟琪

中山医院研究生团总支
陈昭媛　何巧兰　梁嘉琪　邱首继　文昊宇　吴婷婷
薛春燕　杨心瑜　周永杰　朱文思

浦东医院学生团总支
成　云

先进材料实验室团总支
王慧宁　尹四星

闵行区中心医院学生团总支
黎　健

华山医院研究生团总支
陈楷文　陈匡阳　陈仕东　金昌龙　刘　滢　卢鹤扬
马小茜　莫少聪　潘俊杰　史政洲　索金珊　涂佳琪
王楚宁　徐　硕　周　琦

金山医院学生团总支
李　昕

公共卫生临床中心研究生团总支
邵玥明

华东医院研究生团总支
付婉瑞　龚冬火　张雪纯

上海市第五人民医院学生团总支
费文超

生物医学研究院学生团总支
陈姣姣　焦梦霞　刘　伟　马佳蕊　王　琨　王少宣

上海市影像医学研究所学生团总支
田宁子

上海市生物医药技术研究院学生团总支
武冰雪

浙江西湖高等研究院团总支
冷肇国罡　李玉聪　李泽裔　岁　月

中山医院学生团总支
陈君豪　符凯奕　韩丞治　李　智　刘　影　杨　柳

华山医院学生团总支
黄奕欣　李　晓　张靖淇　张雨梦

华东医院学生团总支（筹）
甘丽娜

肿瘤医院团委
丁晓洪　李玉为　尚　志　苏冠华　谢一兆　于鹏程
朱秀之
妇产科医院团委
邱　祥　张　醒
儿科医院团委
高广林　江园燕　许　达　杨　然
眼耳鼻喉科医院团委
陈丽丽　居钰乔　吴嘉雯
部门团委
冯茗铭　何亚香里　金博睿　李一钒　廉伟琪　刘　爽
鲁佳辰　唐伟杰　王　雪　王志诚　翁婧怡　夏　妍
谢幸良　邢　程　杨怀川　张昊辰　张　翼　郑抑非
郑　屿　朱余烨　朱　珠　邹博文
帕提曼·阿不都热衣木
条线工作
李可言　刘凡霄　陶易洁　王秋石　王新迪　王逸群
韦　璐　张婷怡　周　惠
学生会团总支
曹沐紫　陈嘉彤　陈书玥　葛佳艺　顾一雯　金雨丰
李炳萱　李蔚怡　凌　宸　倪夏骏　丘润瑄　沈佳懿
汪小琳　王　雨　张宁馨　周筱涵
党建服务中心学生团总支
陈志勇　冯叶妮　顾　铭　施佳余
基层就业协会团支部
熊　恒
艺术团团总支
李治平　干艺澄
广播台团总支
王芊漪
社团团总支
蔡　旻　蔡薛文　蔡　颖　陈皓骏　陈梦骐　陈　鹏
陈雪婷　陈逸昕　陈雨璐　程郅骁　邓　爱　翟星汉
范立人　高　蕾　高　原　昊昱孜　葛世林　管泽铖
洪智铭　胡一浚　胡英华　黄芷琪　李丹阳　李竞凡
李康昕　刘佩林　刘思源　刘芯钰　刘雨翻　卢　洁
卢　瑶　陆嘉怡　吕子良　马宗良　梅心怡　縻　昱
南　楠　宁　杨　潘嘉懿　邱洁昕　沈浩淇　史茹文
宋佳仪　粟思怡　孙浩瑞　童慧航　王耕宇　王　璐
王苗锦　王于晨　王　宇　工宇纯　吴　迪　吴佳霖
吴新悦　夏　梦　夏诗铭　徐涔峪　闫雨泽　杨　宁
杨宇轩　于润欣　于　莹　张梦茜　张馨文　张溢妍
钟金娴　周　帅　左宗正
研究生团工委（包含枫林工作委员会）
常　奔　陈泓亦　谷　巍　黄颖超　金　虎　孔　畅
李晚笛　凌宇航　刘二冬　刘靓颖　刘梦琪　刘毓馥
孟从华　欧阳心怡　徐振炀　邵　姝　舒欣然　田蔚熙
王炳南　吴旭炀　徐振炀　易康祺　张思而　周逸洋
庄乐言　卓先旺

克卿书院团工委
王晓鹂
志德书院团工委
李佳怡
任重书院团工委
张　昊
腾飞书院团工委
刘姜瑜
希德书院团工委
赵姝君

2022年度复旦大学优秀毕业生（本科生）名单（共355名）
中国语言文学系
杜昕儿　王健欣　吴　棋　董淑月　颜　润　于　旸
崔　越　王雨晴　郭曼雅　蒋沅颖　罗瑜涵　吴　蕊
丁妍琦
外国语言文学学院
潘晓琦　傅鹤辰　程文曦　黄睿彤　鲁依棋　舒　玥
毕泽佳　陈灏奕　徐泽安　孙冬儿　孙镭耘　陈媛宛若
李　珣　王雅舒
新闻学院
陈心怡　黄晓钰　梁　好　白一波　卞凯玥　傅吉婧
张乐萌　丁辰琦　齐臻熹　于佩瑶　栾　歆
德力娜尔·海拉提
历史学系
卓　霓　陈俊杰　徐文凯　戴碧莹　韩佳妍　黄岑莹
庄　麦　袁　悦　李思玥　穆祉潼
经济学院
麦崇俨　朱玄哲　郑艺鹏　白浩岩　张乐平　樊欢乐
周甲豪　陈迪龙　吴文涵　王舜尧　向泉州　郭汶鑫
杨　昊　吕一伟　孔曲阳　李　硕　王家欣　沈吉苏
沐以恒　于　越　卢　曼　谭凯歌　郭　熠　吕安琪
吴皓月　张婧彧　陈子健　陶一凡　陈月华
哲学学院
郭炜飚　姬昱晨　曹忆沁　程于聪　陈文静　唐明星
张妙妙　包小珂
国际关系与公共事务学院
李　果　徐申卓　马煜凯　肖　遥　郝　翰　马知秋
周辐斐　王培红　王宇景　薛　瑞　程　婧　王丹阳
黄相宜　徐维希　冯　笛
数学科学学院
张俊悦　王捷翔　龚　畅　林　洁　郑文琛　张昊航
刘一川　胡行健　谢永乐　刘星宇　陈　锐　吴洲同
刘经宇　张丹丹　唐一铭　钱东箭　陈志恒　陈　河
邹思远
物理学系
于鑫阳　周宇轩　魏庚辰　朱哲渊　刘琪纯　谢文轩
唐涵麟　王奕豪　胡家鸣　汪　睿　王　颖　黄紫潇
核科学与技术系
汪景航　孙静安　郭庭轩　成若玉

信息科学与工程学院
张　乐　於亦非　张　郲　刘俊捷　蔡欣怡　程双毅
张正泉　肖炳楠　黄　鹏　严　峻　李铭晟　李浩哲
王　洋　田　野　曾泽铿　倪佳怡　王　琳　王梓杨
徐思聪　曾雯雯　付子钊　魏湛淇
微电子学院
傅思皓　秦昊祺　施　钰　章志元　蒋侃亨　匡泓霖
陈国豪　李嘉玮　刘宗沛　钟翼联　郑叶萍　何斯琪
董之晅　楼佳杭　蒋旻格
计算机科学技术学院
薛卓亿　张添翼　罗铭源　杨睿凝　陈　中　韩晓宇
杨雲腾　陈　源　吕昌泽　黄子豪　刘俊伟　何值全
洪凌屹　姜博天　包　容　许逸培　宗　一　蔡栋梁
傅尔正　胡彧锋　庄颖秋　段欣然　吕逸凡　黄韵澄
张　歆
大数据学院
李欣颖　梁敬聪　朱笑一　董巧乐　张先印　杜梦飞
祁宇升　张志杰
化学系
马诗韵　陈逸诚　黄龙千　杨　飏　郑健徐杰　沈海潮
黄雨航　严珂欣　徐姝炀　胡清晓　许　灿
生命科学学院
崔焱琳　徐　皓　龚逸辰　姚成捷　包昊权　常石初
陈奕佳　刘以涵　刘婧萱　徐雅菲　张逸飞　张卓锦
李雨珊
管理学院
孔振东　宁佳琦　谷　畅　曾颖涵　徐弋凡　王志诚
邓宇淇　李辰雪　王致远　祁星皓　陈霄翔　张澄予
杨镇源　夏子清　阿拉帕提·尔肯　陆则瑜　余滢辰
陈怡涵　王可欣
法学院
丁佳惠　周　夷　郭天成　蒋龙宇　李若晴　时雨鑫
黄馨雨　王喜悦　庄语滋　刘姝晨　陈　仪　徐子淳
航空航天系
李鸿宇　邱连富　纪晓阳　居佳怡　兰欣玥　李雨琪
材料科学系
王开元　王文斌　邓　铭　蔡秉锜　姚轶舟　晏　炀
卢雨婷　房宸涛　徐万顷
高分子科学系
曹旭琛　孙　凯　李金妍　臧雨茗
社会发展与公共政策学院
龚郅建　蒙澳灿　杨纪源　郭美宏　刘　娜　胡琳悦
黄辰雨　徐文澜　刘谦谦　邓　琛　陆冰洁　宋嘉怡
刘亦莼
环境科学与工程系
许晖敏　董欣玮　李　臻　周天琦　陈笑然
基础医学院
姚　丹　饶　杰　钱宇妍　申赵铃
公共卫生学院
范经志　李厚橙　王　鑫　周　璐　周晓钰　刘汗青

张彧文　黄君慧　张　帆　蒲佳璐　张博雅　陶　颖
段旭昶
药学院
毕潇剑　彭　辰　林晨腾　杨明忠　陈昕翀　程峻锋
于少坤　董美辰　苗蒟菲
复旦大学附属中山医院
陈梓滢　金宇燊　史铭塑　李宇嘉
孜丽努尔·阿不都许库尔　潘晓玉　孟　源　付裕园
夏　天　黄诗怡　邵　笛
护理学院
王瀚林　黄熙行　康祎陈　何　静　王　萌　陶　红
赵　琴　龙丽媛　李千缘　杨清清　崔盈佳　荣心怡
复旦大学附属华东医院
王炜越　高　克　韩家炜　田　毅　王雨汇　连阳也
何　晨　尤烁铭

2022年度复旦大学优秀毕业生（研究生）名单（共881名）

马克思主义学院
李建肖　刘　莹　庞　敏　赵　颖　郑一芳　马俊飞
潘蘋佳　邱紫君　蒋英勃　龚佳俊　张玥琪　朱栎瑶
谈思嘉
古籍整理研究所（中国古代文学研究中心）
史桢英　王　玥　冯玉霜　王英达
中国语言文学系
王　煜　程驰也　李傲寒　梁燕妮　黄炜星　张雪亭
尹　鑫　朱璟依　葛锦宇　于志晟　张译仁　翟皓月
蒋　晴　朱思婧　郑海榕　李文韬　孙超杰　张志杰
刘天艺　陈店霞　花友娟
外国语言文学学院
刘彦青　季辰旸　李大鹏　黄淑洁　卞舒婷　徐心怡
孙瑷倪　胡昊中　张萌婷　王正娴　宫　昀
新闻学院
付天麟　何芷茵　冯雅雯　刘惠宇　张　熙　杨　迪
梁　鹤　王子安　王明瑞　王逸帆　迟秋怡　陈必欣
陈贞李　马庆隆　任　桐　米　雪　蔡钰泓　邹凯欣
朱作权　冯钰婷　乔等一　吴晓君　高嘉玲　杜晏楠
周玉桥　陈鑫盛　张岩松
历史学系
孙毓斐　熊　钿　薛鹏程　张梦瑶　沈园园　王思雨
郭恬薇　杜万鑫　李蔚暄　李煜东　王　旭　王奕斐
许　浩　迪丽菲热·艾尔肯
哲学学院
关山彤　姜　婷　王俊勇　彭柏林　涂文清　宋佳慧
梁毓文　马雨乔　李　浩　孙嘉琪　李毅琳　闫高洁
王丹丹　李志龙
国际关系与公共事务学院
仇钰蓉　周雨晨　曹锦纤　杨雪寅　严　乐　张　帆
赵文杰　侯晓菁　张鸣春　蔚丰阳　赵欣予　何　园
刘　璐　刘诗成　刘语默　张羑一　陆　吉　严泽心
黄铎宾　徐国华　唐乘舟　沈雪婷　王守法　许彦兰

陆旭澜 马梦展 侯冠华 马心怡

数学科学学院

张珺雪 林葳杨 任隽灵 徐文雨 钱 成 申思为
蔡舒雅 陆斯成 何家钧 朱太阳 赛林溪 董谨豪
梁 露 练静芳 王子夕 刘若杨 沈启帆 鹿 彭
刘炎林 赵 颖

物理学系

周 彪 张宾花 宋元和 高 琼 丁一茗 杨 皓
车治辕 刘昌勤 刘晓娟 王冬逸 劳曾慧 朱楚楚
陈培宗 裘李阳 何 政 左鹏举

现代物理研究所

宋一丹 屠汉俊 潘 祥 覃潇平 李 凡 严成龙

化学系

周倩雯 吴永雷 熊桧文 程孟霞 闫 苗 谷霍亮
于冰洁 周乔语 张峻葪 杨金羽 王路路 方 忠
曹心乐 程达姣 金 晨 陈 恒 刘梦丽 徐金诚
李明重 吴 娜 张 慧 黄志鹏 李巧玉 唐 灿
杨思宇

计算机科学技术学院

袁劲飑 郝世迪 李吉春 马晨曦 张星宇 赵 君
徐雅静 施孟特 杨 森 万仕贤 凌嘉伟 刀 坤
刘之航 刘子畅 刘宇轩 宁伟勇 宋 奇 张一鸣
张颖涛 朱仁杰 杨悉瑜 池 瑶 王思童 罗辉翔
耿同欣 蒋书尧 谢思思 赵锦涛 邹会江 陈正卿
陈齐翔 韦霞杰 鲍 倩 鲍涟漪 雷 涛 王 丽
王 铮 田梦晗 谢晨昊 黄凯锋

法学院

冯岳澄 王樱蕙 李睿琦 郝智鑫 张 宁 王琦婷
邓阳立 刘思嘉 孙玉山 何亚男 原舒仪 宋志强
李克凡 袁明慧 黄欣琳 陈文清 韩晨光 胡昕仪
董梦雅 吴正昊 姚 淑 孙雯静 庄尹豪 廖泓颖
张俏珊 张 冲 张可欣 张雅琪 徐 灿 施艺谐
施 雯 李子璇 李思宏 杨舒晴 栗 翘 毛丹阳
沈卓一 王 晨 王淑窈 章 铮 许博远 赵 炜
车国旺 邹寒蕊 陈予慧 马兰兰 魏 妮 鲁 亮
黄仁昱 龙 可 夏 清 孙汝靓 杨展迪 胡佳颖
西艾力·热合曼 张 琳

航空航天系

高 升 李婧婷 卢骏斌 吴家琦 孙煜贤 黎健明
于 仪

材料科学系

代宁馨 陆雨瑄 朱啸东 骆赛男 张 林 王瑞瑞
白 宇 臧佳贺 钱壮飞 孔 晔 左超磊 张 媛
李晨溪 王文杰 付博文 于 爽 武泽懿 李凯文
唐 杰

高分子科学系

方怡权 孔德荣 杨 晗 杨滨如 谢金雨 达高欢
陈倩莹 叶张帆 赵志峰 程宝昌 潘绍学 李嫣然
温蕴周 王秀丽

高等教育研究所

张 熙 胡 淼 陈 晨 胡平平

旅游学系

张雅灵 王 莹 黄钰淳 朱玥宏 焦 阳

文物与博物馆学系

卢 颖 张思宁 王 军 王孟珂 谢雅婷 远 真
任心禾 弓雨晨

泛海国际金融学院

夏欣羽 姚辉婷 张之瑞 张淇茗 张芷馨 樊子珺
王韶怀 蔡雨洋 马庆华 任 翌 刘 倩 李 文
王奕璇 许 静 郭梓洪 郭赟赟 陈 皓 顾玮妍
魏政乐 王文博 石 磊 董 进

经济学院

倪 邦 姜桠耀 常可可 张金淼 李兴云 李卓妹
李 杰 李照宇 李钠平 沈炜坚 洪嘉琳 王兴佳
王子钰 王思宇 王振鹏 王馨悦 董立起 郭 磊
陈博雅 韩思雨 魏 玮 刘 越 张 珵 方佳源
沈柯钰 许 娟 廖一静 张 乐 张晨滢 胡思蓓
龙凤娇 尹鸿飞 忻绎凯 胡润格 苏 红 陈 妍
顾涵阳 伍文祥 刘 璇 樊 越 王 毅 吴钊颖
邵 萱 陈广瑞 徐小荷 曾零歆 韩 菁 陈宏松
金霜莹 陈梓延 吴茂华 陈 莹 高基乔 程图展
冯鹰林

管理学院

吕聪子 周宇凯 唐泽文 潘文哲 王秋雨 贺怡如
郑欣怡 付怀宇 刘恒志 张佩芬 张 怡 杜秋蕊
詹同钰 谭哲贤 金文强 徐竞如 杨明颉 任思祺
何超凡 周 乐 徐 芳 缪 菲 陈刘军 杨翔宁
蔡京容 顾含笑 马心妍 逯文琪 刘传君 李真真
焉昕雯 郑恬依 罗子奇 孙 倩 孙仕霖

生命科学学院

朱炳宽 章雨晨 唐宇龙 张 蕊 张 辉 吴晓晖
徐富江 刁奕欣 张修平 成韶芸 李帅虎 赵颖颖
陈玉玲 沈 成 于一帆 吴田田 周鹏程 胡建颖
谢亦临 严佩雯 徐子蓝 贺子唯 汤亚男 张 枭
楼 涛 毛惠琳 程时豪 蒋 伟 谭子怡 陈安珂
魏会哲 杨文彬 王 铎 梁剑青 周国强 杜盼新
刘 畅 杨淑娴 安 硕 徐 艳 马进民 杨 宇
何承鹏 俞雪儿

信息科学与工程学院

薛宏伟 朱绪丹 闫 鑫 沈子豪 陈雨星 邱 艺
刁海康 刘程诚 陈 成 顾佳峰 刘 韬 李文卓
邹雅婷 宋凤丽 仇鹏江 曾嘉富 杨智宇 赵星宇
游佳欣 陈 茜 田新章 吴依珂 张 玮 李光浩
杨启航 杨 杰 汪书乐 汪相锋 苏现慧 赵华亮
赵怀锐 陈星宇 孙 超 徐明升 邢 傲 姚楚君
郭志和 闫泽垚 成庆荣 涂华恬

社会发展与公共政策学院

刘玉春 张婷婷 张 帆 张 震 李修丽 李雨蒙
杨馥榕 韦梦婷 韩敬文 黄 钦 刘怡婷 潘 悦

祁文彦　钱　璐　刘鹏飞　郝　立　武艾佳　陈李伟
孔春燕　丁艺华　伏慧玲　伏　爽　刘　贝　崔溪云
常鹏飞　李绮琪　李　静　陆　玲　陈　瑜　杨　琴
计邹慧　李松徽　杨依婧　王　蔚　蒋诗榆　雷天蔚
李瑶玥　李　挺　王　骊　向橄叶子

环境科学与工程系
刘艳飞　胡晓蕾　徐冠君　李丹冉　李淑雅　肖茗明
卢　蓓　詹佳慧　邹建旻　杨　帅　江兴华　汪舒怡
田　丰　顾传奇　张阳洋　王　宇　姜婷婷　陈　璐
周升钱

历史地理研究中心
吴泽文　何　伊　桑弘毅　鲍明晗　田大刚　华　烨

国际文化交流学院
唐继宏　夏淑锦　徐艳艳　陈修齐　韩卓冰

文献信息中心
于　畅　江　澜　王丁一　谢青妍

上海数学中心
林雨涵　康菊姣

类脑人工智能科学与技术研究院
谢　超　於葛畅　宋利婷　郭婉婉

工程与应用技术研究院
熊志勇　张鹏聪　侯福宁　包寅翔　姜璐璐　弓佩弦
杨子鹏　赖志平　杜　强　焦　博　王海睿　陈芷涵
王　昊　袁泽兴

全球公共政策研究院
王振宇　阳星月

大数据学院
向旭晨　周千裕　王嘉程　王　婧　谢　昊　周笑宇
张晓琛　李寅子　李志伟　韩司仪　刘　钰　王健安
王守道　袁　建　钟祖远　魏　政

基础医学院
谢红艳　吴梦芳　沙季辰　蒙伟达　陈美玲　桂爱玲
何旭东　于　尹　朱立君　邬永琳　武慧杰　程杭杭
高鸿儒　钱　贵　张　境　王玥月　裘茗烟

公共卫生学院
周钰涵　张丽娜　林　丹　刘世蒙　张馨予　杨　雨
马中慧　黄　畅　孙　卓　施姣姣　赵　杰　孙　悦
李秉哲　江弋舟　田　婕　苏　晴　薛　静　韩明慧
龚　慧　吕　超　李梦颖　樊长佳　王艺园　夏泽敏

药学院
王学娇　陈纪安　胡　杨　梁　栋　卞星晨　张金华
汤佳伟　杨　君　刘春影　门泽宁　丁文鑫　刘嘉扬
冯依曼　张　鹤　田恩铭　董子榕　谢胜盛　郭晓宇
陈锦娇

放射医学研究所
郑　旺

上海市生物医药技术研究院
张家帅

护理学院
曹均艳　胡　鑫　宋品芳　许　凤　毛诗柔

中山医院
刘小霞　吴润达　孙嘉磊　段昕岑　周　雷　姜　铨
孙　杰　张之远　方　远　朱师超　沈　洋　朱梦璇
朱桂萍　王宝敏　臧童童　魏婷婷　陈彦玲　李婷婷
梁　佳　庄晨阳　李光耀

华山医院
程广文　吴婧雯　张　炜　李婉贞　黄志伟　沈雪宁
寿艳红　吴诗熳　杜成娟　田东兴　王　进　陈臻浩
王　尧　王　莉　雷　哲　葛　羽　庄靖铭　胡超璐
滕兆麟　田　莎　胡忆文

肿瘤医院
叶　增　许　赟　陈丽华　黄彬豪　周逸凡　田　熙
谢亦瑶　谭励城　黄嫦婧

儿科医院
梅红芳　王　婧　石奇琪　蔡　科　田钰欣　代　丹

妇产科医院
高玲芸　唐芷菁　朱国华　李月妍　王诚洁

眼耳鼻喉科医院
赵玉瑾　夏韦艺　张少华　范昕彤

金山医院
王适雨　甄自力

华东医院
侯成成　刘宜昕　李　楠　黄雪梅

上海市第五人民医院
李浩然

公共卫生临床中心
刘丹萍

上海市影像医学研究所
谢雅舒

浦东医院
杜建航

闵行区中心医院
于水利

生物医学研究院
潘丽虹　定　力　聂晓迪　张海珠　李　璇　王嘉华
胡颂华　王司清　徐　鹏

脑科学研究院
赵国丽　韩　旭　刘　蒲　郭书钰　何承锋　张燕东

临床医学院
李　明　邓朝强　叶宇豪　陈希南　仲伟逸　陈奇思
娄瑶晨　钟雨婷　张安澜　陆　强　但妍君　姜子琪
马丽云

软件学院
吴豪奇　张俊杰　朱玉倩　王　森　蒋　婷　陆　怡
陈　卓　余乐章　刘俊涛　吴　俊　孙冬旎　左涵坤
张文绮　郑雯怡　陈天宇　路天一　严律成　耿邱一郎

微电子学院
何振宇　汪　洋　王　晨　童　领　冯佳韵　唐招武
张文笛　曾　诚　混瑞智　谢　鳁　谢瑞祺　钱嘉栋
陈　敏　王　巍　敖孟寒　王创国　王　珏　王孝东

徐荣金

先进材料实验室

王启豪　王瑞聪　吴正晨

大气与海洋科学系

乔　梁　宋晓萌　李　哲　李晓萌　王晨色　张　超

蒋雪蕾

浙江西湖高等研究院

祝钦清　卞维祥

大事记

1月

1月4日
召开2021年全校安全生产工作大会。

1月5日
召开2021年度院系党委书记抓基层党建工作述职评议会。

1月6日
召开复旦大学人才工作会议暨建设"第一个复旦"系列研讨人才专题研讨会。

召开安全稳定工作会议。

1月7日
举行人工智能研讨会。

1月8日
召开人工智能学科建设研讨会。

举行首届光华论坛暨复旦大学校友会光华生命健康分会成立仪式。

1月12日
召开党委常委会，传达学习习近平总书记在省部级主要领导干部学习贯彻党的十九届六中全会精神专题研讨班开班式上的重要讲话精神。

1月13日
召开党史学习教育专题民主生活会。
召开党史学习教育总结会议。

1月24日
召开党委常委会，传达学习十九届中纪委六次全会精神、中管高校纪检监察体制改革动员部署会精神和全国统战部长会议精神，专题传达学习上海市"两会"精神。

1月间
中山医院心内科教师团队获评第二批全国高校黄大年式教师团队。

1月间
上海医学院徐彦辉教授团队有关"转录起始超级复合物组装机制"的研究成果入选中国科协生命科学学会联合体公布的2021年度"中国生命科学十大进展"。

2月

2月11日
上海医学院与南通经济技术开发区管委会签订战略合作协议。双方将携手建设一流区域医疗中心，扩大"复旦医疗"在长三角影响力，为推动长三角卫生健康一体化发展树立"新样板"。

2月16日
金华市委常委、义乌市委书记王健率市委市政府代表团一行来校考察，就进一步深化校地合作进行座谈交流。

2月18日
美国驻上海总领事何乐进（James Heller）率文化领事胡丹尼（Den Hoopingarner）、政治领事戴杰森（Jack Dart）等一行来校访问。校长金力会见何乐进一行。

2月18—19日
召开2022春季校领导班子务虚会。

2月21日
与云南沃森生物技术股份有限公司、上海蓝鹊生物医药有限公司签署三方战略合作协议。三方将发挥各自在基础研发、药物开发和疫苗产业化等方面的经验优势，建立密切、长久及融洽的战略合作关系。

召开中国共产党复旦大学第十五届委员会第十二次全体会议。

2月25日
复旦大学附属中山医院佘山院区"智慧全生命周期"健康管理项目正式启动。

2月28日
彭慧胜团队"实现高性能纤维锂离子电池规模化制备"入选第17届"中国科学十大进展"。

上海市委常委、统战部部长、人大常委会副主任郑钢淼一行到校专题调研统战工作，并与校党委书记焦扬等校领导交流座谈。

2月间
第二轮"双一流"建设名单公布。复旦大学哲学、应用经济学、政治学、马克思主义理论、中国语言文学、外国语言文学、中国史、数学、物理学、化学、生物学、生态学、材料科学与工程、环境科学与工程、基础医学、临床医学、公共卫生与预防医学、中西医结合、药学、集成电路科学与工程等学科入选本轮"双一流"建设学科。

3月

3月3日
湖南省委副书记、省委教育工委书记朱国贤率团到校访问，与校党委书记焦扬，校长、复旦大学上海医学院院长金力等校领导进行座谈，上海市委副秘书长燕爽、上海市教卫工作党委书记沈炜参加座谈会。

3月7日
召开党委常委会，学习习近平总书记在中央党校（国家行政学院）中青年干部培训班开班式上的重要讲话精神。

3月8日
举行纪念"三八"国际妇女节112周年暨先进表彰大会。会上公布2021年度上海市、教育系统、复旦大学等女性先进集体、个人名单。

3月10日
召开疫情防控工作领导小组会议。

3月15日
召开线上疫情防控工作领导小组专题会议。

3月16日
校党委理论学习中心组召开线上学习会，传达学习全国"两会"精神。

3月21日
召开党委常委会暨学校疫情防

控工作领导小组会议。

3月23—24日

校长金力走访江湾校区的二级院系、实体运行科研机构、学生生活园区、食堂等,督查疫情防控下校园运行和实验室安全管理工作。

3月25日

召开疫情防控工作领导小组专题会议,传达学习上海市委常委会精神,审议《学校准封闭管理期四校区管理实施方案(第二版)》,审议《关于校园准封闭管理期间滚动开展核酸检测工作实施方案的请示》,研究部署下一阶段准封闭管理工作。

复旦大学邯郸、江湾、枫林、张江四大校区,针对奥密克戎完成疫情防控演练。

3月间

学校3名全国人大代表、5名全国政协委员在全国两会上认真履职尽责,积极建言献策。

4月

4月3日

以线上线下相结合的方式召开全校辅导员疫情防控动员会议。

4月4日

召开全校党政正职干部视频会议,对从严从实做好下一阶段学校疫情防控工作再强调再部署再落实。

4月10日

中共中央政治局委员、国务院副总理孙春兰前往复旦大学、同济大学,深入了解高校落实防控措施、疫情应急处置、教学活动开展、师生生活保障等情况。

4月11日

召开分党委书记视频会,传达学习国务院副总理孙春兰调研指导学校疫情防控工作时的重要指示精神,通报学校近期疫情防控情况,部署下一步疫情防控工作。

4月15日

启动"关于加快实现新冠疫情校园动态清零的攻坚行动"。

4月23日

校党委书记焦扬、校长金力走访调研校园疫情防控网格化管理试运行首日情况。

4月25日

复旦大学与香港中文大学于线上召开两校合作指导委员会第五次会议,两校就校际合作事宜做进一步沟通与商洽。

4月28日

微电子学院教授张卫获全国五一劳动奖章。

4月29日

召开党委常委会,传达学习习近平总书记在中国人民大学考察时重要讲话精神。

5月

5月3日

召开青年师生学习习近平总书记在中国人民大学考察时重要讲话精神座谈会,庆祝中国共产主义青年团成立100周年。

5月7日

召开党委常委会,传达学习5月5日中共中央政治局常务委员会会议精神。

5月8日

高分子科学系、复杂体系多尺度研究院联合举办聚合讲坛第九辑特邀学术报告,诺贝尔奖得主迈克尔·莱维特应邀作题为"重大的基础发现需要开放的基础科学"的报告。

5月12日

召开党委常委会,传达学习庆祝中国共产主义青年团成立100周年大会精神。

5月17日

举行"两大工程"一期项目总结暨二期项目启动仪式,进一步探索繁荣哲学社会科学"新型举国体制的高校模式"。

5月27日

围绕"大数据、人工智能与学科融合创新"主题,举行第56届校庆科学报告会综合场。

5月28日

召开党政干部视频会议,布置下一阶段学校疫情防控、新一轮准封闭管理和校园安全稳定工作。

6月

6月1日

召开2022年就业工作会议。

6月6日

党委理论学习中心组举行总体国家安全观集体学习会。

召开2022年全面从严治党工作暨警示教育大会。

6月7日

举行中国共产党复旦大学代表会议。会议选举产生复旦大学和复旦大学上海医学院出席中共上海市第十二次代表大会代表。

6月10日

2022年高校党组织示范微党课第一期开讲。校党委书记焦扬以《传承红色基因 培养忠实传人》为主题,开讲第一期微党课。

6月11—12日

在线举行庆祝复旦大学中国历史地理研究所建所40周年大会。

6月11日

由复旦大学史地所主持研制的"中国历史地理专题数据展示系统"正式上线。该平台旨在用更现代的信息化技术、对用户更友好的方式展现2 000年来中国历史地理演变过程。

6月16日

举行2022届赴西部、基层、国家重点单位就业毕业生出征仪式暨实习实践基地云签约仪式。

6月17日

举行2022届学生毕业典礼,1万余名毕业生以线上线下相结合的形式参加典礼。

召开2022届毕业生"我为母校献金点子"座谈会。

6月18日

举行元宇宙重塑医疗生态CAAI云论坛(上海站)元宇宙与智慧医疗学术研讨会。

6月28日

召开党委常委会,专题传达学习中国共产党上海市第十二次代表大会精神。

6月29日

召开全校党建工作会议。会上,为13名2022年"光荣在党50年"纪念章获得者代表颁发纪念章。

6月30日

举行庆祝中国共产党成立101周年暨学习习近平总书记重要回信两

周年座谈会。

6月间

学校申报的20个专业入选2021年度国家级一流本科专业建设点名单。

7月

7月1日

举行"高质量发展与创新"论坛暨复旦大学附属眼耳鼻喉科医院建院70周年纪念活动。

7月5日

在线召开2022年度人文社科科研工作会议。

7月6日

召开专题研讨会，围绕建设"第一个复旦"的课题，聚焦"深度融入新发展格局，提升服务社会经济发展能力"主题，进行交流研讨。

在线举行复旦大学与中国日报社新一轮战略合作框架协议签约仪式。根据协议，双方将深入贯彻落实党中央关于加强我国国际传播能力建设和教育强国建设的部署要求，进一步深化在品牌传播、人才培养、科研交流等方面的友好合作，更好地发挥各自优势，共同为加强和改进国际传播工作作出新的更大贡献。

举行统一战线工作领导小组暨民族宗教工作领导小组会议。

7月8日

召开中共复旦大学审计委员会第二次会议。

召开2022年精神文明建设工作会议。

7月17日

中国共产党的优秀党员，著名核物理学家、教育家，中国科学院学部委员(院士)、国际欧亚科学院院士，发展中国家科学院院士，中央文史研究馆资深馆员，第九届、第十届全国政协委员，第六届、第七届中国科学技术协会副主席，第五届上海市科学技术协会主席，复旦大学教授、博士生导师，复旦大学原校长杨福家同志，因病在上海逝世，享年86岁。

7月间

复旦大学"应用伦理""社会政策""气象"获批增列为硕士专业学位授权类别，"口腔医学"获批增列为博士专业学位授权类别。

8月

8月2日

召开党委常委会，专题学习习近平总书记在省部级主要领导干部"学习习近平总书记重要讲话精神，迎接党的二十大"专题研讨班上的重要讲话精神。

8月4日

与大理白族自治州人民政府签署新一轮《大理白族自治州人民政府—复旦大学战略合作框架协议》，全力落实沪滇对口协作、教育部与云南省的部省战略合作工作。

8月10日

以线上线下相结合方式召开2022年全国高校师德师风建设专家委员会工作会议。

8月11日

以复旦大学附属儿科医院首任院长陈翠贞命名的"陈翠贞儿童健康发展中心"在云南永平县正式揭牌。

2022年复旦大学助力永平乡村振兴工作现场推进会在云南永平县永平会堂举行。

8月13日

召开"第一个复旦"系列主题论坛之"引领发展 创新融合——复旦大学附属医院高质量发展"。

8月24日

以线上线下相结合方式召开复旦大学第五届老教授协会、第十一届退(离)休教师协会代表大会。

8月25—27日

召开2022年校领导班子暑期务虚会。

8月26日

中国共产党的优秀党员，著名生物医学工程学专家，中国工程院院士，中国医学科学院首届学部委员、生物医学工程和信息学部主任，复旦大学首席教授、博士生导师、生物医学工程研究所所长王威琪同志，因病在上海逝世，享年83岁。

9月

9月2日

复旦大学望道研究院召开理事会第一次会议，介绍2021年度工作总结暨2022年度工作计划。

9月3日

举行复旦大学2022级学生开学典礼。

9月5日

召开中国共产党复旦大学第十五届委员会第十四次全体会议，校党委书记焦扬代表学校党委常委会向全委会报告2022年上半年工作。

9月9日

召开"迎接党的二十大，培根铸魂育新人"2022年教师节表彰大会。

9月13日

召开复旦管理学奖励基金会第三届理事会第二十次会议、第四届理事会第一次会议。

9月14日

与内蒙古自治区人民政府签署战略合作框架协议。区校双方将在人才培养与教育合作、战略决策咨询、学科建设发展、科技创新与成果转化、医疗卫生领域合作、人才交流等方面开展深化合作，助力自治区高质量发展，助推"第一个复旦"建设。

9月15日

数学科学学院教授雷震、高分子科学系教授彭慧胜、化学系教授张凡获2022年"科学探索奖"。

9月16日

举行复旦大学-内蒙古大学深化部区合建对口合作座谈会。

9月17日

第四届中国人类表型组大会暨湖南省大健康产业发展促进会在湖南长沙湘江新区举行。大会由上海国际人类表型组研究院、中国科协组织人事部和中国生物物理学会联合主办，中南大学、湖南省发改委、湖南省卫健委、中国生物物理学会表型组学分会、复旦大学人类表型组研究院、上海赴源科技服务有限公司承办。

9月21日

复旦大学《表型组学》(Phenomics)和《临床癌症通报》(Clinical Cancer Bulletin)2本英文期刊入选《2022年度中国科技期刊卓越行动计划高起点新刊项目入选项目》。

9月22日

九三学社中央副主席、中国工程

院院士丛斌,九三学社中央常委、社会服务部原部长徐国权一行到枫林校区考察。

9月23日

举行"情随国步,德溢丹青"纪念苏步青先生诞辰120周年致敬大师活动。

召开建设"第一个复旦"系列研讨之"基础-临床交叉融合与转化"主题论坛。

9月25日

举行复旦大学"十大医务青年"二十周年交流论坛。

9月26日

举行复旦大学党委理论学习中心组(扩大)学习会暨党委党校中层干部专题培训会。

崇明区委、区政府主要领导到校交流座谈,并参观调研人类表型组研究院、张江复旦国际脑影像中心、国家集成电路创新中心、新一代集成电路技术集成攻关大平台等。

9月29日

举行建设"第一个复旦"系列研讨之"一流医学人才培养"主题论坛。

9月30日

举行复旦大学教材工作推进会暨教材建设表彰会。会上颁授全国教材建设奖,同时揭晓首届学校教材建设奖获奖者名单和首批"七大系列精品教材"建设项目入围名单。

9月间

复旦大学创新创业学院入选首批国家级创新创业学院。

由金力院士领衔,复旦大学联合昆明理工大学、中国科学院昆明动物研究所共同承担的"低压低氧环境下人类复杂性状的表型组分析与系统解构"基础科学中心项目,由张人禾院士领衔,复旦大学联合中国海洋大学、中国科学院大气物理研究所共同承担的"海-陆-气系统与北半球中高纬极端天气气候"基础科学中心项目,以及由葛均波院士领衔,复旦大学为依托单位,复旦大学附属中山医院具体承担的"泛血管介入复杂系统"基础科学中心项目获批国家自然科学基金基础科学中心项目。

10月

10月1日

举行复旦大学开学健康跑暨新学年校园群众体育活动启动仪式。

《共产党宣言》展示馆"星火"党员志愿服务队党支部举办"奋进新时代,争做追梦人,以实际行动迎接党的二十大胜利召开"专题组织生活。

10月7日

召开疫情防控工作专题会议,传达学习上级部门疫情防控最新精神,就深入细致精准做好疫情防控,维护校园安全稳定工作进行再动员、再部署。

10月8日

召开复旦大学统战工作会议。

10月12—14日

第十届中国国际汽车照明论坛(IFAL2022)在沪召开。论坛由复旦大学电光源研究所、中国照明学会智能交通照明委员会、上海机动车检测认证技术研究中心有限公司、复旦临港产业化创新平台、智能汽车人机交互视听安全联盟联合主办。

10月14日

召开建设"第一个复旦"系列研讨之"新医科人才成长之路"主题研讨会暨2022年复旦大学上海医学院人才工作会议。

10月16日

复旦师生于线上线下共同收看中国共产党第二十次全国代表大会开幕式。

10月18日

举行"校长面对面"书院新生下午茶活动,校长金力与书院新生代表畅聊入学以来的学习生活情况。

10月19日

位于上海医学院福庆广场上的上医重庆歌乐山办学纪念校门正式落成揭牌。

举行庆祝上海医学院(原上海医科大学)创建95周年捐赠鸣谢仪式。

10月20日

举行纪念上海医学院(原上海医科大学)创建95周年"聚力建设'第一个复旦'书写上医新辉煌"主题论坛。

10月24日

校党委常委会专题传达学习党的二十大精神。

10月27日

召开学习传达党的二十大精神大会,切实把全校师生员工的思想和行动统一到党的二十大精神上来,凝心聚力奋进新征程、建功新时代。

10月29日

举行"书记面对面"博士生讲师团20周年座谈会暨"红色巴士"首发仪式。

召开复旦大学校友会第四届会员代表大会第一次会议。大会选举产生校友会第四届理事会,校长金力当选为会长。

11月

11月1日

召开复旦大学七届三次教代会暨十八届三次工代会。

11月2日

举行复旦大学与中国人民保险集团股份有限公司战略合作签约仪式举行。双方将共建"复旦大学中国人保健康管理研究院",打造健康管理高水平研究和教育平台,开展重大课题合作研究,推进专业硕士联合培养工作,更好地促进学科发展和人才培养,以及研究成果转化应用。

11月3日

复旦大学党委成立党的二十大精神宣讲团,对二级单位开展全覆盖宣讲贯彻党的二十大精神。

11月5日

召开由复旦大学口腔医学院·上海市口腔医院(上海市口腔健康中心)主办的聚力建设"第一个复旦"——复旦大学口腔医学高质量发展研讨会。

11月6日

上海医学院原创主题话剧《行走在大山深处的白衣天使》在相辉堂北堂首次公开演出。

上海人类学学会第八届第二次会员大会暨2022年上海人类学学会年会以线上线下相结合方式举行。年会由上海人类学学会主办,复旦大学社会发展与公共政策学院和司法部司法鉴定科学研究院协办,复旦大学现代人类学教育部重点实验室和人类遗传学与人类学系承办。

11月7日

张江复旦国际创新中心科研楼项目实现结构封顶。

11月10日

举行"奋进新时代——我们这十年成就图片展"暨"我们这十年"主题座谈会。

11月10—12日

举行第六届"一带一路"及全球治理国际论坛。

11月11日

举行复旦大学党委理论学习中心组(扩大)集体学习和理论宣讲专家集体备课会,专题学习党的二十大精神。中央宣讲团成员,中国人民大学党委副书记、校长林尚立作辅导报告。

11月12日

举行复旦大学物理学系成立70周年暨应用表面物理国家重点实验室成立30周年发展论坛。

复旦大学"瑞清"教育基金首次颁奖。复旦化学领域优秀师生和校友分获三大类、五大项奖。其中,化学系教授范康年获园丁奖,校友、中国科学院院士、中国科学技术大学校长包信和获杰出贡献奖。

11月13日

与中国科学技术协会签署共建协议,正式揭牌成立中国科协-复旦大学科技伦理与人类未来研究院。

11月15日

举行浦江科学大师讲坛开讲式暨首期讲坛。

11月17日

举行人民日报社与复旦大学新一轮全面合作协议签约仪式。根据合作协议,双方将进一步加强优势互补、交叉融合,在深化习近平新时代中国特色社会主义思想学习与实践、扩大党中央机关报在校园的影响力、加强人才培养和学术研究多环节合作、加快推进媒体深度融合发展等方面深化合作,助力建设具有强大凝聚力和引领力的社会主义意识形态和宣传思想文化阵地,赋能新型主流媒体和"第一个复旦"建设。

11月18日

举行华山医院纪念建院115周年"奋进新时代·创新向未来——公立医院高质量发展与创新论坛"。

举行复旦大学管理学院科创战略实践两周年主题活动暨2022复旦管院科创周开幕式。

11月20—21日

在全校深入学习贯彻党的二十大精神之际,由师生自编自导自演的原创大师剧《陈望道》连续两日上演。

11月22日

举行"校长面对面"之学生学业专题座谈会。

11月23日

上海市委书记陈吉宁在校出席师生代表座谈会,围绕学习贯彻党的二十大精神与师生深入交流。

11月25—26日

举办"上海论坛2022"年会。本次论坛以"全球多重挑战下亚洲的应对"为主题,以线上线下结合形式举行。

11月27日

举行纪念复旦经济学科百年主题活动。

11月28日

以复旦大学研究生支教团接续奋斗24年支教事迹为背景的主题原创话剧《西望》在相辉堂北堂上演。

召开全校分党委书记和部处长疫情防控专题会议。

11月29日

举行"与党同心,跟党奋斗"复旦大学博士生讲师团成立二十周年暨大学生理论类社团宣讲工作论坛。

召开学校党委常委会会议,传达学习习近平总书记对做好安全生产工作作出的重要指示精神,部署校园安全隐患排查整治工作。

11月30日

举行龙脉春秋——许德民东方抽象主义艺术展暨"抽天开象·龙脉春秋"捐赠揭幕仪式。

11月间

上海医学院杰出校友、中国科协名誉主席、中国科学院院士韩启德到复旦大学上海医学院考察调研。

12月

12月2日

举行复旦大学电磁波信息科学教育部重点实验室-上海中学"复旦-上中导师制计划"科研实践项目启动仪式。

12月4日

召开"2022上海智能医学论坛暨第五届复旦大学人工智能医学影像论坛"。

12月5日

开展"强国征程担重任,青春志愿我当先"12·5国际志愿者日主题展览活动。

12月6日

成立复旦大学第一批学科学术发展中心,举行学科学术发展中心启动会暨学习贯彻二十大精神、强化"双一流"学科发展动能工作交流会。

成立上海市"一带一路"亚太地区国际联合实验室,召开"一带一路"国际联合实验室启动会议。

12月7日

举行复旦大学党的创新理论研究"两大工程"二期工作推进会。

12月6—7日

2022年中英高等教育人文联盟年度大会暨执行理事会议以线上线下结合方式在校召开。会议由中英高等教育人文联盟主办,复旦大学承办。

12月8日

物理学系教授卡西莫·斑比(Cosimo Bambi)、上海市质子重离子医院(复旦大学附属肿瘤医院质子重离子中心)教授麦克·法利·莫耶(Michael Farley Moyers)获2022年度"白玉兰荣誉奖"。

举行"双碳"战略与绿色发展——2022年上海公共关系国际论坛。

12月8—9日

举办"团结奋斗·青春之声"2022年复旦大学"一二·九"主题歌会。

12月11日

举行复旦大学第七届乐跑赛。

12月13日

在线召开国际人类表型组研究协作组(IHPC)第四次理事会。

校党委召开离退休教职工疫情防控专题工作会议。

12月14日

粤港澳大湾区精准医学研究院(广州)与香港中文大学签订合作协议,在香港中文大学-复旦大学生命科学与医学联合研究中心合作框架下,依托粤港澳大湾区精准医学研究院(广州)打造合作平台,进一步深化和推进粤港澳大湾区精准医学研究院(广州)与香港中文大学的交流合作,助力粤港澳大湾区国际科技创新高地建设。粤港澳大湾区精准医学研究院(广州)是由广州市人民政府、广州南沙经济技术开发区管委会和复旦大学三方共同举办的省属事业单位。

12月16日

举行复旦大学第七届董事会第三次会议。

12月16—17日

围绕学习贯彻落实党的二十大精神,校长金力,校党委常务副书记裘新,常务副校长许征,校党委常务副书记周亚明,校党委副书记、纪委书记金海燕等五位校领导结合工作实际,为全校中层干部开展线上授课。

12月19日

召开党委常委会,传达学习中央经济工作会议精神,落实市委工作要求,研究部署贯彻落实工作。

12月25日

以线上线下相结合方式举行上海数学中心成立10周年学术报告会。

12月26日

校长金力会见来访的2021年上海市"白玉兰纪念奖"得主、匈牙利籍杰出校友、匈牙利欧亚研究中心主任乐文特。

12月27日

复旦大学教育发展基金会线上举行第四届理事会第七次会议。

12月29日

中国医学科学院学术咨询委员会增聘学部委员名单发布,复旦大学上海医学院党委书记袁正宏,附属华山医院手外科主任顾玉东、国家老年疾病临床医学研究中心主任王以政,附属中山医院肝外科主任周俭等4位上医专家入选。

·统 计 数 据·

2022年复旦大学综合统计数据(1)

项　目	数　量	单　位	项　目	数　量	单　位
综合部分：			张江校区	22.82	万平方米
1. 直属院(系)*	35	个	11. 建筑面积	239.41	万平方米
2. 科研机构			其中：教学科研	94.76	万平方米
其中：国家重点实验室	5	个	教工单身宿舍	12.15	万平方米
各部委人文社会科学各类研究基地	42	个	财务部分：		
			1. 固定资产	167.04	亿元
			2. 财务收支情况		
省部级设置的研究机构	255	个	本年总收入	136.56	亿元
3. 普通本科专业			本年总支出	135.1	亿元
本科	80	个	3. 资产状况		
校内第二专业(第二学位)	13	个	本年末资产	263.60	亿元
4. 继续教育专业			本年末负债	54.88	亿元
夜大学			本年末净资产	208.72	亿元
本科	2	个	对外交流：		
专科升本科	16	个	1. 本年国际交流情况		
专科	0	个	签订交流协议	35	个
自学考试			主办国际会议	36	次
本科	3	个	2. 本年聘请专家情况		
专科	0	个	名誉教授	0	人
5. 博士后流动站	37	个	顾问教授	0	人
6. 博士点			兼职教授	1	人
学术学位一级学科授权	40	个	3. 本年来华专家情况		
专业学位授权	5	个	长期专家	181	人
7. 硕士点			短期专家	545	人
学术学位一级学科授权	3	个	4. 来访团组		
专业学位授权	35	个	来宾批次(含线上会议)	110	批次
8. 国家"双一流"学科	20	个	来宾人次(含线上会议)	327	人次
上海市高峰学科	13	个	5. 本年出国人员情况	629	人次
9. 藏书	602.14	万册	国际会议	52	人次
10. 占地面积	243.72	万平方米	合作研究	68	人次
其中：邯郸校区	104.42	万平方米	访问考察	10	人次
枫林校区	19.21	万平方米	长期任教	9	人次
江湾校区	97.27	万平方米	讲学、培训实习	5	人次

续表

项　　目	数　量	单　位	项　　目	数　量	单　位
延长事宜	13	人次	其他	11	人次
留学进修	461	人次	其中:学生出国(境)	482	人次

(学校办公室整理)

2022年复旦大学综合统计数据(2)

项　　目	数　量	单　位	项　　目	数　量	单　位
在校学生数:	57 699	人	5. 职工	2 486	人
(一)研究生	34 618	人	其中:正高级	58	人
博士生	12 209	人	副高级	318	人
硕士生	22 409	人	(二)中国科学院院士	44	人
(二)本科生	15 164	人	中国工程院院士	16	人
普通本科生	15 163	人	(三)在职博士生指导教师	2 451	人
第二学士学位	1	人	(四)复旦大学杰出教授	1	人
(三)留学生	2 679	人	(五)离退休人数	5 303	人
其中:攻读学位生	2 535	人	其中:正副高级职称	2 074	人
(四)成人教育学生	5 238	人	**科学研究部分(理科、医科):**		
1. 业余	5 238	人	1. 专利授予	868	项
其中:本科生	5 238	人	2. 科研获奖	34	项
2. 脱产	0	人	其中:国家级	0	项
其中:本科生	0	人	省部级	34	项
其他人员:			3. 发表论文	19 230	篇
(一)博士后在站人员	1 856	人	其中:国外学术刊物	15 464	篇
博士后离站人员	507	人	全国学术刊物	3 766	篇
累计博士后离站人员	5 938	人	4. 科技专著	57	部
(二)自学考试毕业生	513	人	**科学研究部分(文科):**		
其中:本科生	513	人	1. 提交有关部门报告数	487	篇
(三)短训班学生结业生	2 029	人	其中:被采纳数	434	篇
师资部分:			2. 科研获奖	67	项
(一)教职工总数(不含附属医院)	6 226	人	国家级	0	项
1. 专任教师	3 084	人	省部级	67	项
其中:正高级	1 297	人	3. 发表论文	3 530	篇
副高级	1 205	人	国外学术刊物	376	篇
2. 专职科研人员	501	人	国内学术刊物	3 133	篇
其中:正高级	135	人	港澳台刊物	21	篇
副高级	230	人	4. 发表译文	28	篇
3. 专职思政教师	116	人	5. 专著	180	部
其中:正高级	0	人	6. 译著	41	部
副高级	10	人	7. 古籍整理	7	部
4. 重大创新专任岗位人员	39	人	8. 编著教材	115	部
其中:正高级	0	人	9. 工具书/参考书	6	部
副高级	1	人			

(学校办公室整理)

2022年复旦大学本科生分专业学生人数统计

单位:人

专 业 名 称	合计	一年级	二年级	三年级	四年级	五年级及以上
合计	15 164	3 782	3 607	3 398	3 748	629
普通本科生	15 163	3 782	3 606	3 398	3 748	629
其中:女	7 034	1 641	1 621	1 627	1 786	359
高中起点本科	15 163	3 782	3 606	3 398	3 748	629
保密管理	12	0	0	0	12	0
保密技术	65	0	27	23	15	0
保险学	84	0	32	30	22	0
材料化学	48	0	14	14	20	0
材料物理	60	0	17	15	28	0
财务管理	88	0	1	0	87	0
财政学	91	1	31	29	30	0
朝鲜语	57	19	15	10	13	0
传播学	41	0	13	11	17	0
大气科学	52	0	22	7	23	0
德语	46	19	8	7	12	0
电气工程及其自动化	39	0	0	18	21	0
电子科学与技术	57	0	18	20	19	0
电子信息科学与技术	178	5	2	84	87	0
电子信息科学与技术(智能科学与技术方向)	4	0	0	0	4	0
电子信息类	130	0	130	0	0	0
俄语	68	20	15	14	19	0
法学	451	115	114	109	113	0
法医学	99	19	19	22	21	18
法语	64	20	16	15	13	0
翻译	35	0	11	13	11	0
飞行器设计与工程	55	1	20	15	19	0
高分子材料与工程	85	0	24	26	35	0
工科试验班	125	125	0	0	0	0
工商管理	1	0	0	0	1	0
公共事业管理	91	33	20	21	17	0
管理科学	2	1	0	0	1	0
管理学类	384	20	175	188	1	0
光电信息科学与工程	98	0	51	26	21	0
广播电视学	103	0	31	34	38	0
广告学	139	0	48	43	48	0

续表

专 业 名 称	合计	一年级	二年级	三年级	四年级	五年级及以上
国际经济与贸易(国际经济学)	194	0	71	63	60	0
国际政治	209	2	52	72	83	0
汉语言	71	4	27	15	25	0
汉语言(古文字学方向)	36	11	17	8	0	0
汉语言文学	286	2	103	81	100	0
航空航天类	21	21	0	0	0	0
核工程与核技术	118	30	34	28	26	0
护理学	135	79	56	0	0	0
护理学(四年制)	168	0	2	78	88	0
护理学(助产士方向)	97	22	20	29	26	0
化学	225	1	59	60	105	0
化学(强基计划)	62	29	20	13	0	0
环境科学	96	3	39	33	21	0
环境科学(环境工程方向)	11	0	0	0	11	0
环境科学(环境管理方向)	6	0	0	0	6	0
会计学	19	0	0	0	19	0
基础医学	111	23	34	13	20	21
基础医学(强基计划)	75	29	28	18	0	0
计算机科学与技术	297	2	100	88	107	0
计算机科学与技术(拔尖人才试验班)	34	34	0	0	0	0
技术科学试验班	511	511	0	0	0	0
金融学	212	5	70	60	77	0
经济管理试验班	177	177	0	0	0	0
经济学	207	4	68	63	72	0
经济学(国际项目)	69	2	29	13	25	0
经济学(数理经济方向)	76	0	22	23	31	0
经济学类	296	296	0	0	0	0
口腔医学	87	30	33	24	0	0
理论与应用力学	79	2	23	24	30	0
历史学	140	8	47	33	52	0
历史学(强基计划)	63	26	20	17	0	0
历史学类	75	75	0	0	0	0
临床医学(八年制)	893	146	146	152	155	294
临床医学(六年制)	1	0	0	0	0	1
临床医学(五年制)	980	173	219	195	211	182

续表

专业名称	合计	一年级	二年级	三年级	四年级	五年级及以上
临床医学(五年制,儿科学方向)	103	2	23	23	20	35
旅游管理	57	9	12	13	23	0
马克思主义理论	70	27	24	19	0	0
能源化学	19	0	6	6	7	0
人工智能(本研贯通,大数据班)	42	0	26	16	0	0
人工智能(本研贯通,计算机班)	43	0	26	17	0	0
日语	61	19	17	10	15	0
软件工程	369	86	88	100	95	0
社会工作	57	0	17	11	29	0
社会科学试验班	204	204	0	0	0	0
社会学	165	3	53	53	56	0
生态学	33	0	11	10	12	0
生物技术	49	0	15	16	18	0
生物科学	228	3	56	64	105	0
生物科学(强基计划)	55	18	18	19	0	0
生物医学工程	56	4	6	22	24	0
市场营销	16	0	0	0	16	0
数据科学与大数据技术	162	0	39	46	77	0
数学	300	135	164	0	1	0
数学与应用数学	285	0	2	117	166	0
数学与应用数学(强基计划)	81	36	20	25	0	0
通信工程	78	0	2	39	37	0
统计学	62	0	0	0	62	0
微电子科学与工程	316	6	93	110	107	0
微电子科学与工程(本研贯通)	57	0	32	25	0	0
微电子科学与工程(卓越班)	22	0	0	0	22	0
文物与博物馆学	67	0	14	25	28	0
物理学	265	2	79	82	102	0
物理学(强基计划)	71	25	19	27	0	0
西班牙语	56	21	12	8	15	0
心理学	61	0	16	19	26	0
新闻传播学类	116	116	0	0	0	0
新闻学	131	0	44	33	54	0
信息安全	108	3	34	34	37	0
信息管理与信息系统	4	0	0	1	3	0

续 表

专 业 名 称	合计	一年级	二年级	三年级	四年级	五年级及以上
信息与计算科学	65	0	0	30	35	0
行政管理	145	1	38	50	56	0
药学	336	99	72	72	93	0
药学(临床药学方向)	32	0	0	17	15	0
应用化学	5	0	0	0	5	0
英语	138	5	48	30	55	0
英语类	58	58	0	0	0	0
预防医学	477	127	106	90	76	78
哲学	90	4	33	17	36	0
哲学(国学方向)	29	0	12	4	13	0
哲学(国学方向,强基计划)	6	0	4	2	0	0
哲学(科学哲学与逻辑学方向)	18	0	8	4	6	0
哲学(科学哲学与逻辑学方向,强基计划)	4	0	2	2	0	0
哲学(强基计划)	38	19	9	10	0	0
哲学(艺术哲学方向)	15	0	5	10	0	0
哲学(艺术哲学方向,强基计划)	8	0	6	2	0	0
哲学类	59	59	0	0	0	0
政治学、经济学与哲学	13	13	0	0	0	0
政治学与行政学	74	1	20	25	28	0
智能科学与技术(本研贯通)	57	0	36	21	0	0
智能科学与技术(智能系统设计方向-2019)	24	0	0	0	24	0
智能科学与技术(智能信息与系统方向-2020)	43	0	23	20	0	0
智能科学与技术(卓越班)	26	0	0	0	26	0
中国语言文学类	88	88	0	0	0	0
自然科学试验班	444	444	0	0	0	0
宗教学	13	0	3	5	5	0
第二学士学位	1	0	1	0	0	0
电子信息科学与技术(智能科学与技术方向)	1	0	1	0	0	0

(教务处供稿)

2022年复旦大学授予学生学士学位情况统计(1)

单位:人

毕 业 人 数			结 业 人 数		未授予学位数	授予学位数	
合计	本科	专科	本科	专科		授予数	授予学位比率(%)
3 377	3 377	0	64	0	79	3 298	97.66%

注:未含留学生、网络教育学院和继续教育学院;
"毕业人数"指获得毕业证书的人数;
"未授予学位数"含结业(64人)、肄业(9人)和获毕业证书但未获学士学位者(6人);
"授予学位比率"为:授予学位数/应毕业人数(获毕业证书人数+获结业证书人数+肄业人数)。

(教务处供稿)

2022年复旦大学授予学生学士学位情况统计（2）

单位：人

学科	文学	历史学	经济学	法学	哲学	理学	工学	医学	管理学	小计
人数	379	66	260	288	67	1 014	507	503	214	3 298

注：未含留学生、网络教育学院和继续教育学院数据。

（教务处供稿）

2022年复旦大学全国高考分省市录取分数统计

省市	文史			理工			医学		
	最高分	平均分	最低分	最高分	平均分	最低分	最高分	平均分	最低分
北京	686	681.6	677	686	683.5	681	681	677.3	675
天津	706	701.4	700	706	703.6	702	703	701.3	700
河北	655	647.6	645	671	665.8	661	669	657.7	651
山西	618	612.6	609	665	651.3	643	656	654.3	652
内蒙古	618	614.4	612	663	661.0	659	654	652.5	651
辽宁	660	651.9	646	681	676.3	669	677	663.8	654
吉林	610	604.0	597	672	660.3	654	663	660.5	657
黑龙江	622	618.9	615	662	656.8	654	650	649.8	649
上海	605	590.9	588	610	593.9	585	604	594.9	590
江苏	634	626.8	623	673	658.2	651	666	657.1	651
浙江	688	687.0	686	692	690.3	688	687	686.3	686
安徽	636	630.9	626	686	673.0	667	677	648.6	636
福建	652	645.1	641	679	669.2	663	671	657.3	651
江西	636	629.2	625	668	658.6	650	666	663.7	662
山东	668	660.9	655	670	664.1	659	674	658.7	652
河南	638	635.4	633	682	673.1	668	675	650.2	637
湖北	644	640.2	637	675	669.9	664	665	658.8	649
湖南	639	635.5	632	666	655.0	650	665	662.2	661
广东	649	642.3	639	683	673.7	669	679	669.0	661
广西	664	661.1	658	681	669.9	664	674	672.7	671
海南	—	—	—	833	821.9	814	817	816.5	816
重庆	654	650.4	646	677	663.3	657	671	669.3	668
四川	647	643.4	640	692	683.9	679	689	688.0	687
贵州	668	664.5	662	662	647.1	641	651	650.5	650
云南	692	679.4	672	705	684.8	678	689	676.3	669
西藏	632	628.0	624	—	—	—	679	679.0	679
西藏(民)	494	494.0	494	—	—	—	—	—	—
陕西	637	636.0	634	681	674.6	668	681	675.7	672
甘肃	613	609.1	604	647	643.5	641	633	623.4	615
青海	596	593.8	592	617	616.3	615	611	611.0	611
宁夏	618	614.0	610	624	615.3	605	622	620.0	618
新疆	594	585.1	578	639	634.4	632	639	636.5	634
港澳台侨联招	660	657.3	655	678	672.4	666	—	—	—

注：高考综合改革省份根据专业组的选考科目分为文理医计算，选考科目要求相似的专业组作合并统计。

（本科生招生办公室提供）

2022年复旦大学上海市高考分专业录取分数统计

招生代码	批次	选考科目	专业名称	录取人数	最高分	平均分	最低分
10246 复旦大学	提前批	不限	德语	2	590	589.0	588
			法语	3	588	587.7	587
			日语	2	589	587.5	586
			西班牙语	2	587	586.5	586
		不限	朝鲜语	2	584	582.5	581
		政治	马克思主义理论	6	588	586.2	584
	普通批	不限	中国语言文学类	2	605	599.5	594
			哲学类	3	595	592.7	591
			法学	4	603	593.3	589
			英语	1	589	589.0	589
			社会科学试验班	4	590	589.0	588
			新闻传播学类	8	590	588.8	588
			历史学类	2	589	588.5	588
		物理或化学	经济学类	14	608	596.1	592
			经济管理试验班	17	595	591.0	590
			生物科学类(自科试验班)	1	590	590.0	590
		物理	数学类	5	610	604.8	600
			工科试验班	3	603	599.0	597
			计算机科学与技术(拔尖人才试验班)	2	596	596.0	596
			软件工程	3	596	594.7	594
			自然科学试验班	4	595	593.5	591
			技术科学试验班	16	595	592.6	591
		物理	核工程与核技术	5	588	587.0	585
19246 复旦大学上海医学院	普通批	物理和化学	临床医学(8年制)	7	604	594.9	590
		物理或化学或生物	护理学	20	577	557.6	544
			护理学(助产士方向)	25	554	542.9	537

(本科生招生办公室提供)

2022年复旦大学分办学形式研究生数统计

单位:人

指标名称	毕业生数	授予学位数	招生数	在校生数	一年级	二年级	三年级	四年级	五年级以上	预计毕业生数
博士研究生	1 781	1 759	3 066	12 209	3 066	3 205	4 655	668	615	3 497
博士研究生:其中女	878	833	1 339	5 693	1 339	1 575	2 180	324	275	1 632
全日制博士研究生	1 772	1 754	3 066	12 180	3 066	3 205	4 626	668	615	3 468
学术学位	1 513	1 513	2 492	9 964	2 492	2 413	3 779	665	615	2 521
专业学位	259	241	574	2 216	574	792	847	3	0	947

续 表

指标名称	毕业生数	授予学位数	招生数	在校生数	一年级	二年级	三年级	四年级	五年级以上	预计毕业生数
非全日制博士研究生	9	5	0	29	0	0	29	0	0	29
学术学位	0	0	0	0	0	0	0	0	0	0
专业学位	9	5	0	29	0	0	29	0	0	29
硕士研究生	6 215	6 243	7 903	22 409	7 903	8 610	5 881	15	0	8 956
硕士研究生:女	3 487	3 503	4 230	11 602	4 230	4 338	3 024	10	0	4 583
全日制硕士研究生	4 272	4 301	5 567	15 207	5 567	5 728	3 897	15	0	5 620
学术学位	1 644	1 648	2 223	6 455	2 223	2 198	2 019	15	0	2 133
专业学位	2 628	2 653	3 344	8 752	3 344	3 530	1 878	0	0	3 487
非全日制硕士研究生	1 943	1 942	2 336	7 202	2 336	2 882	1 984	0	0	3 336
学术学位	0	0	0	0	0	0	0	0	0	0
专业学位	1 943	1 942	2 336	7 202	2 336	2 882	1 984	0	0	3 336

（研究生院供稿）

2022年复旦大学攻读博士学位研究生分学科、分专业学生数统计

单位：人

分类	专业名称	专业代码	年制	毕业生数	授予学位数	招生数	在校生数	一年级	二年级	三年级	四年级	五年级及以上	预计毕业生数
博士研究生		合计	0	1 781	1 759	3 066	12 209	3 066	2 895	4 655	668	925	3 497
博士研究生:其中女		合计	0	878	833	1 339	5 693	1 339	1 410	2 180	324	440	1 632
全日制博士研究生		合计	0	1 772	1 754	3 066	12 180	3 066	2 895	4 626	668	925	3 468
学术学位		合计	0	1 513	1 513	2 492	9 964	2 492	2 413	3 779	665	615	2 521
专业学位		合计	0	259	241	574	2 216	574	482	847	3	310	947
非全日制博士研究生		合计	0	9	5	0	29	0	0	29	0	0	29
学术学位		合计	0	0	0	0	0	0	0	0	0	0	0
专业学位		合计	0	9	5	0	29	0	0	29	0	0	29
全日制	马克思主义哲学	10101	5	1	1	1	3	1	0	1	1	0	0
全日制	马克思主义哲学	10101	4	0	0	6	17	6	6	5	0	0	0
全日制	马克思主义哲学	10101	6	0	0	2	5	2	1	2	0	0	0
全日制	马克思主义哲学	10101	3	8	6	0	8	0	0	8	0	0	8
全日制	中国哲学	10102	6	0	0	2	4	2	1	1	0	0	0
全日制	中国哲学	10102	3	5	5	0	11	0	0	11	0	0	11
全日制	中国哲学	10102	4	0	0	9	25	9	10	6	0	0	0
全日制	中国哲学	10102	5	0	0	0	2	0	0	0	1	1	1
全日制	外国哲学	10103	3	13	11	0	17	0	0	17	0	0	17

续　表

分类	专业名称	专业代码	年制	毕业生数	授予学位数	招生数	在校生数	一年级	二年级	三年级	四年级	五年级及以上	预计毕业生数
全日制	外国哲学	10103	5	0	0	1	1	1	0	0	0	0	0
全日制	外国哲学	10103	4	0	0	9	25	9	8	8	0	0	0
全日制	逻辑学	10104	4	0	0	2	4	2	1	1	0	0	0
全日制	逻辑学	10104	5	0	0	0	1	0	1	0	0	0	0
全日制	逻辑学	10104	3	1	1	0	0	0	0	0	0	0	0
全日制	伦理学	10105	4	0	0	3	11	3	3	5	0	0	0
全日制	伦理学	10105	3	4	4	0	9	0	0	9	0	0	9
全日制	美学	10106	3	1	1	0	6	0	0	6	0	0	6
全日制	美学	10106	4	0	0	4	13	4	6	3	0	0	0
全日制	美学	10106	5	0	0	1	1	1	0	0	0	0	0
全日制	宗教学	10107	4	0	0	8	15	8	4	3	0	0	0
全日制	宗教学	10107	3	3	3	0	4	0	0	4	0	0	4
全日制	宗教学	10107	6	0	0	0	1	0	0	1	0	0	0
全日制	科学技术哲学	10108	6	0	0	1	1	1	0	0	0	0	0
全日制	科学技术哲学	10108	5	0	0	0	0	0	0	0	0	0	0
全日制	科学技术哲学	10108	4	0	0	4	17	4	7	6	0	0	0
全日制	科学技术哲学	10108	3	2	2	0	7	0	0	7	0	0	7
全日制	国外马克思主义哲学	0101TP	3	1	1	0	0	0	0	0	0	0	0
全日制	国外马克思主义哲学	0101Z1	6	0	0	0	2	0	1	1	0	0	0
全日制	国外马克思主义哲学	0101Z1	3	1	1	0	5	0	0	5	0	0	5
全日制	国外马克思主义哲学	0101Z1	5	0	0	0	3	0	1	0	0	2	2
全日制	国外马克思主义哲学	0101Z1	4	0	0	1	6	1	2	3	0	0	0
全日制	理论经济学	20100	4	0	0	10	10	10	0	0	0	0	0
全日制	理论经济学	20100	5	0	0	19	19	19	0	0	0	0	0
全日制	理论经济学	20100	6	0	0	3	3	3	0	0	0	0	0
全日制	政治经济学	20101	5	1	1	0	4	0	2	1	0	1	1
全日制	政治经济学	20101	4	0	0	0	5	0	4	1	0	0	0
全日制	政治经济学	20101	3	1	1	0	9	0	0	9	0	0	9
全日制	政治经济学	20101	6	0	0	0	1	0	1	0	0	0	0
全日制	经济思想史	20102	3	3	3	0	0	0	0	0	0	0	0
全日制	经济史	20103	4	0	0	0	2	0	2	0	0	0	0
全日制	西方经济学	20104	4	0	0	0	5	0	4	1	0	0	0

续 表

分类	专业名称	专业代码	年制	毕业生数	授予学位数	招生数	在校生数	一年级	二年级	三年级	四年级	五年级及以上	预计毕业生数
全日制	西方经济学	20104	5	6	6	0	25	0	7	14	3	1	1
全日制	西方经济学	20104	3	10	9	0	13	0	0	13	0	0	13
全日制	世界经济	20105	6	0	0	0	1	0	0	1	0	0	0
全日制	世界经济	20105	4	0	0	0	8	0	7	1	0	0	0
全日制	世界经济	20105	5	4	5	0	15	0	7	4	3	1	1
全日制	世界经济	20105	3	3	3	0	9	0	0	9	0	0	9
全日制	人口、资源与环境经济学	20106	3	1	2	0	3	0	0	3	0	0	3
全日制	人口、资源与环境经济学	20106	5	1	1	0	0	0	0	0	0	0	0
全日制	人口、资源与环境经济学	20106	4	0	0	0	5	0	1	4	0	0	0
全日制	应用经济学	20200	6	0	0	4	4	4	0	0	0	0	0
全日制	应用经济学	20200	4	0	0	10	10	10	0	0	0	0	0
全日制	应用经济学	20200	5	0	0	19	19	19	0	0	0	0	0
全日制	国民经济学	20201	3	0	0	0	1	0	0	1	0	0	1
全日制	区域经济学	20202	3	1	1	0	0	0	0	0	0	0	0
全日制	区域经济学	20202	5	0	0	0	1	0	0	0	1	0	0
全日制	区域经济学	20202	4	0	0	0	2	0	1	1	0	0	0
全日制	财政学	20203	4	0	0	0	2	0	1	1	0	0	0
全日制	财政学	20203	5	0	0	0	1	0	1	0	0	0	0
全日制	金融学	20204	6	0	0	0	4	0	1	3	0	0	0
全日制	金融学	20204	5	3	5	0	23	0	10	9	4	0	0
全日制	金融学	20204	3	14	13	0	19	0	0	19	0	0	19
全日制	金融学	20204	4	0	0	0	11	0	6	5	0	0	0
全日制	产业经济学	20205	5	3	3	0	14	0	2	5	3	4	4
全日制	产业经济学	20205	3	3	5	0	11	0	0	11	0	0	11
全日制	产业经济学	20205	4	0	0	0	6	0	1	5	0	0	0
全日制	产业经济学	20205	6	0	0	0	4	0	2	2	0	0	0
全日制	国际贸易学	20206	5	0	0	0	1	0	1	0	0	0	0
全日制	国际贸易学	20206	3	2	2	0	3	0	0	3	0	0	3
全日制	国际贸易学	20206	4	0	0	0	3	0	2	1	0	0	0
全日制	数量经济学	20209	3	1	1	0	2	0	0	2	0	0	2
全日制	数量经济学	20209	4	0	0	0	1	0	0	1	0	0	0
全日制	统计学	27000	4	0	0	1	1	1	0	0	0	0	0
全日制	统计学	27000	5	0	0	2	2	2	0	0	0	0	0

续 表

分类	专业名称	专业代码	年制	毕业生数	授予学位数	招生数	在校生数	一年级	二年级	三年级	四年级	五年级及以上	预计毕业生数
全日制	统计学	27000	6	0	0	5	5	5	0	0	0	0	0
全日制	法学	30100	5	0	0	4	9	4	3	0	1	1	1
全日制	法学	30100	3	10	10	0	34	0	0	34	0	0	34
全日制	法学	30100	4	0	0	17	53	17	19	17	0	0	0
全日制	法学	30100	6	0	0	0	3	0	2	1	0	0	0
全日制	诉讼法学	30106	3	0	2	0	0	0	0	0	0	0	0
全日制	环境与资源保护法学	30108	3	0	1	0	0	0	0	0	0	0	0
全日制	国际法学	30109	3	0	0	0	0	0	0	0	0	0	0
全日制	政治学	30200	4	0	0	40	40	40	0	0	0	0	0
全日制	政治学	30200	5	0	0	6	6	6	0	0	0	0	0
全日制	政治学理论	30201	5	1	1	0	4	0	2	0	1	1	1
全日制	政治学理论	30201	3	4	4	0	21	0	0	21	0	0	21
全日制	政治学理论	30201	4	0	0	1	23	1	12	10	0	0	0
全日制	中外政治制度	30202	4	0	0	0	3	0	3	0	0	0	0
全日制	中外政治制度	30202	3	2	2	0	3	0	0	3	0	0	3
全日制	中外政治制度	30202	5	0	0	0	1	0	0	0	1	0	0
全日制	中共党史	30204	3	0	1	0	8	0	0	8	0	0	8
全日制	中共党史	30204	4	0	0	0	9	0	5	4	0	0	0
全日制	中共党史	30204	5	1	1	0	1	0	0	0	0	1	1
全日制	中共党史	30204	6	0	0	0	1	0	1	0	0	0	0
全日制	国际政治	30206	5	2	2	0	9	0	4	2	2	1	1
全日制	国际政治	30206	3	3	3	0	14	0	0	14	0	0	14
全日制	国际政治	30206	4	0	0	0	17	0	8	9	0	0	0
全日制	国际关系	30207	5	1	1	0	4	0	2	1	1	0	0
全日制	国际关系	30207	4	0	0	0	18	0	7	11	0	0	0
全日制	国际关系	30207	3	5	5	0	10	0	0	10	0	0	10
全日制	外交学	30208	3	2	2	0	6	0	0	6	0	0	6
全日制	外交学	30208	4	0	0	0	4	0	1	3	0	0	0
全日制	政治哲学	0302Z1	4	0	0	0	2	0	0	2	0	0	0
全日制	政治哲学	0302Z1	5	0	0	0	1	0	1	0	0	0	0
全日制	政治哲学	0302Z1	3	0	0	0	1	0	0	1	0	0	1
全日制	社会学	30300	6	0	0	3	3	3	0	0	0	0	0
全日制	社会学	30300	4	0	0	17	17	17	0	0	0	0	0
全日制	社会学	30301	4	0	0	0	11	0	4	7	0	0	0

续　表

分类	专业名称	专业代码	年制	毕业生数	授予学位数	招生数	在校生数	一年级	二年级	三年级	四年级	五年级及以上	预计毕业生数
全日制	社会学	30301	5	0	0	0	8	0	3	1	2	2	2
全日制	社会学	30301	3	6	5	0	18	0	0	18	0	0	18
全日制	人口学	30302	4	0	0	0	1	0	1	0	0	0	0
全日制	人口学	30302	3	2	2	0	2	0	0	2	0	0	2
全日制	人口学	30302	6	0	0	0	1	0	1	0	0	0	0
全日制	人类学	30303	3	0	0	0	8	0	0	8	0	0	8
全日制	人类学	30303	4	0	0	0	6	0	0	6	0	0	0
全日制	社会心理学	0303Z1	3	0	0	0	2	0	0	2	0	0	2
全日制	社会心理学	0303Z1	4	0	0	0	5	0	3	2	0	0	0
全日制	老年学	0303Z2	6	0	0	0	1	0	1	0	0	0	0
全日制	老年学	0303Z2	4	0	0	0	4	0	2	2	0	0	0
全日制	老年学	0303Z2	3	0	0	0	1	0	0	1	0	0	1
全日制	社会工作	0303Z3	4	0	0	0	4	0	2	2	0	0	0
全日制	社会工作	0303Z3	3	0	0	0	3	0	0	3	0	0	3
全日制	马克思主义理论	30500	5	0	0	0	2	0	0	0	2	0	0
全日制	马克思主义理论	30500	6	0	0	11	12	11	0	1	0	0	0
全日制	马克思主义理论	30500	4	0	0	41	44	41	2	1	0	0	0
全日制	马克思主义基本原理	30501	4	0	0	0	12	0	6	6	0	0	0
全日制	马克思主义基本原理	30501	3	8	6	0	12	0	0	12	0	0	12
全日制	马克思主义基本原理	30501	6	0	0	0	1	0	0	1	0	0	0
全日制	马克思主义基本原理	30501	5	3	3	0	3	0	0	1	1	1	1
全日制	马克思主义发展史	30502	6	0	0	0	2	0	1	1	0	0	0
全日制	马克思主义发展史	30502	4	0	0	0	9	0	6	3	0	0	0
全日制	马克思主义中国化研究	30503	4	0	0	0	20	0	12	8	0	0	0
全日制	马克思主义中国化研究	30503	3	5	6	0	10	0	0	10	0	0	10
全日制	马克思主义中国化研究	30503	6	0	0	0	2	0	1	1	0	0	0
全日制	国外马克思主义研究	30504	6	0	0	0	1	0	1	0	0	0	0
全日制	国外马克思主义研究	30504	4	0	0	0	11	0	9	2	0	0	0

续 表

分类	专业名称	专业代码	年制	毕业生数	授予学位数	招生数	在校生数	一年级	二年级	三年级	四年级	五年级及以上	预计毕业生数
全日制	思想政治教育	30505	5	1	1	0	4	0	0	2	2	0	0
全日制	思想政治教育	30505	4	0	0	0	20	0	7	13	0	0	0
全日制	思想政治教育	30505	6	0	0	0	3	0	0	3	0	0	0
全日制	思想政治教育	30505	3	4	4	0	44	0	0	44	0	0	44
全日制	中国近现代史基本问题研究	30506	3	0	0	0	1	0	0	1	0	0	1
全日制	党的建设	0305TP	3	3	3	0	0	0	0	0	0	0	0
全日制	党的建设	0305Z1	5	0	0	0	2	0	0	0	1	1	1
全日制	党的建设	0305Z1	4	0	0	0	20	0	10	10	0	0	0
全日制	党的建设	0305Z1	6	0	0	0	3	0	1	2	0	0	0
全日制	党的建设	0305Z1	3	1	1	0	12	0	0	12	0	0	12
全日制	中国语言文学	50100	6	0	0	3	3	3	0	0	0	0	0
全日制	中国语言文学	50100	4	0	0	8	8	8	0	0	0	0	0
全日制	文艺学	50101	4	1	1	5	11	5	4	2	0	0	0
全日制	文艺学	50101	5	0	0	0	2	0	1	0	1	0	0
全日制	文艺学	50101	6	0	0	0	6	0	1	5	0	0	0
全日制	文艺学	50101	3	3	3	0	8	0	0	8	0	0	8
全日制	语言学及应用语言学	50102	3	1	1	0	8	0	0	8	0	0	8
全日制	语言学及应用语言学	50102	5	0	0	0	3	0	1	0	1	1	1
全日制	语言学及应用语言学	50102	4	0	0	2	10	2	3	5	0	0	0
全日制	语言学及应用语言学	50102	6	0	0	1	1	1	0	0	0	0	0
全日制	汉语言文字学	50103	5	0	0	1	2	1	0	0	0	1	1
全日制	汉语言文字学	50103	3	6	6	0	12	0	0	12	0	0	12
全日制	汉语言文字学	50103	4	1	1	10	23	10	6	7	0	0	0
全日制	汉语言文字学	50103	6	0	0	0	6	0	1	5	0	0	0
全日制	中国古典文献学	50104	5	1	0	0	5	0	1	0	1	3	3
全日制	中国古典文献学	50104	3	0	0	0	20	0	0	20	0	0	20
全日制	中国古典文献学	50104	6	0	0	0	3	0	2	1	0	0	0
全日制	中国古典文献学	50104	4	1	2	6	20	6	7	7	0	0	0
全日制	中国古代文学	50105	6	0	0	1	8	1	2	5	0	0	0
全日制	中国古代文学	50105	4	0	0	5	23	5	10	8	0	0	0
全日制	中国古代文学	50105	5	6	5	0	8	0	1	0	2	5	5
全日制	中国古代文学	50105	3	8	8	0	21	0	0	21	0	0	21

续　表

分类	专业名称	专业代码	年制	毕业生数	授予学位数	招生数	在校生数	一年级	二年级	三年级	四年级	五年级及以上	预计毕业生数
全日制	中国现当代文学	50106	6	0	0	0	1	0	1	0	0	0	0
全日制	中国现当代文学	50106	5	5	5	2	7	2	0	0	0	5	5
全日制	中国现当代文学	50106	3	4	4	0	14	0	0	14	0	0	14
全日制	中国现当代文学	50106	4	0	0	4	15	4	8	3	0	0	0
全日制	比较文学与世界文学	50108	6	0	0	1	2	1	0	1	0	0	0
全日制	比较文学与世界文学	50108	4	0	0	3	14	3	4	7	0	0	0
全日制	比较文学与世界文学	50108	5	1	1	0	0	0	0	0	0	0	0
全日制	比较文学与世界文学	50108	3	1	1	0	7	0	0	7	0	0	7
全日制	中国文学批评史	0501TP	3	1	1	0	0	0	0	0	0	0	0
全日制	中国文学批评史	0501Z1	6	0	0	2	5	2	2	1	0	0	0
全日制	中国文学批评史	0501Z1	4	0	1	4	10	4	1	4	1	0	1
全日制	中国文学批评史	0501Z1	3	2	2	0	5	0	0	5	0	0	5
全日制	中国文学批评史	0501Z1	5	1	1	0	0	0	0	0	0	0	0
全日制	艺术人类学与民间文学	0501Z2	4	0	0	4	8	4	2	2	0	0	0
全日制	艺术人类学与民间文学	0501Z2	5	0	0	0	1	0	0	0	0	1	1
全日制	艺术人类学与民间文学	0501Z2	3	2	2	0	3	0	0	3	0	0	3
全日制	中国文学古今演变	0501Z5	3	0	0	0	2	0	0	2	0	0	2
全日制	中国文学古今演变	0501Z5	5	0	0	0	1	0	0	0	0	1	1
全日制	中国文学古今演变	0501Z5	4	2	2	0	5	0	4	1	0	0	0
全日制	中国文学古今演变	0501Z5	6	0	0	0	1	0	0	1	0	0	0
全日制	外国语言文学	50200	6	0	0	2	2	2	0	0	0	0	0
全日制	外国语言文学	50200	5	0	0	1	1	1	0	0	0	0	0
全日制	外国语言文学	50200	4	0	0	13	13	13	0	0	0	0	0
全日制	英语语言文学	50201	4	0	0	0	18	0	8	10	0	0	0
全日制	英语语言文学	50201	3	3	4	0	17	0	0	17	0	0	17
全日制	英语语言文学	50201	5	1	1	0	5	0	1	0	0	4	4
全日制	外国语言学及应用语言学	50211	3	2	1	0	21	0	0	21	0	0	21

续 表

分类	专业名称	专业代码	年制	毕业生数	授予学位数	招生数	在校生数	一年级	二年级	三年级	四年级	五年级及以上	预计毕业生数
全日制	外国语言学及应用语言学	50211	6	0	0	0	1	0	1	0	0	0	0
全日制	外国语言学及应用语言学	50211	4	0	0	0	18	0	9	9	0	0	0
全日制	外国语言学及应用语言学	50211	5	0	0	0	4	0	1	0	1	2	2
全日制	新闻传播学	50300	4	0	0	35	35	35	0	0	0	0	0
全日制	新闻传播学	50300	6	0	0	2	2	2	0	0	0	0	0
全日制	新闻传播学	50300	5	0	0	5	5	5	0	0	0	0	0
全日制	新闻学	50301	3	7	8	0	18	0	0	18	0	0	18
全日制	新闻学	50301	4	0	0	0	22	0	11	11	0	0	0
全日制	新闻学	50301	5	2	1	0	3	0	1	0	0	2	2
全日制	新闻学	50301	6	0	0	0	2	0	1	1	0	0	0
全日制	传播学	50302	6	0	0	0	4	0	1	3	0	0	0
全日制	传播学	50302	3	8	6	0	22	0	0	22	0	0	22
全日制	传播学	50302	4	0	0	0	41	0	24	17	0	0	0
全日制	传播学	50302	5	0	0	0	13	0	8	2	1	2	2
全日制	广播电视学	0503TP	5	1	1	0	0	0	0	0	0	0	0
全日制	广播电视学	0503Z2	4	0	0	0	1	0	1	0	0	0	0
全日制	广播电视学	0503Z2	3	0	0	0	4	0	0	4	0	0	4
全日制	考古学	60100	6	0	0	1	1	1	0	0	0	0	0
全日制	考古学	60100	3	6	6	0	27	0	0	27	0	0	27
全日制	考古学	60100	5	0	0	3	10	3	4	0	2	1	1
全日制	考古学	60100	4	0	0	30	61	30	17	14	0	0	0
全日制	古籍保护	0601Z1	3	0	0	0	1	0	0	1	0	0	0
全日制	古籍保护	0601Z1	4	0	0	0	4	0	2	2	0	0	0
全日制	中国史	60200	5	3	3	6	17	6	3	0	4	4	4
全日制	中国史	60200	6	0	0	5	17	5	5	7	0	0	0
全日制	中国史	60200	4	2	1	43	129	43	44	39	3	0	3
全日制	中国史	60200	3	27	27	0	67	0	0	67	0	0	67
全日制	边疆史地	0602Z2	4	0	0	0	1	0	1	0	0	0	0
全日制	边疆史地	0602Z2	3	0	0	0	1	0	0	1	0	0	1
全日制	边疆史地	0602Z2	6	0	0	0	1	0	1	0	0	0	0
全日制	世界史	60300	6	0	0	1	3	1	1	1	0	0	0
全日制	世界史	60300	3	10	10	0	26	0	0	26	0	0	26
全日制	世界史	60300	4	2	1	10	38	10	10	14	4	0	4

续 表

分类	专业名称	专业代码	年制	毕业生数	授予学位数	招生数	在校生数	一年级	二年级	三年级	四年级	五年级及以上	预计毕业生数
全日制	世界史	60300	5	1	1	1	1	1	0	0	0	0	0
全日制	数学	70100	5	0	0	86	87	86	0	1	0	0	0
全日制	数学	70100	4	0	0	6	6	6	0	0	0	0	0
全日制	数学	70100	6	0	0	16	16	16	0	0	0	0	0
全日制	基础数学	70101	4	0	0	0	19	0	15	4	0	0	0
全日制	基础数学	70101	6	0	0	0	9	0	3	6	0	0	0
全日制	基础数学	70101	3	2	3	0	2	0	0	2	0	0	2
全日制	基础数学	70101	5	22	22	0	87	0	24	13	23	27	27
全日制	计算数学	70102	4	0	0	0	4	0	2	2	0	0	0
全日制	计算数学	70102	6	0	0	0	2	0	1	1	0	0	0
全日制	计算数学	70102	5	5	4	0	40	0	13	10	9	8	8
全日制	概率论与数理统计	70103	5	1	1	0	16	0	5	5	2	4	4
全日制	应用数学	70104	5	11	10	0	75	0	26	18	16	15	15
全日制	应用数学	70104	4	0	0	0	6	0	2	4	0	0	0
全日制	应用数学	70104	6	0	0	0	9	0	4	5	0	0	0
全日制	应用数学	70104	3	2	2	0	4	0	0	4	0	0	4
全日制	运筹学与控制论	70105	6	0	0	0	1	0	1	0	0	0	0
全日制	运筹学与控制论	70105	5	6	5	0	12	0	2	3	4	3	3
全日制	运筹学与控制论	70105	3	0	0	0	1	0	0	1	0	0	1
全日制	物理学	70200	4	0	0	30	32	30	0	2	0	0	0
全日制	物理学	70200	3	3	3	0	7	0	0	7	0	0	7
全日制	物理学	70200	5	0	0	94	107	94	5	4	0	4	4
全日制	物理学	70200	6	0	0	26	26	26	0	0	0	0	0
全日制	理论物理	70201	3	4	2	0	2	0	0	2	0	0	2
全日制	理论物理	70201	6	0	0	0	8	0	4	4	0	0	0
全日制	理论物理	70201	5	17	16	0	56	0	11	10	12	23	23
全日制	理论物理	70201	4	0	0	0	9	0	7	2	0	0	0
全日制	粒子物理与原子核物理	70202	4	0	0	0	21	0	11	10	0	0	0
全日制	粒子物理与原子核物理	70202	3	8	10	0	12	0	0	12	0	0	12
全日制	粒子物理与原子核物理	70202	5	2	2	0	30	0	11	10	4	5	5
全日制	粒子物理与原子核物理	70202	6	0	0	0	2	0	2	0	0	0	0
全日制	原子与分子物理	70203	3	2	2	0	13	0	0	13	0	0	13

续 表

分类	专业名称	专业代码	年制	毕业生数	授予学位数	招生数	在校生数	一年级	二年级	三年级	四年级	五年级及以上	预计毕业生数
全日制	原子与分子物理	70203	5	3	3	0	6	0	2	1	2	1	1
全日制	原子与分子物理	70203	4	0	0	0	10	0	4	6	0	0	0
全日制	原子与分子物理	70203	6	0	0	0	1	0	1	0	0	0	0
全日制	凝聚态物理	70205	4	0	0	0	12	0	5	7	0	0	0
全日制	凝聚态物理	70205	6	0	0	0	17	0	7	10	0	0	0
全日制	凝聚态物理	70205	5	22	24	0	142	0	38	37	29	38	38
全日制	凝聚态物理	70205	3	6	6	0	6	0	0	6	0	0	6
全日制	光学	70207	4	0	0	0	11	0	2	9	0	0	0
全日制	光学	70207	5	8	8	0	40	0	11	5	9	15	15
全日制	光学	70207	3	6	5	0	4	0	0	4	0	0	4
全日制	光学	70207	6	0	0	0	11	0	3	8	0	0	0
全日制	化学	70300	6	0	0	17	17	17	0	0	0	0	0
全日制	化学	70300	4	0	0	54	57	54	3	0	0	0	0
全日制	化学	70300	5	0	0	70	73	70	0	0	3	0	0
全日制	无机化学	70301	5	9	8	0	53	0	17	14	11	11	11
全日制	无机化学	70301	4	0	0	0	29	0	14	15	0	0	0
全日制	无机化学	70301	6	0	0	0	6	0	3	3	0	0	0
全日制	无机化学	70301	3	10	11	0	22	0	0	22	0	0	22
全日制	分析化学	70302	3	7	8	0	4	0	0	4	0	0	4
全日制	分析化学	70302	4	0	0	0	13	0	6	7	0	0	0
全日制	分析化学	70302	6	0	0	0	3	0	3	0	0	0	0
全日制	分析化学	70302	5	6	8	0	31	0	6	9	7	9	9
全日制	有机化学	70303	6	0	0	0	6	0	2	4	0	0	0
全日制	有机化学	70303	4	0	0	0	27	0	16	11	0	0	0
全日制	有机化学	70303	3	14	14	0	14	0	0	14	0	0	14
全日制	有机化学	70303	5	10	11	0	61	0	20	14	13	14	14
全日制	物理化学	70304	4	0	0	0	38	0	17	21	0	0	0
全日制	物理化学	70304	6	0	0	0	13	0	7	6	0	0	0
全日制	物理化学	70304	3	13	10	0	21	0	0	21	0	0	21
全日制	物理化学	70304	5	16	17	0	76	0	19	19	20	18	18
全日制	高分子化学与物理	70305	4	0	0	15	44	15	19	10	0	0	0
全日制	高分子化学与物理	70305	5	15	15	23	113	23	19	22	22	27	27
全日制	高分子化学与物理	70305	3	13	15	0	12	0	0	12	0	0	12
全日制	高分子化学与物理	70305	6	0	0	6	17	6	6	5	0	0	0
全日制	化学生物学	0703TP	5	1	1	0	0	0	0	0	0	0	0

续 表

分类	专业名称	专业代码	年制	毕业生数	授予学位数	招生数	在校生数	一年级	二年级	三年级	四年级	五年级及以上	预计毕业生数
全日制	化学生物学	0703TP	3	1	4	0	0	0	0	0	0	0	0
全日制	化学生物学	0703Z1	5	13	12	2	32	2	7	6	9	8	8
全日制	化学生物学	0703Z1	3	7	5	0	8	0	0	8	0	0	8
全日制	化学生物学	0703Z1	4	0	0	4	10	4	2	4	0	0	0
全日制	大气科学	70600	3	10	10	0	22	0	0	22	0	0	22
全日制	大气科学	70600	6	0	0	5	17	5	7	5	0	0	0
全日制	大气科学	70600	5	0	0	12	39	12	12	8	4	3	3
全日制	大气科学	70600	4	0	0	18	48	18	14	16	0	0	0
全日制	生物学	71000	3	4	2	0	28	0	0	28	0	0	28
全日制	生物学	71000	4	0	0	83	129	83	26	20	0	0	0
全日制	生物学	71000	5	53	166	53	166	53	36	43	12	22	22
全日制	生物学	71000	6	0	0	41	41	41	0	0	0	0	0
全日制	植物学	71001	4	0	0	0	1	0	0	1	0	0	0
全日制	植物学	71001	3	0	2	0	3	0	0	3	0	0	3
全日制	植物学	71001	5	2	2	0	3	0	0	1	2	0	0
全日制	生理学	71003	4	0	0	2	5	2	3	0	0	0	0
全日制	生理学	71003	6	0	0	1	4	1	1	2	0	0	0
全日制	生理学	71003	5	1	1	0	8	0	2	1	3	2	2
全日制	生理学	71003	3	1	1	0	0	0	0	0	0	0	0
全日制	微生物学	71005	6	0	0	0	6	0	3	3	0	0	0
全日制	微生物学	71005	4	0	0	0	18	0	9	9	0	0	0
全日制	微生物学	71005	3	5	8	0	8	0	0	8	0	0	8
全日制	微生物学	71005	5	6	6	0	9	0	1	4	2	2	2
全日制	神经生物学	71006	5	24	22	43	140	43	24	23	23	27	27
全日制	神经生物学	71006	4	0	0	19	63	19	26	18	0	0	0
全日制	神经生物学	71006	3	7	11	0	25	0	0	25	0	0	25
全日制	神经生物学	71006	6	0	0	17	48	17	17	14	0	0	0
全日制	遗传学	71007	4	0	0	1	54	1	30	23	0	0	0
全日制	遗传学	71007	5	15	15	0	61	0	14	17	19	11	11
全日制	遗传学	71007	6	0	0	3	41	3	18	20	0	0	0
全日制	遗传学	71007	3	26	26	0	23	0	0	23	0	0	23
全日制	发育生物学	71008	5	1	0	0	5	0	3	0	0	2	2
全日制	发育生物学	71008	3	0	0	0	4	0	0	4	0	0	4
全日制	发育生物学	71008	4	0	0	0	2	0	1	1	0	0	0
全日制	发育生物学	71008	6	0	0	0	2	0	0	2	0	0	0

续 表

分类	专业名称	专业代码	年制	毕业生数	授予学位数	招生数	在校生数	一年级	二年级	三年级	四年级	五年级及以上	预计毕业生数
全日制	细胞生物学	71009	5	0	0	0	2	0	1	0	1	0	0
全日制	生物化学与分子生物学	71010	6	0	0	5	48	5	21	22	0	0	0
全日制	生物化学与分子生物学	71010	3	33	31	0	36	0	0	36	0	0	36
全日制	社会心理学	71010	3	0	0	0	0	0	0	0	0	0	0
全日制	生物化学与分子生物学	71010	5	41	36	40	258	40	54	60	57	47	47
全日制	生物化学与分子生物学	71010	4	0	0	28	101	28	49	24	0	0	0
全日制	生物物理学	71011	4	0	0	0	2	0	1	1	0	0	0
全日制	生物物理学	71011	5	4	1	0	8	0	1	0	5	2	2
全日制	生物物理学	71011	3	2	1	0	3	0	0	3	0	0	3
全日制	生物物理学	71011	6	0	0	0	5	0	3	2	0	0	0
全日制	生态学	71012	3	0	1	0	0	0	0	0	0	0	0
全日制	生物信息学	71020	5	0	0	0	1	0	0	1	0	0	0
全日制	人类生物学	71021	5	0	0	0	1	0	0	0	1	0	0
全日制	人类生物学	0710TP	5	2	0	0	0	0	0	0	0	0	0
全日制	生物信息学	0710Z1	3	1	1	0	3	0	0	3	0	0	3
全日制	生物信息学	0710Z1	4	0	0	0	6	0	4	2	0	0	0
全日制	生物信息学	0710Z1	5	0	0	0	8	0	4	3	1	0	0
全日制	生物信息学	0710Z1	6	0	0	0	4	0	1	3	0	0	0
全日制	人类生物学	0710Z2	5	3	2	0	4	0	1	1	2	0	0
全日制	人类生物学	0710Z2	3	1	1	0	3	0	0	3	0	0	3
全日制	人类生物学	0710Z2	4	0	0	0	2	0	2	0	0	0	0
全日制	生态学	71300	4	0	0	10	31	10	11	10	0	0	0
全日制	生态学	71300	6	0	0	1	8	1	4	3	0	0	0
全日制	生态学	71300	5	0	0	6	13	6	1	1	3	2	2
全日制	生态学	71300	3	4	6	0	21	0	0	21	0	0	21
全日制	统计学	71400	5	2	2	13	41	13	15	5	6	2	2
全日制	统计学	71400	3	3	2	0	13	0	0	13	0	0	13
全日制	统计学	71400	6	0	0	1	4	1	2	1	0	0	0
全日制	统计学	71400	4	0	0	8	22	8	9	5	0	0	0
全日制	生物统计学	0714TP	3	1	1	0	0	0	0	0	0	0	0
全日制	生物统计学	0714Z1	5	2	1	0	9	0	1	4	1	3	3
全日制	生物统计学	0714Z1	3	0	1	0	2	0	0	2	0	0	2

续　表

分类	专业名称	专业代码	年制	毕业生数	授予学位数	招生数	在校生数	一年级	二年级	三年级	四年级	五年级及以上	预计毕业生数
全日制	生物统计学	0714Z1	4	0	0	0	3	0	1	2	0	0	0
全日制	生物统计学	0714Z1	6	0	0	0	1	0	1	0	0	0	0
全日制	流体力学	80103	5	9	10	0	35	0	0	12	9	14	14
全日制	流体力学	80103	3	4	2	0	5	0	0	5	0	0	5
全日制	流体力学	80103	4	0	0	0	2	0	0	2	0	0	0
全日制	光学工程	80300	4	0	0	7	17	7	8	2	0	0	0
全日制	光学工程	80300	5	5	4	14	36	14	6	7	3	6	6
全日制	光学工程	80300	3	5	5	0	7	0	0	7	0	0	7
全日制	光学工程	0803TP	3	2	1	0	0	0	0	0	0	0	0
全日制	光学工程	0803TP	5	3	3	0	0	0	0	0	0	0	0
全日制	材料科学与工程	80500	6	0	0	2	2	2	0	0	0	0	0
全日制	材料科学与工程	80500	5	0	0	19	22	19	1	0	2	0	0
全日制	材料科学与工程	80500	4	0	0	22	26	22	3	1	0	0	0
全日制	材料物理与化学	80501	3	17	19	0	12	0	0	12	0	0	12
全日制	材料物理与化学	80501	5	6	6	0	50	0	19	12	12	7	7
全日制	材料物理与化学	80501	6	0	0	0	1	0	1	0	0	0	0
全日制	材料物理与化学	80501	4	0	0	0	32	0	17	15	0	0	0
全日制	材料学	80502	4	0	0	0	9	0	2	7	0	0	0
全日制	材料学	80502	3	10	10	0	4	0	0	4	0	0	4
全日制	材料学	80502	5	4	4	0	14	0	6	3	4	1	1
全日制	电子科学与技术	80900	5	0	0	117	120	117	1	1	1	0	0
全日制	电子科学与技术	80900	4	0	0	11	14	11	3	0	0	0	0
全日制	电子科学与技术	80900	3	0	0	4	4	4	0	0	0	0	0
全日制	电子科学与技术	80900	6	0	0	1	1	1	0	0	0	0	0
全日制	物理电子学	80901	5	7	6	0	39	0	12	12	9	6	6
全日制	物理电子学	80901	6	0	0	0	1	0	0	1	0	0	0
全日制	物理电子学	80901	3	7	7	0	14	0	0	14	0	0	14
全日制	物理电子学	80901	4	0	0	0	12	0	7	5	0	0	0
全日制	电路与系统	80902	4	0	0	0	11	0	3	8	0	0	0
全日制	电路与系统	80902	3	4	5	0	12	0	0	12	0	0	12
全日制	电路与系统	80902	5	4	4	0	15	0	5	4	4	2	2
全日制	微电子学与固体电子学	80903	6	0	0	0	1	0	1	0	0	0	0
全日制	微电子学与固体电子学	80903	5	17	17	0	112	0	24	27	38	23	23

续 表

分类	专业名称	专业代码	年制	毕业生数	授予学位数	招生数	在校生数	一年级	二年级	三年级	四年级	五年级及以上	预计毕业生数
全日制	微电子学与固体电子学	80903	3	44	45	0	135	0	15	120	0	0	120
全日制	微电子学与固体电子学	80903	4	0	0	0	9	0	4	5	0	0	0
全日制	电磁场与微波技术	80904	4	0	0	0	14	0	6	8	0	0	0
全日制	电磁场与微波技术	80904	3	6	6	0	6	0	0	6	0	0	6
全日制	电磁场与微波技术	80904	5	3	3	0	28	0	14	7	2	5	5
全日制	集成电路与系统设计	0809Z2	5	0	0	0	66	0	29	37	0	0	0
全日制	集成电路与系统设计	0809Z2	3	0	0	0	13	0	4	9	0	0	9
全日制	信息与通信工程	81000	5	0	0	3	3	3	0	0	0	0	0
全日制	信息与通信工程	81000	4	0	0	8	9	8	1	0	0	0	0
全日制	通信与信息系统	81001	4	0	0	0	1	0	1	0	0	0	0
全日制	计算机科学与技术	81200	3	1	1	0	2	0	0	2	0	0	2
全日制	计算机科学与技术	81200	5	0	0	50	55	50	0	0	0	5	5
全日制	计算机科学与技术	81200	4	0	0	24	24	24	0	0	0	0	0
全日制	计算机科学与技术	81200	6	0	0	4	4	4	0	0	0	0	0
全日制	计算机系统结构	81201	5	0	0	0	3	0	2	0	1	0	0
全日制	计算机软件与理论	81202	4	0	0	0	8	0	6	2	0	0	0
全日制	计算机软件与理论	81202	3	2	3	0	9	0	0	9	0	0	9
全日制	计算机软件与理论	81202	5	4	4	0	14	0	8	2	1	3	3
全日制	计算机应用技术	81203	4	0	0	0	24	0	12	12	0	0	0
全日制	计算机应用技术	81203	3	8	8	0	19	0	0	19	0	0	19
全日制	计算机应用技术	81203	5	6	6	0	62	0	19	16	13	14	14
全日制	数据科学	0812Z1	5	1	1	0	10	0	3	2	2	3	3
全日制	数据科学	0812Z1	3	1	1	0	8	0	0	8	0	0	8
全日制	数据科学	0812Z1	4	0	0	0	4	0	1	3	0	0	0
全日制	航空宇航科学与技术	82500	4	0	0	2	3	2	1	0	0	0	0
全日制	航空宇航科学与技术	82500	5	0	0	2	20	2	18	0	0	0	0
全日制	环境科学与工程	83000	4	0	0	19	21	19	0	2	0	0	0
全日制	环境科学与工程	83000	5	0	0	9	12	9	2	1	0	0	0
全日制	环境科学与工程	83000	6	0	0	4	4	4	0	0	0	0	0
全日制	环境科学	83001	3	11	13	0	26	0	0	26	0	0	26
全日制	环境科学	83001	6	0	0	0	5	0	2	3	0	0	0

续　表

分类	专业名称	专业代码	年制	毕业生数	授予学位数	招生数	在校生数	一年级	二年级	三年级	四年级	五年级及以上	预计毕业生数
全日制	环境科学	83001	5	4	5	1	28	1	4	8	11	4	4
全日制	环境科学	83001	4	0	0	0	28	0	17	11	0	0	0
全日制	环境工程	83002	3	5	5	0	11	0	0	11	0	0	11
全日制	环境工程	83002	6	0	0	0	3	0	0	3	0	0	0
全日制	环境工程	83002	4	0	0	0	11	0	6	5	0	0	0
全日制	环境工程	83002	5	1	1	0	4	0	0	0	2	2	2
全日制	生物医学工程	83100	4	0	0	10	31	10	15	6	0	0	0
全日制	生物医学工程	83100	5	4	4	36	119	36	29	28	18	8	8
全日制	生物医学工程	83100	3	10	10	0	22	0	0	22	0	0	22
全日制	生物医学工程	83100	6	0	0	1	3	1	1	1	0	0	0
全日制	生物力学	0831TP	3	1	0	0	0	0	0	0	0	0	0
全日制	生物力学	0831Z1	5	1	1	0	5	0	0	2	2	1	1
全日制	软件工程	83500	4	0	0	0	2	0	2	0	0	0	0
全日制	软件工程	83500	3	8	8	0	22	0	0	22	0	0	22
全日制	软件工程	83500	5	4	4	0	25	0	0	7	4	14	14
全日制	网络空间安全	83900	3	0	0	0	4	0	0	4	0	0	4
全日制	网络空间安全	83900	5	2	2	19	46	19	15	9	3	0	0
全日制	网络空间安全	83900	4	0	0	2	13	2	7	4	0	0	0
全日制	基础医学	100100	5	0	0	0	9	0	0	0	6	3	3
全日制	基础医学	100100	3	1	1	0	5	0	0	5	0	0	5
全日制	人体解剖与组织胚胎学	100101	6	0	0	1	2	1	1	0	0	0	0
全日制	人体解剖与组织胚胎学	100101	3	2	2	0	1	0	0	1	0	0	1
全日制	人体解剖与组织胚胎学	100101	5	0	2	0	2	0	0	0	2	0	0
全日制	人体解剖与组织胚胎学	100101	4	0	0	2	6	2	2	2	0	0	0
全日制	免疫学	100102	6	0	0	1	3	1	1	1	0	0	0
全日制	免疫学	100102	5	1	2	5	20	5	5	3	3	4	4
全日制	免疫学	100102	4	0	0	7	17	7	2	8	0	0	0
全日制	免疫学	100102	3	2	5	0	3	0	0	3	0	0	3
全日制	病原生物学	100103	5	6	5	18	68	18	14	13	16	7	7
全日制	病原生物学	100103	3	15	18	0	14	0	0	14	0	0	14
全日制	病原生物学	100103	6	0	0	4	13	4	5	4	0	0	0
全日制	病原生物学	100103	4	0	0	21	64	21	29	14	0	0	0

续 表

分类	专业名称	专业代码	年制	毕业生数	授予学位数	招生数	在校生数	一年级	二年级	三年级	四年级	五年级及以上	预计毕业生数
全日制	病理学与病理生理学	100104	6	0	0	2	6	2	1	3	0	0	0
全日制	病理学与病理生理学	100104	5	7	6	4	11	4	2	1	2	2	2
全日制	病理学与病理生理学	100104	3	3	6	0	5	0	0	5	0	0	5
全日制	病理学与病理生理学	100104	4	0	0	3	15	3	5	7	0	0	0
全日制	法医学	100105	3	2	3	0	0	0	0	0	0	0	0
全日制	法医学	100105	6	0	0	0	2	0	1	1	0	0	0
全日制	法医学	100105	4	0	0	0	2	0	1	1	0	0	0
全日制	法医学	100105	5	1	1	2	6	2	1	1	2	0	0
全日制	放射医学	100106	6	0	0	1	2	1	0	1	0	0	0
全日制	放射医学	100106	3	1	1	0	0	0	0	0	0	0	0
全日制	放射医学	100106	5	4	4	1	5	1	1	1	1	1	1
全日制	放射医学	100106	4	0	0	1	2	1	0	1	0	0	0
全日制	医学系统生物学	1001TP	3	2	4	0	0	0	0	0	0	0	0
全日制	医学系统生物学	1001TP	5	2	4	0	0	0	0	0	0	0	0
全日制	分子医学	1001Z1	3	0	1	0	0	0	0	0	0	0	0
全日制	分子医学	1001Z1	6	0	0	0	1	0	0	1	0	0	0
全日制	分子医学	1001Z1	5	0	0	0	1	0	0	0	1	0	0
全日制	医学信息学	1001Z2	3	2	1	0	1	0	0	1	0	0	1
全日制	医学信息学	1001Z2	5	1	1	1	4	1	1	1	0	1	1
全日制	医学系统生物学	1001Z3	5	10	8	10	54	10	10	16	9	9	9
全日制	医学系统生物学	1001Z3	3	3	4	0	10	0	0	10	0	0	10
全日制	医学系统生物学	1001Z3	4	0	0	12	24	12	8	4	0	0	0
全日制	内科学	100201	5	22	20	27	93	27	32	25	6	3	3
全日制	内科学	100201	3	53	43	50	186	50	56	80	0	0	80
全日制	儿科学	100202	3	15	19	19	58	19	18	21	0	0	21
全日制	儿科学	100202	5	11	10	10	31	10	7	8	5	1	1
全日制	老年医学	100203	3	2	3	2	4	2	1	1	0	0	1
全日制	老年医学	100203	5	1	1	0	0	0	0	0	0	0	0
全日制	神经病学	100204	3	7	10	9	35	9	9	17	0	0	17
全日制	神经病学	100204	5	4	4	11	26	11	9	6	0	0	0
全日制	皮肤病与性病学	100206	3	5	5	3	11	3	3	5	0	0	5
全日制	皮肤病与性病学	100206	5	3	3	6	12	6	3	2	1	0	0

续表

分类	专业名称	专业代码	年制	毕业生数	授予学位数	招生数	在校生数	一年级	二年级	三年级	四年级	五年级及以上	预计毕业生数
全日制	影像医学与核医学	100207	5	4	4	1	9	1	3	3	2	0	0
全日制	影像医学与核医学	100207	3	21	19	21	66	21	20	25	0	0	25
全日制	临床检验诊断学	100208	5	1	1	1	2	1	0	0	0	1	1
全日制	临床检验诊断学	100208	3	7	6	7	25	7	6	12	0	0	12
全日制	外科学	100210	3	53	51	66	214	66	63	85	0	0	85
全日制	外科学	100210	5	16	15	37	110	37	34	23	11	5	5
全日制	妇产科学	100211	5	4	4	11	31	11	8	8	3	1	1
全日制	妇产科学	100211	3	7	7	11	35	11	11	13	0	0	13
全日制	眼科学	100212	3	13	11	15	46	15	16	15	0	0	15
全日制	眼科学	100212	5	5	5	8	15	8	3	2	1	1	1
全日制	耳鼻咽喉科学	100213	5	2	2	1	10	2	2	5	1	0	0
全日制	耳鼻咽喉科学	100213	3	9	11	16	53	16	13	24	0	0	24
全日制	肿瘤学	100214	3	27	26	32	111	32	31	48	0	0	48
全日制	肿瘤学	100214	5	7	6	15	45	15	15	10	3	2	2
全日制	康复医学与理疗学	100215	5	0	0	1	2	1	0	0	1	0	0
全日制	康复医学与理疗学	100215	3	2	2	3	10	3	3	4	0	0	4
全日制	运动医学	100216	5	1	1	2	7	2	2	2	1	0	0
全日制	运动医学	100216	3	1	1	1	6	1	4	1	0	0	1
全日制	麻醉学	100217	3	2	2	5	25	5	7	13	0	0	13
全日制	麻醉学	100217	5	1	1	4	7	4	1	1	1	0	0
全日制	急诊医学	100218	3	3	3	2	9	2	4	3	0	0	3
全日制	临床口腔医学	1002TP	3	5	4	0	0	0	0	0	0	0	0
全日制	全科医学	1002TP	3	1	1	0	0	0	0	0	0	0	0
全日制	全科医学	1002Z2	3	1	1	0	4	0	0	4	0	0	4
全日制	临床口腔医学	1002Z3	3	0	0	5	12	5	2	5	0	0	5
全日制	公共卫生与预防医学	100400	6	0	0	1	2	1	1	0	0	0	0
全日制	公共卫生与预防医学	100400	4	0	0	10	19	10	9	0	0	0	0
全日制	流行病与卫生统计学	100401	6	0	0	5	14	5	5	4	0	0	0
全日制	流行病与卫生统计学	100401	4	0	0	16	51	16	17	18	0	0	0
全日制	流行病与卫生统计学	100401	3	8	9	0	13	0	0	13	0	0	13
全日制	流行病与卫生统计学	100401	5	2	3	3	17	3	4	3	5	2	2

续 表

分类	专业名称	专业代码	年制	毕业生数	授予学位数	招生数	在校生数	一年级	二年级	三年级	四年级	五年级及以上	预计毕业生数
全日制	劳动卫生与环境卫生学	100402	5	1	1	1	5	1	1	2	1	0	0
全日制	劳动卫生与环境卫生学	100402	6	0	0	3	4	3	0	1	0	0	0
全日制	劳动卫生与环境卫生学	100402	3	3	4	0	4	0	0	4	0	0	4
全日制	劳动卫生与环境卫生学	100402	4	0	0	9	21	9	8	4	0	0	0
全日制	营养与食品卫生学	100403	6	0	0	2	3	2	0	1	0	0	0
全日制	营养与食品卫生学	100403	3	1	1	0	0	0	0	0	0	0	0
全日制	营养与食品卫生学	100403	4	0	0	1	6	1	3	2	0	0	0
全日制	儿少卫生与妇幼保健学	100404	3	4	3	0	4	0	0	4	0	0	4
全日制	儿少卫生与妇幼保健学	100404	5	0	0	1	2	1	0	1	0	0	0
全日制	儿少卫生与妇幼保健学	100404	6	0	0	0	1	0	0	1	0	0	0
全日制	儿少卫生与妇幼保健学	100404	4	0	0	2	7	2	2	3	0	0	0
全日制	卫生毒理学	100405	5	0	0	0	1	0	0	0	1	0	0
全日制	卫生毒理学	100405	3	0	1	0	0	0	0	0	0	0	0
全日制	卫生毒理学	100405	4	0	0	1	2	1	1	0	0	0	0
全日制	中西医结合基础	100601	3	0	0	0	2	0	0	2	0	0	2
全日制	中西医结合基础	100601	5	1	1	0	6	0	0	2	0	4	4
全日制	中西医结合基础	100601	6	0	0	2	4	2	1	1	0	0	0
全日制	中西医结合基础	100601	4	0	0	0	2	0	2	0	0	0	0
全日制	中西医结合临床	100602	5	0	0	2	6	2	1	2	1	0	0
全日制	中西医结合临床	100602	3	6	8	4	18	4	4	10	0	0	10
全日制	药学	100700	5	0	0	15	15	15	0	0	0	0	0
全日制	药学	100700	4	0	0	44	44	44	0	0	0	0	0
全日制	药学	100700	6	0	0	10	10	10	0	0	0	0	0
全日制	药物化学	100701	4	2	2	0	31	0	15	16	0	0	0
全日制	药物化学	100701	5	1	1	0	6	0	3	1	1	1	1
全日制	药物化学	100701	3	15	14	0	18	0	0	18	0	0	18
全日制	药物化学	100701	6	0	0	0	6	0	0	2	4	0	0
全日制	药剂学	100702	5	2	2	0	34	0	10	9	9	6	6
全日制	药剂学	100702	3	6	8	0	11	0	0	11	0	0	11
全日制	药剂学	100702	4	0	0	0	16	0	7	9	0	0	0

续 表

分类	专业名称	专业代码	年制	毕业生数	授予学位数	招生数	在校生数	一年级	二年级	三年级	四年级	五年级及以上	预计毕业生数
全日制	药剂学	100702	6	0	0	0	8	0	4	4	0	0	0
全日制	生药学	100703	3	5	2	0	4	0	0	4	0	0	4
全日制	生药学	100703	4	0	0	0	6	0	4	2	0	0	0
全日制	药物分析学	100704	5	1	1	0	1	0	0	0	1	0	0
全日制	药物分析学	100704	3	2	2	0	2	0	0	2	0	0	2
全日制	药物分析学	100704	4	0	0	0	8	0	4	3	1	0	1
全日制	微生物与生化药学	100705	5	0	0	0	4	0	2	1	1	0	0
全日制	微生物与生化药学	100705	3	4	4	0	2	0	0	2	0	0	2
全日制	微生物与生化药学	100705	6	0	0	0	1	0	0	1	0	0	0
全日制	微生物与生化药学	100705	4	0	0	0	7	0	4	3	0	0	0
全日制	药理学	100706	4	0	1	7	41	7	15	17	2	0	2
全日制	药理学	100706	3	10	16	0	19	0	0	19	0	0	19
全日制	药理学	100706	5	9	7	4	38	4	7	7	14	6	6
全日制	药理学	100706	6	0	0	2	5	2	0	3	0	0	0
全日制	临床药学	1007TP	3	2	2	0	0	0	0	0	0	0	0
全日制	临床药学	1007Z1	4	1	1	2	17	2	5	7	3	0	3
全日制	临床药学	1007Z1	3	1	1	0	1	0	0	1	0	0	1
全日制	临床药学	1007Z1	6	0	0	0	2	0	1	1	0	0	0
全日制	临床药学	1007Z1	5	1	1	0	1	0	0	0	1	0	0
全日制	护理学	101100	5	0	0	4	7	4	2	0	0	1	1
全日制	护理学	101100	3	4	3	3	14	3	3	8	0	0	8
全日制	管理科学与工程	120100	3	0	0	0	4	0	0	4	0	0	4
全日制	管理科学与工程	120100	7	0	0	3	3	3	0	0	0	0	0
全日制	管理科学与工程	120100	5	1	1	1	8	1	2	0	3	2	2
全日制	管理科学与工程	120100	6	0	0	4	8	4	3	1	0	0	0
全日制	管理科学与工程	120100	4	0	0	2	3	2	0	1	0	0	0
全日制	管理科学	120120	3	0	0	0	1	0	0	1	0	0	1
全日制	物流与运营管理	120122	5	2	1	0	2	0	0	0	0	2	2
全日制	物流与运营管理	120122	3	0	1	0	1	0	0	1	0	0	1
全日制	物流与运营管理	120122	4	0	0	0	1	0	0	1	0	0	0
全日制	物流与运营管理	120122	6	0	0	0	2	0	1	1	0	0	0
全日制	信息管理与信息系统	1201TP	5	4	3	0	0	0	0	0	0	0	0
全日制	信息管理与信息系统	1201TP	3	1	1	0	0	0	0	0	0	0	0

续 表

分类	专业名称	专业代码	年制	毕业生数	授予学位数	招生数	在校生数	一年级	二年级	三年级	四年级	五年级及以上	预计毕业生数
全日制	管理科学	1201Z1	5	0	0	0	1	0	0	0	0	1	1
全日制	信息管理与信息系统	1201Z2	3	0	0	0	2	0	0	2	0	0	2
全日制	信息管理与信息系统	1201Z2	6	0	0	0	8	0	4	4	0	0	0
全日制	信息管理与信息系统	1201Z2	5	0	0	0	9	0	0	0	5	4	4
全日制	物流与运营管理	1201Z3	5	0	0	0	1	0	0	0	1	0	0
全日制	商务人工智能	1201Z4	7	0	0	0	1	0	1	0	0	0	0
全日制	商务人工智能	1201Z4	4	0	0	0	3	0	0	3	0	0	0
全日制	商务人工智能	1201Z4	6	0	0	0	3	0	1	2	0	0	0
全日制	工商管理	120200	4	0	0	8	8	8	0	0	0	0	0
全日制	工商管理	120200	8	0	0	1	1	1	0	0	0	0	0
全日制	工商管理	120200	5	0	0	0	2	0	2	0	0	0	0
全日制	工商管理	120200	6	0	0	11	11	11	0	0	0	0	0
全日制	会计学	120201	6	0	0	0	11	0	9	2	0	0	0
全日制	会计学	120201	3	0	0	0	1	0	0	1	0	0	1
全日制	会计学	120201	5	6	6	0	8	0	0	0	2	6	6
全日制	企业管理	120202	6	0	0	0	9	0	5	4	0	0	0
全日制	企业管理	120202	4	0	0	0	4	0	4	0	0	0	0
全日制	企业管理	120202	3	3	5	0	10	0	0	10	0	0	10
全日制	企业管理	120202	5	2	0	0	4	0	0	0	3	1	1
全日制	旅游管理	120203	3	1	1	0	8	0	0	8	0	0	8
全日制	旅游管理	120203	4	0	0	0	5	0	3	2	0	0	0
全日制	旅游管理	120203	5	0	0	0	1	0	1	0	0	0	0
全日制	东方管理学	120220	6	0	0	0	3	0	0	3	0	0	0
全日制	东方管理学	120220	3	0	0	0	1	0	0	1	0	0	1
全日制	企业管理	1202TP	5	1	1	0	0	0	0	0	0	0	0
全日制	财务学	1202TP	3	1	1	0	0	0	0	0	0	0	0
全日制	市场营销	1202TP	5	2	2	0	0	0	0	0	0	0	0
全日制	财务学	1202TP	5	2	2	0	0	0	0	0	0	0	0
全日制	市场营销	1202Z2	6	0	0	0	7	0	2	5	0	0	0
全日制	市场营销	1202Z2	3	1	1	0	1	0	0	1	0	0	1
全日制	市场营销	1202Z2	5	1	1	0	5	0	0	0	2	3	3
全日制	市场营销	1202Z2	4	0	0	0	1	0	1	0	0	0	0
全日制	财务学	1202Z3	5	1	1	0	11	0	0	0	2	9	9

续 表

分类	专业名称	专业代码	年制	毕业生数	授予学位数	招生数	在校生数	一年级	二年级	三年级	四年级	五年级及以上	预计毕业生数
全日制	财务学	1202Z3	6	0	0	0	13	0	5	8	0	0	0
全日制	财务学	1202Z3	3	1	2	0	0	0	0	0	0	0	0
全日制	财务学	1202Z3	4	0	0	0	1	0	0	1	0	0	0
全日制	公共管理	120400	4	0	0	19	19	19	0	0	0	0	0
全日制	公共管理	120400	5	0	0	5	5	5	0	0	0	0	0
全日制	行政管理	120401	5	1	1	0	5	0	2	0	2	1	1
全日制	行政管理	120401	3	5	5	0	7	0	0	7	0	0	7
全日制	行政管理	120401	4	0	0	0	11	0	4	7	0	0	0
全日制	社会医学与卫生事业管理	120402	6	0	0	2	3	2	0	1	0	0	0
全日制	社会医学与卫生事业管理	120402	5	1	1	2	9	2	3	2	1	1	1
全日制	社会医学与卫生事业管理	120402	3	8	12	0	20	0	0	20	0	0	20
全日制	社会医学与卫生事业管理	120402	4	0	0	8	30	8	10	12	0	0	0
全日制	教育经济与管理	120403	3	3	2	0	12	0	0	12	0	0	12
全日制	教育经济与管理	120403	4	0	0	0	6	0	4	2	0	0	0
全日制	公共政策	1204TP	3	1	1	0	0	0	0	0	0	0	0
全日制	环境管理	1204TP	3	1	1	0	0	0	0	0	0	0	0
全日制	环境管理	1204Z1	3	2	2	0	3	0	0	3	0	0	3
全日制	环境管理	1204Z1	5	0	0	1	6	1	4	1	0	0	0
全日制	环境管理	1204Z1	4	0	0	2	9	2	3	4	0	0	0
全日制	社会管理与社会政策	1204Z2	5	0	0	0	1	0	0	0	0	1	1
全日制	社会管理与社会政策	1204Z2	4	0	0	0	6	0	2	4	0	0	0
全日制	社会管理与社会政策	1204Z2	6	0	0	0	1	0	1	0	0	0	0
全日制	社会管理与社会政策	1204Z2	3	5	4	0	11	0	0	11	0	0	11
全日制	公共政策	1204Z3	5	1	1	0	1	0	1	0	0	0	0
全日制	公共政策	1204Z3	4	0	0	0	11	0	6	5	0	0	0
全日制	公共政策	1204Z3	3	2	2	0	8	0	0	8	0	0	8
全日制	应急管理	1204Z4	4	0	0	0	2	0	2	0	0	0	0
全日制	集成电路科学与工程	140100	4	0	0	9	9	9	0	0	0	0	0
全日制	集成电路科学与工程	140100	5	0	0	23	23	23	0	0	0	0	0

续 表

分类	专业名称	专业代码	年制	毕业生数	授予学位数	招生数	在校生数	一年级	二年级	三年级	四年级	五年级及以上	预计毕业生数
全日制	国家安全学	140200	4	0	0	1	1	1	0	0	0	0	0
全日制	集成电路科学与工程	990100	3	0	0	0	12	0	12	0	0	0	0
全日制	集成电路科学与工程	990100	5	0	0	0	20	0	18	2	0	0	0
全日制	电子与信息	85200	3	5	5	0	0	0	0	0	0	0	0
全日制	电子与信息	85271	5	1	1	0	3	0	0	0	3	0	0
全日制	材料与化工	85271	3	4	4	0	0	0	0	0	0	0	0
全日制	电子与信息	85271	3	24	21	0	154	0	0	154	0	0	154
全日制	生物与医药	85273	3	41	33	0	117	0	0	117	0	0	117
全日制	电子信息	85400	5	0	0	32	66	32	20	14	0	0	0
全日制	电子信息	85400	3	0	0	0	72	0	40	32	0	0	32
全日制	电子信息	85400	4	0	0	182	395	182	119	94	0	0	0
全日制	电子信息	85400	6	0	0	0	6	0	6	0	0	0	0
全日制	材料与化工	85600	5	0	0	2	2	2	0	0	0	0	0
全日制	材料与化工	85600	3	9	9	0	29	0	1	28	0	0	28
全日制	材料与化工	85600	4	0	0	46	117	46	34	37	0	0	0
全日制	生物与医药	86000	3	0	0	44	143	44	58	41	0	0	41
全日制	生物与医药	86000	4	0	0	114	237	114	58	65	0	0	0
全日制	生物与医药	86000	6	0	0	1	1	1	0	0	0	0	0
全日制	内科学	105101	3	9	8	26	111	26	28	57	0	0	57
全日制	内科学	105101	8	19	19	0	54	0	0	0	0	54	54
全日制	儿科学	105102	3	6	3	8	23	8	5	10	0	0	10
全日制	儿科学	105102	8	2	2	0	4	0	0	0	0	4	4
全日制	老年医学	105103	3	1	1	0	8	0	2	6	0	0	6
全日制	神经病学	105104	8	7	7	0	18	0	0	0	0	18	18
全日制	神经病学	105104	3	1	1	9	26	9	7	10	0	0	10
全日制	精神病与精神卫生学	105105	3	0	0	2	6	2	2	2	0	0	2
全日制	精神病与精神卫生学	105105	8	0	0	0	7	0	0	0	0	7	7
全日制	皮肤病与性病学	105106	3	1	0	3	9	3	2	4	0	0	4
全日制	皮肤病与性病学	105106	8	7	7	0	17	0	0	0	0	17	17
全日制	影像医学与核医学	105107	3	13	11	0	21	0	0	21	0	0	21
全日制	影像医学与核医学	105107	8	0	0	0	11	0	0	0	0	11	11

续表

分类	专业名称	专业代码	年制	毕业生数	授予学位数	招生数	在校生数	一年级	二年级	三年级	四年级	五年级及以上	预计毕业生数
全日制	外科学	105109	3	5	11	27	105	27	26	52	0	0	52
全日制	外科学	105109	8	34	32	0	83	0	0	0	0	83	83
全日制	妇产科学	105110	8	9	9	0	23	0	0	0	0	23	23
全日制	妇产科学	105110	3	5	3	11	49	11	13	25	0	0	25
全日制	眼科学	105111	3	0	0	4	16	4	5	7	0	0	7
全日制	眼科学	105111	8	18	18	0	27	0	0	0	0	27	27
全日制	耳鼻咽喉科学	105112	3	0	0	5	16	5	5	6	0	0	6
全日制	耳鼻咽喉科学	105112	8	3	3	0	6	0	0	0	0	6	6
全日制	肿瘤学	105113	3	6	7	0	39	0	1	38	0	0	38
全日制	肿瘤学	105113	8	18	17	0	49	0	0	0	0	49	49
全日制	康复医学与理疗学	105114	8	2	2	0	2	0	0	0	0	2	2
全日制	康复医学与理疗学	105114	3	1	1	1	6	1	1	4	0	0	4
全日制	运动医学	105115	8	2	2	0	6	0	0	0	0	6	6
全日制	麻醉学	105116	8	0	0	0	2	0	0	0	0	2	2
全日制	麻醉学	105116	3	6	4	0	17	0	0	17	0	0	17
全日制	急诊医学	105117	3	0	0	4	12	4	2	6	0	0	6
全日制	急诊医学	105117	8	0	0	0	1	0	0	0	0	1	1
全日制	麻醉学	105118	3	0	0	9	15	9	6	0	0	0	0
全日制	临床病理	105119	3	0	0	4	6	4	2	0	0	0	0
全日制	肿瘤学	105121	3	0	0	13	28	13	15	0	0	0	0
全日制	放射肿瘤学	105122	3	0	0	0	1	0	1	0	0	0	0
全日制	放射影像学	105123	3	0	0	11	20	11	9	0	0	0	0
全日制	超声医学	105124	3	0	0	4	7	4	3	0	0	0	0
全日制	核医学	105125	3	0	0	1	2	1	1	0	0	0	0
全日制	全科医学	105127	3	0	0	3	8	3	5	0	0	0	0
全日制	重症医学	105198	3	0	0	4	7	4	3	0	0	0	0
全日制	儿外科学	105199	3	0	0	4	6	4	2	0	0	0	0
非全日制	内科学	105101	3	0	0	0	10	0	0	10	0	0	10
非全日制	儿科学	105102	3	1	0	0	2	0	0	2	0	0	2
非全日制	神经病学	105104	3	0	0	0	2	0	0	2	0	0	2
非全日制	皮肤病与性病学	105106	3	0	0	0	2	0	0	2	0	0	2
非全日制	影像医学与核医学	105107	3	1	0	0	0	0	0	0	0	0	0
非全日制	外科学	105109	3	2	2	0	4	0	0	4	0	0	4

续　表

分类	专业名称	专业代码	年制	毕业生数	授予学位数	招生数	在校生数	一年级	二年级	三年级	四年级	五年级及以上	预计毕业生数
非全日制	妇产科学	105110	3	0	0	0	3	0	0	3	0	0	3
非全日制	眼科学	105111	3	1	1	0	1	0	0	1	0	0	1
非全日制	耳鼻咽喉科学	105112	3	1	1	0	0	0	0	0	0	0	0
非全日制	肿瘤学	105113	3	1	1	0	3	0	0	3	0	0	3
非全日制	麻醉学	105116	3	1	1	0	2	0	0	2	0	0	2
非全日制	急诊医学	105117	3	1	0	0	0	0	0	0	0	0	0

（研究生院供稿）

2022年复旦大学攻读硕士学位研究生分学科、分专业学生数统计

单位：人

分类	专业名称	专业代码	年制	毕业生数	授予学位数	招生数	在校生数	一年级	二年级	三年级	四年级	五年级及以上	预计毕业生数
硕士研究生		合计	0	6 215	6 243	7 903	22 409	7 903	8 610	5 881	15	0	8 956
硕士研究生:女		合计	0	3 487	3 503	4 230	11 602	4 230	4 338	3 024	10	0	4 503
全日制硕士研究生		合计	0	4 272	4 301	5 567	15 207	5 567	5 728	3 897	15	0	5 620
学术学位		合计	0	1 644	1 648	2 223	6 455	2 223	2 198	2 019	15	0	2 133
专业学位		合计	0	2 628	2 653	3 344	8 752	3 344	3 530	1 878	0	0	3 487
非全日制硕士研究生		合计	0	1 943	1 942	2 336	7 202	2 336	2 882	1 984	0	0	3 336
学术学位		合计	0	0	0	0	0	0	0	0	0	0	0
专业学位		合计	0	1 943	1 942	2 336	7 202	2 336	2 882	1 984	0	0	3 336
全日制	马克思主义哲学	10101	3	8	8	6	21	6	8	7	0	0	7
全日制	中国哲学	10102	3	12	12	9	27	9	8	10	0	0	10
全日制	外国哲学	10103	3	10	10	10	29	10	7	12	0	0	12
全日制	逻辑学	10104	3	3	3	3	10	3	2	5	0	0	5
全日制	伦理学	10105	3	3	3	4	17	4	5	8	0	0	8
全日制	美学	10106	3	4	4	5	16	5	6	5	0	0	5
全日制	宗教学	10107	3	8	8	6	23	6	8	9	0	0	9
全日制	科学技术哲学	10108	3	6	6	4	14	4	5	5	0	0	5
全日制	国外马克思主义哲学	0101TP	3	3	3	0	0	0	0	0	0	0	0
全日制	国外马克思主义哲学	0101Z1	3	0	0	5	14	5	5	4	0	0	4
全日制	理论经济学	20100	3	0	0	9	9	9	0	0	0	0	0
全日制	政治经济学	20101	3	1	1	0	8	0	4	4	0	0	4
全日制	经济思想史	20102	3	1	1	0	2	0	1	1	0	0	1
全日制	经济史	20103	3	0	0	0	5	0	2	3	0	0	3
全日制	西方经济学	20104	3	17	17	1	18	1	5	12	0	0	12

续 表

分类	专业名称	专业代码	年制	毕业生数	授予学位数	招生数	在校生数	一年级	二年级	三年级	四年级	五年级及以上	预计毕业生数
全日制	西方经济学	20104	4	0	0	0	1	0	0	1	0	0	0
全日制	世界经济	20105	3	14	14	0	34	0	12	22	0	0	22
全日制	人口、资源与环境经济学	20106	3	6	6	0	9	0	5	4	0	0	4
全日制	应用经济学	20200	4	0	0	4	8	4	2	0	2	0	2
全日制	国民经济学	20201	3	1	1	0	2	0	1	1	0	0	1
全日制	区域经济学	20202	3	2	2	0	2	0	1	1	0	0	1
全日制	财政学	20203	3	3	3	0	9	0	6	3	0	0	3
全日制	金融学	20204	2	4	4	0	7	0	7	0	0	0	7
全日制	金融学	20204	3	17	18	0	38	0	13	25	0	0	25
全日制	产业经济学	20205	4	3	3	0	0	0	0	0	0	0	0
全日制	国际贸易学	20206	3	7	7	0	7	0	3	4	0	0	4
全日制	劳动经济学	20207	3	1	1	0	1	0	1	0	0	0	0
全日制	数量经济学	20209	3	2	2	0	2	0	1	1	0	0	1
全日制	统计学	27000	3	0	0	1	1	1	0	0	0	0	0
全日制	统计学	27000	4	0	0	3	7	3	1	1	2	0	2
全日制	法学	30100	2	0	0	59	59	59	0	0	0	0	0
全日制	法学理论	30101	2	4	4	0	7	0	7	0	0	0	7
全日制	法律史	30102	2	6	6	0	8	0	8	0	0	0	8
全日制	法律史	30102	3	2	2	0	0	0	0	0	0	0	0
全日制	宪法学与行政法学	30103	2	9	9	0	5	0	5	0	0	0	5
全日制	刑法学	30104	2	5	5	0	8	0	8	0	0	0	8
全日制	民商法学	30105	2	15	15	0	22	0	22	0	0	0	22
全日制	民商法学	30105	3	1	1	0	0	0	0	0	0	0	0
全日制	诉讼法学	30106	2	11	11	0	10	0	10	0	0	0	10
全日制	诉讼法学	30106	3	0	0	0	1	0	0	1	0	0	1
全日制	经济法学	30107	2	6	6	0	6	0	6	0	0	0	6
全日制	环境与资源保护法学	30108	2	4	4	0	2	0	2	0	0	0	2
全日制	国际法学	30109	3	2	2	0	0	0	0	0	0	0	0
全日制	国际法学	30109	2	16	16	0	17	0	17	0	0	0	17
全日制	政治学	30200	2	0	0	4	4	4	0	0	0	0	0
全日制	政治学	30200	3	0	0	45	45	45	0	0	0	0	0
全日制	政治学理论	30201	3	12	12	0	31	0	14	17	0	0	17
全日制	科学社会主义与国际共产主义运动	30203	3	4	4	0	8	0	3	5	0	0	5
全日制	中共党史	30204	3	4	4	0	10	0	5	5	0	0	5
全日制	国际政治	30206	2	0	0	0	3	0	3	0	0	0	3

续表

分类	专业名称	专业代码	年制	毕业生数	授予学位数	招生数	在校生数	一年级	二年级	三年级	四年级	五年级及以上	预计毕业生数
全日制	国际政治	30206	3	6	6	0	14	0	6	8	0	0	8
全日制	国际关系	30207	3	18	18	0	42	0	17	25	0	0	25
全日制	外交学	30208	3	1	1	0	5	0	4	1	0	0	1
全日制	社会学	30300	3	0	0	26	26	26	0	0	0	0	0
全日制	社会学	30301	3	11	11	0	36	0	15	21	0	0	21
全日制	人口学	30302	3	4	4	0	7	0	4	3	0	0	3
全日制	人类学	30303	3	3	3	0	7	0	3	4	0	0	4
全日制	民俗学	30304	3	2	3	1	3	1	1	1	0	0	1
全日制	社会工作	0303TP	3	3	3	0	0	0	0	0	0	0	0
全日制	老年学	0303Z2	3	0	0	0	5	0	2	3	0	0	3
全日制	社会工作	0303Z3	3	0	0	1	7	1	3	3	0	0	3
全日制	马克思主义理论	30500	3	0	0	59	59	59	0	0	0	0	0
全日制	马克思主义基本原理	30501	3	11	11	0	21	0	9	12	0	0	12
全日制	马克思主义发展史	30502	3	0	0	0	8	0	5	3	0	0	3
全日制	马克思主义中国化研究	30503	3	8	7	0	39	0	17	22	0	0	22
全日制	国外马克思主义研究	30504	3	0	0	0	8	0	6	2	0	0	2
全日制	思想政治教育	30505	3	12	12	0	27	0	13	14	0	0	14
全日制	中国近现代史基本问题研究	30506	3	0	0	0	1	0	0	1	0	0	1
全日制	党的建设	0305TP	3	6	6	0	0	0	0	0	0	0	0
全日制	党的建设	0305Z1	3	1	1	0	16	0	9	7	0	0	7
全日制	教育学	40100	3	0	0	18	18	18	0	0	0	0	0
全日制	课程与教学论	40102	3	5	5	0	10	0	5	5	0	0	5
全日制	高等教育学	40106	3	8	8	0	9	0	4	5	0	0	5
全日制	心理学	40200	3	6	6	8	28	8	7	13	0	0	13
全日制	教育经济与管理	47101	3	0	0	1	15	1	8	6	0	0	6
全日制	中国语言文学	50100	3	0	0	12	12	12	0	0	0	0	0
全日制	文艺学	50101	3	8	8	13	40	13	11	16	0	0	16
全日制	语言学及应用语言学	50102	3	9	9	14	35	14	9	12	0	0	12
全日制	汉语言文字学	50103	3	10	10	9	41	9	17	15	0	0	15
全日制	中国古典文献学	50104	3	9	9	8	24	8	9	7	0	0	7
全日制	中国古代文学	50105	3	12	12	11	43	11	14	18	0	0	18
全日制	中国现当代文学	50106	3	8	8	11	38	11	9	18	0	0	18
全日制	比较文学与世界文学	50108	3	7	7	10	34	10	11	13	0	0	13
全日制	艺术人类学与民间文学	0501TP	3	1	1	0	0	0	0	0	0	0	0
全日制	中国文学批评史	0501TP	3	3	3	0	0	0	0	0	0	0	0

续 表

分类	专业名称	专业代码	年制	毕业生数	授予学位数	招生数	在校生数	一年级	二年级	三年级	四年级	五年级及以上	预计毕业生数
全日制	现代汉语语言学	0501TP	3	2	2	0	0	0	0	0	0	0	0
全日制	中国文学古今演变	0501TP	3	2	2	0	0	0	0	0	0	0	0
全日制	中国文学批评史	0501Z1	3	1	1	4	14	4	5	5	0	0	5
全日制	艺术人类学与民间文学	0501Z2	3	1	1	2	9	2	3	4	0	0	4
全日制	现代汉语语言学	0501Z3	3	0	0	1	3	1	1	1	0	0	1
全日制	中国文学古今演变	0501Z5	3	1	1	0	3	0	1	2	0	0	2
全日制	英语语言文学	50201	3	15	15	13	54	13	17	24	0	0	24
全日制	俄语语言文学	50202	3	2	2	2	8	2	3	3	0	0	3
全日制	法语语言文学	50203	3	1	1	4	17	4	6	7	0	0	7
全日制	德语语言文学	50204	3	5	5	4	9	4	2	3	0	0	3
全日制	日语语言文学	50205	3	4	4	4	10	4	3	3	0	0	3
全日制	亚非语言文学	50210	3	3	3	3	9	3	4	2	0	0	2
全日制	外国语言学及应用语言学	50211	3	0	0	5	12	5	4	3	0	0	3
全日制	新闻传播学	50300	3	0	0	80	80	80	0	0	0	0	0
全日制	新闻学	50301	3	10	11	0	38	0	16	22	0	0	22
全日制	传播学	50302	3	18	18	1	41	1	20	20	0	0	20
全日制	广告学	0503TP	3	9	9	0	0	0	0	0	0	0	0
全日制	广播电视学	0503TP	3	3	3	0	0	0	0	0	0	0	0
全日制	媒介管理学	0503TP	3	1	1	0	0	0	0	0	0	0	0
全日制	广告学	0503Z1	3	0	0	0	20	0	10	10	0	0	10
全日制	广播电视学	0503Z2	3	2	2	0	15	0	9	6	0	0	6
全日制	媒介管理学	0503Z3	3	1	1	0	8	0	5	3	0	0	3
全日制	考古学	60100	3	6	6	10	33	10	10	13	0	0	13
全日制	中国史	60200	3	37	37	45	131	45	43	43	0	0	43
全日制	世界史	60300	3	8	8	10	39	10	12	17	0	0	17
全日制	数学	70100	3	0	0	59	59	59	0	0	0	0	0
全日制	基础数学	70101	3	19	19	0	31	0	21	10	0	0	10
全日制	计算数学	70102	3	4	4	0	19	0	9	10	0	0	10
全日制	概率论与数理统计	70103	4	0	0	0	4	0	2	2	0	0	0
全日制	概率论与数理统计	70103	3	2	2	0	4	0	3	1	0	0	1
全日制	应用数学	70104	3	15	15	0	49	0	25	24	0	0	24
全日制	运筹学与控制论	70105	3	3	3	0	10	0	4	6	0	0	6
全日制	物理学	70200	3	0	0	83	83	83	0	0	0	0	0
全日制	理论物理	70201	3	10	6	0	37	0	23	14	0	0	14
全日制	粒子物理与原子核物理	70202	3	7	7	0	19	0	8	11	0	0	11
全日制	原子与分子物理	70203	3	8	4	0	20	0	9	11	0	0	11

续　表

分类	专业名称	专业代码	年制	毕业生数	授予学位数	招生数	在校生数	一年级	二年级	三年级	四年级	五年级及以上	预计毕业生数
全日制	凝聚态物理	70205	3	5	4	0	36	0	24	12	0	0	12
全日制	光学	70207	3	6	6	0	19	0	14	5	0	0	5
全日制	化学	70300	3	0	0	91	91	91	0	0	0	0	0
全日制	无机化学	70301	3	14	12	0	29	0	14	15	0	0	15
全日制	分析化学	70302	3	10	11	0	14	0	8	6	0	0	6
全日制	有机化学	70303	3	17	20	0	31	0	15	16	0	0	16
全日制	物理化学	70304	3	18	25	0	48	0	25	23	0	0	23
全日制	高分子化学与物理	70305	3	29	25	37	107	37	32	38	0	0	38
全日制	化学生物学	0703TP	3	4	5	0	0	0	0	0	0	0	0
全日制	化学生物学	0703Z1	3	3	3	5	15	5	3	7	0	0	7
全日制	大气科学	70600	3	20	20	35	102	35	37	30	0	0	30
全日制	生物学	71000	3	0	0	136	136	136	0	0	0	0	0
全日制	植物学	71001	3	1	2	0	2	0	0	2	0	0	2
全日制	动物学	71002	3	1	2	0	8	0	5	3	0	0	3
全日制	生理学	71003	3	3	1	4	15	4	6	5	0	0	5
全日制	微生物学	71005	3	8	10	0	24	0	12	12	0	0	12
全日制	神经生物学	71006	3	18	18	59	123	59	44	20	0	0	20
全日制	遗传学	71007	3	26	32	4	109	4	59	46	0	0	46
全日制	发育生物学	71008	3	1	0	0	3	0	2	1	0	0	1
全日制	细胞生物学	71009	3	2	1	0	7	0	2	5	0	0	5
全日制	医学系统生物学	71010	3	1	1	0	0	0	0	0	0	0	0
全日制	生物化学与分子生物学	71010	3	36	33	35	155	35	75	45	0	0	45
全日制	生物物理学	71011	3	3	3	0	11	0	7	4	0	0	4
全日制	生态学	71012	3	1	1	0	0	0	0	0	0	0	0
全日制	生物信息学	71020	3	1	1	0	0	0	0	0	0	0	0
全日制	人类生物学	0710TP	3	2	2	0	0	0	0	0	0	0	0
全日制	生物信息学	0710TP	3	2	2	0	0	0	0	0	0	0	0
全日制	生物信息学	0710Z1	3	0	0	0	14	0	12	2	0	0	2
全日制	人类生物学	0710Z2	3	1	2	0	5	0	4	1	0	0	1
全日制	生态学	71300	3	8	8	15	46	15	15	16	0	0	16
全日制	统计学	71400	4	1	1	0	1	0	0	0	1	0	1
全日制	统计学	71400	3	13	14	24	76	24	22	30	0	0	30
全日制	生物信息学	0714TP	3	1	1	0	0	0	0	0	0	0	0
全日制	生物统计学	0714TP	3	1	3	0	0	0	0	0	0	0	0
全日制	生物统计学	0714Z1	3	0	0	0	8	0	4	4	0	0	4

续 表

分类	专业名称	专业代码	年制	毕业生数	授予学位数	招生数	在校生数	一年级	二年级	三年级	四年级	五年级及以上	预计毕业生数
全日制	一般力学与力学基础	80101	3	2	2	0	2	0	0	2	0	0	2
全日制	固体力学	80102	3	3	4	0	5	0	0	5	0	0	5
全日制	流体力学	80103	3	1	1	0	4	0	0	4	0	0	4
全日制	工程力学	80104	3	2	2	0	1	0	0	1	0	0	1
全日制	光学工程	80300	3	1	0	14	40	14	12	14	0	0	14
全日制	光学工程	0803TP	3	9	9	0	0	0	0	0	0	0	0
全日制	材料科学与工程	80500	3	0	0	26	26	26	0	0	0	0	0
全日制	材料物理与化学	80501	3	18	17	0	44	0	26	18	0	0	18
全日制	材料学	80502	3	2	2	0	5	0	2	3	0	0	3
全日制	电子科学与技术	80900	3	0	0	101	101	101	0	0	0	0	0
全日制	物理电子学	80901	3	15	14	0	34	0	19	15	0	0	15
全日制	电路与系统	80902	3	21	21	0	56	0	23	33	0	0	33
全日制	微电子学与固体电子学	80903	4	1	1	0	0	0	0	0	0	0	0
全日制	微电子学与固体电子学	80903	3	56	57	0	56	0	23	33	0	0	33
全日制	电磁场与微波技术	80904	3	8	8	0	15	0	8	7	0	0	7
全日制	光电系统与控制技术	0809TP	3	4	4	0	0	0	0	0	0	0	0
全日制	光电系统与控制技术	0809Z1	3	0	0	0	14	0	7	7	0	0	7
全日制	集成电路与系统设计	0809Z2	3	0	0	1	64	1	30	33	0	0	33
全日制	信息与通信工程	81000	3	0	0	17	17	17	0	0	0	0	0
全日制	通信与信息系统	81001	3	17	17	0	29	0	15	14	0	0	14
全日制	计算机科学与技术	81200	3	0	0	96	96	96	0	0	0	0	0
全日制	计算机系统结构	81201	3	1	1	0	11	0	4	7	0	0	7
全日制	计算机软件与理论	81202	3	14	14	0	55	0	44	11	0	0	11
全日制	计算机应用技术	81203	3	44	42	0	95	0	49	46	0	0	46
全日制	航空宇航科学与技术	82500	3	0	0	20	28	20	8	0	0	0	0
全日制	飞行器设计	82501	3	2	2	0	15	0	8	7	0	0	7
全日制	环境科学与工程	83000	3	0	0	23	23	23	0	0	0	0	0
全日制	环境科学	83001	3	20	24	0	41	0	21	20	0	0	20
全日制	环境工程	83002	3	11	11	0	24	0	12	12	0	0	12
全日制	生物医学工程	83100	3	22	21	31	88	31	24	33	0	0	33
全日制	生物医学工程	0831TP	3	2	2	0	0	0	0	0	0	0	0
全日制	软件工程	83500	3	47	43	0	51	0	0	51	0	0	51
全日制	网络空间安全	83900	3	16	15	26	75	26	26	23	0	0	23
全日制	人体解剖与组织胚胎学	100101	3	3	2	4	11	4	4	3	0	0	3
全日制	免疫学	100102	3	4	3	6	21	6	7	8	0	0	8

续表

分类	专业名称	专业代码	年制	毕业生数	授予学位数	招生数	在校生数	一年级	二年级	三年级	四年级	五年级及以上	预计毕业生数
全日制	病原生物学	100103	3	11	11	18	46	18	16	12	0	0	12
全日制	病理学与病理生理学	100104	3	10	12	11	31	11	12	8	0	0	8
全日制	法医学	100105	3	3	2	3	10	3	5	2	0	0	2
全日制	放射医学	100106	3	10	9	9	24	9	8	7	0	0	7
全日制	生物化学与分子生物学	1001TP	3	1	1	0	0	0	0	0	0	0	0
全日制	医学系统生物学	1001TP	3	6	4	0	0	0	0	0	0	0	0
全日制	分子医学	1001TP	3	1	1	0	0	0	0	0	0	0	0
全日制	医学信息学	1001TP	3	1	1	0	0	0	0	0	0	0	0
全日制	分子医学	1001Z1	3	0	0	0	2	0	1	1	0	0	1
全日制	医学信息学	1001Z2	3	0	0	3	5	3	1	1	0	0	1
全日制	医学系统生物学	1001Z3	3	0	1	8	18	8	4	6	0	0	6
全日制	内科学	100201	3	49	42	57	187	57	66	64	0	0	64
全日制	儿科学	100202	3	20	20	28	85	28	29	28	0	0	28
全日制	老年医学	100203	3	1	1	3	9	3	2	4	0	0	4
全日制	神经病学	100204	3	9	9	13	33	13	8	12	0	0	12
全日制	皮肤病与性病学	100206	3	7	10	10	22	10	6	6	0	0	6
全日制	影像医学与核医学	100207	3	21	25	30	88	30	29	29	0	0	29
全日制	临床检验诊断学	100208	3	11	10	9	26	9	7	10	0	0	10
全日制	外科学	100210	3	38	39	65	179	65	68	46	0	0	46
全日制	妇产科学	100211	3	10	16	28	67	28	26	13	0	0	13
全日制	眼科学	100212	3	7	7	13	38	13	13	12	0	0	12
全日制	耳鼻咽喉科学	100213	3	5	5	12	35	12	12	11	0	0	11
全日制	肿瘤学	100214	3	29	28	38	117	38	40	39	0	0	39
全日制	康复医学与理疗学	100215	3	1	1	5	11	5	3	3	0	0	3
全日制	运动医学	100216	3	1	1	6	12	6	5	1	0	0	1
全日制	麻醉学	100217	3	2	3	10	33	10	12	11	0	0	11
全日制	急诊医学	100218	3	2	2	5	14	5	4	5	0	0	5
全日制	口腔临床医学	100302	3	1	2	0	1	0	0	1	0	0	1
全日制	公共卫生与预防医学	100400	3	0	0	45	45	45	0	0	0	0	0
全日制	流行病与卫生统计学	100401	3	14	12	34	106	34	35	37	0	0	37
全日制	劳动卫生与环境卫生学	100402	3	9	8	12	30	12	13	5	0	0	5
全日制	营养与食品卫生学	100403	3	2	4	5	9	5	3	1	0	0	1
全日制	儿少卫生与妇幼保健学	100404	3	3	3	5	13	5	4	4	0	0	4
全日制	卫生毒理学	100405	3	2	2	3	8	3	3	2	0	0	2
全日制	健康教育与健康促进	1004TP	3	3	3	0	0	0	0	0	0	0	0

续　表

分类	专业名称	专业代码	年制	毕业生数	授予学位数	招生数	在校生数	一年级	二年级	三年级	四年级	五年级及以上	预计毕业生数
全日制	健康教育与健康促进	1004Z1	3	0	0	3	10	3	5	2	0	0	2
全日制	中西医结合基础	100601	3	2	4	4	13	4	6	3	0	0	3
全日制	中西医结合临床	100602	3	5	4	12	39	12	13	14	0	0	14
全日制	药学	100700	3	0	0	50	50	50	0	0	0	0	0
全日制	药物化学	100701	3	11	11	0	29	0	14	15	0	0	15
全日制	药剂学	100702	3	8	5	0	26	0	14	12	0	0	12
全日制	生药学	100703	3	2	3	0	8	0	3	5	0	0	5
全日制	药物分析学	100704	3	4	6	0	7	0	4	3	0	0	3
全日制	微生物与生化药学	100705	3	5	5	1	12	1	7	4	0	0	4
全日制	药理学	100706	3	18	16	8	45	8	16	21	0	0	21
全日制	临床药学	1007TP	3	0	0	0	0	0	0	0	0	0	0
全日制	临床药学	1007Z1	3	0	0	5	14	5	4	5	0	0	5
全日制	护理学	101100	3	7	5	9	25	9	8	8	0	0	8
全日制	生物医学工程	107200	3	1	1	2	6	2	2	2	0	0	2
全日制	社会医学与卫生事业管理	107401	3	1	1	20	57	20	21	16	0	0	16
全日制	管理科学与工程	120100	4	0	0	12	30	12	13	5	0	0	0
全日制	信息管理与信息系统	1201Z2	4	1	1	0	0	0	0	0	0	0	0
全日制	财务学	120200	3	1	1	0	0	0	0	0	0	0	0
全日制	工商管理	120200	4	0	0	30	81	30	27	15	9	0	9
全日制	工商管理	120200	3	0	0	6	6	6	0	0	0	0	0
全日制	会计学	120201	4	3	3	0	1	0	0	0	1	0	1
全日制	企业管理	120202	4	1	1	0	0	0	0	0	0	0	0
全日制	旅游管理	120203	3	7	7	1	11	1	5	5	0	0	5
全日制	市场营销	1202Z2	4	1	1	0	0	0	0	0	0	0	0
全日制	财务学	1202Z3	3	1	1	0	0	0	0	0	0	0	0
全日制	财务学	1202Z3	4	3	3	0	0	0	0	0	0	0	0
全日制	公共管理	120400	2	0	0	19	19	19	0	0	0	0	0
全日制	公共管理	120400	3	0	0	31	31	31	0	0	0	0	0
全日制	行政管理	120401	3	9	9	1	26	1	10	15	0	0	15
全日制	社会医学与卫生事业管理	120402	3	12	12	0	1	0	1	0	0	0	0
全日制	教育经济与管理	120403	3	5	5	0	0	0	0	0	0	0	0
全日制	社会保障	120404	3	2	2	0	8	0	4	4	0	0	4
全日制	公共政策	1204TP	3	4	4	0	0	0	0	0	0	0	0
全日制	环境管理	1204TP	3	6	7	0	0	0	0	0	0	0	0
全日制	公共政策	1204TP	2	18	18	0	0	0	0	0	0	0	0

续　表

分类	专业名称	专业代码	年制	毕业生数	授予学位数	招生数	在校生数	一年级	二年级	三年级	四年级	五年级及以上	预计毕业生数
全日制	环境管理	1204Z1	3	0	0	0	13	0	7	6	0	0	6
全日制	公共政策	1204Z3	3	0	0	0	8	0	5	3	0	0	3
全日制	公共政策	1204Z3	2	0	0	0	28	0	28	0	0	0	28
全日制	应急管理	1204Z4	3	0	0	0	7	0	7	0	0	0	0
全日制	戏剧与影视学	130300	3	2	2	1	5	1	1	3	0	0	3
全日制	金融	25100	2	484	483	450	942	450	492	0	0	0	492
全日制	应用统计	25200	2	122	122	160	354	160	194	0	0	0	194
全日制	税务	25300	2	52	52	45	88	45	43	0	0	0	43
全日制	国际商务	25400	2	81	81	104	171	104	67	0	0	0	67
全日制	国际商务	25400	3	36	36	0	65	0	32	33	0	0	33
全日制	保险	25500	2	48	48	60	103	60	43	0	0	0	43
全日制	资产评估	25600	2	39	39	62	110	62	48	0	0	0	48
全日制	法律(非法学)	35100	3	189	189	0	0	0	0	0	0	0	0
全日制	法律(法学)	35100	3	9	9	0	0	0	0	0	0	0	0
全日制	法律(法学)	35100	2	47	47	0	0	0	0	0	0	0	0
全日制	法律(非法学)	35101	3	14	14	172	569	172	178	219	0	0	219
全日制	法律(法学)	35102	3	0	0	7	11	7	3	1	0	0	1
全日制	法律(法学)	35102	2	0	0	51	122	51	71	0	0	0	71
全日制	社会工作	35200	3	52	52	0	10	0	0	10	0	0	10
全日制	社会工作	35200	2	50	50	67	158	67	91	0	0	0	91
全日制	教育	45100	3	0	0	12	12	12	0	0	0	0	0
全日制	汉语国际教育	45300	2	33	33	30	73	30	43	0	0	0	43
全日制	应用心理	45400	2	60	62	44	148	44	104	0	0	0	104
全日制	英语笔译	55101	2	25	25	22	46	22	24	0	0	0	24
全日制	英语口译	55102	2	8	8	16	32	16	16	0	0	0	16
全日制	新闻与传播	55200	2	111	111	103	219	103	116	0	0	0	116
全日制	出版	55300	2	26	26	26	52	26	26	0	0	0	26
全日制	文物与博物馆	65100	2	52	52	54	109	54	55	0	0	0	55
全日制	物流工程	85200	3	6	6	0	0	0	0	0	0	0	0
全日制	光学工程	85200	3	4	4	0	0	0	0	0	0	0	0
全日制	生物医学工程	85200	3	1	1	0	0	0	0	0	0	0	0
全日制	电子与通信工程	85200	3	96	96	0	0	0	0	0	0	0	0
全日制	光学工程	85202	3	9	9	0	0	0	0	0	0	0	0
全日制	材料工程	85204	2	10	10	0	0	0	0	0	0	0	0
全日制	电子与通信工程	85208	3	0	0	0	3	0	0	3	0	0	3

续 表

分类	专业名称	专业代码	年制	毕业生数	授予学位数	招生数	在校生数	一年级	二年级	三年级	四年级	五年级及以上	预计毕业生数
全日制	集成电路工程	85209	2	4	4	0	2	0	2	0	0	0	2
全日制	计算机技术	85211	3	203	202	0	19	0	0	19	0	0	19
全日制	软件工程	85212	3	41	41	0	6	0	0	6	0	0	6
全日制	化学工程	85216	3	7	6	0	1	0	0	1	0	0	1
全日制	化学工程	85216	2	1	1	0	0	0	0	0	0	0	0
全日制	环境工程	85229	3	42	42	0	9	0	0	9	0	0	9
全日制	生物医学工程	85230	3	6	6	0	0	0	0	0	0	0	0
全日制	生物医学工程	85230	2	2	2	0	0	0	0	0	0	0	0
全日制	生物工程	85238	3	53	55	0	15	0	1	14	0	0	14
全日制	电子信息	85400	3	0	0	843	1 634	843	437	354	0	0	354
全日制	计算机技术	85404	3	0	0	0	762	0	400	362	0	0	362
全日制	软件工程	85405	3	0	0	0	153	0	65	88	0	0	88
全日制	生物医学工程	85409	3	0	0	0	4	0	1	3	0	0	3
全日制	机械	85500	3	0	0	21	50	21	14	15	0	0	15
全日制	材料与化工	85600	3	0	0	89	216	89	100	27	0	0	27
全日制	材料与化工	85600	2	39	39	0	8	0	8	0	0	0	8
全日制	资源与环境	85700	3	0	0	97	260	97	89	74	0	0	74
全日制	生物与医药	86000	3	0	0	51	69	51	18	0	0	0	0
全日制	生物与医药	86000	2	5	5	10	20	10	10	0	0	0	10
全日制	内科学	105101	3	31	35	31	93	31	28	34	0	0	34
全日制	儿科学	105102	3	16	17	14	53	14	16	23	0	0	23
全日制	神经病学	105104	3	11	11	9	30	9	12	9	0	0	9
全日制	皮肤病与性病学	105106	3	4	4	4	11	4	3	4	0	0	4
全日制	影像医学与核医学	105107	3	18	20	0	19	0	0	19	0	0	19
全日制	外科学	105109	3	34	38	41	123	41	40	42	0	0	42
全日制	妇产科学	105110	3	20	20	25	71	25	23	23	0	0	23
全日制	眼科学	105111	3	4	4	6	17	6	7	4	0	0	4
全日制	耳鼻咽喉科学	105112	3	10	12	6	21	6	6	9	0	0	9
全日制	肿瘤学	105113	3	1	1	0	1	0	0	1	0	0	1
全日制	康复医学与理疗学	105114	3	7	8	5	16	5	5	6	0	0	6
全日制	麻醉学	105116	3	9	11	0	11	0	0	11	0	0	11
全日制	急诊医学	105117	3	7	9	7	22	7	7	8	0	0	8
全日制	麻醉学	105118	3	0	0	11	23	11	12	0	0	0	0
全日制	临床病理	105119	3	0	0	10	20	10	10	0	0	0	0
全日制	放射肿瘤学	105122	3	0	0	1	2	1	1	0	0	0	0

续 表

分类	专业名称	专业代码	年制	毕业生数	授予学位数	招生数	在校生数	一年级	二年级	三年级	四年级	五年级及以上	预计毕业生数
全日制	放射影像学	105123	3	0	0	14	28	14	14	0	0	0	0
全日制	超声医学	105124	3	0	0	6	10	6	4	0	0	0	0
全日制	核医学	105125	3	0	0	3	6	3	3	0	0	0	0
全日制	全科医学	105127	3	28	31	35	99	35	28	36	0	0	36
全日制	临床病理学	105128	3	10	10	10	10	0	0	10	0	0	10
全日制	重症医学	105198	3	0	0	2	2	2	0	0	0	0	0
全日制	儿外科学	105199	3	0	0	6	11	6	5	0	0	0	0
全日制	口腔医学	105200	3	3	4	6	17	6	7	4	0	0	4
全日制	公共卫生	105300	3	65	62	132	389	132	114	143	0	0	143
全日制	护理	105400	3	30	28	50	148	50	45	53	0	0	53
全日制	护理	105400	2	6	6	5	9	5	4	0	0	0	4
全日制	药学	105500	3	40	40	62	181	62	64	55	0	0	55
全日制	药学	105500	2	1	1	1	2	1	1	0	0	0	1
全日制	工商管理	125100	3	0	0	0	1	0	0	1	0	0	1
全日制	工商管理	125100	2	98	98	118	269	118	151	0	0	0	151
全日制	公共管理	125200	3	31	37	41	131	41	36	54	0	0	54
全日制	旅游管理	125400	3	27	28	40	104	40	33	31	0	0	31
全日制	图书情报	125500	3	35	35	40	121	40	41	40	0	0	40
全日制	戏剧	135102	3	15	15	17	56	17	19	20	0	0	20
非全日	金融	25100	2	1	1	0	0	0	0	0	0	0	0
非全日	社会工作	35200	2	2	2	11	32	11	21	0	0	0	21
非全日	电子与通信工程	85200	3	1	1	0	0	0	0	0	0	0	0
非全日	项目管理	85200	3	5	5	0	0	0	0	0	0	0	0
非全日	软件工程	85212	2	34	34	0	103	0	103	0	0	0	103
非全日	环境工程	85229	3	2	2	0	3	0	0	3	0	0	3
非全日	生物工程	85238	3	12	10	0	16	0	0	16	0	0	16
非全日	项目管理	85239	3	1	1	0	4	0	0	4	0	0	4
非全日	电子信息	85400	3	0	0	52	52	52	0	0	0	0	0
非全日	软件工程	85405	3	0	0	0	152	0	79	73	0	0	73
非全日	资源与环境	85700	3	0	0	0	5	0	2	3	0	0	3
非全日	生物与医药	86000	3	0	0	36	97	36	30	31	0	0	31
非全日	公共卫生	105300	3	26	26	59	178	59	47	72	0	0	72
非全日	护理	105400	3	0	0	1	7	1	3	3	0	0	3
非全日	药学	105500	3	12	12	11	20	11	1	8	0	0	8
非全日	工商管理	125100	3	718	718	749	2 402	749	717	936	0	0	936

续表

分类	专业名称	专业代码	年制	毕业生数	授予学位数	招生数	在校生数	一年级	二年级	三年级	四年级	五年级及以上	预计毕业生数
非全日	工商管理	125100	2	108	108	155	263	155	108	0	0	0	108
非全日	高级管理人员工商管理	125100	2	486	486	0	0	0	0	0	0	0	0
非全日	高级管理人员工商管理	125102	2	58	58	575	1 695	575	1 120	0	0	0	1 120
非全日	公共管理	125200	3	304	305	379	1 237	379	351	507	0	0	507
非全日	会计	125300	3	132	132	162	512	162	153	197	0	0	197
非全日	旅游管理	125400	3	41	41	21	116	21	31	64	0	0	64
非全日	项目管理	125602	3	0	0	0	168	0	104	64	0	0	64
非全日	项目管理	125602	2	0	0	114	114	114	0	0	0	0	0
非全日	物流工程与管理	125604	2	0	0	11	11	11	0	0	0	0	0
非全日	物流工程与管理	125604	3	0	0	0	15	0	12	3	0	0	3

(研究生院供稿)

2022年复旦大学授予博士学位人员分学科门类统计

单位：人

学科门类/学位类别	学术学位									专业学位			合计
	哲学	经济学	法学	文学	历史学	理学	工学	医学	管理学	工程	材料与化工	临床医学	
合计	35	57	71	69	53	665	79	413	68	69	13	193	1 785
其中：非学历生				1		2		1	1			9	14
其中：留学生	2		5	1	1	3	3	2	1				18

(研究生院、医学研究生院供稿)

2022年复旦大学授予硕士学位人员分学科门类统计

单位：人

学科门类/学位类别	学术学位									
	哲学	经济学	法学	教育学	文学	历史学	理学	工学	医学	管理学
合计	66	110	193	25	173	54	575	133	322	84
其中：非学历生		3					2		19	
其中：留学生	10	29	13	1	23	3	1		1	10

学科门类/学位类别	专业学位																					合计
	艺术学	金融	应用统计	税务	国际商务	保险	资产评估	法律	社会工作	汉语国际教育	应用心理	翻译	新闻与传播	出版	文物与博物馆	工程	材料与化工	生物与医药	临床医学	口腔医学	公共卫生	护理	药学	工商管理	高级管理人员工商管理	公共管理	会计	旅游管理	图书情报	艺术	
合计	2	508	125	50	164	48	40	263	108	46	59	33	115	27	52	541	39	5	247	9	92	35	56	934	602	343	132	69	35	14	6 528
其中：非学历生																2			17	4				52	1						100
其中：留学生		20			46				12	1		4			1				4		16										195

(研究生院、医学研究生院供稿)

2022年复旦大学外国留学生人数统计

单位：人

层次分布	长 期 生											小计	短期	总数
	本科	硕士	博士	普进	高进	语言								
	1 553	865	230	202	19	240						3 109	138	3 247
学科分布	文学	历史	哲学	教育	理学	管理	医学	法学	经济	工学				
	1 290	51	55	41	64	488	323	377	314	106				

（外国留学生工作处供稿）

2022年复旦大学成人本专科分专业学生数统计

单位：人

专业名称	专业代码	年制	毕业生数	授予学位数	招生数	在校生数							预计毕业生数
						合计	一年级	二年级	三年级	四年级	五年级	六年级及以上	
成人本科生	42200	0	1 496	326	1 569	5 238	1 569	1 482	1 714	141	332	0	1 902
其中：女	422002	0	1 016	218	952	3 276	952	941	1 120	81	182	0	1 231
业余本科	42220	0	1 496	326	1 569	5 238	1 569	1 482	1 714	141	332	0	1 902
其中：女	422202	0	1 016	218	952	3 276	952	941	1 120	81	182	0	1 231
高中起点本科	42221	0	124	13	107	820	107	96	144	141	332	0	332
工商管理（人力资源管理方向）	120201	5	0	0	75	506	75	58	104	61	208	0	208
国际经济与贸易	020401	5	10	3	0	22	0	0	0	22	0	22
行政管理	120402	5	3	0	0	72	0	0	0	27	45	0	45
金融学	020301	5	22	5	32	174	32	38	40	30	34	0	34
英语	050201	5	14	1	0	46	0	0	0	23	23	0	23
人力资源管理	120206	5	36	4	0	0	0	0	0	0	0	0	0
工程管理	120103	5	1	0	0	0	0	0	0	0	0	0	0
工商管理（物流方向）	120601	5	12	0	0	0	0	0	0	0	0	0	0
护理学	101101	5	19	0	0	0	0	0	0	0	0	0	0
药学	100701	5	7	0	0	0	0	0	0	0	0	0	0
专科起点本科	42222	0	1 372	313	1 462	4 418	1 462	1 386	1 570	0	0	0	1 570
传播学	050304	3	65	18	82	235	82	80	73	0	0	0	73
法学	030101	3	27	11	73	174	73	47	54	0	0	0	54
工商管理	120201	3	225	42	224	605	224	174	207	0	0	0	207
国际经济与贸易	020401	3	30	10	40	120	40	34	46	0	0	0	46
汉语言文学	050101	3	68	17	97	290	97	116	77	0	0	0	77
行政管理	120402	3	73	16	76	292	76	93	123	0	0	0	123
会计学	120203	3	55	17	80	249	80	73	96	0	0	0	96
计算机科学与技术	080901	3	76	27	151	376	151	121	104	0	0	0	104
金融学	020301	3	68	19	81	223	81	81	61	0	0	0	61
软件工程	080902	3	57	14	78	249	78	82	89	0	0	0	89

专业名称	专业代码	年制	毕业生数	授予学位数	招生数	在校生数							预计毕业生数
						合计	一年级	二年级	三年级	四年级	五年级	六年级及以上	
心理学	071101	3	165	53	161	482	161	156	165	0	0	0	165
新闻学	050301	3	38	10	44	144	44	40	60	0	0	0	60
英语	050201	3	71	15	87	300	87	100	113	0	0	0	113
社会工作	030302	3	18	6	0	0	0	0	0	0	0	0	0
工程管理	120103	3	5	0	0	0	0	0	0	0	0	0	0
人力资源管理	120206	3	6	0	0	0	0	0	0	0	0	0	0
公共关系学	120409	3	2	0	0	0	0	0	0	0	0	0	0
护理学	101101	3	254	26	127	487	127	139	221	0	0	0	221
药学	100701	3	69	12	61	192	61	50	81	0	0	0	81

专业名称	专业代码	年制	毕业生数	招生数	在校生数					预计毕业生数
					合计	一年级	二年级	三年级	四年级及以上	
成人专科生	41200		0	0	0	0	0	0	0	0
其中:女	412002		0	0	0	0	0	0	0	0
业余专科	41220		0	0	0	0	0	0	0	0
其中:女	412202		0	0	0	0	0	0	0	0
高中起点专科	41221		0	0	0	0	0	0	0	0
行政管理	690206	3								
国际经济与贸易	630502	3	0	0	0	0	0	0	0	0

(继续教育学院供稿)

2022年复旦大学高等教育自学考试毕业生统计

单位:人

专业 类别	护理学 本科	新闻学 本科	行政管理 本科	合计
2022年6月	75	20	362	457
2022年12月	15	5	36	56
合计	90	25	398	513

(继续教育学院供稿)

2022年复旦大学继续教育学院各类学生数统计

单位:人

学 历 教 育							非学历教育
夜 大 学			自 学 考 试				结业证书
招生	毕业	授予学位	报考门次	报考人数	毕业	授予学位	
1 569	1 496	326	20 956	7 991	513	464	2 029

(继续教育学院供稿)

2022年复旦大学科研经费与科技成果统计

类别			计量单位		数量			
科研经费到款		小　计	万元		224 769.4			
		国家自然科学基金委员会	万元		75 529.6			
		国家重点研发计划	万元		47 118.8			
		国家科技部	万元		805.1			
		国家发改委	万元		75			
		科技创新2030重大项目	万元		8 234.2			
		教育部	万元		10			
		卫生部	万元		0.9			
		上海市科学技术委员会	万元		15 661.5			
		上海市市级重大专项	万元		15 094.4			
		上海市教育委员会	万元		1 510			
		上海市卫生局	万元		627.0			
		上海市经济和信息化委员会	万元		383.1			
		其他上海市项目	万元		639.8			
		国际合作项目(外国基金会/非赢利组织等)	万元		1 020.1			
		企事业单位委托项目	万元		50 968.7			
		国家重点实验室专项经费	万元		3 962.1			
		其他国家部委项目	万元		1 822.6			
		其他省市项目	万元		1 306.3			
		出版科技专著	部		57			
学术论文		小　计	篇		19 230			
		国外学术刊物	篇		15 464			
		全国学术刊物	篇		3 766			
			计量单位	小计	一等奖	二等奖	三等奖	其他
获奖情况	国家级	小　计	项	—	—	—	—	—
		国家最高科学技术奖	项	—	—	—	—	—
		自然科学奖	项	—	—	—	—	—
		技术发明奖	项	—	—	—	—	—
		科技进步奖	项	—	—	—	—	—
		国际科学技术合作奖	项	—	—	—	—	—
	省部级	小　计	项	34	14	13	4	3
		上海市科学技术奖	项	26	13	7	4	2项,科技功臣奖1人,特等奖1项
		高等学校科学技术奖	项	8	1	6	—	1
		中华医学科技奖	项	—	—	—	—	—
专利	申请	小　计	项		1 333			
		发　明	项		1 263			

续表

类别		计量单位	数量
专利	申请 实用新型	项	57
	申请 外观设计	项	13
	获授权 小计	项	1 110
	获授权 发明	项	984
	获授权 实用新型	项	116
	获授权 外观设计	项	10

注：1. 科研到款经费包含了直接到复旦财务的科研经费和直接拨付到附属医院的科研经费，不含军工项目经费。
2. 附属医院的出版科技专著、学术论文和专利未纳入统计。
3. 以上获奖均为第一完成单位（或第一完成人）。其中"上海市科学技术奖"中的"其他"为杰出青年贡献奖(1)、国际合作奖(2)；"中华医学科技奖"中的"其他"为卫生政策奖，其他奖无该类别。
4. 以上专利数据包含合作申请专利。

（科学技术研究院供稿）

2022年复旦大学文科科研成果统计(1)

学科分类	出版著作(部)						古籍整理(部)	译著(部)	发表译文(篇)
	合计	专著 合计	专著 被译成外文	编著教材	工具书/参考书	皮书/发展报告			
合计	304	180	4	115	6	3	7	41	28
管理学	22	13	0	9	0	0	0	2	1
马克思主义	19	15	0	3	1	0	0	0	0
哲学	27	14	0	13	0	0	0	8	0
逻辑学	0	0	0	0	0	0	0	0	0
宗教学	6	4	0	2	0	0	0	1	0
语言学	26	9	0	15	2	0	0	3	4
中国文学	73	47	0	26	0	0	2	13	5
外国文学	5	5	1	0	0	0	0	0	6
艺术学	7	4	0	3	0	0	0	0	0
历史学	27	15	1	12	0	0	2	2	4
考古学	4	2	0	2	0	0	0	0	1
经济学	19	13	2	6	0	0	0	4	2
政治学	36	24	0	12	0	0	0	1	0
法学	7	4	0	3	0	0	0	2	3
社会学	7	6	0	1	0	0	0	1	0
民族学与文化学	0	0	0	0	0	0	0	1	0
新闻学与传播学	16	4	0	8	1	3	1	1	1
图书馆、情报与文献学	2	0	0	0	2	0	1	1	0
教育学	0	0	0	0	0	0	1	1	0
统计学	0	0	0	0	0	0	0	0	0
心理学	0	0	0	0	0	0	0	0	0
体育科学	1	1	0	0	0	0	0	0	0

（文科科研处供稿）

2022年复旦大学文科科研成果统计(2)

	发表论文(篇)				获奖成果数(项)				研究与咨询报告(篇)	
	合计	国内学术刊物	国外学术刊物	港澳台刊物	合计	国家级奖	部级奖	省级奖	合计	其中：被采纳数
合计	3 530	3 133	376	21	67	0	2	65	487	434
管理学	452	365	85	2	3	0	0	3	49	42
马克思主义	153	148	5	0	3	0	0	3	24	22
哲学	219	216	3	0	6	0	1	5	0	0
逻辑学	0	0	0	0	0	0	0	0	0	0
宗教学	26	22	4	0	0	0	0	0	0	0
语言学	266	235	27	4	3	0	0	3	3	1
中国文学	332	305	22	5	6	0	1	5	14	14
外国文学	77	65	11	1	0	0	0	0	0	0
艺术学	41	39	2	0	0	0	0	0	1	1
历史学	227	207	14	6	4	0	0	4	1	1
考古学	190	164	25	1	0	0	0	0	3	3
经济学	534	466	68	0	11	0	0	11	142	124
政治学	396	369	27	0	18	0	0	18	74	64
法学	146	137	8	1	1	0	0	1	3	3
社会学	136	108	28	0	7	0	0	7	22	17
民族学与文化学	2	2	0	0	1	0	0	1	0	0
新闻学与传播学	210	183	26	1	4	0	0	4	142	137
图书馆、情报与文献学	41	35	6	0	0	0	0	0	1	1
教育学	46	42	4	0	0	0	0	0	8	4
统计学	33	22	11	0	0	0	0	0	0	0
心理学	0	0	0	0	0	0	0	0	0	0
体育科学	3	3	0	0	0	0	0	0	0	0

（文科科研处供稿）

2022年复旦大学教职工人员统计

单位：人

类别	合计	教学科研人员			思政	行政	教辅	工勤	项目制人员	专任岗人员
		小计	专任教师	专职科研						
总计	6 226	3 585	3 084	501	116	1 110	1 148	173	55	39
其中：女	2 846	1 199	1 042	157	87	745	744	26	34	11
正高级	1 490	1 432	1 297	135	0	17	41	0	0	0
副高级	1 764	1 435	1 205	230	10	84	231	0	3	1
中级	2 387	714	578	136	80	814	704	1	50	24
初级	360	3	3	0	26	161	167	1	2	0
无职称	225	1	1	0	0	34	5	171	0	14

（人事处供稿）

2022年复旦大学退休人员情况统计

单位:人

退休总人数		5 236	
其中		男:2 485	女:2 751
50岁以下	0	50～59岁	284
60～69岁	2 124	70～79岁	1 436
80～89岁	1 148	90岁以上	244

教学人员		行政人员		工勤人员	
正 高	875	正副局级	20	技术人员	992
副 高	1 164	正副处级	113		
中 级	947	正副科级	207	普通人员	428
其 他	311	其 他	178	征地工	1
合 计	3 297	合 计	518	合 计	1 421
中共党员		1 678	民主党派		393

注:数据截至2022年12月底。

(退休教职工工作处供稿)

2022年复旦大学附属医院人员情况统计

单位:人

	中山医院	华山医院	肿瘤医院	妇产科医院	儿科医院	眼耳鼻喉科医院	金山医院	合计
正高级职称小计	279	268	143	97	63	92	35	977
教授(研究员)	103	103	42	29	23	40	4	344
主任医(药、护、技)师	176	165	101	68	40	51	31	632
副高级职称小计	490	462	310	155	166	167	136	1 886
副教授(副研究员)	62	69	33	21	17	28	4	234
副主任医(药、护、技)师	421	389	273	131	148	131	131	1 624
其他职称	7	4	4	3	1	8	1	28
中级职称小计	1 766	1 350	661	619	577	571	384	5 928
讲师(助理研究员)	101	88	102	61	91	61	5	509
主治医(药、护、技)师	1 598	1 216	523	540	464	481	369	5 191
其他职称	67	46	36	18	22	29	10	228
初级职称小计	2 146	2 565	1 555	888	1 115	804	892	9 965
助教(研究实习员)	53	62	33	21	35	38	2	244
医(药、护、技)师	1 780	1 728	1 115	737	772	510	646	7 288
其他职称	313	775	407	130	308	256	244	2 433
未评职称	300	558	264	120	0	0	1	1 243
工勤人员	0	0	0	0	0	0	0	0
合计	4 981	5 203	2 933	1 879	1 921	1 634	1 448	19 999

注:1. 数据截至2022年12月31日;
  2. 统计口径:只统计在编人员;具有教授(研究员)、主任医师双重职称的,以教授(研究员)为主;同一个人不得重复统计。

(人事处供稿)

2022年复旦大学因公出国(境)基本情况

共审批505个团组,629人次(按出访时间)

(一) 按出国(境)时间统计　　　　　　　　　　　　　　　　　　　　　　　　　　　　单位:人次

时间	<1个月	1~3个月	3~6个月	>6个月	合计
总批次	66	48	223	168	**505**
总人次	84	61	290	194	**629**

人员		时间 <1个月	1~3个月	3~6个月	>6个月	合计
学生	本科生	4	27	30	210	**271**
	硕士生	5	59	3	50	**117**
	博士生	8	68	5	13	**94**
教职工	教师	62	23	22	10	**117**
	博士后	3	3	1	3	**10**
	附属医院	2	14		4	**20**
合计		**84**	**194**	**61**	**290**	**629**

(二) 按出国(境)人员类别统计　　　　　　　　　　　　　　　　　　　　　　　　　　单位:人次

人次 \ 类别	学生	教职工	博士后	附属医院
629	482	117	10	20

(三) 出国(境)人员按出访类别统计　　　　　　　　　　　　　　　　　　　　　　　　单位:人次

类别	参加会议	合作研究	访问考察	长期任教	短期讲学	培训实习	延长事宜	进修学习	其他	合计
批次	48	64	3	9	3	2	13	355	8	**505**
人次	52	68	10	9	3	2	13	461	11	**629**

人员	类别	参加会议	合作研究	访问考察	长期任教	短期讲学	培训实习	延长事宜	进修学习	其他	合计
学生	本科生	1	1					1	265	3	271
	硕士生	5	1				2		107	2	117
	博士生	8	7					4	75		94
	小计	14	9				2	5	447	5	482
教职工	教师	34	44	10	9	2		7		4	117
	博士后	3	6			1					10
	附属医院	1	9					1	7	2	20
	小计	38	59	10	9	3		8	14	6	147
合计		52	68	10	9	3	2	13	461	11	629

(四) 出访类别、出国(境)别明细表(按人次)　　　　　　　　　　　　　　　　　　　　单位:人次

出访地 \ 类别	参加会议	合作研究	访问考察	长期任教	短期讲学	培训实习	延长事宜	进修学习	其他事宜	合计
美国	14	18		1			4	119		156

续表

类别 出访地	参加会议	合作研究	访问考察	长期任教	短期讲学	培训实习	延长事宜	进修学习	其他事宜	合计
英国	2	13		2				48		65
法国		3						47	4	54
德国	3	2		1			2	42		50
新加坡	4	2					1	33		40
中国澳门	15	7	9				1		5	37
日本	3	4			1		2	26		36
加拿大	1	1						25		27
西班牙	3			1				20		24
瑞典	1	2						13		16
韩国	1	3						11		15
中国香港		7	1		1			5		14
芬兰		1						12		13
丹麦								11		11
瑞士		1						9		10
比利时							1	6		7
荷兰	1							6		7
俄罗斯		1					2	3		6
挪威								5		5
奥地利								4		4
卢森堡				3					1	4
澳大利亚	1							2		3
冰岛								3		3
秘鲁								3		3
墨西哥								3		3
意大利		1				1		1		3
匈牙利	1							1		2
阿尔及利亚						1				1
阿拉伯联合酋长国		1								1
埃及									1	1
巴拿马								1		1
尼日利亚								1		1
塞尔维亚					1					1
土耳其	1									1
乌兹别克斯坦		1								1
新西兰					1					1
以色列								1		1
印度尼西亚	1									1
总计	52	68	10	9	3	2	13	461	11	629

(五) 分院系明细表　　　　　　　　　　　　　　　　　　　　　　　　　　　　　　　单位：人次

单位 \ 类别	参加会议	合作研究	访问考察	长期任教	短期讲学	培训实习	延长事宜	进修学习	其他事宜	合计
经济学院	2	1					1	70		74
外国语言文学学院		1		1				68		70
法学院							1	36		37
新闻学院		2				1	1	27		31
中国语言文学系	1	1			1			20		23
国际关系与公共事务学院	1							15		16
历史学系			2					11		13
全球公共政策研究院						1		10		11
哲学学院	1				1			8		10
社会发展与公共政策学院		1					1	7		9
国际文化交流学院	1							3	2	6
泛海国际金融学院	5	1								6
旅游学系	4							1		5
文物与博物馆学系	1	1						2		4
文史研究院		1					2			3
马克思主义学院	1							1		2
艺术教育中心								2		2
国际问题研究院	1									1
社会科学高等研究院		1								1
中国历史地理研究所								1		1
管理学院	3	3						99		105
数学科学学院		5					2	17		24
计算机科学技术学院	6	2						7		15
类脑人工智能科学与技术研究院	4	6			1			2		13
现代物理研究所	1	4					1	7		13
生命科学学院	4							4	2	10
大数据学院	3	1						3		7
物理学系		3						4		7
大气科学研究院	1	1						4		6
环境科学与工程系		2						3		5
信息科学与工程学院		2						2		4
材料科学系	1							2		3
化学系		2						1		3
上海数学中心		1						2		3
工程与应用技术研究院		1					1			2

续表

类别 单位	参加会议	合作研究	访问考察	长期任教	短期讲学	培训实习	延长事宜	进修学习	其他事宜	合计
芯片与系统前沿技术研究院	2									2
智能复杂体系基础理论与关键技术实验室		2								2
光电研究院		1								1
航空航天系		1								1
核科学与技术系							1			1
微电子学院									1	1
公共卫生学院		7	1						1	9
护理学院	2								5	7
基础医学院		3					1	1	2	7
药学院	3								4	7
代谢与整合生物学研究院	1									1
临床医学院(筹)	1									1
上海市计划生育科学研究所									1	1
生物医学研究院	1									1
孔子学院办公室				8		1				9
本科生招生办公室			4						3	7
港澳台事务办公室			2							2
科学技术研究院			1							1
图书馆		1								1
中山医院		4							3	7
华山医院		1					1	2	2	6
肿瘤医院		1							3	4
儿科医院	1	2								3
眼耳鼻喉科医院		2								2
总计	52	68	10	9	3	2	13	461	11	629

(国际合作与交流处供稿)

2022年复旦大学接受境内外各类捐赠收入统计

单位:万元

接受单位 \ 捐赠来源	校友(含师生员工)	校董	其他企业、团体及个人	合计
上海复旦大学教育发展基金会	8 467.70	2 383.79	9 422.91	20 274.40
复旦大学教育发展基金会(海外)	39.73	542.40	226.23	808.36

注:1. 财务处来自"其他企业团体"的捐赠收入中,包括来自复旦大学教育发展基金会捐赠的﹡﹡万元。
　　2. 上海复旦大学教育发展基金会来自"其他企业团体"的捐赠收入中,包括来自复旦大学教育发展基金会(海外)捐赠961.38万元。
　　3. 复旦大学教育发展基金会(海外)捐赠收入为外汇,表中的人民币金额是根据年末汇率的折算值。

(对外联络与发展处供稿)

2022年复旦大学占地面积统计

单位:平方米

校区名称	校区地址	占地面积		合计
		学校产权	非产权独立使用	
邯郸校区	邯郸路220号	1 044 202.20	0.00	1 044 202.20
枫林校区	医学院路138号	192 123.00	0.00	192 123.00
张江校区	张衡路825号	228 176.00	0.00	228 176.00
江湾校区	淞沪路2005号	972 725.70	0.00	972 725.70
合计		2 437 226.90	0.00	2 437 226.90

注:数据截至2022年12月31日。

(资产与实验室安全管理处供稿)

2022年复旦大学校舍面积统计

单位:平方米

类别	产权校舍建筑面积	非产权校舍建筑面积	合计
一、教学科研及辅助用房	947 573.07	25 839.00	973 412.07
教室	96 060.28	0	96 060.28
图书馆	51 374.25	0.00	51 374.25
实验室、实习场所	233 461.57	5 622.00	239 083.57
专用科研用房	514 914.70	20 217.00	535 131.70
体育馆	41 885.55	5 400.00	47 285.55
会堂	4 587.00	0.00	4 587.00
师生活动用房	4 533.00	0.00	4 533.00
继续教育用房	756.72	0.00	756.72
二、行政办公用房	78 798.27	0.00	78 798.27
三、生活用房	676 794.25	5 407.20	682 201.45
学生宿舍(公寓)	420 111.66	0.00	420 111.66
食堂	56 193.83	0.00	56 193.83
教工宿舍(公寓)	121 457.81	4 928.00	126 385.81
生活福利及附属用房	79 030.95	479.20	79 510.15
四、教工住宅	428 353.33	0.00	428 353.33
五、其他用房	262 788.38	0.00	262 788.38
总计	2 394 307.30	31 246.20	2 425 553.20

注:数据截至2022年12月31日。

(资产与实验室安全管理处供稿)

2022年复旦大学施工、竣工房屋情况统计

类别	施工房屋面(平方米)		竣工房屋面积(平方米)	在建项目计划总投资(万元)	竣工项目计划总投资(万元)	竣工价值(万元)
	合计	其中:本年开工				
总计	952 987	0	15 718	762 234	0	15 395
一、教学、行政用房	759 544	0	14 104	605 939	0	9 014
(一)教室	0	0	0	0	0	0

续 表

类 别	施工房屋面(平方米)		竣工房屋面积(平方米)	在建项目计划总投资(万元)	竣工项目计划总投资(万元)	竣工价值(万元)
	合计	其中:本年开工				
(二) 实验室	0	0	0	0	0	0
(三) 科研用房	670 048	0	14 104	524 407	0	9 014
1. 江湾校区生命科学院教学楼	39 474			22 974		
2. 江湾校区物理科研楼	28 998			18 912		
3. 江湾校区化学楼	59 410			36 501		
4. 江湾校区环境科学楼	24 380			15 905		
5. 枫林校区一号科研楼	20 630			14 230		
6. 枫林校区二号医学科研楼	64 083			48 655		
7. 江湾校区上海数学中心	14 104		14 104	9 014		9 014
8. 江湾发育生物所实验动物房	9 986			9 998		
9. 江湾校区一号交叉学科楼	32 110			21 223		
10. 江湾校区二号交叉学科楼	54 853			35 459		
11. 张江复旦国际创新中心微纳电子与量子科技融合创新大楼(一号科研楼)	42 820			39 359		
12. 张江复旦国际创新中心生物与医学科技融合创新大楼(二号科研楼)	89 200			93 316		
13. 张江复旦国际创新中心三号科研楼	75 700			69 461		
14. 中华经济文化研究中心项目	86 000			62 000		
15. 中华文明资源中心	28 300			27 400		
(四) 图书馆	42 656	0	0	33 827	0	0
1. 枫林校区图书馆改建	42 656			33 827		
(五) 体育馆	40 840	0	0	41 463	0	0
1. 枫林校区综合游泳馆	12 040			15 025		
2. 江湾校区综合体育馆	28 800			26 438		
(六) 工厂						
(七) 校、系行政用房	0	0	0	0	0	0
(八) 会堂	6 000			6 242		
1. 邯郸校区相辉堂	6 000	0		6 242		
二、生活及福利附属用房	193 443	0	1 614	156 295	0	6 381
(一) 学生宿舍	166 481	0	0	111 162		
1. 枫林校区二号学生书院楼	70 481			41 382		
2. 江湾校区学生宿舍(一期)	96 000			69 780		
(二) 学生食堂	10 133	0	0	9 104		
1. 江湾校区第二食堂	10 133			9 104		

续表

类别	施工房屋面(平方米) 合计	其中：本年开工	竣工房屋面积(平方米)	在建项目计划总投资(万元)	竣工项目计划总投资(万元)	竣工价值(万元)
(三) 教工及家属住宅	0	0	0	0	0	0
(四) 福利及附属用房	16 829	0	1 614	36 029	0	6 381
1. 江湾校区后勤宿舍	1 120			373		
2. 枫林校区地下车库	11 595			9 325		
3. 枫林校区东园变配电站用房	1 614		1 614	6 381		6 381
4. 江湾校区110 KV 变电站	2 500			19 950		

注：1. 江湾校区二期室外因为没有面积，所以未进入此表统计，计划总投资为9 987万元。
2. 未包括列入教育部计划但尚未开工的项目。

(基建处供稿)

2022年复旦大学图书馆情况统计表

单位：册、件、种、个

项 目	数 量	单 位	项 目	数 量	单 位
一、文献资源收集情况			b) 当年购置纸质外文报刊	470	种
1. 纸质图书累积量	5 561 085	册	c) 当年购置电子中文报刊	16 367	种
a) 中文纸质图书累积量	4 480 316	册	d) 当年购置电子外文报刊	99 809	种
b) 外文纸质图书累积量	1 080 769	册	3. 电子书、刊以外的数据库	258	个
2. 纸质报刊累积量(合订本)	460 318	册	4. 当年院系购置图书	8 193	册
a) 中文报刊累积量	277 559	册	5. 其他来源新增文献	4 708	册
b) 外文报刊累积量	182 759	册	二、当年文献资料利用		
3. 电子图书累积量	19 150 816	册	1. 外借图书	201 623	册
a) 中文电子图书累积量	13 531 321	册	2. 馆际互借借入量	1 805	册
b) 外文电子图书累积量	5 619 495	册	3. 馆际互借借出量	1 454	册
4. 电子期刊累积量	3 443 248	册	4. 文献传递传入量	2 296	篇
a) 中文电子期刊累积量	464 114	册	5. 文献传递传出量	1 052	篇
b) 外文电子期刊累积量	2 979 134	册	6. 中文期刊全文下载量	13 295 365	篇次
5. 电子书、刊以外的数据库	343	个	7. 英文期刊全文下载量	12 761 252	篇次
6. 自建数据库	14	个	8. 电子书下载量	5 979 150	篇/册/页次
当年购置文献 1. 当年购置图书	1 229 062	册	9. 文摘数据库检索量	15 938 997	次
a) 当年购置纸质中文图书	86 822	册	10. 多媒体访问量	677 137	次
b) 当年购置纸质外文图书	10 432	册	三、其他		
c) 当年购置电子中文图书	795 670	册	1. 阅览室座位	3 196	座
d) 当年购置电子外文图书	336 138	册	2. 自习室座位	1 068	座
2. 当年购置报刊	117 802	种	3. 周开放阅览室时间	98	小时
a) 当年购置纸质中文报刊	1 156	种			

(图书馆供稿)

2022年复旦大学档案馆基本情况统计

项　　目	数　　量	单　位	项　　目	数　　量	单　位
一、馆藏情况			档案数字化成果		
纸质档案			案卷	1 640	卷
全宗	13	个		455.8	GB
案卷	518 890	卷	三、本年移出档案	0	卷
总排架长度	15 248	米	四、本年销毁档案	0	卷
电子档案			五、档案编目情况		
数码照片	118.84	GB	机读目录案卷级	8 379	条
数字录音、数字录像	968	GB	机读目录文件级	54 508	条
其他载体档案			六、本年档案利用情况		
照片档案	78 126	张	人次	4 757	人次
录音、录像、影片档案	4 580	盘	卷次	9 741	
二、本年接收档案情况			七、档案宣传情况		
纸质档案			档案网站	1	个
案卷	10 664	卷	本年IP访问次数	10 220	次
电子档案			档案微信公众号	1	个
数码照片	10	GB	推送数量	19	篇
数字录音、数字录像	0	GB	爱国主义教育基地	2	个
其他载体档案			本年举办档案展览	2	个
照片档案	810	张	基本陈列	5	个
录音、录像、影片档案	81	盘	本年编研档案资料		
征集档案			1. 公开出版	543.2	万字
案卷	743	件	2. 内部参考	0	万字
照片档案	336	张	八、档案馆总建筑面积	5 330	平方米
实物档案	407	件			

（档案馆供稿）

复旦大学2022年国家学生体质健康标准测试统计表

年级	总人数	优秀人数	优秀率	良好人数	良好率	及格人数	及格率	不及格人数	不及格率	合格率
2022级	3 585	158	4.41%	936	26.11%	2 267	63.24%	224	6.25%	93.75%
2021级	3 365	206	6.12%	875	26.00%	2 116	62.88%	168	4.99%	95.01%
2020级	3 059	23	0.75%	348	11.38%	2 380	77.80%	308	10.07%	89.93%
2019级	2 718	13	0.48%	216	7.95%	2 092	76.97%	397	14.61%	85.39%
全校	12 727	400	3.14%	2 375	18.66%	8 855	69.58%	1 097	8.62%	91.38%

（体育教学部供稿）

2022年各附属医院工作量情况统计

医　院	医院在职职工人数（含规培）	门急诊人次数			核定床位数	开放床位数	期内出院人数	住院手术人次
		小计	门诊	急诊				
中山医院	5 584	5 369 208	5 081 772	287 436	2 005	2 816	152 366	114 582

续 表

医 院	医院在职职工人数（含规培）	门急诊人次数			核定床位数	开放床位数	期内出院人数	住院手术人次
		小计	门诊	急诊				
华山医院	5 338	3 968 693	3 608 649	360 044	2 692	3 001	123 278	107 643
肿瘤医院	2 933	1 401 428	1 398 098	3 330	1 700	2 136	103 397	73 546
妇产科医院	1 895	1 316 276	1 301 559	14 717	820	745	54 867	35 392
儿科医院	2 059	1 728 074	1 574 930	153 144	1 000	755	33 892	39 797
眼耳鼻喉科医院	1 760	2 051 593	2 002 726	48 867	894	755	45 200	43 616
金山医院	1 649	1 169 731	952 572	217 159	700	700	27 192	11 040
第五人民医院	1 611	1 228 371	1 019 700	208 671	630	750	24 647	8 834
华东医院	2 416	1 372 266	1 300 497	71 769	1 050	1 313	41 409	42 542
公卫临床中心	1 325	492 463	488 886	3 577	1 260	1 260	33 804	7 730
浦东医院	1 793	1 630 885	1 365 600	265 285	1 000	1 020	33 698	18 699
静安区中心医院	999	850 106	737 361	112 745	645	689	14 345	25 318
闵行区中心医院	2 249	2 704 871	2 153 526	551 345	800	810	34 333	25 690
质子重离子医院	237	4 632	4 632	0	220	99	1 182	0
青浦区中心医院	1 910	2 304 641	1 991 866	312 775	1 000	1 020	42 473	35 142
口腔医院	575	569 041	565 214	3 827	17	17	674	661
徐汇区中心医院	1 319	769 034	731 310	37 724	588	836	26 603	30 154
闵行区精神卫生中心	335	31 334	31 334	0	400	680	346	0
合 计	35 987	28 962 647	26 310 232	2 652 415	17 421	19 402	793 706	620 386

注：时点数据请以2022年12月31日为准。

住院手术人次数：指施行手术和操作的住院病人总数。1次住院期间施行多次手术的，按实际手术次数统计。1次实施多个部位手术的按1次统计。

（医院管理处供稿）

2022年各附属医院工作质量情况统计

医 院	病床周转次数（次）	床位使用率（%）	出院患者平均住院日（天）	出院患者手术占比（%）	手术患者三四级手术比例（%）	出院病人死亡率（%）	非计划再次手术率（%）
中山医院	54.27	82.98	5.67	68.73	76.07	0.40	0.07
华山医院	34.50	79.94	7.12	74.88	60.94	0.54	0.17
肿瘤医院	48.98	76.63	5.36	71.13	71.99	0.107	0.27
妇产科医院	74.26	60.29	3.61	64.51	50.23	0.01	0.03
儿科医院	43.27	81.96	7.13	40.79	78.31	0.24	0.11
眼耳鼻喉科医院	59.53	52.73	3.14	94.22	73.12	0.008 8	0.214
金山医院	38.85	74.39	7.06	40.60	53.50	0.79	0.09
第五人民医院	32.75	69.50	7.90	36	73	1.51	0.02
华东医院	31.54	77.58	9.08	53.97	52.10	1.37	0
公卫临床中心	27.48	75.36	9.35	22.87	36.65	0.99	0.26
浦东医院	33.03	69.97	7.81	45.40	44.30	1.91	0.10
静安区中心医院	20.82	64.70	11.18	28.45	81.32	2.76	0.02

续表

医院	病床周转次数（次）	床位使用率(%)	出院患者平均住院日（天）	出院患者手术占比(%)	手术患者三四级手术比例(%)	出院病人死亡率(%)	非计划再次手术率(%)
闵行区中心医院	42.39	79.17	6.89	38.50	69.11	1.89	0.054
质子重离子医院	11.93	93.92	28.71	0	0	0	0
青浦区中心医院	41.64	84.32	7.42	37.59	58.85	1.01	0.10
口腔医院	3.30	29.70	2.68	98.07	3.12	0	0
徐汇区中心医院	31.82	82.36	9.53	21.6	38.24	2.43	0.02
闵行区精神卫生中心	0.51	102.63	584.16	0	0	10.98	0

注：1. 出院患者手术占比＝出院患者手术台次数/同期患者出院总人次数。其中，"出院患者手术台次数"是指出院患者手术人数，即同一次住院就诊期间患有同一疾病或不同疾病施行多次手术患者，按1人统计。统计单位以人数计算，总数为手术和介入治疗人数累加求和。

2. 手术患者三四级手术比例＝出院患者中三四级手术患者人次数/出院患者中手术患者人次数。

（医院管理处供稿）

复旦大学附属中学 2022 年基本情况统计表

单位：人

教职工数					在校学生数
党政干部(教师)	教师	职员	工人	合计	
6	223	37	0	260	1 917(其中397人国际部)

（复旦大学附属中学供稿）

2022 年复旦大学二附校基本情况统计

单位：人

学段	教职工数					在校学生数
	党政干部(教师)	教师	职员	工人	合计	
初中	3	95	4	0	102	1 114
小学	1	104	0	0	105	1 543

（复旦大学第二附属中学供稿）

2022 年复旦大学附属徐汇实验学校基本情况统计

单位：人

教职工数					在校学生数
党政干部(教师)	教师	职员	工人	合计	
2	60	10	0	72	784

（复旦大学附属徐汇实验学校供稿）

2022 年复旦大学附属闵行实验学校基本情况统计

单位：人

学段	教职工数					在校学生数
	党政干部(教师)	教师	职员	工人	合计	
小学	6	43	4	5	58	581

（复旦大学附属闵行实验学校供稿）

2022年复旦大学附设幼儿园基本情况统计

单位:人

教职工数					在校学生数
党政干部(教师)	教师	职员	工人	合计	
3	31	0	26	60	388

(复旦大学附设幼儿园供稿)

2022年复旦大学医学院幼儿园基本情况统计

单位:人

学段	教职工数					在校学生数
	党政干部(教师)	教师	职员	工人	合计	
学前教育	3	13	14	0	30	145

(复旦大学医学院幼儿园供稿)

· 索 引 ·

（1）本索引主体采取主题分析索引方法，按主题词首字汉语拼音字母顺序排列。辅助的附表索引按首字汉语拼音字母顺序排列。

（2）索引名称后的数字表示内容所在的页码，数字后面的a、b、c表示栏别（指该页码自左至右的版面区域）。表格标题和表格中的内容页码后另注有"表"字，图片页码后另注有"图"字。

（3）在主题分析索引中，为便于读者检索，在复旦大学所属的二级单位和在复旦大学发生的事件名称前的"复旦大学"或"复旦"字样，除易产生歧义者外均予省略；内容有交叉的，将重复出现。

（4）除"表彰与奖励""大事记"外，年鉴的各部分内容均列入索引范围，以供检索使用。

NUM

2011 能源材料化学协同创新中心（复旦分中心） 103b
"863"计划 109a
"973"计划 109a

A

ACM 学生研究竞赛 112a,180(表)
AIA 友邦—复旦精算中心 99a
阿思势 61b
埃里克·马斯金 93b
艾剑良 62b,64a,116b,152b,164(表),239(表),515(表)
艾米·西蒙斯 86c
奥斯蒙德·波比拉赫齐 77a
澳门国际传播周 86b

B

BSL-3 实验室 135b
拔尖学生培养计划 2.0 24b,27a,139c
白玉兰荣誉奖 61b,100c,328c
包信和 104b,106a,106b,221(表),335c
宝钢教育奖 89b,116b
宝山复旦科创中心 325b
保密技术研究所 113a
鲍亦康 127c
北欧文学研究所 79a
彼得·杜赫提 141a
并行处理研究所 112b
博岚 327b,328(表)
博士生医疗服务团 26b,134c,326b,424a,425c
博英计划 57b,186a,187c
步文博 233(表),274b,287(表),510(表)

C

C919 大型客机 109b,116c
CC-CMM 标准研究中心 112b
材料科学系 62b,63a,67a,105c,106a,106b,115a,115c,116a,119a,152b,153a,158(表),160(表),161(表),163(表),169(表),170(表),172(表),174(表),186(表),233(表),234(表),268(表),273c,274b,274c,277(表),281(表),283(表),284(表),285(表),287(表),288(表),289(表),290(表),293(表),295(表),316(表),321(表),322(表),330(表),339a,354a,373a,385a,394(表),405(表),421(表),426(表),427(表),428(表),434c,510(表),621(表)
蔡从燕 82c,204(表),511(表)
蔡泉 103c,220(表),274c,288(表)
曹宠 530(表)
曹沛霖 83a,85a,85b,298a,304(表)
曹小定 530(表)
曹一鸣 88c
柴洪峰 110b,153b,243(表),321(表),518(表)
"长江口二号"古船 78c
长三角研究型大学联盟 325c
晁栋梁 131b,222(表)
车仁超 131b,234(表),274b,287(表),526(表)
陈楚良 531(表)
陈翠贞儿童健康发展中心示范点 325a
陈道勇 105a,222(表),274a,286(表),316(表),512(表)
陈惠黎 530(表)
陈佳欢 105b,465c
陈建功 387c,388a
陈剑 73c,208(表),381b,510(表)

陈洁 64a,167(表),259(表),268(表),355b,359b,418b,
　　425a,426c
陈金辉 68a,102c,216(表),273c,284(表),297(表),526
　　(表)
陈力丹 87b
陈丽琏 531(表)
陈亮 148b,253(表),255(表)
陈琳 113c,138a,138b,267(表),274c,288(表),341a,
　　359a,400a,524(表)
陈培宁 131a,223(表),274c,289(表),295(表)
陈平 72c
陈尚君 62a,63a,73b,116b,153a,166(表),208(表),299
　　(表),304(表),305(表),315(表),319(表),529(表)
陈硕 88c,175(表),176(表),202(表),518(表)
陈思和 62a,62b,69b,70a,73c,152a,160(表),208(表),
　　300(表),315(表),316(表),319(表),387b,412a,529
　　(表)
陈望道 43a,72b,114c,308a,327c,387c,388a,388b,
　　407a,418a,423(表)
陈文涵 531(表)
陈文林 530(表)
陈祥锋 91c,265(表),274b,287(表),513(表)
陈小明 104b
陈秀珍 531(表)
陈焱 63a,64a,70a,70b,71a,71b,74a,92c,101a,102a,
　　102c,163(表),166(表),187c,216(表),318(表),414
　　(表),525(表)
陈引驰 62b,63a,68a,70a,70b,73a,73c,152a,190(表),
　　208(表),300(表),301(表),319(表),328b,387a,411a,
　　529(表)
陈英耀 67b,141b,142c,143a,266(表),282(表),512(表)
陈钊 89a,201(表),232(表),317(表),411b,518(表)
陈振新 407a
陈志敏 61b,62a,63a,69b,70a,70b,73c,76a,76b,82a,
　　83a,86c,87b,128b,128c,133b,133c,160(表),190(表),
　　205(表),299(表),300(表),301(表),302(表),326a,
　　327b,328b,329(表),330(表),387a,389c,410a,514(表)
成都市复旦西部国际金融研究院 58b,89c,90c,325c,506
　　(表)
程曼丽 87b
迟楠 67a,110a,160(表),168(表),237(表),273b,278
　　(表),280(表),284(表),306a,323a,408(表),438b,
　　443b,527(表)
迟喻丹 225(表),273b,284(表)
仇缓百 530(表)
出土文献与古文字研究中心 69a,72a,72c,73b,73c,300
　　(表),302(表),303(表),315(表),316(表),510(表)

储以微 69a,147b,184(表),243(表),522(表)
褚君浩 92b,106b,234(表),280(表),321(表),336a
褚玉霞 444b
褚云鸿 531(表)
《传承中华基因——甲骨文发现一百二十年来甲骨学论文
　　精选及提要》 73c
传世之作计划 152b
创新科学仪器教育部工程研究中心 103b,277(表),393
　　(表)
创新与数字经济研究院 89b,327c
崔之骅 335c

D

大气科学研究院 61a,69b,107c,273c,274a,274b,274c,
　　277(表),280(表),284(表),286(表),287(表),289(表),
　　291(表),316(表),321(表),385a,393(表),507(表),621
　　(表)
大气与海洋科学系 67a,107c,108a,108b,108c,133a,158
　　(表),162(表),163(表),187a,223(表),224(表),274a,
　　274b,274c,286(表),287(表),289(表),290(表),291
　　(表),295(表),340a,370a,382a,385a,398(表),405
　　(表),502(表),510(表),511(表)
《大清一统志(全三十册)》 129a
大人才战略 4b,15a,17a,18b,34a
大上海保卫战 22b,35b,37b,41a,42a,59b,81b,83a,
　　108b,114b,134b,140a,142b,146a,149a,323b,326a,
　　333a,403c,404c,409a,430c,432c,448b,450c,453a,
　　458a,458b,459c,462b
大数据学院 66b,120b,120c,121a,121b,121c,123a,159
　　(表),160(表),164(表),165(表),168(表),169(表),170
　　(表),171(表),172(表),173(表),175(表),176(表),178
　　(表),179(表),183(表),185(表),232(表),274c,283
　　(表),289(表),290(表),340a,363b,376b,398(表),405
　　(表),407a,422(表),427(表),432a,443(表),511(表),
　　621(表)
大型客机集成技术与摸拟飞行全国重点实验室 116c,503
　　(表)
代谢性疾病小分子新药开发校企联合实验室 144c,283
　　(表),504(表)
代谢与整合生物学研究院 70a,228(表),229(表),274b,
　　277(表),287(表),321(表),385a,398(表),432b,432c,
　　511(表),622(表)
戴修道 530(表)
旦问无妨 35a,40b,59b,390b,402b,431c,432a
蛋白质化学生物学上海高校重点实验室 103b,283(表),
　　393(表)
党委教师工作委员会 414b

导师关爱行动 37b,40b,59b,81b,84a,140a,149a,187c,188c,189a,414a,425a

邓安庆 75c,200(表),528(表)

邓娟 117c,226(表),274c,289(表),295(表)

邓勇辉 104a,106b,219(表),274b,287(表),335c,515(表)

第一个复旦 1a,1b,2a,2b,3a,4a,4b,5a,6a,7a,8b,9b,10a,10b,11a,11b,12a,12b,13a,15a,15b,18a,19a,19b,21b,22a,22b,23a,23b,24a,24b,25a,25b,26a,26b,27b,31a,32a,32b,34b,36a,36b,37b,38a,38b,39a,39b,41a,42b,44b,46a,46b,47a,47b,50b,51a,51b,52b,53b,60a,60b,61a,98b,105a,113c,134b,138b,140c,145b,151b,270b,306b,313a,314a,320a,320b,326a,331a,333a,391a,398a,402c,403b,404b,407c,408a,408(表),414a,415a,416a,417b,423a,429a,431b,431c,432a,432c,434a,436a,437a,443c,444a,445b,480a,484a,485b,485c,486b,486c,489c

电子工程系 109a,159(表)

电子商务研究中心 112b

丁伯龙 531(表)

丁琛 69b,118b,228(表),273c,285(表),289(表),521(表)

丁淦林 87a

冬奥会国际传播志愿服务队 80b

杜开如 531(表)

杜恺 215(表),274c,288(表),359a

杜荣根 530(表)

杜世正 146b,146c

杜晓帆 78c,79a,211(表),525(表)

段树民 17a,70a,70b,225(表),321(表),455a

段伟 128a,212(表),303(表),529(表)

多语种中心 79a,79b

E

儿科医院 58b,62b,68b,127a,135c,136a,137c,153a,165(表),249(表),250(表),251(表),252(表),255(表),264(表),275(表),278(表),282(表),292(表),293(表),294(表),296(表),324a,325a,326c,331(表),367a,379b,397(表),404(表),415(表),428(表),445a,445b,445c,446a,452b,453a,453b,453c,454a,505(表),618(表),622(表),627(表)

二十大 7b,19a,19b,23b,25a,25b,26a,27b,31a,31b,32a,34b,36a,38a,39a,39b,41a,42b,43a,45a,46a,46b,47b,48a,50a,50b,51a,51b,52a,52b,53a,53b,55a,56b,57a,60a,73a,75a,76c,79c,80b,81b,82a,82b,83c,84a,85c,88c,90b,92a,95c,96c,97a,97c,98b,99c,101b,102b,105a,106a,109c,110a,114a,114c,115b,116a,117a,118c,121a,121b,129b,131c,134a,136c,140b,140c,142a,143c,144a,144c,146a,149a,151c,186a,297a,298c,299b,299c,307c,313c,314a,322b,322c,323a,323b,325a,331a,333b,333c,385b,385c,387c,388b,389c,390c,398a,400a,402a,402c,403a,403b,404b,405a,405b,405c,406a,406b,407b,407c,408(表),409a,409b,409(表),410c,414a,414b,414c,415a,415b,415c,416c,417b,418a,418c,423a,423b,423c,425a,425c,430b,431a,431b,431c,432a,432b,434a,435a,435b,435c,436a,436b,437b,438a,438b,443a,443b,444a,447b,449b,453b,454b,460c,497(表)

F

发育生物研究所

发展研究院 69a,86b,87b,131c,132b,132c,133a,133b,133c,143a,276(表),301(表),327b,327c,330(表),331(表),338(表),339(表),394(表),491c,500(表),501(表),502(表),504(表),505(表),506(表),507(表),509(表),511(表)

法学院 62b,66a,80c,81a,81b,81c,82a,82b,119a,152b,153a,157(表),159(表),160(表),162(表),183(表),203(表),204(表),270(表),316(表),324a,330(表),340a,353a,373a,385a,395(表),404(表),422(表),426(表),427(表),428(表),442(表),443(表),498(表),500(表),506(表),507(表),511(表),531(表),621(表)

法语语言文化研究(资料)中心 79a

凡勇 103c,220(表),274c,288(表)

樊嘉 62a,62b,63a,68a,70a,70b,153a,252(表),275(表),276(表),311b,322(表),347b,445a,446b,447c

繁星计划 59a,332a,332c

泛海国际金融学院 59a,89c,90c,118c,202(表),291(表),333a,335a,338(表),355a,386a,427(表),501(表),506(表),512(表),621(表)

范康年 106a,106b,153b,335c

方方 233(表),273c,285(表),510(表)

放射医学研究所 21b,68b,138a,138b,148c,149c,161(表),245(表),274b,286(表),335b,365a,377b,384a,511(表),531(表)

非线性数学模型与方法教育部重点实验室 99a,100b,276(表),395(表),506(表)

费杰 128a,212(表),529(表)

分析测试中心 67b,126a,511(表),531(表)

分子合成与识别科学中心 103b

冯玉军 69a,130c,131a,205(表),299(表),304(表),515(表)

符长波 217(表),274b,286(表),526(表)

妇产科医院 58b,62a,63a,68b,135c,136a,144a,153a,

164(表),165(表),227(表),229(表),249(表),251(表),
252(表),255(表),256(表),264(表),274b,277(表),281
(表),282(表),287(表),294(表),321(表),324a,325a,
367a,379b,397(表),404(表),415(表),428(表),431b,
444a,445a,445b,445c,446a,451c,452a,452b,452c,618
(表),627(表)
附属中山医院心内科教师团队　60b
复旦·蚂蚁金融必修课　90c
复旦大学-巴黎高师人文学科联合培养项目　73a,
　73c,328b
复旦大学第二附属学校　68a,404c,462a,463b,463c,512
　(表)
复旦大学附设幼儿园　462a,464c,629(表)
复旦大学附属闵行实验学校　462a,464b,464c,628(表)
复旦大学附属徐汇实验学校　462a,463c,464c,628(表)
复旦大学附属中学　68a,434a,462a,462c,464c,628(表)
复旦大学图书馆—上海市研发公共服务平台管理中心研
　究生实践基地　387b
复旦大学医学院幼儿园　462a,465b,629(表)
复旦-拉美大学联盟　133b,327c
复旦女足　123b
复旦未来谷　325b
复杂体系多尺度研究院　61a,70a,384c,432b,512(表)

G

港澳台事务办公室　64b,65b,331a,331(表),332b,332
　(表),487c,498(表),500(表),502(表),504(表),507
　(表),622(表)
高被引学者　90a,101b,108a,111a,145c
高等教育研究所　69a,97c,129a,266(表),354b,373b,512
　(表)
高等学校学科创新引智基地　275c,327a
高分子科学系　60b,62b,66b,104c,105c,106a,106b,
　152b,158(表),160(表),178(表),179(表),222(表),223
　(表),273c,274a,275(表),281(表),284(表),286(表),
　289(表),290(表),292(表),293(表),295(表),316(表),
　321(表),340b,354a,373b,395(表),405(表),421(表),
　427(表),428(表),442(表),498(表),504(表),512(表),
　530(表)
高建平　76a,148c
高天如　531(表)
高卫国　66b,99b,160(表),214(表),523(表)
高文　255(表),282(表),461c
高性能EDA算法校企联合实验室　99b,283(表),505
　(表)
高永伟　65b,70b,74a,80b,80c,167(表),190(表),209
　(表),300(表),372b,524(表)

高悦　223(表),273c,284(表)
"高质量发展与创新"论坛　60b,454c
郜元宝　72c,208(表),529(表)
葛剑雄　92c,128b,129a,211(表),315(表),411b,412a
葛江虬　81b,82a,82c
葛均波　23a,61a,62a,63a,69a,70b,71a,93b,135b,151c,
　153b,190(表),246(表),274a,275,277(表),279
　(表),282(表),283(表),286(表),322(表),410b,411a,
　412a,445a,447a,447b,447c,461c
葛伟军　81a,82c,511(表)
工程与应用技术研究院　69b,233(表),235(表),238(表),
　239(表),242(表),268(表),277(表),278(表),279(表),
　289(表),290(表),295(表),363a,376a,384c,397(表),
　399a,428(表),432b,432c,512(表),621(表)
公共绩效与信息化研究中心　112b
公共卫生安全教育部重点实验室　141b,141c,143a,277
　(表),396(表)
公共卫生临床中心　243(表),244(表),245(表),248(表),
　252(表),262(表),281(表),282(表),368b,380b,397
　(表),427(表),445a,458b,459a,459b
公共卫生学院　21a,27a,62b,67b,135a,136c,141a,141b,
　141c,142b,142c,143a,143b,153a,153b,159(表),161
　(表),162(表),164(表),165(表),166(表),185(表),260
　(表),261(表),266(表),273b,277(表),282(表),284
　(表),291(表),292(表),295(表),316(表),324a,338
　(表),340b,364b,377a,384a,396(表),405(表),415
　(表),422(表),423(表),427(表),428(表),429(表),499
　(表),512(表),513(表),530(表),531(表),622(表)
公卫战疫者　142b
功能介孔材料基础科学中心　103b
龚正　446b,459a,459b,461a
古籍整理研究所　69a,127a,127b,127c,207(表),208
　(表),209(表),302(表),348b,370a,513(表)
谷超豪奖　334a,334b
顾宏周　147b,147c,230(表)
顾继虎　405b
管理学院　62b,63a,66a,84c,91b,91c,92a,92b,92c,93a,
　93b,108a,123a,141c,152a,153a,155c,158(表),159
　(表),160(表),163(表),165(表),168(表),169(表),170
　(表),171(表),172(表),173(表),176(表),178(表),179
　(表),180(表),203(表),215(表),231(表),232(表),264
　(表),265(表),266(表),270(表),274a,274b,274c,286
　(表),287(表),288(表),289(表),290(表),308b,309a,
　315(表),316(表),324a,330(表),334b,335b,339(表),
　340b,357a,374a,386a,394(表),403c,404(表),422
　(表),423(表),426(表),427(表),428(表),443(表),
　444b,498(表),506(表),513(表),514(表),530(表),621

(表)

光科学与工程系 109a,109c,110a,159(表)

光源与照明工程系 109a,159(表)

广州实验室上海基地 33b,135b

规划与"双一流"学科建设大会 5a,7a,60a

郭坤宇 62a,62b,99b,152b,166(表),213(表),274b,286(表),318(表),411a,412a,523(表)

国际关系与公共事务学院 62b,63a,66a,75c,82b,82c,121a,152a,153a,157(表),160(表),161(表),162(表),163(表),166(表),172(表),182(表),185(表),204(表),205(表),206(表),207(表),266(表),267(表),270(表),274b,287(表),302(表),303(表),316(表),327c,341a,350b,371b,394(表),395(表),404(表),410c,415(表),421(表),422(表),423(表),427(表),428(表),442(表),443b,443(表),514(表),531(表),621(表)

国际模式识别学会 111b

国际儒联学者计划 269b

国际文化交流学院 66b,97a,98a,157(表),159(表),163(表),165(表),324a,328c,341b,362b,404(表),422(表),500(表),514(表),515(表),621(表)

国际问题研究院 69a,116a,130a,130b,300(表),303(表),316(表),317(表),327c,330(表),331(表),502(表),515(表),621(表)

国家保密教育培训基地上海分基地 113a

国家保密学院 111b,113a,159(表)

国家高技术研究发展计划 109a

国家级平台能力提升项目 152b

国家经济学基础人才培养基地 87c

国家理科数学人才培养基地 99a

国家民委中华民族共同体研究基地 74a,128c,300(表),409c

国家微电子材料与元器件微分析中心 115a,384c

国家卫健委卫生技术评估重点实验室 141b,143a,396(表)

国家重点基础研究发展计划 109a

国家自然科学基金基础科学中心项目 60b,61a,107c,274a,447c

H

韩启德 26a,76b,138c

罕见及疑难病防治研究院 135c

航空航天数据研究中心 113a

航空航天系 62b,67a,116a,116c,117a,117b,117c,122c,152b,158(表),160(表),164(表),167(表),168(表),170(表),176(表),177(表),178(表),179(表),180(表),239(表),240(表),242(表),277(表),290(表),322(表),341b,354a,373a,392(表),404(表),422(表),427(表),434c,503(表),515(表),530(表),622(表)

何乐进 327b,328(表)

何苗 184(表),225(表),274a,285(表),520(表)

何纳 62a,63a,67a,70a,70b,71a,142b,142c,143a,166(表),190(表),260(表),273b,284(表),513(表)

何球藻 530(表)

核科学与技术系 66b,102c,158(表),164(表),165(表),168(表),177(表),185(表),342a,421(表),427(表),622(表)

核酸实验室 135b

核物理与离子束应用教育部重点实验室 102c,276(表),392(表),393(表)

核心警卫区安防创新中心 113a

红色巴士 56b,90b,98b,117a,131b,323a,423c,425c

侯军利 220(表),274c,288(表),515(表)

胡令远 130c,205(表),300(表),515(表)

胡璐璐 147b,230(表)

胡荣峰 226(表),274a,285(表)

胡雁 67b,145b,146b,146c,164(表),166(表),264(表),411a,515(表)

胡郁 93a

胡湛 94a,94b,95a,206(表),304(表),413a,521(表)

胡正荣 87b

护理学院 21b,67b,145a,145b,146a,146b,146c,159(表),162(表),164(表),165(表),166(表),264(表),270(表),324a,324c,342a,365b,377b,384a,396(表),404(表),422(表),427(表),429(表),480c,515(表),622(表)

华东医院 248(表),250(表),251(表),252(表),255(表),257(表),258(表),259(表),260(表),262(表),268(表),278(表),290(表),292(表),294(表),297(表),368a,380a,397(表),422(表),445a,459c,460a,460b,461a,461b,461c,627(表)

华克勤 62a,63a,68b,153a,255(表),294(表),452a

华山医院 58b,62b,63a,68b,92b,127a,137c,144a,148b,151c,153a,247(表),248(表),250(表),251(表),252(表),253(表),254(表),255(表),256(表),257(表),260(表),261(表),262(表),264(表),268(表),273b,273c,274a,274c,275(表),277(表),278(表),279(表),281(表),282(表),284(表),285(表),286(表),288(表),289(表),291(表),292(表),294(表),295(表),296(表),310a,311a,311b,312c,322(表),331(表),334a,366a,378b,389b,396(表),397(表),404(表),414(表),421(表),422(表),423(表),427(表),428(表),442(表),445a,445c,448a,448c,449a,449b,449c,450a,457b,499(表),507(表),531(表),618(表),622(表),627(表)

华山医院罕见病中心 449c

化学、材料科学与工程学科学术发展中心　106b
化学系　16a,60b,62b,63a,66b,103b,103c,104a,104b,
　105c,106a,106b,123a,126b,131c,143c,144c,152b,
　153a,153b,158(表),160(表),165(表),167(表),170
　(表),174(表),177(表),187a,219(表),220(表),221
　(表),222(表),223(表),273c,274b,274c,277(表),278
　(表),280(表),283(表),284(表),287(表),288(表),289
　(表),290(表),291(表),292(表),293(表),295(表),317
　(表),321(表),322(表),324a,342a,352a,372b,385a,
　392b,393(表),405(表),415(表),421(表),423(表),426
　(表),427(表),428(表),503(表),515(表),516(表),621
　(表)
化学与材料学院　66b,105c,106a,106b,154b,405(表)
环境科学与工程系　62b,63a,67a,106c,133a,152b,153a,
　158(表),160(表),162(表),163(表),164(表),168(表),
　170(表),171(表),178(表),179(表),185(表),240(表),
　241(表),267(表),273c,274b,276(表),277(表),280
　(表),281(表),284(表),288(表),290(表),296(表),317
　(表),342b,362a,375b,392b,393(表),403c,405(表),
　422(表),434c,443(表),516(表),621(表)
黄蓓　73c,328b,529(表)
黄广华　120a,224(表),521(表)
黄荷凤　70b,256(表),281(表),282(表),321(表),445a,
　452a,452b
黄葭燕　142c,266(表),513(表)
黄林章　229(表),273c,285(表)
黄仁伟　69b,142c,206(表),302(表)
黄先海　325c
黄鑫欣　230(表),274c,289(表)
黄旭光　101a,216(表),274b,288(表),525(表)
黄洋　66a,74a,166(表),213(表),301(表),317(表),
　412a,413a,519(表)
黄志力　64a,65a,65b,148b,263(表),317(表),517(表)
霍四通　70a,74a

J

基础医学院　62b,63a,67a,123c,136c,139b,140a,140b,
　140c,141a,153a,156b,159(表),161(表),162(表),164
　(表),165(表),166(表),167(表),173(表),175(表),180
　(表),181(表),183(表),184(表),185(表),224(表),227
　(表),229(表),242(表),243(表),244(表),245(表),261
　(表),263(表),273c,274a,274c,276(表),277(表),279
　(表),280(表),281(表),282(表),283(表),285(表),289
　(表),291(表),293(表),296(表),317(表),321(表),322
　(表),331(表),342b,364a,376b,384a,395(表),405
　(表),407a,422(表),423(表),427(表),428(表),443
　(表),444b,503(表),504(表),516(表),517(表),530
　(表),531(表),622(表)
基因技术教育部工程研究中心　118a,277(表)
极端天气气候-大气环境-公众健康多风险互联学科创新引
　智基地　272b,275c,280(表),393(表)
集成电路芯片与系统全国重点实验室　114c
集成芯片与系统全国重点实验室　58a,114c,272b,275a,
　275(表)
计算机科学技术学院　62b,67a,110b,111b,119a,152b,
　153b,159(表),161(表),162(表),164(表),167(表),168
　(表),169(表),170(表),171(表),173(表),176(表),178
　(表),179(表),180(表),185(表),237(表),238(表),239
　(表),242(表),243(表),268(表),270(表),274c,277
　(表),278(表),280(表),283(表),288(表),291(表),292
　(表),294(表),296(表),297(表),321(表),322(表),330
　(表),342b,352b,372b,385a,395(表),405(表),415
　(表),421(表),422(表),423(表),427(表),428(表),442
　(表),443(表),517(表),518(表),621(表)
计算机学院大数据与知识工程实验室　113a
纪检监察研究院　60a,403b
纪检监察院　82b
纪俊才　531(表)
嘉善复旦研究院　58b,325c,500(表)
贾波　234(表),273c,284(表),510(表)
健康老龄化智慧医疗教育部工程研究中心　58a,135c,
　272b,275c,277(表),397(表)
健康跑　123c,137a,417a,424a,425b
江桂斌　104b
江雪　274c,289(表),294(表)
江怡　76a
姜银国　530(表)
姜育刚　64a,110c,111a,111b,111c,112a,238(表),280
　(表),291(表),306a,315a,435c,518(表)
蒋昊　268(表),273c,284(表)
蒋蕾　68b,148c,149c
蒋维　229(表),273b,284(表)
蒋学模　43b,89a,89b
蒋益明　67a,115c,234(表),510(表)
蒋玉斌　73b,303(表),304(表),510(表)
交互式图形学实验室　112b
焦扬　1a,3a,5a,11a,15a,22a,24a,25a,36a,39a,43a,46a,
　50a,60b,61b,62a,69b,70a,76b,128b,139a,151c,165
　(表),300(表),323c,325a,325c,326b,326c,335a,335c,
　389b,407a,407b,407c,408a,409a,410a,410b,411a,
　414b,417c,425c,426b,435c,444a
教育部基础学科拔尖计划2.0基地　100c
教育部基础学科人才培养基地　100c
教育部人文社会科学重点研究基地　72a,74a,77a,81a,

87c,127c,297b,299(表),490a
教育部人文社科重点研究基地美国研究中心 82c
教育部先进涂料工程研究中心 115a,394(表)
金曾琴 531(表)
金城 84b,238(表),274c,288(表),518(表)
金海燕 61b,62a,63b,93a,402a,403a,512(表)
金力 3a,7a,15a,19a,23a,26a,29a,31a,34a,42a,53a,
 61a,61b,62a,63a,69b,69b,70a,70b,76b,89b,92c,93a,
 93b,106b,118b,119b,137a,137b,138a,138b,138c,
 139a,139b,144c,151c,160(表),189c,190(表),226
 (表),274a,280(表),286(表),318(表),321(表),325a,
 325c,326a,326b,326c,327b,327c,328b,329(表),330
 (表),331b,333a,334a,335b,335c,336a,336b,406a,
 407a,407c,410b,414b,417c,425b,435c,521(表)
金融IT人才标准研究中心 112b
金融研究院 87c,88b
金山医院 251(表),255(表),257(表),259表),260(表),
 279(表),367b,380a,397(表),445a,446a,454c,455b,
 456a,456b,456c,618(表),627(表)
经济学院 44a,59a,61b,62b,66a,75c,87b,88a,88b,88c,
 89a,89b,116a,121a,128c,152a,153a,155c,158(表),159
 (表),160(表),161(表),162(表),163(表),165(表),166
 (表),168(表),169(表),170(表),171(表),172(表),173
 (表),183(表),201(表),202(表),203(表),270(表),
 274b,287(表),302(表),303(表),308b,315(表),316
 (表),317(表),324a,324c,327c,328(表),331(表),339
 (表),343a,355b,373b,394(表),404(表),407a,421
 (表),422(表),423(表),426(表),427(表),428(表),442
 (表),443(表),498(表),499(表),500(表),501(表),502
 (表),518(表),519(表),530(表),531(表),621(表)
敬乂嘉 69b,83c,166(表),266(表),274b,287(表),514
 (表)
九三学社全国传统教育基地 410b
玖园爱国主义教育建筑群 47b,52a,388a,406b
聚合物分子工程国家重点实验室 104c,105a,106b,275
 (表),395(表)

K

卡西莫·斑比 61b,100c,101a,101b
阚海东 67b,142a,142c,143a,261(表),292(表),316
 (表),513(表)
科技创新2030 11a,33b,58a,110c,111b,112c,135c,
 148a,272a,273c,285(表),313a,486a,615(表)
科学家精神教育基地 388a,406c
科学探索奖 60b,99b,100b,103c,273a,293(表)
克服递药屏障高端制剂全国重点实验室 135b
克雷格·艾伦 130b

克里斯丹·米勒 72c
克利斯欣 阿兰·乔治 107b
课程思政教学研究中心 57b,83b,104c,109b,129b,155b,
 155c,156c,162(表),189b
口腔医学院 57a,137b,159(表),498(表)
宽带网络与互动多媒体实验室 112b

L

蓝斐 147a,147b,147c,230(表),283(表),522(表)
乐文特 328b,328c
雷群英 67b,139b,140c,229(表),411b,412a,413a
雷震 60b,66b,99b,100b,166(表),215(表),293(表),
 306a,523(表)
类脑芯片与片上智能系统研究院 283(表),384c,398
 (表),432b
黎德元 92a,231(表),513(表)
李保宾 226(表),274a,285(表)
李博 70b,119c,190(表),225(表),231(表),274c,276
 (表),279(表),289(表),356a,521(表)
李聪 67b,144b,166(表),262(表),274b,281(表),287
 (表),528(表)
李达 432b
李国虹 418b,426c
李华伟 161(表),257(表),282(表),292(表),454b
李继喜 120a,231(表),413b,521(表)
李劲 115c,116a,234(表),316(表),413b,510(表)
李君如 96b
李民立 531(表)
李强 249(表),459a,461a
李琴 132b,132c,133b
李庆 240(表),274b,288(表),516(表)
李汝祺 388b
李世刚 66a,82c,160(表),204(表),511(表)
李婉先 531(表)
李伟 16b,66b,103c,104a,221(表),238(表),273c,284
 (表),290(表),293(表),360a,515(表),518(表)
李文妍 258(表),274a,286(表)
李晓杰 128a,211(表),302(表),529(表)
李洋 263(表),274a,285(表),350b
李瑶 175(表),226(表),434a,443c,521(表)
李毅 530(表)
李友钟 435b
李兆基图书馆 387b,435c
李卓 234(表),274b,288(表)
理工医先锋先导项目 152b
历史地理研究中心 77c,127c,189c,211(表),212(表),
 299(表),362b,376a,428(表)

历史学系 65b,74a,76c,77a,77b,77c,123a,153a,157
    (表),160(表),165(表),166(表),189c,212(表),213
    (表),265(表),315(表),316(表),317(表),318(表),
    324a,328c,330(表),331(表),339(表),343b,350a,
    371a,404(表),421,422(表),427(表),428(表),
    431a,442(表),499(表),519(表),520(表),530(表),621
    (表)
丽莎 327b,328(表)
联合国教科文组织活态遗产与社区发展教席 78a,78c
梁湘三 224(表),274b,287(表),511(表)
梁永安 92b,387b
林东昕 143a
林民旺 130c,206(表),515(表)
林鑫华 62b,67a,71a,93a,118b,119c,120a,151c,152b,
    153b,227(表),273c,275(表),280(表),285(表),306a,
    521(表)
刘本仁 531(表)
刘琦 267(表),274a,286(表),524(表)
刘韡韬 101a,101b,102a,102b,163(表),218(表),274b,
    288(表),289(表),413b,525(表)
刘钊 69a,69b,73c,160(表),208(表),300(表),315(表),
    316(表),510(表)
刘志刚 82c,204(表),511(表)
刘志阔 89a,202(表),304(表),518(表)
刘忠英 531(表)
柳冠中 93b
柳素玲 230(表),274b,287(表),522(表)
娄鸿儒 530(表)
卢纯惠 530(表)
卢大儒 119a,119c,175(表),226(表),277(表),318(表),
    336a,388b,411a,415(表),522(表)
卢丽安 63a,64b,70a,70b,74a,80c,153a,209(表),327b,
    328b,408(表),524(表)
卢向华 91c,264(表),274b,288(表),514(表)
陆柳 65a,66a,86b
陆路 67b,140a,244(表),293(表),296(表),517(表)
陆明 219(表),274c,288(表),527(表)
陆雄文 66a,92c,93a,93b,265(表),309(表),514(表)
陆扬 73c,207(表),319(表),529(表)
陆一涵 142c
陆志安 81c
路俊锋 274a,286(表)
罗季奥诺夫 80c
罗力 62a,67b,141b,141c,142c,144a,266(表),273b,284
    (表),300(表),305(表),513(表)
洛克·帕勒莫 77a

M

麻生明 106b,220(表),273c,284(表),301(表),317(表),
    321(表),335c,515(表)
马克·比耶罗 86c
马克思主义学院 56b,66b,95b,95c,96a,96b,96c,97a,
    157(表),161(表),164(表),166(表),205(表),206(表),
    207(表),302(表),303(表),318(表),348a,370a,404
    (表),407c,422(表),428(表),443(表),504(表),509
    (表),520(表),621(表)
马克思主义研究院 70a,82b,96b,161(表),405c,432b,
    432c,434c,499(表),520(表)
马兰 23a,60b,62a,62b,63a,69a,69b,70a,70b,71a,
    139b,148b,148c,153a,153b,263(表),275(表),276
    (表),317(表),321(表),359a,408(表),410b,411a,517
    (表)
马思嘉 418c,432b
马斯·班科夫 130b
马蔚纯 66b,69a,106a,131b,131c,240(表),515(表)
马昕 68b,254(表),273c,285(表),294(表)
马忠法 82c,204(表),511(表)
迈克尔·莱维特 61a,105a
麦克·法利·莫耶 61b
毛颖 62b,68b,69a,69b,70b,148b,151c,153a,190(表),
    254(表),275(表),278(表),282(表),411b
梅丽红 405c
美国族裔文学研究所 79a
米歇尔·埃斯巴涅 74a
密码学与计算复杂性实验室 113a
密码研究协同创新中心 113a
密码与信息安全实验室 112b
闵辉 426b
莫浣英 530(表)
穆穆 16b,63a,70a,70b,108a,187a,223(表),321(表),
    511(表)

N

南方丝绸之路高峰论坛 128c
南芯人才基金 114b,338(表)
脑功能与脑疾病全国重点实验室 58a,135b
脑科学研究院 60b,69a,138c,147c,148b,153b,224(表),
    225(表),226(表),274a,274c,275(表),280(表),285
    (表),289(表),318(表),321(表),338(表),369a,381a,
    384a,398(表),405(表),410b,427(表),428(表),520
    (表)
脑科学转化研究院-金山医院临床转化中心 456b
倪挺 118b,226(表),274b,287(表),522(表)

聂明　67a,118b,119c,231(表),274b,287(表),522(表)
宁光　23a,151c,264(表),322(表),461c
牛望道　327b,328(表)

O

欧阳淞　405b,408(表)
欧阳自远　92b

P

PGT-P试管婴儿　452b
PPE专业　75c
潘公凯　201(表),302(表),410a
彭勃　225(表),273c,285(表),520(表)
彭锋　76a
彭慧胜　16b,60b,66b,67a,70b,105a,105c,106a,106b,222(表),281(表),292(表),293(表),295(表),316(表),512(表)
彭睿　72c,381b
朴杰淳　77b
浦江科学大师讲坛　61a,406c,507(表)

Q

漆远　61a,92b,151c,153b,232(表)
钱菊英　68a,246(表),282(表),294(表),411a,412a,413a,446b,447b
钱世政　92b,93a
钱兆明　72c
强基计划　13b,21a,100c,118a,139c,140c,155a,155b,462c,463a,573(表),574(表),575(表)
青浦复旦国际融合创新中心　54b,57a,59a,151a,325b,383a,383b,503(表)
裘锡圭　17a,73b,73c,208(表),304(表),315(表)
裘新　61b,62a,70a,210(表),326a,335b,335c,389c,407a,407b,408a,417c,435c,512(表)
全国高校黄大年式教师团队　60b,135b,136b

R

让·梯若尔　89b,327c
人文社科融合创新平台　152b
人文社科先导计划　74c,79a,128a,152b,297c
人文社科先锋计划　79b,128a,132a,152b,297c,298a
任久春　274c
任友群　414b
荣昶-复旦创芯之星　335b,339(表)
荣昶高级学者　75b,85a,129c
荣独山　388a
软件工程实验室　112b

软件学院　110b,111b,112b,112c,159(表),161(表),164(表),165(表),168(表),169(表),170(表),171(表),173(表),177(表),178(表),179(表),180(表),344b,369a,395(表),422(表),426(表),427(表)

S

单怡理　530(表)
桑庆　147c,227(表)
莎士比亚研究室　79a
上海EBIT实验室　102c
上海传染病论坛　139a
上海法院数字经济司法研究及实践基地　82a
上海论坛　61a,130b,132a,133c,327a,331(表),339(表)
上海市"一带一路"亚太地区国际联合实验室　327c
上海市白玉兰荣誉奖　100c
上海市第五人民医院　137c,145a,248(表),250(表),251(表),255(表),368b,380b,427(表),445a,456c,458a
上海市分子催化和功能材料重点实验室　103b
上海市妇科疾病临床医学研究中心　58a,135c,272b,275b,282(表),397(表),452b
上海市高校人文社会科学重点研究基地　87c
上海市工业菌株工程技术研究中心　118a
上海市公共卫生临床中心应急医学中心　459b
上海市海陆气界面过程与气候变化重点实验室　272b,275c,277(表),393(表)
上海市级医院肿瘤临床规范化诊疗研究中心　450c,451b
上海市教育系统"劳模创新工作室"　87c
上海市临床检验质谱专业技术服务平台　272b,275a,281(表),396(表)
上海市人民政府决策咨询研究基地领军人物工作室　87c,300(表)
上海市肾脏疾病临床医学研究中心　58a,135c,272b,275b,282(表),396(表),447a
上海市生物医药放射性专业技术服务平台　144b,144c,281(表),396(表)
上海市生物医药糖复合物专业技术服务平台　272b,275a,281(表),397(表)
上海市手性药物工业不对称催化工程技术研究中心　103b
上海市医学表观遗传重点实验室　147a
上海市中西医结合医药专业技术服务平台　272b,275a,281(表),397(表)
上海市重大传染病和生物安全研究院　58b,70a,135a,135b,139a,139b,283(表),397(表),509(表)
上海数学中心　69a,99b,100a,100b,214(表),215(表),273b,273c,274c,275(表),276(表),284(表),285(表),288(表),289(表),293(表),321(表),334b,363a,376a,

384a,385a,395(表),427(表),520(表),621(表),624(表)

上海医学院 8a,19a,20b,21a,21b,22a,23a,23b,24a,24b,25a,25b,26a,27a,28b,33a,35a,36b,46b,53a,56a,57a,58b,60a,60b,61a,62a,65a,65b,116c,119a,122b,134a,134b,137a,137b,138a,138b,138c,139a,139b,139c,140c,141a,142a,142b,143a,144a,144b,145b,145c,147a,149a,149c,151b,151c,153a,153b,163(表),168(表),275a,318(表),326c,331(表),334a,334b,335b,338(表),383c,384a,384b,404a,405(表),408(表),410a,410b,410c,413b,417c,423a,424a,424c,425a,425b,425c,434c,441(表),445b,445c,447b,447c,449c,452a,457b,473c,475b,478b,478c,479b,491a,499(表),520(表),521(表),531(表),577(表)

上海医学院院史馆 137a,138b,138c

上海—云南妇产科疾病临床协作中心 136a,446a,452c

上医文化中心 22a,136c,138b,140b,384b

邵春林 68b,149a,149b,149c,245(表),274b,286(表),511(表)

邵龙龙 451b

邵志敏 62b,153a,161(表),258(表),278(表),311c,428(表),451c

社会发展与公共政策学院 62b,66a,93c,123b,128c,152b,153a,157(表),159(表),160(表),163(表),165(表),169(表),183(表),202(表),206(表),267(表),270(表),300(表),302(表),315(表),316(表),318(表),324a,324c,331(表),345a,361b,375b,394(表),404(表),415(表),422(表),423(表),443(表),444b,499(表),502(表),521(表),621(表)

社会科学高等研究院 69a,129c,327c,454b,521(表),621(表)

申华蕾 63b,432b

沈宏杰 147b,230(表),522(表)

沈剑锋 233(表),274c,289(表),529(表)

沈健 61a,62b,69b,101a,102c,152b,166(表),218(表),273c,275(表),285(表),525(表)

沈维孝 69a,99b,99c,100b,166(表),214(表),273b,284(表),293(表),334b,412a,428(表),520(表)

沈奕斐 444b

沈逸 70a,83b,121a,133b,205(表),299(表),300(表),301(表),514(表)

生命科学学院 58b,62b,63a,67a,93c,118a,119a,120a,120b,127a,128c,151c,152b,153a,153b,158(表),160(表),161(表),162(表),163(表),164(表),165(表),167(表),168(表),170(表),174(表),175(表),224(表),226(表),227(表),228(表),231(表),232(表),273c,274b,275(表),276(表),277(表),278(表),279(表),280(表),284(表),285(表),287(表),289(表),290(表),291(表),294(表),295(表),318(表),321(表),322(表),324a,345a,360b,374b,385(表),388b,393(表),405(表),415(表),422(表),427(表),429(表),442(表),444a,500(表),504(表),521(表),522(表),531(表),621(表)

生物多样性与生态工程教育部重点实验室 118a,119c,276(表),393(表),507(表)

生物医学研究院 60b,62b,69a,135a,139a,147a,153a,220(表),223(表),230(表),244(表),245(表),246(表),278(表),280(表),281(表),283(表),291(表),292(表),321(表),322(表),369a,380b,384a,397(表),405(表),427(表),508(表),522(表),523(表),622(表)

盛秋平 133c

施立雪 147c

施裕新 252(表),459a

"十四五"规划 2b,4a,4b,9a,10a,19b,20a,31a,32b,33a,36b,40a,44a,53a,83a,110b,113c,151a,297a,387c,436a,448a,451a

石江山 72c

石汝杰 72c

实验动物科学部 67b,149c,365a,384a,523(表)

史蒂芬·赖斯 86c

史玉泉 449c

世界互联网大会乌镇峰会 133b

舒易来 257(表),274c,288(表),454b

数据分析与安全实验室 112b

数学金融研究所 99a

数学科学学院 60b,62b,66b,99a,99b,100b,123a,152b,158(表),160(表),163(表),166(表),168(表),169(表),170(表),171(表),172(表),173(表),175(表),176(表),178(表),182(表),183(表),213(表),214(表),215(表),274b,276(表),277(表),280(表),283(表),286(表),292(表),293(表),318(表),321(表),324a,334b,338(表),345b,351b,372a,395(表),404(表),421(表),422(表),426(表),427(表),428(表),429(表),443(表),523(表),621(表)

"双碳"目标法治保障研究基地 81c,298c,299a,506(表)

"双一流"建设 1a,1b,2a,2b,3b,4a,5a,5b,6a,6b,7b,8b,9a,9b,10a,14a,15b,17b,18b,19a,20a,30b,31a,32b,38b,41b,52b,57a,60b,64a,65b,110a,113c,114b,115c,137b,151a,151b,152a,152b,152c,154(表),188b,270b,297a,314b,333a,423a,435c,436a,468c,469a,477a,481b,485c,486b,486c,487a,491a,491b,492b,493b,493c,500(表),501(表),502(表),509(表)

"双一流"建设学科 19a,27a,31a,60b,95b,113c,135b,137a,137b,152a

双语词典编纂研究室 79a

"思想道德与法治"虚拟教研室 96a,97a
斯格特·麦考瑞 87c
松德云论坛 144b
宋恩名 234(表),274a,285(表),294(表)
宋国友 130c,131a,206(表),515(表)
宋弘 89a,202(表),304(表)
宋卫华 107b,241(表),516(表)
宋云 233(表),273c,285(表)
苏步青 99c,387b,387c,388a,388b,414c
苏汝铿 101c,102b,333c,530(表)
苏长和 63a,66a,70a,70b,75c,83a,83b,85a,161(表),163(表),166(表),190(表),205(表),304(表),316(表),408(表),514(表)
孙春兰 37b,459a
孙科志 77b,213(表),519(表)
孙蕾 147b,245(表),360a
孙向晨 62b,63a,66a,70a,70b,75c,76a,76b,93a,152a,166(表),200(表),413b,428(表),528(表)
孙晓虹 65b,74a
孙笑侠 81c,82c,203(表),300(表),316(表),511(表)
孙兴文 64a,104a,166(表),167(表),220(表),415(表),516(表)
孙云帆 253(表),274c,289(表)
索尔维 104b

T

谈家桢生命科学创新奖 140a
谭瑞清 104b,106a,106b,335c,336a,339(表)
谭砚文 101b,219(表),414b,434a,525(表)
碳中和背景下亚太气候变化对大气环境和公众健康影响风险和治理国际联合实验室 108c
汤其群 62a,62b,63a,70a,70b,139b,139c,152a,153a,161(表),166(表),229(表),277(表),317(表),517(表)
唐惠儒 118b,228(表),273b,284(表),522(表)
唐军 461a
唐路恩 327b,328(表)
唐文华 530(表)
陶韡烁 69b,142c
陶镇生 101a,101b,219(表),274c,288(表),525(表)
体育教学部 67b,122c,123a,123b,126b,163(表),523(表),530(表),626(表)
田传山 101a,218(表),274a,286(表),525(表)
通信科学与工程系 109a,109c,159(表)
童凤明 531(表)

W

外国文学研究所 79a
外国语言文学学院 62b,63a,65b,79a,152a,153a,157(表),159(表),162(表),163(表),164(表),165(表),167(表),168(表),170(表),180(表),181(表),182(表),183(表),185(表),186(表),189c,209(表),210(表),270(表),318(表),327c,345b,349a,370b,404(表),421(表),422(表),423(表),428(表),442(表),443(表),524(表),530(表),621(表)
外国语言研究所 79a
"外教社杯"全国高校学生跨文化能力大赛 79c,94c,102b,180(表),183(表),269b
汪瑞祥 531(表)
汪萱怡 147c,244(表),522(表)
汪幼兰 531(表)
汪源源 61b,62a,62b,63a,70a,70b,110a,152b,160(表),166(表),168(表),241(表),274b,274c,287(表),288(表),463a,527(表)
王安忆 72b,319(表),411a,412a,428(表),529(表)
王兵杰 131a,131c,223(表),274c,289(表)
王潮歌 92b
王德峰 76a,166(表),200(表)
王菲菲 263(表),274c,289(表),517(表)
王光正 530(表)
王桂华 69b,108a,108c,223(表),316(表),511(表)
王国祯 99b,214(表),334b,520(表)
王红艳 70a,227(表),316(表),444a,511(表)
王进展 76b
王靖宇 127c
王静 146c,149a,149b,149c,308c,310c,358a
王磊 93b,147c,230(表),292(表),345a,352b,522(表)
王丽红 63a,65b,435c,436a
王鹏 238(表),259(表),274b,287(表),366b,381b,518(表)
王蘧常 76a,76b,389c
王戎 107a,240(表)
王荣华 463a
王涛 74c,226(表),274a,286(表)
王天德 122b,122c,528(表)
王威琪 306a,531(表)
王文楚 129a
王晓阳 62b,112a,112b,152b,237(表),518(表)
王昕 187c,237(表),274b,287(表),527(表)
王新 64b,67a,71b,111b,112c,238(表),274c,288(表),380b,518(表)
王旭东 92b,220(表),354a,358b,520(表)
王筱兰 530(表)
王毅 73c,250(表),357a,358a
王永刚 103c,221(表),274b,288(表),516(表)

· 索 引 ·

王玉涛　107a,107b,240(表),290(表),516(表)
网络空间安全研究中心　113a
网络信息安全审计与监控教育部工程研究中心　113a,277
　(表)
望道研究院　52a,70a,74a,87b,96c,388b,432b
微电子学院　60b,62b,67a,113b,114b,114c,152b,159
　(表),160(表),161(表),162(表),164(表),166(表),168
　(表),169(表),170(表),171(表),172(表),173(表),180
　(表),185(表),189a,235(表),236(表),237(表),267
　(表),268(表),273b,274c,276(表),280(表),281(表),
　283(表),284(表),288(表),289(表),291(表),292(表),
　293(表),294(表),295(表),318(表),320(表),321(表),
　324a,331(表),335b,338(表),339(表),346a,369b,
　381b,394(表),405(表),421(表),423(表),426(表),427
　(表),428(表),434a,435b,442(表),443(表),500(表),
　502(表),505(表),506(表),524(表),525(表),622(表)
微纳系统中心和生物医学工程中心　109a
维贾伊·拉马尼　93b
魏大程　105a,222(表),434b,512(表)
温之平　67a,223(表),273c,284(表),511(表)
文波　139b,220(表),413b,517(表)
文旅部数字文化保护与旅游数据智能计算重点实验
　室　133c
文森特·莫斯科　87c
文少卿　78c
文物与博物馆学系　66a,77c,78a,157(表),165(表),167
　(表),211(表),298b,303(表),346b,354b,373b,389b,
　395(表),415(表),427(表),428(表),525(表),621(表)
《文字学概要》　73c
闻玉梅　37a,137a,138c,139b,140c,141a,166(表),244
　(表),310c,321(表),334b
"我心目中的好老师"　81b,94c,99c,102b,115a,
　416a,417b
沃特·汉克尔曼　77a
邬江兴　69b,70a,110b,153c,237(表),322(表),407a
邬堂春　143a
巫善明　459a
吴蓓　146c
吴凡　62a,63a,70a,70b,138b,139b,166(表),261(表),
　283(表),305(表),318(表),334a,408(表),411a,425b,
　520(表)
吴甘沙　92b
吴健超　214(表),273c,285(表)
吴江寒　530(表)
吴礼权　73c,207(表),529(表)
吴力波　64a,69b,71a,108b,202(表),274b,283(表),287
　(表),302(表),407a,519(表)

吴仁兵　115c,234(表),274b,288(表),510(表)
吴晓明　62a,62b,70a,70b,75a,76a,76b,87b,140b,142a,
　152a,153a,160(表),189(表),200(表),299(表),300
　(表),304(表),315(表),316(表),319(表),435c,528
　(表)
吴晓群　77c,213(表),519(表)
吴肖乐　91c,92a,93b,264(表),274a,286(表),411a,
　444b,514(表)
吴心伯　69a,116a,130b,130c,205(表),299(表),300
　(表),301(表),317(表),327b,406a,515(表)
吴新文　435b,529(表)
武利民　62b,152b,233(表),277(表),316(表),325b,
　326c,358a,510(表)
物理学系　61a,61b,62b,63a,66b,100c,102a,102b,123a,
　152b,153a,158(表),160(表),161(表),162(表),163
　(表),164(表),166(表),168(表),169(表),170(表),171
　(表),173(表),174(表),176(表),177(表),180(表),215
　(表),216(表),217(表),218(表),219(表),273c,274a,
　274b,274c,275(表),276(表),280(表),283(表),286
　(表),288(表),289(表),291(表),293(表),294(表),318
　(表),319(表),321(表),322(表),346b,352a,372a,
　385a,392(表),403c,405(表),414(表),421(表),422
　(表),423(表),426(表),427(表),443(表),525(表),526
　(表),530(表),621(表)

X

西藏大学-复旦大学生物多样性与全球变化联合实验
　室　325b
《西望》　406b
奚洁人　406a
席振峰　104b
系统软件与安全实验室　112b
夏林　530(表)
夏纳汉　72c
先刚　76a
先进材料实验室　69a,105c,106a,106b,131a,218(表),
　220(表),221(表),222(表),223(表),233(表),234(表),
　274b,274c,279(表),287(表),288(表),289(表),290
　(表),292(表),295(表),369b,381b,385a,397(表),427
　(表),428(表),434c,526(表)
现代人类学教育部重点实验室　118a,276(表),393(表)
现代物理研究所　62b,66b,102c,103a,103b,152b,162
　(表),216(表),217(表),273c,274b,276(表),280(表),
　284(表),286(表),289(表),297(表),319(表),321(表),
　322(表),330(表),352a,372a,385b,393(表),404(表),
　427(表),526(表),621(表)
现代应用数学上海市重点实验室　99a

现代语言学研究院　70a,298b,432b
香港中文大学-复旦大学生命科学与医学联合研究中心　331c
向红军　101a,101b,216(表),273c,285(表),525(表)
肖嘉芮萱　81c
肖仰华　111c,237(表),274c,277(表),518(表)
谢芳　274a,286(表)
谢毅　104b,226(表),522(表)
心脏病全国重点实验室　135b
芯片与系统前沿技术研究院　273c,274a,284(表),286(表),321(表),385b,432b,432c,434c,501(表),526(表),622(表)
辛成楠　530(表)
新工科建设战略咨询委员会　53a,55a,106b,151a,151c
新时代国企党建理论研究与实践基地　96c
新闻学院　44a,46b,62b,63a,66b,85b,85c,86a,86b,86c,87a,87b,87c,133c,146a,152b,153a,157(表),159(表),160(表),161(表),162(表),163(表),164(表),165(表),167(表),168(表),181(表),182(表),183(表),210(表),211(表),270(表),302(表),303(表),315(表),319(表),330(表),331(表),339(表),346b,349b,371a,386a,394(表),399a,399b,404(表),407a,415(表),421(表),422(表),428(表),442(表),443(表),504(表),526(表),530(表),621(表)
新药创制联合研究中心　135b
新一代集成电路技术集成攻关大平台　54b,70a,276(表),289(表),290(表),312c,394(表),432b
信强　130c,205(表),515(表)
信息科学与工程学院　62b,67a,109a,123a,152b,153b,159(表),160(表),162(表),163(表),168(表),169(表),170(表),171(表),173(表),174(表),175(表),176(表),185(表),219(表),232(表),233(表),234(表),235(表),236(表),237(表),241(表),273b,274b,274c,276(表),278(表),280(表),282(表),284(表),287(表),288(表),289(表),290(表),292(表),294(表),319(表),320(表),321(表),322(表),324a,331(表),347a,361a,375a,385a,393(表),394(表),405(表),407a,415(表),421(表),423(表),426(表),427(表),431b,443b,526(表),527(表),530(表),531(表),621(表)
"星火"党员志愿服务队　56b,407a,407c,424a,425c
《行走在大山深处的白衣天使》　406b,425c
熊曼　226(表),274c,289(表),520(表)
修发贤　101a,101b,102a,218(表),274b,288(表),525(表)
徐冲　77b,77c,212(表),519(表)
徐春萍　407a
徐国良　67b,69a,139b,147b,230(表),278(表),321(表)

徐华龙　66b,69a,106a,106b,106c,221(表),516(表)
徐佳伟　267(表),273b,284(表),524(表)
徐杰　72c,170(表)
徐炯　426b
徐军　61b,62a,71a,71b,138a,138b,138c,168(表),326c,407a,425b
徐凌云　530(表)
徐矛　530(表)
徐素娟　531(表)
徐文东　62a,68b,254(表),273c,277(表),279(表),282(表),285(表),296(表),411a,413b
徐文岩　92a
徐彦辉　60b,147c,229(表),451b
徐阳　62a,67a,71a,71b,110a,165(表)
徐英瑾　74c,75c,200(表),305(表),528(表)
徐毓英　530(表)
许多奇　81b,82a,82c,204(表),304(表),511(表)
许灏　273b,284(表)
许征　29a,61b,62a,70a,70b,90c,144c,166(表),300(表),325c,326a,326b,334a,335c,336a,336b,407a,463a
薛京伦　531(表)
薛轶群　77a
学科科研基本技术平台　9a,152b
学科学术发展中心　54b,57a,106b,135b,151a,151c,492a,492b
学科综合繁荣计划　151a,152b

Y

亚历珊德拉·凡林　77a
颜标　257(表),274c,288(表)
颜彪　274a,285(表)
颜福庆　23a,24b,26a,28b,138a,138b,335b,339(表),388a
眼耳鼻喉科医院　60b,62b,68b,137c,138a,153a,164(表),251(表),256(表),257(表),258(表),260(表),274a,274b,274c,277(表),279(表),282(表),286(表),288(表),292(表),293(表),294(表),296(表),310b,321(表),367b,379b,404(表),431b,445a,445c,446a,454a,454b,454c,530(表),618(表),622(表),627(表)
阳光论坛　143b
杨福家　103a,273a,297(表),306a,335c,336a,411b,530(表)
杨海军　223(表),274b,287(表),511(表)
杨俊蕾　73b,207(表),304(表),529(表)
杨林　531(表)
杨珉　67a,70a,70b,111a,111b,111c,112c,171(表),190(表),243(表),297(表),408(表),518(表)
杨乃乔　73c,209(表)

杨雄里　60b,148b,225(表),321(表)
杨扬　92b,149a,348b,377b,381a
杨玉良　62b,69b,105c,152b,222(表),316(表),321(表),336a,410c,512(表)
杨煜达　128a,211(表),302(表),529(表)
杨振国　115a,116a,160(表),161(表),163(表),233(表),510(表)
姚磊　241(表),273c,284(表),358b
药学院　21b,41a,62b,63a,67b,136c,143a,143b,143c,144a,144b,144c,145a,153a,159(表),161(表),162(表),164(表),165(表),166(表),175(表),183(表),229(表),262(表),263(表),264(表),269c,270(表),273b,274b,277(表),279(表),280(表),281(表),282(表),283(表),284(表),287(表),294(表),319(表),322(表),331(表),334a,347b,365a,377a,384b,396(表),405(表),415(表),422(表),428(表),443(表),504(表),527(表),528(表),530(表),531(表),622(表)
叶春华　86a,86b,530(表)
叶丹　147b,230(表),274c,288(表),523(表)
叶敬棠　530(表)
叶世昌　530(表)
叶志斌　248(表),461a
一健康基金　137a,334b
一网通办　15b,37a,59a,314b,324c,390a,390c,400b,431b,432a
一网统管　59a,390a
医学英语教学研究中心　79a
遗传工程国家重点实验室　118a,119c,275(表),393(表)
艺术教育中心　67b,121c,122b,122c,163(表),164(表),167(表),395(表),528(表),621(表)
殷寄明　73c,207(表)
尹志尧　93a
应用表面物理国家重点实验室　61a,100c,102b,275(表),392(表)
英语演讲与辩论中心　79a
营养研究院　135b
永平县　58b,81b,98a,128c,129a,136a,144c,270b,325a,326b,333c,432b,434b,446a,452c,453b,456a,463c
优秀地图作品裴秀奖　128b
游庆龙　108a,223(表),511(表)
于全　237(表)
于文强　139b,230(表),523(表)
余发星　147b,230(表),413a,523(表)
余青　62a,64b,71a,71b,336b,432b,510(表)
俞惠中　530(表)
俞燕蕾　63a,66b,67a,70b,106a,106b,115a,115c,233(表),274b,287(表),293(表),413b,510(表)

虞嘉怡　91c,274c,289(表)
语言测试中心　79a
语言学习中心　79a,394(表)
郁金泰　65b,250(表),274a,285(表)
喻国明　87b
元宇宙智慧医疗研究所　272c,275b,505(表),508(表)
袁国何　81b,82c
袁长蓉　70b,145c,190(表),264(表)
袁正宏　60b,61b,62a,63a,70b,137a,137b,138a,138b,138c,139a,139b,139c,140c,141a,149c,151c,161(表),162(表),163(表),164(表),166(表),190(表),244(表),277(表),280(表),281(表),317(表),326c,334a,334b,335b,410a,410c,411b,425b,517(表)
云南省院士(专家)工作站　58b,325a
云南省专家基层科研工作站　58b,325a,446a

Z

曾峻　406a
查锡良　531(表)
翟晓文　68b,453b,454a
张成　218(表),273c,285(表),290(表)
张凡　60b,103c,104a,220(表),279(表),292(表),293(表),516(表)
张峰　108c,223(表),247(表),252(表),274c,289(表),511(表)
张嘉漪　148b,225(表),414a,520(表)
张军　61b,62a,63a,65a,66a,69a,70a,70b,75c,89b,160(表),166(表),189(表),201(表),251(表),260(表),273b,284(表),299(表),301(表),305(表),308b,315(表),316(表),317(表),327c,339(表),519(表)
张俊文　237(表),274b,287(表),527(表)
张丽丽　72c
张令仪　381b,530(表)
张美兰　72c
张培刚发展经济学青年学者奖　89a
张人禾　16b,61a,61b,62a,63a,64a,67a,69b,70a,70b,71a,71b,107c,108a,108b,108c,223(表),274a,277(表),280(表),286(表),321(表),325a,328a,410c,413b,511(表)
张荣君　69b,232(表),274b,287(表),527(表)
张汝伦　76a,166(表),200(表),319(表),528(表)
张世禄　73a,73c,414c
张双利　66a,70a,74a,74b,153a,160(表),166(表),201(表),303(表),528(表)
张涛甫　62a,63a,66a,69a,70a,70b,86a,86b,87a,163(表),167(表),168(表),190(表),210(表),304(表),307b,336b,411a,526(表)

张童　101a,218(表),274b,288(表),376a,526(表)
张威　63a,65a,67b,71a,141a,436a,436b
张卫　60b,62a,62b,67a,70a,113c,114a,114c,149a,152a,152b,164(表),166(表),204(表),235(表),276(表),281(表),283(表),293(表),318(表),413b,434a,435b,524(表),529(表)
张文宏　70a,92b,161(表),167(表),247(表),275(表),278(表),291(表),310c,334a,411a
张晓虹　69a,70b,128c,129a,211(表),299(表),529(表)
张新鹏　111a,133c,243(表),300(表)
张艳萍　62a,65b,138b,138c,161(表),336b,410a,410b,410c,411a,425b,520(表)
张怡　69a,133c,301(表),351b,357a,511(表)
张雨　74a,362a
张玉秋　69a,148b,148c,225(表),318(表),520(表)
张远波　16b,100c,101a,101b,218(表),293(表),319(表),434a,526(表)
章晓野　64b,74a,336b
章于炎　86c
章忠志　111a,111c,112b,243(表),296(表),297(表),518(表)
赵东元　37a,61b,62a,62b,63a,63b,66b,69a,70b,104a,105a,106a,106b,106c,131b,152a,152b,154a,167(表),187a,190(表),221(表),274c,277(表),279(表),280(表),288(表),291(表),306(表),317(表),321(表),410a,410b,410c,516(表)
赵焕卿　530(表)
赵惠芬　531(表)
赵俊　101a,101b,218(表),274b,286(表),411b,412a,413a,526(表)
赵快乐　259(表),274b,288(表)
赵立行　63b,82c,203(表),411b,413a,436b,511(表)
赵世民　70a,119c,229(表),274b,287(表),413a,511(表)
赵同金　70a,228(表),274b,287(表),511(表)
赵兴明　241(表),274c,288(表),413a,519(表)
赵月枝　87b
哲学社会科学创新基地　74a,93c,127c
哲学社会科学优秀成果奖　58a,72c,73b,74c,81b,85a,85c,88b,90a,94b,95b,128a,128b,130c,142a,298a,303(表),388c
哲学学院　62b,66a,74a,75b,75c,76a,76b,76c,93a,96b,128c,152a,153a,157(表),160(表),161(表),163(表),165(表),166(表),167(表),189c,200(表),201(表),269b,303(表),315(表),316(表),319(表),347b,350a,371a,404(表),421(表),427(表),428(表),442(表),443(表),500(表),503(表),505(表),506(表),528(表),530(表),621(表)

郑钢淼　410a
郑耿锋　131b,220(表),412b,526(表)
郑明　66a,92a,169(表),231(表),411b,412a,412b,514(表)
郑培菊　531(表)
郑师章　531(表)
郑在浩　327b,328(表)
郑长忠　300(表),301(表),443b,514(表)
郑正　107a,241(表),317(表),516(表)
指南透明奖　146b,146c
治疗性疫苗国家工程实验室　135b,276(表)
智慧法治实验室　81c,82a,298a,302(表),500(表)
智能复杂体系基础理论与关键技术实验室　69b,290(表),432b,432c,528(表),529(表),622(表)
"智能化递药"教育部重点实验室　144c
智能网络与计算研究中心　272c,275b,502(表),507(表)
智能医学研究院(筹)　57a,135c,272c,275b
中澳创意写作中心　79a
中法应用数学国际联合实验室　99a
《中共复旦大学纪事(1919—1949)》　387c
中国工程院院士　56a,56b,109a,128c,134a,137a,139b,140c,141a,143b,151c,153a,154a,321(表),334b,407a,410b,445a,461c,486a,571(表)
中国国际"互联网+"大学生创新创业大赛　105b,109b,111a,113b,119a,131c,157b,313c,436c,437c
中国科协-复旦大学科技伦理与人类未来研究院　74b,76b,299b,506(表)
中国科学十大进展　60b,105a
中国科学院院士　76b,89b,92b,93b,99b,100c,104b,104c,105a,105c,106a,106b,108b,108c,109a,115a,118a,128b,134a,138c,151c,153b,154a,334a,410b,445a,454a,461c,486a,571(表)
中国历史地理研究所　62b,63a,69a,127c,128b,128c,152a,153a,302(表),303(表),309a,529(表),621(表)
中国历史地理专题数据展示系统　128b
《中国青年网民社会心态调查报告(2009—2021)》　86b,132c
中国人保健康管理研究院　135c,138c,272c,275b,326c,502(表)
中国生命科学十大进展　60b
中国式现代化新道路与人类文明新形态研究　76a
中国卫生技术评估论坛　143a
中国研究院　69b,299(表),331(表),432b,435b,529(表)
中国语言文学系　62b,63a,65b,72a,72c,73b,73c,74a,119a,152a,153a,157(表),159(表),160(表),163(表),165(表),178(表),179(表),180(表),189c,207(表),208(表),209(表),269c,270(表),315(表),316(表),319

（表），328b，348a，348b，370b，394（表），404（表），421（表），422（表），428（表），442（表），443（表），529（表），531（表），621（表）

中韩语言文化教育研究中心　79a

中华经济文化研究中心　59a，383a，624（表）

中华文明资源中心　59a，383a，391c，500（表），624（表）

中化国际　104b

中山医院　22b，24b，58b，61a，62b，63a，68a，93b，122b，127a，135c，137c，138a，139a，151c，153a，153b，164（表），245（表），246（表），247（表），250（表），251（表），252（表），253（表），255（表），256（表），257（表），258（表），260（表），261（表），264（表），268（表），273b，274a，274b，274c，275（表），276（表），277（表），278（表），279（表），280（表），281（表），282（表），283（表），286（表），287（表），289（表），290（表），291（表），292（表），293（表），294（表），295（表），296（表），297（表），306c，311b，311c，322（表），324a，330（表），365b，377b，396（表），404（表），415（表），421（表），422（表），425c，428（表），445a，445b，445c，446a，446b，447b，447c，506（表），531（表），618（表），622（表），626（表），627（表）

中山医院国家医学中心　139a，272b，275b，275（表），447c

中西医结合情志病防治全国重点实验室　135b

中西医结合研究院　135b

中英高等教育人文联盟　59a，61b，328a，331（表）

中英高等教育人文联盟年度大会暨执行理事会议　61b，328a

"钟扬式"好老师　116a，135b，414a

"钟扬式"教学团队　414a

"钟扬式"科研团队　142a，414a

肿瘤医院　22b，58b，62b，68b，135c，137c，153a，229（表），245（表），251（表），252（表），255（表），258（表），259（表），260（表），262（表），264（表），269b，274b，278（表），279（表），281（表），282（表），287（表），288（表），291（表），292（表），293（表），294（表），295（表），296（表），297（表），311c，312b，322（表），366b，379a，397（表），404（表），427（表），428（表），445a，445b，445c，450a，450c，451b，618（表），622（表），627（表）

周波　72a，73b

周桂发　63b，64a，64b，323c，324c，387b，435c，436b

周红星　418b，426c

周虎　61b，62a，63b，106a，111b，115c，387a

周磊　61a，66b，101a，101b，102c，166（表），216（表），273c，274a，285（表），286（表），319（表），358b，412a，413a，526（表）

周璐　143c，144b，144c，262（表），340b，413a，528（表）

周群　531（表）

周亚明　61a，61b，62a，63b，106b，219（表），323c，326b，326c，407a，410a，410b，410c，431c，511（表）

周志成　531（表）

朱刚　63b，65b，70a，70b，73c，74a，166（表），208（表），529（表）

朱立元　73b，73c，207（表），304（表），315（表）

朱勤　94b，206（表），324c，512（表）

朱同玉　62a，70b，137a，138c，143a，252（表），277（表），326c，334b，411a，412a，425b，520（表）

朱维铮　339（表），414c

朱秀萍　107a，241（表），516（表）

朱雪宁　232（表），274c，289（表）

朱依纯　224（表），273c，283（表），285（表），317（表），517（表）

朱志凯　530（表）

祝建华　87b

庄锡昌　531（表）

资剑　101a，153a，217（表），274b，286（表），319（表），526（表）

宗廷虎　73b，303（表）

邹逸麟　128b，128c，129a

邹云增　246（表），274b，287（表），411a

左英护理奖　458a，461a

·附表索引·

NUM

2021—2022学年复旦大学书院之星　423
2021—2022学年复旦大学书院之星提名奖　423
2022届获得毕业证书学生名录　339a
2022年YICGG"荣昶杯"青年全球治理创新设计大赛获奖情况　172
2022年YICMG澜湄青创赛获奖情况
2022年成立校企联合实验室一览表　283
2022年第三届"华数杯"全国大学生数学建模竞赛获奖情况　172
2022年第十五届全国大学生信息安全竞赛获奖情况　171
2022年度复旦大学本科生辅导员工作特色风采奖　422
2022年度复旦大学本科生十佳辅导员　422
2022年度复旦大学获国家社科基金重大项目、专项项目、重点项目立项一览表　302
2022年度复旦大学获教育部哲学社会科学重大课题攻关项目立项一览表　303
2022年度复旦大学科技成果一览表　291
2022年度复旦大学学生社团一览表　438a
2022年度上海高校市级重点课程　77c,85c,156a,165
2022年度新增理工科、医科人才项目一览表　288
2022年复旦大学本科生分专业学生人数统计
2022年复旦大学本科专业设置　157a
2022年复旦大学成人本专科分专业学生数统计　613
2022年复旦大学党委下属二级单位党组织一览表(排序不分先后)　404
2022年复旦大学党委中心组学习一览表　408
2022年复旦大学档案馆基本情况统计　626
2022年复旦大学二附校基本情况统计　628
2022年复旦大学分办学形式研究生数统计　577
2022年复旦大学附设幼儿园基本情况统计
2022年复旦大学附属闵行实验学校基本情况统计　628
2022年复旦大学附属徐汇实验学校基本情况统计　628
2022年复旦大学附属医院人员情况统计　618
2022年复旦大学高等教育自学考试毕业生统计　614
2022年复旦大学高等学历继续教育专业设置　270
2022年复旦大学攻读博士学位研究生分学科、分专业学生数统计　578
2022年复旦大学攻读硕士学位研究生分学科、分专业学生数统计　601
2022年复旦大学基金会接受大额捐赠一览(到账人民币100万及以上)　338
2022年复旦大学继续教育学院各类学生数统计　614
2022年复旦大学教职工人员统计　617
2022年复旦大学接受境内外各类捐赠收入统计　622
2022年复旦大学举办橱窗展一览表　409
2022年复旦大学举办港澳台地区会议一览表　332a
2022年复旦大学举办海内外国际会议一览表　330
2022年复旦大学科研经费与科技成果统计　615
2022年复旦大学全国高考分省市录取分数统计　576
2022年复旦大学上海市高考分专业录取分数统计　577
2022年复旦大学施工、竣工房屋情况统计　623
2022年复旦大学实验室一览表　392a
2022年复旦大学授权专利一览表
2022年复旦大学授予博士学位人员分学科门类统计　612
2022年复旦大学授予硕士学位人员分学科门类统计　612
2022年复旦大学授予学生学士学位情况统计(1)　575
2022年复旦大学授予学生学士学位情况统计(2)　576
2022年复旦大学体育竞赛成绩一览　123a
2022年复旦大学图书馆情况统计表　625
2022年复旦大学退休人员情况统计　618
2022年复旦大学外国留学生人数统计　613
2022年复旦大学文科科研成果统计(1)　616
2022年复旦大学文科科研成果统计(2)　617
2022年复旦大学文科科研获奖成果一览表　303
2022年复旦大学校舍面积统计　623
2022年复旦大学新签和续签校际合作协议(海外)一览表　329
2022年复旦大学研究生奖学金设置情况一览表　426
2022年复旦大学医学院幼儿园基本情况统计　629
2022年复旦大学因公出国(境)基本情况　619
2022年复旦大学在职博士生指导教师一览表　200
2022年复旦大学占地面积统计　623
2022年复旦大学综合统计数据(1)　570
2022年复旦大学综合统计数据(2)　571
2022年各附属医院工作量情况统计　626
2022年各附属医院工作质量情况统计　627

附表索引

2022年国际基因工程机器大赛(IGEM)获奖情况　175
2022年美国数学建模竞赛获奖情况　172
2022年全国大学生生命科学竞赛获奖情况　174
2022年全国大学生数学建模竞赛获奖情况　168
2022年上海市优秀教学成果(本科)　165
2022年新增顾问教授、兼职教授名录　319
2022年新增重要理工科、医科科研项目一览表　284
2022年重要涉外接待(含线上视频会见)一览表　328a
2022西部计划志愿者录取名单　443

A

ACM学生研究竞赛获奖情况　180

C

CCPC中国大学生程序设计竞赛获奖情况　179

D

第24届华东杯大学生数学建模邀请赛获奖情况　175
第八届全国大学生物理实验竞赛(创新)获奖情况　177
第二届全国高校教师教学创新大赛　139c,156b,164
第二届上海市高校教师教学创新大赛　85c,164
第六届全国大学生集成电路创新创业大赛获奖情况　180
第六届全国大学生计算机系统能力培养大赛(龙芯杯)获奖情况　171
第七届全国大学生生物医学工程创新设计大赛获奖情况　174
第二届"微瑞杯"全国大学生化学实验创新设计大赛(华东赛区)获奖情况　174
第十届全国大学生光电设计竞赛获奖情况　175
第十六届上海大学生化学实验竞赛获奖情况　177
第十三届丘成桐大学生数学竞赛获奖情况　172
第十三届中国大学生物理学术竞赛(全国赛)获奖情况　177
第十一届全国高校物理实验教学研讨会获奖情况　174
第五届华东地区中国大学生物理学术竞赛获奖情况　173
第五届上海高校青年教师教学竞赛获奖情况　164
第五届上海市大学生力学竞赛获奖情况　176

F

复旦大学(文科)杰出教授　315a
复旦大学(文科)特聘资深教授　315
复旦大学"七大系列"精品教材立项名单　160
复旦大学2021—2022学年本(专)科生奖学金一览表　419
复旦大学2022—2023学年本科生助学金一览表　420
复旦大学2022届本科生"毕业生之星"　422
复旦大学2022届本科生"毕业生之星"提名奖　422
复旦大学2022届本科生"我心目中的好老师"　421
复旦大学2022届本科生"我心目中的好老师"提名奖　421
复旦大学2022届毕业生情况统计
复旦大学2022年"钟扬式"好老师　414,414b,497(表)
复旦大学2022年"钟扬式"教学团队　415
复旦大学2022年"钟扬式"科研团队　415
复旦大学2022年本科修读校内第二专业及第二学位专业设置　159
复旦大学2022年度辅导员风采奖(研究生)名单　429
复旦大学2022年度十佳辅导员(研究生)名单　428
复旦大学2022年度享受政府特殊津贴专家(在职)名录　316
复旦大学2022年国家学生体质健康标准测试统计表　626
复旦大学担任全国和上海市、区政协委员名录
复旦大学当选各民主党派区委领导成员名录
复旦大学当选各民主党派中央、市委领导成员名录
复旦大学当选全国和上海市、区人大代表名录　411a
复旦大学第二轮"双一流"建设学科名单　154
复旦大学第二十五届研究生支教团志愿者　442
复旦大学第七届董事会成员名单　336a
复旦大学第七届学术委员会名单　62a,152a
复旦大学第十八届工会委员会　63a,436a
复旦大学第十届"研究生心目中的好导师"名单　428
复旦大学第十三届研究生"学术之星"名单　428
复旦大学第十三届研究生"学术之星"特等奖名单　427
复旦大学第四届学术规范委员会委员名单　63a,153a
复旦大学发展与规划委员会名单　153a
复旦大学附属中学2022年基本情况统计表　628
复旦大学各民主党派委员会成员名录　412b
复旦大学各统战团体负责人名录　413a
复旦大学海内外校友组织一览　336
复旦大学课程思政标杆课程　72b,99b,116b,118b,163
复旦大学培养研究生学科、专业目录(学术学位)　192
复旦大学培养研究生学科、专业目录(专业学位)　198
复旦大学人文社会科学各类研究基地(省部级)一览表　299
复旦大学上海高校高峰学科名单　154
复旦大学校友会第四届理事会成员名单　336a
复旦大学新工科建设战略咨询委员会名单　153b
复旦大学一级学科博士学位授权点一览表　190
复旦大学哲学社会科学领域专业技术一级岗位教授名录　315

G

国家监委驻复旦大学监察专员办公室　82b,82c,402a,403a
国务院学位委员会第八届委员名单(复旦大学)　189
国务院学位委员会第八届学科评议组成员名单(复旦大学)　189

I

ICPC国际大学生程序设计竞赛获奖情况　178

L

理工医科政府批建科研平台　275

Q

其他竞赛获奖情况　185

S

上海复旦大学教育发展基金会第四届理事会成员名单　336b
上海市课程思政教学设计展示活动获奖情况　163
上海市课程思政示范项目　57b,156c,161,161(表)162(表)
上海市人民政府参事室参事　411b
上海市文史研究馆馆员　412b

W

外语类各类竞赛获奖情况　180

Y

医学类各类竞赛获奖情况　184

Z

中国科学院、中国工程院院士(复旦大学)　321a
中央文史研究馆馆员　411b,486b
"卓越思源 服务社会"复旦大学优秀学生培养计划第十期录取名单　443

图书在版编目(CIP)数据

复旦大学年鉴. 2023 / 复旦大学年鉴编纂委员会编. --
上海：复旦大学出版社, 2025.1. -- ISBN 978-7-309
-17601-8
Ⅰ. G649.285.1-54
中国国家版本馆 CIP 数据核字第 2024Q0F932 号

复旦大学年鉴 2023
复旦大学年鉴编纂委员会 编
责任编辑/胡春丽

复旦大学出版社有限公司出版发行
上海市国权路 579 号 邮编：200433
网址：fupnet@fudanpress.com http://www.fudanpress.com
门市零售：86-21-65102580
团体订购：86-21-65104505
出版部电话：86-21-65642845
浙江紫宸印务有限公司

开本 890 毫米×1240 毫米 1/16 印张 42 字数 1 780 千字
2025 年 1 月第 1 版
2025 年 1 月第 1 版第 1 次印刷

ISBN 978-7-309-17601-8/Z·127
定价：168.00 元

如有印装质量问题，请向复旦大学出版社有限公司出版部调换。
版权所有 侵权必究